中国社会科学年鉴
YEARBOOK OF CHINESE SOCIAL SCIENCES

魏后凯 主编

中国农村发展学年鉴
2023

中国社会科学出版社

图书在版编目（CIP）数据

中国农村发展学年鉴. 2023 / 魏后凯主编. -- 北京：中国社会科学出版社，2024. 12. -- ISBN 978-7-5227-4626-5

Ⅰ. F32-54

中国国家版本馆CIP数据核字第2024XS3181号

出 版 人	赵剑英
责任编辑	姜阿平
责任校对	韩海超
责任印制	张雪娇

出　　版	中国社会科学出版社
社　　址	北京鼓楼西大街甲158号
邮　　编	100720
网　　址	http://www.csspw.cn
发 行 部	010-84083685
门 市 部	010-84029450
经　　销	新华书店及其他书店

印刷装订	三河市东方印刷有限公司
版　　次	2024年12月第1版
印　　次	2024年12月第1次印刷

开　　本	787×1092　1/16
印　　张	42.25
插　　页	2
字　　数	1028千字
定　　价	368.00元

凡购买中国社会科学出版社图书，如有质量问题请与本社营销中心联系调换
电话：010-84083683
版权所有　侵权必究

《中国农村发展学年鉴》编辑委员会

主　　　任：高培勇
副　主　任：魏后凯　杜志雄　黄超峰　张海鹏　郜亮亮
委　　　员：(以姓名笔划为序)

于法稳　王亚华　王贵荣　仇　怡　仇焕广　龙花楼　叶兴庆
叶敬忠　史清华　司　伟　年　猛　朱　钢　朱信凯　朱　晶
刘长全　刘守英　刘彦随　许　庆　孙同全　苏红键　杜志雄
李　周　李谷成　李国祥　吴国宝　何秀荣　辛　贤　张天佐
张启文　张英洪　张晓山　陈文胜　陈劲松　陈秋红　青　平
苑　鹏　林万龙　罗万纯　罗必良　罗明忠　金文成　周应恒
赵敏娟　胡冰川　郜亮亮　姜长云　祝志勇　秦　轲　袁龙江
夏显力　党国英　钱文荣　徐志刚　高培勇　郭晓鸣　唐　忠
黄季焜　黄祖辉　黄超峰　崔红志　彭　华　程名望　樊胜根
潘　劲　檀学文　魏后凯

主　　　编：魏后凯
副　主　编：杜志雄　黄超峰（常务）　张海鹏　郜亮亮　杜　鑫
编辑部主任：杜　鑫
编辑部副主任：张丽娟
编辑部成员：黄慧芬　鲍曙光　柯　宓　崔　凯　罗千峰　乔　慧　李　昊
　　　　　　白　描　芦千文　罗万纯　曾俊霞　胡晓燕　张瑞娟　苏岚岚
　　　　　　李瑞鹏

编辑说明

　　农村发展学是从综合视角研究农村各领域发展演变及其相互关系和规律的科学，它是经济学、社会学、政治学、管理学等多学科融合发展形成的综合性交叉学科，是发展学的重要分支。围绕国家重大战略和社会需求，立足中国国情农情，加快构建有中国特色的农村发展学具有重要的理论和实践意义。中国农村发展学是共性和个性的有机统一，既要研究世界农村发展的共性和一般规律，又要从中国实际出发，突出中国特色，探讨中国农村发展的演变趋势、形成机理、道路选择、治理模式和政策体系。为总结和反映中国农村发展学的研究成果和研究现状，推动建立有中国特色的农村发展学学科体系，中国社会科学院农村发展研究所联合国内农村发展学教学和科研单位，自2023年起开始编撰《中国农村发展学年鉴》。

　　《中国农村发展学年鉴》秉承"科学性、导向性、时效性"原则，全面、客观、准确、翔实地反映中国农村发展学的研究进展及中国农村改革发展事业的实践概况。

　　《中国农村发展学年鉴2023》设7篇，分别为：第一篇，学科述评；第二篇，学术成果；第三篇，学术动态；第四篇，统计资料与数据；第五篇，大事记；第六篇，附录；第七篇，索引。

　　第一篇，学科述评。该篇收录了4篇研究综述文章，反映改革开放以来中国农村发展学及相关分支领域的研究进展，并对未来的学科发展进行了适当展望。

　　第二篇，学术成果。该篇收录了改革开放以来至2022年中国农村发展学领域的重要学术成果介绍，主要来源包括三部分：按照中国知网（www.cnki.net）引用率排名选取的期刊论文、历年孙冶方经济科学奖和中国农村发展研究奖获奖作品、其他具有重要学术影响力的学术成果。由于篇幅所限，本年度年鉴不能收录改革开放以来全部重要学术成果，部分重要学术成果拟在以后年度年鉴中收录。该篇所收录的学术成果分为"论文""著作"两部分，分别以发表或出版时间为序排列。

　　第三篇，学术动态。该篇收录了中华人民共和国成立（主要是改革开放以来）至2022年期间中国农村发展学领域具有影响力的学术活动，包括重要教学研究单位的成立或变动、重要学科发展事项的发生、重要学术会议的召开等。该篇所收录的学术动态以事件发生时间为序排列。

　　第四篇，统计资料与数据。该篇收录了中华人民共和国成立（主要是改革开放以来）至2022年期间反映中国农村经济社会发展状况的主要统计数据。该部分数据主要摘录自《中国统计年鉴》《中国农村统计年鉴》《中国城乡建设统计年鉴》《中国财政年鉴》《中国金融年鉴》等。

　　第五篇，大事记。该篇记录了中华人民共和国成立（主要是改革开放以来）至2022年期间中国农村经济社会发展的重要事件。该篇所收录的事件以发生时间为序排列。

　　第六篇，附录。该篇收录了重要文献、机构、学会、期刊、国家社会科学基金重大项目共五部分内容。其中，重要文献收录了中华人民共和国成立（主要是改革开放以来）至2022年党和国家关于农业、农村和农民工作的部分重要政策文件、法律法规，由于篇幅所限，本年度年鉴不能收录全部重要政策文献，部分重要政策文献拟在以后年度年鉴中收录。该篇其余内容分别收录了在中国农村发展学领域具有重要影响的机构、学会、期刊与历年立项的国家社会科学基金"三农"类重大项目。该篇内容分别按照重要文献、机构（高等院校、科研机构）、学会、期刊、国家社会科学基金重大项目分类，以时间先后顺序或汉语拼音字母升序排列。

第七篇，索引。该篇提供了本年鉴全部内容的主题索引，以提炼有重要价值的材料信息，便于读者检索。索引按汉语拼音字母或英文字母升序排列，索引名称后的数字表示内容所在页数。

本年鉴所有文章、数据，除特别注明外，均未包括台湾省、香港特别行政区、澳门特别行政区。

《中国农村发展学年鉴2023》编辑工作分工为："学科述评"由杜鑫负责，张海鹏审核；"学术成果"由中国社会科学院农村发展研究所各研究室负责，檀学文、陈秋红审核；"学术动态"由罗千峰、尚葛雨负责，孙同全审核；"统计资料与数据"由苏岚岚负责，郜亮亮审核；"大事记"由乔慧、尚葛雨、李瑞鹏负责，刘长全审核；"附录"由崔凯、张瑞娟、胡晓燕、李瑞鹏负责，于法稳审核；"索引"由杜鑫编制。

全书由杜鑫统编，副主编黄超峰审校，主编魏后凯审定。

目 录

学科述评

中国农村发展研究的探索历程与理论创新……………………………芦千文（3）
改革开放以来中国反贫困研究进展述评………………………………檀学文（49）
改革开放以来中国农村土地经济研究述评………………………………王 宾（68）
改革开放以来中国城乡关系研究述评…………………………………胡凌啸（86）

学术成果

论文………………………………………………………………………………（109）
　　完整执行"农林牧副渔并举"方针　加快农业现代化步伐………………（109）
　　联系产量的生产责任制是一种好办法………………………………………（109）
　　实现四化与生态经济学………………………………………………………（110）
　　生态农业………………………………………………………………………（110）
　　论国民经济结构变革——新成长阶段农村发展的宏观环境………………（110）
　　关于贫困地区的概念、原因及开发途径……………………………………（111）
　　重新认识农民问题——十年来中国农民的变化……………………………（111）
　　论我国经济的三元结构………………………………………………………（112）
　　贫困地区经济与环境的协调发展……………………………………………（113）
　　Rural Reforms and Agricultural Growth in China ………………………（113）
　　中国扶贫理论和政策研究评述………………………………………………（113）
　　中国的三元经济结构与农业剩余劳动力转移………………………………（114）
　　农村、小城镇、区域发展——我的社区研究历程的再回顾………………（115）
　　中国农村改革：国家和所有权关系的变化（上、下）——一个经济制度
　　　变迁史的回顾……………………………………………………………（115）

— 1 —

对中国扶贫战略的简评	（116）
农业产业一体化经营的理论框架	（116）
生态经济思想与可持续发展	（117）
中国自下而上城镇化的制度分析	（117）
关于农村集体经济与合作经济的若干理论与政策问题	（117）
关于改造小农的若干理论问题	（118）
Leaving the Countryside: Rural-to-Urban Migration Decisions in China	（119）
农业发展与贫困的缓解	（119）
从农村居民资金借贷行为看农村金融抑制与金融深化	（120）
价格双轨制与供给反应：理论与来自中国农业的经验证据	（120）
土地制度变迁与土地承包权物权化	（121）
中国农地制度：一个分析框架	（121）
政府与农村基本医疗保健保障制度选择	（122）
中国农村信用合作社体制改革的争论	（122）
中国农村市场化进程中的农民合作组织研究	（123）
农民选举参与中的精英动员	（123）
县乡财政解困与财政体制创新	（124）
对中国农民中介组织的理论研究	（124）
生态经济学为可持续发展提供理论基础	（125）
城乡收入差距与制度变革的临界点	（125）
内生农业技术进步的二元经济增长模型——对"东亚奇迹"和中国经济的再解释	（126）
乡镇企业产权改革、所有制结构及职工参与问题研究	（127）
退耕还林：成本有效性、结构调整效应与经济可持续性——基于西部三省农户调查的实证分析	（127）
中国的食物安全问题	（128）
村庄信任与标会	（129）
解读中国农贷制度	（129）
我国农业保险市场失灵与制度供给	（129）
中国"三农"问题的由来和发展	（130）
城市化、城市倾向的经济政策与城乡收入差距	（130）
转移支付制度与县乡财政体制构建	（131）
农地产权与征地制度——中国城市化面临的重大选择	（131）

试论中国农村金融的多元化——一种局部知识范式视角 ……………………（132）
关于我国农民收入问题的若干思考 ……………………………………………（132）
农业结构调整对农民增收的效应分析 …………………………………………（132）
城市化、农地制度与迁移人口社会保障——一个转轨中发展的大国视角与政策选择
　……………………………………………………………………………………（133）
中国土地产权制度对农业经济增长的影响——对1949—1978年中国大陆农业
　生产效率的实证分析 …………………………………………………………（133）
简析中国乡村治理结构的改革 …………………………………………………（134）
当前中国农村土地制度改革的现状与问题 ……………………………………（134）
中国农村贫困性质的变化与扶贫战略调整 ……………………………………（135）
中国金融发展与农民收入增长 …………………………………………………（135）
中国农村劳动力转移动因与障碍的一种解释 …………………………………（136）
中国农民工问题研究总报告 ……………………………………………………（136）
从汲取型政权到"悬浮型"政权——税费改革对国家与农民关系之影响 ……（137）
农地制度：所有权问题还是委托－代理问题？ ………………………………（137）
小额信贷的发展与普惠性金融体系框架 ………………………………………（138）
中国农村劳动力外出的影响因素分析 …………………………………………（138）
三大历史性变迁的交汇与中国小规模农业的前景 ……………………………（138）
破解农村剩余劳动力之谜 ………………………………………………………（139）
中国农村公共服务供求的结构性失衡：表现及成因 …………………………（139）
城市化与中国农村劳动力流动问题研究 ………………………………………（140）
农村政策为什么在执行中容易走样 ……………………………………………（140）
在发展中战胜贫困——对中国30年大规模减贫经验的总结与评价 …………（141）
新型农村合作医疗中的"逆向选择"问题：理论研究与实证分析 ……………（141）
农民专业合作社的发展趋势探析 ………………………………………………（142）
公司农场：中国农业微观组织的未来选择？ …………………………………（142）
土地产权、非农就业机会与农户农业生产投资 ………………………………（142）
农民理性的扩张："中国奇迹"的创造主体分析——对既有理论的挑战及新的
　分析进路的提出 ………………………………………………………………（143）
从农村职业教育看人力资本对农村家庭的贡献——基于苏北农村家庭微观数据
　的实证分析 ……………………………………………………………………（143）
中国农民专业合作社：数据背后的解读 ………………………………………（144）
农村政治参与的行为逻辑 ………………………………………………………（144）

农村学校布局调整的十年走势与政策议题 …………………………………………（145）

中国农村社会结构变化背景下的乡村治理与农村发展 ………………………（145）

中国工业化中期阶段的农业补贴制度与政策选择 ………………………………（146）

对完善新型农村社会养老保险制度若干问题的探讨 ……………………………（146）

农地使用权确权与农户对农地的长期投资 ………………………………………（147）

新型农业经营主体的困境摆脱及其体制机制创新 ………………………………（148）

发展战略、城市化与中国城乡收入差距 …………………………………………（148）

论土地整治与乡村空间重构 ………………………………………………………（148）

中国家户制传统与农村发展道路——以俄国、印度的村社传统为参照 ………（149）

中国农业转移人口市民化进程研究 ………………………………………………（149）

中国粮食安全状况评价与战略思考 ………………………………………………（150）

中国农产品市场分析与政策评价 …………………………………………………（150）

论服务规模经营——从纵向分工到横向分工及连片专业化 ……………………（151）

半工半耕与中国渐进城镇化模式 …………………………………………………（151）

中国农业发展的结构性矛盾及其政策转型 ………………………………………（152）

Impact of Land Tenure Policy on Agricultural Investments in China:
　　Evidence from a Panel Data Study ……………………………………………（152）

新时代中国乡村振兴战略论纲 ……………………………………………………（152）

中国新时代城乡融合与乡村振兴 …………………………………………………（153）

准确把握中国乡村振兴战略 ………………………………………………………（153）

改革开放以来我国农村基本经营制度的变迁 ……………………………………（154）

穷人的经济学——中国扶贫理念、实践及其全球贡献 …………………………（154）

从乡土中国到城乡中国——中国转型的乡村变迁视角 …………………………（155）

要素禀赋变化与农业资本有机构成提高——对1978年以来中国农业发展
　　路径的解释 ……………………………………………………………………（155）

中国减贫四十年：基于历史与社会学的尝试性解释 ……………………………（156）

基于小农户生产的扶贫实践与理论探索——以"巢状市场小农扶贫试验"为例
　　………………………………………………………………………………（156）

中国城乡关系演变70年：从分割到融合 …………………………………………（157）

空壳农民专业合作社的形成原因、负面效应与应对策略 ………………………（157）

中国城乡融合发展与理论融合——兼谈当代发展经济学理论的批判借鉴 ……（158）

走向共同富裕的解决相对贫困思路研究 …………………………………………（158）

数字农业运营管理：关键问题、理论方法与示范工程 …………………………（159）

从合作社转向合作联社：市场扩展下龙头企业和农户契约选择的经济逻辑
　　——以山西省太谷县某龙头企业和土地合作社为例 …………（159）
中国走向共同富裕的战略研究 …………（160）
中国现代化进程中的粮食安全政策选择 …………（160）
数字乡村建设：作用机理、现实挑战与实施策略 …………（161）
畜牧业高质量发展：理论阐释与实现路径 …………（161）
新发展格局下中国粮食安全风险及其防范 …………（162）
常态化精准扶贫政策的完善：反福利依赖的视角 …………（162）
新时期中国粮食安全的理论辨析 …………（163）

著作 …………（165）

新发展方式与中国的未来 …………（165）
中国贫困山区发展的道路 …………（165）
中国农村改革：回顾与展望 …………（166）
以工代赈与缓解贫困 …………（167）
制度、技术与中国农业发展 …………（167）
走向21世纪的生态经济管理 …………（168）
发展理论与中国 …………（168）
农村市场经济体制建设 …………（169）
中国农村发展：理论与实践 …………（169）
华北的小农经济与社会变迁 …………（170）
联结农户与市场——中国农民中介组织探究 …………（171）
回乡，还是进城？中国农村外出劳动力回流研究 …………（171）
劳动力流动的政治经济学 …………（172）
土地、制度和农业发展 …………（173）
中国农村财政理论与实践 …………（173）
中国乡村债务问题研究 …………（174）
共有与私用：中国农地产权制度的经济学分析 …………（174）
转型时期的中国农民工：长江三角洲十六城市农民工市民化问题调查 ………（175）
中国农村留守人口研究系列：《别样童年：中国农村留守儿童》
　《阡陌独舞：中国农村留守妇女》《静寞夕阳：中国农村留守老人》 …………（175）
合作经济理论与中国农民合作社的实践 …………（176）
中国农村改革与发展概论 …………（177）
农民工市民化：制度创新与顶层政策设计 …………（177）

城乡中国（上、下） …………………………………………………………（178）
中国土地制度改革：难点、突破与政策组合 ………………………………（178）
中国农业经营制度——理论框架、变迁逻辑及案例解读 …………………（179）
扶贫开发与区域发展——我国特困地区的贫困与扶贫策略研究 …………（180）
中国农村村民自治（增订本） ………………………………………………（181）
中国减贫与发展（1978—2018） ……………………………………………（181）
新中国 70 年农村发展与制度变迁 …………………………………………（182）
新中国农业农村发展研究 70 年 ……………………………………………（183）
中国的新型小农经济：实践与理论 …………………………………………（183）
国情、传统与现代化——以农户经济为中心 ………………………………（184）
土地制度与中国发展（增订本） ……………………………………………（185）
新型城镇化重塑城乡格局 ……………………………………………………（185）
城乡大融合："三农"政策演变与趋势 ………………………………………（186）

学术动态

1949 年 ……………………………………………………………………………（191）
1950 年 ……………………………………………………………………………（191）
1952 年 ……………………………………………………………………………（191）
1954 年 ……………………………………………………………………………（191）
1958 年 ……………………………………………………………………………（191）
1978 年 ……………………………………………………………………………（191）
1979 年 ……………………………………………………………………………（192）
1981 年 ……………………………………………………………………………（192）
1982 年 ……………………………………………………………………………（192）
1984 年 ……………………………………………………………………………（192）
1985 年 ……………………………………………………………………………（193）
1986 年 ……………………………………………………………………………（193）
1991 年 ……………………………………………………………………………（193）
1992 年 ……………………………………………………………………………（193）
1993 年 ……………………………………………………………………………（193）
1994 年 ……………………………………………………………………………（194）
1999 年 ……………………………………………………………………………（194）

2003 年	（194）
2004 年	（194）
2005 年	（194）
2008 年	（194）
2009 年	（195）
2011 年	（195）
2012 年	（195）
2013 年	（195）
2015 年	（195）
2016 年	（195）
2018 年	（196）
2020 年	（196）
2021 年	（196）
2022 年	（197）

统计资料与数据

1. 农村经济总体情况及其在国民经济中的地位	（205）
2. 农村基本情况与农业生产条件	（210）
3. 农业农村投资	（216）
4. 农产品种植（养殖）面积与产量	（220）
5. 农村物价与农产品成本收益	（225）
6. 农产品供需与进出口	（229）
7. 农村居民人均收支情况	（233）
8. 农村基础设施与公共服务	（239）
9. 乡村建设	（248）
10. 税收和金融	（255）
11. 国有农场	（258）

大 事 记

1949 年	（261）
1950 年	（261）

1951 年	（261）
1953 年	（261）
1954 年	（262）
1955 年	（262）
1958 年	（262）
1962 年	（263）
1963 年	（263）
1964 年	（263）
1965 年	（263）
1968 年	（264）
1970 年	（264）
1971 年	（264）
1976 年	（264）
1977 年	（264）
1978 年	（264）
1979 年	（265）
1980 年	（266）
1981 年	（268）
1982 年	（269）
1983 年	（270）
1984 年	（271）
1985 年	（273）
1986 年	（274）
1987 年	（276）
1988 年	（277）
1989 年	（279）
1990 年	（279）
1991 年	（280）
1992 年	（281）
1993 年	（282）
1994 年	（285）
1995 年	（286）
1996 年	（287）

1997 年	（289）
1998 年	（291）
1999 年	（293）
2000 年	（295）
2001 年	（298）
2002 年	（298）
2003 年	（299）
2004 年	（300）
2005 年	（301）
2006 年	（302）
2007 年	（304）
2008 年	（305）
2009 年	（306）
2010 年	（307）
2011 年	（309）
2012 年	（310）
2013 年	（311）
2014 年	（312）
2015 年	（314）
2016 年	（316）
2017 年	（319）
2018 年	（320）
2019 年	（322）
2020 年	（323）
2021 年	（325）
2022 年	（329）

附　录

一、重要文献 …………………………………………………………………（335）
　　中华人民共和国土地改革法 ………………………………………………（335）
　　中共中央印发《关于农业生产互助合作的决议（草案）》的通知 …………（339）
　　中共中央关于实行粮食的计划收购与计划供应的决议 …………………（345）

中国共产党中央委员会关于发展农业生产合作社的决议 …………………………（350）
高级农业生产合作社示范章程 ……………………………………………………（359）
中华人民共和国户口登记条例 ……………………………………………………（371）
中华人民共和国农业税条例 ………………………………………………………（374）
中共中央关于在农村建立人民公社问题的决议 …………………………………（378）
农村人民公社工作条例修正草案 …………………………………………………（381）
中共中央关于加快农业发展若干问题的决定 ……………………………………（395）
中共中央批转《全国农村工作会议纪要》 ………………………………………（406）
中共中央关于印发《当前农村经济政策的若干问题》的通知 …………………（415）
中共中央关于一九八四年农村工作的通知 ………………………………………（423）
中共中央、国务院关于进一步活跃农村经济的十项政策 ………………………（430）
中共中央、国务院关于一九八六年农村工作的部署 ……………………………（435）
中华人民共和国土地管理法 ………………………………………………………（441）
国务院关于进一步搞活农产品流通的通知 ………………………………………（454）
中华人民共和国村民委员会组织法 ………………………………………………（458）
中共中央、国务院关于进行农村税费改革试点工作的通知 ……………………（465）
中华人民共和国农业法 ……………………………………………………………（470）
中华人民共和国农村土地承包法 …………………………………………………（483）
国务院关于全面推进农村税费改革试点工作的意见 ……………………………（491）
全国人民代表大会常务委员会关于废止《中华人民共和国农业税条例》的决定 …（495）
国务院关于建立统一的城乡居民基本养老保险制度的意见 ……………………（496）
中共中央、国务院关于打赢脱贫攻坚战的决定 …………………………………（500）
国务院关于整合城乡居民基本医疗保险制度的意见 ……………………………（510）
中共中央 国务院关于稳步推进农村集体产权制度改革的意见 ………………（514）
乡村振兴战略规划（2018—2022年） …………………………………………（519）
中共中央 国务院关于建立健全城乡融合发展体制机制和政策体系的意见 ……（564）

二、机构 ……………………………………………………………………………（572）

安徽农业大学经济管理学院 ………………………………………………………（572）
北京大学中国农业政策研究中心 …………………………………………………（572）
北京农学院经济管理学院 …………………………………………………………（573）
东北林业大学经济管理学院 ………………………………………………………（574）
东北农业大学经济管理学院 ………………………………………………………（575）
福建农林大学经济与管理学院 ……………………………………………………（576）

甘肃农业大学财经学院	（576）
河北农业大学经济管理学院	（577）
河南农业大学经济与管理学院	（578）
湖南农业大学经济学院	（579）
华南农业大学经济管理学院	（579）
华中农业大学经济管理学院	（580）
江西农业大学经济管理学院	（581）
南京林业大学经济管理学院	（583）
南京农业大学经济管理学院	（584）
内蒙古农业大学经济管理学院	（585）
青岛农业大学经济管理学院（合作社学院）	（586）
清华大学中国农村研究院	（587）
山东农业大学经济管理学院（商学院）	（587）
山西农业大学农业经济管理学院	（588）
上海财经大学城乡发展研究院	（589）
上海海洋大学经济管理学院	（589）
沈阳农业大学经济管理学院	（590）
四川农业大学经济学院	（591）
西南林业大学经济管理学院	（592）
西北农林科技大学经济管理学院	（593）
新疆农业大学经济管理学院	（594）
浙江大学中国农村发展研究院	（595）
浙江农林大学经济管理学院	（596）
中国海洋大学管理学院	（597）
中国农业大学经济管理学院	（598）
中国农业大学全球食物经济与政策研究院	（599）
中国人民大学农业与农村发展学院	（600）
中南林业科技大学商学院	（601）
安徽省社会科学院城乡经济研究所	（602）
重庆社会科学院农业农村研究所	（602）
甘肃省社会科学院农业农村发展研究所	（603）
广东省农业科学院农业经济与信息研究所	（604）
广西社会科学院农业农村研究所	（604）

贵州省社会科学院农村发展研究所 …………………………………………………（605）
河北省社会科学院农村经济研究所 …………………………………………………（605）
河南省社会科学院农村发展研究所 …………………………………………………（606）
黑龙江省社会科学院农业和农村发展研究所 ………………………………………（606）
湖北省社会科学院农村经济研究所 …………………………………………………（607）
吉林省社会科学院农村发展研究所 …………………………………………………（608）
江苏省社会科学院农村发展研究所 …………………………………………………（608）
江西省社会科学院农业农村发展研究所 ……………………………………………（609）
内蒙古自治区社会科学院牧区发展研究所 …………………………………………（609）
农业农村部管理干部学院 ……………………………………………………………（610）
农业农村部农村经济研究中心 ………………………………………………………（611）
山东社会科学院农村发展研究所 ……………………………………………………（611）
陕西省社会科学院农村发展研究所 …………………………………………………（612）
四川省农村发展研究中心 ……………………………………………………………（613）
四川省社会科学院农村发展研究所 …………………………………………………（613）
新疆社会科学院农村发展研究所 ……………………………………………………（614）
云南省社会科学院农村发展研究所 …………………………………………………（615）
中国农业科学院农业经济与发展研究所 ……………………………………………（616）
中国社会科学院农村发展研究所 ……………………………………………………（616）

三、学会 …………………………………………………………………………………（618）

中国国外农业经济研究会 ……………………………………………………………（618）
中国林牧渔业经济学会 ………………………………………………………………（618）
中国农村发展学会 ……………………………………………………………………（619）
中国农业技术经济学会 ………………………………………………………………（620）
中国农业经济学会 ……………………………………………………………………（620）
中国农业绿色发展研究会 ……………………………………………………………（621）
中国生态经济学学会 …………………………………………………………………（621）

四、期刊 …………………………………………………………………………………（623）

《华南农业大学学报（社会科学版）》 ………………………………………………（623）
《华中农业大学学报（社会科学版）》 ………………………………………………（623）
《南京农业大学学报（社会科学版）》 ………………………………………………（624）
《农林经济管理学报》 ………………………………………………………………（624）
《农业技术经济》 ……………………………………………………………………（625）

《农业经济问题》 …………………………………………………………（625）
《农业经济与管理》 ………………………………………………………（626）
《农业现代化研究》 ………………………………………………………（626）
《西北农林科技大学学报（社会科学版）》 ……………………………（627）
《中国农村观察》 …………………………………………………………（628）
《中国农村经济》 …………………………………………………………（629）
《中国农史》 ………………………………………………………………（629）
《中国农业大学学报（社会科学版）》 …………………………………（630）
《中国农业经济评论》（China Agricultural Economic Review） ………（631）

五、国家社科基金重大项目 …………………………………………………（632）

索　引 …………………………………………………………………………（639）

Contents

Disciplinary Reviews

The Study of Rural Development in China: Exploration Process and Theoretical Innovations
.... Lu Qianwen （3）

A Review of Anti-Poverty Research in China Since Reform and Opening Up
.... Tan Xuewen （49）

A Review of the Study on Rural Land Economy in China Since Reform and Opening Up
.... Wang Bin （68）

A Review of Urban-Rural Relations Research in China Since Reform and Opening Up
.... Hu Lingxiao （86）

Academic Achievements

Papers ·· （109）
    Full Implementation of Multi-Sector Agricultural Development to Accelerate
        Agricultural Modernization ··· （109）
    The Production Responsibility System Linked to Output is a Good Solution············ （109）
    The Realization of the Four Modernizations and Ecological Economics ··············· （110）
    Ecological Agriculture ·· （110）
    On the Structural Transformation of the National Economy:The Macro-Environment
        for Rural Development in the New Growth Phase ······································· （110）
    The Concept, Causes and Development Pathways of Poverty Areas ····················· （111）
    Revisiting the Farmer Issue-Changes in Chinese Farmers over the Past Decade ······ （111）
    On the China's Ternary Economic Structure································ ··············· （112）
    The Coordinated Economic and Environmental Development in Poor Areas············ （113）
    Rural Reforms and Agricultural Growth in China ··· （113）

A Review of China's Poverty Alleviation Theory and Policy Research .... （113）
China's Ternary Economic Structure and the Transfer of Agricultural Surplus Labor ...... （114）
Rural, Small Town, and Regional Development: A Review of My Community
　　Research Journey .... （115）
China's Rural Reform: Changes in State and Ownership Relations （Part I & II）:
　　A Review of Economic System Transitions .... （115）
A Brief Review of China's Poverty Alleviation Strategy .... （116）
The Theoretical Framework of Agricultural Industrial Integration .... （116）
Eco-Economic Thought and Sustainable Development .... （117）
An institutional Analysis of China's Bottom-Up Urbanization .... （117）
Theoretical and Policy Issues on Rural Collective Economy and Cooperative Economy
　　... （117）
Theoretical Issues on the Transformation of Small Farmers .... （118）
Leaving Thecountryside: Rural-to-Urban Migration Decisions in China ...... （119）
Agricultural Development and Poverty Alleviation .... （119）
Rural Financial Repression and Financial Deepening: From the Perspective of Rural
　　Residents' Loan Behavior .... （120）
Dual Price System and Supply Response: Theory and Empirical Evidence from
　　Chinese Agriculture .... （120）
Land System Transformation and Property Rights Formalization of Land Contracting
　　Rights .... （121）
China's Farmland System: An Analytical Framework .... （121）
Government and Rural Basic Medical Care Security System Choice .... （122）
The Debate on the Reform of China's Rural Credit Cooperatives System .... （122）
A Study of the Rural Cooperative Organizations in the Course of Marketization in
　　China .... （123）
Elite Mobilization in the Electoral Participation of Villagers .... （123）
Overcoming Difficulties in Public Finance at County & Township Level and
　　Innovation in Fiscal System .... （124）
Theoretical Research on Farmer Intermediary Organizations in China .... （124）
Sustainable Development's Theoretical Basis on Ecological Economics ...... （125）
Rural Urban Income Gap and Critical Point of Institutional Change .... （125）
A Growth Model of Dual Economy With Endogenous Agricultural Technology Progress
　　——The Re-analysis of "East Asian Miracle" and Chinese Economy ...... （126）
A Study of the Reform of Property Right Ownership Structure and Participation in
　　Town-and-Township Enterprises .... （127）
Sloping Land Conversion Program: Cost-effectiveness, Structural Effect and Economic
　　Sustainability—— Based on Surveys in Three Western Provinces ...... （127）

Food Safety in China	(128)
Village Trust and Biding Rotating Savings and Credit Associations	(129)
On China Rural Credit System	(129)
China's Agricultural Insurance Market Failures and Institutional Supply	(129)
Origin and Development of Agricultural-Countryside-Farmer Problems in China	(130)
Urbanization, Urban-Based Economic Policies and the Urban-Rural Inequality	(130)
Transfer Payment System and Retructuring Fiscal System at County and Township Level	(131)
Property Rights and Land Requisition System: A Critical Choice for China's Urbanization	(131)
Why We Need Rural Financial Pluralization in China: An Analysis from a Local Knowledge Paradigm Perspective	(132)
Low Income of Chinese Farmers: What are the Root Causes?	(132)
Analysis of the Effect of Agricultural Structure Adjustment on Farmers Income Increase	(132)
Urbanization, Agricultural Land System and Migrant's Social Security: A Perspective of a Developing Country in Transition and Policy Choice	(133)
The Impact of Land Ownership Structure on Agricultural Economic Growth: An Empirical Analysis on Agricultural Production Efficiency on the Chinese Mainland (1949-1978)	(133)
An Analysis of the Reform of China's Rural Governance Structure	(134)
Current Situation and Problems of the Reform of Rural Land System in China	(134)
The Change of the Nature of Rural Poverty in China and the Adjustment of Poverty Alleviation Strategy	(135)
Financial Development and Income Growth of Farmers in China	(135)
From Malthus to Solow: An Explanation for the Motivations and Obstacles Effecting Farmer Labor Emigration in China	(136)
General Report on Rural Migrant Workers in China	(136)
From Extractive Regime to "Suspended" Regime: Rural Fee Reform and the Changing Relationship Between State Peasant	(137)
Collective Ownership of Rural Land: tenure or Principal -Agent Problem	(137)
Microfinance and the Framework of Inclusive Financial System	(138)
Analysis of the Determinats of Rural Labor Migration in China	(138)
The Confluence of Three Historic Trends and the Prospects for Small-Scale Agriculture in China	(138)
The Myth of Surplus Labor Force in Rural China	(139)
Structural Imbalance Between Supply and Demand of Rural Public Services in China: Manifestations and Causes	(139)

China's Urbanization and Rural Labor Migration ……………………………………… (140)
Why Rural Policies are Easily Changed in Implementation ………………………… (140)
Overcoming Poverty Through Development: A Summary and Evaluation of
　China's 30 Years Large-Scale Poverty Reduction Experience …………………… (141)
The "Adverse Selection" in New Rural Cooperative Medical Scheme:
　Theoretical Research and Empirical Analysis ………………………………………… (141)
Analysis of Farmers Professional Cooperatives' Development Trends …………………… (142)
Company Farms: The Future of China's Agricultural Micro-Organization …………… (142)
Land Rights, Non-Agricultural Employment Opportunities and Farmers' Agricultural
　Investment ……………………………………………………………………………… (142)
The Extension of the Rationalism of the Peasantry:
　An Analysis of the Key Actors Behind the "China Miracle" — A Challenge to the
　Existing Theories and a New Analytical Framework ………………………………… (143)
Effects of Rural Vocational Education on the Income of Rural Households: An Empirical
　Study of Rural Households in Northern Jiangsu Province …………………………… (143)
Specialized Farmers' Cooperatives in China: The Interpretation of the Data of Their
　Development …………………………………………………………………………… (144)
The Logic of Rural Political Participation ………………………………………………… (144)
The Trends and Policy Issues for Rural School Layout Adjustment
　in the Last Decade in China …………………………………………………………… (145)
Rural Governance and Development in the Context of Social Structural Changes
　in Rural China ………………………………………………………………………… (145)
Agricultural Subsidy System and Policy Choice in China's Mid-Stage Industrialization
　…………………………………………………………………………………………… (146)
The Refinement of China's New Rural Social Pension Insurance System …………… (146)
The Verification of the Right to Use Farmland and Farmers Long-Term Investment in
　Farmland ………………………………………………………………………………… (147)
The Way-Out of the New Agricultural Management Entities and Its System and
　Mechanism Innovation ………………………………………………………………… (148)
Development Strategy, Urbanization and Income Gap Between Urban and Rural Areas in
　Development Strategy, Urbanization and Urban-Rural Income Gap in China …… (148)
Land Consolidation and Rural Spatial Restructuring …………………………………… (148)
China's Household Tradition and Its Rural Development Path:
　With Reference to Traditional Russian and Indian Village Communities ………… (149)
Research on Degree of Citizenization Process of Rural-Urban Migrants in China
　…………………………………………………………………………………………… (149)
Appraisal and Strategic Consideration on Food Security Status of China …………… (150)
China's Agricultural Products Market Analysis and Policy Evaluation ……………… (150)

Service Scale Management: Vertical Division of Labor, Horizontal Division
　of Labor and Specialization of Connected Farmland ……………………… (151)
China's Semi-Industrial, Semi-Agricultural Mode and Incremental Urbanization …… (151)
Structural Contradiction and Policy Transformation of Agricultural Development
　in China ……………………………………………………………………… (152)
Impact of Land Tenure Policy on Agricultural Investments in China:
　Evidence from a Panel Data Study ……………………………………… (152)
The General Principles of the China's Rural Vitalization Strategy in the New Era ……… (152)
Research on the Urban-Rural Integration and Rural Revitalization in the New Era in China
　……………………………………………………………………………… (153)
On the Strategy of Rural Revitalization in China …………………………… (153)
The Dynamics of Land Tenure System in Rural China
　Since the Reform and Opening Up ……………………………………… (154)
The Economics of the Poor: China's Poverty Alleviation Ideals,
　Practices, and Implications to the World ……………………………… (154)
From Native Rural China to Urban-Rural China:
　The Rural Transition Perspective of China Transformation ………………… (155)
Change of Factor Endowment and Improvement of
　Agricultural Capital Organic Composition:
　An Explanation of China's Agricultural Development Path Since 1978 …………… (155)
China's 40 Years of Poverty Reduction: An Exploratory Account from Historical and
　Sociological Perspectives …………………………………………………… (156)
Poverty Alleviation Practice and Theoretical Exploration Based on Small-Farm Household
　Production: A Case Study of a Small-Farm "Nested Market" Poverty Alleviation Trial
　……………………………………………………………………………… (156)
The Evolution of China's Urban-Rural Relations in the Past Seven Decades: From Separation
　to Integration ……………………………………………………………… (157)
Formation Reasons, Negative Effects and Countermeasures of Empty-Shelled Farmers'
　Cooperatives ……………………………………………………………… (157)
A Critical Reference to Contemporary Theories of Development Economics:
　A Theoretical Synthesis Based on Chinese Urban-Rural Integrated Development … (158)
A Study on the Approach of Reducing Relative Poverty and
　Achieving Common Prosperity …………………………………………… (158)
Digital Agricultural Operation and Management:
　Key Issues, Mythology and Demonstration Project …………………… (159)
From Cooperatives to Cooperative Associations: The Economic Logic of
　Contract Selection Between Leading Enterprises and Farmers Under Market Expansion
　……………………………………………………………………………… (159)

A Study on China's Strategy to Achieve Common Prosperity ………………………… （160）
The Choice of Food Security Policy in the Process of China's Modernization ……… （160）
Digital Rural Construction: Action Mechanism, Realistic Challenges and
　　Implementation Strategy ……………………………………………………………… （161）
High Quality Development of Animal Husbandry:
　　Theoretical Interpretation and Realization Path …………………………………… （161）
China's Food Security Risks and Prevention Strategy Under
　　the New Development Pattern ……………………………………………………… （162）
Improvement of Regular Targeted Poverty-Alleviation Policy: A Perspective of Reducing
　　Welfare Dependency ………………………………………………………………… （162）
A Comprehensive Theoretical Analysis of Grain Security in the New Era …………… （163）

Publications ……………………………………………………………………………… （165）
New Development Pathway and China's Future ………………………………………… （165）
The Development Pathway of China's Poor Mountain Region ………………………… （165）
China's Rural Reform: A Review and Prospect ………………………………………… （166）
Work-For-Relief and Poverty Alleviation ………………………………………………… （167）
Institution, Technology and China's Agricultural Development ………………………… （167）
Ecological Economic Management Towards the 21st Century ………………………… （168）
Development Theory and China …………………………………………………………… （168）
Construction of the Rural Market Economy System …………………………………… （169）
Rural Development in China: Theory and Practice ……………………………………… （169）
The Peasant Economy and Social Change in North China …………………………… （170）
Connecting Farmers with the Market: An Investigation into
　　Chinese Farmers Intermediary Organizations ……………………………………… （171）
Return to the Village or Go to the City? A Study on the Return Migration
　　in Rural China ………………………………………………………………………… （171）
The Political Economy of Labor Migration ……………………………………………… （172）
Land, Institutions and Agricultural Development ………………………………………… （173）
Theory and Practice of Rural Finance in China ………………………………………… （173）
A Study on Rural Debts in China ………………………………………………………… （174）
Public and Private Use: An Economic Analysis of China's Rural Land Tenure System … （174）
Migrant Workers in China During the Transition Era:
　　A Survey on the Citizenization of Migrant Workers in 16 Cities in the Yangtze River Delta
　　…………………………………………………………………………………………… （175）
A Series of Studies on the Left-Behind Population in Rural China: "A Different Childhood:
　　Left-Behind Children in Rural China", "Dancing Alone in the Fields: Left-Behind Women
　　in Rural China", "Geriatric Loneliness: Left-Behind Elderly in Rural China" …… （175）
Cooperative Economic Theory and the Practice of Chinese Farmer Cooperatives …… （176）

An Overview of Rural Reform and Development in China ·················· （177）
Citizenization of Rural Migrant Workers: Institutional Innovation and Top-Level Policy Design
　·· （177）
Urban-Rural China （Volume 1 and Volume 2） ································· （178）
Land System Reform in China: Difficulties, Breakthroughs and Policy Combinations ··· （178）
China's Agricultural Management System: Theoretical Framework, Changing Logic
　and Case Explanation ·· （179）
Poverty Alleviation and Regional Development: A Study on Poverty and Poverty Alleviation
　Strategies in China's Extremely Poor Areas ··· （180）
Village Self-Governance in Rural China （Revised Edition） ····················· （181）
Poverty Reduction and Development in China （1978-2018） ·················· （181）
Rural Development and Institutional Changes in New China in the Past Seven Decades ····· （182）
70 Years of Agriculture and Rural Development Studies in New China ················ （183）
China's New Peasant Economy: Practice and Theory ································ （183）
National Context, Tradition and Modernization-Centered on the Peasant Economy ······ （184）
Land System and China's Development （Revised Edition） ···················· （185）
New Urbanization Reshaping Urban-Rural Pattern ································ （185）
Urban-Rural integration: Evolution and Trends of "Agricultural, Rural Areas and Farmers"
　Policy ·· （186）

Academic Trends

1949 ·· （191）
1950 ·· （191）
1952 ·· （191）
1954 ·· （191）
1958 ·· （191）
1978 ·· （191）
1979 ·· （192）
1981 ·· （192）
1982 ·· （192）
1984 ·· （192）
1985 ·· （193）
1986 ·· （193）
1991 ·· （193）
1992 ·· （193）
1993 ·· （193）

1994	(194)
1999	(194)
2003	(194)
2004	(194)
2005	(194)
2008	(194)
2009	(195)
2011	(195)
2012	(195)
2013	(195)
2015	(195)
2016	(195)
2018	(196)
2020	(196)
2021	(196)
2022	(197)

Statistical Information and Data

1. The Overall Situation of Rural Economy and Its Position in the National Economy	(205)
2. Basic Rural Conditions and Agricultural Production Capacity	(210)
3. Rural and Agricultural Investment	(216)
4. Agricultural Crop Planting (Breeding) Area and Yield	(220)
5. Rural Prices and Cost Benefits of Agricultural Products	(225)
6. Supply and Demand of Agricultural Products and Their Imports and Exports	(229)
7. Per Capita Income and Consumption Expenditure of Rural Households	(233)
8. Rural Infrastructure and Public Services	(239)
9. Rural Construction	(248)
10. Taxes and Finance	(255)
11. State Farms	(258)

Chronicle of Events

1949	(261)
1950	(261)
1951	(261)

Year	Page
1953	(261)
1954	(262)
1955	(262)
1958	(262)
1962	(263)
1963	(263)
1964	(263)
1965	(263)
1968	(264)
1970	(264)
1971	(264)
1976	(264)
1977	(264)
1978	(264)
1979	(265)
1980	(266)
1981	(268)
1982	(269)
1983	(270)
1984	(271)
1985	(273)
1986	(274)
1987	(276)
1988	(277)
1989	(279)
1990	(279)
1991	(280)
1992	(281)
1993	(282)
1994	(285)
1995	(286)
1996	(287)
1997	(289)
1998	(291)
1999	(293)
2000	(295)
2001	(298)
2002	(298)

2003 ……………………………………………………………………………… （299）
2004 ……………………………………………………………………………… （300）
2005 ……………………………………………………………………………… （301）
2006 ……………………………………………………………………………… （302）
2007 ……………………………………………………………………………… （304）
2008 ……………………………………………………………………………… （305）
2009 ……………………………………………………………………………… （306）
2010 ……………………………………………………………………………… （307）
2011 ……………………………………………………………………………… （309）
2012 ……………………………………………………………………………… （310）
2013 ……………………………………………………………………………… （311）
2014 ……………………………………………………………………………… （312）
2015 ……………………………………………………………………………… （314）
2016 ……………………………………………………………………………… （316）
2017 ……………………………………………………………………………… （319）
2018 ……………………………………………………………………………… （320）
2019 ……………………………………………………………………………… （322）
2020 ……………………………………………………………………………… （323）
2021 ……………………………………………………………………………… （325）
2022 ……………………………………………………………………………… （329）

Appendix

I. Important Documents ……………………………………………………… （335）
  Land Reform Law of The People's Republic of China ……………………… （335）
  Notice on the Issuance of The " Resolution On Agricultural Production Mutual Aid
    and Cooperation （Draft）" By The Central Committee of The Communist Party of
    China （CPC） ………………………………………………………………… （339）
  Resolution of The Central Committee of The Communist Party of China （CPC） on
    Implementing Planned Procurement and Distribution of Grain ………………… （345）
  Resolution of The Central Committee of The Communist Party of China （CPC）
    on The Development of Agricultural Production Cooperatives ………………… （350）
  Model Regulations for Advanced Agricultural Producers' Cooperatives ………… （359）
  Regulations on Household Registration of The People's Republic of China ……… （371）
  Regulations on Agricultural Tax of The People's Republic of China ……………… （374）
  Resolution of the Central Committee of The Communist Party of China （CPC）
    on The Establishment of People's Communes in Rural Areas ………………… （378）

Amended Draft of The Regulations For Rural People's Communes ················· (381)
Decision of The Central Committee of The Communist Party of China (CPC) On
　　Accelerating Agricultural Development ·· (395)
The Central Committee of The Communist Party of China (CPC) Approved and
　　Transmitted The Minutes of The National Rural Work Conference ················ (406)
Notice on The Issuance of The " The Current Rural Economic Policies"
　　By The Central Committee of The Communist Party of China (CPC) ············ (415)
Notice of The Central Committee of The Communist Party of China (CPC)
　　On Rural Work in 1984 ·· (423)
Ten Policies of The Central Committee of The Communist Party of China (CPC)
　　and The State Council On Further Invigorating The Rural Economy ················ (430)
The Central Committee of The Communist Party of China (CPC) and The State Council's
　　Deployment of Rural Work in 1986 ·· (435)
Land Management Law of The People's Republic of China ································ (441)
Notice of The State Council on Further Revitalizing Agricultural Product Circulation ··· (454)
Village Committees Organizational Law of The People's Republic of China ············ (458)
Notice of The Central Committee of The Communist Party of China (CPC) and The State
　　Council On Piloting Rural Tax and Fee Reform ·· (465)
Agricultural Law of The People's Republic of China ·· (470)
Rural Land Contracting Law of The People's Republic of China ························ (483)
Opinion of The State Council on Comprehensively Promoting The Pilot Work of Rural
　　Tax and Fee Reform ·· (491)
Decision of The Standing Committee of The National People's Congress On Repealing
　　The Regulations on Agricultural Tax of The People's Republic of China ············ (495)
Opinion of The State Council on Establishing a Unified Basic Pension Insurance System
　　for Urban and Rural Residents ·· (496)
The Decision of The Central Committee of The Communist Party of China (CPC and The
　　State Council on Winning The Battle Against Poverty ·································· (500)
Opinion of The State Council on Integrating The Basic Medical Insurance System for
　　Urban and Rural Residents ·· (510)
Opinions of The Central Committee of The Communist Party of China (CPC) and The
　　State Council on Steadily Reforming The Rural Collective Property Rights System (514)
The Strategic Plan for Rural Revitalization (2018-2022) ·································· (519)
Opinions of The Central Committee of The Communist Party of China (CPC) and
　　The State Council on Establishing An Institutional Framework and Policy System
　　For Urban-Rural Integrated Development ·· (564)
II. Institutions ·· (572)
　　School of Economics and Management, Anhui Agricultural University ················ (572)

China Center For Agricultural Policy, Peking University ……………………… (572)
School of Economics and Management, Beijing University of Agricultural ………… (573)
School of Economics and Management, Northeast Forestry University ……………… (574)
School of Economics and Management, Northeast Agricultural University ………… (575)
School of Economics and Management, Fujian Agriculture and Forestry University …… (576)
School of Finance and Economics, Gansu Agricultural University…………………… (576)
School of Economics and Management, Hebei Agricultural University ……………… (577)
School of Economics and Management, Henan Agricultural University …………… (578)
School of Economics, Hunan Agricultural University ……………………………… (579)
School of Economics and Management, South China Agricultural University ……… (579)
School of Economics and Management, Huazhong Agricultural University ………… (580)
School of Economics and Management, Jiangxi Agricultural University …………… (581)
School of Economics and Management, Nanjing Forestry University ……………… (583)
School of Economics and Management, Nanjing Agricultural University …………… (584)
School of Economics and Management, Inner Mongolia Agricultural University …… (585)
School of Economics and Management, Qingdao Agricultural University
　　(Cooperative College) ……………………………………………………… (586)
China Institute for Rural Studies, Tsinghua University ……………………………… (587)
School of Economics and Management, Shandong Agricultural University
　　(Business School) …………………………………………………………… (587)
College of Agricultural Economics and Management, Shanxi Agricultural University … (588)
Institute for Urban-Rural Development, Shanghai University of Finance and Economics
　　……………………………………………………………………………… (589)
School of Economics and Management, Shanghai Ocean University ………………… (589)
School of Economics and Management, Shenyang Agricultural University ………… (590)
School of Economics, Sichuan Agricultural University ……………………………… (591)
School of Economics and Management, Southwest Forestry University …………… (592)
School of Economics and Management, Northwest A&F University ………………… (593)
School of Economics and Management, Xinjiang Agricultural University…………… (594)
China Academy for Rural Development, Zhejiang University ……………………… (595)
School of Economics and Management, Zhejiang Agriculture and Forestry University … (596)
School of Management, Ocean University of China ………………………………… (597)
School of Economics and Management, China Agricultural University …………… (598)
Academy of Global Food Economics and Policy, China Agricultural University …… (599)
School of Agriculture Economics and Rural Development, Renmin University of China
　　……………………………………………………………………………… (600)
School of Business, Central South University of Forestry &Technology …………… (601)
Institute of Urban and Rural Economy Research, Anhui Academy of Social Sciences … (602)

Institute of Agriculture and Rural Development, Chongqing Academy of Social Sciences ………………………………………………………………………… (602)
Institute of Agriculture and Rural Development, Gansu Academy of Social Sciences …… (603)
Institute of Agricultural Economics and information, Guangdong Academy of Agricultural Sciences ……………………………………………………… (604)
Institute of Agriculture and Rural Development, Guangxi Academy of Social Sciences ………………………………………………………………………… (604)
Institute of Rural Development, Guizhou Academy of Social Sciences …………… (605)
Institute of Rural Economics, Hebei Academy of Social Sciences ………………… (605)
Institute of Rural Development, Henan Academy of Social Sciences ……………… (606)
Institute of Agriculture and Rural Development, Heilongjiang Academy of Social Sciences ………………………………………………………………… (606)
Institute of Rural Economics, Hubei Academy of Social Sciences ………………… (607)
Institute of Rural Development, Jilin Academy of Social Sciences………………… (608)
Institute of Rural Development, Jiangsu Academy of Social Sciences …………… (608)
Institute of Agriculture and Rural Development, Jiangxi Academy of Social Sciences … (609)
Institute of Pastoral Area Development, Inner Mongolia Academy of Social Sciences … (609)
Administration and Management institute, Ministry of Agriculture and Rural Affairs … (610)
Rural Economic Research Center, Ministry of Agriculture and Rural Affairs………… (611)
Institute of Rural Development, Shandong Academy of Social Sciences …………… (611)
Institute of Rural Development, Shaanxi Academy of Social Sciences …………… (612)
Sichuan Center for Rural Development Research ………………………………… (613)
Institute of Rural Development, Sichuan Academy of Social Sciences …………… (613)
Institute of Rural Development, Xinjiang Academy of Social Sciences …………… (614)
Institute of Rural Development, Yunnan Academy of Social Sciences …………… (615)
Institute of Agricultural Economics and Development, Chinese Academy of Agricultural Sciences ………………………………………………………………… (616)
Institute of Rural Development, Chinese Academy of Social Sciences …………… (616)

Ⅲ. Society …………………………………………………………………………… (618)
China Society of Foreign Agricultural Economy ………………………………… (618)
China Society of Forestry, Animal Husbandry and Fishery Economics …………… (618)
Chinese Society for Rural Development …………………………………………… (619)
Chinese Society of Agricultural Technology and Economics ……………………… (620)
Chinese Association of Agricultural Economics …………………………………… (620)
China Agricultural Green Development Research Society ………………………… (621)
Chinese Ecological Economics Society …………………………………………… (621)

Ⅳ. Journals ………………………………………………………………………… (623)
Journal of South China Agricultural University (Social Science Edition) ………… (623)

Journal of Huazhong Agricultural University（Social Science Edition） ……………（623）
Journal of Nanjing Agricultural University（Social Science Edition） ……………（624）
Journal of Agro-Forestry Economics and Management ………………………………（624）
Journal of Agrotechnical Economics ……………………………………………………（625）
Issues in Agricultural Economy …………………………………………………………（625）
Agricultural Economics and Management ………………………………………………（626）
Research of Agricultural Modernization ………………………………………………（626）
Journal of Northwest A&F University（Social Science Edition） …………………（627）
China Rural Survey ………………………………………………………………………（628）
Chinese Rural Economy …………………………………………………………………（629）
History of Chinese Agriculture …………………………………………………………（629）
Journal of China Agricultural University（Social Sciences） ………………………（630）
China Agricultural Economic Review …………………………………………………（631）
V. **Major Projects of The National Social Science Found** ………………………（632）

Index ………………………………………………………………………………………（639）

学科述评

中国农村发展研究的探索历程与理论创新

芦千文*

农村是城镇之外的其他一切地域，是承担乡村功能且具有自身独特性的地域综合体（魏后凯，2023），是中国经济发展和社会稳定的根基。在发展起步、阶段升级和改革转折的关键时期，驱动中国经济社会转型升级的动因或关键基本在农村。农村经济社会持续健康发展是城镇化、工业化和农业现代化顺利推进的前提基础和内在支撑。新中国成立以来，特别是改革开放以来，农村发展的探索实践始终伴随着理论研究的跟进和推动。不管是理论研究还是实践讨论，都是从农村发展的迫切需求出发，探寻国内外的理论答案和实践经验，继而解释和推动农村发展的实践探索。农村发展的研究讨论涉及产业、建设、治理等方方面面，农业现代化也是其中的重要内容。新中国成立以来，中国农村实现了从传统落后向全面振兴的转型，进入到促进农民共同富裕、实现城乡融合发展的新阶段。理论和实践研究者以新中国成立前不同学派对农村发展问题的理论认识为基础，以学习苏联社会主义农业经济学及相关学科知识为起点，立足于农村建设、改革与发展过程，借鉴国内外的研究范式、理论工具和思想观点，认识、分析、争论、总结不同阶段农村发展的重大问题、重大实践，逐步形成顺应和推动中国农村发展的理论创新，构建起中国特色社会主义农村发展理论体系（魏后凯等，2020）。这些是推进农村发展与改革的理论支撑，蕴含着推进农村现代化的实践逻辑，更是构建中国农村发展理论的学科体系、学术体系、话语体系的重要基础。

构建中国特色农村发展理论体系，首先需要聚焦围绕重大关键问题的理论创新，梳理新中国成立以来农村发展的研究历程和理论思想，呈现农村发展理论研究的历史脉络、逻辑演变。新中国成立以来的农村发展阶段及其研究可以划分为四个时期，一是新中国成立到改革开放前，探索农村社会主义改造和建设的理论研究；二是改革开放后到21世纪初期，城乡二元结构下探索农村改革发展的理论研究；三是进入21世纪到党的十八大前，统筹城乡关系下加快农民增收农村发展的理论研究；四是党的十八大以来，新时代中国特色农村发展实践探索的理论研究。这四个阶段凸显了农村发展及理论研究的阶段性特征，并不存在截然分明的界线。对中国农村发展的理论研究进行系统梳理，有助于继续推动农村发展理论创新，加快形成新时代中国特色社会主义农村发展理论体系，为推动中国特色农业农村现代化提供理论支撑。

一、1949年到1977年：探索农村社会主义改造和建设理论

新中国成立后，中国迫切需要改变农村"一穷二白"的传统落后面貌。当时，农村发展最突出问题是传统小农的生产力低下，最紧要使命是建立社会主义制度，最核心任务是引导

---

*芦千文，中国社会科学院农村发展研究所副研究员。

农民走社会主义道路[①]。解决生产力低下的关键是破除半殖民地半封建社会的土地制度和生产关系束缚，建立社会主义的土地制度和生产关系。以马克思主义经典作家的理论思想为依据，按照基本完成社会主义改造的过渡时期总路线要求，学界研究了农业、手工业、工商业的改造路线和改造任务完成后的建设路径，逐步构建了对传统小农的社会主义改造理论，形成了社会主义计划经济体制的农村发展理论。马克思主义经典作家和苏联经验明确了合作化、集体化是改造传统小农生产方式，实现社会化大生产的基本途径。但与苏联及西方国家不同，中国不具备发展先进生产力和组织方式的工业基础。在明确以苏联式集体农庄为目标，以合作化、集体化为基本方向后，学界针对先合作社还是先机械化、先生产合作还是先供销合作展开争论，最终为走先合作化再机械化、生产合作与供销合作同步推进的道路提供了理论参考。作为把农民组织起来向社会主义过渡的基本路径，合作化、集体化道路在由互助组到初级农业生产合作社再到高级农业生产合作社的发展过程中，出现了因生产关系调整与生产力跟进不协调而产生的问题。

为顺利推进合作化、集体化，学界开展了卓有成效的研究，丰富了马克思主义的合作经济理论。如提出农业合作化与社会主义工业化不可分割，在步骤上必须相互适应（王思华，1956）；应注重分配机制对社员的激励，规定社员个人不同收入形式的适当比例（于光远等，1955）；贯彻季节包工制（小包工）、包工包产制（大包工）、计件制等生产责任制，实现对社员的有效激励（林子力等，1955；周诚，1955、1956）；应保留自留地及副业经济作为高级社经济必不可少的组成部分（宋海文，1957）。这些其实是处理好国家、合作社与农民关系的内在要求。毛泽东同志指出不能采取苏联把农民挖得很苦的政策，国家和农民，合作社和农民，都必须兼顾，不能只顾一头，无论只顾哪一头，都不利于社会主义，不利于无产阶级专政[②]。

人民公社普遍建立后，学界的研究重点转向对人民公社和计划经济的认识及管理体制的完善，并构建中国的社会主义农业经济学理论体系，揭示农业中社会主义生产关系产生和发展规律（周诚，1958）。1958年10月，人民公社制度的全面建立，标志着社会主义计划经济体制在农村的确立。一些学者反思了苏联集体农庄的教训，认为虽然人民公社有了全民所有制的成分（乌家培等，1958），具备了共产主义萌芽（朱剑农，1958），但并未突破集体所有制范畴（贺笠，1958），仍要大力发展商品生产，增加收入和积累（许涤新，1959；秦柳方，1959），并推动建立三级所有、队为基础的制度（亦农，1961；许涤新，1961）以及财务管理和经济核算（葛致达，1960）、"三包一奖"（冯田福，1961）[③]等管理和激励机制。这些研究探索为人民公社体制的稳定和发展发挥了作用。针对计划经济管理体制，学者们提出了引入价值规律改善农业计划管理的建议，如坚持总经济效果最高、全部生产资源充分利用的原则（周诚，1963）；统一管理农业生产计划和农产品征购计划（汪祥春等，1965）；

---

① 1953年底，中共中央做出《关于发展农业生产合作社的决议》，把引导农民走社会主义道路作为当时中国共产党在农村的核心任务。

② 毛泽东：《论十大关系》，《毛泽东文集》第7卷，人民出版社1999年版，第23—49页。

③ "三包一奖"是生产队（基层核算单位）对生产小队（基层生产单位）的生产进行组织领导的基本形式，是"包工、包产、包成本和超产奖励"制度的简称。

在发展农业生产的基础上扩大农产品收购，确定恰当的留购比例、收购价格以兼顾国家、集体和个人的利益（曾洪业和夏光仁，1962）；根据农业生产成本和供求状况制定农产品价格（范若一，1959）；实行商品量计划，由生产队（大队）自己决定面积和产量（刘日新，1961）。这些研究探索对于纠正计划经济体制对农村发展秩序的破坏起到了一定作用，也在一定程度上促进了计划经济管理体制的完善。

农村社会主义改造涉及农村发展的方方面面，除了制度构建外，还包括产业发展和农村建设。产业发展方面的聚焦点是农业现代化以及农业与轻重工业的关系。以提高农业生产力为核心，推进农业现代化，保障国家发展战略需要的粮食和农产品供应是这一时期农业发展的首要任务。学界主要是阐释农业现代化内涵。受"农业的根本出路在于机械化"的论断影响，农业现代化内涵阐释集中在如何结合中国实际，借鉴苏联经验，推进农业机械化（孟庆彭，1964），但也强调平衡协调推进电气化、水利化、化学化等（刘志澄等，1964）。农业现代化离不开国民经济发展和农村产业支撑，必须处理好农业与轻重工业、农村产业的关系。针对马克思主义经典作家提出的超越劳动者个人需要的农业劳动生产率是一切社会的基础的论断，学界系统论证了"农业是国民经济的基础"，认为农业除了是生产要素和国家积累的重要来源[①]外，还作为生产的起点，是其他一切劳动部门独立化和进一步发展的基础[②]，需要合理确定农业劳动在社会总劳动分配中的地位和作用（董辅礽，1963）。这对于修正苏联发展国民经济的重工业—轻工业—农业顺序对中国造成的影响起到了一定作用。针对中国执行在优先发展重工业基础上工业和农业同时并举的发展方针[③]，学界讨论了如何理解和处理好重工业同轻工业、农业相互发展的关系。针对部分学者对实行"以钢为纲"的重工业优先发展战略（俞明仁，1960）的论证，一些学者认为，坚持以农业为基础的正确道路，应当实行"以粮为纲、全面发展、多种经营"的方针（王耕今，1963）；处理好农轻重关系就是把农业放在首要地位，按照农业、轻工业、重工业的次序来安排经济生活（汪旭庄，1963；史景星等，1963）。农村产业不只是农业生产，还有保障农民生产生活需要的工业生产和商业活动。在计划经济管理体制下，学界讨论了允许和鼓励人民公社发展农村工业，兴办社办或队办企业，既满足农业生产和农民生活需要，也为城市建设和工业发展提供原料或产品。同时，在统购统销范围扩大或力度增强的背景下，学界也努力论证一定范围内保留农村商业和农民集市交易的必要性。这些研究对于改善农民生活，促进农村积累，确保农村稳定发展起到了一定作用。部分学者关注到了农村建设问题，讨论了加大农村建设投入，建立农村基本服务供给机制，为逐步提高农民生活质量作出了贡献。新中国成立初期，理论界就开展了土地改革与农村建设的讨论（张孟闻和茅左本，1950），提出了建设社会主义新农村（陈宝善，1958；王美桂，1965；王砚香，1966；山东省经济研究所农业经济组和山东大学政治经济学教研室，1966），主要是推进农村水利、供电、住宅等设施和医疗卫生、扫盲教育等服务体系及配套

[①] 许涤新：《农业在国民经济中的地位和作用》，《人民日报》1962年8月28日。

[②] 周叔莲：《不能把农业提供劳动力、市场、资金的作用说成是"非基础"作用》，《光明日报》1962年10月22日。

[③] 1962年，中共八届十中全会决定对国民经济进行调整，明确提出"以农业为基础，以工业为主导"的国民经济发展总方针。

设施建设，改善农村基础设施和公共服务，提高农民生活质量。

这一时期，农村社会主义改造和建设，奠定了农村发展和建设的制度基础，使农村土地等资源、装备设施等生产资料以及部分生活资料实现了集体所有，在人民公社和计划经济的管理体制下，做到了农村资源要素的有效动员。但户籍、就业、社会保障等城乡二元制度，限制了城乡要素流动，尤其是农村人口向城市的转移，体现为身份和待遇差别的城乡分割正式形成。加之重工业优先发展和以城市建设为中心的政策对农村建设投入非常有限，农村发展积累主要用于支持城市和工业，农村建设和农民生活陷入长期停滞状态。虽然当前从城乡关系演变的角度对此的反思性研究讨论较多，但当时几乎没有对此的研究讨论（张海鹏，2019）。

二、1977年到2002年：城乡二元结构下探索农村改革发展的理论研究

城乡二元分割制度对农村发展和农民生活的限制，累积了突出的城乡发展矛盾。农村改革前，农民迫切需要突破计划体制、经营制度、身份限制等对发展增收和改善生活的制约。党的十一届三中全会后，改革率先在农村突破，以安徽凤阳小岗村"大包干"为典型代表的生产包干制迅速扩展，形成的以包产到户为主要形式的家庭联产承包责任制迅速在全国普及，并在逐步完善过程中建立了以家庭承包经营为基础、统分结合的双层经营体制，作为农村基本经营制度延续至今。以家庭联产承包责任制迅速普及为起点，以市场化为基本取向的改革向农村经济社会各领域逐步延伸。具体表现在以下几方面。一是统购统销和计划管理逐步松动，包括农户在内的各类主体获得了生产经营自主权，从业范围和经营领域迅速拓展。二是包括商品和要素的农村市场体系逐步建立并取代计划管理和行政干预，成为驱动农业农村发展和农民就业增收的重要力量。三是随着改革领域拓展，虽然城乡二元制度基本延续下来，但部分地区农村工业化、城镇化迅速推进，城市劳动力市场逐步向农村开放，转移了部分农村剩余劳动力，促进了农村要素积累和资金投入，推动了农村经济社会迅速发展。这一时期，学界围绕农村改革发展的实践探索，借鉴发达国家理论范式和模式经验，解释和探索农村发展的理论路径，建立了中国特色社会主义市场经济理论体系下的农村发展理论，初步讨论了农村现代化实践和路径，为加大农村发展投入和以改革激发农村发展动力提供了理论支撑。

（一）理论推动农村基本经营制度的改革和完善

家庭联产承包责任制的普及看似迅速，其实经历了多次理论争鸣才最终确立家庭经营在农业生产中的基础性地位。这反映了学界对巩固和完善农村基本经营制度的突出贡献。包产到户在推行之初就引发了对向资本主义倒退、造成两极分化和农业生产力下降等质疑。学界以马克思主义理论论证了包产到户的合理性，认为其作为农业生产组织内部的责任制形式，把生产责任制和计算劳动报酬结合在一起，使集体和社员个人利益更紧密地联系起来（王贵宸和魏道南，1980），应以是否促进生产力发展作为衡量标准，将其与农业现代化对立不符合实际（王贵宸和魏道南，1981）。学界认为，从包产到户到包干到户，进一步克服了平均主义，仍是公有制经济的责任制形式（陆学艺，1981；陆学艺和王小强，1981），不能将其作为"权宜之计"，应在社会主义农业经济管理中取得合法地位（杨勋，1980）。1985年，粮食总产量连续6年增长后出现了减少，社会上出现了对家庭经营合理性的质疑。学界认为，减产原因主要是政府投入减少造成的农业物质基础削弱，应加强农业在国民经济中的基础性

地位，深化农产品流通体制改革，解决农产品卖难，完善农村合作经济体制，解决一家一户办不好的事情（陆学艺，1986）。这种情况下家庭经营长期存在的可能性更大，发展和完善联产承包责任制对建设中国特色社会主义农业意义重大（杜润生，1985）。但进入到20世纪80年代后期，家庭承包经营导致的土地细碎化与规模经营的矛盾显现出来，学界在坚持家庭承包经营合理性的前提下，呼应了发展农业规模经营的诉求，认为规模经营必须与农村非农产业发展、农村劳动力转移、机械化和社会化服务水平、生产资料所有制等相适应（《种植业适度经营规模研究》联合课题组，1987）。学界的争鸣，使社会各界对家庭承包经营的认识不断深化，家庭承包经营在农业生产中的地位和作用不断得到巩固（陆学艺和张晓明，1984）。1990年，邓小平同志作出"两个飞跃"的著名论断，其中第一个飞跃就是明确，实行家庭联产承包为主的责任制，要长期坚持不变[①]。

（二）理论推动适度规模经营路径的开拓和完善

规模经营是农业现代化的核心特征。在家庭承包经营基础上实现规模经营并不是只有单一的土地规模扩大道路。为解决规模经营难题，学界展开了研究讨论，以实现适度规模经营为核心形成了多元化、复合型经营体系的思想观点。20世纪80年代末，学界认识到规模经营的关键是生产要素配置是否经济合理，必须尊重农民自主权，保障农民利益，从政策入手激发农民对土地的投入。中国大部分地方不具备土地集中规模经营的条件，应在家庭承包经营基础上，做好统一服务、统一规划或联合经营，发展社区合作经济组织、联合体、"公司+农户"等形式（《中国农村经济》编辑部，1989）。巩固家庭承包经营地位，推动适度规模经营，需要为完善农村基本经营制度、激发家庭经营活力创造外部条件。学界针对完善农村基本经营制度的研究讨论基本上沿着三个方向。首先是20世纪80年代中期，学界创新性地提出发展农业社会化服务，推动政府农业服务体系市场化改革，发展多元化社会化服务组织，建立农业社会化服务市场，推动农业生产环节的分工与专业化（芦千文，2019）。农业社会化服务发展为以小农户为主的家庭经营采用机械化作业、采纳高效增长技术、转移过剩劳动力、实现多元渠道增收创造了条件。其次是20世纪90年代初期，针对山东潍坊等沿海地区农业产业化实践，学界分析了农业产业化机理，将农业产业化作为现代农业发展的重要方向。学界认为，以龙头企业引导农户联合进入大市场，建立起为农户提供生产服务、价格机制和规模控制的产业组织体系（刘玉满，1998），实现了用现代工业、生物技术、经营理念、组织方式改造传统农业。农业产业化的组织形式使各环节主体在相对稳定的价格下拥有稳定有保障的要素、原料来源或需求市场，降低了交易成本、促进了专业化深化（胡定寰，1997）。这说明契约形式的安排和选择具有多样性和灵活性，商品契约和要素契约具有通容性和互补性（周立群和曹利群，2002）。农业产业化在全国兴起，标志着中国农业发展进入到将稳定家庭承包经营制、创新农业经营管理方式、发展社会主义市场经济融为一体、整体推进的新

[①] 邓小平在谈论农业问题时指出："中国社会主义农业的改革与发展，从长远的观点看，要有两个飞跃。第一个飞跃，是废除人民公社，实行家庭联产承包为主的责任制。这是一个很大的前进，要长期坚持不变。第二个飞跃，是适应科学种田和生产社会化的需要，发展适度规模经营，发展集体经济。这是又一个很大的前进，当然这是很长的过程。"邓小平：《邓小平文选》第三卷，第355页，人民出版社2008年版。

阶段，形成了新的农业发展道路（牛若峰，1997）。最后是 20 世纪 80 年代末开始，理论推动农村集体经济改革和农民合作组织发展。人民公社解体后，村集体组织农民统筹经营的作用迅速弱化，面对日益激烈的市场竞争，学界既呼吁增强村集体统筹经营作用，也重视推动农民自发的专业合作组织发展。村集体经济组织经过多轮改革后以社区合作组织、股份制经济组织等形式呈现，学界对比研究了国内外的社区合作经济组织，将股份合作制作为改革的方向，认为这种渐进性的制度改革，基本上能够维持存量资产原有产权格局，保障有关各方利益基本不会受损，能为各方所接受，从而有利于吸引稀缺生产要素、实现规模经济、消除生产的外部性，但这对资产保值增值的作用尚不显著（张晓山，1992）。实际上，社区合作组织的变迁和股份合作制的推行，对发展壮大集体经济和合作经济的作用有限，也没有扭转集体经济和集体统筹功能弱化的趋势，反而造成了大量集体资产的流失，引发了社会各界对"村干部经济"的质疑。同时，起源于 20 世纪 80 年代初期的产业技术协会、专业合作社等也迅速发展起来。学界重新认识了市场引发、农民自发的专业合作行为，认为农民专业合作组织将是农户参与市场竞争、增加经营收益的有效组织形式。针对农业产业化经营中的农民利益保障，学界认为"公司+农户"模式缺乏与农民利益的紧密结合，专业合作社作为竞争性制度安排与"合作社+农户"模式并存（杜吟棠，2002），农民专业合作社主导的一体化是制度最优设计的模式，保障了农户经济利益并提供正向激励（郭晓鸣等，2007）。

（三）理论推动农村要素市场体系的建立和完善

当前，市场化改革仍是农村现代化的重要驱动力量，其中的关键是农村要素市场体系。农村要素市场体系的基本架构，是对农村改革以前形成的计划管理、统购统销和城乡分割的制度体系进行渐进性改革后建立起来的。这些改革在不同时期经历了徘徊甚至倒退。学界针对农村要素市场化改革的难题和质疑，论证了市场化改革的必要性和推进路径，推动了社会主义市场经济体制与农村发展的结合。农村改革启动后，要素市场的形成最早从允许农民承包土地的流转开始[①]。随后，中央启动了农产品统购统销体制和农业生产资料供应体制改革，从放松计划管控、实行"双轨制"，再到市场决定资源配置、政府有效调控的渐进性改革，逐步增强市场作用和农户购销自主权。这一过程中，政府计划管控和市场价格波动碰撞，引发了农产品卖难、价格大起大落、生产资料供应不畅等市场乱象。每当遇到上述问题，理论研究和政策讨论中就会出现加强政府干预和计划管控的声音，对此很多学者论证了市场化取向改革的必要性及其对策。

针对农产品购销和流通体制改革，在中央明确改革统购统销制度前[②]，学界就提出将高度集中封闭的国营粮食商业经营体制改革为以国营粮食商业为主导的开放式、多渠道的流通体制（丁声俊，1984）。为应对反复出现的农产品卖难问题，学界提出了完善市场和流通体系建设的应对之策，认为要推动农产品流通市场化改革，打破国营粮食商业系统垄断地位，

---

① 1984 年，中央提出允许承包土地有偿转让。当时出于满足"种田能手"流转孤寡老人承包地或者开展土地规模经营政策试验的需要，中央允许在有限的范围内开展已承包土地的流转。

② 1985 年，中央启动农产品统派购制度改革，将粮食、棉花统购改为合同定购，取消了生猪、水产品、蔬菜等农产品派购。随后，除了棉花由国家定价，粮、油、生猪等个别品种价格实行"双轨制"，绝大多数品种价格由市场决定。

建立国家统一管理粮食问题的专门机构（朱守银，1989）；逐步放开农产品价格，由国家参与市场调节（周其仁，1985），将为扩大运用市场机制、培育各类市场组织铺平道路作为改革重点（发展研究所综合课题组，1987）；应当弥补农产品流通中介组织发展发育缺陷（张闯和夏春玉，2005），重点发展农民合作销售组织、代理批发商和贸工农一体化经营组织（纪良纲，1996），提升农产品流通合作社的规模与实力，从立法上强化流通设施公益性职能，发挥批发市场的主导性作用（安玉发，2011），形成农产品流通多元化主体的竞争机制。此外，还有学者讨论了农产品市场开放和贸易发展，认为随着工业化快速发展和经济体制转轨，粮食进出口贸易性质和国内外粮食市场关系发生根本性变化，粮食将长期净进口并成为影响国内粮价的重要因素，需要将国内外两个粮食市场按照不同品种以不同思路并轨以降低国内粮食市场的波动幅度（叶兴庆，1996）[①]。

针对农业生产资料和乡村服务供给问题，为弥补政府服务体系和村集体服务功能弱化、农村经营主体获得自主权后迅速形成的服务缺口，学界顺应政府减少投入以推动市场化改革的倾向，论证了农业生产资料和乡村服务市场化供给的必要性和可行路径。研究内容集中在农业社会化服务体系建设，从考察国外农业社会化服务发展经验着手，提出政府涉农服务机构公益性服务市场化供给机制，多元市场主体经营性服务供给机制，以及公益性和经营性服务结合发展的路径，并将发展市场化多元化农业社会化服务作为完善家庭承包制的关键举措（陈月如，1987；宣杏云，1991；国务院研究室课题组，1992；姜利军和胡敏华，1997；李炳坤，1999）。这些研究为国家建立"以乡村集体或合作经济组织为基础，以专业经济技术部门为依托，以农民自办服务为补充"的农业社会化服务体系提供了参考，推动了市场化服务主体和服务业务大量生成，使得农业生产服务成为农村要素市场领域市场化程度最高的部分（芦千文，2019）。化肥等生产资料供应是农业增产的关键。相比农产品市场流通和农业社会化服务供给，农业生产资料供应市场化改革的进度较慢，在放松零售环节市场供应限制的同时，采取了以国营单位或国有企业专营为主、市场供应为辅的方式，但由于政府管控专营渠道供应价格，导致了化肥等生产资料"倒卖"、哄抬价格等市场乱象。对此，学界在研究中并没有强调恢复计划供应体制，而是分析市场乱象的主要原因是专营垄断弊端，提出按市场规则完善专营体制，论证了推进市场化改革、实现市场机制供应的必要性（冀名峰，1996；张光远，1995）。鉴于农业生产资料对于农业生产的重要性，在生产能力有限的情况下完全实现市场化供给不利于农业生产稳定，农业生产资料的供应和流通仍由政府涉农服务机构或国有国资企业主导。20世纪90年代初期，党中央提出建设社会主义市场经济体制后，坚定了深化市场化改革的基本方向，金融机构加快了商业化改制进程。实际上，为解决农业发展和农村建设的资金缺口问题，弥补政府财政投入不足，农业银行、农村信用合作社等涉农金融机构在机构和体系恢复后就开启了改革，以市场化方式为农业农村提供资金。但随着城乡发展差距迅速拉大、改革工作集中到城市工业部门，涉农金融机构的市场化改革导致农村资金加速流失，涉农金融机构反而成为农村资金外流的加速器，资金短缺对农业农村发展的制约日益突出。学界主要从发展农村合作金融的角度寻求破解农业农村资金短缺困境的办

[①] 大米和小麦等基本口粮品种可实行"数量联动、价格隔绝"，其他粮食则可实行数量和价格双联动。

法，认为金融体制改革造成正规银行和农村信用合作社撤离农村（何广文，1999），加之农户金融需求以应急为主，规模小、零碎化，缺乏抵押物和金融知识，容易被正规金融市场抑制与排斥（张元红，1999），应放松农村金融市场准入标准，发展多元化金融组织，形成竞争性的农村金融市场（何广文，1999）。农村金融多元化是满足农村金融服务需求的最优途径（冯兴元等，2004）。其中，从正规金融机构得到贷款的一般是富裕且具有社会资本的少数农户（叶敬忠等，2004）。农村合作金融是农民资金互助组织，具有存在与发展的永恒性（路建祥，1996），但农村信用合作社体制不具备向真正合作制过渡的可能性，容易导致官僚主义、低行政效率和寻租行为，最终形成利益集团（谢平，2001）。因此有必要发展农民自己的信用合作组织，建立为贫困地区农户提供急需的小额、及时、便利的短期贷款并以扶贫为宗旨的"扶贫银行"（杜晓山，2002）。农村合作金融主要实现农户初级层次的扩大再生产，经营性农户高级层次的扩大再生产仍需要商业金融满足（陆磊，2003），需要建立商业金融和合作金融市场相结合、政策金融和非正式金融作补充的竞争性农村金融秩序（冯兴元等，2004）。这一时期，农村合作基金会的发展是农村合作金融的重要特征，学界论证和推动了农村合作基金会的探索实践，但在监管机制不健全的背景下，农村合作基金会存在发展风险以及与农村金融机构在存贷款业务方面的竞争，使其被叫停并影响了之后农村合作金融的正常发展。

（四）理论推动城镇化工业化的探索和完善

城镇化工业化是各国现代化的核心内容。在城乡二元分割的制度背景下，城镇化工业化成为中国加快现代化建设的重要内容。农村改革初期，学界就对城镇化工业化进行了理论研究和政策讨论。有学者认为中国的城市化有两个系统，其中一个是以农村集镇为基础发展起来的小城镇系统[①]。小城镇的布局需要以生产力合理布局为基础，按照提高产量、降低成本、经济利用各项工程设施、提高人民科学文化与物质生活水平等要求确定经济联系半径，需要考虑有利于社队企业与农工商一条龙的组织发展，满足农业资源分布、农业机械化需求，适应现代交通运输要求、现代科学文教卫生事业合理服务半径、工程管线综合利用经济效果等因素进行增减调整（高尚德，1980）。小城镇是社会分工和商品交换发展的产物，以农村经济（商品经济）发展为基础，又推动农村经济进一步发展（廖康玉，1985），对于发展农村商品经济、推动农村产业结构升级具有重要作用，是转移农村劳动力、推动城市化的主要路径、必由之路（康就升，1985；王家樑和李一鸣，1987；黄加劲等，1988），是实现农村经济社会生活的第二次突破的基本途径（于光远，1984）[②]。

工业化是城镇化最重要的推动力，促成了有利于农村商品经济发展的劳动力转移机制，而商品化是农村走向现代化的根本出路，商品化的要求是城镇化。城镇化、工业化、商品化相互促进、相互支撑，是发展过程的统一体。坚持社会主义公有制和共同富裕方向，协调推进城镇化、工业化、商品化，通过工农一体、城乡协调发展，提高农民收入，实现农业农村

[①] 另一个是以大城市为核心，将现代工业分散到附近的卫星城，形成大、中、小城市互相协调发展的城市系统。

[②] 第一次突破，是突破"越大越公越好"的左倾思想和"一大二公"的框框，建立以大包干为中心的农村新的经济体制。

现代化，是改变中国二元经济结构的正确途径，也是具有中国特色的农村现代化道路。农村发展及农业剩余劳动力转移的基点应主要放在农村工业发展上（陈吉元和胡必亮，1994），并将农村工业化、城市化和农民市民化进程协调一致（黄祖辉等，1989）。推进城镇化、工业化、商品化，必须解决城乡之间、工农业之间的利益关系不平衡矛盾。其核心问题是解决农村剩余劳动力转移问题，通过建立全国统一市场体系，发展农村第三产业，建立和完善农村服务体系，促成农工商一体化，形成城乡利益共同体（戴宗贡等，1991）。有学者注意到农村工业化发展带来的"农村病"，即农村工业乡土化、农业副业化、农村生态环境恶化、小城镇发展无序化、离农人口"两栖"化，认为其根本原因是维持城乡二元经济社会结构的制度和政策。因此，应把消除对农民"统制"和对市民"统包"的城乡联动改革进行到底，推动农民与市民、农村与城市的平等竞争，实现城乡生产要素自由流动，使"离农"人口市民化成为可能。要为此开展配套性改革，深化土地制度改革，实行"耕者用其地"政策，稳妥推行土地适度规模经营，增加农业物资和技术投入，帮助专业农户提高土地产出率、农产品商品率，加快传统农业向现代农业转化，深化乡镇企业经营体制改革，允许乡镇企业资产自由转移、兼并，促使乡镇企业逐步向城镇集中，创造加快农村城市化进程必不可少的条件（顾益康等，1989）。20世纪80—90年代，农村工业化是推动整个国民经济发展的重要因素，但存在布局分散化问题，导致土地资源浪费、农村环境污染。乡镇工业向城镇地区集中，是乡镇工业发展和现代化的必然趋势，对此，应在充分利用现有城市吸纳能力基础上，以现有的小城镇和小集镇为基地，选择一些生产经营条件较好、地理位置优越的地区，集中建设一批乡镇工业密集小区，引导乡镇工业走上集中化和集约化的城镇化道路，改变"离土不离乡""进厂不进城"的做法，树立"离土又离乡""进厂又进城"的现代商品经济观念，把乡村工业化与城镇化有机结合起来，推动乡村工业发展走上城镇化的道路（魏后凯，1993）。为充分吸纳农村剩余劳动力，解决小城镇建设问题，还应发展第三产业，建立围绕小城镇发展的服务体系，推动户籍、土地、社会、资金等政策改革，打破城乡二元制度对农村劳动力流动和产业发展的限制（游宏炳，1994）。

农村改革启动后，中国城镇化工业化的推进首先源于乡镇企业的兴起，这被看成是农村经济发展的"第二个奇迹"（郭书田等，1986）。对此，学界主要从产权角度解释乡镇企业的兴起，以及从推动乡镇企业经营体制和产权制度改革的角度，认识到中国乡村生活与西方经典产权理论的产生条件不同。乡镇企业组织产权结构是"关系产权"（周雪光，2005），有效的财产权利可以在社会与国家的交易中形成（周其仁，1995），不同的经济制度环境会有不同的最优所有权安排（李稻葵，1995），非正式制度决定了产权关系并清楚地界定着模糊权利的边界（陈剑波，2000），对西方经典产权理论也提出了新挑战。针对适应社会主义市场经济要求推进乡镇企业改制，学界认识到改制模式选择是地方政府与经营层博弈的结果，生产率提高不是改革最终走向"经营者持大股"的逻辑原因（杜志雄等，2004）。其主要原因是市场完善过程中乡村政府作为所有者的缺陷暴露、优势丧失，企业经营者的作用日趋突出并从代理人成为企业的主要控制者，也就是说，市场化使支配财产权利的规则发挥作用，引起权利朝更能有效利用者的手中集中（谭秋成，1999）。这也说明，作为城乡分割体制的产物，乡镇企业随着城乡一体化的发展，存在的合理性将会在历史进程中逐步消失（杜志雄和崔红志，2001）。这预示着农村工业化、城镇化将逐步被由城市主导的工业化、城镇化所取代。

（五）理论推动农村现代化的探索和完善

党的十一届三中全会通过的《中共中央关于加快农业发展若干问题的决定（草案）》在明确"走出一条适合我国情况的农业现代化的道路"的同时，提出"全面实现农业现代化，彻底改变农村面貌，这是我国历史上一场空前的大革命"，要求"有计划地发展小城镇建设和加强城市对农村的支援"，"一定要十分注意加强小城镇的建设，逐步用现代工业交通业、现代商业服务业、现代教育科学文化卫生事业把它们武装起来，作为改变全国农村面貌的前进基地"。虽然"彻底改变农村面貌"、把小城镇"作为改变全国农村面貌的前进基地"是部署农业现代化的措施，但在今天看来却富含农村现代化的理论思想，并启发着当今的农村现代化。这引发了学界对农村现代化的理论研究和政策的讨论，意识到不能走西方工业剥削农业、农民失去土地而破产的道路；也不能走发展大城市、大工业来解决剩余劳动力的道路。必须走以小城镇为依托，发展多种农村产业，就地解决就地消化劳动力，使乡村面貌得到根本改善的道路（刘松生和樊盛耕，1984）。

中国现代化的关键在农村现代化，其难点也在农村现代化，探索一条符合中国国情的农村现代化之路，对于更快地推进中国现代化进程具有特殊重要的意义（陆学艺，1995）。农村现代化包括乡村工业化、乡村城市化、农业现代化，是一个动态的概念（刘松生和樊盛耕，1984）。其以实施家庭联产承包制为起点，经过乡镇企业发展、小城镇建设，实现城乡融合、城乡一体，最终走向区域现代化（陆学艺，1995）。这一时期，学界把改革前沿地区小城镇建设和农村发展的探索作为农村现代化的典型模式（唐火照，1984），把发展小城镇作为实现农村现代化的捷径（徐更生，1987）。由于农村经济的发展方式和地域组织结构不同，分别形成了不同的城镇化类型，如京郊、温州、苏南、深圳、苏北等。苏南和温州两类地区最具典型代表性，产生了"自上而下"和"自下而上"两种不同的发展过程，被作为当时农村现代化的典型模式（唐火照，1984；孙胤社和林雅贞，1988；中国社会科学院经济研究所温州农村调查组，1986）。由乡镇企业发展主导的苏南模式、温州模式、珠三角模式等农村工业化模式的共同特征是，中国经济结构出现了由农业部门经济、农村工业部门经济及城市部门经济构成的三元经济结构（陈吉元和胡必亮，1994）。除了注意前述提到的农村城镇化工业化面临的问题和配套性改革（陆学艺，1995；顾益康等，1989；戴宗贡等，1991；游宏炳，1994）外，还要关注到人口、资源与环境的协调发展（钱其昌，1991）。农村现代化很大程度上取决于农民科学文化素质。有学者认为农民文化科技素质低已成为农村经济发展的主要制约因素，认为必须把农村教育作为实现农村现代化的基础工程，重新认识和评价教育功能，建立农科教相互促进、协调发展的机制（刘荣勤和秦庆武，1994）。农村大办教育，吸收城市知识分子为农民服务，加速农村智力开发，是实现农村现代化的重要保证（王康，1986；李剑，1992）。"星火计划"也是推进农村现代化的重要举措（钱俊生，1986）。

推进农村现代化需要大量的人力、物力、财力投入，但改革重心转向城市后，国家在农村发展和建设领域的投入迅速减少，城乡发展差距迅速拉大。对此，学界关注了增加农村发展投入和改革乡村治理的关键问题。针对增加国家财政对农业农村的投入，相关研究认为财税体制改革没有提高地方政府增加农业财政投入的积极性，因此，保留"以工补农"政策具有必要性（朱钢，1997）；由于地方事权和财权没有划分清楚，分权反而使乡镇财政承担了应由上级政府负责的事务,导致乡镇财政支出增加、农民负担加重(谭秋成,2002),应建立与事权相适应的财政支持能力和分摊机制(张军,2002)。这一时期,农村基础设施建设和公共服务供给开始向农民筹资。对此,学界构建了"制度外财政"①概念,认为地方政府通过制度外财政提供公务物品存在随意性和不稳定性,加重了农民负担,使地方政府与农民关系趋于紧张(孙谭振和朱钢,1993)。故而需要重建统一的、规范化的农村公共资源筹集制度,实现农村公共产品供给决策程序由"自上而下"向"自下而上"转变,把现有的农民负担改为一种新的地方税种(叶兴庆,1997)。此外也要创新农村社区公共产品供给制度,构建多元化的公共品供给主体(林万龙,2002)。针对人民公社解体后为适应城乡关系变化而出现的村民自治机制改革,有学者认为在当时的情形下,村民自治面临政府税费收取的"紧约束",需要建立以公民权为基础的现代公共财政制度,加强民主决策、民主管理和民主监督(徐勇,2001),也有学者认为要明确农民的土地财产权、经营自主权、民主选举权利以及就业、迁徙、教育和纳税等城乡平等身份权利,同时推广"两委合一"制度,加强和改善党的领导(党国英,2002)。

总体上看,在改革大潮中,学界以研究改革的重要关键问题、促进改革向纵深推进为己任,为"摸着石头过河"提供理论参考和理论支撑,初步形成了中国特色社会主义市场经济的农村发展理论框架。城乡二元结构下探索农村改革和发展的理论研究,为城乡发展差距持续拉大的背景下,抑制政府减少农村发展和建设投入,呼吁各界关注和重视农村发展提供了理论依据。但一些领域盲目崇信西方理论,一味强调市场化,使得一些有益探索实践和制度成果被舍弃,导致了现在一些领域改革的停滞。

三、2002年到2012年:统筹城乡关系下加快农民增收农村发展的理论研究

按照"二元经济论",农村剩余劳动力转移完成之前,要通过城乡收入差距加快推进城镇化工业化以消化农村剩余劳动力,待城乡劳动力供不应求时,工资上涨自然会带动农村加快发展、缩小城乡发展差距。这为不少国家推进城镇化、工业化,容忍农村发展滞后甚至衰退、城乡发展差距持续拉大提供了理论依据。然而,"二元经济论"忽视了城乡发展差距拉大也是城乡发展矛盾积累的过程。城乡发展矛盾积累到一定程度就会限制甚至阻碍现代化进程。中国学界,特别是城乡关系和农村发展的研究者,学习但不崇信"二元经济论",关注城乡二元结构下的农村发展进程和城乡矛盾积累,适时提出了以城带乡、以工补农促进农民增收、加快农村发展等方面的思想和观点,为中共中央作出把"三农"工作摆在突出位置、作为重中之重,统筹城乡关系,实行工业反哺农业、城市支持农村,建立农业支持保护制度,千方百计增加农民收入,建设社会主义新农村等重大决策提供了理论支撑。21世纪初,中国农村剩余劳动力的城乡转移正处于加速阶段,统筹城乡关系、加快农村发展成为国家发展战略的重要内容。2002年,党的十六大把解决"三农"问题作为全党工作的重中之重,把统筹城乡经济社会发展作为解决城乡二元结构问题的基本方针;党的十六届三中全会将统筹城乡发展

---

① 指乡镇政府以行政力量强制性地在本辖区通过各种方式筹集资金以及由此发生的政府支出,收支范围、收费标准、收费方式及资金使用由乡镇政府根据本乡镇的实际情况而定,不纳入预算管理。

列为"五个统筹"①之首,确立实现城乡一体化发展的战略目标;党的十六届五中全会提出建设社会主义新农村。2004年起中央一号文件连续聚焦"三农"工作,启动了持续强化农业支持保护、促进农民增收、加强农村建设的"三农"发展新阶段。党的十六届四中全会做出"两个趋向"②的重要论断。党的十七大提出了城乡一体化概念。党的十七届三中全会做出"已进入着力破除城乡二元结构、形成城乡经济社会发展一体化新格局的重要时期"的判断。党的十八大进一步明确把城乡发展一体化作为解决"三农"问题的根本途径。在上述政策推动下,2008年起中国扭转了城乡收入差距拉大趋势,进入了城乡居民持续增收、收入差距持续缩小的城乡统筹发展阶段。这一时期,以统筹城乡发展为统领的农村发展探索性理论研究迅速展开,相关研究集中在以城带乡、以工补农,促进农民增收、缩小城乡收入差距,建立农业支持保护制度,改善农村基础设施和公共服务,推动产业发展和环境建设、改善农村面貌,创新农村社会治理等领域,为建立农村现代化理论体系储备了研究基础。

（一）推动以城带乡以工补农的理论探索

20世纪80年代后期,改革重心转向城市和工业后,中国城镇化工业化进入快速推进阶段,城乡发展差距迅速拉大,大量农民进城,形成农民工群体,"三农"发展矛盾迅速凸显。进入21世纪后,城镇化继续迅速推进,城乡收入差距持续拉大,农民工数量迅速增多,农村发展滞后、农业生产薄弱、农民增收缓慢的现实使"三农"成为影响经济社会稳定的突出问题。因此,有学者以"二元经济论"为依据作出中国已经接近"刘易斯拐点",到了二元结构转换的关键时期的论断（王德文,2008）。另外,也有学者认识到要突破"二元经济论"的思想理论束缚,需要从化解"三农"突出矛盾、推动城乡均衡发展的现实需要出发,调整优化城乡二元制度、破除城乡二元结构,发挥城市和工业带动"三农"发展作用,不断巩固经济社会发展的"三农"基础。在中国尚有数量庞大的农村剩余劳动力待转移进城的社会背景下,部分学者在看到农业成为国民经济中最薄弱环节、农村经济社会发展明显滞后、农民是收入水平最低的社会群体,"三农"问题成为中国经济社会发展的"瓶颈"时,意识到打破城乡二元结构的临界点已经渐近,改革城乡分割的二元经济体制迫在眉睫（蔡昉,2003）。

化解城乡发展矛盾,推动农村加快发展,缩小城乡收入差距,政府需要统筹城乡发展,通过体制政策层面的城乡统筹实现经济社会发展的城乡统筹（陈锡文,2003）。形成于计划经济时期的城乡分割二元经济体制,实质上是工业和农业在城乡的要素配置关系（武力,2007）。而到21世纪初的改革开放举措主要是使农村产品和城乡要素逐步市场化,并没有从根本上改变城乡分割的二元结构。在城乡二元结构下,城市偏向的体制机制和政策体系,使农业农村经济在资源配置和国民收入分配中处于不利地位,农村居民在发展机会和社会地位方面也处于不平等地位（韩俊,2009）。这就从城乡关系的制度层面导致农村发展滞后、农民增收缓慢,推动城乡发展差距持续拉大。党的十六大提出统筹城乡后,就有学者认识到

---

① 即统筹城乡发展、统筹区域发展、统筹经济社会发展、统筹人与自然和谐发展、统筹国内发展和对外开放。

② 即在工业化初始阶段,农业支持工业、为工业提供积累是带有普遍性的倾向;但在工业化达到相当程度后,工业反哺农业、城市支持农村,实现工业与农业、城市与农村协调发展,也是带有普遍性的倾向。

全面推进城乡一体化改革，纠正城乡差别发展的旧战略和旧体制，不仅是解决新时期"三农"问题的根本出路，也是扩大内需、保持国民经济持续增长的治本之策，更是实现中国现代化的必由之路（顾益康和邵峰，2003）。城乡统筹的关键是利益格局的调整，应让农民享有农村土地增值过程中净收益的索取权，建立更为公平的国民收入再分配体系（张晓山，2011）。城市化不能仅仅解决劳动力向城市转移问题，还需要解决城乡二元结构问题，从根本上改变农村的落后面貌（洪银兴，2007）。这需要改革支撑城乡二元结构的核心体制，包括户籍制度、土地制度、产权制度、财政制度等（陆学艺，2011），并在此基础上完善农民承包地流转制度、倡导和支持农民创业、加强失地农民社会保障等（厉以宁，2009）。统筹城乡的体制机制改革是为城市带动农村、工业支持农业创造条件。学界对城镇化工业化规律的研究和对城乡关系的讨论，为党的十六届四中全会做出"两个趋向"论断提供了理论支撑，为"工业反哺农业、城市支持农村"落地提供了参考依据。对于"工业反哺农业、城市支持农村"，学界认为其实质是把国家发展战略中对"三农"的"取"转变为"予"，要创造促进劳动力城乡合理流动、资金向农业农村流动的体制机制环境，增强农业基本资源和生产条件的可持续性，提高农村的社会发展水平（蔡昉，2006）。同时，要改变农业农村在资源配置与国民收入分配中的不利地位，加大公共财政支农力度，让公共服务更多地深入农村、惠及农民，建立地位平等、开放互通、互补互促、共同进步、平等和谐的城乡经济社会发展新格局（韩俊，2006）。

（二）推动农民增收和发展的理论探索

城乡收入差距持续拉大、农民收入增长缓慢、留守农民能力弱化是"三农"问题突出的重要表现。农民收入增长滞后不仅制约着农民生活改善和农业农村发展，更制约着中国经济结构的调整乃至经济发展方式的转变（陈锡文，2011），增加农民收入、促进农民发展成为统筹城乡关系化解发展矛盾的关键举措。小规模农业生产经营不能支撑农民家庭收入持续增长，必然要通过工农兼业、城乡就业的方式拓展多元化收入空间，通过改善农村发展环境、提高农民发展能力，实现农民快于市民的收入增速。中国学界借鉴国外理论，结合农业农村发展基础和城乡二元制度改革，试图建立起在粮食安全、农业生产、务工就业、社会保障、公共服务等领域支持农民持续增收和全面发展的理论依据。受发达国家普遍建立农业支持保护政策的启发，学界认识到农业生产的脆弱性和粮食安全的重要性，论证国家发展战略对农业农村从"取"转向"予"的必然性，论证建立农业支持保护政策、增加种粮农民收入对于调动农民种粮积极性、保障粮食安全的必要性，为推动取消农业税、制定健全农民种粮的收入和价格支持政策做出了理论贡献。中国在加入世界贸易组织后，农业开始直面国际市场竞争，小农户弱势与大农场强势反差明显，粮食产量连续下降、生产成本持续上升，依靠自己的力量保障粮食和重要农产品供给的挑战艰巨。增加农民收入的首要任务是提高农业产业竞争力、保障粮食安全稳定供给。这需要加大农业生产公共投资、改变薄弱的基础设施和创新投入（朱晶，2003），也需要建立有效的激励机制，调动国内生产者的种植积极性，保持农业生产效率和生产能力的持续提高（蔡昉，2008）。建立有效的激励机制、增加农民种粮收入和务农经营收入，才能应对国内外市场冲击、持续激发农民种粮积极性。对此，学界认识到要借鉴发达国家以农业生产补贴为主要内容的支持保护政策，以粮油产品和战略产品为重点，实行生产者收入补贴（马晓河和蓝海涛，2002），要通过生产资料补贴降低种粮成本（张晓山，2008）。此外，要建立粮食主产区利益补偿机制（魏后凯和王业强，2012），为建立健全农业生产支持保护政策提供理论支撑。

缩小城乡收入差距、增加农民收入、推动农民发展，需要为农民创造在城乡的就业创业机会，分享城镇化和工业化发展成果。农民参与城乡要素市场，虽然收入来源多元化，但实现稳定增收的难度加大，也面临不确定性，需要通过全方位的支持政策和保障举措，确保农民收入实现稳定快速增长（姜长云，2008）。学界形成促进农民增收是系统性工程，需要从多维度、多角度进行全方位考虑的共识，因此分别从农村金融（许崇正和高希武，2005；温涛等，2005）、农村税费改革（周黎安和陈烨，2005）、农业结构调整（李国祥，2005）、农村基础设施（骆永民和樊丽明，2012）、财政支农（陆文聪和吴连翠，2008）、人力资本投资（黄金辉，2004）以及农民非农就业等多角度研究了作用和对策分析。其中较为关键的是要健全农村要素市场，培育全国统一大市场，为农民创造就业创业机会（林毅夫，2003），另外还要建立向农民倾斜的国民收入再分配机制，为农民提供平等的国民待遇，创造农民增收的宏观环境（张红宇，2005）。并通过加快发展农村社会事业，增加农村教育投资，使城乡享受基本均等的公共教育服务，促进农村居民生活现代化，建立有利于农民的农业产业链模式，提高农民发展能力（方松海等，2011）。可见，学界已经注意到农民持续增收的关键是农民发展能力的持续提升。这些为统筹城乡发展、农业支持保护和农村产业发展等的战略落地和政策完善提供了理论参考，也为把握农民增收趋势性变化，完善政策体系提供了理论指导，为促进各级政府重视农民收入工作、促进农民增收发挥了关键作用。

在城镇化迅速推进的背景下，农民市民化是农民全面发展的重要内容，表现为农民工的城乡流动和市民化。有学者据此认识到农民工是渐进式城镇化道路下城乡二元体制的产物（《中国农民工战略问题研究》课题组，2009），将伴随现代化基本实现而终结。消除城乡二元结构的过程中，要构建推动农村劳动力转移和农民工市民化的社会支持体系（韩长赋，2006）。为了加快农村劳动力转移，很多学者认为应加快户籍制度及其相关制度改革，清除各种阻碍劳动力流动和人口迁移的制度性障碍（蔡昉，2007a），通过配套改革剥离户口的福利含义，消除迁移过程中的寻租动机，建立可携带的社会保障制度（王美艳和蔡昉，2008），完善就业、医疗、教育等公共服务，降低农民到城市的就业成本和居住成本（蔡昉，2007b）。农民工提供的廉价劳动力是"人口红利"的主要实现形式，但推动农村劳动力进城并不意味着要彻底实现农民工市民化。有学者通过调查发现农民工市民化意愿强烈，但不愿意以放弃农村土地承包经营权和宅基地使用权换取城镇户籍，因此应该给予农民工农村土地权益和城镇社会保障之间的选择权，建立起一种可循环的城市化机制（陶然和徐志刚，2005），从而保障农民工合法权益，促进农民工共享改革发展成果，以农村现代化拓展农民全面发展空间（国务院发展研究中心课题组，2011）。

（三）推动农村建设的理论探索

与前一时期学界对把农村现代化等同为小城镇发展和城镇化组成部分的认识不同，在以城带乡的统筹视域下，农村现代化不再是以城镇化为目标的农村建设和发展，而是在保留农村根基的基础上，推动"三农"发展，实现工农协同和城乡均衡。有学者认识到农业现代化、农村现代化、农民现代化的辩证关系，认为他们有交叉但有不同的目标和发展轨迹，不能完全涵盖在一个概念中，如现代农业产业系统已经超出农村范围，农民现代化是农业现代化和农村现代化的条件和归宿，包括农民素质、物质精神生活以及非农化和多元结构（朱道华，2002）。农村现代化除了农村空间范围内的农业现代化和农民现代化外，还应该包括农村经济、农村政治、农村文化、农村环境等全方面的现代化（袁金辉，2005），或农村工业化、城镇化、环境优化、经济体制优化、政治民主化和农村富裕化等（朱道华，2002）。中国推动城镇化工业化，不能忽视农村现代化，特别是要在通货紧缩势头下采取积极的财政政策建设农村道路、电网、自来水等基础设施和公共服务体系，这是最能发挥"四两拨千斤"的财政刺激需求和启动市场作用的领域（林毅夫，2002）；而且，要以统筹"生产发展、生活改善、生态良好"为目标，加强农村环境保护基础体系建设，在工农业生产中贯彻循环经济理念、倡导污染集中治理模式，从而解决日益突出的农村环境污染问题（苏杨和马宙宙，2006）。在逐步认清中国农村改革发展的实践和理论问题的同时，学界注意到发达国家在城镇化迅速推进和城乡发展差距迅速拉大时期，普遍采取措施开展农村建设和发展行动，推动国家做出加快农村建设和发展的战略部署。2005年10月，党的十六届五中全会提出"建设社会主义新农村"，并将其列为中国现代化进程中的重大历史任务，明确要"按照生产发展、生活宽裕、乡风文明、村容整洁、管理民主的要求，坚持从各地实际出发，尊重农民意愿，扎实稳步推进新农村建设"，还部署了推进城乡统筹、现代农业、农村改革、农村公共事业、增加农民收入等方面内容[①]。

中共中央做出建设社会主义新农村的决策部署，既是前期学界努力呼吁和推动的结果，也使学界开始广泛关注和重视农村建设和发展，并把研究重心从农业现代化拓展到农村现代化和农民现代化，聚焦到农村基础设施建设、公共服务改善和产业体系构建。建设社会主义新农村一直是国家现代化的重要目标，这在新中国成立初期就曾被提出过（罗建平和王静，2008），20世纪80年代初还曾把建设社会主义新农村作为"小康社会"的重要内容。建设社会主义新农村，既是对以往农业农村政策的延续发展，也代表了在工业反哺农业新时期"三农"工作思路的转变，是新阶段"三农"工作总抓手（曹利群和高峰，2005）。在城镇化工业化迅速推进的新阶段，建设"社会主义新农村"，是推进现代化建设的重大决策，有利于从整体上改变农村面貌、促进城乡协调发展、扩大国内需求、实现全面小康社会目标，具体包括发展农村经济、建设农村基础设施、发展农村社会事业、推进农村体制改革、建设农村现代文明、增加农民收入等内容（李炳坤，2005）。实现社会主义新农村建设的目标任务，要按照科学发展观的要求、全面小康社会的发展水准、城乡一体化发展的趋势和社会主义的本质特征，建设文明、和谐、共富的新农村，营造全党、全国、全社会合力建设的氛围，形成党委领导、政府主导、农民主体、社会共建、城市带动、改革推动的建设机制（顾益康，2006）。学界认识到，农民自觉自主地投入社会主义新农村建设的积极性，是新农村建设的关键（陆学艺，2006）。提出建设社会主义新农村标志着解决"三农"问题的政策转型已经基本完成，关键是促进农村生产方式和生活方式的根本性转变，将培养新型农民、增加农民收入和加快农村社会发展作为优先领域，将强化农村发展和农民工就业发展的公共支撑体系作为需要强化的支柱，推动城市公共服务、社会保障和生活质量逐步延伸到农村（姜长云，

---

① 《中共中央关于制定国民经济和社会发展第十一个五年规划的建议》，中国政府网，https://www.gov.cn/ztzl/2005-10/19/content_79386.htm。

2006）。建设社会主义新农村与以往的乡村建设明显不同，是要以工业和城市的发展支持和引导农村的发展，由城乡分离走向城乡一体，在国家整合下将资源尽可能地向乡村配置并激活农村内在的动力，重新建立城市与乡村的有机联系（徐勇，2006），调整国民收入分配格局，实施城乡平等的就业政策和培育壮大乡村产业组织（郑有贵，2006）。

实现城乡共同富裕、体现社会公平的社会主义新农村建设的本质要求，是难以通过市场对资源的配置作用来实现的，必须通过政府来进行宏观调控，发挥地方政府的主导作用。如通过强化地方政府对基础农业的投资功能，建立地方政府财政投资监督机制（赵春玲，2007），以及通过教育培训新农民、发展农村新产业、规划建设新村镇、组建农村新组织、塑造乡村新风貌、形成政府新职能（徐金海，2006）等方式，来实现政府的主导作用。公共服务方面，推进基本公共服务均等化是缓和城乡发展矛盾的现实需要，可以直接实现"小康社会""和谐社会"建设的发展目标，因此要以提高农业生产力、提高农民生活质量、提高农民综合素质和提升社会管理水平为导向，建立服务均衡导向的财政投入机制，构建覆盖全民、城乡一体的基本公共服务体制（项继权，2008），也要配套梯度推进义务教育、公共卫生、社会保障、公共安全、基础设施、劳动就业、文化娱乐和信息服务等公共服务项目（谢来位，2006）。产业发展方面，要以农村生产方式变革为基础工程和根本途径，改造小生产方式、构建现代农业生产方式（于金富，2007），改革旧有集体经济产权制度。还要以新型农村集体经济形式推进农村产业化、工业化、城镇化（张文茂，2006），发挥农业产业化龙头企业的综合带动效应，建立有组织、经常性、紧密型的联系，形成利益共同体，优化各种生产要素的配置，实现"以企带村、以村促企、村企共赢"（褚瑞云和赵海军，2006）。村域功能层面，作为社会主义新农村建设的基点和平台，要把农村社区从以传统自然村落为基础的文化共同体，建设成能够不断满足人们日益丰富的社会需要，提高人们生活质量的现代社会生活共同体（徐勇，2007a）。村庄布局方面，要顺应工业化社会乡村空间结构演变规律，充分发挥市场机制在资源配置中的作用，选择具有特殊资源、区位优势、人口集聚和产业发展潜力的村庄进行重点建设（白永秀，2007）。

（四）推动乡村治理功能转型的理论探索

从统筹城乡关系开始，城乡二元结构下的乡村治理方式就不再适应农业农村发展和农民城乡流动需要。农村税费改革后，尤其是取消农业税和实施农业支持保护政策，不仅改变了乡村治理基础和方式，也倒逼基层政府和村级组织从汲取资源、化解矛盾向服务"三农"发展的功能转型。这为乡村治理方式的转型和基层政权的重构提供了契机。农村税费改革初期，有研究认为"除费并税"式改革并没有打破传统税制，农村财政需求扩张仍在加剧农民负担，取消乡镇财政、废除农业税制、实行政社分治，是乡村实现有效治理的根本途径（张晓冰，2003）。农业税费的征收是国家权力的象征和汲取资源的方式，基层政府和村级组织失去了强行征收税费的能力时，面对农民诉求就会出现缺失治理资源的困难局面（吴毅，2002）。农业税取消后，农民负担迅速消减，收税、征购、摊派等传统工作取消后释放出大量的行政资源，使涉农乡镇、街道等基层政府职能明显空缺，引发了学界对撤销还是改革基层政府的讨论，形成了按照社会主义新农村建设要求重新界定乡镇政府职能、增强服务功能的共识（刘小春等，2006），提出中国农村治理结构的制度设计应以"为农民提供公共服务"为原则，从根本上改革县乡关系，向农民赋予更多的权利（邢传和毕争，2003）。不少学者认为，取消农业税和各种摊派费用、征购任务，会导致农村基层政府普遍陷入财政困境，村级组织积累债务，反而使农村公共产品供给失衡、加剧农民负担，让农村基层治理结构面临重新调整压力（寇翔，2005；杨明洪，2006）。农民负担重和农民增收难、乡村两级组织无法正常运转、义务教育和公益事业陷于瘫痪、乡村债务沉重等一系列问题，使资源短缺地区的乡村治理陷入困境（董江爱，2006）。从收粮催款中解放出来的乡镇政府却陷入了职能转换迟缓、公共产品供给艰难、粮食安全生产危机的困境；取消农业税后，乡村治理所面临的乡村财政入不敷出、乡村债务化解难上加难、农村公共品供给雪上加霜、农村基础教育投入不足等问题凸显（张立芳，2009）。农村人口的大规模流动，也在一定程度上使乡村陷入治理困境（钟海和陈晓莉，2007），倒逼着乡村治理结构改革。小农的社会化或社会化小农，改变了乡村治理的基础、资源、空间、权威、话语等条件，对乡村治理也产生了革命性的影响（邓大才，2011）。

与城乡二元结构固化背景下村级组织民主管理和自治功能难以发挥相比，统筹城乡关系、加快农村发展，需要发挥村级组织推动农业农村发展的新功能。农村税费改革和建设社会主义新农村，改变了农民与村级组织的联结关系，为村民自治拓展了空间，也带来了挑战，创造了系统性推进村民自治制度改革的时机（胡宗山和唐鸣，2009），亟须以乡村治理机制创新实现乡村善治。完善建设社会主义新农村的乡村治理机制，体现"以农民为主体，让农民得实惠"的理念，需要加强农村民主政治建设，完善村民自治机制，强化以农民为主体的意识和制度安排，建立以农民为主体的政府引导机制（徐勇，2007b）。而且，要建立公共品供需平衡的乡村治理结构，必须通过乡村社会的高度自治，形成非货币化的供给制度安排，满足农村发展的公共品需求（党国英，2006）。有学者认为，"三农"问题日益突出的根本原因是农村管理民主制度没有落实到位，需要以管理民主为核心，落实村民自治制度，减少政府行政干预、加强基层党建工作、提高村组干部素质（王晓慧，2006）。也有学者认为，建设社会主义新农村必须以农村社会基础再造为着力点，重建农民与国家间的纵向关系和农民间的横向关系（王立胜，2007）。也要重建农村基层社会及其管理体制，促进社队村组制度向社区制度转变，以整合资源、完善服务，实现上下互动、城乡一体，建构起政府公共管理与社区自我管理良性互动，公共服务与社区自我服务相互补充的新型制度平台（徐勇，2007a）。

乡村治理结构的现代转型应以统筹城乡治理手段、实现城乡社会经济一体化为主要目标（党国英，2008），选择适应农民公共需求的治理机制，构建多元化制度，通过国家与社会的良性互动，开发和整合乡村的传统资源和现代资源，最终实现乡村社会的善治与和谐（刘祖华，2007）。城乡关系调整和市场化发展，引发了乡村社会变迁，需要乡村治理结构的转变，建立"县政、乡派、村治"（徐勇，2002）[①]，以应对税费改革出现的基层治理弱化新问题，走向"强村、精乡、简县"的乡村治理结构（徐勇，2003）。也有学者认为，从乡村建设和治理的一体性考虑，不能忽略乡村治理在城乡一体化发展中的重要作用，从发展县域经济的角度调整农村治理结构，通过"强县政、精乡镇、村合作"，实现县、乡、村的资源互补和

[①] 让县级政府具有更多的治理自主性，乡镇政府专事政务和指导村民自治，村民委员会主要从事村民自治工作。

经济协同，推动农村经济和社会的发展（郑风田和李明，2006）。民主选举、公共决策、村民监督的村民自治架构，提升了乡村社会的政治民主化水平（刘国娟，2003），对于乡村政治稳定也具有重要作用（马宝成，2003）。然而，村民自治与政府行政的相互交叉或衔接不畅，容易造成针对基层政府和乡村干部的矛盾冲突（陈双鹏和陈鸿惠，2004），引发黑恶化（唐正繁，2004）等乡村治理困境，必须再造基层组织体系特别是乡镇政府，建立农民利益的政治表达机制（陈双鹏和陈鸿惠，2004）。村党组织和村民委员会的关系失调是引发乡村治理问题的重要原因，要从规范两者关系入手，优化乡村治理的内外部结构，提高村民直接选举的水平和质量，完善村民代表会议制度，使村党组织和村民委员会真正代表村民利益（马宝成，2005）。同时，还要界定村级自治权限、保证村级自治经费，明确村党支部与村委会的关系（黄爱军，2005）。农村基层党组织，尤其是行政村党组织在乡村发展中发挥着关键作用。农村基层党组织建设本身是乡村治理体系建设的重要内容，要充分发挥其在农村的指导、引导、协调和服务功能（李正华，2011）。适应社会主义新农村建设的新要求，有学者认为农村基层党组织在承担总揽全局、规划导向、宣传教育、利益表达和利益综合、协调和整合、服务村民、促进和谐、人才培养等多项功能的同时（中共安徽省委党校课题组和吴梅芳，2007），也面临职能缺失、功能弱化、能力不足的挑战，应理顺基层党组织与村民自治组织的关系，发挥基层党组织促进民主治理的作用，提高发展集体经济、带动村民致富、化解社会矛盾、培育新型农民、建设整洁村貌、提升文明乡风的能力（李海新，2011）。此外也有学者认为，在加强村民自治的同时，要大幅削减政府管辖事务，精简乡镇及其机构，减少政府行政支出，通过加大财政投入、吸引社会资金参与、探索公共事业合同承包等办法提高乡村公共服务的质量和水平（黄爱军，2005），并按照现代乡村治理结构的要求构建公共服务型乡镇政府（苗树彬和王天意，2006）。乡村社会结构的变迁，使得公共事务领域多个治理主体相互依赖，没有哪个主体拥有足够的治理资源和能力去独自治理公共事务、解决公共问题，完善乡村治理需要多元主体互动合作（任艳妮，2011），依据法律、法规和传统习俗等，给乡村社会提供公共服务，实现多元主体协同公共管理乡村（李正华，2011）。

在县乡村的制度内治理边界之外，宗族、"能人"或精英等多元化治理主体也迅速成长起来，推动了乡村治理秩序的裂变。学界对植根于乡村传统社会的宗族一直持否定态度，认为其是村民分享政治生活、集体抵御国家权力渗透的公共领域（宋宝安和赵定东，2003）。在乡村治理中的传统权力已丧失合法性，既不能直接作为治理者实施管理行为，也不能对精英选拔政策产生影响，但能影响村民日常生活，通过对村社区权力分配的非正式争夺来影响上级对管理精英的选任、影响村干部的治理行为（肖唐镖，2008）。然而，在城乡二元结构背景下的农村现代化过程中，随着乡村社会变迁的宗族变体出现，在农村社会中的作用具有两重性，出现了对宗族在乡村治理中的功能的"肯定论""负面论"与"中性论"以及宗族"重建论"与"瓦解论"（肖唐镖，2006），有学者意识到要辩证地看待其在乡村治理中的作用（寇翔，2005）。宗族复兴填补了政府管理和村民自治的若干空白，满足了社会变迁中的村民公共情感，一定程度地维持了乡村公共秩序、维护了乡村公共利益，是乡村文化的重要内核，是构成村民日常生活与交往活动的重要基础，已内化为乡村治理规则与逻辑的重要元素，在农民组织化程度低下的情况下，有助于民主政治的成长和发展，在现代化中仍有生命力（肖唐镖，2010）。与宗族类似，在乡村治理体系变革中，多元化的乡村"能人"迅速成长起来，并渗透于乡村经济、政治、社会治理的各个领域。特别是村民在选举中倾向选择有能力带领致富的候选人，"老板治村""经济能人"主政成为村庄政治的普遍现象（卢福营和戴冰洁，2007；甘满堂，2007），能促进农村社区的经济发展和农村社区的整合。培育数量充足、质量保证的乡村"能人"，疏通其参与农村公共事务管理的渠道，发挥其农村建设的"守门员"角色作用，对完善乡村治理、促进农村公益事业发展具有重要意义（李强彬，2006）。但作为乡村精英的"能人"的权力过于集中、治理制度缺位等问题，也会制约农村基层民主政治的发展（张登国和任慧颖，2008）。特别是，滋生的具有隐蔽性、分散性和暴力威胁能力的"混混"群体，在与村落、市场和国家三者的互动中，成为危害乡村社会秩序的灰色势力（陈柏峰和董磊明，2009；杨华，2009）。部分"混混"逐渐从"边缘人"向经济精英转型，与乡村治理组织形成利益同盟，共同占有惠农政策资源和地方发展成果，甚至被基层政权和灰黑势力以合谋的形式截取，国家资源向乡村的分配没有产生相应的治理效益，反而导致基层治理出现内卷化困境（李祖佩，2011；耿羽，2011）。不管是宗族还是"能人"都体现了"人治"模式在乡村秩序中的影响，制约了乡村走向现代化，应以"法治乡村"为基本目标，发挥农民的自主性和创造性，加强农村法治建设，整体推进从人治到法治的变革（江国华和项坤，2007），也要完善政府权威的约束、扩大农民政治参与，以解决乡村精英治理的局限性（张登国和任慧颖，2008）。同时，村民自治除了加强村两委会组织与制度建设之外，还需要加强村庄老年协会与乡村经济合作组织作用，全面增强村庄自我治理的能力与水平（甘满堂，2007）。

这一时期是中国农村发展和建设的关键转折阶段，统筹城乡发展，实施以城带乡、以工补农政策，建立农业支持保护政策体系，开展社会主义新农村建设，推动了农民持续快速增收和农村加快发展，扭转了城乡发展差距拉大趋势。学界对农村发展的理论和实践研究，经历了转折关键过程思想的碰撞和认识的争鸣，逐步突破了对西方经济理论和发展思想的崇拜盲从，逐步回归中国特色社会主义理论与实践，立足中国农村发展探索研究，推动农村发展和现代化进程。这一时期，仍有不少学者受西方城镇化理论影响，认为城镇化是农村发展和建设的终点，城乡发展矛盾和"三农"问题随着城镇化进程会逐步消失。还有学者认为农村改革形成的农村发展制度和治理机制阻碍了"三农"发展，不具有可持续性，因此提出了变革基础制度的建议，如废除集体所有形式（朱启臻等，2006）、实行乡镇长直接选举（杜力夫和魏登峰，2007）等。但越来越多的学者在国内外对比研究中，认识到中国农村发展实践的特殊性和独特性，从中国国情农情和制度特色出发，把研究领域从农业现代化拓展到农村现代化、农民现代化，初步形成了协同推进农村现代化和城镇化的理论认识。其重要意义在于，不再单纯强调城镇化和市场化对农村发展的带动作用，而是从农村现代化的视角推动农村发展和建设，聚焦农民农村发展需求解决"三农"突出问题，进而推动农村加快发展、缩小城乡发展差距，从而促进了国家惠农益农政策的出台，推进了社会主义新农村建设。这为新时代中国特色农村现代化发展道路的加快形成做了理论储备。

四、党的十八大以来：新时代中国特色农村现代化实践探索的理论研究

从党的十八大开始，中国特色社会主义进入新时代。围绕实现全面建成小康社会的第一个百年奋斗目标，中国重视解决农村发展不平衡不充分的突出问题，以保障粮食安全和增加农民收入为中心任务，坚持农业农村优先发展，实施脱贫攻坚战和乡村振兴战略，在国

家战略层面明确将"农业现代化"拓展成"农业农村现代化",明确农业农村现代化的战略目标和一体设计、一并推进农业现代化和农村现代化的战略路径,并以构建新型工农城乡关系为导向,加快建立城乡融合发展体制机制,有力推动了精准脱贫和乡村振兴,历史性地解决了绝对贫困问题,如期完成了全面建成小康社会的历史任务。党的二十大以来,中国进入了以中国式现代化全面推进社会主义现代化强国建设的新时代新征程。农业农村发展进入了以建设农业强国为战略目标,以农民农村共同富裕为发展导向,统筹新型城镇化和乡村全面振兴,以加快农业农村现代化更好推进中国式现代化建设的新阶段。中国式现代化的战略布局,不仅从农业现代化拓展到农业农村现代化,还把农村现代化单独凸显出来,作为建设农业强国的内在要求和必要条件,并明确了以乡村建设、乡村治理、精神文明和优秀农耕文化传承为主要内容,瞄准"农村基本具备现代生活条件"的目标,推进农村现代化。随着农村现代化被纳入全面建设社会主义现代化强国、推进中国式现代化道路的战略布局,学界对农村现代化的研究也从零星的概念和实践探讨进入系统性的实践和政策研究。进入新时代,中国特色社会主义的制度优势和发展优势凸显出来,特别是打赢脱贫攻坚战、推进乡村全面振兴和新型城镇化,创造了农业、农村、农民现代化与城乡融合发展良好局面,有力支撑了中国式现代化持续推进。这使学界对中国农村现代化的系统研究愈显理论自信,更加立足中国实践、中国制度、中国探索开展研究,形成原创性理论思想或观点,并反思以往基于国外理论或国外经验开展的理论或改革研究及所形成的实践误导和政策偏差,促进了以理论研究推动中国特色农村现代化实践探索,为构建中国特色农村发展学准备了理论基础。党的十九大报告做出实施乡村振兴战略的决策部署,强调"加快推进农业农村现代化"后,学界围绕农村现代化进行了广泛研究和讨论。农业现代化与农村现代化既有区别又有联系,农业现代化是从行业角度来界定的,是变传统农业为现代农业的过程,所涉及的农业产业链、供应链、价值链并非局限于农村;而农村现代化是从地域角度来界定的,它是变农村落后为发达并实现强美富的过程,其核心是农村发展方式的现代化(魏后凯,2021)。农村现代化可以归为人的现代化、物的现代化、治理现代化三个方面(孔祥智和赵昶,2021),细化为乡村经济社会的全面重构,包括产业现代化、生活现代化、文化现代化、治理现代化(解安和路子达,2019),具体指农村基础设施和公共服务现代化、农村居民思想观念和生活质量现代化、农村治理体系和治理能力现代化等内容(国务院发展研究中心农村经济研究部课题组等,2021)。中国农村现代化道路走出了不同于西方农村"单线式"现代化道路的"复线式"发展道路,同时蕴含着物本主义、人本主义和生态主义三种发展理念,超越了西方乡村浪漫主义,回归农村成为农业生产和人类社会生活载体的本原(刘金海,2023)。自从意识到农村现代化滞后是协调发展的短板以来,学界就围绕脱贫攻坚、乡村振兴、城乡融合等农村发展实践展开系统研究,并阐述中国特色农村现代化道路,以原创性理论研究成果推动中国特色农村现代化实践。

(一)精准脱贫持续减贫的理论创新

党的十八大以来,中国坚持精准扶贫、精准脱贫,建立了中国特色脱贫攻坚制度体系,历史性地解决了绝对贫困问题,完成全面建成小康社会的历史任务。随后,中国以确保不发生规模性返贫为底线,持续巩固拓展脱贫攻坚成果,建立健全防止返贫监测帮扶机制,增强脱贫地区和脱贫群众内生发展动力,探索农村低收入人口和欠发达地区常态化帮扶机制,让脱贫成果更加稳固、成效更可持续。这一过程中，学界及时总结和研究中国精准扶贫、防止返贫的实践探索，构建起了以精准扶贫、持续减贫为创新点的反贫困理论。20世纪80年代中期，中国启动大规模反贫困后，学界就对反贫困做法进行总结分析，把支持贫困地区经济社会发展的扶贫战略总结为以区域开发式扶贫为典型形式的增长拉动型涓滴效应战略（蔡昉，2018）。20世纪90年代中期开始，贫困发生率降到一定水平，增长拉动的减贫边际效率降低，学界提出了提高扶贫精准性的反贫困战略调整思路，瞄准贫困农户和贫困农户占绝大多数的自然村（康晓光，1995），或者直接瞄准贫困人口，形成就地开发扶贫、帮助贫困劳动力迁移和农村社会保障体系相结合的"三轨式"扶贫战略（吴国宝，1996）。对于实施精准扶贫精准脱贫方略，学界围绕精准识别、精准帮扶、精准脱贫、精准考核等实践展开讨论，认为精准扶贫在理论上表现为扶贫"对象—资源—主体"精准、扶贫"目标—过程—结果"精准以及"微观—中观—宏观"的不同扶贫层级精准（黄承伟，2016），构建专项扶贫、行业扶贫、社会扶贫有机结合、互为支撑的"三位一体"大扶贫格局，并最终形成了多元化的大规模资源投入机制和全社会共同参与的全方位扶贫体系（魏后凯，2021）。脱贫攻坚临近尾声，学界讨论了2020年后的反贫困战略调整问题，认为将进入更长期的减缓相对贫困阶段，反贫困任务的重点是提高脱贫标准与缩小相对贫困并行，向特殊群体、多维贫困、城市贫困拓展，重视阻断贫困的代际传递（何秀荣，2018）。中国减贫工作重心由治理绝对贫困转向解决相对贫困、由收入贫困治理向多维贫困治理转变，减贫工作方式将由集中作战调整为常态推进，将农村减贫纳入乡村振兴战略之中，逐步建立城乡统一的贫困标准和减少相对贫困的长效机制（魏后凯，2021）。因此，学界研究了中国的相对贫困问题，认为相对贫困具有发展能力和机会缺失的绝对内核，存在明显的发展水平相对剥夺，相对贫困治理要转向常规化，嵌入于乡村振兴战略和共享繁荣发展战略（檀学文和谭清香，2021）。在共同富裕的现代化框架下解决相对贫困，可以制定多元的相对贫困标准体系，坚持国际上普遍采纳的经济增长、人力资本投资、社会保障"三支柱"战略，并结合中国国情进行必要的调适，继续坚持发展支持战略与政策导向，对大扶贫格局进行优化，实行制度化、法治化的贫困治理（檀学文，2020）。

在中央作出设立巩固脱贫攻坚成果衔接过渡期决策后，学界围绕巩固拓展脱贫攻坚成果同乡村振兴有效衔接展开了深入讨论。从脱贫攻坚与乡村振兴两大战略的递进关系出发，认为脱贫地区的乡村振兴是对乡村地域整体功能的全方位诊断与优化，为乡村贫困问题的解决提供全方案，有效衔接的本质是通过减轻乡村内部分化，在转型统筹与良性互馈机制下，提升乡村居民发展能力与村庄发展禀赋的过程，需要从发展目标、发展主体、发展机制与实现路径上实现多维立体衔接（李宁慧和龙花楼，2022）。对此，学界讨论的焦点有脱贫攻坚政策措施的延续过渡和优化调整、防止防贫监测和重点帮扶机制、扶贫和帮扶形成资产的有效利用和监督监管、返贫风险人口和区域的重点帮扶向低收入人口和区域的常态化帮扶转轨、脱贫地区和脱贫人口内生发展动力等。脱贫攻坚期内针对原建档立卡贫困户的帮扶政策体系在5年过渡期内应遵"双渐并重、动态调整"的原则，合理把握调整节奏和力度，以守住不发生规模性返贫的底线。同时，政府应构建"一底线三支柱"政策体系，即精准性监测和帮扶体系、包容性经济增长政策、益贫性公共服务政策和可持续性社会帮扶政策，以促进低收入农户收入更快增长（林万龙和纪晓凯，2022）。可以说，中国反贫困研究是一个学习与创新同步的过程，在综合性反贫困战略、绿色减贫、精准扶贫、益贫市场、逆向资源配置等学理研究方面具有较明显的理论创新特征（檀学文，2024）。中国的反贫困及持续发展研究是对马克思主义反贫困理论的创新与发展，是中国扶贫开发与贫困治理理论的成功转型，为国家统筹产业帮扶、就业帮扶和社会保障等措施，持续巩固拓展脱贫攻坚成果、建立可持续的持续减贫防贫机制做出了理论贡献，为世界减贫提供了中国解决方案。

（二）改革激发内生动力的理论创新

体制机制改革激发的内生发展动力，是农村发展的重要驱动力量。农村体制机制改革的关键内容是土地制度和经营制度。改革开放以来，受国外研究土地制度、产权配置、交易成本、农业组织等的理论影响，国内学者以市场化改革为基本取向，争论家庭联产承包责任和农村土地农民集体所有制，讨论农业规模经营实现机制和适宜的规模经营主体，推动了农村基本经营制度沿着"分"的方向不断强化和完善，守住了巩固和完善农村基本经营制度的改革底线。党的十八大以来，适应农业现代化和农村发展阶段变化，学界围绕中央深化农村改革的决策部署开展深入研究，认识到目前阶段家庭经营在农业生产经营中的基础地位不可动摇，小农户贯穿农业现代化的现实基础不会改变，"牢牢守住土地公有制性质不改变、耕地红线不突破、农民利益不受损的底线"，必须构建具有中国特色的农村土地制度和农业经营制度，以凸显中国特色社会主义道路在农村全面发展上的制度优势。农村土地制度是农村现代化的基础制度，除了产权制度安排外，还是农民发展权益的制度实现形式。在农村土地农民集体所有制的前提下，学界研究了农民家庭承包地规模经营和权益保障的产权配置形式，推动了"三权分置"的理论创新。农村承包地"三权分置"是对中国特色农村土地经营实践探索的理论总结。实施家庭联产承包责任制后，农村土地实现了从集体所有权向所有权和承包经营权分离即"两权分置"；土地流转市场出现后，保障流转双方的权益，制度上实现承包权和经营权的分离就十分必要。这样，就形成了所有权、承包权和经营权的"三权分离"（韩俊，1999）。党的十八大以来，农村土地流转市场逐步完善，新型农业经营主体迅速发展，需要在完善农村基本经营制度的改革中回应健全土地权利结构的诉求，在坚持土地集体所有前提下建立承包地"三权分置"制度。习近平总书记指出，"完善农村基本经营制度，需要在理论上回答一个重大问题，就是农民土地承包权和土地经营权分离问题"[①]。有学者提出，土地"三权分置"在法律上的表达是土地所有权、承包经营权、经营权的内在逻辑（高圣平，2019）。预防"三权分离"可能带来的负面效应，关键是要合理界定农地所有权、承包权、经营权的权能范围（叶兴庆，2014）。要创新设置物权性质的土地经营权（孙宪忠，2016），从土地承包经营权中分离出来后，能够进行市场交易，经营权人享有农村土地占有权能、使用权能、受限处分权能、经营收益权能（肖卫东和梁春梅，2016）。农民在农村的发展权益除了承包地外，还有宅基地等集体建设用地、集体经济组织成员权利等，都涉及权利分置和权能完善问题。学界对此展开了大量对实践探索的理论研究，提出了宅基地所有权、资格权、使用权的"三权分置"制度，以及农村集体经营性建设用地直接入市和收益分配机制，集体经济组织的成员权、分配权、收益权等。这些理论探索推动了土地等乡村资源的整合盘活和有效利用，促进了农

[①] 习近平：《在中央农村工作会议上的讲话（2013年12月23日）》，《十八大以来重要文献选编》（上），中央文献出版社2014年版，第670页。

民发展权益的制度实现形式探索，奠定了激发农民参与农村发展动力、实施乡村振兴战略的制度供给的理论基础。

农村土地制度的改革为推进农业规模经营奠定了坚实基础。这就涉及另一个关键问题，农村土地和农业产业的经营制度问题。发展规模经营是农业现代化的必然趋势，首先要解决的就是选择何种规模经营主体或规模经营方式的问题。学界对此在争鸣中逐步形成了要统筹新型农业经营主体与小农户发展、建立健全立体式复合型经营体系、通过多元规模主体和服务主体在产业链上的分工协作、创新集体经济组织和农民专业合作组织参与的多元化组织联结机制、促进小农户与现代农业发展有机衔接的共识。不少学者参照国外农业现代化道路和国内现代农业发展实践，形成了把单一类型主体作为农业规模经营基本主体的理论认识。如有学者认为只有农业公司才是实现现代化的微观主体，也是小农户进入现代农业的衔接纽带（李静和陈亚坤，2022）；也有学者认为建立农民专业合作组织只具有局部性和短期性作用，不具有摆脱小农缺陷和建立起现代农业的总体性和长期性作用，以企业为母体的租赁式公司农场和以农地股份制为基础的公司农场将成为中国未来农业微观组织的重要形态（何秀荣，2009）；还有学者认为最为理想的模式是多种经营的综合性农场（朱启臻，2014），应把家庭农场作为新型农业经营主体的核心，成为未来中国农业经营体系当中最主要的形式（杜志雄和王新志，2013）。在中国长期实践中形成的农村家庭承包户和多元规模经营主体及服务主体共同发展的格局中，更多学者坚持家庭经营在农业经营中基础性地位不可动摇的理论认知，认识到小农户长期存在的现实基础，形成了聚焦小农户与现代农业发展有机衔接，按照专业化分工、组织化交易、一体化联合的逻辑，以多元化经营主体和服务主体因地制宜推进土地规模经营和服务规模经营有机结合的适度规模经营理论创新。

其主要内容包括以下几个方面。

一是注重保障农户土地承包权益。对于农村承包地的"三权分置"，不少学者认为要注意经营权和承包权的平衡，不能简单理解为做大规模经营主体（刘守英，2016），应避免经营权一权独大、符号化所有权、虚化承包权，遏制工商资本兼并农地和改变农地用途的冲动（张力和郑志峰，2015）。"三权分置"下仍要坚持和维护家庭承包经营的基础性地位，建立以土地经营权租赁为主、兼顾其他形式的土地承包经营权交易机制和承包土地的经营机制，建立以小农生产经营现代化为目标的多元化农业经营主体制度（杨一介，2018）。

二是促进小农户与现代化农业发展有机衔接。作为农业的主要经营主体，小农户贯穿中国农业现代化全程，是中国城乡二元制度背景下城镇化工业化与农业农村发展相互作用的结果。学界认识到小农户将始终是中国农业生产经营的基本主体，其长期存在是客观现实，必须与农业现代化兼容。中国实现农业现代化，不能忽视这个基础。有学者认为，中国现阶段并不具备经典理论论述或假定的小农消亡的历史条件，小农户会长期存在（丁长发，2010）。而且，在现有技术条件下，只要劳动监督问题存在，小农户在农业生产领域就具有无可比拟的优势，有必要重新审视小农经济对中国发展的历史作用[①]。党的十九大明确提出"实现小农户和现代农业发展有机衔接"后，有学者意识到，改造小农户和小农经济是实现农业现代化的主要策略，应跳出"小农消亡论"的预设框架，挖掘小农自身丰富的自然社会

[①] 姚洋：《小农生产过时了吗》，《北京日报》2017年3月6日第18版。

关系，激活以小农为主体的中国特色农业现代化之路。围绕解答如何"实现小农户和现代农业发展有机衔接"的问题，学界给出了不同的理论解释和实现路径。中国小农户具有明显的分化特征，匹配的衔接现代农业路径是多元多样的，如发挥农民专业合作社、农业产业化组织的作用，完善多种组织形态的农业社会化服务，建立"农业共营制"、产业化联合体等多种不同经营主体和服务主体的复合型经营组织体系。实现小农户与现代农业发展有机衔接，不是取代小农户在农业中的位置，而是以提高发展能力为核心发挥小农户在农业现代化中的作用，因此要基于对小农户演变趋势的科学预判，从小农户已经形成的专职化、组织化、服务化、产业化发展路径和情境选择出发，优先支持小农户沿着规模化、专业化、服务化的方向发展壮大，为小农户选择不同发展情境提供制度支持和服务支撑，帮助小农户参与现代农业产业链、供应链、价值链（芦千文和苑鹏，2021）。

三是规模经营机制的组合式创新。小农户衔接现代农业的战略要求和政策导向下，土地集中式的规模经营路径无法适应小农户多元化发展诉求，学界从分工专业化的理论视角分析实践中存在的要素中间投入服务的规模经济效应，认识到农户的农业生产经营环节卷入服务的专业化分工是衔接现代农业的主要路径，并形成了服务规模经营的理论创新。农业社会化服务的发展使小规模经营仍有发展潜力，通过农业服务领域规模经营实现农业现代化更符合现阶段中国国情（赵晓峰和赵祥云，2016）。服务规模经营的本质是分工与专业化，在要素和服务市场存在的条件下，农业分工并不会停留于农户家庭内部的自然分工，农户卷入社会化分工与生产服务外包，同样能够内生出服务规模经济性（罗必良，2017）。小农户的农业生产经营，通过专业化服务实现了生产方式现代化，也就实现了与现代农业的有机衔接，这是具有中国特色的规模经营实现方式。服务规模经营与土地规模经营相互支撑、相互促进成为立体式复合型现代农业经营方式的核心特征，也构成了中国特色农业经营体系的重要制度特征。这些理论认知为统筹新型经营主体与小农户共同发展，健全完善农业社会化服务体系和现代农业产业链发展机制，探索适合国情农情的适度规模经营道路提供了政策决策依据。

（三）现代乡村产业体系的理论创新

产业振兴是乡村振兴的基础，是解决农村一切问题的前提和实际工作的切入点，是缩小城乡发展差距、实现农民农村共同富裕的物质基础。党的十八大以来，以增加农民收入为中心任务，持续推动乡村产业发展，努力实现农村从"生产发展"到"产业兴旺"的升级，为乡村全面振兴和农民共同富裕创造基础条件。在城镇化工业化持续推进的背景下，要素从农村流向城市、产业和经济进一步向城市和非农产业集中是基本趋势，推动乡村产业发展需要以理论创新带动实践突破，构建适应城乡关系调整、激发乡村经济功能、支撑城乡要素循环的中国特色乡村产业体系，为实现城乡经济循环、释放中国经济增长潜力创造条件。

这一时期，学界对乡村产业发展的理论研究，基本是围绕现代农业产业发展、乡村产业政策导向和农村发展战略转型中的产业部署展开，形成了以农民增收和共同富裕为基本导向，开发农业多种功能、挖掘乡村多元价值，促进农村一二三产业融合发展、城乡产业梯度转移，建立联农带农机制，把更多产业环节留在农村，把更多产业增值收益留给农民，推动乡村产业全链条升级的理论路径和实践指导。如针对建设现代农业产业体系，有学者认识到农业的竞争力归根结底是农业产业体系的竞争力（曹利群，2007）；现代农业产业体系是一个专业化、社会化、一体化、网络化和综合性、复合性的系统，具有产业组织的专业化、社会化，产业要素的高端化、集成化，产业体系的一体化、网络化，产业功能的多元化、复合化，产业利益分配的市场化、契约化等特征（张克俊，2011）；要以农业供给侧结构性改革为主线，使农业产业结构升级跟上城乡消费结构升级的步伐，提高农业产业链的可持续发展能力、农业产业组织竞争力和产业综合效益，畅通创新要素进入和创新能力成长的体制机制（姜长云和杜志雄，2017），形成与现代农业生产体系、经营体系共同支撑中国特色农业现代化的发展格局。还有学者认为农村一二三产业融合发展是指农业内部各部门之间、农业与农村第二第三产业之间通过融合渗透、交叉重组等方式形成农业新产业新业态新模式的新型农业组织方式和过程（肖卫东和杜志雄，2019），可以将其实现的主要路径归结为按顺向融合方式延伸农业产业链、按逆向融合方式延伸农业产业链、农业产业化集群型融合、农业功能拓展型融合和服务业引领型融合等（姜长云，2016）。研究表明，产业融合发展促进了农村资本要素投入、人力资本积累、农业技术效率提升和生产组织模式创新，不仅提高了资源要素配置效率和农业劳动生产率，而且通过构建合理的利益分享机制，使农民在参与产业链建设中提高了创富能力、实现了收入增长（涂圣伟，2022）。

实施乡村振兴战略后，学界聚焦推动乡村产业振兴开展了深入研究，努力在理论层面构建中国特色的乡村产业振兴道路。有学者认为，乡村振兴话语体系中的产业兴旺不是单一农业的发展，而是乡村的整体进步，具有多样性、综合性和整体性特点，既要满足人们对经济效益的追求，更要满足农民自身对美好生活的需要，只有限定在乡村范围内且以农民为主体、与乡村价值体系相结合才具有实际意义，任何排斥农民的农业、排斥乡村的产业都与产业兴旺相悖（朱启臻，2018）。也有学者认为，促进城乡融合的乡村产业发展，把乡村社会与城乡大市场联结起来，带动偏远地区乡村剩余劳动力与城乡乃至全球市场联结。乡土社会的人际关系与社会伦理，是乡村产业发展的社会基础，其蕴含的产业运行机制塑造了独具特色的乡村发展和社会转型道路。发展乡村产业需理顺乡土的社会基础，充分利用乡土的社会资源，激发乡村社会的内生性动力（付伟，2018）。还有学者认为，激发乡村产业振兴的共同富裕效应，要以产业融合的根本途径来解决产业振兴难题，以公平分配的关键环节来解决利益集中问题，将产业化利益留在乡村、留给农民，以全面推动乡村振兴（胡高强和孙菲，2021）。此外，也有学者认为，从促进共同富裕的角度推进乡村产业振兴，要高度重视农业在经济发展和乡村振兴中的功能作用，促进农业农村经济多元化综合化融合化发展，引导不同类型产业组织公平竞争、优势互补，注意推进乡村产业适地适度发展和因地制宜、精准施策（姜长云，2022）。学界具体从要素支持、数字经济、产业融合、普惠金融、文旅休闲、生态农业、特色农业等角度，探索了推动乡村产业振兴的具体对策。

（四）绿色发展生态振兴的理论创新

生态环境不仅是资源也是资产，更是社会生产力与经济发展的重要组成部分，具有促进共同富裕的全局性意义（罗必良，2023）。生态和健康功能是乡村价值的重要体现，是城乡居民美好生活的重要支撑。发挥乡村的生态和健康功能，建设农村生态环境和人居环境，提高农村宜居宜业水平，发展绿色产业，增加绿色产品供应，可以重塑乡村发展路径、塑造乡村发展优势。

党的十八大以来，习近平总书记多次强调和阐述"绿水青山就是金山银山"的理念。这一时期，"绿水青山就是金山银山"是乡村绿色发展和生态振兴的理念指引，学界对其进行了系统的理论阐释，提出了一系列推动乡村绿色发展的创新理论，如生态资产、生态资本等（于法稳，2021）。乡村绿色发展和生态振兴能够成为推动乡村全面振兴，加快农业农村现代化的重要途径，关键的机理就在于"绿水青山就是金山银山"。"绿水青山就是金山银山"是社会主义生态文明观在中国背景和语境下的形象化表达（郇庆治，2016），是人与自然由冲突走向和谐的双重价值共同实现（赵建军和杨博，2015）。绿水青山和金山银山分别是自然存在的财富形态和条件优势转化成经济优势的生态财富存在形态，契合了资本循环理论与区域优势转化的一般原理，二者的关联是生态资源向生态资本再向生态财富的转化（龚勤林和陈说，2021）。从"绿水青山"到"金山银山"转化的经济学实质是生态环境正外部性在经济利益维度上的内部化，并在其上建立了生态产品价值实现机制（朱竑等，2023），涉及绿水青山保护机制、生态经济发展机制、生态价值核算机制、生态资源有偿使用和补偿机制等（秦昌波等，2018）。生态产品价值实现的内在逻辑表现为从微观上引导和规范经济主体的生态化，主要路径是生态税费、生态市场、生态补偿和绿色金融；区域绿色增长的内在逻辑体现为生态与"空间—产业—主体"转化、协同及反哺的正向循环，主要路径是空间规划、生态建设、环境美化、生态产业、传统产业生态化、高精尖产业、生态文化、生态制度、生态技术等（胡咏君等，2019）。乡村振兴过程中践行"绿水青山就是金山银山"理念，就是要加强生态环境保护，提高乡村生态宜居水平，面向城乡居民提供更多生态产品和服务，大力发展生态产业和绿色经济。提升乡村生态宜居水平是社会经济发展到一定水平后的新需求，需要生产、生活、生态和管理协同联动，生产层面是使生产同补贴、资源和农用化学品脱钩，生活层面是弘扬生态文化，建设整洁美丽宜居乡村，生态层面是扩大绿色生态空间和提高山水林田湖草系统的完整性，管理层面是做好乡村生态宜居规划、完善生态系统管护体系和发挥社区和村民的作用（李周，2019）。提供生态产品和服务可以从两个层面理解。一是生态环境作为一种公共产品，是可持续发展的必要条件，要为乡村发挥生态环境功能提供补偿，这取决于把生态系统服务纳入价值核算体系，建立健全生态公共产品可持续供给的财政补偿和付费机制。二是发展生态产业和绿色经济是提供生态产品和服务的基本途径，是"两山"转化的具体路径，主要是生态产业化和产业生态化，通过发展生态农业或绿色农业、健康养老、休闲娱乐、农旅体验等新产业新业态新场景，把生态环境转化为生态资产或资本，促进生态产品不断增值，形成生态产业与生态保护的良性循环。上述理论思想和观点已经体现到农村生态环境保护和人居环境建设、乡村绿色产业和农旅融合发展等领域。

（五）城乡融合全面振兴的理论创新

目前，农村发展已经进入到统筹新型城镇化和乡村全面振兴，开拓城乡融合发展新格局，以加快农业农村现代化推进中国式现代化的新阶段。新阶段显著的新特征是，乡村振兴战略到了全面推进乡村振兴和推进乡村全面振兴的新阶段，城乡关系调整由统筹城乡和城乡协调发展进入到推进城乡融合发展的新阶段，新型城镇化进入到以县城为重要载体、以县域经济为着力点的新阶段。农村现代化加快推进、新型城镇化稳步推进及二者的协同联动，形成的城乡融合发展驱动效应，将为中国式现代化不断注入强劲动能。学界认识到渐进性城镇化是中国式现代化的重要特征，围绕构建新型工农城乡关系，解决城乡要素流动不顺畅、公共资源配置不合理等问题，研究阐释新型城镇化和乡村振兴战略，为建立健全城乡融合发展体制机制和政策体系，统筹推进新型城镇化和实施乡村振兴战略提供了理论支撑。

城市和乡村本来就是相互依存、相互融合、互促共荣的生命共同体，城市引领、辐射和带动乡村发展，乡村则是支撑城市发展的重要依托和土壤。城市与乡村的地位和权利是平等的，乡村所承担的功能始终是不可或缺、无法替代的，必须赋予乡村平等的地位、平等的发展机会和权利以及平等甚至乡村优先的待遇。中国当下的乡村问题是城乡关系演变的集中反映，按照城市的逻辑重构乡村系统只会加剧乡村问题（刘守英和陈航，2023）。城乡二元制度和发展差距造成了二者的"分离"，继而凸显了城乡融合和乡村振兴的必然性。城乡融合是一个多层次、多领域、全方位的全面融合概念，它包括城乡要素融合、产业融合、居民融合、社会融合和生态融合等方面的内容。城乡融合发展是城乡双向融合互动和体制机制创新，是对统筹城乡发展和城乡发展一体化思想的继承和升华，本质是通过城乡开放和融合推动形成共建共享共荣的城乡生命共同体，核心是城乡公民权利平等化、城乡要素流动自由化、城乡公共资源配置均衡化、城乡基本公共服务均等化、城乡居民生活质量等值化（魏后凯，2020）。城乡融合发展以城镇与乡村资源要素流动为主线，通过产业、设施、制度与生态环境等领域融合加以实现，不应再把城市和乡村的发展看做独立的过程，而应强调城乡要素流动与互动影响，共同推动新型城镇化与乡村振兴发展进程（杨志恒，2019）。城乡融合与乡村振兴相辅相成、相互支撑，乡村振兴重在推进城乡融合系统优化重构，构建乡村地域系统转型—重构—创新发展综合体系（刘彦随，2018），城乡融合是城乡空间动态均衡的过程，通过城乡要素的重新优化配置和人口的流动，使城乡人均综合发展效益逐渐趋于相等（何仁伟，2018）。城乡融合发展体制机制是实施乡村振兴战略的制度保障，核心是改革隔绝城乡、阻碍要素合理配置的二元体制，使劳动力、土地、资金等生产要素在城乡之间从单向流动转变为平等互动，其中土地制度改革是促进城乡融合的突破口（邹一南，2020）。

中国特色的新型城镇化就是城乡融合与乡村振兴协同推进的过程。目前，中国已经进入城乡融合阶段，带来城乡研究从城乡二分范式向城乡连续体范式转变，要进一步从单向城市化思维向城乡融合思维转变，要更加注重城乡之间的联系与相互依赖性，通过改革城乡二元体制、构建促进城乡融合的发展政策，探索不同类型的城乡融合路径，促进乡村振兴（刘守英和龙婷玉，2022）。县域是城乡融合发展的重要切入点，也是实施乡村振兴战略的主战场，县域城乡融合是实现乡村振兴的基本路径（高强和薛洲，2022），也是统筹新型城镇化与乡村全面振兴的有效载体。县域城乡融合发展可以有效改善居民的福利水平、缩小城乡收入差距，应加快中国城镇化道路的阶段性转型，推进以县城为重要载体的新型城镇化，在"大国大城"的基础上推进"大国小城"战略，以乡村"镇"兴全面实施乡村振兴战略并推进县域内的城乡融合发展（罗必良和耿鹏鹏，2023）。中国式现代化赋予了县域促进城乡融合发展的过渡、衔接、交汇、转换与交融等节点功能，推进县域城乡融合发展在于优化县域城乡地域系统、推进农业转移人口梯度市民化、统筹乡村振兴与县域城镇化、推进农业农村现代化，提出了城乡融合发展的理论重构与县域实践逻辑、县域城乡要素流动机制与优化配置、县域城乡产业分工格局与功能提升、县域城乡融合发展的系统方案等新的研究课题（龙花楼等，2023）。

（六）农民农村共同富裕的理论创新

全体人民共同富裕是社会主义的本质要求，是中国式现代化的重要特征。全面建成小康社会的历史任务如期完成后，中国进入了扎实推动共同富裕的历史新阶段。促进共同富裕最艰巨最繁重的任务在农村。学界围绕农民农村共同富裕展开了深入探讨，尝试为促进农民农村共同富裕提供学理解释。新时代农民农村共同富裕是城乡融合发展的共同富裕、不同区域农村协调发展的共同富裕、农民群众物质文明与精神文明同步发展的共同富裕（蒋永穆和叶紫，2022）。有学者认识到，市场机制推动经济增长产生的国民福利提升的涓滴效应并不能必然保证实现共同富裕，其形成的财富或资产不平等比收入不平等更能加剧城乡区域分化（钟文晶和罗必良，2022）。市场力量和公共政策都存在难以完全消除排斥性风险，也蕴藏包容性机遇。促进农民农村共同富裕，需要提高乡村振兴的包容性，应推进城乡双向开放，让工业化城镇化的增长效应更公平地扩散到广大农村，让小农户以更大比例分享高效农业发展的红利，让农民农村在再分配中以更大比例获益，从而把乡村振兴的过程变成缩小城乡之间、农村不同群体之间、不同地区农村之间差距的过程（叶兴庆，2022）。

学界为促进农民农村共同富裕提出了不同解决方案，核心就是聚焦城乡发展差距的关键领域和农业农村发展的关键短板，推动农民全面发展。有学者认为，共同富裕及其内涵经历了从物质到精神文化再到多维度的横向拓展和纵向延伸，新时期共同富裕的推进应以防止返贫致贫为前提，以缩小收入差距为基础，以提升民生福祉为进路（杜志雄，2022）。缩小城乡差距是实现全体人民共同富裕的重点与难点，而权利安排和开放差异是导致收入变动差异的关键，开放农民城市权利和开放乡村权利，推动农民市民化进程，促进乡村振兴与城乡融合，是扎实推动共同富裕的关键（刘守英和李昊泽，2023）。基本公共服务的增长、分配、流动作用，使之成为促进农民农村共同富裕的实践动力机制，促进农民农村共同富裕须从价值理念、制度设计、供给能力等方面优化城乡基本公共服务供给（胡志平，2022）。农村有着不可替代的土地资源以及丰富多样的生态资源，特别是其集体所有制框架下的资产不可分性、成员权公平性以及收益共享特性，构成了农民以生态资产为线索走向共同富裕的逻辑基础。界定和盘活农村集体资产产权，构建资产资本化与生态服务交易的执行机制，是促进农民走向共同富裕的重要机制和路径（钟文晶和罗必良，2022）。新型农村集体经济具有的公有制性质、推动农村经济社会稳健发展和提升乡村治理效能的作用，决定了其能促进农民共同富裕（陈健，2022）。共同富裕政策范式的出台对农村集体经济发展提出了新的更高的要求，发展新型农村集体经济的核心是通过资本重组实现传统集体经济与市场经济的有机衔接（陈明，2023）。农民农村共同富裕涉及"三农"发展的方方面面，学界对促进农民农村共同富裕的理论探讨也涉及"三农"发展的方方面面，如乡村产业发展、农民持续增收、数字经济和数字乡村建设、农村党建和基层治理、普惠金融、农村要素市场化配置、农村精神文明建设等，阐述了各个角度促进农民农村共同富裕的逻辑机理、关键问题和对策建议。

这一时期，学界对农村发展的理论研究，聚焦于阐述农业农村优先发展、乡村振兴和乡村全面振兴、城乡融合发展、农业农村现代化等国家战略，并探讨实施乡村振兴战略、推进城乡融合发展、促进农民农村共同富裕等关键问题的逻辑机理和思路对策，从而形成了推动中国特色农村现代化的理论认知。这一时期脱贫攻坚、乡村振兴和城乡融合发展的实践探索取得了历史性成就，彰显了农村现代化与新型城镇化协同推进的发展优势，使学界把中国现代化建设的道路自信转化为理论自信。中国学界已经开始突破西方经济和发展理论，形成了认知束缚，更多立足中国国情农情，回归马克思主义理论，研究中国农村现代化的实践探索，形成了对中国特色农村现代化道路的原创性理论阐释，从而丰富和推进了中国式现代化理论。如认识到无论是刘易斯的二元经济理论，还是城市化的"极化—扩散"效应及其关联的涓滴经济学思想，均与中国城乡发展的现实情境存在反差（罗必良和耿鹏鹏，2023），涓滴效应理论忽视了社会经济制度中的生产资料所有制这一本质因素，主流产权理论关于分立的产权能够诱导效率的假定，既不能保证效率的最大化，也不能保证社会公平，更不能保证实现共同富裕（钟文晶和罗必良，2022）。不少学者也开始从中国农村现代化的实践探索出发，运用马克思主义理论溯源中国特色农村发展制度形成和演变的历史逻辑，揭示中国农村现代化的理论机理和制度逻辑。有学者依据马克思主义乡村转型理论，运用生产力和生产关系互动方法对中国乡村变迁进行系统分析，认为中国当下的乡村问题是城乡关系演变的集中反映，按照城市的逻辑重构乡村系统只会加剧乡村问题，必须重新思考乡村系统的独特性和内在逻辑，寻找乡村系统的复兴机理，从而提出了要深化乡村土地制度改革、促成农业要素的重新组合与持续升级、实现农业工业化、推动城乡融合发展等乡村现代化的可能路径（刘守英和陈航，2023）。随着对农村现代化研究的拓展和深化，学界逐步形成了对中国特色农村现代化的系统性理论认知，并逐步发挥出指导和推动中国特色农村现代化实践探索的作用。

五、中国农村发展的理论创新和进一步研究展望

探索中国特色社会主义农村现代化道路，离不开中国特色社会主义农村发展理论体系的支撑。中国农村现代化探索实践和制度演变的独特性，为"三农"学界进行原创性理论研究和实践探讨提供了丰厚土壤。总体上看，学界对农村发展的理论研究，尤其是提出的一系列符合中国国情的新观点、新思想、新理论，推动了中国特色农村现代化的稳步前进。这得益于新中国成立以来，中国"三农"学界薪火相传，以马克思主义为指导，以维护农村权益和农民利益为宗旨，吸收借鉴国外成熟的研究方法和理论成果，坚持不懈探究中国农村发展规律，研究阐释不同时期农村发展的关键问题、战略决策和主要措施，形成了立足中国实践的农村现代化理论认知和逻辑机理，为构建中国特色哲学社会科学、丰富中国特色社会主义理论体系做出了贡献。但整体而言，中国"三农"学界对农村发展的理论研究还处于碎片化零碎式的战略阐释、政策解读、实践总结阶段，系统化的理论探究和原创性的理论解析较少见，集成式的理论创造和学科建设尚未实质破题。这就使得中国特色社会主义农村发展理论和农村现代化理论体系难以形成，站在国际研究前沿的中国农村发展学派难以形成，学术体系、话语体系还处于初创阶段，在国际农村发展领域的学术地位同中国农村的相对国际地位及其重要性还不相称。因此，加快构建具有世界影响力的中国特色农村发展理论体系依然任重道远。

当前，中国特色社会主义已经进入了以中国式现代化全面推进社会主义现代化强国建设、全面推进中华民族伟大复兴的新时代新征程。农村现代化在全面小康社会历史目标如期实现的基础上，依托实施乡村振兴战略取得的历史性进展，迈入了瞄定建设农业强国战略目标，以农民农村共同富裕为导向，推进乡村全面振兴和城乡融合发展，一体设计、一并推进农业现代化和农村现代化的新阶段。在新阶段，需要面对的历史任务、艰巨挑战和重大课题已经没有现成的国外理论和成功经验可以参照，因此，亟须以突破性、原创性、前瞻性的理论创

新，加快构建以农村发展学为骨架的中国特色农村发展理论体系，为持续推进乡村全面振兴提供理论支撑，为开创中国特色农村现代化道路、贡献农村现代化的中国方案提供理论阐释。这是中国"三农"学界的使命担当。中国"三农"学界对农村发展理论研究的不懈努力，已经使研究视野从聚焦农业现代化拓展到农业农村现代化的方方面面，从照搬国外理论硬套中国农村改革实践转型到阐释中国实践的理论创新推进中国实践的新阶段。中国"三农"学界研究内容和方法的转型，为中国特色农村发展学的构建准备了基本条件。开拓中国特色农村现代化的新视野，正呼唤中国"三农"学界构建具有相应国际地位的农村发展学科体系、学术体系、话语体系。这需要在理性认识中国农村发展理论创新基础上，聚焦推进中国式现代化的理论需求，探讨如何构建中国特色农村发展学。

中国农村发展研究的理论创新，是对中国农村现代化探索实践的原创性和规律性的理论阐释。从这个意义上看，盲从盲信国外理论，生搬硬套中国改革实践，并不能算作理论创新。中国特色农村发展学，根植于中国特色农村现代化道路。构建中国特色农村发展学，首先要辨别根植于中国实践的理论创新，既包括对淹没在农村发展过程中具有特殊性的实践探索的理论阐释，也包括对农村发展的重大战略谋划、改革举措和关键问题的理论阐释。新中国成立以来，农村现代化的实践探索经历了具有独特性的制度和组织演变过程，不少"三农"学者运用马克思主义理论进行了真知灼见的讨论，其中不少理论研究对象已经成为历史，但所形成的理论认知富有启发意义，值得成为中国特色农村发展学的组成部分。如新中国成立初期对土地改革、社会主义改造、农业现代化路径、农村发展政策等的讨论，人民公社时期对农村生产经营管理体制、农业与轻重工业关系、人民公社体制等的讨论，农村市场化改革时期对家庭联产承包责任制、完善农村基本经营制度、农村供销合作和信用合作、乡镇企业改革发展、农村工业化、农村现代化内涵等的讨论，21世纪以来对统筹城乡关系、社会主义新农村建设、乡村治理体制改革、农村公共品供给、农业支持保护制度等的讨论，贯彻农村改革以来不同时期研究讨论都有设计农村现代化的内涵和路径。需要在对农村改革发展历程的总结中，充分挖掘在实践探索、改革试点与思想争鸣的碰撞中形成的富有启发意义的理论创新。党的十八大以来，中国农村发展学界从中国发展的道路优势中塑造了理论自信，注重以理论创新研究阐释中国农村发展的重大战略和改革实践，既形成了反贫困、乡村振兴、城乡融合、绿色发展和生态文明、农业农村现代化、渐进式城镇化道路、农民农村共同富裕等宏观战略层面的理论思想，也形成了小农户现代化、农村土地"三权分置"、农村产业融合、集体产权制度和新型集体经济、村庄布局优化等中微观改革举措和实践探索的理论创新。正是上述理论创新为加快构建中国农村发展学奠定了坚实基础。

中国特色农村发展学是中国农村发展的学科体系、学术体系、话语体系的骨架。在农村发展研究的理论创新基础上，建设中国特色农村发展学，需要从实践回归、理论重构、学科重建等维度进行开拓性、前瞻性谋划。

实践回归是指重回实践—理论—实践的理论研究进路。中国"三农"学界积淀的具有实质创新意义的理论观点、思想，基本上是源自中国特殊的实践探索。构建中国特色农村发展学，必须回归马克思主义的方法论，以实践为源头，立足实践开展原创性理论研究，并运用来源于中国实践的理论，阐释和指导中国实践，通过实践检验推动理论创新，形成实践深化与理论升华的良性互动和循环。回归实践，以实践为源头的理论研究进路，核心是坚持实事求是的问题导向。2024年6月2日，习近平总书记在文化传承发展座谈会上强调"坚定文化自信的首要任务，就是立足中华民族伟大历史实践和当代实践，用中国道理总结好中国经验，把中国经验提升为中国理论，既不盲从各种教条，也不照搬外国理论，实现精神上的独立自主"。[①] 回归实践的中国特色农村发展学，要以聚焦时代命题、回答时代之问为使命，聚焦农业强国建设、乡村全面振兴、城乡融合发展、农民农村共同富裕等重大战略，构建学术体系和话语体系，推动解决农村现代化面临的关键问题和艰巨挑战。这不仅是未来中国农村发展研究的重点所在，也是不断推进实践基础上的理论创新，推进农村现代化的关键所在。

理论重构是指建立中国农村发展学的理论框架及学术体系和话语体系。中国农村发展有别于发达国家的现代化进程。发达国家基本上把农村发展纳入城市化进程中，农村发展或农村现代化并没有作为一个独立的概念或领域。农村现代化是中国式现代化的重要组成内容，且是事关全局的关键领域。中国农村现代化的重要性和特殊性，以及小农户现代化、精准扶贫、乡村振兴、城乡融合、渐进式城镇化等实践探索，已经使中国现代化道路明显区别于发达国家的现代化道路。中国农村现代化道路渐显的发展优势和制度绩效，已经为突破国外理论的方法论和思维定式束缚，构建中国特色农村发展学的基础理论框架准备了基本条件。中国实施脱贫攻坚战、乡村振兴战略，推动乡村全面振兴，构建新型工农城乡关系，创新城乡融合发展体制机制，促进农民农村共同富裕等实践探索，需要通过构建中国特色农村发展学的理论框架来阐释。构建农村发展学的理论框架，要把出现区域分化、贫富差距的根源纳入到发展逻辑中，关注农村的群体差异、社会网络、制度文化、集体资产、生态资源，去探究农村发展规律，构建农村现代化理论模型，从而跳出城乡差距作为经济增长副产物的陷阱，最终实现农村现代化与农业现代化、城镇化和工业化的协同共进。这需要聚焦城乡关系、人口迁移、社会变迁、生活转型、功能拓展等多维度，运用社会学、人类学、政治学、历史学等多学科知识，拓展经济学范式，构建农村发展的理论逻辑，破除制约农村发展因素、消除导致农村落后根源。构建农村发展学，必须超越增长逻辑重构发展的理论逻辑，以农民农村共同富裕为核心价值，把马克思主义基本原理同中国农村改革发展实际、同农耕文明和优秀传统文化结合起来，建立农民和农村全面发展、城市和乡村共同发展的理论框架。中国特色的农村发展学，还要把社会主义制度、农耕文化、传统习俗、生态文明、地区差异等纳入理论分析框架，精准呈现中国农村的多样化发展逻辑。中国要构建的农村发展学，是从乡村全面振兴和城乡融合发展的视角，以促进农村发展的经济社会活动为研究对象，探讨农村发展各领域演变、关系和规律，既要揭示农村发展的一般规律和共性特征，又要立足中国实践，突出中国特色，系统阐述中国特色的农村现代化道路，实现真正的理论和精神层面的独立自主。

学科重建是指整合农村发展的学科资源，构建中国特色的农村发展学科体系。学科体系是彰显学术体系和话语体系的支撑载体，更是使理论研究有效开展的重要依托。中国特色农村现代化在中国式现代化的关键地位，决定了建立独立的农村发展学科体系势在必行。这也是建立中国特色农村现代化理论体系的必要举措。农村发展学具有明显的交叉学科特征，农村发展领域的很多理论研究散见于社会学、民族学、地理学、生态学等学科视角，经济管理

---

① 《习近平：在文化传承发展座谈会上的讲话》，中国政府网，https://www.gov.cn/yaowen/liebiao/202308/content_6901250.htm?device=app。

学科视角对农村发展的研究却集中在农业发展领域。近年来，在实施乡村振兴战略的背景下，对实现农村现代化的要求日益凸显，学界对农村发展研究的重视程度迅速提升，农村发展学科设置也被涉农高校和科研院所提上日程。管理学门类里，农村发展专业一般设置为一级学科农林经济管理专业的二级学科，涵盖硕士和博士培养层次；农学门类里，农业专业学位类别设置了农村发展领域，属于农业硕士或农业博士。本科层次专业里，农学、管理学学位授予门类里农业经济管理类专业设置了农村区域发展专业，管理学学位授予门类里农业经济管理类专业设置了乡村治理专业。在拥有自主设置专业权限的部分涉农院校，还设置了以乡村振兴或农村发展命名的专业或研究方向。这种农村发展学科格局的设置，实际上并没有凸显出农村发展研究的重要地位和交叉学科属性，理论研究、人才培养和学科建设的重心仍集中在农业领域。从加快构建中国特色农村发展学的重要意义考虑，应该推动整合分散的农村发展学科资源，建立独立的农村发展学科体系，使农村发展学成为独立的一级学科门类。独立设置的农村发展学，能够有效整合分散在各学科门类的研究资源，统筹布局、细化设置农村发展重点领域专业，加快形成农村发展学科体系，推动农村发展研究的系统化、集成化，能够补足农村发展理论研究的短板，从而加快推动中国特色农村现代化理论创新。这将为推进乡村全面振兴，加快农业农村现代化提供更好的理论支撑，也搭建了农村发展学界为中国式现代化建设贡献更多智慧和力量的载体。

展望未来，推进中国农村发展理论研究，构建中国特色农村发展学，要立足于坚持农业农村优先发展和城乡融合发展的新时代需求，强化多学科的交叉理论应用，聚焦推进乡村全面振兴、推进城乡融合发展，促进农民农村共同富裕、走中国特色农村现代化道路的重大理论与实践问题，不断推进实践基础上的方法创新、理论创新，建设中国特色的农村发展学科体系、学术体系、话语体系。中国学界应抓住构建农村发展学的重大机遇，扎根现实、深入研究，用中国道理总结中国农村发展经验，把中国农村发展经验提升为中国农村发展理论，为推动中国特色农村现代化提供更多智力支持。

参考文献：

安玉发，2011：《中国农产品流通面临的问题对策及发展趋势展望》，《农业经济与管理》第6期，第62—67页。

白永秀，2007：《社会主义新农村建设的载体及路径选择》，《学术月刊》第6期，第89—93页。

《中国农村经济》编辑部，1989：《农业适度规模经营学术讨论会观点综述》，《中国农村经济》第4期，第13—20页。

蔡昉，2003：《城乡收入差距与制度变革的临界点》，《中国社会科学》第5期，第16—25+205页。

蔡昉，2006：《"工业反哺农业、城市支持农村"的经济学分析》，《中国农村经济》第1期，第11—17页。

蔡昉，2007a：《破解农村剩余劳动力之谜》，《中国人口科学》第2期，第2—7+95页。

蔡昉，2007b：《中国劳动力市场发育与就业变化》，《经济研究》第7期，第4—14+22页。

蔡昉，2008：《刘易斯转折点后的农业发展政策选择》，《中国农村经济》第8期，第4—15+33页。

蔡昉，2018：《穷人的经济学——中国扶贫理念、实践及其全球贡献》，《世界经济与政治》第10期，第4—20+156页。

曹利群、高峰，2005：《社会主义新农村建设：从奋斗目标到行动纲领》，《探索》第6期，第4—7+18页。

曹利群，2007：《现代农业产业体系的内涵与特征》，《宏观经济管理》第9期，第40—42页。

陈柏峰、董磊明，2009：《乡村治理的软肋：灰色势力》，《经济社会体制比较》第4期，第142—146+16页。

陈宝善，1958：《建设社会主义新农村的促进派》，《教学与研究》第8期，第31—32页。

陈吉元、胡必亮，1994：《中国的三元经济结构与农业剩余动力转移》，《经济研究》第4期，第14—22页。

陈健，2022：《新发展阶段新型农村集体经济促进农民共同富裕研究》，《马克思主义研究》第12期，第54—64页。

陈剑波，2000：《制度变迁与乡村非正规制度——中国乡镇企业的财产形成与控制》，《经济研究》第1期，第48—55+80页。

陈明，2023：《共同富裕、资本重组与农村集体经济革新》，《南京农业大学学报（社会科学版）》第5期，第41—51页。

陈双鹏、陈鸿惠，2004：《基层组织与乡村治理》，《兰州学刊》第4期，第19—21页。

陈锡文，2003：《城乡统筹解决三农问题》，《改革与理论》第3期，第10—11页。

陈锡文，2011：《工业化、城镇化要为解决"三农"问题做出更大贡献》，《经济研究》第10期，第8—10页。

陈月如，1987：《农业生产社会化服务组织形式的探讨》，《中国农村经济》第11期，第29—32页。

褚瑞云、赵海军，2006：《实施"村企互动"战略 推进社会主义新农村建设》，《中国农村经济》第3期，第33—39页。

党国英，2002：《以市场化为目标改造农村社会经济制度——当前农村政策的一个评论》，《中国农村观察》第3期，第72—79页。

党国英，2006：《废除农业税条件下的乡村治理》，《科学社会主义》第1期，第44—47页。

党国英，2008：《我国乡村治理改革回顾与展望》，《社会科学战线》第12期，第1—17页。

戴宗贡、解力平、王炜，1991：《农村工业化、商品化、城镇化综合研究》，《浙江学刊》第5期，第57—66+129页。

邓大才，2011：《社会化小农与乡村治理条件的演变——从空间、权威与话语维度考察》，《社会科学》第8期，第77—83页。

丁长发，2010：《百年小农经济理论逻辑与现实发展——与张新光商榷》，《农业经济问题》第1期，第96—102+112页。

丁声俊，1984：《对我国粮食流通战略转变的探讨》，《农业经济问题》第7期，第32—37页。

董辅礽，1963：《怎样从本质联系上理解农业是国民经济发展的基础》，《经济研究》第7期，第22—29页。

董江爱，2006：《税费改革后资源短缺地区乡村治理的困境》，《经济问题》第4期，第15—17页。

杜力夫、魏登峰，2007：《从"乡政村治"到"县政乡治"——新农村建设中乡村治理模式再探讨》，《华东经济管理》第2期，第47—50页。

杜晓山，2002：《农村金融体系框架、农村信用社改革和小额信贷》，《中国农村经济》第8期，第4—9+19页。

杜吟棠，2002：《"公司+农户"模式初探——兼论其合理性与局限性》，《中国农村观察》第1期，第30—38页。

杜润生，1985：《联产承包制与中国社会主义农业发展道路》，《农业经济问题》第7期，第3页。

杜志雄、崔红志，2001：《研究乡镇企业与农村金融问题的重要理论创新——评姜长云博士的新著〈乡镇企业融资问题新探〉》，《中国农村观察》第5期，第78—79页。

杜志雄、王新志，2013：《加快家庭农场发展的思考与建议》，《中国合作经济》第8期，第35—39页。

杜志雄，2022：《共同富裕思想索源及农民农村实现共同富裕的路径研究》，《经济纵横》第9期，第21—29页。

杜志雄、苑鹏、包宗顺，2004：《乡镇企业产权改革、所有制结构及职工参与问题研究》，《管理世界》第1期，第82—95+106—156页。

发展研究所综合课题组，1987：《农民、市场和制度创新——包产到户八年后农村发展面临的深层改革》，《经济研究》第1期，第3—16页。

范若一，1959：《略论农副产品的价格政策》，《经济研究》第2期，第26—30页。

方松海、王为农、黄汉权，2011：《增加农民收入与扩大农村消费研究》，《管理世界》第5期，第66—80+187—188页。

冯田福，1961：《论"三包一奖"制度》，《经济研究》第2期，第16—24页。

冯兴元、何梦笔、何广文，2004：《试论中国农村金融的多元化——一种局部知识范式视角》，《中国农村观察》第5期，第17—29+59—79页。

付伟，2018：《城乡融合发展进程中的乡村产业及其社会基础——以浙江省L市偏远乡村来料加工为例》，《中国社会科学》第6期，第71—90+205—206页。

甘满堂，2007：《村民自治、组织发展与村级治理——以福建省乡村调查为例》，《福州大学学报（哲学社会科学版）》第3期，第98—106页。

高强、薛洲，2022：《以县域城乡融合发展引领乡村振兴：战略举措和路径选择》，《经济纵横》第12期，第17—24页。

高尚德，1980：《论农村城镇布局中的经济联系半径》，《农业工程》第6期，第10—20页。

高圣平，2019：《农村土地承包法修改后的承包地法权配置》，《法学研究》第5期，第 44—62 页。

葛致达，1960：《谈谈农村人民公社的财务管理和经济核算》，《经济研究》第 Z1 期，第 62—69 页。

耿羽，2011：《灰黑势力与乡村治理内卷化》，《中国农业大学学报（社会科学版）》第 2 期，第 71—77 页。

龚勤林、陈说，2021：《基于资本循环理论的区域优势转化与生态财富形成研究——兼论绿水青山就是金山银山的理论逻辑与实现路径》，《政治经济学评论》第 2 期，第 97—118 页。

顾益康，2006：《统筹城乡发展，全面推进社会主义新农村建设》，《中国农村经济》第 1 期，第 18—22 页。

顾益康、黄祖辉、徐加，1989：《对乡镇企业——小城镇道路的历史评判——兼论中国农村城市化道路问题》，《农业经济问题》第 3 期，第 13—18 页。

顾益康、邵峰，2003：《全面推进城乡一体化改革——新时期解决"三农"问题的根本出路》，《中国农村经济》第 1 期，第 20—26+44 页。

郭书田、刘允洲、高鸿宾、陈健，1986：《从发展中看我国乡镇企业》，《经济研究》第 2 期，第 37—42 页。

国务院发展研究中心课题组、侯云春、韩俊、蒋省三、何宇鹏、金三林，2011：《农民工市民化进程的总体态势与战略取向》，《改革》第 5 期，第 5—29 页。

国务院发展研究中心农村经济研究部课题组、叶兴庆、程郁，2021：《新发展阶段农业农村现代化的内涵特征和评价体系》，《改革》第 9 期，第 1—15 页。

国务院研究室课题组，1992：《论 90 年代我国农业社会化服务体系的发展趋势》，《中国农村经济》第 6 期，第 3—11 页。

郭晓鸣、廖祖君、付娆，2007：《龙头企业带动型、中介组织联动型和合作社一体化三种农业产业化模式的比较——基于制度经济学视角的分析》，《中国农村经济》2007 年第 4 期，第 40—47 页。

韩长赋，2006：《中国农民工发展趋势与展望》，《经济研究》第 12 期，第 4—12 页。

韩俊，1999：《中国农村土地制度建设三题》，《管理世界》第 3 期，第 184—195 页。

韩俊，2006：《韩俊：工业反哺农业 城市支持农村》，《农村·农业·农民（B 版）（三农中国）》第 8 期，第 49—51 页。

韩俊，2009：《中国城乡关系演变 60 年：回顾与展望》，《改革》第 11 期，第 5—14 页。

何广文，1999：《从农村居民资金借贷行为看农村金融抑制与金融深化》，《中国农村经济》第 10 期，第 42—48 页。

贺笠，1958：《我国目前农村人民公社是集体所有制呢。还是全民所有制呢。》，《经济研究》第 12 期，第 24—32 页。

何仁伟，2018：《城乡融合与乡村振兴：理论探讨、机理阐释与实现路径》，《地理研究》第 11 期，第 2127—2140 页。

何秀荣，2009：《公司农场：中国农业微观组织的未来选择？》，《中国农村经济》第 11 期，第 4—16 页。

何秀荣，2018：《改革40年的农村反贫困认识与后脱贫战略前瞻》，《农村经济》第11期，第1—8页。

洪银兴，2007：《二元结构的现代化和社会主义新农村建设》，《江苏行政学院学报》第1期，第46—52页。

胡定寰，1997：《微观农业产业化的理论及其应用——我国现代农业产业组织理论的初探》，《中国农村观察》第6期，第23—28页。

胡高强、孙菲，2021：《新时代乡村产业富民的理论内涵、现实困境及应对路径》，《山东社会科学》第9期，第93—99页。

胡咏君、吴剑、胡瑞山，2019：《生态文明建设"两山"理论的内在逻辑与发展路径》，《中国工程科学》第5期，第151—158页。

胡志平，2022：《基本公共服务促进农民农村共同富裕的逻辑与机制》，《求索》第5期，第117—123页。

胡宗山、唐鸣，2009：《论社会主义新农村建设过程中的村民自治》，《政治学研究》第1期，第89—94页。

郇庆治，2016：《社会主义生态文明观与"绿水青山就是金山银山"》，《学习论坛》第5期，第42—45页。

黄爱军，2005：《新公共管理与我国的乡村治理》，《中国农村经济》第2期，第67—72页。

黄承伟，2016：《中国扶贫开发道路研究：评述与展望》，《中国农业大学学报（社会科学版）》第5期，第5—17页。

黄加劲、王一华、李仁续，1988：《小城镇建设是农村城市化的必由之路——对温州农村小城镇建设的考察》，《农业现代化研究》第2期，第4—7页。

黄金辉，2004：《人力资本投资：农民收入持续快速增长的关键》，《农村经济》第5期，第48—50页。

黄祖辉、顾益康、徐加，1989：《农村工业化、城市化和农民市民化》，《经济研究》第3期，第61—63+60页。

纪良纲，1996：《农产品流通主体结构研究》，《农业经济问题》第1期，第36—40页。

冀名峰，1996：《我国化肥市场政策分析》，《中国农村经济》第2期，第42—47页。

姜长云，2006：《对建设社会主义新农村的几点认识》，《农业经济问题》第6期，第7—11+79页。

姜长云，2008：《中国农民收入增长趋势的变化》，《中国农村经济》第9期，第4—12页。

姜长云，2016：《推进农村一二三产业融合发展的路径和着力点》，《中州学刊》第5期，第43—49页。

姜长云、杜志雄，2017：《关于推进农业供给侧结构性改革的思考》，《南京农业大学学报（社会科学版）》第1期，第1—10+144页。

姜长云，2022：《新发展格局、共同富裕与乡村产业振兴》，《南京农业大学学报（社会科学版）》第1期，第1—11+22页。

江国华、项坤，2007：《从人治到法治——乡村治理模式之变革》，《江汉大学学报（社会科学版）》第 4 期，第 5—9 页。

姜利军、胡敏华，1997：《论建立和完善农业社会化服务体系》，《中国农村经济》第 9 期，第 61—65 页。

康就升，1985：《农业劳动力转移与农村人口城镇化》，《人口学刊》第 3 期，第 45—48 页。

康晓光，1995：《90 年代我国的贫困与反贫困问题分析》，《战略与管理》第 4 期，第 64—71 页。

蒋永穆、叶紫，2022：《推动农民农村共同富裕：时代内涵、难点挑战与实践路径》，《重庆理工大学学报（社会科学）》第 10 期，第 14—23 页。

孔祥智、赵昶，2021：《农村现代化的内涵及实现路径》，《中国国情国力》第 4 期，第 4—8 页。

寇翔，2005：《宗族势力复兴在乡村治理中的作用分析》，《中南民族大学学报（人文社会科学版）》第 3 期，第 23—26 页。

李炳坤，1999：《农业社会化服务体系的建设与发展》，《管理世界》第 1 期，第 195—202 页。

李炳坤，2005：《扎实稳步推进社会主义新农村建设》，《中国农村经济》第 11 期，第 4—9 页。

李国祥，2005：《农业结构调整对农民增收的效应分析》，《中国农村经济》第 5 期，第 12—20 页。

李海新，2011：《社会主义新农村视阈中的农村基层党组织执政能力建设》，《湖北社会科学》第 12 期，第 45—48 页。

李剑，1992：《中国农民智力开发与中国农村现代化》，《科学学与科学技术管理》第 7 期，第 44—45 页。

李静、陈亚坤，2022：《农业公司化是农业现代化必由之路》，《中国农村经济》第 8 期，第 52—69 页。

李宁慧、龙花楼，2022：《实现巩固拓展脱贫攻坚成果同乡村振兴有效衔接的内涵、机理与模式》，《经济地理》第 4 期，第 1—7+18 页。

李强彬，2006：《乡村"能人"变迁视角下的村社治理》，《经济体制改革》第 5 期，第 89—92 页。

李正华，2011：《新中国乡村治理的经验与启示》，《当代中国史研究》第 1 期，第 19—26+123—124 页。

李周，2019：《乡村生态宜居水平提升策略研究》，《学习与探索》第 7 期，第 115—120 页。

李周、温铁军、魏后凯、杜志雄、李成贵、金文成，2021：《加快推进农业农村现代化："三农"专家深度解读中共中央一号文件精神》，《中国农村经济》第 4 期，第 2—20 页。

李祖佩，2011：《混混、乡村组织与基层治理内卷化——乡村混混的力量表达及后果》，《青年研究》第 3 期，第 55—67+95—96 页。

厉以宁，2009：《走向城乡一体化：建国 60 年城乡体制的变革》，《北京大学学报（哲学社会科学版）》第 6 期，第 5—19 页。

廖康玉，1985：《小城镇应与农村商品经济同步发展》，《中国农村经济》第 4 期，第

27—30 页。

林万龙，2002：《乡村社区公共产品的制度外筹资：历史、现状及改革》，《中国农村经济》第 7 期，第 27—35+80 页。

林万龙、纪晓凯，2022：《从摆脱绝对贫困走向农民农村共同富裕》，《中国农村经济》第 8 期，第 2—15 页。

林毅夫，2002：《中国的城市发展与农村现代化》，《北京大学学报（哲学社会科学版）》第 4 期，第 12—15 页。

林毅夫，2003：《"三农"问题与我国农村的未来发展》，《农业经济问题》第 1 期，第 19—24+79 页。

林子力、马家驹、王庆成、周建国、薄澣培、孙耀君、姜毓仁、白铁民，1955：《田家府村光辉农业生产合作社调查报告》，《经济研究》第 4 期，第 83—104 页。

刘国娟，2003：《村级治理与乡村政治文明建设》，《国家行政学院学报》第 5 期，第 31—33 页。

刘金海，2023：《中国式农村现代化道路探索——基于发展观三种理念的分析》，《中国农村经济》第 6 期，第 32—47 页。

刘日新，1961：《关于改进我国农业计划制度的商榷》，《经济研究》第 7 期，第 17—23 页。

刘荣勤、秦庆武，1994：《农村教育与农村现代化——山东莱芜农科教协调发展的启示》，《中国社会科学》第 2 期，第 87—100 页。

刘守英，2016：《以"三权分置"重构农地权利体系》，《农村经营管理》第 11 期，第 26 页。

刘守英、陈航，2023：《马克思主义乡村转型理论及其对中国的启示》，《中国农村观察》第 3 期，第 2—24 页。

刘守英、李昊泽，2023：《权利开放与农民的共同富裕》，《学术月刊》第 8 期，第 41—60 页。

刘守英、龙婷玉，2022：《城乡融合理论：阶段、特征与启示》，《经济学动态》第 3 期，第 21—34 页。

刘松生、樊盛耕，1984：《苏州市的小城镇建设与农村现代化》，《农业现代化研究》第 5 期，第 37—40 页。

刘小春、吴平、周波、蔡军伙，2006：《乡镇政府的"撤"与"改"——兼论社会主义新农村建设中乡镇政府职能的重新定位》，《江西农业大学学报（社会科学版）》第 1 期，第 31—33 页。

刘彦随，2018：《中国新时代城乡融合与乡村振兴》，《地理学报》第 4 期，第 637—650 页。

刘玉满，1998：《培育农业产业组织体系 推动农业产业化发展》，《中国农村经济》第 12 期，第 34—39 页。

刘志澄、何桂庭、许辛，1964：《农业"四化"的综合发展同经济效果的关系》，《经济研究》第 2 期，第 19—26 页。

刘祖华，2007：《中国乡村治理结构的现代转型逻辑》，《调研世界》第 8 期，第 9—11+40 页。

龙花楼、徐雨利、郑瑜晗、陈坤秋，2023：《中国式现代化下的县域城乡融合发展》，《经济地理》第 7 期，第 12—19 页。

路建祥，1996：《合作经济与合作金融的永恒性》，《农村金融研究》第 1 期，第 60—63+56 页。

陆磊，2003：《以行政资源和市场资源重塑三层次农村金融服务体系》，《金融研究》第 6 期，第 106—114 页。

骆永民、樊丽明，2012：《中国农村基础设施增收效应的空间特征——基于空间相关性和空间异质性的实证研究》，《管理世界》第 5 期，第 71—87 页。

芦千文，2019：《中国农业生产性服务业：70 年发展回顾、演变逻辑与未来展望》，《经济学家》第 11 期，第 5—13 页。

芦千文、苑鹏，2021：《农业农村现代化中的小农户发展动态与衔接机制研究》，《江淮论坛》第 4 期，第 60—67 页。

卢福营、戴冰洁，2007：《"老板治村"：乡村治理的新尝试——浙江省金村治理的调查与分析》，《中共宁波市委党校学报》第 4 期，第 24—28 页。

陆文聪、吴连翠，2008：《国家财政支农与农民增收的实证研究》，《华南农业大学学报（社会科学版）》第 1 期，第 19—24 页。

陆学艺，1981：《包产到户的动向和应明确的一个问题》，《农业经济丛刊》第 5 期，第 8—13 页。

陆学艺，1986：《农业面临比较严峻的形势》，《农业经济丛刊》第 5 期，第 5—12 页。

陆学艺，1995：《中国农村现代化的道路》，《教学与研究》第 5 期，第 18—24 页。

陆学艺，2006：《当前农村形势和社会主义新农村建设》，《江西社会科学》第 4 期，第 7—21 页。

陆学艺，2011：《城乡一体化的社会结构分析与实现路径》，《南京农业大学学报（社会科学版）》第 2 期，第 1—5 页。

陆学艺、王小强，1981：《包产到户的发展趋势》，《农业经济丛刊》第 2 期，第 17—22+49 页。

陆学艺、张晓明，1984：《马克思主义的合作理论和联产承包责任制（续）》，《哲学研究》第 5 期，第 1—8 页。

罗建平、王静，2008：《我国二十世纪五六十年代的社会主义新农村建设实践经验探论》，《社会主义研究》第 1 期，第 100—102 页。

罗必良，2017：《论服务规模经营——从纵向分工到横向分工及连片专业化》，《中国农村经济》第 11 期，第 2—16 页。

罗必良，2023：《走向共同富裕的生态逻辑》，《南京工业大学学报（社会科学版）》第 1 期，第 13—24+111 页。

罗必良、耿鹏鹏，2023：《理解县域内的城乡融合发展》，《南京农业大学学报（社会科学版）》第 1 期，第 16—28 页。

马宝成，2003：《村级治理与乡村政治稳定》，《理论学刊》第 2 期，第 91—93 页。

马宝成，2005：《乡村治理结构与治理绩效研究》，《马克思主义与现实》第 2 期，第

41—47页。

马晓河、蓝海涛，2002：《加入WTO后我国农业补贴政策研究》，《管理世界》第5期，第66—75页。

孟庆彭，1964：《农业机械化的几个问题》，《经济研究》第2期，第10—18+26页。

苗树彬、王天意，2006：《困惑与出路——"乡村治理与乡镇政府改革"专家调查报告》，《中国农村观察》第5期，第68—80页。

牛若峰，1997：《农业产业一体化经营的理论框架》，《中国农村经济》第5期，第4—8页。

钱俊生，1986：《实施"星火计划"推动农村现代化》，《理论月刊》第10期，第58—60页。

钱其昌，1991：《人口、资源与环境协调发展是实现农村现代化的必由之路》，《中国人口·资源与环境》第Z1期，第107—110页。

秦昌波、苏洁琼、王倩、万军、王金南，2018：《"绿水青山就是金山银山"理论实践政策机制研究》，《环境科学研究》第6期，第985—990页。

秦柳方，1959：《人民公社必须大力发展商品生产》，《经济研究》第1期，第42—47页。

任艳妮，2011：《乡村治理主体围绕治理资源多元化合作路径探析》，《农村经济》第6期，第19—23页。

山东省经济研究所农业经济组、山东大学政治经济学教研室，1966：《自力更生，建设社会主义新农村——曲阜县东郭大队的调查报告》，《文史哲》第1期，第50—57页。

史景星、叶孝理、陈惠丽，1963：《论轻工业支援农业》，《经济研究》第11期，第7—14页。

宋宝安、赵定东，2003：《乡村治理：宗族组织与国家权力互动关系的历史考察》，《长白学刊》第3期，第85—89页。

宋海文，1957：《农业生产合作社中自留地问题的探讨》，《经济研究》第4期，第7—17页。

苏杨、马宙宙，2006：《我国农村现代化进程中的环境污染问题及对策研究》，《中国人口·资源与环境》第2期，第12—18页。

孙宪忠，2016：《推进农地三权分置经营模式的立法研究》，《中国社会科学》第7期，第145—163+208—209页。

孙潭镇、朱钢，1993：《我国乡镇制度外财政分析》，《经济研究》第9期，第38—44页。

孙胤社、林雅贞，1988：《农村城镇化的过程及其类型》，《经济地理》第1期，第31—35页。

唐正繁，2004：《中国乡村治理研究》，《科学社会主义》第5期，第43—45页。

陶然、徐志刚，2005：《城市化、农地制度与迁移人口社会保障——一个转轨中发展的大国视角与政策选择》，《经济研究》第12期，第45—56页。

谭秋成，1999：《乡镇集体企业中经营者持大股：特征及解释》，《经济研究》第4期，第47—53页。

谭秋成，2002：《地方分权与乡镇财政职能》，《中国农村观察》第2期，第2—12+20页。

檀学文，2020：《走向共同富裕的解决相对贫困思路研究》《中国农村经济》第6期，第 21—36 页。

檀学文、谭清香，2021：《面向 2035 年的中国反贫困战略研究》，《农业经济问题》第 12 期，第 126—136 页。

檀学文，2024：《中国反贫困理论研究的进展与创新》，《社会科学战线》第 1 期，第 71—80 页。

唐火照，1984：《农村现代化的新路——深圳经济特区农村经济迅速发展的经验和分析》，《经济与管理研究》第 6 期，第 39—43 页。

涂圣伟，2022：《产业融合促进农民共同富裕：作用机理与政策选择》，《南京农业大学学报（社会科学版）》第 1 期，第 23—31 页。

王德文，2008：《城乡统筹发展的政治经济学》，《经济研究参考》第 32 期，第 24—31 页。

王耕今，1963：《经济作物在国民经济中的地位和作用》，《经济研究》第 1 期，第 1—4 页。

王贵宸、魏道南，1980：《联系产量的生产责任制是一种好办法》，《农业经济问题》第 1 期，第 43—48 页。

王贵宸、魏道南，1981：《论包产到户》，《经济研究》第 1 期，第 64—67 页。

王康，1986：《关于农村现代化的一个重要问题》，《求索》第 4 期，第 104—106 页。

王家檩、李一鸣，1987：《发展小城镇是我国农村城市化初始过程中的一条主要途径》，《农业经济问题》第 12 期，第 56—57 页。

王立胜，2007：《关于社会主义新农村建设几个基本理论问题的探讨》，《当代世界与社会主义》第 2 期，第 112—116 页。

王美桂，1965：《立志建设社会主义新农村》，《学术研究》第 3 期，第 14—16 页。

王美艳、蔡昉，2008：《户籍制度改革的历程与展望》，《广东社会科学》第 6 期，第 19—26 页。

王砚香，1966：《为建设社会主义新农村贡献一份力量》，《经济研究》第 3 期，第 69—73 页。

王思华，1956：《关于我国过渡时期国家工业化与农业合作化的相互适应问题》，《经济研究》第 1 期，第 5—18 页。

汪祥春、姜兴渭、陈崑岫，1965：《我国农业生产的计划管理问题》，《经济研究》第 3 期，第 33—39 页。

王晓慧，2006：《以管理民主为核心的中国社会主义新农村建设》，《经济问题探索》第 7 期，第 64—67 页。

汪旭庄，1963：《论社会主义制度下工业和农业相互结合的规律——学习党的发展国民经济总方针的初步体会》，《经济研究》第 6 期，第 20—32 页。

魏后凯，1993：《我国的农村工业化与城镇化问题》，《财经问题研究》第 9 期，第 33—38 页。

魏后凯，2019：《深刻把握农业农村现代化的科学内涵》，《农村工作通讯》第 2 期，第 1 页。

魏后凯，2020：《深刻把握城乡融合发展的本质内涵》，《中国农村经济》第 6 期，第 5—

8页。

魏后凯，2021：《中国脱贫攻坚的主要经验》，《经济研究参考》第2期，第5—7页。

魏后凯，2023：《加快构建中国特色的农村经济学》，《中国农村经济》第7期，第2—20页。

魏后凯、王业强，2012：《中央支持粮食主产区发展的理论基础与政策导向》，《经济学动态》第11期，第49—55页。

魏后凯、苑鹏、芦千文，2020：《中国农业农村发展研究的历史演变与理论创新》，《改革》第10期，第5—18页。

温涛、冉光和、熊德平，2005：《中国金融发展与农民收入增长》，《经济研究》第9期，第30—43页。

吴国宝，1996：《对中国扶贫战略的简评》，《中国农村经济》第8期，第29—33页。

乌家培、陈吉元、周慎芝、唐宗焜，1958：《试论人民公社化运动中农村分配制度的变革》，《经济研究》第10期，第1—7页。

武力，2007：《1949—2006年城乡关系演变的历史分析》，《中国经济史研究》第1期，第23—31+76页。

吴毅，2002：《缺失治理资源的乡村权威与税费征收中的干群博弈——兼论乡村社会的国家政权建设》，《中国农村观察》第4期，第54—60+81页。

项继权，2008：《基本公共服务均等化：政策目标与制度保障》，《华中师范大学学报（人文社会科学版）》第1期，第2—9页。

肖卫东、杜志雄，2019：《农村一二三产业融合：内涵要解、发展现状与未来思路》，《西北农林科技大学学报（社会科学版）》第6期，第120—129页。

肖唐镖，2006：《当前中国农村宗族及其与乡村治理的关系——对新近研究的评论和分析》，《文史哲》第4期，第156—163页。

肖唐镖，2008：《从正式治理者到非正式治理者——宗族在乡村治理中的角色变迁》，《东岳论丛》第5期，第118—124页。

肖唐镖，2010：《乡村治理中农村宗族研究纲要——在实践中认识农村宗族》，《甘肃行政学院学报》第1期，第33—40+126页。

肖卫东、梁春梅，2016：《农村土地"三权分置"的内涵、基本要义及权利关系》，《中国农村经济》第11期，第17—29页。

解安、路子达，2019：《农村现代化：实现"两个一百年"奋斗目标的必由之路》，《河北学刊》第6期，第105—109页。

谢来位，2006：《论社会主义新农村公共服务体系的建构》，《农业现代化研究》第6期，第450—453页。

谢平，2001：《中国农村信用合作社体制改革的争论》，《金融研究》第1期，第1—13页。

邢传、毕争，2003：《为农民提供公共服务——中国乡村治理结构的制度分析》，《中共成都市委党校学报（哲学社会科学）》第3期，第54—57页。

许崇正、高希武，2005：《农村金融对增加农民收入支持状况的实证分析》，《金融研究》第9期，第173—185页。

许涤新，1959：《论农村人民公社化后的商品生产和价值规律》，《经济研究》第 1 期，第 14—18 页。

许涤新，1961：《论现阶段农村人民公社的根本制度》，《经济研究》第 5 期，第 1—7 页。

徐更生，1987：《发展小城镇是我国实现农村现代化的捷径》，《中国农村经济》第 11 期，第 57—59 页。

徐金海，2006：《社会主义新农村：基本特征与建设思路》，《生产力研究》第 11 期，第 49—50+58 页。

徐勇，2001：《村民自治、政府任务及税费改革——对村民自治外部行政环境的总体性思考》，《中国农村经济》第 11 期，第 27—34 页。

徐勇，2002：《县政、乡派、村治：乡村治理的结构性转换》，《江苏社会科学》第 2 期，第 27—30 页。

徐勇，2003：《乡村治理结构改革的走向——强村、精乡、简县》，《战略与管理》第 4 期，第 90—97 页。

徐勇，2006：《国家整合与社会主义新农村建设》，《社会主义研究》第 1 期，第 3—8 页。

徐勇，2007a：《在社会主义新农村建设中推进农村社区建设》，《江汉论坛》第 4 期，第 12—15 页。

徐勇，2007b：《建构"以农民为主体，让农民得实惠"的乡村治理机制》，《理论学刊》第 4 期，第 85—86 页。

宣杏云，1991：《农业社会化服务体系发展的必然趋势》，《世界经济与政治》第 6 期，第 36—40 页。

杨华，2009：《乡村混混与村落、市场和国家的互动——深化理解乡村社会性质和乡村治理基础的新视阈》，《青年研究》第 3 期，第 1—9+94 页。

杨明洪，2006：《压力与创新：农业税免除后中国乡村治理结构改革分析》，《南京社会科学》第 5 期，第 17—22 页。

杨一介，2018：《论"三权分置"背景下的家庭承包经营制度》，《中国农村观察》第 5 期，第 82—95 页。

杨勋，1980：《包产到户是一个重要的理论和政策问题》，《农业经济丛刊》第 5 期，第 34—39+61 页。

杨志恒，2019：《城乡融合发展的理论溯源、内涵与机制分析》，《地理与地理信息科学》第 4 期，第 111—116 页。

叶敬忠、朱炎洁、杨洪萍，2004：《社会学视角的农户金融需求与农村金融供给》，《中国农村经济》第 8 期，第 31—37+43 页。

叶兴庆，1996：《我国粮食贸易的历史性转折与政策取向》，《经济研究》第 11 期，第 50—54 页。

叶兴庆，1997：《论农村公共产品供给体制的改革》，《经济研究》第 6 期，第 57—62 页。

叶兴庆，2014：《从"两权分离"到"三权分离"——我国农地产权制度的过去与未来》，《中国党政干部论坛》第 6 期，第 7—12 页。

叶兴庆，2022：《以提高乡村振兴的包容性促进农民农村共同富裕》，《中国农村经济》第 2 期，第 2—14 页。

亦农，1961：《三级所有队为基础是我国农村人民公社现阶段的根本制度》，《经济研究》第 1 期，第 1—10 页。

游宏炳，1994：《农村城市化的现实选择——农村非农产业发展与小城镇建设相结合》，《中国农村经济》第 5 期，第 12—15 页。

于法稳，2021：《中国生态经济研究：历史脉络、理论梳理及未来展望》，《生态经济》第 8 期，第 13—20+27 页。

于光远，1984：《对我国农村经济、社会生活的第二次突破和建设小城镇的一些看法》，《江淮论坛》第 3 期，第 5—8+26 页。

于光远、林子力、马家驹，1955：《论半社会主义的农业生产合作社的产品分配》，《经济研究》第 2 期，第 76—106 页。

于金富，2007：《生产方式变革是建设社会主义新农村的基础工程》，《经济学家》第 4 期，第 103—107 页。

俞明仁，1960：《论农业、轻工业和重工业的相互关系》，《经济研究》第 2 期，第 1—7 页。

袁金辉，2005：《中国农村现代化的基本内涵与经验》，《国家行政学院学报》第 4 期，第 27—30 页。

张闯、夏春玉，2005：《农产品流通渠道：权力结构与组织体系的构建》，《农业经济问题》第 7 期，第 28—35+79 页。

张登国、任慧颖，2008：《当代中国乡村精英治理：局限与可能》，《理论学刊》第 7 期，第 79—82 页。

张光远，1995：《化肥价格管理的两难处境和走出困境的思路》，《中国农村经济》第 4 期，第 49—53 页。

张海鹏，2019：《中国城乡关系演变 70 年：从分割到融合》，《中国农村经济》第 3 期，第 2—18 页。

张红宇，2005：《促进农民增收的长期思路和政府行为》，《农业经济问题》第 2 期，第 13—17+79 页。

张军，2002：《乡镇财政制度缺陷与农民负担》，《中国农村观察》第 4 期，第 2—12+80 页。

张克俊，2011：《现代农业产业体系的主要特征、根本动力与构建思路》，《华中农业大学学报（社会科学版）》第 5 期，第 22—28 页。

张力、郑志峰，2015：《推进农村土地承包权与经营权再分离的法制构造研究》，《农业经济问题》第 1 期，第 79—92+111—112 页。

张立芳，2009：《免征农业税后乡村治理问题解析》，《调研世界》第 7 期，第 42—43 页。

张孟闻、茅左本，1950：《土地改革与农村建设第 6 次座谈会》，《科学》第 6 期，第 165—170 页。

张文茂，2006：《社会主义新农村建设需要改革和发展农村集体经济》，《中国特色社会主义研究》第5期，第43—47页。

张晓冰，2003：《乡镇财政与乡村治理》，《管理世界》第5期，第77—87页。

张晓山，1992：《关于农村股份合作制的两个认识问题》，《中国农村经济》第11期，第19—21页。

张晓山，2008：《中国的粮食安全问题及其对策》，《经济与管理研究》第8期，第28—33页。

张晓山，2011：《调整国民收入分配格局 促进城乡统筹发展》，《管理学刊》第5期，第36—40+109页。

张元红，1999：《农民的金融需求与农村的金融深化——以湖北汉川福星村为例》，《中国农村观察》第1期，第46—54+62页。

赵春玲，2007：《地方政府主导型的社会主义新农村建设问题探讨》，《经济体制改革》第5期，第87—90页。

赵建军、杨博，2015：《"绿水青山就是金山银山"的哲学意蕴与时代价值》，《自然辩证法研究》第12期，第104—109页。

赵晓峰、赵祥云，2016：《农地规模经营与农村社会阶层结构重塑——兼论新型农业经营主体培育的社会学命题》，《中国农村观察》第6期，第55—66+85+96页。

郑风田、李明，2006：《新农村建设视角下中国基层县乡村治理结构》，《中国人民大学学报》第5期，第126—134页。

郑有贵，2006：《建设社会主义新农村的目标与政策突破》，《教学与研究》第1期，第18—25页。

中共安徽省委党校课题组、吴梅芳，2007：《论农村基层党组织在社会主义新农村建设中的功能定位》，《理论视野》第9期，第57—59页。

《中国农民工战略问题研究》课题组、韩俊、汪志洪、崔传义、金三林、秦中春、李青，2009：《中国农民工现状及其发展趋势总报告》，《改革》第2期，第5—27页。

中国社会科学院经济研究所温州农村调查组，1986：《温州农村商品经济考察与中国农村现代化道路探索》，《经济研究》第6期，第3—18页。

钟海、陈晓莉，2007：《农村人口流动视阈下的乡村治理困境及对策》，《西华大学学报（哲学社会科学版）》第6期，第66—69页。

钟文晶、罗必良，2022：《农民走向共同富裕的资产逻辑》，《学术月刊》第11期，第38—53页。

《种植业适度经营规模研究》联合课题组，1987：《关于发展农业规模经营若干问题的研究》，《中国农村经济》第1期，第26—31+65页。

周诚，1955：《农业生产合作社的劳动组织与劳动报酬》，《教学与研究》第12期，第10—17页。

周诚，1956：《论农业生产合作社的生产责任制及其贯彻的途径》，《教学与研究》第12期，第25—29页。

周诚，1958：《关于社会主义农业经济学与社会主义农业企业组织学的对象问题的管见》，《教学与研究》第2期，第59—61页。

周诚, 1963:《关于农业生产经济效果的几个问题》,《经济研究》第 11 期, 第 26—36 页。

周黎安、陈烨, 2005:《中国农村税费改革的政策效果: 基于双重差分模型的估计》,《经济研究》第 8 期, 第 44—53 页。

周立群、曹利群, 2002:《商品契约优于要素契约——以农业产业化经营中的契约选择为例》,《经济研究》第 1 期, 第 14—19+93 页。

周其仁, 1985:《农村商品经济的发展和产业结构的变革》,《经济研究》第 2 期, 第 9—15 页。

周其仁, 1995:《中国农村改革: 国家和所有权关系的变化（上）——一个经济制度变迁史的回顾》,《管理世界》第 3 期, 第 178—189+219—220 页。

周雪光, 2005:《"关系产权": 产权制度的一个社会学解释》,《社会学研究》第 2 期, 第 1—31+243 页。

朱道华, 2002:《略论农业现代化、农村现代化和农民现代化》,《沈阳农业大学学报（社会科学版）》第 3 期, 第 178—181+237—238 页。

朱钢, 1997:《财税体制、乡村集体企业与农业投入》,《中国农村经济》第 10 期, 第 21—28 页。

朱竑、陈晓亮、尹铎, 2023:《从"绿水青山"到"金山银山": 欠发达地区乡村生态产品价值实现的阶段、路径与制度研究》,《管理世界》第 8 期, 第 74—91 页。

朱剑农, 1958:《论人民公社的共产主义萌芽》,《经济研究》第 12 期, 第 51—56 页。

朱晶, 2003:《农业公共投资、竞争力与粮食安全》,《经济研究》第 1 期, 第 13—20+92 页。

朱启臻、胡鹏辉、许汉泽, 2014:《论家庭农场: 优势、条件与规模》,《农业经济问题》第 7 期, 第 11—17+110 页。

朱启臻、刘璐、韩芳, 2006:《社会主义新农村建设的动力分析——论农村土地产权制度变革》,《中国农业大学学报（社会科学版）》第 1 期, 第 34—37+43 页。

朱启臻, 2018:《乡村振兴背景下的乡村产业——产业兴旺的一种社会学解释》,《中国农业大学学报（社会科学版）》第 3 期, 第 89—95 页。

朱守银, 1989:《"以市场为主体改革粮食流通体制"》,《财经科学》第 2 期, 第 20—23 页。

曾洪业、夏光仁, 1962:《关于农产品收购的几个问题》,《经济研究》第 11 期, 第 13—17 页。

邹一南, 2020:《从二元对立到城乡融合: 中国工农城乡关系的制度性重构》,《科学社会主义》第 3 期, 第 125—130 页。

改革开放以来中国反贫困研究进展述评

檀学文[*]

改革开放以来，中国学界开展了丰富的反贫困研究，其进程与国家发展战略、改革开放、反贫困实践密切交织在一起，研究内容按照贫困问题的逻辑包括贫困定义与测量、反贫困战略、反贫困政策分析、扶贫瞄准、反贫困经验和理论等。可以观察到的阶段性特征是：20世纪80年代关于扶贫资金管理、贫困地区经济开发思路的研究比较突出；20世纪90年代关于反贫困战略、贫困标准与测量的研究比较突出；21世纪以来关于各项政策、因素的减贫效果的实证分析评价大幅度增加，对贫困定义和标准的分析得到深化，对扶贫瞄准偏差的研究在2005年以后趋于增多；脱贫攻坚以来，关于相对贫困和多维贫困、中国消除贫困经验和理论解释以及对下阶段反贫困战略转型的研究更为突出。本文作为对改革开放以来中国反贫困研究进展的整体综述，基本按照上述反贫困研究逻辑展开，并遵循了时间演进顺序。

一、关于贫困理解的研究

对贫困的理解和定义是反贫困研究的起点。中国学术研究中对于贫困的定义经历了从"温饱"到"基本需要"，再到"发展""知识""多维"的转变。对拓展性贫困定义的研究支撑了反贫困战略研究。改革开放后，对贫困问题的讨论和分析也随之出现，主要受两类因素的影响：一是开展扶贫和制定贫困标准的需要，二是国际贫困理论的演进。中国较长时间里没有明确的贫困定义，大体上将未解决温饱问题视为贫困，将温饱条件对应的消费水平界定为贫困户标准（湖南常德地区农村办公室经管科调查组，1984）。中国对贫困定义的研究大体上可划分为两个阶段：一是20世纪90年代围绕温饱问题所进行的贫困界定，二是2000年以后所开展的拓展性研究。

（一）基于温饱的贫困定义

中国的基本需要型贫困定义研究主要集中于20世纪90年代，主要围绕温饱概念展开。1985年，国家统计局首次对贫困线进行测定时，所依据的贫困定义是指物质生活困难，即一个人或一个家庭的生活水平达不到一种社会可以接受的最低标准，包括供应基本热量的食品需求和其他基本生活需要（唐平，1994）。周彬彬（1992）提出，绝对贫困的首要内涵是生存基本需要不能得到满足，其中最重要的是食品消费不能维持健康生理和日常活动的需要。同期另一项对贫困线的研究也采取类似的绝对贫困定义（童星和林闽钢，1994），该研究的特点是在绝对贫困之下进一步划分出生存贫困，指"特困"或"极端贫困"。随后的研究基本上都将中国官方定义的贫困视为基于温饱的绝对贫困（王萍萍等，2015）。

---

[*] 檀学文，中国社会科学院农村发展研究所研究员。

（二）拓展的贫困定义

国际上的贫困定义除基本需要视角以外，还有社会排斥、能力贫困、权利剥夺等视角（王小林，2012）。国内关于贫困定义的拓展研究，对国际上每类定义都有借鉴和阐发。从发展脉络看，国内学术研究对贫困的理解呈现从基本需要型贫困到能力贫困和发展性贫困的演变。拓展的贫困定义代表了中国学界对贫困理解的国际接轨和可能进步。

知识贫困概念来源于联合国开发计划署（UNDP）的人类贫困概念，并在此基础上对其中的知识缺乏维度和指标进行了拓展，所衡量的不仅仅是教育水平低下的程度，还包括获取、吸收和交流知识能力的匮乏或途径的缺乏。这里的知识是广义的，包括科学与技术、教育与培训、信息与网络（胡鞍钢和李春波，2001）。知识贫困没有超出能力贫困、多维贫困的范畴，但是对反贫困战略调整的指向性更强，就是要更加重视知识发展战略和消除知识贫困。阿玛蒂亚·森认为贫困是对基本行为能力的剥夺，这成为国内研究能力贫困的理论基础。中国学者对此加以阐释，认为行为能力贫困理论融入了亚当·斯密的基本需要贫困理论，能力不足是根源，福祉缺失是最终表现（王小林，2012）。方黎明和张秀兰（2007）直接应用阿玛蒂亚·森的行为能力贫困理论来分析中国开发式扶贫政策的不足，并认为该理论落脚点在于重建个人能力。梁伟军和焦丽丽（2022）结合行为能力贫困理论和可持续生计理论，提出脱贫人口发展能力结构概念，认为发展能力可对应于可持续生计概念中的五类资本，从而提升脱贫人口发展能力是脱贫致富的必然要求。中国发展研究基金会（2007）提出发展贫困概念，是指贫困人口缺少自身发展和提高自身能力的机会，如缺少受教育机会和必要的医疗条件。发展贫困既强调贫困人口自身能力的发展，也强调外部发展条件的建立，实际上比能力贫困更具社会性和综合性。邢占军和张丹婷（2022）提出相对贫困是指自身发展性需求得不到满足，原因在于发展能力不足，因此，相对贫困可以同时理解为能力贫困和发展性贫困。

二、关于贫困标准的研究

贫困标准是在实证研究中界定贫困的依据，随着对贫困的理解以及政策导向的变化而变化。中国的贫困标准研究对象经历了从绝对贫困转向相对贫困和多维贫困的演变。对于绝对贫困曾经开展较多的关于标准测算、标准比较的研究，相对贫困标准研究呈现为对不同收入或消费基数、不同收入比例以及分城乡和分区域的标准测算，多维贫困标准研究对不同的维度、阈值以及指标都进行了尝试。多重贫困标准在研究中的应用显示中国现阶段采用何种新的贫困标准尚无定论。

（一）绝对贫困标准的测算及比较

在引入贫困概念后，国内对绝对贫困标准测算开展了大量研究。中国政府先后制定了三个官方贫困标准，其中"1984年标准"可称为生存标准，"2008年标准"可称为基本温饱标准，"2010年标准"可称为稳定温饱标准（李培林和魏后凯，2016）。"2010年标准"与"两不愁三保障"扶贫标准的内涵一致，可以看作跨入小康社会的"门槛"（王萍萍等，2015）。绝对贫困标准测算的基本依据是对最低营养摄入量的测算，马丁法利用农户消费数据测算出恩格尔系数，而恩格尔系数法只测算农户食物消费并使用一个按经验给定的恩格尔系数（杨立雄，2010）。中国在制定和调整官方贫困标准时，曾在1995年和1998年采用马丁法,其他情况下都是采用恩格尔系数法,一般将恩格尔系数定为60%(王萍萍等,2006)。中国贫困标准中的"吃饱"是指维持基本热量需要的食品消费,折合为每天2100大卡热量(唐平,1994;童星和林闽钢,1994)。早期对贫困标准中营养标准的分析曾经采取均衡营养的观点,即根据各类食物的热量转化比例测算食物结构(周彬彬,1992)。"2010年标准"在2100大卡热量基础上附加了每天摄入50克蛋白质条件,代表"适当吃好"(王萍萍等,2015)。关于贫困标准的研究还涉及了对必要非食物消费支出的探讨(《中国农村贫困标准》课题组,1990)。根据国家统计局测算,2014年贫困人口食物消费实际测算比例为53.5%,这意味着贫困标准被低估。烟酒消费、民俗消费、"人情往来"在中国很多地方都是必要支出,相当于亚当·斯密意义上的必需品,但是都没有被纳入贫困标准测算公式(汪三贵,2007;Sen,1983)。

一些实证研究支持了中国早期贫困标准偏低的判断。汪三贵(1991)计算发现,20世纪80年代中后期中国农村合理的绝对贫困线应比当时的150元官方标准高50元至110元。10余年后他又指出,延续使用20多年的"1984年标准"过低,原因就在于马丁法低估了贫困人口的非食物消费支出(汪三贵,2007)。《中国发展报告2007》测算了发展贫困线,2005年为1147元,比"2008年标准"高21.5%,比"2010年标准"低34.2%(中国发展研究基金会,2007)。贫困标准国际比较的对象通常是世界银行的国际贫困标准。计算显示,中国"2008年标准"接近于世界银行的每天1美元标准(1985年PPP)(王萍萍等,2006),"2010年标准"相当于每天1.6美元(2005年PPP)(王萍萍等,2015)。与其他发展中国家相比,中国的贫困标准在70多个有数据的国家中处于中下排位。但如果加入"两不愁三保障"扶贫措施的福利含金量,那么,2015年中国扶贫标准已达约每天3美元(2011年PPP)(中国社会科学院农村发展研究所课题组,2017)。如果考虑到脱贫人口的实际经济福利和非经济福利水平,那么,2019年脱贫标准已经达到每天5.2美元(2011年PPP)(吴国宝,2021)。

(二)相对贫困标准研究

近年来,国内学者把研究对象转向相对贫困,对相对贫困标准的研究则成为重点关注领域。第一条路径是绝对贫困标准的相对化,从绝对贫困内涵外推至相对贫困形式(陈宗胜等,2013;孙久文和夏添,2019)。第二条路径是基于国际上常用的收入或消费中位数或平均数特定比例方法,对不同的收入基数以及比例进行比较,从中探寻适合中国的相对贫困标准(沈扬扬和李实,2020;李莹等,2021)。第三条路径是将收入比例意义上的相对贫困标准与多维贫困标准结合。中国的相对贫困标准研究形成了以下一些独特产出:分城乡和分地区分别设置相对贫困标准;农村相对贫困标准由于收入基数低可以采用更高的比例,城镇相对贫困标准则正好相反;可以把家庭人口等值规模折算方法应用于相对贫困标准测算;可以随时间推移逐步对分设的城乡相对贫困标准进行统一,或者逐步提高相对贫困标准中的收入比例;可以将按收入比例计算的相对贫困标准与其他基本可行能力指标按照多维贫困原理构成多维相对贫困指数(孙久文和张倩,2021;沈扬扬和李实,2020;汪三贵和孙俊娜,2021;李莹等,2021;叶兴庆和殷浩栋,2019)。值得关注的是,Ravallion和Chen(2011)曾经指出用收入中位数或平均值作为相对贫困标准基数不能恰当体现其内涵,并提出了弱相对贫困指数,但是这在现有研究中还未得到充分重视。

（三）多维贫困标准研究

随着联合国开发计划署相继提出了具有多维特征的能力贫困指数（CPI）、人类贫困指数（HPI）、多维贫困指数（MPI），国内学者也开始对多维贫困标准加以探索。大部分研究以 MPI 为出发点，采用 Alkire 和 Foster（2011）的"双界限"方法，仅有个别研究采用 Watts 贫困指数原理构建多维贫困指数（陈立中，2008）。多维贫困标准的原理并不复杂，各项研究的区别或独特之处主要体现在以下几个方面：维度设置和指标选择、各指标及维度临界值选择、维度权重设置方式等。正如很多研究所指出的，维度设置和指标选择往往受所使用的数据的限制，其随意性一直存在。一些研究尝试调整指标临界值以及权重，使其更适合中国现实（郭建宇和吴国宝，2012）。对于维度权重，有研究采用了主成分分析法，但大多数还是采用等权重法（张全红和周强，2014）。近年来的一个动态变化是：有些研究将收入指标也列为多维贫困的维度，这与 MPI 不同，但符合世界银行的多维贫困衡量标准（MPM）思路。进一步的变化是将多维贫困标准中的收入贫困指标从绝对收入贫困改为相对收入贫困，这就形成了多维相对贫困标准（张全红和周强，2014；汪三贵和孙俊娜，2021）。另一项尝试是构建长期多维贫困标准，在多维贫困发生率、多维贫困平均剥夺份额基础上添加贫困持续时间指标（郭熙保和周强，2016）。

（四）多重贫困标准研究

世界银行的收入贫困标准包括低、中、高三条贫困线，是对不同收入水平国家贫困线的统计概括。但由于各国的贫困标准与其经济发展水平也并非完全对应，所以，国际比较研究也常常对同一个经济体同时使用多个贫困标准（Wan 和 Wang，2018）。本文将这种做法称为多重贫困标准，其目的是弥补单一贫困标准的不充分性。除此以外，还有更多关于多重贫困标准的研究。20 世纪 90 年代，中国曾有学者提出一套多层次贫困线，包括对应于生存型贫困的特困线、对应于度日型贫困的温饱线以及对应于温饱生活的发展线（脱贫线）。其有意义之处是提出了一条高于贫困线的脱贫线，因为有一定的发展能力才意味着脱贫，其测算结果是比贫困线高 70% 左右（童星和林闽钢，1994）。唐平（1994）的同期研究也提出了类似观点，即脱贫标准应比贫困线高 50%。檀学文（2020）建议制定一个多元贫困标准体系以适应"十四五"过渡期对相应贫困的研究和监测需要。类似的研究思路还包括分区域设定相对贫困线，如沿海地区实施基于居民可支配收入的相对贫困线，非沿海地区实施绝对贫困线相对化（孙久文和夏添，2019），或分城乡设定相对贫困线。

三、关于贫困测量与分解的研究

对于贫困测量与分解的研究，使用最多的是 FGT 指数，以纵向分解研究居多，从最初的二分法扩大到三分法乃至四分法。贫困测量一般使用国内主流的大样本住户调查数据，也有一些研究采取了模拟还原观察值的方法对五等份分组统计数据进行分析。国内关于绝对贫困测量与分解的研究起步很早，对方法引入和拓展以及认识贫困状况起到了很大作用（如李实和古斯塔夫森，1996；国家统计局农调总队《农村贫困问题研究》课题组，1996；魏众和 B.古斯塔夫森，1998）。受篇幅限制，这部分仅侧重于关于相对贫困和多维贫困的测量与分解研究，总体上呈现如下变化趋势：首先，相对贫困和多维贫困概念分别从国际上引入并应用于其测量与分解研究；其次，从绝对贫困测量和分解研究自然地扩展到对相对贫困以及多维贫困的测量与分解研究；最后，近年来出现了对多维相对贫困的测量与分解研究。

（一）相对贫困测量与分解研究

对于以收入或消费为指标的相对贫困测量，近几年集中发表的若干文献呈现出两条研究路径：一是利用大样本住户调查数据，二是利用统计分组收入数据进行模拟或还原。李实等（2020）利用中国家庭收入调查（CHIP）数据，以农村居民收入中位数的40%、50%、60%作为相对贫困标准，估算相对贫困规模并按地区、年龄、教育等因素进行分解。李实等（2020）研究发现，2013年至2018年，中国相对贫困状况、贫困发生率、贫困深度和贫困强度趋于严重。樊增增和邹薇（2021）则是基于中国家庭追踪调查（CFPS）2010年至2018年的数据，开展了对相对贫困以及弱相对贫困的估计和分解。他们用家庭人均纯收入均值或中位数的30%和50%作为相对贫困标准，同样发现相对贫困发生率持续上升。其分解结果显示，相对贫困发生率上升主要源自识别成分，增长成分将其大部分抵消，分配成分产生了较小贡献。胡联等（2021）、斯丽娟和郭海霞（2022）的研究都是基于统计分组数据展开的，前者采取了模拟洛伦兹曲线的方法，而后者则使用了还原观察值的方法，其思路来源于Shorrocks和Wan（2009）。胡联等（2021）的研究发现，中国农村相对贫困发生率上升，增长效应和分配效应都有正贡献且分配效应更大。斯丽娟和郭海霞（2022）的新发现是，随着相对贫困程度上升，弱相对贫困发生率下降；人口流动缓解了农村相对贫困但加重了城镇相对贫困。

（二）多维贫困测量与分解研究

多维贫困概念与测量方法在2009年由王小林引入国内后，其研究文献快速增加（王小林和Sabina Alkire，2009）。总的来说，各研究的思路和方法类似，即借鉴MPI构建贫困维度，根据中国实际以及数据来源选择相应的指标，借鉴A-F方法，设置指标阈值，并测算多维贫困发生率。这些研究大部分使用中国营养健康调查（CNHS）数据，少数使用贫困监测数据。各研究的指标选择、阈值设置、时间维度、权重设置都有很大的不同，呈现出如下一些动态特点：首先，各研究中的贫困维度和指标选择基本上都参照MPI的健康、教育、生活水平的设置原理，结合数据可得性，并着重突出某些因素，例如，资产指标（王素霞和王小林，2013）、就业、儿童生活条件（张全红和周强，2014）。其次，越来越多的研究倾向于将收入指标列为多维贫困的维度之一，而且从绝对收入贫困指标演变为相对收入贫困指标（王小林和冯贺霞，2020；王卓，2022）。不过，也有分析指出，收入相对贫困应当与多维贫困指数并用而不是纳入后者（刘宇洋和陈玉萍，2022）。再次，一些多维贫困研究通过调高指标阈值来体现相对贫困含义，例如，将教育贫困指标阈值设为初中甚至高中等（汪三贵和孙俊娜，2021）。最后，多维贫困各维度权重的选择一般采取等权重，个别研究采取了主成分分析法来确定权重（张全红和周强，2014）。

四、关于反贫困战略的研究

中国有关于反贫困战略研究的传统，而其研究时机以及问题导向往往都与重要转折点有关。20世纪90年代中期起，中国学界先后开展了以贫困人口为中心的扶贫战略以及综合性反贫困战略研究，对进入21世纪后的国家反贫困战略和政策产生了积极影响。从区域开发扶贫转向经济增长、开发式扶贫与社会保护"三轨"并行，在国际范围内具有创新意义。中国的反贫困战略研究一直强调生态保护，并在此基础上提出具有创新性的绿色减贫理论。全面脱贫后的反贫困战略研究总的来说是指向解决相对贫困，它如何影响国家政策还有待于进一步观察。

（一）从区域开发战略转向以贫困人口为中心的扶贫战略

区域开发战略可以视为中国农村减贫的初始战略。从该战略转向以贫困人口为中心的反贫困战略，是中国20世纪90年代及以后一段时期的重要理论成果。康晓光（1995）首先提出"20世纪90年代中国具备消除绝对贫困条件"这一命题，并在此基础上构建了由四个相互关联部分构成的反贫困战略，分别是为贫困人口提供经济机会、提高贫困人口能力、建设社会安全保障网络、开展贫困地区经济社会改革和反贫困制度创新。吴国宝（1996）首先论证了扶贫战略实施所需满足的条件，即对象要不遗漏、能够快速启动、扶贫效率高、不会产生福利依赖。吴国宝（1996）研究发现，区域开发扶贫战略存在地方政府目标冲突以及政府与市场冲突，因此，建议转向瞄准贫困人口的扶贫战略，将就地开发扶贫、迁移和转移就业同建立农村社会保障体系结合起来。陈凡（1998）分析了反贫困战略各要素之间的矛盾，得出反贫困战略调整的思路，即从区域瞄准转向贫困村和贫困人口瞄准，对扶贫对象进行类型划分，以改造传统农业为重点，实施包括社会保障在内的针对绝对贫困人口的特殊政策。都阳和蔡昉（2005）回顾了农村贫困的变化阶段，指出21世纪初中国农村贫困的性质已经逐渐过渡到个体性贫困，贫困人口以边缘化人口为主，因此，扶贫战略需要从区域瞄准向个体瞄准转变，建立和完善农村社会保障体系尤其重要。刘奇（2010）提出了重构中国扶贫战略的思路，明确提出了精准扶贫建议，还提出了由扶贫转向防贫，并且要随着国力增强不断扩大扶贫规模。可以看出，这些建议都具有前瞻性和超前意识。

（二）综合性反贫困战略

中国的反贫困战略研究思路从开始就是综合性的。20世纪80年代，既有王小强和白南风（1986）的《富饶的贫困》，又有国务院原农村发展研究中心的"造血"理论（朱玲，1992）。世界银行（1993）提出了对20世纪90年代中国扶贫战略的建议，即以贫困人口中的最贫困者为目标，集中加强开发和社会服务支持。尽管这项研究提出以贫困者为目标，但它总的来说还是一种区域发展战略，强调农业和乡镇企业的作用。经过一段时间的开发式扶贫，陆续有调查发现，有一大批失能人口是无法依靠开发式扶贫脱贫的（朱玲，1996）。开发式扶贫导致保障式扶贫手段的缺失，开发式扶贫与社会保障的结合应该是农村扶贫的方向（中国发展研究基金会，2007）。随后，中国学者提出了更具综合性的"三轨制"反贫困战略思路，即经济增长、开发式扶贫和社会保障"三轨并立"或"三管齐下"（张晓山和李周，2008；贺雪峰，2018），不过研究发现，中国的"三轨制"反贫困战略并非那么完善，一开始是相对孤立地运行，到了后期又出现了各种错位。"三轨制"反贫困战略的一个有价值的问题是从社会保障向社会保护转型。社会保护的内涵高于社会保障，即除了社会保障外还包括人力资本投资、风险管理以及创造就业机会，有利于预防贫困（徐月宾等，2007；杨宜勇和吴香雪，2016）。在朱玲和何伟（2018）看来，社会保护应在下一步反贫困战略中发挥主导作用。

（三）生态保护的反贫困战略

生态保护在中国反贫困战略研究中不可或缺，其角色呈现出从改善发展方式以加强生态保护向减贫与绿色发展协同的变迁。王小强和白南风（1986）较早就注意到生态失调与经济发展困难并存。厉以宁（1991）探讨了经济运行机制在协调贫困地区经济发展和环境保护关系上的效应，提出通过转换经济运行机制来摆脱"低收入—生态破坏—低收入"恶性循环。李周（2000）分析了生态敏感地区、自然资源丰富地区和生物多样性丰富地区的贫困问题，提出要发挥各自比较优势，建立竞争性市场。2013年发表的关于宁夏生态移民的调研报告显示，自2006年以来，由于大规模生态移民，宁夏南部山区作为迁出地，生态环境有了明显改善，水源地得到了保护（李培林和王晓毅，2013）。在生态脆弱地区，移民有效遏制了迁出区生态恶化的趋势，实现了脱贫致富与生态保护的"双赢"（檀学文，2019）。近年来，中国学界进一步提出了绿色减贫战略和理论。绿色减贫是一种符合生态文明发展、实现绿色增长的减贫新理念，是把生态文明与反贫困有机结合起来的减贫新战略（张琦等，2014）。绿色减贫战略被认为是突破减贫瓶颈、实现可持续脱贫的关键，其根本方法是在贫困地区走可持续发展道路，守住发展和生态两条底线（雷明，2015）。生态文明理论、习近平总书记关于"绿水青山就是金山银山"的重要论述是绿色减贫的理论基础，生态环境建设保护、易地扶贫搬迁、绿色产业发展是主要的绿色减贫措施（王晓毅，2018）。2020年后的减贫战略也要把绿色发展理念贯穿于全过程（张琦等，2020）。

（四）解决绝对贫困之后的反贫困战略转型

在绝对贫困即将消除之际，中国学者开展了一系列新的反贫困战略转型研究。学界关于下阶段反贫困战略的主流观点有相当高的一致性。一是关于未来的反贫困对象，大部分研究认为是相对贫困，只不过有的叠加了多维贫困的考量（张琦等，2020），有的要叠加更高标准的绝对贫困因素（何秀荣，2018），有的则聚焦老年人、妇女、儿童等群体的贫困问题（陈志钢等，2019）。只有个别研究反对马上转向解决相对贫困，主要理由在于财力不足（汪晨等，2020）。二是关于反贫困的地域范围，各研究基本上都认同需要统筹城乡反贫困，尤其是城镇反贫困需要被提上议事日程（魏后凯，2018；叶兴庆和殷浩栋，2019）。三是关于反贫困思路，多数研究认同要转向常规性或常态化反贫困机制，要从扶贫转向防贫（李小云等，2020b），要以基本公共服务均等化为主要手段（叶兴庆和殷浩栋，2019；陈志钢等，2019）。总体上讲，未来的反贫困战略仍然是综合性的。檀学文（2020）将其概括为新的"三支柱"战略，包括包容性增长、基本公共服务均等化以及社会保护。叶兴庆和殷浩栋（2019）也提出了类似思路，包括有利于低收入群体增收的产业政策、对发展型低收入群体的救助政策、以基本公共服务均等化为基础的防贫政策等。

与此同时，学界也提出了低收入人口走向共同富裕的研究命题。杨立雄（2021）提出，要采取提升低收入群体的市场竞争力、完善公共服务体系、加大转移支付力度等政策措施，大幅度提高低收入群体收入水平，逐步缩小收入差距，从而实现共同富裕。林闽钢（2022）论证，低收入群体是促进共同富裕的重点帮扶保障对象，政策取向包括发挥基本公共服务的支持作用以及采取以就业为核心的增收性帮扶政策和以纾困为核心的综合性保障政策。

五、关于贫困识别偏差和瞄准的研究

中国的贫困识别单元从贫困地区向贫困县、贫困村、贫困户转变，识别精度不断提高。关于扶贫瞄准的研究历来发现，以往各种瞄准，包括低保，偏差都是很大的。精准扶贫源于对大幅度提高瞄准精度的要求，是对脱贫攻坚的实践及理论回应。从1995年提出瞄准贫困人口的政策建议到2014年变为现实，精准扶贫是中国在长期学术研究和实践基础上形成的重要理论和实践创新。

（一）贫困识别偏差与精准识别

中国在20世纪80年代初直至2014年，主要进行贫困地区识别，先后进行过4轮贫困县识别和调整，一些地方则有局部的贫困户识别试验。2014年以后，中国开展了大规模、全覆盖的贫困人口精准识别。从历史跨度看，贫困识别单元的变化代表着识别精准度的提高（李周，2007）。

对贫困县识别偏差的判断，通常是将贫困县和非贫困县按收入组分类排序，非贫困县位于低收入组和贫困县位于高收入组均可视为识别不准。研究发现，历次确定的贫困县都有较明显的识别偏差，但偏差的性质有变化。1986年确定的贫困县中属于低收入组但没有被评为贫困县的情况严重，如最低10%收入组中，有一半的县没有被确定为贫困县，在10%—25%收入组中，有62%的县没有被确定为贫困县，其主要原因在于灾情的短期影响。1993年以来确定的贫困县中，遗漏现象有了很大的改善，但反过来，收入较高的县被确定为贫困县的情况变得严重起来（李周，2007）。2001年识别贫困县时，遗漏现象基本消除，但错误认定的情况进一步增加了（岳希明等，2007）。近期有研究采用多维指标对贫困县和非贫困县的贫困程度进行重新测度。以贵州省为例，以2014年数据进行多维指数分析显示，该省有16个非贫困县达到多维贫困标准，也有若干个国家级贫困县接近非贫困县标准（贺立龙，2016）。

2001年全国第一次确定了14.8万个贫困村。Park等（2002）采取类似的收入组分析方法，对2001年贫困村数据分析发现，最低收入组中有45%的村未被纳入贫困村，而高收入组中也有大量贫困村。汪三贵等（2007a）研究显示，贫困村覆盖不完全和非贫困村被认定为贫困村的问题比较严重，2001年以收入为标准和在精确识别状态下应该被确定为贫困村的村中有48%的村没有被识别。由于东部和中部地区以及非贫困县存在更大的识别错误，贫困村瞄准错误率远远高于贫困县瞄准错误率（汪三贵等，2007a）。2014年开始开展的精准识别重新识别了12.8万个贫困村。由于存在精英俘获和选择性平衡考虑，贫困村识别仍然偏差较大（原贺贺，2018）。

2007年，汪三贵等（2007b）对贫困家庭识别开展了理论研究，利用贫困监测数据，采用代理家计调查方法，发现在最好的情况下，73%的贫困人口可能被准确识别出来，但被识别为贫困人口的错误率也高达70%。2014年，通过精准识别，在原贫困县不变的基础上，全国共识别出12.8万个贫困村和8962万贫困人口，贫困人口有48%在非贫困县，有45%在非贫困村。到2016年6月，全国开展建档立卡"回头看"，补录贫困人口807万，剔除识别不准人口929万，相当于漏评率和错评率分别为9%和10.4%。出于多种原因，对识别出的建档立卡贫困人口的准确性进行定量分析有很大的困难。所以，关于精准识别的分析更多的是定性分析和小样本案例分析。朱梦冰和李实（2017）对贫困人口精准识别进行了分析，他们实际上使用的是农村低保人口数据，总的发现是瞄不准的程度非常高。

（二）扶贫瞄准偏差与精准扶贫

扶贫瞄准偏差是扶贫效率不足的一部分，主要指扶贫项目、资金、贷款覆盖贫困户的偏离程度。基本上各类研究都能得出相似的结论，即中国的扶贫瞄准准确程度较低、偏差较大。

刘文璞和吴国宝（1997）指出，贫困县只覆盖70%的贫困人口，贫困县内只有不到30%的乡村人口是贫困人口，从而当扶贫资源在贫困县内均匀分配时，贫困人口分布偏差就是其瞄准偏差。区域瞄准的缺陷在于在贫困县内并没有进一步识别贫困人口，扶贫资源大量流向非贫困人口。分析显示，贫困县人均收入水平与扶贫资金分配没有明显联系，只有发展资金与贫困程度正相关，贴息贷款和以工代赈资金都更多地流向了人均收入高的贫困县（Park et al.，2002）。李小云等（2005）研究发现，中央财政扶贫资金在扶贫开发工作重点县的投入比重远小于"至少70%"的目标规定，项目依托式的扶贫资金到达贫困农户手中的比重最低。以后的研究陆续发现类似的现象，扶贫项目、贫困村互助资金等更多地流向了非贫困户，这被归结为精英俘获现象（邢成举和李小云，2013；胡联等，2015）。一般认为贷款是实现扶贫资源瞄准到户的有效手段。有调查显示，1986年扶贫贴息贷款开始施行时，有92%的贷款都贷给了农户。但是1989年，扶贫政策转向鼓励发展实体经济来间接帮助贫困人口。20世纪90年代以来，有一大批关于扶贫贷款使用瞄准和效果的研究。当时的主要发现是，将扶贫贷款投向企业和非农产业是错误的急功近利行为，因为其对贫困户的减贫效应很弱，预期的目标瞄准功能没有发挥出来（黄季焜等，1998；李小云等，2005）。对此，一个未得到重视的问题是，贫困户可能存在贷款有效需求障碍（林万龙和杨丛丛，2012）。这个现象直到2010年以后依然存在，表明扶贫贷款瞄准是一个"老大难"问题（吴本健等，2014）。

精准扶贫最基本的定义是扶贫政策和措施要真正惠及贫困户和贫困人口。其内涵除了精准识别，还包括精准帮扶和精准脱贫，包括政策措施的瞄准、帮扶力量的配置和瞄准、脱贫结果的评估和确认等，是一个完整的体系（汪三贵和郭子豪，2015）。精准扶贫是实现脱贫攻坚任务的必然选择和必要条件。精准扶贫与国外的瞄准扶贫有根本性区别，体现在全面瞄准和全方位精准、采取以发展生产为主的综合性措施和扶贫攻坚三个方面（檀学文和李静，2017）。精准扶贫的基本方略提出后，学术研究致力于发现精准扶贫实践存在的问题。这些问题意味着精准扶贫同样存在瞄准偏差和效果问题，包括：识别偏差（李博和左停，2017）；精准扶贫政策的不精准执行（雷望红，2017）；精准扶贫产生养懒汉、过度扶贫等逆向激励效应；脱贫责权划分不明确，尤其是扶贫对象责权不清晰（檀学文，2017）；扶贫措施与贫困户实际需求并非真正匹配等（黄承伟和覃志敏，2015）。

六、关于中国减贫经验的研究

关于中国减贫经验的研究较为集中地发表于20世纪与21世纪之交，以及改革开放三十周年、四十周年和打赢脱贫攻坚战之后，研究内容呈现从归纳减贫成功的实践经验向对大规模减贫乃至消除贫困的经验进行总结的演变。各项研究中凝聚的共识性认识包括：改革开放和实施综合发展战略的重要性，在推进包容性发展的同时长期实施开发式扶贫，坚持政府在扶贫中的主导作用，坚持提高贫困人口自我发展能力的方向，坚持适时调整扶贫战略和政策，逐步提高扶贫标准以及瞄准的精确程度等。

（一）国家治理角度的经验总结

范小建（2007）从全面建设小康社会、到2020年基本消除绝对贫困的角度总结了改革开放29年以来中国的扶贫经验，将其归纳为七个方面：解放思想，走中国特色经济发展道路；改革开放，尤其是实施农村改革；由执政党的宗旨所决定的政府主导；有组织、有计划的社会参与；通过开发式扶贫发挥人的主观能动性；通过扶持使有劳动能力的贫困人口获得发展能力以实现自力更生；强调综合开发、全面发展以实现科学发展。汪三贵（2008）则从经济增长、收入分配、扶贫政策这样的经典视角剖析中国30年大规模减贫经验，其中比较突出的观点包括：发展农业和缩小不平等对减贫具有重要作用，需要调整区域扶贫政策以提高瞄准程度。黄承伟（2019）采取类似视角，从八个方面总结了中国扶贫的基本经验：一是坚持改革开放，极大地调动了社会各方面的积极性；二是保持经济长期持续增长；三是制定一系列有利于穷人发展的政策；四是根据发展阶段及贫困人口特征制定和调整反贫困战略；五是渐进推进农村社会保障体系的建立与完善；六是不断丰富和发展开发式扶贫的方式方法；七是始终把提高扶贫对象的自我发展能力作为核心；八是在政府主导下不断提高反贫困战略和政策执行力。吴国宝（2018）将中国减贫经验概括为：通过发展减贫，提升贫困地区和贫困人口自我发展能力，实行精准扶贫，坚持扶贫创新，坚持党和政府领导、群众主体、社会参与的基本扶贫制度，坚持持续扶贫。李实和沈扬扬（2021）指出，中国的扶贫成就不仅在于绝对贫困的消除，更在于中国政府在增进人民福祉、促进共同富裕方面所作出的不懈努力，这两个方面是同步推进的，具体经验体现为"五项坚持"，即坚持政府领导与主导，坚持农村改革与扶贫相结合，坚持以经济增长带动脱贫，坚持开发式扶贫与兜底保障政策相结合，坚持动员社会力量参与扶贫工作。

（二）改革和转型角度的经验总结

李小云等（2020a）认为，中国大规模减贫具备特定的政治基础、历史基础、经济动力机制以及社会文化机制，进而形成了三条贫困治理的基本经验：一是基于市场的开发式扶贫手段，准确地说是经济发展加特殊扶持的双重开发式治理；二是针对区域与个体的瞄准机制，且从区域瞄准逐步过渡到村庄瞄准和个体瞄准；三是政府主导、全社会参与的扶贫机制，而且是将再分配资源转化为开发性资源，强化开发式扶贫机制。李小云等（2018）还认为，消除贫困是经济社会转型的突出成就，开发式扶贫则是中国四十年减贫的根本经验。即便在经济增长、社会公平程度均有利于减贫的条件下，国家依然需要通过扶贫干预为贫困人口创造机会和条件；当经济增长和社会公平程度不再有利于贫困人口的发展时，需要在国家强有力的干预下，通过全面的扶贫政策才能实现继续减贫（李小云等，2018）。朱玲和何伟（2018）则将中国减贫的主要经验归结为制度变革，即城乡二元分割制度逐步破除，工业化和城镇化进程进一步伴随着农业劳动力转移对城乡二元制度壁垒的冲击，贫困人口生产力在这个过程中得以释放。

（三）中国减贫经验的可借鉴性研究

早期的扶贫经验研究主要出于为下阶段减贫提供借鉴的目的，近年来的研究则更倾向于阐述中国减贫实践中的一般性经验，力图使其对其他发展中国家有借鉴意义。吴国宝（2018）认为，中国农村扶贫开发，既内含着特定的时空因素和中国独特的政治制度与治理体系的影响，也形成了一些可与其他国家分享的大规模减贫的经验。李小云等（2016）指出，中国减贫经验已经发展成为全球发展知识体系的一个重要组成部分，政府的主导作用、优先发展农业以及将农村工业与相应小城市的发展有机连接起来，是可以国际共享的经验。另一项研究从国际视野总结了中国减贫经验，认为中国的综合减贫道路、经济发展主导的减贫路径、政府主导与国际合作及社会参与的有机结合、坚持提高扶贫对象的自我发展能力以及全方位扶贫创新等经验都具有普遍借鉴意义。在减贫最后阶段实施精准扶贫精准脱贫方略，对于条件接近的国家也具有借鉴意义（魏后凯和王镭，2021）。

七、关于消除贫困的理论解释

随着中国消除绝对贫困成效的显现以及中国特色反贫困理论的提出，近年来关于中国消除贫困的理论解释趋于增加，其关注的要点是如何以与国际理论相接轨的方式对中国的成就给出合理解释。现有研究大体上可以分为两个方面：一方面是对中国减贫实践以及中国特色反贫困理论进行学理阐释，另一方面是对中国消除贫困的成就做出新的理论建构。

（一）对中国特色反贫困理论的学理阐释

张琦和冯丹萌（2016）在总结中国的扶贫实践创新时归纳了若干项减贫理论创新，主要有四个方面：一是围绕贫困标准的理论创新，尤其是贫困标准提高体现的贫困内涵变化以及多维贫困的应用；二是开发式扶贫理论，体现在产业可持续发展、注重贫困人口自身能力发展以及注重改善区域环境和消除致病因素等；三是绿色减贫理论；四是内源脱贫理论。黄承伟（2017）认为，党的十八大以来，习近平总书记关于扶贫开发的重要论述把中国扶贫开发理论创新提升到了新的历史高度，主要体现为：把扶贫确定为国家战略，把消除贫困作为底线任务，实施精准扶贫精准脱贫方略，论述内源扶贫、科学扶贫、精神脱贫等扶贫脱贫机制模式，提倡共建没有贫困的人类命运共同体等。黄承伟（2020）还阐述了习近平总书记关于扶贫开发的重要论述对马克思主义反贫困理论的原创性贡献：从发展全局确定脱贫攻坚的战略地位，丰富发展了马克思主义关于反贫困定位的理论认识；深刻总结"六个坚持"经验，丰富发展了马克思主义反贫困路径；从携手消除贫困、共建人类命运共同体的高度指明全球减贫合作方向，丰富发展了马克思主义世界历史理论。王禹澔（2022）认为，新时代中国特色反贫困理论具有强化中国共产党的领导、坚持以人民为中心的反贫困理念、以精准扶贫为方略而使得治理科学有效、强调多方协同治理等鲜明特征，从反贫困的认知、方法和目的等维度超越了西方反贫困理论。黄祖辉等（2022）则概括了中国特色反贫困理论的理论渊源"高度"、理论创新"广度"和理论建构"效度"，以全面反贫困理念为内在统领，理论内涵包括三个层面七大要素，形成体系化的系统建构。

（二）对中国消除贫困成就的理论解释

近年来一些学者和智库机构尝试从基本理论和基本逻辑出发，以新的理论建构对中国消除贫困成就进行理论解释。其中，较为突出的有贫困治理研究和政治经济学研究两个方面。

从治理角度，已有研究致力于解释中国贫困治理的运行机理、有效性及一般性。王小林和张晓颖（2021）构建了一个贫困治理分析框架，包括贫困问题、减贫战略、扶贫行动者、治理过程和治理结构五个部分，可分别从"水平治理"与"垂直治理"来分析中国贫困治理结构和机制。该框架既可以解释绝对贫困治理运行机制，也可以用于对相对贫困治理的分析。谢岳（2020）则分析了中国贫困治理的政治逻辑，认为中国以福利分配为导向的贫困治理是一种普遍的人民福利，是一种基于共同富裕和全面建成小康社会的国家目标，是一种旨在帮助贫困人口形成致富能力的发展意义上的分配制度。中国的贫困治理既不是为赢得选举而安抚选民的功利手段，也不是托底式的功利性社会救济。中国共产党的政治领导力转换为现代化的国家治理能力，将增加贫困人口福利上升到国家战略高度，激发了地方政府与社会协同治理的活力。中国贫困治理机制体现于宏观、中观、微观三个层面，分别是中央理性化配置财政资源、贫困治理的责任化以及在基层社会拓展政治网络。杨灿明（2021）认为中国形成了"理论、理念、制度和机制'四位一体'"的综合性减贫体系，其中，中国特色减贫理论融合了马克思主义反贫困理论、共同富裕和人的全面发展理论的精髓，进而实现了"亲贫式"发展。郑宇（2022）则是从中国的渐进式改革中受到启发，以渐进平衡来描述中国的贫困治理模式，即通过市场联动、政府社会协同和目标演进这三重机制的共同作用，实现从不平衡到平衡发展。通过对非洲国家贫困治理的分析，渐进平衡的贫困治理模式展示了理解发展中国家贫困治理的一般性逻辑。

从政治经济学角度，学者们致力于阐释减贫制度或政治行动背后的经济学原理。蒋永穆等（2020）提出，马克思主义减贫理论的核心是制度减贫，中国形成了基于自身实践的制度减贫理论体系。制度减贫理论在西方理论中可归属于结构主义理论，但只是作为一个理论流派而存在，所以蒋永穆等（2020）特别指出，西方减贫理论是淡化或排斥制度减贫的。新华社国家高端智库发表了《中国减贫学——政治经济学视野下的中国减贫理论与实践》智库报告，认为中国减贫学是既有助于减贫，又有利于发展的政治经济学分配理论，其核心要义是锚定共同富裕目标，依托精准手段，构建政府、市场和社会协同发力的"益贫市场"，解放贫困者的生产力，使他们不仅成为分配的受益者，也成为增长的贡献者。其中，有为政府的作用体现为"赋能之手"，所形成的"益贫市场"是市场的再造而不是市场扭曲（新华社中国减贫学课题组，2021）。无独有偶，钟甫宁（2021）对贫困地区"反市场"的资源逆向流动做出了经济学解释，即单一资源追逐自身利益的流动方式既不能导致全局的资源最优配置，更不能缓解区域性贫困。开发式扶贫通过公共投资和政策引导改变资源配置决策和流向，从追求单一资源配置效率转向实现整合资源的最大整体利益，进而实现所有利益相关者收益。朱玲和何伟（2018）则是从改革和经济自由获取角度对减贫成就做出了解释，对于未来的政策建议是消除城乡居民权利不平等以及排除对贫困户经营决策权的干预。

八、结语：追随于实践的反贫困理论创新

本文按照反贫困研究基本逻辑，概述了自改革开放以来中国反贫困研究重要领域的主要沿革和进展，主要发现如下。

第一，对于贫困的理解经历了从基于温饱的绝对贫困向能力贫困和发展性贫困的演变。近年来国内有不少研究采纳相对贫困和多维贫困定义，但基本上属于"拿来主义"，并未对其概念进行严格论证。此外，还要承认，目前能力贫困和发展性贫困的概念还不够成熟。

第二，关于贫困标准的研究经历了从测算绝对贫困标准的福利内涵向应用和拓展相对贫困标准与多维贫困标准的演变。中国的贫困标准偏低，但扶贫标准和脱贫标准都要远远高于贫困标准，这一点得到了很充分的论证。对相对贫困标准和多维贫困标准的研究以应用为主，仅有将收入相对贫困纳入多维贫困指标等边际改进。

第三，关于贫困测量和分解的研究在增加分解成分、纳入有中国特色的贫困维度、采用分组数据模拟还原观察值方法等方面具有边际创新贡献。"伴随绝对贫困程度下降，相对贫困程度呈现提高趋势"，该结论成为近年来关于相对贫困变化测量的主流结论，但这一结论也面临着现行相对贫困标准是否合理的质疑。

第四，中国的多项反贫困战略研究成果具有超前性，对国家反贫困战略转型发挥了理论引领作用，包括以贫困人口为中心的扶贫战略、综合性反贫困战略、生态保护的反贫困战略等。但是，关于2020年后反贫困战略的研究成果尚未在战略转型决策中体现。

第五，关于贫困识别和瞄准偏差的研究因贫困县划分、贫困人口识别等丰富的政策实践而取得有益成果，关于识别和瞄准偏差程度的研究发现对调整扶贫政策、实施精准扶贫方略起到了促进作用。关于扶贫瞄准研究大部分是从供给角度出发的，仅有少数关于贫困人口对产业、金融等扶贫政策是否存在有效需求的研究，但这类研究并不充分。

第六，已有研究近年来对中国减贫经验进行了充分总结，主要结论相当接近。但是，中国消除贫困经验对其他发展中国家的借鉴研究还不够充分。

第七，中国特色反贫困理论经由一些学者的理论阐释而变得更加具有条理性和系统性，一般认为它是对马克思主义反贫困理论的继承和原创性贡献。

第八，对于中国消除贫困成就的理论解释是近年来的一个重点研究领域，先后提出了发展性分配、渐进平衡治理、"益贫市场"、逆向资源配置等理论假说。如何从中国反贫困实践中提炼和创新反贫困理论仍将是今后一段时期的重要研究任务。

本文的基本结论是，改革开放40多年来中国反贫困研究是一个追随与创新同步的过程。一方面在贫困标准比较、贫困测量、贫困识别和瞄准偏差分析、扶贫政策分析等方面及时学习和借鉴国外已有的成熟理论与方法，另一方面在综合性反贫困战略、绿色减贫、精准扶贫、"益贫市场"、逆向资源配置等方面具有较明显的理论创新特征。不过，中国的反贫困理论创新还不够充分，反贫困理论体系还不完善，无论是理论发展自身还是面对国家政策转型需求都还有很长的路要走。

参考文献：

陈凡，1998：《中国反贫困战略的矛盾分析与重新构建》，《中国农村经济》第9期，第11—21页。

陈立中，2008：《收入、知识和健康的三类贫困测算与解析》，《改革》第3期，第144—148页。

陈志钢、毕洁颖、吴国宝、何晓军、王子妹一，2019：《中国扶贫现状与演进以及2020年后的扶贫愿景和战略重点》，《中国农村经济》第1期，第2—16页。

陈宗胜、沈扬扬、周云波，2013：《中国农村贫困状况的绝对与相对变动——兼论相对贫困线的设定》，《管理世界》第1期，第67—77+187—188页。

都阳、蔡昉，2005：《中国农村贫困性质的变化与扶贫战略调整》，《中国农村观察》第5期，第2—9+22+80页。

樊增增、邹薇，2021：《从脱贫攻坚走向共同富裕：中国相对贫困的动态识别与贫困变化的量化分解》，《中国工业经济》第10期，第59—77页。

范小建，2007：《中国特色扶贫开发的基本经验》，《求是》第23期，第48—49页。

方黎明、张秀兰，2007：《中国农村扶贫的政策效应分析——基于能力贫困理论的考察》，《财经研究》第12期，第47—57页。

郭建宇、吴国宝，2012：《基于不同指标及权重选择的多维贫困测量——以山西省贫困县为例》，《中国农村经济》第 2 期，第 12—20 页。

郭熙保、周强，2016：《长期多维贫困、不平等与致贫因素》，《经济研究》第 6 期，第 143—156 页。

国家统计局农调总队《农村贫困问题研究》课题组，1996：《九十年代中国农村贫困标准研究》，《调研世界》第 1 期，第 25—29 页。

何秀荣，2018：《改革 40 年的农村反贫困认识与后脱贫战略前瞻》，《农村经济》第 11 期，第 1—8 页。

贺立龙、左泽、罗樱浦，2016：《以多维度贫困测度法落实精准扶贫识别与施策——对贵州省 50 个贫困县的考察》，《经济纵横》第 7 期，第 47—52 页。

贺雪峰，2018：《中国农村反贫困战略中的扶贫政策与社会保障政策》，《武汉大学学报（哲学社会科学版）》第 3 期，第 147—153 页。

胡鞍钢、李春波，2001：《新世纪的新贫困：知识贫困》，《中国社会科学》第 3 期，第 70—81 页。

胡联、缪实、姚绍群、汪三贵，2021：《中国农村相对贫困变动和分解：2002~2018》，《数量经济技术经济研究》第 2 期，第 132—146 页。

胡联、汪三贵、王娜，2015：《贫困村互助资金存在精英俘获吗——基于 5 省 30 个贫困村互助资金试点村的经验证据》，《经济学家》第 9 期，第 78—85 页。

湖南常德地区农村办公室经管科调查组，1984：《百户贫困户的调查》，《农业经济丛刊》第 1 期，第 59—60 页。

黄承伟，2017：《党的十八大以来脱贫攻坚理论创新和实践创新总结》，《中国农业大学学报（社会科学版）》第 5 期，第 5—16 页。

黄承伟，2019：《新中国扶贫 70 年：战略演变、伟大成就与基本经验》，《南京农业大学学报（社会科学版）》第 6 期，第 1—8+156 页。

黄承伟，2020：《中国减贫理论新发展对马克思主义反贫困理论的原创性贡献及其历史世界意义》，《西安交通大学学报（社会科学版）》第 1 期，第 1—7 页。

黄承伟、覃志敏，2015：《我国农村贫困治理体系演进与精准扶贫》，《开发研究》第 2 期，56—59 页。

黄季焜、马恒运、罗泽尔，1998：《中国的扶贫问题和政策》，《改革》第 4 期，第 72—83 页。

黄祖辉、李锋、钱振澜、钱泽森、叶海健，2022：《中国特色反贫困理论的理论品格、时代特质与系统建构》，《华南农业大学学报（社会科学版）》第 3 期，第 1—9 页。

蒋永穆、万腾、卢洋，2020：《中国消除绝对贫困的政治经济学分析——基于马克思主义制度减贫理论》，《社会科学战线》第 9 期，第 167—176 页。

康晓光，1995：《90 年代我国的贫困与反贫困问题分析》，《战略与管理》第 4 期，第 64—71 页。

雷明，2015：《两山理论与绿色减贫》，《经济研究参考》第 64 期，第 21—22+28 页。

雷望红，2017：《论精准扶贫政策的不精准执行》，《西北农林科技大学学报（社会科学版）》第 1 期，第 1—8 页。

李博、左停，2017：《谁是贫困户？精准扶贫中精准识别的国家逻辑与乡土困境》，《西北农林科技大学学报（社会科学版）》第4期，第1—7页。

李培林、王晓毅，2013：《移民、扶贫与生态文明建设——宁夏生态移民调研报告》，《宁夏社会科学》第3期，第52—60页。

李培林、魏后凯，2016：《中国扶贫开发报告（2016）》，北京：社会科学文献出版社，第8页。

李实、古斯塔夫森，1996：《八十年代末中国贫困规模和程度的估计》，《中国社会科学》第6期，第29—44页。

李实、李玉青、李庆海，2020：《从绝对贫困到相对贫困：中国农村贫困的动态演化》，《华南师范大学学报（社会科学版）》第6期，第30—42+189页。

李实、沈扬扬，2021：《中国的减贫经验与展望》，《农业经济问题》第5期，第12—19页。

李小云、马洁文、唐丽霞、徐秀丽，2016：《关于中国减贫经验国际化的讨论》，《中国农业大学学报（社会科学版）》第5期，第18—29页。

李小云、徐进、于乐荣，2018：《中国减贫四十年：基于历史与社会学的尝试性解释》，《社会学研究》第6期，第35—61+242—243页。

李小云、徐进、于乐荣，2020a：《中国减贫的基本经验》，《南京农业大学学报（社会科学版）》第4期，第11—21页。

李小云、苑军军、于乐荣，2020b：《论2020后农村减贫战略与政策：从"扶贫"向"防贫"的转变》，《农业经济问题》第2期，第15—22页。

李小云、张雪梅、唐丽霞，2005：《我国中央财政扶贫资金的瞄准分析》，《中国农业大学学报（社会科学版）》第3期，第1—6页。

李莹、于学霆、李帆，2021：《中国相对贫困标准界定与规模测算》，《中国农村经济》第1期，第31—48页。

李周，2000：《资源、环境与贫困关系的研究》，《云南民族学院学报（哲学社会科学版）》第5期，第8—14页。

李周，2007：《中国反贫困与可持续发展》，北京：科学出版社，第22页、第127页。

厉以宁，1991：《贫困地区经济与环境的协调发展》，《中国社会科学》第4期，第199—210页。

梁伟军、焦丽丽，2022：《能力贫困视阈下农村脱贫人口发展能力提升研究》，《华中农业大学学报（社会科学版）》第6期，第99—109页。

林闽钢，2022：《促进低收入群体迈向共同富裕论纲》，《治理研究》第5期，第4—11+124+2页。

林万龙、杨丛丛，2012：《贫困农户能有效利用扶贫型小额信贷服务吗？——对四川省仪陇县贫困村互助资金试点的案例分析》，《中国农村经济》第2期，第35—45页。

刘奇，2010：《创新思维：重构中国扶贫战略》，《中国发展观察》第10期，第35—41页。

刘文璞、吴国宝，1997：《地区经济增长和减缓贫困》，太原：山西经济出版社。

刘宇洋、陈玉萍，2022：《中国相对贫困的特征分析与指标比较——基于货币方法和多维方法》，《学术论坛》第4期，第68—82页。

沈扬扬、李实，2020：《如何确定相对贫困标准？——兼论"城乡统筹"相对贫困的可行方案》，《华南师范大学学报（社会科学版）》第 2 期，第 91—101+191 页。

世界银行，1993：《中国：90 年代的扶贫战略》，高鸿宾、张一明、叶光庆译，北京：中国财政经济出版社，第 6—9 页。

斯丽娟、郭海霞，2022：《面向共同富裕的中国城乡相对贫困指数的测度及变动分解》，《数量经济技术经济研究》第 5 期，第 47—63 页。

孙久文、夏添，2019：《中国扶贫战略与 2020 年后相对贫困线划定——基于理论、政策和数据的分析》，《中国农村经济》第 10 期，第 98—113 页。

孙久文、张倩，2021：《2020 年后我国相对贫困标准：经验、实践与理论构建》，《新疆师范大学学报（哲学社会科学版）》第 4 期，第 79—91+2 页。

檀学文，2017：《完善现行精准扶贫体制机制研究》，《中国农业大学学报（社会科学版）》第 5 期，第 42—50 页。

檀学文，2019：《中国移民扶贫 70 年变迁研究》，《中国农村经济》第 8 期，第 2—19 页。

檀学文，2020：《走向共同富裕的解决相对贫困思路研究》，《中国农村经济》第 6 期，第 21—36 页。

檀学文、李静，2017：《习近平精准扶贫思想的实践深化研究》，《中国农村经济》第 9 期，第 2—16 页。

唐平，1994：《中国农村贫困标准和贫困状况的初步研究》，《中国农村经济》第 6 期，第 39—43 页。

童星、林闽钢，1994：《我国农村贫困标准线研究》，《中国社会科学》第 3 期，第 86—98 页。

汪晨、万广华、吴万宗，2020：《中国减贫战略转型及其面临的挑战》，《中国工业经济》第 1 期，第 5—23 页。

汪三贵，1991：《中国农村的贫困问题》，《农村经济与社会》第 6 期，第 1—10 页。

汪三贵，2007：《中国农村贫困标准及低保对象》，《中国社会保障》第 12 期，第 14—16 页。

汪三贵，2008：《在发展中战胜贫困——对中国 30 年大规模减贫经验的总结与评价》，《管理世界》第 11 期，第 78—88 页。

汪三贵、Albert Park、Shubham Chaudhuri、Gaurav Datt，2007a：《中国新时期农村扶贫与村级贫困瞄准》，《管理世界》第 1 期，第 56—64 页。

汪三贵、郭子豪，2015：《论中国的精准扶贫》，《贵州社会科学》第 5 期，第 147—150 页。

汪三贵、孙俊娜，2021：《全面建成小康社会后中国的相对贫困标准、测量与瞄准——基于 2018 年中国住户调查数据的分析》，《中国农村经济》第 3 期，第 2—23 页。

汪三贵、王姮、王萍萍，2007b：《中国农村贫困家庭的识别》，《农业技术经济》第 1 期，第 20—31 页。

王萍萍、方湖柳、李兴平，2006：《中国贫困标准与国际贫困标准的比较》，《中国农村经济》第 12 期，第 62—68 页。

王萍萍、徐鑫、郝彦宏，2015：《中国农村贫困标准问题研究》，《调研世界》第 8 期，第 3—8 页。

王素霞、王小林，2013：《中国多维贫困测量》，《中国农业大学学报（社会科学版）》第 2 期，第 129—136 页。

王小林，2012：《贫困测量：理论与方法》，北京：社会科学文献出版社，第 12—15 页。

王小林、Sabina Alkire，2009：《中国多维贫困测量：估计和政策含义》，《中国农村经济》第 12 期，第 4—10+23 页。

王小林、冯贺霞，2020：《2020 年后中国多维相对贫困标准：国际经验与政策取向》，《中国农村经济》第 3 期，第 2—21 页。

王小林、张晓颖，2021：《中国消除绝对贫困的经验解释与 2020 年后相对贫困治理取向》，《中国农村经济》第 2 期，第 2—18 页。

王小强、白南风，1986：《富饶的贫困——中国落后地区的经济考察》，成都：四川人民出版社，第 45 页。

王晓毅，2018：《绿色减贫：理论、政策与实践》，《兰州大学学报（社会科学版）》第 4 期，第 28—35 页。

王禹澔，2022：《共同富裕与中国特色反贫困理论对西方减贫理论的超越》，《中共中央党校（国家行政学院）学报》第 2 期，第 109—118 页。

王卓，2022：《中国相对贫困的标准建构与测度——基于 2021 年四川专题调查》，《社会保障评论》第 2 期，第 88—104 页。

魏后凯，2018：《2020 年后中国减贫的新战略》，《中州学刊》第 9 期，第 36—42 页。

魏后凯、王镭，2021：《中国减贫成就、经验和国际合作》，北京：社会科学文献出版社，第 23—32 页。

魏众、B.古斯塔夫森，1998：《中国转型时期的贫困变动分析》，《经济研究》第 11 期，第 64—68 页。

吴本健、马九杰、丁冬，2014：《扶贫贴息制度改革与"贫困瞄准"：理论框架和经验证据》，《财经研究》第 8 期，第 106—118 页。

吴国宝，1996：《对中国扶贫战略的简评》，《中国农村经济》第 8 期，第 26—30 页。

吴国宝，2018：《改革开放 40 年中国农村扶贫开发的成就及经验》，《南京农业大学学报（社会科学版）》第 6 期，第 17—30+157—158 页。

吴国宝，2021：《中国农村扶贫标准、对象识别和退出管理》，载陈锡文、韩俊（主编）《中国脱贫攻坚的实践与经验》，北京：人民出版社，第 43—70 页。

谢岳，2020：《中国贫困治理的政治逻辑——兼论对西方福利国家理论的超越》，《中国社会科学》第 10 期，第 4—25+204 页。

新华社中国减贫学课题组，2021：《中国减贫学——政治经济学视野下的中国减贫理论与实践》，北京：人民出版社、新华出版社。

邢成举、李小云，2013：《精英俘获与财政扶贫项目目标偏离的研究》，《中国行政管理》第 9 期，第 109—113 页。

邢占军、张丹婷，2022：《分层衔接：迈向共同富裕的相对贫困治理机制》，《探索与争鸣》第 4 期，第 133—140+179 页。

徐月宾、刘凤芹、张秀兰，2007：《中国农村反贫困政策的反思——从社会救助向社会保护转变》,《中国社会科学》第 3 期,第 40—53+203—204 页。

杨灿明,2021:《中国战胜农村贫困的百年实践探索与理论创新》,《管理世界》第 11 期,第 1—15 页。

杨立雄,2010:《贫困线计算方法及调整机制比较研究》,《经济社会体制比较》第 5 期,第 52—62 页。

杨立雄,2021:《低收入群体共同富裕问题研究》,《社会保障评论》第 4 期,第 70—86 页。

杨宜勇、吴香雪,2016:《农村反贫困:开发式扶贫与社会保护的协同推进》,《西北人口》第 3 期,第 1—7 页。

叶兴庆、殷浩栋,2019:《从消除绝对贫困到缓解相对贫困:中国减贫历程与 2020 年后的减贫战略》,《改革》第 12 期,第 5—15 页。

原贺贺,2018:《贫困村识别的基层实践逻辑解构——以湖北 J 县为例》,《西北农林科技大学学报(社会科学版)》第 2 期,第 17—23 页。

岳希明、李实、王萍萍、关冰,2007:《透视中国农村贫困》,北京:经济科学出版社,第 158—166 页。

张琦、冯丹萌,2016:《我国减贫实践探索及其理论创新:1978～2016 年》,《改革》第 4 期,第 27—42 页。

张琦、孔梅、万君,2020:《对 2020 年后我国减贫战略方向及重点的思考》,《社会治理》第 11 期,第 70—76 页。

张琦等,2014:《中国绿色减贫指数报告(2014)》,北京:经济日报出版社,第 5—10 页。

张全红、周强,2014:《中国多维贫困的测度及分解:1989～2009 年》,《数量经济技术经济研究》第 6 期,第 88—101 页。

张晓山、李周,2008:《中国农村改革 30 年研究》,北京:经济管理出版社,第 357—386 页。

郑宇,2022:《贫困治理的渐进平衡模式:基于中国经验的理论建构与检验》,《中国社会科学》第 2 期,第 141—161+207 页。

中国发展研究基金会,2007:《在发展中消除贫困》,北京:中国发展出版社,第 20+35 页。

《中国农村贫困标准》课题组,1990:《中国农村贫困标准研究》,《统计研究》第 6 期,第 37—42 页。

中国社会科学院农村发展研究所课题组,2017:《中国扶贫标准研究报告》(未刊稿)。

钟甫宁,2021:《中国农村脱贫历史性成就的经济学解释》,《农业经济问题》第 5 期,第 4—11 页。

周彬彬,1992:《人民公社时期的贫困问题》,《经济研究参考》第 Z1 期,第 821—837 页。

朱玲,1992:《中国扶贫理论和政策研究评述》,《管理世界》第 4 期,第 190—197 页。

朱玲,1996:《制度安排在扶贫计划实施中的作用——云南少数民族地区扶贫攻坚战考察》,《经济研究》第 4 期,第 49—55 页。

朱玲、何伟,2018:《工业化城市化进程中的乡村减贫 40 年》,《劳动经济研究》第 4 期,第 3—31 页。

朱梦冰、李实,2017:《精准扶贫重在精准识别贫困人口——农村低保政策的瞄准效果分析》,《中国社会科学》第 9 期,第 90—112+207 页。

Alkire, S., and J. Foster, 2011, "Counting and Multidimensional Poverty Measurement", *Journal of Public Economics*, 95 (7-8): 476-487.

Park, A., S. Wang, and G. Wu, 2002, "Regional Poverty Targeting in China", *Journal of Public Economics*, 86 (1): 123-153.

Ravallion, M., and S. Chen, 2011, "Weakly Relative Poverty", *The Review of Economics and Statistics*, 93 (4): 1251-1261.

Sen, A., 1983, "Poor, Relatively Speaking", *Oxford Economic Papers-New Series*, 35 (2): 153-169.

Shorrocks, A., and G. Wan, 2009, "Ungrouping Income Distributions: Synthesizing Samples for Inequality and Poverty Analysis", in K. Basu and R. Kanbur (eds.) *Arguments for a Better World: Essays in Honor of Amartya Sen*, Vol. I, Oxford: Oxford University Press, pp. 414-434.

Wan, G., and C. Wang, 2018, "Poverty and inequality in Asia: 1965–2014", WIDER Working Paper 2018/121, https://doi.org/10.35188/UNU-WIDER/2018/563-3.

改革开放以来中国农村土地经济研究述评

王 宾*

  改革开放以来,中国农村土地经济研究始终紧随国家重大战略需求,以农村土地制度改革研究为主线,以不断提高农村土地利用效率研究为基础,以农村土地制度改革服务国家重大战略为支撑等,形成了系统性研究方向。本文基于此逻辑框架,梳理了1978年以来有关中国农村土地经济的国内文献,力求梳理出中国农村土地经济研究的基本脉络,为今后延展和深化农村土地经济研究提供必要参考。

一、农村土地制度改革研究

  土地制度是国家的基础性制度,直接关系到资源的配置效率。中国农村土地制度先后经历了新中国成立初期的公有制改造、改革开放时期的家庭联产承包责任制和新时代的农村土地"三权分置"改革三个阶段,这是对农村生产关系的不断调整,极大地释放了生产力,对中国农业现代化进程发挥了重要作用。学者围绕农村土地产权制度改革、农村土地制度(家庭联产承包责任制、农村土地"三权分置")改革、农村土地要素市场化改革等问题展开了研究。

(一)农村土地产权制度改革研究

  中国经济体制改革的起点是农村改革,而农村改革又以土地制度改革为主线展开。农村土地制度的变迁是发展农村商品经济的必然结果(赵源和张岩松,1989),其最为基础的内容是农地产权制度改革(郜亮亮,2023;陶然和汪晖,2010)。只有明晰土地产权,使各种权能在各个主体之间都有清楚的分割和界定,才能够保护土地资源,使土地资源发挥更大作用(王贵宸和魏道南,1995),这更是中国农村经济走向可持续稳定协调发展的前提(罗必良和王玉蓉,1993)。所谓农村土地产权,是指以土地所有权为基础、以土地使用权为核心的一切关于土地财产权利的总和,是由各种权利组成的土地产权体系,涵盖土地所有权、土地占有权、土地使用权、土地收益权和土地处置权等。中国长期的农村土地产权不清和产权制度激励约束,造成了土地资源配置低效、大量农地流失和农民权益损失(曲福田和田光明,2011)。农村土地产权制度改革的目的就是要通过赋予农民对农业生产的决策权和土地的剩余收益权,调动农民的生产积极性,以促进农业增长和农村经济发展(黄季焜,2008)。回顾中国农地产权制度的发展历程,经历了农地集体所有权与农地承包经营权"两权分离"到新时代农村土地集体所有权、农户承包权、土地经营权"三权分置"阶段,此过程是农村土地产权制度与制度环境不断耦合的过程,也成为中国农业增长的源泉(冀县卿和钱忠好,2019)。

---

  * 王宾,中国社会科学院农村发展研究所副研究员。

农村土地产权制度是包含所有权、经营权、使用权等权利在内的一组权利。在所有权方面，经历了地主所有到农民所有再到集体所有的过程；在经营权方面，经历了由农民经营到集体经营再到家庭经营的阶段（郭翔宇等，2012），并最终确定了集体所有制制度；在使用权方面，农村土地使用权市场缺乏既不利于农村土地使用权的流动，也将在一定程度上限制城镇化进程（叶裕民，2001）。总体来看，农村土地产权制度改革的实质在于确定国家、集体、农民的权利和责任边界，为产权交易创造条件。其改革的目标在于充分保障农民的土地权利，有序促进农民向市民转化（郭晓鸣，2011）。

（二）家庭联产承包责任制改革研究

家庭联产承包责任制是改革开放时期中国农村主要的生产经营方式。新中国成立初期的农业合作化道路为农村生产力的迅速发展开辟了广阔前景，但也造成劳动者无权、有权者不劳动、责任不清、奖惩不明等混乱状态，农民没有主人翁的责任感、生产积极性遭到压抑，严重阻碍了农村生产力的发展（詹武等，1985）。1978年，安徽凤阳小岗村自发掀起的以"包干到户"的形式，实行"分田到户、自负盈亏"的家庭联产承包责任制，开启了中国农村改革的进程。它使土地的所有权和使用权分离，农民有了生产经营的自主权，解决了日常作业的劳动报酬与最终成果脱节的矛盾，实现了多劳多得（王西玉，1988）。而家庭联产承包责任制之所以能够获得成功，关键在于从人民公社制度的最薄弱环节和最要害环节——土地集体使用制取得了突破（杨勋，1989）。

家庭联产承包责任制是农地集体所有制的进一步改革和完善。由于其改变了传统的"两权"合一状况，由"公有公营"转为"公有私营"，实现了土地所有权与承包经营权分离，并且经营使用权得到完善，农地收益权的完整性在很大程度上得到改进，且由于允许行使转让权，为流转交易奠定了基础（郜亮亮，2023）。与人民公社时期相比，尽管家庭联产承包责任制下农地所有权仍归集体所有，但是农民逐步获得了土地使用权，集体土地按照人口、劳动力或者人口和劳动力的比例平均分配给农户经营，农户通过签订承包合同获得了农地的使用权（赵晓力，2000）。同时，由于家庭联产承包责任制的推行在国家、集体和农户三方博弈主体之间形成"交够国家、留足集体、剩下全是自己"的合约关系，农民从而拥有了土地收益权（冀县卿和钱忠好，2010）。也正是因为劳动者享有剩余索取权，故而不需要对劳动进行监督，这是中国农村改革获得成功的根本原因（林毅夫，1992）。总体来看，家庭联产承包责任制的实质在于所有制的改革，给予了直接从事农业生产的农户以必要的所有权，生产者可以自行安排和支配农业经济活动（蔡昉，1986），充分保障了农民的物质利益，赋予了广大农民生产经营的自主权（陈吉元，1989），是对农业生产经营方式的根本性变革，解决了中国社会主义农业长期没有解决的经营和管理形式这个根本问题（詹武等，1985）。这种制度第一次将集体所有制下的土地产权一分为二，即土地所有权归集体所有、土地承包经营权归农户家庭所有，开创了新中国成立以来土地权能的"二元化"时代（罗玉辉，2020）。

（三）农村土地"三权分置"改革研究

农村土地"三权分置"改革是新时代中国农村土地制度改革的又一次重大创新。以家庭联产承包经营为基础、统分结合的双层经营体制，建立起了具有中国特色的农地制度，通过"分"和"统"，坚持集体所有制，将集体土地的承包权落实到承包户，实现了家庭承包经营，奠定了农村基本经营制度的基石（尹成杰，2015）。但是，在这种"两权分置"的农地制度框架下，土地承包经营权的自由流动，特别是物权性处分受到诸多限制（耿卓，2014）。进而在此基础上，促进承包权与经营权的再分离，实现所有权、承包权、经营权相互分置，赋予集体、承包户、经营者各自对应的权利主体、权能结构、权属关系和保护手段，将能从更高层次上完善农村基本经营制度（尹成杰，2015）。农地"三权分置"政策更充分地兼顾了公平与效率，在保留农地产权的社会属性及其对农民的社会保障功能的基础上，关注农地产权的经济属性，更为有效地促进了农地资源配置效率的提高（蔡立东和姜楠，2017）。

农村土地"三权分置"以保持农村土地承包关系稳定且长久不变为基础，是对农村土地集体所有制的有效实现形式的发展。由此构建的农地集体所有、成员承包、耕作者经营的农地权利关系，将对农民土地权利和农业经营产生重大影响（刘守英等，2017）。该制度改变了过往的"承包经营权"的不完全性，不但具有建立规模化农业、绿色农业、科技农业和提升中国农业产业地位的优势，而且还有保障农民收入、改善农村以及农业生态，从而解决困扰多年的"三农"问题的优势（孙宪忠，2016）。钟晓萍等（2020）认为，"三权分置"承继了集体所有制建立以来地权变迁的方向，在坚持集体所有权的前提下，稳定承包权、放活经营权，实质上是集体、承包农户、经营者共享地权。尹成杰（2017）则表示，农村土地"三权分置"顺应了中国农村改革发展的新趋势，符合现代农业发展的新需求，更适应了农民实现土地用益物权的利益期待。

学术界围绕农地"三权分置"探讨较多的是如何在法律上使其得以表达（高圣平，2014）。部分学者从产权经济学的权利束观念出发，将农地的权利结构表述为"土地所有权+土地承包权+土地经营权"三种权利，但是对承包权是成员权还是物权的理解存在差异（刘守英和王佳宁，2017）。也有学者从权利主体、内容、性质、侵权形态、救济和责任方式方面，将三权表述为"土地所有权+土地承包经营权+土地承包权"（丁文，2015）。还有学者将三权理解为"土地所有权+土地承包经营权+土地经营权"，认为土地经营权是以土地承包经营权为标的的用益物权，尽管土地承包经营权也是一种用益物权，但它与后者处于不同层次的客体（蔡立东和姜楠，2015）。

（四）农村土地要素市场化改革研究

市场化改革是实现中国式现代化的重要内容，也是中国特色社会主义经济理论的主线。中国土地管理制度在改革之前，是一种城乡分管、政出多门、分散管理的体制，并以行政划拨的单一土地资源配置模式，造成了土地资源严重浪费、使用效率不高（刘维新，1990）。对此，有学者提出只有改革城乡土地配置制度，推进城乡土地要素市场改革，才能够加快中国的城镇化进程（邓英淘，1993）。深化土地要素市场化改革，就是要实现城乡中国阶段生产要素的城乡对流与互动，以及两种所有制土地的同地同权，这是决定中国从城乡中国迈入城市中国的最重要改革（刘守英，2017）。其最终目的在于建立起包括建设用地和农用地、城市土地和农村土地在内的城乡一体化的土地财产权利登记体系（王小映，2003）。

从产权经济学来看，土地要素市场化的本质是土地转让权的赋予，土地转让权的赋予是提高土地资源配置效率的必然要求。产权界定是产权制度改革的前提，产权配置是产权制度改革的目标，产权保护贯穿产权制度改革的全过程（钱文荣等，2021）。改革开放以来，中国土地要素市场从无到有、从小到大，取得了显著成效，但仍面临着城乡统一的建设用地市场尚未形成、产业用地市场化配置效率偏低、存量建设用地缺乏市场化盘活机制、农用地流转的平台和机制不完善、土地市场化配套体制机制不健全等挑战（严金明等，2020）。农村土地要素市场化改革就是要以深化农村土地产权制度改革为主线（钱忠好和牟燕，2020），开展产权清晰界定、推动产权优化配置和完善产权有效保护，进而释放产权的经济效应（罗必良，2019）。关于未来土地要素市场化改革，有学者指出要进一步明确集体与国有土地权能趋同，逐步完善土地要素市场化标准规程、交易平台、市场监管及要素协同配置机制的建设（蔡继明和李蒙蒙，2021）。

二、农村土地利用配置效率研究

中国土地资源稀缺，只有实现土地资源的高效配置，才能够提高土地的可持续利用水平，推动经济持续发展。学术界围绕土地资源的合理利用和配置展开了广泛研究，内容既涵盖与耕地利用直接相关的领域，如土地综合整治、农地流转和农户用地行为，也包括宅基地制度改革、农村集体经营性建设用地入市等农村土地利用的热点议题。

（一）土地综合整治研究

土地综合整治是由土地整理概念逐渐演化而来。学术界有关土地整理的研究可以追溯至20世纪80年代，既有以吴传钧（1984）、陈传康（1985）、陆大道（1984）等地理学家为代表的学者，也有杨经伦（1985）、刘文璞（1987）等社会科学学者，他们认为土地的细碎和分散不利于农业经营，因此呼吁要科学利用土地资源，积极鼓励土地连片和必要的农田改造整理。早期的土地整理对象更多是农用地、四荒地以及工矿废弃地，通过对其开发、整理和复垦，达到增加耕地面积、改善土地资源利用结构和提高集约化水平等目的（鹿心社，2002）。改革开放以来，伴随着快速工业化和城镇化的进程，中国城乡之间的人口、经济等要素流动和交互作用增强，农村地区经济社会形态和地域空间格局发生显著变化（乔陆印等，2015），由此引发了农村土地利用剧烈转型（龙花楼，2012）。但是，在此过程中农村土地资源利用方式粗放，不仅使农村地区的生产、生活空间发生变化，更重要的是引发了严重的生态环境问题（龙花楼，2013），加剧了土地供需矛盾，因此有必要开展土地整治工作。实践也证明，土地综合整治能够有效破解农村转型发展中的土地利用与资源环境问题，可在提升农村发展能力、促进城乡要素流动、优化城乡发展空间等层面为城乡统筹发展提供有力支撑（冯应斌和杨庆媛，2014）。

近年来，伴随着乡村振兴战略的持续推进，以及在经济社会发展过程中日益加重的土地供需矛盾、生态系统质量退化等问题的出现，传统意义上的土地整治已经从单一土地整理阶段、土地综合整治阶段扩展为全域土地综合整治，并成为保障国家粮食安全、改善生态环境治理的重要抓手。全域土地综合整治通过对特定范围内的全域资源环境问题和土地开发利用矛盾开展系统治理的国土综合整治活动，能够统筹推进生态文明建设、城乡融合和乡村振兴战略实现（金晓斌等，2022）。其基本逻辑是由内部的土地属性及外部的现实需求共同决定，包括人地协调的共生逻辑、综合治理的系统逻辑、城乡统筹的整体逻辑、生态文明的价值逻辑、供需匹配的实践逻辑和以人为本的民生逻辑（金晓斌等，2022）。而农村土地整治以土地整治和城乡建设用地增减挂钩为平台，涵盖田、水、路、林、村、房等综合整治（徐绍史，2009），其是统筹城乡土地配置，破解土地供需矛盾，促进城乡协调发展的重大国家战略（刘彦随和郑伟元，2008），这是由农村土地整治的全局性、系统性和基础性所决定的，更是保障耕地红线、优化农村土地权属关系的重要平台（刘彦随，2011）。当然，需要明确的是，当前全域土地综合整治尚处于试点初期阶段，学术界对于其概念内涵、规划设计、技术模式、发展逻辑、效益评价等进行了阐释，其制度创新的关键在于土地产权制度创新。但是，作为一项重大的土地制度供给，从理论到实践仍有很大的探索空间（董祚继等，2022）。

（二）农地流转与农户用地行为研究

土地流转是农村经济结构调整和现代化发展的需要，可以促进农业生产的规模化、专业化，并不断提高农民收入和改善生活质量。改革开放以前，由于受到土地制度的约束和缺乏相应的配套制度，中国农业劳动力大量向非农业转移的过程中，农村土地的流转基本处于停滞状态（韩俊，1993）。改革开放以后，全国各地自发开展了一系列土地流转的创新实践，具体包括"两田制""反租倒包""土地信托""土地股份合作"等形式（钱忠好，2005），其目的在于克服家庭分散经营引发的生产低效率问题（黄祖辉和王朋，2008）。同时，中国长期实行以家庭为生产单位的家庭联产承包责任制，也造成农村土地的分割零碎，亟须通过土地流转和集中来缓解土地经营规模相对狭小的困境，实现农业专业化和适度规模经营（程令国等，2016）。

在影响农户土地流转的因素研究中，不同学者从各自角度阐述了各自观点。有学者认为，农地确权使得农户参与土地流转的可能性显著上升约 4.9%，平均土地流转量上升了约 0.37 亩，土地租金率大幅上升约 43.3%。因此，农地确权在降低交易成本的同时，也增强了农地的产权强度，提高了土地资源的内在价值（程令国等，2016）。也有学者从非农就业视角探讨其对农地流转的影响，认为农民非农就业率的提高有助于促进农地流转，较自由的劳动力市场能产生更多的土地租赁，土地的自由流转又具有交易收益效应和边际产出拉平效应，从而有助于提高土地资源的配置效率（姚洋，1999）。然而，钱忠好（2008）从家庭内部分工的角度研究了农民非农就业对农地流转的影响，认为尽管存在家庭成员的非农就业，但并不发生土地流转、农户经营兼业化现象。除此之外，许恒周和郭忠兴（2011）从农民阶层分化与产权偏好的视角，发现农民职业分化将导致产权偏好不同和对土地流转的态度存在差异，结果表明文化程度、职业类别、非农收入比重、是否具有非农就业技能、地权稳定性等因素对土地流转有正向影响，年龄则对土地流转有负向影响。张宗毅和杜志雄（2015）实证分析了土地流转导致"非粮化"进而影响粮食安全的内在逻辑，认为非粮作物与粮食作物在劳动生产率上存在的显著差异，使得家庭农场通过土地流转实现的经营规模较小时，非粮化的比例较高，而随着土地经营规模的扩大，非粮作物种植比例显著下降，土地经营规模较大的样本更倾向于较高比例种植粮食作物。

在农民可持续利用土地方面，学者们主要从稳定农地产权视角阐释农户用地行为。其实，明晰的产权可以提供激励解决自然资源利用中的外部性问题。对于土地而言，产权的不稳定性和不完整性将会导致资源的退化（俞海等，2003）。而地权的稳定性能够增加土地投资，较自由的转让权可以提高资源配置效率（徐志刚和崔美龄，2021；姚洋，2000）。因此，很多学者认为，保持农地使用权的稳定可以促进诸如土壤有机质之类的农地长期肥力的改善（俞海等，2003），对于土地长期投资具有正向作用（郜亮亮等，2011；张红宇，2002）。然而，在土地交易权不完整的情况下，农户之间的土地流转容易造成耕地长期肥力的退化，不利于保持土壤的可持续生产能力，对农业土壤长期肥力有明显的负外部效应（俞海等，2003）。

（三）宅基地制度改革研究

宅基地制度是中国农村土地制度中最特殊的制度安排，有着特殊的权利安排制度、特殊的取得制度和特殊的社会目标（刘守英，2015）。新中国成立以来，特别是改革开放以来，农村宅基地制度伴随着社会经济形势的变化发生了相应的变迁，学者按照宅基地权属性质（丁关良，2008）等标准将宅基地制度的变迁划分了不同阶段。

目前学术界围绕宅基地有效盘活、宅基地资格权、宅基地使用权、宅基地有偿退出、宅基地改革试点等问题展开了系列研究。在宅基地盘活方面，孔祥智和周振（2020）认为只有不断盘活以农村宅基地等为主要表现形式的农村资源要素，允许更多的要素进入市场，才能够优化土地要素结构，实现资源要素跨城乡、跨区域配置。郭君平等（2020）则通过调研测算，认为宅基地制度改革能够有效降低农房闲置程度，而且对季节性闲置农房的盘活效力大于对常年闲置农房的作用，不仅使行政村农房总闲置率、季节性闲置率、常年闲置率分别下降2.321个、2.051个和0.270个百分点，也使得每百户农房总闲置数、季节性闲置数和常年闲置数依次净减少2.408栋、2.114栋和0.294栋。在宅基地资格权方面，由于宅基地"三权分置"明确使用了"资格权"的表述，其集体成员权属性更易达成共识。但在实践过程中，由于资格权权能不清和收益分配机制不完善等政策失灵和市场失灵，也会产生资源、身份、权益错配等问题（朱新华等，2022）。在宅基地使用权方面，有学者认为宅基地使用权制度作为一项中国特有的用益物权，在一定历史时期发挥了保障农民居住生存的作用，为乡村社会的形成及经济社会发展提供了物质基础（陈小君，2019）。宅基地作为基本的空间载体和生产要素，不仅是联结城乡经济循环的关键纽带，也是带动各类要素自由流动的重要通道（冯淑怡等，2021）。也有学者从市场视角提出应对宅基地制度实行市场经济导向的改革，逐步有条件放开宅基地使用权抵押市场，健全"产权清晰、流转顺畅"的宅基地使用权流转市场（陈小君，2019）。在宅基地有偿退出方面，宅基地权利体系权能的不完整致使自愿有偿退出制度难以构建完善，直接导致了宅基地大量闲置和有条件的农业转移人口不愿意被真正市民化（严金明等，2019）。在宅基地改革试点研究中，学者认为宅基地制度改革试点是沿着如何完备宅基地使用权的收益权能、增加农民财产性收入的思路展开的，各试点单位因地制宜采取了系列可行措施，为推进宅基地改革作出了有益尝试，试点政策体现了农村土地制度渐进式变迁的基本特点（高圣平，2019）。通过宅基地改革，进一步强化了宅基地的财产权利属性，提高了建设用地配置效率，改善了乡村形态变化和乡村面貌（刘守英和熊雪锋，2019）。

（四）农村集体经营性建设用地入市研究

农村集体经营性建设用地入市，是改革完善土地制度、推进城乡一体化、进一步完善社会主义土地市场体系、促进土地资源优化配置和合理利用的重大改革举措（王小映，2014）。伴随着2015年国家主导的农村集体经营性建设用地入市试点工作的开展，围绕入市困境、入市制度设计、入市法理等方面的研究也逐渐增多（王小映，2014；何芳等，2019；马翠萍，2022），马翠萍（2021）通过梳理首批试点地区做法，认为试点地区围绕集体经营性建设用地入市的关键问题做了规范的制度安排，在制度设计的方向上和原则上与中央指导文件精神保持高度一致，在具体操作上进行了差异化的探索。

学者们围绕能不能入市、哪些地入市、如何入市等问题展开了讨论。周其仁（2013a）认为，现行的土地征收制度意味着农民并没有对集体土地的处分权，实质是没有土地财产权，因此也就无法获得土地出让后的大部分增值收益。关于集体经营性建设用地的入市范围，学界认识不一。有学者认为，并不是所有的集体经营性建设用地都可以入市，只有符合规划和用途管制的集体经营性建设用地才能入市（冯华和陈仁泽，2014）。朱新华等（2010）则认为，当前市场体制的不完善、土地配置效率低下以及公共物品供给不足等在很大程度上制约了集体经营性建设用地入市。在土地入市面临的困境研究中，学者归纳了土地产权归属不清、收益分配机制不完善（伍振军和林倩茹，2014）、不符合规划和用途管制、入市交易违背农民意愿（孔祥智和马庆超，2014）等是农村集体经营性建设用地入市面临的主要问题。而农村集体经营性建设用地入市的前提是必须明确产权及权益分配机制，建立统一的产权交易市场，防止公权力侵占（郑风田，2018）。推进农村集体经营性建设用地入市不仅可以提高农民的议价权，打破土地市场被地方政府垄断的格局（周其仁，2013b），而且可以充分调动集体积极性，促进地区经济的平衡发展，减轻国家土地征收引致的财政负担（高波，1993）。

针对农村集体经营性建设用地入市过程中面临的问题，学者们提出了各自建议。王小映（2014）认为，推进农村集体经营性建设用地入市，要建立集体经营性建设用地入市流转土地增值归公制度、建立城乡统一的不动产税收体系。周应恒和刘余（2018）则认为，要探索明确集体经营性建设用地的概念范围，逐步放松对集体经营性建设用地入市用途的管制，因地制宜建立差异化调节金征收标准。韩长赋（2019a）指出，要赋予集体经营性建设用地使用权抵押担保权能，完善集体经营性建设用地使用权的用益物权权能，赋予农民集体、建设用地使用权人抵押权，建立风险分担机制。

三、耕地"三位一体"保护格局研究

耕地数量、质量、生态"三位一体"保护是一个具有层次性和系统性的概念，实质是全面维护和提高农田生态系统的生产、生态和生活功能，保障区域和国家粮食安全、生态安全和社会稳定的一系列活动（祖健等，2018）。学术界围绕耕地"三位一体"保护格局展开了深入探讨。

（一）耕地数量动态变化研究

中国耕地的基本国情是人多地少，优质耕地面积不断下降。新中国成立以来，中国耕地资源数量呈现波动性变化，但在1979年之前总体上是增加的，自20世纪80年代起呈现缓慢下滑的趋势，1999年后生态退耕等原因引起耕地数量迅速减少（封志明等，2005）。尽管中国实行了耕地总量动态平衡的土地管理政策，但耕地资源转化为非农建设用地的趋势仍缺乏有效的调控（郑海霞和封志明，2003）。张元红（1998）认为，耕地保护面临严峻局面的根本原因在于没有建立起行之有效的监督管理机制，特别是没能正确引导和控制地方政府的行为，地方短期局部利益是导致土地管理工作失控的根本症结所在。同时，中国耕地数量也依旧面临着工业化和城镇化快速发展、占补双重失衡、后备资源开发有限等多重挑战（钟水映和李魁，2009）。而且，仅仅实现耕地数量的占补平衡也并不意味着能保障耕地生产能力的平衡，也必将最终实现不了对于粮食安全的保障，要更加关注耕地质量的提高（王梅和曲福田，2004）。

影响耕地数量动态变化的原因是多方面的。有学者利用子波诊断技术发现中国耕地面积波动绝大多数是政策因素驱动所致，而灾害损毁和土地退化是造成耕地面积下降的主要自然因素，人口和GDP对耕地面积的影响是负向的，它们的增加均会导致耕地面积的下降（孙燕等，2006）。也有学者认为，耕地减少的原因在于城乡建设用地"双向"外延扩张一定程度挤占了部分周边优质耕地（刘守英，2014），而土地整理复垦补充耕地多为低产田（张亨明等，2021），补充的新增耕地并未达到同等同质同级。

（二）耕地质量评价研究

粮食安全的根本在耕地，关键在耕地质量。中国耕地利用过程中存在耕地地力下降、农业基础设施落后、地块零碎化、生态问题频发、土壤环境污染等诸多问题（杜国明等，2016）。学术界从土壤研究、土地利用等不同角度对耕地质量的定义侧重点不同，未形成统一共识（沈仁芳等，2012）。但是，他们普遍认为中国耕地质量总体偏低，旱涝保收农田比重小，抵御自然灾害的能力弱。耕地质量在空间分布上，粮食主产省（区）的耕地以中等地和高等地为主，其耕地质量略高于全国平均水平（陈印军等，2011）。在影响耕地质量的因素研究中，产权的不稳定（郗亮亮等，2011）、兼业分化（杨志海等，2015）等因素会影响农户耕地质量保护性投入的行为，长期来看，并不利于耕地质量的提升。耕地土壤污染将直接影响农产品质量，在实现农业绿色发展中，耕地土壤污染治理必然成为核心问题之一，这是为人民群众提供优质安全农产品的前提条件（于法稳，2018）。

在耕地质量评价方面，有学者认为耕地质量评价是基于特定目的的专项或综合评价，已有研究从查田定产、土壤性质、基础地力等耕地自然状态出发，发展到综合考虑自然、经济和社会的人地一体化的资源价值管理评价。现有文献中，耕地质量评价方法有农业生产能力评价、耕地潜力评价、适宜性评价、土壤及环境质量评价、可持续评价、分等定级评价等不同方法（付国珍和摆万奇，2015）。这些评价方法的应用和发展并不是独立的，而是相互联系和相互补充的（陈百明和张凤荣，2001）。

（三）耕地绿色利用与低碳化转型研究

土地是生态系统的重要组成部分，生态属性是其重要属性（吴次芳等，2003）。该属性决定了耕地可以为人类生存提供不可或缺的生态功能，为人类社会创造生态产品（金晓斌等，2022）。这也就意味着耕地不仅事关中国的粮食安全和经济安全，更事关中国的气候安全（许广月，2010）。

学术界在耕地绿色低碳利用的研究中，主要围绕环境约束下的耕地利用效率（柯楠等，2021），耕地利用效率的时空特征（封永刚等，2015）、影响因素（张立新等，2017）等方面进行了大量探索。匡兵等（2021）研究表明，中国耕地利用绿色转型效率总体呈现"先下降、后上升"的增长态势，大多数年份效率值小于1而处于绿色转型无效状态，更进一步的，技术进步是导致耕地绿色转型效率提升的主要原因，而技术效率变化、纯技术效率和规模效率则成为耕地绿色转型效率提升的瓶颈。此外，由于耕地作为重要的生态资源，以耕地生态系统服务价值作为耕地生态补偿的依据，具有科学客观性。有学者通过测算耕地生态系统服务价值，认为全国各省份中，耕地生态系统服务的正面价值超过其负面价值，是负面价值的1.05倍至7.59倍，各地耕地生态系统服务净价值占其GDP的比例范围为0.04%至5.94%（刘利花和杨彬如，2019）。也有学者分析了影响耕地生态安全的主要障碍因子，认为包括单位耕地面积农药负荷、单位耕地面积化肥负荷、人均耕地面积、土地垦殖率、水土流失程度等（张锐和刘友兆，2013）。

四、农村土地制度服务国家重大战略研究

新中国成立以来，每次重大的农村土地制度改革都为支撑国家重大战略发挥了重要作用。农村土地制度的发展与完善立足于国家发展历史阶段，契合了国家发展战略目标，与时俱进地调整了国家与农民的土地关系，确保了土地制度保持生机活力（韩长赋，2019b）。本文主要选取了三项与农村土地制度改革相关的重大战略加以阐释。

（一）农村土地制度与新型城镇化战略研究

农村土地制度改革与新型城镇化战略相辅相成。通过改革农村土地制度，可以促进农村经济发展，提高农民收入，同时为城镇化提供劳动力和市场需求，推动城镇化进程。然而，中国长期以来存在的二元土地产权制度对城镇化进程产生了不利影响，要破除城乡二元体制，就必须不断完善农村土地制度改革，这是推进城乡融合发展的重要手段（陈雨生等，2023）。从实践来看，农村土地"三权分置"改革通过明晰土地承包权，充分保障了农民的合法土地权益，从而化解了农村土地承包经营权社会保障属性与财产属性之间的矛盾，推动了以"人"为核心的城乡要素流动（刘守英和龙婷玉，2022）。同时，农村土地"三权分置"也推动了城乡产业融合，促进了劳动力市场自由化，这是引导劳动力由乡到城流动的重要动力（廖宏斌，2021）。因此，农村土地制度改革成为中国城镇化进程中的关键环节。除此之外，陈远新（1988）认为，提高土地利用效率是增强城市聚集效益的前提，土地产出效率越高，城市的人口密度也越大。也有学者研究表明，不同城镇化模式对耕地的影响不同，在其他条件相同的情况下，相对于农村住宅建设用地而言，城镇化对耕地减少起到了一定的缓解作用（朱莉芬和黄季焜，2007）。

（二）农村土地制度与乡村振兴战略研究

农村土地制度改革与农民生产生活、农村产业发展、乡村治理等紧密相连，是推进乡村振兴的重要环节。实施乡村振兴战略追求的是城乡融合发展，城市和乡村形成相辅相成、互促共进的共生共荣关系，而国家长期具有城镇倾向的土地政策是导致城镇和农村发展不协调的重要原因之一（孟繁瑜和李呈，2015）。现阶段来看，土地要素配置、权能拓展和制度协同的机制性障碍仍未完全破除，深刻影响着乡村产业振兴和城乡社会融合发展（袁方成和靳永广，2020）。因此，农村土地制度改革就是要通过释放土地要素活力，优化土地利用结构，实现土地资源的优化配置，以及对乡村生产、生活、生态空间的重构，重组乡村发展核心要素，实现对乡村地域系统功能提升的正反馈，推进乡村全面振兴（陈坤秋等，2019）。学术界在聚焦农村土地制度与乡村振兴的关系研究中，涉及如何以土地制度改革为突破口实现乡村振兴（陈美球等，2018）、探讨农村土地制度改革与乡村振兴之间的互动机制（钱忠好和牟燕，2020）等。陈坤秋等（2019）认为，乡村振兴需要发挥农村土地制度改革的制度联动作用，深化乡村振兴对农村土地制度改革的正反馈，健全风险防范与预警机制，适时调整土地管理策略，实现制度红利的扩散。

（三）耕地"非粮化""非农化"与保障国家粮食安全战略研究

耕地资源的首要任务和底线任务是产出健康安全农产品。耕地资源作为农业生产最基本

的物质条件，对粮食有效供给能力起着最根本的约束作用（傅泽强等，2001）。1990 年以来，在国家实施生态环境保护工程、经济快速增长等因素的影响下，中国耕地数量与空间格局发生了巨大变化，对粮食生产潜力造成了巨大影响（刘洛等，2014）。因此，学者围绕耕地资源利用与保障国家粮食安全展开论述，认为不仅耕地的数量和质量会对粮食生产带来直接影响（聂英，2015）。而且，因为不同耕种方式的农户在种植结构调整策略上存在差异，这种差异也会对粮食产量产生影响（钟甫宁等，2016）。随着城镇化推进和农村劳动力流出，农村土地流转速度加快，土地规模化经营不断发展。而农村土地规模化经营之于粮食安全具有两面性，其在提高生产率、增加产出等方面具有正面影响的同时，也在一定程度上存在"非粮化"现象，进而给粮食安全带来挑战并造成负面影响（杜志雄和韩磊，2020）。

影响耕地"非粮化""非农化"的因素是多方面的。曲福田等（2005）认为，耕地"非粮化""非农化"本质上是社会经济环境变化而引致的。朱道林（2021）则认为，耕地"非粮化""非农化"最主要的因素和最根本的诱导机制在于受到经济利益驱使。除此之外，杨瑞珍等（2012）指出，法律和政策规定对土地流转的用途不明确、地方政府对种粮缺少应有的支持与鼓励、土地流转费用高且融资难等因素也是造成耕地"非粮化""非农化"的主要原因。而中国农业种植结构调整的"非粮化"具有阶段性特征，在家庭农业劳动力充裕背景下，农业种植结构调整会表现出"非粮化"特征，农业劳动力非农转移和农地流转则有助于"趋粮化"，为保障国家粮食安全和提高农业经营绩效，应该发展农业社会化服务和完善农业分工体系（罗必良和仇童伟，2018），建立"非粮化"复垦专项储备基金，用于种植地块的复垦，确保在一定的技术水平条件下耕地能够短时间恢复"良田粮用"（孔祥斌，2020）。

五、总结与思考

诚然，有关农村土地经济的研究不仅限于本文提到的四大方面，农村土地经济的学术研究也会伴随着农村社会生产力发展水平的不断提高而逐渐细化。根据本文的研究逻辑，主要有如下几个发现。

一是农村土地经济研究始终以农村土地制度改革为主线展开。农村土地制度改革是农村改革的核心，在很大程度上决定着农村改革是否得以顺利实现。一直以来，学术界以发展好和维护好农民权益作为研究的出发点和落脚点，以农村土地产权制度研究作为研究的关键因素，在不同发展阶段分别探讨了"家庭联产承包责任制""农村土地'三权分置'"等改革的必要性和可行性，并就如何深化农村土地要素市场化改革做出了充分论证，为保障农村各项改革奠定了坚实基础。

二是农村土地利用方式及效率问题越来越受到关注。中国土地资源短缺的基本国情，决定了必须利用好和保护好土地资源，推动土地资源可持续利用。本文不仅从土地综合整治、农地流转与农户用地行为、宅基地制度改革、农村集体经营性建设用地入市等方面梳理了农村土地利用效率配置问题，也梳理了耕地"三位一体"保护格局的相关文献，旨在论证高效配置土地资源，不仅是保障农地粮食产出和农村社会稳定发展的现实需要，更是统筹好发展和安全、促进人与自然和谐共生的必然选择。

三是农村土地经济研究的现实目的在于更好地服务于国家重大战略需要。通过梳理现有文献，不难发现，中国农村土地经济的研究背景根植于不同发展阶段的时代背景，是不同生产力发展水平下，通过对农村土地制度改革等生产关系的调整来不断适应当时生产力发展的需要。家庭联产承包责任制、农村土地"三权分置"等农村土地制度改革，都顺应了不同发展阶段工业化、城镇化和乡村振兴战略等时代发展要求，促进了经济发展和农村稳定。

基于梳理的相关文献，本文认为今后农村土地经济研究可拓展的方向可能包含以下几个方面。一是未来农村土地产权制度改革的相关研究将越来越细化。农村土地产权制度改革要充分考虑到制度变迁的路径依赖，在坚持农村土地集体所有制的前提下，更加明晰土地权利内容，明确集体、农户、经营主体等利益主体各自的土地权利边界，让农民获得越来越细化和越来越充分的土地权利，渐进式推进农地产权制度变迁，沿着产权分割细化和属性化的方向改革实践，不断完善中国农地产权制度。二是破除城乡二元土地制度壁垒，实现城乡融合发展的研究有待深入。城乡融合发展是中国社会发展的重要目标，更是高质量推进新型城镇化战略和乡村振兴战略协调发展的关键。城乡二元土地制度将在很大程度上损害农民土地权利，增加由土地问题引发的社会不稳定，且加剧土地增值收益城乡分配不合理程度。而如何破除城乡二元土地制度壁垒，进而破除阻碍城乡融合发展的体制机制障碍，亟待研究。三是构建具有中国特色的土地资源利用与保护模式。中国式现代化是人与自然和谐共生的现代化，土地资源的利用与保护是世界各国都需要面临的现实问题，中国自古以来在土地资源利用与保护过程中积累并形成了众多可供复制推广的经验，如何进一步提炼相关土地资源利用与保护的模式与经验，向世界土地资源利用与保护提供中国方案和讲好中国故事，需要进一步思考。

参考文献：

蔡昉，1986：《土地所有制：农村经济第二步改革的中心》，《农业经济丛刊》第6期，第1—5页。

蔡继明、李蒙蒙，2021：《当代中国土地制度变迁的历史与逻辑》，《经济学动态》第12期，第40—51页。

蔡立东、姜楠，2015：《承包权与经营权分置的法构造》，《法学研究》第3期，第31—46页。

蔡立东、姜楠，2017：《农地三权分置的法实现》，《中国社会科学》第5期，第102—122+207页。

陈百明、张凤荣，2001：《中国土地可持续利用指标体系的理论与方法》，《自然资源学报》第3期，第197—203页。

陈传康，1985：《国土整治的理论和政策研究》，《自然资源》第1期，第1—7页。

陈吉元，1989：《完善联产承包责任制 推动农业迈上新台阶》，《经济研究》第12期，第14—16页。

陈坤秋、龙花楼、马历、张英男，2019：《农村土地制度改革与乡村振兴》，《地理科学进展》第9期，第1424—1434页。

陈美球、廖彩荣、刘桃菊，2018：《乡村振兴、集体经济组织与土地使用制度创新——基于江西黄溪村的实践分析》，《南京农业大学学报（社会科学版）》第2期，第27—34+158页。

陈小君，2019：《宅基地使用权的制度困局与破解之维》，《法学研究》第 3 期，第 48—72 页。

陈印军、肖碧林、方琳娜、马宏岭、杨瑞珍、易小燕、李倩倩，2011：《中国耕地质量状况分析》，《中国农业科学》第 17 期，第 3557—3564 页。

陈雨生、孙召发、韩杨、王艳梅、张瑛，2023：《农村土地制度改革促进城乡融合发展路径与机制》，《经济地理》第 5 期，第 36—45 页。

陈远新，1988：《试论我国城市化与土地效率》，《经济问题》第 6 期，第 58—61 页。

程令国、张晔、刘志彪，2016：《农地确权促进了中国农村土地的流转吗？》，《管理世界》第 1 期，第 88—98 页。

邓英淘，1993：《城市化与中国农村发展》，《中国农村经济》第 1 期，第 3—9 页。

丁关良，2008：《1949 年以来中国农村宅基地制度的演变》，《湖南农业大学学报（社会科学版）》第 4 期，第 9—21 页。

丁文，2015：《论土地承包权与土地承包经营权的分离》，《中国法学》第 3 期，第 159—178 页。

杜国明、刘彦随、于凤荣、刘美、郑惠玉，2016：《耕地质量观的演变与再认识》，《农业工程学报》第 14 期，第 243—249 页。

杜志雄、韩磊，2020：《供给侧生产端变化对中国粮食安全的影响研究》，《中国农村经济》第 4 期，第 2—14 页。

董祚继、韦艳莹、任聪慧、王赛红，2022：《面向乡村振兴的全域土地综合整治创新——公共价值创造与实现》，《资源科学》第 7 期，第 1305—1315 页。

冯华、陈仁泽，2014：《陈锡文：农村土地制度改革不能突破底线》，《农村经营管理》第 1 期，第 10—11 页。

冯淑怡、鲁力翡、王博，2021：《城乡经济循环下我国农村宅基地制度改革研究》，《农业经济问题》第 4 期，第 4—12 页。

冯应斌、杨庆媛，2014：《转型期中国农村土地综合整治重点领域与基本方向》，《农业工程学报》第 1 期，第 175—182 页。

封永刚、彭珏、邓宗兵、王炬，2015：《面源污染、碳排放双重视角下中国耕地利用效率的时空分异》，《中国人口·资源与环境》第 8 期，第 18—25 页。

封志明、刘宝勤、杨艳昭，2005：《中国耕地资源数量变化的趋势分析与数据重建：1949～2003》，《自然资源学报》第 1 期，第 35—43 页。

付国珍、摆万奇，2015：《耕地质量评价研究进展及发展趋势》，《资源科学》第 2 期，第 226—236 页。

傅泽强、蔡运龙、杨友孝、戴尔阜，2001：《中国粮食安全与耕地资源变化的相关分析》，《自然资源学报》第 4 期，第 313—319 页。

高波，1993：《灰色土地市场的理论探析》，《管理世界》第 1 期，第 95—100 页。

郜亮亮，2023：《中国农地产权制度的改革实践、变迁逻辑及未来演进方向》，《政治经济学评论》第 1 期，第 48—76 页。

郜亮亮、黄季焜、Rozelle Scott、徐志刚，2011：《中国农地流转市场的发展及其对农户投资的影响》，《经济学（季刊）》第 4 期，第 1499—1514 页。

高圣平，2014：《新型农业经营体系下农地产权结构的法律逻辑》，《法学研究》第 4 期，第 76—91 页。

高圣平，2019：《宅基地制度改革政策的演进与走向》，《中国人民大学学报》第 1 期，第 23—33 页。

耿卓，2014：《农民土地财产权保护的观念转变及其立法回应——以农村集体经济有效实现为视角》，《法学研究》第 5 期，第 98—113 页。

郭君平、仲鹭勋、曲颂、谭清香，2020：《宅基地制度改革减缓了农房闲置吗？——基于 PSM 和 MA 方法的实证分析》，《中国农村经济》第 11 期，第 47—61 页。

郭晓鸣，2011：《中国农村土地制度改革：需求、困境与发展态势》，《中国农村经济》第 4 期，第 4—8+17 页。

郭翔宇等，2012：《农业经济管理前沿问题研究》，北京：中国财政经济出版社。

韩长赋，2019a：《中国农村土地制度改革的历史变迁与创新实践》，《农村·农业·农民（B 版）》第 2 期，第 5—13 页。

韩长赋，2019b：《中国农村土地制度改革》，《农业经济问题》第 1 期，第 4—16 页。

韩俊，1993：《我国工农业关系的历史考察》，《中国社会科学》第 4 期，第 29—46 页。

何芳、龙国举、范华、周梦璐，2019：《国家集体农民利益均衡分配：集体经营性建设用地入市调节金设定研究》，《农业经济问题》第 6 期，第 67—76 页。

黄季焜，2008：《制度变迁和可持续发展：30 年中国农业与农村》，上海：格致出版社。

黄祖辉、王朋，2008：《农村土地流转：现状、问题及对策——兼论土地流转对现代农业发展的影响》，《浙江大学学报（人文社会科学版）》第 2 期，第 38—47 页。

冀县卿、钱忠好，2010：《改革 30 年中国农地产权结构变迁：产权视角的分析》，《南京社会科学》第 10 期，第 73—79 页。

冀县卿、钱忠好，2019：《中国农地产权制度改革 40 年——变迁分析及其启示》，《农业技术经济》第 1 期，第 17—24 页。

柯楠、卢新海、匡兵、韩璟，2021：《碳中和目标下中国耕地绿色低碳利用的区域差异与影响因素》，《中国土地科学》第 8 期，第 67—76 页。

匡兵、范翔宇、卢新海，2021：《中国耕地利用绿色转型效率的时空分异特征及其影响因素》，《农业工程学报》第 21 期，第 269—277 页。

金晓斌、罗秀丽、周寅康，2022：《试论全域土地综合整治的基本逻辑、关键问题和主要关系》，《中国土地科学》第 11 期，第 1—12 页。

孔祥斌，2020：《耕地"非粮化"问题、成因及对策》，《中国土地》第 11 期，第 17—19 页。

孔祥智、马庆超，2014：《农村集体经营性建设用地改革：内涵、存在问题与对策建议》，《农村金融研究》第 9 期，第 11—14 页。

孔祥智、周振，2020：《我国农村要素市场化配置改革历程、基本经验与深化路径》，《改革》第 7 期，第 27—38 页。

廖宏斌，2021：《农地产权制度变迁与农村劳动力流动：一个纵向考察与分析》，《四川大学学报（哲学社会科学版）》第 4 期，第 73—80 页。

林毅夫，1992：《制度、技术与中国农业发展》，上海：上海三联书店。

刘利花、杨彬如，2019：《中国省域耕地生态补偿研究》，《中国人口·资源与环境》第2期，第52—62页。

刘洛、徐新良、刘纪远、陈曦、宁佳，2014：《1990—2010年中国耕地变化对粮食生产潜力的影响》，《地理学报》第12期，第1767—1778页。

刘守英，2014：《直面中国土地问题》，北京：中国发展出版社。

刘守英，2014：《中国城乡二元土地制度的特征、问题与改革》，《国际经济评论》第3期，第9—25+4页。

刘守英，2015：《农村宅基地制度的特殊性与出路》，《国家行政学院学报》第3期，第18—24+43页。

刘守英，2017：《中国土地制度改革：上半程及下半程》，《国际经济评论》第5期，第29—56+4页。

刘守英、高圣平、王瑞民，2017：《农地三权分置下的土地权利体系重构》，《北京大学学报（哲学社会科学版）》第5期，第134—145页。

刘守英、龙婷玉，2022：《城乡融合理论：阶段、特征与启示》，《经济学动态》第3期，第21—34页。

刘守英、王佳宁，2017：《长久不变、制度创新与农地"三权分置"》，《改革》第12期，第5—14页。

刘守英、熊雪锋，2019：《产权与管制——中国宅基地制度演进与改革》，《中国经济问题》第6期，第17—27页。

刘维新，1990：《论城乡土地的统一管理》，《中国土地科学》第2期，第4—9页。

刘文璞，1987：《中国农业合作化的历史回顾》，《农业经济丛刊》第4期，第1—7+63页。

刘彦随，2011：《科学推进中国农村土地整治战略》，《中国土地科学》第4期，第3—8页。

刘彦随、郑伟元，2008：《中国土地可持续利用论》，北京：科学出版社。

龙花楼，2012：《论土地利用转型与乡村转型发展》，《地理科学进展》第2期，第131—138页。

龙花楼，2013：《论土地整治与乡村空间重构》，《地理学报》第8期，第1019—1028页。

陆大道，1984：《关于国土（整治）规划的类型及基本职能》，《经济地理》第1期，第3—9页。

鹿心社，2002：《论中国土地整理的总体方略》，《农业工程学报》第1期，第1—5+14页。

罗必良，2019：《从产权界定到产权实施——中国农地经营制度变革的过去与未来》，《农业经济问题》第1期，第17—31页。

罗必良、仇童伟，2018：《中国农业种植结构调整："非粮化"抑或"趋粮化"》，《社会科学战线》第2期，第39—51+2页。

罗必良、王玉蓉，1993：《农村土地制度改革的思考与选择》，《农业现代化研究》第

2期，第83—86页。

罗玉辉，2020：《新中国成立70年农村土地制度改革的历史经验与未来思考》，《经济学家》第2期，第109—116页。

马翠萍，2021：《集体经营性建设用地制度探索与效果评价——以全国首批农村集体经营性建设用地入市试点为例》，《中国农村经济》第11期，第35—54页。

马翠萍，2022：《农村集体经营性建设用地入市收益分配的实践探索与制度优化》，《改革》第10期，第106—116页。

孟繁瑜、李呈，2015：《中国城镇化与新农村建设协调统一发展研究——国家土地政策的负外部性路径依赖分析与破解》，《中国软科学》第5期，第1—11页。

聂英，2015：《中国粮食安全的耕地贡献分析》，《经济学家》第1期，第83—93页。

钱文荣、朱嘉晔、钱龙、郑淋议，2021：《中国农村土地要素市场化改革探源》，《农业经济问题》第2期，第4—14页。

钱忠好，2005：《中国农村土地制度变迁和创新研究》，北京：社会科学文献出版社。

钱忠好，2008：《非农就业是否必然导致农地流转——基于家庭内部分工的理论分析及其对中国农户兼业化的解释》，《中国农村经济》第10期，第13—21页。

钱忠好、牟燕，2020：《乡村振兴与农村土地制度改革》，《农业经济问题》第4期，第28—36页。

乔陆印、刘彦随、杨忍，2015：《中国农村居民点用地变化类型及调控策略》，《农业工程学报》第7期，第1—8页。

曲福田、陈江龙、陈雯，2005：《农地非农化经济驱动机制的理论分析与实证研究》，《自然资源学报》第2期，第231—241页。

曲福田、田光明，2011：《城乡统筹与农村集体土地产权制度改革》，《管理世界》第6期，第34—46+187页。

沈仁芳、陈美军、孔祥斌、李永涛、同延安、汪景宽、李涛、鲁明星，2012：《耕地质量的概念和评价与管理对策》，《土壤学报》第6期，第1210—1217页。

孙宪忠，2016：《推进农地三权分置经营模式的立法研究》，《中国社会科学》第7期，第145—163+208—209页。

孙燕、林振山、刘会玉，2006：《中国耕地数量变化的突变特征及驱动机制》，《资源科学》第5期，第57—61页。

陶然、汪晖，2010：《中国尚未完成之转型中的土地制度改革：挑战与出路》，《国际经济评论》第2期，第93—123+5页。

王贵宸、魏道南，1995：《农村土地使用制度改革探讨——安徽滁州地区农村调查》，《中国农村经济》第2期，第44—47+10页。

王梅、曲福田，2004：《关于耕地总量动态平衡的思考》，《中国人口·资源与环境》第3期，第102—106页。

王西玉，1988：《土地制度改革是深化农村改革的要求》，《改革》第2期，第101—104页。

王小映，2003：《全面保护农民的土地财产权益》，《中国农村经济》第10期，第9—16页。

王小映，2014：《论农村集体经营性建设用地入市流转收益的分配》，《农村经济》第10期，第3—7页。

吴传钧，1984：《国土开发整治区划和生产布局》，《经济地理》第4期，第243—246页。

吴次芳等，2003：《土地生态学》，北京：中国大地出版社。

伍振军、林倩茹，2014：《农村集体经营性建设用地的政策演进与学术论争》，《改革》第2期，第113—119页。

许广月，2010：《中国低碳农业发展研究》，《经济学家》第10期，第72—78页。

许恒周、郭忠兴，2011：《农村土地流转影响因素的理论与实证研究——基于农民阶层分化与产权偏好的视角》，《中国人口·资源与环境》第3期，第94—98页。

徐绍史，2009：《深入开展农村土地整治 搭建新农村建设和城乡统筹发展新平台》，《国土资源通讯》第8期，第6—7+1页。

徐志刚、崔美龄，2021：《农地产权稳定一定会增加农户农业长期投资吗？——基于合约约束力的视角》，《中国农村观察》第2期，第42—60页。

严金明、迪力沙提、夏方舟，2019：《乡村振兴战略实施与宅基地"三权分置"改革的深化》，《改革》第1期，第5—18页。

严金明、李储、夏方舟，2020：《深化土地要素市场化改革的战略思考》，《改革》第10期，第19—32页。

杨经伦，1985：《论我国农村土地制度总体改革》，《农业经济丛刊》第2期，第12—15页。

杨瑞珍、陈印军、易小燕、方琳娜，2012：《耕地流转中过度"非粮化"倾向产生的原因与对策》，《中国农业资源与区划》第3期，第14—17页。

杨勋，1989：《国有私营：中国农村土地制度改革的现实选择——兼论农村改革的成就与趋势》，《中国农村经济》第5期，第23—29页。

姚洋，1999：《非农就业结构与土地租赁市场的发育》，《中国农村观察》第2期，第16—21+37页。

姚洋，2000：《中国农地制度：一个分析框架》，《中国社会科学》第2期，第54—65+206页。

杨志海、王雅鹏、麦尔旦·吐尔孙，2015：《农户耕地质量保护性投入行为及其影响因素分析——基于兼业分化视角》，《中国人口·资源与环境》第12期，第105—112页。

叶裕民，2001：《中国城市化的制度障碍与制度创新》，《中国人民大学学报》第5期，第32—38页。

尹成杰，2015：《三权分置是农地制度的重大创新》，《农村工作通讯》第16期，第35—37页。

尹成杰，2017：《三权分置：农地制度的重大创新》，《农业经济问题》第9期，第4—6页。

俞海、黄季焜、Scott Rozelle、Loren Brandt、张林秀，2003：《地权稳定性、土地流转与农地资源持续利用》，《经济研究》第9期，第82—91+95页。

于法稳，2018：《新时代农业绿色发展动因、核心及对策研究》，《中国农村经济》第5期，第19—34页。

袁方成、靳永广，2020：《深化农地改革推进乡村振兴：关键问题与优化路径》，《理论与改革》第4期，第139—149页。

詹武、刘文璞、秦其明、魏道南，1985：《农村经济体制改革的新发展》，《中国农村经济》第1期，第3—8页。

张亨明、章皓月、朱庆生，2021：《"双循环"新发展格局下我国粮食安全隐忧及其消解方略》，《改革》第9期，第134—144页。

张红宇，2002：《中国农地调整与使用权流转：几点评论》，《管理世界》第5期，第76—87页。

张立新、朱道林、谢保鹏、杜挺、王兴，2017：《中国粮食主产区耕地利用效率时空格局演变及影响因素——基于180个地级市的实证研究》，《资源科学》第4期，第608—619页。

张锐、刘友兆，2013：《我国耕地生态安全评价及障碍因子诊断》，《长江流域资源与环境》第7期，第945—951页。

张元红，1998：《我国耕地保护的现状、症结与出路》，《中国科技论坛》第1期，第13—15+19页。

张宗毅、杜志雄，2015：《土地流转一定会导致"非粮化"吗？——基于全国1740个种植业家庭农场监测数据的实证分析》，《经济学动态》第9期，第63—69页。

郑凤田，2018：《让宅基地"三权分置"改革成为乡村振兴新抓手》，《人民论坛》第10期，第75—77页。

郑海霞、封志明，2003：《中国耕地总量动态平衡的数量和质量分析》，《资源科学》第5期，第33—39页。

赵晓力，2000：《通过合同的治理——80年代以来中国基层法院对农村承包合同的处理》，《中国社会科学》第2期，第120—132+208页。

赵源、张岩松，1989：《深化农村土地制度改革的基本趋势》，《中南财经大学学报》第6期，第80—84页。

钟晓萍、于晓华、唐忠，2020：《地权的阶级属性与农地"三权分置"：一个制度演化的分析框架》，《农业经济问题》第7期，第47—57页。

周其仁，2013a：《政产不分，遗祸无穷》，《农村工作通讯》第14期，第48页。

周其仁，2013b：《土地的市场流转不可阻挡》，《经济观察报》12月23日第47版。

周应恒、刘余，2018：《集体经营性建设用地入市实态：由农村改革试验区例证》，《改革》第2期，第54—63页。

钟甫宁、陆五一、徐志刚，2016：《农村劳动力外出务工不利于粮食生产吗？——对农户要素替代与种植结构调整行为及约束条件的解析》，《中国农村经济》第7期，第36—47页。

钟水映、李魁，2009：《基于粮食安全的我国耕地保护对策研究》，《中国软科学》第9期，第1—8页。

朱道林，2021：《耕地"非粮化"的经济机制与治理路径》，《中国土地》第7期，第9—11页。

朱莉芬、黄季焜，2007：《城镇化对耕地影响的研究》，《经济研究》第2期，第137—145页。

朱新华、马璐璐、张金明，2010：《农村集体建设用地的最适产权安排——一个新制度经济学分析视角》，《经济体制改革》第1期，第99—102页。

朱新华、吴舒心、韩沛岑，2022：《农户宅基地资格权何以保障：分置还是错配——L市宅基地资格权择位竞价的案例研究》，《农业经济问题》第3期，第109—116页。

祖健、郝晋珉、陈丽、张益宾、王娟、康丽婷、郭稷桁，2018：《耕地数量、质量、生态三位一体保护内涵及路径探析》，《中国农业大学学报》第7期，第84—95页。

改革开放以来中国城乡关系研究述评

胡凌啸*

城乡关系贯穿于整个人类社会发展过程，因而是经济学、管理学、社会学、政治学、教育学、地理学和环境科学等学科共同关注的重大问题。由于城乡关系包含的内容十分宽泛，城乡关系研究的展开也呈现多学科、多层次、多维度的态势，文献体量巨大、内容庞杂。本文主要从经济学视角出发，对改革开放以来中国城乡关系问题的主要相关研究文献进行整理归纳。述评沿着两条主线开展，设计了五个部分的内容。第一条主线是学界对城乡关系的整体认识，对应全文第一部分，反映城乡关系研究的宏观面貌。第二条主线是学界对城乡关系问题拆解后重点讨论的具体问题，包括城乡收入差距问题、城乡要素市场问题和城乡公共服务问题，分别对应全文的第二部分、第三部分和第四部分，反映城乡关系研究的微观构成。第五部分是对文献的简要评价。本报告试图通过对城乡关系研究进行全貌展示和重点呈现，理清研究脉络、梳理研究观点、判断研究走向，为进一步开展城乡关系研究提供参考。

一、对城乡关系的整体认识

改革开放后，中国经济发展战略的重大调整带来了城乡关系的演变。学界对新中国成立以来中国特殊的城乡二元结构开展了大量研究，对中国城乡关系的演变过程作出了精彩分析，不断加深对城乡关系的理论认识，深刻解析了中国城乡发展的实践，为构建新型城乡关系提供了重要的理论支撑。

（一）城乡二元结构

正确认识城乡二元结构是开展城乡关系研究的起点。改革开放后，随着学界对城乡二元结构认识的不断加深，国内学者认真解析了中国城乡二元结构的形成逻辑和典型特征，指明了其特殊性，为后续相关研究和政策制定打下了坚实基础。通过对世界经济发展历史和现实的观察发现，以市场机制为基础的要素流动机制是实现社会资源高效率利用的前提，以价值规律为基础的城乡商品交换机制是实现工农业、城乡经济协调发展的保证，城乡间的要素流动和商品交换是城乡二元经济运行中最重要的联系机制（綦好东，1989）。城乡二元结构的本质是自然经济与市场经济这两种经济形式的并存和对立，城乡二元结构向一元化转变的过程就是市场经济取代自然经济的过程（白永秀和王颂吉，2013）。城乡二元结构在工业化的不同阶段有着不同表现：工业化初始阶段表现为城乡的分离和对立，先进的城市与落后的乡村并存，欣欣向荣的工业与停滞凋敝的农业并存；工业化成长阶段城乡由分离和对立转向协调，城乡经济结构反差逐步缩小；到了工业化成熟阶段，城乡经济结构发生质的变化，所谓的二元结构进入同质化阶段（丁宝山，1993）。厉以宁（2008）认为，城乡二元结构在中国

---

*胡凌啸，中国社会科学院农村发展研究所副研究员。

自古就有，从宋朝算起已有一千年以上的历史，但当时尽管有城乡二元结构，却没有城乡二元体制，城乡二元体制是20世纪50年代后期起才建立的。城乡二元体制的建立最终导致了中国特殊的城乡二元结构。一方面，中国二元经济运行机制行政化，维系二元经济运行的各项制度相互配套、日益固化，这些制度包括农产品购销制度、户籍制度、资源分配制度、价格管理制度、"农村大一统"的管理制度等，城乡间的要素流动表现为非人力资源在城市行政集中和人力资源在农村人为滞留，城乡间的商品交换以高度集中的产品分配形式代替了以价值规律为基础的商品交换形式（綦好东，1989）。另一方面，1949年后的城乡二元结构不仅仅是经济二元，更是社会、文化、心理上的二元，是一种城乡各自内部同质性极高但彼此截然分离的二元，所有农民无论生活在哪个地区，都享有基本相同的社会地位、扮演同样的角色、依照同样的分配制度（工分制）获得差别不大的经济收入，并拥有"社员"的同一身份标志（北京大学"社会分化"课题组，1991）。中国二元结构的要害就是在形成二元经济结构的同时，形成了独一无二的二元社会结构，在运行中这两种结构越来越紧密地凝结为一体。这种二元社会结构造成的城乡分割体现在户籍制度、住宅制度、粮食供给制度、教育制度、医疗制度、就业制度等制度上（刘纯彬，1988）。新中国之所以在成立伊始就建立了城乡二元体制，一个很重要的原因是当时面临繁重的工业化建设任务，资金匮乏和资本存量不足成为巨大的障碍，农业部门很自然地成为工业积累唯一可靠的源泉，这种二元体制支撑了城市的高速工业化（贺晓东，1988）。城乡二元结构依然是当前中国城乡发展面临的最主要障碍（韩俊，2018）。

（二）城乡关系演变

城乡关系是客观存在的，随时间推移而不断发展演化，其演化过程具有明显的周期性和阶段性，人类社会城乡关系经历了乡育城市、城乡分离和城乡融合三个阶段（郑国和叶裕民，2009）。自20世纪80年代开始，国内学界分别从不同的视角对中国城乡关系的演变进行回顾，并分析背后的演变逻辑，试图从中提炼经验、总结教训。1978年以前，中国的城乡关系是在严峻的国际环境下，为实施优先快速发展重工业战略而演变的，处于典型的农业支持工业、乡村支持城市阶段（武力，2008）。在这一时期，城乡关系经历了从旧中国的城乡关系向新中国的城乡关系转变、从统购统销到合作化再到人民公社化的阶段性变化（张雨林，1989）。从1949年到1957年，中国形成了非均衡的城乡联系格局；而从1958年到1978年，城乡"隔绝"的非均衡联系制度形成并发展，带来了一系列副作用（胡必亮和马昂主，1993），城乡差别和工农差别从制度上被固定并扩大（刘应杰，1996）。新中国成立初期严峻的国际国内形势、迫切发展大工业的历史要求、历史传统和旧体制的巨大惯性以及极不平衡的经济发展造成了特殊的城乡体制机制，使得新中国的城乡关系并没有朝着消除对立的方向发展（李善峰，1989）。1978年以后，中国的城乡关系经历了重大的历史性变革。1978—2002年，国家改变了为提取农业剩余而过度干预农民生产经营活动和限制城乡之间人口流动的体制和政策，调整了城乡关系，从而调动了农民的生产积极性，使得农民不仅能够通过为城市提供低价的农业产品、资源和劳动力支持城市的发展，而且还可以通过乡镇企业的发展加速整个国家的工业化（武力，2008）。在改革初期，农村土地制度改革和农村组织重构唤醒了广大农民的生产积极性和农村发展的活力，城乡关系呈现向好发展的趋势，但从1984年起，改革由农村转入城市，导致城乡再度分离（吴丰华和韩文龙，2018）。2002年党的十六大以后，国家开始实施工业反哺农业、城市支持农村的统筹城乡发展政策，使得城乡关系进入了一个新的历史阶段（武力，2008）。从2003年到2012年，中国城乡关系的核心是构建城乡统筹发展的制度框架，实行"多予少取放活"和"工业反哺农业、城市支持农村"的方针，打破了农业农村发展长期徘徊不前的局面，扭转了城乡发展差距过大的态势（刘俊杰，2020）。党的十八大以来，推动城乡发展一体化成为党和国家工作的重心之一，中国全面开启了构建城乡融合发展体制机制的新阶段（张海鹏，2019）。在中国共产党成立一百周年之际，蒋永穆和胡筠怡（2022）、郭君平等（2022）分阶段梳理了中国共产党成立一百年来对城乡关系问题的探索，总结了中国共产党百年推动城乡关系发展的历史意义和历史经验，以及中国城乡关系中的结构性失衡的问题。在中国城乡关系曲折的发展历程中，城乡关系受政策影响十分明显（谢志强和姜典航，2011）。自2002年开始，中国城乡发展战略先后经历了从城乡统筹到城乡一体化再到城乡融合发展的演变升华（张克俊和杜婵，2019）。蔡昉（2003）指出中国城乡政策变革的动力来自城市居民的"投票""呼声"机制和农村居民的"退出"机制即"用脚投票"之间的博弈。通过对中国城乡关系发展过程的总结，张海鹏（2019）认为，不断向农民赋权、坚持改革的渐进性、坚持市场化改革取向、坚持尊重基层创新和转换思想观念相结合、给改革和改革者留出足够的空间，是推动中国城乡关系演变的基本经验。

（三）新型城乡关系

对中国城乡二元结构和城乡关系演变进行深入分析，最终是为了回答如何构建新型城乡关系这一重大发展命题。尽管自1978年开始，学界就着眼于新型城乡关系的研究，如张雨林（1990）提出新型城乡关系就是实行以城带乡、以乡促城，城乡经济和社会一体化发展，但中央首次明确提出新型城乡关系的概念是在2013年党的十八届三中全会上，这次会议要求形成"以工促农、以城带乡、工农互惠、城乡一体"的新型工农城乡关系（张海鹏，2019）。在一些早期研究中，学者认为新型城乡关系的建立过程是一个城市化过程，而不是消灭城市的过程，其内涵在于协调好聚落群体间的关系、群体聚落间的关系和聚落与环境的关系，从而造就有利于社会进步的人类群体活动空间结构（方明和叶克林，1986）。建立新型城乡关系是商品经济发展的客观要求，经济联合是新型城乡关系的本质特征（宋隆福，1987）。新型城乡关系的发展，首先依赖市场的发育成长，同时也需要国家和社会进行调节（张雨林，1989）。但中国构建新型城乡关系、实现城乡协调发展的特殊困难在于，新中国成立以来中国的工业化和城市化走的是一条非商品经济的道路，城市的建立和发展不是工商业发展的自然集聚，而是通过行政力量集中和分配资源的产物（李善峰，1989），城乡二元体制成为中国城乡二元结构固化加剧、存续期延长的核心因素（易炼红，1992；国务院发展研究中心农村部课题组，2014），因而构建新型城乡关系的关键是破除城乡二元体制（厉以宁，2009；陆学艺和杨桂宏，2013）。自2002年党的十六大开始系统解决城乡发展失衡问题，并相继提出"统筹城乡发展""城乡一体化发展""城乡融合发展"的战略方针后，学界将研究的重点转向构建新型城乡关系的思路和路径。如韩俊（2009）认为构建新型城乡关系，需解决好农民土地权益如何有效保护、农业基础地位如何强化、信贷资金如何配置、农村富余劳动力如何转移、县域经济和小城镇如何发展壮大、新型农民如何培育等问题。魏后凯（2016）认为，必须通过全面深化城乡综合配套改革，构建城乡统一的户籍登记制度、土地管理制度、就业管理制度、社会保障制度以及公共服务体系和社会治理体系，促进城乡要素自由流动、平等交换和公共资源均衡配置，实现城乡居民生活质量等值化，使城乡居民能够享受等值的生活水准和生活品质。涂圣伟（2020）认为，应以实现人的自由迁徙与社会融合、工农部门"效率收敛"、要素市场化配置为基本导向，畅通城乡人口双向迁徙、资源要素双向流动、人与自然和谐共生"三个循环"。从一系列研究看，建立起城乡统一的要素市场被认为具有格外重要的作用（刘奇和王飞，2003；许彩玲和李建建，2019；年猛，2020；刘守英和龙婷玉，2022）。经过改革开放四十年的发展，刘守英和王一鸽（2018）判断中国已经从以农为本、以土为生、以村而治、根植于土的"乡土中国"，进入乡土变故土、告别过密化农业、乡村变故乡、城乡互动的"城乡中国"。"城乡中国"有必要成为理解转型中国的一个重要范式，任何基于"乡土中国"或"城市中国"的公共政策都不利于中国完成伟大的转型，应从单向城市化思维向城乡融合思维转变，更加注重城乡之间的联系与相互依赖性，通过改革城乡二元体制，构建促进城乡融合的发展政策（刘守英和龙婷玉，2022）。

二、城乡收入差距研究

城乡收入差距始终是中国二元社会结构的集中表现（李善峰，1989），也是学界最为关注的城乡关系问题。改革开放以来，国内学者聚焦城乡收入差距的度量与估计、影响因素识别以及城乡收入差距对经济社会发展的影响等问题，形成了丰富的研究成果。

（一）度量与估计

通过简要梳理，现有研究主要通过两种方式衡量城乡收入差距水平。一是城乡收入比和基尼系数。从讨论城乡收入差距的早期文献来看，城乡收入比是应用最为广泛的度量方式（朱玲，1991；王德文和何宇鹏，2005），该方式的有效性取决于如何衡量和选择城镇和农村居民收入的指标。国家统计局农调总队课题组（1994）认为，以往用"城镇居民人均生活费收入"和"农民人均纯收入"之比衡量城乡居民收入差距存在严重低估，且两个指标从口径和范围一致性上看并不具备比较的基本条件，更为理想的指标是"可支配收入"。根据测算，从1978年到1993年中国城乡收入差距经历了一个由逐步缩小到逐步扩大的过程，其变化轨迹呈正"U"形。李实和罗楚亮（2007）同样认为，城乡居民货币收入的巨大差异、对公共服务利用的可及性以及生活费用在城乡之间的差别，为城乡居民收入的直接比较设置了障碍。他们在考虑隐性补贴与地区价格差异的影响后，对城乡居民收入差距重新进行了估计，发现城乡实际收入差距进一步扩大。在当前研究中，城乡收入比仍是学界衡量城乡收入差距最常使用的指标（李成友等，2021；樊轶侠等，2022）。另一个较为常用的指标是基尼系数，用以衡量城乡收入不平等的情况。一些研究分别测算了城镇和农村的基尼系数（赵人伟和李实，1997；罗楚亮，2006），也有一些研究则测算了城乡混合基尼系数（程永宏，2006；段景辉和陈建宝，2010）。二是泰尔指数等。王少平和欧阳志刚（2007）提出城乡收入比没有反映城乡人口所占比重，因而不能准确度量中国城乡收入差距；基尼系数是将总人口划分为不同的收入阶层，因而所度量的是总的收入差距而不是城乡收入差距，且城乡收入差距也不能从总收入差距中分离出来。他们认为泰尔指数是更为合适的指标，相较于基尼系数对中间阶层收入的变动比较敏感，泰尔指数对两端（高收入和低收入阶层）收入的变动比较敏感，更符合中国城乡收入差距主要体现两端变化的特征。从他们的测算结果看，1979—2004年全国和各地区城乡收入差距的变化先后呈现两阶段"V"形波动，第一阶段为1979—1994年,第二阶段为1995—2004年。在后续的研究中,泰尔指数成为测度城乡收入差距的重要指标(王洪亮和徐翔,2006;杨森平等,2015;宋晓玲,2017;罗楚亮等,2021;杨怡等,2022)。除此以外,洪兴建和李金昌(2007)利用不同的两极分化测度方法计算发现,1990年到2005年中国城乡两极分化和城乡收入差距均表现出强劲的上升趋势。

(二)影响因素识别

对城乡收入差距的形成机制和影响因素的识别是学界讨论的重点,可以主要归纳为三个类别。

一是发展战略与政策因素。中国城乡关系演变的独特性决定了国家战略和政策是影响城乡收入差距的核心因素。陈斌开和林毅夫(2010)从理论上分析了重工业优先发展战略对城乡工资差距的影响,并通过实证发现:在静态框架下,中国重工业优先发展战略将导致城市就业水平降低,农业从业人员增加,城乡工资差距拉大;而在动态框架下,中国重工业优先发展战略将降低资本积累率,导致更慢的城市化进程和更持久的城乡工资差距。此后,两人进一步研究发现,旨在鼓励资本密集型部门优先发展的政府战略,会延缓城市化进程,农村居民不能有效地向城市转移,导致城乡收入差距扩大(陈斌开和林毅夫,2013)。也有大量研究讨论中国城市化战略对城乡收入差距的影响,大多数研究的结论是城市化缩小了城乡收入差距(陆铭和陈钊,2004;许秀川和王钊,2008;曹裕等,2010;万广华等,2022),亦有研究发现城镇化水平与城乡收入差距呈现倒"U"形关系(杨森平等,2015;穆怀中和吴鹏,2016)。财政政策对城乡收入差距的影响也是学界关注的重点。陆铭和陈钊(2004)探讨了政府财政支出结构对城乡收入差距的影响,结果表明,地方政府实施的带有城市倾向的经济政策是中国城乡收入差距持续扩大的重要原因。雷根强和蔡翔(2012)同样认为,初次分配中劳动报酬比重的下降、城市偏向的财政再分配政策是中国城乡收入差距扩大的重要原因。而城市偏向的教育经费投入政策是城乡收入差距扩大的重要决定因素(陈斌开等,2010)。当前中国财政支出仍具有城市偏向性特征,城乡收入差距可能会因此加大(李成友等,2021)。与此同时,国家财政的农村支出虽然对农民收入增长起到了一定的促进作用,但由于公共支出的管理、运用效率低下,其作用在统计上并不十分显著,同时受支出结构不合理和政府重视程度不够、目标偏差等因素影响,政府公共支出在缩小城乡收入差距上的作用不明显(沈坤荣和张璟,2007)。但最近的研究表明,面向农村的转移支付规模增加对缩小城乡收入差距发挥了作用(罗楚亮等,2021)。

二是制度因素。林光彬(2004)认为在中国的城乡二元体制下,城乡收入差距扩大的发生机制与根本原因是社会等级秩序格局、失衡的财富与收入分配格局、资源的流动性障碍格局与市场等级化格局等一系列社会安排的相互作用,在计划机制与市场机制双重的游戏规则下,形成了一种"收入差距不断扩大的自我强化机制"。1979年到1984年,中国城乡收入分配机制已在相当程度上离开了强制积累的轨道,开始转向市场调节,促使城乡收入分配格局发生了有利于农村方面的变化,城乡收入差距趋于缩小(贺晓东,1988)。但从1985年开始,城乡收入差距又逐年扩大且具有持续扩大趋势(易炼红,1992;国家统计局农调总队课题组,1994)。城乡二元体制造成的劳动力市场扭曲得到了学界的广泛关注,被认为是造成城乡收入差距扩大的重要原因(孙宁华等,2009)。一些学者重点关注了户籍制度，如安虎森等（2011）研究发现，户籍制度对城乡收入差距的作用受城乡市场开放度的影响，当城乡市场开放度高于某个临界值时，户籍制度会促进城乡收入差距扩大；万海远和李实（2013）的研究显示，户籍职业选择歧视导致农户收入减少3.5%，剔除户籍歧视因素后，城乡收入差距会明显下降。一些学者则讨论了税收制度，如郭庆旺和吕冰洋（2012）研究发现，国民收入中税后劳动要素分配份额的持续下降是城乡居民收入比和城乡居民消费比扩大的重要原因；骆永民和樊丽明（2019）分析认为，间接税在总税收中比重的提高会导致城乡收入差距扩大，在间接税比重不变的情况下，提升工业品商品税在间接税中的比重能够缩小城乡收入差距。

三是新经济因素。自2010年以来，数据要素和数字经济快速发展为缩小城乡收入差距提供了新契机，得到了学界广泛关注。程名望和张家平（2019）、李晓钟和李俊雨（2022）的研究分别发现互联网普及和数字经济发展对城乡收入差距的影响呈现先增加后降低的倒"U"形趋势，为缩小中国城乡收入差距带来了重要的机遇。但樊轶侠等（2022）却发现数字经济发展对城乡收入差距的影响呈先缩小后扩大的正"U"形变化趋势。还有大量研究聚焦数字普惠金融。有学者发现数字普惠金融对城镇居民人均可支配收入的提升效果显著大于对农村居民的影响（杨伟明等，2020），城乡"数字鸿沟"问题的存在使得数字普惠金融发展总体上拉大了城乡收入差距（周立和陈彦羽，2022）；但更多研究证明数字普惠金融可以通过增加金融可得性等机制缩小城乡收入差距（宋晓玲，2017；周利等，2020；杨怡等，2022；王修华和赵亚雄，2022）。

（三）影响效应分析

城乡收入差距的影响也是学界高度关注的问题。一是对经济增长的影响。王少平和欧阳志刚（2008）研究发现：中国改革开放以来城乡收入差距与实际经济增长存在长期非线性关系，1999年以后中国城乡收入差距对经济增长产生阻滞作用且负效应逐年增加。曹裕等（2010）也发现城乡收入差距不利于经济增长，但有显著的区域差异。钞小静和沈坤荣（2014）从劳动力供给视角解释了城乡收入差距对经济增长的影响，认为城乡收入差距过大会导致初始财富水平较低的农村居民无法进行人力资本投资，从而制约劳动力质量的提高。这不仅不利于传统部门生产效率的提升，而且也会减少进入现代部门从事生产的劳动力数量，从而制约中国长期的经济增长。郑万吉和叶阿忠（2015）从产业结构升级视角出发，认为城乡收入差距扩大会抑制本省及周边省份的产业结构升级，长期来看会对整体区域经济增长造成阻碍。二是对居民消费的影响。范剑平和向书坚（1999）对比发现1998年中国居民消费率比世界各国同一经济发展阶段水平低14个百分点，改革开放以来人口城市化对提高消费率的贡献几乎为零，造成中国居民消费不足的首要原因就是城乡居民非自然收入差距。邹红和喻开志（2011）也通过研究发现，劳动收入份额低和城乡收入差距是中国居民消费增长缓慢最根本的原因。李江一和李涵（2016）进一步研究认为，城乡收入差距扩大会挤出农村家庭的生存型和享受型商品消费，但会显著促进城镇家庭的享受型商品消费，城乡收入差距扩大对农村和城镇的低收入阶层、城乡居民间有更多接触机会的群体消费影响更大。刘厚莲（2013）亦分析了城乡实际收入差距对居民消费需求的影响，二者呈现倒"U"形关系。城乡收入差距不仅会影响消费需求，也会显著影响中国城乡居民的消费结构（胡日东等，2014）。

三、城乡要素市场研究

中国城乡要素市场化改革的滞后,导致了城乡要素流动受限,由此产生的城乡要素错配严重制约城乡融合发展水平的提升(刘明辉和卢飞,2019),并显著阻碍城乡二元经济结构转化(王颂吉和白永秀,2013)。有鉴于此,学界对中国城乡劳动力市场、土地市场、资本市场分别开展了深入研究。

(一)城乡劳动力市场

改革开放前,中国推行重工业优先发展战略,把城乡经济关系变成了计划控制的组成部分,城乡之间劳动力流动被人为阻断,因此城乡劳动力市场分割成为传统体制的产物(蔡昉等,2001)。劳动力市场的体制性分割,不仅影响了农村劳动力流动(李芝倩,2007),也影响了国有企业劳动者就业市场化的改革进程(李萍和刘灿,1999)。由于户籍制度是造成城乡劳动力市场分割的重要制度基础,因此学界非常关注户籍制度与城乡劳动力市场分割的关系。户籍制度曾一度限制农村劳动力进城进厂就业,这致使农村剩余劳动力滞留在农业,对城乡经济社会协调发展产生了不利影响(田鸣,1991;陆益龙,2001)。20世纪80年代以来,政府逐步解除了限制农村劳动力流动的政策约束,启动并逐步推进户籍制度改革,中国城乡劳动力流动实现了从"乡—城"流动破冰阶段(1978—1992年)向"乡—城"流动迅速回暖阶段(1992—2012年)再向"乡—城""城—乡"双向流动阶段(2012年以来)的演变(夏金梅和孔祥利,2021)。但从相关研究结果看,农村户籍者仍普遍遭遇户籍歧视,存在就业机会不平等和同工不同酬问题(王美艳,2005;孟凡强,2014)。一方面,户口是限制农村劳动者进入主要劳动力市场的重要因素之一,拥有城镇户口的劳动者几乎垄断了主要劳动力市场上的就业机会(乔明睿,2009);另一方面,户籍分割与其他分割的结合使城乡户籍劳动力面临不同的工资决定机制,而机会差异与工资差异的内在关联,使户籍分割的工资效应被部分隐藏在部门差异、岗位差异等分割形式之下(余向华和陈雪娟,2012)。城乡劳动力市场分割会加剧工资扭曲,妨碍社会充分就业,扩大城乡居民收入差距(杨宏炳,2005),同时也会削弱人力资本存量,减缓企业技术创新进程,不利于经济可持续发展,有碍于中国经济迈向高质量发展阶段(周正柱和周鹃,2022)。学界较为一致地认为,深化户籍制度改革是构建城乡统一劳动力市场,推动中国经济发展的关键举措(都阳等,2014;吴德进,2022)。

(二)城乡土地市场

学界对城乡土地市场的讨论,主要集中于城乡二元土地制度。张合林和郝寿义(2007)分析了中国城乡二元土地制度形成的原因,认为城乡土地市场制度的割裂是计划体制的产物,这既是基于现实的考虑,同时也是法律体系不完善的结果。刘守英(2014)详细阐释了这一制度的基本特征,包括城乡二元的土地权利体系,城乡土地拥有不同的配置方式,土地增值收益在城乡之间分配严重不公,土地管制缺陷造成城乡不平等发展。城乡二元土地产权结构塑造了城市国有建设用地市场化配置与农村集体建设用地计划配置的"双轨制"(蔡继明和李蒙蒙,2021)。在城乡二元土地制度下,集体土地与国有土地产权不平等,表现为集体土地所有权人对集体土地没有处分权,不得在集体土地上设立建设用地使用权、抵押物权,农户对集体所有的宅基地没有完整的用益物权(郑振源和蔡继明,2019)。城乡土地实际权能的不对等导致征收权有失公平，农民土地权益受损，而农民土地使用权的权能弱化与缺失又扩大了城乡土地权益的差距（宋晓丽和刘民培，2015）。同时，这一制度导致中国整体土地资源配置效率低，农村土地资源浪费严重（许经勇，2016）。农村土地和城镇建设用地的转换之间存在巨大的租金空间，也催生了一些滥占土地现象（徐善长，2004）。城乡二元土地制度对中国的城市化产生了深远影响，呈现明显的双轨特征：一条轨道是政府依靠强制低价征收农村土地和土地一级市场垄断主导的城市化，另一条轨道是农民自发在城乡接合部或城中村聚集的城市化（刘守英和熊雪锋，2018）。实证研究发现，土地市场化尤其是农地市场化对城乡融合产生直接且显著的影响，并在政府行为与城乡多维融合间起多重中介作用（周佳宁等，2022）。土地要素在城乡之间的再配置可以通过提升城镇化水平、提高就业率以及促进制造业发展等途径缩小城乡收入差距（赵燕，2022）。但现阶段中国土地市场对城乡融合发展更多地体现为滞碍作用（陈坤秋和龙花楼，2019）。构建城乡统一的土地市场或城乡一体化的土地市场被认为是推动城乡融合发展的必然选择，必须对土地市场城乡分割的制度性障碍进行改革（付光辉等，2008；王克强等，2010），要赋予集体土地与国有土地同等的权能，使所有权人有权在集体土地上设立用益物权和担保物权（郑振源和蔡继明，2019）。杨振和韩磊（2020）认为，对于构建城乡统一的建设用地市场，城乡二元土地所有制并不是问题所在，必须而且完全可以在坚守城乡二元土地所有制架构下进行，制度安排的核心在于优化土地增值收益分配制度，利用市场化交易让土地利益关联方形成相对合理的分配格局是解决矛盾的关键所在。姚树荣等（2022）认为，对于推进土地要素市场化配置改革，转变政府职能至关重要，政府要当好土地市场发育的赋能师，担起土地市场失灵的补台责任，守好土地市场风险的安全阀。

（三）城乡资本市场

长期以来，中国基于二元经济结构形成了二元资本结构，农村资本通过各种渠道不合理地流向城市，在市场机制推动下，资本趋利性使资本外流进一步加剧，在农村形成了巨大的资本缺口，致使城乡经济发展失衡（许晓东等，2004）。何德旭（1998）分析了新中国成立后城乡资本流动的情况，反思了中国城乡资本倾斜流动的问题，并对城乡资本市场协调发展提出了对策建议。周月书、王悦雯（2015a）分析了1981—2012年中国城乡资本流动情况，发现改革开放30多年来，中国城乡资本配置效率一直处于较低水平，资本在城乡之间的流动呈现明显的阶段性特征。2003年以前，城乡资本流动呈现恶化的态势，大量资本从农村流向城市；2003年以后，情况有所改善，农村资本外流的情况得到缓解，但农业和农村自身的弱质性使得市场机制在城乡资本流动中作用有限。2003年以后，城乡资本边际生产率差异缩小，给农村资本回流带来了显著的正效应，中国进入"以工补农、以城带乡"的新阶段（周月书和王悦雯，2015b）。贾晋和高远卓（2019）测算了1981—2016年中国城乡资本边际收益率，发现城乡资本配置效率呈现"高—低—高"的变动特征。他们认为，扭转城市优先发展的有偏政策，推动乡村振兴和新型城镇化协同发展战略，是缩小城乡资本配置效率差距的根本举措，加大科技创新投入以及提高技术效率和配置效率是城乡经济继续保持中高速增长的关键。王向阳等（2022）通过实证分析认为，城乡资本边际回报率的差距是导致农村资金通过市场渠道长期向城市流动的关键因素。周振等（2015）的研究表明，改革开放35年来，中国仍然处于从农村抽取资金的发展阶段，且随着2008年农村金融制度开始推行市场化改革，金融机构成为抽离农村资金的主力军。中国城乡金融呈现明显的非均衡性或"二元结构"，表现为城乡金融制度、金融结构、金融服务、金融资源配置等多个方面的差异（韩正清，2009；王永龙，2009；冯林等，2013）。这些不均衡是导致城乡收入差距拉大的重要因素（杨德勇和初晓宁，2009），而城镇化和市场化因素对缩短城乡金融收敛过程具有积极作用（江源和谢家智，2015）。

四、城乡基本公共服务研究

改革开放后，中国农村基本公共服务经历了政府财政明显缺位（1978—2002年）、公共财政逐步覆盖（2003—2013年）和走向城乡一体化（2014年至今）三个阶段的变迁。2014年以来，随着城乡基本养老保险制度并轨，城乡基本公共服务一体化进程启动，城乡基本公共服务均等化的政策体系开始构建，但实现城乡基本公共服务均等化仍然任重道远（林万龙，2018）。学界针对不同类型的基本公共服务分别开展了大量研究。

（一）城乡养老制度

在20世纪80年代初期，中国农村以集体经济制度为基础的社区养老制度解体，导致绝大部分农民失去了养老保障，农民转而主要依赖于家庭养老。自2009年起，中国开展新型农村社会养老保险试点，并逐渐向全国农村区域覆盖。2014年，国务院发布《关于建立统一的城乡居民基本养老保险制度的意见》，决定将新型农村社会养老保险和城镇居民社会养老保险两项制度合并实施，在全国范围内建立统一的城乡居民基本养老保险。以2014年为分界线，学界围绕城乡养老主题的研究体现出明显的时代特征。

2014年前，学界重在讨论城乡养老制度的巨大差异以及如何实现统筹改革。杨翠迎（2004）认为，中国城乡社会保障制度在保障模式、管理体制及保障水平等方面存在巨大差异，其结构严重失衡，功能严重扭曲，对经济社会的全面发展具有严重的负面影响。曹信邦（2006）将中国城乡养老保险制度一体化的阻碍性因素归纳为体制性因素、经济性因素、人口性因素、公民权体系缺乏、农民利益表达权缺位以及技术性因素六个方面，提出实现城乡养老社会保险制度一体化必须加快构建农村养老社会保险体系，加大政府财政转移支付的力度。刘军伟（2011）分析了中国城镇职工养老保险制度与农村居民养老保险制度在制度目标与理念、筹资模式、个人账户管理、养老保障水平与基金投资运营模式等宏微观方面表现出的制度性差异，主张通过"统筹发展"方式来全面推进中国城乡养老保险制度一体化建设。

2014年后，学者开始探讨城乡居民基本养老保险制度改革的影响和问题。相关研究发现，城乡居民基本养老保险一体化改革增强了整个社会养老保险体系调节收入差距的能力（周延和谭凯，2021），显著提升了居民的主观福利水平（谢贞发和杨思雨，2022），增大了农村家庭配置风险资产、金融资产、生产资产等的概率和配置规模（刘琛璨等，2022）。但中国城乡居民基本养老保险仍面临统筹层次低、保障水平低、激励机制不健全、中青年群体参保积极性不高、基金保值增值困难等问题（邓大松和仙蜜花，2015），在基金筹集、基金运营管理、制度待遇和制度间衔接四个重要的运行环节面临诸多风险与挑战（张开云等，2021）。城乡间养老保障水平的差距依旧较大（杨园争，2019），存在显著的城乡落差（朱勤，2020），这种差距对老年人的城乡收入差距产生了重要影响，能够解释城乡老年人平均收入差距的96.7%（黄宗晔和赵晶晶，2022）。城乡养老待遇水平差距和养老保险缴费不公仍然制约着养老保险的再分配作用（杨穗和赵小漫，2022）。此外，这种差距还会对人力资本投资产生抑制效应，进而制约经济增长（陈曦等，2018）。

（二）城乡医疗制度

改革开放前，中国城市居民大都享受由国家或单位付费的公费医疗、劳保医疗等医疗保障，农村居民则通过参加公社或村一级的合作医疗获得低水平的保障；改革开放后，城市开始推行基于个人账户和社会统筹的新的医疗保障制度，而大部分农村地区的合作医疗逐渐解体，并在较长一段时期内没有建立合适的医疗保障制度，许多农民采取自费医疗的形式，城乡医疗保障差别巨大（胡琳琳和胡鞍钢，2003）。从1998年开始，中国分别建立了城镇职工基本医疗保险（1998年）、新型农村合作医疗（2003年试点）和城镇居民医保（2007年试点）等不同类型的医疗保险（封进等，2022）。城乡医疗保险制度呈现嵌入二元经济社会结构的制度特征，存在户籍标准、就业标准、行业部门标准等，在制度定位上出现城乡二元和人群分立的局面（仇雨临等，2011）。城乡分治的医疗保险制度在推进过程中存在法律保障欠缺、卫生资源分配不均、制度衔接困难、统筹层次低等问题（夏迎秋等，2010）。2016年，国务院颁布《关于整合城乡居民基本医疗保险制度的意见》，由中央统一推动居民医保整合。在此之前，一些地市已自发进行城乡居民医保制度的整合（封进等，2022）。在中央统一推动城乡居民医保整合前，有研究发现中国城乡医疗差距中有88.1%是不合理的，仅有11.9%的差距可以认为是合理的，并且越是在大额的医疗支出上，城乡分割现象越严重（马超等，2012）。在随后几年，尽管城乡医疗差距有所缩小，但城乡医疗在物力、人力资源配置方面的差距没有明显改善，特别是在人力资源配置方面的差距甚至呈扩大趋势（杨林和李思赟，2016；于芳等，2016）。此外，还存在着城乡居民医疗服务利用不平等，农村居民遭受全面的制度性歧视并处于不利地位等问题（熊跃根和黄静，2016）。而2016年后，马超等（2017）研究发现实施城乡医保统筹的地区相比于未实施地区而言，农村居民在医疗服务利用和健康水平上的机会不平等得到了显著缓解。医保一体化较之新农合和城镇居民医疗保险来说，降低了整个受益群体的医疗负担（刘莉和林海波，2018）。封进等（2022）通过实证分析认为，城乡医保整合提高了农村居民医疗服务利用水平，表现为农民患者的住院概率和住院费用显著提高，同时医疗保险具有明显的消费平滑作用，住院报销比例每提高10个百分点，会使得农村家庭因患病而被挤出的人均消费减少3.2%。李勇辉等（2022）的实证分析结果显示，城乡医保统筹有效降低了农民工过度劳动发生率，缩减了农民工超时劳动时间，且务工地城乡医保统筹对农民工过度劳动的缓解作用显著大于户籍地城乡医保统筹的作用。汪连杰和刘昌平（2022）的实证研究发现，城乡居民医保整合有利于提升农村老年人生理及心理健康水平，缓解健康不平等问题，尤其是对于提升中低龄、男性及有配偶农村老年人的生理健康水平，缓解女性、独居农村老年人抑郁情绪，缩小性别、婚姻维度的健康不平等有突出作用。

（三）城乡教育政策

城乡教育差距带有决定中国基本社会结构的特殊重要性，它既是以前城乡关系的结果，是现有城乡关系的一个重要环节，也是影响未来城乡关系走向的一个重要因素（张玉林，2003）。大量研究讨论了城乡教育机会不平等问题。20世纪90年代，已有学者对中国城乡教育机会不平等问题做了初步分析（李瑞平，1994）。进入21世纪以后，对城乡教育差距和教育机会不平等的研究日益丰富（张玉林，2002；焦建国，2005；李春玲，2010）。李春玲（2014）系统考察了1940—2010年各教育阶段城乡教育机会不平等的变化趋势，发现小学教育的城乡机会不平等在下降，初中教育的城乡机会不平等没有变化，而高中及其他高级中等教育的城乡机会不平等持续上升，学前阶段的城乡机会不平等略有上升。吴愈晓（2013）则重点讨论了1978—2008年中国城乡居民教育机会不平等的变化趋势，发现初中升学机会的城乡不平等没有变化，高中和大学升学机会的城乡不平等有扩大的趋势，同时教育获得的阶层差异自1978年以来没有发生明显变化，父母受教育年限对子女教育获得的作用持续上升。城乡教育发展失衡和长期以来公共政策的"城市偏好"有关，公共教育资源在城乡之间没有得到公平分配，大量优质的教育资源为城市所有（鲍传友，2005）。城乡教育产生严重差别的深层次原因则是中国长期存在的城乡分割对立的二元经济结构和社会体制，城乡二元经济结构及二元教育结构已内化成城乡人口不同的教育意识与教育观念，这种意识与观念的不同又会反作用于城乡教育差别的存在（张乐天，2004）。吕炜等（2015）通过实证分析发现城乡教育不平等将会扩大城乡收入差距，城乡收入差距扩大也会促使城乡教育不平等程度进一步加大，因此应该通过实施农村偏向的教育投入政策，增加对农村初中教育的支持力度来打破城乡教育不平等和城乡收入差距"恶性循环"的怪圈。教育政策是保证教育机会公平的重要机制，林锦鸿（2021）的研究证明免费义务教育政策缩小了城乡教育差距。

五、简要评价

文章合为时而著。中国学界对城乡关系问题的研究镌刻着鲜明的时代烙印，既充分反映了中国城乡发展的时代变迁，也充分体现了随着时代的发展，学者为创新研究思路和创新学术观点所做出的巨大努力。总体来看，学界对中国城乡之间特殊的二元关系的形成、发展和影响已有深刻认知，对破除中国城乡二元体制、构建新型城乡关系提出了诸多有价值的观点和对策。当前，中国仍处在城镇化工业化进程中，如何协调好继续推进城镇化、全面推进乡村振兴和实现城乡融合发展三者之间的关系是有待探讨的重大战略问题。与此同时，学界通过对几个重点问题的研究，更清晰地揭示了中国为实现城乡融合发展要重视什么、从哪里突破、如何突破。首先是对城乡收入差距问题的讨论。已有文献识别了造成城乡收入差距的众多因素，分析了城乡收入差距对中国发展的影响。未来，进一步识别数据等新经济因素对城乡收入差距的真实作用还需要更多探索。其次是对城乡要素市场的讨论。已有文献分析了中国城乡劳动力市场、土地市场和资本市场二元分割的状况、成因和影响。未来，如何在制度上破除城乡要素市场的二元结构既是改革的重点，也应是研究的重点。最后是对城乡基本公共服务的讨论。已有文献主要对城乡间养老、医疗和教育三类公共服务的差别进行了细致的分析。未来，在乡村人口继续流入城市的趋势下，如何实现城乡基本公共服务均等化是研究的难点。可以认为，城乡二元体制改革是事关中国城乡融合发展推进速度和质量的核心问题，应作为未来城乡关系研究的重中之重。

参考文献：

安虎森、颜银根、朴银哲，2011：《城市高房价和户籍制度：促进或抑制城乡收入差距扩大？——中国劳动力流动和收入差距扩大悖论的一个解释》，《世界经济文汇》第4期，第 41—54 页。

白永秀、王颂吉，2013：《城乡发展一体化的实质及其实现路径》，《复旦学报（社会科学版）》第 4 期，第 149—156+171 页。

鲍传友，2005：《中国城乡义务教育差距的政策审视》，《北京师范大学学报（社会科学版）》第 3 期，第 16—24 页。

北京大学"社会分化"课题组，1991：《从城乡分化的新格局看中国社会的结构性变迁》，《社会学研究》第 2 期，第 2—14 页。

蔡昉，2003：《城乡收入差距与制度变革的临界点》，《中国社会科学》第 5 期，第 16—25+205 页。

蔡昉，2010：《户籍制度改革与城乡社会福利制度统筹》，《经济学动态》第 12 期，第 4—10 页。

蔡昉、都阳、王美艳，2001：《户籍制度与劳动力市场保护》，《经济研究》第 12 期，第 41—49+91 页。

蔡继明、李蒙蒙，2021：《当代中国土地制度变迁的历史与逻辑》，《经济学动态》第 12 期，第 40—51 页。

曹信邦，2006：《城乡养老社会保险制度一体化障碍性因素分析》，《理论探讨》第 5 期，第 103—105 页。

曹裕、陈晓红、马跃如，2010：《城市化、城乡收入差距与经济增长——基于我国省级面板数据的实证研究》，《统计研究》第 3 期，第 29—36 页。

钞小静、沈坤荣，2014：《城乡收入差距、劳动力质量与中国经济增长》，《经济研究》第 6 期，第 30—43 页。

陈斌开、林毅夫，2010：《重工业优先发展战略、城市化和城乡工资差距》，《南开经济研究》第 1 期，第 3—18 页。

陈斌开、林毅夫，2013：《发展战略、城市化与中国城乡收入差距》，《中国社会科学》第 4 期，第 81—102+206 页。

陈斌开、张鹏飞、杨汝岱，2010：《政府教育投入、人力资本投资与中国城乡收入差距》，《管理世界》第 1 期，第 36—43 页。

陈坤秋、龙花楼，2019：《中国土地市场对城乡融合发展的影响》，《自然资源学报》第 2 期，第 221—235 页。

陈曦、边恕、范璐璐、韩之彬，2018：《城乡社会保障差距、人力资本投资与经济增长》，《人口与经济》第 4 期，第 77—85 页。

程名望、张家平，2019：《互联网普及与城乡收入差距：理论与实证》，《中国农村经济》第 2 期，第 19—41 页。

程永宏，2006：《二元经济中城乡混合基尼系数的计算与分解》，《经济研究》第 1 期，第 109—120 页。

邓大松、仙蜜花，2015：《新的城乡居民基本养老保险制度实施面临的问题及对策》，《经济纵横》第 9 期，第 8—12 页。

丁宝山，1993：《论我国工业化过程中的城乡经济关系》，《经济理论与经济管理》第

2 期，第 36—41 页。

都阳、蔡昉、屈小博、程杰，2014：《延续中国奇迹：从户籍制度改革中收获红利》，《经济研究》第 8 期，第 4—13+78 页。

段景辉、陈建宝，2010：《基于家庭收入分布的地区基尼系数的测算及其城乡分解》，《世界经济》第 1 期，第 100—122 页。

樊轶侠、徐昊、马丽君，2022：《数字经济影响城乡居民收入差距的特征与机制》，《中国软科学》第 6 期，第 181—192 页。

范剑平、向书坚，1999：《我国城乡人口二元社会结构对居民消费率的影响》，《管理世界》第 5 期，第 35—38+63 页。

方明、叶克林，1986：《改革与新型城乡关系模式的建立》，《社会学研究》第 1 期，第 22—32 页。

封进、陈昕欣、胡博，2022：《效率与公平统一的医疗保险水平——来自城乡居民医疗保险制度整合的证据》，《经济研究》第 6 期，第 154—172 页。

冯林、王家传、蔡超，2013：《金融资源配置差异视角的城乡二元解释》，《农业经济问题》第 1 期，第 34—38+110—111 页。

付光辉、刘友兆、吴冠岑，2008：《论城乡统筹发展背景下城乡统一土地市场构建》，《中国土地科学》第 2 期，第 36—41 页。

郭君平、曲颂、刘合光，2022：《中国城乡关系的演进脉络、结构性失衡及重构方略》，《改革》第 9 期，第 83—93 页。

郭庆旺、吕冰洋，2012：《论要素收入分配对居民收入分配的影响》，《中国社会科学》第 12 期，第 46—62+207 页。

国家统计局农调总队课题组，1994：《城乡居民收入差距研究》，《经济研究》第 12 期，第 34—45 页。

国务院发展研究中心农村部课题组，2014：《从城乡二元到城乡一体——我国城乡二元体制的突出矛盾与未来走向》，《管理世界》第 9 期，第 1—12 页。

韩俊，2009：《中国城乡关系演变 60 年：回顾与展望》，《改革》第 11 期，第 5—14 页。

韩俊，2018：《破除城乡二元结构 走城乡融合发展道路》，《理论视野》第 11 期，第 5—8 页。

韩正清，2009：《中国城乡金融二元结构强度分析》，《农村经济》第 5 期，第 62—65 页。

何德旭，1998：《中国城乡资本流动及资本市场研究（上）》，《浙江金融》第 6 期，第 15—18 页。

何德旭，1998：《中国城乡资本流动及资本市场研究（中）》，《浙江金融》第 7 期，第 17—20 页。

何德旭，1998：《中国城乡资本流动及资本市场研究（下）》，《浙江金融》第 8 期，第 18—21 页。

贺晓东，1988：《城乡分配格局与城乡经济关系》，《中国农村经济》第 3 期，第 1—12 页。

洪兴建、李金昌，2007：《两极分化测度方法述评与中国居民收入两极分化》，《经济研究》第 11 期，第 139—153 页。

胡必亮、马昂主，1993：《城乡联系理论与中国的城乡联系》，《经济学家》第4期，第98—109+128页。

胡琳琳、胡鞍钢，2003：《从不公平到更加公平的卫生发展：中国城乡疾病模式差距分析与建议》，《管理世界》第1期，第78—87页。

胡日东、钱明辉、郑永冰，2014：《中国城乡收入差距对城乡居民消费结构的影响——基于LA/AIDS拓展模型的实证分析》，《财经研究》第5期，第75—87页。

黄宗晔、赵晶晶，2022：《如何享有平等的晚年？——养老金与老年人的城乡收入差距》，《人口与经济》第2期，第74—86页。

贾晋、高远卓，2019：《改革开放40年城乡资本配置效率的演进》，《华南农业大学学报（社会科学版）》第1期，第24—32页。

江源、谢家智，2015：《城乡金融非均衡发展的门槛效应分析——基于二元经济转型的城乡金融互动视角》，《中央财经大学学报》第6期，第37—45页。

蒋永穆、胡筠怡，2022：《从分离到融合：中国共产党百年正确处理城乡关系的重大成就与历史经验》，《政治经济学评论》第2期，第13—28页。

焦建国，2005：《农村教育与二元经济社会结构——城乡教育比较与我国教育当前急需解决的问题》，《学习与探索》第3期，第171—178页。

雷根强、蔡翔，2012：《初次分配扭曲、财政支出城市偏向与城乡收入差距——来自中国省级面板数据的经验证据》，《数量经济技术经济研究》第3期，第76—89页。

李成友、孙涛、王硕，2021：《人口结构红利、财政支出偏向与中国城乡收入差距》，《经济学动态》第1期，第105—124页。

李春玲，2010：《高等教育扩张与教育机会不平等——高校扩招的平等化效应考查》，《社会学研究》第3期，第82—113+244页。

李春玲，2014：《教育不平等的年代变化趋势（1940—2010）——对城乡教育机会不平等的再考察》，《社会学研究》第2期，第65—89+243页。

李江一、李涵，2016：《城乡收入差距与居民消费结构：基于相对收入理论的视角》，《数量经济技术经济研究》第8期，第97—112页。

李萍、刘灿，1999：《论中国劳动力市场的体制性分割》，《经济学家》第6期，第18—22页。

李瑞平，1994：《浅论城乡教育机会不均等》，《兰州教育学院学报》第1期，第52—55+42页。

李善峰，1989：《当代中国城乡关系的实证研究》，《社会学研究》第3期，第31—38页。

李实、罗楚亮，2007：《中国城乡居民收入差距的重新估计》，《北京大学学报（哲学社会科学版）》第2期，第111—120页。

李晓钟、李俊雨，2022：《数字经济发展对城乡收入差距的影响研究》，《农业技术经济》第2期，第77—93页。

李迎生，2001：《探索中国社会保障体系的城乡整合之路》，《浙江学刊》第5期，第71—76页。

李勇辉、刘南南、陈华帅、沈波澜，2022：《城乡医保统筹缓解农民工过度劳动了吗？》，

《中国农村经济》第 7 期，第 124—144 页。

李芝倩，2007：《劳动力市场分割下的中国农村劳动力流动模型》，《南开经济研究》第 1 期，第 93—106 页。

厉以宁，2008：《论城乡二元体制改革》，《北京大学学报（哲学社会科学版）》第 2 期，第 5—11 页。

厉以宁，2009：《走向城乡一体化：建国 60 年城乡体制的变革》，《北京大学学报（哲学社会科学版）》第 6 期，第 5—19 页。

林光彬，2004：《等级制度、市场经济与城乡收入差距扩大》，《管理世界》第 4 期，第 30—40+50 页。

林锦鸿，2021：《免费义务教育政策与城乡教育差距》，《中国农村观察》第 3 期，第 128—144 页。

林万龙，2018：《从城乡分割到城乡一体：中国农村基本公共服务政策变迁 40 年》，《中国农业大学学报（社会科学版）》第 6 期，第 24—33 页。

刘琛璨、刘奥龙、周子赟，2022：《城乡养老保险一体化是否会影响农村家庭资产配置》，《金融经济学研究》第 3 期，第 100—116 页。

刘纯彬，1988：《走出二元——根本改变我国不合理城乡关系的唯一途径》，《农业经济问题》第 4 期，第 22—26 页。

刘厚莲，2013：《人口城镇化、城乡收入差距与居民消费需求——基于省际面板数据的实证分析》，《人口与经济》第 6 期，第 63—70 页。

刘军伟，2011：《二元经济理论视角下的城乡养老保险统筹发展路径研究》，《经济问题探索》第 5 期，第 130—133 页。

刘俊杰，2020：《我国城乡关系演变的历史脉络：从分割走向融合》，《华中农业大学学报（社会科学版）》第 1 期，第 84—92+166 页。

刘莉、林海波，2018：《医保一体化降低了健康状况不佳城乡居民的医疗负担吗？——基于分位数倍差法的分析》，《财经论丛》第 8 期，第 22—31 页。

刘明辉、卢飞，2019：《城乡要素错配与城乡融合发展——基于中国省级面板数据的实证研究》，《农业技术经济》第 2 期，第 33—46 页。

刘奇、王飞，2003：《论统筹城乡经济社会发展》，《中国农村经济》第 9 期，第 4—11 页。

刘守英，2014：《中国城乡二元土地制度的特征、问题与改革》，《国际经济评论》第 3 期，第 9—25+4 页。

刘守英、龙婷玉，2022：《城乡融合理论：阶段、特征与启示》，《经济学动态》第 3 期，第 21—34 页。

刘守英、王一鸽，2018：《从乡土中国到城乡中国——中国转型的乡村变迁视角》，《管理世界》第 10 期，第 128—146+232 页。

刘守英、熊雪锋，2018：《二元土地制度与双轨城市化》，《城市规划学刊》第 1 期，第 31—40 页。

刘应杰，1996：《中国城乡关系演变的历史分析》，《当代中国史研究》第 2 期，第 1—10 页。

陆铭、陈钊，2004：《城市化、城市倾向的经济政策与城乡收入差距》，《经济研究》

第 6 期，第 50—58 页。

陆学艺、杨桂宏，2013：《破除城乡二元结构体制是解决"三农"问题的根本途径》，《中国农业大学学报（社会科学版）》第 3 期，第 5—11 页。

陆益龙，2001：《户籍制度改革与城乡关系的协调发展》，《学海》第 6 期，第 57—61+207 页。

罗楚亮，2006：《城乡居民收入差距的动态演变：1988~2002 年》，《财经研究》第 9 期，第 103—112 页。

罗楚亮、李实、岳希明，2021：《中国居民收入差距变动分析（2013—2018）》，《中国社会科学》第 1 期，第 33—54+204—205 页。

骆永民、樊丽明，2019：《宏观税负约束下的间接税比重与城乡收入差距》，《经济研究》第 11 期，第 37—53 页。

吕炜、杨沫、王岩，2015：《城乡收入差距、城乡教育不平等与政府教育投入》，《经济社会体制比较》第 3 期，第 20—33 页。

马超、顾海、李佳佳，2012：《我国医疗保健的城乡分割问题研究——来自反事实分析的证据》，《经济学家》第 12 期，第 57—66 页。

马超、顾海、孙徐辉，2017：《医保统筹模式对城乡居民医疗服务利用和健康实质公平的影响——基于机会平等理论的分析》，《公共管理学报》第 2 期，第 97—109 页。

孟凡强，2014：《劳动力市场多重分割下的城乡工资差距》，《人口与经济》第 2 期，第 76—85 页。

穆怀中、吴鹏，2016：《城镇化、产业结构优化与城乡收入差距》，《经济学家》第 5 期，第 37—44 页。

年猛，2020：《中国城乡关系演变历程、融合障碍与支持政策》，《经济学家》第 8 期，第 70—79 页。

綦好东，1989：《论我国"二元经济"运行的历史现实和未来抉择》，《中国农村经济》第 7 期，第 26—32 页。

乔明睿、钱雪亚、姚先国，2009：《劳动力市场分割、户口与城乡就业差异》，《中国人口科学》第 1 期，第 32—41+111 页。

仇雨临、翟绍果、郝佳，2011：《城乡医疗保障的统筹发展研究：理论、实证与对策》，《中国软科学》第 4 期，第 75—87 页。

沈坤荣、张璟，2007：《中国农村公共支出及其绩效分析——基于农民收入增长和城乡收入差距的经验研究》，《管理世界》第 1 期，第 30—40+171—172 页。

宋隆福，1987：《新型城乡关系发展趋势初探》，《经济地理》第 4 期，第 258—262 页。

宋晓丽、刘民培，2015：《城乡土地权益的对比与实现》，《中国国土资源经济》第 11 期，第 27—30+35 页。

宋晓玲，2017：《数字普惠金融缩小城乡收入差距的实证检验》，《财经科学》第 6 期，第 14—25 页。

孙宁华、堵溢、洪永淼，2009：《劳动力市场扭曲、效率差异与城乡收入差距》，《管理世界》第 9 期，第 44—52+187 页。

田鸣，1991：《中国户籍制度下的城乡关系》，《农业经济问题》第3期，第37—41页。

涂圣伟，2020：《城乡融合发展的战略导向与实现路径》，《宏观经济研究》第4期，第103—116页。

万广华、江葳蕤、赵梦雪，2022：《城镇化的共同富裕效应》，《中国农村经济》第4期，第2—22页。

万海远、李实，2013：《户籍歧视对城乡收入差距的影响》，《经济研究》第9期，第43—55页。

汪连杰、刘昌平，2022：《城乡居民医保整合、农村老年人健康及其健康不平等研究》，《社会保障研究》第3期，第46—62页。

王德文、何宇鹏，2005：《城乡差距的本质、多面性与政策含义》，《中国农村观察》第3期，第25—37+80页。

王洪亮、徐翔，2006：《收入不平等孰甚：地区间抑或城乡间》，《管理世界》第11期，第41—50页。

王克强、赵露、刘红梅，2010：《城乡一体化的土地市场运行特征及利益保障制度》，《中国土地科学》第12期，第52—57页。

王美艳，2005：《城市劳动力市场上的就业机会与工资差异——外来劳动力就业与报酬研究》，《中国社会科学》第5期，第36—46+205页。

王少平、欧阳志刚，2007：《我国城乡收入差距的度量及其对经济增长的效应》，《经济研究》第10期，第44—55页。

王少平、欧阳志刚，2008：《中国城乡收入差距对实际经济增长的阈值效应》，《中国社会科学》第2期，第54—66+205页。

王颂吉、白永秀，2013：《城乡要素错配与中国二元经济结构转化滞后：理论与实证研究》，《中国工业经济》第7期，第31—43页。

王向阳、申学锋、康玺，2022：《构建城乡要素双向流动机制的实证分析与创新路径——基于以资本要素为核心的视角》，《财政科学》第3期，第34—48页。

王修华、赵亚雄，2022：《数字金融发展与城乡家庭金融可得性差异》，《中国农村经济》第1期，第44—60页。

王永龙，2009：《城乡金融的非均衡性及其后续效应》，《改革》第10期，第94—98页。

魏后凯，2016：《新常态下中国城乡一体化格局及推进战略》，《中国农村经济》第1期，第2—16页。

吴德进，2022：《劳动力统一大市场构建的理论逻辑与实践路径》，《南京大学学报（哲学·人文科学·社会科学）》第5期，第85—100+166页。

吴丰华、韩文龙，2018：《改革开放四十年的城乡关系：历史脉络、阶段特征和未来展望》，《学术月刊》第4期，第58—68页。

吴愈晓，2013：《中国城乡居民的教育机会不平等及其演变（1978—2008）》，《中国社会科学》第3期，第4—21+203页。

武力，2008：《论改革开放以来中国城乡关系的两次转变》，《教学与研究》第10期，第12—18页。

夏金梅、孔祥利，2021：《1921—2021年：我国农业劳动力城乡流动的嬗变、导向与双向互动》，《经济问题》第6期，第9—15页。

夏迎秋、景鑫亮、段沁江，2010：《我国城乡居民基本医疗保险制度衔接的现状、问题与建议》，《中国卫生政策研究》第1期，第43—48页。

谢贞发、杨思雨，2022：《城乡居民基本养老保险一体化改革对居民主观福利的影响——基于CHARLS数据的实证分析》，《中国人口科学》第6期，第85—96+127—128页。

谢志强、姜典航，2011：《城乡关系演变：历史轨迹及其基本特点》，《中共中央党校学报》第4期，第68—73页。

熊跃根、黄静，2016：《我国城乡医疗服务利用的不平等研究——一项于CHARLS数据的实证分析》，《人口学刊》第6期，第62—76页。

徐善长，2004：《土地市场的二元结构与政府职能转变》，《经济研究参考》第68期，第29—35页。

许彩玲、李建建，2019：《城乡融合发展的科学内涵与实现路径——基于马克思主义城乡关系理论的思考》，《经济学家》第1期，第96—103页。

许经勇，2016：《我国城乡二元土地制度的负面效应与改革路径研究》，《东南学术》第1期，第110—119+248页。

许晓东、谢元态、吕莉萍，2004：《二元经济结构下我国新型农村资本支持体系研究》，《金融论坛》第8期，第3—8+62页。

许秀川、王钊，2008：《城市化、工业化与城乡收入差距互动关系的实证研究》，《农业经济问题》第12期，第65—71+111—112页。

杨翠迎，2004：《中国社会保障制度的城乡差异及统筹改革思路》，《浙江大学学报（人文社会科学版）》第3期，第13—21页。

杨德勇、初晓宁，2009：《我国城乡金融发展不平衡与城乡收入差距拉大的实证研究》，《经济与管理研究》第11期，第17—23页。

杨宏炳，2005：《缩小城乡收入差距的关键在于消除城乡分割的劳动力市场》，《社会主义研究》第6期，第83—85页。

杨林、李思赟，2016：《城乡医疗资源非均衡配置的影响因素与改进》，《经济学动态》第9期，第57—68页。

杨森平、唐芬芬、吴栩，2015：《我国城乡收入差距与城镇化率的倒U关系研究》，《管理评论》第11期，第3—10页。

杨穗、赵小漫，2022：《走向共同富裕：中国社会保障再分配的实践、成效与启示》，《管理世界》第11期，第43—56页。

杨伟明、粟麟、王明伟，2020：《数字普惠金融与城乡居民收入——基于经济增长与创业行为的中介效应分析》，《上海财经大学学报》第4期，第83—94页。

杨怡、陶文清、王亚飞，2022：《数字普惠金融对城乡居民收入差距的影响》，《改革》第5期，第64—78页。

杨园争，2019：《病有所医，老有所养——中国农村医疗和养老保障制度七十年改革回溯与展望》，《社会发展研究》第1期，第185—203+245—246页。

杨振、韩磊，2020：《城乡统一建设用地市场构建：制度困境与变革策略》，《学习与实践》第 7 期，第 27—34 页。

姚树荣、陈锴民、崔耀文，2022：《土地要素市场化配置与畅通国民经济循环》，《政治经济学评论》第 6 期，第 35—53 页。

易炼红，1992：《我国城乡利益关系格局及其调整》，《贵州社会科学》第 6 期，第 1—4 页。

于芳、于贞杰、梁峥嵘，2016：《基于集中指数和泰尔指数的我国基本公共卫生服务资源配置均等化分析》，《中国卫生统计》第 3 期，第 463—465 页。

余向华、陈雪娟，2012：《中国劳动力市场的户籍分割效应及其变迁——工资差异与机会差异双重视角下的实证研究》，《经济研究》第 12 期，第 97—110 页。

张海鹏，2019：《中国城乡关系演变 70 年：从分割到融合》，《中国农村经济》第 3 期，第 2—18 页。

张合林、郝寿义，2007：《城乡统一土地市场制度创新及政策建议》，《中国软科学》第 2 期，第 28—40 页。

张开云、徐强、马颖颖，2021：《城乡居民基本养老保险制度：运行风险与消解路径》，《贵州社会科学》第 2 期，第 61—69 页。

张克俊、杜婵，2019：《从城乡统筹、城乡一体化到城乡融合发展：继承与升华》，《农村经济》第 11 期，第 19—26 页。

张乐天，2004：《城乡教育差别的制度归因与缩小差别的政策建议》，《南京师大学报（社会科学版）》第 3 期，第 71—75 页。

张雨林，1989：《我国城乡关系的历史考察（上）》，《中国农村经济》第 9 期，第 3—10 页。

张雨林，1990：《城乡协调发展与城镇体系的整体优化》，《社会学研究》第 3 期，第 29—37 页。

张玉林，2002：《中国城乡教育差距》，《战略与管理》第 6 期，第 55—63 页。

张玉林，2003：《分级办学制度下的教育资源分配与城乡教育差距——关于教育机会均等问题的政治经济学探讨》，《中国农村观察》第 1 期，第 10—22+80 页。

赵人伟、李实，1997：《中国居民收入差距的扩大及其原因》，《经济研究》第 9 期，第 19—28 页。

赵燕，2022：《要素配置促进共同富裕？——基于土地城镇化与城乡收入差距视角》，《云南财经大学学报》第 11 期，第 22—41 页。

郑国、叶裕民，2009：《中国城乡关系的阶段性与统筹发展模式研究》，《中国人民大学学报》第 6 期，第 87—92 页。

郑万吉、叶阿忠，2015：《城乡收入差距、产业结构升级与经济增长——基于半参数空间面板 VAR 模型的研究》，《经济学家》第 10 期，第 61—67 页。

郑振源、蔡继明，2019：《城乡融合发展的制度保障：集体土地与国有土地同权》，《中国农村经济》第 11 期，第 2—15 页。

周佳宁、段锴丰、杜焱强、邹伟，2022：《土地要素配置如何促城乡多维融合？——有效市场和有为政府》，《中国土地科学》第 3 期，第 32—40+50 页。

周立、陈彦羽，2022：《数字普惠金融与城乡居民收支差距：理论机制、经验证据及政策选择》,《世界经济研究》第 5 期,第 117—134+137 页。

周利、冯大威、易行健,2020:《数字普惠金融与城乡收入差距:"数字红利"还是"数字鸿沟"》,《经济学家》第 5 期,第 99—108 页。

周延、谭凯,2021:《城乡居民基本养老保险制度改革的收入再分配效应研究——基于老年群体收入差距变动视角》,《人口与发展》第 1 期,第 86—95+116 页。

周月书、王悦雯,2015a:《我国城乡资本流动研究:1981—2012——基于城乡资本边际生产率的分析》,《江淮论坛》第 1 期,第 41—47 页。

周月书、王悦雯,2015b:《二元经济结构转换与城乡资本配置效率关系实证分析》,《中国农村经济》第 3 期,第 44—55+83 页。

周振、伍振军、孔祥智,2015:《中国农村资金净流出的机理、规模与趋势:1978~2012 年》,《管理世界》第 1 期,第 63—74 页。

周正柱、周鹃,2022:《劳动力市场分割的经济效应:研究综述与展望》,《劳动经济研究》第 2 期,第 121—139 页。

朱玲,1991:《中国经济改革中城乡居民收入差距的变化》,《社会科学辑刊》第 1 期,第 50—57 页。

朱勤,2020:《实现城乡基本养老保障均等化的改革路径——兼议农民退休制度》,《人民论坛》第 25 期,第 80—84 页。

邹红、喻开志,2011:《劳动收入份额、城乡收入差距与中国居民消费》,《经济理论与经济管理》第 3 期,第 45—55 页。

学术成果

· 论文 ·

【完整执行"农林牧副渔并举"方针加快农业现代化步伐】

詹武 《经济研究》1979年第2期，第30-36页。

该文主要强调了农林牧副渔并举的方针对于实现中国农业现代化的重要性。文章分析了一些发达国家现代化农业的发展趋势，指出农林牧三者紧密结合、农业的工业化及食物消费结构的优化成为这些国家农业发展的显著特点和趋势。文章指出，在中国人多地少、耕地不足的情况下，农林牧副渔并举、把农林牧放在同等地位，对于加快农业现代化具有特别的重要性。实行农林牧副渔并举充分利用了耕地以外的林牧副渔多方资源，能够多方面满足中国各族人民物质和文化需要，为农业牧业稳产高产提供可靠保障，使农业的机械化和现代化收到良好的经济效果，改善人民生活水平。文章强调，必须完整地执行农林牧副渔并举方针，克服片面性和形而上学。第一，要全面地、正确地理解"农林牧副渔并举"和"以粮为纲、全面发展、因地制宜、适当集中"的方针；第二，在制定农业规划时，必须对农林牧副渔进行全面规划；第三，在进行农业基本建设时，对基本建设的内容必须有广义和全面的理解；第四，在安排农村劳动力时，必须根据各地区的具体情况对农林牧副渔作全面统筹；第五，农业机械化必须包括农林牧副渔各行业；第六，在政策上，必须对农林牧副渔的全面发展都有妥善规定，正确处理农业（粮食）和林牧副渔业的矛盾；第七，各领导思想要跟上农业现代化的需要。

（供稿人：罗千峰）

【联系产量的生产责任制是一种好办法】

王贵宸、魏道南 《农业经济问题》1980年第1期，第43-48页。

该文探讨了农村人民公社基本核算单位实行联系产量的生产责任制，指出联系产量的生产责任制的基本特点是把责任制和产量直接联系起来，以劳动的最终成果——产量作为考核社员是否尽责的主要标志；联系产量的责任制是农业生产合作社曾经实行过的"三包一奖"制的继续和发展。该文认为，建立生产责任制是社会化大生产的客观要求；实践证明，加强生产责任制，能提高社员群众对集体经济的责任感，改善人民公社的经营管理，对促进集体生产发展和提高社员收入都有十分重要的意义。该文总结了各地实行生产责任制的两种主要做法，并指出这两种做法都是把责任制同劳动者个人的劳动报酬联系起来，其中，对产量负责的做法更适合农业生产的特点，可以促使社员关心生产的全过程，可以更好地贯彻按劳分配原则，可以更紧密地将集体利益与社员个人利益结合起来，也可以进一步提高集体经济的经营管理水平。所以，该做法有更大的优越性。作者就人们对产量责任制在认识上的分歧与误解展开辨析，认为产量责任制是改善人民公社生产队经营管理的一项比较好的具体办法，有利于集体经济的巩固和发展。为加强集体经济的经营管理，要充分尊重各地生产队的自主权；对有意愿采用产量责任制办法的生产队应当积极支持，并加强领导；在实行产量责任制时，要采取经济办法妥善解决相关问题，同时加强政治思想教育，加强定额管理工作。该文荣获第一届孙冶方经济科学奖（1984年度）。

（供稿人：赵黎）

【实现四化与生态经济学】

许涤新 《经济研究》1980年第11期，第14-18页。

该文认为，生态经济学是将生态学和经济学密切结合的科学，是从经济学的角度来研究生态学，是在生产建设的实践中来研究它的作用及其与经济学之间的关系。社会主义生产和社会主义建设，离不开环境系统。不从区域自然条件、生态特性的实际出发，将会严重破坏生态平衡。文章还指出，从长远的眼光来看，森林不仅成为农业的天然屏障，而且成为畜牧业的天然屏障。农林牧之间的相互关系是生态系统的重要问题。同时，对工业而言，如果排放到环境系统中的废物超过一定限量，将会导致生态系统结构破坏、功能失调，甚至破坏生态体系的平衡。生态平衡的规律同经济领域中的一些规律，是息息相关的。实践证明，生态平衡规律如果遭到破坏，许多经济规律也会受到影响。生态经济学不仅要注重经济效果，还要从生态系统与环境系统的相互关系上处理问题。在生态平衡与经济平衡之间，生态平衡是主导。生态经济学还是一门年轻的科学，需要理论界、实践界的通力合作，也需要生物学、生态学以及经济科学之间的通力协作，把科学建立起来，积极开展研究工作，为四个现代化建设做出贡献。改革开放之初，该文主张加强生态经济学科建设，发挥其对经济建设的指导作用，体现了作者的高瞻远瞩。

（供稿人：于法稳）

【生态农业】

叶谦吉 《农业经济问题》1982年第11期，第3-10页。

农业生态系统是经过人们加工改造而形成的人为生态系统，必须不断探索和研究其中还没有被人们所掌握的内在规律，并按照这些生态规律，因地制宜建立和稳定持久地保持最佳平衡状态的高效农业生态系统，这是中国农业发展中的一个重要战略问题。必须善于遵循自然规律和经济规律，立足今日，放眼未来，力求促进和维护良性循环，为当代人以及子孙后代创造一个理想的、经常保持最佳平衡状态的生态系统，即生态农业。该文认为，生态农业必须维护和提高其整个系统的生态平衡，这种平衡状态按照"平衡→不平衡→新的平衡→新的不平衡"的规律不断发展，循环往复。该文还提出，最佳平衡、相对稳定平衡、不稳定平衡、平衡破坏是农业生态系统的四种平衡状态。该文将生态农业的基本内容概述为生物生长过程、劳动生产过程、经济管理过程、综合治理和综合发展过程，以及人类生产活动和经济活动的统一过程。在建立生态农业系统中，该文提出应处理好短期与长期、微观与宏观、政府与群众、山区与平原、上中游与下游之间的关系，采取从"生态农业户""生态农业村"入手，最后建立"生态农业省""生态农业流域"。在1982年改革开放之初，该文率先提出了生态农业的战略思路，具有较强的战略性和前瞻性。

（供稿人：于法稳）

【论国民经济结构变革——新成长阶段农村发展的宏观环境】

中国农村发展问题研究组（周其仁、杜鹰、邱继成执笔）《经济研究》1986年第5期，第10-24页。

为了认识农村发展所面临新选择的环境、条件、应当实行的政策及其可能的后果，该文对经济结构的重大变化做了一个连贯的分析，重点刻画了在新成长阶段的结构变革中中国经济资源配置的最显著趋势，即农业在国民经济中份额的下降。总体来看，中国的农业份额下降趋势正在从异常形态转向正常形态，这正是大规模释放中国经济结构生产力的标志。文章指出了偏差协调是中国经济结构变革的可能方向。具体而言，中国面临的经济结构变革，绝不是简单地要将原有的某一结构偏差孤立地加以矫正，最重大的选择也并不是"轻型化"还是"重型化"，"高积累"还是"适度积累"等这样单层次的问题。真正的困难在于，怎样从积累、消费、投资、生产、就业、分配、贸易等各个结构侧面已经存在的超常偏差出发，面对向中等发达水平的过渡，建立起能使这些偏差具有最必要协调关联的新的经济流程。通过比较研究，文章得出了相应的启示，即协调中国经济结构偏差的根本出路，要从改变经济流程的特征中去寻找。为了尽快稳定全局，保证改革深入的必要社会条件，用行政手段遏制一切快变量，使之同慢变过程相适应，也是可行的控制方案。结构变革中产生的矛盾更适于用结构性对策来把握。慢变量的存在恰恰指示着深入改革的重点所在，围绕慢变量组织重点突破，以达到经济发展和经济改革的最大一致，不仅有利于转折期的经济稳定，而且有利于最终完成向新经济流程的转变，对中国的长远发展必将产生积极的效应。该文荣获第二届孙冶方经济科学奖论文奖（1986年度）。

（供稿人：罗千峰）

【关于贫困地区的概念、原因及开发途径】

费孝通 《农业现代化研究》1986年第6期，第1—4页。

该文在探讨贫困地区的概念及贫困诱因的基础上，阐释了如何因地制宜地构建减贫路径。其基本观点在于贫富是比较出来的，中国各地区农村发展不平衡，有8%—10%的地区经济发展水平较差，从而形成了八千万到一亿人的贫困规模。大部分贫困地区之所以贫困，是因为欠缺经济发展能力，生产力水平过低导致生产出来的东西不够吃用。文章认为在当时所划定的十四个贫困地区中，贫困情形和性质不一样，需要具体问题具体分析，依据不同的致贫原因采取不同的、有针对性的措施去治理。为使贫困地区发展起来，总的原则是要提高贫困地区人民的生活水平、生产力水平及人均收入水平。但无论是通过依靠发展集体企业还是发展家庭工业来减贫，都需要有一整套规划，据实际情况来研究发展战略，不能盲目、无计划地就去做。同时，应充分借鉴农村已经出现的各类减贫致富的路径、方法，将这些信息充分传播，让各地在学习交流的基础上按照当地实际条件去构建适宜的发展路径，以实现减贫目标。该文基于翔实的农村调研资料，通过案例分析方法，探讨了不同地区贫困的深层诱因，在此基础上谈如何减贫，层层深入，分析入理，其所提出的帮助不发达地区发展起来不能靠增加补贴和救济，不要"输血"而要"造血"的观点指出了扶贫之关键所在，体现了对贫困本质的深刻认识。

（供稿人：白描）

【重新认识农民问题——十年来中国农民的变化】

陆学艺 《社会学研究》1989年第6期，第1—14页。

农村改革10年来，农村发生了历史性的变化，中国农民也发生了深刻变化。第一，农民的经济地位及其同土地的关系变了，农民变为独立的商品生产者。第二，农民的职业结构变了，从农民只从事农业产业转变为部分农民从事工业、商业、运输、服务等非农产业。第三，农民阶层分化开始出现，逐渐形成农业劳动者、农民工、雇工、农民知识分子、个体劳动者和个体工商户、私营企业主、乡镇企业管理者以及农村管理者等八个阶层；其中，农村管理者可以划分为脱产干部、半脱产干部、享受常年固定补贴的干部以及村里享受误工补贴的干部等四类，他们是党和国家与农民之间的中介。第四，农民收入增加了，农民的生活普遍得到改善。但由于农户之间存在劳动力多少、强弱、文化素质、经营能力和社会关系等方面的不同，农民之间收入差距拉大，部分农民已经先富起来，仍有一小部分农民尚未解决温饱问题。第五，农民的文化素质提高了，农民的价值观念有了很大变化，表现在商品经济观念逐渐树立、重土轻迁传统观念日益淡薄以及对土地的观念开始变化等方面。第六，农民的政治观念和政治态度正在发生变化。重新认识农民问题，正确引导农民，使中国农民这支伟大的力量充分发挥其主力军作用，是一项重大的历史任务。这场涉及8亿多农村人口的社会变革，对中国"四化"建设具有重要意义，也具有伟大的世界意义。研究这场变革的来龙去脉和发展规律，总结变革中不断出现的新情况、新问题、新经验，是社会科学工作者义不容辞的责任。该文是作者长期深入农村，特别是从农村改革以来，对"三农"领域的变化进行实地调研、观察、思考并进行系统性研究的结果。该文将当时8亿多农民划分成8个阶层的总结，开启了中国当代社会阶层研究的序幕，对认识中国社会结构变迁和研究中国社会转型具有开拓性的贡献。

（供稿人：赵黎）

【论我国经济的三元结构】

李克强《中国社会科学》1991年第3期，第65-82页。

世界上众多国家的经济发展历程表明，现代化的实质就是实现由传统农业社会向现代工业社会的演化，由农业国家变成工业国家。因此，一个国家在走向现代化的进程中，首先必须实行工业化。但是，在不同的国家，推进工业化可以有不同的道路；一个国家在不同的历史条件下也会表现出选择的差异。从20世纪80年代开始，10年间中国农村工业化的不断兴起与发展，使中国走上了独特的工业化道路，国民经济呈现出崭新的局面。分析与研究其演化的历史进程和趋向、生成的特定条件、发展中的特殊课题以及可能选择的对策，无疑具有十分重要的意义。文章认为，中国传统经济中二元结构的特点，决定了中国不能走从传统农业社会直接转变为现代工业社会的发展道路，而是必须经历一个农业部门、农村工业部门与城市工业部门并存的三元结构时期。这种三元结构已在中国形成。由二元结构转变为三元结构，并不意味着距离国民经济结构一元化的道路更漫长了，而是加快了结构转换的进程。作者分析了三元结构在中国形成的客观条件、意义及其相互关系，分析了推动三元结构向一元结构转换的条件，并且提出了相应的对策。总而言之，中国农村工业化的发展及其所导致的三元结构的生成与发展，已成为中国国民经济成长过程中必须经历的一个历史性阶段，是经济结构转换中的必然选择。只要准确把握其发展趋向，不断解决结构转换中的各种矛盾，那么，传统落后经济向现代经济的成功转变，就会最终在中国实现。

（供稿人：檀学文）

【贫困地区经济与环境的协调发展】

厉以宁 《中国社会科学》1991年第4期，第199-210页。

该文从资金的来源、投入方向、利用效率三个方面探讨了不同经济运行机制下贫困地区的开发问题以及经济发展与环境协调问题，认为传统经济运行机制难以形成贫困地区的内部投入和再投入机制，且难以通过调整资金存量来改变资金结构不合理现状，即靠"输血"不能形成贫困地区的内部积累机制从而启动经济发展轮子。贫困地区的经济发展快慢、居民收入提高幅度以及资源环境的破坏程度，虽然同一定时期的经济政策密切相关，但更为重要的不是经济政策问题，而是经济运行机制问题。政策要想发挥作用，必须对经济运行机制产生影响。与贫困地区经济发展有关的环境和生态平衡问题取决于经济运行机制，要发展贫困地区的经济，首要问题在于不让贫困地区成为"漏斗"。为此，需要把"漏斗"型的地区经济改变为"蓄水塘"型的地区经济，把传统经济运行机制转换为新的经济运行机制，尽早建立贫困地区的内部积累机制，以加速贫困地区经济协调发展。该文核心观点在于传统经济运行机制在解决贫困地区的经济发展与环境协调方面具有局限性，唯有转换经济运行机制，在贫困地区形成内部积累机制，不断有资金投入和再投入，优化资金投入方向和结构，提高资金使用效率，才能实现贫困地区经济发展与环境保护相协调。文章从理论出发，逐层深入，对于明确经济运行机制在协调贫困地区经济发展和环境保护关系上的作用具有重要意义。

（供稿人：白描）

【Rural Reforms and Agricultural Growth in China】

林毅夫 *The American Economic Review* 1992年第1期，第34-51页。

在1978年改革之前，中国的农业增长是缓慢的。改革之后，所有主要农业部门的增长率都加快到比前一时期的长期平均水平高出数倍的水平。探究1978—1984年农业快速增长的源泉，对中国农村改革的未来发展具有重要意义。该文认为，价格改革（提高主要农作物的采购价格）、体制改革（家庭联产承包责任制）以及市场和规划改革是1979年以来农村改革的主要内容。为了识别出1978—1984年农业产出增长中有多少归因于改革的各个组成部分，以及1984年以来农业增长放缓的因素，该文使用1970年至1987年中国28个省份的省级面板数据，将制度、价格、种植模式、种植强度和技术变化的单独代理变量纳入生产函数，以评估农业制度变化、价格调整、市场改革和技术变革的影响。研究发现，1978—1984年农业总产出增长率的45.79%来自投入的增加，投入增长的最重要来源是化肥施用量的增加；同时，家庭联产承包责任制改革贡献了48.69%的产出增长。有证据表明，劳动力从种植部门迅速外流和化肥使用增长率的急剧下降是造成1984年以后农业产出增长放缓的主要原因。此外，国家采购价格相对于投入价格的急剧下降可能是化肥使用量增长率下降和劳动力外流的决定性因素。这项研究有效解释了家庭联产承包责任制改革对于农业产出的影响，具有较高的学术影响力。

（供稿人：檀学文）

【中国扶贫理论和政策研究评述】

朱玲 《管理世界》1992年第4期，第190-197页。

该文分别从贫困的原因和贫困人口分

布，扶贫战略和政策，以及扶贫机构、项目组织和项目评价三个方面对国内贫困理论和政策研究进行了评述，认为人民公社解体后中国的贫困特征主要表现为地区性贫困，其根源在于贫困人口普遍集中在自然环境和资源条件不利的区域，且同一区域因资源（主要是土地）在农户之间平均分配，贫困的程度十分相似。中国的农村经济改革对扶贫战略和政策研究产生了重大影响，形成了效率导向的扶贫战略、通过地区性经济增长缓解贫困的战略、调整人与资源关系的发展战略，以及建设基本农田以解决山区人口缺粮问题的战略，而这些无不体现了制度创新的意义。关于对扶贫项目的评价，目前研究并非针对具体项目的社会成本及效益进行严格评估，而是基于政策角度，采取个案研究或典型抽样调查方法以考察不同扶贫项目的社会经济效益。中国贫困理论和政策研究尚待解决的问题主要包括需要澄清"发展"概念、建立扶贫项目监测系统、构建瞄准机制以及探讨如何调整制度以提高效率四个方面。该文认为，中国的反贫困理论研究基于扶贫实践不断发展，能够反映出体制转换时期的政策变革，从而可为当今世界反贫困研究提供有益的新经验。这篇文章基于扶贫政策各要件，结合中国农村经济改革和扶贫实践，对扶贫理论和政策研究的发展脉络、背景原因、特征及理论和实践意义进行了全方位评述，研究视角新颖，论据充实，对于全面把握中国扶贫理论和政策的演变路径具有重要意义。

（供稿人：檀学文）

【中国的三元经济结构与农业剩余劳动力转移】

陈吉元、胡必亮　《经济研究》1994年第4期，第14-22页。

20世纪50年代初期，刘易斯首先系统地建立了二元经济理论模型，用来分析发展中国家的经济发展问题。二元经济模型对创立发展经济学和制定发展中国家的有关经济政策产生过重要影响。但从中国的具体情况来看，用刘易斯二元经济模型来分析农业部门剩余劳动力向城市部门转移，存在着与一些发展中国家相同的局限性，而且还存在许多与中国特殊的、历史性的制度选择相关的体制障碍。因此，在借鉴刘易斯二元经济理论模型的同时，必须从中国的现实国情出发，探索和建立适合中国基本国情的理论模型，为制定相关的对策提供更好的理论依据。文章首先通过对中国三元经济结构与农业剩余劳动力转移的理论与现实分析，发现在中国特有的制度环境中，城镇对农村劳动力的吸收能量不大，而以农村工业为主体的农村非农产业却对吸收农业剩余劳动力具有决定性的作用。农村工业的蓬勃发展已使中国经济结构出现了世界范围内所特有"三元经济"格局，只有从根本上把握这种"三元经济"特征，才能真正清楚地认识中国农村工业的发展与农业剩余劳动力转移的互动机制和实现由"三元经济"向现代经济转化之路。本文研究启示：第一，充分认识中国经济结构的特殊性，扬弃有关"二元经济"体系的思想及由它引出的政策含义。把农村发展及农业剩余劳动力转移的基点主要放在农村工业发展上，并以此带动整个国民经济的发展。第二，对于农村经济体系来说，目前及今后的政策要点应该主要放在以下几个方面。首先，有效地约束乡镇企业经营的社会目标的扩展，在不断提高经济效益的前提下，乡镇企业应扩大经营规模；其次，注意采用适用技术，大力发展劳动密集型非农产业，更多地吸收农业剩余劳动力；再次，坚决控制农村人口的过快增长；最后，加强农村工业的资本积累，有效地筹集发展资金。第三，对于城市经济系统而言，其发展的政策要点应主要包括如下几点。首先，当好农村经济发展的协调"人"，利用其强有力的经济力量，根据农村发展需要而调节各经济要素的供求关系；其次，加强对基础设施的投资和建设工作，为城乡综合发展创造良好的物质条件；最后，大力推进产业结构的高度化过程，以占有国际市场为目标而组织高精尖产业开发与产品生产。该文荣获第六届孙冶方经济科学奖（1994年度）。

（供稿人：檀学文）

【农村、小城镇、区域发展——我的社区研究历程的再回顾】

费孝通 《北京大学学报（哲学社会科学版）》1995年第2期，第4-14+127页。

该文是费孝通先生85岁后对自身社区研究历程的回顾性论述。费孝通先生自述一生的学术工作：在20世纪30年代以农村调查为开始；到80年代初扩大到小城镇研究，且在地域范围上也从家乡的村扩大到所在的县，再扩大到苏南地区、苏北地区；在小城镇研究过程中，区域发展或经济区域的概念在观察现实经济生活中开始发芽苗长，但在当时尚未明确形成有意识的概念，而在研究的地域范围跨出江苏省界之后，越发丰富的见闻和思索使费孝通先生注意到了经济发展具有地理上的区域基础，继而进一步开始了对区域发展的研究探索。关于经济区域的研究是费孝通先生在实地调查和思考中提出的一个新课题，也是费孝通先生的农村调查、小城镇研究的延伸。上述这个过程，费孝通先生将它统称为一生社区研究的历程。费孝通先生怀抱"志在富民"的崇高理想，从农村调查、小城镇研究到区域经济发展的探索中，总结了社区研究的历程。费孝通先生对社区研究历程的回顾，以其初心如磐、行而不辍、履践致远的学术精神启迪和激励着一代又一代的农村发展研究者。

（供稿人：檀学文）

【中国农村改革：国家和所有权关系的变化（上、下）——一个经济制度变迁史的回顾】

周其仁 《管理世界》1995年第3期，第178-189+219-220页；第4期，第147-155页。

中国的改革正在广泛地改变资源利用的产权形式和效率。这场变革的背景是原有社会主义国家对社会经济活动控制模式的失效和日益松弛。该文讨论这场大变革的发源——农村改革的经验。20世纪80年代的中国农村改革，一方面是国家对集中控制农村社会经济活动的弱化；另一方面是农村社区和农民个人所有权的成长和发展。经过十年分权化的渐进改革，国家与农村社会的关系已经发生本质性的变化。该文通过对农村改革经验的回顾，把国家引入农民所有制建立、执行和改变的说明，作者认为，国家保护有效率的产权制度是长期经济增长的关键。但是，国家通常不可能自动提供这种保护，除非农户、各类新兴产权代理人以及农村社区精英广泛参与新产权制度的形成，并分步通过沟通和讨价还价与国家之间达成互利的交易。中国的经验表明，有效的财产权利可以在社会与国家的交易中形成。该文共分五个部分。第一部分讨论国家与产权关系的理论，第二部分概述改革前农村产权制度的特征和由来，第三部分研究在人民公社体制内包含的变革因素，第四部分分析80年代农村产权改革的经验。在第五部分评论中，作者认为，中国改革面临的问题是在国家职能曾经被过滥利用的历史条件下如何重建产权秩序，特别是转型期的产权秩序；中国农村改革所创造的朴素经验是，改革同时兼顾新产权合约及其执行和保障系统之间的互相配合，改变了国家与社会的关系，提供了保护和执行产权合约的环境。该文篇幅较长，分两期发表，自发表后引起了学术界广泛关注。

（供稿人：赵黎）

【对中国扶贫战略的简评】

吴国宝《中国农村经济》1996年第8期，第26-30页。

该文基于新的分析框架，从横向和纵向两个维度对中国1986年以来实施的扶贫战略进行了简要评述，认为每个国家或地区所面临的具体情况或条件存在很大差异，因此不可能存在唯一合理的扶贫模式。从对多种扶贫战略实施绩效的比较来看，理想的扶贫战略需满足以下四个基本条件：一是不遗漏，即要求扶贫战略能够覆盖所有符合贫困标准的穷人；二是可以快速启动扶贫机制，即不让穷人长时间遭受饥寒之苦；三是投入的扶贫资源能够实现最高的扶贫效率，即不存在制度上的浪费；四是不会形成受益穷人对扶贫资源的依赖，即不会挫伤穷人自主脱贫的积极性。由此，该文建议从以下四个方面改进中国扶贫战略：一是逐步实现从以区域开发扶贫为主的战略向直接瞄准贫困人口的扶贫战略转变；二是形成包括就地开发扶贫、帮助贫困劳动力迁移以及与配套的农村社会保障体系相结合的三轨式扶贫战略；三是在政府提供帮助、动员扶贫资源和监督扶贫资源使用效益的条件下，基于加快银行管理体制转换和促进其他非政府中介机构成长两个重要前提，尽快将扶贫转向主要依靠市场运行的轨道上来；四是对边际地土地贫困地区的开发和整治，应与扶贫分别处理，或者列入扶贫"特区"，由政府提供专门的资源、采取特殊政策来解决。文章核心观点在于，中国将帮扶穷人和实现贫困地区经济发展相结合的扶贫战略在实施过程中较多地依靠地方政府参与，由此客观上将扶贫置于传统计划经济体制下运行，从而导致诸多弊端，而且区域开发扶贫战略不仅将非贫困地区的穷人排除在外，也不可避免地使贫困地区的非穷人受益。文章基于全新视角客观地分析了中国扶贫战略的方式特点及背景原因，并在此基础上提出改进建议，论证逻辑严谨，其提出的扶贫战略应从以区域开发扶贫为主向直接瞄准贫困人口转变的观点对于完善中国扶贫战略具有重要意义。

（供稿人：檀学文）

【农业产业一体化经营的理论框架】

牛若峰《中国农村经济》1997年第5期，第4-8页。

该文对农业产业一体化经营问题开展了一系列探讨。该文指出，农业产业一体化是"农工商、产供销一体化经营"的简称，并界定了农业产业一体化的基本内涵和"三看"的衡量标准。在经济体制转轨和经济增长转型同时并进时期，中国农业面临着国家投入能力不能适应农业发展需求、分散的小农户经营规模不经济、农业产业被分割且农业效益较低等问题。因此，农业产业一体化是诱致性制度变迁和市场农业发展的产物，也是增强市场农业发展内在动力的根本途径。农业产业一体化是市场农业发展的基本经营方式，农业产业一体化经营系统是多元参与者主体的利益共同体，具有"风险共担、利润均沾"的特点。建立经济利益共同体，必须有组织保证，要有基本制度，以及健全的利益分配机制和运转机制。发展农业产业一体化经营存在多种发展类型和不同的组织模式，需要因地制宜，各种模式共同发展。农业产业一体化是现代农业的重要内容和战略方向，政府应当给予积极支持和产业引导，注意发展统筹和部门协调；应遵循因地制宜、稳定实施、循序渐进、逐步提高的方针；制定促进农业产业一体化发展的法律法规，改革农业产供销分离的管理体制，加速全国统一市场形成，创造良好的宏观环境。

（供稿人：檀学文）

【生态经济思想与可持续发展】

石山 《生态农业研究》1997年第2期，第1-6页。

该文阐释了生态经济思想的兴起和伟大意义，指出了中国在人与自然界的关系上所面临的严峻形势，并总结了中国创造的摆脱困境的办法。文章指出，生态经济思想的特点是把生态学与经济学结合起来，并认为生态学是新的扩大的经济学的基础。生态时代的本质特征是建立在生态良性循环基础上的生态与经济的协调发展。文章强调，当前要加强工作，使生态经济思想成为中国经济思想和经济建设的主流。然而，中国在人与自然界关系方面仍面临着北方沙漠化、西部草原退化、西南地区石漠化、海水入侵与近海污染及渔业资源枯竭、酸雨和工业"三废"污染等困境，因此大力宣传生态经济思想不仅十分必要，而且非常紧迫。文章认为，生态经济学绝不是传统经济学的一个分支，而是新时代全新的经济思想，必将改造或替代传统经济学，二者无法调和。最后，文章总结了20世纪80年代由中国科技人员、基层干部和群众创造的摆脱困境的三个新事物，即生态农业县建设活动、小流域综合开发和治理活动以及生态城市建设活动。这三个新事物都是生态经济思想在不同条件下的具体化，进一步证明了生态经济思想的正确性和普遍适应性。

（供稿人：于法稳）

【中国自下而上城镇化的制度分析】

辜胜阻、李正友 《中国社会科学》1998年第2期，第60-70页。

该文结合中国宏观经济体制演变背景，对比分析自上而下和自下而上两种城镇化发展模式，阐明在自下而上城镇化发展过程中存在的问题，并从制度创新、培育要素市场、合理布局和可持续发展等方面提出了促进中国自下而上城镇化健康发展的对策。文章指出，中国自下而上城镇化发展过程中存在着六方面的问题：一是乡村工业乡土化制约农村经济持续发展；二是农业兼业化使农业规模经营受阻；三是游离状态的离农人口可能造成资源浪费和种种不稳定状况；四是分散发展的小城镇缺乏规划；五是城镇产业层次低、结构不合理；六是农村城镇生态环境趋于恶化，影响到整个社会经济的可持续发展。文章强调，要进行经济与社会制度创新，尤其是农村土地流转制度创新，优化制度环境，发放永久性土地使用权证，实行"一地一证"制，助力土地的出让、出租、转包、入股、抵押等流转活动；改革现行户籍管理制度，使城乡劳动力平等就业；培育城镇生产要素市场，优化配置生产要素；完善收入分配机制和激励机制，吸引城市国有、集体企业中的科技人员、管理人员、熟练工人到乡镇企业的工作岗位上去；保护城镇生态环境，合理利用城镇资源，实施城镇经济的可持续发展战略。

（供稿人：杨园争）

【关于农村集体经济与合作经济的若干理论与政策问题】

韩俊 《中国农村经济》1998年第12期，第11-19页。

该文提出，发展合作经济与集体经济存在若干理论与政策问题。在理论上，对合作经济的认识存在两个"误区"：一是把合作经济与集体经济简单地等同起来，二是将发展合作经济主要归结为发展社区合作经济。一方面，合作经济与集体经济是内部构造具有实质区别的两个范畴。合作经济的本质是交易的联合，它承认私人产权；而传统集体经济的本质特征是财产的合并，它否认私人产权。实践证明，传统的集体经济制度在经济上没有合理性。中国合作化运动的最大失误在于混淆了合作经济与集体经济的本质区别，用集体化代替合作化，从根本上违背了马克思主义经典作家的合作制学说。另一方面，社区合作经济是对人民公社制度瓦解后形成的"集体统一经营与农户分散经营相结合的双层经营体制"的另一称谓，其实质是传统集体经济体制在农村改革后出现的一种新形式。用国际上通行的合作经济的基本原则来衡量，这种经济组织并不是真正的合作经济组织。在市场经济条件下，社区集体经济组织拥有很大的发展空间，它与发展合作经济并行不悖。该文提出，要解决农民一家一户分散经营进入市场难、保护自身利益难的问题，应大力发展在实践中被称为"专业合作组织"的农村新型合作经济组织。虽然各类型专业合作组织在推进农业产业化经营、提高农民组织化程度等方面发挥了一定作用，但真正代表农民利益的专业合作组织的影响力还有限，其普遍存在规模不大、发展速度不快、管理制度不健全、改组和解体过于频繁、稳定性较差等问题。从政府发展合作经济的思路看，一方面，虽然政策文件提到要重视农村各类专业合作经济组织的发展，但政策着力点仍是放在加强社区集体经济建设上。虽然社区集体经济组织在生产服务、管理协调等方面发挥了重要作用，但许多地区集体经济组织有名无实。另一方面，政府政策的另一个着力点是试图努力恢复供销社和信用社的合作经济属性。虽然它们是中国发展农村合作经济的重要组织资源，但将其作为农村新型合作经济发育的母体很难行得通。该文提出，合作经济发展的宏观政策环境和法律环境存在着严重阻碍合作经济发展的因素。应通过示范引导，让农民看到新型合作经济的好处，消除农民的"恐合症"，在理论上彻底走出对合作经济的认识"误区"，破除阻碍合作经济发展的政策壁垒，加快农村市场化改革进程。

（供稿人：赵黎）

【关于改造小农的若干理论问题】

王贵宸《中国农村观察》1999年第1期，第16—22页。

该文从探讨马克思、恩格斯对小农及小农生产方式的分析入手，对改造小农的若干理论问题进行了深入研究，提出小规模的家庭经营不等于小农生产方式。随着生产力水平的提高和社会化大生产的出现，小农生产方式不存在了，但小规模的家庭经营会因为符合农业的特点而长期存在下去，在农业中搞一个所谓的"工场手工业阶段"的论点是站不住脚的。此外，马克思、恩格斯等经典作家认为，改造小农要坚持自愿原则，任何时候都不能剥夺农民，改造小农生产方式的组织形式要从实际出发，探索可能的形式，主要通过合作社的组织形式。由农民自愿组织的合作社理所当然是一种股份合作制，即承认农民家庭经营基础上的合作。作者认为，中国农村经济改革是按照市场经济的要求进行的，经济组织形式的发展则是按照股份合作制的要求前进的。在这个过程中，既要解决农民被剥夺的历史遗留问题，也要解决农民在合作社中的主人地位问题；彻底的改革是农民真正当家作主，并得到应有的经济权益。该文指出，股份合作制改革的总体方向是正确的，但改革还存在问题，主要是股份并没有落实到户，而将股份落实到户不等于拆散集体的财产。集体向全民过渡是一个很长的历史过程，股份合作制的发展方向有待于未来的实践检验。

（供稿人：赵黎）

【Leaving the Countryside: Rural-to-Urban Migration Decisions in China】

赵耀辉 *The American Economic Review* 1999 年第 2 期，第 281-286 页。

自 20 世纪 80 年代中期以来，中国农村劳动力向城市地区的迁移创造了世界历史上最大规模的劳动力流动。然而，受制于土地制度安排，尽管农民具有迁移的动机和能力，但依然有许多人并没有选择迁移。文章在考虑到上述背景的基础上，建立了一个简单的农村家庭内部劳动力分配模型，试图解释为什么中国农村家庭没有充分参与劳动力流动。作者以 1994—1995 年四川省家庭调查数据为样本进行实证分析，首先详细探究了个人、家庭、社区特征对劳动力迁移的影响，其次根据永久收入假说分析家庭消费对移民收入的反应，进一步探讨迁移是否具有永久性。结果表明，农村家庭在比较农业和其他就业的边际回报的基础上做出劳动力分配选择，农田短缺和家庭劳动力充裕是劳动力迁移的最重要决定因素，同时，农业税对劳动力的迁移决策具有统计显著的影响。然而，迁移收入对农村家庭消费的影响很小，原因在于农民不愿无偿放弃土地，并且城市社区不愿给予流动人口永久居住的身份以及其子女平等受教育的权利，这使得农村家庭对在城市获得稳定收入缺乏预期。这一结果表明，农村劳动力仅将迁移视为暂时策略，也意味着中国的城市化进程比原本要慢得多。以往研究认为，农民不进行迁移是因为缺少能力或信息，该文对农民不选择迁移这一现象做出了不同的分析解释，并深入探讨了已有迁移的持续性，深化了对中国劳动力流动行为的研究和阐释。

（供稿人：杨穗）

【农业发展与贫困的缓解】

刘文璞 《中国社会科学院研究生院学报》1999 年第 5 期，第 15-25 页。

该文从农民收入、农业生产布局以及农业政策三个角度探讨了农业发展与减缓贫困的关系，提出改变农村贫困不能盲目提倡"无工不富"。一方面，财政和工业增长至少在短期内（至少三年内）无助于缓解贫困，而且盲目地发展工业可能会带来经济损失；另一方面，农业发展对于农民增收具有重要作用，不仅在于它能较快地增加农民收入，还在于这种收入能够比较均衡地在各种不同类型的农户（包括居住在自然、经济、社会条件较差地区的农户和目前经济状况不好的贫困农户）间分配，这是由中国社会主义国家性质和农村经济制度决定的。由此，不能将增加农民收入的希望完全寄托在工业发展上，可以根据实际情况鼓励地区优先考虑发展农业以实现减贫。实施一项刺激贫困地区农业发展的政策不仅对减贫具有重要意义，而且有助于改善农产品供给情况。开发贫困地区农业资源应遵循以下三个原则：一是坚持以家庭为基本生产单位；二是向区域专业化方向发展，即在地区内逐渐形成一两个最有优势的产业部门；三是建立农产品加工企业，可以在带动生产发展的同时实现增值，加速贫困地区摆脱贫困。文章认为，缓解贫困的增长类型必须把农业和粮食生产的增长放在首位而不是工业的增长，要注重提高农民的收入水平而不是财政收入水平。文章也指出这项结论可能更适合贫困地区发展的初期阶段。这个时期贫困地区民穷县也穷，工农业十分落后，因此可供给的资金极为有限。此外，工业发展缓解贫困的作用还与工业增长类型有关。文章核心观点在于农业的持续发展对于缓解贫困具有特殊且重要的作用，未来贫困地区所面临的挑战并不是（至少首先不是）工业极端落后以及欠缺发展条件，而是农业发展落后，由此不能适应工业化所带来的产业结构调整对贫困地区所提出的新要求。该文视角独特，在多数研究强调努力发展工业以实现减贫的情况下，强调不能忽视农业减贫的重要作用。这对于当时处于发展初期阶段、工业基础差的贫困地区而言，无疑是指明了一条正确的减贫路径。

（供稿人：白描）

【从农村居民资金借贷行为看农村金融抑制与金融深化】

何广文 《中国农村经济》1999年第10期，第42-48页。

该文基于浙江、江苏、河北、河南、陕西5个省21个县365个家庭的问卷调查资料，通过对数据进行描述性统计，依次分析了农村居民借贷出现扭曲的行为特征和农村居民资金借贷行为扭曲的根本原因。该文发现，中国农村居民借贷行为严重扭曲，农村借贷依赖非金融渠道，借贷资金多用于非生产目的，融入融出资金利率较高，按期还款比例较低。扭曲的原因在于中国农村经济存在金融抑制，具有农村金融市场开发程度不够、农村居民能够参与交易的金融商品有限、农村储蓄资源的利用率低、农村信用合作社不能满足农村居民资金需求等特点。解决借贷扭曲需要完善农村金融组织体系，推进金融深化，可从完善农村金融服务的组织体系和利率市场化两个方面努力，适当放宽对农村金融业和农村金融市场的限制，放松农村金融市场准入标准，在可能的范围内允许和扶持其他形式的金融组织的发展，减少金融抑制。

（供稿人：田雅群）

【价格双轨制与供给反应：理论与来自中国农业的经验证据】

林毅夫 《再论制度、技术与中国农业发展》第四章，北京大学出版社2000年版。

该文以构建的两期模型为基础，结合了湖南省1976—1986年的水稻生产数据，通过理论分析与实证检验的双重手段，深入探讨了价格双轨制下农户对价格变动的反应机制。研究发现，计划价格的变动对生产具有显著影响，并且这种影响与市场价格的变动方向是一致的。此外，收购价格的存在实际上降低了农户对市场价格变动的敏感性，这表明在价格双轨制下，农户的决策行为受到了多种价格信号的共同影响。这一发现不仅为理解价格双轨制下农户的行为提供了新的视角，同时也对农业政策制定具有重要的启示意义。传统上，国家往往通过控制播种面积来保证粮食供给，但研究结果表明，这种做法可能并不高效。在计划控制下，农户虽然不能直接根据价格信号调整播种面积，但他们可以通过调整其他生产要素的投入来应对价格变动。这种调整虽然能在一定程度上规避计划控制的限制，但也可能导致资源配置的效率损失。因此，研究建议，国家应当更多地依赖于价格激励而非直接控制播种面积来保障农业供给。通过合理设定计划价格和市场价格，可以更有效地引导农户调整生产行为，提高农业生产的整体效率。论文的创新之处在于，突破了传统经济学理论中关于价格与生产关系的限制，提出了在价格双轨制下计划价格变动同样会影响生产的观点，并通过实证数据进行了验证。这一研究不仅深化了人们对价格双轨制的理解，也为其他国家解决在经济转型过程中面临的类似问题提供了有益的参考。在学术领域，该论文为价格理论和农业经济学提供了新的研究方向和实证支持，推动了这两个领域的交叉研究。它不仅为理解农户在价格双轨制下的行为提供了新视角，也为政策制定者提供了重要的决策依据。该文荣获第九届孙冶方经济科学奖论文奖（2000年度）。

（供稿人：翟天昶）

【土地制度变迁与土地承包权物权化】

王小映《中国农村经济》2000年第1期，第46-52页。

文章运用制度变迁理论和法学的物权债权理论，对中国农地制度的发展方向、主要理论观点以及各种创新实践做了分析。中国农村发生的由集体经营制度向土地承包制演变的制度变迁具有诱致性特征。引致土地制度变迁的主要收益包括外部性内在化收益、降低交易费用带来的收益或市场配置收益、规模经济收益和规避风险带来的收益等。实行土地承包制，在很大程度上取得了这些潜在收益，也为进一步取得这些潜在收益创造了条件。实行土地承包制，事实上创设了农户赖以从事家庭经营的土地权利，即土地承包权，然而，土地承包权从一开始是以债权形式出现的，是一项主要由合同约定、政策规定而缺乏专门法律严格规范、界定和保护的土地权利；一些并非这一权利的对等义务如农业税费等被捆绑在土地承包合同上。值得注意的是，以债权形式出现的土地承包权发生了具有普遍意义的物权化变迁趋向，主要表现在：土地承包期限不断延长，土地调整的幅度和频率逐步减小，土地调整的难度逐渐加大，土地承包权越来越成为农户进行土地转让、出租、转包、入股等形式土地流转的产权基础。从制度变迁的收益与成本分析，中国农地制度朝向效率方向改进的最经济的路径是进一步完善土地承包制，将土地承包权物权化。

国家通过供给法律、法令确立制度的基本形态，弥补诱致性制度变迁带来的法律、法令等正式制度供给不足的缺陷。必须长期稳定已经形成的土地承包关系，将土地承包期延长30年不变，并且以后也没必要变；通过制定出台物权法和农村土地制度法律，以具有严格物权法意义的土地使用权取代土地承包权；通过改革把税费义务从土地承包合同中剥离出来。

（供稿人：郗亮亮）

【中国农地制度：一个分析框架】

姚洋《中国社会科学》2000年第2期，第54-65+206页。

该文是一篇关于中国农地制度研究的综述文章。1978—1984年的农村改革使中国的农地制度发生了深刻的变化。改革打破了过去计划经济时代单一的公社制度，代之以自发形成、从而千差万别的农地制度。该文旨在总结已有的研究成果，为进一步的研究提供一个分析的框架。文章首先回顾了中国农地制度的现状，总结了六种农地制度类型，即"大稳定、小调整"模式（多数地方采用）、两田制（山东平度县）、集中耕种模式（苏南地区）、"生不增、死不减"模式（贵州湄潭县）、土地流转模式（浙江温州）和股份制模式（广东南海）。这些农地模式是农村地区自发产生的。其次，文章讨论了农地制度与经济绩效之间的关系。经济绩效包括地权稳定性效应、资源配置效应和社会保障效应。地权稳定性效应指的是，较为稳定的地权（如"生不增、死不减"模式）可以提高农户对未来的预期，从而促使他们对土地进行长期投资。资源配置效应指的是稳定的地权带来的市场收益，具体又可以分为边际拉平效应和交易收益效应。边际拉平效应关注的是静态的资源配置效率——当各种生产要素的边际贡献在农户之间相等的时候，资源配置达到最优；交易收益效应关注的是动态的资源配置效率——稳定的地权增加投资的市场价值，从而提高农户的投资积极性。社会保障效应指的是土地的养老和失业保险功能。在以现金为基础的社会保障体系建立之前，土地具有重要的社会保障功能。社会保障不仅仅是一个分配问题，在许多情况下，它直接或间接地影响资源配置的效率。文章讨论了导致农地制度差异的因素。在回顾制度变迁理论的基础上，文章为进一步的研究指出了几个可供选择的方向。文章认为，诱导性制度变迁理论是研究中国农地制度变迁的一个较好的理论，而且可以从两个方面对这个理论进行拓展。一个是从需求着手，研究农户的偏好如何影响农地制度的走势；另一个是从政治过程着手，研究制度参与者之间的互动如何影响农地制度的形成和变化。最后，文章讨论下一步农地制度改革应该考虑的几个基本因素，着重强调尊重农民意愿的重要性。

（供稿人：马翠萍）

【政府与农村基本医疗保健保障制度选择】

朱玲 《中国社会科学》2000年第4期，第89-99+206页。

基本医疗保健服务是国民维持正常生存之必需，同时有利于保护人力资源、改善劳动力整体素质从而提高国家竞争力，因此需要政府干预以改善其可及性与可得性。文章根据作者掌握的档案文献和田野调查资料，描述分析了新中国成立以来农村基本医疗保健制度的变迁及经济体制转型期间乡村人口在获得健康服务方面遭遇的困难。文章指出，基本医疗服务广泛的可及性和政府对群体预防活动的强有力支持曾经是中国农村健康事业取得伟大成就的重要原因，而农村合作医疗在20世纪80年代的迅速衰败是自身缺失制度可持续性的结果。由于农村集体经济组织的解体、村级卫生机构的私有化、医药供给的市场化，以及监管机制不健全、政府监管部门的管理行为不规范等原因，乡村人口在医药供给并不短缺的情况下面临着看病吃药既不便宜又不方便的问题。这表明，预防医疗保健是一个不能简单听凭市场调节的领域。文章根据实际调查，将正在试验的集资医疗保障制度区分为三种，指出其或多或少都有改善基本医疗保障服务可及性和可得性的作用，但同时在操作上遇到了一些两难的问题。最后，作者指出政府对服务供给的干预和引入合作医疗制度的努力尚未取得预期的效果，亟待加强对基本医疗保健服务领域的有效治理，包括实施对政府监管部门的有效监督，重建村级公立卫生室，投资于村卫生员的教育和培训，增加对农村防疫防病、健康教育和营养及生活习惯干预项目的投资，以及实施医疗救助计划缓解因病致贫和因病返贫的现象。该文被《新华文摘》2000年第10期转载。

（供稿人：杨穗）

【中国农村信用合作社体制改革的争论】

谢平 《金融研究》2001年第1期，第1-13页。

该文基于20世纪80年代至21世纪初的农村信用合作社改革进程和21世纪初农村金融改革的重点和难点问题，从合作制、农村金融机制、农村信用社组织模式、行业管理体制、业务多目标冲突、历史包袱、破产约束失灵与道德风险、政府行为等八个方面入手，综论改革的基本思路。本文提出，产权改革是关键性的；农村金融建设必须坚持多样化，同时兼顾竞争和盈利；规模经济是农村信用社应追求的首要经营目标；要结合体制改革解决"历史包袱问题";破产无法起到约束农村信用社运作的目的,监管当局应实施"非常严格的监管"和存款保险制度来维持该行业运行和市场稳定;理顺地方政府与市场的关系,应承认在现阶段出于政策目的(而不是个人目的)的行政干预具备一定的合理性,必须设计某种制度形式使地方政府为他们的获益支付某种代价,可以考虑赋予地方政府部分监管权。该文荣获第一届"中国农村发展研究奖"论文奖(2004 年度)。

(供稿人:田雅群)

【中国农村市场化进程中的农民合作组织研究】

苑鹏 《中国社会科学》2001 年第 6 期,第 63-73+205-206 页。

该文认为,与一般营利公司相比,农民合作组织的制度安排具有较强的反市场性。门户开放原则使得合作社的经营规模处在一个不稳定的状态中;限制资本报酬、服务社员目标影响合作社的资本筹措能力,使合作社难以提供必要设施服务社员;而民主管理与经营效率往往相互碰撞、相互排斥,造成社员的权责不对称,影响企业家稀缺资源的有效供给。因此,在一个完全遵从自由竞争机制的市场环境下,合作社的制度安排处在市场机制失灵的边缘,对政府的扶持具有某种天然的倾向性。在中国,国家与农民合作组织的关系已经从农村改革前的国家对农民合作组织的全面控制发展到国家对农民合作组织的主导作用。但从整体水平看,国家与农民合作组织之间的良性互动关系还远没有建立起来,政府仍然占据绝对主导地位、拥有主动权,农民合作组织参与和影响政府活动的能力非常有限。基于个案研究,作者认为,中国农民合作组织可以分为自办、官办以及官民结合等三种基本类型,具有合作精神的企业家人才是合作组织产生的必要条件。在合作社企业家供给短缺的情况下,政府的有效介入填补了空缺,政府利用自身特有的一般企业家所无法比拟的社会动员能力、社会稀缺资源配置能力以及技术服务组织资源优势等推进合作事业发展,增加了有效供给,出现了官办民随、官民合办的农民合作组织形式。然而,一旦这类合作组织运转起来,具有企业家精神的合作社领导人仍然是合作组织实现良性运转的重要保障。官办和官民合办的农民合作组织如果长期在决策上高度依赖政府,将直接影响到合作组织发展的独立性乃至农民合作组织的性质,其结果将有可能蜕变为私人营利企业或产生新的政企不分。严格地讲,中国现存的农村合作组织往往是具有合作行为的组织,而不是真正的合作社。

(供稿人:赵黎)

【农民选举参与中的精英动员】

仝志辉 《社会学研究》2002 年第 1 期,第 1-9 页。

该文通过对农民选举参与过程中精英动员的具体研究,试图揭示,精英在动员普通村民投票时对其与普通村民的社会关联的利用和放大,是导致村民高度参与选举的重要因素,精英动员的强度和具体表现形式与村庄社会关联的强度有关。该文研究的选举参与局限于投票活动。从更完整的意义上讲,选举参与应包括参加选民登记、接受选举宣传、参加选举会议、投票、因选举争议而上访等活动。候选人和拥有选举权的村民之间必须具有共同利益。这种共同利益对有的村民是既存的,如候选人的家人、亲属、朋友。对有的村民则是不存在的,这时就需要由候选人及其助选者"建构"出这种共同利益。共同利益的形成和强化过程,是成功的选举所必需的。成功的选举还要求选民具有一定的集体意愿，这就要使选民具有一个共同的心理基础，那就是对选举效能的确信。获得多数票的候选人确实能因这多数票而当选，而不因乡镇政府的态度改变而无效。选民自己不能形成共同利益共识，并拥有稳固的投票效能感，他需要来自外界的动员力量，这时就需要精英的出场了。要形成选举中的一致行动，促成竞争性选举，在选举的任一阶段，都离不开村庄中的精英。为此，一是表达共同利益。共同利益隐藏在村庄政治社会生活的背后，很难成为全体村民的共识。竞选者和其助选者会走家串户或召集私下聚会来建构自己与普通村民间的利益联系。二是建构利益共同体。要成功地建构精英与普通村民共存的利益共同体，精英必须被村民认可为共同利益的合格代表。精英必须跨越村庄内各种熟人团体的界限，而在彼此半熟的行政村中成为村民像熟人一样了解和信赖的公众人物。三是强化投票效能感。作为动员村民投票的精英，必须要有决心、有能力说服村民坚信自己手中选票的作用。此外，沟通乡镇领导的意愿，主动邀请"国家"力量的进入，是精英选举中必不可少的作为。"精英动员"视角有助于理解农民政治参与的有关问题，有助于思考转型期乡村社会的性质，也有着丰富的政策含义。农民参与中的精英动员因素可以纠正人们对高投票率的偏爱，可以纠正人们对家族、派性作用的偏见，能有效改变普通村民的政治冷漠感，能有效加强选举的竞争性。

（供稿人：罗万纯）

【县乡财政解困与财政体制创新】

贾康、白景明　《经济研究》2002年第2期，第3-9页。

该文在重点分析引发中国基层财政困难加剧的三个财政体制性因素的基础上，提出了配套改革、调整政府体制和省以下财政体制的建议。作者认为，发生在中国的县乡财政困难，是社会结构转型中制度转型有效支持不足所积累的矛盾在基层政府理财上的反映，与政府体制、省以下财政体制现存问题和农村生产要素市场化制度建设滞后有密切关系。具体而言，县乡财政困难的财政体制性诱因主要包括以下方面：其一，财权划分模式与事权（职责）划分模式不对称，尤其是省以下政府层层向上集中资金，基本事权却有所下移，导致县、乡两级政府履行事权所需的财力与其可用财力高度不对称；其二，政府层级过多，大大降低了分税制收入划分的可行性，在五级政府架构与分税分级财政的逐渐到位之间，存在不相容性质，这一性质的日渐明朗和突出在一定程度上加剧了地方财政困难；其三，财政支出标准决策权过度集中与规则紊乱并存。调整政府体制和省以下的财政体制，一方面要减少政府层级和财政层级，通过对政府体制全局的优化设计改变过渡色彩浓厚的财政体制；另一方面，要形成合理推进地方财政体制改革的大思路，在适当简化政府层级的前提下，按照"一级政权，一级事权，一级财权，一级税基，一级预算，一级产权，一级举债权"的原则，配之以健全的自上而下的转移支付制度，来完善以分税制为基础的分级财政。此外，还要处理好深化省以下财政体制改革与相关改革的配套关系，其中核心的、实质的问题是如何按市场经济原则考虑农村区域和基层政府眼界下（辖区）生产要素流动的制度安排。

（供稿人：罗万纯）

【对中国农民中介组织的理论研究】

张晓山等　《联结农户与市场：中国农民中介组织探究》第一部分，中国社会科学出版社2002年版，第3-60页。

该文从社会主义市场经济条件下农民中

介组织的发育和完善出发，对不同类型的中国农民中介组织进行了理论与实践分析。该文指出，农民中介组织既包括农民的自助组织，也包括为农民服务的其他类型组织，主要类型有农产品销售和农用生产资料购买组织（包括供销社、专业合作社、专业协会、农民运销联合体以及各种企事业单位兴办的加工营销实体等各类经济组织）；为农民服务的金融组织（包括农村信用社、清理整顿之前的合作基金会以及各种非正规的金融组织）；以及乡村社区组织。进一步，该部分指出了传统组织资源的问题与现状，分为供销社的问题与改革、信用社的问题与改革以及村社区合作组织的问题与现状；新发育组织资源的问题与现状，包括农业产业化经营中"公司+农户"模式所凸显的问题，以及在大多数情况下公司运营并不倾向于选择合作社作为交易伙伴的现象。针对以上问题，作者提出需要通过制度创新和组织创新以促进传统的和新发育的两类组织资源的对接。此外，为探索如何改造传统组织资源以使之适应改革开放新形势，文章设计了供销社由固守原则向灵活务实转化改革的实证研究，并认为对供销社的改革是颇具希望的。该文荣获第十届孙冶方经济科学奖论文奖（2002年度）。

(供稿人：张瑞娟)

【生态经济学为可持续发展提供理论基础】

王松霈 《中国人口·资源与环境》2003年第2期，第11-16页。

中国的生态经济学适应可持续发展的需要而产生，为可持续发展建立了自己的学科理论。文章认为，可持续发展是一个重要的经济范畴，同时也是一个生态与经济相结合的范畴，应从人与自然的关系上认识可持续发展的和谐性、从人与人的关系上认识可持续发展的公平性、从目前和长远的关系上认识可持续发展的持久性。文章提出，生态经济学是由生态学和经济学相互交叉渗透形成的。它的出现适应了生态时代实现经济社会可持续发展的迫切需要，表现出与世界社会、经济和科学走向生态与经济协调发展及可持续发展共同趋势的同步：生态经济学的产生与世界30年来的环境与发展运动同步、生态经济学的产生与世界经济生态化的发展趋势同步、中国生态经济学的产生与世界生态经济学的形成及发展同步。文章提出，生态与经济协调的理论是生态经济学的核心理论，为可持续发展思想的建立提供理论基础。文章认为，生态经济学为可持续发展实践服务的作用，主要表现在三个方面：指导建立协调高效的人工生态系统、指导建立中国资源利用的新方针、指导从人与自然的关系上深化中国经济改革。由此表明，文章不仅进行了生态经济理论研究，而且围绕着如何指导可持续发展的实践提出了建设性对策。

(供稿人：于法稳)

【城乡收入差距与制度变革的临界点】

蔡昉 《中国社会科学》2003年第5期，第16-25+205页。

在许多发展中国家内部，国家与农民的关系或城乡关系都是强制性的，或者说城市偏向的，这与在发达的市场经济国家所发生的农业和农民受到保护的情况恰恰相反。由这种政策偏向导致的城乡收入差距，是发展中国家普遍存在的现象，因而也是发展经济学理论研究的一个焦点。中国存在的城乡收入差距是计划经济时期的遗产。因此，造成这种收入差距的政策和制度因素，既有与其他发展中国家相似之处，也有自身的独特之处。自20世纪70年代末中国经济改革以来，城乡收入差距经历了一个先缩小随后再度扩大并且日趋严重的过程。该文把中国的城乡收入差距纳入制度经济学的分析框架，考察其变化的几个临界点。1978年的城乡收入差距，打破了传统城乡关系政策赖以存在的制度均衡，导致农村经济改革。在改革期间，城市居民运用其特有的"投票"和"呼声"机制，影响着城乡关系政策，阻碍农村劳动力的永久转移，继续维系着城市偏向政策。然而，农民仍然可以通过"退出"机制，即"用脚投票"，最终推动城市偏向政策的改变。当城乡收入差距恢复到改革之初的水平时，制度变革的条件将成熟，并导致户籍制度及其相关政策的改革。该文认为，引起制度不均衡，进而产生一种制度被另一种制度替代可能性的原因包括：第一，制度选择集合的改变；第二，技术变化；第三，由产品和生产要素相对价格变化导致的对制度服务需求的改变；第四，其他制度安排的变化；第五，影响制度均衡的相对激励强度的变化。从20世纪80年代末开始出现农村劳动力大规模向城市迁移的现象，至今已经形成了7000万到8000万人的流动大军，引起了城乡一系列适应性的制度改革，包括户籍制度的地区性改革、城市劳动就业制度的改革和社会保障体系的改革等。因此，原有的制度选择空间被扩大了。由于农业份额下降的产业规律作用，以及中国加入世界贸易组织的要求，城乡关系的制度需求也发生了巨大的变化。随着城乡收入差距扩大到一定程度，寻求改革以户籍制度为核心的一系列维系传统城乡关系的制度安排的激励强度越来越大，显示出这种改革已经迫在眉睫。当前面临的进一步改革，将顺应农民大规模转移的要求，既是彻底解决"三农"问题的嚆矢，也是保持中国经济持续增长源泉的关键，并且将为中国的长期政治稳定提供新支点。

（供稿人：李昊）

【内生农业技术进步的二元经济增长模型——对"东亚奇迹"和中国经济的再解释】

陈宗胜、黎德福　《经济研究》2004年第11期，第16—27页。

该文从二元经济结构转换的角度，解释了所谓的"东亚悖论"问题，即无法用一元经济增长理论解释，中国和东亚经济持续高速增长但非农部门的全要素生产率提高不快这一现象，从而为理解"东亚奇迹"和中国经济增长提供了新的视角。该文从中国二元经济中农业剩余劳动力不断向非农业部门转移的典型事实出发，吸收内生增长理论的思想，修正外生农业技术进步的假设，提出了一个内生农业技术进步的二元经济增长模型。与新古典增长理论和内生增长理论等一元经济理论不同，该文认为"东亚奇迹"是传统农业劳动力不断向现代非农业部门转移的结果；是现代非农业部门以资本反哺改造传统农业部门，推动农业技术进步，促进劳动力转移的结果；也是现代非农业部门通过资本积累，吸纳农业剩余劳动力实现均衡增长的结果；还是农业与非农部门在相互依赖、相互促进过程中加速经济二元结构转换的结果。因此，虽然非农部门的全要素生产率提高得不够显著，但由于二元经济中结构转换的均衡和持续，最重要的是非农业部门的资本积累、农业部门的技术进步和劳动力大规模转移共同推动中国经济实现了持久的高速增长。另外，该文依托此模型对长期争论不休的政府与市场在经济发展中的作用也提出了明确的看法。具体而言，在经济发展的第一阶段，需要更多地强调政府的作用而不是市场的作用。如果任由市场自发调节，经济可能陷入低积累均衡陷阱，并出现逆工业化现象。此时政府应该采取措施以提高积累率，并改造传统农业，通过一个非均衡增长使经济超越第一阶段。但进入第二阶段后，由于经济自身有可能实现二元结构的持续转换，政府过多干预反而可能使之偏离均衡路径。因此应该精简已经建立起来的政府机构，改变原来习惯的经济干预方式，即主要依靠市场来实现二元经济结构转换。该文在经济发展文献上首次在现代增长理论的框架中综合了发展经济学两个似乎矛盾的经典理论：舒尔兹（1964）强调改造传统农业促进农业发展，刘易斯（1954）强调通过吸纳农业剩余劳动力促进资本积累发展非农业。在增长模型中清晰地揭示了二者是二元结构转换不可分割的两个方面，正是现代非农部门的发展为改造传统农业提供了现代要素，正是传统农业的改造为现代部门发展提供了持续的劳动力来源，并指出合适的农业劳动力转移速度是保证二者顺利进行的必要条件，过快或过慢的劳动力转移，都将通过影响农业的技术进步和非农部门的资本积累而阻碍经济的顺利发展。总而言之，该文通过建立一个内生农业技术进步的二元经济增长模型，不仅对东亚和中国的经济增长重新做出了解释，对于理解"东亚奇迹"和中国经济的持续发展具有重要的现实意义，而且对理解传统农业经济实现工业化的约束条件、内在机制和发展政策具有重要的理论意义。

（供稿人：王术坤）

【乡镇企业产权改革、所有制结构及职工参与问题研究】

杜志雄、苑鹏、包宗顺 《管理世界》2004年第1期，第82—95+106+156页。

该文运用对乡镇企业产权改革中改制企业及其职工问卷的调查数据，实证分析了乡镇企业产权改革的模式在20世纪90年代后期由预期的企业职工广泛参与的"股份合作制"逐步被"经营者持大股"取代的现象。分析表明，作为产权改革过程中的主要利益相关者，县及县以上政府、乡政府和企业经营者的动机、目标和态度是乡镇企业产权改革最主要的推动力。县及县以上政府出于财政目标的需要，鼓励并主导了乡镇企业产权制度改革，改革具有自上而下推动的特征，而并非完全像过去主流观点所认为的改革完全是自下而上发展的结论。改制后的股权结构主要取决于地方政府与企业原经理层之间的博弈，二者共同控制了乡镇企业的改制，其无论采取何种战略，它们都以自身利益最大化为目标，而不会以职工或社区农民的利益最大化为目标。普通职工对企业不拥有任何控制权，职工能否参与改制后的企业股权以及购买多少股份是事先决定的。此外，企业改制对提高企业经营绩效产生积极影响，但股权结构对企业生产率的影响不明显，这表明所有权结构只是生产率提高的必要条件，而不是充要条件，它也不是使改革最终走向"经营者持大股"的逻辑原因。改制企业，特别是经营者持大股企业对就业、企业长期投资产生了积极影响。改制推进了企业经营水平、市场竞争力的提高。作者提出，乡镇企业的改制过程在某种程度上是政府职能不断转化的过程，政府的职责是营造企业公平竞争的市场环境和法律制度，而不是参与到具体的企业制度安排中。政府介入微观领域的后果只能是增加企业改制的交易成本，浪费社会资源，阻碍改革步伐。此外，中央政府应义不容辞地强化保护社会弱势群体的功能，实现政府的"为民服务"而不是"为民做主"。该文荣获第二届"中国农村发展研究奖"论文奖（2006年度）。

（供稿人：赵黎）

【退耕还林：成本有效性、结构调整效应与经济可持续性——基于西部三省农户调查的实证分析】

徐晋涛、陶然、徐志刚 《经济学（季刊）》2004年第4期，第139—162页。

退耕还林是一项规模宏大的生态工程，

其经济效率、预期效果和可持续性是全社会广为关注的问题。该文使用中国科学院农业政策研究中心 2003 年对西部三省，即陕西、甘肃和四川退耕还林地区进行的农户抽样调查数据，采用计量方法，对退耕还林工程的成本有效性和经济可持续性进行了评估。研究发现，退耕还林虽然在工程瞄准效率方面表现不差，但由于（中央）政策和（地方治理）体制等多方面的原因，工程实际上有很大的成本节约空间。更重要的是，即使在退耕还林工程已经进行三年之后，如果取消补贴，农民仍然没有激励继续退耕；而工程对推动参与农民从种植业以外获得收入以实现农业生产结构和农民收入结构转换的目标还远远没有实现。从农户视角看，退耕还林的经济可持续性令人担忧，农民复垦的可能性也将存在。无论从技术上还是经济上看，如此规模浩大的工程潜在的长期风险很大。虽然退耕还林还草工程前三年的试点展开很快，但远不足以预示未来的成功。当前，大部分农民之所以踊跃参加退耕还林还草行动，主要还是因为补贴比较实惠，但 5—8 年的补贴能否足以抵偿一块土地对农民的长期价值存在巨大疑问。如果退耕后产业结构调整不成功，国家似乎应准备长期补偿下去，但这面临日益增加的行政管理难度和成本，显然不太现实。

（供稿人：檀学文）

【中国的食物安全问题】

黄季焜　《中国农村经济》2004 年第 10 期，第 4-10 页。

中国在为不断增长的人口提供充足的衣食方面所做的努力和取得的成就得到了国际社会的广泛认可。然而，21 世纪前后出现的国家粮食生产及库存下降、耕地面积下降、粮价攀升、"非典"疫情冲击等一系列事件，使社会各界普遍关注中国粮食安全问题，甚至担忧在 2006 年前后中国会爆发粮食危机。该文试图对中国当前和未来一个时期的食物及粮食安全状况进行系统评估，从而澄清一时甚嚣尘上的粮食危机"预言"。研究表明，中国已成为世界上所有发展中国家中食物最安全的国家之一，也不存在对国家食物和粮食安全构成巨大威胁的不利因素。中国家庭食物获得能力、食物质量和食品安全，应成为中国食物安全需要关注的重点。据中国农业政策分析和预测模型（CAPSiM）推断，未来二十年，中国依然可以保持高水平食物安全，许多农产品能够保持相当高的自给率，口粮基本能够自给，畜产品和水产品自给率仍将保持很高水平，水果和蔬菜等农产品出口还将增加。此外，卫星数据和国土统计数据显示，1986—2000 年，中国耕地面积不但没有减少，反而净增加 265 万公顷，相当于 1986 年全国耕地总面积的 2% 左右。尽管耕地地力下降大约 0.31%，但不会对农业生产造成太大冲击。从长期来看，中国的耕地基本能够维持本国的谷物需求。综上所述，国家应重新审视和考虑中国的粮食安全问题，构建新型粮食安全政策框架，实现从"粮食安全"到"口粮安全"、从"国家粮食总量生产"到"家庭食物安全"的理念转变，鼓励能够促进农业生产力增长的有效投资，统筹农业用地和经济发展用地，建立健全国家粮食储备管理体系。该文利用客观数据和理性事实说话，逐一回应和驳斥了社会普遍认为的威胁中国粮食安全的几类典型观点，破除了中国即将爆发粮食危机的迷思，较早提出了重视口粮安全和家庭食物安全等一系列具有前瞻性、战略性的学术主张，在学术界产生了较大影响，相关建议已转化为国家政策。

（供稿人：黄季焜）

【村庄信任与标会】

胡必亮 《经济研究》2004年第10期，第115-125页。

该文在对温州一个村庄的标会情况进行详尽调查的基础上，将村庄共同体理论和信任理论与该村的非正式金融发展现实相结合，初步建立了"村庄信任"这一理论概念与分析框架，以此解释温州地区农村的合会制度。在项东村，村民参与民间金融合会的形式基本上为单一的标会，这是一种在已入会会员之间通过对资金使用利息进行投标而决定资金使用先后次序的、具有民间互助合作性质的资金融通制度，其范围仅限于本村村民和邻近的亲戚、朋友之间，并且具有很明显的互利合作性，而不主要是以营利为目的。也因此，项东村标会的风险非常小。这一传统的民间金融制度在项东村之所以运行得如此有效，是因为与"村庄信任"密切相关。村庄信任是指在村庄共同体框架下，村庄里的每一个个体通过一定的与当地文化紧密相联系的社会规范与社区规则嵌入村庄系统中而在相互之间产生对于彼此的积极预期的一种社区秩序。在此概念体系中，村庄共同体的存在是前提条件，地方性习俗以及地方性的习惯法和社区规则、会意性知识、地方传统以及信任等都构成重要内容。正是由于村庄信任在项东村的现实存在与共同作用，标会才得以在这块土地上出现并历经如此长久的历史发展而不衰。在农村金融体制改革过程中，应承认和支持项东村标会等类似组织的发展，与此同时，在农村逐步建立金融市场、鼓励多种市场主体公平竞争和在农村率先放开正式金融市场的利率水平等方面，要加大推进农村金融改革力度。此外，政府监管以控制金融风险仍然必要，而金融管理当局和法律部门尽快制定中国的民间金融法是重要举措。该文荣获第十二届孙冶方经济科学奖论文奖（2006年度）。

（供稿人：田雅群）

【解读中国农贷制度】

张杰 《金融研究》2004年第2期，第1-8页。

该文试图在中国现存的农贷制度和其长期历史演进之间建立起某种可信的逻辑联系。中国农户的特质决定其信贷需求具有特殊性，因此该文的分析便由解剖农户入手。首先，文章大致梳理了经典文献中有关农户行为的三个基本命题，特别强调了其中的黄宗智"小农等式"以及农户信贷的维生性质。其次，文章刻画了农户与国家的关系，指出历史上国家农贷制度的主要功能是维持小农的温饱状态，从而节约其管理社会的成本。再次，文章讨论了农户的筹资次序，揭示中国农贷特有的"两极三元结构"，"两极"指无息和高息，"三元"指国家农贷、熟人信贷和高息信贷，困境是一时找不到介于无息和高息之间的稳定的中间信贷制度。最后，作者通过透视农贷制度的发展现状，提出改革中国农贷制度的要害与思路。作者认为，中国农贷制度的完善取决于农户利用农贷的经济能力。农贷制度改革有四个要害：一是恢复农信社的政策性质；二是为民间熟人农贷正名；三是要重新认识合作农贷；四是农贷制度改革要着眼于全局而不能仅局限于农户和农村本身。

（供稿人：田雅群）

【我国农业保险市场失灵与制度供给】

冯文丽 《金融研究》2004年第4期，第124-129页。

该文在2004年我国农业保险极度萎缩、濒临停办、亟须发展的背景下发表，通过分析我国农业供需两不旺的原因，提出具体的解决对策，为中国2007年开始的政策性农业保险实践探索提供理论参考。中国加入WTO后，弱质农业面临市场和自然双重风险的威胁，迫切需要保险为农业发展保驾护航。但是，中国商业化经营的农业保险却陷入了"供给不足、需求有限"的市场失灵境地。该文指出，系统性风险、信息不对称和双重正外部性是导致农业保险市场失灵的一般成因；各国可以通过合理的制度供给在一定程度上予以解决，但是中国农业保险市场失灵的根本原因在于缺乏制度供给，因而该文提出了增加制度供给，构建合理农业保险体系以纠正市场失灵的政策主张。

（供稿人：田雅群）

【中国"三农"问题的由来和发展】

陆学艺 《当代中国史研究》2004年第3期，第4-15+125页。

20世纪80年代后期，中国的一些学者在总结社会主义现代化建设的经验和教训的过程中，依据中国的特有国情，把农村问题区分为农业、农村、农民问题分别进行研究，既分析三者的关系，也研究三者各自要解决的问题，初步提出了"三农"问题的分析框架，并以此作为认识中国实践分析现实问题的理论框架，经过多年的实践和宣传，已成为中国政界学界的共识。作者认为，中国在改革开放过程中出现的特有的城乡关系和特有的城乡发展路径，产生了中国特有的"三农"问题的理论。这个理论的形成和运用，对于深入认识中国的基本国情、用以指导社会主义现代化建设的实践和对其他国家的问题进行研究，都是很有意义的。中国"三农"问题总的情况是：农业问题已经基本上得到了解决，但农民问题和农村问题还很严重，主要根源在于计划经济体制下所形成的一套农村、农业政策还没有得到根本转变。解决农民问题和农村问题，要继续深化农村体制改革，下决心改革户籍制度，改革现有的土地承包制度，改革现有的国民收入分配格局和乡镇现有的包括财政体制在内的政权体制。

（供稿人：赵黎）

【城市化、城市倾向的经济政策与城乡收入差距】

陆铭、陈钊 《经济研究》2004年第6期，第50-58页。

中国的收入差距正在不断扩大，而城乡收入差距则是总体收入差距的主要构成部分，并且城乡收入差距至今仍然在不断扩大。该文首次运用省级的面板数据，构造了计量经济学模型，研究了中国的城市化进程及城市倾向的经济政策对城乡收入差距的影响，为近年来中央采取的一系列旨在解决"三农"问题的政策提供了理论支持。该文研究发现，城市化对缩小城乡收入差距的作用显著，外来人口的比重、经济的开放、对就业的所有制结构的调整、政府参与经济活动的程度以及对财政支出结构的调整是扩大城乡收入差距的重要因素，然而有利于缩小城乡收入差距的财政支农支出比重和农业贷款比重在各地均呈现不同程度的下降趋势。因此，城乡收入差距的扩大趋势没有得到有效的控制。这表明，中国改革开放以来的各种经济政策主要使城市居民得益，日益扩大的城乡收入差距的确与中国地方政府所实行的带有城市倾向的经济政策有关。在中国自20世纪80年代中后期以来的经济政策中，有两个方面需要反思。一方面，在发展经济的同时，忽略收入均等化并非明智的选择，收入差距的扩大从长期来看将对社会和经济的发展产生不利的影响。各级政府有必要采取相应的政策来抵消现有政策对城乡收入差距的负面影响。另一方面，中国的大多数地方仍然实行着城乡分割的户籍管理政策。如果城乡分割政策能够得以改变，城市化对于缩小城乡收入差距所产生的作用将更大。

（供稿人：李玏）

【转移支付制度与县乡财政体制构建】

阎坤 《财贸经济》2004年第8期，第20-25+95页。

该文从政府间转移支付的一般理论与政策选择出发，剖析了现行转移支付存在的问题，提出了县乡转移支付的制度构想，并进一步提出了重新构建县乡财政体制的政策措施。政府间转移支付的目的一般可分为四种，即纠正中央政府以下各级政府支付的外部性、在地区或地方政府之间明确进行资源再分配、用一种高效的税收结构代替一种无效或低效的税收结构和实施宏观经济稳定计划。政府间转移支付可以通过增加政府可用资源和减少下级政府提供公共品的边际成本影响辖区居民消费的公共品数量。各类政府间转移支付理论暗含以下政策结论：一是不封顶的配套补助在提高下级政府用于某种特定用途的支出方面具有优势；二是一般的一次性补助是在地方政府辖区进行资源再分配的更好方式；三是应该避免封顶配套补助与一次性分类补助。现行转移支付制度存在诸多问题。一方面，现行转移支付方案设计更多关注中央与省两级财政，而对省级以下财政没有统一方案，具体政策设计因省而异，缺乏规范性；另一方面，转移支付制度与分税制存在冲突，同时转移支付力度不够。此外，国家级贫困地区的财政问题仍未得到解决。为从根本上解决县乡两级的财政问题，必须建立起对县乡两级规范的转移支付制度。具体构想是：其一，纵向平衡和均等化是转移支付最重要的两个目标；其二，建立一种以一般性转移支付为重点、以有条件转移支付相配合、以特殊转移支付为补充的复合形态转移支付制度形式；其三，逐步完善过渡期转移支付办法，合理选择财政能力与财政支出需求测量公式。实践中，重新构建县乡财政体制，首先要界定县乡两级政府职能，明确划分两级政府事权。其次，优化地方税税种结构，确立地方税主体税种，在建立以个人所得税、营业税和农业税为主体税种的同时，逐步改革现有税种。再次，重新配置税权，在税权设置上应充分考虑各地区之间的硬件差异。最后，建立民主理财的财政机制，让地方政府居民自己通过民主的方式来决定公共品提供，居民自身也可用民主的方式来惩罚低效率的政府，并且削弱公共品提供中的官僚主义。

（供稿人：罗万纯）

【农地产权与征地制度——中国城市化面临的重大选择】

周其仁《经济学(季刊)》2004年第4期，第193-210页。

该文研究了中国经济体制改革中发生的一组不平衡现象。一方面，中国劳动力流动的市场化程度在改革开放后快速提高，特别是农村劳动力可以比较自由地流向城镇；另一方面，我国土地制度的市场化程度还很低，农村土地转入城镇建设用地主要还是依靠计划命令体制下形成的行政征收，远离市场机制配置资源的范畴。在土地制度内部，使用权界定的程度相对比较高，而转让权界定的清晰程度还很低，现存法律依旧坚持全部非农自用建设土地国有化的准则，依旧维持政府独家征地垄断权，依旧禁止和限制农村建设用地的转让权。这些不平衡的权利制度安排，对资源配置产生了不利影响，更在急速城镇化的历史进程中使社会矛盾激化，阻扰城乡现代化进程。如何通过深化改革消除权利界定方面的不平衡，是一个重要的实际问题，也是一个有难度的理论问题。该文根据中国近年经济增长和制度变迁的实际经验，聚焦城市化过程中的农地转让权，探讨重新界定农地转让权所面临的限制条件和可能的选择。该文从现存土地转让权制度法律安排下人们的实际行为出发,分析这些行为的经济含义,讨论这些行为与发展目标之间的矛盾和冲突,并特别关注解决上述矛盾冲突的局部改革实践经验,提出将要修订的《宪法》条款和《土地法》面临的最重要选择,就是创造条件,准许农村建设用地入市。

(供稿人:檀学文)

【试论中国农村金融的多元化——一种局部知识范式视角】

冯兴元、何梦笔、何广文 《中国农村观察》2004 年第 5 期,第 17-29+59+79 页。

农村信用社在农村正式金融市场获得了准垄断地位。随着政府抑制非正式金融机构及活动的发展,农村信用社垄断农村金融市场的趋势日益明晰。但是,农村信用社只能甄别和利用一部分诸如需求方偏好、信誉、项目风险和营利性等方面的局部知识,因而只能满足一部分的农村金融服务需求。该文提出了有关农村金融服务供求的局部知识范式,由此出发考察了现有农村金融机构及其活动,并得出农村金融多元化是满足农村金融服务需求的最优途径的政策性结论。一是农村金融市场不是一个单一金融市场,组织多样性和工具多样化因其各自不同的功能而成为必需;二是通过农村金融组织或活动的多样性,在农村金融领域引入金融供给方的竞争,打破垄断或者准垄断格局;三是推行农村利率市场化,进一步扩大存贷款利率浮动幅度;四是以竞争性的商业金融和(真正意义上的)合作金融为农村金融市场的主体,政策性金融应该发挥辅助性的作用;五是改进监管,开放信贷业的市场准入,发展地方中小民营金融机构;六是允许非正式金融在一定的秩序框架内运作;七是大力发展真正意义上的合作金融。

(供稿人:田雅群)

【关于我国农民收入问题的若干思考】

柯炳生《农业经济问题》2005 年第 1 期,第 25-30+79 页。

该文对 21 世纪初期中国农民收入问题进行了研究,系统概括了造成农民收入低的经济学原因及政策体制原因,提出了增加农民收入的对策建议。该文认为,农民收入问题影响到农民的生活水平,影响到农业生产能力,也影响到国民经济中的市场需求。该文分析指出,中国农民收入呈现绝对水平较低、增长速度缓慢、城乡差距加大、地区差距加大等特点。进一步地,该文从国民经济发展水平、国民经济结构、农业内部结构、体制与政策因素、农民本身素质等视角对中国农民收入低的原因进行了分析。最后,该文提出了解决中国农民收入问题的思路,主要有加快城市化进程、促进农村劳动力向外流动、提高农村人口的基础教育水平、改革农业税收政策和农业补贴政策、完善土地管理政策、完善市场与农民组织政策、改革农村金融政策、促进农业生产发展政策、建立农村社会保障政策等方法。

(供稿人:檀学文)

【农业结构调整对农民增收的效应分析】

李国祥《中国农村经济》2005 年第 5 期,第 12-20 页。

该文利用 1999—2003 年宏观层面上的农产品交易规模和微观层面上的农民家庭经营出售农产品数量以及收入资料数据,分析了 1999 年启动的农业结构调整政策对农民增收的影响。该文着重从农产品市场交易规模、农民家庭经营第一产业现金收入增长以及现金纯收入率提高等多个角度考察农业结构调整的收入效应。通过对 1998—2003 年的统计资料分析,可以初步认为,近一轮农业结构调整的收入效应是存在的。农业结构调整产生收入效应的主要作用机制表现为：随着面向市场的农业结构调整的不断进行，农产品市场空间得到了扩张，农民出售农产品数量增多，农户家庭经营第一产业收入的货币化程度明显提高，农户家庭经营农林牧渔业的现金收入（包括现金纯收入）规模总体不断扩大，现金纯收入更快增长和现金纯收入率更快提高对农民家庭经营农业生产的决策发挥了重要的导向作用。为了实现通过农业结构调整促进农民增收的目标，关键在于通过推进农村相关制度创新，改善交易条件，促进农产品市场交易持续、稳定扩大。

（供稿人：檀学文）

【城市化、农地制度与迁移人口社会保障——一个转轨中发展的大国视角与政策选择】

陶然、徐志刚 《经济研究》2005年第12期，第45—56页。

该文采用比较研究、政策情景模拟与评估的研究方法，研究了城市化过程中的流动人口、农村内部农地调整以及农用土地非农化问题的联动改革问题。在中国的经济转轨过程中，城市化过程中的流动人口、农村内部农地调整以及农用土地非农化是重要且紧密关联的三个问题，不仅需要运用一个整体思路来进行分析，更需要在此基础上给出系统性、操作性的解决方案。该文在对这些问题及其政策关联性进行剖析的基础上，揭示了中国户籍制度与农地制度改革在一个大国的转轨与经济发展过程中的特殊性，并提出一个政策组合，试图在改革现有土地征用制度的同时，通过给予农民在土地和城镇社会保障之间的自由选择权建立起一种良性的城市化机制，从而实现户籍制度和农地制度改革的突破。由于任何政府行为，特别是大规模政府公共政策实施过程中都可能出现问题，在采纳上述政策组合时，也需要配套相当有力的具体措施来防止政府行为可能出现的偏误。如果为迁移人口建立基本的社会保障、居住与子女教育安排，以及推进农地产权的稳定与保护等问题本身就是中国实现现代化、全面建设小康社会的题中应有之义，那么就有必要进行大力推动；而正是由于传统计划体制是一个人为设计的整体，现有户籍制度、农地制度及其所带来的大量农村剩余劳动力和农地制度弊端是该体系的残留，要打破它们就必须通过精心的、人为设计的政策组合来渐进、有效地完成；如果改革不进行一定的利益格局调整，土地"农转非"无法实现市场化，那么通过土地征用侵犯农民利益、降低土地利用效率并同时危害社会、政治稳定的情况就无法最终得到有效控制。在目前中央提出的"就业优先"的经济发展战略背景下，上述政策组合就有其重要的意义。各级政府应该考虑在制定对下级政府的考核任务时，以新增就业和城市化新吸纳人口作为一项主要考核指标，同时上级政府，特别是中央政府可以把财政转移支付与新迁入人口（包括就学儿童）适当挂钩，为地方政府参与改革提供激励。

（供稿人：郜亮亮）

【中国土地产权制度对农业经济增长的影响——对1949—1978年中国大陆农业生产效率的实证分析】

黄少安、孙圣民、宫明波 《中国社会科学》2005年第3期，第38—47+205—206页。

自1949年以来，中国大陆的农业取得了巨大发展，但也走过了一条曲折的路。这种起伏，可能与生产性投入有关，也可能受到政策因素或者土地产权制度的影响。为了揭示这种影响，该文基于农业生产经营制度变迁的历史事件，将1949—1978年划分为四个阶段，对此时间跨度内的农业生产效率进行了分阶段的计量回归分析。研究发现：在不同的土地产权制度下，对人们投入土地、劳动、化肥等生产要素的激励程度不同，这将导致农业总产出有较大差异；在投入相同的生产要素和政策要素下，农业的产出也有不同。通过综合考察和分析各时间段不同土地产权制度对农业的直接和间接影响，该文认为"所有权农民私有、合作或适度统一经营"是相对较好的制度。这是因为在这种制度下能较大程度地激励各生产要素的投入，土地和劳动等要素的利用率也较高，从而使农业总产值高速而稳定增长。最后，该文得出如下启示：虽然在土地公有、公社统一经营的土地制度阶段的农业总产值增长率并不低，但是要素利用率低是导致温饱问题尚未解决的重要因素；家庭联产承包责任制是中国大陆农村土地产权制度的重大创新，但是仍存在局限性。该文认为，保留所有权，实行自愿前提下的适度统一经营，走上股份制或股份合作制的农场式经营，可能是中国农业土地产权制度和农业经营组织形式的理想而可行的变革方向。

（供稿人：邵亮亮）

【简析中国乡村治理结构的改革】

张晓山 《管理世界》2005年第5期，第70—76页。

该文分析探讨了中国乡村治理结构改革的背景、形势、改革的走向及制约因素、改革措施等。中国乡村治理结构改革的背景是：分税制改革后地方政府财权和事权的不对称；基于资产（农村土地）权属问题探索农民对农村土地的财产权利的不同实现形式。中国乡村治理结构改革必须重视两个形势：一是以精减机构人员、撤乡并镇为标志的乡镇行政机构改革并未收到预期效果；二是税费改革、取消农业税后乡村治理方面的矛盾凸显。作者认为，在深化农村改革中，乡镇与行政村的治理模式想由统治型转向服务型，由自上而下的行政管理型转为群众参与的自治型，由全能型转向有限功能型，与三个因素密切相关：一是上级布置任务的减少，二是传统管理模式的改变，三是有其他类型组织来接手乡镇与行政村组织的一些功能。为此要建立乡村公共财政体制，改革与完善乡村治理结构。乡村治理结构的走向应最终在农村形成这样一种局面：自治程度较高的基层政府组织、村民自治的村社区组织与农民的跨越社区的非政府组织并存；正规组织与非正规组织的发展并存；经济实体型组织与社团型组织的发展并存；单一功能性组织与多功能性组织的发展并存；小范围社区内的非正规组织与成网络甚至科层建制的组织体系的发展并存；具有较强合作性质的自助经济组织和非合作导向组织的发展并存，从而实现农村社会的稳定、和谐与繁荣。

（供稿人：罗万纯）

【当前中国农村土地制度改革的现状与问题】

党国英 《华中师范大学学报（人文社会科学版）》2005年第4期，第8—18页。

中国农村土地家庭承包经营制度虽然极大提升了农业生产力，但它内涵的缺陷是农业经济活动伴随着很高的交易成本，并带来经济活动的多重效率损失。为提高中国经济运行质量，必须深化农村土地制度改革。《农村土地承包法》使所有权在国家与集体、农户之间发生分割，权利边界不确定；政治权力结构使乡村干部成为土地所有权的人格化主体；农户而非个人作为承包权的主体产生了承包制的内在不稳定性；农户的不完整的土地财产权，如农户不能自主退出集体经济组织，不能自主交易财产权等，使农户土地财产权不能获得市场定价。中国农地制度的缺陷引起了多重效率损失。在一定假设之下，该文估算了农村土地承包经营制度缺陷对农民收入增长、农业经济效率提高的负面影响，以及严重偏离市场均衡的土地征用对农民权利的伤害。此外，中国农村土地制度还降低了宏观经济运行的稳定性。中国农村土地制度改革决不能放弃家庭联产承包责任制，不能倒退回旧的集体经济制度。该文提出，应在家庭联产承包责任制的基础上，逐步推进农村土地承包权的长期化、可交易目标，以适应农村经济市场化改革的需要。承包权长期化有利于增加农业投资，提高土壤肥力。承包权可交易有利于发现合理的地权转移价格，提高农地配置效率。该文提出的中国农村土地制度改革主张在公共政策领域产生了较高的影响力。

（供稿人：马翠萍）

【中国农村贫困性质的变化与扶贫战略调整】

都阳、蔡昉　《中国农村观察》2005年第5期，第2-9+22+80页。

该文回顾了中国自20世纪80年代以来农村扶贫政策的演变历程，分析了各个阶段的主要扶贫举措、特征及背后原因，认为中国农村的贫困性质已发生了根本性转变。从经济增长的效果来看，依靠资金和项目投入促进区域经济增长进而减贫的效果已不再明显；从扶贫政策的边际收益来看，区域性瞄准的扶贫政策始终未能很好地解决瞄准区域外的贫困人口脱贫问题；从贫困人口的结构演化来看，其地理分布和人口构成边际化倾向明显，表现为越来越向生产生活条件极为恶劣的边缘地区以及教育和健康水平差且没有足够生存能力的边缘人群集中。进一步利用西部地区四个贫困县的农户调查数据建模发现，贫困群体的分化现象越来越突出。贫困的分布由区域性、整体性贫困逐渐向个体性贫困转变，贫困人口也呈现以边缘化人口为主要组成部分的特征。由此，剩余农村贫困人口已不宜继续通过开发式扶贫的方式脱贫，扶贫政策需要进行战略性调整，从瞄准区域的政策体系向瞄准个体的政策体系转变，其中尤以建立和完善农村社会保障体系最为重要。目前，农村社会救助在救助水平、制度体系、覆盖范围等方面均存在短板，且城乡差异明显，亟待进一步完善和提高。文章核心观点在于：中国的贫困性质已然发生改变，以普遍增长为目标的扶贫方式不再适用，区域性开发式的扶贫效果也日益减弱，由此扶贫开发战略应相应做出重要调整。一方面，进一步细分贫困群体，根据不同的贫困群体特征设定不同的政策，实施着眼于微观个体的扶贫措施；另一方面，完善农村社会保障体系，包括确立各项社会保障政策在农村地区的优先顺序，注重农村社会保障制度在设计上与城市社会保障制度相衔接，以及积极转变现有扶贫资金使用方式从而为农村社会保障融资等。文章在充实的数据和计量分析基础上形成了鲜明的研究观点，对新阶段中国的贫困性质做出了客观判断，其提出的扶贫政策应向瞄准个体、救助边缘化人口方向转变的观点对于中国构建未来的减贫战略具有重要意义。

（供稿人：檀学文）

【中国金融发展与农民收入增长】

温涛、冉光和、熊德平　《经济研究》2005年第9期，第30-43页。

该文在国内较早地从制度与结构变迁相结合的视角，解释中国经济发展中金融发展对农民收入的影响，并运用计量分析方法加以实证检验。文章在对中国金融发展与农民收入增长进行制度和结构分析的基础上，运用1952—2003年的实际数据，对中国整体金融发展、农村金融发展与农民收入增长的关系进行计量检验。该文研究发现，中国金融发展对农民收入增长均具有显著的负效应，用金融发展与经济增长的正向作用关系直接替代金融发展与农民收入增长的关系，与中国经济发展的事实不符，从而验证了该文在制度与结构变迁分析中所提出的"中国金融发展中防止结构和功能失衡至关重要"的命题，也被后来促进农民收入增长的金融改革与政策实践所验证。该文荣获第三届"中国农村发展研究奖"论文奖（2008年）、教育部第五届高等学校科学研究优秀成果奖（人文社会科学）经济学一等奖（2009年）。

（供稿人：田雅群）

【中国农村劳动力转移动因与障碍的一种解释】

程名望、史清华、徐剑侠 《经济研究》2006年第4期，第68-78页。

该文通过构建经济理论模型并使用实证分析方法探讨了中国农村劳动力转移动因与障碍。该文认为，农村劳动力转移是中国实现工业化必须面对的重大课题，也是解决中国"三农"问题的根本途径。在具体研究中，该文运用动态宏观经济学的递归方法并结合推拉理论，通过所建立的模型分析表明，在农民工进城的动因和障碍因素中，城镇或工业的影响越来越强，农业或农村自身的影响相对变弱。因此，城镇的拉力，特别是城镇工业技术的进步，是农村劳动力转移的根本动因。基于宏观经济变量的logit模型和基于微观经济变量的描述性分析很好地验证了上述理论发现。最后，该文提出解决中国农村劳动力转移问题的工作和政策重心应该从农村转向城镇，主要措施有保障、提高进城农民工的收入，保障进城农民工的安全，在户口、子女入学、就业机会等方面消除歧视，提供城镇医疗、失业保险等社会保障，建立完善的农民工劳动力市场等。该文荣获第三届"中国农村发展研究奖"论文奖（2008年）。

（供稿人：檀学文）

【中国农民工问题研究总报告】

中国农民工问题研究总报告起草组 《改革》2006年第5期，第6-30页。

在建设社会主义新农村的政策背景下，中国农民工问题研究总报告起草组在全国11个省（区、市）调研的基础上，形成了本研究报告。该报告分析了中国农民工的现状、作用和发展趋势，深入剖析了农民工面临的问题及深层次原因，提出了解决农民工问题的总体思路和目标，针对农民工存在的十大方面的问题提出了若干政策建议，并在促进农村富余劳动力转移、加强与改善城市政府对农民工的管理和服务等维护农民工切身利益方面阐明了应对之策。该文认为，中国必须立足改革发展稳定的全局，充分认识在全面建设小康社会和实现现代化进程中解决好农民工问题的重大意义，进一步明确解决农民工问题的指导思想和战略思路。第一，坚持统筹城乡就业，把解决农村就业问题放在更加重要的位置；第二，坚持异地转移与就地转移相结合，大力发展乡镇企业和县域经济；第三，坚持大中小城市和小城镇协调发展，促进农民向城镇合理有序流动；第四，坚持推进城乡配套改革，逐步消除农民进城就业和居住的体制性障碍；第五，坚持依法维护农民工合法权益，创造进城农民与城市居民正常交往、融洽相处的社会氛围；第六，坚持不断提高农村劳动力素质，把农村人口压力转化为人力资本优势；第七，坚持保障农民工的土地承包权，减轻农民进城务工就业和社会稳定的风险。该文荣获第十二届孙冶方经济科学奖论文奖（2006年度）。

（供稿人：檀学文）

【从汲取型政权到"悬浮型"政权——税费改革对国家与农民关系之影响】

周飞舟 《社会学研究》2006年第3期，第1-38+243页。

该文试图通过分析政府行为来观察国家—农民关系的转变。为突破传统"国家—社会模式"将政府行为视为"外生"变量的模糊理解，特选取涉及基层治理复杂性的税费改革作为研究对象。本研究所用材料主要来自2004—2005年在中西部地区县乡村组织的访谈资料和问卷调查数据，调研中发现税费改革表面上是国家和农民关系的改革，而实质的关键在于中央和地方关系的调整，尤其是县乡村关系的变化。通过深入考察税费改革过程中政府间的财政关系，发现过去一直依靠从农村收取税费维持运转的基层政府正在变为依靠上级转移支付，进而将事权上收、工资统发作为其后果或配套措施而使得乡镇财政越来越"空壳化"。在这个转变过程中基层政府的行为模式也在发生改变，总的趋势是由过去的"要钱""要粮"变为"跑钱"和借债。在这种形势下，税费改革更深层次的目标，即转变基层政府职能、实现国家和农民的"服务型"关系并没有完成，反而出现了一些意外后果，其中最重要的就是基层政权从过去的汲取型变为与农民关系更为松散的"悬浮型"。该文揭示了税费改革后中央—地方关系的变化对国家—农民关系的影响，用"悬浮型"政权概念创造性地刻画出基层政府与农民之间的现实关系，开创了基层治理研究的新局面。该文被《新华文摘》2006年第14期全文转载，先后被中国社会科学院社会学研究所主编的《中国社会学》第六卷（上海人民出版社2008年版）和符平、杨典主编的《中国经济社会学四十年（1979-2019）》（社会科学文献出版社2020年版）收录。

（供稿人：罗万纯）

【农地制度：所有权问题还是委托-代理问题？】

陈剑波 《经济研究》2006年第7期，第83-91页。

不同农地制度的选择实际上是在生产者、所有者和政府之间反复博弈的结果，不仅受到现有的基础性制度安排的制约，也受到资源禀赋、技术和经济发展水平的制约。村委会作为农村基层唯一合乎法定体制的正规制度安排，承担着政府代理人、集体产权代理人、社区管理者相互矛盾冲突的三项职能。这一制度设计缺陷引发了对土地集体所有、家庭经营制度的深入探讨。文章通过对土地职能、村委会角色与职能冲突及集体所有制问题的讨论，提出了土地集体所有家庭经营制度的治理结构问题。文章认为，集体所有是均分土地的基本前提，而土地均分制度是工业化和城市化低成本快速推进的重要保障，是实现"人人有饭吃"的制度基础。在社会保障制度不完善的条件下，土地集体所有是既有的现实选择，这就使集体所有治理结构中存在的委托-代理关系，随着农村经济结构的转型正成为农村改革与发展面临的新问题。文章强调，如何重建农村基层组织，不仅涉及农村财产体系的重构，也涉及行政体制改革和法律体系的调整，应进一步让集体所有的所有者成员真正拥有选择自己财产代理人的完整权利，同时法律和相关的政策规定需要确立公平、公开、竞争性的程序及相关的监督检查机制。文章从农地制度入手思考集体所有制的委托-代理问题，可能为揭开农村诸多难题之谜底提供新的破解思路。该文荣获第三届"中国农村发展研究奖"论文奖（2008年）。

（供稿人：檀学文）

【小额信贷的发展与普惠性金融体系框架】

杜晓山 《中国农村经济》2006年第8期，第70-73+78页。

该文主要结合中国小额信贷发展实际，分析世界银行扶贫协商小组（Consultative Group to Assist the Poor，CGAP）关于普惠金融体系建设的具有里程碑意义的研究报告 Access for All: Building Inclusive Financial Systems，概要介绍了制度主义小额信贷的代表——世界银行扶贫协商小组——对小额信贷的一些基本观点，包括小额信贷的基本原则、服务对象、发展历史和现状，以及目前国际最新流行的普惠性金融体系的基本概念。世界银行扶贫协商小组强调了普惠性金融体系既要服务于弱势群体，又要实现服务机构自身的可持续发展。该文介绍了当前发展中国家各大区域小额信贷的不同特征和趋势，论述了要以普惠性金融体系的新视角来看待小额信贷，认为普惠性金融体系框架包含微观、中观和宏观三个层面的内容和要求。

（供稿人：董翀）

【中国农村劳动力外出的影响因素分析】

盛来运 《中国农村观察》2007年第3期，第2-15+80页。

自20世纪80年代以来，中国农村劳动力外出的规模越来越大、范围越来越广。该文利用迁移理论从个体、家庭、社区和制度等多个层面对中国农村劳动力外出的影响因素进行了系统分析，提出了相关因素影响劳动力外出可能性的16个假设，并在此基础上建立了劳动力外出决策模型，利用中国农村住户调查34000户样本数据，对这些假设进行了实证分析。该文研究发现，农民外出决策是多种因素共同作用的结果。对农民个体来讲，劳动力外出行为首先表现为人力资本竞争选择的结果；对于农民家庭来说，家庭相对剥夺感和市场流动性差增加了农民外出务工的可能性；对于家庭所在社区来讲，一个基础条件好和社会资本丰富的社区有利于推动农民外出，但过高的非农产业发展水平会降低本地劳动力外出的可能性；从制度层面讲，城乡二元结构及其相关的制度变革对中国农村劳动力流动产生了根本影响。该文荣获第四届"中国农村发展研究奖"论文奖（2010年）。

（供稿人：檀学文）

【三大历史性变迁的交汇与中国小规模农业的前景】

黄宗智、彭玉生 《中国社会科学》2007年第4期，第74-88+205-206页。

该文对近期、中期的广义农业（即农、林、牧、渔业）发展前景做了比较系统的探讨，认为中国农业今天（2007年）正处于大规模非农就业、人口自然增长减慢和农业生产结构转型的三大历史性变迁的交汇之中。这样的交汇将导致农业从业人员的降低和农业劳动需求的增加，进而为化解农业的低收入和劳动力过剩问题提供契机。文章指出，政府若能采取适当措施，大力发展市场化的兼种植——养殖小规模家庭农场，并迈向绿色农业，农业的隐性失业问题将在10年间改善，而农业的低收入问题也可在今后25年间缓解。从研究视角看，文章突出了农业本身的经济潜力，并未涉及非经济的政治、村庄组织、文化等问题。基于经济视角，文章提出"在国家协调和提倡之下，让农民自愿组织独立自主的协作和农户，或其他类型的农民利益团体"的设想，同时强调了政府大规模投资、扶持农业的必要性。该文荣获第四届"中国农村发展研究奖"论文奖（2010年）。

（供稿人：武舜臣）

【破解农村剩余劳动力之谜】

蔡昉 《中国人口科学》2007年第2期，第2-7+95页。

以"民工荒"为表现形式的劳动力短缺现象早在2003年便出现在珠江三角洲地区，随后扩大到长江三角洲地区，最终蔓延至全国。在此背景下，关于中国农村仍然有高比例、大规模的剩余劳动力的固有认识仍在广泛流行。为了破除这个观点，该文采用直接观察农村劳动力加总数量、年龄结构和就业分布的方法，估算出2004年农村只有不到1.2亿剩余劳动力，剩余比例是23.5%，还不到全部农村劳动力的四分之一，并且真正剩余的农村劳动力中有一半是40岁及以上的经济活动人口。该文认为，经过近30年的改革、发展和对外开放，农村劳动力已经获得大规模的转移，农村已不再像许多学者所想象的那样，仍然存在着大量的剩余劳动力，有着严峻的就业不足问题。如果要在现有剩余劳动力数量的基础上，保持劳动力的持续转移，那么需要调整政策和推进体制改革，提高劳动力转移的激励。该文建议，应把福利内容（比如社会保障、社会保护、教育获得和其他公共服务）从户籍身份上剥离掉，真正抓住户籍制度改革的本质，而非单纯考虑放宽入籍条件。该文荣获第四届"中国农村发展研究奖"论文奖（2010年）。

(供稿人：檀学文)

【中国农村公共服务供求的结构性失衡：表现及成因】

林万龙 《管理世界》2007年第9期，第62-68页。

2003年以来，按照"统筹城乡经济社会发展"的要求，中央财政把"让公共财政的阳光逐步照耀农村"作为新时期财政支持"三农"的基本指导思想，财政对农村公共服务的投入有了大幅度增加。但同时，中国农村公共服务领域也存在大量的供求结构性失衡。该文主要以实地调研数据为基础，总结目前中国存在的农村公共服务供求结构性失衡现象，并对其原因进行探讨。该文所依赖的主要数据资料，来自作者2005年参与的世界银行"公共财政覆盖农村"研究课题所开展的实地调研。调研点包括东、中、西部3省、6县、18乡、36村。调研对象包括省、县、乡、村、户五级。该文总结了农村公共服务供求结构性失衡的五个主要表现：（1）供给错位，即政府的公共支出项目与农户的公共服务需求不符；（2）政府把公共服务大量推向市场，但农户对市场化供给的评价不高；（3）农户的公共服务需求差异日趋明显，但公共服务的供给机制比较单一；（4）把投入重点放在了建设环节，而农户反映的问题却大量存在于管护环节；（5）大量支持了县级服务机构，而农户的需求满足却主要依靠乡村机构。该文从财政体制角度对上述农村公共服务供求结构性失衡的原因进行了探讨。自分税制实施以来，中国存在明显的财权上移趋势。这种财权上移所造成的基层政府自身财力的紧张和对上级补助的依赖性，是农村公共服务供求结构性失衡的重要因素。由于财权的上移，农村公共建设与公共服务严重依赖于省级以上财政的专项转移支付，造成最了解农户真实公共服务需求的基层政府缺乏主动供给能力，而省级以上财政则由于信息不对称而难以提供与需求相匹配的供给内容。对专项资金的依赖也造成了农村公共服务供给机制的单一。在自身财力非常有限、不得不依靠上级补助维持日常运转的情况下，县乡政府将公共服务推向市场、回避政府职责的动机非常强烈，有限的资金也难以投入到更需要获得支持的乡或村服务机构。对专项资金的依赖也是目前农村公共服务"重建设、轻管护"的重要原因。该文提出，应进一步完善分税制财政收入体制，适当调整政府间财政关系，以减少地方财政特别是中西部地方财政对中央财政的依赖性，增加县级财政的自主收入能力。应适当减少专项转移支付，增加一般性转移支付，下放部分公共建设项目决策权限。

（供稿人：罗万纯）

【城市化与中国农村劳动力流动问题研究】

白南生、李靖《中国人口科学》2008年第4期，第2-10+95页。

改革开放以前，中国经济是在城乡分割的二元结构背景下运行的，产生了严重的经济结构偏差。改革以来的城市化与改革前的最大区别在于农村劳动力可以自由流动，城市化有了较快发展。该文围绕城市化率的讨论置入与产业结构和就业结构比较的大背景下，从结构比较的角度分析中国城市化进程目前处于什么状况，农村劳动力流动在其中又有哪些贡献与意义。文章梳理了改革开放以来城镇化和农村劳动力转移的历史、现状与趋势。从横向看，中国城市化率还偏低；从纵向看，中国城市化低于工业化的偏差正在扭转；从结构看，劳动力仍较多地聚集于农业生产，是资源配置的最大错位。改革开放以来城市化的最大特点是在打破城乡要素分割的基础上实现的。但由于受到就业、生活、交往等多个层面的社会排斥，大多数农村流动劳动力未能实现稳定定居，处于"半城市化"阶段，农民工问题成为中国城市化的核心问题。随着经济的发展，中国城市化进程将会加快，统筹城乡成为公平发展的要求，这些都给农村劳动力流动政策提出了新的要求。

（供稿人：李昊）

【农村政策为什么在执行中容易走样】

谭秋成《中国农村观察》2008年第4期，第2-17+80页。

该文从信息和激励的角度，解释中央的农村政策为什么在执行中容易走样。政策目标难以度量、公共部门激励不足、政策不完备等，给了执行者扭曲政策、谋取个人或集团利益的机会。政策目标度量的困难在于：农村政策目标的模糊性、多重性及相互冲突为度量政策效果带来了困难。目标常常是定性的，比较模糊；目标常常是多重的；各项目标有时相互冲突；由于资源禀赋和发展水平不同，即使对于同一政策目标，不同地方将有不同的理解。如果政策目标是模糊的，政策执行者和监督者便有机会偷懒，甚至按照自己的意愿解释中央政府的政策，进而操纵这些政策为自己的利益服务。由政策目标多重性引起的问题是：本来重视经济和社会全面发展的政策在执行过程中常被扭曲，最终结果失于偏颇。政策目标之间出现利益冲突时，执行者当然更重视自己或与自己利益更相关的委托人的目标。严重的是，执行者可能利用政策目标之间的冲突进行偷懒、投机、假公济私，导致整个政策失败，然后再将政策失败归结为政策目标的冲突而不是自己的机会主义行为。公共部门激励不足在于：对于委托人中央政府而言，农村政策要解决的基本问题是如何激励地方政府忠实地执行自己的意志，尽职尽责地将各项政策予以落实。观察农村政策的执行过程，便可看出其监督与激励的手段不如私人部门的现代公司充分和灵活。政策的目标导向一般是公共利益而不是政府部门利润最大化。此外，政府部门的官员更具风险规避倾向，用高薪和报酬结构多样化的手段进行激励未必就能奏效。非民主政治环境中的政府就无法利用投票选举和权力制衡两大强力工具，政策执行的激励与监督主要依靠行政部门的自省、自查和自纠。从多层委托代理来看，省、地、县、乡集委托人和代理者于一身，既是上级政府的代理者，又是下一级政府或组织的委托人。在中央集权体制下，由于失去了投票选举和分权制衡两大强有力的监督工具，作为代理人的政策执行者及监管者更容易出现信息隐瞒、监督者榨取、政策套利、代理人之间合谋、委托人之间相互推诿和拆台等道德风险问题。如果一项政策的目标明确、执行手段清楚、结果可以预期，则这项政策是完备的。然而，农村政策实际上常常是不完备的。农村政策不完备意味着政策执行过程中有必要将相机决策权界定清楚，否则，政策执行过程中一些权力将出现外溢，成为执行者追求自身利益的借口。

（供稿人：罗万纯）

【在发展中战胜贫困——对中国30年大规模减贫经验的总结与评价】

汪三贵　《管理世界》2008年第11期，第78-88页。

该文在改革开放30年之际，对中国大规模减贫的经验进行了解析。中国作为世界上最大的发展中国家，长期致力于国家的经济、社会发展和人民生活福利的改善。在改革开放30年之际，中国取得了举世瞩目的减贫成就，近2.4亿极端贫困人口和5亿以上生活标准在平均每天1美元以下的贫困人口在这一时期摆脱了贫困。中国的大规模减贫为全球的减贫和联合国千年发展目标的实现做出了突出贡献。文章的核心观点是：大规模减贫的主要推动力量是经济增长，特别是农业和农村经济的持续增长，而农业和农村的经济增长又是在一系列的改革开放措施、持续的人力和物质资本积累与不断的技术进步下取得的；与此同时，有针对性的开发式扶贫投资对减贫也起到了补充作用。文章提出，此后中国减贫面临的主要挑战将是不平等程度的不断上升导致经济增长的减贫效应下降，而瞄准问题也降低了扶贫投资的减贫效果。该文建议，中国需要调整经济增长方式以实现更加有利于穷人的经济增长，同时要改变扶贫项目的实施方式以使贫困人口更多受益。该文是解读大规模减贫经验的重要文献，对于认识中国不同阶段减贫的驱动力量、调整完善减贫战略措施具有重要影响力。

（供稿人：檀学文）

【新型农村合作医疗中的"逆向选择"问题：理论研究与实证分析】

朱信凯、彭廷军　《管理世界》2009年第1期，第79-88页。

该文以新农合运行中的"逆向选择"问题为研究对象，剖析了其产生的理论逻辑，并深入刻画了实践中存在的自愿参保与强制参保并存的两难困境、公平目标之下"保小病"与效率目标之下"保大病"并存的两难冲突、忽视农民工与矫正成本较高并存的两难选择。通过构建理论模型和实证检验，文章证实了新农合单一合约制度下"逆向选择"的存在，并明确指出，忽视农民内部差异不利于提高政府投入效率，在政府投入不足的情况下更不利于提高新农合普及率。文章强调，在当前投入约束与政策框架内，政府应依据参合农户风险状况设计不同类型的合约，采用歧视定价方式将不同风险的参合农户分开，并保证所有农民能够自愿选择符合自己的合约。同时，设计合约时，应采取免赔条款、保单限额、除外免责条款和最大诚信原则等措施，建立一整套系统的、能够与现行政策框架有效衔接的激励相容机制，使"逆向选择"对农村合作医疗市场运行效率的影响降至最小。文章还指出，提供合约组合和实施歧视定价的关键在于能够实现风险分类，农村合作医疗组织可以与各级政府部门以及农业银行、农业发展银行、各级农村信用社等农业与农村金融部门相配合，全面系统地搜集和整理农户风险信息，根据农户的自然和风险特点等实施差异化参合合约。

（供稿人：杨园争）

【农民专业合作社的发展趋势探析】

张晓山 《管理世界》2009年第5期，第89－96页。

该文通过若干具体案例对农民专业合作社在有关法令颁布实施后的发展现状与趋势进行了探讨，提出农民专业合作社的总体发展呈现加速态势，其地位和作用越加受到重视，与此同时，农民专业合作社在发展中暴露出种种不规范的问题。农民专业合作社的阶段性发展特点是中国农业现代化发展道路和发展模式的具体体现。多样化、混合型的农业现代化发展模式和经营形态在中国农村将长期存在，作为其重要载体的农民专业合作社也将长期呈现异质性和多样性的特点。大户领办和控制的合作社在一些地区已成为合作社的主要形式，中国农村农户的构成将长期保持少数专业户和大量小规模兼业农户并存的格局；原有的农业产业化经营中的"公司加农户"的形式或是内部化于合作社之中，或是公司越来越多地利用合作社作为中介与农民进行交易。此外，农民专业合作社和农村社区组织将会更多地碰撞、交错和融合到一起。该文认为，在合作社的发展进程中，从事农产品生产或营销的专业农户能否成为农民专业合作社的利益主体并主要拥有合作社的资产所有权、控制决策权和受益权，这应是判断农民专业合作社未来走向健康与否的试金石。

（供稿人：赵黎）

【公司农场：中国农业微观组织的未来选择？】

何秀荣 《中国农村经济》2009年第11期，第4－16页。

该文从理论分析、国际经验比照和发展趋势判断几个维度讨论了几种农业微观组织形态，认为在市场化、工业化、城镇化和国际化进程中，中国促进农地经营权向种田大户集中、建立农民专业合作组织的现行政策只具有局部性和短期性作用，不具有摆脱小农缺陷和建立起现代农业的总体性和长期性作用。以企业为母体的租赁式公司农场和以农地股份制为基础的公司农场将成为中国未来农业微观组织的重要形态，其根本原因在于，现代企业形态能够以低交易费用快速有效地扩大农场规模，从而使其在国内产业竞争和国际农业竞争中具有比其他农业组织要强得多的经济抗力。公司农场可以缓解或解决因小农经营规模不经济所引起的问题，但公司农场成为中国未来农业微观组织的中坚形式在法律、技术、制度、经验等方面存在不少障碍。因此政府应当突破现有思维和政策框架，前瞻性地把握演变趋势，从而制定战略性的农业发展政策，引导条件适宜地区自愿发展基于农民股份制的公司农场，营造和规范包括法律制度在内的适合这类公司农场发展的配套环境，考虑可能伴随公司农场而来的新问题并制定对策，而不应当不支持、被动接受或放任自流。该文荣获第五届"中国农村发展研究奖"论文奖（2012年）。

（供稿人：赵黎）

【土地产权、非农就业机会与农户农业生产投资】

钟甫宁、纪月清 《经济研究》2009年第12期，第43－51页。

该文讨论了地权稳定性与农户投资的关系，并得出了一个不同于一般共识的论断：

地权的稳定性对农户农业投资总量没有显著的直接影响。该文以土地产权制度不利于投资的批评为起点,给出了三条针对性假说。然后以2006年7—8月组织的农村调查数据为基础,在加入农户土地规模经营(或收益)等重要变量的情况下,考察了土地产权与农户农业投资的关系。计量结果支持了该文的假说,即在农户土地规模小、经营效益低的情况下,土地调整及其带来的地权不稳定并不是影响农户农业投资的主要因素。在保持非农就业机会不变的情况下,它甚至不会对土地租赁总量产生显著影响。由此可以推断,如果没有非农就业机会,土地产权、土地买卖和租赁本身并不会扩大农户的平均经营规模;进一步,无法扩大的农户土地经营规模很难提供足够的经济租金并刺激农户投资。在农户规模小、农业用地价值低的情形下,土地产权和抵押制度改革并不能提升金融机构对将土地作为贷款抵押物的农民的贷款意愿。基于上述讨论,文章认为,提升地权稳定性和抵押制度改革对农户农业生产投资的促进作用可能很小,扩大农户土地经营规模、提高土地经营收益才是促进农户农业投资的关键。

(供稿人:武舜臣)

【农民理性的扩张:"中国奇迹"的创造主体分析——对既有理论的挑战及新的分析进路的提出】

徐勇 《中国社会科学》2010年第1期,第103-118+223页。

该文从创造主体的角度对"中国奇迹"的发生与发展加以分析。关于农民在社会转型中的作用有大量理论研究,但无不否定其在现代社会建设中的作用。该文将"中国奇迹"与农民联系起来,建立了在文明形态起承转合的历史关节点上农民理性扩张的分析进路。"中国奇迹"是中国人创造的,而中国人的主体是农民。在中国,农民占多数,长期以来被视为传统保守的力量。长期日常农业生产方式下形成的农民理性,在农业社会内部的功效是有限的,主要是生存理性。而这种理性以其惯性进入工商业社会后会形成扩张势态,产生一种农民理性与工业社会优势结合的"叠加优势",释放出其在传统农业社会和现代工商业社会都未有的巨大能量。作者对勤劳、勤俭、算计、互惠、人情、好学、求稳、忍耐等八个方面的农民理性及与其对应的城市工商业社会特征的结合进行了详细论证。随着社会的变化,农民理性也会由扩张到收缩,再到衰减,直至蜕变。随着农民逐步市民化,农民理性将最终为市民理性所替代。作者提出,要理解"中国奇迹",必须理解中国农民;要理解农民,必须理解农民理性。以农民理性中的关键性词语来说明农民理性扩张是如何造就"中国奇迹"的,需要跳出传统与现代二元对立的思维定式,高度重视社会变革中的民性、民情及民意。

(供稿人:檀学文)

【从农村职业教育看人力资本对农村家庭的贡献——基于苏北农村家庭微观数据的实证分析】

周亚虹、许玲丽、夏正青 《经济研究》2010年第8期,第55-65页。

"三农"问题是当前我国经济发展所面临的突出问题之一,而解决"三农"问题的关键在于增加农民收入。从经济学角度来看,提高教育水平是增加农民收入的关键,但是现有文献更多研究常规教育对个体工资的贡献,将务农在家从事经营的群体排除在外,且忽视了农村经营以家庭为单位的特征,存在一定的不足。农村职业教育不同于基础教育,其对象通常是不能进入全日制高中学习的初中毕业生。他们中相当一部分人将长期在当地农村工作和生活,对当地农村的发展起着关键作用。结合中国农村以家庭为单位生产经营的特征,以及职业教育与基础教育的不同,该文考察农村职业教育对提高农村家庭收入的作用。该文使用上海财经大学高等研究院数据调研中心对苏北地区3个县30个自然村416户家庭的抽样调查数据,在平均处理效应的框架下对这一问题进行研究。对处理效应模型的估计结果显示,不论是否考虑职业教育的异质性作用,接受职业教育家庭的平均收入显著高于不接受职业教育的家庭。基于个体是否接受职业教育存在自选择的事实,该文使用倾向得分匹配的方法进行稳健性检验,发现农村职业教育对提高农村家庭收入有显著作用,年平均回报率约为9%。由以上分析可以得出,农村教育水平不仅是促进经济发展的关键因素之一,也是促进农民收入增长的重要指标。加大对农村地区的教育投资力度是解决"三农"问题的关键。因此,要增加农民收入,需要切实把农村教育放在超前发展的位置,进一步加大对教育的投资力度,提高职业教育经费占当地政府财政支出的比例。

(供稿人:曾俊霞)

【中国农民专业合作社:数据背后的解读】

潘劲 《中国农村观察》2011年第6期,第2-11+94页。

该文研究采用质性分析方法,首先分析了农民专业合作社发展一片火热的数据和表象背后所存在的问题,包括农民对合作社的茫然和漠然,许多合作社没有开展活动,大股东控股较为普遍。其次,论文回顾了合作社的几个理论问题以及中国的现状。许多农户选择不加入合作社是由于收益预期不明,对发起者缺乏信任。再次,论文阐明了合作社的本质属性,即合作社由成员所有并控制。成员通过投资入股,形成合作社产权。合作社是归成员所有并为成员服务的。农户通过入股成为合作社的所有者,同时也就成为合作社的成员,从而有权利获得合作社提供的服务。投资入股是合作社成员身份的重要标志。最后,在上述分析基础上,作者提出以下观点:对合作社的发展数据应有理性判断,不要放大合作社对农民的实际带动能力;激励与监管并重的合作社发展政策才能取得政策的正效应;持有股份是合作社成员身份的重要标志,也是成员行使民主权利的基础;合作社的未来走向取决于政府导向和合作社相关主体之间的利益博弈。

(供稿人:赵黎)

【农村政治参与的行为逻辑】

中国社会科学院农村发展研究所课题组(党国英、胡冰川执笔)《中国农村观察》2011年第3期,第2-12页。

该文利用对全国3个省9个县26个乡镇59个行政村中的1170户农户的调查数据,具体分析了农村居民参与村委会选举投票这一行为的影响因素,根据WLS估计结果对农村居民是否参与村委会选举投票的影响因素进行分析与解释。结果表明:户主年龄、户主的健康状况、户主全年在本村居住时间和农户的地区特征显著影响其是否参与村委会选举投票;人均收入水平对一个乡镇的投票率有显著的促进作用。对本研究模型估计结果的进一步解释有助于深化关于乡村政治治理的认识。第一,为什么家庭年收入与人均收入水平对农村居民政治参与的影响有显著不同?政治参与热情与一个地区的市场化程度有密切关系,一个地区的人均收入水平是反映当地市场化程度的一个重要指标。第二,为什么农村居民的受教育程度与其政治参与热情之间的相关性弱?民主政治的兴起取决于社会对民主政治的需求,而不取决于居民的受教育程度。第三,为什么户主的健康状况与其政治参与热情呈明显正相关？农村最低生活保障工作在农村随意性较大，农村居民对这项工作意见比较大，村干部的作风对这个群体的生活有直接影响。第四，为什么户主全年在本村居住时间与其政治参与热情呈明显负相关？农业生产的联系相对简单，国家政策的透明度较高，村干部的行政自由裁量权对农业生产者的利益影响较小，以致他们的政治意识较弱。第五，如何认识农村居民政治参与热情的区域差别？经济较发达地区农村居民的政治参与，实际上是城市居民的政治行为问题。透过分析结果发现，当要求典型的乡村社会实现民主自治时，其实它并不需要民主政治；当发现它需要民主政治时，它已经是一个市场化的城市社会。传统乡村社会能否嵌入民主政治？"少数服从多数"这一民主政治原则的应用在传统乡村显得比较奢侈。民主政治更需要在市场化社会中运用。该文荣获第六届"中国农村发展研究奖"论文奖（2014年）。

（供稿人：罗万纯）

【农村学校布局调整的十年走势与政策议题】

邬志辉、史宁中 《教育研究》2011年第7期，第22-30页。

21世纪初以来的近十年，中国农村经历了历史上力度最大的学校布局调整。从宏观背景上看，教育管理体制变革为农村学校布局调整提供了制度空间，教育由普及向提高转型为农村学校布局调整提供了政策语境，农村城镇化发展为农村学校布局调整提供了战略预期，农村生源总量减少为农村学校布局调整提供了客观依据。从演进趋势上看，学校数与在校生数减少不同步，学校减幅远远大于在校生减幅；学校规模和班级规模同步扩大，县镇大规模学校和大班额问题突出；教育城镇化发展与村庄学校消失并行，学生上学距离变远且寄宿低龄化。农村学校的撤并引发了程序正义、学校规模与机会公平等政策议题。第一，程序正义问题。谁有权力最终决定农村学校的撤并？要经过怎样的程序或过程学校撤并决策才算是科学的、民主的和公正的呢？从程序公正标准看，受到决策影响的主体要实质性参与，学校撤并决策过程要理性化运作，教育行政权力运行要公开化。第二，学校规模问题。学校规模扩大真的能提高教育质量和节约教育成本吗？规模效益节约的往往是政府教育成本，增加的却是农民教育支出，如交通费、住宿费和伙食费等。可以说，农村学校规模的普遍性扩大损害了农村儿童的"就近入学"权益，政府节约的教育成本几乎全部转嫁到农民身上了。第三，机会公平问题。从义务教育的提供上看，国家教育政策的战略重点正在由解决"有学上"的"有数量的教育公平"问题向解决"上好学"的"有质量的教育公平"问题转变。从教育行政部门的角度看，农村学校布局调整使所有的农村儿童都有同等的机会接受高质量的义务教育，但是从农民的角度看，获得这种高质量教育机会的代价是非常昂贵的。高质量的教育机会是不方便的、高成本的、非人本的。失去了学校的乡村成为百姓心目中再也不适合居住的地方。学校布局调整背后的公平问题，实质是弱势群体承担教育发展代价的问题。在学校被撤并地区居住的群体往往社会经济地位较低，当他们的学校被撤并后，学生上学产生的额外负担又全部由他们来承担，这本身就是对公平正义的挑战。该文被《新华文摘》2011年第22期转载。

（供稿人：罗万纯）

【中国农村社会结构变化背景下的乡村治理与农村发展】

温铁军、杨帅 《理论探讨》2012年第6期，第76-80页。

随着农村适龄劳动力大量外出打工和新

生代打工农民趋向于城镇化，中老年人和女性已经成为农村的生产经营主体，他们缺乏自我发展条件，且因其人力资本存量一般都低于外部资本的获利预期，而难以对接外部资本。在农村经历了近30年的去组织化改革后，任何外部主体进入乡村面对这些无力应对农村资源流出的原子化的留守个体时，都面临着过高交易成本的问题，因此出现市场失灵叠加政府失灵的农村发展困境。作者认为，既然农村剩余人口获得发展的障碍主要是因资源存量低而难以被资本化以及交易费用高而难以与外部对接，针对这部分人群可行的措施是提高其组织化程度，重构社会资本以补足物质资本的缺乏并形成规模交易主体。作者根据各地新农村建设经验、国际经验以及针对草根群体所做的乡村建设实验，认为应该继续加大对农村地区的多元化投入力度，增加利于农村弱势群体提升组织化程度的社会文化开支，使之由以更多的政策优惠扶持和促进弱势群体广泛参与的社会和文化组织逐步向综合性、多功能的社区合作社过渡，进而在多元化社会组织发展的基础上促进乡村良性治理结构形成，实现农村可持续发展。

（供稿人：罗万纯）

【中国工业化中期阶段的农业补贴制度与政策选择】

程国强、朱满德 《管理世界》2012年第1期，第9—20页。

该文首先回顾了21世纪以来中国农业补贴制度变迁与政策转型的历程，将农业补贴的制度框架分为20世纪50年代到90年代工业化起步时期的农业负保护、20世纪90年代工业化快速发展时期的农业取予平衡政策以及21世纪以来工业化中期阶段的农业政策全面转型三个阶段。进而，该文系统分析了中国工业化中期阶段农业补贴的目标定位、重点领域与可供选择的政策工具。文章指出，在中国工业化进程的中期阶段，农业补贴政策的核心目标是保障粮食安全、确保主要农产品供给和促进农民增收；综合目标则是确保食品安全、环境保护、农业竞争力、农业可持续发展、农业多功能等。基于此，该文强调了农业补贴的重点领域，其中包括：重点补贴产品，分为事关国家粮食安全的重要农产品(小麦、水稻等粮食品种)、对市场供给和稳定具有重要影响的农产品(玉米、肉类等)和部分进口敏感性农产品(大豆)；重点补贴地区，分为13个粮食主产省、大豆优势产区东北地区、棉花主产区、油菜籽主产区、猪肉主产区。此外，文章还构建了为实现"保供给、促增收"二位一体政策目标的农业补贴基本框架。最后，围绕积极探索建立重要农产品价格稳定机制，稳妥推进差价补贴措施试点，该研究设计了针对重要产品、关键环节的专项补贴措施，就进一步完善现行补贴政策措施等方面提出若干建议。

（供稿人：张瑞娟）

【对完善新型农村社会养老保险制度若干问题的探讨】

崔红志 《经济研究参考》2012年第45期，第3—11页。

该文基于对中国五个新农保试点县的农户问卷调查、深度访谈和座谈，就新农保制度建设中理论界和决策层较为关注的六个方面的内容进行了探讨。第一，是否应把新农保的自愿参保原则修改为强制参保。农民参保是理性选择的结果，而不是短视行为，同时其在参保实践中是否存在道德风险和逆向选择有待实证。此外，城镇职工社会养老保险的强制性不能用于农民，并且坚持自愿参保仍能够实现较高的参保率。第二，如何看待新农保制度中的捆绑政策。捆绑缴费的假设与现实情况不符,同时社会保障制度中的权利与义务相对应不是捆绑缴费的理论依据。在实施效果上,对捆绑缴费的效果不能过高估计,实践中,捆绑缴费加剧了农村老年人口生存状况的差异,而放弃捆绑缴费有利于增加新农保的受欢迎程度,也有利于还地方政府和干部清白。第三,新农保制度是否应允许农民退保。增强储蓄性养老保险制度的资金流动性是全球性趋势,在全新基础上起步的新农保可以实行退保自由。退保自由可以破解影响新农保适应性问题的多种因素,也是保护农民利益的重要机制。此外,应承认农民个人账户中积累资金的私人产权,在因转入城保等客观原因而退保时,这些资金应该全部退还给他们,而不是仅仅退还个人缴费部分。第四,如何看待目前新农保的保障水平。现有的基础养老金水平在促进农民参保缴费中发挥了基础性作用,但养老金仅仅是农民老年生活保障的一种形式,应尽快建立新农保基础养老金的正常增长机制。第五,如何划分各级政府在新农保筹资中的责任。在界定地方政府之间筹资责任中,总的原则是强化省级财政的平衡功能,尽量减少乡镇财政承担筹资责任。同时,中央应明确由农民人均预期寿命增长带来的新农保隐性财政负担由省级财政承担,并且出台政策解决好新老农保衔接中的债务化解问题。第六,如何重构新农保经办服务体系。村级组织已经是新农保宣传和发动的主体,应探索实行政府向村级组织和农村各种社会经济组织购买服务,向村级组织和农村各种社会经济组织购买服务有可能实现农村治理和新农保制度的双赢。概括来说,完善新农保制度应始终坚持农民自愿参保原则,取消老年农民直接享受基础养老金与子女参保缴费之间的捆绑,允许参保农民退保;进一步强化新农保制度的激励机制,建立基础养老金的自然增长机制;更加清晰地界定各级政府在新农保筹资中的责任;对服务类型进行分类,实施政府购买服务,重构新农保经办服务体系,把宣传发动工作下沉到村,由政府向村级组织和各类社会经济组织购买服务。该文被《新华文摘》2012年第23期转载。

(供稿人:罗万纯)

【农地使用权确权与农户对农地的长期投资】

黄季焜、冀县卿 《管理世界》2012年第9期,第76-81+99+187-188页。

农地使用权确权是为维护农民土地权利采取的重要措施,其实际执行情况和对农户生产活动的影响近年来正引起中国政府和学术界的关注。在集体土地所有权与使用权分离的条件下,我国独特的土地制度、农地使用权确权状况在不同地区存在的差异以及其随时间而变化的特征,为研究农地使用权确权对农户长期投资的影响提供了难得的介质。文章目的是基于全国代表性的随机抽样农户调查数据,揭示农地使用权确权政策与实际贯彻执行情况的差异,并以农地有机肥投入为例,实证检验农地使用权确权对农户农地长期投资的影响。研究结果表明,到2008年只有一半左右的农民同时领到了土地承包合同和土地承包经营权证书,农地确权任重道远;研究还发现,由于农地使用权确权提高了土地使用权的稳定性,从而激发了农户长期投资意愿,提高了有机肥的施用量。为此,文章认为农地确权不但是保护农民利益的需要,也是促进农业可持续发展的需要,农地确权政策的落实已成为当务之急。农地使用权确权是具有中国特色的,文章围绕农地使用权确权对农业长期投资影响的实证研究丰富了学术界在该领域的讨论。文章对我国农地使用权的确权政策和政策的贯彻执行情况的研究结果表明,政策的落实情况明显落后于国家的政策目标。虽然这是学术界和政界都较为认同的事实，但文章以大规模的调查数据，从实证上进一步揭示了这一现象存在的普遍性，也从侧面反映了保护农民利益的艰难和重要。

（供稿人：田雅群）

【新型农业经营主体的困境摆脱及其体制机制创新】

张照新、赵海 《改革》2013年第2期，第78-87页。

该文对新型农业经营主体的内涵进行了界定，并对种养大户、家庭农场、农民专业合作社、龙头企业等五类新型经营主体的特征及功能定位进行了讨论，提出构建以承包农户、种养大户和家庭农场为基础，以农民专业合作社、龙头企业和各类经营性服务组织为支撑，多种生产经营组织共同协作相互融合、具有中国特色的新型农业经营体系。在此基础上，文章分析了培育新型农业经营主体的现实必要性和紧迫性，对新型农业经营主体发展中存在的困难以及其背后的体制根源进行研究。该文提出发展新型农业经营主体，要处理不同类型新型经营主体之间以及与传统农户之间的关系，处理好发展规模经营与提高土地产出率、农村劳动力的关系，处理土地流转与社会化服务之间的关系。文章从做好土地流转服务、加快发展政策性农业保险、完善新型农业经营主体扶持措施、有序推进农业转移人口市民化、加强新型经营主体人才队伍建设等方面提出了具体的政策建议。

（供稿人：曾俊霞）

【发展战略、城市化与中国城乡收入差距】

陈斌开、林毅夫 《中国社会科学》2013年第4期，第81-102+206页。

城乡收入差距扩大和城市化滞后是当前中国面临的两大重要挑战。如果把实物性收入和补贴都算作个人收入的一部分，中国可能位于世界上城乡收入差距最大的国家之列。与此同时，中国城市化进程远远滞后于其经济发展水平和工业化进程。中国城乡收入差距持续恶化的原因何在？城市化水平为何远远滞后于经济发展水平？城乡收入差距扩大与城市化滞后的关系是什么？该文试图基于中国的现实数据，为这些问题提供一个逻辑一致的解释。文章从政府发展战略的视角，研究中国城市化滞后、城乡收入差距持续扩大的原因，结果发现，旨在鼓励资本密集型部门优先发展的政府战略，造成城市部门就业需求的相对下降，进而延缓城市化进程，农村居民不能有效地向城市转移，从而城乡收入差距扩大。该文以技术选择指数作为政府对资本密集性部门政策倾斜程度的度量指标，利用1978—2008年中国省级面板数据，对理论假说进行了实证检验。研究还发现，中国城乡收入差距在经济发展过程中呈现先下降、后上升的"U"形规律。该文认为，有效推动城市化，降低城乡收入差距，需要从发展战略和由此衍生的制度、政策入手。第一，大力发展符合比较优势的劳动密集型企业，提供更多的就业岗位，加快城市化进程，缩小城乡收入差距。第二，鼓励多渠道多形式就业，提高城市就业吸纳能力。第三，加快城市部门改革，逐步放弃城乡分割的户籍制度。第四，逐步放弃因重工业优先发展战略所形成的一系列城市偏向的制度安排，包括城市偏向的教育经费投入政策和歧视性的社会福利政策等。

（供稿人：李昊）

【论土地整治与乡村空间重构】

龙花楼 《地理学报》2013年第8期，第1019-1028页。

目前，中国新型工业化、城镇化和农业

现代化的推进缺乏重要抓手和空间支撑平台,严重影响了城乡一体化发展进程。亟须通过开展农村土地综合整治,重构乡村生产、生活和生态空间,以为推进新农村建设和城乡一体化发展搭建新平台。该文界定了乡村空间重构的概念内涵,即在快速工业化和城镇化进程中,伴随乡村内生发展需求和外源驱动力综合作用所导致的农村地区社会经济结构重新塑造,乡村地域上生产空间、生活空间和生态空间的优化调整乃至根本性变革的过程,其内涵包括产业发展集聚、农民居住集中和资源利用集约三个方面;分析了工业化和城镇化进程对乡村生产、生活和生态空间的影响,探讨了乡村空间重构的土地整治类型及助推机制;结合农用地整治、"空心村"整治和工矿用地整治探讨了乡村生产、生活和生态空间重构的模式与途径。该文也指出,中国目前实行的政府主导的乡村发展政策在基层执行的过程中之所以出现诸多问题,很大程度上可归咎于没有足够重视政策执行的嵌入和自然化过程。借鉴国际经验,采取以"自下而上"为主、"自上而下"为辅的重构战略,有助于今后顺利推进中国的乡村空间重构。该文最后指出,作为城乡一体化发展根基的乡村空间其重要性和基础平台作用应受到足够重视,乡村集约高效的生产空间、宜居适度的生活空间和山清水秀的生态空间的优化重构有赖于区域农村土地整治工程技术、政策机制与模式的创新。该文于2019年获"地理学报创刊85周年最具影响力论文奖"。

(供稿人:马翠萍)

【中国家户制传统与农村发展道路——以俄国、印度的村社传统为参照】

徐勇 《中国社会科学》2013年第8期,第102-123+206-207页。

一家一户的生产经营可以说是中国农村发展的本体性问题。但中国学界对此缺乏深入的讨论。同样是东方农业文明传统,却有不同的表现和类型。为充分把握东方农业文明传统对后来农村发展道理的影响,该文分析比较了俄国、印度的村社制与中国家户制的差异,并由此凸显了中国农业文明传统的特性。研究认为:中国的农村发展道路形成于家户制基础上,表现为以家户经营为基础的农业经营组织,家户内部农工商结合基础上的农工商互补经济,家户互助合作基础上的农村合作形式,以及家国共治基础上的农村治理体系。在中国农村发展进程中,家户制虽在人民公社时期被一度抛弃,但仍构成当下及未来发展的制度底色。该文指出,在当下及未来的中国农村发展中,需要高度重视和深入挖掘这一基础性制度和本源型传统,在传统与现代之间建立起必要的关联,才能形成具有中国特色的发展道路。

(供稿人:武舜臣)

【中国农业转移人口市民化进程研究】

魏后凯、苏红键 《中国人口科学》2013年第5期,第21-29+126页。

该文在明确界定农业转移人口市民化的内涵与标准的基础上,对当前农业转移人口的增长状况和市民化进程进行了科学评估,并进一步提出了农业转移人口市民化的政策建议。农业转移人口市民化不单纯是将农业户口改为城镇户口,而是从农村转移到城镇的人口,在经历城乡迁移和职业转变的同时,获得城镇永久居住身份、平等享受城镇居民各项社会福利和政治权利,成为城镇居民并完全融入城镇社会的过程。其主要标志可以概括为6个方面:社会身份的转变、政治权利的平等、公共服务全覆盖、经济生活条件改善、综合文化素质提高、广泛的社会认同。目前中国农业人口转移处于快速稳定增长阶段,从政治参与、公共服务、经济生活、综合素质方面判定的2011年中国农业转移人口市民化综合程度仅为39.56%，据此推算的2012年中国真实的完全城镇化率为42.2%。据第六次全国人口普查资料，2010年全国按城镇非农业户口人口计算的城镇化率仅有27%，其中东北地区为45.5%，东部地区为28.3%，中、西部地区分别只有23.3%和23.2%。2012年，全国按户籍人口计算的城镇化率仅有35.29%，比常住人口城镇化率低17.3个百分点。考虑到中国农业转移人口规模大、市民化程度低、面临的障碍多，建议走中国特色新型城镇化道路要分层次、分类型、多途径推进农业转移人口市民化，即分层次逐步推进落实各项权益、分类型实行差别化推进策略、多途径解决本地农民市民化。该文荣获第七届"中国农村发展研究奖"论文奖（2016年）。

（供稿人：李玏）

【中国粮食安全状况评价与战略思考】

张元红、刘长全、国鲁来 《中国农村观察》2015年第1期，第2-14+29+93页。

该文基于国际公认的粮食安全概念，构建了包括供给、分配、消费、利用效率、保障结果、稳定性、可持续性和调控力等8个方面的指标体系，对中国粮食安全保障的现状、趋势及问题进行了分析。该文指出，粮食安全指标体系应满足系统、完整、科学和可行等要求。首先，指标体系必须与粮食安全内涵一致，全面反映粮食安全状况。其次，所选指标应有可获得的、权威的、连续的数据来源，确保评价结果的公信力和连续性。最后，指标应尽量满足纵向的年度可比与横向的国家可比，基本指标应多数有历史数据可比，核心指标应有国际数据可比。研究结果表明，中国粮食安全当前处于较高水平且近年不断提升。中国粮食安全保障有多重优势，自给率、人均热量和蛋白供给等多项指标超过世界平均水平，甚至超过发达国家平均水平。中国粮食安全面临的主要问题是营养结构不合理、环境可持续性较差等。该文提出改善粮食安全状况的政策建议：第一，保障粮食生产能力，稳定粮食产量；第二，调整食物生产结构，提高食品质量和营养水平；第三，转变农业生产方式，走可持续发展道路；第四，重视需求管理，减少不合理消费和损耗；第五，适当降低储备率，减少财政压力和资源浪费；第六，合理运用全球资源，减轻国内生产压力。该文被 China Economist 2015年第6期翻译成英文发表。

（供稿人：罗千峰）

【中国农产品市场分析与政策评价】

胡冰川《中国农村经济》2015年第4期，第4-13页。

该文针对中国产品生产成本持续提高与价格上限约束产生的矛盾问题，从农产品市场的现实情况入手，归纳总结了一般规律。在此基础上，论文从中国农业政策角度出发提出相应的策略和建议，为农产品市场长期发展提供理论支撑。该文认为，中国农产品市场面临的核心挑战在于农产品价格的普遍上扬。然而，在全球经济增长疲软、农产品价格长期下滑的大背景下，中国整个农产品市场政策体系都将经受严峻考验，诸如价格倒挂、补贴"黄线"、农产品走私等。其对应的主要问题是政策措施如何匹配价格下降，即现有政策可以很好的匹配成本上涨和相应的农产品价格上涨，但是很难应对农产品价格下降。针对这种"政策—价格"之间的非对称性问题，该文从长远发展的视角审视中国农业生产，并强调政策制定的核心逻辑应在于维护农业生产能力、提升农业生产效率，而非片面追求产量的增长。

在具体政策构想上，论文创新性地提出了构建中国农业安全网的设想。这一构想旨在建立一个风险共担、生产决策自主的农业政策体系，该体系能够灵活运用监控、谈判、补贴、保险与信贷等多元化的政策工具，为农业生产的稳定发展提供全方位的支持和保障。

（供稿人：胡冰川）

【论服务规模经营——从纵向分工到横向分工及连片专业化】

罗必良 《中国农村经济》2017年第11期，第2-16页。

"农地规模经营论"已经成为中国推进农业规模经营的主流思想与政策导向。对于如何推进农业规模经营，已有研究大多关注农地流转及其规模经营，却忽视了农业分工问题；相关实践绩效也难以令人满意。规模经济的本质在于分工与专业化，但在主流经济学文献中，纵向分工理论与横向分工理论则是相互割裂的。该文揭示了农业分工及服务规模经营形成的机理，研究表明，在要素（服务）市场开放的条件下，农业分工并不仅仅停留于农户家庭内部的自然分工。一旦农户卷入社会化分工与生产性服务外包，同样能够内生出服务规模经济性。生产性服务的市场容量是诱导农业服务主体生成的关键因素，市场容量具有交易频率与交易密度两个方面的含义，前者是指农户参与纵向分工而实行服务外包，后者是指多个农户选择同类横向分工并形成同向专业化种植。单纯扩大纵向分工及其交易半径将产生交易成本倍增的负效应，而通过横向专业化并引导连片种植，则能够有效扩大市场容量并促进分工深化。该文的理论意义是：将"斯密定理""杨格定理"与交易成本理论结合起来、将纵向分工理论与横向分工理论进行整合，能够深化对市场容量、分工深化、交易成本及其相互关联性的理解。该文荣获第九届"中国农村发展研究奖"论文奖（2023年）。

（供稿人：檀学文）

【半工半耕与中国渐进城镇化模式】

夏柱智、贺雪峰 《中国社会科学》2017年第12期，第117-137+207-208页。

该文聚焦于中国特色城镇化模式的社会学特征和形成机制。一是揭示保护型城乡二元结构的形成和农民生计模式的变动的原因。农民作为"能动的主体"嵌入中国式城乡二元结构，形成"以代际分工为基础的半工半耕"生计模式，其再生产具有制度稳定性。二是揭示中国特色渐进城镇化模式的形成过程与机制。农民在城乡之间双向流动和通过代际接力方式快速城市化，农村社会也保持了有序分化和稳定，避免了发展中大国普遍出现的"贫民窟"及由此引发的政治社会动荡，形成独具中国特色和优势的渐进城镇化。三是揭示中国农民独特的阶层主体性特征。和西方及其他发展中国家相比较，城镇化进程中的中国农民具有把握自己命运的"阶层主体性"，是现代化的受益者而非"牺牲品"，体现了中国社会主义制度成果的深远影响。相对于学界多从批判的视角研究中国城镇化模式，该文应用中国本土化的概念和理论，内在地理解中国农民在城乡双向流动的城镇化实践，揭示中国特色社会主义的制度优势，形成建构有主体性的中国社会学理论的尝试。透过"半工半耕"这一基本概念，研究者可以加深对诸如农民生计方式、农民家庭结构、农民城镇化、农村土地制度、农村社会治理等方面的认识，有利于科学地建构关于农村社会学、农业经济学、文化人类学、政治社会学和城市社会学等分支学科的理论"半工半耕"已成为社会学研究的基本概念。

（供稿人：李玏）

【中国农业发展的结构性矛盾及其政策转型】

魏后凯《中国农村经济》2017年第5期，第2-17页。

该文从农业发展主要矛盾变化即由总量不足转变为结构性矛盾的视角来探讨中国农业政策转型问题。该文将当前中国农业发展面临的结构性矛盾归纳为行业结构矛盾、产品结构矛盾、组织结构矛盾、技术结构矛盾、外贸结构矛盾和空间结构矛盾六大矛盾，并从生产和消费角度将主要农产品分为供过于求型、产需平衡型和生产不足型，将各国土地经营规模类型划分为小规模主导型、中等规模主导型和大规模主导型。在此基础上，该文探讨了增产导向型农业政策面临的三大困境：一是农业生产成本急剧攀升，降本增效成为紧迫任务；二是长期过量使用化肥和农药，使农产品和环境安全受到威胁；三是长期困扰农业发展的"增产不增收"难题难以破解。该文指出，随着农业发展的主要矛盾由总量不足转变为结构性矛盾，中国农业发展将进入全面转型升级的新阶段，国家农业政策应从过去主要依靠化学农业支撑产量增长的增产导向型政策，转变为以绿色农业为支撑、追求质量和效率的质效导向型政策。这种质效导向型农业政策应以提高质量和效率为核心目标，围绕降成本、提质量、增效益，采取供给侧结构性改革方式和整体配套的组合式政策，从根本上有效破解农业结构性矛盾，增强农业国际竞争力和可持续发展能力。文章最后还提出了新形势下中国农业政策转型的相关建议。该文提出中国农业政策应由增产导向型转向质效导向型，为后来中央相继提出"农业政策从增产导向转向提质导向""推动农业由增产导向转向提质导向"提供了重要的理论支撑。该文被《新华文摘》2017年第18期转载，被 China Economist 2018年第2期翻译成英文发表，获第十一届中国社会科学院优秀科研成果二等奖。

（供稿人：罗千峰）

【Impact of Land Tenure Policy on Agricultural Investments in China: Evidence from a Panel Data Study】

郜亮亮、孙顶强、黄季焜 *China Economic Review* 2017年第45卷，第244-252页。

农地产权制度对农户投资的影响一直是发展经济学中的研究热点。该文聚焦中国的农地产权制度及其变迁对农户投资的影响。该文主要分析比较了农户在自留地和责任田两种地上的有机肥投入差异。研究表明，首先，不管是2000年还是2008年，农户在自留地上的有机肥施用概率和用量要显著高于在责任田上的相应水平，这是因为自留地的产权稳定性要高于责任田的产权稳定性。其次，文章进一步研究发现，2008年两种地上的有机肥投入差异显著低于2000年水平，这是因为，中国农村土地政策发生了巨大变化，2008年两种地的产权稳定性差异减弱了，比如农业税减免意味着责任田的收益权更加完整，责任田的承包期限不断延长，现实被重新调整的概率减小，农地流转市场的发展不但减少了行政调整必要性，还增加了投资在责任田上的有机肥的变现可能，这些都能够较好地促进农户在责任田上进行更多的有机肥投入。

（供稿人：马翠萍）

【新时代中国乡村振兴战略论纲】

叶兴庆《改革》2018年第1期，第65-73页。

该文认为，以乡村振兴战略统领未来国家现代化进程中的农业农村发展，是解决中国发展不平衡不充分问题、满足人民日益增长的美好生活需要的要求。与新农村建设的总要求相比，乡村振兴的总要求不仅体现在字面的调整上，更体现在内涵的深化上，可以说是新农村建设的升级版。在城乡二元结构仍较为明显的背景下，要促进农业农村现代化跟上国家现代化步伐，必须牢牢把握农业农村优先发展和城乡融合发展两大原则。一是坚持农业农村优先发展，就是要发挥政府有形之手的作用，加快农村基础设施和公共服务发展步伐；二是坚持城乡融合发展，就是要发挥市场无形之手的作用，促进城乡产业优势互补、互为支撑。要抓好"人、地、钱"三个关键，促进乡村人口和农业从业人员占比下降、结构优化，加快建立乡村振兴的用地保障机制，建立健全有利于各类资金向农业农村流动的体制机制。要特别关注边远村落和贫困群体：一是消除绝对贫困，未来3年的着力点是提高脱贫质量；二是缓解相对贫困，具体包括从消除绝对贫困向缓解相对贫困转变、从单一的收入脱贫向多维度的能力提升转变、从城乡分割向城乡一体转变3个方面。

（供稿人：檀学文）

【中国新时代城乡融合与乡村振兴】

刘彦随 《地理学报》2018年第4期，第637-650页。

城市与乡村是一个有机体，只有二者可持续发展，才能相互支撑。依据人地关系地域系统学说，城乡融合系统、乡村地域系统是全新认知和理解城乡关系的理论依据。针对日益严峻的"乡村病"问题，全面实施乡村振兴，既是推进城乡融合与乡村持续发展的重大战略，也是破解"三农"问题，决胜全面建成小康社会的必然要求。该文探讨了新时代城乡融合与乡村振兴的基础理论，剖析了乡村发展面临的主要问题，提出了问题导向的中国城乡融合与乡村振兴的科学途径及研究前沿领域。该文研究认为：第一，城乡融合与乡村振兴的对象是一个乡村地域多体系统，包括城乡融合体、乡村综合体、村镇有机体、居业协同体，乡村振兴重在推进城乡融合系统优化重构，加快建设城乡基础网、乡村发展区、村镇空间场、乡村振兴极等所构成的多级目标体系。第二，中国"三农"问题本质上是一个乡村地域系统可持续发展问题，当前乡村发展正面临着主要农业生产要素高速非农化、农村社会主体过快老弱化、村庄建设用地日益空废化、农村水土环境严重污损化和乡村贫困片区深度贫困化等"五化"难题。第三，乡村是经济社会发展的重要基础，城乡融合与乡村振兴战略相辅相成，乡村振兴应致力于创建城乡融合体制机制，推进乡村极化发展，按照产业兴旺、生态宜居、乡风文明、治理有效、生活富裕的要求，构建乡村地域系统转型——重构——创新发展综合体系。第四，乡村振兴地理学研究应着眼于乡村地域系统的复杂性、综合性、动态性，探究以根治"乡村病"为导向的新型村镇建设方案、模式和科学途径，为实现新时代中国乡村振兴战略提供理论参考。

（供稿人：李昊）

【准确把握中国乡村振兴战略】

黄祖辉《中国农村经济》2018年第4期，第2-12页。

该文认为，准确把握中国乡村振兴战略，关系到乡村振兴战略实施的效率。首先是把握好乡村振兴战略与城市化战略的关系，其次是把握好"二十字"方针的科学内涵及其内在关系，最后是协调好乡村振兴战略的实施路径。该文认为，乡村振兴战略要以党的十九大精神为统领，而在具体的实施中，则要从区域新型城镇化战略和乡村差异化发展的实际出发。乡村振兴战略"二十字"方针所体现的五大具体目标任务具有相互联系性，因此，既要准确把握"二十字"方针的科学内涵，又要把握好这"二十字"方针中五大目标任务的相互关系。在具体的实施过程中，还应重视"三条路径"的协调推进，即"五个激活"驱动、"五位一体"协同和"五对关系"把控的协调推进。其中，"五个激活"驱动包括激活市场、激活主体、激活要素、激活政策、激活组织等方面；"五位一体"协同强调推进乡村振兴战略需要全社会多主体、多力量、多机制的介入与协同，这种介入与协同的结构应该是农民主体、政府主导、企业引领、科技支撑、社会参与的"五位一体"；"五对关系"把控则包括乡村与城市的关系、政府与市场的关系、人口与流动的关系、表象与内涵的关系、短期与长期的关系。

（供稿人：檀学文）

【改革开放以来我国农村基本经营制度的变迁】

唐忠 《中国人民大学学报》2018年第3期，第26-35页。

在中国改革开放40周年之际，该文梳理了改革开放以来中国农村基本经营制度的变迁。一是总结中国农业发展的成就。改革开放以来，中国农业发展成就巨大，主要农产品产量显著增长，人均主要农产品产量显著增长，农业机械化水平显著提高，政府对农业的支持显著增长，农民收入显著增长，农业新型经营主体发展迅速。二是回顾农村基本经营制度演变过程。改革开放以来，农村基本经营制度的变迁是在保持集体所有制不变的前提下，寻找更好地促进生产力发展的集体所有制的具体实现形式，核心是探索组成集体的成员之间持有土地权利的方式，从而更好地促进农业与农村的发展。三是回应关于农村基本经营制度的争议和问题。农村土地集体所有制的优势在于成员权逻辑与财产权逻辑的平衡，"三权分置"制度的创新之处在于所有者权利的细分与分享，放活经营权不等于经营权物权化。四是提出巩固和完善农村基本经营制度的建议，具体包括：土地集体所有、农户承包经营的农村基本经营制度不能轻易动摇，要保持长久不变；深化农村土地制度改革的目的，在于形成有竞争力的农业发展模式；巩固和完善农村基本经营制度，应更多回应农民和农业发展的诉求。

（供稿人：檀学文）

【穷人的经济学——中国扶贫理念、实践及其全球贡献】

蔡昉 《世界经济与政治》2018年第10期，第4-20+156页。

中国的改革通过逐步消除阻碍生产要素流动的制度性障碍，把作为计划经济遗产的农村剩余劳动力和城市企业冗员转化为有利的增长要素，从而实现了广泛共享的高速经济增长。改革促进了农村经济发展，带动就业扩大和收入提高，这是解决贫困问题的关键一招。该文回顾了改革开放40年中国农村减贫所经历的三个阶段，认为这个过程充分体现了以人民为中心的发展思想，其主要经验可概括为以下三个方面：一是充分发挥体制优势，最大限度地动员社会力量以实现全方位、全社会的大扶贫格局；二是不断依据经济发展阶段变化调整扶贫工作重心，相关政策和措施聚焦贫困人口；三是善于将每个扶贫阶段的经验及教训吸纳进新阶段的扶贫战略中以不断完善工作机制。打造"后2020升级版"的扶贫脱贫战略，应继续保持政策稳定以巩固脱贫成果，同时密切关注新的致贫因素，应对好风险冲击型贫困，积极探索长期可持续的减贫战略。该文核心观点认为，经济发展是收入分配改善的必要条件而非充分条件，中国的减贫成就与实施专门的扶贫战略密不可分。基于经济高速增长所创造的必要条件，中国坚持以提高人民生活水平作为改革的出发点，不断实施面向农村贫困人口的扶贫攻坚战略，并根据发展阶段变化不断创新扶贫战略，从而打破了扶贫效果边际递减的迷思。该文对于厘清要素流动、经济增长和实施扶贫战略三者之间的关系、明晰中国扶贫理论和实践的世界贡献具有重大意义，同时深刻揭示了中国实施专门的扶贫战略对于实现减贫和共享所具有的重要作用。

（供稿人：檀学文）

【从乡土中国到城乡中国——中国转型的乡村变迁视角】

刘守英、王一鸽 《管理世界》2018年第10期，第128-146+232页。

改革开放40年来，中国经济保持了9.6%的高增长，被称为"中国奇迹"；工业增加值年均增长率达14.6%，成为世界制造大国；城镇化率从17.92%提高到58.52%，成为一个城镇化进程过半的国家。该文旨在从历史的视角分析中国进入城乡中国的进程，围绕土地与村庄两条主线，在已有社会科学研究基础上，归纳乡土中国的主要特征；透过结构转变带来的人地关系与乡村制度变革，分析中国从乡土中国转型为城乡中国的阶段；基于当前变化和未来趋势给出城乡中国的主要特征。该文通过分析中国近百年结构转变及其由此带来的人地关系与乡村制度变革，得出中国已经从以农为本、以土为生、以村而治、根植于土的"乡土中国"，进入乡土变故土、告别过密化农业、乡村变故乡、城乡互动的"城乡中国"。在城乡中国阶段，一方面是农民的高度异质化及其与乡村的经济社会关系发生分野，农二代引发代际革命，农业走向劳动集约和多功能化；另一方面是要素在城乡间配置活跃，城乡分工与融合增强，乡村在分化的同时也迈向业态、产业、功能多样化。在历史分析基础上，该文提出"城乡中国"有必要成为理解转型中国结构形态的一个重要范式，任何基于"乡土中国"或"城市中国"的公共政策都不利于中国完成伟大的转型。该文研究认为，在城乡中国阶段，首先要矫正单纯城镇化导向的公共政策。在相当长时期存在的一个误区是，将城镇化作为实现现代化的唯一目标，以为城镇化能使乡村问题顺其自然地解决。事实上，单向城镇化的结果不仅导致大量的城市病，而且导致乡村问题加剧。城乡中国阶段的公共政策必须以城乡平等发展为基础，而不是以消灭乡村为结果，只有城乡的平等发展才能实现城乡两个文明的共生、共融、共荣。将城乡中国而非城市中国作为一个阶段，将允许城市与乡村良性互动，生产要素在城乡有效配置，这样更有利于抵达城市中国。

（供稿人：李玏）

【要素禀赋变化与农业资本有机构成提高——对1978年以来中国农业发展路径的解释】

孔祥智、张琛、张效榕 《管理世界》2018年第10期，第147-160页。

1978年以来，农业生产要素的相对价格发生了巨大变化，正是这个变化推动农业发展方式转型，也决定了不同阶段的农业政策走向。在市场决定价格的前提下，要素价格是要素禀赋的表现，并决定了不同要素的投入及替代状况。因此，该文旨在梳理1978年以来要素投入的变化，从中能够了解农业生产要素禀赋随着经济社会发展而变动的轨迹，从而能够揭示不同时期农业政策变动背后的深刻原因，并可以通过对要素禀赋未来走向的判断预测农业政策的变动趋势。为此，该文以诱致性变迁理论为基础，构建了改革开放以来中国农业技术变迁模式的分析框架，分别计算了改革开放以来劳动力、土地、农业机械和化肥四种农业投入要素的产出弹性和产值增量贡献率，并对改革开放以来各个年度的农业资本有机构成以及要素之间的技术替代弹性进行测算。该文认为，改革开放以来中国农业技术变迁的路线符合诱致性变迁理论模型。中国农业技术变迁的路径是以土地要素为基础变量，以劳动力要素为最核心、最能动变量，其他要素（农业机械、化肥、农药）以劳动力价格的变动为中心，实现各类资源的优化配置。农业资本有机构成数值越大，意味着单位劳动力占用的农业生产资料越多，农业现代化水平就越高。该文给出的政策建议是培育新型职业农民、大力推进农业机械化、推进农业绿色发展、继续推进各项改革和大力发展新型农业社会化服务体系。该文荣获《管理世界》杂志社"纪念改革开放40周年学术研讨会"优秀论文。

（供稿人：王术坤）

【中国减贫四十年：基于历史与社会学的尝试性解释】

李小云、徐进、于乐荣 《社会学研究》2018年第6期，第35—61+242—243页。

改革开放以来，中国的减贫实践在时间和空间维度上均取得了巨大的成就。这一方面是由于中国的经济社会转型，另一方面与中国共产党的执政理念、中国政治制度和体制以及中国的社会文化有着密切的关系。文章在回顾1978年之前中国的社会发展水平、农业生产条件、社会公平状况等中国大规模减贫的历史基础上，通过经济社会条件、减贫动力的不同将改革开放以来的大规模减贫划分为三个阶段，揭示了体制改革和经济发展对于减贫的重要作用。尤其是党的十九大以来的精准脱贫攻坚，展示了国家政治理念驱动型实现共同富裕的新的脱贫机制。中国四十年的减贫之路是在经济社会发展与国家主导的扶贫行动共同推动下，在中国特有的"家国"世界观和乡村社会关系条件下发生的农村贫困人口社会意义的再生产过程，这一过程体现了现代性、小农生产方式和乡村社会关系的交织作用。小农生产方式和乡村社会关系与中国特有的政治文化共同构成了中国四十年减贫的政治社会机制的假设。中国四十年的减贫既是具有一般性意义的发展故事，也是凝聚着中国政治、社会、文化特色的中国智慧和中国方案在当代发展实践中的典型呈现，包括以人民为中心的发展理念、优先发展农业的国家选择、形成有利于穷人在市场中发展的扶贫机制、及时围绕收入分配进行国家干预，以及在中国特有的城乡二元结构条件下推动国家、市场和社会同向性的互动协调。

（供稿人：杨穗）

【基于小农户生产的扶贫实践与理论探索——以"巢状市场小农扶贫试验"为例】

叶敬忠、贺聪志 《中国社会科学》2019年第2期，第137—158+207页。

以市场为导向的产业扶贫方式在中国的精准扶贫工作中发挥了重要作用，但它很难全面覆盖深度贫困的小农户。与此同时，随着国家精准扶贫战略的实施，扶贫工作的重点转移到深度贫困地区和深度贫困人口，且主要是小农户。这一状况让当前的产业扶贫方式面临更多挑战。为探索和创新适合小农户的生产扶贫方式，自2010年起，中国农业大学的一个研究团队在河北省太行山区的青林乡开展"巢状市场小农扶贫试验"，试图通过发展适合贫困小农户特征的"另一种产业"和创造将农村贫困生产者和普通消费者直接联结起来的"另一种市场"——"巢状市场",探索瞄准深度贫困人口的"另一种贫困途径"。这项开展 8 年的扶贫行动表明,"巢状市场小农扶贫"以"贫困小农户现在有什么"的生计资源为出发点,以健康农产品和地方特色食物产品的小农式生产为"产业",以城市普通消费者对健康食物的需求为对接出口,以"巢状市场"为交易和互动的组织形式,通过农村贫困人口和城市人口的相互信任和共同参与,成功地将生计资源和社会资本转化为贫困人口的收入,实现精准、稳定和可持续的脱贫结果,彰显了创新、协调、绿色、开放、共享的新发展理念。文章同时指出,该文呈现的"巢状市场小农扶贫"探索,只是产业扶贫之外的一种扶贫思路,但并非唯一的生产扶贫方式。它与各地方的社会物质基础紧密相关。不同地方在小农农业特点、基础设施状况、社区文化、人力资源等方面的不同,会导致"巢状市场"的发展空间和扶贫效果存在差异。因此,各地对上述模式不能简单套用,要根据其具体情况,选择最合适的扶贫方式。

(供稿人:武舜臣)

【中国城乡关系演变 70 年:从分割到融合】

张海鹏《中国农村经济》2019 年第 3 期,第 2-18 页。

如何处理城乡关系是国家发展中必须面对的核心问题之一。自 1949 年以来,随着国家发展战略的调整,中国的城乡关系也在发生着相应的变化。新中国成立初期,服务于重工业优先发展战略,中国逐渐建立起城乡分割的体制。改革开放以后,随着中国从计划经济向市场经济转型,城乡分割的体制不断被打破,城乡关系不断走向融合。重塑城乡关系、构建城乡融合发展体制机制关乎乡村振兴和国家现代化的质量。该文总结和回顾中国城乡关系 70 年演变历程,可以提炼出一系列宝贵的经验:不断向农民赋权,坚持改革的渐进性,坚持市场化改革取向,坚持尊重基层创新和转换思想观念相结合,以及给改革和改革者留出足够的空间。虽然中国城乡融合发展的体制机制已见雏形,但是,城乡关系当中依然存在诸多问题,包括户籍制度改革亟待深化,城乡二元经济结构相当尖锐,城乡要素合理流动的机制尚未建立,城乡基本公共服务差距依然较大,以及乡村衰退日益加剧等。针对以上问题,该文提出相关政策建议:深化户籍制度改革,提高城镇化率,夯实城乡融合发展基础;优先推进城乡发展中需要一样化的内容,实现城乡融合发展重点突破;加快城乡要素市场一体化进程,攻克城乡融合发展的薄弱环节;推动乡村三产融合发展,建立城乡融合发展的产业基础。

(供稿人:李昊)

【空壳农民专业合作社的形成原因、负面效应与应对策略】

"促进农民专业合作社健康发展研究"课题组、苑鹏、曹斌、崔红志《改革》2019 年第 4 期,第 39-47 页。

该文采取问卷调查和实地调研相结合的方法对空壳农民专业合作社(简称"空壳社")问题进行了深入探讨。研究发现空壳社现象极为普遍,占全国合作社总数的 1/3 以上,部分地区甚至超过 60%。空壳社的形成原因存在多样性,从合作社理事长的主观上来看主要是为了套取国家项目资金、获得税收优惠、响应上级政府要求、"随大溜"等;从客观环境来看,存在少数合作社经营不善,国家或者地方产业政策调整而被迫停业但没有及时退出的情况,以及合作社的法人注销制度要求烦琐等问题。调研显示,大量空壳社的存在既损害了合作社整体社会声誉,也影响了政策效率，还增加了行政部门的监管成本和被寻租风险。作者建议应加大《农民专业合作社法》的普法力度；改进地方政府对基层政府政绩的考核指标体系，取消关于本地区农民专业合作社发展数量规模及其年报率的考核指标；从社会公平、营造平等竞争环境的角度出发，改进政府财政扶持项目的申请条件，完善农民专业合作社扶持政策；同时，落实新修订的《农民专业合作社法》，依法加快推进空壳社清退。

（供稿人：檀学文）

【中国城乡融合发展与理论融合——兼谈当代发展经济学理论的批判借鉴】

金成武 《经济研究》2019年第8期，第183—197页。

"尚不发达"的经济体如何实现结构转型与长期可持续发展，并最终在诸多人均指标上达到（至少是很接近）"已发达"的经济体的水平，一直是发展经济学关注的中心问题。中国作为目前世界上最大的发展中经济体，经济持续健康发展将是长期而重要的议题。该文在新时代背景下，从中国城乡融合发展现实出发批判借鉴当代发展经济学诸理论，从中获取对中国未来发展的有益启示，并在此基础上尝试寻找它们可能融合发展的线索，再基于此，从理论层面为实现未来中国城乡融合发展"三步走"目标提供政策参考。该文意在说明，讨论中国城乡融合发展不仅是为现实政策提供参考，亦可能为当代发展经济学诸理论的批判借鉴及融合发展提供线索。该文在批判借鉴的意义上，先从中国城乡融合发展现实出发反思当代发展经济学诸理论的局限，同时讨论诸理论对中国城乡融合发展的启示，从而进一步探寻融合发展诸理论的可能线索。该文认为，当代发展经济学诸理论的不同的侧重点，在现实发展中，特别是在中国城乡融合发展中，是相互紧密关联的，这种关联可以为诸理论的融合发展提供基础线索，亦可以为中国城乡融合发展提供更综合的政策参考。该文研究得到如下启示：城乡融合发展的关键是农业生产与工业生产的投资收益率趋同，人均收入趋同，这内蕴国内市场上要素、产品、信息等的充分的流动性，从而内蕴市场机制完善，以及城乡和各地区趋同的制度建设，让来自"三农"的各种稀缺资源能够拥有反映资源稀缺性对比关系的价格，或者说反映各种稀缺资源真实被竞争状况的价格。可以说，研究"三农"问题乃至城乡融合发展问题，既可以反思当前发展经济学理论，又为融合发展已有理论提供了机会。

（供稿人：李昊）

【走向共同富裕的解决相对贫困思路研究】

檀学文《中国农村经济》2020年第6期，第21—36页。

该文在共同富裕的视角下，论证了中国中长期进程中解决相对贫困的四个密切相关的问题。第一，中国可以建立基本解决相对贫困的长期目标，而发达国家基本上只是提出缓解相对贫困的政策方案。这个观点是建立在对共同富裕现代化目标以及相对贫困应具有贫困的绝对内核的理解基础上的。第二，在新发展阶段，中国可以考虑制定多元、阶梯式相对贫困标准体系，包括兜底型贫困、数值型相对贫困、比例型相对贫困、多维相对贫困以及共享繁荣指标。这一方面建立在对相对贫困具有复合性特征的认识基础上，另一方面是为了满足社会进步监测以及制定减贫政策需要。第三，中国解决相对贫困的战略与政策总基准是以发展支持为内核的"三支柱"战略，这是将国际上普遍采纳的经济增长、人力资本投资、社会保障"三支柱"战略与中国经验以及中国国情相结合得到的结论，而其中的发展支持则是对开发式扶贫的提升。第四，相对贫困治理需转向常规化，对大扶贫格局进行优化，实行制度化、法治化的相对贫困治理。上述四个部分形成了相互联系、逻辑完整的论证体系。前提是中国需要且能够解决相对贫困；策略是依照多元相对贫困标准分类、梯次推进解决相对贫困；方法是按照社会主义本质要求，采取具有发展支持这个中国内核的、国际性的"三支柱"战略；机制是以制度化、法制化为核心的常规化相对贫困治理。该文的理论创新体现在解决相对贫困是共同富裕的内在要求、相对贫困可以得到解决而不只是缓解、将开发式扶贫经验与"三支柱"的国际经验有机结合、根据贫困性质变化转变治理策略等方面。该文荣获 2021 年度"中国社会科学院马克思主义理论宣传好文章"称号以及第九届"中国农村发展研究奖"论文提名奖。

（供稿人：檀学文）

【数字农业运营管理：关键问题、理论方法与示范工程】

阮俊虎、刘天军、冯晓春、乔志伟、霍学喜、朱玉春、胡祥培 《管理世界》2020 年第 8 期，第 222-233 页。

该文在对数字农业运营管理基本特征进行界定的基础上，从基础建设、应用升级和成熟爆发 3 个阶段识别数字农业运营管理面临的关键问题，形成数字农业运营管理理论方法，构建数字农业创新商业模式与一体化技术解决方案。该文按照"内涵特征→关键问题→理论方法→示范工程"的系统逻辑对"数字农业运营管理"这一新兴学科交叉领域展开研究。主要结论包括：一是数字农业运营管理是采用新型物联网系统为基础支撑体系，在对农业要素和过程进行数字化以及对形成的数字资源进行分析使用的过程中产生的与农产品生产和服务创造密切相关的计划、组织、实施与控制等各项管理工作。二是数字农业运营管理基本特征包括以新型物联网系统为基础体系、以农业数字资源为基本要素、以数据驱动模型与算法为核心、以精密数字设备与技术为手段、以农产品优质优价为市场机制、以可持续满足人类需求为目标。三是数字农业运营管理的关键问题包括农业数字化标准体系的构建、农业物联网基础设施的建设、数据驱动模型与算法的设计、数字农业经营主体的培育、数字农业商业模式的创新和数字农业治理能力的提升。四是数字农业运营管理的理论方法包括数字农业流程重组、数字农业产业融合、数字农业知识管理、数字农业运筹优化、数字农业质量管理、数字农业价值共创和数字农业网络经济。

（供稿人：崔凯）

【从合作社转向合作联社：市场扩展下龙头企业和农户契约选择的经济逻辑——以山西省太谷县某龙头企业和土地合作社为例】

邓宏图、赵燕、杨芸 《管理世界》2020 年第 9 期，第 111-128 页。

该文指出盈利预期驱动企业进行产业结构调整、扩张经营规模，但企业规模扩张的同时会受到土地、劳动力、资金等要素制约。为解决土地和劳动力的供给约束，突破信贷制约，企业在规模扩张的过程中会引入合作社的缔约结构，形成企业领办合作社的混合治理机制。通过对山西省太谷县的调查发现，一方面，当企业规模扩张到信贷约束的临界值时，企业为了在继续扩张规模时减少交易成本，即当企业达到一定规模时，可以通过治理机制和缔约结构创新来扩张企业的边界；另一方面，在农户和龙头企业共同拥有股权的合作社缔约结构中，如何确定分成比例以达到该缔约结构激励相容的效果是构建合作经济组织的关键。同时，市场规模的扩张和产品种类的增加对合作社内部专业化分工要求更高，相应专业化分工的成本也在增加，而由合作社向合作联社的转化可以对冲专业化分工导致的成本增加，实现土地和劳动力配置效率的最大化。作者认为鉴于龙头企业在农业产业化过程中的独特性质，土地和劳力入股的合作社虽然相较于国际合作社的"罗虚代尔原则"出现了一些异化现象，但它把传统"龙头企业+农户"模式中的外部市场关系内化到合作社组织的不同类型的成员之间，提高了农村资源的配置效率和农业经济发展的规模效率。通过缔约结构的变化，企业可以突破土地、劳动力、资金和市场的约束，和合作社实现兼容，龙头企业通过纵向一体化的手段流转土地、雇用员工，合作社则通过横向一体化的手段联合更多的农户，通过土地入股和劳力入股的方式激励更多的农户加盟合作社，共同缔结"龙头企业+合作联社+合作社+农户"的契约结构。总体而言，这种契约结构锁定了双边的专用性资产投资，减少或节约了生产经营成本和交易成本，在合作社内部治理结构中楔进了激励相容机制。

（供稿人：檀学文）

【中国走向共同富裕的战略研究】

李周 《中国农村经济》2021年第10期，第2-23页。

富裕生活一直是所有人都在追求的目标，但迄今为止，人们尚不清楚如何由家庭富裕走向社区富裕、地区富裕、国家富裕，如何由熟人互助共同体走向陌生人利益共同体、人类命运共同体，这个演化进程仍是一个需要探索的课题。该文把这一问题放在人类历史上人与人的关系、人与自然的关系演化过程中去认识和思考，并在此基础上提出实施共同富裕的战略框架和基本策略。文章从人依附于自然、人自立于自然以及人与自然和谐共生三个逻辑递进的层次论述人类与自然间关系的演化规律，并总结了教育、经济和社会领域所出现的人们协同共享的端倪。文章进一步提出了实现共同富裕的战略框架，包括基于全国统一的市场体系、纳入生态价值的国民经济核算体系、全国统一的政策制度体系的全域发展，各个产业、城市和乡村、中国和世界的融合发展，共有产权和私有产权、经济效益和生态效益、公平和效率的耦合发展。最后，该文讨论了实现共同富裕需要处理好的关系，包括理论上妥善处理维护均衡和打破均衡的关系、快变量与慢变量的关系、需求和欲望的关系，制度上协调科学研究和意识形态的关系、一般性和特殊性的关系、全球化和本土化的关系，政策上处理好产权界定与产权流动的关系、优化发展环境和改善分配状况的关系、法律和政策的关系。

（供稿人：檀学文）

【中国现代化进程中的粮食安全政策选择】

倪国华、王赛男、JIN Yanhong 《经济研究》2021年第11期，第173-191页。

该文构造了未来30年不同时期的粮食政策模拟实验体系，并基于对国家粮食政策体系的理论模型推演，构造了"粮食安全忧患指数"量化表征中国奔向现代化进程中全社会对粮食安全的"忧患程度"。通过基于MATLAB架构的RECS模拟，量化比较了30万组可能的未来场景，综合分析了未来不同政策条件下多项指标动态制约的演化结果，最终确定现代化进程中不同时期的最优政策工具组合。模拟结果表明，如果社会不"忧患"粮食安全，会导致中国丧失在自身粮食安全体系中的主导权；如果因过度担忧粮食安全而过分强调自给率，则会陷入粮食短缺和生态环境恶化的"忧患陷阱",走向因为"忧患"所以更加"忧患"的恶性循环,从而凸显出精准把控"忧患程度"的重要性。该文在立意和方法上兼具创新。基于面向未来的演绎逻辑,为探究解决未来其他复杂的政策治理问题提供了新的思路;创新性提出了表征主观"忧患程度"的量化指标"粮食安全忧患指数",基于跨期市场均衡将其定量表述为:国家把当期为下一期提前拥有的一单位粮食赋值为当期市场价值的倍数,保证了研究的科学性;将生态安全、宏观及微观主体的福利水平同时纳入"粮食安全体系",增强了研究结论和政策建议的可借鉴性。

(供稿人:檀学文)

【数字乡村建设:作用机理、现实挑战与实施策略】

王胜、余娜、付锐《改革》2021年第4期,第45-59页。

数字乡村不仅是数字技术的简单叠加,而且是农业信息化的进一步延伸,更是指依托数字经济的发展,以现代信息网络为重要载体,以现代信息技术为重要推动力,重构乡村经济发展的一种手段、过程和状态。数字乡村通过构建"物理世界"和"数字世界"孪生的虚拟空间,催生、激活和放大各种功能效应,为农业生产、农村流通、社会治理、生活形态、文化观念等应用场景赋能,进而助推乡村振兴。加快推进数字乡村建设,应加强规划布局,结合地区差异,分类指导数字乡村建设;重点突破,把握节奏,夯实数字乡村发展基础;试点推进,合力培育壮大农业农村发展新动能;统筹兼顾,协同均衡,推动乡村实现多方面一体化发展。文章指出,进入新阶段、站在新起点,推进数字乡村战略落地实施,推动全面乡村振兴,始终要立足国情、农情,遵循信息技术演化和数字经济发展规律,按照分类指导、重点突破、试点推进、统筹兼顾的基本原则,让数字化在推动乡村产业、人才、文化、生态、组织振兴中更好地发挥引领作用。

(供稿人:檀学文)

【畜牧业高质量发展:理论阐释与实现路径】

于法稳、黄鑫、王广梁《中国农村经济》2021年第4期,第85-99页。

畜牧业作为中国农业和农村经济的重要组成部分,是实现农业农村现代化的重要基础性产业。要满足人民群众对优质、安全性畜产品日益增长的需求,其关键途径在于实现畜牧业高质量发展。基于此背景,有必要准确把握和理解实现畜牧业高质量发展的理论内涵、现实基础和发展路径。然而现有文献对畜牧业高质量发展的理论阐释的研究十分匮乏,尚未对畜牧业高质量发展的概念、内涵特征进行系统剖析,缺乏从生命健康的视角考虑牲畜福利的改善。该文在分析畜牧业高质量发展的现实基础的基础上,从时代背景、内涵特征、生态化取向三个方面对畜牧业高质量发展的理论内涵进行了阐释。具体来说,该文从宏观层面归纳分析当前畜牧业发展的现状,总结提炼了新发展阶段畜牧业发展需要解决的重点问题,为发展路径的提出奠定基础。在分析畜牧业高质量发展时代背景的基础上,该文阐释了畜牧业高质量发展的内涵特征,并进一步提出畜牧业高质量发展的生态化取向:关注理念导向、关注环境健康、关注产品质量、关注饲料安全、关注标准指导。该文提出了在乡村振兴战略顶层设计框架之下,实现畜牧业高质量发展的生态化路径:以新发展理念指导畜牧业高质量发展;因地制宜创新生态畜牧业发展模式;强化技术创新推动畜牧产业绿色转型;利用中医药优势推动畜牧业健康发展;采取有效措施提高畜牧业的核心竞争力；完善保障畜牧业高质量发展的政策。该文的边际贡献主要体现在两个方面：一是对畜牧业高质量发展进行理论阐释，确定畜牧业高质量发展的概念，并剖析其内涵特征；二是有别于既有研究侧重畜牧业发展的环境影响，该文从生命健康视角切入，充分考虑了牲畜福利的改善问题，并提出了实现畜牧业高质量发展的多种生态化路径，为畜牧业高质量发展提供决策参考。

(供稿人：于法稳)

【新发展格局下中国粮食安全风险及其防范】

朱晶、臧星月、李天祥《中国农村经济》2021年第9期，第2—21页。

该文在深入剖析中国粮食安全领域国内国际双循环的战略定位及相互关系的基础上，系统分析和探讨了当前和今后粮食安全领域双循环运行过程中需要重点关注和防范的各类安全风险，包括国际循环的可能断点、国内循环的内在压力点以及国际循环对国内循环的潜在冲击点等，并据此提出了新发展格局下建立更高层次、更高质量的国家粮食安全保障体系的对策思路。该文认为，当今世界处于百年未有之大变局与百年未遇之大疫情交汇之际，全球粮食市场的风险和不确定性显著增加，这不仅会对中国粮食安全所面临的国际贸易环境造成负面影响，也会对国内粮食供需平衡保障与粮食支持保护政策体系改革带来前所未有的冲击和压力。在新发展格局下，牢牢把住粮食安全主动权的关键在于畅通粮食国内国际双循环，实现"该进就得进"和"该保必须保"双目标的协调统一，推动双循环"内外统筹，协调互促"。该文指出，面对国际国内复杂形势，保障中国粮食安全，既需要立足国内并畅通国内循环，也需要积极利用国际市场并借助国际循环所带来的竞争压力和倒逼压力，推动国内农业转方式、调结构、补短板、强产业，以增强应对外部风险和冲击的柔性与韧性。具体而言，围绕粮食安全领域连通国际循环的可能"断点"、治理国内循环中的内在"压力点"、抵御国际循环对国内循环的潜在"冲击点"，增强国家粮食安全战略定力可从五方面发力：一是转型粮食安全保障既有思维，提升国内国际双循环互促动力；二是筑牢国内粮食稳产保供的能力基础，激发国内循环运行活力；三是构建全方位多渠道的外部粮源供应体系，提高国际循环利用能力；四是升级既有农业支持保护政策体系，化解国际循环对国内循环的冲击压力；五是健全和完善应急保障体系，强化国内国际双循环的协同治理能力。该文获评中国世界经济学会"国际发展经济学2021年最佳中文论文TOP10"，并被《世界经济年鉴2022》中英文版收录，被人大复印报刊资料《农业经济研究》2022年第1期全文转载。

(供稿人：朱晶)

【常态化精准扶贫政策的完善：反福利依赖的视角】

黄薇、曹杨《经济研究》2022年第4期，第172—190页。

党的二十大报告提出，中国式现代化是全体人民共同富裕的现代化。西方发达国家在后现代化过程中高福利诉求带来的"福利陷阱"引发一系列社会矛盾，仍然是一个普遍性难题，也是"中国式共同富裕的现代化"所面临的重大理论命题和实践命题。该文通过估计国家扶贫政策对于农村家庭消费和劳动力市场行为的影响，发现2010年贫困家庭的福利依赖现象并不明显，但随着2012年贫困线的大幅提升，贫困线两侧福利依赖行为特征出现了明显的断点：贫困家庭劳动力市场参与或重新进入劳动力市场的意愿以及家庭成员外出打工的概率相对于非贫困家庭显著降低,但相比非贫困家庭,贫困家庭更可能进行享受型消费和发生外出就餐消费,且花费支出也明显高于非贫困家庭,福利依赖现象在贫困家庭显著存在。而且,随着2014年精准扶贫政策的实施和帮扶措施的加大,这种断点变化还有不断扩大的趋势,表明精准扶贫政策带来的福利依赖现象愈发明显。进一步地,贫困微观个体特征对其福利依赖行为具有显著的影响,而对社会救助更依赖的贫困家庭,其福利依赖的程度更高。因此,常态化扶贫工作必须通过以激励相容为目标的反福利依赖政策设计才能有效解决贫困福利依赖问题。如何准确分离出贫困状态所触发的脱贫机制与福利依赖之间的互为因果关系是个难题。为此,该文使用2010年、2012年、2014年和2016年四期中国家庭动态跟踪调查(CFPS)微观数据,基于2011年底大幅提升国家扶贫标准作为准自然实验,结合2012年实施的新贫困线(2010年标准)以及2014年启动精准扶贫政策两项重大变化,借助以贫困线为断点的断点回归方法来开展政策效果评价。该文发现精准扶贫政策带来的福利依赖现象显著存在且愈发明显的证据,提出构建与中国式现代化建设相适应的、以激励相容为目标、以分类帮扶为基础的反福利依赖政策设计,形成以服务供给引导创业、就业为主的相对贫困治理模式,从而有效解决今后常态化扶贫工作以及推进共同富裕过程中引发的福利依赖问题,这既是落实习近平总书记在《扎实推进共同富裕》中提出"坚决防止落入'福利主义'养懒汉的陷阱"的重要举措,更是为解决人类面临的共同问题提供更多更好的中国智慧、中国方案、中国力量,形成中国特色的贫困与发展的话语体系。

(供稿人:檀学文)

【新时期中国粮食安全的理论辨析】

仇焕广、雷馨圆、冷淦潇、刘明月《中国农村经济》2022年第7期,第2-17页。

粮食安全是促进经济发展、保障社会稳定和维护国家安全的重要基础。中国在粮食安全保障方面取得了举世瞩目的成就,但仍面临众多挑战。随着消费结构升级,粮食需求呈刚性增长的态势,紧平衡的格局在短期内难以改变。同时,粮食连年增产造成资源环境压力增大,叠加自然灾害、国际局势不稳定等因素,如何保障新时期粮食安全成为重要议题。面对严峻挑战,新时期保障粮食安全需兼顾以下目标:一是提高粮食综合生产能力,确保粮食供应稳定;二是满足居民消费升级需求,持续改善居民营养健康;三是在促进粮食生产持续增长的同时,注重资源环境保护,保障粮食长期供给能力。不同政策目标并非总具有一致性,对新时期粮食安全进行理论辨析,有助于探寻保障路径。习近平总书记强调"中国人的饭碗任何时候都要牢牢端在自己手上""我们的饭碗应该主要装中国粮"。一方面,"中国人的饭碗"不仅涉及装什么食物,还包括碗内食物的结构问题。这就要基于"大食物观"辨析粮食安全与食物安全的关系、厘清粮食安全和营养安全的关系。另一方面,将中国人的饭碗"牢牢端在自己手上""主要装中国粮"要思考碗里应装多少比例的中国粮,如何权衡自主生产和合作进口,即如何确定粮食自给率。回答这个问题,不仅要辨析粮食安全与生态安全的关系,考虑中国的资源条件能够生产多少粮食,还要厘清数量安全与能力安全之间的关系,考虑中国拥有多少粮食产能以及要发挥多少粮食产能。因此,对粮食安全与食物安全、数量安全与能力安全、粮食安全与营养安全、粮食安全与生态安全、自主安全与合作安全这五对关系进行理论辨析,有助于深入理解习近平总书记关于"三农"工作重要论述,寻求最优粮食安全保障手段。从理论上看,粮食安全是保障食物安全的基础,食物安全是居民消费升级对粮食安全的必然拓展;能力安全是实现长期数量安全的关键,也是粮食安全的核心内涵;营养安全是粮食安全的更高要求,也是中国未来消费转变的必然趋势;粮食安全与生态安全之间在短期内存在权衡与取舍,而从长期来看生态资源环境很大程度上决定了粮食生产可持续发展的能力。此外,数据分析表明,中国目前的粮食生产能力已基本满足居民营养需求,但较高的粮食损失和浪费率、不合理的居民饮食结构等因素导致中国粮食进口量呈持续增长态势。

(供稿人:仇焕广)

·著作·

【新发展方式与中国的未来】

邓英淘（著） 中信出版社 1991 年 4 月版。

第二次世界大战后大多数欠发达国家采用经典发展方式所经历的悲剧警示中国不能盲目照搬西方发达国家的现代化方式，那么，中国用何种方式实现高度现代化？是否会重复那些欠发达国家的历史悲剧？中国能否成为一个新的例外：沿用经典发展方式实现高度现代化？如果不能，那么替代的发展方式又是什么？对这些问题做出分析和判断，构成了此书的主要内容。此书共分 11 章。第一章分析了中国经济长期发展所面对的物质约束和发达国家生活方式的"示范"影响，明确地提出了中国在物质制约和"消费示范"的双重压力下推进现代化的进程中，面临着选择和确立新的长期发展方式的根本问题。第二章对经典发展方式的若干重要特征和后果进行了认真反省。第三章对自然资源的类型及其技术和社会性质进行了讨论。第四章对经典发展方式的生成原因、制度构架、运行机制、调节方式、长期后果和理论基础进行了较全面的分析和概括，并揭示了这种发展方式的载体在资源的配置和利用上所存在的根本缺陷，以及由此产生的严重后果。第五章对熵的各种含义做了尽可能清楚的说明，并据此讨论了经典发展方式与自然环境的关系。第六章对经典发展方式的表现型——以 GNP 为核心的国民经济核算体系——做了较为详细的清理，指出人们津津乐道的很多"进步"都是在透支的烟幕下获得的。第七章对恩格尔定律的微观基础作了详细解析，从中引出了一些有用的分析性概念和结论，为下一章的讨论做了工具上的准备。第八章给出了新发展方式的哲学背景和理论基础，得到两个非常重要的结果：广义恩格尔定律和等效性原理。第九章通过 4 个准则，在实践的层次上对新发展方式的特征进行了综合与概括，提出新发展方式在中国运用的原则、方针和标准。第十章从衣、食、住、用、行、医和三大产业这样更具体的层次，提出了新发展方式在中国如何运作的一些对策性建议。第十一章对新发展方式的基本构架做了概括，将其归纳成 7 个方面的特征，提出了中国在向未来过渡的进程中应该如何行动的一些方法和原则，并对实现最终目的的主要手段，以及妨碍人们采取正确行动的某些流行看法进行了简要讨论。作者针对以高投入、高消费为特征的欧美发展模式无法在全世界普遍应用的局限性，提出了以可再生资源替代不可再生资源，以稀缺程度低的资源替代稀缺程度高的资源，以地球外资源（太阳能）替代地球内资源（化石能源、生物能源）的发展方式。作者的核心观点是：通过技术创新，实现低能级、低物级资源对高能级、高物级资源的替代。此书在 2013 年由上海人民出版社再版。

（供稿人：于法稳）

【中国贫困山区发展的道路】

严瑞珍、王沅（著） 中国人民大学出版社 1992 年 12 月版。

此书基于丰富的调查数据和资料，剖析了中国贫困山区的贫困现象，强调了贫困山区开发和治理的紧迫性，并对其发展和改革方向进行了深入探讨。全书共分为十章，涵盖中国贫困山区发展的历史背景、现状、问题及发展途径和方向，并选取具有代表性的太行山区、武陵山区、沂蒙山区等若干地区进行了实证分析。全书的核心观点是：贫困山区的发展目标是脱贫与致富，需要从生态、资源、技术、资金等多方面进行综合治理，其中社会主义市场经济的启动是实现这一目标的突破口，而启动社会主义市场经济的杠杆则是发挥山区的比较优势，变山区的资源优势为产品优势和商品优势。针对贫困山区生态、资源、粮食、技术、资金等问题，提出以下建议：应坚持生态保护和资源开发并重，开展小流域综合治理；为解决粮食困境，贫困山区应实行总体上的自给或半自给策略，建立基本粮田为中心内容的集约化农业技术经营路线；在技术方面，应以引进现代技术和生物技术为主，并辅以优秀的传统技术和机械技术；在资金方面，开发初期投入应以农业为主，后逐步转向乡镇企业；在特殊扶持政策方面，建议政府应协助组织贫困山区和发达地区间的横向经济联合。此书基于丰富的数据资料和逻辑严谨的实证分析，对贫困山区相关问题进行了深刻揭示，并提出有针对性的建议，不仅从理论角度为贫困山区的发展提供了重要思路，而且有助于全面把握中国贫困山区的现状，为后续研究提供了重要参考。此书荣获第七届孙冶方经济科学奖著作奖（1996年度）。

（供稿人：刘梦婷）

【中国农村改革：回顾与展望】

陈锡文（著） 天津人民出版社1993年12月版。

此书全面回顾了农村改革发展的历程，系统总结了农村改革发展取得的巨大成就和宝贵经验，深刻分析了农业农村面临的突出问题和挑战。内容包括：农村改革的背景、农村改革已取得的成就、农村经济改革与发展所面临的转折、农村土地制度建设、农村财产制度建设、农村基层经济组织制度建设、农村市场制度建设、乡镇企业制度建设和农村改革与发展的综合度量指标。此书不是纯学术或纯理论的著作，作者所思考和探讨的无一不是当时农村改革中最现实和最迫切需要解决的问题；作者始终紧扣农村改革的由来与演进这一主线，对农村改革中的重要问题加以详加讨论，显示了作者对农村问题的熟识和深入系统的思考以及从整体上驾驭这些问题的能力。进入20世纪90年代，农村经济发展所面临的转折主要表现在两个方面：一是农产品的需求结构发生了重大变化，农产品供需矛盾开始从数量问题转向质量问题；二是乡镇企业开始出现吸收新增就业者能力下降的趋势，乡镇企业正在出现以资本替代劳动的趋势。作者提出，在20世纪90年代农村经济发展面临的最突出矛盾是如何促使农民收入持续增长；农民收入的增长状况是衡量农村经济发展的最全面、综合程度最高的指标，也是农村发展的基础。此书受众广泛，有助于广大经济学学者、"三农"问题研究者、政策制定者、基层工作人员等深入了解中国农村改革发展历程。农村改革还在继续，人们对它的认识也将持续深化。此书关于家庭承包经营的必然性、农地制度建设、集体经济与合作经济的联系与区别、农业市场建设、乡镇企业制度建设和发展道路等方面的观点和见解，无疑有助于丰富和深化人们对农村改革问题的认识，启发读者对新发展阶段农村改革问题的持续思考和积极探索。此书出版后产生了广泛的社会影响，荣获第八届孙冶方经济科学奖著作奖（1998年度）。

（供稿人：赵黎）

【以工代赈与缓解贫困】

朱玲、蒋中一（著）　上海三联书店、上海人民出版社1994年7月版。

此书以中国经济改革和大规模的反贫困行动为背景，首次从缓解贫困的角度对以工代赈政策的制定和实施过程进行了系统的专题研究，结合实证研究方法，通过考察以工代赈项目对贫困地区农户的就业、收入和营养状况的影响，分析其对缓解贫困的作用，展示了社会经济抽样调查和数据处理的国际规范方法及中国独到的操作经验，在很大程度上标志着中国实证经济学的新突破。此书首先对中国贫困人口产生的原因、特点和扶贫政策进行了系统探讨，其次通过在河北太行山区、四川秦岭大巴山区、山东沂蒙山区、宁夏西海固地区和贵州岩溶地区进行的典型调查和抽样调查，利用统计和计量方法，分析了农民参加以工代赈项目的决策行为、项目对资产和收入分配的影响，以及农户的食品消费和营养状况。此书聚焦以工代赈的扶贫政策，将专题论述与整体扶贫行动结合起来，同时将反贫困计划的实施与宏观经济改革进程相联系，提出了一系列新的结论。例如：第一，在引入市场机制提高效率的同时，政府运用收入再分配和公共投资手段实施反贫困计划，增加村社基础设施和社会服务的供给，对于改善贫困人口的生产条件具有决定性作用；第二，以工代赈项目的瞄准机制和村社参与组织劳动力的方式，兼顾了"效率"和"公平"，使贫困者成为受益人口的大多数，但是，在转折时期，该项目需要随时校正出现的计划失误；第三，大规模的扶贫行动虽然缓解了贫困地区的食品短缺问题，但是初等教育和医疗卫生服务的供给尚未得到重大改善，在市场化进程中，稳定经济增长的同时还需要保障社会的均匀分配的社会保障，来满足贫困人口的基本需求、就业和收入。此书荣获第七届孙冶方经济科学奖著作奖（1996年度），并于2014年5月再次出版，对于总结归纳中国特色反贫困理论和经验具有重要的学术价值和实践意义。

（供稿人：杨穗）

【制度、技术与中国农业发展】

林毅夫（著）　上海三联书店、上海人民出版社1994年11月版。

此书收集10篇论文，从制度和技术变迁理论出发，聚焦中国特有的经济制度和技术对经济发展的影响及其变迁的原因，探讨了社会主义建设时期中国农业现象与政策。此书前五篇文章探讨农作制度变迁的原因，不同的农作制度对农业发展的影响；后五篇文章中有四篇探讨在社会主义制度下农业技术的选择、创新和扩散。其中，《集体化与中国1959—1961年的农业危机》一文，以博弈论的观点解释了1959—1961年的农业危机。作者提出，1958年公社化运动后，由于社员不再有退社自由的权利，合作社不再具有"重复博弈"的性质，社员之间"自我实施"的协议无法维持，这影响了合作社的激励结构和社员的积极性，降低了农业生产率，这是农业危机形成的主要原因。《中国农业家庭责任制改革的理论与经验研究》一文，通过建构一个工分制下的生产队理论模型，分析了从生产队体制向家庭联产承包责任制变迁的原因，并以经验资料对理论模型进行检验。与传统的合作经济理论模型不同，作者在这一理论模型中引入"监督"的概念，作为工分制决定因素的论据。分析发现，生产队中对劳动的激励是队的管理者所实施的监督程度的函数。由于农业生产中的监督费用极高，生产队中对劳动的激励就低下。因此，作者认为，生产队体制不成功的原因，不在于其社会主义性质，而是由于对农业劳动监督的困难。相比而言，监督问题在家庭责任制下得到了克服。因此，提高社会主义经济的效率，需要有与生产过程的特性相匹配的制度。此书出版后多次再版、重印，并荣获第五届孙冶方经济科学奖著作奖（1992年度），在学术界具有较高的影响力。

（供稿人：赵黎）

【走向21世纪的生态经济管理】

王松霈（主编） 中国环境科学出版社1997年5月版。

当前人类社会的发展，从人与自然的关系来看，已经进入生态与经济协调发展的新时代，其基本特征是实现经济与社会的可持续发展。反映新时代要求的新实践，要求有与之相适应的新理论来指导，一门由生态学与经济学相互渗透结合而成的新兴边缘学科——生态经济学就应运而生。1980年，已故著名经济学家许涤新提出研究我国的生态经济问题和建立我国生态经济学的倡议。1984年，中国生态经济学会成立了，学界开始有组织地进行生态经济问题研究。"八五"期间，这一国家社会科学规划重点课题由曲格平、刘国光、石山、王耕今和陈吉元五位同志担任课题顾问，指导开展研究工作。此著作以生态与经济协调发展和可持续发展为特色，全书分为生态经济管理理论、宏观生态经济管理、微观生态经济管理、城市生态经济管理、农村生态经济管理和国外生态经济管理六篇，体现了以下基本特点和内容：一是立足高起点。此书提出生态经济管理属于现代化范畴，要着眼于生态时代，面向21世纪，为实现我国经济社会的可持续发展服务，从而使此书具有方向性、战略性和超前性特色。二是理论联系实际，重在指导实践。生态经济管理首先是应用研究，要求用生态经济学理论为指导，指导实践。三是力争理论研究的开拓创新。此书提出实行生态经济管理要建立3个新的思维，即生态与经济双重存在的思维、协调发展的思维、持续发展的思维；此书提出指导生态经济管理的4条基本理论和原则，即人类利用自然又受制于自然的理论和原则，经济主导与生态基础制约促进的理论和原则，经济有效性与生态安全性兼容协调的理论和原则，经济效益、社会效益、生态效益整体统一的理论和原则；此书还提出了积极生态平衡的指导思想。此书于2000年获第三届"中国社会科学院优秀科研成果奖"三等奖。

（供稿人：于法稳）

【发展理论与中国】

胡必亮（著） 人民出版社1998年9月版。

此书比较详细地介绍了发展理论中关于"农业发展""劳动力转移""二元经济""可持续发展战略""工业化战略""灰色区域""城乡联系"等学说，并与中国经济发展的实践密切结合，一方面借鉴其分析方法，另一方面检验其实际适用性，从而赋予了这些或新或旧的理论与政策以新的生命力或存在的价值。此书的特色是：第一，此书把各种理论在应用于中国实践时所显示出的缺陷都充分揭示了出来，一方面用中国实践中所总结的理论丰富发展经济学；另一方面充分利用不同发展理论学说之间的互补性，并尝试形成一个统一的解释框架。此书把新古典经济学与各种非主流经济学、纯经济学与各种边缘学科协调起来，形成一种互相印证、互相补充的格局。第二，此书的方法论具有多样性和多元化特点。西方经济学的主流方向是其方法论越来越趋于整齐划一，但其方向过于单一。作者反其道而行之，把发展经济学的分析角度向相反的方向上推。例如，作者沿着刘易斯的二元经济理论进一步把中国经济划分为三元结构,可以更深一步地解析中国城乡发展的独特道路。第三,此书回答了借鉴外国理论究竟为了什么的问题。此书目的是学习、介绍和研究别人的理论,归根结底是为了与中国的事情结合起来,用中国的经验来检验别人的理论,为中国城乡发展寻找一个参照系,并借以构造一个多元化的理论支点。此书获2000年度第三届"中国社会科学院优秀科研成果奖"三等奖。

(供稿人:檀学文)

【农村市场经济体制建设】

韩俊等(著) 江苏人民出版社1998年12月版。

此书是在中国社会科学院重点课题"中国农业如何实现第二个飞跃"的主要成果的基础上完成的。该课题由陈吉元和韩俊主持,课题最初设计是就邓小平的农业"两个飞跃"思想进行理论研究,特别是就中国农业如何实现"第二个飞跃"提出具体的思路和建议。针对实践中出现的偏差和似是而非的混乱认识,该课题研究提出了如下观点:下一步农村改革的重点绝不能简单地归结为土地的规模经营,兴起的农业产业化是"新质意义上的规模经营",而发展农业产业化与培育农民新型合作组织相结合,是中国农业实现"第二个飞跃"的最现实选择。从更一般的意义上讲,中国农业的"第二个飞跃"应是在农村建立比较完善的社会主义市场经济体制。此书对课题研究内容进行了深化与拓展。在对农村改革与发展的成就以及邓小平的农业发展思想进行概述与总结的基础上,此著作围绕"农村如何建立市场经济体制"这一中心内容,分别从农村土地制度建设、农业产业化与农村新型合作组织制度建设、粮食流通体制改革、农村金融改革、农产品贸易自由化背景下的政策选择、农业支持和保护体系建设、乡镇集体企业产权制度改革、农村经济结构变革等专题问题展开讨论。此书的第九章《农村经济结构的变更与国民经济发展》在对改革以来中国农村经济结构变革过程进行回顾与分析的基础上,揭示了农村经济结构变革与国民经济发展的相互关系,探讨了农村经济结构变革面临的现实问题,提出了优化农村经济结构变革的对策与思路。此书荣获中国社会科学院优秀成果奖;其中,《农村经济结构的变更与国民经济发展》(第九章)荣获第九届孙冶方经济科学奖论文奖(2000年度)。

(供稿人:檀学文)

【中国农村发展:理论与实践】

程漱兰(著) 中国人民大学出版社1999年2月版。

此书是农村发展经济学的重要教材之一。此书在《农村发展经济学》(周志祥、范剑平编著,中国人民大学出版社1988年版)的基础上,以中国农村发展的理论和实践为主要研究对象,分析了中国农村发展的历史进程,并深入剖析了新时期中国农村发展的重大理论及焦点、热点、难点问题,并力图在国际比较分析中,评价、修正、补充和创新发展经济理论与观点。此书分上、下两篇。上篇为第一章至第六章,主要是对中国农村发展的历史进程进行回顾、总结和评价。下篇为第七章至第十六章,主要围绕新时期中国农村发展的热点、难点问题进行讨论,并最终提炼出关于中国农村发展的重大理论。

在上篇中,作者通过归纳社会主义国家强制低价收购农产品及强制集体化总是与实施大规模经济建设中长期计划相联系这一共同现象,揭示了集体化的经济根源。同时,作者还将社会主义国家与赶超型的其他国家和地区剥夺农业的政策相比较、与其他发展中国家只有剥夺农业却没有赶超的情况相比较，进一步显示了传统体制时期中国农村发展模式的历史功绩。

下篇分为四个部分。第一部分为第七章到第九章，描述分析了新时期中国农村发展的制度环境。首先，对计划经济向市场经济的转轨进行背景分析；其次，揭示中国农村产生出市场经济体制框架的两大要件：真正的市场主体和正确的价格信号；最后，总结农户家庭承包经营制度的创建、发展和完善，探究适宜的农产品市场体系、农村市场体系及价格机制形成的条件和难点，提示今后的变革方向。第二部分为第十章到第十三章，主要是中国农村发展的要素分析。首先，在资本资源部分，突出投资机制的重要性；其次，在人力资源部分，分别对劳动力的体力、智力素质的提高和对劳动力的充分利用进行分析；再次，在自然资源部分，强调农村经济和环境可持续发展的制度保证；最后，在科技资源部分，对动力机制给予了极大关注。第三部分是第十四章，分别从国内和国际两个视角，分析新时期中国农村适宜的产业结构，揭示市场化、全球化大潮中中国农村发展的机遇和挑战，并对农业的贸工农一体化和乡镇企业发展给予高度评价。第四部分是第十五章、第十六章，介绍中国农村的社区、社会发展。此部分主要分析不同模式的社区发展和不同发展程度的地区发展两大方面。前者突出了极具中国特色的全民福利型社区的发展经验，后者突出了中国农村"最后的贫困人口"的脱贫对策。此著作荣获第一届"中国农村发展研究奖"（2004年）。

（供稿人：杨园争）

【华北的小农经济与社会变迁】

[美]黄宗智（著） 中华书局2000年6月版。

"大国小农"是中国的基本国情，人地关系是分析中国农业农村发展走向不容忽视的重要特征变量。此书作者根据20世纪30年代人类学家的实地调查资料尤其是日本"南满洲铁道株式会社"研究人员在华北平原33个自然村实地调查所得资料，加上地方档案以及作者的跟踪调查，通过详细的数据分析，对明清以来华北地区的小农经济和社会变迁做了深入的考察，分析了诸如为何华北地区的小农经济会长期停滞、为什么会出现"没有发展的增长"这一悖论现象等影响中国社会发展走势的关键问题，解释了华北地区当时为何没有发展出西方式的资本主义。

此书主要的研究结论有以下三个方面：第一，自由主义经济学和马克思主义理论各有所长，均有助于认识和理解中国农村的经济和社会发展。不过，二者均未对中国人多地少的基本国情给予足够的关注，也无法理解由此形成的小农经济的顽强生命力。在两大理论之外的实质主义理论更加注重小农家庭的特殊组织逻辑和行为动机，因而作者批判地利用了三种观点对中国的小农进行区别不同阶层的综合分析。第二，经营式农场和小规模家庭农场在资本投入（肥料和牲畜等）、技术水平、亩产量等方面并不相同，二者最主要的差异在于：前者是雇工经营，可以根据劳动力的边际报酬进行雇佣劳动的动态调整，实现劳动力的适度配置；而家庭农场的劳动力是给定的，即便劳动力边际报酬很低，也无法"解雇"家庭劳动力。这就出现了家庭农业劳动投入不断增加而劳均产出却下降的"内卷"现象。而劳动力的"内卷"，意味着家庭农场可以提供比经营式农场更高水平的地租，使得此时期经营式农场的数量不断减少。第三，"贫农经济"的形成，是人口压力和阶级关系两种因素共同作用的结果，而非单纯缘于阶级关系。人地压力使得农民从农业所得收入不多，阶级关系则使得农民受到较大程度的剥削，二者共同促成了当地的"贫农经济"。

此书英文版曾获美国历史学会"费正清奖",是黄宗智教授的成名作之一。此书提出的"内卷化""没有发展的增长"等概念广为流传。作者所用的研究方法,即"从最基本的史实中去寻找最重要的概念,然后再不断地到史料中去验证、提炼自己的假设"的研究进路,有助于摆脱西方理论和意识形态对中国问题研究的束缚,进而得出真正符合中国实际情况的研究结论,实为研究中国农业发展不可不读的佳作。

(供稿人:檀学文)

【联结农户与市场——中国农民中介组织探究】

张晓山等(著) 中国社会科学出版社2002年3月版。

此书是在中国社会科学院重点课题"社会主义市场经济条件下农民中介组织的发育和完善"主要成果的基础上完成的。全书由张晓山主持,与苑鹏、杜吟棠、国鲁来、潘劲、刘惠、熊进、马忠富、罗远信等人共同撰写完成。全书共包括三个部分:第一部分是理论研究,从社会主义市场经济条件下农民中介组织的发育和完善出发,对不同类型的中国农民中介组织进行理论与实践分析。农民中介组织既包括农民的自助组织,也包括为农民服务的其他类型组织,主要类型有农产品销售和农用生产资料购买组织(包括供销社、专业合作社、专业协会、农民运销联合体以及各种企事业单位兴办的加工营销实体等各类经济组织)、为农民服务的金融组织(包括农村信用社、清理整顿之前的合作基金会以及各种非正规的金融组织)以及乡村社区组织。第二部分是文献评述,聚焦于几类典型的农民中介组织以及"公司+农户"等重点问题进行综述。第三部分是个案调查,通过实地考察研究各类中介组织的内部结构、管理机制的现状和问题,探索新老中介组织对接问题。通过国内外农民合作社发展历史与模式的比较研究,作者提出了中国农民中介组织发育与完善的思路,即应通过制度创新和组织创新,发育各类新型的农民中介组织,但同时应最大限度地利用、改造原有的中介组织资源,并通过两种组织资源的对接,使农民能以较低成本、较快捷的方式进入市场,最终实现农民增收。两种组织资源有效对接的关键是要对传统的组织资源进行市场化取向的改革,明晰产权关系,采取各种形式,解决各类新兴的农民中介组织的问题。

此著作中的《对中国农民中介组织的理论研究》部分,荣获第十届孙冶方经济科学奖论文奖(2002年度)。中国社会科学院农村发展研究所党国英研究员专门为此著作撰写书评《农民 市场 社会——评介张晓山等〈联结农户与市场——中国农民中介组织探究〉》以及《通过组织创新帮助农民走向市场——读张晓山等著〈联结农户与市场〉》,分别发表于《中国农村经济》2003年第9期和《经济研究》2004年第3期。

(供稿人:赵黎)

【回乡,还是进城?中国农村外出劳动力回流研究】

白南生、宋洪远等(著) 中国财政经济出版社2002年8月版。

自20世纪80年代后期以来,中国农民大规模跨区流动即"民工潮"日渐成为令人瞩目的社会现象。到了20世纪90年代中期,正当"民工潮"汹涌澎湃之时,有人指出"民工潮"的发展已带动了农民工回乡"创业"的到来。这在学术界和政策界引起了农村劳动力流动方向的讨论。1997年底,农业部(现农业农村部)农村经济研究中心"中国农村外出劳动力回流研究"课题组对农民工回流问题进行了为期四年的研究,通过个案调查与抽样调查的方式分析了外出与回流人口的数量形态和基本特征、回流原因、回流群体的就业状况和其他境况、回流对输出地的影响、女性回流群体的特征、回乡创业群体的状况、外出与回流的趋势,以及相关政策演变和执行情况。研究发现:回流人群在人口学特征上更加接近未外出人群而不是外出人群,在外就业的适应能力不及外出人群;回流原因主要是外地就业困难或个人、家庭原因,回乡投资的仅占回流劳动力的 2.5%;一半以上的回流劳动力还可能再次外出;回流后农民收入增长难度较大,外出是解决农民就业和农户收入增长的重要途径。此书分析了改革开放最初 20 年中国农村劳动力的总体发展趋势,明晰了劳动力外出、回流和就业之间的联系,着重把握了回流的本质特征,对于农民就业政策提供了科学研究依据。此书的特点有:(1)内容翔实,上篇是报告正文,下篇收录了 4 个村的村级访谈和 36 户农户的访谈案例;(2)分析深刻,论证了农民回流创业潮这一假设(而非结论)并不存在;(3)观点新颖,提出了农村劳动力"候鸟式"流动方式是中国城市化的独特方式,从城市化进程角度看,农村劳动力外出就业的意义远大于回流,为中国经济增长和经济体制转型做出了重要贡献。此书为正确认识和对待 20 世纪 90 年代出现的农村外出劳动力回流这一问题提供了重要的理论支持和政策参考,荣获首届"中国农村发展研究奖"专著奖、第十四届"中国图书奖"(2004 年)等荣誉。

(供稿人:檀学文)

【劳动力流动的政治经济学】

蔡昉、都阳、王美艳(著)　上海三联书店、上海人民出版社 2003 年 12 月版。

解释"中国奇迹"存在诸多理论框架,此书作者注重从"人口红利"角度考察中国的经济社会发展。劳动力在城乡之间,确切而言是从乡村向城市的流动,是"人口红利"的重要内容。此书则从政治经济学的角度分析了劳动力流动的诸多理论与现实问题。对劳动力流动的考察,既有理论分析的支撑,又有经验研究的佐证。

第一章考察了计划经济时期劳动力市场的分割,以及改革开放以来劳动力流动的逐步发展,讨论了劳动力流动对经济发展的作用。第二章重点分析城市偏向的政策对劳动力流动和城乡差距等的影响,进而揭示了"三农"问题与劳动力流动之间的关系及其在不同时期的变动情况。第三章分析了劳动力迁移的动力及其对农民收入和城乡收入差距的影响,认为绝对收入差距和相对剥夺感是影响劳动力迁移的双重动因。第四章以收入转移为视角,分析了劳动力转移的决定因素和产生的效果(如家庭消费结构的重新组合)。在作者看来,农村劳动力向城市的迁移可以通过家庭内部的收入转移实现城乡之间的收入转移,进而提高家庭收入水平,缓解贫困。第五章从理论和经验角度出发,梳理了改革开放前后城市发展的模式变迁过程,通过城市劳动力需求的变化反映迁移劳动力在城市劳动力市场上的状况。第六章分析了城市对外来劳动力的制度性排斥现象。作者通过计量经济学和案例分析两种方法,检验了对劳动力的制度性排斥现象,并运用福利经济学的分析方法,指出要正确认识外来劳动力在城市中的作用。第七章从劳动力的人力资本水平出发,分析农村中的哪部分劳动力率先实现了向城市的迁移,探讨了劳动力市场的制度分割对农村劳动力迁移的影响。第八章用计量经济学的研究方法,对户籍歧视进行经济学分析,考察了户籍歧视的表现和后果。第九章从城乡收入差距扩大的趋势中引出相关政策分析,阐释了进行户籍制度等一系列制度改革的时机。第十章着重从劳动力市场培育和就业创造的角度,分析如何通过户籍制度改革等措施保持经济增长。

此书是对劳动力流动的系统性考察,既分析了劳动力流动的现实情况,也考察了对劳动力流动的诸多限制,并提出通过促进劳动力流动保持经济增长势头的政策建议。在城市化仍然是发展趋势的当下,仍具有重要的现实意义。

(供稿人:檀学文)

【土地、制度和农业发展】

姚洋(著) 北京大学出版社2004年9月版。

此书是作者的一本论文集,收录了作者1994—2003年十年间关于中国农村土地制度和劳动力市场的部分研究论文,既有理论探讨,也有经验研究,集中反映了作者在中国农村经济领域的研究成果。全书分为五篇,共16篇论文。第一篇"土地禀赋和长期经济增长"有一篇文章《高水平陷阱——李约瑟之谜再考察》。文章利用一个动态一般均衡模型考察了高水平陷阱的形成机制,确定了中国历史上人多地少的条件对于高水平陷阱的决定性作用。第二篇"土地制度和农业绩效"收录了三篇文章,研究农地制度对农户投资和市场参与的影响。这是国际上农地制度研究领域的经典话题。农村改革之后,中国的农地制度演变具有很大的自发性和多样性,为学者的研究提供了丰富的资源。这三篇文章使用了具有代表性的数据和最为先进的一般均衡和结构估计方法,在农经学界产生了较大影响。第三篇"土地制度的其他影响"收录了三篇文章,分别讨论土地制度的社会保障功能、土地均分对于劳动力流动的影响以及土地对于不发达地区农户对子女教育投资的作用。对于处于现代化进程中的中国农村地区而言,土地的作用超出了生产的范围,应该引起中国学者的重视。第四篇"不完全市场及其意义"收录了五篇文章:第一篇文章研究了农户模型中的局部可分性和总体可分性问题,澄清了农户模型里的一个经典问题;其余四篇文章研究了不完全市场下农户的非农就业行为以及土地市场和劳动力市场之间的互动关系。就问题而言,这五篇文章都关注中国农村的重要现实问题;就方法而言,一般均衡分析和结构式估计是最重要的方法。第五篇"政治过程和权力"收录了四篇文章,反映了作者在制度变迁方面的研究成果,包括研究政治过程和制度变迁的关系及制度中的权力问题。诺斯提出的效率假说为制度研究提供了一个基点,对制度研究的重点是解释制度变迁如何偏离了效率假说。其中,前三篇文章就是按照这个思路所做的理论和经验探讨;第四篇文章讨论了土地租赁市场中的权力问题,揭示了权力如何通过压榨佃农提高农业产出的机制。此书获第二届"张培刚发展经济学优秀成果奖"。

(供稿人:郜亮亮)

【中国农村财政理论与实践】

朱钢、贾康等(著) 山西经济出版社2006年1月版。

在中国,城市和农村曾经在相当长的一段时间里,被人们主观建立起来的计划经济制度分割并对立起来,形成了典型的城乡"二元经济和社会结构"。无论是从经济体制还是从发展过程看,这种二元结构所反映出来的发展特征,实际上是城市对农村取得主导地位,并让农村为城市服务。在城乡二元结构体制下建立并运行的财政体制,也具有典型的城市主导农村的特征,即城市通过财政应有的筹集功能,从农村抽取大量的财政资源,同时又通过财政的分配功能,将这些资源主要投到城市地区,从而造成了城乡发展之间的差距不断扩大。农村经济体制改革以来，农村经济和社会发展取得了显著成就。城乡发展差距曾一度受到抑制甚至出现了缩小，但是，城乡二元结构的制度刚性并没有被彻底动摇，社会发展在城乡上的公平难以实现。城乡统筹发展的理念还没有体现在所有的经济和社会发展活动中。最突出的表现就是，当时占全国人口70%以上的农村人口，并没有在一系列改革中享有与城市人口平等的公共服务。而产生这一结果最直接的原因就在于城乡财政发展的不平衡。此书对农村财政中的相关问题进行了总量分析，并且以大量的案例作为补充和验证，同时也初步形成了中国农村财政问题研究的基本分析框架和体系，丰富和拓展了中国农村财政问题研究。此书在研究中使用农村财政的概念，具有以下重要意义：一是突出中国农村的概念，以及当时和未来一段时期存在的城乡经济与社会发展的二元结构；二是表明当时的财政体制，虽然经过改革，原有的城乡分割界线有所消除，但不可避免地还留有原计划经济体制的痕迹，需要不断地深化财政体制改革；三是说明农村财政的特点和发展中存在的突出问题，特别是农村居民与城市居民在享受公共产品和服务上存在的巨大差异。作者认为，解决农村、农业和农民问题，统筹城乡发展，建立和谐社会，需要明确制定一系列强有力的农村发展财政支持政策。此书是中国社会科学院重大研究课题"中国农村财政制度创新与政策选择"的最终研究成果，是首届"三个一百"原创出版工程入选图书。

（供稿人：罗万纯）

【中国乡村债务问题研究】

段应碧、宋洪远（主编）　中国财政经济出版社2006年11月版。

乡村债务是中国农村经济社会发展过程中逐步显现的一个突出问题。尽快地解决这一问题，对于农村的社会稳定和经济发展乃至整个国家的长治久安有着极为重要的意义。此书共分为两个部分：第一个部分是总报告，在梳理已有研究成果的基础上，利用吉林、河北、山东、河南、陕西等10个省份的实地调查资料分析了乡村债务的规模、来源及使用结构，研究了乡村两级债务的形成原因及运行机理、乡村债务发展趋势、乡村债务产生的影响，梳理了各地化解乡村债务的思路和做法以及专家学者的看法与主张，并对乡村债务的化解思路与实施方案进行了探索。这部分提出了化解乡村债务需坚持以县为主、分级负责，明确乡村债务口径、切实摸清债务底数、锁定债务总量、坚决遏制新债，实行分类处理、多渠道化解债务，保护农民利益为先、杜绝摊派，总体设计、统筹安排等思路与方案，为乡村债务问题的妥善解决提供了实践指导。第二个部分包含乡村债务的17篇调研报告。此书获第三届"中国农村发展研究奖"专著奖。

（供稿人：田雅群）

【共有与私用：中国农地产权制度的经济学分析】

赵阳（著）　生活·读书·新知三联书店2007年7月版。

该书紧紧抓住产权制度这个农村土地问题的中心命题，以新中国成立以来中国农地制度的历史变迁为背景，运用产权与新制度经济学的理论思想，借助计量经济学，深刻阐释了农村土地家庭承包经营制度"共有与私用"的产权特征及其对经济生活的影响。此书有两大目标：一是在系统总结土地调整制度的研究成果基础上，用实证的方法和抽样数据检验已有的假设，弄清土地再分配制度的主要影响因素；二是重新认识这一特殊而普遍的制度安排对经济生活的可能影响，从而评估可能的政策含义。作者依靠大量的第一手调查资料，描述了土地二轮承包政策的落实、土地经营权的流转、土地承包权的调整等当时农村土地关系的基本状况，也涵盖了对有关法律的认知、基本政策的认同等农民主观意愿的分析，内容比较全面。缜密的逻辑加翔实的实地调查是此书的一大特色。此外，作者实证检验了这种"共有私用"的产权安排对农户土地长期投资行为、土地调整意愿、土地流转和市场发育以及土地税负等诸多方面的影响。作者的研究发现，在农村集体土地所有权制度下，赋予农民物权化的土地承包权具有明显的经济学意义：其一，可以降低农户保护承包土地权益的交易成本；其二，可以进一步稳定土地承包中的财产关系，促使农户增加对土地的长期投资；其三，可以增强农户维护土地物权的信心，促进市场化方式的土地流转。据此，作者提出要虚化"共有"权（集体所有权），强化"私用"权（农户对承包土地的使用权、受益权和处分权）。此书的研究可以说是对农村土地承包权的物权化做出了一个有力呼吁，荣获了第四届"中国农村发展研究奖"专著奖。

（供稿人：卢宪英）

【转型时期的中国农民工：长江三角洲十六城市农民工市民化问题调查】

钱文荣、黄祖辉（著） 中国社会科学出版社2007年11月版。

此书是浙江、江苏、上海两省一市哲学社会科学联合招标的重大项目研究成果。此书以中国社会经济的转型为背景，以农村剩余劳动力的转移和农民的市民化进程为主线，借鉴人口迁移的相关理论，在对发达国家转型时期的农民市民化问题、亚洲新兴工业化国家（地区）与发展中国家的农村劳动力非农化问题以及拉美国家的"转型陷阱"和发展实践进行分析、归纳和总结的基础上，以长江三角洲为主要研究区域，以该区域的农民工为主要研究对象，通过多层次、多视角的访谈，系统的问卷调查，多类型的统计建模，对中国农民市民化过程中的相关问题进行了理论与实践相结合的分析。此书的主要调查工作开始于2006年6月，共进行了上百次的访谈调查和10000多份的问卷调查。基于研究，此书提出了"刘易斯模型仅能解释第一阶段的中国农村人口转移或迁移，而刘易斯'拐点'并不会自动到来，深化改革，加快转型是进入刘易斯模型第二阶段的关键""农村劳动力分散型和多层次的转移模式具有良好效果""'中间化'的城市化道路能较好地适应长三角的区域特点""中央政府与地方政府在农民工管理与服务中应各司其职""在农民工管理和服务中，地方政府之间的治权交易能起到较好的资源优化配置作用"等观点。此书指出，农民工因中国社会经济的转型而产生，也将随着转型期的基本结束、中国进入一个成熟的现代经济与社会而最终完成其历史使命。此书广受佳评，荣获第四届"中国农村发展研究奖"、浙江省第十五届哲学社会科学优秀成果一等奖。

（供稿人：檀学文）

【中国农村留守人口研究系列：《别样童年：中国农村留守儿童》《阡陌独舞：中国农村留守妇女》《静寞夕阳：中国农村留守老人》】

叶敬忠等（著） 社会科学文献出版社2008年8月版。

这三本书是中国农业大学人文与发展学院叶敬忠教授领衔的中国农村留守人口研究项目系列著作成果。他带领研究团队历时两年时间，对中国农村劳动力输出最为集中的安徽、河南、湖南、江西和四川5个省的各

400名留守儿童、妇女、老人及其他相关群体进行了深入的实地调查,对留守人口现象进行了全方位的梳理和分析。针对留守儿童的研究发现:父母外出务工在一定程度上改善了家庭生计和儿童的物质生活条件,然而,家庭生活的变动为留守儿童的生活照料、学习表现、内心情感等方面带来更深层影响。父母监护的缺乏、现有监护的不力,让部分留守儿童在生活中面临安全无保、学业失助、品行失调等成长风险和隐患。针对留守妇女的研究发现:在大量男性劳动力外出务工的社会背景下,妇女逐渐成为农村社区建设和发展的主力军,独自承担农业生产、子女抚养、老人赡养等责任的农村留守妇女面临劳动负担和心理负担同时加重的困扰,严重影响了农村社会和家庭的稳定。针对留守老人的研究发现:随着承担主要赡养义务的农村青壮年劳动力的大量外流,长期的两地分离使得外出子女无法为留守父母提供经常性的照料和关怀,很大程度上影响留守老人的经济供养、生活照料和精神慰藉,加之农业生产、照看孙辈、人情往来等重负都压到了留守老人身上,导致很多留守老人的生活处境令人担忧。中国农村留守人口研究项目全面、深入地展示了留守人口的真实世界,引起了社会各界对留守人口问题的关注和关心。"三留守"成为一个被社会普遍认可的名词和现象,并在此后不断出现在国家层面的文件中,成为正式的官方语言,加快推进了政府针对留守人口制定和采取相应的扶助政策和支持措施。此系列书籍荣获第四届"中国农村发展研究奖"专著奖(2010年),于2013年荣获第六届"高等学校科学研究优秀成果奖"社会学类一等奖,其中的《阡陌独舞:中国农村留守妇女》入选第五届"国家图书馆文津图书奖"推荐图书。

(供稿人:檀学文)

【合作经济理论与中国农民合作社的实践】

张晓山、苑鹏(著) 首都经济贸易大学出版社2009年8月版。

此书是在作者于1991年出版的《合作经济理论与实践——中外比较研究》这一专著的基础上,结合之后近20年的关于中国农民合作社的理论和实践,针对合作经济理论与中国农民合作社实践发展中迫切需要研究解决的重大问题,所进行较大幅度的修订和扩写而完成的。全书分为上、下两编。上编重点论述合作经济理论,内容包括合作社的基本原则及相关问题、合作社理论的来源与发展、农业合作社理论与实践的发展、合作社与国家之间的关系、国家立法与合作社的发展、发展中国家的农业合作运动等。下编重点论述中国农民合作社的实践,不仅阐述了中国农民合作社发展的必然性及基本条件、中国新型农民合作社的发展等一般性理论,而且分析了农业生产合作社、农产品销售合作社、农业供给合作社、农业资金互助合作社、农业服务合作社、股份合作制企业等不同类型的合作组织和以浙江为代表的发达地区农民专业合作社。

此书试图传达的思想在于:第一,合作社的由来和发展证明,市场机制和政府体制都不是万能的。在市场由私人或公共企业控制的情况下,合作社是市场中企业组织的一种替代形式,是具有一定社会功能的特殊经济组织,它的存在有助于完善市场秩序和规则,是政府、公司(私人或公共企业)以及农户都需要的一种组织形式。第二,农民合作社是市场经济的产物,但其发展并不单单是经济问题,和农民民主意识的觉醒、人文精神的发育有着密切的关系,农民合作社的产生必须有其人文基础。第三,具有较强经济实力、组织体系健全的中国农民合作社是解决"三农"问题的一项治本之策。要通过组织创新和构建制度平台建立粮食安全的长效机制,应鼓励和支持成立由以农产品生产为主业的专业种植、养殖农户组成的农产品生产营销专业合作社,在条件成熟时将这样的合作社在更高层次上组织成联合社或联合会。第四,合作社的理念必须服从经济生活的实际,合作社的发展不能脱离现实的经济发展水平和农民的思想认识水平,不能突破既定的经济体制框架。第五,农民与市场对接可以有多种形式,应让农民自由选择,鼓励农民开展多种类型的合作和联合。

此书出版后,一度被作为原中国社会科学院研究生院(现为中国社会科学院大学)等高校相关专业的学科教材,受到学生的欢迎与好评,并荣获第五届"中国农村发展研究奖"专著奖。

(供稿人:赵黎)

【中国农村改革与发展概论】

张晓山(主编) 中国社会科学出版社2010年10月版。

农村改革30年来,中国农村改革的巨大成功始终贯穿一条红线,就是在经济上保障农民的物质利益,政治上尊重农民的民主权利,从而解放和发展农业与农村的生产力。此书回顾梳理了经济和政治两个方面的中国农村发展与改革历程,并从土地制度、金融制度、劳动力转移、生态保护和利用、技术进步、农产品国际贸易、城乡经济一体化、财政支农政策、扶贫事业、乡村治理改革、农民合作经济组织、农村社会保障事业等方面进行了系统介绍和深入分析,总结了一些可资借鉴的经验,阐述了农村发展与改革的当时状况,并展望了未来的发展趋势。此书通过回顾中国农村30年的改革历程,概括出八点经验教训:第一,农村改革能否进一步深化和取得成功,与宏观经济体制的改革和行政管理体制的改革能否深化密切相关;第二,农村的制度变革必须注意利益格局的均衡;第三,农村改革必须坚定不移地以市场化为导向;第四,城乡统筹发展的进程在很大程度上受制于农村土地资本的分配方式与分配格局;第五,农村经济体制的改革要与农民民主权利的实现相结合;第六,多元化的社会组织的发育是和谐社会的一个重要标志,政府应提供政策保障来促进农村组织结构多元化,为农民的社会资本和组织资本的发育创造条件;第七,改革与法治之间的悖论在工业化、城市化进程中以及社会转型期将长期存在,应处理好这一关系;第八,改革要标本兼治,自下而上和自上而下结合推动,最后形成上下联动的体制改革。此书具有理论的前沿性和经典性、知识的系统性和规范性,是中国社会科学院研究生重点教材。

(供稿人:罗万纯)

【农民工市民化:制度创新与顶层政策设计】

国务院发展研究中心课题组(主持人:侯云春、韩俊、蒋省三)(著) 中国发展出版社2011年8月版。

农民变市民是城镇化过程中的必然现象。中国目前仍处在城镇化快速发展阶段,吸纳农村转移人口在城镇落户定居,实现永久性转移,是统筹城乡发展的重大任务。2010年初,国务院发展研究中心设立"促进城乡统筹发展,加快农民工市民化进程研究"重大课题,对农民工市民化相关理论和政策问题进行全面系统研究。研究突出对农民工市民化新情况、新问题、新经验的调查总结,突出对以就业为引导和支撑的市民化的研究,突出对农民工市民化制度创新这一主线的探讨,突出及时和直接为中央决策服务。研究旨在通过开展大量实地调查,从统筹城乡发展这一大背景出发，对农民工市民化中长期重大政策问题进行前瞻性研究，提出可行的政策思路和建议。此外，为全面分析农民工市民化的制度安排，此书还对14个专题开展了深入研究。专题研究内容包括：新时期农民工总体状况和发展趋势、农民工市民化与统筹城乡发展的关系、农民工市民化与合理人口布局的关系、农民工社会融入，健全城乡平等的就业制度以及农民工市民化涉及的公共服务制度、社会保障制度、住房制度、财税制度、土地制度及户籍制度等。在对实地调研和各专题研究成果进行综合、概括、提炼的基础上，形成了综合性研究报告，系统阐述了农民工市民化的内涵、重大意义、现状和问题、有利条件、制约因素和发展趋势，提出了加快农民工市民化进程的整体性政策框架和主要政策建议。研究的特点在于：注重大规模的实地调查，对不同类型城市和小城镇进行实地调研，对不同地区的农民工进行抽样调查，使研究结论更可靠；注重从宏观层面进行研究，在城乡统筹和中国特色城镇化道路的大背景下，系统研究农民工市民化的重大理论和政策问题；以新生代农民工市民化为核心，突出对重点群体的研究；以制度创新为主线，突出构建农民工市民化整体性政策框架。

（供稿人：檀学文）

【城乡中国（上、下）】

周其仁（著） 中信出版社2013年9月、2014年8月版。

虽然中国的经济飞速发展，可是城乡之间依然有着巨大的差距，甚至鸿沟越来越大，导致中国发展中的大多数重点难点都在农村，都在城乡之间。因此，近年来关于城镇化的讨论始终不绝于耳，成为政府、大众、舆论、专家学者热议的焦点问题。作者用五年时间，陆续以实地调研的形式，深入调查了中国很多地方城乡的情况，在此书中，将城乡之间这些差异形成的原因、后果以及可能的解决办法娓娓道来，试图增加对中国社会和经济的认识，找出沸沸扬扬的城镇化改革的症结，消除城乡之间的巨大分隔。作者也期望让更多读者通过此书了解和思考今日的中国和未来的发展，找到新的经济和社会发展的契机和出发点。此书主要从四个"权"讲述中国城市化制度安排、存在问题及可能的解决思路。一是集权。政府通过垄断土地开发一级市场和行政审批，主导城市化发展。二是放权。计划经济体制下，制度运营成本过高，资源无法有效配置，影响城市化进程，于是，政府下放权力，承认家庭联产承包责任制，允许农产品进城、农民进城。三是确权。城市化发展至今，城乡对立情绪高涨，其原因在于城市居民通过土地、房屋财产权利享受到土地增值带来的"收入"，但农民因土地集体所有、政社合一，历史遗留问题多，财产权利未厘清，限制了农村土地市场的活力，损害了农民的权利。四是还权。作者认为要进行"还权赋能"，在制度上确定清楚产权权利，"普遍的财产权利，特别是转让权要得到重新界定"，城市化才能可持续发展。

（供稿人：李昊）

【中国土地制度改革：难点、突破与政策组合】

汪晖、陶然（著） 商务印书馆2013年11月版。

此书讨论了中国增长模式中土地所发挥的重要作用，同时试图构建一个整体性的分析框架进一步深入分析，从而地方政府、开发商与失地农民利益协调，城市化过程中住房供给与价格，流动人口城市居住用地与其农村宅基地、农村耕地保护与粮食安全等一系列重大问题。未来中国的土地制度改革应以"城中村""城郊村"的集体建设用地入市为突破口，实现抑制房地产泡沫、降低流动人口永久迁移过程中居住成本的目标，并配合户籍改革、纯农区农地与宅基地改革、财政体制改革，系统性地解决中国当前城镇化所面临的困局，实现可持续性城镇化与城乡一体化。作者采用比较分析、计量分析、案例分析的研究方法，以多次全国范围内大样本抽样调查和典型案例调查为基础，研究快速城市化进程中中国土地制度面临的困境、成因、制度背景以及改革路径，考察了目前中国土地制度改革及其相关财政、户籍制度改革之间的紧密关联，给出一个土地制度和相关财政、户籍制度改革的总体方案，并对这个方案的含义进行多方面讨论，给出了一个从财政角度的上述整体改革方案的可行性分析。中国城乡土地制度出现的一系列问题，之所以难以得到有效的解决，一个重要原因就是既有学术研究与政策分析忽视了中国城乡土地问题的多面性、复杂性及其与相关财政、行政、户籍体制之间的内在联系。首先，农村内部的"三块地"难以全面市场化，导致农地经营规模难以扩大、宅基地利用效率低下、农村建设用地入市举步维艰；其次，城市化过程中农村人口的不完全迁移使得外出务工经商者"离土"的机制无法启动，造成大批农村人口"离乡不放土"的局面；再次，农村人口之所以无法实现永久迁移，根本原因在于没有通过有效的城市土地制度改革，尤其是城乡接合部集体土地入市改革，以及配套的户籍制度改革，来满足城市大批外来流动人口的居住与子女教育需求，从而无法构造一个良性循环机制使得迁移人口从农村逐渐地、全面地转移出来；最后，要建立一个良性循环的"人口永久迁移—农村土地产权稳定—农业经营规模扩大"机制，就必须在推进户籍制度改革的同时，推动中国城乡土地制度的综合改革。但是，财产税等地方税收在短期内难以全面引入并逐步替代土地出让金的情况下，必须要平稳而有效地实现地方财政体制的过渡，而不能采取过于激进的措施。此书在土地研究领域产生了较为广泛的学术与政策影响。

（供稿人：马翠萍）

【中国农业经营制度——理论框架、变迁逻辑及案例解读】

罗必良等（著）　中国农业出版社2014年4月版。

农村基本经营制度是中国根本性制度安排的重要组成部分，对中国经济社会特别是农村、农业与农民具有根本性影响。此书从理论线索、历史逻辑与创新实践等不同层面，对中国农业经营制度问题进行多维思考。此书分为三个部分。第一部分：理论框架包括主报告《农业经营制度：改革面临创新——基于产权理论与分工理论的思考》。报告梳理了中国农业经营格局的生成根源、现实挑战及其实践性探索，基于产权理论和分工理论，对农业的规模经营、分工经济、家庭经营性质以及创新试验等进行了讨论。第二部分：变迁逻辑。该部分由3篇论文组成，通过大跨度的历史经验研究，来阐明中国农村经营制度变革起点与变迁逻辑。《劳动监督、隐性退出与公社制度效率问题——来自湖北广济余川公社的经验证据（1957—1975年）》一文，通过构建一个"制度收缩—思想保障—环境变化"的解释框架，揭示了"低效率的公社制度为什么能够得以长期存在"的命题，指出公社体制内含的"自留地制度"是家庭联产承包责任制变革的制度基因。《产权管制、制度行为与经济绩效——

来自中国农业经济体制转轨的证据（1958—2005年）》一文，构建一个"产权管制结构—体制选择行为—经济制度绩效"的新SCP（结构—行为—绩效）理论范式，并利用中国农业经济的经验数据检验了"中国农业经营体制变革本质上是一个从全面管制到产权管制放松、从计划体制向市场体制转轨的过程"这一基本命题。《资源特性、行为能力与产权匹配——来自中国农地制度变迁的经验证据（1949—2009年）》一文，证明了私产并不总是绝对有效率的，阐明了中国情景下农地集体产权的有效性。第三部分：案例解读，主要对农业经营制度的一些创新性试验进行总结与讨论。《合约、合约不稳定与合约治理——以东进农牧公司的土地承租为例》养猪行业的土地承租案例，目的在于说明一项不稳定的合约是如何得以存在并延续的。《契约资本、交易形式与收益分配——以"公司+农户"的温氏模式为例》，讨论养鸡行业的合作交易问题，阐明了"交易形式的状态依存性"与"交易形式反串、合作剩余分配、契约资本配置结构"的相互关联性。《村落地权、产权匹配与效率来源——来自广东化州市浪山村的个案》，是一个关于鱼塘经营的案例研究。研究表明，村落地权分离形成多种基本权能，分别对应配置于合适的产权主体，不仅有利于农业的规模化经营及其分工深化，且有利于实现农地的多重价值属性，并能够进一步平衡村落中的多个效率目标。《地权细分、合约治理与农业分工发展——崇州市"1+1+1"农业经营模式的创新实践》，关注粮食生产的典型案例。此书发现：农业并不完全是效率改善的被动产业，其本身存在深化分工、改善效率的可能；将分散化的家庭经营纳入规模经济与分工经济的发展轨迹，是中国农业经营制度创新的重要方向。

（供稿人：赵黎）

【扶贫开发与区域发展——我国特困地区的贫困与扶贫策略研究】

汪三贵、杨龙、张伟宾等（著） 中国财经出版传媒集团、经济科学出版社2017年12月版。

此书是在中国扶贫工作进入攻坚克难的关键时期应运而生的重要著作。随着改革开放的深入和社会主义市场经济体制的建立，中国扶贫开发工作取得了举世瞩目的成就，但特困地区的贫困问题依然严峻，成为制约区域协调发展和脱贫攻坚的突出短板。这些特困地区多位于自然条件恶劣、经济基础薄弱的偏远山区、高寒地带或荒漠化区域，贫困程度深、脱贫难度大。因此，如何针对特困地区的实际情况，制定科学有效的扶贫策略，成为当时亟待解决的重大问题。此书从中国特困地区基本情况出发，通过对特困地区大规模的案例调查和大样本的数据收集，分析特困地区农村发展和反贫困的制约因素，确定影响特困地区农村扶贫开发效果的主要因素，评估特困地区扶贫项目的贫困瞄准和减贫效果，分析特困地区扶贫模式的运作机制，研究如何更加有效地加大对特困地区发展的扶持力度，提高扶贫开发的效率。此著作从贫困状况分析、聚类以及贫困形成原因分析、扶贫项目的贫困瞄准和影响评价、扶贫模式和体制分析、扶贫开发战略研究总体结论与政策框架等五个部分展开，从宏观、中观和微观三个层面提出具体的政策建议，为改善特困地区扶贫开发机制进行了有益探索。

此书的主要观点是：第一，少数民族贫困地区面临更为严重的多维贫困，革命老区贫困县经济贫困程度较轻，但多维贫困状况在加重，边境贫困地区贫困状况较为严重，陆地边境贫困县和少数民族贫困地区高度重合。第二，特困地区扶贫对象区域间分布呈现不平衡性，少数民族地区的贫困特征突出，人力资本、社区环境、自然灾害是导致特困地区农户贫困的重要因素。气候灾害对特困地区农户的农业和非农业收入有双重抑制作用，生计脆弱性高的农户受气候变化的影响更大。第三，通过特困地区扶贫项目评价研究发现，农村最低生活保障政策增加了农户消费，但也产生了"扶懒不扶贫"的作用。贫困村互助资金有较好的贫困瞄准和益贫效果，但贫困瞄准精度仍需要进一步提高。在易地扶贫搬迁中，农户搬迁意愿较强，但项目操作仍存在诸多问题。第四，通过特困地区扶贫到户模式和扶贫体制研究发现，特困地区扶贫到户机制在资金使用、管理和审批、实施方式等方面存在问题，并存在实施项目与农户需求不匹配的现象。

此书较早针对特困地区开展了综合性的贫困研究，为特困地区的贫困研究提供了综合性分析框架。与此书相关的阶段性研究成果为中国"精准扶贫"战略的实施提供了政策参考。此书荣获第八届高等学校科学研究优秀成果一等奖、第九届"中国农村发展研究奖"专著奖。

（供稿人：檀学文）

【中国农村村民自治（增订本）】

徐勇（著） 生活·读书·新知三联书店、生活书店出版有限公司 2018 年 8 月版。

村民自治是 20 世纪 80 年代以来在新的经济社会发展形势下中国农村出现的一种治理方式，村民通过自治组织开展民主选举、民主决策、民主管理和民主监督活动，依法自主管理与村民利益相关的本村公共事务，实现自我管理、自我教育和自我服务。村民自治作为一种有中国特色的基层民主形式，在社会主义民主建设和国家治理农村的格局中居于重要地位。村民自治是一项由亿万农民参与的生动、具体的社会实践活动，要真正了解、认识这一前所未有的民主实践，只有深入其中，去直接观察和切身体验，才能把握其内在的运动规律。同时，村民自治的多年实践活动，取得了丰富经验。深入的实际调查有利于将生动具体的实际经验提升到理论层面，创立中国自己的民主政治理论。基于这一认识，此书在对村民自治进行制度分析的同时，十分注重专题研究，分上篇"制度分析"和下篇"专题研究"对中国农村村民自治实践进行研究。上篇主要从兴起发展、制度体系、组织形式、活动内容、运作模式、运作的内在机制和因素、运作中的难题和对策、发展趋向与启示等八个方面剖析中国农村村民自治制度和其运作。下篇为作者 2000 年以来的 12 篇代表性论文，主要从微观层面分析村民自治的实际运作过程。此书较为全面、系统、深入地总结了中国农村村民自治实践活动，对学术界、政界及农村实践都具有重要参考意义。此书 1997 年由华中师范大学出版社初版，曾获湖北省社会科学优秀成果一等奖、教育部人文社会科学优秀成果二等奖，上篇"制度分析"曾获"首届全国百篇优秀博士学位论文"。此增订本相比于初版版本，上篇基本保持不变，下篇将"实地调查"改为"专题研究"，主要反映初版后的村民自治进展。

（供稿人：罗万纯）

【中国减贫与发展（1978—2018）】

吴国宝等（著） 社会科学文献出版社 2018 年 12 月版。

此书全面回顾了中国改革开放 40 年以来的减贫历程及成就，深入剖析了不同阶段减贫政策和治理体系的变化，并系统地梳理了中国减贫的主要做法及成功经验。从意义上来讲，中国的扶贫开发不仅是中国道路、中国发展模式和中国经验的重要组成部分，而且创造了世界减贫历史上的奇迹，是被国际社会广泛认可的人类社会减贫的成功模板。其中一些可复制、可分享和可持续的做法及经验，将成为中国未来减贫和社会治理以及世界减贫的重要财富。从减贫经验而言，中国减贫之所以取得举世瞩目的成就，主要原因在于实行了综合的减贫方式，充分发挥了政府、市场和社会组织在减贫中的作用；同时，注重扶贫创新，基于实践不断改进扶贫方式，做到了与时俱进和因地制宜。从农村扶贫开发各阶段的历程来看，开发式扶贫是中国扶贫开发的基本方针，构成了中国特色扶贫理论和智慧的重要基础。中国基于开发式扶贫思想建立和完善的一整套组织、管理制度及政策体系，有力保障了农村扶贫开发战略的顺利实施。而精准扶贫则是中国在特定背景下依据独特的政治及制度优势创新性地设计出的具有中国特色的、以脱贫为导向并以目标瞄准为原则的全过程精准扶贫方案，通过相应的制度安排和政策支持，使得扶贫资源通过一定的方式准确地传递给符合条件的目标人群，帮助他们改善条件和增强能力，进而摆脱贫困。此书认为，虽然目标瞄准的扶贫思想和实践在国际上已广泛应用并取得了不错的成效，但除中国外尚没有其他国家和地区能够在如此大的范围内实施全过程的目标瞄准扶贫，由此可见，精准扶贫是中国继开发式扶贫之后对世界扶贫理论所做出的又一重大贡献。

此书在纵向上覆盖了中国农村扶贫开发的全历程，在横向上则涵盖发展、社会保障、金融、产业、移民等多个减贫视角，不仅高度总结了中国减贫的重要价值，而且客观地分析了中国减贫的成功经验及做法，对于全面梳理减贫与发展的关系，立足过去、把握未来具有重要的理论和实践意义。

（供稿人：檀学文）

【新中国70年农村发展与制度变迁】

韩俊（主编） 人民出版社2019年10月版。

此书回顾了农村改革70年的历程，总结了农村改革的主要成就，阐述了全面深化农村改革的目标和思路，提出了重点领域和关键环节的农村改革举措，全书分为16个章节。第一章围绕粮食安全与现代农业发展，总结了中国粮食安全和现代农业发展的成效及保障粮食安全和建设现代农业的主要经验，并分析了粮食供求和现代农业发展的趋势。第二章关注农村居民收入和生活消费，阐述了中国农村居民生活的历史性跨越以及农民收入来源和分配格局的显著变化，总结农民消费水平和生活质量的卓越提升。第三章从农村扶贫的历史进程、主要成就、基本经验等方面，描述了中国农村扶贫开发和脱贫攻坚的历史性进展以及决战决胜脱贫攻坚的时代壮举。第四、第五章关注中国农村土地制度的改革和农业经营制度的变革，从变迁过程及特点、时间规律及经验等方面分别展开论述，还归纳了全面深化农村土地制度改革的思路和措施。第六章聚焦中国农村集体产权制度改革，系统总结了中国农村集体产权制度的形成及演变，以及农村集体产权制度配套法律和政策的演变历程，汇总了新时代农村产权制度改革的总体部署和进展成效，指出发展壮大新型集体经济的发展思路。第七章关注乡村治理机制的变迁，梳理了乡村治理的历史沿革和新时期我国乡村治理的创新，从而得出中国乡村治理机制的变迁与完善思路。第八章以农产品市场流通体制为研究对象，从统购统销制度的形成及影响开始，梳理中国粮食流通体制的改革以及农产品流通体制改革，并融入近年来农村电商发展等热点问题。第九章以农业对外开放的历程、成就和经验为基础，总结中国扩大农业对外开放的发展趋势及对策建议。第十章着重瞄准中国农业支持保护制度的变迁,包括农业支持保护政策体系的演变过程、建立农业投入增长机制、实施农业补贴政策、完善农产品价格形成机制以及实施生态补偿政策五小节。第十一章从农村税费改革引入,回顾农村税费改革的背景、进程和经验以及现阶段公共财政覆盖农村的发展和深化过程。第十二章关注中国农村金融体制改革和金融服务创新,除其发展历程、重大变化和成就外还着重提到农村金融改革面临的问题,分析深化农村金融改革的机遇挑战,并提出相应的对策建议。第十三章偏重乡镇企业与农村非农产业的发展,乡镇企业在中国农村改革历程中做出了历史性贡献,且乡村非农产业在乡村振兴过程中也发挥了不容忽视的作用。第十四章有关农村劳动力转移就业与农民工市民化问题,厘清了新中国成立以来中国农村劳动力转移的历程,分析了农民工发展诉求的转变与农民工市民化的进程,并总结中国特色农村劳动力转移就业道路的经验及启示。第十五章紧扣农村生态环境保护与生态文明建设,首先提到中国农业资源与生态环境的变化,进而总结中国农业资源与环境保护制度的变迁,以此发出建设新时代农业生态文明的号召。第十六章落脚促进中国乡村全面振兴,从实施乡村振兴战略的背景和要求入手,描绘如何统筹推进乡村全面振兴以及如何构建城乡融合发展体制机制。此著作入选2023年度国家社科基金中华学术外译项目推荐书目。

(供稿人:张瑞娟)

【新中国农业农村发展研究70年】

魏后凯(主编) 中国社会科学出版社2019年12月版。

《新中国农业农村发展研究70年》是中国社会科学院庆祝中华人民共和国成立70周年书系"国家哲学社会科学学术研究史"中的一卷,是中国社会科学院党组交办的重大任务,也是中国社会科学院农村发展研究所集全所各研究室科研人员的力量,共同参与完成的一项集体研究成果。全书坚持以马克思主义的基本立场观点为指导,立足中国国情,从历史和比较的视野,对新中国成立70年来中国农业和农村发展研究的历程、主要理论创新与学术思想贡献,包括各个时期中国主要领导人的思想观点,做了重点归纳与评述,力求全面、系统、客观地反映新中国成立70年来学术界探索和构建中国特色的农业农村发展理论体系的演进历程,各个时期的重要学术成果、主要理论创新以及学术思想和研究方法贡献。全书围绕农业农村发展研究的12个重点领域展开深入探讨,包括:农业增长研究、农业农村现代化研究、粮食问题与粮食安全研究、农业和农村产业发展研究、农业经营组织与制度研究、农业支持保护政策研究、农地产权制度研究、农村金融研究、农村反贫困研究、生态经济研究、城乡关系研究、乡村治理研究。此书视角独特、体系完整、内容丰富,全面客观反映了新中国70年农业农村发展研究的历史变迁,是"三农"科研工作者、大学师生和政府决策者必备的一部重要学术参考文献。

(供稿人:卢宪英)

【中国的新型小农经济:实践与理论】

[美]黄宗智(著) 广西师范大学出版社2020年5月版。

虽然家庭农场、合作社等新型农业经营主体的数量不断增加,但是,未来一段时期内家庭仍是中国农业的主要经营主体。在这一大背景下,随着农业生产市场化社会化程度的日益加深以及农业劳动力不断外出的现实,小农经济会发生怎样的变化?对中国的农业发展又会有何影响？此书是一本论文集，收录了黄宗智教授对上述问题的详细讨论。作者沿着从实践出发建构理论，再将所得理论应用于实践或用实践检验其真伪的研究进路，为中国农业的发展模式提出了值得重视的观点。

全书共分为三编，分别对应三个主要内容：在第一编"新型农业革命与相关理论"中，作者分析了1980—2020年在中国发生的隐性农业革命的特点，并考察了舒尔茨、博塞拉普等人的理论；在第二编"新型农业的基本特色"中，作者从中国的农村发展实际中提取了关键变量（半工半耕、非正规经济、没有无产化的资本化等），并以大量研究数据为论述依据，分析了中国新型农业的基本特色；在第三编"中国农业发展的经验和未来"中，作者着重探讨中国农业未来的发展路径，在对"美国模式"和"东亚模式"进行对比分析的基础上，作者认为后者对中国农业未来的发展更具有借鉴意义。作者认为，新自由主义和马克思主义两大经典理论在一定程度上均与中国实践相悖，按照这两大理论的预判，中国的很多实践具有"悖论性"。因此，在分析中国的农业发展时，需要基于中国小农的实际情况，重新建构与中国发展实际相吻合的理论。在此书中，作者对中国农业的基本看法是：中国有必要借鉴东亚地区的发展模式，通过建立农户之间的纵向一体化组织形式，使小农户分享农业产业链的更多利润，走新型小农经济道路。

此书的创新之处在于，作者没有拘泥于现有理论，尤其是超越了两大经典理论的研究预判，从中国新型小农经济的悖论实际（如没有无产化的资本化）出发，重新建立符合中国发展实际的理论，看到了小农户自发行为的经济意义，并将其置于分析中国农业问题、确定农业政策的核心。

（供稿人：檀学文）

【国情、传统与现代化——以农户经济为中心】

林刚（著） 社会科学文献出版社2020年9月版。

第三次全国农业普查数据显示，全国有2.3亿户农户。农户经济仍然是农业经济的核心组成部分，无论是研究中国传统社会还是现代社会，小农户和农户经济始终是绕不过去的重要领域。对农户经济的研究，具有重要的理论和现实意义。此书的副标题为"以农户经济为中心"，足见作者对"农户"这一经济主体的重视。在此书中，作者描述了农户经济的产生、发展、变化及其与自然生态和社会生态环境的相互关系，在历史发展过程中探讨了农户经营与中国国情、传统与"现代化"的关系。全书的内容包括四个部分：第一部分是导论，作者梳理了顾准和斯密对市场经济形成条件的思考，指出西方资本主义的形成是特定条件的产物。第二部分分析了中国古代的农业文明与小农经济的关系。作者认为，小农经济是古代中国环境下保障国计民生的唯一选择，小农经济的变化与古代中国的兴衰密切相关，但是，小农经济也存在难以逾越的生存条件。在第三部分，作者考察了中国近代的工业化与小农经济的关系。在作者看来，近代工业的发展是以农村和农户经济为基础的，近代中国出现了由以自给性粮食种植业为主的传统农业部门、以机器大工业为代表的现代部门以及具有两部门共同点的新型农村商品性工副业组成的"三元结构"。在第四部分，作者分析了当代中国的工农—城乡关系及其对现代化道路的影响。在这一部分，作者回顾了家庭经济从被否定到重新受到认可的历史过程。第五部分，作者通过展现三个典型乡村个案，阐述了实际生活中的城乡关系，并指出：在中国实现现代化的过程中，如何对待以农民家庭经营为代表的传统经济，如何处理传统与现代化的关系,是最重要的问题。这个问题是由中国国情本身的特点决定的,不以人们的主观意志为转移。在这个意义上,能否正确认识国情是中国的现代化道路能否健康发展的关键所在。因此,中国的现代化道路,既不取决于人们的主观愿望,也不取决于国外的各类模式,而只取决于能否正确认识中国国情、所选择的道路能否适应中国国情。而在对中国国情的认识过程中,农户经济是一个绕不开的概念。

(供稿人:檀学文)

【土地制度与中国发展(增订本)】

刘守英(著) 中国人民大学出版社2021年12月版。

中国过去四十多年经济高速增长的奇迹,和土地制度安排与变革有很大关系。独特的土地制度安排与变革是中国经济高速增长和结构变革的发动机。此书作者通过抵近真实世界的一手调查,直接参与国家和地方土地制度改革试验,了解到中国土地制度的基本特征、制度运行中的问题,以及土地制度作用于经济发展的典型事实,给出了土地制度改革的思路、解决方案和实施机制。在下一个经济发展阶段,随着经济增长速度的放缓,"以地谋发展"模式走不通了,经济增长将更多地依靠生产力提升和创新来驱动,土地制度改革将成为人们能否利用好下一轮发展机遇期、促进国力再上一个台阶的关键。在这一增订本中,作者新增了"城乡中国的土地问题"一章,在这一章中,作者重新审视了土地在乡土中国的表现,分析了土地制度安排与变迁如何推动中国从乡土中国向城乡中国转变,分析了城乡中国阶段的主要土地问题。另外,还增加了其他两章内容,即第十五章"土地制度与中国发展模式"和第十六章"'以地谋发展'模式的衰竭",对中国过去"以地谋发展"模式的基本特征、典型化事实,以及"以地谋发展"模式走不通的原因做了更深入细致的描述和分析。此书荣获第十九届孙冶方经济科学奖专著奖(2009年度)。评委会指出,此书立足于当前中国土地制度的重大现实问题,采取了"产权理论—制度分析—案例研究—政策建议"的研究路径,通过提炼诸如"城乡二元土地制度与双轨城市化"等反映土地制度特征的概念,具有理论的创新和贡献,对当前中国土地制度改革实际决策具有重要参考意义。此书还荣获《新京报》《经济观察报》"年度好书"称号。

(供稿人:马翠萍)

【新型城镇化重塑城乡格局】

魏后凯等(著) 社会科学文献出版社2022年3月版。

中国特色的新型城镇化正在重塑城乡发展格局,推动城乡关系由二元分割向融合共富方向转变。新型城镇化是促进城乡融合共富的重要驱动力,而城乡融合发展又将为新型城镇化提供良好环境和有力保障。据此,此书将"新型城镇化重塑城乡格局"作为贯穿全书的一条主线。此书共十二章,大体可分为四个部分。

第一部分包括第一章至第三章,重点阐述中国城镇化的总体战略与趋势。其中,第一章着重探讨中国城镇化取得的成效、存在问题、战略目标和重点任务,提出应从实际出发,坚持以人为核心,全面提升城镇化质量,走中国特色高质量城镇化之路;第二章着重从住房、医疗、教育和社会保障视角,探讨城镇化进程中的资源错配现象及其形成原因,提出按常住人口优化各类资源配置的战略思路和具体措施;第三章对未来中国城镇化水平和规模格局进行了预测,并针对预测结果和城镇增长态势,提出科学控制超大特大城市规模膨胀,有效激活中小城市与特色小城镇，全面提升城市群和都市圈质量，推动不同规模城镇合理布局、均衡发展。第二部分包括第四章至第七章，重点考察中国城镇化的人口迁移引擎。其中，第四章针对落户意愿与落户条件的结构性矛盾，从城乡两栖视角构建了影响流动人口落户意愿的分析框架并进行实证检验，结果表明落户意愿与两栖能力和两栖成本显著相关。第五章的实证研究发现，城市公共服务显著影响了流动人口的永久迁移意愿，城市的公共服务水平越高，流动人口的永久迁移意愿越强，因此城市间公共服务均等化可以在一定程度上缓解人口向大城市集聚的趋势。第六章考察了城市住房价格对农民工定居意愿的影响及作用机制，认为城市高房价显著降低了农民工的定居意愿，而定居意愿下降将会阻滞城镇化的进程。第七章构建了包含迁入潜能的城市增长模型，认为迁入潜能指标能够很好地解释城市增长差异，不同地区和规模的城市可以根据其迁入潜能大小制定差异化战略。第三部分包括第八章至第十章，着重从三个不同视角阐述中国城镇化的特定问题。智慧化是新型城镇化的根本特征和内在要求，第八章探讨了推进智慧城镇化的战略选择，认为当前必须加快信息化与城镇化深度融合，全面推进智慧城乡建设，走智慧城镇化之路。县城是当前推进城镇化建设的重要载体。第九章在考察县域城镇化演变趋势、空间特征与存在问题的基础上，着重探讨了县域城镇化的推进战略与政策措施，提出应以县城和县级市为重点吸纳新增城镇人口，因地制宜、分类推进县域城镇化。第十章探究了新型城镇化下的行政区划设置问题，提出应通过创新设市模式，稳步增设一批中小城市，有序推进市辖区增量调整和存量优化，使行政区划调整更好适应新型城镇化和城镇规模格局优化的需要。第四部分包括第十一章和第十二章，着重探讨在推进中国特色的新型城镇化过程中，如何重塑中国城乡发展格局。第十一章聚焦全面统筹新型城镇化与乡村振兴战略，认为新形势下必须实行"双轮驱动"，全面深化城乡综合配套改革，建立完善城乡统一的四项制度和两大体系，即城乡统一的户籍登记制度、土地管理制度、就业管理制度、社会保障制度以及公共服务体系和社会治理体系。第十二章着重考察促进城乡融合共富的路径，认为当前中国已经进入全面推进城乡融合发展的新时期，必须采取多方面的有效措施，促进城乡全面融合和一体化发展，走城乡共同富裕之路，确保到2035年城乡差距显著缩小，到21世纪中叶实现城乡居民收入均衡化和生活质量等值化。

（供稿人：李玏）

【城乡大融合："三农"政策演变与趋势】

孔祥智等（著）　中国人民大学出版社2022年10月版。

2017年，党的十九大第一次明确提出城乡融合发展的愿景。进入21世纪以后，党中央从农村税费改革入手调整工农城乡关系。城乡统筹、城乡一体化、城乡融合是层层递进的关系，反映了执政理念的转变，更反映了国家财政水平的提升。党的十八大以来的十年间，尤其是党的十九大提出乡村振兴战略以来，城乡差距的缩小是有目共睹的。此书总结了党的十八大以来中国在城乡一体化到城乡融合进程中的政策进展和历史成就，并尽可能总结这些政策对新时代中国特色社会主义理论体系的贡献。此书分为导论和上、中、下篇：导论介绍了城乡融合与"三农"发展情况；上篇为五大融合与城乡关系重塑，包括五章内容，分别从城乡要素合理配置、城乡基本公共服务普惠共享、城乡基础设施一体化建设、乡村经济多元化发展以及如何实现农民收入持续增长等方面进行了分析；中篇是城乡融合与"三农"政策体系，包括三章内容，分别从农业政策、农村政策、农民政策对城乡融合的实现进行了介绍；下篇对农业和农村未来的发展趋势进行了展望。此书研究了党的"三农"理论创新对马克思主义政治经济学发展的原创性贡献，具有较高的学术价值。

（供稿人：李昊）

学术动态

1949 年

北京大学农学院、清华大学农学院和华北大学农学院合并成立北京农业大学，同时下设农业经济系。

1950 年

中国人民大学经济计划系设立农业经济教研室。

1952 年

以金陵大学农学院、南京大学农学院（原国立中央大学农学院）为主体，加上浙江大学农学院部分系科，合并成立南京农学院，下设农业经济系。

武汉大学农学院、湖南大学农学院、中山大学农学院等三所院校农业经济系调入华中农学院，合并组建华中农学院农业经济系。

1954 年

中国人民大学在经济计划系农业经济教研室的基础上，成立农业经济系。

1958 年

1958 年 5 月 10 日，中国农业科学院农业经济研究所成立。中国农业科学院农业经济研究所是新中国最早成立的专门从事农业经济和农村发展理论及政策研究的国家级公益性科研机构。

1978 年

中国人民大学农业经济系在"文革"期间一度停止招生，后开始恢复招收农业经济专业本科生与硕士研究生。

1978 年 4 月，中国社会科学院开始筹备成立农业经济研究所。8 月 1 日，中国社会科学院发布《关于启用中国社会科学院"工业经济研究所"和"农业经济研究所"印章的通知》，中国社会科学院农业经济研究所正式成立，詹武任所长，王耕今任副所长。

1978 年 8 月 25 日，在中央主持工作的叶剑英、邓小平等领导同志审阅同意了中国社会科学院关于成立研究生院的请示。在新成立的"中国社会科学院研究生院"中，农业经济研究所与工业经济研究所、财贸物资研究所联合成立中国社会科学院研究生院现实经济系。10 月 5 日，中国社会科学院研究生院现实经济系第一批新生入学，农业经济研究所招收 4 名硕士研究生。

1978 年 10 月，第一次全国农业经济工作者代表大会在江苏省苏州市召开，中国农业经济学会成立。中国农业经济学会是以农业经济和农村经济为研究对象，为中国农村经济发展服务的群众性学术团体。其业务范围包括：组织会员开展农业经济科学和农村经济发展的研究，举行研讨会、报告会、开办学术讲座、训练班、出版农业经济和农村经济书刊、普及农业和农村经济科学及管理知识，承接委托业务，开展咨询活动，组织国际学术交流，为繁荣和发展农业及农村经济科学，加速中国农业现代化做出贡献。

1979 年

1979年5月4日，全国畜牧业经济研究会成立大会在四川成都召开。会议选举詹武任会长，李易方、郑伯权、林祥金任副会长，林祥金兼任秘书长。

1979年8月16日，中国社会科学院批准中国农业经济学会出版《农业经济问题》月刊，由王耕今兼任总编辑。该刊物于1980年1月发行创刊号。

1981 年

1981年11月3日，国务院批准全国首批博士、硕士学位授予高等学校及科研机构名单。其中，授予中国社会科学院研究生院农业经济硕士、博士学位点，授予北京农业大学、沈阳农业大学、南京农业大学、华中农业大学、西北农业大学、中国农业科学院农业经济硕士学位点。

1982 年

1982年9月，中国国外农业经济研究会在京召开成立大会，会议决定组成首届理事会，推选国家农委副主任何康任理事长，丁泽霁任秘书长。研究会成立以来，主要工作领域包括以下8个方面：（1）组织和推动会员对全球范围的重大农业经济理论和实践问题进行研究；（2）介绍国内外有关发展动态和开展有关信息交流；（3）推进与国际学术团体的学术交流，组织参加国际学术活动，组织与国外科研机构的合作研究；（4）承接国内外开发项目的论证和国内外农业经济课题的研究；（5）推动和组织评选优秀研究成果；（6）开展培训和咨询服务；（7）编辑出版有关国外农业经济问题的书刊和资料；（8）向有关领导部门反映国际农业经济的重大问题以及提出对策性意见。

1984 年

1984年1月13日，国务院批准全国第二批博士、硕士学位授予高等学校及科研机构名单。其中，授予西北农业大学、沈阳农业大学、南京农业大学农业经济博士学位点，授予新疆农业大学、西南农业大学、浙江农业大学、华南农业大学农业经济硕士学位点。

1984年2月10日，中国生态经济学学会在京正式成立。大会选举中国生态经济学倡导人许涤新同志任第一届理事会理事长，马世骏、王耕今、石山、孙尚清、阳含熙、李宪法、曲格平、陈岱孙、侯学煜、柳随年任副理事长，王耕今兼任秘书长。学会的主要工作包括：组织生态经济学术交流、生态经济课题研究；编辑出版有关生态经济杂志、书刊、资料；普及生态经济科学知识，积极传播生态经济方面的科研成果和经验；对涉及生态经济问题的科学技术政策和规划发挥咨询作用，积极提出合理化建议，经常向有关部门推荐研究成果，反映生态经济工作者的意见和呼声；积极开展国际学术交流活动。

1984年6月4日，经文化部批准，中国社会科学院农业经济研究所创办了《农村经济》月刊；7月24日《农村经济》月刊更名为《中国农村经济》，1985年1月正式发行创刊号。

1985 年

1985年2月8日，中国社会科学院社科办字8号文件批准农业经济研究所更名为农村发展研究所。

1986 年

1986年7月28日，国务院批准全国第三批博士、硕士学位授予高等学校及科研机构名单。其中，授予中国人民大学、华中农业大学、西南农业大学、北京农业大学、中国农业科学院农业经济博士学位点，授予东北农业大学、福建农业大学、山东农业大学、四川农业大学、河北农业大学、广西农学院、内蒙古农业大学农业经济硕士学位点。

1991 年

1991年，经中国社会科学院和民政部批准，全国林业经济研究会、全国畜牧业经济研究会、全国渔业经济研究会3个学会合并为中国林牧渔业经济学会。中国林牧渔业经济学会由从事林业、畜牧业和渔业经济的实际工作者和理论工作者组成，系全国性学术团体，是非营利组织，接受业务主管单位中国社会科学院、社团登记管理机关中华人民共和国民政部、代管单位中国社会科学院农村发展研究所的业务指导和监督管理。

1992 年

1992年11月，中国社会科学院农村发展研究所所长陈吉元和国家统计局农村社会统计司司长何焕炎讨论商定，从1993年起，由双方共同编写、出版《中国农村经济发展年度报告》（简称"农村经济绿皮书"或"农村绿皮书"），系统分析中国农村经济的发展状况，评估发展成效，预测发展趋势，为与农业、农村和国民经济协调发展有关的宏观经济决策及管理提供参考。

1993 年

1993年8月1日，经民政部批准，中国县镇经济交流促进会成立。中国县镇经济交流促进会的宗旨是通过搭建县市乡镇之间相互交流的平台，充分利用和挖掘各地区、各方面的资源优势，促进中国县市乡镇经济繁荣发展、社会和谐进步。中国县镇经济交流促进会的主要业务范围是：建立和发展各地县市乡镇之间的横向经济联系网络；组织地区间横向经济技术交流与协作，推动贫困地区的开发；进行人力资源开发，培育现代市场经济所需人才。

1993年12月18日，经原农业部人事司同意、民政部批准，中国农业经济学会农业技术经济研究会成为一级学会，正式更名为中国农业技术经济研究会。其业务范围包括：第一，举行学术讨论会议及各种报告、讲座等学术活动；第二，组织、协调农业技术经济专题调查研究及经济效益评价活动；第三，普及农业技术经济学的基础知识，包括举办各种培训班，编写各种农业技术经济的普及书籍或工具书等；第四，接受政府部门和生产单位委托的任务，开展咨询工作，提出合理化建议，推荐研究成果，并反映农业技术经济工作者的意见和要求；第五，开展国际学术交流活动；第六，编辑出版《农业技术经济》刊物和其他有关学术资料。

1994 年

1994 年 7 月 13 日，国家新闻出版署期管字（94）第 101 号文件《关于同意"农村经济与社会"更名的批复》，同意《农村经济与社会》更名为《中国农村观察》。

1999 年

1999 年 9 月 11 日，党中央、国务院为实施西部大开发战略和统筹推进科教体制改革，将同处陕西省杨凌县的原西北农业大学、西北林学院、中国科学院水利部水土保持研究所、水利部西北水利科学研究所、陕西省农业科学院、陕西省林业科学院、中国科学院西北植物研究所等 7 所科教单位合并组建成立西北农林科技大学，实行部省院共建机制，赋予学校支撑和引领干旱半干旱地区现代农业发展的重要使命。

2003 年

2003 年 7 月 4 日，经民政部批准，设立由原中央农村政策研究室主任、著名经济学家杜润生先生提议的"农村发展研究专项基金"，并随后每两年开展一次"中国农村发展研究奖"评奖活动，专门支持与奖励对中国农村问题的学术与政策研究。

2003 年 9 月 19 日，教育部发布《教育部关于成立教育部高等学校农林科类教学指导委员会的通知》，并聘请有关专家学者成立了第一届教育部高等学校农林科类教学指导委员会，设立教育部高等学校农林基础教学指导委员会、教育部高等学校植物生产与草业科学类教学指导委员会、教育部高等学校农林经济与管理类教学指导委员会等 11 个教学指导委员会，其中农林经济与管理类教学指导委员会由 22 人组成。唐忠教授被聘请担任主任委员，谭向勇教授、刘俊昌教授、钟甫宁教授担任副主任委员，另有 17 人担任委员，曾寅初副教授担任委员会秘书。

2004 年

2004 年 10 月 17 日，中国人民大学农业与农村发展学院正式成立，该学院前身为已建系 50 周年的农业经济系。新成立的中国人民大学农业与农村发展学院设有农林经济管理、农村区域发展两个本科专业，农业经济管理、农村发展、林业经济管理、食品经济管理、自然资源管理、技术经济及管理六个学术型硕士和博士学位点，农业、农业农村管理（MAA）两个专业型硕士学位点。

2005 年

浙江大学在农业现代化与农村发展研究中心的基础上成立中国农村发展研究院，英文全称 China Academy for Rural Development（英文简称"CARD"，中文简称"卡特"），并列为国家"985"工程人文社会科学（A 类）创新基地。

2008 年

2008 年 11 月 23 日，以杜润生及农村发展问题研究组为主要贡献人的"农村家庭联产承包责任制理论"获得首届中国经济理论创新奖。农村家庭联产承包责任制理论是改革开放以来中国经济改革和发展最具代表性的经济理论之一,对农村改革和发展乃至整个经济改革产生了重大影响。

2009 年

2009 年 8 月 17—22 日,由国际农业经济学家协会和中国农业科学院共同主办的第 27 届国际农经大会在北京召开,来自世界 70 个国家和地区的农业经济学家、政府官员和国际机构代表共 1400 多人参加了会议。大会的成功举办展示了中国发展现代化农业和建设社会主义新农村的骄人成果,极大地密切了中国与国际农经界的交流与合作。

2011 年

2011 年 12 月 29 日,清华大学根据党的十七届六中全会关于"建设一批具有专业优势的思想库"精神,成立清华大学中国农村研究院,开启"三农"领域新型高校智库建设。

2012 年

2012 年 4 月 23 日,教育部、科技部联合发布《关于同意中国农业大学等 10 所高校成立新农村发展研究院的通知》,批准了中国农业大学、浙江大学等全国十所高校成立新农村发展研究院。

2012 年 7 月,经民政部批准,中国农业技术经济研究会更名为中国农业技术经济学会。

2013 年

2013 年 8 月 31 日,由中国社会科学院农村发展研究所、中国人民大学农业与农村发展学院、农业部农村经济研究中心、中国科学院农业政策研究中心、中国农业大学经济管理学院、中国农业科学院农业经济与发展研究所共同发起的"北京青年农经学者论坛"在北京召开,该论坛旨在加强青年农经学者的能力建设,搭建使青年学者健康成长的学术平台,推进农经理论研究的发展。

2015 年

2015 年 1 月,农业部成立全国休闲农业专家委员会,并印发《农业部办公厅关于成立第一届农业部全国休闲农业专家委员会的通知》。刘旭院士被聘请为"全国休闲农业专家委员会"主任委员,叶兴庆、陈宗懋、吴孔明、俞孔坚、朱信凯等 5 位专家为副主任委员,厉新建等 21 位专家为专家委员。

2016 年

2016 年 8 月 3 日,《中国农村发展报告》在北京发布,该报告是由中国社会科学院农村发展研究所组织编撰的年度系列研究报告,每年聚焦一个主题,由总报告和专题研究报告组成,重点关注"三农"研究领域的重大理论和实践问题,具有重要的决策参考价值和实践指导价值。

2018 年

2018年12月15日，2018—2022届教育部高等学校农业经济管理类专业教学指导委员会第一次全体委员会议在中国人民大学农业与农村发展学院召开。来自全国46所高等院校的48位委员和部分上届委员出席会议。在工作讨论环节，会议指出，2018—2022届教育部高等学校农业经济管理类专业教学指导委员会将重点从以下八个方面展开工作：第一，提高教学质量，开展本科教学改革与质量建设研究项目；第二，完善教学体系，提高师资力量，开展课程建设研讨会以及教师培训；第三，研究如何开展农经专业认证；第四，与国务院农林经济管理学科评议组、中国农经学会等加强合作，组织学科发展论坛及学术年会，加强学科建设及学术交流；第五，促进学科资源整合共享，建设完善学科网络平台；第六，促进全国农林经济管理专业本科生交流和互动，开展本科生研究竞赛；第七，组织和编辑出版农林经济管理学科发展史；第八，推动新农科教育计划、规范会议管理、加强与其他学科教学指导委员会的联系交流、完成教育部临时交办的任务等其他事项。

2020 年

2020年11月5日，中国农业大学全球食物经济与政策研究院（Academy of Global Food Economics and Policy，AGFEP）成立。全球食物经济与政策研究院以建设世界一流智库为目标，围绕食物和营养安全、环境可持续、气候变化、农业农村现代化建设等关乎全球与国家发展的重要议题开展研究。中国农业大学讲席教授、国际食物政策研究所前所长（IFPRI）樊胜根任研究院院长，研究院成员来自中国农业大学、浙江大学、中国农业科学院等高校和科研单位，同时聘请国内外10余名食物政策、营养、农业经济等领域的专家作为学术委员会成员。

2021 年

2021年9月10日，经民政部批准，中国城郊经济研究会正式更名为"中国农村发展学会"（以下简称"农发会"）。农发会的宗旨是致力于组织和动员从事农村发展研究、教学和实际工作的单位及个人开展农村发展、改革和建设方面的研究，探索中国农村发展、乡村振兴的规律和道路，搭建学术交流和服务平台，为党和国家的宏观决策服务，为地方发展和建设服务，为创立具有中国特色的农村发展学科做出贡献。

2021年12月10日，"聚焦农民农村共同富裕——中国农村发展高层论坛（2022）暨中国农村发展学会2022年会"在北京召开。该会议是中国农村发展学会成立后举办的首届年会。会议由中国农村发展学会和中国社会科学院农村发展研究所主办，中国社会科学院党组成员、副院长高培勇致辞并发表演讲，农业部原副部长尹成杰、国家发展和改革委员会原副主任杜鹰出席会议并做主旨演讲，中国社会科学院农村发展研究所所长、中国农村发展学会会长魏后凯做主题演讲，中国社会科学院农村发展研究所党委书记杜志雄主持开幕式和主旨演讲。会议设立了"反贫困战略转型""乡村治理""乡村产业振兴""城乡融合发展""乡村建设与发展""乡村规划与建设"六个分论坛，并举办了农经学科院长论坛和期刊论坛。

2022 年

1 月

2022 年 1 月 11—14 日，第五届农业绿色发展研讨会暨中荷 AGD 交叉创新型人才培养项目年度会议在中国农业大学召开。中荷 AGD 交叉创新型人才培养项目年度会议围绕农业绿色发展理论与实践和交叉创新型人才培养这一主题，搭建国内外农业领域多学科交叉科研创新平台，重点研讨了农业绿色发展科学前沿、理论、方法和技术，创新区域农业绿色发展模式、交叉创新高层次复合型人才培养模式，以及在支撑"绿色发展、乡村振兴"国家战略方面所发挥的重要作用。此次大会由中国农业大学、荷兰瓦赫宁根大学、海南大学共同主办，由中国工程院《农业科学与工程前沿》作为学术支持单位。

4 月

2022 年 4 月 8 日，以"乡村振兴与气候变化"为主题的 2022 年中美农业圆桌会议——智库对话会在北京以线上线下相结合的方式召开。此次会议由中国社会科学院农村发展研究所、中国社会科学院国际合作局、美国腹地中国协会主办，中国生态经济学学会、中国国外农业经济研究会承办。来自中国社会科学院农村发展研究所、生态文明研究所，中国农业科学院，美国农业和牧场主联盟，美国康奈尔大学，美国兰德公司，世界资源研究所等中美研究机构的专家学者参与会议。

2022 年 4 月 20 日，2022 中国农业展望大会在北京召开。农业农村部副部长马有祥出席会议并讲话，商务部副部长钱克明作大会致辞，农业农村部党组成员、中国农业科学院院长吴孔明致欢迎辞，联合国粮食及农业组织总干事屈冬玉、美国农业部首席经济学家塞斯·迈尔（Seth Meyer）分别视频致辞。开幕式由农业农村部总畜牧师张天佐主持。农业农村部市场与信息化司司长唐珂在会上发布了《中国农业展望报告（2022—2031）》。

2022 年 4 月 23 日，中国合作经济学会第六次会员代表大会在北京召开。中央农办专职副主任、农业农村部党组成员吴宏耀，十三届全国人大农业与农村委员会副主任委员、国际合作社联盟副主席李春生出席会议并讲话。会议强调，要坚定农民合作社发展方向，把握姓农为农属性，探索多种发展模式，增强服务带动能力，推动农民合作社在农业农村现代化进程中发挥更大作用、实现更大作为。会议要求，作为全国合作经济理论研究者的学术探索组织，中国合作经济学会要围绕合作经济组织创新，推出一批新的有重大影响力的研究成果，努力成为推动合作经济发展的重要力量，打造围绕中心服务大局的特色智库。会议审议通过了学会工作报告、财务报告和新修改的《中国合作经济学会章程》，选举产生了新一届理事会。孙中华当选为新一届学会会长。

2022 年 4 月 29 日，由中国社会科学院农村发展研究所、社会科学文献出版社和中国社会科学院城乡发展一体化智库共同主办的"中国农村经济形势分析与预测研讨会暨《农村绿皮书（2021—2022）》发布会"在北京成功召开，会议采取现场会议和线上视频会议相结合的方式。

7月

2022年7月9—10日，由人力资源和社会保障部、农业农村部联合主办，中国农业科学院承办的专家创新大讲堂在北京举行。此次大讲堂以"提升种业创新能力 助力种业振兴发展"为主题，邀请种业领域8位院士和20多位知名专家、青年学者作报告，全国65家科研院所、高等院校、涉农企业的专家学者1000余人，以现场和线上相结合的方式会聚中国农业科学院，为建设种业强国贡献智慧。

2022年7月26日，《中国农村发展报告（2022）》发布会在北京举行。该报告针对促进农民农村共同富裕的内涵，对促进农民农村共同富裕的战略目标与路径选择进行分析和探讨。《中国农村发展报告（2022）》共包括1个主报告和4大类18个分报告。主报告发布了对2035年和2050年农民农村共同富裕的情况预测，提出了衡量农民农村共同富裕的3大方面8个类别的12个相关指标。会议还举行了促进农民农村共同富裕学术研讨会。

8月

2022年8月13—14日，由中国林牧渔业经济学会和中国社会科学院农村发展研究所主办，由中国林牧渔业经济学会养猪经济专业委员会、中国林牧渔业经济学会畜牧业经济专业委员会、兰州大学中国草业发展战略研究中心共同承办的"中国林牧渔业经济学会2022年年会暨大食物安全与林牧渔业现代化研讨会"成功举办。来自全国各级林牧渔业主管部门负责人、高校及科研院所专家学者、期刊媒体及相关企业负责人参加本次会议。

2022年8月20—21日，中国人民大学习近平总书记关于"三农"工作重要论述研究中心揭牌暨2022年中国农林经济管理学术年会举办，年会既涵盖传统的农经议题，也包括"农食系统转型"、"数字农业"、"碳中和"和"机器学习"等新兴领域热门议题。全国政协经济委员会副主任，农业农村部原党组书记、部长韩长赋；中央农办副主任、国家乡村振兴局局长刘焕鑫；全国政协农业和农村委员会副主任、中国农业经济学会会长、农业部原副部长陈晓华；中国农业技术经济学会会长、中国农业科学院原党组书记陈萌山；山西省原副省长、省人大常委会原党组书记郭迎光；国家乡村振兴局综合司副司长、二级巡视员王春燕；中国农业经济学会常务副会长兼秘书长、中国农业科学院农业经济与发展研究所所长袁龙江；中国农业技术经济学会常务副会长兼秘书长、中国农业科学院农业经济与发展研究所副所长毛世平；北京大学新农村发展研究院院长、发展中国家科学院院士黄季焜；北京林业大学经济管理学院院长温亚利；中国农业大学经济管理学院院长司伟等校外领导专家出席开幕式。

9月

2022年9月23—24日，由中国社会科学院农村发展研究所、河南省农业农村厅、河南省乡村振兴局、河南省社会科学院联合主办的"2022年乡村振兴高端论坛暨粮食主产区农民农村共同富裕研讨会"在河南省漯河市举办。此次论坛采取线上线下相结合的方式，以粮食主产区农民农村共同富裕为主题，旨在深入贯彻落实习近平总书记关于乡村振兴和共同富裕的重要论述，为实施国家粮食安全战略、筑牢产粮大省根基、促进粮食主产区农民农村共同富裕贡献智慧，在保障国家粮食安全上展现新担当新作为。

2022年9月25日，"海上丝绸之路农业合作研讨会"隆重召开。此次会议由中国国外农业经济研究会、中国社会科学院农村发展研究所主办，"新华丝路"提供技术支持，华南农业大学国家农业制度与发展研究院、经济管理学院与广东省哲学社会科学重点实验室农业农村政策与改革创新实验室、乡村振兴实验室联合承办。

2022年9月29日，首届农业生态环境建设论坛在北京举行，农业农村部副部长张桃林出席论坛并做主旨报告。张福锁、吴丰昌、周卫3位院士分别围绕洱海保护与高值农业、我国水污染控制与治理、耕地保护与利用的战略思考作了主旨演讲。来自国家发展和改革委员会、生态环境部、中国农业大学、中国农业科学院等单位的6位业内专家作专题报告。农业农村部农业生态与资源保护总站受托发布了全国农作物秸秆综合利用情况报告，该报告介绍了近4年来我国秸秆产生与利用、还田与离田、市场化主体培育等情况。农业农村部有关司局单位、生态环境部土壤中心、有关农业科研院所、大专院校以及各省农业生态环境保护和农村能源建设部门负责人参加论坛。

10月

2022年10月22日，以"县域发展 城乡融合 共同富裕"为主题的2022中国县域经济高峰论坛在山东济南举办。来自国家部委、学会、高校、研究机构和媒体的著名专家学者做主旨报告，31位论文作者以视频形式参会，就共同关心的县域经济发展与城乡融合、乡村振兴等议题作交流探讨。论坛由中国合作经济学会主办，山东师范大学经济学院、山东师范大学县域经济研究院承办，《科研管理》《科学决策》《学习与探索》《理论学刊》《当代财经》《江淮论坛》《中央财经大学学报》《经济与管理研究》《东岳论丛》等提供学术支持。论坛期间，专家学者和参会人员围绕学习党的二十大报告，助力中国式现代化和全面建设社会主义现代化国家，为县域经济发展贡献"智库力量"进行了深入探讨。

2022年10月22日，首届未来乡村研究国际论坛（IFFRS）"面向全球南方的发展研究范式转型"线上国际会议顺利举办，论坛主题是深入学习探讨如何在全球视野下进一步促进中国式农业农村现代化，并由此推动全球南方的共同发展和人类命运共同体建设。该会议由中国农业大学国际发展与全球农业学院、诺丁汉大学商学院主办，共设五个分论坛和一场圆桌对话。该届论坛组织了来自中国、印度、非洲多国、东南亚多国、南美多国，以及英国、加拿大、瑞士等多个国家高校与科研机构的知名学者、发展专家和青年研究者，聚焦探讨全球南方农村发展研究的范式转变，全球—地方知识体系和社会创新，农村治理与可持续生计，促进农村转型的高等教育和企业家精神，气候变化，适宜技术与农业韧性，以及建立全球—地方发展实践共同体等六个方面的议题。论坛得到宁波诺丁汉大学（UNNC）、马来西亚诺丁汉大学（UNM）、联合国粮农组织驻华代表处、"一带一路"减贫与发展联盟（APRD）、中国农业与农村发展国际网络（ICARDC）的支持。

11月

2022年11月2日，由中国科学技术协会主办，中国人民大学农业与农村发展学院承办的"食学自主知识体系研讨会"在中国科技会堂召开。研讨会由中国人民大学农业与农村发展学院院长仇焕广主持。参加研讨会的政府相关部门领导，中国工程院和中国科学院院士，北京大学、中国人民大学、中国农业科学院等单位和其他研究机构的专家学者，就构建食学自主知识体系的重要意义、理论基础和实践价值建言献策，为解决制约人类可持续发展的食事问题探索路径。

2022年11月4—5日，由教育部学校规划建设发展中心主办，陕西省教育厅、西北农林科技大学、西安理工大学协办，西北农林科技大学经济管理学院承办的"乡村振兴与农业农村现代化"国际产学研用合作研讨会成功举办。来自中国、美国、俄罗斯、英国、德国、瑞典、哈萨克斯坦7个国家、23个国内外学术机构的30多位学者带来了精彩的学术报告。此次研讨会以上合组织国家农业合作与发展、乡村振兴与农业发展、农业农村现代化和绿色发展与现代农业四个主题展开，深入探讨农业发展过程中的有关问题。专家学者们从新形势下"一带一路"合作与机遇、中俄农业发展合作、农工业综合发展对哈萨克斯坦粮食安全的全球挑战、气候冲击与大宗商品市场、黄河流域生态治理与农业高质量发展的地域模式与转化机制等方面共同探讨上合组织国家及中国的农业合作与发展，为相关领域师生提供了学习交流平台。

2022年11月12日，教育部高等学校农业经济管理类专业教学指导委员会（简称"农经教指委"）召开国家级一流本科专业建设研讨会。此次会议由农经教指委主办，湖南农业大学经济学院承办，以线下线上相结合的形式进行，旨在交流农经专业类国家级一流本科专业建设经验，推进一流专业建设，提高人才培养质量。此次会议围绕当前"新文科"与"新农科"交叉融合的农业经济管理类本科专业建设问题，农经教指委委员、有关建设单位负责人、相关领域专家、学者展开高效且热烈的研讨，交流了农经专业类国家级一流本科专业建设经验，为推进一流专业建设，提高人才培养质量，更好地实施国家乡村振兴战略、培养"懂农业、爱农村、爱农民"拔尖创新人才贡献智慧。

2022年11月16日，由中国农业大学主办的第二届世界顶尖涉农大学联盟与国际组织论坛召开。中国农业大学校长孙其信出席大会，中国农业大学文科资深讲席教授李小云、樊胜根联合主持。世界顶尖涉农大学联盟（A5联盟）与联合国世界粮食计划署、联合国环境规划署、联合国南南合作办公室、世界贸易组织、国际食物政策研究所、联合国可持续农业机械化中心、非洲绿色革命联盟等国际组织的主要负责人围绕全球气候变化和粮食安全主题深入探讨。

2022年11月18—19日，"中国农村发展高层论坛（2022）暨中国农村发展学会2022年会"在北京以线上和线下相结合的方式召开。此次论坛由中国农村发展学会和中国社会科学院农村发展研究所主办，中国农业大学国际发展与全球农业学院和中国农业大学国家乡村振兴研究院承办。主题为"城乡融合与乡村振兴"，设置一个主论坛和六个分论坛。

2022年11月19日，由北京农业经济学会主办，中国农业经济学会青年（工作）委员会、中国农业技术经济学会青年学者委员会、中国农村发展学会青年工作专业委员会共同协办，北京农学院经济管理学院、中国人民大学农业与农村发展学院、北京乡村振兴研究基地共同承办的"北京农业经济学会2022学术年会暨乡村振兴与共同富裕学术研讨会"在北京召开。该届年会设有"中国青年农业经济学家专场""农业可持续发展专场""营养与健康专场""都市现代农业专场""粮食安全与初级农产品保供专场""林业绿色发展与乡村振兴专场""新型城乡融合发展专场"等七个分会场。

2022年11月19—20日，中国农业经济学会2022年学术研讨会在北京成功召开。全国政协农业与农村委员会副主任、中国农业经济学会会长陈晓华出席会议。会议围绕"全面实施乡村振兴，加快推进农业农村现代化"主题进行了研讨。会议指出，全面建设社会主义现代化国家，最艰巨最繁重的任务仍然在农村，中国特色的农业经济学研究要紧密结合"三农"工作实际，系统领会、准确把握中国式现代化的丰富内涵，从中国特色、本质要求和重大原则中，找准推进农业农村现代化的切入点和突破口，从理论和实践的结合上组织开展重大问题调查研究，突出学会特色、汇聚专家优势，为全面推进乡村振兴，加快建设农业强国贡献智慧和力量。此次大会由中国农业经济学会和湖州师范学院主办，中国农业科学院农业经济与发展研究所和湖州师范学院经济管理学院承办，湖州师范学院"两山"理念研究院协办，采取"线上会议+直播"的形式，在线观看会议直播人数超过13000人次。

12月

2022年12月4日，由中国国外农业经济研究会、中国社会科学院农村发展研究所主办，西南大学商贸学院、经管学院、乡村振兴战略研究院共同承办的中国国外农业经济研究会2022年会暨学术研讨会，以线上会议形式成功顺利召开。此次大会以"牢牢守住'两条底线'的中国实践与国际经验"为主题，探讨巩固拓展脱贫攻坚成果、推进乡村全面振兴、加快农业农村现代化、促进农民农村共同富裕的中国实践方案和国际经验借鉴。大会设置了开幕式、主旨报告、平行论坛、闭幕式四个环节。来自全国50多家科研院所的90名会员代表线上参会。

2022年12月8日，由中国农业技术经济学会、青岛农业大学主办，中国农业科学院农业经济与发展研究所、青岛农业大学经济管理学院（合作社学院）承办的"中国农业技术经济学会2022年学术研讨会"隆重召开。大会以"大食物观、科技创新与乡村振兴战略"为主题。会议以线上线下相结合的方式在青岛、北京两个会场同时举行。

2022年12月9日，由中国社会科学院农村发展研究所、中国社会科学院城乡发展一体化智库、广西社会科学院共同主办，中共田东县委员会、田东县人民政府、广西社会科学院农业农村研究所、广西乡村建设研究会共同承办的"县域发展与共同富裕研讨会暨第十八届全国社科农经协作网络大会"以线下线上相结合的方式召开，线下会议地点在广西南宁市。会上，中国社会科学院副院长、中国社会科学院大学（研究生院）党委书记高培勇，农业农村部总畜牧师、农村合作经济指导司司长张天佐，广西社会科学院党组书记、院长陈立生，田东县委书记、二级巡视员欧阳可爽分别致辞，中国社会科学院农村发展研究所所长、城乡发展一体化智库常务副理事长魏后凯主持开幕式，第十三届全国人大农业与农村委员会副主任委员、中国社会科学院国家高端智库首席专家、城乡发展一体化智库理事长蔡昉以《破除城乡二元结构》为题做主旨演讲。来自中国社会科学院、全国人大、农业农村部、国务院发展研究中心、国家发展和改革委员会、全国地方社会科学院、田东县委县政府、高校和科研单位等的100多名专家学者围绕"县域发展与共同富裕"主题进行了深入研讨。

2022年12月10日，由中国卫星导航定位协会和中国农业工程学会等共同组织的2022"一带一路"精准农业国际合作高端论坛成功召开。论坛在中国北京设主会场，在四川德阳、山东潍坊等设分会场，以线上线下相结合的形式举办。来自中国、俄罗斯、蒙古国、巴基斯坦、哈萨克斯坦、韩国、苏丹等"一带一路"共建国家的院士、专家、国际机构负责人、相关代表出席论坛，共同探讨"一带一路"精准农业国际合作联盟的建设及国际精准农业技术与产业发展。论坛包括开幕式、联盟筹建进展报告、特邀主旨学术报告、专题学术报告和视频连线互动 5 个环节，由中国农业工程学会执行秘书长王应宽和中国卫星导航定位协会副秘书长武晓淦共同主持。

2022 年 12 月 15 日，由中国农业科学院海外农业研究中心、国际合作局主办，农业信息研究所承办的第六届海外农业研究大会在北京举办。大会以"加强农业科技合作 共促全球粮食安全"为主题，交流了农业科技国际合作现状及模式，分享了海外农业投资风险管理经验，发布了海外中心的最新研究成果。农业农村部、商务部等政府部门，以及国际组织、驻华使馆、科研院校和企业界的 300 余人在线参会。

2022 年 12 月 16 日，2022 中国农业农村科技发展高峰论坛暨中国现代农业发展论坛在北京举行。论坛发布了《2022 中国农业科学重大进展》、《2022 全球农业研究热点前沿》、《2022 中国农业科技论文与专利全球竞争力分析》、《2022 中国涉农企业创新报告》、《2022 中国农业农村重大科学命题》和《2022 中国农业农村重大新技术新产品新装备》等 6 份专题报告，宣传推介了太谷国家现代农业产业科技创新中心。举办了智慧农业创新院士论坛，7 位国内外院士专家作了专题报告，来自行业主管部门、地方政府、科研单位、智慧农业应用场景、智慧农业企业、创投公司的专家代表进行了高端对话。

统计资料与数据

1. 农村经济总体情况及其在国民经济中的地位

表1-1 农村经济主要指标

指标	单位	1990年	1995年	2000年	2005年	2010年	2012年	2015年	2019年	2020年	2021年	2022年
一、农业机械总动力	亿瓦特	2870.8	3611.8	5257.4	6839.8	9278.0	10255.9	11172.5	10275.8	10562.2	10776.4	11040.9
二、农林牧渔业总产值	亿元	7662.1	20340.9	24915.8	39450.9	67763.1	86342.2	101893.5	123967.9	137782.2	147013.4	156065.9
三、农林牧渔业增加值	亿元	5061.8	12135.1	14943.6	22416.2	39619.0	50581.2	59852.6	73576.9	81396.5	86775.0	92582.4
四、主要农产品产量												
粮食	万吨	44624.3	46661.8	46217.5	48402.2	55911.3	61222.6	66060.3	66384.3	66949.2	68284.7	68652.8
棉花	万吨	450.8	476.8	441.7	571.4	577.0	660.8	590.7	588.9	591.0	573.1	598.0
油料	万吨	1613.16	2250.3	2954.8	3077.1	3156.8	3285.6	3390.5	3493.0	3586.4	3613.2	3654.2
糖料	万吨	7214.47	7940.1	7635.3	9451.9	11303.4	12451.8	11215.2	12169.1	12014.0	11454.4	11236.5
黄红麻	万吨	72.6	37.1	12.6	8.3	6.5	6.3	4.8	2.9	1.9	1.6	1.5
烤烟	万吨	225.9	207.2	223.8	243.5	261.2	302.3	249.5	202.1	202.2	201.1	208.0
猪牛羊肉	万吨	2513.5	4265.3	4743.2	5473.5	6173.5	6462.8	6702.2	5410.1	5278.1	6507.5	6784.2
牛奶	万吨	415.7	576.4	827.4	2753.4	3038.9	3174.9	3179.8	3201.2	3440.1	3682.7	3931.6
禽蛋	万吨	794.6	1676.7	2182.0	2438.1	2776.9	2885.4	3046.1	3309.0	3467.8	3408.8	3456.4
水产品	万吨	1427.3	2953.0	3706.2	4419.9	5373.0	5502.1	6211.0	6480.4	6549.0	6690.3	6865.9
水果	万吨	1874.4	4214.6	6225.1	16120.1	20095.4	22091.5	24524.6	27400.8	28692.4	29970.2	31296.2
五、农村物价总指数（上年=100）												
农村居民消费价格指数	%	104.5	117.5	99.9	102.2	103.6	102.5	101.3	103.2	103.0	100.7	102.2
农产品生产价格总指数	%	97.4	119.9	96.4	101.4	110.9	102.7	101.7	114.5	115.0	97.8	100.4
六、农村居民人均可支配收入	元	686.3	1577.7	2282.1	3370.2	6272.4	8389.3	11421.7	16020.7	17131.5	18930.9	20132.8
农村居民人均消费支出	元	584.6	1310.4	1714.3	2748.8	4944.8	6667.1	9222.6	13327.7	13713.4	15915.6	16632.1
七、农村教育、卫生												
在校生数												
#普通高中	万人		113.2	157.8	233.7	162.9	83.4	77	82.9	90.5	98.9	109.3
初中阶段	万人		2659.8	3428.5	2784.7	1784.5	974.1	702.5	650.4	637.8	609.9	590.7
小学阶段	万人	9595.6	9306.2	8503.7	6947.8	5350.4	3652.5	2965.9	2557.6	2450.6	2247.4	2029.7
乡镇卫生院床位数	万张	72.3	73.3	73.5	67.8	99.4	109.9	119.6	137.1	139.1	141.7	145.6
乡镇卫生院人员数	万人		105.2	117.0	101.2	115.1	120.5	127.8	144.6	148.1	149.2	153.1

注：1. 2000年以前农产品生产价格总指数为农副产品收购价格指数。
2. 按照新国民经济行业分类标准，农林牧渔业总产值(增加值)包括农、林、牧、渔专业及辅助性活动产值(增加值)。
3. 从2003年起，水果产量含果用瓜。
4. 从2016年开始，农业机械总动力不包括三轮汽车和低速载货汽车动力。
5. 从2013年起，国家统计局开展了住户收支与生活状况抽样调查，本表中的农村居民收入与支出数据来源于此调查，与2012年及以前的农村住户抽样调查的调查范围、调查方法、指标口径有所不同，数据来源于实施城乡一体化调查后的住户收支与生活状况抽样调查。
6. 2012-2016水产品数据由农业农村部根据第三次全国农业普查结果进行了修订。
数据来源：《中国农村统计年鉴2023》。

表 1-2　农村经济在国民经济中的地位

单位：亿元、%

年份	国内生产总值	#第一产业	所占比重
1952	679.1	342.9	50.5
1957	1071.4	430.0	40.1
1962	1162.2	453.1	39.0
1965	1734.0	651.1	37.5
1970	2279.7	793.3	34.8
1975	3039.5	971.2	32.0
1978	3678.7	1018.5	27.7
1980	4587.6	1359.5	29.6
1981	4935.8	1545.7	31.3
1982	5373.4	1761.7	32.8
1983	6020.9	1960.9	32.6
1984	7278.5	2295.6	31.5
1985	9098.9	2541.7	27.9
1986	10376.2	2764.1	26.6
1987	12174.6	3204.5	26.3
1988	15180.4	3831.2	25.2
1989	17179.7	4228.2	24.6
1990	18872.9	5017.2	26.6
1991	22005.6	5288.8	24.0
1992	27194.5	5800.3	21.3
1993	35673.2	6887.6	19.3
1994	48637.5	9471.8	19.5
1995	61339.9	12020.5	19.6
1996	71813.6	13878.3	19.3
1997	79715.0	14265.2	17.9

续表

年份	国内生产总值	#第一产业	所占比重
1998	85195.5	14618.7	17.2
1999	90564.4	14549.0	16.1
2000	100280.1	14717.4	14.7
2001	110863.1	15502.5	14.0
2002	121717.4	16190.2	13.3
2003	137422.0	16970.2	12.3
2004	161840.2	20904.3	12.9
2005	187318.9	21806.7	11.6
2006	219438.5	23317.0	10.6
2007	270092.3	27674.1	10.2
2008	319244.6	32464.1	10.2
2009	348517.7	33583.8	9.6
2010	412119.3	38430.8	9.3
2011	487940.2	44781.4	9.2
2012	538580.0	49084.5	9.1
2013	592963.2	53028.1	8.9
2014	643563.1	55626.3	8.6
2015	688858.2	57774.6	8.4
2016	746395.1	60139.2	8.1
2017	832035.9	62099.5	7.5
2018	919281.1	64745.2	7.0
2019	986515.2	70473.6	7.1
2020	1015986.2	77754.1	7.7
2021	1143669.7	83085.5	7.3
2022	1210207.2	88345.1	7.3

数据来源：《中国农村统计年鉴2023》。

表1-3 农、林、牧、渔业总产值及指数

年份地区	农林牧渔业总产值	农业	林业	牧业	渔业	农林牧渔业总产值	农业	林业	牧业	渔业
	绝对数（亿元）					指数（上年=100）				
1978	1397.0	1117.5	48.1	209.3	22.1					
1980	1922.6	1454.1	81.4	354.2	32.9	101.4	99.7	112.2	107.0	107.7
1985	3619.5	2506.4	188.7	798.3	126.1	103.4	99.8	104.5	117.2	118.9
1990	7662.1	4954.3	330.3	1967.0	410.6	107.6	108.0	103.1	107.0	110.0
1995	20340.9	11884.6	709.9	6045.0	1701.3	110.9	107.9	105.0	114.8	119.4
2000	24915.8	13873.6	936.5	7393.1	2712.6	103.6	101.4	105.4	106.3	106.5
2005	39450.9	19613.4	1425.5	13310.8	4016.1	105.7	104.1	103.2	107.8	106.5
2006	40810.8	21522.3	1610.8	12083.9	3970.5	105.4	105.4	105.6	105.0	106.0
2007	48651.8	24444.7	1889.9	16068.6	4427.9	103.9	103.7	109.8	103.2	104.0
2008	57420.8	27679.9	2180.3	20354.2	5137.5	105.6	104.6	108.0	106.7	105.8
2009	59311.3	29983.8	2324.4	19184.6	5514.7	104.6	103.4	106.7	105.5	105.6
2010	67763.1	35909.1	2575.0	20461.1	6263.4	104.4	104.3	103.5	104.2	105.4
2011	78837.0	40339.6	3092.4	25194.2	7337.4	104.4	105.6	107.6	101.7	104.1
2012	86342.2	44845.7	3407.0	26491.2	8403.9	104.9	104.3	106.7	105.2	105.0
2013	93173.7	48943.9	3847.4	27572.4	9254.5	104.0	104.4	107.4	102.0	105.1
2014	97822.5	51851.1	4190.0	27963.4	9877.5	104.3	104.9	106.4	102.6	104.0
2015	101893.5	54205.3	4358.4	28649.3	10339.1	104.0	105.4	106.1	100.5	104.3
2016	106478.7	55659.9	4635.9	30461.2	10892.9	103.5	104.2	108.2	101.1	102.9
2017	109331.7	58059.8	4980.6	29361.2	11577.1	104.0	104.7	106.9	102.1	102.8
2018	113579.5	61452.6	5432.6	28697.4	12131.5	103.5	103.9	106.5	101.7	102.7
2019	123967.9	66066.5	5775.7	33064.3	12572.4	102.8	104.6	105.2	97.9	102.5
2020	137782.2	71748.2	5961.6	40266.7	12775.9	103.4	104.1	104.3	102.0	102.2
2021	147013.4	78339.5	6507.7	39910.8	14507.3	107.9	104.5	104.4	115.6	104.1
2022	156065.9	84438.6	6820.8	40652.4	15468.0	104.4	104.0	105.7	104.5	103.8
北京	268.2	129.8	86.5	42.3	3.9	98.0	102.8	97.4	89.8	94.8
天津	521.4	276.8	8.9	147.2	70.5	102.9	106.9	102.7	97.9	99.0
河北	7667.4	4035.7	266.6	2391.7	342.3	104.6	103.9	101.5	104.8	106.1
山西	2211.6	1288.4	174.5	615.8	9.1	105.0	104.8	100.2	106.7	104.4

续表

年份地区	绝对数（亿元）					指数（上年=100）				
	农林牧渔业总产值	农业	林业	牧业	渔业	农林牧渔业总产值	农业	林业	牧业	渔业
内蒙古	4316.8	2208.5	107.5	1876.3	31.3	104.9	103.9	109.0	105.5	105.3
辽宁	5180.0	2258.3	161.7	1694.6	881.3	103.2	102.3	121.9	103.0	104.2
吉林	3217.9	1512.7	69.5	1482.6	61.6	104.1	102.8	101.4	105.4	112.4
黑龙江	6718.2	4320.5	212.3	1842.8	147.9	102.5	101.7	105.0	103.9	103.7
上海	273.5	149.3	8.3	46.4	51.2	98.9	99.6	88.8	103.9	102.7
江苏	8733.8	4685.7	185.6	1294.2	1856.9	103.9	103.3	105.0	103.9	102.0
浙江	3752.3	1769.8	183.0	405.7	1261.2	103.4	101.7	107.3	105.6	104.1
安徽	6278.0	2937.0	473.3	1812.5	660.3	104.5	102.9	109.5	105.0	104.0
福建	5502.6	2065.7	429.9	1066.3	1740.7	103.9	105.2	105.0	104.3	101.7
江西	4223.8	1916.7	416.9	1094.4	553.2	104.3	102.8	106.7	104.6	104.4
山东	12130.7	6206.5	227.3	3003.5	1729.7	104.8	104.7	108.5	103.5	104.4
河南	10952.2	6948.3	149.5	2832.3	147.4	105.1	105.4	106.6	103.3	103.7
湖北	8939.3	4193.1	311.2	2128.2	1584.3	104.4	102.7	107.7	104.0	105.6
湖南	8160.1	3973.2	477.4	2466.9	617.8	103.8	103.1	106.9	103.1	103.5
广东	8892.3	4308.2	549.2	1680.2	1898.2	104.8	104.2	107.8	103.9	104.6
广西	6938.5	3977.7	548.5	1509.5	575.8	105.0	105.3	104.7	105.1	103.0
海南	2272.0	1236.8	118.7	340.5	466.6	103.5	104.1	96.9	103.0	102.7
重庆	3068.4	1881.8	176.4	800.9	137.0	104.5	103.9	106.6	105.2	103.7
四川	9859.8	5528.8	438.2	3281.7	343.1	104.5	104.4	106.5	104.3	104.5
贵州	4908.7	3313.7	340.0	941.4	79.6	104.2	103.5	103.9	105.7	106.5
云南	6635.8	3629.9	492.2	2192.3	119.9	105.5	105.1	106.9	105.5	103.0
西藏	278.6	121.0	7.0	143.4	0.2	104.8	100.8	168.6	106.6	72.4
陕西	4601.9	3310.4	86.1	925.4	36.2	104.6	103.9	110.9	105.4	106.6
甘肃	2680.7	1806.4	36.4	662.2	1.7	105.9	105.5	109.4	107.0	89.1
青海	566.2	238.3	13.1	302.3	4.3	104.6	104.4	99.1	105.1	102.7
宁夏	845.9	455.6	11.5	323.5	22.8	104.9	102.0	101.4	109.3	104.7
新疆	5469.0	3754.0	53.5	1305.3	32.1	105.8	105.7	63.1	106.5	100.7

注：本表绝对数按当年价格计算，指数按可比价格计算。2003年起总产值包括农林牧渔专业及辅助性活动产值。
数据来源：《中国统计年鉴2023》。

2. 农村基本情况与农业生产条件

表 2-1 全国乡村人口和乡村就业人员情况

单位：万人、%

年份	乡村人口 人口数	乡村人口 占总人口比重	乡村就业人员（年末）	第一产业就业人员（年末）
1978	79014	82.1	30638	28318
1980	79565	80.6	31836	29122
1985	80757	76.3	37065	31130
1990	84138	73.6	47708	38914
1991	84620	73.1	48026	39098
1992	84996	72.5	48291	38699
1993	85344	72.0	48546	37680
1994	85681	71.5	48802	36628
1995	85947	71.0	49025	35530
1996	85085	69.5	49028	34820
1997	84177	68.1	49039	34840
1998	83153	66.7	49021	35177
1999	82038	65.2	48982	35768
2000	80837	63.8	48934	36043
2001	79563	62.3	48674	36399
2002	78241	60.9	48121	36640
2003	76851	59.5	47506	36204
2004	75705	58.2	46971	34830
2005	74544	57.0	46258	33442
2006	73160	55.7	45348	31941
2007	71496	54.1	44368	30731
2008	70399	53.0	43461	29923
2009	68938	51.7	42506	28890
2010	67113	50.1	41418	27931
2011	64989	48.2	40193	26472
2012	63747	46.9	38967	25535
2013	62224	45.5	37774	23838
2014	60908	44.3	36646	22372
2015	59024	42.7	35404	21418
2016	57308	41.2	34194	20908
2017	55668	39.8	32850	20295
2018	54108	38.5	31490	19515
2019	52582	37.3	30198	18652
2020	50979	36.1	28793	17715
2021	49835	35.3	27879	17072
2022	49104	34.8	27420	17663

注：1. 本表人口 1981 年及以前数据为户籍统计数；1982、1990、2000、2010、2020 年数据为当年人口普查数据推算数；其余年份数据为年度人口抽样调查推算数据。

2. 本表全国乡村就业人员小计 1990 年及以后的数据为根据劳动力调查、全国人口普查的推算数，2011-2019 年数据根据第七次人口普查重新修订。

数据来源：《中国农村统计年鉴 2023》。

表 2-2　主要农业机械年末拥有量

年份	农业机械总动力（亿瓦）	大中型拖拉机（万台）	小型拖拉机（万台）	大中型拖拉机配套农具（万部）	谷物联合收割机（万台）
1957	12.1	1.5			0.2
1962	75.7	5.5	0.1	19.2	0.6
1965	109.9	7.3	0.4	25.8	0.7
1970	216.5	12.5	7.8	34.6	0.8
1975	747.9	34.5	59.9	90.8	1.3
1978	1175.0	55.7	137.3	119.2	1.9
1979	1337.9	66.7	167.1	131.3	2.3
1980	1474.6	74.5	187.4	136.9	2.7
1981	1568.0	79.2	203.7	139.0	3.1
1982	1661.4	81.2	228.7	137.4	3.4
1983	1802.2	84.1	275.0	130.8	3.6
1984	1949.7	85.4	329.8	117.0	3.6
1985	2091.3	85.2	382.4	112.8	3.5
1986	2295.0	86.6	452.6	100.6	3.1
1987	2483.6	88.1	530.0	103.5	3.4
1988	2657.5	87.0	595.8	97.1	3.5
1989	2806.7	84.8	654.3	99.1	3.7
1990	2870.8	81.4	698.1	97.4	3.9
1991	2938.9	78.4	730.4	99.1	4.4
1992	3030.8	75.9	750.7	104.4	5.1
1993	3181.7	72.1	788.3	100.1	5.6
1994	3380.3	69.3	823.7	98.0	6.4
1995	3611.8	67.2	864.6	99.1	7.5
1996	3854.7	67.1	918.9	105.0	9.6
1997	4201.6	68.9	1048.5	115.7	14.1
1998	4520.8	72.5	1122.1	120.4	18.3
1999	4899.6	78.4	1200.3	132.0	22.6

续表

年份	农业机械总动力（亿瓦）	大中型拖拉机（万台）	小型拖拉机（万台）	大中型拖拉机配套农具（万部）	谷物联合收割机（万台）
2000	5257.4	97.5	1264.4	140.0	26.3
2001	5517.2	83.0	1305.1	146.9	28.3
2002	5793.0	91.2	1339.4	157.9	31.0
2003	6038.7	98.1	1377.7	169.8	36.5
2004	6402.8	111.9	1454.9	188.7	41.1
2005	6839.8	139.6	1526.9	226.2	48.0
2006	7252.2	171.8	1567.9	261.5	56.6
2007	7659.0	206.3	1619.1	308.3	63.4
2008	8219.0	299.5	1722.4	435.4	74.3
2009	8749.6	351.6	1750.9	542.1	85.8
2010	9278.0	392.2	1785.8	612.9	99.2
2011	9773.5	440.6	1811.3	699.0	111.4
2012	10255.9	485.2	1797.2	763.5	127.9
2013	10390.7	527.0	1752.3	826.6	142.1
2014	10805.7	568.0	1729.8	889.6	158.5
2015	11172.8	607.3	1703.0	962.0	173.9
2016	9724.6	645.4	1671.6	1028.1	190.2
2017	9878.3	670.1	1634.2	1070.0	198.5
2018	10037.2	422.0	1818.3	422.6	205.9
2019	10275.8	443.9	1780.4	436.5	212.8
2020	10562.2	477.3	1727.6	459.4	219.5
2021	10776.4	498.1	1675.0	479.7	223.8
2022	11059.7	525.4	1618.7	526.0	173.1

注：1.2018年，农业农村部根据工业和信息化部标准对拖拉机的分类重新定义，把大中型拖拉机和小型拖拉机的分类标准由发动机功率14.7千瓦改为22.1千瓦，大中型拖拉机配套农具口径改为"与58.8千瓦及以上拖拉机配套"。同时，取消小型拖拉机配套农具和农用排灌机相关指标。

2.2022年，农业农村部对谷物联合收割机口径进行调整，只包括稻麦联合收割机，不再含玉米联合收割机。

3.自2008年起使用农业农村部统计数字，取消渔用机动船指标。

表 2-3　全国总耕地面积及分地区耕地面积

单位：千公顷

地区	2013年	2014年	2015年	2016年	2017年	2019年	2020年	2021年	2022年
全国	135163.4	135057.3	134998.7	134920.9	134881.2	127861.9	127436.7	127516.8	127579.9
北京	221.2	219.9	219.3	216.3	213.7	93.5	93.6	120.0	124.8
天津	438.3	437.2	436.9	436.9	436.8	329.6	328.5	330.3	332.4
河北	6551.2	6535.5	6525.5	6520.5	6518.9	6034.2	6011.4	5968.7	6011.2
山西	4062.0	4056.8	4058.8	4056.8	4056.3	3869.5	3861.7	3863.2	3870.5
内蒙古	9199.0	9230.7	9238.0	9257.9	9270.8	11496.5	11497.7	11559.6	11561.1
辽宁	4989.7	4981.7	4977.4	4974.5	4971.6	5182.1	5159.4	5153.6	5156.7
吉林	7006.5	7001.4	6999.2	6993.4	6986.7	7498.5	7466.8	7449.8	7444.3
黑龙江	15864.1	15860.0	15854.1	15850.1	15845.7	17195.4	17180.2	17165.8	17131.3
上海	188.0	188.2	189.8	190.7	191.6	162.0	160.6	159.7	161.6
江苏	4581.6	4574.2	4574.9	4571.1	4573.3	4089.7	4075.9	4085.8	4091.2
浙江	1978.5	1976.6	1978.6	1974.7	1977.0	1290.5	1281.0	1294.9	1304.8
安徽	5883.1	5872.1	5872.9	5867.5	5866.8	5546.9	5520.3	5541.8	5550.9
福建	1338.7	1336.4	1336.3	1336.3	1336.9	932.0	926.6	920.3	920.9
江西	3087.3	3085.4	3082.7	3082.2	3086.0	2721.6	2711.8	2711.2	2712.8
山东	7633.5	7620.6	7611.0	7606.9	7589.8	6461.9	6409.6	6414.9	6456.4
河南	8140.7	8117.9	8105.9	8111.0	8112.3	7514.1	7488.1	7519.4	7534.9
湖北	5281.8	5261.7	5255.0	5245.3	5235.9	4768.6	4754.1	4741.4	4698.0
湖南	4149.5	4149.0	4150.2	4148.7	4151.0	3629.2	3621.2	3626.1	3654.2
广东	2621.8	2623.3	2615.9	2607.6	2599.7	1901.9	1898.7	1899.7	1906.3
广西	4419.4	4410.3	4402.3	4395.1	4387.5	3307.6	3285.9	3260.2	3279.7
海南	726.7	725.7	725.9	722.7	722.4	486.9	486.9	487.5	484.3
重庆	2455.8	2454.6	2430.5	2382.5	2369.8	1870.2	1866.3	1853.8	1850.3
四川	6734.8	6734.2	6731.4	6732.9	6725.2	5227.2	5181.8	5195.3	5209.9
贵州	4548.1	4540.1	4537.4	4530.2	4518.8	3472.6	3415.0	3393.3	3366.1
云南	6219.8	6207.4	6208.5	6207.8	6213.3	5395.5	5377.9	5383.5	5286.7
西藏	441.8	442.5	443.0	444.6	444.0	442.1	441.0	448.7	441.2
陕西	3992.0	3994.8	3995.2	3989.5	3982.9	2934.3	2930.7	2962.6	2989.3
甘肃	5378.8	5377.9	5374.9	5372.4	5377.0	5209.5	5199.5	5205.6	5195.2
青海	588.2	585.7	588.4	589.4	590.1	564.2	565.0	565.6	564.4
宁夏	1281.1	1285.9	1290.1	1288.8	1289.9	1195.4	1198.4	1198.5	1200.9
新疆	5160.2	5169.5	5188.9	5216.5	5239.6	7038.6	7041.2	7035.9	7087.8

注：2013—2017年数据为自然资源部当年全国土地变更调查数据。

数据来源：《中国统计年鉴2023》。

表 2-4 农村电力、灌溉面积、化肥施用量情况

年份	乡村（农村）办水电站 个数（个）	乡村（农村）办水电站 装机容量（万千瓦）	农村用电量（亿千瓦时）	耕地灌溉面积（千公顷）	农用化肥施用量（折纯）（万吨）
1952	98	0.8	0.5	19959.0	7.8
1957	544	2.0	1.4	27339.0	37.3
1965			37.1		194.2
1978	82387	228.4	253.1	44965.0	884.0
1979	83224	276.3	282.7	45003.1	1086.3
1980	80319	304.1	320.8	44888.1	1269.4
1981	74017	336.0	369.9	44573.8	1334.9
1982	66256	353.0	396.9	44176.9	1513.4
1983	62328	346.3	435.2	44644.1	1659.8
1984	60062	361.5	464.0	44453.0	1739.8
1985	55754	380.2	508.9	44035.9	1775.8
1986	54136	387.9	586.7	44225.8	1930.6
1987	51978	394.1	658.8	44403.0	1999.3
1988	51558	461.1	712.0	44375.9	2141.5
1989	50862	416.8	790.5	44917.2	2357.1
1990	52387	428.8	844.5	47403.1	2590.3
1991	49644	456.9	963.2	47822.1	2805.1
1992	48082	478.6	1107.1	48590.1	2930.2
1993	45153	481.9	1244.9	48727.9	3151.9
1994	48722	503.7	1473.9	48759.1	3317.9
1995	40699	519.5	1655.7	49281.6	3593.7
1996	37743	533.7	1812.7	50381.6	3827.9
1997	36117	562.5	1980.1	51238.5	3980.7
1998	33185	634.8	2042.2	52295.6	4085.6
1999	31678	664.1	2173.4	53158.4	4124.3
2000	29962	698.5	2421.3	53820.3	4146.4
2001	29183	896.6	2610.8	54249.4	4253.8
2002	27633	812.2	2993.4	54354.9	4339.4
2003	26696	862.3	3432.9	54014.2	4411.6
2004	27115	993.8	3933.0	54478.4	4636.6
2005	26726	1099.2	4375.7	55029.3	4766.2
2006	27493	1243.0	4895.8	55750.5	4927.7
2007	27664	1366.6	5509.9	56518.3	5107.8

续表

年份	乡村（农村）办水电站 个数（个）	装机容量（万千瓦）	农村用电量（亿千瓦时）	耕地灌溉面积（千公顷）	农用化肥施用量（折纯）（万吨）
2008	44433	5127.4	5713.2	58471.7	5239.0
2009	44804	5512.1	6104.4	59261.4	5404.4
2010	44815	5924.0	6632.3	60347.7	5561.7
2011	45151	6212.3	7139.6	61681.6	5704.2
2012	45799	6568.6	7508.5	62490.5	5838.8
2013	46849	7118.6	8549.5	63473.3	5911.9
2014	47073	7322.1	8884.4	64539.5	5995.9
2015	47340	7583.0	9026.9	65872.6	6022.6
2016	47529	7791.1	9238.3	67140.6	5984.4
2017	47498	7927.0	9524.4	67815.6	5859.4
2018	46515	8043.5	9358.5	68271.6	5653.4
2019	45445	8144.2	9482.9	68678.6	5403.6
2020	43957	8133.8	9717.2	69160.5	5250.7
2021	42785	8290.3	6736.3	69609.5	5191.3
2022	41544	8063.3	6618.6	70358.9	5079.2

注：1.2008年起乡村办水电站统计口径变更为农村水电。农村水电是指装机容量5万千瓦及以下水电站和配套电网。

2.2020年起农村用电量口径改为"农林牧渔业用电量+乡村居民生活用电量"，数据来源于中国电力企业联合会。

数据来源：《中国农村统计年鉴2023》。

表2-5 农用化肥、农膜、柴油和农药使用量

指标	单位	1990年	1995年	2000年	2005年	2010年	2012年	2015年	2020年	2021年	2022年
一、化肥施用量（折纯量）	万吨	2590.3	3593.7	4146.4	4766.2	5561.7	5838.8	6022.6	5250.7	5191.3	5079.2
氮肥	万吨	1638.4	2021.9	2161.6	2229.3	2353.7	2399.9	2361.6	1833.9	1745.3	1654.2
磷肥	万吨	462.4	632.4	690.5	743.8	805.6	828.6	843.1	653.8	627.1	563.2
钾肥	万吨	147.9	268.5	376.5	489.5	586.4	617.7	642.3	541.9	524.8	493.2
复合肥	万吨	341.6	670.8	917.9	1303.2	1798.5	1990.0	2175.7	2221.0	2294.0	2368.7
二、农用塑料薄膜使用量	万吨	48.2	91.5	133.5	176.2	217.3	238.3	260.4	238.9	235.8	237.5
#地膜使用量	万吨		47.0	72.2	95.9	118.4	131.1	145.5	135.7	132.0	134.2
地膜覆盖面积	千公顷		6493.0	10624.8	13518.4	15595.6	17582.5	18318.4	17386.8	17282.2	17470.9
三、农用柴油使用量	万吨		1087.8	1405.0	1902.7	2023.1	2107.6	2197.7	1848.2	1802.0	1769.0
四、农药使用量	万吨	73.3	108.7	128.0	146.0	175.8	180.6	178.3	131.3	123.9	119.0

数据来源：《中国农村统计年鉴2023》。

3. 农业农村投资

表 3-1　国家财政用于农林水各项支出

单位：亿元

年份	农业	林业	水利	南水北调	扶贫（巩固脱贫衔接乡村振兴）	农业综合开发	农村综合改革
2008	2278.9	424.0	1122.7		320.4	251.6	
2009	3826.9	532.1	1519.6		374.8	286.8	
2010	3949.4	667.3	1856.5	78.4	423.5	337.8	607.9
2011	4291.2	876.5	2602.8	68.9	545.3	386.5	887.6
2012	5077.4	1019.2	3271.2	45.9	690.8	462.5	987.3
2013	5561.6	1204.3	3338.9	95.6	841.0	521.1	1148.0
2014	5816.6	1348.8	3478.7	69.6	949.0	560.7	1265.7
2015	6436.2	1613.4	4807.9	81.8	1227.2	600.1	1418.8
2016	6458.6	1696.6	4433.7	65.7	2285.9	616.6	1508.8
2017	6194.6	1724.9	4424.8	116.2	3249.6	571.2	1486.9
2018	6156.1	1931.3	4523.0	130.5	4863.8	575.6	1530.3
2019	6554.7	2007.7	4584.4	88.6	5561.5	288.8	1644.3
2020	7514.4	2035.1	4543.2		5621.6		1822.4
2021	7363.9	1771.1	4371.6		4310.0		1719.6
2022	7983.5	1788.3	4402.3		4431.0		1719.5

注：1. 各年数据为财政决算数。
2. 2020年起农业支出中包含农业农村支出。
3. 2019年起林业支出中包含林业和草原支出。
4. 2020年起南水北调支出包含在水利支出中。
5. 2020年起财政用于农林水支出中未单独列示农业综合开发支出。
6. 2022年起，指标名称"扶贫"改为"巩固脱贫衔接乡村振兴"。
数据来源：《中国农村统计年鉴2023》。

表 3-2　农村住户固定资产投资情况

单位：亿元

指标	2010 年	2012 年	2015 年	2020 年	2021 年	2022 年
农村住户固定资产投资完成额	7886.0	9840.6	10409.8	8363.3	8337.1	7417.3
一、按投资构成分						
1. 建筑工程	5729.1	6999.5	8426.4	6041.9	5569.4	5282.7
#水利	17.0	11.1	41.4	59.3	53.8	66.3
住宅	5262.2	6568.5	7501.7	4778.8	4451.7	4200.1
2. 安装工程	31.5	16.9	8.8	7.1	5.9	4.2
3. 设备工器具购置	1426.7	1785.8	1587.4	1327.2	1660.4	1467.1
#生产设备	864.3	1255.0	1562.9	1322.5	1658.5	1463.6
4. 其他	698.7	1038.3	387.2	987.0	1101.4	663.3
二、按投资方向分						
#农林牧渔业	1368.9	2224.0	1980.3	2577.6	2652.8	2434.8
采矿业	8.4	2.1	0.6	1.3	0.9	
制造业	118.4	146.1	137.0	118.1	134.7	105.6
电力、热力、燃气及水的生产和供应业	3.7	0.7	13.1	6.4	14.8	13.8
建筑业	209.9	53.6	59.9	62.6	176.1	144.7
批发和零售业	48.1	47.7	243.5	119.7	351.6	214.1
交通运输、仓储和邮政业	553.8	563.5	225.2	507.1	281.8	228.5
住宿和餐饮业	37.7	45.9	42.4	35.3	68.1	37.1
房地产业	5308.5	6519.9	7578.1	4839.8	4542.1	4120.8
租赁和商务服务业	2.8	5.7	12.1	8.5	16.3	16.4
居民服务、修理和其他服务业	188.7	219.3	102.1	76.0	73.1	89.0

注：数据来源于农村住户固定资产投资抽样调查。

数据来源：《中国农村统计年鉴2023》。

表 3-3　农村住户固定资产投资和建房情况

年份	投资总额（亿元）	#竣工房屋投资	#住宅	房屋施工面积（万平方米）	房屋竣工面积（万平方米）	#住宅	竣工房屋造价（元/平方米）	#住宅
1985	478.4	350.1	313.2		78973.0	69542.0	44.0	45.0
1990	876.5	777.1	649.8	76819.0	71136.0	67812.0	109.0	96.0
1991	1042.6	912.5	759.3	85405.0	79501.0	74193.0	115.0	102.0
1992	1005.5	937.5	678.5	83392.0	65338.0	60442.0	143.0	112.0
1993	1137.7	1015.4	760.3	57432.0	56012.0	46129.0	181.0	165.0
1994	1519.2	1315.9	1002.7	72283.0	65390.0	57646.0	201.0	174.0
1995	2007.9	1709.4	1349.9	78192.0	73522.0	66230.0	233.0	204.0
1996	2544.0	2250.9	1766.4	96115.0	87277.0	79531.0	258.0	222.0
1997	2691.2	2405.8	1890.7	89309.0	85888.0	77287.0	280.0	245.0
1998	2681.5	2402.2	1907.2	89099.0	83864.0	77031.0	286.0	248.0
1999	2779.6	1908.2	1799.1	89050.0	83244.0	76758.0	229.2	234.4
2000	2904.3	1969.3	1846.8	88231.8	81270.2	75515.3	242.3	244.6
2001	2976.6	1908.2	1775.0	81048.2	74517.5	68799.3	256.1	258.0
2002	3123.2	1956.5	1858.1	80345.0	75125.7	69841.0	260.4	266.0
2003	3201.0	2053.2	1926.9	81123.7	75683.6	69741.1	271.3	276.3
2004	3362.7	2031.0	1933.4	71112.1	65801.5	62303.5	308.7	310.3
2005	3940.6	2190.6	2083.1	73109.2	66604.2	62292.4	328.9	334.4

续表

年份	投资总额（亿元）	#竣工房屋投资	#住宅	房屋施工面积（万平方米）	房屋竣工面积（万平方米）	#住宅	竣工房屋造价（元/平方米）	#住宅
2006	4436.2	2620.1	2490.2	76189.4	69237.9	64563.7	378.4	385.7
2007	5123.3	3228.3	3022.0	86665.6	78321.2	72676.4	412.2	415.8
2008	5951.8	3748.5	3547.1	91911.4	84407.0	78585.7	444.1	451.4
2009	7434.5	5029.9	4743.3	116099.4	105683.0	95570.5	475.9	496.3
2010	7886.0	5247.0	4931.7	106679.8	94114.8	87947.1	557.5	560.8
2011	9089.1	5983.7	5636.0	118455.2	103053.2	94939.1	580.6	593.6
2012	9840.6	6395.3	6051.6	105516.6	94187.8	87775.9	679.0	689.4
2013	10546.7	7249.6	6735.9	109242.0	92661.7	85953.0	782.4	783.7
2014	10755.8	7387.5	6843.0	103672.9	90287.4	83769.6	818.2	816.9
2015	10409.8	7157.1	6709.6	98376.7	85316.8	79380.2	838.9	845.2
2016	9964.9	6812.6	6331.3	92039.7	79649.1	73051.4	855.3	866.7
2017	9554.4	6446.3	5899.3	84395.0	72727.0	66870.0	886.4	882.2
2018	10039.2	6369.0	5885.0	79898.2	67861.3	62189.8	938.5	946.3
2019	9396.2	5732.2	5256.3	69488.9	60049.9	55571.7	954.6	945.9
2020	8363.3	4667.9	4244.5	58072.3	48839.9	43392.5	955.8	978.2
2021	8337.1	4365.2	3900.0	48768.0	41407.0	37248.0	1054.2	1047.0
2022	7417.3	4083.9	3748.5	44478.0	38775.0	35071.0	1053.2	1068.8

数据来源：《中国农村统计年鉴2023》。

4. 农产品种植（养殖）面积与产量

表 4-1 主要农作物播种面积

单位：千公顷

指标	1990年	1995年	2000年	2005年	2010年	2012年	2015年	2020年	2021年	2022年
农作物总播种面积	148362	149879	156300	155488	158579	162071	166829	167487	168695	169990.9
一、粮食作物	113466	110060	108463	104278	111695	114368	118963	116768	117631	118332.1
1. 谷物			89310	85264	81874	92621	97142	103225	97964	100177	99268.8
稻谷	33064	30744	29962	28847	30097	30476	30784	30076	29921	29450.1
小麦	30753	28860	26653	22793	24442	24551	24567	23380	23567	23518.5
玉米	21401	22776	23056	26358	34977	39109	44968	41264	43324	43070.1
其他谷物			5593	3876	3105	3006	2906	3244	3364	3230.1
其中：谷子	2278	1522	1250	849	814	759	842	906	929	839.8
高粱	1545	1215	889	570	510	489	425	635	713	674.5
2. 豆类		11232	12660	12901	11053	9405	8433	11593	10121	11877.9
其中：大豆	7560	8127	9307	9591	8700	7405	6827	9882	8415	10243.7
杂豆		3105	3353	3311	2353	2000	1605	1711	1705	1634.2
3. 薯类	9121	9519	10538	9503	8021	7821	7305	7210	7333	7185.4
其中：马铃薯	2865	3434	4723	4880	4886	5031	4786	4656	4633	4534.8
二、油料作物	10900	13102	15400	14318	13695	13435	13314	13129	13102	13140.7
其中：花生	2907	3809	4855	4662	4374	4401	4386	4731	4805	4683.8
油菜籽	5503	6907	7494	7278	7316	7187	7028	6765	6992	7253.5
芝麻	669	642	784	593	357	324	301	292	285	268.8
胡麻籽	703	621	498	398	293	279	244	191	179	169.0
葵花籽	713	813	1229	1020	989	881	1086	873	704	623.2
三、棉花	5588	5422	4041	5062	4366	4360	3775	3169	3028	3000.3
四、麻类	495	376	262	335	91	69	54	69	57	58.2
其中：黄红麻	300	147	50	31	17	15	11	5	4	4.3
苎麻	81	97	96	132	58	40	31	29	28	28.8

续表

指标	1990年	1995年	2000年	2005年	2010年	2012年	2015年	2020年	2021年	2022年
大麻	21	16	13	11	4	5	6	22	18	19.6
亚麻	87	113	96	158	8	6	3	8	5	4.8
五、糖料	1679	1820	1514	1564	1809	1887	1573	1568	1458	1453.5
甘蔗	1009	1125	1185	1354	1624	1696	1476	1353	1316	1289.2
甜菜	670	695	329	210	185	191	96	213	141	162.9
六、烟叶	1593	1470	1437	1363	1309	1544	1254	1014	1013	1043.6
其中：烤烟	1342	1309	1269	1245	1209	1446	1197	967	969	1000.5
七、药材	153	279	676	1213	1262	1519	1861	2905	3081	3166.0
八、蔬菜（含菜用瓜）	6338	9515	15237	17721	17431	18497	19613	21485	21986	22434.1
九、瓜果类	720	1101	2044	2208	2227	2157	2194	2162	2118	2129.2
十、其他农作物	7429	6735	7352	7426	4693	4236	4228	5217	5221	5233.2
其中：青饲料	1862	1825	2142	3376	1767	1639	1633	2199	2575	2630.6

注：2018年起，谷子、高粱并入其他谷物中统计，历史数据同步调整。

数据来源：《中国农村统计年鉴2023》。

表4-2 主要牲畜出栏量和畜产品产量

指标	单位	1999年	2000年	2005年	2010年	2012年	2015年	2020年	2021年	2022年
一、牲畜出栏量										
1. 大牲畜出栏										
牛	万头	3766.2	3806.9	4148.7	4318.3	4219.3	4211.4	4565.5	4707.4	4839.9
马	万头	136.1	146.1	156.7	122.8	115.0	99.3	106.4	109.9	104.8
驴	万头	194.3	201.7	217.1	178.9	176.6	142.5	116.6	109.4	86.1
骡	万头	59.2	65.3	60.2	37.0	34.3	21.4	12.2	12.0	10.0
骆驼	万头	6.7	6.7	6.5	6.3	5.7	7.6	13.9	12.3	12.3
2. 猪	万头	51977.2	51862.3	60367.4	67332.7	70724.5	72415.6	52704.1	67128.0	69994.8
3. 羊	万只	18820.4	19653.4	24092.0	26808.3	26606.2	28761.4	31941.3	33045.0	33623.7
4. 家禽	亿只	74.3	82.6	98.6	112.2	124.5	125.9	155.7	157.4	161.4

续表

指标	单位	1999年	2000年	2005年	2010年	2012年	2015年	2020年	2021年	2022年
5.兔	万只	22103.0	25878.2	37840.4	39239.0	37775.4	35888.4	33231.4	31682.7	32080.8
二、肉类总产量	万吨	5949.0	6013.9	6938.9	7993.6	8471.1	8749.5	7748.4	8990.0	9328.4
#猪牛羊肉产量	万吨	4762.3	4743.2	5473.5	6173.5	6462.8	6702.2	5278.1	6507.5	6784.2
猪肉产量	万吨	4005.6	3966.0	4555.3	5138.4	5443.5	5645.4	4113.3	5295.9	5541.4
平均每头产肉量	千克	77.1	76.5	75.5	76.3	77.0	78.0	78.0	78.9	79.2
牛肉产量	万吨	505.4	513.1	568.1	629.1	614.7	616.9	672.4	697.5	718.3
平均每头产肉量	千克	134.2	134.8	136.9	145.7	145.7	146.5	147.3	148.2	148.4
羊肉产量	万吨	251.3	264.1	350.1	406.0	404.5	439.9	492.3	514.1	524.5
平均每只产肉量	千克	13.5	13.4	14.5	15.1	15.2	15.3	15.4	15.6	15.6
禽肉产量	万吨	1115.5	1191.1	1344.2	1688.9	1878.9	1919.5	2361.1	2379.9	2442.6
兔肉产量	万吨	31.0	37.0	51.1	59.6	58.3	55.3	48.8	45.6	45.9
三、其他畜产品产量										
奶类产量	万吨	806.9	919.1	2864.8	3211.3	3306.7	3295.5	3529.6	3778.1	4026.5
#牛奶产量	万吨	717.6	827.4	2753.4	3038.9	3174.9	3179.8	3440.1	3682.7	3931.6
山羊粗毛产量	万吨	3.2	3.3	3.7	3.6	4.1	3.5	2.4	2.3	2.5
绵羊毛产量	万吨	28.3	29.3	39.3	38.5	39.4	41.3	33.4	35.6	35.6
#细羊毛	万吨	11.4	11.7	12.8	12.4	12.5	13.1	10.6	9.8	6.9
半细羊毛	万吨	7.4	8.5	12.3	11.4	12.7	13.5	11.7	12.8	15.5
山羊绒产量	万吨	1.0	1.1	1.5	1.8	1.7	1.9	1.5	1.5	1.5
蜂蜜产量	万吨	23.0	24.6	29.3	38.2	43.8	47.3	45.8	47.3	46.2
禽蛋产量	万吨	2134.7	2182.0	2438.1	2776.9	2885.4	3046.1	3467.8	3408.8	3456.4
蚕茧产量	万吨	48.5	54.8	78.0	82.7	83.7	81.2	78.8	78.2	80.7
#桑蚕茧	万吨	44.7	50.1	71.3	75.5	76.7	74.1	73.5	72.7	74.8
柞蚕茧	万吨	3.7	4.7	6.7	7.1	7.1	7.1	5.3	5.5	5.8

注：1.本年鉴中2000、2005年畜牧业数据根据第二次全国农业普查结果进行了修订。
2.根据第三次全国农业普查结果，对2007-2017年畜牧业数据进行了修订。
数据来源：《中国农村统计年鉴2023》。

表4-3 营林面积和主要林产品产量

指标	单位	1990年	1995年	2000年	2005年	2010年	2012年	2015年	2020年	2021年	2022年
一、营林情况											
1. 人工造林面积	千公顷	4353.4	4405.4	4345.0	3231.6	3872.8	3820.7	4361.8	3000.1	1085.1	930.9
2. 飞播造林面积	千公顷	855.1	561.8	760.1	416.4	195.9	136.4	128.4	151.5	172.2	166.1
3. 当年新封山（沙）育林面积	千公顷	5208.5	4967.2	5105.1				2152.9	1774.6	1235.1	1057.3
4. 退化林修复面积	千公顷							739.3	1619.6	1011.3	1582.9
5. 人工更新面积	千公顷	671.5	729.7	919.8	407.5	306.7	305.1	300.5	387.9	250.6	465.6
6. 森林抚育面积	千公顷							7817.9	9115.8	6422.1	5737.5
7. 育苗面积	千公顷	213.5	206.0	278.6	545.2	660.4	915.6	1367.0	1395.3	1246.5	1123.5
二、主要林产品产量											
板栗	万吨	11.5	24.7	59.8	103.2	170.2	198.0	234.2			
竹笋	万吨	8.4	17.5	33.9	46.3	48.1	50.2	77.2	96.7	91.1	473.1
油茶籽	万吨	52.3	62.3	82.3	87.5	109.2	172.8	216.3	314.2	394.2	294.6
核桃	万吨	15.0	23.1	31.0	49.9	128.4	204.7	333.2	479.6	540.4	593.5
紫胶（原胶）	吨	1421	3486	1419	1897	3240	1997	3595	3642	5647	1940
三、木竹采伐											
木材（商品材）	万立方米	5571	6767	4724	5560	8090	8175	7200	10257	11589	12210
竹材	万根	18714	44792	56183	115174	143008	164412	235466	324265	325568	421846

注：自2015年起，根据国家林业局提供的数据，林业面积指标有较大的调整。
数据来源：《中国农村统计年鉴2023》

表 4-4 海水产品和淡水产品产量

单位：万吨

指标	1990 年	1995 年	2000 年	2005 年	2010 年	2012 年	2015 年	2020 年	2021 年	2022 年
海水产品产量	895.7	1861.3	2203.9	2465.9	2797.5	2889.6	3232.3	3314.4	3387.2	3459.5
一、海洋捕捞产量	611.5	1139.8	1275.9	1255.1	1315.2	1314.4	1435.7	1179.1	1176.1	1183.8
鱼类		825.4	855.0	840.2	937.1	944.2	1052.5	880.4	869.8	874.8
甲壳类		192.3	226.9	208.3	204.3	208.8	227.3	181.1	186.1	188.5
贝类		91.9	153.9	76.4	62.2	53.3	52.0	36.2	35.9	36.3
藻类		1.2	1.8	2.6	2.5	2.4	2.4	2.2	2.0	1.9
其他类		29.0	38.4	127.5	109.1	105.7	101.5	79.2	82.2	82.2
二、海水养殖产量	284.2	721.5	928.0	1210.8	1482.3	1575.2	1796.6	2135.3	2211.1	2275.7
鱼类		25.4	37.3	57.6	80.8	98.5	125.3	175.0	184.4	192.6
甲壳类		20.3	30.0	72.4	106.1	119.7	137.4	177.5	185.5	195.2
贝类		542.3	752.6	933.4	1108.2	1158.0	1301.1	1480.1	1526.1	1569.6
藻类		129.2	105.1	132.1	154.1	169.1	200.1	261.5	271.5	271.4
其他类		4.3	3.0	15.2	33.0	29.8	32.6	41.2	43.7	46.9
淡水产品产量	531.6	1091.8	1502.3	1954.0	2575.5	2612.5	2978.7	3234.6	3303.1	3406.4
一、淡水捕捞产量	85.6	151.0	193.4	221.0	228.9	204.0	199.3	145.8	119.8	116.6
鱼类		143.0	175.5	158.5	161.5	145.3	147.3	110.9	92.0	89.8
甲壳类		3.8	9.6	29.9	34.3	30.5	27.2	16.2	12.3	12.4
贝类		2.9	5.3	28.7	28.7	24.9	22.2	17.1	14.1	13.2
其他类		1.3	3.1	3.7	4.4	3.3	2.6	1.5	1.3	1.3
二、淡水养殖产量	445.9	940.8	1308.9	1733.0	2346.5	2408.5	2779.3	3088.9	3183.3	3289.8
鱼类		890.9	1187.4	1575.9	2064.2	2125.8	2464.2	2586.4	2640.3	2710.5
甲壳类		23.6	64.7	111.5	213.8	213.4	244.2	425.8	458.4	489.6
贝类		18.1	36.1	17.9	25.1	23.6	23.8	18.6	19.6	19.0
其他类		8.1	20.7	27.7	43.5	45.8	47.2	58.1	65.0	70.7

数据来源：《中国农村统计年鉴 2023》。

5. 农村物价与农产品成本收益

表 5-1 农村主要物价总指数

（以上年价格为 100）

年份	农村居民消费价格指数	农业生产资料价格指数	农产品生产者价格总指数
1952			101.7
1957			105.0
1962			99.4
1965			99.2
1970			100.1
1975			102.1
1978		99.9	103.9
1979		100.4	122.1
1980		101.0	107.1
1981		101.7	105.9
1982		101.9	102.2
1983		103.0	104.4
1984		108.9	104.0
1985	107.6	104.8	108.6
1986	106.1	101.1	106.4
1987	106.2	107.0	112.0
1988	117.5	116.2	123.0
1989	119.3	118.9	115.0
1990	104.5	105.5	97.4
1991	102.3	102.9	98.0
1992	104.7	103.7	103.4
1993	113.7	114.1	113.4
1994	123.4	121.6	139.9
1995	117.5	127.4	119.9
1996	107.9	108.4	104.2
1997	102.5	99.5	95.5
1998	99.0	94.5	92.0
1999	98.5	95.8	87.8
2000	99.9	99.1	96.4
2001	100.8	99.1	103.1

续表

年份	农村居民消费价格指数	农业生产资料价格指数	农产品生产者价格总指数
2002	99.6	100.5	99.7
2003	101.6	101.4	104.4
2004	104.8	110.6	113.1
2005	102.2	108.3	101.4
2006	101.5	101.5	101.2
2007	105.4	107.7	118.5
2008	106.5	120.3	114.1
2009	99.7	97.5	97.6
2010	103.6	102.9	110.9
2011	105.8	111.3	116.5
2012	102.5	105.6	102.7
2013	102.8	101.4	103.2
2014	101.8	99.1	99.8
2015	101.3	100.4	101.7
2016	101.9	100.1	103.4
2017	101.3	100.6	96.5
2018	102.1	103.1	99.1
2019	103.2	104.6	114.5
2020	103.0	106.1	115.0
2021	100.7		97.8
2022	102.0		100.4

注：2000年以前农产品生产者价格指数为农副产品收购价格指数。

数据来源：《中国农村统计年鉴2023》。

表 5-2　全国种植业产品成本与收益

指标	单位	三种粮食平均 2021年	三种粮食平均 2022年	稻谷 2021年	稻谷 2022年	小麦 2021年	小麦 2022年	玉米 2021年	玉米 2022年	大豆 2021年	大豆 2022年	两种油料平均 2021年	两种油料平均 2022年	花生 2021年	花生 2022年	油菜籽 2021年	油菜籽 2022年
每亩																	
主产品产量	千克	486.4	500.5	488.9	474.8	463.4	511.0	507.0	515.7	139.6	145.0	190.8	199.6	245.7	255.8	135.2	143.3
产值合计	元	1274.0	1442.0	1341.2	1339.2	1170.0	1566.7	1310.9	1420.1	823.0	845.4	1314.4	1498.8	1803.9	2038.5	823.7	959.1
主产品产值	元	1249.8	1416.7	1325.6	1323.7	1140.5	1536.6	1283.4	1389.9	811.3	833.9	1301.3	1484.7	1786.6	2018.4	814.9	950.9
副产品产值	元	24.2	25.3	15.7	15.5	29.5	30.2	27.5	30.2	11.7	11.5	13.1	14.2	17.3	20.1	8.7	8.2

续表

指标	单位	三种粮食平均 2021年	三种粮食平均 2022年	稻谷 2021年	稻谷 2022年	小麦 2021年	小麦 2022年	玉米 2021年	玉米 2022年	大豆 2021年	大豆 2022年	两种油料平均 2021年	两种油料平均 2022年	花生 2021年	花生 2022年	油菜籽 2021年	油菜籽 2022年
总成本	元	1157.2	1252.7	1281.2	1361.9	1040.9	1140.8	1148.8	1256.8	780.8	885.1	1192.4	1244.0	1458.3	1518.8	926.9	968.9
生产成本	元	899.7	972.6	1031.3	1101.8	812.9	899.4	854.1	918.0	435.5	469.8	1015.8	1054.0	1226.8	1263.7	805.7	844.1
物质与服务费用	元	485.7	560.5	568.8	644.7	482.6	559.8	405.8	476.9	216.5	246.3	396.0	442.3	529.7	586.4	262.5	298.2
人工成本	元	414.0	412.2	462.5	457.1	330.4	339.6	448.3	441.0	219.0	223.5	619.8	611.7	697.1	677.3	543.3	545.9
家庭用工折价	元	370.6	368.8	381.7	373.6	315.1	326.7	414.3	407.5	189.7	195.4	609.4	600.4	692.6	671.0	527.0	529.6
雇工费用	元	43.3	43.3	80.8	83.6	15.2	12.9	33.9	33.5	29.3	28.1	10.4	11.3	4.5	6.3	16.3	16.3
土地成本	元	257.5	280.1	249.9	260.1	227.9	241.4	294.8	338.9	345.2	415.3	176.6	190.0	231.5	255.1	121.2	124.9
流转地租金	元	52.3	59.5	68.2	73.3	41.1	45.2	47.7	59.9	104.8	130.0	21.2	23.9	28.8	33.4	13.3	14.4
自营地折租	元	205.2	220.6	181.7	186.8	186.9	196.2	247.1	279.0	240.4	285.3	155.4	166.1	202.6	221.7	107.9	110.5
净利润	元	116.8	189.3	60.0	−22.7	129.1	425.9	162.1	163.2	42.2	−39.7	122.0	254.8	345.6	519.7	−103.2	−9.8
现金成本	元	581.4	663.3	717.8	801.6	538.9	618.0	487.4	570.4	350.6	404.4	427.6	477.6	563.1	626.1	292.0	328.9
现金收益	元	692.7	778.7	623.4	537.7	631.1	948.8	823.5	849.7	472.4	441.0	886.9	1021.3	1240.9	1412.4	531.7	630.2
成本利润率	%	10.1	15.1	4.7	−1.7	12.4	37.3	14.1	13.0	5.4	−4.5	10.2	20.5	23.7	34.2	−11.1	−1.0
每50公斤主产品																	
平均出售价格	元	128.5	141.5	135.6	139.4	123.1	150.4	126.6	134.8	290.5	287.5	341.1	372.0	363.5	394.5	301.5	331.8
总成本	元	116.7	122.9	129.5	141.8	109.5	109.5	110.9	119.3	275.6	301.0	309.5	308.8	293.9	293.9	339.3	335.2
生产成本	元	90.7	95.5	104.2	114.7	85.5	86.3	82.5	87.1	153.7	159.7	263.6	261.6	247.2	244.6	294.9	292.0
净利润	元	11.8	18.6	6.1	−2.4	13.6	40.9	15.7	15.5	14.9	−13.5	31.7	63.2	69.7	100.6	−37.8	−3.4
现金成本	元	58.6	65.1	72.6	83.4	56.7	59.3	47.1	54.1	123.8	137.5	111.0	118.5	113.5	121.2	106.9	113.8
现金收益	元	69.9	76.4	63.0	56.0	66.4	91.1	79.5	80.6	166.8	150.0	230.2	253.5	250.1	273.4	194.6	218.0
附:																	
每亩用工数量	日	4.3	4.2	4.7	4.4	3.6	3.5	4.8	4.5	2.3	2.3	6.7	6.4	7.6	7.1	5.9	5.7
每亩主产品出售数量	千克	397.0	416.6	389.0	390.2	419.5	460.7	382.4	398.7	128.0	139.6	146.4	161.2	174.0	196.5	118.1	125.8
每亩主产品出售产值	元	1007.1	1173.8	1036.7	1072.7	1022.9	1380.5	961.8	1068.2	742.8	801.5	989.8	1191.5	1269.1	1552.2	707.4	830.8
商品率	%	93.6	94.1	87.0	88.0	94.9	95.5	98.8	98.9	99.5	99.6	91.4	92.0	91.6	92.4	91.6	91.6
每亩成本外支出	元	0.2	0.2	0.2	0.2	0.2	0.2	0.1	...	0.2	0.1	0.1	0.1			0.1	0.1

数据来源：《中国农村统计年鉴2023》。

表 5-3　全国饲养业产品成本与收益

项目	单位	生猪平均 2021年	生猪平均 2022年	规模养猪平均 2021年	规模养猪平均 2022年	农户散养生猪 2021年	农户散养生猪 2022年	规模养殖蛋鸡 2021年	规模养殖蛋鸡 2022年	规模养殖肉鸡 2021年	规模养殖肉鸡 2022年	奶牛平均 2021年	奶牛平均 2022年	规模奶牛平均 2021年	规模奶牛平均 2022年	农户散养奶牛 2021年	农户散养奶牛 2022年
每头(百只、亩)																	
主产品产量	千克	128.7	129.6	131.2	131.2	126.2	127.9	1797.8	1820.3	246.5	249.8	6261.3	6278.1	7058.3	7110.1	5469.5	5446.1
产值合计	元	2591.1	2462.4	2595.7	2453.2	2586.5	2471.6	18351.8	20549.8	3245.0	3708.8	30348.9	30365.3	34358.4	34920.9	26217.3	25809.6
主产品产值	元	2578.2	2449.3	2584.4	2442.0	2571.9	2456.7	16218.1	18249.6	3220.5	3685.1	27007.9	27149.6	30619.0	31354.5	23309.8	22944.6
副产品产值	元	13.0	13.1	11.3	11.3	14.6	14.9	2133.7	2300.2	24.5	23.8	3341.0	3215.7	3739.4	3566.4	2907.5	2865.0
总成本	元	2598.8	2240.9	2487.6	2138.4	2709.2	2342.8	17911.2	19764.7	3104.1	3455.6	22017.8	23373.5	25520.4	27944.8	18462.0	18802.7
生产成本	元	2596.9	2239.0	2483.9	2134.8	2709.0	2342.6	17891.1	19745.3	3098.2	3448.7	21964.8	23315.8	25436.7	27849.1	18439.3	18783.1
物质与服务费用	元	2246.4	1879.7	2296.5	1941.4	2196.2	1818.0	16572.3	18418.2	2778.7	3124.8	18238.4	19467.9	22145.8	24381.7	14252.8	14554.1
人工成本	元	350.5	359.3	187.4	193.4	512.8	524.6	1318.8	1327.1	319.5	323.9	3726.4	3847.9	3290.9	3467.5	4186.5	4229.0
家庭用工折价	元	323.6	332.6	133.7	140.1	512.8	524.6	959.8	984.4	248.0	264.0	2576.1	2686.5	1078.7	1196.0	4096.4	4177.7
雇工费用	元	26.8	26.7	53.7	53.4			359.0	342.7	71.5	60.0	1150.3	1161.4	2212.2	2271.4	90.1	51.4
土地成本	元	1.9	1.9	3.7	3.6	0.1	0.1	20.1	19.3	5.9	6.9	53.0	57.6	83.7	95.7	22.7	19.5
净利润	元	-7.7	221.6	108.1	314.8	-122.7	128.9	440.6	785.1	140.9	253.2	8331.1	6991.8	8838.0	6976.0	7755.3	7007.0
成本利润率	%	-0.3	9.9	4.3	14.7	-4.5	5.5	2.5	4.0	4.5	7.3	37.8	29.9	34.6	25.0	42.0	37.3
每50公斤主产品																	
平均出售价格	元	1001.9	945.1	985.3	930.5	1019.1	960.2	451.1	501.3	653.3	737.6	215.7	216.2	215.8	220.5	213.1	210.7
总成本	元	1004.8	860.1	944.3	811.1	1067.4	910.1	440.2	482.1	624.9	687.2	156.5	166.4	160.3	176.4	150.1	153.5
生产成本	元	1004.1	859.3	942.8	809.7	1067.3	910.0	439.7	481.6	623.7	685.9	156.1	166.0	159.8	175.8	149.9	153.3
净利润	元	-3.0	85.0	41.0	119.4	-48.3	50.1	10.8	19.2	28.4	50.4	59.2	49.8	55.5	44.0	63.0	57.2
附：																	
每核算单位用工数量	日	3.7	3.7	1.9	1.9	5.6	5.5	13.3	12.9	3.3	3.2	36.2	36.0	27.2	27.9	45.2	44.2
平均饲养天数	日	162.4	164.4	159.1	160.4	165.6	168.4	361.4	364.3	71.0	75.1	365.0	365.0	365.0	365.0	365.0	365.0

数据来源：《中国农村统计年鉴2023》。

6. 农产品供需与进出口

表6-1 主要农产品供需情况

年份	粮食 生产量(万吨)	粮食 进口量(万吨)	粮食 出口量(万吨)	粮食 城镇居民人均消费(千克)	粮食 农村居民人均消费(千克)	食用植物油 生产量(万吨)	食用植物油 进口量(万吨)	食用植物油 出口量(万吨)	食用植物油 城镇居民人均消费(千克)	食用植物油 农村居民人均消费(千克)	棉花 生产量(万吨)	棉花 进口量(万吨)	棉花 出口量(万吨)	棉花 全国人均产量(千克)	糖料 生产量(万吨)	糖料 进口量(万吨)	糖料 出口量(万吨)	糖料 城镇居民人均食糖消费(千克)	糖料 农村居民人均食糖消费(千克)
1980	32056	1343	162		257.2	222		3.1		1.4	270.7	88.5	0.9	2.8	2911.3	91.2	30.1		1.1
1981	32502	1481	126	145.4	256.1	292	4.4	6.3	4.8	1.9	296.8	80.1	0.1	3.0	3602.8	102.9	12.5	2.9	1.1
1982	35450	1612	125	144.6	260.0	345	5.6	10.2	5.8	2.1	359.8	47.3	0.4	3.6	4359.4	217.7	6.7	2.8	1.2
1983	38728	1344	196	144.5	259.9	360	3.5	15.6	6.5	2.2	463.7	23.0	5.8	4.5	4032.3	190.0	6.0	2.8	1.3
1984	40731	1045	357	142.1	266.5	382	1.4	13.1	7.1	2.5	625.8	4.0	18.9	6.0	4780.4	123.0	5.2	2.9	1.3
1985	37911	600	932	134.8	257.5	401	3.5	16.2	5.8	2.6	414.7	...	34.7	3.9	6046.8	191.0	18.4	2.5	1.5
1986	39151	773	942	137.9	259.3	441	19.8	16.6	6.2	2.6	354.0	...	55.8	3.3	5852.5	118.0	26.6	2.6	1.6
1987	40473	1628	737	133.8	259.4	478	51.1	5.6	6.5	3.1	424.5	0.6	75.5	3.9	5550.4	183.0	45.2	2.5	1.7
1988	39408	1533	717	137.2	259.5	480	21.4	2.6	7.0	3.3	414.9	3.5	46.8	3.8	6187.5	371.0	24.8	2.6	1.4
1989	40755	1658	656	133.9	262.3	496	105.6	6.2	6.2	3.3	378.8	51.9	27.2	3.4	5803.8	158.0	43.0	2.4	1.5
1990	44624	1372	583	130.7	262.1	544	112.0	14.0	6.4	3.5	450.8	42.0	16.7	4.0	7214.5	113.0	57.0	2.1	1.5
1991	43529	1345	1086	127.9	255.6	644	61.0	9.9	6.9	3.9	567.5	37.0	20.0	4.9	8418.7	101.0	34.3	1.8	1.4
1992	44266	1175	1364	111.5	250.5	661	42.0	6.8	6.7	4.1	450.8	28.0	14.5	3.9	8808.0	110.0	167.0	1.9	1.5
1993	45649	752	1535	97.8	251.8	965	24.0	13.6	7.1	4.1	373.9	1.0	15.0	3.2	7624.2	45.0	185.0	1.8	1.4
1994	44510	920	1346	101.7	257.6	723	163.0	27.0	7.5	4.1	434.1	52.6	11.1	3.6	7345.2	155.2	94.7	1.9	1.3
1995	46662	2081	214	97.0	256.1	1144	353.0	49.6	7.1	4.3	476.8	74.0	2.2	4.0	7940.1	295.0	48.0	1.7	1.3
1996	50454	1200	144	94.7	256.2	947	264.0	47.3	7.1	4.5	420.3	6.5	0.4	3.5	8360.2	125.0	66.5	1.7	1.4
1997	49417	705	859	88.6	250.7	894	285.8	86.1	7.2	4.7	460.3	78.3	0.1	3.7	9386.5	78.3	37.9	1.6	1.4
1998	51230	708	906	86.7	248.9	602	205.5	30.9	7.6	4.6	450.1	20.9	4.5	3.6	9790.4	50.8	43.6	1.8	1.4
1999	50839	772	758	84.9	247.5	734	208.0	9.7	7.8	4.6	382.9	5.0	23.6	3.1	8334.1	42.0	36.7	1.8	1.5
2000	46218	1357	1400	82.3	250.2	835	179.0	11.2	8.2	5.5	441.7	4.7	29.2	3.5	7635.3	64.1	41.5	1.7	1.3
2001	45264	1738	903	79.7	238.6	1383	165.0	13.4	8.1	7.0	532.4	6.0	5.2	4.2	8655.1	120.0	19.6	1.7	1.4

续表

年份	粮食 生产量(万吨)	粮食 进口量(万吨)	粮食 出口量(万吨)	粮食 城镇居民人均消费(千克)	粮食 农村居民人均消费(千克)	食用植物油 生产量(万吨)	食用植物油 进口量(万吨)	食用植物油 出口量(万吨)	食用植物油 城镇居民人均消费(千克)	食用植物油 农村居民人均消费(千克)	棉花 生产量(万吨)	棉花 进口量(万吨)	棉花 出口量(万吨)	棉花 全国人均产量(千克)	糖料 生产量(万吨)	糖料 进口量(万吨)	糖料 出口量(万吨)	糖料 城镇居民人均食糖消费(千克)	糖料 农村居民人均食糖消费(千克)
2002	45706	1417	1514	78.5	236.5	1531	319.0	9.8	8.5	7.5	491.6	18.0	15.0	3.8	10292.7	118.3	32.6		1.6
2003	43070	2283	2230	79.5	222.4	1584	541.0	6.0	9.2	6.3	486.0	87.0	11.2	3.8	9641.6	78.0	10.3		1.2
2004	46947	2298	514	78.2	218.3	1235	676.0	6.5	9.3	5.3	632.4	191.0	0.9	4.9	9570.7	121.0	8.5		1.1
2005	48402	3286	1141	77.0	208.9	1612	621.0	22.5	9.3	6.0	571.4	257.0	0.5	4.4	9451.9	139.0	35.8		1.1
2006	49804	3186	723	75.9	205.6	1986	671.0	39.9	9.4	5.8	753.3	364.0	1.3	5.7	10460.0	137.0	15.4		1.1
2007	50414	3237	1118	77.6	199.5	2319	838.0	16.6	9.6	6.0	759.7	246.0	2.1	5.8	12082.4	119.0	11.1		1.1
2008	53434	4131	379	58.5	199.1	2419	817.1	24.9	10.3	6.2	723.2	211.0	1.6	5.5	13006.0	78.0	6.2		1.1
2009	53941	5223	329	81.3	189.3	3280	816.0	11.4	9.7	5.4	623.6	153.0	0.8	4.7	11746.9	106.0	6.4		1.1
2010	55911	6695	275	81.5	181.4	3916	687.0	9.2	8.8	5.5	577.0	284.0	0.6	4.3	11303.4	177.0	9.4		1.0
2011	58849	6390	288	80.7	170.7	4332	657.0	12.2	9.3	6.6	651.9	336.0	2.6	4.8	11663.1	292.0	5.9		1.0
2012	61223	8025	277	78.8	164.3	5176	845.0	10.0	9.1	6.9	660.8	513.0	1.8	4.9	12451.8	375.0	4.7		1.2
2013	63048	8645	243	121.3	178.5	6219	810.0	11.5	10.5	9.3	628.2	415.0	0.7	4.6	12555.0	455.0	4.8	1.3	1.2
2014	63965	10042	211	117.2	167.6	6534	650.0	13.4	10.6	9.0	629.9	244.0	1.3	4.6	12088.7	349.0	4.6	1.3	1.3
2015	66060	12477	164	112.6	159.5	6734	676.0	13.5	10.7	9.2	590.7	147.0	2.9	4.3	11215.2	485.0	7.5	1.3	1.3
2016	66044	11468	190	111.9	157.2	6908	553.0	11.4	10.6	9.3	534.3	90.0	0.8	3.8	11176.0	306.0	14.9	1.3	1.4
2017	66161	13062	280	109.7	154.6	6072	577.0	20.0	10.3	9.2	565.3	116.0	1.7	4.0	11378.8	229.0	15.8	1.3	1.4
2018	65789	11555	366	110.0	148.5	4940	629.0	29.5	8.9	9.0	610.3	157.0	4.7	4.4	11937.4	280.0	19.6	1.3	1.3
2019	66384	11144	434	110.6	154.8	5422	953.0	26.7	8.7	9.0	588.9	185.0	5.2	4.2	12169.1	339.0	18.6	1.2	1.4
2020	66949	14255	355	120.2	168.4	5476	983.0		9.5	10.2	591.0	216.0		4.2	12014.0	527.0		1.2	1.4
2021	68285	16454	331	124.8	170.8	4973	1039.0		9.6	10.8	573.1	215.0		4.1	11454.4	567.0		1.1	1.5
2022	68653	14687	322	116.2	164.6	4882	648.1	17.0	9.0	10.0	598.0	193.6	3.4	4.2	11236.5	527.4	18.0	1.0	1.5

注：1. 从2013年起，国家统计局开展了住户收支与生活状况抽样调查，本年鉴中的2013年及之后年份的城乡居民消费粮油糖数据来源于此调查，与2012年及以前的农村住户抽样调查的调查范围、调查方法、指标口径有所不同。

2. 城乡居民人均粮食消费量为原粮，但城镇居民1980-2012年人均粮食消费量为加工粮。本表生产量为规模以上企业产量的快报数据。

数据来源：《中国农村统计年鉴2023》。

表 6-2 海关出口主要农产品数量

单位：万头、万吨

年份	活猪（种猪除外）	稻谷和大米	棉花	蔬菜	鲜、干水果及坚果	水海产品
1980	316	109	1	34	24	11
1981	318	59		47	20	12
1982	324	47		51	21	10
1983	321	58	6	54	20	11
1984	308	116	19	52	17	12
1985	296	101	35	51	21	12
1986	310	95	56	64	22	17
1987	302	102	75	64	24	22
1988	303	70	47	77	30	29
1989	297	32	27	82	25	29
1990	300	33	17	98	23	36
1991	285	69	20	104	16	38
1992	290	95	14	138	15	44
1993	272	143	15	137	32	48
1994	270	152	11	154	39	57
1995	253	5	2	158	40	61
1996	240	26	0.4	167	56	64
1997	227	94	0.1	167	68	72
1998	219	375	4.5	201	66	79
1999	196	271	23.6	225	73	109
2000	203	295	29.2	245	82	120
2001	196	186	5.2	298	81	154
2002	188	199	15	360	113	163
2003	188	262	11.2	432	146	158
2004	197	91	0.9	470	175	177
2005	176	69	0.5	520	200	176
2006	172	124	1.3	568	198	194
2007	161	134	2.1	622	240	183
2008	164	97	1.6	624	285	175
2009	169	79	0.8	636	330	209
2010	172	62	0.6	655	300	243
2011	156	52	2.6	772	289	288
2012	164	28	1.8	741	304	368
2013	168	48	0.7	778	298	384
2014	173	42	1.3	803	272	403
2015	169	28.7	2.9	833	287	391
2016	155	39.5	0.8	827	347	409
2017	157	120	1.7	925	344	421
2018	158	209	4.7	948	341	425
2019	95	275	5.2	979	361	419
2020		230		1017	387	375
2021	88	242	0.9	899	361	375
2022	107	221	3	934	334	370

注：1. 按照海关统计标准，2021年"蔬菜"更名为"蔬菜及食用菌"，"鲜、干水果及坚果"更名为"干鲜瓜果及坚果"，"水海产品"更名为"水产品"。

数据来源：《中国农村统计年鉴2023》。

表 6-3 海关进口主要农产品数量

单位：万吨

年份	小麦	玉米	大豆	棉花	食用植物油
1980	1057	163.8	57	89	9
1981	1300	67.6	57	80	4
1982	1380	156.9	36	47	6
1983	1111	211		23	4
1984	987	5.5		4	1
1985	541	9.1	0.1		4
1986	611	58.8	29		20
1987	1320	154.2	27	1	51
1988	1455	10.9	15	3	21
1989	1488	6.8	0.1	52	106
1990	1253	36.9	0.1	42	112
1991	1237	0.1	0.1	37	61
1992	1058		12	28	42
1993	642		10	1	24
1994	730	0.1	5	50	163
1995	1159	518.1	29	74	213
1996	825	44.1	111	65	263
1997	186		280	75	275
1998	149	25.1	320	20	206
1999	45	7	432	5	208
2000	88		1042	5	179
2001	69		1394	6	165
2002	63	1	1131	18	319
2003	45		2074	87	541
2004	726		2023	191	676
2005	354		2659	257	621
2006	61	7	2824	364	669
2007	10	4	3082	246	838
2008	4.3	5	3744	211	816
2009	90.4	8	4255	153	816
2010	123	157	5480	284	687
2011	125.8	175.3	5264	336	657
2012	370	520.8	5838	513	845
2013	554	326.6	6338	415	810
2014	300	260	7140	244	650
2015	301	473	8169	147	676
2016	341	317	8391	90	553
2017	442	283	9553	116	577
2018	310	352	8803	157	629
2019	349	479	8851	185	953
2020	838	1124	10031	216	983
2021	977	2835	9652	215	1039
2022	996	2062	9108	194	648

注：数据来源于海关统计数据库。数值空缺表示相应年份数据缺失。
数据来源：《中国农村统计年鉴2023》。

7. 农村居民人均收支情况

表 7-1 农村居民人均收支情况

单位：元

指标	2015	2016	2017	2018	2019	2020	2021	2022
农村居民人均收入								
可支配收入	11421.7	12363.4	13432.4	14617.0	16020.7	17131.5	18930.9	20132.8
1.工资性收入	4600.3	5021.8	5498.4	5996.1	6583.5	6973.9	7958.1	8449.2
2.经营净收入	4503.6	4741.3	5027.8	5358.4	5762.2	6077.4	6566.2	6971.5
3.财产净收入	251.5	272.1	303.0	342.1	377.3	418.8	469.4	509.0
4.转移净收入	2066.3	2328.2	2603.2	2920.5	3297.8	3661.3	3937.2	4203.1
现金可支配收入	10577.8	11600.6	12703.9	13912.8	15279.8	16394.5	17596.4	19084.3
1.工资性收入	4583.9	5000.8	5470.9	5961.3	6540.2	6926.6	7881.7	8367.8
2.经营净收入	3861.3	4203.9	4547.0	4969.5	5382.2	5720.3	5709.1	6397.0
3.财产净收入	251.5	272.1	303.0	342.1	377.3	418.8	469.4	509.0
4.转移净收入	1881.2	2123.8	2383.0	2639.9	2980.2	3328.9	3536.2	3810.5
农村居民人均支出								
消费支出	9222.6	10129.8	10954.5	12124.3	13327.7	13713.4	15915.6	16632.1
#服务性消费	3337.4	3750.9	4130.2	4644.7	5290.2	5189.9	6142.9	6357.9
1.食品烟酒	3048.0	3266.1	3415.4	3645.6	3998.2	4479.4	5200.2	5485.4
2.衣着	550.5	575.4	611.6	647.7	713.3	712.8	859.5	864.0
3.居住	1926.2	2147.1	2353.5	2660.6	2871.3	2962.4	3314.7	3502.5
4.生活用品及服务	545.6	595.7	634.0	720.5	763.9	767.5	900.5	933.8
5.交通通信	1163.1	1359.9	1509.1	1690.0	1836.8	1840.6	2131.8	2230.3
6.教育文化娱乐	969.3	1070.3	1171.3	1301.6	1481.8	1308.7	1645.5	1683.1
7.医疗保健	846.0	929.2	1058.7	1240.1	1420.8	1417.5	1579.6	1632.5
8.其他用品及服务	174.0	186.0	200.9	218.3	241.5	224.4	283.8	300.5
现金消费支出	7392.1	8127.3	8856.5	9862.0	10854.5	11097.2	12857.6	13580.6
1.食品烟酒	2540.0	2763.4	2921.2	3226.3	3538.2	3945.5	4594.1	4911.7
2.衣着	549.9	575.0	610.9	647.2	712.9	712.5	859.0	863.7
3.居住	779.0	832.8	956.0	1084.0	1163.8	1195.3	1250.0	1400.5
4.生活用品及服务	538.3	589.7	624.9	709.0	748.9	752.9	887.3	923.6
5.交通通信	1162.6	1357.8	1508.1	1685.0	1835.5	1839.3	2129.0	2228.8
6.教育文化娱乐	969.0	1069.9	1170.7	1300.5	1481.3	1308.4	1645.0	1682.7
7.医疗保健	681.4	755.8	868.2	997.4	1137.9	1125.4	1223.7	1284.1
8.其他用品及服务	172.0	183.0	196.3	212.7	236.0	217.9	269.6	285.5

数据来源：《中国统计年鉴2023》。

表 7-2　农村居民按收入五等份分组的人均可支配收入

组别	2015	2016	2017	2018	2019	2020	2021	2022
20%低收入组家庭人均可支配收入	3085.6	3006.5	3301.9	3666.2	4262.6	4681.5	4855.9	5024.6
20%中间偏下收入组家庭人均可支配收入	7220.9	7827.7	8348.6	8508.5	9754.1	10391.6	11585.8	11965.3
20%中间收入组家庭人均可支配收入	10310.6	11159.1	11978.0	12530.2	13984.2	14711.7	16546.4	17450.6
20%中间偏上收入组家庭人均可支配收入	14537.3	15727.4	16943.6	18051.5	19732.4	20884.5	23167.3	24646.2
20%高收入组家庭人均可支配收入	26013.9	28448.0	31299.3	34042.6	36049.4	38520.3	43081.5	46075.4

数据来源：《中国统计年鉴2023》。

表 7-3　居民人均可支配收入和指数

年份	全国居民人均可支配收入 绝对数（元）	全国居民人均可支配收入 指数（1978年=100）	城镇居民人均可支配收入 绝对数（元）	城镇居民人均可支配收入 指数（1978年=100）	农村居民人均可支配收入 绝对数（元）	农村居民人均可支配收入 指数（1978年=100）
1978	171.2	100.0	343.4	100.0	133.6	100.0
1980	246.8	131.6	477.6	127.0	191.3	139.0
1985	478.6	213.2	739.1	160.4	397.6	268.9
1990	903.9	243.8	1510.2	198.1	686.3	311.2
1995	2363.3	347.6	4283.0	290.3	1577.7	383.6
2000	3721.3	500.7	6255.7	382.3	2282.1	489.6
2001	4070.4	543.8	6824.0	414.1	2406.9	512.3
2002	4531.6	610.4	7652.4	469.1	2528.9	539.2
2003	5006.7	666.3	8405.5	510.6	2690.3	564.9
2004	5660.9	725.1	9334.8	549.0	3026.6	606.1
2005	6384.7	803.4	10382.3	600.9	3370.2	646.6
2006	7228.8	896.2	11619.7	662.5	3731.0	697.6
2007	8583.5	1015.4	13602.5	742.2	4327.0	767.7
2008	9956.5	1112.2	15549.4	803.5	4998.8	833.1
2009	10977.5	1234.8	16900.5	881.0	5435.1	908.3
2010	12519.5	1363.3	18779.1	948.5	6272.4	1012.1
2011	14550.7	1503.3	21426.9	1028.1	7393.9	1127.4

续表

年份	全国居民人均可支配收入 绝对数（元）	全国居民人均可支配收入 指数（1978年=100）	城镇居民人均可支配收入 绝对数（元）	城镇居民人均可支配收入 指数（1978年=100）	农村居民人均可支配收入 绝对数（元）	农村居民人均可支配收入 指数（1978年=100）
2012	16509.5	1662.5	24126.7	1126.8	8389.3	1248.1
2013	18310.8	1797.1	26467.0	1205.4	9429.6	1364.5
2014	20167.1	1940.5	28843.9	1287.1	10488.9	1490.5
2015	21966.2	2084.4	31194.8	1371.5	11421.7	1602.3
2016	23821.0	2216.1	33616.2	1448.0	12363.4	1702.1
2017	25973.8	2378.4	36396.2	1541.6	13432.4	1825.5
2018	28228.0	2532.1	39250.8	1627.6	14617.0	1945.3
2019	30732.8	2679.7	42358.8	1708.4	16020.7	2066.0
2020	32188.8	2737.3	43833.8	1728.4	17131.5	2144.2
2021	35128.1	2959.7	47411.9	1851.6	18930.9	2352.9
2022	36883.3	3046.8	49282.9	1886.1	20132.8	2452.1

注：1. 本表2013年及以后人均可支配收入来源于住户收支与生活状况调查，1978—2012年数据是根据历史数据按住户收支与生活状况调查可比口径推算获得。可支配收入绝对数按当年价计算，指数按可比价计算。

2. 全国居民人均收入是根据全国十几万户抽样调查基础数据，依据每个样本户所代表的户数加权汇总而成。由于受城镇化和人口迁移等因素影响，各时期的分城乡、分地区人口构成发生变化，有时会导致全国居民收入增速超出分城乡居民收入增速区间的现象发生。全国居民收入增速快于分城乡居民收入增速的原因主要是在城镇化过程中，一部分在农村收入较高的人口进入城镇地区，但在城镇属于较低收入人群，他们的迁移对城乡居民收入均有拉低作用；但无论在城镇还是农村，其收入增长效应都会体现在全体居民收入增长中。

数据来源：《中国统计年鉴2023》。

表7-4 农村居民消费支出及构成

指标	2013年	2015年	2017年	2020年	2021年	2022年
消费支出（元/人）	7485.1	9222.6	10954.5	13713.4	15915.6	16632.1
（一）食品烟酒	2554.4	3048.0	3415.4	4479.4	5200.2	6357.9
（二）衣着	453.8	550.5	611.6	712.8	859.5	5485.4
（三）居住	1579.8	1926.2	2353.5	2962.4	3314.7	864.0
（四）生活用品及服务	455.1	545.6	634.0	767.5	900.5	3502.5
（五）交通通信	874.9	1163.1	1509.1	1840.6	2131.8	933.8
（六）教育文化娱乐	754.6	969.3	1171.3	1308.7	1645.5	2230.3

续表

指标	2013年	2015年	2017年	2020年	2021年	2022年
(七)医疗保健	668.2	846.0	1058.7	1417.5	1579.6	1683.1
(八)其他用品及服务	144.2	174.0	200.9	224.4	283.8	1632.5
消费支出构成(%)	100.0	100.0	100.0	100.0	100.0	100.0
(一)食品烟酒	34.1	33.0	31.2	32.7	32.7	33.0
(二)衣着	6.1	6.0	5.6	5.2	5.4	5.2
(三)居住	21.1	20.9	21.5	21.6	20.8	21.1
(四)生活用品及服务	6.1	5.9	5.8	5.6	5.7	5.6
(五)交通通信	11.7	12.6	13.8	13.4	13.4	13.4
(六)教育文化娱乐	10.1	10.5	10.7	9.5	10.3	10.1
(七)医疗保健	8.9	9.2	9.7	10.3	9.9	9.8
(八)其他用品及服务	1.9	1.9	1.8	1.6	1.8	1.8

数据来源：《中国农村统计年鉴2023》。

表7-5 全国居民人均消费支出和指数

年份	全国居民人均消费支出 绝对数(元)	全国居民人均消费支出 指数(1978年=100)	城镇居民人均消费支出 绝对数(元)	城镇居民人均消费支出 指数(1978年=100)	农村居民人均消费支出 绝对数(元)	农村居民人均消费支出 指数(1978年=100)
1978	151.0	100.0	311.2	100.0	116.1	100.0
1980	210.7	127.4	412.4	121.0	162.2	131.2
1985	401.8	203.0	673.2	161.2	317.4	220.6
1990	768.0	234.9	1278.9	185.1	584.6	246.3
1995	1957.1	326.4	3537.6	264.6	1310.4	312.8
2000	2914.0	444.6	5026.7	338.9	1714.3	380.0
2001	3138.8	475.5	5349.7	358.3	1803.2	396.4
2002	3547.7	541.8	6088.5	411.8	1917.1	423.2
2003	3888.6	586.8	6587.1	441.5	2049.6	445.5
2004	4395.3	638.4	7280.5	472.4	2326.5	482.6
2005	5035.4	718.4	8067.7	515.5	2748.8	543.6
2006	5634.4	792.0	8850.7	557.3	3072.3	598.7
2007	6591.9	884.1	10195.7	614.3	3535.5	653.6
2008	7547.7	955.9	11489.0	655.6	4054.0	703.6
2009	8376.6	1068.4	12557.7	723.2	4464.2	777.1

续表

年份	全国居民人均消费支出 绝对数（元）	全国居民人均消费支出 指数（1978年=100）	城镇居民人均消费支出 绝对数（元）	城镇居民人均消费支出 指数（1978年=100）	农村居民人均消费支出 绝对数（元）	农村居民人均消费支出 指数（1978年=100）
2010	9378.3	1158.0	13820.7	771.0	4944.8	830.7
2011	10819.6	1267.5	15554.0	823.4	5892.0	935.4
2012	12053.7	1376.3	17106.6	881.9	6667.1	1032.7
2013	13220.4	1471.2	18487.5	928.9	7485.1	1127.8
2014	14491.4	1581.0	19968.1	982.7	8382.6	1240.7
2015	15712.4	1690.6	21392.4	1037.2	9222.6	1347.5
2016	17110.7	1804.9	23078.9	1096.0	10129.8	1452.5
2017	18322.1	1902.3	24445.0	1141.4	10954.5	1550.6
2018	19853.1	2019.7	26112.3	1194.0	12124.3	1681.2
2019	21558.9	2131.6	28063.4	1248.6	13327.7	1790.4
2020	21209.9	2046.3	27007.4	1174.1	13713.4	1788.6
2021	24100.1	2303.8	30307.2	1304.3	15915.6	2062.1
2022	24538.2	2299.3	30390.8	1282.6	16632.1	2112.7

注：本表2013年及以后人均消费支出来源于住户收支与生活状况调查，1978-2012年数据是根据历史数据按住户收支与生活状况调查可比口径推算获得。消费支出绝对数按当年价计算，指数按可比价计算。

数据来源：《中国统计年鉴2023》。

表7-6 农村贫困状况

年份	1978年标准 贫困人口（万人）	1978年标准 贫困发生率（%）	2008年标准 贫困人口（万人）	2008年标准 贫困发生率（%）	2010年标准 贫困人口（万人）	2010年标准 贫困发生率（%）
1978	25000	30.7			77039	97.5
1980	22000	26.8			76542	96.2
1981	15200	18.5				
1982	14500	17.5				
1983	13500	16.2				
1984	12800	15.1				
1985	12500	14.8			66101	78.3
1986	13100	15.5				
1987	12200	14.3				
1988	9600	11.1				
1989	10200	11.6				

续表

年份	1978年标准 贫困人口(万人)	1978年标准 贫困发生率(%)	2008年标准 贫困人口(万人)	2008年标准 贫困发生率(%)	2010年标准 贫困人口(万人)	2010年标准 贫困发生率(%)
1990	8500	9.4			65849	73.5
1991	9400	10.4				
1992	8000	8.8				
1994	7000	7.7				
1995	6540	7.1			55463	60.5
1997	4962	5.4				
1998	4210	4.6				
1999	3412	3.7				
2000	3209	3.5	9422	10.2	46224	49.8
2001	2927	3.2	9029	9.8		
2002	2820	3.0	8645	9.2		
2003	2900	3.1	8517	9.1		
2004	2610	2.8	7587	8.1		
2005	2365	2.5	6432	6.8	28662	30.2
2006	2148	2.3	5698	6.0		
2007	1479	1.6	4320	4.6		
2008			4007	4.2		
2009			3597	3.8		
2010			2688	2.8	16567	17.2
2011					12238	12.7
2012					9899	10.2
2013					8249	8.5
2014					7017	7.2
2015					5575	5.7
2016					4335	4.5
2017					3046	3.1
2018					1660	1.7
2019					551	0.6
2020					全部脱贫	全部脱贫

注：1.1978年标准：1978-1999年称为农村贫困标准，2000-2007年称为农村绝对贫困标准。
2.2008年标准：2000-2007年称为农村低收入标准，2008-2010年称为农村贫困标准。
3.2010年标准：即现行农村贫困标准。现行农村贫困标准为每人每年生活水平2300元(2010年不变价)。
4.2020年，我国现行农村贫困标准下的农村贫困人口全部脱贫。
数据来源：《中国农村统计年鉴2021》。

8. 农村基础设施与公共服务

表 8-1 乡村医生和卫生人员

单位：人

年份 地区	乡村医生和卫生员
1978	4777469
1980	3820776
1985	1293094
1990	1231510
1995	1331017
2000	1319357
2005	916532
2010	1091863
2011	1126443
2012	1094419
2013	1081063
2014	1058182
2015	1031525
2016	1000324
2017	968611
2018	907098
2019	842302
2020	795510
2021	696749
2022	664543
北　京	2362
天　津	2893
河　北	55518
山　西	28852
内蒙古	13050

续表

年份 地区	乡村医生和卫生员
辽宁	15541
吉林	12014
黑龙江	12510
上海	465
江苏	20022
浙江	6381
安徽	24607
福建	15966
江西	28739
山东	68178
河南	70298
湖北	29377
湖南	27660
广东	18898
广西	27171
海南	2560
重庆	13124
四川	46524
贵州	24180
云南	31044
西藏	9396
陕西	17725
甘肃	16184
青海	5923
宁夏	2641
新疆	14740

注：1985年以前乡村医生和卫生员系赤脚医生数。

数据来源：《中国统计年鉴2023》。

表 8-2 村卫生室情况

单位：个

年份地区	村卫生室	村办	乡卫生院设点	联合办	私人办	其他
1985	777674	305537	29769	88803	323904	29661
1990	803956	266137	29963	87149	381844	38863
1995	804352	297462	36388	90681	354981	22876
2000	709458	300864	47101	89828	255179	16486
2005	583209	313633	32396	38561	180403	18216
2006	609128	333790	34803	36805	186524	17206
2007	613855	340082	33633	33649	186841	19650
2008	613143	342692	40248	31698	180157	18348
2009	632770	350515	45434	31035	183699	22087
2010	648424	365153	49678	32650	177080	23863
2011	662894	372661	56128	33639	175747	24719
2012	653419	370099	58317	32278	167025	25700
2013	648619	371579	59896	32690	158811	25643
2014	645470	349428	59396	29180	160549	46917
2015	640536	353196	60231	29208	153353	44548
2016	638763	351016	60419	29336	152164	45828
2017	632057	349025	63598	28687	147046	43701
2018	622001	342062	65495	28353	141623	44468
2019	616094	339525	69091	27626	134575	45277
2020	608828	337868	71858	26817	125503	46782
2021	599292	338065	67551	26751	118322	48603
2022	587749	335704	64325	25367	109640	52713
北 京	2584	2383	6	1	179	15
天 津	2199	538	787	112	132	630
河 北	59547	31670	4199	1194	18057	4427
山 西	25056	17211	1166	653	2595	3431
内蒙古	12824	4784	2704	279	3689	1368

续表

年份地区	村卫生室	村办	乡卫生院设点	联合办	私人办	其他
辽 宁	16202	7259	382	124	7443	994
吉 林	8831	3582	1749	1130	1802	568
黑龙江	9982	6985	1434	148	917	498
上 海	1142	753				389
江 苏	14750	7928	3510	1942	47	1323
浙 江	11388	6268	2169	125	1594	1232
安 徽	15601	9169	105	2520	766	3041
福 建	16755	10665	948	210	3249	1683
江 西	26136	12605	614	1480	10400	1037
山 东	52387	26976	12962	4178	4777	3494
河 南	59974	35923	1250	2769	15719	4313
湖 北	22906	14027	4019	2712	1007	1141
湖 南	36129	24624	1477	709	5977	3342
广 东	25304	12749	2619	180	5653	4103
广 西	18938	12839	1057	127	4515	400
海 南	2702	819	381	35	1254	213
重 庆	9629	6754	842	191	793	1049
四 川	43823	24043	3227	1246	10358	4949
贵 州	19739	11940	63	304	4098	3334
云 南	13572	10083	1724	557	206	1002
西 藏	5250	2052	2011	17		1170
陕 西	21951	20793	172	115	840	31
甘 肃	16265	5854	5612	745	2446	1608
青 海	4475	1761	770	585	709	650
宁 夏	2150	868	673	145	198	266
新 疆	9558	1799	5693	834	220	1012

数据来源：《中国统计年鉴2023》。

表8-3 乡镇卫生院医疗服务情况

年份 地区	诊疗人次（亿人次）	入院人次数（万人次）	病床使用率(%)	平均住院日（日）
1981	14.38	2123.5	53.5	6.3
1985	11.00	1771.2	46.0	5.9
1990	10.65	1958.1	43.4	5.2
1995	9.38	1959.8	40.2	4.6
2000	8.24	1708.3	33.2	4.6
2005	6.79	1621.9	37.7	4.6
2006	7.01	1836.1	39.4	4.6
2007	7.59	2662.2	48.4	4.8
2008	8.27	3312.7	55.8	4.4
2009	8.77	3807.7	60.7	4.8
2010	8.74	3630.4	59.0	5.2
2011	8.66	3448.8	58.1	5.6
2012	9.68	3907.5	62.1	5.7
2013	10.07	3937.2	62.8	5.9
2014	10.29	3732.6	60.5	6.3
2015	10.55	3676.1	59.9	6.4
2016	10.82	3799.9	60.6	6.4
2017	11.11	4047.2	61.3	6.3
2018	11.16	3985.1	59.6	6.4
2019	11.75	3909.4	57.5	6.5
2020	10.95	3383.3	50.4	6.6
2021	11.61	3223.0	48.2	6.6
2022	12.08	3239.0	46.9	6.5
北　京				
天　津	0.08	1.0	8.3	6.4
河　北	0.38	73.1	23.6	6.8
山　西	0.14	15.5	16.4	9.2

续表

年份 地区	诊疗人次（亿人次）	入院人次数（万人次）	病床使用率(%)	平均住院日（日）
内蒙古	0.10	18.3	23.4	6.1
辽　宁	0.11	23.8	25.7	8.3
吉　林	0.06	7.7	22.0	7.0
黑龙江	0.06	19.1	20.0	5.7
上　海				
江　苏	0.92	165.5	50.9	7.8
浙　江	1.03	23.8	38.2	9.1
安　徽	0.74	95.7	29.8	6.9
福　建	0.39	51.5	30.7	6.5
江　西	0.44	149.1	44.9	5.7
山　东	0.88	230.6	52.4	7.4
河　南	1.33	274.9	47.4	7.1
湖　北	0.53	237.1	59.8	6.7
湖　南	0.61	334.0	57.4	6.0
广　东	0.79	168.4	47.1	5.9
广　西	0.54	303.0	57.6	5.4
海　南	0.10	4.2	21.9	10.2
重　庆	0.24	166.4	69.5	6.7
四　川	0.88	405.9	67.7	7.1
贵　州	0.41	140.8	45.1	5.1
云　南	0.70	163.1	48.7	5.7
西　藏	0.03	0.6	9.4	3.7
陕　西	0.19	54.0	31.0	7.2
甘　肃	0.13	54.0	47.2	5.9
青　海	0.03	6.5	33.7	6.5
宁　夏	0.06	2.8	30.1	7.4
新　疆	0.18	48.3	49.1	6.5

注：1993年以前的诊疗人次及入院人数系推算数据。
数据来源：《中国统计年鉴2023》。

表 8-4 农村乡镇卫生院情况

指标	单位	1995 年	2000 年	2005 年	2010 年	2012 年	2015 年	2020 年	2021 年	2022 年
乡（镇）卫生院	个	51797	49229	40907	37836	37097	36817	35762	34943	33917
卫生人员	人	1051752	1169826	1012006	1151349	1204996	1277697	1481230	1492416	1530690
床位	张	733064	734807	678240	994329	1099262	1196122	1390325	1417410	1455876

数据来源：《中国农村统计年鉴2023》。

表 8-5 乡村教育情况

指标	单位	1995 年	2000 年	2005 年	2010 年	2012 年	2015 年	2020 年	2021 年	2022 年
一、普通高中										
学校数	所	3112	2629	2180	1428	718	668	777	803	848
班数	万个	2.3	2.9	4.0	2.9	1.6	1.5	1.9	2.1	2.3
毕业生数	万人	33.1	39.2	65.7	56.3	26.4	24.7	24.9	24.8	27.5
招生数	万人	44.7	64.4	88.0	56.7	29.2	27.0	34.6	37.5	41.1
在校生数	万人	113.2	157.8	233.7	162.9	83.4	77.0	90.5	98.9	109.3
专任教师	万人	9.4	10.4	12.4	10.5	5.6	5.5	7.0	7.6	8.2
二、初中										
学校数	所	45626	39313	36405	28670	19408	16991	14241	13521	12845
班数	万个	50.9	60.1	49.5	34.8	20.3	15.7	14.9	14.3	13.8
毕业生数	万人	684.6	903.8	975.1	617	364	235.3	208.9	207.4	198.9
招生数	万人	1017.3	1265.9	882.5	571.1	318.4	232.3	206.4	204.6	195.6
在校生数	万人	2659.8	3428.5	2784.7	1784.5	974.1	702.5	637.8	609.9	590.7
专任教师	万人	149.9	168.2	153.4	127.2	97.4	64.5	55.6	53.5	51.3
三、普通小学										
学校数	万所	55.9	44.0	31.7	21.1	15.5	11.8	8.6	8.2	7.6
班数	万个	309.4	274.6	222.6	166.8	123.6	106.9	92.1	86.0	78.8
毕业生数	万人	1328.7	1567.6	1331.0	942.7	624.2	440.9	386.2	388.1	365.9
招生数	万人	1791.1	1253.7	1067.9	915.2	657.3	539.1	396.1	343.7	287.9
在校生数	万人	9306.2	8503.7	6947.8	5350.2	3652.5	2965.9	2450.5	2247.4	2029.7
专任教师	万人	382.7	367.8	356.9	319.1	216.3	203.6	178.7	169.8	157.7

数据来源：《中国农村统计年鉴2023》。

表8-6 农村社会救助情况

单位：万人

年份地区	城市最低生活保障人数	农村最低生活保障人数	农村特困人员集中供养人数	农村特困人员分散供养人数
2007	2272.1	3566.3	138.0	393.3
2008	2334.8	4305.5	155.6	393.0
2009	2345.6	4760.0	171.8	381.6
2010	2310.5	5214.0	177.4	378.9
2011	2276.8	5305.7	184.5	366.5
2012	2143.5	5344.5	185.3	360.3
2013	2064.0	5388.0	183.5	353.8
2014	1877.0	5207.0	174.3	354.8
2015	1701.1	4903.6	162.3	354.4
2016	1480.2	4586.5	139.7	357.2
2017	1261.0	4045.2	99.6	367.2
2018	1007.0	3519.1	86.2	368.8
2019	860.9	3455.4	75.0	364.1
2020	805.1	3620.8	73.9	372.4
2021	737.8	3474.5	69.2	368.1
2022	682.4	3349.6	64.4	370.1
北　京	7.0	3.7	0.2	0.4
天　津	6.5	5.9	0.1	0.9
河　北	14.7	148.1	2.7	22.3
山　西	19.5	90.8	1.5	11.1
内蒙古	25.4	128.9	1.1	7.2
辽　宁	27.6	64.2	1.6	10.9
吉　林	30.7	51.9	1.0	6.5
黑龙江	45.1	82.5	1.3	7.9

续表

年份 地区	城市最低生活保障人数	农村最低生活保障人数	农村特困人员集中供养人数	农村特困人员分散供养人数
上　海	13.1	3.2	0.1	0.1
江　苏	8.4	55.7	3.4	15.8
浙　江	5.7	50.7	1.4	1.7
安　徽	27.6	169.9	4.8	27.6
福　建	6.8	50.5	1.1	4.9
江　西	29.4	144.0	3.3	9.2
山　东	9.3	128.9	5.5	27.7
河　南	32.1	274.2	6.9	41.0
湖　北	25.7	130.6	4.1	19.5
湖　南	34.5	142.1	4.6	30.5
广　东	14.8	115.8	1.4	18.6
广　西	38.5	238.4	0.6	23.1
海　南	3.2	14.3	0.2	2.1
重　庆	21.8	55.8	1.1	8.7
四　川	52.1	342.6	6.6	33.9
贵　州	57.9	170.2	1.5	7.7
云　南	37.0	225.5	1.5	10.4
西　藏	2.3	13.1	0.6	0.7
陕　西	16.5	110.6	3.7	8.8
甘　肃	31.6	149.5	0.9	8.6
青　海	6.7	28.4	0.3	1.3
宁　夏	6.9	35.3	0.3	0.5
新　疆	24.0	124.5	1.1	0.5

数据来源：《中国统计年鉴2023》。

9. 乡村建设

表 9-1　全国历年建制镇及住宅基本情况

年份	建制镇统计个数（万个）	建成区面积（万公顷）	建成区户籍人口（亿人）	非农人口	建成区暂住人口（亿人）	本年建设投入（亿元）	住宅	市政公用设施	本年住宅竣工建筑面积（亿平方米）	年末实有住宅建筑面积（亿平方米）	居住人口（亿人）	人均住宅建筑面积（平方米）
1990	1.01	82.5	0.61	0.28		156	76	15	0.49	12.3	0.61	19.9
1991	1.03	87.0	0.66	0.30		192	84	19	0.54	12.9	0.65	19.8
1992	1.20	97.5	0.72	0.32		284	115	28	0.62	14.8	0.72	20.5
1993	1.29	111.9	0.79	0.34		458	189	56	0.80	15.8	0.78	20.2
1994	1.43	118.8	0.87	0.38		616	265	79	0.90	17.6	0.85	20.6
1995	1.50	138.6	0.93	0.42		721	305	104	1.00	18.9	0.91	20.7
1996	1.58	143.7	0.99	0.42		915	373	116	1.10	20.5	0.97	21.1
1997	1.65	155.3	1.04	0.44		821	382	122	1.06	21.8	1.01	21.5
1998	1.70	163.0	1.09	0.46		872	402	141	1.09	23.3	1.07	21.8
1999	1.73	167.5	1.16	0.49		980	464	160	1.20	24.8	1.13	22.0
2000	1.79	182.0	1.23	0.53		1123	530	185	1.41	27.0	1.19	22.6
2001	1.81	197.2	1.30	0.56		1278	575	220	1.47	28.6	1.26	22.7
2002	1.84	203.2	1.37	0.60		1520	655	265	1.69	30.7	1.32	23.2
2003												
2004	1.78	223.6	1.43	0.64		2373	903	437	1.82	33.7	1.40	24.1
2005	1.77	236.9	1.48	0.66		2644	1000	476	1.90	36.8	1.43	25.7
2006	1.77	312.0	1.40		0.24	3013	1139	580	2.04	39.1	1.40	27.9
2007	1.67	284.3	1.31		0.24	2950	1061	614	1.28	38.9		29.7
2008	1.70	301.6	1.38		0.25	3285	1211	726	1.33	41.5		30.1
2009	1.69	313.1	1.38		0.26	3619	1465	798	1.47	44.2		32.1
2010	1.68	317.9	1.39		0.27	4356	1828	1028	1.67	45.1		32.5
2011	1.71	338.6	1.44		0.26	5018	2106	1168	1.72	47.3		33.0
2012	1.72	371.4	1.48		0.28	5751	2469	1348	1.97	49.6		33.6

续表

年份	建制镇统计个数（万个）	建成区面积（万公顷）	建成区户籍人口（亿人）	非农人口	建成区暂住人口（亿人）	本年建设投入（亿元）	住宅	市政公用设施	本年住宅竣工建筑面积（亿平方米）	年末实有住宅建筑面积（亿平方米）	居住人口（亿人）	人均住宅建筑面积（平方米）
2013	1.74	369.0	1.52		0.30	7148	3561	1603	2.65	52.0		34.1
2014	1.77	379.5	1.56		0.31	7172	3550	1663	2.66	54.0		34.6
2015	1.78	390.8	1.60		0.31	6781	3373	1646	2.53	55.4		34.6
2016	1.81	397.0	1.62		0.32	6825	3327	1697	2.32	56.7		34.9
2017	1.81	392.6	1.55			7410	3565	1867	3.00	53.9		34.8
2018	1.83	405.3	1.61			7562	3856	1788	3.32	57.9		36.1
2019	1.87	422.9	1.65			8357	4525	1785	2.75	60.4		36.5
2020	1.88	433.9	1.66			9678	5024	2048	2.79	61.4		37.0
2021	1.91	433.6	1.66			9342	4661	1849	2.45	63.2		38.1
2022	1.92	442.3	1.66			9140	4492	1680	2.22	65.2		39.2

数据来源：《中国城乡建设统计年鉴2022》。

表9-2 全国历年建制镇市政公用设施情况

年份	年供水总量（亿立方米）	生活用水	用水人口（亿人）	供水普及率(%)	人均日生活用水量（升）	道路长度（万公里）	桥梁数（万座）	排水管道长度（万公里）	公园绿地面积（万公顷）	人均公园绿地面积（平方米）	环卫专用车辆设备（万辆）	公共厕所（万座）
1990	24.4	10.0	0.37	60.1	74.3	7.7	2.4	2.7	0.85	1.4	0.5	4.9
1991	29.5	11.6	0.42	63.9	76.1	8.4	2.7	3.2	1.06	1.6	0.7	5.4
1992	35.0	13.6	0.48	65.8	78.1	9.6	3.1	4.0	1.22	1.7	0.8	6.1
1993	39.5	15.8	0.54	68.5	80.7	10.9	3.5	4.8	1.37	1.7	1.1	6.8
1994	47.1	17.7	0.62	71.5	78.3	12.6	3.9	5.5	1.74	2.2	1.2	7.6
1995	53.7	21.5	0.69	74.2	85.5	13.4	4.2	6.2	2.00	2.2	1.6	8.3
1996	62.2	24.7	0.74	75.0	91.7	15.5	4.8	7.5	2.27	2.3	1.7	8.7
1997	68.4	27.0	0.80	76.6	92.6	17.8	5.1	8.1	2.61	2.5	2.0	9.2
1998	72.8	30.0	0.86	79.1	95.1	18.7	5.4	8.8	2.99	2.7	2.3	9.7
1999	81.4	34.3	0.93	80.2	100.8	19.4	5.6	10.0	3.32	2.9	2.5	10.1

续表

年份	年供水总量（亿立方米）	生活用水	用水人口（亿人）	供水普及率(%)	人均日生活用水量（升）	道路长度（万公里）	桥梁数（万座）	排水管道长度（万公里）	公园绿地面积（万公顷）	人均公园绿地面积（平方米）	环卫专用车辆设备（万辆）	公共厕所（万座）
2000	87.7	37.1	0.99	80.7	102.7	21.0	6.1	11.1	3.71	3.0	2.9	10.3
2001	91.4	39.6	1.04	80.3	104.0	22.8	6.4	11.9	4.39	3.4	3.2	10.7
2002	97.3	42.3	1.10	80.4	105.4	24.3	6.8	13.0	4.84	3.5	3.3	11.2
2003												
2004	110.7	49.0	1.20	83.6	112.1	27.5	7.2	15.7	6.01	4.2	3.9	11.8
2005	136.5	54.2	1.25	84.7	118.4	30.1	7.7	17.1	6.81	4.6	4.2	12.4
2006	131.0	44.7	1.17	83.8	104.2	26.0	7.2	11.9	3.3	2.4	4.8	9.4
2007	112.0	42.1	1.19	76.6	97.1	21.6	8.3	8.8	2.72	1.8	5.0	9.0
2008	129.0	45.0	1.27	77.8	97.1	23.4	9.1	9.9	3.09	1.9	6.0	12.1
2009	114.6	46.1	1.28	78.3	98.9	24.5	9.9	10.7	3.14	1.9	6.6	11.6
2010	113.5	47.8	1.32	79.6	99.3	25.8	10.0	11.5	3.36	2.0	6.9	9.8
2011	118.6	49.9	1.37	79.8	100.7	27.4	9.7	12.2	3.45	2.0	7.6	10.1
2012	122.2	51.2	1.42	80.8	99.1	29.1	10.4	13.2	3.73	2.1	8.7	10.5
2013	126.2	53.7	1.49	81.7	98.6	31.0	10.8	14.0	4.33	2.4	9.7	14.0
2014	131.6	55.8	1.55	82.8	98.7	32.7	11.0	15.1	4.48	2.4	10.6	11.4
2015	134.8	57.8	1.60	83.8	98.7	34.5	11.4	16.0	4.69	2.5	11.5	11.9
2016	135.3	59.0	1.64	83.9	99.0	35.9	11.1	16.6	4.79	2.5	12.0	11.7
2017	131.9	59.0	1.48	88.1	109.5	33.5	8.4	16.4	5.24	3.1	11.5	12.1
2018	133.7	58.9	1.55	88.5	104.1	37.7	8.3	17.7	4.99	2.8	11.8	11.8
2019	142.6	61.7	1.63	89.0	103.9	40.9	8.4	18.8	4.96	2.7	12.1	12.9
2020	145.2	64.1	1.64	89.1	107.0	43.9	8.1	19.8	5.01	2.7	12.0	13.5
2021	147.1	64.9	1.67	90.3	106.8	45.7	7.4	21.1	4.97	2.7	11.6	12.7
2022	149.5	64.5	1.68	90.8	105.0	47.8	7.2	21.8	4.99	2.7	11.5	12.6

注：1. 自2006年起，"公共绿地"统计为"公园绿地"。

2. 自2006年起，"人均公共绿地面积"统计为以建制镇建成区人口和暂住人口合计为分母计算的"人均公园绿地面积"。

数据来源：《中国城乡建设统计年鉴2022》。

表 9-3 全国历年乡及住宅基本情况

年份	乡统计个数（万个）	建成区面积（万公顷）	建成区户籍人口（亿人）	非农人口	建成区暂住人口（亿人）	本年建设投入（亿元）	住宅	市政公用设施	本年住宅竣工建筑面积（亿平方米）	年末实有住宅建筑面积（亿平方米）	居住人口（亿人）	人均住宅建筑面积（平方米）
1990	4.02	110.1	0.72	0.17		121	61	7	0.52	13.8	0.72	19.1
1991	3.90	109.3	0.70	0.16		136	67	8	0.53	13.8	0.70	19.8
1992	3.72	98.1	0.66	0.15		168	76	10	0.55	13.4	0.65	20.6
1993	3.64	99.9	0.65	0.15		191	85	13	0.49	13.3	0.64	20.6
1994	3.39	101.2	0.62	0.14		234	113	16	0.51	12.8	0.63	20.3
1995	3.42	103.7	0.63	0.15		260	133	22	0.57	12.7	0.62	20.5
1996	3.15	95.2	0.60	0.14		296	151	26	0.59	12.2	0.58	21.0
1997	3.03	95.7	0.60	0.14		296	155	33	0.56	12.3	0.59	21.0
1998	2.91	93.7	0.59	0.15		316	175	37	0.57	12.3	0.58	21.4
1999	2.87	92.6	0.59	0.15		325	193	36	0.66	12.8	0.58	22.1
2000	2.76	90.7	0.58	0.14		300	175	35	0.60	12.6	0.56	22.6
2001	2.35	79.7	0.53	0.14		283	167	33	0.55	12.0	0.52	23.0
2002	2.26	79.1	0.52	0.14		325	188	39	0.57	12.0	0.51	23.6
2003												
2004	2.18	78.1	0.53	0.15		344	188	48	0.56	12.5	0.50	24.9
2005	2.07	77.8	0.52	0.14		377	186	55	0.56	12.8	0.50	25.5
2006	1.46	92.83	0.35		0.03	355	145	66	0.40	9.1	0.35	25.9
2007	1.42	75.89	0.34		0.03	352	147	75	0.26	9.1		27.1
2008	1.41	81.15	0.34		0.03	438	187	99	0.28	9.2		27.2
2009	1.39	75.76	0.33		0.03	471	212	101	0.29	9.4		28.8
2010	1.37	75.12	0.32		0.03	558	262	129	0.35	9.7		29.9
2011	1.29	74.19	0.31		0.02	535	267	122	0.32	9.5		30.3
2012	1.27	79.55	0.31		0.02	634	306	152	0.36	9.6		30.5
2013	1.23	73.69	0.31		0.02	706	365	153	0.39	9.6		31.2
2014	1.19	72.23	0.30		0.02	671	332	132	0.36	9.3		31.2

续表

年份	乡统计个数(万个)	建成区面积(万公顷)	建成区户籍人口(亿人)	非农人口	建成区暂住人口(亿人)	本年建设投入(亿元)	住宅	市政公用设施	本年住宅竣工建筑面积(亿平方米)	年末实有住宅建筑面积(亿平方米)	居住人口(亿人)	人均住宅建筑面积(平方米)
2015	1.15	70.00	0.29		0.02	559	285	134	0.32	9.0		31.2
2016	1.09	67.30	0.28		0.02	524	260	136	0.29	8.7		31.2
2017	1.03	63.38	0.25			653	319	175	0.56	7.9		31.5
2018	1.02	65.39	0.25			621	304	175	0.39	8.4		33.2
2019	0.95	62.95	0.24			665	300	178	0.44	8.3		33.9
2020	0.89	61.70	0.24			780	364	171	0.44	8.4		35.4
2021	0.82	58.78	0.22			596	285	151	0.33	8.1		37.0
2022	0.80	56.85	0.21			481	203	144	0.18	7.7		36.5

注：2006年以后，本表统计范围由原来的集镇变为乡。
数据来源：《中国城乡建设统计年鉴2022》。

表9-4 全国历年乡市政公用设施情况

年份	年供水总量(亿立方米)	生活用水	用水人口(亿人)	供水普及率(%)	人均日生活用水量(升)	道路长度(万公里)	桥梁数(万座)	排水管道长度(万公里)	公园绿地面积(万公顷)	人均公园绿地面积(平方米)	环卫专用车辆设备(万辆)	公共厕所(万座)
1990	10.8	5.0	0.26	35.7	53.4	15.2	3.3	2.3	0.64	0.88	0.16	5.33
1991	12.3	5.1	0.27	39.3	51.1	14.9	3.5	2.3	0.83	1.19	0.26	5.74
1992	12.7	5.2	0.28	42.6	50.6	14.2	3.7	2.5	0.87	1.32	0.31	5.89
1993	12.3	5.6	0.27	40.6	58.2	14.2	3.4	2.4	0.91	1.4	0.29	5.77
1994	12.8	6.0	0.30	47.8	55.5	14.0	3.3	2.6	1.11	1.76	0.42	6.18
1995	13.7	6.4	0.32	49.9	55.4	14.4	3.4	3.7	1.09	1.73	0.50	6.42
1996	13.9	6.6	0.29	49.0	61.1	14.4	3.4	3.2	1.08	1.79	0.50	6.12
1997	16.2	7.3	0.31	52.3	63.7	14.5	3.5	3.1	1.15	1.91	0.54	6.25
1998	17.2	7.9	0.33	55.5	66.4	14.3	3.5	3.2	1.31	2.22	0.62	6.21
1999	17.3	8.8	0.35	58.2	69.7	14.4	3.5	3.2	1.32	2.23	0.65	6.04
2000	16.8	8.8	0.35	60.1	69.2	13.7	3.4	3.3	1.35	2.33	0.68	5.86

续表

年份	年供水总量（亿立方米）	生活用水	用水人口（亿人）	供水普及率（%）	人均日生活用水量（升）	道路长度（万公里）	桥梁数（万座）	排水管道长度（万公里）	公园绿地面积（万公顷）	人均公园绿地面积（平方米）	环卫专用车辆设备（万辆）	公共厕所（万座）
2001	15.7	8.2	0.32	61.0	69.3	12.1	2.9	3.1	1.36	2.56	0.70	5.03
2002	16.4	8.4	0.32	62.1	71.9	12.1	2.9	3.6	1.31	2.54	0.75	5.05
2003												
2004	17.4	9.5	0.35	65.8	74.8	12.6	2.8	4.3	1.41	2.57	0.77	4.58
2005	17.5	9.6	0.35	67.2	75.6	12.4	2.9	4.3	1.37	2.65	0.80	4.57
2006	25.8	6.3	0.22	63.4	78.0	7.0	2.2	1.9	0.29	0.85	0.88	2.92
2007	11.9	6.0	0.21	59.1	76.1	6.2	2.7	1.1	0.24	0.66	1.04	2.76
2008	11.9	6.3	0.23	62.6	75.5	6.4	2.6	1.2	0.26	0.72	1.30	3.34
2009	11.4	6.5	0.22	63.5	79.5	6.3	2.8	1.4	0.30	0.84	1.34	2.96
2010	11.8	6.8	0.23	65.6	81.4	6.6	2.7	1.4	0.31	0.88	1.45	2.75
2011	11.5	6.7	0.22	65.7	82.4	6.5	2.6	1.4	0.30	0.90	1.53	2.58
2012	12.0	6.9	0.22	66.7	83.9	6.7	2.6	1.5	0.32	0.95	1.85	3.08
2013	11.5	6.8	0.22	68.2	82.8	6.8	2.6	1.6	0.35	1.08	2.56	3.94
2014	11.3	6.7	0.22	69.3	83.1	7.0	2.7	1.6	0.34	1.07	2.37	3.19
2015	11.2	6.7	0.22	70.4	84.3	7.1	2.7	1.7	0.34	1.10	2.41	3.04
2016	11.2	6.7	0.22	71.9	85.3	7.3	2.6	1.8	0.33	1.11	2.50	2.99
2017	12.6	7.2	0.19	78.8	104.3	6.6	1.9	1.9	0.40	1.65	2.76	3.18
2018	12.1	6.6	0.20	79.2	91.9	8.1	1.9	2.4	0.37	1.50	2.80	3.55
2019	12.9	6.6	0.20	80.5	93.3	8.7	1.8	2.5	0.38	1.59	2.93	3.91
2020	13.5	6.8	0.19	83.9	97.0	8.9	1.7	2.4	0.40	1.76	2.86	3.88
2021	13.2	6.5	0.18	84.2	98.7	8.8	1.6	2.3	0.36	1.69	2.77	3.65
2022	12.8	6.3	0.17	84.7	99.5	8.9	1.5	2.3	0.37	1.82	2.70	3.56

注：1. 自2006年起，"公共绿地"统计为"公园绿地"。

2. 自2006年起，"人均公共绿地面积"统计为以乡建成区人口和暂住人口合计为分母计算的"人均公园绿地面积"。

数据来源：《中国城乡建设统计年鉴2022》。

表 9-5 全国历年村庄基本情况

年份	村庄统计个数（万个）	村庄现状用地面积（万公顷）	村庄户籍人口（亿人）	非农人口	村庄暂住人口（亿人）	本年建设投入（亿元）	住宅	市政公用设施	本年住宅竣工建筑面积（亿平方米）	年末实有住宅建筑面积（亿平方米）	居住人口（亿人）	人均住宅建筑面积（平方米）	道路长度（万公里）	桥梁数（万座）
1990	377.3	1140.1	7.92	0.16		662	545	33	4.82	159.3	7.84	20.3	262.1	
1991	376.2	1127.2	8.00	0.16		744	618	26	5.54	163.3	7.95	20.5	240.0	37.7
1992	375.5	1187.7	8.06	0.16		793	624	32	4.86	167.4	8.01	20.9	262.9	40.2
1993	372.1	1202.7	8.13	0.17		906	659	57	4.38	170.0	8.12	20.9	268.7	43.0
1994	371.3	1243.8	8.15	0.18		1175	885	65	4.49	169.1	7.90	21.4	263.2	43.0
1995	369.5	1277.1	8.29	0.20		1433	1089	104	4.95	177.7	8.06	22.0	275.0	44.7
1996	367.6	1336.1	8.18	0.19		1516	1176	106	4.96	182.4	8.13	22.4	279.3	44.1
1997	365.9	1366.4	8.18	0.20		1538	1175	136	4.66	185.9	8.12	22.9	283.2	44.7
1998	355.8	1372.6	8.15	0.21		1585	1220	139	4.73	189.2	8.07	23.5	290.3	43.4
1999	359.0	1346.3	8.13	0.22		1607	1245	152	4.62	192.8	8.04	24.0	287.3	45.7
2000	353.7	1355.3	8.12	0.24		1572	1203	139	4.47	195.8	8.02	24.3	287.0	46.3
2001	345.9	1396.1	8.06	0.25		1558	1145	160	4.28	199.1	7.97	25.0	283.6	46.7
2002	339.6	1388.8	8.08	0.26		2002	1288	368	4.39	202.5	7.94	25.5	287.3	47.1
2003														
2004	320.7	1362.7	7.95	0.32		2064	1243	342	4.22	205.0	7.75	26.5	285.1	57.8
2005	313.7	1404.2	7.87	0.31		2304	1374	380	4.42	208.0	7.72	26.9	304.0	58.0
2006	270.9		7.14		0.23	2723	1524	501	4.75	202.9	7.14	28.4	221.9	50.7
2007	264.7	1389.9	7.63		0.28	3544	1923	616	3.65	222.7		29.2		
2008	266.6	1311.7	7.72		0.31	4294	2558	793	4.10	227.2		29.4		
2009	271.4	1362.8	7.70		0.28	5400	3456	863	4.91	237.0		30.8		
2010	273.0	1399.2	7.69		0.29	5692	3412	1105	4.56	242.6		31.6		
2011	266.9	1373.8	7.64		0.28	6204	3773	1216	4.86	245.1		32.1		
2012	267.0	1409.0	7.63		0.28	7420	4312	1660	5.25	247.8		32.5		
2013	265.0	1394.3	7.62		0.28	8183	4898	1850	5.46	250.6		32.9	228.0	
2014	270.2	1394.1	7.63		0.28	8088	5020	1707	5.46	253.4		33.2	234.1	
2015	264.5	1401.3	7.65		0.28	8203	5059	1919	5.66	255.2		33.4	239.3	
2016	261.7	1392.2	7.63		0.27	8321	5045	2120	5.32	256.1		33.6	246.3	
2017	244.9		7.56			9168	5271	2529	9.65	246.2		32.6	285.3	
2018	245.2		7.71			9830	5355	3053	7.81	252.2		32.7	304.8	
2019	251.3		7.76			10167	5529	3100	7.12	255.3		32.9	320.6	
2020	236.3		7.77			11503	5670	3590	7.56	266.5		34.3	335.8	
2021	236.1		7.72			10255	5142	3357	5.47	267.3		34.6	348.7	
2022	233.2		7.72			8849	4438	2660	4.38	269.8		34.9	357.4	

数据来源：《中国城乡建设统计年鉴2022》。

10. 税收和金融

表 10-1 农业主要税收收入

单位：亿元

年份	合计	农牧业税	契税	农业特产税	烟叶税	耕地占用税
1986	44.52	44.22	0.30			
1987	50.81	48.96	0.45			1.40
1988	73.69	46.90	0.68	4.95		21.16
1989	84.94	56.81	0.95	10.25		16.93
1990	87.86	59.62	1.18	12.49		14.57
1991	90.65	56.65	1.89	14.25		17.86
1992	119.17	70.10	3.61	16.24		29.22
1993	125.74	72.65	6.21	17.53		29.35
1994	231.49	119.51	11.82	63.69		36.47
1995	278.09	128.12	18.26	97.17		34.54
1996	369.46	182.06	25.20	131.00		31.20
1997	397.48	182.38	32.34	150.27		32.49
1998	398.80	178.67	58.99	127.79		33.35
1999	423.50	163.08	95.96	131.43		33.03
2000	465.31	168.17	131.08	130.74		35.32
2001	481.70	164.32	157.08	121.97		38.33
2002	717.85	321.49	239.07	99.95		57.34
2003	871.77	334.22	358.05	89.60		89.90
2004	902.19	198.71	540.10	43.29		120.09
2005	936.40	12.80	735.14	46.61		141.85
2006	1084.04	0.13	867.67	3.52	41.60	171.12
2007	1439.09		1206.25		47.80	185.04
2008	1689.39		1307.53		67.45	314.41
2009	2448.93		1735.05		80.81	633.07
2010	3431.85		2464.85		78.36	888.64
2011	3932.57		2765.73		91.38	1075.46
2012	4626.50		2874.01		131.78	1620.71
2013	5802.51		3844.02		150.26	1808.23
2014	6200.80		4000.70		141.05	2059.05
2015	6138.54		3898.55		142.78	2097.21
2016	6459.43		4300.00		130.54	2028.89
2017	6678.03		4910.42		115.72	1651.89
2018	7160.14		5729.94		111.35	1318.85
2019	7713.73		6212.86		111.03	1389.84
2020	8427.26		7061.02		108.67	1257.57
2021	8612.23		7427.49		119.38	1065.36

注：2006年起，取消农牧业税和农业特产税，出台烟叶税条例，当年农牧业税和农业特产税尚有少量尾欠。
数据来源：《中国财政年鉴2022》。

表 10-2　金融机构本外币涉农贷款统计

单位：亿元

项目	余额 本期	余额 占各项贷款比重 (%)	当年新增额 本期	当年新增额 占各项贷款比重 (%)	同比增长 (%)
涉农贷款	432055.20	22.90	45710.20	24.56	10.93
一、按用途分类					
（一）农林牧渔业贷款	45707.23	2.42	3087.13	1.66	7.10
（二）农用物资和农副产品流通贷款	27131.94	1.44	392.01	0.21	1.13
（三）农村基础设施建设贷款	77011.45	4.08	8337.09	4.48	10.60
（四）农产品加工贷款	12005.89	0.64	195.52	0.11	0.71
（五）农业生产资料制造贷款	4511.73	0.24	(163.99)	(0.09)	(3.68)
（六）农田基本建设贷款	27745.05	0.15	273.50	0.15	10.81
（七）农业科技贷款	614.18	0.03	98.93	0.05	18.73
（八）其他	262327.73	13.90	33490.02	17.99	13.68
二、按城乡地域分类					
（一）农村（县及县以下）贷款	361528.78	19.16	41547.77	22.32	12.05
1.农户贷款	134701.35	7.14	16801.00	9.03	14.01
其中：农户消费贷款	66316.28	3.52	8095.56	4.35	13.96
2.农村（县及县以下）企业及各类组织贷款	226827.43	12.02	24746.77	13.29	10.91
（二）城市涉农贷款	70526.42	3.74	4162.43	2.24	5.52
1.城市企业及各类组织涉农贷款	67612.01	3.58	3982.79	2.14	5.45
2.非农户个人农林牧渔业贷款	2914.40	0.15	179.63	0.10	7.25
三、按受贷主体分类					
（一）个人涉农贷款	137615.75	7.29	16980.63	9.12	13.86
1.农户贷款	134701.35	7.14	16801.00	9.03	14.01
2.非农户个人农林牧渔业贷款	2914.40	0.15	179.63	0.10	7.25
（二）企业涉农贷款	288764.21	15.31	28649.47	15.39	9.80
1.农村（县及县以下）企业贷款	222097.18	11.77	24627.79	13.23	11.13
2.城市企业涉农贷款	66667.03	3.53	4021.68	2.16	5.60
（三）各类非企业组织涉农贷款	5675.24	0.30	80.10	0.04	0.44
1.农村（县及县以下）各类组织贷款	4730.26	0.25	118.99	0.06	1.46
2.城市各类组织涉农贷款	944.98	0.05	(38.89)	(0.02)	(4.39)

注：表中"各项贷款"不含票据融资；表中数据均为本外币。
数据来源：《中国金融年鉴2022》。

表10-3　2011-2022年全国省级数字普惠金融指数

省份	2011年	2012年	2013年	2014年	2015年	2016年	2017年	2018年	2019年	2020年	2021年	2022年
北京	79.41	150.65	215.62	235.36	276.38	286.37	329.94	368.54	399.00	417.88	437.58	457.48
天津	60.58	122.96	175.26	200.16	237.53	245.84	284.03	316.88	344.11	361.46	379.23	397.91
河北	32.42	89.32	144.98	160.76	199.53	214.36	258.17	282.77	305.06	322.70	340.99	359.67
山西	33.41	92.98	144.22	167.66	206.30	224.81	259.95	283.65	308.73	325.73	342.91	360.25
内蒙古	28.89	91.68	146.59	172.56	214.55	229.93	258.50	271.57	293.89	309.39	325.38	342.28
辽宁	43.29	103.53	160.07	187.61	226.40	231.41	267.18	290.95	311.01	326.29	342.2	358.26
吉林	24.51	87.23	138.36	165.62	208.20	217.07	254.76	276.08	292.77	308.26	324.13	340.01
黑龙江	33.58	87.91	141.40	167.80	209.93	221.89	256.78	274.73	292.87	306.08	319.37	333.03
上海	80.19	150.77	222.14	239.53	278.11	282.22	336.65	377.73	410.28	431.93	453.75	475.79
江苏	62.08	122.03	180.98	204.16	244.01	253.75	297.69	334.02	361.93	381.61	401.38	421.17
浙江	77.39	146.35	205.77	224.45	264.85	268.10	318.05	357.45	387.49	406.88	426.85	447.19
安徽	33.07	96.63	150.83	180.59	211.28	228.78	271.60	303.83	330.29	350.16	370.37	391.34
福建	61.76	123.21	183.10	202.59	245.21	252.67	299.28	334.44	360.51	380.13	400.26	420.96
江西	29.74	91.93	146.13	175.69	208.35	223.76	267.17	296.23	319.13	340.61	362.96	386.1
山东	38.55	100.35	159.30	181.88	220.66	232.57	272.06	301.13	327.36	347.81	368.44	389.83
河南	28.40	83.68	142.08	166.65	205.34	223.12	266.92	295.76	322.12	340.81	360.18	380.15
湖北	39.82	101.42	164.76	190.14	226.75	239.86	285.28	319.48	344.40	358.64	373.69	388.8
湖南	32.68	93.71	147.71	167.27	206.38	217.69	261.12	286.81	310.85	332.03	353.67	375.62
广东	69.48	127.06	184.78	201.53	240.95	248.00	296.17	331.92	360.61	379.53	398.84	418.34
广西	33.89	89.35	141.46	166.12	207.23	223.32	261.94	289.25	309.91	325.17	340.66	357.15
海南	45.56	102.94	158.26	179.62	230.33	231.56	275.64	309.72	328.75	344.05	359.83	375.98
重庆	41.89	100.02	159.86	184.71	221.84	233.89	276.31	301.53	325.47	344.76	364.94	385.67
四川	40.16	100.13	153.04	173.82	215.48	225.41	267.80	294.30	317.11	334.82	353.15	371.57
贵州	18.47	75.87	121.22	154.62	193.29	209.45	251.46	276.91	293.51	307.94	322.6	338.01
云南	24.91	84.43	137.90	164.05	203.76	217.34	256.27	285.79	303.46	318.48	333.9	349.88
西藏	16.22	68.53	115.10	143.91	186.38	204.73	245.57	274.33	293.79	310.53	328.05	346.01
陕西	40.96	98.24	148.37	178.73	216.12	229.37	266.85	295.95	322.89	342.04	361.25	380.76
甘肃	18.84	76.29	128.39	159.76	199.78	204.11	243.78	266.82	289.14	305.50	322.17	339.77
青海	18.33	61.47	118.01	145.93	195.15	200.38	240.20	263.12	282.65	298.23	313.88	330.35
宁夏	31.31	87.13	136.74	165.26	214.70	212.36	255.59	272.92	292.31	310.02	328.23	347.39
新疆	20.34	82.45	143.40	163.67	205.49	208.72	248.69	271.84	294.34	308.35	323.18	338.32

数据来源：北京大学数字普惠金融指数（2011-2022）。

11. 国有农场

表 11　农垦系统国有农场基本情况

指标	单位	2003 年	2018 年	2019 年	2020 年	2021 年	2022 年
一、农场数	个	1967	1759	1843	1828	1787	1787
二、职工期末人数	万人	353.7	192.1	214.7	247.1	232.3	228.5
三、耕地面积	千公顷	4690.1	6419.7	6480.8	6516.6	6606.0	7038.9
四、农业机械总动力	亿瓦	129.9	306.2	311.9	320.9	330.8	343.0
大中型农用拖拉机	万台	7.0	22.9	22.8	23.1	23.8	24.5
小型及手扶拖拉机	万台	24.5	37.3	29.1	28.2	28.1	26.9
农用排灌动力机械	万台	17.7	33.3	39.2	30.0	29.2	29.7
联合收获机	万台	1.8	6.4	6.5	6.8	7.1	7.5
农用化肥施用量(折纯量)	万吨	143.9	273.8	252.3	242.8	238.0	242.0
农业生产用电量	亿千瓦小时	64.2	320.8	134.6	114.1	99.2	68.7
五、农业总产值							
按当年价格计算	亿元	846.3	3823.1	3862.1	4230.3	4634.8	4804.5
六、主要农产品产量							
粮食总产量	万吨	1342.6	3652.8	3441.1	3562.7	3876.0	3848.6
棉花总产量	万吨	103.4	284.8	244.7	261.8	263.3	270.7
油料总产量	万吨	71.9	79.7	75.7	73.5	68.7	75.3
肉类总产量	万吨	108.4	220.4	200.6	193.0	225.6	248.3

注：2020 年，原指标职工人数，口径调整为职工期末人数；原指标农场用电量，口径调整为农业生产用电量。
数据来源：《中国农村统计年鉴 2023》。

大事记

1949 年

10 月

1 日

中华人民共和国中央人民政府成立。中华人民共和国的成立,实现了中国从几千年封建专制向人民民主的伟大飞跃,是近代以来实现中华民族伟大复兴的里程碑,中华民族发展进步从此开启了新纪元。领导和组织人民革命取得胜利的中国共产党,成为在全国范围执掌政权的党,踏上了带领人民创造幸福美好生活的新征程。

1950 年

6 月

30 日

《中华人民共和国土地改革法》正式颁布,明确土地改革的目的是废除地主阶级封建剥削的土地所有制,实行农民的土地所有制,借以解放农村生产力,发展农业生产,为新中国的工业化开辟道路。该法对土地的没收和征收、土地分配、特殊土地问题的处理、土地改革的执行机关和执行方法等问题做出了明确规定。

1951 年

5 月

1 日

中国人民银行召开了第一次全国农村金融工作会议,决定在全国范围内大力发展农村信用合作社,颁发了《农村信用合作社章程准则(草案)》《农村信用互助小组公约(草案)》等,标志着新中国信用合作组织在广大农村开始建立,中国农村金融事业的发展拉开了大幕。

1953 年

2 月

15 日

中共中央颁布《关于农业生产互助合作的决议》,推进农业互助合作运动,全国各地开始普遍试办半社会主义性质的初级农业生产合作社。

10 月

16 日

中共中央作出《关于实行粮食的计划收购与计划供应的决议》,决定对粮食实行统购统销。该决议指出,为了解决国家粮食收购计划不能按期完成,粮食销售却远远超出计划,供销不平衡,市场紧张的问题,把粮食供应放在长期稳固的基础之上,除了努力促进农业生产的互助合作化和技术改良,借以增产粮食,把粮食生产发展的速度逐步提高到足以保障国民经济向前发展的水平外,必须在全国范围内,采取如下的措施:(一)在农村向余粮户实行粮食计划收购（简称"统购"）的政策；（二）对城市人民和农村缺粮人民，实行粮食计划供应（简称"统销"）的政策，亦即实行适量的粮食定量配售的政策；（三）实行由国家严格控制粮食市场，对私营粮食工商业进行严格管制，并严禁私商自由经营粮食的政策；（四）实行在中央统一管理之下，由中央与地方分工负责的粮食管理政策。上述四项政策，除少数偏僻地区和某些少数民族地区之外，必须在全国各地同时实行。

1954 年

9 月

15 日

周恩来在第一届全国人民代表大会第一次会议上所作的《政府工作报告》中指出，"我国要建设强大的现代化的工业、现代化的农业、现代化的交通运输业和现代化的国防"。这是政府文件中第一次出现了农业现代化的概念。

1955 年

6 月

22 日

国务院发布《关于建立经常户口登记制度的指示》，该指示明确了要开始统一城乡的户口登记工作，在全国范围内建立经常性的户口统计制度，通过户籍制度限制农民自发地盲目地进城。

11 月

7 日

国务院发布《关于城乡划分标准的规定》。该规定指出，由于城市人民同乡村人民的经济条件和生活方式都不同，政府的各项工作，都应当按城市和乡村有所区别，城乡人口也需要分别计算。为了让各部门在区别城乡的不同性质来进行计划、统计和其他业务工作的时候有统一的依据，该规定对城乡划分标准作出规定。

1958 年

1 月

9 日

全国人民代表大会常务委员会第九十一次会议通过《中华人民共和国户口登记条例》，旨在维持社会秩序，保护公民的权利和利益，服务于社会主义建设。该条例将城乡居民区分为"农业户口"和"非农业户口"两种不同户籍，将城乡有别的户口登记制度和限制迁徙制度以法律的形式固定下来，由此确立了城乡二元的户籍制度，奠定了我国现行户籍管理制度的基本格局。

6 月

3 日

全国人民代表大会常务委员会第九十六次会议审议通过《中华人民共和国农业税条例》，

标志着全国实行统一的农业税制。该条例对农业税的税制、纳税人、纳税收入种类、农业收入的计算、税率、优待和减免情形、征收等方面作出明确说明。

8月

29日

中共中央发布《关于在农村建立人民公社的决议》，决定把高级农业生产合作社普遍升级为大规模的、政社合一的人民公社。该决议指出，人民公社是形势发展的必然趋势，人民公社发展的主要基础是我国农业生产全面的不断的跃进和五亿农民愈来愈高的政治觉悟。该决议对社的组织规模，小社并大、转为人民公社的做法和步骤，并社中的若干经济政策问题，社的名称、所有制和分配制的问题作出说明。

1962年

9月

27日

中国共产党第八届中央委员会第十次全体会议通过《农村人民公社工作条例（修正草案）》，指出人民公社实行"三级所有、队为基础"的管理体制。农村人民公社是政社合一的组织，是我国社会主义社会在农村中的基层单位，又是我国社会主义政权在农村中的基层单位。

1963年

2月

21—28日

中共中央召开工作会议，决定在农村开展以"四清"（即清理账目、清理仓库、清理财务、清理工分）为主要内容的社会主义教育运动。

1964年

12月

21日

在三届全国人大一次会议上，周恩来在《政府工作报告》中发出了"工业学大庆，农业学大寨，全国学人民解放军"的号召，并把大寨精神概括为"政治挂帅、思想领先的原则，自力更生、艰苦奋斗的精神，爱国家爱集体的共产主义风格"。此后，"农业学大寨"运动在全国开展起来。

1965年

6月

26日

毛泽东同志在与医务人员谈话时指出，把医疗卫生工作的重点放到农村去。9月21日，中共中央批转卫生部党委《关于把卫生工作重点放到农村的报告》。

1968 年

12 月

22 日

《人民日报》发表毛泽东同志重要指示:"知识青年到农村去,接受贫下中农的再教育,很有必要。"在全国掀起了"知识青年上山下乡"运动。

1970 年

8 月

25 日至 10 月 5 日

国务院于 8 月 25 日至 10 月 5 日在山西省昔阳县召开了北方地区农业会议,讨论北方十省、自治区、直辖市的农业生产问题,以改变"南粮北调"局面。

1971 年

8 月

12 日至 9 月 19 日

国务院于 8 月 12 日至 9 月 19 日在北京召开全国林业工作会议,讨论研究发展林业的方针、政策、规划,并号召绿化荒山荒地和村庄。

1976 年

12 月

10—27 日

国务院在北京召开第二次全国"农业学大寨"会议,提出到 1980 年基本实现全国农业机械化的要求。

1977 年

11 月

1 日

国务院批转《公安部关于处理户口迁移的规定》,进一步明确对从农村迁往市、镇,由农业人口转为非农业人口要严加控制。规定指出,市、镇人口的增长,必须与农业生产的发展水平相适应。处理户口迁移,首先要贯彻严格控制市、镇人口增长的方针,同时要保障人民群众符合国家规定的迁移。地区之间的迁移,要从全国一盘棋出发。要正确处理国家、集体和个人的关系。

1978 年

3 月

18 日

中共中央在北京人民大会堂隆重召开全国科学大会,大会有 6000 人出席,邓小平作重要讲话，明确指出"现代化的关键是科学技术现代化""知识分子是工人阶级的一部分"，重申了"科学技术是生产力"这一马克思主义的基本观点。大会通过了《1978—1985年全国科学技术发展规划纲要（草案）》，对农业领域提出以下要求：按照以粮为纲、全面发展的方针，进行农林牧副渔资源综合考察，为合理区划和开发利用，提供科学依据；全面贯彻农业"八字宪法"，保证农业的高产稳产；发展与机械化相适应的耕作制度和栽培技术；解决"南水北调"工程及有关的科学技术问题；在改良低产土壤和治理水土流失、风沙干旱方面取得重大进展；全面提高良种的高产、优质和抗逆性能；发展复合肥料，实行科学施肥；研究生物和化学模拟固氮；尽快解决作物病虫害综合防治技术；加强林、牧、渔各业的科学研究，促使这些部门能有较大的发展；研制农、林、牧、渔业的各种高质量高效率的机械和机具；建立农业现代化综合科学实验基地；加强农业科学基础理论的研究。

11月

24日

安徽省凤阳县小岗村18户村民在一纸分田到户、包干到户的契约书上按下了鲜红的手印，这份把集体土地承包到户的"大包干"契约，拉开了中国农村改革的序幕。

12月

18—22日

中国共产党第十一届中央委员会第三次全体会议于18日至22日在北京举行。全会的中心议题是讨论把全党的工作重点转移到社会主义现代化建设上来。十一届三中全会实现了中华人民共和国成立以来党的历史的伟大转折。这个伟大转折，是全局性的、根本性的，集中表现在以下几个主要方面。第一，全会实现了思想路线的拨乱反正。第二，全会实现了政治路线的拨乱反正。第三，全会实现了组织路线的拨乱反正。第四，全会开始了系统地清理重大历史是非的拨乱反正。第五，全会恢复了党的民主集中制的传统。第六，全会作出了实行改革开放的重大决策，启动了农村改革的进程。

1979年

1月

11日

中共中央将经过十一届三中全会原则通过的《中共中央关于加快农业发展若干问题的决定（草案）》和《农村人民公社工作条例（试行草案）》印发各省、自治区、直辖市讨论和试行。

2月

8日

中共内蒙古自治区党委、自治区革命委员会作出《关于农村牧区若干政策问题的决定》。该决定提出：（一）人民公社、生产大队和生产队的所有权和自主权必须受到国家法律的保护；（二）减轻农民负担，严禁"一平二调"；（三）认真执行按劳分配、多劳多得的社会主义分配原则，克服平均主义，全面建立生产责任制，实行联产计酬；（四）正确执行粮食政策；（五）在巩固和发展集体经济的同时，鼓励社员发展家庭副业；（六）开放农村牧区集市贸易；（七）严禁开荒，保护牧场；（八）积极发展社队企业；（九）办好国营农牧场；（十）调动广大农村基层干部的积极性。截至1980年底，全区3673个牧业生产队实行了各种形式的生产责任制，占牧区生产队总数的96.7%。

3月

1日

国务院决定从3月起，提高粮、棉、油、猪等18种主要农副产品的收购价格。粮食的统购价格从夏粮上市起提高20%，超购部分在这个基础上再加价50%；棉花收购价格平均提高15%；油料平均提高25%，超购加价50%；生猪平均提高26%；牛、羊、蛋、甜菜、甘蔗、大麻、苎麻、桑蚕茧、南方木材、毛竹、牛奶、部分中药材、主要水产品等也适当提高收购价格。极大地调动了农民发展生产、踊跃向国家交售农副产品的积极性。1979年全国粮食产量在1978年增长7.8%后再次增长8.9%，突破了3.3亿吨。

9月

25—28日

中国共产党第十一届中央委员会第四次全体会议于25日至28日在北京举行。会议通过《关于加快农业发展若干问题的决定》。该决定指出：摆在我们面前的首要任务，就是要集中精力使目前还很落后的农业尽快得到迅速发展，因为农业是国民经济的基础，农业的高速度发展是保障实现四个现代化的根本条件。我们只有加快发展农业生产，逐步实现农业现代化，才能使占我国人口百分之八十的农民富裕起来，也才能促进整个国民经济蓬勃发展，加强工农联盟，巩固我国社会主义制度和无产阶级专政。该决定提出：统一全党对我国农业问题的认识、当前发展农业生产力的二十五项政策和措施、实现农业现代化的部署、加强党和政府对农业的领导。

12月

15日

卫生部、农业部、财政部等5个部门联合发布《农村合作医疗章程（试行草案）》。该章程指出，农村合作医疗是人民公社社员依靠集体力量，在自愿互助的基础上建立起来的一种社会主义性质的医疗制度，是社员群众的集体福利事业。根据宪法的规定，国家积极支持、发展合作医疗事业，使医疗卫生工作更好地为保护人民公社社员身体健康，发展农业生产服务。对于经济困难的社队，国家给予必要的扶持。

1980年

1月

11日至2月2日

国家农业委员会于1月11日至2月2日在北京召开全国农村人民公社经营管理会议。

在这次会议上，是否允许包产到户又一次引起与会代表的热烈讨论。安徽省代表以《联系产量责任制的强大生命力》为题介绍了安徽农村实行包产到户的情况和效果。

2月

5日

广西宜山县三岔公社合寨大队农民以无记名投票方式选举产生了中国第一个村民委员会。

5月

31日

邓小平同中央负责人谈农村政策问题时指出，一些适宜搞包产到户的地方搞了包产到户，效果很好，变化很快；现在农村工作中的主要问题还是思想不够解放，除表现在集体化的组织形式方面外，还有因地制宜发展生产的问题，适宜发展什么就应该发展什么。

6月

18日

在中共四川省委的支持下，中共广汉县委在向阳公社进行人民公社体制改革试点，"广汉县向阳人民公社管理委员会"的牌子被摘下，取而代之的是"广汉县向阳乡人民政府"的牌子。至此，向阳正式取消了政社合一的人民公社体制，成为全国第一个改制的人民公社。

8月

28日

国务院批转财政部报送的《关于执行农业税起征点办法的情况报告》。该报告总结了农业税起征点办法的执行情况，指出其积极作用及执行中的问题，并提出改进意见：（一）允许各地在国家统一的政策原则下因地制宜地核定农业税的起征点；（二）为核定生产队每人平均口粮和收入水平，要对集体提留和摊销规定一个标准，以平衡负担；（三）对确属自然条件差，收入水平低，改变面貌需要较长时间的生产队，凡符合起征点免税条件的可以从1980年起，实行免税一定三年的办法；（四）坚持以生产队为统一的纳税单位；（五）上年经国务院批准核减的各地的农业税额从1980年起原则上一定五年不变，各省所辖地县的农业税额是否调整，由各省自定。实行新的财政体制以后，农业税继续贯彻稳定负担、增产不增税的政策，不得擅自增加社队负担。

9月

14—22日

中共中央召开各省、自治区、直辖市党委第一书记座谈会，讨论加强和完善农业生产责任制问题。

27日

中共中央印发《关于进一步加强和完善农业生产责任制的几个问题》的通知。通知提到，党的十一届三中全会以来，全国各地清除极"左"路线的影响，落实中央两个农业文件，从价格、税收、信贷和农副产品收购方面调整了农业政策，适当地放宽了对自留地、家庭副业和集市贸易的限制。特别是尊重生产队的自主权，因地制宜地发展多种经营，普遍建立各种形式的生产责任制，改进劳动计酬办法，初步纠正了生产指导上的主观主义和分配中的平均主义。这些措施，有效地调动了农民的积极性，使农业生产得到比较迅速的恢复和发展，绝大多数农民的收入有所增加，农村的形势越来越好。通知肯定：在生产队领导下实行的包产到户是依存于社会主义经济的，不会脱离社会主义轨道，没有什么复辟资本主义的危险，因而并不可怕。并指出：集体经济是我国农业向现代化前进的不可动摇的基础。凡有利于鼓励生产者最大限度地关心集体生产，有利于增加生产、增加收入、增加商品的责任制形式都是好的和可行的，都应加以支持，而不可拘泥于一种模式，搞一刀切。

1981 年

3 月

30 日

中共中央、国务院转发国家农业委员会《关于积极发展农村多种经营的报告》。该报告指出，凡是改善农村集体经济的管理方法、调整农业内部的生产结构、建立农工商综合经营的农业经济体制，都是我国经济建设中具有战略意义的问题，都是摆在全党面前的新课题。

4 月

7 日

国务院发布《关于制止农村建房侵占耕地的紧急通知》。该通知指出，有不少地方对农村建房缺乏全面的规划和必须的管理，农村建房和兴办社队企业乱占耕地的现象相当严重。各级政府应该向农村广大干部、群众进行广泛深入的宣传教育，反复说明在我国节约用地是一项具有战略意义的措施；农村建房用地，必须统一规划，合理布局，节约用地；必须重申，农村社队的土地都归集体所有；要逐步改革农村建房建筑材料，减少打坯、烧砖、取土用地；各级政府对农民建房和社队企业占地情况，要进行一次检查。

6 月

27 日

中国共产党第十一届中央委员会第六次全体会议一致通过《关于建国以来党的若干历史问题的决议》。该决议指出，毛泽东思想具有多方面的内容，毛泽东同志多次强调不要机械搬用外国的经验，而要从中国是一个大农业国这种情况出发，以农业为基础，正确处理重工业同农业、轻工业的关系，充分重视发展农业和轻工业，走出一条适合我国国情的中国工业化道路。

10 月

4—21 日

中央召开农村工作会议，讨论起草放宽农业政策的文件。12 日，中共中央书记处接见与会代表。胡耀邦指出：现在有一个问题，文件需要讲清楚。这就是，农村改革，包产到户，并未动摇农村集体经济。责任制用了"包"字本身，就说明了不是"单干"。土地是最基本的生产资料，坚持土地公有，只是"包"给农民，就不是"分田"。我国农业坚持土地公有制是长期不变的，建立生产责任制也是长期不变的。

1982年

1月

1日

中共中央批转《全国农村工作会议纪要》（1982年中央一号文件）。

13日

国务院发出《国务院关于实行粮食征购、销售、调拨包干一定三年的通知》。该通知指出，从1982年粮食年度起，国家对各省、自治区、直辖市实行"粮食征购、销售、调拨包干一定三年"的粮食管理办法。

2月

13日

为了维护社会主义土地公有制，经济合理利用土地，防止村镇建房乱占滥用耕地，保障农业生产的发展和适应农村建设的需要，国务院发布《村镇建房用地管理条例》。

6月

17日

国务院作出《国务院关于疏通城乡商品流通渠道 扩大工业品下乡的决定》。该决定指出，工业品下乡还很不够，物资交流还存在着不通畅的情况。有些紧俏商品层层扣留，影响下乡；有许多商品，商业批发仓库积压，农民却又见不到。为了支持工农业生产的持续发展，改善农村市场的供应状况，对进一步疏通城乡商品流通渠道、扩大工业品下乡问题，作如下决定：（一）改变过去工业品流通按城乡分工的体制为商品分工、城乡通开的新体制。（二）继续发挥基层供销社的作用。（三）继续贯彻执行城乡都需要的工业品优先供应农村，城乡都需要的副食品优先供应城市的原则。（四）积极开拓扩大工业品下乡的新途径。（五）把工业品流通由城乡分工改为商品分工、城乡通开新体制，是商业体制上的一项重大改革，各省、自治区、直辖市人民政府要当作一项重要工作抓紧抓好。

11月

26日至12月10日

第五届全国人民代表大会第五次会议于11月26日至12月10日在北京召开。出席会议的代表共3421人。这次会议的主要议题是审议中华人民共和国宪法修改草案，审议我国发展国民经济的第六个五年计划。此次会议通过的宪法修改草案明确了改变农村人民公社的政社合一的体制，设立乡政权。指出人民公社将只是农村集体经济的一种组织形式。这种改变将有利于加强农村基层政权建设，也有利于农村集体经济的发展。至于政社分开的具体实施，这是一件细致的工作，各地要从实际出发，因地制宜，有领导、有计划、有步骤地进行，不要草率行事。

1983 年

1 月

2 日

中共中央印发《当前农村经济政策的若干问题的通知》（1983 年中央一号文件）。该文件指出，联产承包制采取了统一经营与分散经营相结合的原则，使集体优越性和个人积极性同时得到发挥。这一制度的进一步完善和发展，必将使农业社会主义合作化的具体道路更加符合我国的实际。这是在党的领导下我国农民的伟大创造，是马克思主义农业合作化理论在我国实践中的新发展。稳定和完善农业生产责任制，仍然是当前农村工作的主要任务。完善联产承包责任制的关键是，通过承包处理好统与分的关系。

20 日

中共中央发出《关于加强农村思想政治工作的通知》。该通知指出，当前和今后一个时期，党在农村的思想政治工作的任务是，根据党的十二大提出的战略部署，围绕使广大农民尽快富裕起来这一农村工作的中心思想，力争用三五年左右的时间，使广大农民对十二大文件精神和党在农村的各项方针、政策有一个全面、深刻的认识，敢于劳动致富，做到国家、集体、个人利益三兼顾；基层干部和党员经过整风学习，面貌一新；党风、社会风气实现根本好转。

2 月

11 日

国务院批转国家经济体制改革委员会、商业部《关于改革农村商业流通体制若干问题的试行规定》。该规定指出，面对农村商品生产迅速发展和商品交换规模日益扩大的新形势，农村商品流通体制的改革，已经势在必行。其主要内容有：（一）实行多种经营形式、多种经营方式、多种流通渠道，改变统得过多、独家经营、渠道单一的做法。（二）合理设置批发机构，搞好农副产品收购和工业品下乡，解决农民"卖难""买难"的问题。（三）加快供销合作社体制改革的步伐。（四）建立商业企业经营承包责任制，提高经济效益。（五）相应调整与农村商业体制改革有关的政策。（六）改革的方法和步骤。

4 月

22 日

国务院批转《劳动人事部、农牧渔业部、林业部、财政部关于加强农林第一线科技队伍的报告的通知》。该通知指出，为了适应农村形势发展的需要，加强农林第一线的科技力量，切实解决农林科技人员的实际困难。主要内容有：（一）通过各种渠道，充实和加强农林第一线的科技力量。（二）适当提高农林第一线科技人员的生活待遇。（三）各地要在发展农业生产、提高农业经济效益的基础上，逐步增加农业事业经费，以改善农业第一线科技人员的工作条件和生活条件。对分配给农口的大、中专毕业生，要相应地增加编制和人员经费。（四）对于全民所有制的农林科研、院校、场圃单位中吃自产粮的科技人员，应当恢复他们的城镇户粮关系，他们的子女可以享受城镇就业和报考技工学校的待遇。其具体办法由有关部门另行制定。（五）各级政府要加强对农林科技人员的管理和合理使用。发展农林生产，必须依靠农林科技队伍，对他们在政治上要信任，工作上要大胆使用，业务上要培养提高，生活上要关心照顾。农林科技人员到第一线以后，一定要充分发挥他们的专长，鼓励他们专心致志地从事农林科技工作，为发展农林生产做出贡献。

5月
6日

中共中央、国务院发出《关于加强和改革农村学校教育若干问题的通知》。该通知指出，近几年来，我国农村普遍实行了多种形式的农业生产责任制，农村经济迅速发展，传统农业向现代农业转化的过程加快，广大农民迫切要求掌握文化科学知识。这种形势向农村学校教育提出了新的更高的要求。农村学校的任务，主要是提高新一代和广大农村劳动者的文化科学水平，促进农村社会主义建设；一定要适应广大农民发展生产、劳动致富、渴望人才的要求；一定要引导广大学生热爱农村、热爱劳动，学好知识和本领；必须通过宣传教育，采取切实措施，纠正目前社会上片面追求升学率的倾向。

10月
12日

中共中央、国务院发出《关于实行政社分开，建立乡政府的通知》。该通知指出，当前的首要任务是把政社分开，建立乡政府，同时按乡建立乡党委，并根据生产的需要和群众的意愿逐步建立经济组织。要尽快改变党不管党、政不管政和政企不分的状况。

11月
12日

国务院发布《关于对农林特产收入征收农业税的若干规定》，决定对农业特产收入征收农业税，标志着农业特产税的诞生。该规定对需要缴纳农业税的单位和个人、农林特产收入征税范围、农林特产农业税税率给出了说明。

1984年

1月
1日

中共中央印发《关于一九八四年农村工作的通知》（1984年中央一号文件）。该通知指出，继续稳定和完善联产承包责任制，帮助农民在家庭经营的基础上扩大生产规模，提高经济效益。土地承包期一般应在十五年以上。加强社会服务，促进农村商品生产的发展。流通是商品生产过程中不可缺少的环节，抓生产必须抓流通。制止对农民的不合理摊派，减轻农民额外负担，保证农村合理的公共事业经费。不改变"八亿农民搞饭吃"的局面，农民富裕不起来，国家富强不起来，"四个现代化"也就无从实现。林牧渔业发展不足，商品供应紧张，这种状况必须扭转。加强对农村工作的领导，提高干部的素质，培养农村建设人才。党在农村的政策越放宽，商品经济越发展，就越需要加强农村思想政治工作和文化教育工作。

16—26 日

农牧渔业部于 16—26 日召开全国农业工作会议,讨论如何贯彻落实《关于一九八四年农村工作的通知》的精神。

23 日

国务院发布《农副产品购销合同条例》。为了保护农副产品购销合同当事人双方的合法权益,有计划地发展农副业商品生产,安排好市场供应,协调产、供、销之间的关系,改善经营管理,提高经济效益,明确经济责任,保证国家计划的执行,根据《中华人民共和国经济合同法》的规定,特制定该条例。

3 月

1 日

中共中央、国务院转发农牧渔业部《关于开创社队企业新局面的报告》的通知,同意报告提出的将社队企业名称改为乡镇企业的建议。

7 月

19 日

国务院批转国家经济体制改革委员会、商业部、农牧渔业部《关于进一步做好农村商品流通工作的报告》。该报告指出,各级政府必须切实加强领导,一手抓生产,一手抓流通:(一)发展多渠道流通;(二)调整农副产品购销政策;(三)改进价格管理办法;(四)改革农副产品批发体制;(五)加快供销合作社体制改革;(六)积极发展农副产品加工业;(七)大力发展交通运输业和商业经营设施。

9 月

29 日

中共中央、国务院发出《关于帮助贫困地区尽快改变面貌的通知》。该通知指出,党的十一届三中全会以来,全国农村形势越来越好。但由于自然条件、工作基础和政策落实情况的差异,农村经济还存在发展不平衡的问题,特别是还有几千万人口的地区仍未摆脱贫困,群众的温饱问题尚未完全解决。其中绝大部分是山区,有的还是少数民族聚居地区和革命老根据地,有的是边远地区。解决好这些地区的问题,有重要的经济意义和政治意义。各级党委和政府必须高度重视,采取十分积极的态度和切实可行的措施,帮助这些地区的人民首先摆脱贫困,进而改变生产条件,提高生产能力,发展商品生产,赶上全国经济发展的步伐。

10 月

20 日

中国共产党第十二届中央委员会第三次全体会议通过《关于经济体制改革的决定》。该决定指出,目前农村的改革还在继续发展,农村经济开始向专业化、商品化、现代化转变,这种形势迫切要求疏通城乡流通渠道,为日益增多的农产品开拓市场,同时满足农民对工业品、科学技术和文化教育的不断增长的需求。

同日

南京农学院更名为南京农业大学，同时举行70周年校庆庆典。

12月

6—22日

全国农村工作会议召开。会议的议题是确定1985年和今后一个时期农村工作的任务和指导思想，继续进行经济体制改革，在国家计划指导下扩大市场调节，促进农村产业结构合理化，进一步把农村经济搞活。

1985年

1月

1日

中共中央、国务院发布《关于进一步活跃农村经济的十项政策》(1985年中央一号文件)。该文件规定，除个别品种外，国家不再向农民下达农产品统购派购任务，按照不同情况，分别实行合同定购和市场收购。粮食、棉花取消统购，改为合同定购。生猪、水产品和大中城市、工矿区的蔬菜，也要逐步取消派购，自由上市，自由交易，随行就市，按质论价。其他统派购产品，也要分品种、分地区逐步放开。取消统购派购以后，农产品不再受原来经营分工的限制，实行多渠道直线流通。任何单位都不得再向农民下达指令性生产计划。

2月

2日

商业部发出通知：改变过去长期实行的棉花统购为按合同定购；当年全国的定购数量为8500万担；棉农完成定购任务后，剩余的棉花可自由销售。

4月

26日

国务院批转民政部等部门《关于扶持农村贫困户发展生产治穷致富的请示》。该文件指出，扶持农村贫困户要贯彻自力更生的原则，并辅之以国家和社会的积极帮助，要克服干部的单纯恩赐救济观点和群众中的依赖思想、悲观情绪，充分调动他们奋发向上的积极性。要动员和组织社会各方面的力量，帮助他们发展生产，增强其自身的经济活力。这是贫困户治穷致富的根本出路。

5月

17日

国务院批转财政部《关于农业税改为按粮食"倒三七"比例价折征代金问题的请示的通知》。该文件指出：农业税由征粮为主改为折征代金，这是我国农业税征收工作的一项重要改革。各级政府要加强对征收工作的领导，充分做好准备，并向农民做好宣传解释工作，教育农民积极履行纳税义务。有关部门应密切协作，及时解决存在问题，把工作做细做好，保证完成国家税收任务。

6月

4日

新华社报道：全国农村人民公社政社分开，建立乡政府的工作已经全部结束。建乡前全国共有5.6万多个人民公社、镇，政社分开后，全国共建9.2万多个乡（包括民族自治乡）、镇人民政府，同时建立村民委员会82万多个。

10月

31日

中共中央、国务院发出《关于制止向农民乱派款、乱收费的通知》。该通知指出，近几年来，党中央、国务院三令五申，要求切实减轻农民负担，但是大部分地方的农民负担仍然不断在增加。主要责任在各级领导，多数派款收费的决定，是上级机关和单位下达的。为此，中共中央、国务院责成各部门和省、自治区、直辖市的党政领导出面主持，对减轻农民负担问题进行一次彻底检查，并采取断然措施，切实加以解决。最近几年内应每年清查一次。

1986年

1月

1日

中共中央、国务院发布《关于一九八六年农村工作的部署》（1986年中央一号文件）。该文件提出，1986年农村工作总的要求是：落实政策，深入改革，改善农业生产条件，组织产前产后服务，推动农村经济持续稳定协调发展。有关农产品统派购制度的改革，1986年的重点是围绕已经实行的政策，加强后续工作，以巩固和扩大改革的成果。为了保护和鼓励农民生产及交售粮食的积极性，将适当减少合同定购数量，扩大市场议价收购比重，并对签订合同的农民按平价供应一定数量的化肥，给予优先贷款。在调整合同定购数量时，要注意照顾那些粮食增产潜力大、其他生产门路少的地区。在经济发达地区，粮食合同定购数量应保持稳定，主要通过乡镇企业"以工补农"方式，对生产和交售粮食的农民给予合理的补偿。为了合理调节粮食调出省与调入省之间的经济利益，促进粮食流通，发挥各自的优势，从1986年粮食年度起，对各省、自治区、直辖市实行粮食调拨包干，并对调拨价格和财政补贴办法作适当调整。包干以外需要调出、调入的粮食，由各地区自行协商议价购粮。

20日

第六届全国人民代表大会常务委员会第十四次会议通过《中华人民共和国渔业法》，自1986年7月1日起施行。

3月

21日

中共中央、国务院发布《关于加强土地管理、制止乱占耕地的通知》。该通知指出，十分珍惜和合理利用每寸土地，切实保护耕地，是我国必须长期坚持的一项基本国策。要认真检查清理非农业用地，采取综合措施，强化土地管理，建立健全土地管理机构。

5月

16日

国务院办公厅发布《关于成立国务院贫困地区经济开发领导小组的通知》。为了加强对贫困地区经济开发工作的指导，尽快改变这些地区的贫困面貌，国务院决定成立贫困地区经济开发领导小组。领导小组的基本任务是：组织调查研究；拟定贫困地区经济开发的方针、政策和规划；协调解决开发建设中的重要问题；督促、检查和总结交流经验。

6月

10日

国家科学技术委员会颁布《关于实施"星火计划"的暂行规定》。"星火计划"是依靠科技进步，发展中小企业特别是乡镇企业，推动村镇全面建设，促进地方经济振兴，起引导、示范作用的全国性科技计划。"星火计划"以建立一批先进适用技术开发示范点、开发一批适于乡镇企业和中小企业使用的生产装备，以及为农村建设特别是乡镇企业培训一批技术人员和管理人员为主要内容。"星火计划"是党中央、国务院批准实施的第一个面向"三农"的政策指导性科技计划。

7月

25日

第六届全国人民代表大会常务委员会第十六次会议通过《中华人民共和国土地管理法》。为了加强土地管理，维护土地的社会主义公有制，保护、拓展土地资源，合理利用土地，切实保护耕地，适应社会主义现代化建设的需要，特制定该法。该法规定，集体所有的土地依照法律属于村农民集体所有，由村农业生产合作社等农业集体经济组织或者村民委员会经营、管理。已经属于乡镇农民集体经济组织所有的，可以属于乡镇农民集体所有。村农民集体所有的土地已经分别属于村内两个以上农业集体经济组织所有的，可以属于各该农业集体经济组织的农民集体所有。集体所有的土地，全民所有制单位、集体所有制单位使用的国有土地，可以由集体或个人承包经营，从事农、林、牧、渔业生产。承包经营土地的集体或个人，有保护和按照承包合同规定的用途合理利用土地的义务。土地的承包经营权受法律保护。

9月

26日

中共中央、国务院发出《关于加强农村基层政权建设工作的通知》。该通知指出，全国农村人民公社政社分开、建立乡政府的工作已经全部结束。农村基层政权体制的改革是政治体制改革的重要组成部分。由于这项改革的时间不长，与此相关的一系列配套改革措施没有跟上去，当前农村基层政权建设中还存在不少问题，主要是党、政、企之间的关系还没有完全理顺，有些地方党政不分、政企不分的现象依然存在，少数地方乡政府还没有完全起到一级政权的作用。

11月

8—12日

中央农村工作会议召开。会议认为,从各方面看,农村经济的发展已经显现若干新的特征,主要是:改革由突破转向纵深发展,经济由超常规增长转入常规性增长。整个农村经济改革的根本出发点和目标是发展有计划的商品经济,建设具有中国特色的社会主义新农村。

1987年

1月

22日

中共中央政治局通过了《把农村改革引向深入》的文件。中央希望农村各级领导,要组织干部群众进行系统的学习,全面理解新时期农村政策的精神,进一步动员起来,巩固和扩大改革的成果,促进农业生产,为争取1987年农村经济的新增长,为建设繁荣富裕文明的社会主义新农村而奋斗。该文件提出:(一)继续改革统派购制度,扩大农产品市场。(二)搞活农村金融,开拓生产要素市场。(三)完善双层经营,稳定家庭联产承包责任制。(四)发展多种形式的经济联合。(五)对个体经济和私人企业的方针,要保护其正当经营和合法权益。(六)调整产业结构,促进农业劳动力转移。(七)加强基层组织建设和思想建设。(八)有计划地建立改革试验区。

2月

24日

国务院办公厅转发商业部等单位《关于粮食合同定购与供应化肥、柴油挂钩实施办法》。粮食合同定购同供应平价化肥、柴油和发放预购定金的"三挂钩",即每50千克贸易粮拨付优质标准化肥3千克,柴油1.5千克。按上述标准,中央拨付与粮食合同定购挂钩的优质平价化肥(尿素、磷酸铵、磷酸二铵、三料过磷酸钙、复合肥、氯化钾、硫酸钾)和柴油,必须专项使用,由中央有关部门单列项目,逐级下达。对挂钩化肥、柴油调拨和供应的原则是:肥、油随粮走,票随肥、油走,分期分批定点供应,定期内有效,尽量照顾农时需要。为切实搞好这项工作,保证兑现,实行中央和省、地、县分级、分部门负责制。

4月

1日

国务院公布了《中华人民共和国耕地占用税暂行条例》。为了合理利用土地资源,加强土地管理,保护农用耕地,特制定该条例。

19日

农牧渔业部发布《关于建设县农业技术推广中心的若干规定》。为贯彻中央决定精神,加快县农业技术推广中心的建设,并在农村经济发展中更好地发挥作用,该规定明确了县农业技术推广中心的主要任务、建设县农业技术推广中心的基本要求、县农业技术推广中心的建成验收、县农业技术推广中心的编制、财务、原则以及财产所有权等事项。

5月

15日

农牧渔业部提出"丰收计划"项目。"丰收计划"是加快农牧渔业科研成果、先进技术的普及推广应用,促进农牧渔业丰收,振兴农业的一项综合性计划。其主要任务是,把农牧渔业现有的科研成果和先进技术综合运用于大面积、大范围的生产中去,促进农牧渔业生产的发展,实现高产、优质、低耗、高效,达到增产增收的目的。该计划由"丰收计划"办公室统一组织,归口管理。各地每年提出的"丰收计划"项目,由农牧渔业部综合平衡,择优选列。凡列入计划的项目,逐级签订合同,有布置,有检查,对成绩突出者给予奖励。

22日

《中国自然保护纲要》发布施行。《中国自然保护纲要》是我国第一部在保护自然资源和自然环境方面较为系统的、具有宏观指导作用和具有较高科学性的文件。

6月

8日

中共中央书记处农村政策研究室提出《关于稳定和完善土地承包制的意见》。该文件针对当时土地承包管理中遇到的问题,就发包方和承包方,承包合同的性质以及集体、社员的权利与义务,保护集体财产和个人财产都不受侵犯,土地的承包原则,合同约定的事项和变更、解除的条件,土地承包合同的管理单位等问题作出了说明。

10月

22日

国务院发出《关于坚决制止抬价抢购农副产品的通知》。该通知指出,当前的突出问题是,一些国营、集体企业单位和供销社盲目抬价抢购紧缺的农副产品,特别是在一些生产区收购旺季情况尤为严重。抬价抢购扰乱市场,扭曲市场信号,造成生产大起大落,严重影响国民经济的稳定发展和经济体制改革的深入进行。形成抬价抢购的因素是多方面的,需要综合治理。

30日

国务院发布《关于加强贫困地区经济开发工作的通知》。该通知指出,全国农村贫困地区的脱贫致富工作,经过一系列调整和改革,已经初步完成了从单纯救济向经济开发的根本转变,开始进入一个新的发展阶段。

1988年

2月

22日

国务院办公厅转发《关于研究全国农业工作会议提出的几个问题会议纪要的通知》。该通知就基层农业技术服务组织开展服务经营问题、稳定农村基层技术服务组织问题、提取粮食技术改进费问题、商品粮基地建设问题、农业生产资料供应和控制价格问题、农副产品产供销一体化问题以及国营水产供销企业不再代征产品税问题给出意见。

3月

17日

国家计划委员会、财政部、商业部、农牧渔业部、中国石化总公司联合发出《关于国家对收购、调拨棉花分别实行奖售柴油、粮食办法的通知》。该通知指出，经国务院批准，从1988年新棉上市起，国家实行收购棉花奖售柴油和省间调拨棉花奖售粮食的办法。

9月

28日

国务院发布《关于化肥、农药、农膜实行专营的决定》。化肥、农药、农膜是重要的农业生产资料。为了制止多头插手倒买倒卖，解决市场、价格混乱的状况，维护农民利益，促进农村商品经济的发展，国务院决定对化肥、农药、农膜实行专营。

10月

21日

国务院第二十二次常务会议通过《土地复垦规定》。该规定于1988年11月8日发布，自1989年1月1日起施行。该规定是《中华人民共和国土地管理法》的实施配套法规，旨在加强土地复垦工作，合理利用土地，改善生态环境，适用于因从事开采矿产资源、烧制砖瓦、燃煤发电等生产建设活动，造成土地破坏的企业和个人。该规定对土地复垦的含义、适用范围、"谁破坏，谁复垦"原则、管理体制、土地复垦规划、建设项目土地复垦要求、复垦标准以及复垦后土地的验收和交付使用等作了具体规定。

11月

2—7日

全国农村工作会议召开。会议的中心议题是，研究深化农村改革，大力发展农业，特别是1989年和1990年两年搞好农业生产的措施，千方百计夺取1989年的农业丰收的问题。

18日

国家教育委员会经批准部署实施"燎原计划"。"燎原计划"的主要任务是，在做好普及义务教育工作的基础上，充分发挥农村各级各类学校智力、技术的相对优势，积极开展与当地建设密切结合的实用技术和管理知识的教育，培养大批新型的农村建设者；并积极配合农业与科技等部门，开展以推广当地适用技术为主的试验示范、技术培训、信息服务等多种形式的活动，促进农业的发展。"燎原计划"要与"星火计划""丰收计划"紧密配合。通过"燎原计划"的实施，在"星火计划""丰收计划"开发的新技术与农村经济之间，架起教育的"桥梁"，使科学技术大面积地得到推广应用，转化为生产力。

12月

11日

国务院发布了《关于建立农业发展基金增加农业资金投入的通知》。该通知指出，根据我国农业和国民经济发展的需要，必须增加农业的资金投入。为了确保农业资金有一个稳定来源，党中央和国务院决定，从1989年起，逐步建立农业发展基金，由各级财政纳入预算，列收列支，专款专用。

29日

第七届全国人民代表大会常务委员会第五次会议通过《关于修改〈中华人民共和国土地管理法〉的决定》，根据宪法修正案新增"国有土地和集体所有的土地的使用权可以依法转让""国家依法实行国有土地有偿使用制度"等内容。

1989年

3月

13日

国务院发出《关于进一步做好农林特产农业税征收工作的通知》。该通知指出，1983年11月12日国务院发布《关于对农林特产收入征收农业税的若干规定》以后，各地都采取了一些措施，加强农林特产农业税（以下简称"农林特产税"）的征收工作，取得了一定成绩。但是，一些地区对征收此税的意义认识不足，至今尚未认真组织征收；有的地区虽然征了此税，但税率和核定的计税收入偏低，税收流失较多。为了调节农林特产生产的收入，平衡农林特产与粮食和其他经济作物的税收负担，稳定粮食生产，国务院决定，从1989年起，全面征收农林特产税，并对征税办法作若干改进。

12月

28日

国务院发布了《关于完善化肥、农药、农膜专营办法的通知》，自1990年1月1日起实施。该通知指出，化肥、农药、农膜专营是十分必要的，应进一步统一认识，不断总结经验，完善专营办法，兴利除弊。

1990年

2月

3日

国务院发布《关于切实减轻农民负担的通知》。该通知指出，近几年，一些部门和地区纷纷向农民摊派、收费和集资，使农民负担日益加重。不少地方农民人均负担的增长，超过了人均纯收入的增长，超过了农民的承受能力，严重挫伤农民发展生产的积极性，损害党群、干群关系。如此发展下去，必将影响农村经济的发展和社会安定。对此，各级人民政府必须高度重视，把减轻农民负担问题真正提到议事日程，作为当前治理整顿、加强廉政建设的一项重要工作认真抓好。

7月

24日

国务院作出《关于加强粮食购销工作的决定》。该决定指出，由于人口的增加，全国人均粮食占有量比1984年有所减少，粮食总需求大于总供给的状况并未根本改变。当前在一些主产区出现了农民"卖粮难"，粮食部门"储粮难"，产区和销区之间调销不畅的现象，如果不采取有效措施加以解决，势必挫伤农民发展粮食生产的积极性。

9月

16日

国务院发布《关于建立国家专项粮食储备制度的决定》。该制度的建立主要是为了解决主产区农民"卖粮难"问题，保护农民种粮积极性，把农民需要出售的余粮收购起来，以促进粮食生产持续稳定发展；增强宏观调控能力，搞好丰歉调剂，保证粮食市场供应和粮价的基本稳定。

11月

10日

国务院召开全国粮食工作会议，决定从1990年秋粮收购开始，将合同订购改为国家定购，交售国家定购粮作为农民应尽义务，必须保证完成。

12月

1日

中共中央、国务院发布了《关于一九九一年农业和农村工作的通知》。该通知提出，稳定完善以家庭联产承包为主的责任制，建立健全农业社会化服务体系。这是中央首次提出"农业社会化服务体系"的概念。

1991年

1月

12日

国务院印发《关于调整粮食购销政策有关问题的通知》。该通知指出：（一）取消原定非农业销售每年递增1.5%的规定。（二）取消省间"议转平"大米调拨的指令性计划和销区调入每千克大米增加0.03元补贴的规定。销区所需大米通过议价渠道调剂解决。（三）国家定购和"议转平"粮食的加价款、差价款，以及中央转地方进口粮食的补贴款，继续由中央财政对地方财政实行总额包干。

17日

国务院批转卫生部等部门《关于改革和加强农村医疗卫生工作的请示》指出，必须把加强农村卫生事业建设，改善农村卫生状况，解决八亿多农民的基本医疗保健问题，保护农民健康，作为整个卫生工作的重点，努力办好。

18—23日

全国农业工作会议于18—23日在北京召开。会议提出，以家庭联产承包为主的责任制是党在农村的基本政策，应在稳定的前提下，逐步加以完善。

4月

4日

国务院作出《关于调整粮油统销价格的决定》。该决定指出，20世纪60年代中期以来，定量供应城镇居民的粮油统销价格一直未作调整，这对稳定市场物价，安定人民生活起了重要作用。1979年以后，为促进粮油生产发展，国家多次提高收购价格，粮油购销价格出现倒挂，国家用于粮油的补贴逐年增加，财政负担沉重，影响了流通和粮食企业正常经营，助长了不合理消费。根据党的十三届七中全会精神，为了进一步深化改革，逐步理顺粮油价格，搞活粮油流通，促进节约用粮，减轻财政负担，决定从1991年5月1日起，调整粮油统销价格。

10月

28日

国务院发布《关于加强农业社会化服务体系建设的通知》。该通知指出，加强农业社会化服务体系建设，是深化农村改革、推动农村有计划商品经济发展的一项伟大事业，对于稳定和完善以家庭联产承包为主的责任制，健全双层经营体制，壮大集体经济，实现小康目标，促进农业现代化，具有极其重要而又深远的意义。

11月

25—29日

中国共产党十三届八中全会于1991年11月25—29日在北京召开，全会审议通过了《中共中央关于进一步加强农业和农村工作的决定》。该决定提出，把以家庭联产承包为主的责任制、统分结合的双层经营体制作为我国乡村集体经济组织的一项基本制度长期稳定下来，并不断充实完善。

1992年

2月

12日

国务院发出《关于积极实行农科教结合推动农村经济发展的通知》。该通知指出，农科教结合是农业和农村经济发展以及科技、教育事业发展的客观要求和必然选择，是把农业发展和农村经济建设转移到依靠科技进步和提高劳动者素质轨道上来的重大措施。

9月

25日

国务院发布了《关于发展高产优质高效农业的决定》。该决定指出，20世纪90年代我国农业应当在继续重视产品数量的基础上，转入高产优质并重、提高效益的新阶段。这是我国农业发展史上的一个重大转变。实现这个转变，是发展社会主义市场经济、进一步解放和发展农村生产力、继续加强农业在国民经济中基础地位的需要；对于满足城乡居民生活不断提高的消费需求，为工业提供更多的优质原料，缓解农产品卖难问题，较快地增加农民收入，拓宽农村工业品市场，实现小康目标，加快农业现代化进程，都具有重要意义。

30 日

为了进一步加强乡镇农机管理服务站的管理，健全和完善农机社会化服务体系，促进农业生产发展、繁荣农村经济，农业部发布了《乡镇农业技术推广站管理办法（试行）》。

11 月

18 日

国务院发布《关于严格制止乱占、滥用耕地的紧急通知》。该通知指出，随着经济的发展不可避免要占用部分耕地，但要坚决制止乱占、滥用的行为。否则，势必影响农业的发展，从而制约国民经济的健康发展。

12 月

9 日

国务院办公厅发出《关于严禁开发区和城镇建设占用耕地撂荒的通知》。该通知指出，凡以兴办开发区和城镇建设名义圈而未用的耕地，没有依法办理审批手续又不具备补办条件的，一律退回，由原农村承包者种植，不得拖延贻误农时。对已办理审批手续的各类开发区和城镇建设用耕地，近期占而不用的，由当地人民政府与用地单位协商，原则上应继续由被征地集体安排给农户种植，对征用两年仍未建设的耕地，要根据有关法规和政策收归当地人民政府交农民耕种。对划定的基本农田保护区内的耕地和城镇郊区主要菜地，原则上不得占用。如特殊需要，要严格加以控制，并按《土地复垦规定》占用多少，补偿多少。

1993 年

2 月

15 日

国务院发布《关于加快粮食流通体制改革的通知》。该通知指出，按照党的十四大提出的建立社会主义城市经济体制的总目标，必须稳定增产粮食，促进高产优质高效农业的发展，加快全国粮食市场体系建设。粮食流通体制改革要把握有利时机，在国家宏观调控下放开价格，放开经营，增强粮食企业活力，减轻国家财政负担，进一步向粮食商品化、经营市场化方向推进。

20 日

国务院发布了《关于调整农林特产税税率的通知》。该通知规定，对大宗农林特产收入仍实行全国统一税率：海淡水养殖收入由 10% 降为 8%，其中水珍品收入由 15% 降为 8%；水果收入为 10%，其中柑橘、香蕉、荔枝、苹果收入由 15% 降为 12%；果用瓜收入由 10% 降为 8%；原木收入由 8% 降为 7%，对国有林区的森工企业，凡有上交计划木材和利润任务的，仍暂缓征收。其他由各省、自治区、直辖市人民政府规定的应税品种的税率，最低仍为 5%，最高由不超过 30% 降为 20%。各地随同农林特产税征收的不超过应纳税额 10% 的地方附加继续执行。

同日

国务院发布了《关于建立粮食收购保护价格制度的通知》。该制度的建立是为了保护农民种粮的积极性，促进粮食生产的稳定增长。该通知就制定粮食收购保护价格的原则、执行粮食收购保护价格的范围、制定粮食收购保护价格的权限和程序、粮食收购保护价格的品种及标准、粮食风险基金制度给出了说明。

同日

国务院发出《关于改进粮棉"三挂钩"兑现办法的通知》，要求各地人民政府要组织物价、财政、粮食、供销、农业等有关部门，抓紧研究制定改进"三挂钩"兑现方式的具体办法，并组织物价、工商行政管理、监察、审计部门，监督检查改进"三挂钩"办法的落实情况，保证价外加价款在收购粮棉时如数付给农民。

3月

19日

中共中央、国务院发出《关于切实减轻农民负担的紧急通知》。该通知指出，自通知下发之日起，农民除依法纳税和按国务院《农民承担费用和劳务管理条例》关于村提留和乡统筹费必须严格控制在上年农民人均纯收入5%以内的规定继续执行外，其他涉及要农民负担费用的各种摊派、集资、达标活动和行政事业性收费，以及在农村建立各种基金等，不论是哪一级政府或哪一个部门制定的文件或规定，一律先停止执行，然后进行清理。

29日

第八届全国人民代表大会第一次会议通过了宪法第二次修正案，肯定以家庭联产承包为主的责任制是社会主义劳动群众集体所有制经济。

6月

29日

国务院发布《村庄和集镇规划建设管理条例》，自1993年11月1日起施行。该条例加强了对村庄、集镇的规划建设管理，促进了村镇建设活动的规范化和法治化。

7月

2日

第八届全国人民代表大会常务委员会第二次会议通过《中华人民共和国农业法》。该法的目的是保障农业在国民经济中的基础地位，发展农村社会主义市场经济，维护农业生产经营组织和农业劳动者的合法权益，促进农业的持续、稳定、协调发展。

同日

第八届全国人民代表大会常务委员会第二次会议通过《中华人民共和国农业技术推广法》。该法的目的是加强农业技术推广工作，促使农业科研成果和实用技术尽快应用于农业生产，保障农业的发展，实现农业现代化。

30日

国务院办公厅转发国家经贸委、国家计委《关于稳定食糖生产和加强宏观调控的意见》，指出为保护农民种植糖料的积极性，要稳定糖料收购价格。建议各糖料主产区人民政府及有关部门重视糖料生产，继续采取相应的扶持政策，积极研究探索返利于蔗（甜菜）农的办法。

9月

28日

国务院批转财政部等部门《粮食风险基金管理暂行办法》，该办法指出，粮食风险基金是中央和地方政府专项用于保护粮食生产，维护粮食流通秩序，稳定粮食市场的宏观调控资金。从1993年粮食年度起，中央和各省、自治区、直辖市都要建立粮食风险基金。各地（市）、县如何建立粮食风险基金，由各省、自治区、直辖市人民政府确定。

10月

18—21日

中共中央在北京召开农村工作会议。会议的中心议题是，研究在建立社会主义市场经济体制的进程中，如何全面加强农业的基础地位，促进我国农业和农村经济上一个新台阶。

11月

4日

国务院印发《九十年代中国农业发展纲要》。该纲要指出20世纪90年代我国农业发展的主要目标是：全面发展农村经济，主要农产品稳定增产，在数量、品种和质量上，适应全国人民小康生活和国民经济加快发展的需要。到2000年，粮食产量要达到5000亿千克，棉花产量达到525万吨，油料、糖料等经济作物和肉类、水产品要持续发展。农村经济要保持适当的发展速度，2000年农业总产值（按1990年不变价格）达到12100亿元，年均增长4%左右。全国乡镇企业总产值达到52900亿元（按1990年不变价），年均增长18.5%。农民生活要达到小康水平，农民人均纯收入达到1200元，年均增长8%。贫困地区经济发展步子要加快，到20世纪末，确保解决群众的温饱问题。

5日

中共中央、国务院发布了《关于当前农业和农村经济发展的若干政策措施》。该政策措施提出，以家庭联产承包为主的责任制和统分结合的双层经营体制，是我国农村经济的一项基本制度，要长期稳定，并不断完善。为了稳定土地承包关系，鼓励农民增加投入，提高土地的生产率，在原定的耕地承包期到期之后，再延长三十年不变。开垦荒地、营造林地、治沙改土等从事开发性生产的，承包期可以更长。为避免承包耕地的频繁变动，防止耕地经营规模不断被细分，提倡在承包期内实行"增人不增地、减人不减地"的办法。在坚持土地集体所有和不改变土地用途的前提下，经发包方同意，允许土地的使用权依法有偿转让。少数第二、第三产业比较发达，大部分劳动力转向非农产业并有稳定收入的地方，可以从实际出发，尊重农民的意愿，对承包土地作必要的调整，实行适度的规模经营。乡村集体经济组织要积极做好为农户提供生产、经营、技术等方面的统一服务。运用股份合作制等形式，兴办各类经济实体，在为农民提供服务的过程中，逐步增强集体经济的实力。

11—14日

中国共产党第十四届中央委员会第三次全体会议在北京举行。全会审议并通过了《中共中央关于建立社会主义市场经济体制若干问题的决定》。该决定指出，要适应市场对农产品消费需求的变化，优化品种结构，使农业朝着高产、优质、高效的方向发展；改变部门分割、产销脱节的状况，发展各种形式的贸工农一体化经营，把生产、加工、销售环节紧密结合起来；逐步改革小城镇户籍管理制度，允许农民进入小城镇务工经商、发展农村第三产业，促进农村剩余劳动力转移。

1994 年

1月

30日

国务院发布《关于对农业特产收入征收农业税的规定》，提出对烟叶收入、水产收入、林木收入、牲畜收入、食用菌收入，以及省、自治区、直辖市人民政府确定的其他农业特产品收入征收农业税。

3月

23日

中央农村工作会议在北京举行。会议明确提出，1994年全国农业和农村工作的基本任务是：在邓小平同志建设有中国特色社会主义理论和党的基本路线指引下，认真贯彻党的十四届三中全会和1993年10月召开的中央农村工作会议精神，稳定党在农村的基本政策，深化农村经济体制改革，提高农业综合生产能力，促进农村经济发展、农民收入增加、农村社会稳定，为各项重大改革措施顺利实施和国民经济持续、快速、健康发展，创造良好的经济环境和稳定的社会环境。

25日

国务院第十六次常务会议审议通过《中国21世纪议程》，对农业农村的可持续发展提出了要求。

4月

9日

国务院发出《关于加强"菜篮子"和粮棉油工作的通知》，要求加快生产基地建设，加强市场建设与管理，建立和掌握强有力的宏观调控手段，进一步改革粮食购销体制，把政策性业务与经营性业务分开，对粮、棉和副食品批发企业实行税收优惠政策，加强领导，明确责任。

10日

中共中央、国务院发布《关于1994年农业和农村工作的意见》。

15日

国务院印发《国家八七扶贫攻坚计划的通知》。该文件指出，以解决温饱为目标的扶贫开发工作进入了攻坚阶段。为进一步解决农村贫困问题，缩小东西部地区差距，实现共同富裕的目标，国务院决定：从1994年到2000年，集中人力、物力、财力，动员社会各界力量，力争用7年左右的时间，基本解决目标全国农村8000万贫困人口的温饱问题。《国家八七扶贫攻坚计划》是1994年到2000年全国扶贫开发工作的纲领，也是国民经济和社会发展计划的重要组成部分。

5月

9日

国务院发布《国务院关于深化粮食购销体制改革的通知》。该通知指出：（一）切实做好粮食收购工作，确保国家掌握必要的粮源；（二）保证城镇人民口粮供应，安排好人民生活；（三）平抑粮价，稳定市场；（四）组织好产区和销区的购销衔接，疏通粮食流通渠道；（五）加强粮食市场管理，掌握批发，放活零售；（六）积极筹措资金，确保收购不打"白条"；（七）建立健全粮食储备调节体系，增强国家宏观调控能力；（八）建立两条线运行机制，深化粮食企业改革；（九）进一步加强领导和管理，充分发挥粮食部门的主渠道作用。

8月

12日

国务院发出《国务院关于改革化肥等农业生产资料流通体制的通知》。该通知指出，国务院决定改革化肥等农业生产资料流通体制，按照社会主义市场经济的要求，做好农业生产资料总需求与总供给的总量平衡，整顿流通秩序，加强市场管理，减少流通环节，降低流转费用，保持价格基本稳定，以切实减轻农民负担，保障农业生产持续、稳定、健康发展。

1995年

2月

24—28日

中央农村工作会议在北京举行。会议指出，发展社会主义市场经济必须加强农业基础，大力保护和扶持农业。当前农村工作的重点是，贯彻落实中央关于加强农业的各项政策措施，调动广大农民的积极性，夺取当年农业丰收，确保主要农产品有效供给，确保农民收入稳定增加，确保农村社会稳定。重视和优先发展农业，是经济工作必须坚持的一个重要指导方针。会议强调，1994年我国粮食种植面积已降到警戒线以下，必须引起高度重视。会议指出，中央明确要求省一级政府要把当地粮食供求平衡的责任担负起来，落实"米袋子"省长责任制。

3月

11日

中共中央、国务院发布《关于做好1995年农业和农村工作的意见》。该意见指出，由于长期以来农业投入不足，农业的基础还十分脆弱。粮食生产出现徘徊，棉花供需缺口较大，与国民经济发展的要求不相适应。切实加强农业仍然是经济工作的首要任务。1995年农业和农村工作面临的任务十分艰巨，应当：（一）突出抓好粮棉生产，稳定增加"菜篮子"产品；（二）下决心增加农业投入；（三）加强农业基础设施建设，增强农业综合生产能力；（四）确保农业生产资料供应和价格稳定；（五）稳定农业科技队伍，切实强化科教兴农；（六）进一步做好粮棉购销工作。

28 日

国务院批转农业部《关于稳定和完善土地承包关系的意见》。该意见指出，以家庭联产承包为主的责任制和统分结合的双层经营体制，是党在农村的一项基本政策和我国农村经济的一项基本制度，必须保持长期稳定，任何时候都不能动摇。要通过强化农业承包合同管理等一系列措施，使农村的土地承包关系真正得到稳定和完善。

4 月

2 日

国务院发布《关于深化粮食棉花化肥购销体制改革的通知》。该通知就深化粮食、棉花、化肥购销体制改革，进一步做好粮棉购销和化肥供应工作的有关问题要求：（一）坚持、稳定和完善粮食、棉花、化肥购销政策；（二）完善粮食购销办法，保证粮食供求的地区平衡；（三）提高棉花收购价格，加强棉花流通管理；（四）落实货源，稳定价格，努力做好化肥供应工作；（五）加强领导，保证粮食、棉花、化肥购销体制改革顺利进行。

10 月

19 日

国务院办公厅转发民政部《关于进一步做好农村社会养老保险工作的意见》。

11 月

29 日

中共中央、国务院转发中央宣传部、农业部《关于深入开展农村社会主义精神文明建设活动的若干意见》。该意见指出，在我国深化农村改革、扩大开放、建立社会主义市场经济体制的重要历史时期，大力加强社会主义精神文明建设，全面提高农民的思想道德和科学文化素质，塑造有理想、有道德、有文化、有纪律的社会主义新型农民，对于深入贯彻党在农村的各项方针政策，促进农村改革发展稳定和社会全面进步，具有十分重要的意义。

12 月

11 日

国务院办公厅下发《关于严禁在农副产品收购中代扣代缴各种款项向农民乱摊派的通知》。该通知要求各地在农副产品收购工作中，要做到"三坚持，三不准"，即坚持等级标准，不准压级压价和抬级抬价；坚持现金兑付，不准给农民"打白条"和挤占挪用农副产品收购资金；坚持户缴户结，不准代扣代缴各种款项和向农民乱摊派。

1996 年

1 月

2 日

财政部下发《关于财政支持农业技术推广的若干意见》。该意见指出，支持农技推广是财政支农的一项重要任务。该意见同时对支持农技推广的对象、重点、主要环节、筹资渠道等内容作出了规定。

5—8 日

中央农村工作会议举行。会议强调，坚持把加强农业放在发展国民经济的首位，稳定和完善党在农村的基本政策，深化农村改革，解决影响农业和农村经济发展的突出问题，探索扶持、保护、促进农业发展的新机制、新措施，调动农民的积极性，坚持"两个文明"一起抓，促进农业和农村经济发展、农民收入增加。

21 日

中共中央、国务院发布《关于"九五"时期和今年农村工作的主要任务和政策措施》。该文件强调，要稳定和完善党在农村的基本政策，深化农村改革，把农民的积极性引导好、保护好、发挥好。党在农村的各项基本政策，特别是以家庭联产承包为主的责任制和统分结合的双层经营体制，要长期稳定并不断完善。土地承包期延长三十年，开发"四荒"的承包期可以更长一些，这是稳定家庭承包经营的重大政策，一定要贯彻落实好。随着劳动力向非农产业转移，要建立土地使用权流转机制，在具备条件的地方发展多种形式的适度规模经营。要大力发展农村社会化服务体系，重视增强集体经济实力，使乡村集体经济组织更好地发挥其生产服务、协调管理、资源开发、兴办企业、资产积累等职能。

6 月

1 日

为调动广大群众治理开发农村集体所有的荒山、荒沟、荒丘、荒滩（以下简称"四荒"，包括荒地、荒坡、荒沙、荒草和荒水等）的积极性，加快对水土流失的治理，改善生态环境，改变农业生产条件，促进农业可持续发展，国务院发布《关于治理开发农村"四荒"资源进一步加强水土保持工作的通知》。

8 月

22 日

国务院发布《国务院关于农村金融体制改革的决定》，该决定指出，农村金融体制改革的指导思想是，根据农业和农村经济发展的客观需要，围绕"九五"计划和 2010 年农业发展远景目标，建立和完善以合作金融为基础，商业性金融、政策性金融分工协作的农村金融体系；进一步提高农村金融服务水平，增加对农业的投入，促进贸、工、农综合经营，促进城乡一体化发展，促进农业和农村经济的发展和对外开发。农村金融体制改革的重点是恢复农村信用社的合作性质，进一步增强政策性金融的服务功能，充分发挥国有商业银行的主导作用。农村金融体制改革是现有农村金融体制的自我完善，要坚持稳健过渡，分步实施，保持农村金融整体上的稳定性。

9 月

23—25 日

中央扶贫工作会议在北京召开。江泽民同志在会上指出，到 20 世纪末基本解决我国农村贫困人口的温饱问题，是党中央、国务院既定的战略目标。由救济式扶贫转向开发式扶贫，是扶贫工作的重大改革，也是扶贫工作的一项基本方针。扶贫工作要实行责任制，各级党政一把手要亲自组织指挥本地区的扶贫攻坚战；各级党政机关要组织大批干部，到贫困村具体帮助扶贫；要把扶贫攻坚的任务和措施落实到贫困村和贫困户。

10月

23日

中共中央、国务院发布《关于尽快解决农村贫困人口温饱问题的决定》。

12月

30日

中共中央、国务院发布《关于切实做好减轻农民负担工作的决定》。

1997年

1月

10—13日

中央农村工作会议在北京举行。会议强调，以家庭联产承包为主的责任制和统分结合的双层经营体制，是我国农村的基本经营制度。稳定和完善这一基本制度，是深化农村改革的出发点。第一轮承包到期的地方，一定要按照中央规定抓紧做好延长土地承包期的工作。已经延长承包期的，要长期保持稳定。在此基础上，按照"明确所有权、稳定承包权、搞活使用权"的原则，建立土地流转制度。要因地制宜，积极发展农业产业化经营，重视培育"龙头企业"，处理好龙头企业与农户之间的利益关系，充分调动企业和农户的积极性。要抓紧建立健全社会化服务体系。

2月

3日

中共中央、国务院发布《关于一九九七年农业和农村工作的意见》。该意见指出，中央关于延长土地承包期的政策，是稳定农村双层经营体制的重大举措，要坚决贯彻落实。目前有些地方在进行第二轮土地承包中，没有按照中央的要求把承包期再延长三十年，个别地方还以各种名义收回或部分收回农户的承包地，随意多留机动地，大幅度提高土地承包费，甚至提前收取承包费。这些做法不符合中央的政策精神，也不符合群众的意愿，必须坚决纠正。需要指出的是，发展土地适度规模经营，必须坚持具备条件，并充分尊重农民的意愿。目前，除少数经济发达地区外，大多数地区条件还不成熟，不能不顾条件，用行政手段硬性推行。

4月

10日

国家税务总局下发《关于继续贯彻稳定农业税负担政策的通知》。该通知指出：（一）要提高认识，做好农业税收工作；（二）严格执行稳定农业税负担政策；（三）严格区分税费的政策界限，杜绝税费混征的错误做法；（四）对农业特产税要严格按照政策规定的税率、征税范围和环节征收；（五）搞好农业物产税税源调查，切实做到据实征收；（六）对在农业税计税土地上生产农业特产品的，农业税照征，计算应纳农业特产税时，要将农业税扣除，税款征收入库进行账务处理时要分别核算清楚，严禁两税重复征收；（七）要加强征管，规范执法。

15日

中共中央、国务院发布《关于进一步加强土地管理切实保护耕地的通知》。该通知从严格建设用地审批、农地和非农地用途管制、城市建设用地规模控制、农村集体土地管理等方面要求各级政府加强土地管理，保护耕地。

25日

国家科学技术委员会、中国科学院、中国科学技术协会联合发布《关于依靠科技进步加速扶贫攻坚进程的意见》。该意见指出，扶贫开发的实践充分证明，科教扶贫是扶贫的根本，脱贫致富必须紧紧依靠科技和教育。目前，扶贫攻坚已进入关键阶段，科技界和广大科技人员要积极行动起来，投身扶贫攻坚战役，充分发挥科学技术是第一生产力的作用，加快扶贫攻坚进程，为到20世纪末如期完成《国家八七扶贫攻坚计划》任务而努力奋斗。

5月

28日

国务院转发卫生部等部门《关于发展和完善农村合作医疗的若干意见》。该意见指出，解决农民的基本医疗保障问题，不可能由国家和集体全包下来，也不能完全靠农民个人自费医疗，只能走互助共济的合作医疗道路。

6月

10日

国务院同意公安部《小城镇户籍管理制度改革试点方案》和《关于完善农村户籍管理制度的意见》，转发全国各省、自治区、直辖市和国务院各部委、直属机构执行。

8月

27日

中共中央、国务院发布《关于进一步稳定和完善农村土地承包关系的通知》。该通知指出，农村的土地承包关系总体上是稳定的。各地区贯彻落实中央关于延长土地承包期的政策，做了大量工作，保持了党的农村基本政策的连续性和稳定性，有效地保护和调动了农民的积极性。但是，在土地承包政策的具体执行过程中，也出现了一些值得注意的问题。有的地方在第一轮承包到期后没有及时开展延长土地承包期的工作；有的地方随意改变土地承包关系，以各种名义强行收回农民的一部分承包地，重新高价发包，加重农民负担；有的地方在实行土地适度规模经营过程中，违背农民意愿，搞强迫命令，引起群众不满。尽管这些问题发生在少数地方，属于局部性、苗头性的，但必须高度重视，认真加以解决。

1998 年

1 月

7—9 日

中央农村工作会议召开。会议提出，1998年农村工作要抓好以下六个方面的工作：（一）要进一步稳定和加强农业的基础地位，确保农业持续稳定增长；（二）要坚决稳定和落实党在农村的基本政策，切实调动和保护农民的积极性；（三）要抓紧调整优化农村产业产品结构，提高农业的整体素质和效益；（四）要大力强化农业增产增效要素，提高农业综合生产能力；（五）要积极稳妥地深化农村改革，为农业和农村经济发展注入新的活力；（六）要加强农村基层的基础建设，实现经济和社会协调发展。

24 日

中共中央、国务院印发《关于1998年农业和农村工作的意见》。1998年农业和农村工作的总体要求是：高举邓小平理论伟大旗帜，全面贯彻党的十五大精神，坚持稳中求进的指导方针，稳定和加强农业的基础地位，稳定党在农村的基本政策，稳定农产品总量，稳定农村社会秩序，力求农村改革有新突破，产业结构调整有新进展，农村经济整体素质和效益有新提高，农民收入有新增长。要千方百计争取农业有一个好收成，主要任务是：粮食总产量4900亿千克，棉花总产量8000万担；农林牧副渔各业全面发展，乡镇企业稳定增长；农民人均纯收入增长5%，农村贫困人口减少1000万人以上。

4 月

18 日

中共中央、国务院发出《关于在农村普遍实行村务公开和民主管理制度的通知》。该通知指出，为了贯彻落实党的十五大关于扩大基层民主，保证人民群众直接行使民主权利的精神，推进农村基层民主建设，密切党群干群关系，促进农村的改革、发展和稳定，中央认为，有必要在全国农村普遍实行村务公开和民主管理制度。

27—29 日

国务院全国粮食流通体制改革工作会议于27—29日召开。朱镕基出席会议并在讲话中强调，粮食流通体制改革的基本原则是"四分开一完善"，即实行政企分开、中央与地方责任分开、储备与经营分开、新老财务账目分开，完善粮食价格机制。

5 月

10 日

国务院下发《关于进一步深化粮食流通体制改革的决定》。改革的原则是"四分开一完善"，即实行政企分开、中央与地方责任分开、储备与经营分开、新老财务账目分开，完善粮食价格机制，更好地保护农民的生产积极性和消费者的利益，真正建立起适应社会主义市场经济要求、符合我国国情的粮食流通体制。

19 日

国务院转发国家发展计划委员会制定的《关于完善粮食价格形成机制的意见》。在完善粮食价格形成机制的基本原则和主要内容、粮食收购保护价和作为调控目标的销售限价的确定、粮食定购价格的确定、粮食价格调节体系的运作规则方面作出具体规定。

同日

国务院转发财政部、中国农业发展银行制定的《关于完善粮食风险基金管理的办法》。该文件就完善粮食风险基金管理提出系列办法。

6月

5日

国务院发布《关于切实做好扶贫开发工作的通知》。该通知指出，目前全国农村没有解决温饱问题的贫困人口还有5000万人，要在今后3年完成扶贫攻坚任务，必须争取今年解决1000万以上农村贫困人口温饱问题。这是1998年扶贫攻坚的基本目标，也是国家社会经济发展的重要任务，对实现经济发展和社会全面进步具有十分重要的意义。

6日

国务院发布《粮食收购条例》，旨在加强粮食收购管理，维护粮食市场秩序，保障粮食供应，保护农民和其他粮食生产者的合法权益。

7月

21日

中共中央办公厅、国务院办公厅下发《关于切实做好当前减轻农民负担工作的通知》，提出9条减轻农民负担的措施。

8月

5日

国务院发布《粮食购销违法行为处罚办法》，对违反国家有关粮食购销规定的行为和应受到的处罚做出规定。

29日

第九届全国人民代表大会常务委员会第四次会议对《中华人民共和国土地管理法》进行了修订，确立了以耕地保护为核心的土地用途管制制度。

10月

12—14日

中共十五届三中全会在北京举行，会议通过《中共中央关于农业和农村工作若干重大问题的决定》。该决定强调，以公有制为主体、多种所有制经济共同发展的基本经济制度，以家庭承包经营为基础、统分结合的经营制度，以劳动所得为主和按生产要素分配相结合的分配制度，必须长期坚持。发展农村生产力，推进农业现代化，是一项长期任务。因此，必须着力解决制约我国农业长期稳定发展的突出问题，全面提高农业综合生产能力；要加快以水利为重点的农业基本建设，改善农业生态环境，切实保护耕地、森林植被和水资源，为农业和农村经济的可持续发展奠定更加坚实的基础；水利建设要坚持全面规划，统筹兼顾，标本兼治，综合治理的原则，实行兴利除害结合，开源节流并重，防洪抗旱并举。

11月

7日

国务院发出《关于印发当前推进粮食流通体制改革意见的通知》。该通知指出，粮食流通体制改革已进入关键时刻，要把改革进一步推向深入，确保"三项政策、一项改革"的贯彻落实，必须从健全机制、完善配套政策和抓好组织落实三个方面采取有力措施，使国有粮食收储企业真正建立起自主经营、自负盈亏的新机制，形成秩序井然的粮食收购市场，确立地方政府层层负责的粮食工作行政首长责任制。

16日

国务院下发《关于深化化肥流通体制改革的通知》。该通知提出，必须进一步深化化肥流通体制改革，建立起适应社会主义市场经济要求、在国家宏观调控下主要由市场配置资源的化肥流通体制，以促进化肥生产和流通的健康发展。

28日

国务院发出《关于深化棉花流通体制改革的决定》。该决定指出，按照建立社会主义市场经济体制的要求，棉花流通体制改革的目标是，逐步建立起在国家宏观调控下，主要依靠市场机制实现棉花资源合理配置的新体制。国家在管好棉花储备、进出口和强化棉花质量监督的前提下，完善棉花价格形成机制，拓宽棉花经营渠道，转换棉花企业经营机制，降低流通费用，建立新型的产销关系。从1999年9月1日新的棉花年度起，棉花的收购价格、销售价格主要由市场形成，国家不再作统一规定。国家主要通过储备调节和进出口调节等经济手段调控棉花市场，防止棉花价格的大起大落。

12月

27日

国务院发布《基本农田保护条例》，对基本农田的范围、划定、保护、监督管理以及相关法律责任给出说明。

28—30日

中央农村工作会议召开。会议指出，完成1999年农业和农村工作的目标任务，要抓好以下几个方面的工作：（一）调整和优化农业结构，发展高产优质高效农业；（二）发展乡镇企业和小城镇，促进农业富余劳动力转移；（三）加强以水利为重点的农业基础设施建设；（四）增强政策观念，确保党的农村政策落到实处；（五）防范和化解农村金融风险，改善农村金融服务；（六）加强农村基层建设，促进农村社会稳定。

1999年

1月

20日

国务院扶贫开发领导小组举行第二次全体会议，强调力争1999年解决1000万以上农村贫困人口的温饱问题。

3月

4日

人事部、农业部发布《关于加速农村人才资源开发，加强农业和农村人才队伍建设有关问题的通知》。该通知指出，大力开发农村人才资源，加强农业和农村人才队伍建设，是新形势下人事人才工作的重要内容，也是赋予各级人事、农业等部门的历史重任。各级人事、农业等部门一定要站在这个高度，增强农村人才资源开发的紧迫感和责任感，切实加强农村人事人才工作，紧紧围绕本地农业和农村经济的发展目标，加大农村人才资源开发力度，加强农业和农村人才队伍建设。

5—15日

第九届全国人民代表大会第二次会议在北京举行。会议通过《中华人民共和国宪法修正案》，以家庭承包经营为基础、统分结合的双层经营体制被正式确立为中国的农村基本经营制度。

5月

30日

国务院发出《关于进一步完善粮食流通体制改革政策措施的通知》。该通知指出，当前粮食生产和流通出现了一些新情况、新问题，为加快粮食生产结构调整，提高粮食质量和生产效益，增加农民收入，要在继续坚定不移地贯彻"三项政策、一项改革"的基础上，完善相关政策，制定新的措施，继续深化粮食流通体制改革。

6月

2日

国家税务总局印发《关于加强农业税收工作的意见》，从提高认识，重视和加强农业税收工作；坚持依法治税，大力组织农业税收收入；积极推进农村税费改革等7个方面提出要求。

8—9日

中央扶贫开发工作会议于8—9日在北京召开。江泽民同志在会上作了题为《全党全社会进一步动员起来 夺取八七扶贫攻坚决战阶段的胜利》的讲话。

28日

中共中央、国务院发布《关于进一步加强扶贫开发工作的决定》。该决定指出，1999年和2000年两年扶贫工作的总体要求是：以邓小平理论和党的基本路线为指导，认真贯彻党的十五大和十五届三中全会精神，落实党的农村政策，坚持扶贫开发的成功经验，以解决温饱为中心，以贫困村为主战场，以贫困户为对象，以改善基本生产生活条件和发展种养业为重点，增加扶贫投入，加大工作力度，力争每年解决1000万左右贫困人口的温饱问题。

7月

22日

国务院办公厅转发农业部等部门《关于做好当前减轻农民负担工作的意见》。该意见指出，中央关于减轻农民负担的方针政策并没有完全落到实处，农民负担重的问题还没有真正解决。

特别是 1999 年以来，由于农副产品购销不旺，价格下跌，农民增收面临许多新的困难。在这种情况下，更要把减轻农民负担工作做好。这个问题如果解决不好，不仅挫伤农民的生产积极性，影响农村的改革、发展和稳定，而且不利于扩大内需和国民经济的持续快速健康发展。因此，各地区、各部门必须针对当前情况，采取断然措施，坚决把农民的不合理负担减下来。

29 日

国务院转发农业部《关于当前调整农业结构的若干意见》。该意见指出，经过 20 年的改革和发展，我国农业和农村经济进入了一个新的发展阶段。农产品供给由长期短缺变为总量基本平衡、丰年有余，农业的发展由资源约束转为资源与市场双重约束，农业由解决温饱的需要转向适应进入小康的需要，人们对农产品的品种和质量有了更高的要求。面对这一新的形势，我国农业生产结构性矛盾日益突出，农产品品种不够丰富，优质农产品相对不足，不能满足市场对农产品优质化和多样化的需求。在当前农业发展的重要转折时期，要抓住主要农产品供应比较充裕的有利时机，大力调整农业生产结构，把农业的发展切实转到以提高质量和效益为中心的轨道上来。

8 月

31 日

国务院办公厅转发农业部等部门《关于稳定基层农业技术推广体系的意见》。该意见指出，各级人民政府对农业技术推广工作要予以重视并给予必要的支持，鼓励农业科技人员采取多种形式到农业生产第一线，直接为农民服务，进一步推进农业技术推广事业的发展。对目前一些地方出现的非法拍卖、转租、侵占、平调乡镇农业技术推广机构财产，随意向基层农业技术推广机构安排非专业人员等做法，要立即予以纠正，以保持基层农业技术推广体系的稳定。

10 月

11 日

国务院发出《关于进一步完善粮食流通体制改革政策措施的补充通知》。该通知指出，粮食流通体制改革进展还不平衡，一些新的矛盾和问题需要认真研究解决。必须按照"三项政策、一项改革"的要求，不断完善相关政策和措施，继续推进粮食流通体制改革。

11 月

1 日

为贯彻党的十五届三中全会精神，落实污染防治与生态保护并重的环境保护工作方针，加强农村生态环境保护，促进农村地区生态环境质量的改善，国家环境保护总局印发了《国家环境保护总局关于加强农村生态环境保护工作的若干意见的通知》。

2000 年

1 月

5—6 日

中央农村工作会议在北京召开。会议强调，要下大力气增加农民收入，把它作为农业和农村经济工作的出发点和落脚点；要减轻农民负担，让农民休养生息；要继续贯彻执行中央减轻农民负担的各项政策，下大力气转变乡镇政府职能，精简机构和人员；逐步改革农村税费制度，从根本上治理对农民的乱收费；同时还要抓好扶贫开发工作。

16日

中共中央、国务院发布《关于做好2000年农业和农村工作的意见》。该意见指出，对农业和农村经济结构实行战略性调整，不仅是解决当前农产品销售不畅、农民收入增长缓慢等困难的客观要求，更是提高我国农业、农村经济整体素质和效益的有效途径。积极推进农业和农村经济结构的战略性调整，是新阶段农业和农村工作的中心任务。

2月

2日

国务院办公厅发出《关于部分粮食品种退出保护价收购范围有关通知》。该通知指出，对国务院规定退出保护价收购范围的部分粮食品种，要拓宽收购渠道，允许和积极鼓励经省级或地（市）工商行政管理部门会同粮食行政管理部门批准的粮食加工、饲料、饲养、酿造、医药等用粮食企业和粮食经营企业直接收购、经营；国有粮食购销企业也可以按照"购得进、销得出"的原则进行收购；鼓励粮食生产者通过批发市场和集贸市场出售，粮食集贸市场要常年开放。

3月

2日

中共中央、国务院发布《关于进行农村税费改革试点工作的通知》。农村税费改革试点的主要内容是：取消乡统筹费、农村教育集资等专门面向农民征收的行政事业性收费和政府性基金、集资；取消屠宰税；取消统一规定的劳动积累工和义务工；调整农业税和农业特产税政策；改革村提留征收使用办法。

4月

26日

国务院办公厅转发农业部等部门《关于巩固大检查成果 进一步做好减轻农民负担工作报告》，指出当前减轻农民负担工作的形势仍然严峻，各地区、各有关部门的工作不能有丝毫放松。

6月

10日

国务院印发《关于进一步完善粮食生产和流通有关政策措施的通知》。该通知指出，粮食生产和流通中还存在一些需要重视和解决的问题，在坚持贯彻落实"三项政策、一项改革"的基础上，进一步完善有关政策措施，使粮食生产结构调整不断推进，粮食流通体制改革不断深化。

7月

4日

财政部、国家发展计划委员会、农业部发布《取消农村税费改革试点地区有关涉及农民负担的收费项目的通知》。为保证农村税费改革试点工作的顺利进行，根据《中共中央、国务院关于进行农村税费改革试点工作的通知》决定取消农村税费改革试点地区有关涉及农民负担的收费项目。

26日

国务院西部地区开发领导小组召开中西部地区退耕还林还草试点工作座谈会，朱镕基强调，既要充分认识退耕还林还草工作的重要性、紧迫性，又要清醒地看到这项工作的复杂性和艰巨性，必须进一步加强领导，认真落实各项政策，完善具体办法，切实注重实效，积极稳妥、健康有序地搞好试点和示范工作。

31日

财政部、国家税务总局印发《关于农村税费改革试点工作中农业税若干问题的意见》。该意见对农业税计税土地的确定、常年产量的确定、农业税计税价格的确定、征收方式、农业税减免、征管基础工作等问题做出规定。

8月

17日

财政部下发《改革和完善农村税费改革试点县、乡财政管理体制的指导性意见》的通知。就改革和完善县、乡财政体制提出如下指导性意见：（一）明确划分县、乡政府的财政支出责任，合理调整支出范围；（二）精简机构、压缩人员，减少不合理开支；（三）实行分级管理的分税制财政管理体制，明确收入归属；（四）逐步建立规范的转移支付制度；（五）完善乡镇国库，强化资金管理。

9月

10日

国务院发布《关于进一步做好退耕还林还草试点工作的若干意见》。该意见指出试点工作中出现了一些新情况、新问题，为了明确责任，严格管理，就进一步做好退耕还林还草试点工作作出了系列规定。其中包括实行省级政府对退耕还林还草试点工作负总责和市（地）、县（市）政府目标责任制。退耕还林还草试点工作，实行目标、任务、资金、粮食、责任五到省。

12月

27日

国土资源部下发《关于加强耕地保护促进经济发展若干政策措施的通知》，要求进一步深入贯彻实施《中华人民共和国土地管理法》，正确处理耕地保护与经济发展的关系，妥善解决当前土地供需矛盾的突出问题，进一步加强耕地保护，促进经济发展。

2001 年

4 月

25 日

国务院办公厅决定暂缓扩大农村税费制度的改革试点。

5 月

24—25 日

中央扶贫开发工作会议召开。会议指出,在 20 世纪末基本解决农村贫困人口温饱问题的战略目标已基本实现。会议明确了今后十年扶贫开发工作的大政方针和主要任务。

6 月

13 日

国务院印发《中国农村扶贫开发纲要(2001—2010 年)》。

12 月

30 日

水利部印发了《关于实施农村饮水解困工程的意见》,决定"十五"计划期间在严重缺水地区实施农村饮水解困工程。

2002 年

1 月

10 日

国务院西部地区开发领导小组办公室、国家林业局召开全国退耕还林电视电话会议,宣布全面启动退耕还林还草 8 工程,当年分两批安排 25 个省(自治区、直辖市)和新疆生产建设兵团退耕地还林还草 3970 万亩、宜林荒山荒地造林 4623 万亩。

3 月

27 日

国务院办公厅发出《关于做好 2002 年扩大农村税费改革试点工作的通知》,决定河北、内蒙古、黑龙江、吉林、青海、宁夏等 16 个省(自治区、直辖市)为 2002 年扩大农村税费改革试点省,加上原来的安徽、江苏、浙江、上海等,试点扩大到 20 个省(自治区、直辖市)。改革的主要内容可概括为"三个取消、一个逐步取消、两个调整和一项改革",即取消屠宰税,取消乡镇统筹款,取消教育集资等专门面向农民征收的行政事业性收费和政府性基金;用三年的时间逐步减少直至全部取消统一规定的劳动积累工和义务工;调整农业税政策,调整农业特产税征收办法,规定新农业税税率上限为 7%;改革村提留征收和使用办法,以农业税额的 20% 为上限征收农业税附加,替代原来的村提留。该通知首次提出"三个确保":确保农民负担得到明显减轻、不反弹,确保乡镇机构和村级组织正常运转，确保农村义务教育经费的正常需要，是衡量农村税费改革是否成功的重要标志。

8月

29日

第九届全国人大常委会第二十九次会议通过《中华人民共和国农村土地承包法》。

10月

19日

中共中央、国务院发布《关于进一步加强农村卫生工作的决定》，提出到2010年，在全国农村基本建立起适应社会主义市场经济体制要求和农村经济社会发展水平的农村卫生服务体系和农村合作医疗制度。

12月

6日

《退耕还林条例》经国务院第66次常务会议审议通过并颁布，并于2003年1月20日起施行。

2003年

1月

7—8日

中央农村工作会议召开。胡锦涛同志发表讲话指出，必须统筹城乡经济社会发展，把解决好农业、农村和农民问题作为全党工作的重中之重，放在更加突出的位置；要坚持"多予、少取、放活"的方针，发挥城市对农村带动作用，实现城乡经济社会一体化发展。

16日

中共中央、国务院发布《中共中央、国务院关于做好农业和农村工作的意见》。

3月

1日

《中华人民共和国农村土地承包法》施行，第一次以法律形式赋予农民长期而有保障的土地承包经营权，标志着我国农村土地承包步入法治化的轨道。

9日

胡锦涛同志在中央人口资源环境工作座谈会上指出，要加快转变经济增长方式，将循环经济的发展理念贯穿到区域经济发展、城乡建设和产品生产之中，使资源得到最有效的利用。

10月

以温家宝总理为重庆农村妇女熊德明追讨工钱为标志，全国掀起农民工工资清欠风暴。

12 月

31 日

中共中央、国务院发出《关于促进农民增加收入若干政策的意见》，决定 2004 年降低农业税率 1 个百分点，取消除烟叶外的农业特产税，实行粮食直补、良种补贴和大型农机具购置补贴。这是 21 世纪首个以"三农"为主题的一号文件，也是时隔 18 年之后，中共中央、国务院再次发出关于"三农"问题的一号文件。

2004 年

2 月

1—4 日

农业部在西安召开全国农民专业合作经济组织试点工作会议，这是改革开放以来召开的第一次全国性的农民专业合作经济组织工作会议。

3 月

5 日

国务院总理温家宝在十届全国人大二次会议上作《政府工作报告》，宣布从 2004 年起中国逐步降低农业税税率，平均每年降低一个百分点以上，五年内取消农业税。

22 日

农业部、财政部、劳动和社会保障部、教育部、科技部、建设部下发《关于组织实施农村劳动力转移培训阳光工程的通知》，共同组织实施"农村劳动力转移培训阳光工程"（简称"阳光工程"），由政府公共财政支持，以市场需求为导向，以受训农民转移到非农领域就业为目标，以粮食主产区、劳动力主要输出地区、贫困地区和革命老区为重点，在输出地开展农村劳动力转移就业培训工作，以提高农村劳动力素质和就业技能，促进农村劳动力向非农产业和城镇转移，实现稳定就业和增加农民收入。

4 月

13 日

国务院办公厅发布《关于完善退耕还林粮食补助办法的通知》，原则上将补助粮食实物改为补助现金。

5 月

19 日

国务院总理温家宝主持召开国务院常务会议，研究部署深化粮食流通体制改革和农村税费改革工作，审议并原则通过《粮食流通管理条例（草案）》。会议认为，当前进一步推进粮食购销市场化改革的条件已经基本具备，2004 年全面放开粮食收购市场，积极稳妥推进粮食流通体制改革。

6月

25日

十届全国人大常委会第十次会议表决通过《中华人民共和国农业机械化促进法》，并于2004年11月1日起正式实施。该法就促进农业机械化发展的科研开发、质量保障、推广使用、社会化服务和扶持措施等内容作出规定。

7月

5—6日

全国农村税费改革试点工作会议在北京召开。会议主要任务是，总结四年来农村税费改革试点工作经验，分析研究改革进程中的新形势、新情况、新问题，安排部署深化改革试点工作。

9月

16—19日

党的十六届四中全会在北京召开。胡锦涛同志在会上发表讲话指出："各国工业化初期都是农业给工业，农村给城市提供积累，但是工业化发展到一定阶段以后，就要实行工业反哺农业，城市支持农村，这是带有普遍性的两个趋向。"我国总体上已经进入"以工促农，以城带乡"的新阶段。

11月

24日

水利部、卫生部发布了《农村饮用水安全卫生评价指标体系》，该指标体系分为安全和基本安全两个档次，由水质、水量、方便程度和保证率四项指标组成。四项指标中只要有一项低于安全或基本安全最低值，就不能定为饮用水安全或基本安全。

2005年

1月

30日

中共中央、国务院发布《关于进一步加强农村工作 提高农业综合生产能力若干政策的意见》，即第七个"三农"一号文件。该意见要求，坚持"多予、少取、放活"的方针，稳定、完善和强化各项支农政策。当前和今后一个时期，要把加强农业基础设施建设，加快农业科技进步，提高农业综合生产能力，作为一项重大而紧迫的战略任务，切实抓紧抓好。

3月

5日

国务院总理温家宝在十届全国人大三次会议上作《政府工作报告》时宣布，"中国将比预定计划提前两年，于2006年全面免除农业税"。

8月

25日

第一家省级农村商业银行——上海农村商业银行成立。

10月

8—11日

党的十六届五中全会在北京召开。会议决定，按照"生产发展、生活宽裕、乡风文明、村容整洁、管理民主"的要求，建设社会主义新农村；同时"建立以工促农、以城带乡的长效机制"。

12月

24日

国务院印发《关于深化农村义务教育经费保障机制改革的通知》。该通知要求，从2006年开始，用五年时间，按照"明确各级责任、中央地方共担、加大财政投入、提高保障水平、分步组织实施"的基本原则，逐步将农村义务教育全面纳入公共财政保障范围，建立中央与地方分项目、按比例分担的农村义务教育经费保障新机制。

29日

十届全国人大常委会第十九次会议决定自2006年1月1日起废止《中华人民共和国农业税条例》，农业税、牧业税、农业特产税（除烟叶以外）、牲畜屠宰税全部取消。同日，国家主席胡锦涛发布第四十六号主席令，宣布全面取消农业税。在中国延续两千多年的农业税正式成为历史，中国农民缴纳"皇粮国税"绵绵延续26个世纪后，终告结束。

31日

中共中央、国务院印发《关于推进社会主义新农村建设的若干意见》。该意见指出，"十一五"时期，必须抓住机遇，加快改变农村经济社会发展滞后的局面，扎实稳步推进社会主义新农村建设。

2006年

1月

1日

《中华人民共和国农业税条例》正式废除，标志着我国全面取消农业税。

2月

21日

2006年中央一号文件《中共中央　国务院关于推进社会主义新农村建设的若干意见》正式发布。该意见提出，要真正实行"工业反哺农业、城市支持农村"的方针，推进社会主义新农村建设。

3月

27日

国务院发布《关于解决农民工问题的若干意见》。该意见共分为10个部分,分别为:充分认识解决好农民工问题的重大意义、做好农民工工作的指导思想和基本原则、抓紧解决农民工工资偏低和拖欠问题、依法规范农民工劳动管理、搞好农民工就业服务和培训、积极稳妥地解决农民工社会保障问题、切实为农民工提供相关公共服务、健全维护农民工权益的保障机制、促进农村劳动力就地就近转移就业、加强和改进对农民工工作的领导。

7月

11日

荷兰合作银行集团(Rabobank Netherlands)和国际金融公司(IFC)与杭州联合农村合作银行签署合作协议并宣布:荷兰合作银行集团和国际金融公司将共同出资2.6亿元人民币参股杭州联合农村合作银行(杭州联合银行),两家公司分别占杭州联合银行10%和5%的股份。这是外资首次入股我国国内的农村合作金融机构,也是我国农村信用体系重组和改革的一次有益尝试。

10月

8日

国务院发布《关于做好农村综合改革工作有关问题的通知》,全面推进以乡镇机构、农村义务教育、县乡财政管理体制三项改革为主要内容的农村综合改革。

31日

第十届全国人民代表大会常务委员会第二十四次会议通过《中华人民共和国农民专业合作社法》。同日,该法以中华人民共和国第五十七号主席令公布,自2007年7月1日起施行。

11月

27日

农业部印发《"十一五"时期全国农业信息体系建设规划》。该规划确定了"十一五"时期全国农业信息体系建设重点,即实施好"金农"工程,加快推进"三电合一"信息服务工程,启动"信息化村示范工程",同时构建农业信息标准体系框架,加大先进适用农业信息技术推广应用步伐,加强信息服务网络延伸和信息队伍建设工作。"十一五"时期全国农业信息体系建设要基本达到"功能齐全、体系完备、高效共享、反馈灵敏"的总体要求,基本满足现代农业发展、建设社会主义新农村的需要,整体运行功能接近同期发达国家中等水平的总体目标。

12月

5—7日

中央经济工作会议在北京召开。会议明确提出,要把发展现代农业作为推进社会主义新农村建设的着力点。

31 日

经国务院同意，银行业监督管理委员会正式批准中国邮政储蓄银行开业。中国邮政储蓄银行成立后将设立专门的农村金融服务部门，积极完善网络服务功能，面向"三农"开展业务。

2007 年

1 月

29 日

《中共中央 国务院关于积极发展现代农业扎实推进社会主义新农村建设的若干意见》下发，即改革开放以来第九个中央一号文件。该文件要求，发展现代农业是社会主义新农村建设的首要任务，要用现代物质条件装备农业，用现代科学技术改造农业，用现代产业体系提升农业，用现代经营形式推进农业，用现代理念引领农业，用培养新型农民发展农业，提高农业水利化、机械化和信息化水平，提高土地产出率、资源利用率和农业劳动生产率，提高农业素质、效益和竞争力。

3 月

1 日

四川仪陇惠民村镇银行、仪陇惠民贷款公司、吉林磐石融丰村镇银行、东丰诚信村镇银行，作为首批新型农村金融机构挂牌成立。

9 日

第一家全部由农民自愿入股组建的农村合作金融机构——百信农村资金互助社，在吉林梨树县闫家村挂牌营业。

5 月

28 日

国务院颁布《农民专业合作社登记管理条例》。

6 月

29 日

农业部颁布《农民专业合作社示范章程》。

7 月

1 日

《中华人民共和国农民专业合作社法》开始施行。

11 日

国务院发布《关于在全国建立农村最低生活保障制度的通知》。该通知指出，将符合条件的农村贫困人口全部纳入保障范围，稳定、持久、有效地解决全国农村贫困人口的温饱问题。

8月

9日

国务院发布《关于完善退耕还林政策的通知》,明确今后一个时期退耕还林还草工作的指导思想、目标任务、基本原则,提出巩固发展退耕还林还草成果、稳步推进工程建设的主要政策措施,出台了延长一个周期补助政策的具体办法,按相关标准测算,中央财政安排专项补助资金1147.4亿元。

10日

海南省农村信用合作社联合社举行揭牌仪式,全国各地建立省级农村信用社联合社的任务全部完成。

12月

31日

2008年中央一号文件《中共中央 国务院关于切实加强农业基础建设进一步促进农业发展农民增收的若干意见》发布。该文件指出,2008年和今后一个时期,农业和农村工作的总体要求是:全面贯彻党的十七大精神,高举中国特色社会主义伟大旗帜,以邓小平理论和"三个代表"重要思想为指导,深入贯彻落实科学发展观,按照形成城乡经济社会发展一体化新格局的要求,突出加强农业基础建设,积极促进农业稳定发展、农民持续增收,努力保障主要农产品基本供给,切实解决农村民生问题,扎实推进社会主义新农村建设。

2008年

6月

8日

中共中央、国务院发出《关于全面推进集体林权制度改革的意见》,提出用五年左右时间,基本完成明晰产权、承包到户的集体林权制度改革,在坚持集体林地所有权不变的前提下,依法将林地承包经营权和林木所有权,通过家庭承包方式落实到集体经济组织的农户,确立农民作为林地承包经营权人的主体地位;林地的承包期为70年,承包期届满可以按照国家有关规定继续承包。

9月

6日

全国首个农民专业合作社发展教育机构——农业部管理干部学院农民专业合作社发展教育中心成立。

10月

12日

中国共产党第十七届中央委员会第三次全体会议通过《关于推进农村改革发展若干重大问题的决定》。该决定阐述了新形势下推进农村改革发展的重大意义,提出到2020年,农村改革发展基本目标任务是:农村经济体制更加健全,城乡经济社会发展一体化体制机制基本建立；现代农业建设取得显著进展，农业综合生产能力明显提高，国家粮食安全和主要农产品供给得到有效保障；农民人均纯收入比 2008 年翻一番，绝对贫困现象基本消除；农村基层组织建设进一步加强，村民自治制度更加完善，农民民主权利得到切实保障；城乡基本公共服务均等化明显推进，农村基本生活保障、基本医疗卫生制度更加健全，农村社会管理体系进一步完善；资源节约型、环境友好型农业生产体系基本形成，农村人居和生态环境明显改善，可持续发展能力不断增强。为此，该决定要求：（一）大力推进改革创新，加强农村制度建设：稳定和完善农村基本经营制度，健全严格规范的农村土地管理制度，完善农业支持保护制度，建立现代农村金融制度，建立促进城乡经济社会发展一体化制度，健全农村民主管理制度。（二）积极发展现代农业，提高农业综合生产能力。（三）加快发展农村公共事业，促进农村社会全面进步。（四）加强和改善党的领导，为推进农村改革发展提供坚强政治保证。

12 月

31 日

2009 年中央一号文件《中共中央 国务院关于 2009 年促进农业稳定发展农民持续增收的若干意见》发布。该文件要求，贯彻落实党的十七届三中全会精神，加大对农业的支持保护力度，稳定发展农业生产，强化现代农业物质支撑和服务体系，稳定完善农村基本经营制度，推进城乡经济社会发展一体化。

2009 年

2 月

28 日

十一届全国人大常委会第七次会议通过《中华人民共和国食品安全法》。

3 月

17 日

中共中央、国务院发布《关于深化医药卫生体制改革的意见》，提出了切实缓解"看病难""看病贵"的五项重点改革措施和建立健全覆盖城乡居民的基本医疗卫生制度的长远目标。

28 日

西藏举行首次百万农奴解放纪念日庆祝大会。此前的 1 月 19 日，西藏自治区九届人大二次会议通过决议，决定每年 3 月 28 日为西藏百万农奴解放纪念日。

5 月

4 日

为规范全国农村改厕工作，加快农村改厕进程，进一步改善农村环境卫生，保障农村居民身体健康，全国爱国卫生运动委员会办公室印发了《农村改厕管理办法（试行）》和《农村改厕技术规范（试行）》。

6月

22日

农业部、司法部、全国普及法律常识办公室联合下发《关于进一步加强〈农民专业合作社法〉宣传工作的意见》,提出从2009年起,每年7月的第一个星期六为"农民专业合作社法律宣传日"。

27日

十一届全国人大常务委员会第九次会议通过《中华人民共和国农村土地承包经营纠纷调解仲裁法》,并于2010年1月1日起施行。

8月

18—19日

全国新型农村社会养老保险试点工作会议召开,提出2009年在全国10%的县(市、区、旗)进行新型农村社会养老保险试点,以后逐步扩大试点,2020年前基本实现全覆盖。

9月

1日

国务院印发《关于开展新型农村社会养老保险试点的指导意见》。

12月

31日

2010年中央一号文件《中共中央 国务院关于加大统筹城乡发展力度进一步夯实农业农村发展基础的若干意见》发布。该文件分析了农业农村工作面临的复杂环境,提出了夯实农业农村发展基础的五项措施:(一)健全强农惠农政策体系,推动资源要素向农村配置;(二)提高现代农业装备水平,促进农业发展方式转变;(三)加快改善农村民生,缩小城乡公共事业发展差距;(四)协调推进城乡改革,增强农业农村发展活力;(五)加强农村基层组织建设,巩固党在农村的执政基础。

2010年

3月

14日

十一届全国人大三次会议通过《关于修改〈中华人民共和国全国人民代表大会和地方各级人民代表大会选举法〉的决定》。自此,全国实行城乡按相同人口比例选举人大代表。

4月

9日

大北农集团在深圳成功上市。随后半年中,隆平高科、大北农等涉农题材个股在股市表现强劲,农业股成为2010年资本市场一大亮点。

5月

7日

国务院出台《关于鼓励和引导民间投资健康发展的若干意见》(简称"民间投资36条"),对拓展民间投资的领域和范围作出了详细规定。

同日

国务院办公厅转发扶贫开发领导小组办公室、民政部、财政部、统计局、中国残疾人联合会五部门《关于做好农村最低生活保障制度和扶贫开发政策有效衔接扩大试点工作的意见》,对农村低保与扶贫开发两项制度衔接提出新的要求。

6月

11日

农业部制定发布了《农民专业合作社示范社创建标准(试行)》,要求各省(自治区、直辖市)农业部门要高度重视农民专业合作社示范社建设,参照本标准,采取多种方式,因地制宜地开展示范社建设行动,尽快培育一批符合标准的示范社。

7月

15日

中国农业银行股改上市。这标志着新一轮国有商业银行股份制改革的完美收官。

25日

重庆市人民政府办公厅印发《重庆市统筹城乡户籍制度改革农村居民转户实施办法(试行)》,全面启动统筹城乡户籍制度改革。改革方案涵盖了土地、社保、教育、医疗等多方面配套政策,使农民在户籍转换过程中的农村权益和城市保障顺利对接。

10月

12日

国务院总理温家宝主持召开国务院常务会议,决定建立草原生态保护补助奖励机制,促进牧民增收。

同日

全国第一家农民合作社企业集团——江苏苏州湖桥集团有限公司成立。新成立的湖桥集团由土地、资产、物业三大合作社出资组成,下设房产、物流、建设、园林绿化、文化旅游等5个公司。

11月

9日

银监会发布《关于加快推进农村合作金融机构股权改造的指导意见》。该意见对农村金融机构的股权改造提出了规范和指导,提出了"全面取消资格股、稳步提升法人股比例、健全流转机制"等实施股权改造工作的目标,极具中国特色的金融创新产物"股份合作制"退出历史舞台。

16 日

四川省成都市正式出台《关于全域成都城乡统一户籍实现居民自由迁徙的意见》,计划在 2012 年实现城乡统一户籍,民众自由迁徙,并享有平等的基本公共服务和社会福利。

12 月

16 日

重庆农村商业银行在香港交易所挂牌上市。作为首家上市的农村商业银行,其"农商行概念""西部概念"吸引了不少海外投资者。这一大事件被载入中国农村金融改革历史。

31 日

2011 年中央一号文件《中共中央 国务院关于加快水利改革发展的决定》发布。该文件首次全面阐释水利的重要地位,提出突出加强农田水利等薄弱环节建设、全面加快水利基础设施建设、建立水利投入稳定增长机制、实行最严格的水资源管理制度、创新水利发展体制机制等重要举措。

2011 年

4 月

10 日

国务院发布《关于加快推进现代农作物种业发展的意见》。该意见指出,我国是农业生产大国和用种大国,农作物种业是国家战略性、基础性核心产业,需构建以产业为主导、企业为主体、基地为依托、产学研相结合、"育繁推一体化"的现代农作物种业体系,全面提升我国农作物种业发展水平。

6 月

1 日

国务院发布《关于促进牧区又好又快发展的若干意见》,正式启动实施草原补助奖励政策。该意见提出,牧区发展必须树立生产生态有机结合、生态优先的基本方针,采取更加有力的政策措施,支持牧区经济社会又好又快发展。为促进牧区又好又快发展,该意见在草原生态保护建设、草原畜牧业发展、牧区特色优势产业发展、牧民转产转业、基础设施建设、社会事业发展、扶贫开发、农村综合改革八个方面出台了一系列扶持政策和重大项目。

11 月

29 日

中央扶贫开发工作会议在北京召开。此次会议的主要任务是:总结我国扶贫开发工作取得的成就和经验,分析当前和今后一个时期扶贫开发形势和任务,全面部署《中国农村扶贫开发纲要(2011—2020 年)》的贯彻落实工作,动员全党全社会力量,坚决打好新一轮扶贫开发攻坚战。

12 月

1 日

中共中央、国务院印发了《中国农村扶贫开发纲要（2011—2020 年）》（简称《扶贫开发纲要》）。《扶贫开发纲要》是今后一个时期我国扶贫开发工作的纲领性文件，明确总体目标为：到 2020 年，稳定实现扶贫对象不愁吃、不愁穿，保障其义务教育、基本医疗和住房。贫困地区农民人均纯收入增长幅度高于全国平均水平，基本公共服务主要领域指标接近全国平均水平，扭转发展差距扩大趋势。

27—28 日

2011 年中央农村工作会议在北京举行。国务院总理温家宝在讲话中系统回顾总结了党的十六大以来农业农村发展取得的巨大成就，阐述了在推进工业化城镇化进程中继续做好"三农"工作需要把握好的若干重大问题，对做好 2012 年农业农村工作提出了要求。

2012 年

1 月

13 日

国务院印发《全国现代农业发展规划（2011—2015 年）》，包括发展形势，指导思想、基本原则与发展目标，重点任务，重点区域，重大工程，保障措施六个部分。明确到 2015 年，现代农业建设取得明显进展，到 2020 年，主要农产品优势区基本实现农业现代化。

2 月

2 日

中共中央、国务院印发《关于加快推进农业科技创新持续增强农产品供给保障能力的若干意见》（2012 年中央一号文件）。该文件指出，2012 年农业农村工作的总体要求是：围绕强科技保发展、强生产保供给、强民生保稳定，进一步加大强农惠农富农政策力度，奋力夺取农业好收成，合力促进农民较快增收，努力维护农村社会和谐稳定。

3 月

28 日

农业部发布《2012 年国家支持粮食增产农民增收的政策措施》，指出要以稳定发展粮食生产为重点，加快农业科技进步，千方百计使粮食产量稳定在 5250 亿千克以上、农民收入增幅保持在 7.5% 以上，努力确保不发生重大农产品质量安全事件和区域性重大动物疫情，持续提高农产品供给保障能力，为实现经济社会平稳较快发展提供基础保证。在工作着力点上，围绕强科技保发展、强生产保供给、强民生保稳定，突出"巩固、加强、优化、改革"。具体包括直接补贴种粮农民政策、综合补贴农资政策、补贴良种政策等三十二项政策措施。

7 月

1 日

新型农村居民社会养老保险（"新农保"）和城镇居民社会养老保险（"城居保"）两

项制度全覆盖工作在全国范围内开始推行。随着新型农村社会养老保险和城镇居民社会养老保险在全国实现全覆盖,全国有 4.31 亿人参保,1.17 亿老年居民领取养老金。

8月

31日

国家发展改革委、卫生部、财政部等六部委发布《关于开展城乡居民大病保险工作的指导意见》,建立了大病保险制度。这是我国医保体系建设由实现"病有所医"向解决"因病致贫、因病返贫"的重要转折点。

12月

21—22日

中央农村工作会议在北京召开。会议对确保国家粮食安全、农民收入持续快速增长、创新农业生产经营体制机制以及 2013 年农业农村经济工作总体思路等"三农"重大问题作出新的部署。

2013 年

1月

1日

中共中央、国务院发布《关于加快发展现代农业 进一步增强农村发展活力的若干意见》(2013 年中央一号文件)。该文件再次聚焦"现代农业",核心是创新农业经营体系,旨在解决城镇化进程中谁来种地、怎么种地以及农村社会管理等问题,激活农村和农民自身的活力。该文件要求新增补贴向主产区和优势产区集中、向新型生产经营主体倾斜,培育和壮大新型农业生产经营组织,首次提出发展家庭农场、建立严格的工商企业租赁农户承包耕地的准入和监管制度,强调建立归属清晰、权能完整、流转顺畅、保护严格的农村集体产权制度。

8月

12日

阿里研究中心发布的中国"淘宝村"现状调研报告显示,江苏、福建等地有 14 个大型"淘宝村",淘宝网上正常经营农村网店数为 163.26 万个,其中,在村、镇一级的淘宝网店总数已经达到 59.57 万个,经营农产品的网店超过 26.06 万个。

9月

29日

经农业部测产验收,由"杂交水稻之父"袁隆平院士科研团队攻关的国家第四期超级稻百亩示范片"Y两优 900"中稻,平均亩产达 988.1 千克,再创世界纪录。这一突破标志着中国杂交稻种植技术遥遥领先于世界水平,为解决中国粮食自给和世界粮食安全做出了巨大贡献。

11月

3日

习近平总书记在湖南省湘西土家族苗族自治州花垣县十八洞村考察时首次提出了"精准扶贫"。他指出，精准扶贫，就是要对扶贫对象实行精细化管理，对扶贫资源实行精确化配置，对扶贫对象实行精准化扶持，确保扶贫资源真正用在扶贫对象身上、真正用在贫困地区。要做到"扶持对象精准、项目安排精准、资金使用精准、措施到户精准、因村派人精准、脱贫成效精准"。

29日

国家统计局发布公告显示，2013年全国粮食总产量达到60193.5万吨，全国粮食总产量首次突破60000万吨大关，实现10年连续增产。

12月

9日

国家发展改革委发布《全国高标准农田建设总体规划》（简称《规划》）。《规划》指出，到2020年，建成集中连片、旱涝保收的高标准农田8亿亩，亩均粮食综合生产能力提高100千克以上。

23—24日

中央农村工作会议在北京举行。会议全面分析"三农"工作面临的形势和任务，研究全面深化农村改革、加快农业现代化步伐的重要政策，部署2014年和今后一个时期的农业农村工作。

2014年

1月

19日

中共中央、国务院印发《关于全面深化农村改革加快推进农业现代化的若干意见》（2014年中央一号文件）。该文件根据党的十八届三中全会精神，聚焦"农村改革"，要求破除农业农村体制机制弊端，推进"四化"同步发展，具体包括完善国家粮食安全保障体系、强化农业支持保护制度、建立农业可持续发展长效机制、深化农村土地制度改革、构建新型农业经营体系、加快农村金融制度创新、健全城乡发展一体化体制机制、改善乡村治理机制共八方面内容。

2月

24日

农业部发布《关于促进家庭农场发展的指导意见》。该意见指出，要充分认识不断发展起来的家庭经营、集体经营、合作经营、企业经营等多种经营方式各具特色、各有优势，家庭农场与专业大户、农民合作社、农业产业化经营组织、农业企业、社会化服务组织等多种经营主体，都有各自的适应性和发展空间，发展家庭农场不排斥其他农业经营形式和经营主体，不只追求一种模式、一个标准。家庭农场发展是一个渐进过程，要靠农民自主选择，防止脱离当地实际、违背农民意愿、片面追求超大规模经营的倾向。

7月

24日

国务院发布《关于进一步推进户籍制度改革的意见》。该意见指出，进一步调整户口迁移政策，全面放开建制镇和小城市落户限制，有序放开中等城市落户限制，合理确定大城市落户条件，严格控制特大城市人口规模，统一城乡户口登记制度，全面实施居住证制度，加快建设和共享国家人口基础信息库，稳步推进义务教育、就业服务、基本养老、基本医疗卫生、住房保障等城镇基本公共服务覆盖全部常住人口；到2020年，基本建立与全面建成小康社会相适应，有效支撑社会管理和公共服务，依法保障公民权利，以人为本、科学高效、规范有序的新型户籍制度，努力实现1亿左右农业转移人口和其他常住人口在城镇落户。

31日

中国银监会、农业部发布《关于金融支持农业规模化生产和集约化经营的指导意见》。该意见要求发挥各类农村金融机构的支持合力，加大对农业规模化生产和集约化经营的信贷投入，强化对农业规模化生产和集约化经营重点领域的支持，加强农业规模经营主体培育和农村信用体系建设，全面落实和用足用好农村金融扶持政策。

11月

20日

中共中央办公厅、国务院办公厅印发《关于引导农村土地经营权有序流转 发展农业适度规模经营的意见》。该意见包括总体要求、稳定完善农村土地承包关系、规范引导农村土地经营权有序流转、加快培育新型农业经营主体、建立健全农业社会化服务体系五个方面的内容。针对农村土地经营权流转和规模经营，该意见提出将农村集体土地所有权、承包权、经营权"三权分置"，进一步深化农村土地制度改革，形成土地经营权流转的新格局。

12月

2日

习近平总书记主持召开中央全面深化改革领导小组第七次会议，会议审议了《关于农村土地征收、集体经营性建设用地入市、宅基地制度改革试点工作的意见》。

22—23日

2014年中央农村工作会议在北京举行。我国粮食产量实现"十一连增"，农民增收实现"十一连快"。会议指出，全面建成小康社会的重点难点仍然在农村。会议强调，推进农业现代化，要坚持把保障国家粮食安全作为首要任务，确保谷物基本自给、口粮绝对安全。会议要求，发挥好新型城镇化对农业现代化的辐射带动作用。

27日

国务院印发《关于改革和完善中央对地方转移支付制度的意见》，针对中央和地方转移支付制度存在的问题和不足，提出了改革和完善转移支付制度的指导思想、基本原则和主要措施。

31日

中共中央办公厅、国务院办公厅联合印发了《关于农村土地征收、集体经营性建设用地入市、宅基地制度改革试点工作的意见》。该意见要求完善农村土地征收制度，建立农村集体经营性建设用地入市制度，改革完善农村宅基地制度，建立兼顾国家、集体、个人的土地增值收益分配机制，合理提高个人收益。这标志着我国农村土地制度改革即将进入试点阶段。

2015年

1月

27日

农业部、中央农村工作领导小组办公室、财政部、国土资源部、国务院法制办、国家档案局联合发布《关于认真做好农村土地承包经营权确权登记颁证工作的意见》。

2月

2日

中共中央、国务院发布《关于加大改革创新力度 加快农业现代化建设的若干意见》（2015年中央一号文件）。该文件首次提出推进农村一二三产业融合发展，明确推进农村集体产权制度改革与农村土地制度改革试点等工作，首次提出完善农产品价格形成机制，加强农村法治建设。

4月

10日

农业部发布《关于打好农业面源污染防治攻坚战的实施意见》，明确提出力争到2020年农业面源污染加剧的趋势得到有效遏制，实现"一控两减三基本"。

25日

中共中央、国务院印发《关于加快推进生态文明建设的意见》。该意见共九个部分三十五条，分别包括如下内容：总体要求；强化主体功能定位，优化国土空间开发格局；推动技术创新和结构调整，提高发展质量和效益；全面促进资源节约循环高效使用，推动利用方式根本转变；加大自然生态系统和环境保护力度，切实改善生态环境质量；健全生态文明制度体系；加强生态文明建设统计监测和执法监督；加快形成推进生态文明建设的良好社会风尚；切实加强组织领导。该意见明确提出，到2020年，资源节约型和环境友好型社会建设取得重大进展，主体功能区布局基本形成，经济发展质量和效益显著提高，生态文明主流价值观在全社会得到推行，生态文明建设水平与全面建成小康社会目标相适应。

30日

农业部发布《2015年国家深化农村改革、发展现代农业、促进农民增收政策措施》，包括种粮直补政策，农资综合补贴政策，良种补贴政策，农机购置补贴政策，新增补贴向粮食等重要农产品、新型农业经营主体、主产区倾斜政策，小麦、水稻最低收购价政策，产粮（油）大县奖励政策，生猪大县奖励政策，农产品目标价格政策等共五十项具体措施。

5月

20日

农业部、国家发展改革委、科技部、财政部、国土资源部、环境保护部、水利部、国家林业局联合印发《全国农业可持续发展规划（2015—2030年）》（简称《规划》）。《规划》是今后一个时期指导农业可持续发展的纲领性文件。综合考虑各地农业资源承载力、环境容量、生态类型和发展基础等因素，《规划》将全国划分为优化发展区、适度发展区和保护发展区三大区域，因地制宜、梯次推进、分类施策。

6月

22日

国务院发布《关于开展第三次全国农业普查的通知》，决定于2016年开展第三次全国农业普查。

7月

30日

国务院办公厅发布《关于加快转变农业发展方式的意见》。该意见指出，我国经济发展进入新常态，农业发展面临农产品价格"天花板"封顶、生产成本"地板"抬升、资源环境"硬约束"加剧等新挑战，迫切需要加快转变农业发展方式。该意见明确提出，到2020年，转变农业发展方式要取得积极进展；到2030年，转变农业发展方式取得显著成效。

11月

27—28日

中央扶贫开发工作会议在北京召开。习近平总书记在会议上深刻阐述了在精准扶贫中"扶持谁""谁来扶""怎么扶"等关键性问题。

29日

中共中央、国务院发布《关于打赢脱贫攻坚战的决定》。该决定提出，确保到2020年农村贫困人口实现脱贫，贫困县全部摘帽，解决区域性整体贫困。

12月

24—25日

2015年中央农村工作会议在北京召开。会议总结"十二五"时期"三农"工作，分析当前农业农村形势，部署2016年和"十三五"时期农业农村工作。会议强调，要着力加强农业供给侧结构性改革，提高农业供给体系质量和效率，使农产品供给数量充足、品种和质量契合消费者需要，真正形成结构合理、保障有力的农产品有效供给。

2016 年

1 月

28 日

中共中央、国务院发布《关于落实发展新理念 加快农业现代化 实现全面小康目标的若干意见》（2016年中央一号文件）。该文件具体包括六个部分，分别为：持续夯实现代农业基础，提高农业质量效益和竞争力；加强资源保护和生态修复，推动农业绿色发展；推进农村产业融合，促进农民收入持续较快增长；推动城乡协调发展，提高新农村建设水平；深入推进农村改革，增强农村发展内生动力；加强和改善党对"三农"工作领导。该文件首次明确了"农民主体"，将食品安全上升至国家战略；同时要求，到2020年，现代农业建设取得明显进展，农民生活达到全面小康水平，农民素质和农村社会文明程度显著提升。

3 月

30 日

农业部发布《2016年国家落实发展新理念 加快农业现代化 促进农民持续增收政策措施》，包括农业支持保护补贴政策、农机购置补贴政策、农机报废更新补贴试点政策、产粮（油）大县奖励政策、生猪（牛、羊）调出大县奖励政策等共五十二条具体政策措施。

4 月

18 日

财政部、农业部发布《关于全面推开农业"三项补贴"改革工作的通知》，将农作物良种补贴、种粮农民直接补贴和农资综合补贴合并为农业支持保护补贴，政策目标调整为支持耕地地力保护和粮食适度规模经营。

25 日

习近平总书记在安徽省凤阳县小岗村主持召开农村改革座谈会并发表重要讲话。习近平总书记强调，新形势下深化农村改革，主线仍是处理好农民和土地的关系。

5 月

4 日

农业部发布《关于加快推进渔业转方式调结构的指导意见》。该意见明确提出，"十三五"期间持续推进"两减两提三转"，到2020年，全国水产健康养殖示范面积比重达到65%，重点养殖区域的养殖废水基本实现达标排放；实行海洋渔业资源总量管理制度，国内海洋捕捞产量压减到1000万吨左右；渔民人均纯收入比2010年翻一番，渔业效益显著提升；水产品质量安全水平稳步提高，努力确保不发生重大水产品质量安全事件；二、三产业产值比重超过50%，水产品加工流通、增殖渔业和休闲渔业取得长足发展；科技进步贡献率超过60%，渔业信息装备水平和组织化程度明显提高；水生生物资源养护和修复能力明显增强，渔业生态环境明显改善。

6日

农业部办公厅印发《关于促进草牧业发展的指导意见》。该意见针对北方干旱半干旱区、青藏高寒区、东北华北湿润半湿润区、南方区提出草牧业发展主攻方向和推介模式。文件明确指出，到2020年，全国天然草原鲜草总产草量达到10.5亿吨，草原综合植被覆盖度达到56%，重点天然草原超载率小于10%，全国草原退化和超载过牧趋势得到遏制，草原保护制度体系逐步建立，草原生态环境明显改善；人工种草保留面积达到3.5亿亩，草产品商品化程度不断提高；牛羊肉总产量达到1300万吨以上，奶类达到4100万吨以上，草食畜牧业综合生产能力明显提升。

27日

农业部、国家发展改革委、财政部、中国人民银行、国家林业局、国家旅游局、银监会、保监会、国务院扶贫办联合印发《贫困地区发展特色产业促进精准脱贫指导意见》。该意见指出，发展特色产业是提高贫困地区自我发展能力的根本举措，强调要以创新、协调、绿色、开放、共享的新发展理念为引领，力争到2020年，贫困县扶持建设一批贫困人口参与度高的特色产业基地，建成一批对贫困户脱贫带动能力强的特色产品加工、服务基地，初步形成特色产业体系；贫困乡镇、贫困村特色产业突出，特色产业增加值显著提升；贫困户掌握1—2项实用技术，自我发展能力明显增强。

6月

2—4日

二十国集团（G20）农业部长会议在陕西省西安市举行。此次会议共谋合作与发展，以"农业创新与可持续发展"为主题，深入探讨粮食安全、农业可持续发展、科技创新、投资与贸易等议题。会议最后通过了《G20农业部长会议公报》。

27日

国家发展改革委、农业部、商务部、交通运输部、海关总署和国家质量监督检验检疫总局共同制定《京津冀农产品流通体系创新行动方案》，明确提出经过3年左右的努力，基本建立统一开放、分工协作、竞争有序、畅通高效的京津冀农产品流通网络体系。

29日

农业部会同中央农办、国家发展改革委、财政部、国土资源部、环境保护部、水利部、国家食品药品监管总局、国家林业局、国家粮食局联合下发《探索实行耕地轮作休耕制度试点方案》。

9月

1日

农业部、国家发展改革委、财政部等14部委发布《关于大力发展休闲农业的指导意见》，指出发展休闲农业是发展现代农业、增加农民收入、建设社会主义新农村的重要举措，是促进城乡居民消费升级、发展新经济、培育新动能的必然选择。该意见提出，到2020年，休闲农业产业规模进一步扩大，接待人次达33亿人次，营业收入超过7000亿元；布局优化、类型丰富、功能完善、特色明显的格局基本形成；社会效益明显提高，从事休闲农业的农民收入较快增长；发展质量明显提高，服务水平较大提升，可持续发展能力进一步增强，成为拓展农业、繁荣农村、富裕农民的新兴支柱产业。

10月

20日

国务院印发《全国农业现代化规划（2016—2020年）》（简称《规划》）。《规划》共九章内容，明确提出到2020年，全国农业现代化取得明显进展，国家粮食安全得到有效保障，农产品供给体系质量和效率显著提高，农业国际竞争力进一步增强，农民生活达到全面小康水平，美丽宜居乡村建设迈上新台阶。

30日

中共中央办公厅、国务院办公厅印发《关于完善农村土地所有权承包权经营权分置办法的意见》，提出实行所有权、承包权、经营权分置并行，这是继家庭联产承包责任制后农村改革又一重大制度创新。

11月

17日

农业部印发《全国农产品加工业与农村一二三产业融合发展规划（2016—2020年）》（简称《规划》）。《规划》旨在发挥农产品加工业引领带动作用，推进农村一二三产业融合发展。《规划》提出，到2020年，农村一二三产业融合发展总体水平明显提升，产业链条完整、功能多样、业态丰富、利益联结更加稳定的新格局基本形成，农业生产结构更加优化，农产品加工业引领带动作用显著增强，新业态、新模式加快发展，产业融合机制进一步完善，主要经济指标比较协调，企业效益有所上升，产业逐步迈向中高端水平，带动农业竞争力明显提高，促进农民增收和精准扶贫、精准脱贫作用持续增强。

29日

国务院办公厅印发《关于支持返乡下乡人员创业创新促进农村一二三产业融合发展的意见》，对农民工、中高等院校毕业生、退役军人、科技人员等返乡下乡人员到农村开展创业创新给予政策支持。

12月

19—20日

2016年中央农村工作会议在北京召开。会议指出，要坚持新发展理念，把推进农业供给侧结构性改革作为农业农村工作的主线，培育农业农村发展新动能，提高农业综合效益和竞争力。

26日

中共中央、国务院发布《关于稳步推进农村集体产权制度改革的意见》。该意见确定的改革目标是，逐步构建归属清晰、权能完整、流转顺畅、保护严格的中国特色社会主义农村集体产权制度，保护和发展农民作为农村集体经济组织成员的合法权益。

31 日

中共中央、国务院发布《关于深入推进农业供给侧结构性改革 加快培育农业农村发展新动能的若干意见》(2017年中央一号文件)。该文件指出,2017年农业农村工作以推进农业供给侧结构性改革为主线,围绕农业增效、农民增收、农村增绿,加强科技创新引领,加快结构调整步伐,加大农村改革力度,提高农业综合效益和竞争力,推动社会主义新农村建设取得新的进展。

2017 年

3 月

20 日

农业部发布《关于加快推进农村承包地确权登记颁证工作的通知》。各地要根据农村承包地确权登记颁证工作进展阶段,抓好关键节点,加快工作进度,确保2018年底按时保质完成农村承包地确权登记颁证任务。

4 月

28 日

财政部、农业部印发《农业生产发展资金管理办法》《动物防疫等补助经费管理办法》,修订并印发《农业资源及生态保护补助资金管理办法》。

6 月

7 日

农业部、财政部、国家发展改革委、国务院法制办、教育部、国家新闻出版广电总局联合发布《关于做好2017年农民负担监管工作的意见》。

7 月

19 日

习近平总书记主持中央深化改革领导小组会议,审议通过《关于创新体制机制推进农业绿色发展的意见》。

9 月

1 日

国务院办公厅发布《关于加快推进农业供给侧结构性改革 大力发展粮食产业经济的意见》。明确到2020年,初步建成适应我国国情和粮情的现代粮食产业体系,产业发展的质量和效益明显提升,更好地保障国家粮食安全和带动农民增收。

25 日

国土资源部发布永久基本农田划定成果。截至2017年6月底,全国有划定任务的2887个县级行政区实际划定永久基本农田15.5亿亩,已全部落实到实地地块、明确保护责任、补齐标志界桩、完善信息表册、实现上图入库。

10月

13日

农业部、国家发展改革委、财政部、国土资源部、中国人民银行、国家税务总局联合发布《关于促进农业产业化联合体发展的指导意见》。该意见指出,要以发展现代农业为方向,以创新农业经营体制机制为动力,积极培育发展一批带农作用突出、综合竞争力强、稳定可持续发展的农业产业化联合体,成为引领我国农村一二三产业融合和现代农业建设的重要力量,为农业农村发展注入新动能。

18—24日

中国共产党第十九次全国代表大会在北京召开。会议提出实施乡村振兴战略,要求按照产业兴旺、生态宜居、乡风文明、治理有效、生活富裕的总要求,加快农业农村现代化。

12月

27—29日

全国扶贫开发工作会议在京召开。会议认真贯彻落实党的十九大和中央经济工作会议、中央农村工作会议精神,全面总结了2017年脱贫攻坚工作,并对2018年各项重点工作进行了科学谋划和精心安排。

28—29日

2017年中央农村工作会议在北京举行。会议全面分析"三农"工作面临的形势和任务,研究实施乡村振兴战略的重要政策,部署2018年和今后一个时期的农业农村工作。

2018年

1月

2日

中共中央、国务院发布《关于实施乡村振兴战略的意见》(2018年中央一号文件)。该文件指出,实施乡村振兴战略,是党的十九大作出的重大决策部署,是决胜全面建成小康社会、全面建设社会主义现代化国家的重大历史任务,是新时代"三农"工作的总抓手。该文件提出了实施乡村振兴战略的指导思想、目标任务和基本原则,并就如下重点工作进行了部署和安排,包括:提升农业发展质量,培育乡村发展新动能;推进乡村绿色发展,打造人与自然和谐共生发展新格局;繁荣兴盛农村文化,焕发乡风文明新气象;加强农村基层基础工作,构建乡村治理新体系;提高农村民生保障水平,塑造美丽乡村新风貌;打好精准脱贫攻坚战,增强贫困群众获得感;推进体制机制创新,强化乡村振兴制度性供给;汇聚全社会力量,强化乡村振兴人才支撑;开拓投融资渠道,强化乡村振兴投入保障;坚持和完善党对"三农"工作的领导。

2月

5日

中共中央办公厅、国务院办公厅印发了《农村人居环境整治三年行动方案》。该方案以建设美丽宜居村庄为导向，以农村垃圾清理、污水治理和村容村貌提升为主攻方向，明确提出，到2020年，实现农村人居环境明显改善，村庄环境基本干净整洁有序，村民环境与健康意识普遍增强。

4月

3日

根据十三届全国人大一次会议关于国务院机构改革方案，新组建的中华人民共和国农业农村部在北京正式挂牌。

6月

7日

国务院批复同意设立"中国农民丰收节"。自2018年起，将每年秋分日设立为"中国农民丰收节"。

15日

中共中央、国务院发布《关于打赢脱贫攻坚战三年行动的指导意见》。该意见要求，到2020年，通过发展生产脱贫一批，易地搬迁脱贫一批，生态补偿脱贫一批，发展教育脱贫一批，社会保障兜底一批，因地制宜综合施策，确保现行标准下农村贫困人口实现脱贫，消除绝对贫困；确保贫困县全部摘帽，解决区域性整体贫困。

26日

农业农村部发布《关于加快推进品牌强农的意见》。该意见提出，力争3—5年，实现我国农业品牌化水平显著提高，品牌产品市场占有率、消费者信任度、溢价能力明显提升，中高端产品供给能力明显提高，品牌带动产业发展和效益提升作用明显增强。国家级、省级、地市级、县市级多层级协同发展、相互促进的农业品牌梯队全面建立，规模化生产、集约化经营、多元化营销的现代农业品牌发展格局初步形成。重点培育一批全国影响力大、辐射带动范围广、国际竞争力强、文化底蕴深厚的国家级农业品牌，打造300个国家级农产品区域公用品牌、500个国家级农业企业品牌、1000个农产品品牌。

9月

21日

农业农村部发布《关于支持长江经济带农业农村绿色发展的实施意见》。作为落实《长江经济带发展规划纲要》的重要举措，该意见要求切实增强推动长江经济带农业农村绿色发展的自觉性和紧迫性，突出抓好长江经济带农业农村绿色发展的重点任务，包括强化水生生物多样性保护、深入推进化肥农药减量增效、促进农业废弃物资源化利用，协同推进长江经济带农业农村绿色发展与乡村振兴。

12月

24日

农业农村部办公厅发布《关于加强地方猪遗传资源保护工作的通知》。该通知要求充分认识加强地方猪遗传资源保护的重要性,切实落实地方猪遗传资源保护各项措施,加大对地方猪遗传资源保护的支持力度。

25日

中央农办、农业农村部、国家卫生健康委、住房和城乡建设部、文化和旅游部、国家发展改革委、财政部、生态环境部发布《关于推进农村"厕所革命"专项行动的指导意见》。该意见指出,"厕所革命"的重点在农村,难点也在农村,各地要顺应农民群众对美好生活的向往,把农村"厕所革命"作为改善农村人居环境、促进民生事业发展的重要举措,进一步增强使命感、责任感和紧迫感,坚持不懈、持续推进,以小厕所促进社会文明大进步。

28—29日

中央农村工作会议在北京召开。会议总结交流各地实施乡村振兴战略经验,研究落实2019年和2020年两年"三农"工作必须完成的硬任务,部署2019年农业农村工作。

2019年

2月

19日

中共中央、国务院发布《关于坚持农业农村优先发展做好"三农"工作的若干意见》(2019年中央一号文件)。该文件要求坚持农业农村优先发展总方针,以实施乡村振兴战略为总抓手,对标全面建成小康社会"三农"工作必须完成的硬任务,适应国内外复杂形势变化对农村改革发展提出的新要求,抓重点、补短板、强基础,围绕"巩固、增强、提升、畅通"深化农业供给侧结构性改革,坚决打赢脱贫攻坚战,充分发挥农村基层党组织战斗堡垒作用,全面推进乡村振兴,确保顺利完成到2020年承诺的农村改革发展目标任务。

22日

农业农村部发布《中华人民共和国农业植物品种保护名录(第十一批)》,自2019年4月1日起实施。

4月

30日

农业农村部办公厅印发《农作物种质资源保护与利用三年行动方案》《畜禽遗传资源保护与利用三年行动方案》。

6月

28日

国务院印发《关于促进乡村产业振兴的指导意见》。该意见明确提出,力争用5—10年时间,农村一二三产业融合发展增加值占县域生产总值的比重实现较大幅度提高,乡村产业振兴取得重要进展;乡村产业体系健全完备,农业供给侧结构性改革成效明显,绿色发展模式更加成熟,乡村就业结构更加优化,农民增收渠道持续拓宽,产业扶贫作用进一步凸显。

8月

27日

中央农村工作领导小组办公室、农业农村部、国家发展改革委等11部门联合发布《关于实施家庭农场培育计划的指导意见》。该意见提出,要完善登记和名录管理制度,以县(市、区)为单位引导家庭农场适度规模经营,取得最佳规模效益;把符合条件的种养大户、专业大户纳入家庭农场范围;建立健全政策支持体系,依法保障家庭农场土地经营权。该意见提出了实施家庭农场培育计划的工作目标,即到2020年,支持家庭农场发展的政策体系基本建立;到2022年,支持家庭农场发展的政策体系和管理制度进一步完善。

11月

21日

国务院办公厅印发《关于切实加强高标准农田建设提升国家粮食安全保障能力的意见》。该意见提出,要聚焦重点区域,统筹整合资金,加大投入力度,完善建设内容,加强建设管理,突出抓好耕地保护、地力提升和高效节水灌溉,大力推进高标准农田建设,加快补齐农业基础设施短板,提高水土资源利用效率,切实增强农田防灾抗灾减灾能力,为保障国家粮食安全提供坚实基础。该意见提出了高标准农田建设目标,即到2020年,全国建成8亿亩集中连片、旱涝保收、节水高效、稳产高产、生态友好的高标准农田;到2022年,建成10亿亩高标准农田,以此稳定保障5000亿千克以上粮食产能;到2035年,通过持续改造提升,全国高标准农田保有量进一步提高,不断夯实国家粮食安全保障基础。

12月

20—21日

中央农村工作会议在北京召开。会议分析了当前"三农"工作面临的形势和任务,围绕全面建成小康社会和打赢脱贫攻坚战,研究部署2020年"三农"工作。

27日

农业农村部发布《关于长江流域重点水域禁捕范围和时间的通告》。该通告宣布,从2020年1月1日0时起开始实施长江十年禁渔计划;长江干流和重要支流除水生生物自然保护区和水产种质资源保护区以外的天然水域,最迟自2021年1月1日0时起实行暂定为期10年的常年禁捕,其间禁止天然渔业资源的生产性捕捞。

30日

国务院办公厅发布《关于加强农业种质资源保护与利用的意见》。该意见进一步明确了农业种质资源保护的基础性、公益性定位,要求构建多层次收集保护、多元化开发利用和多渠道政策支持的新格局,力争到2035年,建成系统完整、科学高效的农业种质资源保护与利用体系。

2020年

1月

2日

中共中央、国务院发布《关于抓好"三农"领域重点工作 确保如期实现全面小康的意见》

（2020年中央一号文件）。该文件部署了2020年"三农"领域的重点工作，包括坚决打赢脱贫攻坚战、对标全面建成小康社会加快补上农村基础设施和公共服务短板、保障重要农产品有效供给和促进农民持续增收、加强农村基层治理、强化农村补短板保障措施，确保脱贫攻坚战圆满收官，确保农村同步全面建成小康社会。

2月

25日

农业农村部、财政部联合印发《东北黑土地保护性耕作行动计划（2020—2025年）》。该计划旨在适宜区域全面推广应用保护性耕作，促进东北黑土地保护和农业可持续发展，力争到2025年，保护性耕作实施面积达到1.4亿亩，占东北地区适宜区域耕地总面积的70%左右，形成较为完善的保护性耕作政策支持体系、技术装备体系和推广应用体系。

3月

18日

农业农村部印发《关于加强长江流域禁捕执法管理工作的意见》，要求各地全面适应长江流域重点水域常年禁捕新形势新要求，围绕禁捕后长江流域水生生物保护和水域生态修复重点任务需要，进一步加强长江流域渔政执法能力建设，推动建立人防与技防并重、专管与群管结合的保护管理新机制，为坚决打赢长江水生生物保护攻坚战提供坚实保障。

4月

22日

农业农村部办公厅、国家乡村振兴局综合厅印发《社会资本投资农业农村指引》。该指引指出，社会资本投资农业农村的重点产业和领域包括现代种养业、现代种业、乡土特色产业、农产品加工流通业、乡村新型服务业、生态循环农业、农业科技创新、农业农村人才培养、农业农村基础设施建设、数字乡村建设、农村创新创业、农村人居环境整治等。该指引要求各地充分发挥财政政策、产业政策引导撬动作用，引导好、保护好、发挥好社会资本投资农业农村的积极性、主动性，切实发挥社会资本投资农业农村、服务乡村全面振兴的作用。

7月

8日

国务院办公厅印发《关于切实做好长江流域禁捕有关工作的通知》，要求从强化政治站位、强化转产安置、开展专项整治、加强考核检查等方面全面抓好落实长江禁捕相关工作。

9月

14日

国务院办公厅印发《关于促进畜牧业高质量发展的意见》，提出要以实施乡村振兴战略为引领，以农业供给侧结构性改革为主线，转变发展方式，强化科技创新、政策支持和法治保障，加快构建现代畜禽养殖、动物防疫和加工流通体系，不断增强畜牧业质量效益和竞争力，形成产出高效、产品安全、资源节约、环境友好、调控有效的高质量发展新格局，更好地满足人民群众多元化的畜禽产品消费需求；到2025年，畜禽养殖规模化率和畜禽粪污综合利用率分别达到70%以上和80%以上，到2030年分别达到75%以上和85%以上。

11月

4日

国务院办公厅发布《关于防止耕地"非粮化"稳定粮食生产的意见》。

12月

10日

国家统计局发布《关于2020年粮食产量数据的公告》。公告显示，2020年全国粮食总产量为13390亿斤，比上年增加113亿斤，创历史新高。粮食生产再获丰收，产量连续6年保持在1.3万亿斤以上。

28—29日

中央农村工作会议在北京召开。此次会议在全面建成小康社会、向第二个百年奋斗目标迈进的历史关口召开，研究谋划全面推进乡村振兴，做好巩固拓展脱贫攻坚成果同乡村振兴有效衔接，抓好粮食和重要农副产品生产供给，加快发展乡村产业，夯实现代农业发展基础支撑，坚决打好种业翻身仗，全面启动乡村建设行动，推进县域内城乡融合发展，加强和改进乡村治理，强化组织领导，确保实现"十四五"规划时期良好开局。

2021年

1月

4日

中共中央、国务院出台《关于全面推进乡村振兴 加快农业农村现代化的意见》（2021年中央一号文件）。该文件首次提出要设立衔接过渡期，持续巩固拓展脱贫攻坚成果，接续推进脱贫地区乡村振兴，加强农村低收入人口常态化帮扶，做好巩固拓展脱贫攻坚成果同乡村振兴有效衔接；明确提出到2025年，农业农村现代化取得重要进展，农业基础设施现代化迈上新台阶，农村生活设施便利化初步实现，城乡基本公共服务均等化水平明显提高。

19日

国家市场监管总局、生态环境部、住房和城乡建设部、水利部、农业农村部、国家卫生健康委、国家林业和草原局七部门印发《关于推动农村人居环境标准体系建设的指导意见》。该意见根据当前农村人居环境发展现状和实际需求，明确了五大方面三个层级的农村人居环境标准体系框架，确定了标准体系建设、标准实施推广等重点任务，提出了运行机制、工作保障、技术支撑、标准化服务四个方面的保障措施。

20日

农业农村部出台《关于统筹利用撂荒地促进农业生产发展的指导意见》。该意见指出，要充分认识统筹利用撂荒地的重要性；坚持分类指导，有序推进撂荒地利用；强化政策扶持，引导农民复耕撂荒地；加快设施建设，改善撂荒地耕种条件；规范土地流转，促进撂荒地规模经营；加强指导服务，提升农业社会化服务水平；加大宣传引导，提高遏制耕地撂荒的自觉性。

26 日

农业农村部2021年第一次常务会议审议通过《农村土地经营权流转管理办法》，自2021年3月1日起施行。

2 月

23 日

中共中央办公厅、国务院办公厅印发《关于加快推进乡村人才振兴的意见》。该意见要求加快培养农业生产经营人才、农村二三产业发展人才、乡村公共服务人才、乡村治理人才、农业农村科技人才，充分发挥各类主体在乡村人才培养中的作用，建立健全乡村人才振兴体制机制。

25 日

全国脱贫攻坚总结表彰大会在北京召开。习近平总书记向全国脱贫攻坚楷模荣誉称号获得者等颁奖并发表重要讲话。习近平总书记强调，经过全党全国各族人民共同努力，在迎来中国共产党成立一百周年的重要时刻，我国脱贫攻坚战取得了全面胜利，现行标准下9899万农村贫困人口全部脱贫，832个贫困县全部摘帽，12.8万个贫困村全部出列，区域性整体贫困得到解决，完成了消除绝对贫困的艰巨任务。创造了又一个彪炳史册的人间奇迹。

同日

国家乡村振兴局正式挂牌成立。国家乡村振兴局由国务院扶贫开发领导小组办公室改组而设，其成立既是我国脱贫攻坚战取得全面胜利的一个标志，也代表着我国"三农"工作进入了全面推进乡村振兴的新阶段。

4 月

7 日

农业农村部、国家发展和改革委员会、财政部、商务部、文化和旅游部、中国人民银行、中国银行保险监督管理委员会、国家林业和草原局、国家乡村振兴局、中华全国供销合作总社联合发布《关于推动脱贫地区特色产业可持续发展的指导意见》，共五部分二十一条政策措施。该意见明确到2025年，脱贫地区特色产业发展基础更加稳固，产业布局更加优化，产业体系更加完善，产销衔接更加顺畅，农民增收渠道持续拓宽，发展活力持续增强。

20 日

农业农村部印发《关于全面推进农业农村法治建设的意见》。该意见明确了到2025年农业农村法治建设的总体目标，并从完善农业农村法律规范体系、提高农业执法监管能力、提升农业农村普法实效、依法全面履行职能、强化农业农村部门依法治理能力5个方面，提出了强化重点领域立法、严格规范性文件合法性审核等15项重点举措。

21 日

国务院第132次常务会议修订通过《中华人民共和国土地管理法实施条例》，并予以公布。该条例细化规定了有关宅基地改革、土地征收、集体经营性建设用地入市等重点问题，与亿万农民土地权益息息相关。该条例自2021年9月1日起施行。

22 日

农业农村部办公厅、国家乡村振兴局综合司联合印发《社会资本投资农业农村指引（2021年）》。该指引是根据十九届五中全会、中央一号文件、第十四个五年规划和2035年远景目标纲要等明确的农业农村发展目标和重大任务，在对2020年4月制定的《社会资本投资农业农村指引》进行修订的基础上而形成的。

29 日

第十三届全国人民代表大会常务委员会第二十八次会议通过《中华人民共和国乡村振兴促进法》。这是"三农"领域一部固根本、稳预期、利长远的基础性综合性法律，意味着此后我国促进乡村振兴有法可依，对于促进乡村振兴和推进城乡融合发展，具有重要的里程碑意义。该法自2021年6月1日起施行。

7 月

1 日

庆祝中国共产党成立100周年大会在北京举行。在庆祝大会上，习近平总书记代表党和人民庄严宣告，经过全党全国各族人民持续奋斗，我们实现了第一个百年奋斗目标，在中华大地上全面建成了小康社会，历史性地解决了绝对贫困问题，正在意气风发向着全面建成社会主义现代化强国的第二个百年奋斗目标迈进。

7 日

农业农村部发布《关于加快发展农业社会化服务的指导意见》。该意见指出，要坚持市场导向、聚焦服务小农户、鼓励探索创新、引导资源共享，力争经过5—10年努力，基本形成组织结构合理、专业水平较高、服务能力较强、服务行为规范、全产业链覆盖的农业社会化服务体系。

16 日

农业农村部、司法部联合印发《培育农村学法用法示范户实施方案》。培育农村学法用法示范户工作自2021年起组织实施。到2025年，力争农村学法用法示范户覆盖到全国每个行政村。到2035年，力争每个行政村的学法用法示范户数量和效果都符合当地法治工作要求。

8 月

5 日

农业农村部、国家发展改革委、财政部、生态环境部、商务部和银保监联合发布《关于促进生猪产业持续健康发展的意见》。该意见是在2019年生猪产能严重下滑、猪肉价格大幅上涨等严峻形势下产生的，明确提出要用5—10年时间，基本形成产出高效、产品安全、资源节约、环境友好、调控有效的生猪产业高质量发展新格局，产业竞争力大幅提升，疫病防控能力明显增强，政策保障体系基本完善，市场周期性波动得到有效缓解，猪肉供应安全保障能力持续增强，自给率保持在95%左右。

9 月

16 日

农业农村部印发《关于全国高标准农田建设规划（2021—2030年）》（简称《规划》）。《规划》提出，到 2022 年建成高标准农田 10 亿亩，以此稳定保障 1 万亿斤以上粮食产能；到 2025 年建成 10.75 亿亩，并改造提升现有高标准农田 1.05 亿亩，以此稳定保障 1.1 万亿斤以上粮食产能；到 2030 年建成 12 亿亩，并改造提升现有高标准农田 2.8 亿亩，以此稳定保障 1.2 万亿斤以上粮食产能。

10 月

21 日

中共中央办公厅、国务院办公厅印发了《关于推动城乡建设绿色发展的意见》。该意见要求坚持生态优先、节约优先、保护优先，坚持系统观念，统筹发展和安全，同步推进物质文明建设与生态文明建设，落实碳达峰、碳中和目标任务，推进城市更新行动、乡村建设行动，加快转变城乡建设方式，促进经济社会发展全面绿色转型。该意见提出，到 2025 年，城乡建设绿色发展体制机制和政策体系基本建立；到 2035 年，城乡建设全面实现绿色发展，碳减排水平快速提升，城市和乡村品质全面提升，人居环境更加美好，城乡建设领域治理体系和治理能力基本实现现代化，美丽中国建设目标基本实现。

22 日

农业农村部发布《关于促进农业产业化龙头企业做大做强的意见》。该意见提出促进农业产业化龙头企业做大做好的总体目标是：到 2025 年，龙头企业队伍不断壮大，规模实力持续提升，科技创新能力明显增强，质量安全水平显著提高，品牌影响力不断扩大，新产业新业态蓬勃发展，全产业链建设加快推进，产业集聚度进一步提升，联农带农机制更加健全，保障国家粮食安全和重要农产品供给的作用更加突出。到 2025 年末，培育农业产业化国家重点龙头企业超过 2000 家、国家级农业产业化重点联合体超过 500 个，引领乡村产业高质量发展。

31 日

中共中央办公厅、国务院办公厅印发了《粮食节约行动方案》。该方案指出，要突出重点领域和关键环节，强化刚性制度约束，推动粮食全产业链各环节节约减损取得实效。

11 月

11 日

党的十九届六中全会在北京召开。会议审议通过了《中共中央关于党的百年奋斗重大成就和历史经验的决议》，审议通过了《关于召开党的第二十次全国代表大会的决议》。会议将"全体人民共同富裕基本实现"作为 21 世纪中叶建成社会主义现代化强国的目标之一。

12 日

国务院印发《"十四五"推进农业农村现代化规划》（简称《规划》）。《规划》对"十四五"时期推进农业农村现代化的战略导向、主要目标、重点任务和政策措施等作出了全面安排。《规划》提出了"十四五"时期推进农业农村现代化的工作目标，即到 2025 年，农业基础更加稳固，乡村振兴战略全面推进，农业农村现代化取得重要进展。梯次推进有条件的地区率先基本实现农业农村现代化，脱贫地区实现巩固拓展脱贫攻坚成果同乡村振兴有效衔接。展望 2035 年，乡村全面振兴取得决定性进展，农业农村现代化基本实现。

12 月

5 日

中共中央办公厅、国务院办公厅联合印发《农村人居环境整治提升五年行动方案（2021—2025 年）》。该方案提出，要坚持以人民为中心的发展思想，践行绿水青山就是金山银山的理念，以农村厕所革命、生活污水垃圾治理、村容村貌提升为重点，巩固拓展农村人居环境整治三年行动成果，全面提升农村人居环境质量。

6 日

国家统计局公布的全国粮食生产数据显示，2021 年全国粮食总产量 13657 亿斤，全年粮食产量再创新高，连续 7 年保持在 1.3 万亿斤以上，粮食生产喜获"十八连丰"。

25—26 日

中央农村工作会议在北京召开。会议根据中央经济工作会议精神，分析了当前"三农"工作面临的形势任务，研究部署 2022 年"三农"工作。

2022 年

1 月

4 日

中共中央、国务院发布《关于做好 2022 年全面推进乡村振兴重点工作的意见》（2022 年中央一号文件）。该文件指出，要全力抓好粮食生产和重要农产品供给，强化现代农业基础支撑，坚决守住不发生规模性返贫底线，聚焦产业促进乡村发展，扎实稳妥推进乡村建设，突出实效改进乡村治理，加大政策保障和体制机制创新力度，坚持和加强党对"三农"工作的全面领导，推动乡村振兴取得新进展、农业农村现代化迈出新步伐。

2 月

14 日

农业农村部发布《关于促进"十四五"远洋渔业高质量发展的意见》。该意见主要内容包括优化远洋渔业区域布局、推进远洋渔业全产业链集聚发展、健全远洋渔业发展支撑体系、提升远洋渔业综合治理能力、加大远洋渔业发展保障力度五个方面；到 2025 年，远洋渔业总产量稳定在 230 万吨左右。

17 日

国务院第三次全国土壤普查领导小组办公室编制并印发《第三次全国土壤普查工作方案》。

3 月

25 日

农业农村部、最高人民法院、最高人民检察院、工业和信息化部、公安部、国家市场监管总局、国家知识产权局共同发布《关于保护种业知识产权打击假冒伪劣套牌侵权营造种业振兴良好环境的指导意见》。该意见旨在提高种业知识产权保护水平，严厉打击假冒伪劣、套牌侵权等违法犯罪行为，加快营造种业振兴良好环境。

4月

2日

农业农村部、国家乡村振兴局联合印发《社会资本投资农业农村指引（2022年）》。根据该指引，鼓励投资的重点产业和领域包括现代种养业、现代种业、乡村富民产业、农产品加工流通业、乡村新型服务业、农业农村绿色发展、农业科技创新、农业农村人才培养、农业农村基础设施建设、数字乡村和智慧农业建设、农村创业创新、农村人居环境整治、农业对外合作十三个方面。该指引要求各地根据农业农村实际发展情况，因地制宜创新投融资模式，推动资源整合、优化投资结构、提升投资效能。

7月

21日

农业农村部办公厅发布《关于扶持国家种业阵型企业发展的通知》。为贯彻党中央、国务院种业振兴决策部署，落实全国种业企业扶优工作推进会精神，深入实施种业企业扶优行动，支持重点优势企业做强做优做大，农业农村部根据企业创新能力、资产实力、市场规模、发展潜力等情况，决定遴选袁隆平农业高科技股份有限公司等69家企业为国家农作物种业阵型企业，温氏食品集团股份有限公司等86家企业为国家畜禽种业阵型企业，宁德市富发水产有限公司等121家企业为国家水产种业阵型企业。

9月

2日

首届国际农业服务贸易大会在北京召开。会议由中国农业农村部主办，主题为"农业服务贸易：经贸合作新模式 农业升级新路径"。中国农业农村部副部长马有祥、商务部副部长盛秋平出席开幕式并致辞。墨西哥、荷兰等国部长或大使出席，有关国家政府机构、国际组织、涉农跨国企业和商协会等代表参会。

15日

农业农村部办公厅出台《关于加快推进种业基地现代化建设的指导意见》。该意见共包括五部分十四条政策措施，分别为：优化基地布局，打造国家种源保障战略力量；加强基地建设，提高产业链现代化水平；强化管理服务，营造基地发展良好环境；强化监测储备，提高应急供种保障水平；强化组织保障，确保各项任务落实落地。

30日

农业农村部、水利部、国家发展和改革委员会、财政部、自然资源部、商务部、中国人民银行、中国银行保险监督管理委员会联合印发《关于扩大当前农业农村基础设施建设投资的工作方案》。该方案要求各地要紧紧围绕扩大有效投资、提升农业综合生产能力，以重大项目设计为支撑，用好投融资政策工具，完善市场化运作机制，加快农业农村基础设施建设进度，尽快形成实物工作量，为保供防通胀、稳住经济大盘奠定坚实基础。

11月

9日

人力资源和社会保障部、国家发展和改革委员会、财政部、农业农村部、国家乡村振兴局联合发布《关于进一步支持农民工就业创业的实施意见》。该意见要求各地落实党中央、国务院关于高效统筹疫情防控和经济社会发展决策部署，多措并举稳增长稳就业，进一步支持农民工及脱贫人口（含防止返贫监测对象）就业创业，包括支持稳定农民工就业岗位、引导农民工有序外出务工、促进农民工就近就业创业、强化农民工就业服务保障、实施防止返贫就业攻坚行动。

12月

23—24日

2022年中央农村工作会议在北京举行。习近平总书记出席会议并发表重要讲话强调，全面推进乡村振兴、加快建设农业强国，是党中央着眼全面建成社会主义现代化强国作出的战略部署；要铆足干劲，抓好以乡村振兴为重心的"三农"各项工作，大力推进农业农村现代化，为加快建设农业强国而努力奋斗。会议讨论了《中共中央、国务院关于做好2023年全面推进乡村振兴重点工作的意见（讨论稿）》，对2023年"三农"工作进行了研究部署。

附　录

· 一、重要文献 ·

中华人民共和国土地改革法

（一九五〇年六月二十八日中央人民政府委员会第八次会议通过，一九五〇年六月三十日中央人民政府主席毛泽东发布命令公布施行）

第一章 总 则

第一条 废除地主阶级封建剥削的土地所有制，实行农民的土地所有制，借以解放农村生产力，发展农业生产，为新中国的工业化开辟道路。

第二章 土地的没收和征收

第二条 没收地主的土地、耕畜、农具、多余的粮食及其在农村中多余的房屋。但地主的其他财产不予没收。

第三条 征收祠堂、庙宇、寺院、教堂、学校和团体在农村中的土地及其他公地。但对依靠上述土地收入以为维持费用的学校、孤儿院、养老院、医院等事业，应由当地人民政府另筹解决经费的妥善办法。

清真寺所有的土地，在当地回民同意下，得酌予保留。

第四条 保护工商业，不得侵犯。

地主兼营的工商业及其直接用于经营工商业的土地和财产，不得没收。不得因没收封建的土地财产而侵犯工商业。

工商业家在农村中的土地和原由农民居住的房屋，应予征收。但其在农村中的其他财产和合法经营，应加保护，不得侵犯。

第五条 革命军人、烈士家属、工人、职员、自由职业者、小贩以及因从事其他职业或因缺乏劳动力而出租小量土地者，均不得以地主论。其每人平均所有土地数量不超过当地每人平均土地数百分之二百者（例如当地每人平均土地为二亩，本户每人平均土地不超过四亩者），均保留不动。超过此标准者，得征收其超过部分的土地。如该项土地确系以其本人劳动所得购买者，或系鳏、寡、孤、独、残废人等依靠该项土地为生者，其每人平均所有土地数量虽超过百分之二百，亦得酌情予以照顾。

第六条 保护富农所有自耕和雇人耕种的土地及其他财产，不得侵犯。

富农所有之出租的小量土地，亦予保留不动；但在某些特殊地区，经省以上人民政府的批准，得征收其出租土地的一部或全部。

半地主式的富农出租大量土地，超过其自耕和雇人耕种的土地数量者，应征收其出租的土地。富农租入的土地应与其出租的土地相抵计算。

第七条 保护中农（包括富裕中农在内）的土地及其他财产，不得侵犯。

第八条 本法规定所有应加没收和征收的土地，在当地解放以后，如以出卖、出典、赠送或其他方式转移分散者，一律无效。此项土地，应计入分配土地的数目之内。但农民如因买地典地而蒙受较大损失时，应设法给以适当补偿。

第九条　地主、富农、中农、贫农、雇农及其他农村社会阶级成分的合法定义，另定之。

第三章　土地的分配

第十条　所有没收和征收得来的土地和其他生产资料，除本法规定收归国家所有者外，均由乡农民协会接收，统一地、公平合理地分配给无地少地及缺乏其他生产资料的贫苦农民所有。对地主亦分给同样的一份，使地主也能依靠自己的劳动维持生活，并在劳动中改造自己。

第十一条　分配土地，以乡或等于乡的行政村为单位，在原耕基础上，按土地数量、质量及其位置远近，用抽补调整方法按人口统一分配之。但区或县农民协会得在各乡或等于乡的各行政村之间，作某些必要的调剂。在地广人稀的地区，为便于耕种，亦得以乡以下的较小单位分配土地。乡与乡之间的交错土地，原属何乡农民耕种者，即划归该乡分配。

第十二条　在原耕基础上分配土地时，原耕农民自有的土地不得抽出分配。原耕农民租入的土地抽出分配时，应给原耕农民以适当的照顾。应使原耕农民分得的土地（自有土地者连同其自有土地在内），适当地稍多于当地无地少地农民在分得土地后所有的土地，以使原耕农民保持相当于当地每人平均土地数的土地为原则。

原耕农民租入土地之有田面权者，在抽动时，应给原耕者保留相当于当地田面权价格之土地。

第十三条　在分配土地时，对于无地少地人口中若干特殊问题的处理，如下：

一、只有一口人或两口人而有劳动力的贫苦农民，在本乡土地条件允许时，得分给多于一口人或两口人的土地。

二、农村中的手工业工人、小贩、自由职业者及其家属，应酌情分给部分土地和其他生产资料。但其职业收入足以经常维持其家庭生活者，得不分给。

三、家居农村的烈士家属（烈士本人得计算在家庭人口之内）、人民解放军的指挥员、战斗员、荣誉军人、复员军人、人民政府和人民团体的工作人员及其家属（包括随军家属在内），均应分给与农民同样的一份土地和其他生产资料。但人民政府和人民团体的工作人员，得视其薪资所得及其他收入的多少与其对于家庭生活所能维持的程度，而酌情少分或不分。

四、本人在外从事其他职业而家属居住农村者，其家属应酌情分给土地和其他生产资料。其职业收入足以经常维持其家属生活者，得不分给。

五、农村中的僧、尼、道士、教士及阿訇，有劳动力，愿意从事农业生产而无其他职业维持生活者，应分给与农民同样的一份土地和其他生产资料。

六、经城市人民政府或工会证明其失业的工人及其家属，回乡后要求分地而又能从事农业生产者，在当地土地情况允许的条件下，应分给与农民同样的一份土地和其他生产资料。

七、还乡的逃亡地主及曾经在敌方工作现已还乡的人员及其家属，有劳动力，愿意从事农业生产以维持生活者，应分给与农民同样的一份土地和其他生产资料。

八、家居乡村业经人民政府确定的汉奸、卖国贼、战争罪犯、罪大恶极的反革命分子及坚决破坏土地改革的犯罪分子，不得分给土地。其家属未参加犯罪行为，无其他职业维持生活，有劳动力并愿意从事农业生产者，应分给与农民同样的一份土地和其他生产资料。

第十四条　分配土地时，得以乡为单位，根据本乡的土地情况，酌量留出小量土地，以备本乡情况不明的外出户和逃亡户回乡耕种，或作本乡土地调剂之用。此项土地，暂由乡人民政府管理，租给农民耕种。但所留土地最多不得超过全乡土地的百分之一。

第十五条　分配土地时，县以上人民政府得根据当地土地情况，酌量划出一部分土地收归国有，作为一县或数县范围内的农事试验场或国营示范农场之用。此项土地，在未举办农场以前，可租给农民耕种。

第四章　特殊土地问题的处理

第十六条　没收和征收的山林、鱼塘、茶山、桐山、桑田、竹林、果园、芦苇地、荒地及其他可分土地，应按适当比例，折合普通土地统一分配之。为利于生产，应尽先分给原来从事此项生产的农民。分得此项土地者，可少分或不分普通耕地。其分配不利于经营者，得由当地人民政府根据原有习惯，予以民主管理，并合理经营之。

第十七条　没收和征收之堰、塘等水利，可分配者应随田分配。其不宜于分配者，得由当地人民政府根据原有习惯予以民主管理。

第十八条　大森林、大水利工程、大荒地、大荒山、大盐田和矿山及湖、沼、河、港等，均归国家所有，由人民政府管理经营之。其原由私人投资经营者，仍由原经营者按照人民政府颁布之法令继续经营之。

第十九条　使用机器耕种或有其他进步设备的农田、苗圃、农事试验场及有技术性的大竹园、大果园、大茶山、大桐山、大桑田、大牧场等，由原经营者继续经营，不得分散。但土地所有权原属于地主者，经省以上人民政府批准，得收归国有。

第二十条　没收和征收土地时，坟墓及坟场上的树木，一律不动。

第二十一条　名胜古迹，历史文物，应妥为保护。祠堂、庙宇、寺院、教堂及其他公共建筑和地主的房屋，均不得破坏。地主在农村中多余的房屋不合农民使用者，得由当地人民政府管理，充作公用。

第二十二条　解放后开垦的荒地，在分配土地时不得没收，仍归原垦者耕种，不计入应分土地数目之内。

第二十三条　为维持农村中的修桥、补路、茶亭、义渡等公益事业所必需的小量土地，得按原有习惯予以保留，不加分配。

第二十四条　华侨所有的土地和房屋，应本照顾侨胞利益的原则，由大行政区人民政府（军政委员会）或省人民政府依照本法的一般原则，另定适当办法处理之。

第二十五条　沙田、湖田之属于地主所有或为公共团体所有者，均收归国家所有，由省以上人民政府另定适当办法处理之。

第二十六条　铁路、公路、河道两旁的护路、护堤土地及飞机场、海港、要塞等占用的土地，不得分配。已划定线路并指定日期开辟的铁路、公路、河道及飞机场等应保留土地者，须经省以上人民政府批准。

第二十七条　国家所有的土地，由私人经营者，经营人不得以之出租、出卖或荒废。原经营人如不需用该项土地时，必须交还国家。

第五章　土地改革的执行机关和执行方法

第二十八条　为加强人民政府对土地改革工作的领导，在土地改革期间，县以上各级人民政府，经人民代表会议推选或上级人民政府委派适当数量的人员，组织土地改革委员会，负责指导和处理有关土地改革的各项事宜。

第二十九条　乡村农民大会，农民代表会及其选出的农民协会委员会，区、县、省各级农民代表大会及其选出的农民协会委员会，为改革土地制度的合法执行机关。

第三十条　土地改革完成后，由人民政府发给土地所有证，并承认一切土地所有者自由经营、买卖及出租其土地的权利。土地制度改革以前的土地契约，一律作废。

第三十一条　划定阶级成分时，应依据中央人民政府颁布的划分农村阶级成分的决定，按自报公议方法，由乡村农民大会，农民代表会，在乡村人民政府领导下民主评定之。其本人未参加农民协会者，亦应邀集到会参加评定，并允许其申辩。评定后，由乡村人民政府报请区人民政府批准。本人或其他人如有不同意见，得于批准后十五日内向县人民法庭提出申诉，经县人民法庭判决执行。

第三十二条　为保证土地改革的实行，在土地改革期间，各县应组织人民法庭，用巡回审判方法，对于罪大恶极为广大人民群众所痛恨并要求惩办的恶霸分子及一切违抗或破坏土地改革法令的罪犯，依法予以审判及处分。严禁乱捕、乱打、乱杀及各种肉刑和变相肉刑。

人民法庭的组织条例，另定之。

第三十三条　在土地改革完成以前，为保证土地改革的秩序及保护人民的财富，严禁一切非法的宰杀耕畜、斫伐树木，并严禁荒废土地，破坏农具、水利、建筑物、农作物或其他物品，违者应受人民法庭的审判及处分。

第三十四条　为保障土地改革一切措施符合于绝大多数人民的利益及意志，各级人民政府应负责切实保障人民的民主权利，农民及其代表有在各种会议上自由批评及弹劾各方各级的一切工作人员的权利。侵犯上述人民权利者，应受法律制裁。

第六章　附　则

第三十五条　本法适用于一般农村，不适用于大城市的郊区。大城市郊区的土地改革办法，另定之。

本条所称的大城市，由各大行政区人民政府（军政委员会）按城市情况决定之。

第三十六条　本法不适用于少数民族地区。但在汉人占多数地区零散居住的少数民族住户，在当地土地改革时，应依本法与汉人同等待遇。

第三十七条　本法不适用于土地改革业已基本上完成的地区。

第三十八条　凡在本法公布后开始施行土地改革的地区，除本法第三十五、第三十六及第三十七条所规定之地区外，均须按照本法施行。各地何时施行土地改革，由各大行政区人民政府（军政委员会）及省人民政府以命令规定并公布之。

第三十九条　本法公布后，各省人民政府应依本法所定原则及当地具体情况制定当地土地改革实施办法，提请大行政区人民政府（军政委员会）批准施行，并呈报中央人民政府政务院备案。

第四十条　本法经中央人民政府委员会通过后公布施行。

根据一九五〇年六月三十日《人民日报》刊印

（原载中共中央文献研究室编：《建国以来重要文献选编（第一册）》，中央文献出版社，2011年6月第1版）

中共中央印发
《关于农业生产互助合作的决议（草案）》的通知

（一九五一年十二月十五日）

各中央局，并转分局，省市区党委：

（一）兹将关于农业生产互助合作的决议草案一件发给你们，请印发到县委和区委。请即照此草案在党内外进行解释，并组织实行。这是在一切已经完成了土地改革的地区都要解释和实行的，请你们当作一件大事去做。这个决议草案可以在党内刊物上发表，但不要在党外报刊上发表，因为还是草案。（二）这个草案比十月间发给一些同志带回去的草案有了一些修改，请将十月草案收回作废。

中　央
一九五一年十二月十五日

中共中央关于农业生产互助合作的决议（草案）

（一九五一年十二月十五日）

（一）农民在土地改革基础上所发扬起来的生产积极性，表现在两个方面：一方面是个体经济的积极性，另方面是劳动互助的积极性。农民的这些生产积极性，乃是迅速恢复和发展国民经济和促进国家工业化的基本因素之一。因此，党对于农村生产的正确领导，具有极重大的意义。

（二）解放后农民对于个体经济的积极性是不可避免的。党充分地了解了农民这种小私有者的特点，并指出不能忽视和粗暴地挫折农民这种个体经济的积极性。在这方面，党是坚持了巩固地联合中农的政策。对于富农经济，也还是让它发展的。根据我们国家现在的经济条件，农民个体经济在一个相当长的时期内，将还是大量存在的。因此，政治协商会议共同纲领曾经指出：应该"使各种社会经济成分在国营经济领导之下，分工合作，各得其所，以促进整个社会经济的发展"，其中即包括了"农民和手工业者的个体经济"。除此之外，共同纲领还有以下的规定："凡已实行土地改革的地区，必须保护农民已得土地的所有权。"

（三）但是，党中央从来认为要克服很多农民在分散经营中所发生的困难，要使广大贫困的农民能够迅速地增加生产而走上丰衣足食的道路，要使国家得到比现在多得多的商品粮食及其他工业原料，同时也就提高农民的购买力，使国家的工业品得到广大的销场，就必须提倡"组织起来"，按照自愿和互利的原则，发展农民劳动互助的积极性。这种劳动互助是建立在个体经济基础上（农民私有财产的基础上）的集体劳动，其发展前途就是农业集体化或社会主义化。长时期以来的事实，证明党中央这个方针是完全正确的。政治协商会议共同纲领根据人民解放区长期的经验和党中央的方针,曾经作出了正确的规定:"在一切已彻底实现土地改革的地区,人民政府应组织农民及一切可以从事农业的劳动力以发展农业生产及其副业为中心任务,并应引导农民逐步地按照自愿和互利的原则,组织各种形式的劳动互助和生产合作。"显然,党中央的和共同纲领上的这个方针在实际上教育着广大农民,使他们逐步地懂得劳动互助和生产合作比起单纯的孤立的个体经济有极大的优越性,启发他们由个体经济逐步地过渡到集体经济的道路。

(四)各地农民在农业生产上的互助合作运动的发展是随着各地农村经济的发展与生产的要求,而有各种不同的历史和复杂的形式,但是大体上有三种主要的形式。第一种形式是简单的劳动互助,这是最初级的,主要是临时性的,季节性的。这种形式在老解放区从开始到现在都是最大量的,在新解放区也是适合于农民固有的互助习惯,便于大量发展的。但这种形式一般地都是小型的;除了个别情况的需要以外,一般地也只能是以小型的为适宜。第二种形式是常年的互助组,这是比第一种形式较高的形式。它们中有一部分开始实行农业和副业的互助相结合;有某些简单的生产计划,随后逐步地把劳动互助和提高技术相结合,有某些技术的分工;有的互助组并逐步地设置了一部分公有农具和牲畜,积累了小量的公有财产。这类形式在各地还占少数;但在简单的劳动互助运动已有基础的地区,即广大农民已经由组织起来克服困难、而在生产上已有某些发展和在生活上已获得某些改善的地区,这种互助的形式为许多农民所要求,因而逐年在增加中。以上两种形式的互助组织所包括的农民,在华北已发展到占全体农民的百分之六十,在东北则达到了百分之七十。第三种形式是以土地入股为特点的农业生产合作社,因此或称为土地合作社。这种形式包括了第二种形式中在有些地方已经存在的若干重要的特点,即如上述的农业与副业的结合,一定程度上的生产计划性和技术的分工,有些或多或少的共同使用的改良农具和公有财产,等等,但带了比较扩大的形式。因为有了某些公共的改良农具和新式农具,有了某些分工分业,或兴修了水利,或开垦了荒地,就引起了在生产上统一土地使用的要求。这还是在土地私有或半私有基础上的农业生产合作社。用土地入股同样地是根据自愿和互利的原则,并可以根据自愿的原则退股。但在生产上,一方面,便于统一计划土地的经营,因地种植,使地尽其用;另方面,可以更方便地调剂劳动力和半劳动力,发挥劳动分工的积极性。这两方面,也就可能逐渐在若干点上克服小农经济的弱点。在这第三种形式下经营的土地和副业,除了有的合作因为并不是群众的真正自愿,或经营不合理所以不能成功以外,产量与收入一般地都大大增加。一般说来,这种以土地入股的合作社通常是在较好的互助运动基础上发展起来的,是农业生产互助运动在现在的高级形式,目前还只是在若干县区存在,数量还不很多,但在东北华北两区也已经有了三百多个,并正在发展中。

上述这三种形式,在各地并不一定都是截然划分的,也并不一定都是整齐划一地循序而进的。也有个别在特殊的情形下,当农民组织起来后不久,便实行土地合股的。根据各地不同的条件,群众时常同时存在着许多不同的互相交错的形式,而且各地发展是很不平衡的。一般说来,互助合作运动是在具体的曲折的道路上前进着的。不问群众的条件和经验如何,企图用一种抽象的公式去机械地硬套,当然是错误的,是会损害互助合作运动的发展的。

根据运动发展的一般规律和发展农村生产力的必要性,党在目前对于发展互助合作运动的方针,应该有下列三个方面:

一、在全国各地，特别在新解放区和互助运动薄弱的地区，有领导地大量地发展互助合作运动的第一种形式（即临时性的季节性的简单的劳动互助）。如果看轻这种为目前广大农民所可能接受的最初级的形式，甚至认为临时性和季节性的变工换工不叫互助，只有常年互助组才叫做互助，而不肯积极地去领导推广，这是错误的。

二、在有初步互助运动基础的地区，必须有领导地逐步地推广第二种形式（即比简单的劳动互助有更多内容的常年互助组）。如果只满足于临时性的季节性的互助，而不企图进一步加以巩固和加以提高，使农民可能经过常年的互助获得更多的利益，这也是错误的。

三、在群众有比较丰富的互助经验，而又有比较坚强的领导骨干的地区，应当有领导地同时又是有重点地发展第三种形式（即土地入股的农业生产合作社）。如果不顾群众在生产中的需要、互助运动的基础、领导的骨干、群众的积极性、并有充分的酝酿等项条件，而只是好高骛远，企图单纯地依靠自上而下的布置和命令主义的方法去大搞这第三种形式，这是形式主义和轻举妄动的做法，当然是错误的。

党中央的方针就是根据可能的条件而稳步前进的方针。党在各种不同地区的农村支部，应该在党中央这种方针的指导下，教育自己的党员积极地分别参加这些不同的农业互助和合作。

（五）关于农业互助合作的问题，总的说来有两种不同的错误的倾向：一种倾向是采取消极的态度对待互助合作运动，看不出这是我党引导广大农民群众从小生产的个体经济逐渐走向大规模的使用机器耕种和收割的集体经济所必经的道路，否认现在业已出现的各种农业生产合作社是走向农业社会主义化的过渡的形式，否认它们带有社会主义的因素。这是右倾的错误的思想。另一种倾向是采取急躁的态度，不顾农民自愿和经济准备的各种必须的条件，过早地、不适宜地企图在现在就否定或限制参加合作社的农民的私有财产，或者企图对于互助组和农业生产合作社的成员实行绝对平均主义，或者企图很快地举办更高级的社会主义化的集体农庄，认为现在可以一蹴而在农村中完全到达社会主义。这些是"左"倾的错误的思想。党中央批判了这两种错误的思想倾向，认为农民劳动群众的互助组织以及在互助运动基础上所发展起来的现在各种形式的农业生产合作社有很重要的积极意义。中央估计了它们的两方面的性质，即：一方面的性质是在私有财产的基础上，农民有土地私有权和其他生产手段的私有权，农民得按入股的土地分配一定的收获量，并得按入股的工具及牲畜取得合理的代价；另一方面的性质是在共同劳动的基础上，实行计工取酬，按劳分红，并有某些公共的财产，这些就是社会主义的因素。同时，这两方面的性质也正说明了：现在所称的农业生产合作社虽然是互助运动在现在出现的高级形式，但是比起完全的社会主义的集体农庄（即是更高级的农业生产合作社），这还是较低级的形式，因此，它还只是走向社会主义农业的过渡的形式。可是，这种走向社会主义的过渡的形式又正是富有生命的有前途的形式。党的政策的正确性，就是在于恰当地估计它们的上述两方面的性质，而由此谨慎地又积极地在逐步发展的基础上，引导它们前进。忽视上述两方面性质的任何一方面，例如右的倾向，忽视上述后一方面的性质，就必然表现为落在生活后面的尾巴主义；又例如"左"的倾向，忽视上述前一方面的性质，就必然表现为超越生活条件可能性的冒险主义。

（六）过去的经验证明：在农业的互助合作运动上，强迫命令的领导方法是错误的，但放任自流也是错误的。强迫命令就是违反自愿和互利的原则，而且容易伤害联合中农的政策，即使运动能够暂时轰轰烈烈一阵，但是不能够巩固的。放任自流会使互助合作运动陷于消沉和解体，或使互助组和合作社内部滋长资本主义的倾向，因而增加贫苦农民在生产中的困难和出卖土地的情况，结果只有利于富农经济的发展而不利于贫雇农经济地位的上升，这当然是很有害的。在互助运动开始发展的地区出现的错误，主要的是前一种。在农村生产已经有较大的发展、中农已经成为多数、而互助运动需要继续前进的地区出现的错误，主要的是后一种。有些地方的同志开始犯了强迫命令的错误，例如"强迫编组"、"全面编组"、"搞大变工队"和盲目地追求"高级形式"等等。在碰到困难之后，就又走入放任自流的另一个极端。因此，必须随时注意纠正和防止这两种错误的领导方法，而掌握正确的领导方法。这种正确的领导方法，首先是采取典型示范而逐步推广的方法，一般地是由小到大，由少到多，由低级到高级。第二、在工作过程中，总是随时随地研究群众的经验，集中群众的意见，教育群众，发扬正确的东西，避免重复错误的东西。第三、在处理互助组和生产合作社内部所存在的任何问题上，有一条原则是必须绝对遵守的，就是贯彻自愿和互利的原则。

（七）示范是在多方面的，但一切事情需要能够真正做到提高生产率，达到多产粮食或其他作物、增加收入这样的目的。只有在多产粮食增加收入这样的号召下，才可能动员农民组织起来。也只有真正做到这一点，农业互助组和农业生产合作社才是真正为农民服务，而为群众所欢迎，因而可能巩固下来，并影响四周围的农民逐步地组织起来。因此，提高生产率，比单干要多产粮食或多产其他作物，增加一般成员的收入，这是检查任何互助组和生产合作社的工作好坏的标准。凡是出现相反情况的，就必须认真探求原因，克服其中的弱点或错误。

（八）根据各地方的材料，现在农业互助组和农业生产合作社内部所存在的问题，对于他们的巩固和发展有重大关键的，有如下各项必须予以注意：

第一，必须认真做好农业生产，实行精耕细作，兴修水利，改良土壤，并在可能的地区把旱地变成水地，有计划地种植各种农作物，改良品种。

第二，在适宜于当地的条件下，发展农业和副业（手工业、加工工业、运输业、畜牧、造林、培养果树、渔业及其他）相结合的互助。按照农业和副业的需要和个人的专长，实行合理的分工分业，并把妇女及其他半劳动力组织起来，使人尽其力。但在现在农村条件下的分工分业应带有灵活性，太严密是不可能的。

第三，为了扩大再生产的需要，并根据组员和社员的完全自愿，可以民主议定的方式，组织资金，增购公有的生产工具和牲畜。现在有些常年互助组和农业生产合作社，采取集累公积金和公益金的方式，用以准备扩大生产的物质基础和防备天灾人祸，如果是出于群众的完全自愿，这是可以的。但如果群众还不愿意，则不宜勉强去做。公积金和公益金所占互助组和生产合作社岁入的比例，现在决不能太多，一般只可以比较适宜地定为占岁入的百分之一到百分之五。在收成不好时，可以不收公积金。成员退组退社时有带出所投资金和所纳公积金的完全自由。但以土地入股的生产合作社成员如要退社，应在一年的收获完毕之后为适宜。如生产合作社在所退土地上曾经为改良土壤或水利设备而有颇大耗费的情况，则退社者应向合作社偿付公平的代价。

第四，在土地合股的生产合作社中，关于收获量的分配，按土地和按劳动的比例，开始不宜于规定得太死，应根据各种成员的自愿，照顾当地经济发展的条件，并使劳力较多而土地较少的社员和土地较多而劳力较少的社员，都能够获得合理的利益，然后在生产发展以及土地由于加工所引起的变化的过程中，根据群众的觉悟程度和收入的增益，逐渐变动到更合理的而又为大家所能够接受的比例。

第五，在等价或互利的问题上，必须：一方面，反对不算帐、不等价的方法；另方面，反对机械的、烦琐的、形式主义的计算方法；而注重生活和实际上的多种多样的互利形式，注重那些为群众所习惯而简明易行的计算办法。

第六，建立一些必要的简明易行的生产管理制度和劳动纪律。

第七，规定为群众所便于实行的、不一定限在固定形式上的、定期的又是必要的成员代表会议，小组会议和家庭会议，以便讨论、检查和改进生产计划的问题，生产过程中的问题，社员互利的问题，社员在遇到天灾和祸难时互相关照扶助的问题，实行必要的批评和自我批评，等等。

第八，提倡新旧生产技术的互教互学运动，普及和提高旧技术旧经验中的有用的合理的部分，逐步地与那些可能应用的新技术相结合，不断地改良农作法。

第九，提倡组和组、社和社、组员和组员、社员和社员之间的爱国丰产竞赛。必须在农村中提出爱国的口号，使农民的生产和国家的要求联系起来。片面地提出"发家致富"的口号是错误的。

第十，培养并有分寸地奖励生产的积极分子和技术能手，训练生产小组组长。共产党员和青年团员实行互助合作的原则、积极生产、遵守纪律等，应成为全体农民的模范，不能在互助组和合作社中贪占任何非分的便宜。

第十一，在农业互助组和农业生产合作社内部，不应允许进行雇佣劳动的剥削（即富农的剥削）。因此，不应允许组员或社员雇长工入组入社，也不应允许互助组和农业生产合作社雇长工耕种土地。如果有此种情况，应由组员和社员会议讨论，规定出纠正或改组的办法。但互助组和农业生产合作社为生产的需要得雇请短工、牧工和技术人员。

第十二，加强党对互助组和农业生产合作社内部的政治工作，建立经常的政治教育和文化教育，提高群众的觉悟，以鼓励群众的生产积极性。

党中央再三指出：在解决上述农业互助组和农业生产合作社各种不同问题的具体办法或规定它们的具体制度的时候，不但应该容许各地方之间有差别，而且应该容许各乡各村之间乃至一乡一村内各互助组各合作社之间有差别，因此，必须是灵活的，宜于逐步改进的，决不应该简单地强求划一，做出太过硬性的决定。

（九）供销合作社应该与农业互助组和农业生产合作社建立推销、订购和贷款的合同的关系，帮助它们克服生产方面（资金不足）和交换方面（市场隔离）的困难，使农业及副业的生产的可能性和国内外市场的交换的可能性能够充分地而又可靠地联系起来。

（十）人民政府应该适当地采取下列一些办法援助农业互助组和农业生产合作社的发展：

第一、国营经济机关，或者经过供销合作社，或者直接和农业互助组及农业生产合作社，成立各种可能的经济上的合同。

第二、用种子、肥料和农具贷给农民，从而帮助他们能够有效地组织起来，特别注意在适宜地区，斟酌国家和人民的需要，帮助农民成立各种特种作物，例如棉花、麻、花生、烟叶等等的互助组和生产合作社，各种副业和手工业的生产合作社，以及修水利、修滩、造林、经营水产和牧畜等的互助组和合作社。其中，组织棉农加入互助组和合作社，显得特别重要。

第三、因为农业互助组和农业生产合作社的发展节约出了广大的劳动力,除了有许多人陆续到工厂和矿山做工以外,应由各级人民政府配合国家整个经济建设的计划,逐步地举办一些可能的和必需的公共事业,例如公营的工场手工业(制造农具、化学肥料、药品等类),公营的半机器工业(某些加工工业之类),大规模的造林,兴修水利,建筑道路,等等,使农村的剩余劳动力在现在条件下有适当的出路。

第四、县以上各级人民政府和各级党委,都应该设置专人以及适宜的机构,与各级财政经济机关及供销合作社密切联系,经常研究和及时地指导农业互助组和农业生产合作社的组织、生产计划、供给、运输和销售的事宜,并为它们举办必需的干部训练班。

(十一)国营农场应该推广,每县至少有一个至两个国营农场,一方面用改进农业技术和使用新式农具这种现代化大农场的优越性的范例,教育全体农民,另方面,按照可能的条件,给农业互助组和农业生产合作社以技术上的援助和指导。在农民完全同意并有机器条件的地方,亦可试办少数社会主义性质的集体农庄,例如每省有一个至几个,以便取得经验,并为农民示范。

(十二)党和人民政府必须照顾农业互助组和农业生产合作社的农民与个体经济的农民之间的团结。如果不去积极地照顾互助组和合作社的农民,这是不正确的;但如果不去积极地照顾在目前还占很大数量的个体农民,这也是不正确的。农业贷款,必须对于这两方面作合理的分配。必须明白:我们在现在表示关心和适当地照顾个体农民,就有可能使这些个体农民在将来逐步地加入互助合作组织,也就有可能实现我们在农村中的最后目的——引导全体农民走向社会主义和共产主义。

(十三)农业互助组和农业生产合作社的代表会议,在区一级和县一级,可于每年春耕之前和秋收之后各召集一次。在省和全国范围内,则于每年召集一次有适当干部参加的工作会议。

根据中央档案馆提供的原件刊印

(原载中共中央文献研究室编:《建国以来重要文献选编(第二册)》,中央文献出版社,2011年6月)

中共中央关于实行粮食的计划收购与计划供应的决议

(一九五三年十月十六日)

一

　　过去几年,由于在全国范围内实行了土地改革,从封建势力的枷锁下,解放了农村生产力,发挥了农民的生产积极性,所以全国农业经济恢复较快,连续了几年的丰收,并在粮食供应方面做了许多有效的工作,从而使粮食生产超过了解放前的最高水平,粮食贸易由解放前的大量入口转变为停止入口并可以小量出口,同时保持了粮食市场的基本稳定。但是由于城市和工业的需要逐年增大,人民生活逐年提高,食用量增多,特别是由于粮食自由市场的存在和粮食投机商人的捣乱,使农村中的余粮户,贮存观望,等待高价,不愿迅速出卖粮食,反映到供销上面,则是国家粮食收购计划,不能按期完成,粮食销售却远远超出计划,造成供销不平衡,市场紧张。这种情况,直到今年秋收之后,仍在发展。截至目前为止,全国的购销情况是:有的不能完成收购计划,有的虽然完成了收购计划,但销售数字却大大超过销售计划。这说明了粮食问题的极大严重性。如果不设法加以解决,那么在粮食战线上,不久就将不可避免地出现一个严重的供销脱节的混乱局面,以至形成牵动全面的物价波动,影响整个的国家建设计划。必须指出,现在全国商品粮食产量的增长速度,虽落后于粮食需要的增长速度,但是只要调度得法和措施得当,还是够吃够用,且能略有积余的。现在在供销方面所表现的紧张性,其本质是反映了国家计划经济与小农经济和自由市场之间的矛盾,反映了工人阶级领导与农民自发势力和资产阶级反限制的立场之间的矛盾,归根结底,是反映了社会主义因素与资本主义因素之间的矛盾。所以粮食问题不是采取枝节的办法所能解决的,而从根本上找出办法,来解决这个极其严重的问题,就成为全党当前极端迫切的任务。

　　为了从根本上解决粮食问题,把粮食供应放在长期稳固的基础之上,除了努力促进农业生产的互助合作化和技术改良,借以增产粮食,把粮食生产发展的速度,逐步提高到足以保证国民经济向前发展的水平外,必须在全国范围内,采取如下的措施:(一)在农村向余粮户实行粮食计划收购(简称统购)的政策;(二)对城市人民和农村缺粮人民,实行粮食计划供应(简称统销)的政策,亦即是实行适量的粮食定量配售的政策;(三)实行由国家严格控制粮食市场,对私营粮食工商业进行严格管制,并严禁私商自由经营粮食的政策;(四)实行在中央统一管理之下,由中央与地方分工负责的粮食管理政策。上述四项政策,除少数偏僻地区和某些少数民族地区之外,必须全国各地同时实行。上述四项政策,是互相关联的,缺一不可的。只实行计划收购,不实行计划供应,就不能控制市场的销量;只实行计划供应,不实行计划收购,就无法取得足够的商品粮食。而如果不由国家严格地控制粮食市场,和由中央实行统一的管理,就不可能对付自由市场和投机商人,且将由于人为的粮食山头的相互对立,给投机商人以更多的捣乱机会,结果计划收购和计划供应亦将无法实现。

　　实行上述政策,不但在现在的条件下可以妥善地解决粮食供求的矛盾,更加切实地稳定物价，和有利于粮食的节约；而且是把分散的小农经济纳入国家计划建设的轨道之内，引导农民走向互助合作的社会主义道路，和对农业实行社会主义的改造，所必须采取的一个重要步骤，它是党在过渡时期的总路线的一个不可缺少的组成部分。

二

根据概略的计算，目前每年国家必需掌握着七百亿斤的商品粮，才能有把握地控制粮食市场，满足城市人民和乡村缺粮人民的需要。故除了全国农业税收的粮食部分二百七十五亿余斤之外，还须向农民计划收购四百三十一亿余斤。这虽是一个很大的数目，但由于过去三年的丰收，农民手中存有若干余粮；今年年成不坏，粮食总产量相当于一九五二年，而就农民拿出的粮食数字来说，一九五二年农民缴纳国家的公粮和卖给国家及私商的粮食，共约为六百七十亿斤左右，今年实行计划收购，农民要拿出的粮食，所多不过三十余亿斤，所以说这是可能的。

但是，粮食的计划收购（统购）是涉及到广大农民，首先是广大中农切身利害关系的问题，它不但会遇到投机商人的抵抗，遇到反革命分子的破坏活动，而且如果工作做得不够，还会遭受到一部分余粮户的反对。因此，在实行计划收购时，（一）统购价格必须合理。国家所定的统购价格，在大体维持现有的城市出售价格的基础上，以不赔不赚为原则。在此原则下，全国各地的秋粮统购价格将大体维持目前的收购牌价，只有对于某些大区之间的毗邻地点和其他个别地点的粮价定得不合理者，才予调整。目前统购牌价尚未颁布，各地的收购牌价，不得大区批准，一律不准提高。（二）统购价格及统购粮种，必须由中央统一规定，杂粮是否实行统购及统购品种，亦由中央规定，以便于合理地规定地区差价和调节品种比价，消除粮食投机的可能。（三）统购价格必须固定，以克服农民存粮看涨的心理。在既定的收购数字和收购价格下，农民可以分期交粮，分期取款；可以一次交粮，一次取款；也可以一次交粮，分期取款，而在后一种场合，可由银行给予较为优厚的利息。以上办法可根据地方情形，酌量采用。（四）实行统购同时，必须加强农村的物资供应，加强地方国营工业和手工业的生产，使农民出卖粮食所得之现款，能够买到生产和生活必需的物资，以便利农民。（五）统购面宜于稍大，不宜过小，才利于完成统购的任务。（六）实行统购必须进行充分的政治动员，并须采取由上级颁发控制数字和由群众实行民主评议的办法。在乡一级应将控制数字公布，使群众心中有数。（七）粮食入仓的运输，适用公粮入仓的运输办法。（八）为了帮助贫农解除困难，避免购粮资金的投放过分集中，应在一九五四年考虑实行粮食预购的办法。

应该指出，国家实行粮食计划收购，只是不利于奸商，不利于囤积居奇牟取暴利的粮食投机者和剥削者，不利于农民中那种资本主义的自发倾向；而对于所有农民，包括余粮户在内，都是有利的。这不仅因为农民得到了合理的粮价，得到了物价稳定的好处，更主要的是因为国家和粮食投机商以及农民的资本主义自发势力作斗争的结果，使农民摆脱投机者的操纵和剥削，并将加快地促进农民对于社会主义的觉悟，因而就可能加快地促进互助合作运动的发展，而农民只有走互助合作的道路，走社会主义的道路，才能最后地解除自己的贫困，过着一年一年富裕起来的生活，才能使商品粮大量增加，供应城乡人民的需要。把道理向农民讲清楚，一定能够得到他们的拥护。因此可以说，实行计划收购，不仅没有损害农民的利益，而且保护了农民的利益，不仅不会损害工农联盟，而且会加强工农联盟，不仅不会妨害农民的生产积极性，而且工作做好了，可以更大地发挥农民的生产积极性。

三

我们的计划供应（统销），不同于资本主义国家的配给制度，更不同于日本占领时代的配给制度，因为我们的供应是足量的，粮食品种是合乎人民健康需要的，而我们供应的范围不但是保障县以上城市，而且包括集镇，包括缺粮的经济作物区，包括农村人口中大约十分之一左右的缺粮户和每年都有的灾区粮食的供应。这就是说，我们保证供应的人口，仅在农村，即近一亿，加上城市，总数接近两亿。由于实行计划供应，这两万万城乡人民可以不受奸商的剥削，吃到所需的合理价格的粮食。所以，这是一个对于广大人民极其有利的措施。

实行计划供应，对于国家和人民来说，同计划收购一样，是一项没有经验的新的工作，一时还不可能订出一个统一完善的制度，所以在城市开始实行时，只能规定一些简便易行的办法，只能由简到繁，由宽到严，对有组织的群众，可通过其组织，对一般市民，可暂凭户口簿购买。在集镇、经济作物区、灾区及一般农村，对于缺粮户，则亦应采取由上级颁发控制数字和由群众民主评议的办法，使真正的缺粮户能够买到所需要的粮食，而又能够控制粮食的销量。对于旅店、熟食业、食品工业等，则按过去一定时期的平均实销量，定额给予供应，不许自行采购。以上具体办法，由各地根据实际情况确定。计划供应中，粮食品种的调剂，将成为十分重要的工作。对于主要城市和工矿区，给以适当数量的细粮，是必要的。但由于国家细粮产量不足，故须教育人民，有甚吃甚，吃得粗一些，以便于全国的统一调度和搭配。粮食加工必须提高纯度，降低精度，以节约粮食。这样作对人民的健康是有益无害的。总之，粮食计划供应能够更加有效地保障城乡人民的粮食需要，保障国家的建设，能够更加保证粮食价格的稳定和一般物价的平稳；而实行的结果，和计划收购一样，受到打击的也只是粮食投机商人，因此这一措施是会取得广大城乡人民的拥护的。但也必须看到，供应开始，人民一下还不习惯，有的还可能有顾虑，品种供应上不可能尽如人意，可能招致部分群众的不满，对于这些，需要我们在实行的过程中，找出更好的切实可行的办法，和做充分的宣传教育工作。

为了实行计划供应，在城市和集镇上必须适当配置供应粮食的国营粮店、合作社或代销店，目前尚无此项供应机构者，应在实行计划供应之前配置完毕。

四

为了保证计划收购和计划供应政策的实施，必须实行粮食市场的严格管理，必须将粮食市场掌握在国家手里，粮食由国家统购统销。因此：（一）一切有关粮食经营和加工的国营、地方国营、公私合营和合作社经营的商店和工厂，必须统一归当地粮食机关领导，使事权专一集中。（二）对于私营粮商，必须采取严格的管制办法，所有私营粮店，一律不许自由经营粮食，但可以在国家严格监督下，由国家粮食机关委托办理代国家销售粮食的业务，即只能起代销店的作用。小杂粮亦由国家经营，在国家尚未准备就绪前的一个短时期内，在有监督的条件下，可以暂时允许一部分粮商加以经营。（三）所有私营加工厂，一律由国家粮食部门委托加工，或介绍给合法消费户按照国家规定的精度从事加工，不得自购原料，自销成品。（四）一切非粮食商禁止跨行跨业兼营粮食。（五）城郊农民运粮进城出售，由国家商店和合作社收购，不许私商购粮牟利。（六）在城市，居民消费量有余和不足间的调节，不同习惯不同粮种需要间的调节，可到指定的国家商店及合作社或国家设立的粮食市场卖出和买入（代销店不得经营此项业务）；在农村，农民缴纳公粮和计划收购粮以外之余粮，可以自由储存和自由使用，可以按照牌价，售给国家，或在国家设立的粮食市场进行交易，并且完全可以在农村间进行少量的有无相通和自行交换。（七）为了切实管制粮商，取缔投机，各地应组织检查机构，进行经常的检查和监督；对于违犯国家法令的奸商，必须严格处理。

五

为了保证粮食的计划收购和计划供应政策的实施，必须由中央实行统一的管理，统一的指挥与调度。所有方针政策的确定，所有收购量与供应量，收购标准与供应标准，收购价格与供应价格等，都必须由中央统一规定或经中央批准；地方则在既定的方针政策原则下，因地制宜，分工负责，保障其实施。中央与地方的具体分工是：（一）粮食的收购和供应计划，由国家计划委员会颁布控制数字，各大区根据控制数字和当地情况，制定计划报中央批准，然后按照计划，负责收购、供应和保管。（二）按照计划拨给大区供应的粮食，全部由各大区负责掌握调度。（三）除拨给各大区的粮食以外，其他粮食包括各大区间的调剂粮、出口粮、储备粮、全国机动粮、全国救灾粮等，统归中央统筹调度。（四）各大区如遇自己不能克服的困难，中央负责解决。（五）中央认为必要和可能从地方调出一定数量粮食时，地方必须服从中央的调度。（六）计划供应的标准，由大区提出方案，报中央批准。（七）中央统一规定若干大中城市及各大区间毗邻地点的粮价，大区和省根据中央所定的原则，规定其他城镇的粮价，报中央批准。

六

如上所述，粮食的计划收购和计划供应，是关系到每一个城乡人民，特别是关系到每个农民的大事，这个工作做好了，就可以巩固工农联盟，在一个重要方面把广大农民引向国家计划经济的轨道而脱离资本主义的自由市场，就可以刺激农民的生产积极性，增加生产，就可以大大地减少浪费，节约粮食，就可以把农村工作大大地推向前进一步；而如果做得不好，政策掌握不稳，动员说服工作做得不够，就会引起群众的不满，甚至会在反革命分子的煽动挑拨下，发生一些大大小小的骚动事件，而尤其重要的，它将影响农村的生产积极性，产生大吃大用随意损耗粮食的浪费现象。因此必须动员全党的力量，向广大人民，主要是向农民进行充分的工作，才能完成这个极为艰巨的任务。

必须指出，实现这个政策的关键，在于教育党员和教育农民。在党员和农民群众还没有明了这个政策的必要性和重要性的时候，是会在党内和在农民中遇到抵抗的。所以必须由上而下，首先在党内召集一系列的会议，向各级干部和全体党员，讲通道理，然后通过他们，去向所有农民讲清道理。必须使他们懂得党在过渡时期的总路线和总任务，即是要在大约三个五年计划内，或者说大约十五年左右的时间内，将我们的国家建设成为一个伟大的社会主义国家，使我国由新民主主义过渡到社会主义。使他们懂得只有实行党在过渡时期中对于农业的社会主义改造的方针，即按照农民自愿的原则经过发展互助合作的道路，在大约十五年左右的时间内，一步一步地引导农业过渡到社会主义的方针，才能一步一步地发展农业生产力，提高农业的产量，才能使所有农民真正脱离贫困的境地，而日益富裕起来，并使国家得到大量的商品粮食及其他农产品。使他们懂得，只有实行计划收购和计划供应的粮食政策，才能保证国家和人民的粮食供应，才能稳定物价，保障经济建设，才能打击粮食的投机奸商和囤积居奇的剥削者，才能把农民的个人利益和国家及全体人民的共同利益结合起来，才能把农民的目前利益和长远利益结合起来，才能引导农民抛弃资本主义的道路，而逐步地走向互助合作的社会主义的道路。使他们懂得，如果不实行计划收购和计划供应的粮食政策，听任粮食的投机行为和剥削行为自由地发展下去，即是说，听任农村经济按照资本主义的经济法则自由地发展下去，其结果，除了少数的投机者和剥削者变为资产阶级之外，绝大多数农民，将会陷于被剥削被奴役的贫困地位。所以必须实行计划收购与计划供应的政策，才是对农民有利的。使他们懂得，国家工业化的建设，是全体人民的最高利益，也是农民的最高利益，只有实现社会主义的工业化，才能够使国家有可能用机器来帮助农民发展集体农场，以便于大大地和迅速地提高农业生产率，并有可能供给农民以丰富的和便宜的生活资料，因此，大力帮助国家工业化的事业，拥护国家计划收购与计划供应的政策，乃是农民对于国家的一种重要义务，是农民爱国主义的一种表现。只要把道理讲清楚，农民是一定拥护的。

必须指出，实现这个政策，争取劳动农民，克服农民只顾个人利益不顾国家利益的这种落后方面，孤立从事粮食投机的少数分子，这是一件极其复杂极其艰苦的新的工作，故须全党动员，全力以赴，才能做好这件工作。必须大量抽派得力的能够掌握政策的干部，到农村中去，中央局、省委、地委及各级政府的负责同志，在计划收购的时间内除留少数处理日常工作外，应亲自到下面去，研究情况，掌握政策，创造并及时推广经验，尽可能地减少偏差和错误。特别是对于农村大约百分之十的落后地区和落后乡村，尤须十分注意掌握，并派得力干部坐镇，因为这是最容易出乱子的地方。

最后，在时间的安排上，为使工作做得充分，要求各地在一九五三年十一月底以前，完成各级的动员和准备；并确定于十二月初，在全国范围内同时开始农村的统购工作。至于城市的计划供应，则可根据各地情况，酌定适当日期，报经中央批准后，提早开始实行。

根据中央档案馆提供的原件刊印

（原载中共中央文献研究室编：《建国以来重要文献选编（第四册）》，中央文献出版社，2011年6月）

中国共产党中央委员会关于发展农业生产合作社的决议

（一九五三年十二月十六日中共中央通过。这个决议不适用于某些少数民族的地区）

（一）中国共产党中央委员会在一九五一年十二月所作的关于农业生产互助合作的决议，经过两年来在全国各地的实行，证明其中所规定的方针政策是正确的，与我们党领导中国人民逐步过渡到社会主义社会的这一个总路线是一致的。党在过渡时期的总路线，就是要逐步实现国家的社会主义工业化，逐步实现对农业、手工业和资本主义工商业的社会主义改造。根据党的这个总路线，我国的国民经济建设不但要求工业经济的高涨，而且要求农业经济要有一定的相适应的高涨。但孤立的、分散的、守旧的、落后的个体经济限制着农业生产力的发展，它与社会主义的工业化之间日益暴露出很大的矛盾。这种小规模的农业生产已日益表现出不能够满足广大农民群众改善生活的需要，不能够满足整个国民经济高涨的需要。为着进一步地提高农业生产力，党在农村中工作的最根本的任务，就是要善于用明白易懂而为农民所能够接受的道理和办法去教育和促进农民群众逐步联合组织起来，逐步实行农业的社会主义改造，使农业能够由落后的小规模生产的个体经济变为先进的大规模生产的合作经济，以便逐步克服工业和农业这两个经济部门发展不相适应的矛盾，并使农民能够逐步完全摆脱贫困的状况而取得共同富裕和普遍繁荣的生活。

根据我国的经验，农民这种在生产上逐步联合起来的具体道路，就是经过简单的共同劳动的临时互助组和在共同劳动的基础上实行某些分工分业而有某些少量公共财产的常年互助组，到实行土地入股、统一经营而有较多公共财产的农业生产合作社，到实行完全的社会主义的集体农民公有制的更高级的农业生产合作社（也就是集体农庄）。这种由具有社会主义萌芽、到具有更多社会主义因素、到完全的社会主义的合作化的发展道路，就是我们党所指出的对农业逐步实现社会主义改造的道路。

（二）如党中央关于农业生产互助合作的决议所指出的：工人阶级领导农民推翻封建地主的土地制度之后，农民的生产积极性表现在两个方面：一方面是个体经济的积极性，另方面是互助合作的积极性。这两个方面的积极性反映农民（主要是中农）本身是劳动者又是私有者的两重性质。从农民是劳动者这种性质所发展的互助合作的积极性，表现出农民可以引向社会主义；从农民是私有者和农产品的出卖者这种性质所发展的个体经济的积极性，表现出农民的自发趋向是资本主义。这就不可避免地在农村中产生了社会主义和资本主义这两条发展道路的斗争，而由于农业经济的恢复和逐步上涨，这两条发展道路的斗争，就越来越带着明显的、不能忽视的性质。我们的政策是在于积极地而又谨慎地经过许多具体的、恰当的、多样的过渡的形式，把农民的个体经济的积极性引到互助合作的积极性的轨道上来，从而克服那种建立在个体经济基础上的资本主义自发势力的倾向，逐步过渡到社会主义。实现这个政策的可能性是由以下因素所决定的：第一是以工人阶级为首的人民政权和社会主义工业的领导；第二是农民在工人阶级领导下获得了解放和土地，因而能够相信工人阶级领导的正确性；第三是工人阶级和农民群众有共同的利益以及贫农和中农有共同的利益，而这一切共同的利益就是大家都力求或希望摆脱资本主义的剥削，因为资本主义的剥削只是使极少数人靠剥削和投机而发财，至于极大多数人则将因此而陷于贫穷和破产。

几年来，我国农业生产互助合作运动已有日益扩大的规模，到现在，全国参加临时的和常年的互助组与农业生产合作社的农户，约有四千七百九十余万户，占农村总户数的百分之四十三；其中农业生产合作社有一万四千多个，参加的有二十七万三千多农户。这种运动在各地区的发展虽然是不平衡的，但这种运动对于促进农业生产所起的作用，正说明了党的这个政策是逐步地获得广大劳动农民的拥护的，是在逐步地由可能性变为实际。由此可知，党对于改造个体的小农经济，发展农业的互助合作，必须采取积极领导的态度，而不能采取消极放任的态度。如果我们对于互助合作运动采取消极的放任自流的态度，如果我们只安于小农经济的现状，不给小农经济指出社会主义改造这一条正确的光明的和广阔的出路，那就一定会发展到放弃社会主义在农村的阵地，帮助农村资本主义自发势力的生长，因而也就一定会妨碍农业生产力的上升和农民生活的继续改善，破坏工业与农业的平衡，破坏计划经济和国家工业化，破坏工农联盟。这种方针和作法是显然错误的。

（三）为着继续发展农业生产，促进农业生产有新的高涨，继续限制和逐步排除农村资本主义的剥削，各级党委必须认真地执行党中央在一九五一年十二月所作的关于农业生产互助合作的决议，照顾各个地区在政治、经济和文化等方面的不同条件，研究各个地区和互助合作各种形式的发展速度的差别，而从事工作。同时应该估计到：农业互助合作运动几年来在各地区的发展都表现出来一个特点，即不只是参加互助合作的户数越来越多，而且有了质量上的显著提高，这种质量的提高表现在常年互助组的增加，还特别表现在以土地入股、统一经营为特点的农业生产合作社在各个不同地区有不同规模的试办和发展。这种农业生产合作社的优越性和它的重要作用已经在试办和初期发展的过程中充分地显示出：

第一、农业生产合作社能够解决互助组中所难以解决的一些矛盾，特别是关于共同劳动和分散经营的矛盾，因而给那发展到一定程度的互助运动以一个正当的出路。

第二、实行土地统一经营，能够因地种植，而且比互助组更能够在集体劳动的基础上，进行较合理的、有计划的分工分业的劳动，合理地统一使用劳动力，因而可以大大地提高劳动的效率。

第三、集中经营也就有更大的劳动力量和经济力量，能够更多地和更好地利用新的农业技术，便于进行农业的技术改革和基本建设，因而可能有效地逐步扩大农业的再生产。

第四、由于能够更多地节约劳动的时间和更多地节约出劳动力，所以能够更多地发展副业的生产事业，并从而加强农民的经济地位。

第五、由于实行一定的按劳分配制度，所以能够大大地鼓励农民对于劳动和学习技术的积极性和创造性。

第六、农业生产合作社能够有力量保证贫农和中农的团结，因而也就能够更有效地与农村中的资本主义活动和贫富分化的现象作斗争。

第七、农业生产合作社能够逐步地进行有计划的生产，因而也就能够在供、产、销方面更容易地和国营的社会主义经济相结合，而便于逐步地纳入国家经济计划的轨道。

第八、农业生产合作社由于"方向好、产量高、收入多"，就可能更多地和更快地带动个体经济向互助组发展，并为更多地发展农业生产合作社开辟道路。

第九、由于集体经营的好处和大家生活将日趋改善，使农业生产合作社能够成为农民在经济上、在生活的相互关系上得到集体主义和爱国主义教育的很好的学校。

第十、由于前述种种，现有形式的农业生产合作社可以成为引导农民过渡到更高级的完全社会主义的农业生产合作社（集体农庄）的适当形式。也就是说，这是自然地不勉强地吸引农民走向社会主义的过渡形式。这种形式，使个体农民和加入了互助组的农民在他们进到农业的完全社会主义的经济制度的时候不感到突然，而是事先有了精神的和物质的准备的，因而能够避免由于突然变化所可能引起的种种损失。

农业生产合作社的这些优越性和它所起的作用，使它在目前整个互助合作运动中日益显出重要的地位，并日益变成为我们领导互助合作运动继续前进的重要的环节。因此，中央认为各级党委有必要更多地和更好地注意对于发展农业生产合作社的领导，根据当地的具体情况，准备逐步试办和逐步推行的条件，继续贯彻"只许办好，不许办坏"的方针，从而带动整个互助合作运动前进。目前许多地区的党委在这方面注意太少，缺乏领导或没有领导的状态，必须加以改变。

（四）发展农业合作化，无论何时何地，都必须根据农民自愿这一个根本的原则。在小农经济中进行社会主义改造的事业，是绝对不可以用简单的一声号召的办法来实现的。更绝对不能够用强迫命令的手段去把贫农和中农合并到合作社里，也绝对不能够用剥夺的手段去把农民的生产资料公有化。如果用强迫命令和剥夺农民的手段，那只能够是破坏工农联盟和破坏贫农中农联盟的犯罪行为，因而也即是破坏农业合作化的犯罪行为，而绝对不能给农业合作化带来任何一点好处。

这就是说，盲目急躁的冒险主义是根本要不得的。

必须采用说服、示范和国家援助的方法来使农民自愿联合起来。

应该根据农民的日常生活及其切身经验来向农民灌输社会主义和合作化的思想，经常使他们了解单干是没有出路的，因为单干不能够克服灾害和各种困难，没有能力经常扩大再生产，即使能够增产也是有限的。这种单干制度长久下去，就要使农民的大多数成为富农、高利贷主和商业资本家进行剥削和投机事业的牺牲品，重新失掉自己的土地。而农业合作化则是农民群众的唯一出路，因为只有农业合作化才能够克服单干的困难，能够不断地扩大再生产，从而能够随着社会主义工业化的发展，保证整个社会和农民自身的不断增长的物质和文化的需要。

具体的实际的榜样，是最有力量来说服农民的。正如列宁所说过的：农民"都是实际主义者，都是务实的人，我们应当向他们作出具体的例子来证明'公社'是最好的东西"。"应把公社组织得尽善尽美，以便取得农民的信任"。因此，在发展农业生产合作社的运动中，采取逐级领导试办，树立好榜样，逐步巩固与逐步推广的方针是完全正确的。每一个省和每一个县，只要是完成了土地改革的地方，均必须有领导地认真办好一批农业生产合作社，使这些农业生产合作社能够经营得法，用本身的制度和依靠自己的力量来证明它比单干与互助组优越，而且还善于团结和帮助单干农民与互助组，让农民亲眼看到合作社确实是为着他们自己的利益，而社内外的各种关系又都真正是合情合理的，这样来吸引广大农民群众倾向社会主义。

同时，也正如列宁所指出的："……我们知道这些共耕社，劳动组合和集体组织都是新的创举，如果执政的工人阶级不给这些创举以帮助，那它就不会发育起来"。因此，工人阶级领导的国家必须根据需要与可能，照顾到互助合作农民和单干农民的关系，给农业生产合作社以适当的物质援助，例如农业的低利贷款、兴修水利、建立技术推广站和建立较大的新式农具站等，这种援助能够使农民很快地感觉到它的实际的利益，并从而促进合作社更大地发育起来。

显然，我们采用上述一系列的方法，就能够避免急躁冒进的错误，而领导农民在自愿的基础上使农业合作化健康地发展，由低级到高级，由小到大，由少到多，由点到面；就能够引导农民群众——在开始是一部分，随着将是大部分，而最后将是全部——跟着我们走向社会主义。只要我们工作做得好，农民的步子也就会走得较快。

（五）办好农业生产合作社必须注意下列的几项主要工作。

第一、增加生产量，增加社员收入，从而使农民能够把农业生产合作社的经济繁荣看成是不断增进自己物质与文化的幸福的主要源泉，这是办好农业生产合作社的根本标志。为达到这样的目的，农业生产合作社必须充分利用本身所有的优越条件，量力而行，去提高劳动生产率，并从而使农业的社会生产力有所发展。

甲、进行农业基本建设和生产改革的工作是农业生产合作社增加生产、改善社员生活地位和增强抵抗灾害能力的物质基础。应该根据当地和本社的实际情况，逐步地去办理这些工作，一般地要由小规模到较大的规模，由采用改良或初步改良的技术到采用更新的技术。几年来各地的农业生产合作社在这些方面所做的工作，例如兴修小型水利、变旱地为水地，精耕细作、变坏田为良田，以及购置新农具，采用优良品种，进行适当密植，积极蓄肥和合理施肥，努力和病虫害斗争，发展畜牧，植树造林等等，都对于提高产量起了很大的作用，显出了农民联合起来集体经营的优越性，并使得一部分剩余劳动力得到了适当的出路。因此，各地农业生产合作社都应该研究这一类工作的经验，把这些经验和当地及本社的可能条件适当地结合起来，并配合研究其他方面的生产经验，找出继续增加生产的具体办法，防止形式主义的乱搬硬套的毛病，使增产的可能性经常建立在可靠的基础上。

乙、在以发展农业的生产为主的方针下，农业生产合作社可以利用自己多余的劳动力和财力兼顾其他可能发展的副业，并使副业的经营能够为扩大农业生产服务。

经营商业不能够作为农业生产合作社的副业。农业生产合作社的买卖应通过供销合作社去进行。但从事物资的运输以获取力资而不是从事贩卖以谋取商业利润，则是可以允许的。

第二、农业生产合作社的管理工作，应该根据本身发展的实际情况，逐步改进，由简单到复杂，由低级到高级，使社员觉得方便可行，而又能够符合于促进和提高劳动生产率的要求。

甲、合理地使用劳动力，按照合作社的大小、生产的需要、劳动力的多少和发展的情况，去决定组织劳动的形式，例如首先实行生产小组的临时分工制，而后根据群众的经验，逐渐推行常年固定的生产组或生产队的按季节包耕制。至于有些合作社所试行的常年包耕包产制，如为群众所乐意的，也应该帮助他们不断地总结经验，使这种劳动组织能够逐步趋于完善。

不论采取何种劳动组织形式，都必须经过社员充分的民主讨论，而后作出计划，把所规定的工作的数量和质量的任务交给各组或各队负责。超出任务的，给以一定的奖励；达不到任务的，则根据具体的情况分别地加以处理。奖励和处理的办法由社内公议决定。

对于妇女劳动力和半劳动力，也应该适当地注意组织他们参加各种劳动。

乙、根据生产发展的条件和社员群众的经验，逐步做好计算劳动日的评工记分的工作。目前各社流行的计算劳动日的评工记分办法，是根据每人劳动力的强弱，技术的高低，评出预定的分数，再按每人实际工作的数量和质量，评出确定的分数，按分计酬（人们把这种办法叫做"死订活评"）。还有一种办法，是按照季节的差别，工作的数量和质量，预先评定完成每个工种应得的分数，而后按每人工作完成的实际结果，计算劳动分数，按件计酬。对于这两种办法，可按照各社社员的意见适当地加以采用。但要注意在评工记分时，力求避免开会次数过多或开会时间过长的毛病。

丙、逐步地建立生产计划，分为年度的计划，季节的计划和小段的计划。计划所包括的方面（例如有关作物的种植，农业的基本建设，技术的改良，劳动的组织，副业的发展，与供销合作社的结合，文化和卫生的改进等），一下子不宜太多，只能根据生产的发展和经营管理的经验，逐年加以充实。

一切计划都必须经过群众的充分酝酿和充分讨论，一方面要防止保守主义，另方面又要反对不着实际的空想。

在规定计划和组织社员劳动的问题上，要恰当地照顾社员应当有相当的个人活动和某些家庭副业劳动的时间。凡是社员不需要和不自愿包括在合作和集体劳动范围内的事情，就不要勉强包括到计划中去。

丁、逐步建立必要的、简单易行的、但又是严格的财务管理和会计制度。凡社内一切财务开支和对于农业贷款的运用，必须经过民主讨论决定。其批准权限应按开支数目的大小，分别由社员大会或理事会讨论决定。各种账目必须适当地分别清楚，并要定期公布，以便受到社员的经常监督。

节约是社会主义企业经营的根本方法，也是农业生产合作社经营的根本方法。合作社必须节约开支，减少杂费，杜绝贪污和浪费，不要盲目投资，以免成本过大。

戊、要建立和贯彻一些必要的和可行的专职专责的责任制度（例如，关于领导的分工责任制度，关于生产的责任制度，关于使用和饲养牲畜以及使用和保管农具的责任制度，关于劳动、文化、卫生等生活管理的责任制度），规定奖励和惩罚的办法，以便于严格地整顿劳动纪律，而和旷工、误工、窝工、损害或浪费公共财产以及无人负责的现象作斗争，从而在组织上和制度上进一步地巩固全社利益和社员个人利益的一致性。

己、要改善上述各项的管理工作，应该在积极分子中选择和培养一两个为人正派、善于团结群众、有管理能力和有生产知识的核心领导人物。

第三、合理的分配制度对于农业生产合作社起着促进生产的作用，并且是巩固农业生产合作社的决定条件。在解决合作社的分配问题时，必须了解到现有形式的农业生产合作社的特点，它是走向完全社会主义化的过渡形式的合作社，包含有两方面的性质即私有的和合作的性质。因此，也就必须采取一些灵活的和多样的过渡的分配办法。

甲、关于按劳动和按土地的分配比例，应容许各社根据社员民主讨论，在照顾全体社员都能够获得合理利益并能够有利于农业生产合作社发展和有利于生产发展的条件下，分别地妥当处理，避免为社员所不满意的偏高偏低的现象。但一般的原则是：必须随着生产的增长、劳动效率的发挥和群众的觉悟，逐步而稳妥地提高劳动报酬的比例。

乙、关于劳动日的报酬制度，应按照社员工作的数量和质量，劳动多和劳动好的多得，劳动少和劳动不好的少得；因此，必须根据评工记分，公平合理地付给报酬。

男女劳动力应该按照工作的质量和数量，实行同样的报酬（例如：在同一工种中，妇女如果和男人做同样多和同样好的工，她所得的报酬必须是和男人相等的；劳动超过男人的，报酬也照样超过；劳动比不上男人或只达到男人一半的，报酬也照样减少）。在劳动中，必须注意和照顾妇女们在生理上所发生的困难。

农业生产合作社的干部在社开始组织时应该参加生产，其为本社服务而误工者，应予酌量评分记工，但因村内其他工作而误工者，社内则不得记工。当农业生产合作社有条件扩充为大社之后，经过社员讨论和同意，对于一两个专门管理社内工作的干部，可给以一定的待遇。

丙、对于社员所有的牲畜和大农具的使用和报酬，可以根据具体情况和社员的同意，采取各种不同的形式，开始时，一般地以租借的形式为适宜，有的社采取入股分红的形式，也是允许的。折价归公的办法，不宜不顾条件地普遍提倡，只有在社员完全自愿和农业生产合作社能够付出代价的条件下才可以采用。不论采用何种形式，都应该经过民主评议，规定公平合理的代价，一方面不致使该项代价侵蚀一般社员的劳动的报酬，并避免变相的富农剥削；另一方面又不致使牲畜和农具的所有者吃亏。对于社员的投资给以合理的代价和利润，以发挥社员投资的积极性。这就是说，一方面照顾了全社社员的利益，另一方面又照顾社员的个人利益。

丁、副业收入在原则上应和农业收入统一分配，但在分配中须照顾副业中某些技术性的劳动所应得的较高的报酬。

戊、关于公共财产和公积金、公益金的积累，必须坚持根据社员的自愿，根据社员的经济情况，根据逐年生产发展的结果，并在确实保证社员的实际收入有一定增加的前提下，采取由少到多的方针，而使合作社的集体利益和社员的个人利益密切地结合起来。

总上所说，努力增加生产，逐步改善管理，实行合理分配，——这些是办好农业生产合作社的几项主要工作。这些工作的正确解决和顺利进行，都需要党的领导与政治工作来配合和保证。各级党委在发展农业生产合作社的过程中，必须认真研究这些工作的经验，根据当地和各个合作社的具体发展情况，而采取恰当的具体措施，并且在工作中，随时总结群众所创造的经验，不断加以改进。领导机关不应该主观地规定一些脱离广大群众经验水平的规格和要求，而去勉强推行，使群众难于接受。对于现在的农业生产合作社，应该分别情况，采取审慎的态度而不是粗暴的态度，采取适宜的步骤而不是急躁的步骤，从帮助改进的观点出发，从事整顿、巩固和提高的工作；使那些已开始办好的社能够办得更好，而建设好每一块土地；使那些有较多缺点或较多困难的社能够逐步克服缺点和困难，逐渐办好。

（六）一般说来，互助运动是为农业生产合作社准备了群众经验和领导骨干的条件，互助组的发展是农业生产合作社发展的重要基础。另方面，办好农业生产合作社又可成为带动互助组大发展的力量。因此，我们要注意加强发展农业生产合作社的领导，同时又必须加强发展各种形式互助组的领导。各地党委应该充分注意研究和利用农民固有的互助习惯和互助形式，帮助农民群众能够逐步广泛地组织起来，以解决生产上的困难，并在互助运动的发展过程中，逐步加以改造和提高，去掉其原来不合理的成分，增加合理的成分。必须明白：我们组织个体农民参加互助组以及帮助搞好互助组的工作，也就是为着便利于再引导它们发展成为农业生产合作社，并准备再进而实现完全的农业社会主义改造。如果不把互助组看成是逐步引导农民走向社会主义改造的一种初级的过渡的形式，因而不重视互助组的工作，这将是一个重大的错误。

在有些经济和文化比较发达的地方，在群众具有合适条件的地方，或者可能不经过互助组而直接建立农业生产合作社，或者农业生产合作社能够比其他地方发展得更快，这些都是应该估计到的。但即使这样，对于互助组的工作也还是不能够加以忽视的。

（七）在发展互助合作的运动中，同样地要继续切实注意党中央"关于农业生产互助合作的决议"所指出的："要充分地满腔热情地没有隔阂地去照顾、帮助和耐心地教育单干农民"。我们必须执行关于适当照顾单干农民生产积极性这一方面的政策，发挥单干农民可能的生产潜在力量，给以必要的贷款和可能的技术援助，帮助他们克服所遇到的困难而避免受富农、高利贷主和投机商人的剥削。一切互助合作组织必须成为团结周围单干农民的核心。也正如党中央"关于农业生产互助合作的决议"所指出的："必须明白：我们在现在表示关心和适当地照顾单干农民，就有可能使这些单干农民在将来逐步地加入互助合作组织，也就有可能实现我们在农村中的最后目的——引导全体农民走向社会主义和共产主义。"如果歧视和打击个体农民，把互助合作农民与单干农民互相对立起来，又如果完全抹杀单干农民还有一定的生产潜在力量，这就是很错误的。

（八）农业生产互助合作、农村供销合作和农村信用合作是农村合作化的三种形式。这三种合作互相分工而又互相联系和互相促进，从而逐步地把农村的经济活动与国家的经济建设计划联结起来，逐步地在生产合作的基础上，改造小农经济。

由于商业剥削、粮食囤积投机和放高利贷是目前农村资本主义因素的主要的活动方式，所以供销合作社和信用合作社就有更大的责任，在国营经济的领导下帮助农民群众逐步摆脱这些剥削，帮助国家完成收购粮食及其他农产品的任务，努力供应农村以必要的生产资料和生活资料，发展农村储蓄和低利贷款，为农村生产服务，促进农业生产互助合作的发展。

农村供销合作社必须进一步地实现和贯彻与农业互助组及农业生产合作社的联系，推广彼此之间供、产、销的结合合同。

农村信用合作社的发展，现在有各种不同的形式，例如信用小组、信用合作社或供销合作社信用部。应该继续推广和改进这种信用合作，并使其与农业生产互助合作进一步地密切联系起来，有系统地支持农业合作化的运动。

手工业对于供应农村的生产资料和生活资料，目前占有很重要的地位。供销合作社和信用合作社应该扶持当地必要的手工业的发展，特别应该协助手工业合作的发展。

（九）发展互助合作运动以提高农业生产力是今后党领导农村工作的中心。农村中的党组织、区委、县委、一般的地委、以管理农村为主要工作的省委和省委一级以上一切从事农村工作的干部，都必须把工作的重点逐步转移到这个方面来，贯彻执行党在目前时期关于依靠贫农和中农的巩固联盟，逐步发展互助合作，限制富农剥削——这一系统的政策，把党的政治工作和经济工作密切地结合起来，以便逐步实现农业的社会主义改造。

第一、各大行政区、各省、市、县的党委都必须拟定关于发展农业互助合作的逐年计划和第一个五年计划，其中应着重注意拟定关于发展农业生产合作社的计划。在拟定此项计划时，必须根据党中央关于经济建设的总方针，经过认真的调查研究，因地制宜，在不同地区的不同条件下，规定当地可能顺序发展的步骤和数字，使计划放在可靠的基础上。

按照各大行政区党的领导机关关于发展当地农业生产合作社所拟定的计划数字，从一九五三年冬季到一九五四年秋收以前，全国农业生产合作社应由现有的一万四千多个发展到三万五千八百多个。其中，华北由六千一百八十六个发展到一万二千四百多个；东北由四千八百一十七个发展到一万个；华东由三千三百零一个发展到八千三百多个；中南由五百二十七个发展到三千六百多个；西北由三百零二个发展到七百多个；西南由五十九个发展到六百多个。中央批准这些计划数字，并责成各地党委努力去完成这个计划。

根据逐年互助合作运动发展的基础，在第一个五年计划内，即到一九五七年，全国农业生产合作社应争取发展到八十万个左右，参加的农户应争取达到农村总农户数的百分之二十左右。当第一个五年计划完成时，农业生产合作社在有的地区可能发展为农业生产的主要形式或者接近于成为主要形式，而在另一些地区则还只能有一定程度的发展。

五年计划应该包括各地准备创办的国营农场、技术推广站、新式农具站、抽水机站、拖拉机站，以及在那些有条件的地区所准备试办的完全社会主义化的农业生产合作社（即集体农庄），也应该包括供销合作社和信用合作社。

第二、县一级应该成为领导互助合作运动的主要环节。除了各级党委应分别定期讨论农村互助合作运动这项工作外，县委对于工作的好坏还负有特别的责任。县委书记必须亲自负责管理这项工作，县委并必须派出一定数量的得力干部专门负责，经常研究互助合作运动的材料，协助区、乡的党组织解决有关的问题。

县委委员都必须学习和熟悉党中央关于互助合作的政策和步骤，并领导从事互助合作运动的工作人员以及区乡干部学习这种政策以及一些必要的农业技术的常识。县委必须懂得教育和组织党团员在互助组和农业生产合作社中起带头作用。

第三、地委、县委和有条件的区委应该充分利用农闲时间，有计划地开办互助合作的短期训练班，从群众中挑选具有公正和能干两个条件的积极分子来充当学员，以便训练出更多的领导骨干。地方人民政府机关应在有条件的地方，举办农业技术训练班和会计人员训练班。

第四、各级党委应该把定期召集各级的农业互助合作代表会议和农业技术会议以及各种座谈会等形式作为教育群众和干部的一种重要方法。代表会议的主要内容应是交流经验，介绍和奖励工作好的，批评和帮助改造工作不好的，推选模范，进行思想政策的教育，动员完成任务，并从而促进农业互助组和农业生产合作社的发展。技术会议的主要内容则是总结群众的技术经验，加以提高，进行推广，并介绍新的技术知识和技术经验。

各级党委应把所总结的生产经验和组织经验，作为教育干部、党员和群众中积极分子的重要材料。

第五、乡村党的组织在农业生产合作社的工作，必须善于联系社员的实际生活，不断地在社员中进行关于社会主义（没有人剥削人、而使大家都富裕起来）和资本主义（最少数人剥削最大多数人、而使大多数人贫穷、只有很少的人富裕）两条新旧不同道路的教育；进行关于工农联盟的教育；教育社员把个人利益和集体利益及国家利益结合起来；教育社员积极从事劳动，使他们懂得劳动好和劳动多，而比别人获得较多的报酬，并依靠自己劳动的所得改善自己的生活，是光荣的，不努力劳动并因而减少了收入，这是可耻的；教育社员加强劳动纪律和互相团结（特别是关于贫农和中农的团结，关于新老社员的团结）；教育社员成为遵守国家法令和响应国家各项号召的模范,成为支援国家实行社会主义工业化的模范;教育社员爱护公共财产;教育社员善于团结和帮助单干农民;并要善于用说服教育的方法,鼓励社员的劳动竞赛,发展恰当的批评和自我批评,解决社员们所发生的思想问题和实际问题。要经过这一切的教育和工作去不断地提高社员的社会主义觉悟,不断地排除富农的影响,不断地克服社员的个人主义思想,从而进一步地巩固农业生产合作社。

（十）党中央再三指出:党对于互助合作运动的各项工作,对于逐步进行农业的社会主义改造工作,必须积极领导,稳步前进。积极领导,就是说,党的领导不应当落后于群众的要求和国家建设的需要。稳步前进,就是说,党的领导不应当超过群众的觉悟程度和不顾可能的条件。因此,各级领导机关必须切实掌握当时当地的客观实际情况,既不要犯主观主义的错误,又不要犯命令主义的错误,而要善于掌握各地区的互助合作运动中所存在的和新发展的各级形式的不同典型,把点和面相结合,把创造和推广相结合,把普及和提高相结合。如果不去正确地按照可能的条件建立典型,研究典型,而盲目冒进,只是贪多、贪大、贪高,这是错误的;反之,如果把典型孤立起来,不去进行推广,这也是错误的。关于正确和错误这样两方面的经验各地区或多或少地都已经有了,各级党的领导机关必须认真地加以研究和总结,从而把互助合作运动纳入党中央所指出的正确的轨道,有计划地逐步地完成改造小农经济的工作,使农业在社会主义工业的领导下,配合着社会主义工业化的发展,而胜利地过渡到全国的社会主义时代。

根据一九五四年一月九日《人民日报》刊印

（原载中共中央文献研究室编:《建国以来重要文献选编（第四册）》,中央文献出版社,2011年6月）

高级农业生产合作社示范章程[1]

（一九五六年六月三十日第一届全国人民代表大会第三次会议通过，同日中华人民共和国主席公布）

目　次

第一章　总　则
第二章　社　员
第三章　土地和其他主要生产资料
第四章　资　金
第五章　生产经营
第六章　劳动组织和劳动报酬
第七章　财务管理和收入分配
第八章　政治工作
第九章　文化福利事业
第十章　管理机构
第十一章　附　则

第一章　总　则

第一条　农业生产合作社（本章程所说的农业生产合作社都是指的高级农业生产合作社）是劳动农民在共产党和人民政府的领导和帮助下，在自愿和互利的基础上组织起来的社会主义的集体经济组织。

第二条　农业生产合作社按照社会主义的原则，把社员私有的主要生产资料转为合作社集体所有，组织集体劳动，实行"各尽所能，按劳取酬"，不分男女老少，同工同酬。

第三条　农业生产合作社要根据当地条件，不断地改进农业技术，在国家的援助下逐步地实现农业的机械化和电气化，使农村经济不断地向前发展；同时要随着生产的发展，不断地增加社员的收入，提高社员的物质生活和文化生活的水平。

第四条　农业生产合作社要把集体利益和个人利益正确地结合起来。社员必须服从和保护全社的集体利益，合作社必须关心和照顾社员的个人利益。

第五条　农业生产合作社要把全社利益和国家利益正确地结合起来。合作社应该在国家经济计划的指导下独立地经营生产。合作社必须认真地对国家尽交纳公粮和交售农产品的义务。

第六条　农业生产合作社实行民主管理。合作社的领导人员由社员选举，合作社的重大事务由社员讨论决定。合作社的领导人员必须实行集体领导，密切联系群众，遇事和群众商量，团结全体社员办好合作社。

第二章 社 员

第七条 年满十六岁的男女劳动农民和能够参加社内劳动的其他劳动者，都可以入社做社员。入社由本人自愿申请，经社员大会或者社员代表大会通过。

合作社要积极地吸收烈士家属、军人家属、国家机关工作人员家属、残废军人、复员军人（包括起义以后和和平解放以后复员回乡的军政工作人员）入社，也要吸收老、弱、孤、寡、残疾的人入社。

合作社也要吸收外来移民入社。

第八条 对于过去的地主分子和已经放弃剥削的富农分子，合作社根据他们的表现和参加劳动生产的情况，并且经过乡人民委员会的审查批准，可以分别吸收他们入社做社员或者候补社员。

农村中过去的反革命分子，如果是在历史上只有轻微罪行、现在已经悔改的，或者罪行虽然比较重大，但是对于镇压反革命立有显著功劳的，以及刑满释放、表现良好的，合作社对于这些人，根据他们悔改的程度和立功的大小，并且经过乡人民委员会的审查批准，可以分别吸收他们入社做社员或者候补社员。

对于不够入社条件的过去的地主分子、富农分子和反革命分子，经过乡人民委员会的批准，合作社可以吸收他们参加社内的劳动，使他们获得改造成为新人。对于这些人，合作社应该同对待社员一样地按照他们的劳动付给报酬，并且同对待社员一样地处理他们的生产资料。这些人如果表现良好，经过乡人民委员会审查批准，可以做社员或者候补社员。

候补社员如果表现良好，经过乡人民委员会审查批准，可以做社员。

地主、富农的家属没有参加剥削的，反革命分子的家属没有参加反革命活动的，可以入社做社员。

第九条 每个社员同样地有以下的权利：

（一）参加社内的劳动，取得应得的报酬。

（二）提出有关社务的建议和批评，参加社务的讨论和表决，对社务进行监督。

（三）选举合作社的领导人员，被选举为合作社的领导人员。

（四）在不妨碍合作社生产的条件下，经营家庭副业。

（五）享受合作社举办的文化、福利事业的利益。

过去的地主分子、富农分子和反革命分子，在入社以后的一定时期内，没有被选举权，不能担任社内的任何重要职务；做候补社员的，并且没有表决权和选举权。

第十条 每个社员同样地有以下的义务：

（一）遵守社章，执行社员大会、社员代表大会和管理委员会的决议。

（二）积极地参加社内劳动，遵守劳动纪律。

（三）爱护国家的财产和合作社的财产。

（四）巩固全社的团结，同一切破坏合作社的活动作坚决的斗争。

第十一条 社员有退社的自由。

要求退社的社员一般地要到生产年度完结以后才能退社。社员退社的时候，可以带走他入社的土地或者同等数量和质量的土地，可以抽回他所交纳的股份基金和他的投资。

第十二条　社员如果严重地违反社章，经过多次教育和处分还不悔改，由社员大会或者社员代表大会讨论决定，可以取消他的社员资格。被取消社员资格的人如果不服，可以请求乡或者县人民委员会解决。

被取消社员资格的人可以留在社内参加劳动，合作社应该同对待社员一样地按照他的劳动付给报酬。如果被取消社员资格的人愿意离社生产，可以带走他入社的土地或者同等数量和质量的土地，可以抽回他所交纳的股份基金和他的投资。

被取消社员资格的人如果已经悔改，社员大会或者社员代表大会可以恢复他的社员资格。

第三章　土地和其他主要生产资料

第十三条　入社的农民必须把私有的土地和耕畜、大型农具等主要生产资料转为合作社集体所有。

社员私有的生活资料和零星的树木、家禽、家畜、小农具、经营家庭副业所需要的工具，仍属社员私有，都不入社。

社员土地上附属的私有的塘、井等水利建设，随着土地转为合作社集体所有。如果这些水利建设是新修的，本主还没有得到收益，合作社应该适当地偿付本主所费的工本。如果修建这些水利所欠的贷款没有还清，应该由合作社负责归还。

社员私有的藕塘、鱼塘、苇塘等转为合作社集体所有的时候，对于塘里的藕、鱼、苇子等，合作社应该付给本主以合理的代价。

第十四条　社员的土地转为合作社集体所有、取消土地报酬以后，对于不能担负主要劳动的社员，合作社应该适当地安排适合于他们的劳动，如果他们在生活上有困难，合作社应该给以适当的照顾；对于完全丧失劳动力、历来靠土地收入维持生活的社员，应该用公益金维持他们的生活，在必要的时候，也可以暂时给以适当的土地报酬。

对于军人家属、烈士家属和残废军人社员，合作社还应该按照国家规定的优待办法给以优待。

第十五条　从事城市的职业、全家居住在城市的人，或者家居乡村、劳动力外出、家中无人参加劳动的人，属于他私有的在农村中的土地，可以交给合作社使用。如果本主生活困难，历来依靠土地收入补助生活，合作社应该给以照顾，付给一定的土地报酬。如果本主移居乡村，或者外出的劳动力回到乡村，从事农业生产，合作社应该吸收他入社。如果他不愿意入社，合作社应该把原有的土地或者同等数量和质量的土地给他。

第十六条　农业生产合作社应该抽出一定数量的土地分配给社员种植蔬菜。分配给每户社员的这种土地的数量，按照每户社员人口的多少决定，每人使用的这种土地，一般地不能超过当地每人平均土地数的5％。[2]

社员原有的坟地和房屋地基不必入社。社员新修房屋需用的地基和无坟地的社员需用的坟地，由合作社统筹解决，在必要的时候，合作社可以申请乡人民委员会协助解决。

第十七条　社员私有的耕畜、大型农具和社员经营家庭副业所不需要而为合作社所需要的副业工具转为合作社集体所有，要按照当地的正常的价格议定价款的数目，分期付给本主。付清的时间一般地是三年，至多不超过五年。没有付清的价款的利息问题，由合作社同本主协商解决。

生产中需用的小型农具，如镰刀、锄头等，由社员自备自修。

第十八条　社员私有的林木，应该根据以下的原则处理：

（一）少量的零星的树木，仍属社员私有。

（二）幼林和苗圃，由合作社偿付本主一定的工本费，转为合作社集体所有。

（三）大量的成片的果树、茶树、桑树、竹子、桐树、漆树和其他经济林，根据今后收益大小、经营的难易、本主所费工本和所得收益的多少，作价归合作社集体所有，价款从林木的收益中分期付还。在合作社初建的时候，对于这种经济林，也可以暂时仍属社员私有，由合作社统一经营，从这些林木的收益中付给本主一定比例的报酬。

（四）大量的成片的用材林，应该根据当时的材积分等作价，转为合作社集体所有，价款从林木的收益中分期付还。在合作社初建的时候，对于这种用材林，也可以暂时仍属社员私有，由合作社统一经营，从这些林木的收益中付给本主一定比例的报酬。

第十九条　社员私有的成群的牲畜，一般地应该由合作社按照当地的正常的价格作价收买，转为合作社集体所有，价款在几年内分期付还。价款付清的期限和没有付清的价款的利息问题，由合作社同本主协商解决。

在合作社初建的时候，对于成群的牲畜，也可以暂时仍属社员私有，由合作社统一经营，按照当地的习惯议定本主应得的报酬。

第四章　资　金

第二十条　农业生产合作社为了筹集生产费和收买社员私有的生产资料，可以按照生产的需要和社员的负担能力，向社员征集股份基金。

第二十一条　股份基金由全社的劳动力分摊。

在合作社的初级阶段，股份基金已经由社员按照土地或者按照土地和劳动力各占一定比例分摊交纳了的，不再重摊。

社员在交纳股份基金的时候，可以用合作社需要的各种生产资料抵交。如果不够，不够的部分由社员分期交给合作社；如果有多余，多余的部分由合作社按照第十七条、第十八条和第十九条的规定分期还给社员。贫苦的社员，在向银行申请到贫农合作基金贷款以后，仍然不能交清股份基金的，可以由社员大会或者社员代表大会决定缓交或者少交。分期交纳和缓交的股份基金都不计利息。

过去的地主分子和富农分子入社的全部生产资料的价款，在抵交应摊的一份股份基金以后，如果有多余，应该补交一份公积金、公益金，如果仍有多余，作为多交的股份基金。

股份基金分记在各人的名下，不计利息，除非退社，不能抽回。

第二十二条　农业生产合作社应该从每年的收入当中留出一定数量的公积金和公益金。公积金用作扩大生产所需要的生产费用、储备种籽、饲料和增添合作社固定财产的费用，不能挪作他用。公益金用来发展合作社的文化、福利事业，不能挪作他用。

合作社的公积金和公益金，社员退社的时候不能带走，新社员（除了生产资料比较多的过去的地主分子和富农分子）入社的时候不要补交。

第二十三条　农业生产合作社资金不够的时候，可以由社员在自愿原则下，按照自己的力量向社投资。但是，合作社不得强迫社员投资。

社员的投资由合作社负责偿还，还清的期限由合作社同社员协商决定。现金投资的利息，一般地要相当于信用合作社的存款利息。实物投资可以不给利息，也可以按照当地的习惯付给适当的利息。

第二十四条 在几个合作社合并的时候，股份基金一般地不再重摊。如果有的合作社因为某些生产资料没有转为集体所有，社员少摊了股份基金，应该在合并以前，把那些生产资料转为集体所有，补摊股份基金。

在几个合作社合并的时候，一切公共财产不能分掉。

用作增添合作社的固定财产的社员投资和社外贷款，在几个合作社合并的时候，随同固定财产转归合并后的新社，由新社负责偿还。

第五章 生产经营

第二十五条 农业生产合作社在组织和发展生产上，必须贯彻执行勤俭办社的方针，积极地扩大生产范围，发展同农业相结合的多部门经济；要厉行节约，降低生产成本。

第二十六条 农业生产合作社应该根据本身的经济条件和当地的自然条件，积极地采取以下的各种措施，提高农业生产的水平：

（一）兴修水利，保持水土。
（二）采用新式农具，逐步地实现农业机械化。
（三）积极地利用一切可能的条件开辟肥料来源，改进使用肥料的方法。
（四）采用优良品种。
（五）适当地和有计划地发展高产作物。
（六）改良土壤，修整耕地。
（七）合理地使用耕地，扩大复种面积。
（八）改进耕作方法，实行精耕细作。
（九）防治和消灭虫害、病害和其他灾害。
（十）保护和繁殖牲畜，改良牲畜品种。
（十一）在不妨碍水土保持的条件下，有计划地开垦荒地，扩大耕地面积。

合作社应该积极地学习先进的生产经验，努力找出本社增加生产的最关紧要的办法，并且用最大的力量贯彻实行。

第二十七条 农业生产合作社要根据国家的计划和当地的条件，努力增产粮食、棉花等主要作物，同时又要发展桑、茶、麻、油料、甘蔗、甜菜、烟叶、果类、药材、香料和其他经济作物。

第二十八条 农业生产合作社要根据需要和可能，积极地发展林业、畜牧业、水产业、手工业、运输业、养蚕业、养蜂业、家禽饲养业和其他副业生产。

在不妨碍合作社生产的条件下，合作社应该鼓励和适当地帮助社员经营家庭副业。

第二十九条 农业生产合作社应该制定全面的生产计划，有计划地进行生产。

合作社应该制定三年以上的长期计划，全面地规划这个时期内的各项生产和建设。

在每一个生产年度开始以前，合作社应该定出年度的生产计划。年度的生产计划包括以下的主要内容：1．作物的种植计划、产量计划，保证完成计划的技术措施；2．林业、畜牧业、水产业和其他副业生产计划；3.基本建设计划；4.劳动力和畜力的使用计划。

为了保证年度生产计划的完成，合作社应该按照农事季节或者耕作段落，定出一个季节的或者一个段落的生产计划，具体地规定生产任务和完成任务的期限。

第六章 劳动组织和劳动报酬

第三十条 农业生产合作社应该根据生产经营的范围、生产上分工分业的需要和社员的情况，把社员分编成若干个田间生产队和副业生产小组或者副业生产队，指定专人担负会计、技术管理、牲畜的喂养、公共财物的保管等专业工作，以便实行生产当中的责任制。

第三十一条 生产队是农业生产合作社的劳动组织的基本单位，生产队的成员应该是固定的。田间生产队负责经营固定的土地，使用固定的耕畜和农具。副业生产小组或者副业生产队负责经营固定的副业生产，使用固定的副业工具。

在给田间生产队配备成员和分配任务的时候，要照顾到耕作土地的数量、土地的分布状况、种植作物的种类和社员居住地点的远近，并且要使劳动力的多少、技术的高低和领导力量的强弱，同生产队所担负的生产任务相适应。在给副业生产小组或者副业生产队配备成员和分配任务的时候，也要作相应的照顾。

在必要的时候，管理委员会可以调动某一生产队的人员、耕畜、农具和工具，支援别的生产队，或者组成临时的生产队，完成一定的任务。

第三十二条 农业生产合作社要正确地规定各种工作的定额和报酬标准，实行按件计酬。

每一种工作定额，都应该是中等劳动力在同等条件下积极劳动一天所能够做到的数量和应该达到的质量，不能偏高偏低。

每一种工作定额的报酬标准，用劳动日作计算单位。完成每一种工作定额所应得的劳动日，根据这种工作的技术高低、辛苦程度和在生产中的重要性来规定。各种工作定额的报酬标准的差别，应该定得适当，不能偏高偏低。

在工作条件有了变化的时候，管理委员会可以适当地调整工作定额。

第三十三条 农业生产合作社可以实行包产和超产奖励。各个田间生产队和副业生产小组或者副业生产队，必须保证完成规定的产量计划，还必须保证某些副业产品达到一定的质量。对于超额完成了生产计划的，应该斟酌情形多给劳动日，作为奖励。对于经营不好，产量或者产品质量达不到计划的，应该斟酌情形扣减劳动日，作为处罚。如果遇到不可抗拒的灾害，应该适当地修改产量计划。

全社的生产因为领导得好，超额完成了生产计划，对于有功的管理人员，应该多给劳动日，作为奖励。

社员在生产技术上有创造发明的，对保护公共财产和节约开支有特殊贡献的，应该多给劳动日，作为奖励。

第三十四条 农业生产合作社要制定劳动计划。在规定各个生产队全年的、一个季节的或者一个段落的生产计划的时候，要同时计算出完成生产计划所需要支付的劳动日的数量。合作社可以实行包工，按照所计算的劳动日数量，把生产任务包给生产队。

合作社根据生产的需要和社员的自报，规定每个社员在全年和每个季节或者每个段落应该做到多少个劳动日。合作社在规定每个社员应该做多少劳动日的时候，要注意社员的身体条件，照顾女社员的生理特点和参加家务劳动的实际需要。

社员在做够了规定的劳动日以后，其余的时间由社员自由支配。

第三十五条　农业生产合作社的管理人员，经常不能直接参加生产劳动的，合作社应该根据各人所担负的任务的多少和工作的繁简，由社员大会或者社员代表大会议定一定数量的劳动日，作为报酬。用一部分时间参加社务工作的管理人员和参加临时性社务工作的社员，合作社应该按照他所参加的工作的多少和占去生产劳动时间的多少，给以适当数量的劳动日，作为补贴。

合作社主任全年所得的劳动日，一般地应该高于一个中等劳动力一年所得的劳动日。

合作社的管理人员不能过多。全部管理人员参加社务工作所得的劳动日的数量，加上补贴给参加临时性社务工作的社员的劳动日的数量，至多不能超过全社劳动日总数的2%。

第三十六条　农业生产合作社要组织劳动竞赛。通过劳动竞赛，动员社员积极地提高劳动效率和生产技术，克服生产当中所发生的各种困难，完成和超额完成生产计划。

对于在劳动竞赛当中的先进单位或者个人，合作社应该给以奖励。

第三十七条　农业生产合作社在劳动管理上要建立检查和验收的制度。管理委员会和各个生产队队长要及时地和深入地检查各队和各人是不是按照规定的数量、质量和时间完成任务。对于没有按照规定完成任务的生产队或者个人，可以要求重做或者斟酌情形扣减劳动日。

第三十八条　农业生产合作社社员必须遵守以下的劳动纪律：

（一）不无故旷工。

（二）劳动的时候听指挥。

（三）保证工作的质量。

（四）爱护公共财产。

对于违反劳动纪律的社员要进行教育和批评。如果情节严重，可以分别情况，给以扣减劳动日、赔偿损失、撤销职务以至取消社员资格的处分。

第七章　财务管理和收入分配

第三十九条　农业生产合作社管理委员会应该在制定年度生产计划的同时，制定年度的财务收支预算，提交社员大会或者社员代表大会通过以后实行。

合作社的预算应该包括：资金（包括实物和现金）的来源和本年度使用资金的计划，本年度生产总值的概算和分配的概算。

第四十条　农业生产合作社使用资金，必须严格地注意节约，避免浪费，在财务管理上贯彻执行勤俭办社的方针。每年预算的生产费的各个项目（包括种籽、肥料、草料的开支，购买农药、修理农具、医治耕畜的费用，付给拖拉机站、畜力农具站的代耕费用和抽水机站的灌溉费用，副业生产周转的费用，生产管理费等），都应该定出开支的限额。合作社的生产管理费的限额（不包括社务工作的报酬和补贴），至多不能超过全年生产总值的千分之五。

第四十一条　农业生产合作社必须建立必要的财务制度和手续。

合作社的一切开支都要经过一定的审查和批准手续。预算以内的一般开支，要经过管理委员会主任批准。预算以内的较大开支，要经过管理委员会通过。追加预算，要经过社员大会或者社员代表大会讨论通过。对于一切不合制度和手续的开支，会计员和出纳员有权拒绝合作社的一切收支必须有单据证明，会计员凭单据记账。

合作社的会计工作和出纳工作要分人负责。

合作社的帐目必须日清月结，按季、按生产年度公布收支结果。每个社员所得的劳动日的帐目，必须按月公布。

合作社的公共财产必须有专人保管。公共财产的清单，在年度结账的时候公布。

第四十二条　农业生产合作社的公共财产必须受到保护，任何社员都不得侵犯。对于贪污、盗窃、破坏公共财产的，或者由于不负责任造成公共财产的重大损失的，合作社应该分别情况给以应得的处分，并且要他退回原物或者赔偿；对于情节严重的，应该请司法机关处理。

第四十三条　农业生产合作社全年收入的实物和现金，在依照国家的规定纳税以后，应该根据既能使社员的个人收入逐年有所增加、又能增加合作社的公共积累的原则，按以下的项目进行分配：

（一）把本年度消耗的生产费扣除出来，留作下年度的生产费和归还本年度生产周转的贷款和投资。

（二）从扣除消耗以后所留下的收入当中，留出一定比例的公积金和公益金。公积金一般地不超过8%，包括归还到期的基本建设的贷款和投资在内。公益金不超过2%。经营经济作物的合作社，公积金可以增加到12%。

（三）其余的全部实物和现金，按照全部劳动日（包括农业生产、副业生产、社务工作的劳动日和奖励给生产队或者个人的劳动日），进行分配。

如果合作社的生产增加不很多，为了增加社员的个人收入，公积金可以少留。遇到荒年，公积金可以少留或者不留。遇到丰年，在保证社员个人收入增加的条件下，公积金也可以酌量多留。收入分配的方案应该由社员大会或者社员代表大会讨论通过。

第四十四条　春季和夏季收获的农产品，农业生产合作社在留下所需要的部分以后，应该按照社员已经得到的劳动日的多少，预先分配给社员，到生产年度终了的时候再行结算。

合作社的现金收入和国家对农产品的预购定金，在留下所需要的部分以后，应该根据社员已经得到的劳动日和实际需要，分期预支给社员，到生产年度终了的时候再行结算。

第八章　政治工作

第四十五条　农业生产合作社要在共产党和人民政府的领导下，在青年团和妇女联合会的协助下，进行政治工作。

政治工作的目的，是保证完成生产计划，保证执行勤俭办社的方针，反对铺张浪费，保证按劳取酬和男女老少同工同酬，保证合作社的集体利益、国家利益和社员的个人利益得到正确的结合，从思想上和组织上巩固农业生产合作社。

第四十六条　农业生产合作社要利用业余时间，向社员讲解和宣传国内外的时事、共产党的主张和人民政府的政策法令，并且要通过社内的各种实际活动，向社员进行爱国主义和集体主义的教育，加强工农联盟的思想，不断地提高社员的社会主义觉悟，克服资本主义思想残余。

第四十七条　农业生产合作社要采取组织劳动竞赛、组织参观、交流经验、提倡改进生产技术、奖励合理化建议、表扬先进生产者等办法，鼓励社员在劳动中发扬积极性和创造性。

第四十八条　农业生产合作社要充分发扬社内民主，反对强迫命令和官僚主义，开展批评和自我批评，加强领导人员同社员之间、社员同社员之间、生产队同生产队之间的团结。

合作社要加强同其他农业生产合作社、手工业生产合作社、供销合作社、信用合作社之间的团结，要注意团结社外农民。

第四十九条　在多民族的地区，农业生产合作社要特别注意民族间的团结互助，尊重各民族的风俗习惯。在两个以上民族的农民联合组成的合作社里，要发扬多数照顾少数、先进帮助后进的精神，团结各民族的社员办好合作社。

在有归国华侨和侨眷的地区，合作社要特别注意团结归国华侨和侨眷办好合作社。

第五十条　农业生产合作社要不断地提高社员的革命警惕性，加强合作社的保卫工作。

第九章　文化福利事业

第五十一条　农业生产合作社必须注意社员在劳动中的安全，不使孕妇、老年和少年担负过重和过多的体力劳动，并且特别注意使女社员在产前产后得到适当的休息。

合作社对于因公负伤或者因公致病的社员要负责医治，并且酌量给以劳动日作为补助；对于因公死亡的社员的家属要给以抚恤。

第五十二条　农业生产合作社应该在生产发展的基础上，随着合作社收入和社员个人收入的增加，根据社员的需要，逐步地举办以下各种文化、福利事业：

（一）组织社员在业余时间学习文化和科学知识，在若干年内分批扫除文盲。

（二）利用业余时间和农闲季节，开展文化、娱乐和体育活动。

（三）开展公共卫生工作和社员家庭卫生保健工作。

（四）提倡家庭分工、邻里互助、成立托儿组织，来解决女社员参加劳动的困难，保护儿童的安全。

（五）女社员生孩子的时候，酌量给以物质的帮助。

（六）在可能的条件下，帮助社员改善居住条件。

第五十三条　农业生产合作社对于缺乏劳动力或者完全丧失劳动力、生活没有依靠的老、弱、孤、寡、残疾的社员，在生产上和生活上给以适当的安排和照顾，保证他们的吃、穿和柴火的供应，保证年幼的受到教育和年老的死后安葬，使他们生养死葬都有依靠。

对于遭到不幸事故、生活发生严重困难的社员，合作社要酌量给以补助。

第五十四条　农业生产合作社应该在若干年内，组织社员逐步地做到储备一年到两年的粮食，以备紧急时候的需要。

第十章　管理机构

第五十五条　农业生产合作社的最高管理机关是社员大会或者社员代表大会。

社员大会或者社员代表大会选出管理委员会管理社务；选出合作社主任领导日常工作，对外代表合作社；选出一个到几个副主任协助主任进行工作。合作社主任、副主任兼管理委员会主任、副主任。

社员大会或者社员代表大会选出监察委员会监察社务。

第五十六条　社员大会行使以下的职权：

（一）通过和修改社章。

（二）选举和罢免合作社主任、副主任和管理委员会的委员，监察委员会的主任和委员。

（三）通过转为合作社集体所有的耕畜、农具、林木等的作价和股份基金的征集方案。

（四）审查和批准管理委员会提出的生产计划和预算。

（五）通过社务工作的报酬和补贴的方案。

（六）审查和通过管理委员会提出的全年收入分配和预分、预支的方案。

（七）审查和批准管理委员会和监察委员会的工作报告。

（八）通过新社员入社。

（九）通过对社员的重大奖励和重大处分；决定取消和恢复社员资格。

（十）其他重大事项。

第五十七条　社员大会或者社员代表大会由管理委员会召开，每年至少开会两次。

社员大会必须有过半数的社员出席，才能行使职权。在行使第五十六条第（一）、（二）、（三）、（四）、（五）、（六）、（九）项规定的职权的时候，必须有出席社员的三分之二的多数通过，才能作出决议；行使其他各项职权，必须有出席社员的过半数通过，才能作出决议。

第五十八条　农业生产合作社在社员人数过多，或者社员的居住地点过于分散，召开社员大会确有困难的情况下，可以召开社员代表大会，行使社员大会的各项职权。

社员代表大会的代表，一般地由各个生产单位选举。除了有社员一千人以上的大社以外，社员代表大会代表的名额不能少于全体社员的十分之一。担任专业工作的社员、女社员、青年社员，应该在代表的名额里面占有适当的比例。在多民族的地区和有归国华侨、侨眷的地区，少数民族社员和归国华侨、侨眷社员，也应该在代表名额里面占有适当的比例。

社员代表大会必须有全体代表的三分之二的多数通过，才能作出决议。

在社员代表大会召开以前，必须以生产队为单位召开或者按地区分片召开社员会议，充分地征求社员的意见，由代表把这些意见带到社员代表大会去讨论；在社员代表大会闭会以后，必须召开同样的会议，由代表负责把代表大会的决议向社员报告。

第五十九条　农业生产合作社管理委员会根据社章和社员大会或者社员代表大会的决议管理社务。

管理委员会由主任、副主任和委员组成。按照合作社的大小，管理委员会一般地可以设九个到十九个委员。管理委员会的委员可以按照社内的事务进行分工。

管理委员会的决定，必须经过管理委员会委员的多数通过，管理委员会在工作中必须发扬民主作风，不许滥用职权。

管理委员会可以按照需要，任命合作社的工作人员。管理委员会任命生产队长或者直属的生产组长，事前要征求队员或者组员的同意。

第六十条　监察委员会监督合作社主任、副主任和管理委员会的委员是不是遵守社章和社员大会或者社员代表大会的决议，检查合作社的财务收支是不是正确，检查合作社内对公共财产有没有贪污、偷盗、破坏等情形。监察委员会要按期向社员大会或者社员代表大会报告工作，并且可以随时向管理委员会提出意见。

监察委员会一般地由五个到十一个委员组成。在需要的时候，监察委员会可以推选一个到两个副主任，协助主任进行工作。

合作社的主任、副主任和管理委员会的委员、会计员、出纳员、保管员，都不能兼任监察委员会的职务。

第六十一条　农业生产合作社的主任、副主任和管理委员会的委员、监察委员会的主任和委员，每年改选一次，可以连选连任。

在合作社的领导人员和工作人员里面，女社员要占有一定的名额。在合作社主任、副主任里面，至少要有妇女一人。

如果合作社社员有不同的民族成分，各民族的社员在领导人员和工作人员里面要占有适当的比例。如果合作社内有相当数量的归国华侨和侨眷，他们在领导人员和工作人员里面也要占有适当的名额。

第十一章　附　则

第六十二条　供初级农业生产合作社采用的农业生产合作社示范章程的规定，如果同本章程不相抵触、又为高级合作社所需要的，高级合作社可以采用。

第六十三条　各省、市依照当地的情况和需要，可以对于本章程没有规定或者没有具体规定的事情，作出补充规定。

第六十四条　民族自治地方依照当地民族的特点和实际的需要，可以对于本章程没有规定或者没有具体规定的事情，作出补充规定，也可以根据本章程的基本原则，制定适用于当地的合作社示范章程。

根据《中华人民共和国法规汇编》（1956年1月—6月）刊印

注　释：

[1] 中华人民共和国国务院根据一九五五年十一月九日全国人民代表大会常务委员会第二十四次会议通过的《关于农业生产合作社示范章程草案的决议》，于一九五五年十一月十日发出《关于发布农业生产合作社示范章程草案的通知》。

《通知》说，农业生产合作社示范章程草案，是由中国共产党中央委员会提出，是多年来农业合作化运动的经验总结，是根据中华人民共和国宪法制定的。它曾经由中国共产党第七届中央委员会第六次全体会议（扩大）讨论和基本通过，又由中国人民政治协商会议第二届全国委员会组织了所有在北京的全国委员会委员和全国人民代表大会代表进行讨论，又经过国务院全体会议第二十次会议讨论和一致通过，最后经过全国人民代表大会常务委员会第二十四次会议讨论和一致通过。

《通知》要求全国县以上的各级人民委员会都对这一草案加以讨论，提出修正意见，并且征求区乡工作人员和人民群众的意见；在征求意见期间，各地农业生产合作社可以把这一草案作为自己的社章试用，并且按照自己的需要和情况，对于本章程没有规定和没有具体规定的事情，作出补充的规定。

《通知》最后要求，各地的意见由各省、市、自治区人民委员会在一九五六年三月底以前汇总，报告国务院，以便根据这些意见，对这个草案再作必要的修正，然后提请全国人民代表大会下一次会议讨论通过。

一九五六年三月十七日全国人民代表大会常务委员会第三十三次会议,将这个章程草案照原案通过,成为正式章程。

[2]一九五七年六月二十五日全国人民代表大会常务委员会第七十六次会议讨论了国务院周恩来总理提出的关于适当增加农业生产合作社社员自留地的议案,决定对高级农业生产合作社示范章程第十六条作如下补充规定:"农业生产合作社可以根据需要和当地条件,抽出一定数量的土地分配给社员种植猪饲料。分配给每户社员的这种土地的数量,按照每户社员养猪头数的多少决定。每人使用的这种土地,连同高级农业生产合作社示范章程所规定的分配给社员种植蔬菜的土地,合计不能超过当地每人平均土地数的百分之十。"

(原载中共中央文献研究室编:《建国以来重要文献选编(第八册)》,中央文献出版社,2011年6月)

中华人民共和国户口登记条例

（一九五八年一月九日全国人民代表大会常务委员会第九十一次会议通过，同日中华人民共和国主席毛泽东发布命令公布）

第一条　为了维持社会秩序，保护公民的权利和利益，服务于社会主义建设，制定本条例。

第二条　中华人民共和国公民，都应当依照本条例的规定履行户口登记。

现役军人的户口登记，由军事机关按照管理现役军人的有关规定办理。

居留在中华人民共和国境内的外国人和无国籍的人的户口登记，除法令另有规定外，适用本条例。

第三条　户口登记工作，由各级公安机关主管。

城市和设有公安派出所的镇，以公安派出所管辖区为户口管辖区；乡和不设公安派出所的镇，以乡、镇管辖区为户口管辖区。乡、镇人民委员会和公安派出所为户口登记机关。

居住在机关、团体、学校、企业、事业等单位内部和公共宿舍的户口，由各单位指定专人，协助户口登记机关办理户口登记；分散居住的户口，由户口登记机关直接办理户口登记。

居住在军事机关和军人宿舍的非现役军人的户口，由各单位指定专人，协助户口登记机关办理户口登记。

农业、渔业、盐业、林业、牧畜业、手工业等生产合作社的户口，由合作社指定专人，协助户口登记机关办理户口登记。合作社以外的户口，由户口登记机关直接办理户口登记。

第四条　户口登记机关应当设立户口登记簿。

城市、水上和设有公安派出所的镇，应当每户发给一本户口簿。

农村以合作社为单位发给户口簿；合作社以外的户口不发给户口簿。

户口登记簿和户口簿登记的事项，具有证明公民身份的效力。

第五条　户口登记以户为单位。同主管人共同居住一处的立为一户，以主管人为户主。单身居住的自立一户，以本人为户主。居住在机关、团体、学校、企业、事业等单位内部和公共宿舍的户口共立一户或者分别立户。户主负责按照本条例的规定申报户口登记。

第六条　公民应当在经常居住的地方登记为常住人口，一个公民只能在一个地方登记为常住人口。

第七条　婴儿出生后一个月以内，由户主、亲属、抚养人或者邻居向婴儿常住地户口登记机关申报出生登记。

弃婴，由收养人或者育婴机关向户口登记机关申报出生登记。

第八条　公民死亡，城市在葬前，农村在一个月以内，由户主、亲属、抚养人或者邻居向户口登记机关申报死亡登记，注销户口。公民如果在暂住地死亡，由暂住地户口登记机关通知常住地户口登记机关注销户口。

公民因意外事故致死或者死因不明，户主、发现人应当立即报告当地公安派出所或者乡、镇人民委员会。

第九条 婴儿出生后,在申报出生登记前死亡的,应当同时申报出生、死亡两项登记。

第十条 公民迁出本户口管辖区,由本人或者户主在迁出前向户口登记机关申报迁出登记,领取迁移证件,注销户口。

公民由农村迁往城市,必须持有城市劳动部门的录用证明,学校的录取证明,或者城市户口登记机关的准予迁入的证明,向常住地户口登记机关申请办理迁出手续。

公民迁往边防地区,必须经过常住地县、市、市辖区公安机关批准。

第十一条 被征集服现役的公民,在入伍前,由本人或者户主持应征公民入伍通知书向常住地户口登记机关申报迁出登记,注销户口,不发迁移证件。

第十二条 被逮捕的人犯,由逮捕机关在通知人犯家属的同时,通知人犯常住地户口登记机关注销户口。

第十三条 公民迁移,从到达迁入地的时候起,城市在三日以内,农村在十日以内,由本人或者户主持迁移证件向户口登记机关申报迁入登记,缴销迁移证件。

没有迁移证件的公民,凭下列证件到迁入地的户口登记机关申报迁入登记:

1. 复员、转业和退伍的军人,凭县、市兵役机关或者团以上军事机关发给的证件;

2. 从国外回来的华侨和留学生,凭中华人民共和国护照或者入境证件;

3. 被人民法院、人民检察院或者公安机关释放的人,凭释放机关发给的证件。

第十四条 被假释、缓刑的犯人,被管制分子和其他依法被剥夺政治权利的人,在迁移的时候,必须经过户口登记机关转报县、市、市辖区人民法院或者公安机关批准,才可以办理迁出登记;到达迁入地后,应当立即向户口登记机关申报迁入登记。

第十五条 公民在常住地市、县范围以外的城市暂住三日以上的,由暂住地的户主或者本人在三日以内向户口登记机关申报暂住登记,离开前申报注销;暂住在旅店的,由旅店设置旅客登记簿随时登记。

公民在常住地市、县范围以内暂住,或者在常住地市、县范围以外的农村暂住,除暂住在旅店的由旅店设置旅客登记簿随时登记以外,不办理暂住登记。

第十六条 公民因私事离开常住地外出、暂住的时间超过三个月的,应当向户口登记机关申请延长时间或者办理迁移手续;既无理由延长时间又无迁移条件的,应当返回常住地。

第十七条 户口登记的内容需要变更或者更正的时候,由户主或者本人向户口登记机关申报;户口登记机关审查属实后予以变更或者更正。

户口登记机关认为必要的时候,可以向申请人索取有关变更或者更正的证明。

第十八条 公民变更姓名,依照下列规定办理:

1. 未满十八周岁的人需要变更姓名的时候,由本人或者父母、收养人向户口登记机关申请变更登记;

2. 十八周岁以上的人需要变更姓名的时候,由本人向户口登记机关申请变更登记。

第十九条 公民因结婚、离婚、收养、认领、分户、并户、失踪、寻回或者其他事由引起户口变动的时候,由户主或者本人向户口登记机关申报变更登记。

第二十条 有下列情形之一的,根据情节轻重,依法给予治安管理处罚或者追究刑事责任:

1. 不按照本条例的规定申报户口的；
2. 假报户口的；
3. 伪造、涂改、转让、出借、出卖户口证件的；
4. 冒名顶替他人户口的；
5. 旅店管理人不按照规定办理旅客登记的。

第二十一条　户口登记机关在户口登记工作中，如果发现有反革命分子和其他犯罪分子，应当提请司法机关依法追究刑事责任。

第二十二条　户口簿、册、表格、证件，由中华人民共和国公安部统一制定式样，由省、自治区、直辖市公安机关统筹印制。

公民领取户口簿和迁移证应当缴纳工本费。

第二十三条　民族自治地方的自治机关可以根据本条例的精神，结合当地具体情况，制定单行办法。

第二十四条　本条例自公布之日起施行。

（原载中共中央文献研究室编：《建国以来重要文献选编（第十一册）》，中央文献出版社，2011年6月）

中华人民共和国农业税条例

（一九五八年六月三日全国人民代表大会常务委员会第九十六次会议通过）

第一章 总 则

第一条 为了保证国家社会主义建设，并有利于巩固农业合作化制度，促进农业生产发展，根据中华人民共和国宪法第一百零二条"中华人民共和国公民有依照法律纳税的义务"的规定，制定本条例。

第二条 农业税的征收实行比例税制。

第三条 下列从事农业生产、有农业收入的单位和个人，都是农业税的纳税人，应当按照本条例的规定交纳农业税：

（一）农业生产合作社和兼营农业的其他合作社；

（二）有自留地的合作社社员；

（三）个体农民和有农业收入的其他公民；

（四）国营农场、地方国营农场和公私合营农场；

（五）有农业收入的企业、机关、部队、学校、团体和寺庙。

第四条 下列的农业收入征收农业税：

（一）粮食作物和薯类作物的收入；

（二）棉花、麻类、烟叶、油料、糖料和其他经济作物的收入；

（三）园艺作物的收入；

（四）经国务院规定或者批准征收农业税的其他收入。

第五条 农业生产合作社和兼营农业的其他合作社，以社为单位交纳农业税；其他纳税人，按照他们的经营单位交纳农业税。

第二章 农业收入的计算

第六条 农业收入的计算标准如下：

（一）种植粮食作物的收入，按照粮食作物的常年产量计算；

（二）种植薯类作物的收入，按照同等土地种植粮食作物的常年产量计算；

（三）种植棉花、麻类、烟叶、油料和糖料作物的收入，参照种植粮食作物的常年产量计算；

（四）园艺作物的收入、其他经济作物的收入和经国务院规定或者批准征收农业税的其他收入，由省、自治区、直辖市人民委员会规定计算标准。

本条第一款（一）、（二）、（三）项所列各种农业收入，一律折合当地的主要粮食，以市斤为单位计算；折合比例由省、自治区、直辖市人民委员会规定。

第七条 常年产量应当根据土地的自然条件和当地的一般经营情况，按照正常年景的产量评定。对于因积极采取增产措施和采用先进经验而使产量提高特别显著的，评定常年产量不宜过高。

第八条　在评定常年产量的时候，对于纳税人兴修农田水利工程、水土保持工程而提高单位面积产量的土地，受益未满三年的，应当参照受益前的正常年景的产量评定常年产量。

第九条　常年产量评定以后，在五年以内，因勤劳耕作、改善经营而提高单位面积产量的，常年产量不予提高；因怠于耕作而降低单位面积产量的，常年产量不予降低。

第三章　税　率

第十条　全国的平均税率规定为常年产量的百分之十五点五；各省、自治区、直辖市的平均税率，由国务院根据全国平均税率，结合各地区的不同经济情况，分别加以规定。

第十一条　各省、自治区、直辖市人民委员会应当根据国务院规定的平均税率，结合所属各地区的经济情况，分别规定所属自治州的平均税率和所属县、自治县、市的税率；自治州所属县、自治县、市的税率，由自治州人民委员会根据上一级人民委员会所规定的平均税率，结合所属各地区的经济情况，分别加以规定。

如果县、自治县、市所属各地区的经济情况悬殊，不宜按照一个税率征收的，县、自治县、市人民委员会可以根据上一级人民委员会所规定的平均税率，分别规定所属各地区的税率，报请上一级人民委员会批准后执行。

第十二条　县级以上人民委员会对所属地区规定的税率，最高不得超过常年产量的百分之二十五。

第十三条　个体农民应当交纳的农业税，除了与所在地区的农业生产合作社按照同一税率计算以外，根据不同的经济情况，另行加征税额的一成到五成。对缺乏劳动力、生活困难的个体农民，不予加征。

第十四条　省、自治区、直辖市人民委员会为了办理地方性公益事业的需要，经本级人民代表大会通过，可以随同农业税征收地方附加。

地方附加一般不得超过纳税人应纳农业税税额的百分之十五；在种植经济作物、园艺作物比较集中而获利又超过种植粮食作物较多的地区，地方附加的比例，可以高于百分之十五，但最高不得超过百分之三十。

第四章　优待和减免

第十五条　纳税人依法开垦荒地或者用其他方法扩大耕地面积所得到的农业收入，从有收入的那一年起，免征农业税一年到三年。

移民开垦荒地所得到的农业收入，从有收入的那一年起，免征农业税三年到五年。

第十六条　纳税人在山地上新垦植或者新垦复的桑园、茶园、果园和其他经济林木，从有收入的那一年起，免征农业税三年到七年。

第十七条　纳税人从下列土地上所得到的农业收入，免征农业税：

（一）农业科学研究机关和农业学校进行农业试验的土地；

（二）零星种植农作物的宅旁隙地。

第十八条　纳税人的农作物，因遭受水、旱、风、雹或者其他自然灾害而歉收的，按照歉收程度，减征或者免征农业税。减征和免征的办法，由省、自治区、直辖市人民委员会规定。

第十九条　下列地区，经省、自治区、直辖市人民委员会决定，可以减征农业税：

（一）农民的生产和生活还有困难的革命老根据地；

（二）生产落后、生活困难的少数民族地区；

（三）交通不便、生产落后和农民生活困难的贫瘠山区。

第二十条　革命烈士家属、在乡的革命残废军人及其他纳税人，因缺乏劳动力或者其他原因而纳税确有困难的，经县、自治县、市人民委员会批准，可以减征或者免征农业税。

第二十一条　除本章各条的规定以外，其他需要给予优待和减免的，由国务院或者省、自治区、直辖市人民委员会规定。

第五章　征　收

第二十二条　纳税人应当向乡、民族乡、镇人民委员会据实报告土地亩数、农业收入和其他有关情况。乡、民族乡、镇人民委员会对纳税人的报告，经过调查和评议以后，造册报送县、自治县、市人民委员会审查核定。县、自治县、市人民委员会审查核定后，依照税率计算税额，向纳税人发出纳税通知书，作为纳税的凭证。

第二十三条　农业税分夏秋两季征收。夏收较少的地区，可以不进行夏征，在秋季一并征收。征收的时间，由省、自治区、直辖市人民委员会规定。

第二十四条　农业税以征收粮食为主。对于交纳粮食有困难的纳税人，可以改征其他农产品或者现款。

纳税人交纳的粮食，必须晒干扬净。

第二十五条　纳税人应当按照规定的时间，将应交纳的粮食或者其他农产品和现款，送交指定的机关；征收机关收到以后，应当发给收据。

第二十六条　纳税人有运送他们应交纳的粮食和其他农产品的义务。义务运送的里程，一般以当日能够往返为原则，具体里程由省、自治区、直辖市人民委员会规定。超过义务运送里程的，其超过的里程，应当按照当地的一般运价发给运费。

在规定纳税人的义务运送里程的时候，对交通不便的山区，应当给予适当的照顾。

第二十七条　纳税人如果发现在征收农业税的工作中有调查不实、评议不公、错算和错征的情况，可以向乡、民族乡、镇人民委员会请求复查和复议。如果纳税人对于复查、复议的结果仍不同意，还可以向上级人民委员会请求复查。各级人民委员会对纳税人提出的请求，应当迅速加以处理。

第二十八条　纳税人如果少报土地亩数、农业收入或者用其他方法逃避纳税的，经查明后，应当追交其逃避的税额；情节严重的，并且送人民法院处理。

第二十九条　国家工作人员在征收农业税的工作中，如果有违法失职或者营私舞弊致使国家、人民遭受损失的，应当根据情节的轻重，给予纪律处分，或者送人民法院处理。

第六章　附　则

第三十条　省、直辖市人民委员会应当根据本条例的规定，结合本地区的具体情况，制定农业税征收实施办法，报国务院备案。

第三十一条 自治区人民委员会可以根据本条例的基本原则，结合本地区的具体情况和民族特点，制定本自治区的农业税征收办法，报国务院备案。

自治州或者自治县人民委员会认为必要的时候，可以根据本条例的基本原则，结合本地区的具体情况和民族特点，制定本自治州、自治县的农业税征收办法，报省、自治区人民委员会备案。

第三十二条 本条例从公布之日起施行。原有的农业税条例和有关规定即行废止。

根据一九五八年六月五日《人民日报》刊印

（原载中共中央文献研究室编：《建国以来重要文献选编（第十一册）》，中央文献出版社，2011年6月）

中共中央关于在农村建立人民公社问题的决议

(一九五八年八月二十九日)

一、**人民公社是形势发展的必然趋势**。大型的综合性的人民公社不仅已经出现，而且已经在若干地方普遍发展起来，有的地方发展得很快，很可能不久就会在全国范围内出现一个发展人民公社的高潮，且有不可阻挡之势。人民公社发展的主要基础是我国农业生产全面的不断的跃进和五亿农民愈来愈高的政治觉悟。在经济上、政治上、思想上基本上战胜了资本主义道路之后，发展了空前规模的农田基本建设，创造了可以基本上免除水旱灾害、使农业生产比较稳定发展的新的基础，在克服右倾保守思想，打破了农业技术措施的常规之后，出现了农业生产飞跃发展的形势，农产品产量成倍、几倍、十几倍、几十倍地增长，更加促进了人们的思想解放；大规模的农田基本建设和先进的农业技术措施，要求投入更多的劳动力，农村工业的发展也要求从农业生产战线上转移一部分劳动力，我国农村实现机械化、电气化的要求已愈来愈迫切；在农田基本建设和争取丰收的斗争中，打破社界、乡界、县界的大协作，组织军事化、行动战斗化、生活集体化成为群众性的行动，进一步提高了五亿农民的共产主义觉悟；公共食堂、幼儿园、托儿所、缝衣组、理发室、公共浴堂、幸福院、农业中学、红专学校等等，把农民引向了更幸福的集体生活，进一步培养和锻炼着农民群众的集体主义思想。所有这些，都说明几十户、几百户的单一的农业生产合作社已不能适应形势发展的要求。在目前形势下，建立农林牧副渔全面发展、工农商学兵互相结合的人民公社，是指导农民加速社会主义建设，提前建成社会主义并逐步过渡到共产主义所必须采取的基本方针。

二、**社的组织规模，就目前说，一般以一乡一社、两千户左右较为合适**。某些乡界辽阔、人烟稀少的地方，可以少于两千户，一乡数社。有的地方根据自然地形条件和生产发展的需要，也可以由数乡并为一乡，组成一社，六七千户左右。至于达到万户或两万户以上的，也不要去反对，但在目前也不要主动提倡。

人民公社进一步发展的趋势，有可能以县为单位组成联社。现在就应该对人民公社的分布，以县为单位进行规划，作合理的布局。

社的规模扩大以后，由于农林牧副渔、工农商学兵综合性的发展，社的管理机构也必须有适当的分工，要在组织精干和干部不脱离生产的原则下，建立若干分工负责的部门。并且要实行政社合一，乡党委就是社党委，乡人民委员会就是社务委员会。

三、**小社并大、转为人民公社的做法和步骤**。小社并大，转为人民公社，是当前广大群众的共同要求，贫农、下中农是坚决拥护的，大部分上中农也是赞成的，我们要依靠贫农、下中农，充分发动群众，展开鸣放辩论，团结大部分赞成并大社、转公社的上中农，克服另一部分上中农的动摇，揭穿和击退地主富农的造谣破坏，使广大农民在思想解放自觉自愿的基础上并大社、转公社，防止强迫命令。在步骤上，并大社，转公社，一气呵成当然更好，不能够一气呵成的，也可以分两步走，不要勉强、性急。各县都应先进行试点，然后逐步推广。

并大社，转公社必须与当前生产密切结合，不仅不能影响当前的生产，而且要使这个运动成为推动生产更大跃进的一个巨大力量。为此，在并社初期可以采取"上动下不动"的方法，首先由原来各小社联合选出大社的管理委员会，搭起架子，统一规划部署工作，把原来的各小社改为耕作区或者生产队，原来的一套生产组织和管理制度暂时不变，照常经营，一切应该合并调整的东西和合并中应该解决的具体问题，以后再逐步合并、逐步清理、逐步解决，以保证生产不受影响。

社规模的大小，并大社，转公社进度的快慢，以及做法和步骤，都由各省、自治区和直辖市根据当地的情况自行决定。但是，无论在秋前秋后或者今冬明春合并，都应该从现在起，就把准备合并的一些小社串连起来，共同商量，统一规划秋后的农田基本建设，统一安排为争取明年更大丰收的各项准备工作。

四、并社中的若干经济政策问题。在并社过程中，应该加强教育，防止少数社发展本位主义，在合并前不留或少留公共积累，分多分空。但是，另一方面，又必须了解，由于各个农业社的基础不同，若干社合并成一个大社，他们的公共财产，社内和社外的债务等等，不会是完全相同的，在并社过程中，应该以共产主义的精神去教育干部和群众，承认这种差别，不要采取算细账、找平补齐的办法，不要去斤斤计较小事。

人民公社建立时，对于自留地、零星果树、股份基金等等问题，不必急于处理，也不必来一次明文规定。一般说，自留地可能在并社中变为集体经营，零星果树暂时仍归私有，过些时候再处理，股份基金等可以再拖一、二年，随着生产的发展、收入的增加和人们觉悟的提高，自然地变为公有。

五、关于社的名称、所有制和分配制的问题。大社统一定名为人民公社，不必搞成国营农场，农场就不好包括工、农、商、学、兵各个方面。

人民公社建成以后，不要忙于改集体所有制为全民所有制，在目前还是以采用集体所有制为好，这可以避免在改变所有制的过程中发生不必要的麻烦。实际上，人民公社的集体所有制中，就已经包含有若干全民所有制的成分了。这种全民所有制，将在不断发展中继续增长，逐步地代替集体所有制。由集体所有制向全民所有制过渡，是一个过程，有些地方可能较快，三四年内就可完成，有些地方，可能较慢，需要五六年或者更长一些的时间。过渡到了全民所有制，如国营工业那样，它的性质还是社会主义的，各尽所能，按劳取酬。然后再经过多少年，社会产品极大地丰富了，全体人民的共产主义的思想觉悟和道德品质都极大地提高了，全民教育普及并且提高了，社会主义时期还不得不保存的旧社会遗留下来的工农差别、城乡差别、脑力劳动与体力劳动的差别，都逐步地消失了，反映这些差别的不平等的资产阶级法权的残余，也逐步地消失了，国家职能只是为了对付外部敌人的侵略，对内已经不起作用了，在这种时候，我国社会就将进入各尽所能，各取所需的共产主义时代。

人民公社建成以后，也不必忙于改变原有的分配制度，以免对生产发生不利的影响。要从具体条件出发，在条件成熟的地方，可以改行工资制；在条件还不成熟的地方，也可以暂时仍然采用原有的三包一奖或者以产定工制等等按劳动日计酬的制度，条件成熟以后再加以改变。

人民公社虽然所有制仍然是集体所有的，分配制度无论工资制或者按劳动日计酬，也还都是"按劳取酬"，并不是"各取所需"，但是人民公社将是建成社会主义和逐步向共产主义过渡的最好的组织形式，它将发展成为未来共产主义社会的基层单位。

六、现阶段我们的任务是建设社会主义。建立人民公社首先是为了加快社会主义建设的速度，而建设社会主义是为了过渡到共产主义积极地作好准备。看来，共产主义在我国的实现，已经不是什么遥远将来的事情了，我们应该积极地运用人民公社的形式，摸索出一条过渡到共产主义的具体途径。

根据一九五八年九月十日《人民日报》刊印

（原载中共中央文献研究室编：《建国以来重要文献选编（第十一册）》，中央文献出版社，2011年6月）

农村人民公社工作条例修正草案

(一九六二年九月二十七日中国共产党第八届中央委员会第十次全体会议通过)

第一章 农村人民公社在现阶段的性质、组织和规模

一、农村人民公社是政社合一的组织,是我国社会主义社会在农村中的基层单位,又是我国社会主义政权在农村中的基层单位。

农村人民公社是适应生产发展的需要,在高级农业生产合作社的基础上联合组成的。它在一个很长的历史时期内,是社会主义的互助、互利的集体经济组织,实行各尽所能、按劳分配、多劳多得、不劳动者不得食的原则。

人民公社的集体所有制经济,同全民所有制经济,是社会主义经济的两种形式。这两种形式的社会主义经济,互相支援,共同促进我国国民经济的繁荣。国家要尽可能地从各方面支援人民公社集体经济,发展农业生产,逐步进行农业技术改革,用几个五年计划的时间,在农业集体化的基础上,实现农业的机械化和电气化。

二、人民公社的基本核算单位是生产队。根据各地方不同的情况,人民公社的组织,可以是两级,即公社和生产队;也可以是三级,即公社、生产大队和生产队。

三、人民公社的各级组织,都必须执行国家的政策和法令,在国家计划指导下,因地制宜地、合理地组织生产。

在人民公社中,中国共产党的各级组织,必须同群众密切联系、有事同群众商量、倾听群众意见,在人民公社各级组织中起领导作用和核心作用。

四、人民公社的各级组织,按照民主集中制的原则办事。

人民公社的各级权力机关,是公社社员代表大会、生产大队社员代表大会和生产队社员大会。

人民公社的管理机关是各级管理委员会。

人民公社的监察机关是各级监察委员会。规模较小的生产队,可以只设一个监察员。

人民公社各级社员代表大会的代表和各级管理委员会、监察委员会的成员,都必须经过社员充分的酝酿,采取不记名投票的方式选举产生。

五、人民公社各级的规模应该由社员民主决定。各级规模大小的确定,都应该对生产有利,对经营管理有利,对团结有利,并且便利群众进行监督。

人民公社的规模,是一乡一社。有的是小乡一社,有的是大乡一社。各个公社的规模定下来以后,长期不变。

生产队的规模,应该根据土地的数量和远近、居住的集中或者分散、劳动力能够搭配得开、畜力和农具能够配套、有利于发展多种经营等等条件确定。生产队的规模定下来以后,长期不变。

六、少数民族地区、畜牧区、渔业区、林业区,可以根据本条例的基本规定,结合本地

区的具体情况，另定具体办法。

第二章 公 社

七、公社社员代表大会，就是乡人民代表大会。公社社员的代表，就是乡人民代表大会的代表。

全公社范围内的重大事情，都应该由社员代表大会决定，不能由管理委员会少数人决定。

公社社员代表大会要定期开会，每年至少开会两次。

八、公社社员代表大会的代表，每两年改选一次。社员代表要有广泛的代表性。从事各种业务的社员，有经验的老农，农村的专业工人，青年和妇女，少数民族的社员，烈士家属和转业军人，侨眷和归侨，都要有适当数量的代表。

公社的社长和其他管理委员、监察委员，都由公社社员代表大会选举，任期两年，可以连选连任。公社、生产大队、生产队，在选举管理委员和监察委员的时候，应该注意使老贫农和下中农占优势。

在那些有几个不同民族成分的社队，还要注意吸收少数民族的社员，参加管理。

公社的社长和其他管理委员、监察委员，如果不称职，都可以由社员代表大会随时罢免。

九、公社管理委员会，在行政上，就是乡人民委员会（即乡人民政府），受县人民委员会（即县人民政府）和县人民委员会派出机关的领导。在管理生产建设、财政、粮食、贸易、民政、文教卫生、治安、民兵和调解民事纠纷等项工作方面，行使乡人民委员会的职权。

公社的社长，就是乡长。

十、公社管理委员会的主要任务是，面向生产队，充分调动社员群众的积极性，发展农业、畜牧业、林业、副业、渔业等生产事业。在做这些工作的时候，应该经过充分的调查研究，执行群众路线，正确处理问题，把应该做的事情认真做好，但不能管得太多太死。

（一）贯彻执行中央关于农村人民公社的政策、法令。公社不能违反和改变中央既定的政策、法令，并且要随时督促生产大队和生产队认真执行，检查他们的执行情况。

（二）根据国家计划和各生产队的具体情况，兼顾国家和集体的利益，向各生产队提出关于生产计划的建议，并且可以对各生产队拟定的计划，进行合理的调整。在调整的时候，只许采取协商的办法，不许采取强制的办法。

（三）对于各生产队的生产工作，进行督促和检查，经过同社员和干部商量，及时地帮助生产队解决生产中存在的问题，改进经营管理和财务会计工作，帮助生产队做好收益分配工作。对于困难较多的生产队，应该更多地给以帮助。不许乱开电话会议和各种会议，不许向生产队乱要统计表报，不许瞎指挥生产。

（四）推行经过反复试验、确实有效的增产措施和先进经验。推行的时候，必须因地制宜，并且只能典型示范和提出建议，不许强迫生产队接受。

（五）在必要的时候，可以组织生产队之间的生产协作。组织这种协作，必须按照自愿互利和等价交换的原则，不许无代价地调用劳动力、生产资料和其他物资。

（六）从各方面帮助和督促生产队妥善地安排生产资料：

（1）选留良种，并且按照等价交换的原则，对种子进行必要的调剂。

（2）根据生产队的需要和货源的多少，同供销合作社商量提出农具、肥料和农药的供应计划,并且,督促供销合作社做好这些供应工作。农具、肥料、农药等生产资料的供应,必须注意保证质量,保证配套,讲求实效。这些生产资料,应该由生产队自由选购,不许摊派。凡是摊派的,生产队都有权拒绝接受。

(3)推行经过反复试验、确实有效、适用于本地条件的改良农具和运输工具。

(4)管好、用好属于公社所有的大型中型农业机具和运输工具。

十一、公社管理委员会,可以根据生产的需要,根据人力、物力、财力的可能,在不妨碍当年生产的增长和当年社员收入的增长的条件下,经过公社、有关生产大队和生产队的社员代表大会或者社员大会讨论决定,经过上级批准,兴办全公社范围的、或者几个生产大队、几个生产队共同的水利建设和植树造林,水土保持、土壤改良等基本建设,兴办几个公社共同的水利建设和其他的基本建设。

在兴办这些基本建设的时候,必须订立合同,规定各单位的权利和义务,并且按照各单位受益的多少,分摊劳动力和资金。对于不受益的单位付出的劳动,被占用的土地和土地上的附着物,都必须给以合理的报酬和补偿。

公社管理委员会,应该负责管理和维修公社集体所有的水利建设和其他农田基本建设。属于几个大队或者几个生产队共同举办的水利建设和其他农田基本建设,应该在公社的领导和参加下,由有关的生产大队或者生产队联合选举管理机构,制定公约,共同管理,共同维修。

公社管理委员会和人民公社各级组织,都要保护水库、堤坝、渠道和苇塘,注意综合利用这些资源,养鱼养鸭,发展水生作物。

十二、为了保护、培育和合理利用山林资源,公社所有的山林,一般地应该下放给生产队所有;不宜于下放的,仍旧归公社或者生产大队所有。归公社或者生产大队所有的山林,一般地也应该固定包给生产队经营;不适合生产队经营的,由公社或者生产大队组织专业队负责经营。这些山林的所有权和经营权,定下来以后,长期不变。

不论是山区、半山区、平原区、沿海地区或者其他地区,人民公社的各级组织,都必须积极地植树造林、保护林木、保持水土,严格禁止乱砍乱伐,毁林开荒。在放牛放羊的时候,不准毁坏幼林。公社、大队和生产队,应该根据山林资源的情况和林木生长的规律,根据国家采伐计划以及生产和社员生活的需要,确定每年林木采伐的数量、规格、时间和地点。对于不在计划之内和不合规格的采伐,经营的单位有权制止。林木的采伐,要有严格的批准制度,凡是违反制度的单位或者个人,都应该受到适当的处分。

人民公社各级组织,都要经过社员讨论和同意,制订护林公约,并且还要有管理林木的负责人。护林公约应该规定,任何单位或者个人,每砍伐一棵树木,至少必须补栽三棵,并且保证成活。

十三、公社管理委员会,在今后若干年内,一般地不办企业。已经举办的企业,不具备正常生产条件的,不受群众欢迎的,应该一律停办。需要保留的企业,应该经过社员代表大会讨论决定,分别情况,转给手工业合作社经营,下放给生产队经营,或者改为个体手工业和家庭副业;个别企业,经过社员代表大会同意,县人民委员会批准,可以由公社继续经营,或者下放给生产大队经营。

公社经营的企业,都应该直接为农业生产和农民生活服务,都不能妨碍农业生产和增加社员负担,也不能影响国家对农产品的收购任务。这些企业,都必须严格实行经济核算和民主管理，账目要定期公布。这些企业的人员任用，生产情况，物资情况，财务收支等等，都要定期向社员代表大会报告，并且征求社员的意见，不许营私舞弊。公社的干部和任何人，绝对不准利用这些企业，多吃多占，安插私人，铺张浪费。

公社企业的利润，除了用于企业的扩大再生产，用于公社范围的生产事业以外，应该拿出一部分，扶助生产上有困难的生产队。

十四、公社管理委员会，应该积极促进手工业生产的发展。

农村手工业生产合作社和合作小组，是独立的经营单位，受手工业县联社和公社的双重领导。公社对于手工业组织，应该尽可能地帮助他们解决生产中的困难，督促他们遵守国家的政策法令。

公社管理委员会，应该同生产队商量，合理地解决生产队内部手工业者的口粮问题，合理地处理他们参加集体分配问题。对于亦工亦农的手工业者，注意安排他们从事适合自己情况的农业生产。对于熟练的手工业者，按照不同的情况，采用不同的办法，计算劳动报酬，不能同农业劳动一样。

历来是串乡经营的个体手工业者，人民公社各级组织应该容许他们串乡经营。

十五、公社管理委员会，根据国家规定的粮食和其他农副产品的征购、派购任务，在各生产队之间进行合理的分配，并且督促生产队完成国家任务。

在国家规定的征购、派购任务以外，公社和生产大队都不许另派机动粮和自筹粮，不许另立名目，增加任务。

十六、公社和生产大队，在今后若干年内，一般地不从生产队提取公积金和公益金。

十七、公社管理委员会，应该根据勤俭办社和民主办社的根本方针，经常检查、帮助生产队做好财务工作和物资管理工作。要帮助生产队建立和健全财务管理制度，监督他们严格按照制度办事，合理使用资金，防止贪污浪费。

县的有关部门应该经常帮助和检查公社各级的会计财务工作，举办会计训练班，培养和训练会计人员。

第三章　生产大队

十八、在保留三级组织的人民公社中，生产大队的一切重大事情，都由生产大队社员代表大会决定。大队社员代表大会每年至少开会两次。生产大队社员代表大会的代表每年改选一次。生产大队社员代表大会的代表，同公社社员代表大会的代表一样，也要具有广泛的代表性。

生产大队的大队长和其他管理委员、监察委员，都由大队社员代表大会选举。

生产大队的大队长和其他管理委员、监察委员，任期都是一年，可以连选连任。如果不称职，都可以随时由大队社员代表大会罢免。

十九、生产大队管理委员会，在公社管理委员会的领导下，管理本大队范围内各生产队的生产工作和行政工作。

（一）帮助生产队做好生产计划；

（二）对生产队的生产工作、财务管理工作和分配工作，进行正确的指导、检查和督促，帮助它们改善经营管理；

（三）领导兴办和管理全大队范围的或者几个生产队共同的水利建设和其他农田基本建设；根据生产的需要，按照自愿互利和等价交换的原则，组织各生产队之间必要的协作；

（四）管好、用好大队所有的大型中型农业机具和运输工具；

（五）经营好大队所有的山林和企业，领导好生产队联营的企业，督促和帮助生产队经营好山林和企业；

（六）在全大队范围内，督促生产队完成国家规定的粮食和其他农副产品的征购、派购任务，帮助生产队安排好社员生活；

（七）管理全大队的民政、民兵、治安、文教卫生等项工作；

（八）进行思想政治工作，贯彻执行中央的政策、法令。

生产大队管理委员会，在做以上各项工作的时候，应该遵照第二章中有关的那些规定；在处理大队办的企业的时候，应该遵照第二章第十三条关于社办企业的规定。

有些生产大队，现在仍然作为基本核算单位，只要群众同意，就应该积极办好。这些生产大队，应该参照第四章关于基本核算单位的规定，处理各项工作。

第四章　生产队

二十、生产队是人民公社中的基本核算单位。它实行独立核算，自负盈亏，直接组织生产，组织收益的分配。这种制度定下来以后，至少三十年不变。

二十一、生产队范围内的土地，都归生产队所有。生产队所有的土地，包括社员的自留地、自留山、宅基地等等，一律不准出租和买卖。

生产队所有的土地，不经过县级以上人民委员会的审查和批准，任何单位和个人都不得占用。要爱惜耕地。基本建设必须尽可能地不占用或者少占用耕地。

生产队范围内的劳动力，都由生产队支配。公社或者生产大队向生产队调用劳动力，必须同生产队的社员群众商量，不得到他们的同意，不许抽调。

生产队集体所有的大牲畜、农具，公社和大队都不能抽调。原来公社、大队所有的农具、小型农业机械、大牲畜，凡是适合于生产队所有和使用的，应该归生产队所有；不适合于一个生产队所有和使用的，可以仍旧归公社或者大队所有；有些也可以归几个生产队共有，联合经营。

集体所有的山林、水面和草原，凡是归生产队所有比较有利的，都归生产队所有。生产队可以把零星的树木，交给社员专责经营，并且订立收益分配的合同，或者划归社员所有。

上面所说的土地、牲畜、农具、山林、水面、草原的所有权和经营权，经过社员大会或者社员代表大会讨论同意，定下来以后，长期不变。除了这些以外，还有别的所有权和经营权的问题，经过社员大会或者社员代表大会讨论同意，定下来以后，也长期不变。

二十二、生产队对生产的经营管理和收益的分配，有自主权。

在接受国家计划指导和不破坏自然资源的前提下，生产队有权因地制宜、因时制宜地进行种植，决定增产措施。

在不破坏水土保持、不破坏山林、不破坏草原的条件下，生产队有权在本队范围内，开垦荒地，经营荒山和充分利用一切可能利用的资源。

在保证完成国家规定的农副产品交售任务的前提下，生产队经营所得的产品和现金，在全队范围内进行分配。这些产品和现金的分配和处理,由社员大会讨论决定。

二十三、生产队应该根据实际情况、当地的生产习惯和轮作制度,根据国家的计划要求和本队生产生活的需要,对于粮食作物和经济作物,对于粮食作物的品种,统筹兼顾,全面安排,制订本队的生产计划。

生产队的生产计划,必须发动社员充分讨论、补充、修改,特别要征求有经验的农民的意见,经过社员大会通过。

生产队的计划确定以后,要组织群众,定期检查,以保证计划的实现。

二十四、一般的生产队应该以发展粮食生产为主,同时根据当地的条件,积极发展棉花、油料和其他经济作物的生产,并且充分利用自然资源和农作物的副产品,发展畜牧业、林业、渔业和其他副业生产。

在经济作物集中产区的生产队,应该以种植经济作物为主。

在渔业区,应该专营渔业,或者以经营渔业为主。

在畜牧区,应该专营牧业,或者以经营畜牧业为主。

在山区和半山区的生产队,要切实培育好和保护好山林,严禁过量采伐,严禁毁林开荒,并且积极地植树造林,因地制宜地发展用材林、竹林、经济林、薪炭林和山货、林副产品的生产。在竹木集中产区的生产队,应该以经营竹木为主,竹木生产和粮食生产相结合。

二十五、生产队应该积极开展多种经营。

生产队应该按照当地的需要和条件,积极发展农村原有的农副产品加工作坊(磨坊、粉坊、油坊、豆腐坊等),手工业(农具、烧窑、土纸、编织等),养殖业(养母畜、种畜、群鸭、群鹅、蜜蜂等),运输业,采集,渔猎等项生产。

生产队的多种经营,可以根据不同的生产内容,采取不同的形式:有的利用农闲季节,临时组织劳动力,进行短途运输、渔猎、采集等活动;有的组织一部分有技术的社员举办各种加工作坊;有的统一供应原料,组织社员分散加工。

原来由公社或者生产大队经营的各种生产项目,凡是适合于生产队经营,而生产队经营又不妨害农业生产的,都应该下放给生产队所有,由它们经营;一个生产队无力经营的,也可以根据自愿互利的原则,由几个生产队联合经营,也可以由公社或者生产大队继续经营。

生产队的多种经营,必须实行严格的经济核算和民主管理,账目要定期公布。多种经营的产品和收入,都必须根据社员大会的意见,进行分配,任何人不许多吃多占。

二十六、生产队必须认真保护、繁殖耕畜和其他大牲畜,要合理使役大牲畜,特别要注意养好母畜、种畜和幼畜。还要注意牲畜品种的改良工作。集体所有的耕畜,根据各地方的不同情况,可以有多种多样的适当的饲养办法,可以实行个人包养、养用合一;也可以合槽喂养。究竟实行那种办法,由生产队的社员讨论决定。生产队应该保证耕畜饲草饲料的供应。

生产队应该采用民主推选的办法,严格选择饲养员。对于有经验的、爱护牲畜的饲养员,应该长期固定,不要轻易调动。对于保护、喂养、使用耕畜和防治耕畜疫病成绩良好的单位和个人,都应该给以奖励。如果因为管理、饲养或者使用不善造成耕畜死亡,应该由群众研究,弄清责任,给有关人员以适当的处分。

生产队应该奖励繁殖幼畜。对于繁殖幼畜的有关人员,可以奖励粮食或者现金,也可以采取幼畜分成的办法奖励他们。

生产队的牲畜，可以拿到牲畜交易市场上出售或者调换。出售牲畜的收入，可以纳入当年分配。

注意培养兽医，特别是培养民间兽医。及时防治牲畜的各种疫病。

二十七、生产队必须认真保护现有农具，并且尽可能地添置新农具。

生产队要选择责任心强的社员，负责保管农具，并且尽可能做到管用合一。

生产队应该有计划地培养修理农具的工匠，负责修理农具。这些工匠，应该是亦工亦农。

小农具由社员自备自用。有些中型农具也可以由社员自行购置，生产队需要借用的时候，必须征求社员本人的同意，并且付给合理的报酬，损坏了的照赔。

二十八、生产队应该努力增加肥料，制订全年的积肥计划，组织社员常年积肥。为了多积厩肥，要提倡社员多养家畜、家禽。还要鼓励社员多积土杂肥。有条件的地方，要尽可能增加绿肥的种植面积。

生产队应该合理规定社员交售肥料的任务，并且按质论价，付给报酬。肥料的报酬，可以记工分，可以付给粮食和现金。超过规定数量、质量又好的，还应该给以现金或者实物的奖励。

二十九、生产队应该组织一切有劳动能力的人，参加劳动。对于男女全劳动力和半劳动力，都要根据生产活动的需要和各人的不同情况，经过民主评议，规定每人应该完成的基本劳动日。在规定女社员的基本劳动日数的时候，要照顾到她们的生理特点和从事家务劳动的实际需要。生产队还要组织一切能够从事辅助劳动的人，参加适合他们情况的劳动，并且按劳付酬。

三十、生产队必须努力提高社员的耕作技术。要充分发挥有经验、有技术的老农民的作用，聘请他们当顾问，倾听他们的意见，认真研究他们的建议。要有计划地组织青年人学技术，提倡老手带新手。生产队在检查和总结生产的时候，要进行技术上的检查、评比，对于技术上有贡献的和积极传授技术的社员，应该给以奖励。

三十一、生产队为了便于组织生产，可以划分固定的或者临时的作业小组，划分地段，实行小段的、季节的或者常年的包工。建立严格的生产责任制。畜牧业、林业、渔业和其他副业生产，牲畜、农具、水利和其他公共财物的管理，也都要实行责任制。有的责任到组，有的责任到人。

对于劳动积极，管理负责，成绩显著，或者超额完成任务的小组和个人，要给以适当的奖励。对于那些劳动不积极，管理不负责，没有完成任务的小组和个人，要适当降低劳动报酬，或者给以其他的处分。

三十二、生产队对于社员的劳动，应该按照劳动的质量和数量付给合理的报酬，避免社员和社员之间在计算劳动报酬上的平均主义。

生产队应该逐步制订各种劳动定额，实行定额管理。凡是有定额的工作，都必须按定额记分，对于某些无法制订定额的工作，可以按照实际情况，采用评工记分的办法。

在制订劳动定额的时候，要根据各种劳动的技术高低、辛苦程度和在生产中的重要性，确定合理的工分标准。农忙期间，农业劳动的报酬，应该高于平时。农业、畜牧业中有技术的劳动的报酬，应该高于普通劳动。手工业、林业、渔业、盐业、运输业等专业劳动的报酬，应该按照和农业劳动不同的标准计算。

生产队制订、调整劳动定额和报酬标准，不仅要注意到农活的数量，尤其要注意到农活的质量，并且都要经过社员大会讨论通过。

生产队在一时还不能推行定额管理的地方，必须搞好评工记分的工作。

不论男女老少，不论干部和社员，一律同工同酬。每个社员的劳动工分都要按时记入他的工分手册。社员的工分账目，要定期公布。

三十三、生产队有完成国家征购粮食、棉花、油料和派购农副产品的义务。国家在规定生产队的征购、派购任务的时候，要兼顾国家集体和个人的利益，要保证生产队多产多留。

国家应该根据等价交换的原则，逐步地规定工农业产品的合理比价。国家必须尽可能地提供越来越多的工业品，来交换农产品。向国家交售农产品较多的地方，应该得到较多的工业品，向国家交售粮、棉、油较多的地方，应该得到更多的照顾。

为着鼓励农业生产的发展，照顾工业发展的需要，并且使城市人口和农业人口经常保持合理的比例，国家征收农业税和统购粮食的数量，应该在适当的水平上，在一定时期内稳定下来。

要避免在社员留粮标准上的平均主义。按人口平均提供商品粮较多的生产队，口粮标准应该高些。从事经济作物、蔬菜、林业、牧业、渔业等各种生产的缺粮生产队，在他们完成国家收购任务的条件下，应该保证他们的口粮标准不低于邻近产粮区的口粮标准。

三十四、生产队必须认真执行按劳分配、多劳多得，避免社员和社员之间在分配上的平均主义。

生产队必须努力增加生产，节约劳动力和生产费用，严格控制非生产性开支，坚持少扣多分，从各方面提高社员劳动工分的分值，增加社员的收入。

生产队对于社员粮食的分配，应该根据本队的情况和大多数社员的意见，分别采取各种不同的办法，可以采取基本口粮和按劳动工分分配粮食相结合的办法，可以采取按劳动工分分配加照顾的办法，也可以采取其他适当的办法。不论采取那种办法，都应该做到既调动最大多数社员的劳动积极性，又确实保证烈士家属、军人家属、职工家属和劳动力少、人口多的农户能够吃到一般标准的口粮。

社员的口粮，应该在收获以后一次分发到户，由社员自己支配。

生产队按照丰歉情况，经过社员大会决定，可以适当留些储备粮，以便备荒防灾，互通有无，有借有还，并对困难户、五保户，加以适当的照顾。生产队储备粮的数目，一般不许超过本生产队在上交国家任务以后的可分配的粮食总量的百分之一，最多不许超过百分之二。丰年的储备可以多些，平年可以少些。生产队的储备粮，由生产队自己保管，生产大队和公社都不许调动。储备粮的使用，要由社员大会讨论决定，并且规定一套便利于群众监督的适当的管理制度，避免干部多吃多占。

三十五、生产队扣留的公积金的数量，要根据每一个年度的需要和可能，由社员大会认真讨论决定，一般地应该控制在可分配的总收入的百分之三到五以内。少数经济作物区、林区、城市郊区等收入水平较高的生产队，扣留的公积金可以多一些。受了严重自然灾害的生产队，可以少留或者不留公积金。

公积金怎样用，应该由生产队社员大会讨论决定，不能由少数干部自由支配。

生产队兴办基本建设和扩大再生产的投资，应该从公积金内开支。基本建设用工和生产用工，要分开计算。对于每一个有劳动能力的社员，经过生产队社员大会通过，可以规定他每年做一定数目的生产性的基本建设工，作为集体经济的劳动积累。这种基本建设工，一般地应该控制在每个社员全年基本劳动日数的百分之三左右，超过这个规定的基本建设用工，必须从公积金内发给应得的工资。

在生产队范围内的，维修渠道和塘堰等小型水利的用工，改良土壤的用工，都可以同生产用工一样记工分，参加当年分配。

三十六、生产队可以从可分配的总收入中，扣留一定数量的公益金，作为社会保险和集体福利事业的费用，扣留多少，要根据每一个年度的需要和可能，由社员大会认真讨论决定，不能超过可分配的总收入的百分之二到三。

公益金怎样用，应该由生产队社员大会讨论决定，不能由少数干部自由支配。

生产队对于生活没有依靠的老、弱、孤、寡、残疾的社员，遭到不幸事故，生活发生困难的社员，经过社员大会讨论和同意，实行供给或者给以补助。对于生活有困难的烈士家属、军人家属和残废军人，应该给以适当的优待。对于家庭人口多劳动力少的社员，生产队应该根据他们的劳动能力，适当安排他们的工作，让他们能够增加收入，除此以外，经过社员大会讨论和同意，也可以给他们必要的补助。这些供给和补助的部分，从公益金内开支。对于因公负伤的社员的补助，对于因公死亡的社员的家庭的抚恤，也都从公益金内开支。

三十七、生产队必须实行勤俭办队。办任何事情，都要精打细算、讲求经济效果，坚决反对大手大脚，铺张浪费。

生产队必须建立和健全财务管理制度。一切财务开支，都要遵守规定的批准手续，凡是不合规定的开支，会计有权拒绝支付。一切收支账目，都要按月向社员公布。属于生产队所有的粮食和其他农副产品，都要认真保管好，防止贪污、盗窃和损失。管粮、管物资、管钱、管账，都要有人负责。生产队长要经常检查和监督财务工作和物资保管工作，但是不要经管现金和物资。

三十八、生产队必须实行民主办队，充分发挥社员当家作主的积极性。

生产队的生产和分配等一切重大事情，都由生产队社员大会讨论决定，不能由干部决定。事先都应该征求社员的意见，向社员提出几种不同的方案，并且把每一种方案的具体办法向社员说清楚，经过充分讨论，由社员大会民主决定。

生产队社员大会要定期开会，每月最少开一次。社员大会也可以根据生产和分配工作的需要，根据社员的要求，临时召集。

生产队的队长、会计和其他管理委员、监察委员或者监察员，都由生产队社员大会选举，任期一年，可以连选连任。

生产队长应该由成分好、劳动好、农业生产经验比较丰富、懂得同群众商量、办事公道的农民担任。

生产队长、会计和其他管理委员、监察委员或者监察员如果不称职，社员大会可以随时罢免。

生产队管理委员会至少每月向社员大会作一次工作报告。对于全队有多少收入，有多少开支，库存有多少物资，社员做了多少工分，交售了多少肥料，分配多少粮食和现金等等社员所关心的事情，必须向社员一笔一笔地交代清楚。社员有权查问，有权提出批评和建议。

生产队管理委员会，应该随时听取社员的各种不同意见，既要按照大多数人的意见办事，又要保障少数人的民主权利和经济利益。

第五章 社员家庭副业

三十九、人民公社社员的家庭副业，是社会主义经济的必要的补充部分。它附属于集体所有制经济和全民所有制经济，是它们的助手。在积极办好集体经济，不妨碍集体经济的发展，保证集体经济占绝对优势的条件下，人民公社应该允许和鼓励社员利用剩余时间和假日，发展家庭副业，增加社会产品，增加社员收入，活跃农村市场。

四十、人民公社社员可以经营以下的家庭副业生产：

（一）耕种由集体分配的自留地。自留地一般占生产队耕地面积的百分之五到七，归社员家庭使用，长期不变。在有柴山和荒坡的地方，还可以根据群众需要和原有习惯，分配给社员适当数量的自留山，由社员经营。自留山划定以后，也长期不变。

（二）饲养猪、羊、兔、鸡、鸭、鹅等家畜家禽，也可以饲养母猪和大牲畜，为了发展养猪业，以便给集体经济提供较多的肥料，在有需要、有条件的地方，生产队可以按照本队土地的情况，经过社员讨论，拨给社员适当数量的饲料地。这种饲料地，应该尽可能利用现有的闲散地或者小片荒地。

（三）经过生产队社员大会讨论和公社或者生产大队批准，在统一规划下，可以开垦零星荒地。开垦的荒地一般可以相当于自留地的数量，在人少地多的地方可以少一点，在人多地少的地方也可以略多一点。

开荒绝对不许破坏水土保持，破坏山林，破坏草原，破坏水利工程，妨碍交通。

社员的自留地、饲料地和开荒地合在一起的数量，根据各个地方土地的不同情况，有多有少，在一般情况下，可以占生产队耕地面积的百分之五到百分之十，最多不能超过百分之十五。

（四）进行编织、缝纫、刺绣等家庭手工业生产。

（五）从事采集、渔猎、养蚕、养蜂等副业生产。

（六）经营由集体分配的自留果树和竹木。在屋前屋后或者在生产队指定的其他地方种植果树、桑树和竹木。这些东西永远归社员所有。

社员经营家庭副业，使用集体所有的牲畜和工具等生产资料的时候，都要付给集体以适当的代价。

四十一、社员家庭副业的产品和收入，都归社员所有，都归社员支配。在完成同国家订立的定购合同以后，除了国家有特殊限制的以外，其余的产品，都可以拿到集市上出售。

社员的自留地和开荒地生产的农产品，不算在集体分配的产量和集体分配的口粮以内，国家不征收农业税，不计统购。

四十二、人民公社各级管理委员会，对于社员经营家庭副业，应该给以必要的指导和帮助，不要乱加干涉。同时，又要教育社员兼顾国家、集体和个人的利益，积极参加和关心集体生产，不损害公共利益，不弃农经商，不投机倒把。

对于生活困难的社员，生产队应该在家庭副业方面，例如养猪、编织等，注意帮助他们解决困难，增加收入。

四十三、人民公社各级组织、供销合作社、手工业合作社和国家指定的国营企业；可以根据社员自愿和公私两利的原则，分别采取加工、定货、代购原料、代销产品、收购产品和公有私养等适当的方式，帮助社员家庭副业生产的发展，并且使家庭副业和集体经济或者国营经济联系起来。

第六章　社　员

四十四、人民公社社员，在社内享有政治、经济、文化、生活福利等方面一切应该享受的权利。人民公社的各级组织，对于社员的一切权利，都必须尊重和保障。

在那些有几个不同民族成分的公社，不同民族的社员应该互相尊重民族习惯，友爱合作。

要保障社员个人所有的一切生活资料，包括房屋、家具、衣被、自行车、缝纫机等，和在银行、信用社的存款，永远归社员所有，任何人不得侵犯。

要保障社员自有的农具、工具等生产资料，保障社员自有的牲畜，永远归社员所有，任何人不得侵犯。

要根据农业生产的习惯，按照农忙农闲的情况，安排劳动时间，实行放假制度，实行劳逸结合。

要关心社员的身体健康，保护社员劳动中的安全。对于因公负伤的社员，应该给予适当的补贴。对于因公死亡的社员的家属，应该给予适当的抚恤。对于女社员的生理特点，对于参加劳动的少年的身体发育，要加以照顾。女社员在产假期间，生活有困难的，应该酌量给以补贴。

对于社、队的生产、分配、生活福利、财务开支等方面，社员有提出建议、参加讨论和表决、进行批评和监督的权利。这种权利，受到人民政府的保障，任何人不得侵犯。

对于社、队干部违法乱纪行为，社员有向任何上级控告的权利。这种权利，受到人民政府的保障，任何人都不许刁难、阻碍和打击报复。

四十五、社员的房屋，永远归社员所有。

社员有买卖或者租赁房屋的权利。社员出租或者出卖房屋，可以经过中间人评议公平合理的租金或者房价，由买卖或者租赁的双方订立契约。

任何单位、任何人，都不准强迫社员搬家。不得社员本人同意，不付给合理的租金或代价，任何机关、团体和单位，都不能占用社员的房屋。如果因为建设或者其他的需要，必须征用社员的房屋，应该严格执行国务院有关征用民房的规定，给以补偿，并且对迁移户作妥善的安置。

国家和人民公社的各级组织，应该在人力、物力等方面，对于社员修建住宅，给以可能的帮助。社员新建房屋的地点，要由生产队统一规划，尽可能不占用耕地。

四十六、人民公社社员都应该提高社会主义觉悟，在公社内必须履行自己一切应尽的义务，每一个社员都要遵守国家的政策、法令，执行社员代表大会和社员大会的决议。

每一个社员，都必须爱护集体，自觉地遵守劳动纪律，同损害集体经济和破坏劳动纪律的现象作斗争。

每一个社员必须完成应该做的基本劳动日，完成规定的交售肥料的任务。

每一个社员都要爱护国家和社、队的公共财产，积极地保护这些财产不受损害。

人民公社社员，都要提高革命警惕性，防止封建势力复辟和反革命分子的破坏活动。

第七章 干　部

四十七、人民公社各级组织，都必须厉行精简，尽可能地减少脱离生产和半脱离生产的干部，尽可能地减少对干部的补贴工分。生产队和生产大队的干部补贴工分多少，必须经过社员大会或者社员代表大会讨论通过，经过上级批准，不能由干部擅自规定。

公社一级的干部，人数多少，应该根据公社的规模大小和精简的原则，严格控制在国家规定的编制数目以内，只许减少，不许超过。

生产大队的干部人数多少，应该根据生产大队的规模大小和精简的原则，由生产大队社员代表大会讨论提出，经过公社管理委员会批准，报告县人民委员会（县人民政府）备案。生产大队的干部都不能完全脱离生产，只能半脱离生产，或者不脱离生产。

生产队干部的人数多少，应该根据生产队的规模大小和精简的原则，由社员大会讨论决定，人数也不能多。生产队的干部都不脱离生产。

四十八、人民公社各级的干部，都要树立为人民服务的思想，都应该是诚诚恳恳的人民勤务员。要关心群众生活，处处为群众打算。要和群众同甘共苦，反对特殊化，不许贪污私分，不许多吃多占。

人民公社各级的干部，要正确地理解国家利益和群众利益的一致性，把对上级负责和对群众负责正确地结合起来。在执行上级指示的时候，如果确实有困难，可以提出自己的意见，报请上级处理。

人民公社各级的干部，都必须认真执行"党政干部三大纪律、八项注意"。

三大纪律是：（一）认真执行党中央的政策和国家的法令，积极参加社会主义建设。（二）实行民主集中制。（三）如实反映情况。

八项注意是：（一）关心群众生活。（二）参加集体劳动。（三）以平等的态度对人。（四）工作要同群众商量，办事要公道。（五）同群众打成一片，不特殊化。（六）没有调查，没有发言权。（七）按照实际情况办事。（八）提高无产阶级的阶级觉悟，提高政治水平。

四十九、人民公社各级的干部，都必须坚持民主作用，反对强迫命令。必须在民主的基础上，建立正确领导，反对放任自流。不许压制民主，不许打击报复。要平等地和群众讨论问题，使有各种不同意见的人都能畅所欲言；对于持有不同意见的社员，只许采用商量的办法，不许采用强制的办法对待，不许乱扣帽子。严禁打人骂人和变相体罚，严禁用"不发口粮"、乱扣工分和不派农活的办法处罚社员。

五十、人民公社各级的干部，都必须学习经营管理和生产知识，提高自己的业务水平，并且要同社员一起参加劳动。

公社一级的干部，应该按照不同的工作情况，分别在生产队，参加一定天数的集体劳动，最少的全年不能少于六十天。劳动还要保证一定的质量。

生产大队和生产队的干部，都要以一个普通社员的身份积极地参加劳动，同社员一样评工记分。每一个生产大队的干部，最好都要固定在一个生产队参加劳动。生产大队干部参加集体劳动的天数，最少的全年不能少于一百二十天。

为了不使生产队的干部因公误工减少收入，应该根据各人担负的工作情况，经过社员讨论决定，分别给以定额补贴或者误工补贴。生产队干部的补贴工分，一般地应该控制在生产队工分总数的百分之一以内。

生产大队半脱离生产干部的生活补贴，可以有两种办法，或者由国家财政开支，或者由生产队补贴他们一定数量的工分。在那些采取后一种办法的地方，生产大队和生产队干部的补贴工分，合计起来，可以略高于生产队工分总数的百分之一，但不能超过百分之二。

县和县以上各部门召集生产大队和生产队的干部开会，除了负担伙食费和旅费以外，还应该发给他们适当的津贴，生产队不再给他们记工分。

五十一、人民公社各级工作人员的任免和奖惩，都必须按照规定的手续办事，不许任用私人，徇私舞弊。凡是不合规定手续的，一律无效。

第八章　人民公社各级监察组织

五十二、生产队监察委员会或者监察员、生产大队监察委员会，都受公社监察委员会的领导。公社监察委员会，受县人民委员会的领导。

人民公社各级监察组织的工作，中央监察机关可以直接过问。

五十三、人民公社各级监察组织的职权是：

（一）检查管理委员会的干部是不是违反国家的政策、法令，是不是违反本工作条例的规定和社员代表大会、社员大会的决议；

（二）检查干部有没有侵犯社员的公民权利和社员权利，有没有其他违法乱纪的行为；

（三）检查本级和下级管理委员会、企业、集体福利事实的现金和实物的收支账目；检查财务收支是不是正当，是不是违反财务制度；

（四）检查徇私舞弊、铺张浪费、多吃多占、贪污盗窃和破坏公共财产的行为；

（五）受理社员的控告、检举和申诉；

（六）可以参加本级和下级的管理委员会的会议；

（七）向本级和下级的管理委员会或者别的组织和人员提出质问，受质问的单位和人员必须负责及时答复；

（八）在必要的时候，组织专人进行检查和调查，一切有关的单位和人员都有义务提供材料。

对于性质严重的问题，人民公社各级监察组织应该向上级检察机关和司法机关，一直到党中央监察委员会、最高人民检察院和最高人民法院，提出控告和检举。

人民公社各级监察组织，在工作中遇到阻碍和抗拒的时候，有权报请上级处理，一直报请中央监察机关处理。

五十四、人民公社各级管理委员会的干部、担任会计、出纳、保管的人员和社、队的企业和事业的管理人员，都不能当监察委员和监察员。

第九章　人民公社中的党组织

五十五、人民公社根据规模的大小和党员的多少，设立党委员会、总支部委员会或者支部委员会。生产大队，根据规模的大小和党员的多少，设立总支部委员会或者支部委员会。在人民公社内的党委员会、总支部、支部，是中国共产党在农村中的基层组织，是农村工作的领导核心。

五十六、人民公社中的党组织，必须根据党的方针政策，加强对人民公社各级和各部门工作的领导。但是，不应该包办代替各级管理委员会的工作。社、队的业务工作，应该由管理委员会处理。人民公社中的党组织，要把教育和训练干部的工作放在重要地位，特别要注意教育和训练生产队的干部。

人民公社中的党组织，应该定期讨论和研究各级社员代表大会或者社员大会、管理委员会和监察委员会的工作。对于生产、群众生活、执行国家政策法令、执行国家计划和其他方面的重要问题，一般地应该在党内进行充分酝酿，并且同社员和非党干部共同研究，然后再把党组织的意见提交社员代表大会、社员大会、管理委员会或者监察委员会讨论，通过以后，保证执行。

五十七、人民公社中的党组织，必须作好思想政治工作。

要通过各种形式，分别向党员、团员和群众宣传马克思列宁主义，宣传毛泽东思想，宣传党的社会主义建设总路线、大跃进和人民公社，进行社会主义、爱国主义的教育，集体主义的教育，工农联盟的教育和时事政策的教育，从思想上和政治上巩固人民公社。

在党员、团员中间，要经常进行无产阶级的阶级教育和党章、团章的教育。

要教育党员、团员和干部，经常关心群众生产中和生活中的困难问题，反映群众的意见。

要教育党员、团员和干部，正确地执行党在农村中的阶级路线，依靠老贫农和下中农，巩固地联合其他中农。要加强各族劳动人民之间的团结。

五十八、人民公社中的党组织，必须领导好共产主义青年团和妇女代表会议的工作，使他们真正发挥党联系群众的纽带作用。

人民公社中的党组织，必须加强对民兵工作的领导，切实保证民兵武装掌握在政治上可靠的老贫农、下中农积极分子手中。

五十九、人民公社中的党组织，应该健全党的组织生活，加强党的组织性和纪律性，克服党的工作无人负责和组织生活涣散的现象，充分发挥党支部的堡垒作用和党员的模范作用。

要定期召开党的小组会和支部大会，加强党员对党的政策的学习和党章的学习，检查党员在群众中间的工作，进行批评和自我批评。

公社党委员会和他下面的总支部委员会、支部委员会，都要按照党章的规定定期选举。在选举中，要充分发扬党内民主，还要注意听取非党群众的意见。

吸收党员和处分党员，都必须严格遵守党章规定的手续。

公社党委员会要做好党员的审查工作，严密和纯洁党的组织，严防坏分子和阶级异己分子混入党内。

六十、人民公社中的党组织，必须严格遵守民主集中制，实行集体领导和分工负责相结合的原则。一切重大问题，都必须开会讨论，不能由书记个人决定。在讨论中间，要使到会的人都能够充分发表意见；在决定问题的时候，要认真遵守少数服从多数的原则，集体决定。党委集体决定以后，各有关党组织和人员必须认真负责，分头去办。

根据中共中央文件刊印

（原载中共中央文献研究室编：《建国以来重要文献选编（第十五册）》，中央文献出版社，2011年6月）

中共中央关于加快农业发展若干问题的决定

(一九七九年九月二十八日中国共产党第十一届中央委员会第四次全体会议通过)

我国人民建设社会主义的伟大事业，进入了实现四个现代化的新的历史时期。我们党和国家的工作重心，从一九七九年起转到社会主义现代化建设上来。摆在我们面前的首要任务，就是要集中精力使目前还很落后的农业尽快得到迅速发展，因为农业是国民经济的基础，农业的高速度发展是保证实现四个现代化的根本条件。我们只有加快发展农业生产，逐步实现农业现代化，才能使占我国人口百分之八十的农民富裕起来，也才能促进整个国民经济蓬勃发展，加强工农联盟，巩固我国社会主义制度和无产阶级专政。为此，中央特作如下决定。

一、统一全党对我国农业问题的认识

为了加快农业发展，全党同志对我国农业的现状和历史经验，必须有一个统一的正确的认识。

建国以来，在马克思列宁主义、毛泽东思想指引下，经过亿万农民和广大干部的艰苦奋斗，我国胜利地实现了农业的社会主义改造，粮食产量一九七八年比一九四九年增长一点七倍，经济作物和林、牧、副、渔各业以及社队企业都有不同程度的增长，取得了很大的成就。有些地区，农业的发展尤其显著。全国兴修了大量的大中小水利工程，建设了一大批高产稳产田。化学肥料、农业机械、排灌机械和农村用电，都比过去有了很大的增长。但是，总的看来，我国农业近二十年来的发展速度不快，它同人民的需要和四个现代化的需要之间存在着极其尖锐的矛盾。从一九五七年到一九七八年，全国人口增长三亿，非农业人口增加四千万，耕地面积却由于基本建设用地等原因不但没有增加，反而减少了。因此，尽管单位面积产量和粮食总产量都有了增长，一九七八年全国平均每人占有的粮食大体上还只相当于一九五七年，全国农业人口平均每人全年的收入只有七十多元，有近四分之一的生产队社员收入在五十元以下，平均每个生产大队的集体积累不到一万元，有的地方甚至不能维持简单再生产。农业发展速度不加快，工业和其他各项建设事业就上不去，四个现代化就化不了。我国农业问题的这种严重性、紧迫性，必须引起全党同志的充分注意。

过去二十九年我国农业的发展走过了曲折的道路。解放后的三年恢复时期和第一个五年计划期间，我们在全国范围内完成了土地改革，取得了农业社会主义改造的伟大胜利，有秩序地展开了大规模的社会主义经济建设，农业生产获得较大发展，这八年全国粮食产量平均每年递增百分之七。一九五八年，在人民公社化和大跃进中，广大人民群众破除迷信，解放思想敢想敢做的革命热情是非常可贵的，但由于我们对领导全国的社会主义集体农业既缺乏经验，又缺乏清醒的头脑，犯了瞎指挥、浮夸风、"共产风"的错误，再加上自然灾害和苏联政府废止合同、撤退专家，我国农业在五十年代末和六十年代初遭到了严重挫折。在党中央、毛泽东同志、周恩来同志领导下，经过全党和全国人民的努力，我们用了比较短的时间纠正了工作中的缺点和错误，战胜了困难，使农业很快得到恢复，并有了新的发展。在十年的文化大革命期间，林彪、"四人帮"反革命阴谋集团推行极左路线，严重地破坏了党在农村的各级组织、各项政策和党的优良传统作风，破坏了集体经济和工农联盟，极大地挫伤了广大农民和干部的积极性。只是由于广大干部和群众对林彪、"四人帮"的倒行逆施进行了抵制，我国农业才得以在七十年代保持一定程度的发展。

二十年来我国农业发展的经验表明，在社会主义改造完成以后，我们对阶级斗争必须有正确的估计和政策，必须十分注意保持社会政治安定，否则社会主义农业的生产力和生产关系遭到破坏，农业的发展当然不可能快。同时，我们在工作中一定要按自然规律和经济规律办事。我们过去在某些具体工作中没有真正把农业放在国民经济基础的位置上，采取的有些政策和措施不利于农林牧副渔业的全面发展和农民社会主义生产积极性的发挥，国家对农业的支持不够和没有充分生效，农业技术改造没有当作一项中心任务真正抓紧，农业科研和教育长期未得到应有的重视，农林牧副渔全面发展的方针也执行得很不好。这些也都妨碍了农业的迅速发展。因此，为了加快恢复和发展农业，我们应该牢牢记取以下的主要经验教训：

（一）我们一定要长期保持安定团结的政治局面。我们要在本世纪内实现农业现代化，实现四个现代化，没有这个前提，是根本不可能的。粉碎"四人帮"以来，全国安定团结，这个局面来之不易，我们必须珍惜它，爱护它，千方百计促进大好形势的发展。

（二）我们一定要正确地认识和处理农村以及全国范围的阶级斗争，正确地进行对农民的社会主义教育，防止"左"的或右的干扰，特别要注意肃清林彪、"四人帮"极左路线的流毒。农业合作化以后，我国农村中仍然存在着阶级斗争，但敌视和破坏社会主义的阶级敌人，只占人口中的极少数。因此，忽视或夸大阶级斗争，都是错误的。我们要坚决打击的，只能是确实存在着的极少数阶级敌人的破坏活动，决不允许混淆两类不同性质的矛盾，随心所欲地扩大阶级斗争和人为地制造所谓阶级斗争，破坏团结，伤害好人。长期的斗争实践证明，我国广大农民是坚决拥护党的领导，愿意走社会主义道路的。在实现农业现代化的斗争中，我们要更好地依靠和发挥他们这种积极性。对少数农民中存在的资本主义自发倾向，必须采取耐心的说服教育的方法，帮助他们自觉地加以克服。在这里，尤其必须首先分清究竟什么是社会主义，什么是资本主义。社队的多种经营是社会主义经济，社员自留地、自留畜、家庭副业和农村集市贸易是社会主义经济的附属和补充，决不允许把它们当作资本主义经济来批判和取缔。按劳分配、多劳多得是社会主义的分配原则，决不允许把它当作资本主义原则来反对。三级所有、队为基础的制度适合于我国目前农业生产力的发展水平，决不允许任意改变，搞所谓"穷过渡"。

（三）我们一定要集中力量抓好农业技术改造，发展农业生产力。在农业集体化的基础上实现对农业的技术改造，这是我们党在农业问题上的根本路线，任何时候都不能忘记。忘记了这一点，就不能巩固工农联盟，就不能用社会主义战胜资本主义，就背离了党和人民的根本利益。发展各项农业基本建设（包括水利、农田、草场、林业、渔场、畜舍、饲料加工厂、屠宰场、仓库、晒场、道路、沼气池和其他自然资源等各项建设）和发展农村社队企业，对于改造农业生产的自然条件，提高农民扩大再生产的物质能力，起了显著作用，必须十分重视。

（四）我们一定要持续地、稳定地执行党在农村现阶段的各项政策。经过实践证明行之有效的政策，切不可轻易改变，以至失信于民，挫伤农民的积极性。同时，对那些不利于发挥农民生产积极性，不利于发展农业生产力的错误政策，必须坚决加以修改和纠正。

（五）我们一定要坚定不移地执行以农业为基础的方针。党中央、国务院和主管经济工作的各部委，特别要注意保证这个方针的贯彻落实。制定国民经济计划，必须真正做到遵守农轻重的次序，保持农业和工业的平衡，各项建设事业的发展，首先要考虑农业的负担能力。国家、城市、工交、财贸、科学技术、文教卫生部门和人民解放军，一定要加强对于农业的物质支持和技术支持。

（六）我们一定要正确地、完整地贯彻执行"农林牧副渔同时并举"和"以粮为纲，全面发展，因地制宜，适当集中"的方针。粮食生产搞得好不好，关系到九亿人民的吃饭问题，关系到备战备荒，一定要抓得很紧。过去我们狠抓粮食生产是对的，但是忽视和损害了经济作物、林业、畜牧业、渔业，没有注意保持生态平衡，这是一个很大的教训。我们一定要把我国优越的自然条件充分利用起来，把各方面的潜力充分挖掘出来，使农、林、牧、副、渔各业都有一个大的发展。粮食作物和经济作物，也一定要按照各地区的特点，适当地集中发展。要有计划地逐步改变我国目前农业的结构和人们的食物构成，把只重视粮食种植业、忽视经济作物种植业和林业、牧业、副业、渔业的状况改变过来。

（七）我们对农业的领导，一定要从实际出发，一定要按照自然规律和经济规律办事，按照群众利益办事，一定要坚持民主办社的原则，尊重和保护社员群众的民主权利。决不能滥用行政命令，决不能搞瞎指挥和不顾复杂情况的"一刀切"。

粉碎了"四人帮"，扫除了我们前进道路上的最大障碍，我们有了充分利用各种有利条件的可能，也就有了加快农业发展的胜利信心。我们有优越的社会主义制度，有丰富的自然资源，有八亿勤劳勇敢的农民，有一大批久经锻炼的农村干部和农业科技人员。我国工业已经有了比较雄厚的基础，它可以逐步担负起用现代技术武装农业的任务。我国除了有十五亿亩耕地以外，还有广大的荒地、草原、森林、宜林宜牧的山区，有宜于水产业的淡水水面和海域。总之，发展农业的有利条件很多。只要我们坚持社会主义道路，坚持无产阶级专政，坚持党的领导，坚持马列主义、毛泽东思想，真正善于总结过去正反两方面的经验，始终遵循辩证唯物主义的思想路线，坚持实践是检验真理的唯一标准的马克思主义原则，不断研究新问题，总结新经验，我们就一定能够调动一切积极因素，在本世纪内实现农业现代化的伟大目标。

二、当前发展农业生产力的二十五项政策和措施

为了迅速改变目前我国农业的落后状况，我们必须着重在最近两三年内采取一系列的政策措施，加快农业发展，减轻农民负担，增加农民收入，并且在这个基础上逐步实现农业的现代化。

确定农业政策和农村经济政策的首要出发点，是充分发挥社会主义制度的优越性，充分发挥我国八亿农民的积极性。我们一定要在思想上加强对农民的社会主义教育的同时，在经济上充分关心他们的物质利益，在政治上切实保障他们的民主权利。离开一定的物质利益和政治权利，任何阶级的任何积极性是不可能自然产生的。我们的一切政策是否符合发展生产力的需要，就是要看这种政策能否调动劳动者的生产积极性。其次，我们还必须切实加强国家对农业的物质支持和技术支持，使农业得到先进的技术装备，使农民的科学技术水平逐步

得到提高。如果离开这种支持，单纯依靠农民本身的物质力量和积极性，农业还是不可能高速度发展，尤其不可能实现现代化。农民的积极性充分调动起来了，国家的支持才能发挥更好的效果；国家加强了对农业的支持，农民的积极性也就会越来越高涨。这两个方面是相辅相成的。

从以上的指导思想出发，中央认为，当前必须采取如下二十五项农业政策、农村经济政策和增产措施。

（一）人民公社、生产大队和生产队的所有权和自主权应该受到国家法律的切实保护，任何单位和个人都不得任意剥夺或侵犯它的利益。在坚持社会主义方向，执行国家政策、法律、法令，接受国家计划指导的前提下，人民公社的基本核算单位都有权因时因地制宜地进行种植，有权决定增产措施，有权决定经营管理方法，有权分配自己的产品和现金，有权抵制任何领导机关和领导人的瞎指挥。

（二）任何单位和个人，绝对不允许无偿调用和占有生产队的劳力、土地、牲畜、机械、资金、产品和物资。国家各部门在农村举办各种企事业（农民自愿举办的各种企事业不在内），除了国家有法律法令规定的以外，决不允许给集体和社员增加任何负担。举办农业基本建设，发展社队企业，都要坚持自愿互利的原则。在国家计划以外，任何单位不准向社队抽调劳动力；计划内抽调的合同工、临时工，必须签订合同，规定合理报酬。

（三）人民公社各级经济组织必须认真执行各尽所能、按劳分配的原则，多劳多得，少劳少得，男女同工同酬。加强定额管理，按照劳动的数量和质量付给报酬，建立必要的奖惩制度，坚决纠正平均主义。可以按定额记工分，可以按时记工分加评议，也可以在生产队统一核算和分配的前提下，包工到作业组，联系产量计算劳动报酬，实行超产奖励。不许分田单干。除某些副业生产的特殊需要和边远山区、交通不便的单家独户外，也不要包产到户。社员口粮的分配，一般采取劳动工分粮和基本口粮相结合的办法，也可以采取按工分分配加照顾的办法，或者采取社员大多数决定的其他办法。基本口粮应当以人分等定量。随着集体经济的发展，要逐步办好集体福利事业，使老弱、孤寡、残疾社员、残废军人和烈军属的生活得到更好的保障。

（四）社员自留地、自留畜、家庭副业和农村集市贸易，是社会主义经济的附属和补充，不能当作所谓资本主义尾巴去批判。相反地，在保证巩固和发展集体经济的同时，应当鼓励和扶持农民经营家庭副业，增加个人收入，活跃农村经济。

（五）人民公社要继续稳定地实行三级所有、队为基础的制度，集中力量发展农村生产力。不允许在条件不具备、多数社员又不同意的时候，搞基本核算单位从生产队向生产大队的过渡；条件具备了，大多数社员同意了，实行这样的过渡，要报省一级领导机关批准。目前已经实行生产大队为基本核算单位并有条件坚持下去的要继续努力办好。

（六）今后三五年内，国家对农业的投资在整个基本建设投资中所占的比重，要逐步提高到百分之十八左右；农业事业费和支援社队的支出在国家总支出中所占的比重，要逐步提高到百分之八左右。地方财政收入应主要用于农业和农用工业。

（七）对农业的贷款，从现在起到一九八五年，要比过去增加一倍以上。国家要有计划地发放专项长期低息或微息贷款，有的十年，有的十五年，有的可以到本世纪末。为了适应发展农村信贷事业的需要，中国农业银行应当积极做好农村的信贷工作。

（八）粮食统购价格从一九七九年夏粮上市起提高百分之二十，超购部分在这个基础上再加价百分之五十。棉花、油料、糖料、畜产品、水产品、林产品等的收购价格，也要分别情况，逐步作相应的提高。农业机械、化肥、农药、农用塑料等农用工业品，在降低成本的基础上逐步降低出厂价格和销售价格，把降低成本的好处基本上给农民。农产品收购价格提高以后，粮食销价一律不动；群众生活必需的其他农产品的销价，也要基本保持稳定；某些必须提价的，要给予消费者以适当补贴。今后，我们还要根据国民经济的发展情况和等价交换的原则，对工农业产品的比价，继续进行必要的调整。

（九）在今后一个较长的时间内，全国粮食征购指标继续稳定在一九七一年到一九七五年"一定五年"的基础上，并且从一九七九年起减少五十亿斤，以利于减轻农民负担，发展生产。水稻地区口粮在四百斤以下的，杂粮地区口粮在三百斤以下的，一律免购。绝对不许购过头粮。

（十）继续坚决地、大力地、因地制宜地搞好农、林、牧、副、渔各业生产、储运、加工所需要的农业基本建设。以粮食生产为主的农业区要继续以治水和改良土壤为中心，大力植树种草，实行山、水、田、林、路综合治理，积极地逐步地改变生产条件，提高抗御自然灾害的能力，建设旱涝保收的高产稳产农田。同时因地制宜地兼顾经济作物生产和林、牧、副、渔业。到一九八五年，全国灌溉面积和高产稳产田面积都要有一个较大幅度的增加。国家要继续兴建一批大型水利骨干工程，地方要以搞好中、小工程和配套工程为主，实行大、中、小相结合，专业队和群众性施工相结合，讲求实效，保证质量，不搞形式主义。进行各项农业基本建设，都要充分动员群众，展开民主讨论，从当地实际情况出发，作出全面安排和长远规划，有步骤地加以实施。对基本建设和当前生产要统筹兼顾。

（十一）要在充分利用现有耕地的同时，在有条件的地方，由国营农场和人民公社有计划地开垦荒地。社、队新造耕地，从收获之年起，五年不计征购。垦荒不准破坏森林、草原和水利设施，不准妨碍蓄洪泄洪。有条件的地方，也可以围海造田，但是不能影响和破坏海盐生产，用于生产养殖和其他生产更为有利的内湖和海涂，不要围垦。工矿企业要认真解决污染问题，防止对水源、大气等自然资源和农业的损害。一切机关、团体、部队、企业和学校，不准随意占用公社和农场的耕地、草牧场和林地。必须进行的基本建设，也要切实节省用地，并尽量不占或少占耕地。要尽快制定和颁布土地法。

（十二）努力办好国营农场，为国家提供更多的商品粮食、经济作物和其他农副产品。目前仍然亏损的农场，要限期扭亏为盈。搞得好的，盈利多的，职工收入可以增加。一九八五年前，国营农场利润不上缴，用以扩大再生产，搞好多种经营，兴办农畜产品加工业，发展推销自己产品的商业，尽快建成农工商联合企业，在农业现代化中发挥示范带头作用。

（十三）迅速增加化肥、农药、农用塑料和各种除草剂的生产，并保证产品质量。广积农家肥，多种绿肥，多制饼肥和其他有机肥，积极扩大秸秆还田。增产化肥，要努力使氮、磷、钾保持合理的比例。各种农药、除草剂和农用塑料制品也要大幅度地增产。要广泛推行科学施肥、科学用药，充分发挥化肥和农药的效能，认真研究防治化肥、农药对作物、水面、环境造成污染的有效办法，并且积极推广生物防治。

（十四）积极选育、引进和推广良种。在继续搞好大队、生产队种子田和县、社良种繁育场的同时，尽快建立省、地、县的种子生产基地，有步骤地实现种子的生产专业化、加工机械化、质量标准化、品种布局区域化。要建立健全种子公司的经营系统，搞好品种审定、良种繁殖和普及、经营管理、种子检验、防止种子退化和种子混杂等规章制度，并早日制定颁布种子法。良种供应要优质优价，保证增产。

（十五）要因地制宜地发展农、林、牧、副、渔业的机械化，提高牧业机械的比重。要积极发展农业运输机械和装卸机具。要切实搞好农机工业的调整、改革、整顿、提高，改进产品质量，降低生产成本，逐步做到标准化、系列化、通用化，认真解决好农机具的配套问题和零备件的供应问题。现有农业机械的配套问题和各类农机具的零备件问题一定要在两三年内解决好，这样现有农业机械的耕作效率就可以成倍地提高。今后主机和配套农具、零备件一定要按比例生产。农业机械部要做好统一管理农业机械的科学研究、设计制造、使用管理、维修保养、供销服务和人员培训等工作。拖拉机站的建立可以采取两种形式，一种是社、队自己购买，社、队资金不足的由国家贷款援助；一种是国家设立拖拉机站为社、队服务，收取合理的费用。这两种形式，以前一种为主。

（十六）在抓紧粮食生产的同时，认真抓好棉花、油料、糖料等各项经济作物，抓好林业、牧业、副业、渔业，实行粮食和经济作物并举，农、林、牧、副、渔五业并举。要把各方面的积极性充分调动起来，把一切可以利用的资源逐步开发利用起来，使整个农村经济繁荣起来。

（十七）大力开展植树造林，注意提高成活率。要集中力量营造西北、华北、东北一线防护林体系，华北、中原、东北等地的农田林网化和四旁绿化，长江以南十省的速生用材林，南方、北方的经济林基地，东北林区的迹地更新等重点建设。对一切可能绿化的荒山荒地，各地都要从实际出发，订出切实可行的规划，限期绿化。要努力采用先进技术，加强森林资源的综合利用，做到合理采伐。积极培育、引进和推广优良树种，注意发展木本油料和木本食用作物。认真执行森林法，切实保护森林，严禁乱砍滥伐，坚决纠正重采轻造、忽视管理的错误做法，严防森林火灾。

（十八）大力发展畜牧业，提高畜牧业在农业中的比重。应特别注意发展牛、羊、兔等食草牲畜。畜牧业不但要看饲养量和存栏量，更重要的是要提高出栏率和出肉率。继续鼓励社员家庭养猪养牛养羊，积极发展集体养猪养牛养羊。积极改良畜种，加强草原和农区草山草坡的建设，兴修水利，改良草种，合理利用草场，实行轮流放牧，提高载畜量。做好牲畜的防疫工作。尽快颁布草原法。要在我国牧区和大中城市郊区，有计划地兴办一批现代化的畜牧场和家禽场，兴办一批现代化的屠宰厂、冷冻厂和畜产品加工厂。

（十九）合理利用水产资源，加速渔业生产，增加水产品产量。要充分利用开发水面和滩涂，以极大的努力发展淡水和海水养殖业，因地制宜地养殖鱼、虾、贝、蛙、海带、紫菜等各种水生动植物，并且积极扩大精养面积。要由一定的机构或专人负责，从资源的调查和利用、资金和物资的扶持、技术指导、产品加工等各方面作出切实的安排，以保证各类养殖事业能够得到迅速的发展。切实调整近海作业，积极开辟外海渔场。认真贯彻执行水产资源繁殖保护条例，尽快颁布渔业法，加强渔政管理。采取先进技术和装备，促进渔业捕捞、养殖、加工和储运的现代化。要逐步建成一批渔业基地。在城市郊区也要大力发展各种水产养殖事业，有条件地推广工厂化养鱼、养虾。

（二十）社队企业要有一个大发展，逐步提高社队企业的收入占公社三级经济收入的比重。

凡是符合经济合理的原则，宜于农村加工的农副产品，要逐步由社队企业加工。城市工厂要把一部分宜于在农村加工的产品或零部件，有计划地扩散给社队企业经营，支援设备，指导技术。对社队企业的产、供、销要采取各种形式，同各级国民经济计划相衔接，以保障供销渠道能畅通无阻。国家对社队企业，分别不同情况，实行低税或免税政策。

（二十一）商业工作要认真贯彻执行等价交换的原则，搞好城乡物资交流。从农村收购农副产品，必须按质论价，严禁压级压价。对农村所需要的生产资料和生活资料，要做到供应及时，保证质量，价格公道。粮、棉、油等统购物资和其他农副产品的统购、派购和议购都应签订合同，遵守合同。不准强迫命令。

（二十二）农业要努力发展出口产品的生产。国家决定拨出一笔专项外汇，用于支援各省、市、自治区发展经济作物、土特产、畜牧业、副业、渔业以及相应的加工工业，在国家统一计划下，生产在国际市场上销路好、换汇率高、资金回收快的产品。具体办法由国家计委会同有关部门拟定。

（二十三）我国西北、西南一些地区以及其他一些革命老根据地、偏远山区、少数民族地区和边境地区，长期低产缺粮，群众生活贫困。这些地方生产发展快慢，不但是个经济问题，而且是个政治问题。国务院要设立一个有有关部门负责同志参加的专门委员会，统筹规划和组织力量，从财政、物资和技术上给这些地区以重点扶持，帮助它们发展生产，摆脱贫困。对其他地区的穷社穷队，也要帮助他们尽快改变面貌。国家支援穷队的资金，要保证用于生产建设。

（二十四）必须坚决地继续努力实行计划生育，认真做好这方面的宣传教育工作，纠正那种生硬的不适宜的办法，保证医疗服务和药物供应。要采取更有效的政策、措施，其中主要是经济措施，使全国人口增长率逐年下降，一九八五年要降到千分之五左右。

（二十五）保护和调动广大农村基层干部的积极性，是加快农业发展的极为重要的一个环节。农村基层干部的绝大多数是好的和比较好的，他们常年累月和农民群众在一起，顶风冒雨，战天斗地，任劳任怨，对我国农业作出了很大贡献。除了极少数坏人，对犯了错误的干部，一定要立足于教育，帮助他们改正错误，继续前进。基层干部工作中的不少错误，是由中央和上级规定的任务和政策不适当或不明确造成的，应该由中央和上级承担责任。在过去的历次政治运动中，在基层干部中造成的错案、假案、冤案，必须抓紧甄别平反。公社干部和农业技术人员的工资福利待遇要有步骤地予以适当解决。大队主要干部的收入应当略高于当地同等劳动力的收入水平。工作做得好的干部，应给予表扬和物质奖励。要制定专门的计划，在政治上、文化上、管理上和专业技术上，加强对他们的培养教育。公社、大队和生产队各级干部都要坚持按期由社员代表大会或社员大会选举，并经常接受群众的监督。各项经济账目要按时公布。社队要坚持民主管理，干部要发扬民主作风，坚持参加集体生产劳动。要保持干部队伍的稳定。

各级党委要继续引导广大干部和农民学习大寨的基本经验，即坚持政治挂帅、思想领先的原则，自力更生、艰苦奋斗的精神，爱国家、爱集体的共产主义风格。同时要坚决执行党的农业政策和农村经济政策，学习国内外的好经验，努力掌握先进的科学技术，学会经营现代化的大农业。我们的事业是日新月异的，在过去的学大寨运动中已经涌现了一大批先进单位，今后新的典型还将源源不断地涌现出来。大寨和全国一切先进单位，都要对自己一分为二，努力创造新成绩、新经验，为加快我国农业的发展速度作出新的贡献。

三、实现农业现代化的部署

全面实现农业现代化，彻底改变农村面貌，这是我国历史上一场空前的大革命。为了实现这样的目标，必须从我国人口多、耕地少、底子薄、科学文化水平低，但幅员广阔、自然资源比较丰富、有众多的劳动力等特点出发，认真总结我国自己的经验，虚心学习外国的先进经验，尽可能避免技术先进国家曾经出现的弊病，走出一条适合我国情况的农业现代化的道路。我们在抓紧落实上述二十五项政策和措施的同时，必须继续调查研究，精心地作好分阶段逐步实现农业现代化的规划，已经看准了的问题，要果断地作出部署，组织好各方面的力量，扎扎实实地做好工作，保证其胜利完成。

（一）实现农业现代化，迫切需要用现代科学技术知识来武装我们的农村工作干部和农业技术人员，需要有大批掌握现代农业科学技术的专门家，需要有一支庞大的农业科学技术队伍，需要有数量充足、质量合格的农业院校来培养农业科技人才和经营管理人才。同时，要极大地提高广大农民首先是青年农民的科学技术文化水平。这些任务要用几年、十几年的时间来完成，我们必须从现在开始就抓得很紧很紧，一刻也不能放松。必须彻底纠正那种认为农业现代化可以不要高度现代化的科学研究和教育事业，农业科研机构和农业高等院校可有可无，农业发展工作可以不要专门家积极参与的错误观点，迅速恢复和加强他们所必须具有的研究条件和教学条件。要组织全国科学技术力量研究解决农业现代化中的科学技术问题。中央要办好中国农业科学院和北京农业大学等几个重点的高级农业科学研究院和高等农业院校，各省、市、自治区要根据农业区域规划办好一批农业科研机构、农业学院和中等农业技术学校，逐步形成门类齐全、布局合理的农业科学技术研究体系。同时，要切实地加强技术推广工作。县、公社、生产大队、生产队四级农业科学实验网就是农业技术推广网，县以下主要要抓好试验、示范、推广和技术培训工作。各地要尽快制定规划，着手轮训县、社、队干部，培养当前农村急需的农机手、农业技术员和财会人员，在今后几年内就做到所有干部基本上轮训一遍，各社、队都有足够数量的合格的农机手、农业技术员和财会人员。下乡、回乡知识青年都有一定的文化水平，又有了一些实践经验，要鼓励他们立志务农，分别不同程度、不同情况，吸收他们到农业院校或中等农业技术学校或各类训练班学习，努力把他们培养成建设现代化大农业的骨干力量。

（二）实现农业现代化，要积极地有计划地开展农业机械化的工作。农业机械化必须服从生产的需要，从实际情况出发。要引进、制造和推广适合我国特点的先进农业机械，切实搞好配套和维修服务，充分发挥农业机械的效能，大幅度地提高劳动生产率。根据资源条件努力兴办农村小水电站、小火电站。大力推广沼气。各地都要根据当地的条件，确定推广的步骤和具体要求，纳入农业基本建设规划，安排和供应必要的资金和材料，组织技术训练。要积极利用风力和太阳能。采取一切切实可行的措施，扩大农用能源。要因地制宜地开展农田水利和草原灌溉，分别南方北方、山地平原、水田旱田的不同情况，能引则引，能蓄则蓄，能提则提，逐步发展喷灌，实现农业水利化，做到灌排自如，高产稳产。要加快发展农用化工产品，使我国农业逐步拥有数量充足、质量优良、品种丰富、价廉物美的化学肥料、农药、塑料薄膜和除草剂等产品，以适应农业高速度发展的需要。农业部、林业部、农垦部、农机部、水利部、电力工业部、化工部，要根据农业现代化的要求，密切协同，在一九八〇年内，分别作出实现农业现代化的全面的长期规划，以及切实可行的年度实施计划，认真加以贯彻执行。

（三）实现农业现代化，整个农业必须有一个合理的布局，逐步实行区域化、专业化生产，不断提高农业生产的社会化水平。不这样做，农业就不可能实行大规模的全面的机械化，不可能大规模地全面地采用一系列的先进科学技术。同时要使农林牧平衡发展，不同地区要根据各自的自然条件，宜农则农，宜林则林，宜牧则牧，或者以一业为主，搞好多种经营。国务院有关部门和各地区要组织力量，在三年内完成全国范围的土壤、气象等自然条件、自然资源以及人口、交通运输、工业、商业、科学、教育等社会条件的普查，在此基础上会同当地有丰富经验的农民和农村干部，共同研究制定出在不同范围内、不同程度上逐步实现区域化专业生产的规划，作好农、林、牧、渔、工、副、内外贸、交通运输、科学教育、财政金融等方面互相配合的规划。我们还要在认真搞好规划的基础上，扎扎实实地搞好试点，边实践边总结，有秩序、有步骤地前进。

（四）国家的农业投资必须重点用于建设一批商品粮、经济作物、畜牧业、渔业和林业基地。这些基地，可以是现有国营农业企业的扩大，可以是垦荒举办新的国营农场和集体农场，也可以在人民公社联合的基础上兴办，它们都要逐步运用先进的机器设备，采取科学的生产方法和管理方法，成为提高劳动生产率和商品率都很高的现代化大农业企业。有的基地除了经营农业外，还要经营农副产品加工业和商业，逐步发展成为农工商一体化的联合企业。农业、林业及其他科技研究单位要同基地密切联系，互相协作，促进生产技术的提高。有了一批这样的基地，国家所需要的商品粮食、棉花、油料、糖料、果品、畜产品、水产品和林产品等，就有了更可靠的保证。发展商品农产品基地是建设社会主义现代化大农业的一项重大战略措施，我们一定要集中必要的国家投资，用很大的精力来把它们办好。

（五）农业的现代化，一时一刻离不开现代工业和交通运输业的武装。在两三年内，我们必须根据我国农业的特点和现代化的要求，根据各地的不同条件和生产需要，统筹安排，按照专业化协作的原则，组织好全国农用工业的合理布局。要使得各种农业机械，各种农用化工产品，都能经济合理地进行大批量生产，不断地提高质量，降低成本。农机部、化工部等有关部门应当根据实际需要，分别设立若干专业公司，加强经营管理，讲究经济实效，切实把农用工业搞上去。农业机械部要按照经济区域，面向农村基层，建立和健全农业机械化服务公司，把农业机械和各种农用化工产品的供应、维修、租赁、回收、技术传授、使用服务，逐步地统一经营起来，做到方便及时，减少社队开支。在交通运输方面，要努力建设联结城市、县镇和农村的公路，在一九八五年基本上做到县县、社社通汽车，同时加强牧区、林区、渔区的交通建设。

（六）必须根据经济合理的原则，努力建设现代化的农畜产品加工工业，以适应和促进农业的现代化。农畜产品的加工工业，一定要建立在集中产地，就地利用产品资源，尽可能做到综合利用，并且同当地交通运输条件相适应，合理布局，方便城乡销售和供应，这样才能充分发挥经济效果。农业部、农垦部、轻工业部、纺织工业部、商业部和供销合作总社要会同国务院其他有关部门，经过同各省、市、自治区认真商量，尽快制定出这方面的建设规划。

（七）有计划地发展小城镇建设和加强城市对农村的支援。这是加快实现农业现代化，实现四个现代化，逐步缩小城乡差别、工农差别的必由之路。我国农村现在有八亿人口，有三亿劳动力，随着农业现代化的进展，必将有大量农业劳动力可以逐步节省下来，这些劳动力不可能也不必要都进入现有的大、中城市，工业和其他各项建设事业也不可能和不必要都放在这些城市。我们一定要十分注意加强小城镇的建设，逐步用现代工业交通业、现代商业服务业、现代教育科学文化卫生事业把它们武装起来，作为改变全国农村面貌的前进基地。全国现有两千多个县的县城，县以下经济比较发达的集镇或公社所在地，首先要加强规划，根据经济发展的需要和可能，逐步加强建设。还可以运用现有大城市的力量，在它们的周围农村中，逐步建设一些卫星城镇，加强对农业的支援。北京、上海、天津、沈阳、武汉和其他一切有力量这样做的城市，要在当地党委的统一领导下，负责带好几个县的农业现代化。

（八）实现农业现代化，要贯彻执行集中力量打歼灭战的方针，一片一片地搞，一块一块地吃。这就是说，要波浪式前进，不要撒胡椒面似的全面铺开。农业机械要集中使用，配套成龙；用于农业的财力、物力要重点投放，这样才能充分发挥效力。条件具备的地区，可以先搞、多搞。先搞的地方，生产显著上升，农民的收入很快增加，这是一件好事而不是坏事，它在全国将会产生极大的示范作用和推动作用。在开头几年，如果先集中把占全国人口百分之五的地区搞好，那就会有四千多万人先增加收入，这在世界上就是一个相当大的国家，在国内就大大扩充了国内市场，就是一个了不起的成就。这对八亿农民是个很大的鼓舞。

中央认为，实现农业现代化对我们来说是一项全新的事业，以上各点还不能说是完全成熟的意见，应该在实践中继续加以补充、修正和完善。中央希望各级党委和政府，特别是农业部门，广大农村干部和农业科学技术教育工作者，要继续深入实际，认真搞好调查研究，为推进农业现代化的伟大事业作出更切实、更有效的努力。

四、加强党和政府对农业的领导

高速度发展农业生产，积极建设现代化大农业，是全党和全国人民的宏伟事业。一定要全党动员，全国动员，大办农业。从中央到地方的各级党委和政府，都要把农业工作放在首要地位，把实现农业现代化当成长期奋斗的重要目标，切实加强领导，统率浩浩荡荡的大军进行这个史无前例的伟大战役。

长期以来，有些党委、政府机关和有关业务部门对农业的指导和管理，往往习惯于单纯依靠行政命令的办法规定一般措施，要求下级以至农村社、队千篇一律地执行。这种做法因为它脱离实际，脱离群众，常常事与愿违，挫伤农民积极性，造成农业生产建设的损失，妨害农村经济的活跃和发展，应该认真加以改变。

各级党委必须切实抓好党的路线、方针和政策的贯彻执行，切实抓好加快农业发展和逐步实现农业现代化的大政方针。加强农村党支部建设，发挥党员的模范带头作用。同时认真做好对广大干部和农民的思想政治工作，把政治工作和经济工作很好地结合起来，保证各项生产建设任务的顺利完成。农业生产和建设方面的具体业务，应该充分发挥各级业务机构的作用，让他们独立负责地去做，党委不要事事过问，什么都抓。如果党委陷到了具体业务中去，党不管党，以党代政，那就不但使政府部门和农业企事业单位无法进行有职有权有责和有计划有秩序的工作，而且必然削弱党的领导，甚至失去党的领导作用。

国家行政部门在管理农业方面，要独立负责，做好一系列工作。例如，全国性或地区性的生产建设的规划,重大水系的治理和大中型水利工程的建设,商品粮、经济作物、畜牧业和渔业基地的建设,重点林区和草原的建设,农业现代化要切实搞好机械化的研究、规划和实施,自然资源、土壤情况的调查及其利用、改造的规划,农业科学技术的研究和推广,农业教育的规划和实施,农业投资、物资的正确使用和分配,种子公司、肥料公司、饲料公司和农机服务公司的筹建和经营,等等。这些都是各级农业部门和有关业务部门应该做而且必须做好的事情。为了切实加强这方面的工作,国家农业委员会应当负责研究和提出全国农业生产建设方面的方针政策,会同国家计委并统一领导有关部门制定农业的长远规划和年度的计划,统筹安排农业资金、物资的分配使用,审查确定和指导全国性的或若干省区、若干部门协同进行的农业重大建设项目的实施,协调农业各部之间、农业部门与其他部门之间、中央部门与各地方之间的工作配合,解决农业工作中的重大问题。

中央部门和地方部门对农业的管理,要有明确的分工,职责分明。凡是涉及全国或几个省协力办的事情,由中央部门负责。凡是涉及全省或几个县协力办的事情,由省的部门负责,地区和县也是如此。上级对下级不能包办,以便下级充分发挥主动性。

各级行政机关对于农村集体经济单位的生产和建设,应该而且必须给以必要的计划指导,但制定计划必须走群众路线,自下而上地充分调查研究,酝酿讨论,搞好综合平衡;除有法律规定者外,不得用行政命令的方法强制社、队执行,应该允许他们在国家统一计划的指导下因时因地制宜,保障他们在这方面的自主权,发挥他们的主动性。有关业务部门和科研机构在科学种田方面对社队进行指导,也要力求这种指导是科学的、切合当地条件的,而且必须遵守群众自愿的原则,采用我们多年来行之有效的典型示范的方法,防止强迫命令和瞎指挥。

我们要适应农业现代化这场革命的需要,必须从根本上改进领导作风和领导方法,恢复和坚持实事求是、联系群众、发扬民主的优良传统,提高领导水平和领导艺术,在实践中增长领导现代化大农业的才干。要自觉地按照自然规律和经济规律办事,坚决克服那种不从实际出发,不讲经济实效,不尊重科学,不走群众路线的坏作风。要坚决反对主观主义、官僚主义和形式主义,反对一切不解决问题而徒然耗费大量人力物力的会议、号召、汇报、检查、参观和各种公文旅行。要坚决实行责任制,一切工作都要有专人负责,消灭任何环节的无人负责现象。

重要的问题在于学习。我们的各级干部,尤其是领导干部,不仅要继续认真学习马列主义理论,努力做到完整地、准确地掌握毛泽东思想的科学体系,掌握党的路线和政策,还应该具备必要的科学技术知识和经济科学知识,学会先进的农业管理方法,努力把自己变成一定岗位的专门家。对干部特别是领导干部,要进行经常的严格的考核,作到是非分明,功过分明,赏罚分明。对那些学习好、工作好、作风好、敢于解放思想、提出问题、研究问题和解决问题的干部,应该给予奖励,加以提拔。对那些老是不学习、长期当外行、人云亦云、贻误工作的干部,要调动他们的工作或给以必要的批评、处分。我们的任务十分艰巨繁重,必须十分注意发现人才、培养人才和使用人才,以便造就一支宏大的、德才兼备的、能够领导和管理现代化农业的干部队伍,来完成我国农业战线上的这场伟大革命。

(原载中共中央文献研究室编:《三中全会以来重要文献选编(上)》,中央文献出版社,2011年6月)

中共中央批转《全国农村工作会议纪要》

(一九八二年一月一日)

各省、市、自治区党委,各大军区、省军区、野战军党委,中央各部委,国家机关各部委党组,军委各总部、各军兵种党委,各人民团体党组:

现将《全国农村工作会议纪要》发给你们。中央同意纪要的基本内容,望即结合本地区的实际情况贯彻执行。

实践证明,党的十一届三中全会以来,我们的农村政策是正确的,我国农村经济近几年的变化、发展是令人鼓舞的。但是必须看到,我们农业的基础毕竟比较脆弱,工作中也还存在不少问题。所以,一定要加强调查研究,及时地了解新情况,解决新问题,继续艰苦工作,力争一九八二年农业有一个更大的发展。

需要着重指出的是:最近以来,由于各种原因,农村一部分社队基层组织涣散,甚至陷于瘫痪、半瘫痪状态,致使许多事情无人负责,不良现象在滋长蔓延。这种情况应当引起各级党委高度重视,在总结完善生产责任制的同时,一定要把这个问题切实解决好。

中共中央
一九八二年一月一日

全国农村工作会议纪要

(一九八一年十二月)

党中央在作出关于加快农业发展的决定以后,又就提高农产品收购价格,健全农业生产责任制,发展多种经营等问题,采取一系列的政策措施,进行了农村经济的调整和改革,从而激发了亿万农民的生产积极性,促进了农村经济的蓬勃发展。目前广大农民在实践中又提出了一些新的问题。这些问题必须及时有效地加以解决,才能进一步发动群众,发展大好形势,有力地推动农业生产全面持续的增长。

关于农业生产责任制

(一)截至目前,全国农村已有百分之九十以上的生产队建立了不同形式的农业生产责任制;大规模的变动已经过去,现在,已经转入了总结、完善、稳定阶段。

建立农业生产责任制的工作,获得如此迅速的进展,反映了亿万农民要求按照中国农村的实际状况来发展社会主义农业的强烈愿望。生产责任制的建立,不但克服了集体经济中长期存在的"吃大锅饭"的弊病,而且通过劳动组织、计酬方法等环节的改进,带动了生产关系的部分调整,纠正了长期存在的管理过分集中、经营方式过于单一的缺点,使之更加适合于我国农村的经济状况。目前,我国农村的主体经济形式,是组织规模不等、经营方式不同的集体经济。与它并存的,还有国营农场和作为辅助的家庭经济。这样一种多样化的社会主义农业经济结构,有利于促进社会生产力的更快发展和社会主义制度优越性的充分发挥。它必将给农村经济建设和社会发展带来广阔的前景。实践证明,党在三中全会以来所制定和实行的农村政策是完全正确的,各地各级党组织在这方面所做的工作是卓有成效的、具有深远意义的。

由于这是一场牵动亿万群众的深刻而复杂的变革,时间短,任务重,经验不足,在工作中存在这样那样的问题是难免的。需要我们采取积极而又慎重的态度,毫不松懈地做好生产责任制的完善工作。因此,从现在起,除少部分地区和社队外,从全局来讲,应当稳定下来。各级领导,包括省、地、县、社的主要负责同志,要深入基层,调查研究,有计划地培训干部,总结经验,统一认识,解决实际问题,使现行的农业生产责任制,包括农、林、牧、副、渔各业的责任制能够进一步完善起来。

(二)各级党的领导应向干部和群众进行宣传解释,说明:我国农业必须坚持社会主义集体化的道路,土地等基本生产资料公有制是长期不变的,集体经济要建立生产责任制也是长期不变的。

目前实行的各种责任制,包括小段包工定额计酬,专业承包联产计酬,联产到劳,包产到户、到组,包干到户、到组,等等,都是社会主义集体经济的生产责任制。不论采取什么形式,只要群众不要求改变,就不要变动。

前一个时期有些人认为,责任制只是包干到户一种形式,包干到户就是"土地还家"、平分集体财产、分田单干。这完全是一种误解。包干到户这种形式,在一些生产队实行以后,经营方式起了变化,基本上变为分户经营、自负盈亏;但是,它是建立在土地公有基础上的,农户和集体保持承包关系,由集体统一管理和使用土地、大型农机具和水利设施,接受国家的计划指导,有一定的公共提留,统一安排烈军属、五保户、困难户的生活,有的还在统一规划下进行农业基本建设。所以它不同于合作化以前的小私有的个体经济,而是社会主义农业经济的组成部分;随着生产力的发展,它将会逐步发展成更为完善的集体经济。

(三)健全与完善农业生产责任制的工作,仍应按照中共中央印发的《关于进一步加强和完善农业生产责任制的几个问题》的文件精神,坚持因地制宜分类指导的原则。在各地建立的生产责任制中,实行联产计酬的占生产队总数的百分之八十以上,一般地讲,联产就需要承包。联产承包制的运用,可以恰当地协调集体利益与个人利益,并使集体统一经营和劳动者自主经营两个积极性同时得到发挥,所以能普遍应用并受到群众的热烈欢迎。目前存在于不同地区的名目众多而又各具特色的责任制形式,是群众根据当地不同生产条件灵活运用承包形式的结果。

在经济发展水平较低,没有多少技术分工,而且又以种植业为主,没有多少集体副业的社队,一般是按人劳比例,或者按劳力平均分包耕地;在经济比较发达,已形成了较细的专业分工和技术分工的社队,则一般是由劳力按农、林、牧、副、渔、工等项分业和某些技术分工而实行专业承包;在情况介乎二者之间的地区则宜二者兼用。

适于个人分散劳动的生产项目,可以包到劳力、包到户;需要协作劳动的生产项目,可以包到组。承包到组、到户、到劳力,只是体现劳动组织的规模大小,并不一定标志生产的进步与落后，但必须与当时当地的生产需要相适应，宜统则统，宜分则分，通过承包把统和分协调起来，有统有包。

包工、包产、包干，主要是体现劳动成果分配的不同方法。包干大多是"包交提留"，取消了工分分配，方法简便，群众欢迎。但这种方法一般只适用于某些宜于分散经营的项目和单一经营的单位。在副业收入比重较大，从而所形成的经济关系和劳动方式也比较复杂的社队，为实现劳动的等量交换，就要有一个共同计算标准，还有必要采用包工、包产或以产计工以及其他计酬方法，实行统一分配，以便合理平衡各类从业人员的报酬。

总之，不同形式的承包，都有它在一定地点和条件下的适应性和局限性，即使在一个生产队内，也可以因生产项目、作业种类不同而采取多种形式。各级领导干部在指导群众确定生产责任制形式时，一定要下苦功夫向实践学习，向群众学习，尊重群众的创造精神，真正做到因队制宜。切不可凭主观好恶硬推、硬扭，重复"一刀切"的错误，也不可撒手不管，任其自流。

（四）在建立和完善农业生产责任制的过程中，必须坚持土地的集体所有制，切实注意保护耕地和合理利用耕地。

集体所有的耕地、园地、林地、草地、水面、滩涂以及荒山、荒地等的使用，必须服从集体的统一规划和安排，任何单位和个人一律不准私自占有。集体划分给社员长期使用的自留地、自留山以及宅基地，所有权仍属集体。

不论实行何种类型的承包责任制，土地的承包必须力求合理。在实行包产到户、包干到户的地方，提倡根据生产的需要按劳力或人劳比例承包土地；由于劳力强弱、技术高低不同，承包土地的数量也可以不同。国家职工和干部不承包土地。社员承包的土地应尽可能连片，并保持稳定。这样才能充分调动社员的积极性，提高土地的利用率，并体现按劳分配的原则。集体可以留下少量机动地，暂由劳多户承包，以备调剂使用。为了保证土地所有权和经营权的协调与统一，社员承包的土地，必须依照合同规定，在集体统一计划安排下，从事生产。为了提高土地生产率，鼓励社员在承包土地上加工经营，应按照加工经营后增加的效益给以合理报酬。

严禁在承包土地上盖房、葬坟、起土。社员承包的土地，不准买卖，不准出租，不准转让，不准荒废，否则，集体有权收回；社员无力经营或转营他业时应退还集体。

我国人多地少，控制人口、保护耕地是我们的重大国策。要严格控制机关、企业、团体、部队、学校、社队占用耕地，特别是城市附近的菜地更不应占用；对非法占用或不合理占用的必须加以纠正和处理。今后，应制订各级土地利用规划和严格的土地管理法令。当前要抓紧帮助农民搞好农村房屋建设的规划。

集体土地上的公共建筑、生产设施、树木，以及其他公共财产，都是社会主义公共积累，也是集体经济继续发展的基础，必须妥为保护，可以采取有利于生产的适当的经营方式，但决不可任意破坏。对乘机巧取、强占、哄抢、私分、破坏者，要严肃处理。

（五）要把完善生产责任制的工作和促进农业生产的全面发展目标密切联系起来。当前发展多种经营和商品生产，已成为广大群众的迫切要求，我们的工作必须紧紧跟上。正如一个县的领导同志所讲的："责任制是启动器，多种经营是突破口，两个环子一齐抓，集体个人一齐上，生产力再次大解放"。生产队要因地制宜制订全面发展农、林、牧、副、渔、工、商的规划，有计划地作好劳动力的安排，并选择相应的生产责任制形式。即使在那些目前基本上实行分户经营的生产队，也应逐步量力而行地从事一些多种经营项目，如林场、茶场、果园、养殖场等，逐步发展专业分工和专业承包，逐步改变按人口平均包地、"全部劳力归田"的做法，把剩余劳力转移到多种经营方面来。

（六）实行各种承包责任制的生产队，必须抓好订立合同的工作，把生产队与农户、作业组、专业人之间的经济关系和双方的权利、义务用合同形式确定下来。这是集体经济管理工作的主要手段，必须认真做好。公共建设劳务、计划生育和统购派购任务也应纳入合同。合同可以由粗到细，形式要便于群众理解和接受。签定合同要民主协商，签定之后必须遵守。

关于改善农村商品流通

（七）根据目前国家财力状况，今后一个时期农副产品收购价格必须采取基本稳定的方针。增加农民的收入，不能指望提高收购价格或降低收购基数，而只能主要依靠发展商品生产，实现多产畅销。当前存在的一个突出问题是，一方面农村商业不适应发展商品经济的需要，以至农村多种经营刚有初步发展就出现了流通不畅，买难卖难等问题，造成生产性浪费；一方面也存在着一些单位抬价抢购紧缺商品，冲击国家计划的情况。因此，必须采取切实措施，改善农村商业，疏通流通渠道，加强市场管理，以保证农业生产迅速发展，为国家提供更多的产品，为农民增加更多的收入。

（八）农业经济是国民经济的重要组成部分，要以计划经济为主，市场调节为辅。粮棉油等产品仍须坚持统购统销的政策。实行派购的二类农副产品，要确定合理的收购基数，一定几年；某些不便定基数的品种，也要确定合理的购留比例。基数以外的产品，有些仍由国家收购，有些按比例收购一部分，有些全部由社队和农民自行处理。基数外产品的收购价格，允许按照市场供求状况实行一定范围的浮动。城市郊区要鼓励农民多种蔬菜，原来的菜地不得任意改种，以保障和改善城市的蔬菜供应。要逐步推行合同制，通过合同把国家计划任务和农民的生产安排更好地协调起来。

农副产品收购，要坚持国家、集体、个人三兼顾，不能只顾一头。前几年国家提高了农副产品收购价格，并对收购政策作了一些必要的调整，农民从中得到了很大好处。要使这些行之有效的政策、措施保持基本稳定，以照顾农民的既得利益，保证农业生产持续稳定地发展。同时，要教育农民顾全大局，保证按规定质量完成农副产品交售任务，支援工业、城市和出口，力争为国家建设多做贡献。

（九）农村供销合作社是城乡经济交流的一条主要渠道，同时也是促进农村经济联合的纽带。要恢复和加强供销社组织上的群众性、管理上的民主性和经营上的灵活性，使它在组织农村经济生活中发挥更大的作用。供销合作社要逐步进行体制改革。各省、市、自治区可以选择一两个县就以下办法进行试验：基层供销社恢复合作商业性质，在自愿原则下扩大吸收生产队和农民入股，经营利润按股金和按交售农副产品数量分红，实行民主管理，把供销社的经营活动同农民的经济利益联系起来；县级供销社改为基层社的联合社；县联社和基层社都实行独立核算，自负盈亏，向国家交纳所得税的制度；改革后供销社原有国家职工的一切待遇不变。

（十）必须多方设法疏通和开辟流通渠道。国营商业和供销合作社要充分利用现有经营机构，打破地区封锁，按照经济规律组织商品流通，大力开展产品推销工作。同时，要有计划地试办和发展社队集体商业，如贸易货栈、联合供销经理部和农工商联合企业等等，逐步实现多成分、多渠道、少环节。各级商业部门应把积极支持和指导社队开展推销和采购业务活动当作自己的一项重要任务。各级计划、财政、物资和交通等部门，应把社队集体商业、社队企业和农工商联合企业列入户头，给予方便。农村商业实行多渠道后，当地人民政府应当加强领导，划分业务范围，做好协调、疏导和管理工作。农村各种商业组织和个人运销活动，都要严格遵守政府的政策、法令，服从工商管理。

（十一）要在保证完成计划上调任务的前提下，积极开展农副产品的就地加工、产品精选和综合利用。这既可以提高产品的利用率和经济价值，又可以减少产品推销、贮存和运输的困难。除农村社队要继续发展农副产品加工业外，商业部门对于收购的农副产品，也可以自己加工，或与社队联合加工和委托社员进行家庭加工，走收购——加工——销售的路子。农村的加工业，要根据经济效益原则，由主管部门协同地方做出规划，有步骤地发展，避免盲目性。

关于农业科学技术

（十二）农业可以吸收多学科的科学技术成就，成为知识密集的产业部门。在充分发扬我国传统农业技术优点的同时，广泛借助现代科学技术的成果，走投资省、耗能低、效益高和有利于保护生态环境的道路，将使我国的农村面貌发生巨大的变化。过去，在领导农业生产中，对科学的作用认识不够，忽视智力投资和现有人才的使用，必须及时改正。

（十三）农业科学研究工作要在调整和整顿的基础上，动员组织各方面的研究力量，紧密结合农、林、牧、渔等业生产近期和长远的需要，拟定一批科研重点项目，如培育优良品种，改进耕作制度和栽培技术，实行科学施肥和合理用水，研制新的高效低残毒农药，有选择地推广适用的农业机械等，有计划地进行科学技术攻关。各级农业科研、教育和推广机构要相互配合，加强协作。国家农委和国家科委要加强领导，共同做好农业科技的组织协调工作。

（十四）要恢复和健全各级农业技术推广机构，充实加强技术力量。重点办好县一级推广机构，逐步把技术推广、植保、土肥等农业技术机构结合起来，实行统一领导，分工协作，使各项技术能够综合应用于生产。各地要把现有农业科技成果分类排队，制订计划，因地制宜，分期推广。

目前各地正在试行多种形式的农业技术责任制，开展群众性的技术协作和科普活动，效果很好，应注意总结、提高。

（十五）要进一步搞好农业资源调查和农业区划这一基础工作，为合理开发、利用、保护农业自然资源、调整农业生产结构和布局提供科学依据。当前要抓紧土地、水、生物等资源和重点开发地区的调查，特别要加强农业资源的保护工作，制止某些地区生态环境继续恶化；抓好县级农业区划和成果的应用。在区划的基础上，制订土地利用和农村建设的总体规划，把山、水、田、林、路的治理，生产、生活、科学、教育、文化、卫生、体育等设施的建设和农村小城镇的建设，全面规划好。

（十六）教育是发展科学技术的基础。有关部门要调整和加强农业院校的领导班子，进一步改善办学条件。县级以及县以下农村的中学要设置农业课程，有的可以改为农业专科学校。继续抓好各级农业领导干部和管理干部以及职工的专业培训，组织师资进修，训练各类专业技术干部。高等农业院校和中等农业学校都要拿出必要的力量承担培训任务。要积极创造条件，加强农民教育，抓紧扫盲工作，提高科学文化水平。

（十七）目前，我国广大农村正在兴起一个学科学、用科学的热潮。农业科技人员要深入农村，安心农业，钻研业务，努力工作，热心为农民和农业生产服务，作出新贡献。各级党组织和农业部门对农业科技人员要在政治上、生活上给予关心，工作上给予支持；并要做好考核、晋升、表彰和奖励工作。今后要逐年分配大中专毕业生到公社一级去担任技术工作，按国家干部待遇。对自学成才的农民技术员，各地可采取定期考试、考核办法，发给证书，给予技术补贴或择优录用。

关于提高经济效益、改善生产条件

（十八）农业生产应和其他各部门一样，十分重视经济效益原则，强调发掘内涵性潜力。长期以来，不讲效益，不讲经济核算，铺张浪费，增产不增收，是一种普遍现象。必须教育干部、群众，切实改正。

我国人多地少，调整期间，农业建设投资有限，要力争做到以最少投入获得最大收益。无论种植业、养殖业、农村工业副业，都必须强调提高单产，提高劳动生产率。粮食和经济作物的增产，主要靠改变广种薄收，实行精耕细作，集约经营，改造中产、低产田。畜牧业要强调提高出栏率、出肉率和产毛率。其他各业都应努力提高经济效益。

（十九）按农、林、牧、副、渔全面发展的要求建立合理的生产结构，可以获得综合经济效益，并增加农业经济的内部积累。合理的生产结构必须避免过去生产单一化的错误，与此同时，又必须注意使个别地区因地制宜的发展计划和全国的合理布局协调起来。各地在调整生产结构中，必须执行中共中央、国务院转发国家农委《关于积极发展农村多种经营的报告》的通知中提出的"决不放松粮食生产，积极开展多种经营"的方针。在土地利用方面，主要是将本来不宜于种粮食，而适宜种其他作物的耕地逐步改为合理种植；在适宜的地区，发展国家急需的原料如棉花、糖料等生产；积极发展多种经营，重点应放在开发山区、水域、滩涂、草原和发展家庭养殖业方面。这些方面存在着巨大的潜力，要广开生产门路，向农业生产的广度和深度进军，而不宜片面地鼓励在有限的耕地上搞自由种植，同时注意不要破坏水土保持和生态平衡。城乡居民的粮食供应绝不可掉以轻心，必须保证粮食生产持续稳步地增长。

只有建立起一个多种经营综合发展的合理的生产结构，实行合理的社会分工，才能吸收农村广大劳动力为社会创造财富，否则，将大量劳动力缩集在十几亿亩土地的种植业上，必将使劳动生产率下降和农村经济萎缩。只有在多种经营的基础上发展社会分工，才有利于动员农村的人力资源。在短短一年多的时间内，实行了专业承包责任制，发展了一大批专业户，涌现出很多饲养能手、种植能手和各类能工巧匠，并开拓出新的生产领域，向生产的社会化、专业化方向发展。这证明：生产、就业、消费三者是互相依存、互相促进的。多种经营综合发展，路子将越走越宽，形势会越来越好。

发展多种经营，要集体与个人一齐上。对现有社队企业必须进行整顿，改善经营管理和民主管理，进一步办好。在现阶段，多数地区，很多项目应主要靠农家经营。近年的经验证明，发展家庭副业，发展专业户，可以充分利用分散的物力、财力和具有技术专长的人材。这是一项巨大的经济资源。对于家庭副业和专业户，必须实行积极扶持的政策，在资金、技术、供销等各方面给以帮助和指导；与此同时，要注意适应生产发展的需要，组织必要的协作和联合。既要倡导在生产队内个人与个人、个人与集体的协作和联合，也要允许跨社队、跨地区的协作和联合。

（二十）现在我国的林业和畜牧业，是国民经济的薄弱环节，应采取有效措施，尽快使它们恢复和发展起来。

要把振兴林业作为国土整治的一项根本大计，要认真贯彻执行一九八一年三月中共中央、国务院关于保护森林发展林业若干问题的决定和一九八一年十二月五届人大第四次会议关于开展全民义务植树运动的决议。建议有关部门尽快研究建立林业基金制度，实行以林养林。

发展畜牧业要农区牧区两手抓。农区要把一切行之有效的、鼓励畜牧业发展的政策落实到各家各户，充分利用农区劳力充足，设备和饲料条件较好，农牧结合较紧的长处，大力发展畜牧业。牧区要在切实调查的基础上，明确划分草原权属，更好地保护和建设草原。在辽阔的边疆和大片荒山、荒地上，要继续有计划地组织飞机播种，种树、种草。

（二十一）要着重抓好水利、农机、化肥等项投资的利用效益，改善农业生产条件。

建国以来，水利建设成绩很大，但有不小的浪费和损失。今后，大型水利建设，必须根据总体流域规划，按择优原则和基建程序进行，花钱多效益小的缓办，无效益的不办。已建成又有效益的，要搞好配套，建一处成一处。投入使用的，要抓好科学管理。小型农田水利建设要继续积极量力进行，讲求实效。要总结推广先进的灌溉技术和耕作措施，切实做到科学用水、计划用水、节约用水。城乡工农业用水应重新核订收费制度。无灌溉条件或暂时无力兴修水利的旱地，要因地制宜，搞好旱作。

我国耕作制度复杂，劳力众多，集体经济力量薄弱，农业机械化必须有步骤、有选择地进行。在今后相当长的时期内，必须是机械化、半机械化、手工工具并举，人力、畜力、机电动力并用，工程措施和生物技术措施相结合。各地应根据自己的情况推广适宜技术和集约经营。

要积极增产磷、钾和微量元素肥料，改变化肥构成，提高施用效益。要重视利用农家肥、绿肥、豆科作物，发展薪炭林、小水电、沼气池，实行秸秆还田，以调节土壤化学物理性能，增加土壤有机质。化肥分配应在地区间作合理调剂，增加对中、低产地区的化肥供应。

要努力生产高效低残毒农药，力争尽快取代原有的那些高残毒农药。

（二十二）集体经济的核算单位，要建立经济核算制度，搞好经济活动分析，降低生产成本。社队的财务整顿，要认真总结试点经验，分批展开，争取一两年内完成。通过整顿，健全财务管理制度，特别是民主监督的制度。要整顿编制，缩减人员补贴，减轻不合理负担。要清产核资，实行固定资产折旧制度，以利于设备更新和技术改造。要培训经营管理人员，稳定财会队伍，积极试行会计专业化，以提高经营管理水平。

关于加强思想政治工作和基层组织建设

（二十三）近年来，党在农村进行了大量的工作，取得了显著的成效。同时也要看到，农村的思想政治工作还存在着涣散软弱的状况。必须采取措施切实加以改进。

广大农民群众是愿意在党的领导下走社会主义道路的。他们拥护党的三中全会以来的各项方针政策，努力发展生产，支援四化建设。这是基本的方面。但是在现阶段，有些农民还不可避免地保存着旧社会遗留的思想和习惯，这就需要工人阶级的政党给以经常的教育和正确的引导。我们必须动员各方面的力量，采取一切行之有效的方法，在广大农村开展深入的思想政治教育和政策教育，并把这种教育经常化，不断对农民灌输社会主义思想，为建设具有高度精神文明和高度物质文明的新农村而努力。

一九八一年冬到一九八二年春，各地要围绕建立健全生产责任制这个中心，结合实际的工作问题和思想问题，进行"两不变"、"三兼顾"的宣传教育，使农民懂得：我国农业必须坚持社会主义农业集体化的道路，公有制长期不变，生产责任制长期不变；要国家、集体、个人三方面兼顾，不能只顾一头。集体提留、国家任务都必须保证完成。应当向农民讲清，三年来，国家在照顾农民利益方面已尽了最大努力，农民也要照顾国家经济困难，努力发展生产，增加商品，多作贡献。

（二十四）落实党在农村的一切方针、政策和完成各项工作任务，都必须依靠农村基层组织，包括党的组织、政权组织、经济组织和群众团体。否则，一切工作都会落空。

当前一些地方，由于放松了领导，生产队的机构和领导班子陷于瘫痪、半瘫痪状态，致使很多工作无人负责。完善生产责任制，首先要把社队的领导班子搞好，使生产队把应负的经济职能和政权职能担当起来。

要使同志们了解：实行责任制以后，有些事情分散到农户承担，这样更需要改进工作方法，加强集体统一领导、统一管理和协调的工作，干部的担子不是轻了而是重了。生产大队、生产队作为集体经济组织，仍应保留必要的经济职能。要负责合理分配和调剂承包地，管好和用好耕地；安排生产计划、基本建设和推广新技术；签定和执行经济合同，完成征购任务和集体提留；照顾烈属军属和安排困难户的生产、生活等。同时，作为基层政权，特别是公社、大队还要做好社会救济、教育卫生、计划生育、民兵训练、治安保卫、民事调解等各项工作，保护社会主义经济，保证国家法律、法令的执行。

要给基层干部以合理报酬，同时也要注意精简人员，减轻群众负担。要从农村工作的实际出发，经过试点，逐步建立各级干部的岗位责任制，加强行政纪律。

（二十五）党的农村基层组织是团结广大群众前进的核心和战斗堡垒。欲正民风，必先正党风。农村的党组织和广大党员干部过去曾经团结和带领农民群众进行了伟大的革命战争和土地改革，接着又团结和带领农民群众开展了伟大的互助合作运动。我们党以自己的实践和模范作用，取得了农民的信任和拥护。现在我国正处在一个大变化大发展的新时期，作为执政党的党员，更应保持和发扬全心全意为人民服务的传统，坚定地站在人民一边，尊重群众的意愿，代表群众的利益，振作精神，研究新问题，学会新本领，团结和带领农民进行农村经济的调整和改革，为农业现代化做出自己的贡献。当前，特别要站在群众前头带领群众做好完善生产责任制的工作。那种不顾群众利益，违背群众要求，损公利己，或者放弃职守的行为，都是同共产党员的称号不相容的。当然应当首先看到，农村的党员和党的干部，长期战斗在第一线，艰苦奋斗，任劳任怨，是我们的依靠力量。对于那些富于创造精神，工作出色的，要给予鼓励和表扬。对那些精神不振、作风不正的党员和干部，必须进行教育和批评。属于上级的责任，领导要主动承担。从一九八二年起，要以县或公社为单位，利用农闲时间有计划地对农村党员，首先是社队干部进行分批轮训。要组织他们学习六中全会的决议和党在农村的各项政策，用整风精神总结经验，开展批评与自我批评，分清是非，提高觉悟。在思想政治教育的基础上，健全党课制度和民主生活制度，把农村支部建设好，使基层支部真正成为坚强的战斗核心，以保证党对政权组织、经济组织和群众团体的领导，保证各项工作任务的完成。

（原载中共中央文献研究室编：《三中全会以来重要文献选编（下）》，中央文献出版社，2011年6月）

中共中央关于印发
《当前农村经济政策的若干问题》的通知

(一九八三年一月二日)

现将经中央政治局讨论通过的《当前农村经济政策的若干问题》作为草案,发给你们试行。

中央要求:中央、国务院各部门和各地党委、政府的领导同志经常到农村了解新情况,总结新经验,解决新问题,并及时向中央报告。

当前农村经济政策的若干问题[1]

(一九八二年十二月三十一日政治局讨论通过)

党的第十二次全国代表大会,提出了全面开创社会主义现代化建设的新局面,力争到本世纪末全国工农业年总产值翻两番的宏伟目标,并确定发展农业是实现这一宏伟目标的战略重点之一。全党特别是农业战线的同志,必须坚定地担负起这一光荣而艰巨的使命。

党的十一届三中全会以来,我国农村发生了许多重大变化。其中,影响最深远的是,普遍实行了多种形式的农业生产责任制,而联产承包制又越来越成为主要形式。联产承包制采取了统一经营与分散经营相结合的原则,使集体优越性和个人积极性同时得到发挥。这一制度的进一步完善和发展,必将使农业社会主义合作化的具体道路更加符合我国的实际。这是在党的领导下我国农民的伟大创造,是马克思主义农业合作化理论在我国实践中的新发展。

联产承包责任制和各项农村政策的推行,打破了我国农业生产长期停滞不前的局面,促进农业从自给半自给经济向着较大规模的商品生产转化,从传统农业向着现代农业转化。这种趋势,预示着我国农村经济的振兴将更快到来,从而为实现党的十二大的战略目标提供更为有利的条件。现在,方向已经明确,道路已经开通,群众正在前进。我们面临的主要的问题是,不少同志对这一历史性变革缺乏充分的思想准备,某些上层建筑的改革赶不上经济基础变化的需要。这种状况如果不改变,农民已经高涨起来的积极性就可能重新受到挫伤,已经活跃起来的农村经济就可能受到窒息。党和政府的各个部门,各级领导干部,都应力求做到:思想更解放一点,改革更大胆一点,工作更扎实一点,满腔热情地、积极主动地为人民服务,为基层服务,为生产服务,认真执行党的十二大确定的路线、方针和政策,依靠八亿农民和广大知识分子,为建设具有高度物质文明和高度精神文明的新农村贡献力量,使农村社会主义事业更加欣欣向荣,蒸蒸日上。

(一)为了力争实现到本世纪末全国工农业年总产值翻两番的任务和国家规定的农业发展指标,各地都要根据本地区的资源条件和经济技术条件,拟定自己的农业发展规划,并采取有力措施,保证实现。

实现农业发展目标,必须注意严格控制人口增长,合理利用自然资源,保持良好的生态环境。要在这样的前提下，改革农业经济结构，利用有限的耕地，实行集约经营，并把大量的剩余劳动力，转到多种经营的广阔天地中去；改革经济管理体制，发挥经济活力，开创商品生产日益发达的生动局面；继续实行对农业的技术改造，改善农业生产条件，加强农业科学技术和教育工作，使农业有一个比较先进的物质、技术基础。概括地说，就是要按照我国的国情，逐步实现农业的经济结构改革、体制改革和技术改革，走出一条具有中国特色的社会主义的农业发展道路。

（二）我国农村只有走农林牧副渔全面发展、农工商综合经营的道路，才能保持农业生态的良性循环和提高经济效益；才能满足工业发展和城乡人民的需要；才能使农村的剩余劳动力离土不离乡，建立多部门的经济结构；也才能使农民生活富裕起来，改变农村面貌，建设星罗棋布的小型经济文化中心，逐步缩小工农差别和城乡差别。

近几年，根据决不放松粮食生产、积极发展多种经营的正确方针，对农业结构进行了调整，效果是显著的。我国人口多耕地少，吃饭始终是第一位的大事。粮食是我国人民的主食，又是食品工业、饲料工业的重要原料，从全局着眼，解决粮食问题必须建立在自力更生的基础上。因此粮食生产一定要抓得很紧很紧，适宜种粮的耕地要保证种粮，实现粮食总产的稳定增长。同时要合理安排适当的耕地种植经济作物，将不宜耕种的土地还林还牧还渔。要面向广阔的山区、丘陵、草原和水面、海域、滩涂，有计划地开发建设，增加畜产品、水产品、林产品、木本粮油、果品等食品和工业原料。不论哪项生产，都要着重提高单位产量，讲求经济效益。

我国的畜牧业，特别是发展牛羊等草食动物，潜力很大。认为粮食不过关，畜牧业就无从发展的看法是不符合实际的。只要实行科学养畜，办好饲料工业，合理利用饲料资源，并不需要很长的时间，肉、蛋、奶等动物性食品就可能成倍增长。发展畜牧业，实行农林牧结合，反过来又会促进农业。

长期以来把农产品远距离运到城市加工，农村光生产原料的状况，不但造成农产品不必要的损耗浪费，而且限制了农村劳动者就业的范围和农产品综合利用的效益，这必须逐步地有计划地加以改变。今后新增加的农产品加工能力，都要尽可能接近原料产地。应当允许农民对完成交售任务后剩余的农产品进行加工和销售，使农产品做到多次利用，增加农民收入。但要注意统筹安排，保证国家财政收入和购销计划的完成。

（三）稳定和完善农业生产责任制，仍然是当前农村工作的主要任务。

联产承包责任制迅速发展，绝不是偶然的。它以农户或小组为承包单位，扩大了农民的自主权，发挥了小规模经营的长处，克服了管理过分集中、劳动"大呼隆"和平均主义的弊病，又继承了以往合作化的积极成果，坚持了土地等基本生产资料的公有制和某些统一经营的职能，使多年来新形成的生产力更好地发挥作用。这种分散经营和统一经营相结合的经营方式具有广泛的适应性，既可适应当前手工劳动为主的状况和农业生产的特点，又能适应农业现代化进程中生产力发展的需要。在这种经营方式下，分户承包的家庭经营只不过是合作经济中一个经营层次，是一种新型的家庭经济。它和过去小私有的个体经济有着本质的区别，不应混同。因此，凡是群众要求实行这种办法的地方，都应当积极支持。当然，群众不要求实行这种办法的，也不可勉强，应当始终允许多种责任制形式同时并存。

完善联产承包责任制的关键是，通过承包处理好统与分的关系。以统一经营为主的社队，要注意吸取分户承包的优点。例如，有些地方在农副工各业统一经营的基础上，实行了"专业承包、包干分配"的办法，效果很好。以分户经营为主的社队，要随着生产发展的需要，按照互利的原则，办好社员要求统一办的事情，如机耕、水利、植保、防疫、制种、配种等，都应统筹安排，统一管理，分别承包，建立制度，为农户服务。

林业、牧业、渔业、开发荒山、荒水以及其他多种经营方面，都要抓紧建立联产承包责任制。

要建立和健全承包合同制。这是完善农业生产责任制的重要环节，也有利于正确处理国家、集体、个人三者关系，把国家对农产品的收购同对农民的生产资料、生活资料供应结合起来。

要加强经营管理，建立健全财务制度。此外，有些地方还存在着土地分包欠妥当，缺乏鼓励改良土壤等对土地进行加工投资的措施，扶持困难户的办法不落实，干部岗位责任制不健全，干部待遇及各业报酬不合理等问题，要尽快妥善解决。

（四）适应商品生产的需要，发展多种多样的合作经济。

近年来随着多种经营的开展和联产承包制的建立，出现了大批专业户（重点户），包括承包专业户和自营专业户。它们一开始就以商品生产者的面貌出现，讲求经济效益，充分利用零散的资金和劳力，发挥了农村各种能手的作用，促进了生产的专业分工和多样化的经济联合。

经济联合是商品生产发展的必然要求，也是建设社会主义现代化农业的必由之路。当前，各项生产的产前产后的社会化服务，诸如供销、加工、贮藏、运输、技术、信息、信贷等各方面的服务，已逐渐成为广大农业生产者的迫切需要。适应这种客观需要，合作经济也将向这些领域伸展，并不断丰富自己的形式和内容。

长期以来，由于"左"倾错误的影响，流行着一些错误观念：一讲合作就只能合并全部生产资料，不允许保留一定范围的家庭经营；一讲合作就只限于按劳分配，不许有股金分红；一讲合作就只限于生产合作，而把产前产后某些环节的合作排斥在外；一讲合作就只限于按地区来组织，搞所有制的逐级过渡，不允许有跨地区的、多层次的联合。这些脱离实际的框框，现在开始被群众的实践打破了。

根据我国农村情况，在不同地区、不同生产类别、不同的经济条件下，合作经济的生产资料公有化程度，按劳分配方式以及合作的内容和形式，可以有所不同，保持各自的特点。例如：在实行劳动联合的同时，也可以实行资金联合，并可以在不触动单位、个人生产资料所有权的条件下，或者在保留家庭经营方式的条件下联合；在生产合作之外，还可以有供销、贮运、技术服务等环节上的联合；可以按地域联合，也可以跨地域联合。不论哪种联合，只要遵守劳动者之间自愿互利原则，接受国家的计划指导，有民主管理制度，有公共提留，积累归集体所有，实行按劳分配，或以按劳分配为主，同时有一定比例的股金分红，就都属于社会主义性质的合作经济。这样，根据经济发展的需要，自然而然地毫不勉强地通过多种形式、多种层次的经济联合，可以把众多的分散的生产者联结起来，使之成为整个社会主义经济的有机组成部分。

（五）人民公社的体制，要从两方面进行改革。这就是，实行生产责任制，特别是联产承包制；实行政社分设。

政社合一的体制要有准备、有步骤地改为政社分设，准备好一批改变一批。在政社尚未分设以前，社队要认真地担负起应负的行政职能，保证政权工作的正常进行。在政社分设后，

— 417 —

基层政权组织，依照宪法建立。

人民公社原来的基本核算单位即生产队或大队，在实行联产承包以后，有的以统一经营为主，有的以分户经营为主。它们仍然是劳动群众集体所有制的合作经济。它们的管理机构还必须按照国家的计划指导安排某些生产项目，保证完成交售任务，管理集体的土地等基本生产资料和其他公共财产，为社员提供各种服务。为了经营好土地，这种地区性的合作经济组织是必要的。其名称、规模和管理机构的设置由群众民主决定。原来的公社一级和非基本核算单位的大队，是取消还是作为经济联合组织保留下来，应根据具体情况，与群众商定。公社一级的各种事业机构，原有的事业费照常拨付。

现有的社队企业，不但是支持农业生产的经济力量，而且可以为农民的多种经营提供服务，应在体制改革中认真保护，勿使削弱，更不得随意破坏、分散。社队企业也是合作经济，必须努力办好，继续充实发展。要认真进行调整和整顿，加强民主管理和群众监督，建立多种形式的生产责任制。有的企业可以试行经理（厂长）承包责任制。经理承包责任制的基本点是：企业的所有权和企业积累属于集体，经理在集体授权范围和承包期限内，全权处理企业业务；完成承包任务后，经理报酬从优，或按超额利润分成；完不成任务，或造成亏损的，经理要相应降低报酬或承担一定比例的亏损。在实行这种承包制时，要防止少数人仗权垄断的现象发生。

（六）我国是社会主义国家，不能允许剥削制度存在。但是我们又是一个发展中的国家，尤其在农村，生产力水平还比较低，商品生产不发达，允许资金、技术、劳力一定程度的流动和多种方式的结合，对发展社会主义经济是有利的。因此，对农村中新出现的某些经济现象，应当区别对待。例如，农户与农户之间的换工，丧失劳动能力或劳力不足者为维持生活所请的零工，合作经济之间请季节工或专业工、技术工，等等，均属群众之间的劳动互助或技术协作，都应当允许。农村个体工商户和种养业的能手，请帮手、带徒弟，可参照《国务院关于城镇非农业个体经济若干政策性规定》执行。

农民个人或联户购置农副产品加工机具、小型拖拉机和小型机动船，从事生产和运输，对发展农村商品生产，活跃农村经济是有利的，应当允许；大中型拖拉机和汽车，在现阶段原则上也不必禁止私人购置。各地可根据当地情况和油料供应的可能，规定可行的计划销售办法。国营企事业单位不要把应该更新的汽车卖给农民。

（七）我们现在正进入城乡社会主义商品生产大发展的时期，为了搞活商品流通，促进商品生产的发展，要坚持计划经济为主，市场调节为辅的方针，调整购销政策，改革国营商业体制，放手发展合作商业，适当发展个体商业。实现以国营商业为主导，多种商业经济形式并存。要打破城乡分割和地区封锁，广辟流通渠道。

第一，调整农副产品购销政策。对重要农副产品实行统购派购是完全必要的，但品种不宜过多。今后，对关系国计民生的少数重要农产品，继续实行统购派购；对农民完成统派购任务后的产品（包括粮食，不包括棉花）和非统购派购产品，应当允许多渠道经营。国营商业要积极开展议购议销业务，参与市场调节。供销社和农村其他合作商业组织，可以灵活购销。农民私人也可以经营。可以进城，可以出县、出省。撤销农副产品外运由归口单位审批的规定。凡属收购任务以外的农副产品，购销价格可以有升有降。

第二，对某些紧俏商品实行统派购时，一般不要采取全额收购的做法。凡是能够确定收购基数的，都要定出基数，几年不变，以便给生产者留有一定的产品处理权。要逐步推行购销合同制。合同一经签订，必须严格信守。

第三，发展合作商业。已有的合作商业组织，如农工商联合公司、社队企业产品经销部、贸易货栈等，在搞活农村经济和促进城乡物资交流中发挥了积极作用，但也存在一些问题，应当经过整顿，存利去弊，继续发展。

基层供销合作社应恢复合作商业性质，并扩大经营范围和服务领域，逐步办成供销、加工、贮藏、运输、技术等综合服务中心。原来的县供销社，应当成为基层供销社的联合经济组织。凡是没有进行供销合作社体制改革试点的地区，要抓紧进行试点；已进行试点的地区，要总结经验，逐步向面上推开。国务院有关部门要立即着手拟定供销社体制改革的具体方案，认真组织实施，争取尽快地、稳妥地在全国范围内完成这项改革。

第四，农村个体商业和各种服务业，经营灵活、方便群众，应当适当加以发展，并给予必要扶持。

农民个人或合伙进行长途贩运，有利于扩大农副产品销售，有利于解决产地积压、销地缺货的矛盾，也应当允许。但要经过工商登记，依法纳税，并限于贩运完成交售任务后允许上市的农副产品。

第五，国营商业要根据农民日益增长的需要，大力组织工业品下乡。同时，要允许集体和个体商业向批发站进货。要有合理的批零差价和地区差价，使经营者有利可得。

第六，农村流通领域放宽政策以后，要注意对农民进行国家、集体、个人利益"三兼顾"的教育，保证按质按量向国家完成交售任务，并争取多作贡献，支援国家建设，保证市场供应。同时要切实加强市场管理，坚决及时地处理各种违法行为。工商行政管理部门和税收、物价、公安、交通运输等部门，都要按照放宽政策的各项规定，制定有关的管理条例，以便有所遵循。

（八）要继续进行农业技术改造，建立与健全农业科学技术研究推广体系和培养农村建设人才的教育体系，使我国农村经济在日益完善的生产关系和不断进步的技术基础上，取得更快发展。

我国农业的技术改造应有自己的特色。一方面必须注意发扬传统农业所具有的精耕细作、节能低耗、维持生态平衡等等优点；另一方面，又要在农村生产和建设的各个方面吸收现代技术和先进管理方法。要逐步增加对农业的投资。应重新研究和拟定在我国不同地区实行机械化的方案。当前应着重发展小型、多用、质优、价廉的农业机械，因地制宜地改善水利灌溉条件，增加化肥供应，改善氮磷钾比例结构，改良土壤，提高土地利用率和劳动生产率，要尽快发展取代高毒低效的农药。各项农产品加工业，饲料工业，交通和邮电事业，贮藏和烘干设备，小水电、风力、沼气、太阳能和薪炭林等能源开发，更带有急迫性质，必须抓紧。

要注意把从事农业科研、技术推广、教育培训等各方面的力量组织起来，形成一个合理分工、协调一致的工作体系，为农村建设提供富有成效的服务。多年来各地已积累了一批科研成果，一定要做好推广工作，使之运用于生产。要组织先进地区帮助后进地区，做好技术转移工作，使后进地区迅速提高生产水平。要继续选择一批对发展生产具有决定意义的科研项目，组织攻关。比如，良种的选育、病虫害的防治、动植物的防疫和检疫、生物资源的综合利用、生产的合理布局、生态平衡等方面，都要有新的突破和系统的科学技术积累。

适应农民中已经出现的学科学、用科学的热潮，各地要办好国家和集体的农业技术服务机构，通过技术承包制，建立科技示范户、技术服务公司、生产科技联合体、科技普及协会等等，普及农业科技知识，推广科技成果，为农民提供科技服务。

必须抓紧改革农村教育。要积极普及初等义务教育，扫除青壮年文盲，有步骤地增加农业中学和其他职业中学的比重。面向农村的高等院校和中等专业学校，要有一套新的招生和毕业生分配办法，打开人才通向农村的路子。要对农民进行各种形式的职业技术教育和培训。农村教育必须适应而不可脱离广大农民发展生产，劳动致富，渴望人才的要求，必须考虑而不可忽视乡村居民劳动、生活的特点。对于全国不同地区，应有不同要求和部署，以适应当地群众的财力物力状况和学生的接受水平。有关部门应及早制定改革方案，逐步实施。

农村有着大量的能工巧匠、生产能手、知识青年和复员退伍军人，要发挥他们的特长，支持他们建立技术服务组织，允许农村的任何经济组织招聘他们去工作，对自学成才，工作有成绩的，经过考核鉴定可授予技术职称。国家应尽早制订有利于鼓励技术人员到农村服务的人事制度，提高农村技术人员各方面的待遇。居住在城市的知识分子自愿到农村和边远地区服务的，即使是短期工作，也应予以鼓励。农业技术人员除工资收入外，允许他们同经济组织签订承包合同，在增产部分中按一定比例分红。

（九）加快农村建设，必须广辟资金来源。随着国家财政状况的好转，要逐步增加对农业的投资。但有限的国家投资只能用于群众力所不及的重大建设项目，如开发重点垦区、林区，兴修大型水利、电力工程、公路干线、电讯设施和储运设施等。其他小型农田基本建设和服务设施所需要的投资主要依靠农业本身的资金积累和劳动积累。

解决资金问题，首先要把农村经济搞活。搞活才能生财，搞活才能聚财。同时要教育农民懂得"一要吃饭、二要建设"的道理，各种合作经济组织，均应建立固定资产折旧、公共提留和必要的劳动积累三项制度。

农村有些基础设施，如仓库、公路、小水电等，可鼓励农民个人或合股集资兴办，并实行有偿使用制度，谁兴建谁得益，使资金能够回收和周转。农业银行和信用社应改善服务态度，在聚集资金，办理信贷，监督资金的使用方面发挥应有的作用。信用社应坚持合作金融组织的性质。

不论办什么事情，凡需动用民力的，都必须坚持量力而行的原则，切不可重复过去一切大办的错误做法。必须十分注意精简人员，节约开支，杜绝浪费，减轻农民负担。

（十）为使决不放松粮食生产、积极发展多种经营的方针落到实处，农、林、牧、副、渔等各业都应根据因地制宜、发挥优势、适当集中的原则，建立一批商品生产基地。这些基地，要有主产品，要有较高的商品率，还要有相应的供销、运输、加工、储藏、技术等的服务体系和能源、交通、邮电、水利等基础设施。大中小商品生产基地，包括小城镇的建设，应事前经过勘察、规划设计，经主管部门批准，纳入国家或地方基建计划。

生产基地的产品，应尽可能就地综合利用，调出成品或半成品。粮食生产基地，也要利用完成调出任务后剩余的粮食，兴办食品工业和饲料工业，发展畜牧业，以发挥一物多用的经济效益，减少运销耗费。

国营商业、外贸、轻工各部门和供销社也要在现有的基础上进一步办好商品生产基地，本着互利的原则，和当地农民建立多种形式的经济联系或联合经营。

国营农、林、牧、渔场，是国家重要的商品生产基地，应实行经济责任制，农工商综合经营，努力增加商品产量，提高商品质量，作出更大的贡献。

（十一）目前有些边远山区和少数民族地区，生产水平仍然很低，群众生活还有很多困难。必须给以高度关注，切实加强工作，力争尽快改变贫困面貌。

对这些地区，在各项政策上，要比其他地区更加放宽；在生产上要发挥当地资源的优势，并有效地利用国家财政扶持，开展多种经营，以工代赈，改变单纯救济做法。注意改善交通条件，解决能源困难，防治地方病，办好教育。

对牧区，应周密调查研究，完善生产、流通等各项经济政策。

（十二）森林过伐、耕地减少、人口膨胀，是我国农村的三大隐患。在大好形势下，我们对此必须头脑清醒，采取多方面的有力措施，认真对待。首先要坚决刹住乱砍、乱占的歪风，严格控制超计划生育。同时加强调查研究，有步骤地解决体制、政策问题和立法问题。

要认真执行各项林业政策，发动群众造林、护林，绿化祖国，增加植被，建设生态屏障。要适当扩大自留山，积极扶持育苗造林的专业户，办好国营和集体林场。明确宣布，林木谁种谁有；个人所造林木有继承权。

农民逐渐富裕以后，适当改善居住条件是好事。但要做好规划，严格控制占用耕地建房。要教育群众从我国人口多耕地少的实际出发，爱惜每一寸耕地。住房提倡紧凑、合理、适用、清洁，不能追求宽敞。农村集镇建设，要抓紧时间，在充分地进行调查研究的基础上，作出全面规划，经城乡建设部门和县人民政府批准后实行。

计划生育事关经济的发展和民族的兴衰，不能以任何借口稍有放松。应经过调查研究，进一步完善政策，调动大多数群众节制生育的自觉性和积极性。注意改进工作方法，加强宣传教育，防止强迫命令。要严格制止残害女婴甚至残害女婴母亲的行为。

解决上述三个问题，必须强调党员、干部带头，模范地执行政策，杜绝不正之风。县委和县人民政府要切实负起责任。县以下各级干部要有明确的责任制。

（十三）党在农村的工作，必须始终坚持两手抓的方针，一手抓物质文明，一手抓精神文明，使整个农村的物质生活不断改善，思想政治不断进步，文化知识不断提高。必须指出：农村的各项经济工作做好了，可以促进思想政治工作的开展，但终究不能代替思想政治工作；思想政治工作加强了，才能保证农村各项改革的健康发展。各地应根据中央即将发出的有关指示，发扬优良传统，把党的思想政治工作渗透到各项改革和生产活动中去，并保证各项改革和生产建设任务的进行。

要加强农村各种文化、卫生设施的建设。这些文化卫生设施，国家办，集体办，更要鼓励和扶持农民自己办。

要通过制订乡规民约，开展建立文明村、文明家庭的活动。整顿社会治安，加强治安保卫和民事调解组织。反对并制止各种不良风气和不法行为，增强乡邻团结，家庭和睦，改变村风村貌，树立社会主义新风尚。

（十四）系统地培训干部，提高干部素质，改善和加强党的领导。

建设具有中国特色的社会主义农业，我们虽然前进了一步，但从整体来说还处在探索之中。在这个历史大变革时期，各种过时的旧思想、旧习惯往往阻挡人们认识新形势，接受新事物，以致失时误事，造成损失。因此，各级领导必须首先做好干部思想教育工作，通过系统训练，组织调查，总结工作，整党整风，帮助他们进一步解放思想，开阔眼界，继续清除

"左"的思想影响，破除束缚生产力发展的老框框，正确对待新生事物。同时，又要在具体决策时实事求是，力求稳妥，把原则性和灵活性结合起来。凡是不懂的事就努力向群众学习，向专家学习，向实践学习；凡属关系重大的事情，就要进行调查，经过试验；凡是大多数群众要求办而又能够办的事，就要认真对待，努力办好。要始终尊重群众的首创精神，从群众中来到群众中去，坚持分类指导，从当地实际情况出发。

随着商品生产的发展和市场的扩大，各有关部门的干部，都必须学会运用各种经济手段的本领，扩大工作领域，提高服务质量，通过自己的工作把农民组织起来，发挥计划指导的作用。

这几年各级党委和政府的有关机构，加强了系统的调查研究，为党制订农村政策提供了科学依据，在统一各行各业的行动方面也做了很多工作。在机构改革时，应注意保证工作的连续性，保留必要的人员，勿使工作受到削弱。

要关心和培养现有干部，鼓励他们积极工作，同时要不拘一格选拔人才，注意从中青年中选拔有一定实践经验和科学知识的干部，逐步建立一支与农业现代化相适应的干部队伍。

加强立法工作。建议国家机关对农村各类经济形式及其活动，加强法制管理，制定相应的法规。同时，对过去的有关法令、法规，要一一进行清理，宜留则留，宜废则废。所有立法都要以适当形式布告周知，以便做到有法可依，违法必究。

农业生产的持续增长，农民社会主义积极性的不断提高，证明党在农村的政策是正确的，广大干部是积极努力的，工作是卓有成效的。现在，党的十二大向我们提出了更加宏伟的目标，中央深信，各级党组织和所有干部一定能够出色地完成自己的光荣任务，我国农村经济的全面振兴一定会早日到来。

注　释：

[1] 这是根据一九八三年四月十日《人民日报》发表的摘要排印的。

（原载中共中央文献研究室编：《十二大以来重要文献选编（上）》，中央文献出版社，2011年6月）

中共中央关于一九八四年农村工作的通知

(一九八四年一月一日)

一

中共中央一九八三年一月发出的《当前农村经济政策的若干问题》，经过一年的试行，取得了明显的成效，证明所提出的基本目标、方针、政策是正确的；中央决定作为今后一个时期内指导农村工作的正式文件，继续贯彻执行。

一年来，经过全党全国各条战线广大干部和群众的共同努力，农业生产获得了创纪录的丰收，农村工作取得了令人鼓舞的进展。这个事实使我们更加坚信，只要保持党的政策的稳定性和持续性，在实践中不断总结新经验，解决新问题，就能团结并带领亿万农民群众，发展农村已经开创的新局面，实现党的十二大提出的宏伟目标，同时，走出一条具有中国特色的社会主义农业发展道路。

二

今年农村工作的重点是：在稳定和完善生产责任制的基础上，提高生产力水平，疏理流通渠道，发展商品生产。

农业生产责任制的普遍实行，带来了生产力的解放和商品生产的发展。由自给半自给经济向较大规模商品生产转化，是发展我国社会主义农村经济不可逾越的必然过程。只有发展商品生产，才能进一步促进社会分工，把生产力提高到一个新的水平，才能使农村繁荣富裕起来，才能使我们的干部学会利用商品货币关系，利用价值规律，为计划经济服务，才能加速实现我国社会主义农业的现代化。

三

继续稳定和完善联产承包责任制，帮助农民在家庭经营的基础上扩大生产规模，提高经济效益。

（一）延长土地承包期，鼓励农民增加投资，培养地力，实行集约经营。

土地承包期一般应在十五年以上。生产周期长的和开发性的项目，如果树、林木、荒山、荒地等，承包期应当更长一些。在延长承包期以前，群众有调整土地要求的，可以本着"大稳定，小调整"的原则，经过充分商量，由集体统一调整。

鼓励土地逐步向种田能手集中。社员在承包期内，因无力耕种或转营他业而要求不包或少包土地的，可以将土地交给集体统一安排，也可以经集体同意，由社员自找对象协商转包，但不能擅自改变向集体承包合同的内容。转包条件可以根据当地情况，由双方商定。在目前实行粮食统购统销制度的条件下，可以允许由转入户为转出户提供一定数量的平价口粮。

对农民向土地的投资应予合理补偿。可以通过社员民主协商制定一些具体办法，例如给土地定等定级或定等估价，作为土地使用权转移时实行投资补偿的参考。对因掠夺经营而降低地力的，也应规定合理的赔偿办法。荒芜、弃耕的土地，集体应及时收回。

自留地、承包地均不准买卖，不准出租，不准转作宅基地和其他非农业用地。

（二）允许农民和集体的资金自由地或有组织地流动，不受地区限制。鼓励农民向各种企业投资入股；鼓励集体和农民本着自愿互利的原则，将资金集中起来，联合兴办各种企业，尤其要支持兴办开发性事业。国家保护投资者的合法权益。

（三）关于农村雇工问题，中央在《当前农村经济政策的若干问题》中已有原则规定，应继续依照执行。工商行政管理部门，要及时办理登记发证工作，加强管理。各有关部门要认真调查研究，以便在条件成熟时，进一步做出具体的政策规定。

目前雇请工人超过规定人数的企业，有的实行了一些有别于私人企业的制度，例如，从税后利润中留一定比例的积累，作为集体公有财产；规定股金分红和业主收入的限额；从利润中给工人以一定比例的劳动返还等等。这就在不同程度上具有了合作经济的因素，应当帮助它们继续完善提高，可以不按资本主义的雇工经营看待。

实行经理承包责任制的社队企业，有的虽然采取招雇工人的形式，但只要按照下列原则管理，就仍然是合作经济，不能看作私人雇工经营：（1）企业的所有权属于社队，留有足够的固定资产折旧费和一定比例的公共积累；（2）社队对企业的重大问题，如产品方向、公有固定资产的处理、基本分配原则等有决策权；（3）按规定向社队上交一定的利润；（4）经理只是在社队授权范围内全权处理企业业务；（5）实行按劳分配、民主管理，对个人投入的资金只按一定比例分红，经理报酬从优，但与工人收入不过分悬殊。

（四）农村在实行联产承包责任制基础上出现的专业户，带头勤劳致富，带头发展商品生产，带头改进生产技术，是农村发展中的新生事物，应当珍惜爱护，积极支持。最为有效的支持，是向他们提供必要的社会服务，满足他们对信息、供销和技术进步等方面的需求。有条件的地方，对粮食专业户和从事开发性生产的专业户，还可以通过合作经济内部平衡各业收入等办法，给以必要的经济鼓励。一些实行"统一经营、专业承包、包干分配"的合作经济组织，除专业户外，还采用专业队、专业组等分工形式，对促进商品生产的发展起了积极作用，应当总结完善提高。

专业户的发展是一个经济发展的过程，各地经济状况又很不平衡，因此不宜硬性规定专业户的统一标准和发展指标，物质奖励和资金扶持要适度。

要鼓励技术、劳力、资金、资源多种形式的结合，使农民能够在商品生产中，发挥各自的专长，逐步形成适当的经营规模。

（五）政社分设以后，农村经济组织应根据生产发展的需要，在群众自愿的基础上设置，形式与规模可以多种多样，不要自上而下强制推行某一种模式。

为了完善统一经营和分散经营相结合的体制，一般应设置以土地公有为基础的地区性合作经济组织。这种组织，可以叫农业合作社、经济联合社或群众选定的其他名称；可以以村（大队或联队）为范围设置，也可以以生产队为单位设置；可以同村民委员会分立，也可以一套班子两块牌子。以村为范围设置的，原生产队的资产不得平调，债权、债务要妥善处理。此外，农民还可不受地区限制，自愿参加或组成不同形式、不同规模的各种专业合作经济组织。

原公社一级已经形成经济实体的，应充分发挥其经济组织的作用；公社经济力量薄弱的，可以根据具体情况和群众意愿，建立不同形式的经济联合组织或协调服务组织；没有条件的地方也可以不设置。这些组织对地区性合作经济组织和其他专业合作经济组织，是平等互利或协调指导的关系，不再是行政隶属和逐级过渡的关系。

四

加强社会服务，促进农村商品生产的发展。

必须动员和组织各方面的力量，逐步建立起比较完备的商品生产服务体系，满足农民对技术、资金、供销、储藏、加工、运输和市场信息、经营辅导等方面的要求。这是一项刻不容缓的任务。它是商品生产赖以发展的基础，是合作经济不可缺少的运转环节，也是国家对农村经济实行计划指导的重要途径。

（一）国营经济各部门、各行业都要大力支援农业，尤其要重视向农业提供优质廉价的农用工业品，保证农业生产条件的不断改善。

国家设在农村的一切企事业单位，如国营农林牧渔场、工矿企业和水利水电、地质勘探、科学试验推广等单位，都要学习解放军，加强同附近农民的联系，按照互惠的原则，通过提供当地农民需要的各种服务，与农民共同建设农村的物质文明和精神文明，为促进商品生产发展、加强工农联盟、建设社会主义新农村做出新的贡献。这些企事业单位的领导机关应作出具体安排。

（二）供销社体制改革要深入进行下去，真正办成农民群众集体所有的合作商业，这是农民的要求，也是供销社本身发展的需要。须知：群众合作企业的性质恢复得越完全，为农业生产服务、为农民生活服务的观点树立得越牢固，供销社就会对群众越富于吸引力，就越会在农村商品流通中发挥其特有的作用，圆满完成国家委托和农民要求完成的各项任务；否则，就会日益萎缩下去，直至丧失本身独立存在的意义。为此，各级供销社要实行独立核算，自负盈亏，有关制度也要按合作企业性质进行改革。供销社的体制改革后，经营范围必须适当扩大，经营方式必须更加灵活。国营专业公司下伸到农村的收购单位，对计划收购部分，也应本着方便群众的原则，除直接就近收购外，尽量委托供销社代购。供销社还要积极发展生产、生活服务项目，逐步办成农村的综合服务中心。要发展多种形式的农工商联营，扶持生产，开拓销路，促进多产畅销，使供销社同农民结成经济利益共同体，成为国家和农民经济联系的纽带。

（三）信用社要进行改革，真正办成群众性的合作金融组织，在遵守国家金融政策和接受农业银行的领导、监督下独立自主地开展存贷业务。农村存款要优先用于农村，多存可以多贷。在保证农业贷款需要的前提下，可以经营农村工商信贷业务。贷款利率可以浮动。

农业银行要努力改善经营，切实做好农村信贷服务工作。

（四）地区性合作经济组织应当把工作重点转移到组织为农户服务的工作上来。首先要做好土地管理和承包合同管理；其次要管好水利设施和农业机械，组织植保、防疫，推广科学技术，兴办农田水利基本建设以及其他产前产后服务。不仅要依靠本身的力量，更重要的是要扶持各种服务性专业户的发展，并同供销社、信用社、农工商联合公司、多种经营服务公司、社队企业供销经理部、贸易货栈，以及农林技术推广站、畜牧兽医站、农业机械站、经营指导站等企事业单位建立联系，协同工作，更好地为农户服务。

（五）服务也是一种劳动交换，一般应是有偿的，农民可以自愿选择。这样才能持久有效，保证服务质量。

五

流通是商品生产过程中不可缺少的环节，抓生产必须抓流通。当前，流通领域与农村商品生产发展之间不相适应的状况越来越突出。必须坚持计划经济为主、市场调节为辅的原则，坚持国家、集体、个人一齐上的方针，继续进行农村商业体制的改革，进一步搞活农村经济。在放活过程中，要加强管理，克服可能出现的消极现象。

（一）继续调整农副产品购销政策。要随着生产的发展和市场供应的改善，继续减少统派购的品种和数量。鲜活产品要尽量放活，要有合理的季节差价、地区差价，以便活价促产，减少腐烂损耗；为保证出口和大城市供应，可以试行建立专门的生产基地或用平价生产资料换购。三类产品和统派购任务外的产品的价格要真正放开，允许国营商业、供销社按合理的进销差率灵活掌握购销价格，以便参与市场竞争和调节。经营中要尽量减少环节，组织产区、销区直线流通。

（二）改善农副产品收购办法。为了引导农民有计划地进行生产，农副产品统派购任务必须落实到生产单位，一定几年不变；大宗的三类产品和其他计划外产品，也要在安排生产之前与农民签订合同。购销合同一经签订，双方都不得任意变更。化肥、柴油等生产资料供应办法，也要认真改进。

在大品种的集中产区可组成生产者协会，推选代表，与当地收购单位沟通情况，协调关系，解决共同关心的问题。

（三）要依靠国家、集体和个人的力量，采取多种办法集资，兴建商品流通所需的冷库、仓库、交通、通讯等基础设施。国家和地方财政对此要作出适当的安排。国营商业和供销社要在税后利润中提取一定的比例，用于这一类建设。凡属商品流通基础设施，谁举办，谁经营，谁得益，国家在税收上给予照顾和优惠。

大力发展农村水陆交通运输，解决商品滞流问题。目前特别要抓紧解决粮食运销问题。国营交通运输部门要大力改善工作，挖掘运输潜力。同时积极发展集体和个体运输业，提倡组织运输合作社。

农村邮电通讯作为传递商品信息的重要手段，要不断发展，逐步形成普及的比较灵活的传递网。

大中城市在继续办好农贸市场的同时，要有计划地建立农副产品批发市场，有条件的地方要建立沟通市场信息、组织期货交易的农副产品贸易中心。此事应纳入城市建设规划。

（四）建议国务院责成有关部门，组成专门小组，对流通体制、价格体系等进行系统的调查研究，提出根本性的改革方案。

六

制止对农民的不合理摊派，减轻农民额外负担，保证农村合理的公共事业经费。中央、国务院各有关部门部署的农村教育、计划生育、民兵训练、优抚、交通等各项民办公助事业，都要逐项进行认真清理和改革。今后对这些经费,各地可根据农民的经济状况,由乡人民代表大会定项限额提出预算,报县人民政府批准,由基层统筹使用,一年定一次,中间不得任意追加,也不再从集体提留内开支。统筹费用的最高限额由各省、自治区、直辖市因地制宜确定。除此之外,任何部门不得另行向农民摊派任何费用,坚决防止"大办"之风再起。群众无力办的事,不要勉强去办。

合作经济组织内部各项费用的提留,也要根据经济条件,民主商定,量力而行。

要压缩非生产性开支,减少干部人数。干部的补贴要合理。

上述各项开支,不宜一律按田亩摊派,可由各地群众讨论确定适当的征收和提取办法。

尚未清理财务的社队,应争取于一九八四年内完成。

七

随着农村分工分业的发展,将有越来越多的人脱离耕地经营,从事林牧渔等生产,并将有较大部分转入小工业和小集镇服务业。这是一个必然的历史性进步,可为农业生产向深度广度进军,为改变人口和工业的布局创造条件。不改变"八亿农民搞饭吃"的局面,农民富裕不起来,国家富强不起来,四个现代化也就无从实现。

当前农村兴起的饲料工业、食品工业、建筑建材业和小能源工业,是最为社会所急需而又能较快发展的几个产业部门,应有计划地优先发展,有关部门和地方要给予积极的指导和扶持。鼓励城市技术人员下乡,倡导和组织不同地区、不同单位之间的人才和技术的流动,为发展农村工业增强技术力量。

现有社队企业是农村经济的重要支柱,有些是城市大工业不可缺少的助手。要继续抓紧整顿,建立和完善责任制,改善经营管理,采取适用技术,提高经济效益,促其健康发展。责任制的形式应根据企业的规模、生产特点和经营状况确定,防止少数人仗权垄断承包、压价承包和转手承包的现象发生。

家庭小工业,供销合作社办工业,国营和社队联办工业,各具有不可取代的经济作用和意义,应总结经验,努力办好。

农村工业应充分利用当地资源,面向国内外市场,特别是广大农村市场,以发挥自己的优势,与城市工业协调发展。

农村工业适当集中于集镇,可以节省能源、交通、仓库、给水、排污等方面的投资,并带动文化教育和其他服务事业的发展,使集镇逐步建设成为农村区域性的经济文化中心。建设集镇要做好规划,节约用地。一九八四年,各省、自治区、直辖市可选若干集镇进行试点,允许务工、经商、办服务业的农民自理口粮到集镇落户。

八

林牧渔业发展不足,商品供应紧张,这种状况必须扭转。要进一步放宽政策,加速对山区、水域、草原的开发。鼓励种草种树,改良草场,实行农林牧相辅发展;鼓励发展水产养殖,保护天然资源,实行养殖捕捞并举。要多方开辟食物来源,改善生态环境,并逐步提高少数民族地区和贫困地区的经济文化水平。

要继续贯彻执行《中共中央、国务院关于保护森林发展林业若干问题的决定》。集体林区在实行木材采伐"一本账"的计划中,要给社队留下适当数量的木材。这部分木材和抚育间伐材、困山材、小径材及其半成品等,应通过县林业部门或其委托的经营单位,统一组织同外地换粮换物或实行代销,所得利益的绝大部分应归林农。

根据国家或集体的安排,在荒山、荒沙、荒滩种草种树,谁种谁有,长期不变,可以继承,可以折价转让。林木砍伐依法,产品处理自主。专业户承包小流域治理,更应保证他们的应得利益。

牧区畜产品也宜确定收购基数,签订购销合同,任务以外允许议购议销。在有条件的地方,允许羊毛、皮革等工业原料进行"工牧直交"和活畜出境异地育肥。

牧区在落实畜群责任制的同时,应确定草场使用权,实行草场使用管理责任制。鼓励牧民进行牧业基本建设,保护草场,改良草种,提高产草率,保持草畜平衡,提高畜产品商品率。

对从事海、淡水养殖和水产品加工的,要从产品购留、资金信贷、苗种和饲料供应、技术服务等方面给予照顾。

国营农场应继续进行改革,实行联产承包责任制,办好家庭农场。机械化水平较高,不便家庭承包的,也可实行机组承包。应提倡农垦农工商联合企业同附近农民合作发展农产品加工业和其他方面的经济联合,不受商品生产分工和地区、部门的限制。

九

加强对农村工作的领导,提高干部的素质,培养农村建设人才。

我国农村正处在一个历史性转变的过程中,全党上下,都面临一个重新学习的任务。各级、各部门的干部都必须戒骄戒躁,从实际出发,扎扎实实地进行调查研究,努力通晓经济规律和自然规律,使自己的思想、能力、工作方法和工作作风来一个大的转变和提高。

现在,农村工作不能只抓几项主要产品的指标,而应重视综合发展;不但要增加生产,而且要引导农民学会经济核算,讲求经济效益;不但要关心生产,而且要关心交换、分配、消费等各个环节;不但要关心农业,而且必须关心国民经济各部门以及文化、教育、科技、卫生、体育等事业的发展。

我们既需要合格的领导者,又需要大量的具有新素质的生产者和经营者。要从今年开始在全国有计划地普训人才。要政治政策教育、科学技术教育、经营管理教育并进,争取在三五年内把基层主要干部轮训一遍,把基层的各类技术人员轮训一遍,同时,轮训一部分农村知识青年、专业户成员和劳动能手,并选送其中的优秀者经过考试到大、中专学校,实行定向培养。要以县为单位做出训练规划,建立训练中心,兴办各类专业学校和训练班。要注意发现、大胆提拔优秀人才充实基层领导。

十

党在农村的政策越放宽,商品经济越发展,就越需要加强农村思想政治工作和文化教育工作。各级党组织要充分认识:社会主义的物质文明和精神文明一齐抓,是我们党的长期战略方针。在农村不提清除精神污染的口号,但不能因此放松农村的思想政治工作。近些年来,农村中封建迷信、偷盗赌博、摧残妇女、传播淫秽书刊和极不健康的文艺活动等情况也是严重存在的,必须采取有效措施加以解决。在工作中要注意划清界限,不可把政策允许的经济活动同不正之风混同起来，不可把农民一般性偏离经济政策的行为同经济犯罪混同起来。对经济上的问题，主要采用加强引导和管理的办法解决；对思想上的问题，主要用正面教育的办法解决，都不可简单从事。在不断改善农民经济地位的同时，要进行马克思列宁主义和毛泽东思想的教育，进行爱国主义、社会主义教育，开展"五讲四美三热爱"和文明村、文明企业、五好家庭活动，增强农民对资本主义、封建主义思想侵蚀的抵御能力，保证党的各项政策的实施和各项经济任务的完成。

近年来，农村广大党员、干部，模范地执行党的政策，积极参加劳动，密切联系群众，对提高党在农民中的威信，做出了贡献。但是也有极少数党员、干部，在放宽经济政策的过程中，以权谋私，化公为私，侵占国家、集体和群众的利益，引起群众的严重不满。这类行为是同党员、干部的称号不相容的，必须进行教育，促其迅速改正；坚持不改的，要严肃处理。

加强农村党组织的建设。要按照中央的部署，进行整党，纯洁党的组织，发扬党的优良传统，提高党组织的战斗力，改变软弱涣散的状况，带领广大共产党员、共青团员和社会主义建设积极分子，团结亿万农民，为建设社会主义新农村而奋斗。

（原载中共中央文献研究室编：《十二大以来重要文献选编（上）》，中央文献出版社，2011年5月）

中共中央、国务院关于进一步活跃农村经济的十项政策

(一九八五年一月一日)

我国农村经过五年多成功的经济改革,迎来了新的形势。农村广大干部群众革新创业精神空前高涨,正在为广开生产门路、发展商品生产而奋发努力。生产全面增长,主要农产品供应紧缺的状况有了很大改善,为农村产业结构的改革提供了物质基础。以联产承包责任制为特征的合作制度,推动了农村劳力、资金、技术的流动和合理结合。十二届三中全会以后,以城市为重点的经济体制改革即将全面展开,城乡之间互相促进、协调发展的新局面将会出现。广大农村正面临着加速发展商品生产的极其有利的时机。

但是应当看到,在农村生产向商品经济转化中还存在着种种不协调现象。农业生产不能适应市场消费需求,产品数量增加而质量不高、品种不全,商品流通遇到阻碍;生产布局和产业结构不合理,地区优势不能发挥,一部分地区贫困面貌改变缓慢。产生这些问题的原因是多方面的,国家对农村经济的管理体制存在缺陷是一个重要原因。其中,农产品统购派购制度,过去曾起了保证供给、支持建设的积极作用,但随着生产的发展,它的弊端就日益表现出来,目前已经影响农村商品生产的发展和经济效益的提高。因此,在打破集体经济中的"大锅饭"之后,还必须进一步改革农村经济管理体制,在国家计划指导下,扩大市场调节,使农业生产适应市场的需求,促进农村产业结构的合理化,进一步把农村经济搞活。

为保证上述目标的实现,党中央和国务院经过研究,制定以下十项经济政策。

(一)改革农产品统派购制度

从今年起,除个别品种外,国家不再向农民下达农产品统购派购任务,按照不同情况,分别实行合同定购和市场收购。

粮食、棉花取消统购,改为合同定购。由商业部门在播种季节前与农民协商,签订定购合同。定购的粮食,国家确定按"倒三七"比例计价(即三成按原统购价,七成按原超购价)。定购以外的粮食可以自由上市。如果市场粮价低于原统购价,国家仍按原统购价敞开收购,保护农民的利益。定购的棉花,北方按"倒三七",南方按"正四六"比例计价。定购以外的棉花也允许农民上市自销。

生猪、水产品和大中城市、工矿区的蔬菜,也要逐步取消派购,自由上市,自由交易,随行就市,按质论价。放开的时间和步骤,由各地自定。放开以后,国营商业要积极经营,参与市场调节。同时,一定要采取切实措施,保障城市消费者的利益。

其他统派购产品,也要分品种、分地区逐步放开。

取消统购派购以后,农产品不再受原来经营分工的限制,实行多渠道直线流通。农产品经营、加工、消费单位都可以直接与农民签订收购合同;农民也可以通过合作组织或建立生产者协会,主动与有关单位协商签订销售合同。

任何单位都不得再向农民下达指令性生产计划。

（二）大力帮助农村调整产业结构

要继续贯彻决不放松粮食生产、积极发展多种经营的方针。

今年，国家将以一定的财力物力支持粮棉集中产区发展农产品加工业，调整产业结构。还决定拿出一批粮食，按原统购价（费用按财政体制分担）销售给农村养殖户、国营养殖场、饲料加工厂、食品加工厂等单位，支持发展畜牧业、水产养殖业、林业等产业。困难的地方可以赊销。

在发展畜牧、水产业中，要特别注意扶持养殖专业户、专业村，并在一定区域范围内逐步建立和健全养殖业的良种繁育、饲料供应、疫病防治、产品加工、贮运销售等配套的商品生产服务环节。

（三）进一步放宽山区、林区政策

山区二十五度以上的坡耕地要有计划有步骤地退耕还林还牧，以发挥地利优势。口粮不足的，由国家销售或赊销。

集体林区取消木材统购，开放木材市场，允许林农和集体的木材自由上市，实行议购议销。木材收购部门可以用换购合同的形式收购一部分木材。砍伐须依法经政府批准，严禁乱砍滥伐。

中药材，除因保护自然资源必须严格控制的少数品种外，其余全部放开，自由购销。药材收购部门应根据供需状况，有重点地与产地签订收购合同。

国营林场，也可以实行职工家庭承包或同附近农民联营。

（四）积极兴办交通事业

修建公路继续实行民工建勤、民办公助的办法。

在经济比较发达地区，提倡社会集资修建公路，谁投资，谁收益。在山区和困难地区，由地方集资、农民出劳力修建公路，国家发放一部分粮、棉、布，作为修筑公路的投资，并支援一部分钢钎、炸药等物资。

省、自治区、直辖市政府，可以在国家批准的数额内，根据交通建设计划，量力发行部分公路、航道债券。

国家支持有关各省联合建立海上运输船队，解决南北交通运输的困难。

各类公路、航道、码头工程，采取招标承包方式兴建，国营、集体和个人均可参加投标。

国营交通企业闲置的车、船，可包给或出售、租赁给群众经营。增加今年农村汽车销量比重。鼓励农民合作办车队、船队。交通部门经营的各类交通设施，对国营和民营运输都要提供服务，一视同仁。交通行政管理要加强，但严禁以任何名义平调农民的车辆和船只，或无理干涉，滥收费用。

（五）对乡镇企业实行信贷、税收优惠，鼓励农民发展采矿和其他开发性事业

对饲料工业、食品工业、小能源工业的投资和其他乡镇企业的技术改造费，在贷款数额

和利率上给予优惠。按税法规定，对新办乡镇企业定期免征所得税，期满后仍有困难的，可以继续定期减免。乡镇企业用于补助社会性开支的费用，可按利润的百分之十在税前列支。

根据有关矿产法规，鼓励农民采矿。开采的范围包括小矿、大矿的尾矿和在大矿周围划定的地方。国营矿冶企业通过收购产品和协作联营、技术指导等办法给予支持。有关管理部门要定出必要的章程和管理办法，既要保护矿产资源，又要防止对农民采矿不应有的限制与干涉。

严禁平调乡镇企业的财产。

（六）鼓励技术转移和人才流动

城市的各类科学技术人员经所在单位同意，可以停薪留职，应聘到农村工作。除党政机关的在职干部以外，具备条件的科学技术人员，在不影响本职工作的前提下，可以利用业余时间为农村提供服务，按合同取得报酬。科研推广单位、大专院校及城市企业，可以接受农村委托的研究项目，转让科研成果，提供技术咨询服务，或者与商品基地及其他农村生产单位组成"科研——生产联合体"，共担风险，共沾利益。鼓励各有关部门组织志愿服务队，赴农村和边疆少数民族地区，提供科技、教育、医务等方面的服务，有突出贡献的还应给予重奖。

提倡"东西互助"。沿海各地向西部转移技术，联合开发西部资源，分享利益。

鼓励集体或个人办好中小学校，特别是中等职业技术学校和专科学校。逐步改善中小学教师待遇。各大专院校要继续为农村举办各种专业班，定向培养科技人才。要按教育部规定的标准收费，不得任意加码。

（七）放活农村金融政策，提高资金的融通效益

信用社实行独立经营，自负盈亏。所组织的资金，除按规定向农业银行交付提存准备金外，全部归自己使用。在保证满足社员农业贷款之后，可以以余款经营农村工商信贷。可以跨地区开展存贷业务。信用社之间、信用社与各专业银行之间可以发生横向业务联系。存放利率允许参照银行所定基准利率上下浮动，有的可以接近市场利率。信用社必须遵守国家金融政策并接受农业银行业务领导。

适当发展民间信用。积极兴办农村保险事业。

农业银行要实行企业化经营，提高资金营运效率。

一九七八年以前的农村呆滞贷款，应该和可能收回的，各地收回后，可作为低息贷款，由各省、自治区、直辖市农业银行安排使用。

国家支援不发达地区资金和支援穷社穷队资金，由各省、自治区的管理机构统一使用，根据统一规划的建设方案，按项目定向投放，改变以往平均分散使用的方法。

（八）按照自愿互利原则和商品经济要求，积极发展和完善农村合作制

联产承包责任制和农户家庭经营长期不变。要继续完善土地承包办法和林业、牧业、水产业、乡镇企业的责任制。

有些合作经济采用了合股经营、股金分红的方法，资金可以入股，生产资料和投入基本

建设的劳动也可以计价入股，经营所得利润的一部分按股分红。这种股份式合作，不改变入股者的财产所有权，避免了一讲合作就合并财产和平调劳力的弊病，却可以把分散的生产要素结合起来，较快地建立起新的经营规模，积累共有的财产。这种办法值得提倡，但必须坚持自愿互利，防止强制摊派。

农村一切加工、供销、科技等服务性事业，要国家、集体、个人一齐上，特别要支持以合作形式兴办。供销合作社应该完全独立核算，自负盈亏，自主经营，由群众民主管理。

地区性合作经济组织，要积极办好机械、水利、植保、经营管理等服务项目，并注意采取措施保护生态环境。

各种合作经济组织都应当拟订简明的章程。合作经济组织是群众自愿组成的，规章制度也要由群众民主制订；认为怎么办好就怎么订，愿意实行多久就实行多久。只要不违背国家的政策、法令，任何人都不得干涉。

凡要农民出钱兴办的事，都要经乡人民代表大会讨论，坚持"定项限额"。任何额外的摊派，农民有权拒绝。供应农民的生产资料，不得任意提价。一切有关的部门和单位，都要注意保护农民的利益，保护专业户的合法权益，并注意做好扶贫工作。

（九）进一步扩大城乡经济交往，加强对小城镇建设的指导

城市应继续办好各类农产品批发市场和贸易中心。在各级政府统一管理下，允许农民进城开店设坊，兴办服务业，提供各种劳务。城市要在用地和服务设施方面提供便利条件。运用经济杠杆，鼓励宜于分散生产或需要密集劳动的产业，从城市向小城镇和农村扩散。

县和县以下小城镇的发展规划，要适应商品经济的需要，并严格控制占地规模。规划区内的建设用地，可设土地开发公司实行商品化经营；也允许农村地区性合作经济组织按规划建成店房及服务设施自主经营或出租。小城镇的建设一定要根据财力和物力的可能，通过试点，逐步开展，注意避免盲目性，防止工业污染。城乡建设部门必须加强对小城镇建设的指导，同时，也要帮助搞好农村住宅建设的规划和设计。

增强县级政府管理和协调经济的能力。按照财政体制的划分原则，各省、自治区、直辖市可选择若干县，试行财政递增包干，在保证国家财政收入稳定增长的前提下，使县的机动财力也有所增加。

（十）发展对外经济、技术交流

各地均应创造条件，引进优良品种、先进技术、设备和资金，发展农产品及其加工品的出口。

靠近沿海开放城市和经济特区的农村，应当成为农业方面的对外窗口和"外引内联"的基地。珠江三角洲、长江三角洲、山东半岛、辽东半岛和其他沿海地区要逐步形成"贸工农"型生产结构，即按出口贸易的需要来发展农产品加工，按加工需要发展农业生产，引进先进技术，提高产品质量。对农产品的出口要放宽权限，鲜活产品允许产地对外经营。具体办法由外贸部门与有关省、市商定。

陆地边境地区，应积极创造条件，恢复和发展同邻国的边境贸易。

以上十项政策，是根据十二届三中全会关于经济体制改革的决定的基本精神，结合农村

新情况制定的。这些政策的执行，必将进一步解放农村生产力，引来农业生产的新高涨。目前，正处在一个有利的时机，必须动员干部与群众，统一思想，统一行动，认真组织落实。有关部门要根据上述规定的原则，拟出具体实施方案。原有的政策、办法，凡与上述规定相抵触的，应即停止执行。

扩大市场调节，进一步放活经济之后，农民将从过去主要按国家计划生产转变到面向市场需求生产，国家对农业的计划管理，将从过去主要依靠行政领导转变到主要依靠经济手段。无论农民还是干部，都有一个适应和重新学习的过程。因此，改革必须非常积极又非常稳妥地进行。中央要求各级领导干部，亲自参加一个地方、一个单位的改革实践，取得直接的经验，以保证改革的顺利进行。

近年来，农村干部的作风有明显的改善，受到了群众的拥护。但是在少数地方，形式主义、摆花架子，浮夸不实，以权谋私等不正之风也出现苗头。各级领导务必保持清醒的头脑，善于用历史的经验教育干部，认真学习，遵纪守法，精心工作，使农村经济改革健康地进行，争取在建设社会主义的伟大事业中，不断取得新的胜利。

（原载中共中央文献研究室编：《十二大以来重要文献选编（中）》，中央文献出版社，2011年6月）

中共中央、国务院关于一九八六年农村工作的部署

(一九八六年一月一日)

新的形势和任务

(一)我国农村在实行了联产承包责任制之后,去年又在改革农产品统派购制度、调整产业结构方面迈出了重大的一步,成效十分显著。最主要的标志是农村经济搞活了。广大农民为适应市场需求而生产的积极性日益提高,商品经济的横向联系有所发展,一向比较薄弱的林、牧、渔业和加工、服务业得到加强,农村正沿着综合经营、协调发展的道路前进。去年尽管遭受较大自然灾害,并且有计划地调减了粮棉播种面积,粮棉产量下降,但仍然能够满足市场需求,其他作物普遍增产,农村社会总产值和农民收入仍然有较大的提高。农村经济的持续上升,为整个国民经济的改革和发展创造了良好条件。实践证明,农村改革的方针政策是正确的,必须继续贯彻执行。

(二)近几年农业增长的速度是罕见的,这主要是经过改革使原有的增产潜力集中迸发的结果。今后农业转向持续稳定的发展,将取决于政策的稳定和不断完善,农民积极性的不断提高,农业生产条件的不断改善。应当看到,农业现有的物质技术基础还十分脆弱,一部分地区农民种粮的兴趣有下降的迹象,在农村经济新旧体制交替过程中出现了许多不协调现象,城乡改革汇合后各方面利益关系的调节更为复杂。摆在我们面前的难题是很多的。但是,只要把业已开始的改革坚持下去,把党的各项政策认真加以落实,调动起一切积极因素,难题再多,也会一个一个地得到解决。

一九八六年农村工作总的要求是:落实政策,深入改革,改善农业生产条件,组织产前产后服务,推动农村经济持续稳定协调的发展。

进一步摆正农业在国民经济中的地位

(三)发展国民经济以农业为基础,不但反映经济规律,也反映着自然规律,必须坚定不移地把它作为一个长期的战略方针。我国是十亿人口、八亿农民的大国,绝不能由于农业情况有了好转就放松农业,也不能因为农业基础建设周期长、见效慢而忽视对农业的投资,更不能因为农业占国民经济产值的比重逐步下降而否定农业的基础地位。作为发展中国家,我们在工业化过程中,必须力求避免出现农业停滞的现象。

十一届三中全会以来,我党坚持以农业为基础这个方针,取得确实效果。随着情况的发展变化,继续坚持这一方针,必须采取更加有力的措施,为保持工业与农业的均衡发展,从"七五"计划开始,国家对农业基本建设的投资和农业事业费,将适当增加;国家从征收的乡镇企业所得税和工商税的增长部分中,拿出一部分用于扶持农业;从乡镇企业征收的奖金税归乡财政掌握(没有乡财政的由县财政代管),也用于农业,不准挪用。为鼓励农民种粮的积极性,对于粮食合同定购方法将不断加以改进,并稳定农用生产资料的销售价格,继续

实行对农用生产资料的补贴，对有困难的小化肥厂减免税收，以便降低化肥销价。为提高农民扩大资金积累的能力，对农民的税收要控制在合理的水平上，并严格禁止乱摊派、乱收费；要支持农民发展多种经营，广开生产门路，实行"以工补农"。乡镇企业的贷款，应按地区按行业按用途区别对待，对应当鼓励的行业和后进地区，对流动资金和技术改造，可适当放宽。责成有关部门，首先是综合部门，根据上述方针，分别提出实施方案，报国务院批准执行。

各省、自治区、直辖市以及各县，要保证用好中央各项农业资金，不应挪用。地方财政也要尽可能多拿出一部分钱投入农业，扭转一些地方农业投资递减的现象。水利投资要尽快恢复到一九八○年财政包干时的水平。

依靠科学，增加投入，保持农业稳定增长

（四）"七五"计划要求粮食总产达到九千亿斤，保持人均八百斤左右。这是生产水平的一个新阶梯，只有依靠科学，增加投入，提高单产，并适当稳定面积，才能保证实现。

必须努力提高土地生产力。化肥供应量应逐年有所增加，同时扭转近年忽视有机肥的倾向，增加土壤有机质。继续加强江河治理，改善农田水利，对已有工程进行维修、更新改造和配套。要有计划地改造中低产田。建立必要的劳动积累制度，完善互助互利、协作兴办农田建设的办法。随着农民向非农产业转移，鼓励耕地向种田能手集中，发展适度规模的种植专业户。

为扶持畜牧业和水产业的发展，应加强商品生产基础设施和草场、远洋渔业设施的建设，建立良种繁育、饲料、防疫、产品加工、贮运、销售等服务体系，逐步形成相对集中的商品生产区。发展林业要持之以恒，以短养长，当前要着重搞好中幼林抚育和速生丰产林建设。

在沿海地带和其他有条件的地区，建立一批新的农产品、特产品和乡镇企业小商品出口基地，发展创汇农业，先一步把农村产业引向高质量、高标准的新水平。

各地，首先是县一级，要继续做好农业资源调查和农业区划，做好社会经济调查，制定本地区综合发展规划，充分发挥地区优势，全面发展地方经济。

有关部门，应于今年内制定：严格控制非农建设占用耕地的条例，小城镇规划、建设、管理条例，以及水土保持和农村环境保护的具体措施，报国务院批准实施。

（五）农村建设资金，除国家增加农业投资外，主要靠农村自身的积累。提倡各地合作经济组织从当年收入中适当提取公共积累，建立固定资产折旧制度。鼓励群众投资兴建各种生产设施。人民银行、农业银行要制定不同区域和产业的信贷政策，支持产业结构调整和农业技术改造。中央去年一号文件对信用社规定的各项政策和国务院有关信用社体制改革的各项规定，应逐项落实。要分别地区适当降低信用社提存准备金比例，不得向信用社下达指令性转存款指标，保证信用社多存多贷。积极发展农村各种保险事业。

（六）科学技术必须为农村经济服务，发展农村经济必须依靠科学技术，这应当作为一条重要方针而突出起来。

在当前，要着重发展适用于我国农业的新品种、新技术、新机具和新材料，促进多种经营各部门的技术改造，不断提高产品产量和质量，降低生产成本，提高劳动生产率。

重视建立和健全各级农业科研、教育、信息、技术推广和经营管理等服务组织。逐步合理调整农业科研机构的方向、任务和布局，发展县的试验示范、推广、培训相结合的农业技

术推广中心，加强农业第一线的技术推广工作。对农民的技术服务应以无偿或低偿为主。

中央和国务院批准由国家科委组织实施的"星火计划"，将在"七五"期间开发一百类适用于乡镇企业的成套技术装备并组织大批量生产，建立五百个技术示范性乡镇企业，为他们提供全套工艺技术、管理规程、产品设计和质量控制方法，每年短期培训一批农村知识青年和基层干部，使之掌握一两项本地区适用的先进技术。这是发展科技服务的一种好形式。各级科技、教育与经济部门，应为实现这个计划密切协作，并本着这个方向，各自做出类似计划，加速农村各业的技术改造。

有关科研机构和院校，在搞好适用技术研究推广的同时，要注意部署中长期的研究课题，充实科学储备。

深入进行农村经济改革

（七）农村经济改革还远未达到既定的目标。改革既要有破又要有立，完善流通体制和合作体制，调整产业结构，都还有大量的工作要做。这些工作做不好，改革就会有中断的危险。改革中遇到的种种难题，要靠深入改革来解决，后退是没有出路的。

（八）农产品统派购制度的改革，涉及生产者、经营者、消费者等各个方面的利益，在前进的步伐上需要与城市改革相互协调。今年，努力的重点是围绕已经实行的政策，加强后续工作，以巩固和扩大改革的成果。

把粮食统购改为合同定购，是粮食收购制度的重大改革，只能逐步完善，不可因为粮食生产出现年度性波动就动摇改革的方向。为了保护和鼓励农民生产和交售粮食的积极性，将适当减少合同定购数量，扩大市场议价收购比重，并对签订合同的农民按平价供应一定数量的化肥，给予优先贷款。在调整合同定购数量时，要注意照顾那些粮食增产潜力大、其他生产门路少的地区。在经济发达地区，粮食合同定购数量应保持稳定，主要通过乡镇企业"以工补农"方式，对生产和交售粮食的农民给予合理的补偿。

为了合理调节粮食调出省与调入省之间的经济利益，促进粮食流通，发挥各自的优势，从一九八六年粮食年度起，对各省、自治区、直辖市实行粮食调拨包干，并对调拨价格和财政补贴办法作适当调整。包干以外需要调出、调入的粮食，由各地区自行协商议价购销。

责成商业部和财政部尽快就上述两项工作提出实施方案，报国务院批准下达。各地应本着上述精神，结合本地情况，把工作做细做实。

大城市要把蔬菜和副食品的生产、供应放在重要位置。要继续抓好近郊蔬菜生产，逐步开辟远郊蔬菜基地和外埠专项蔬菜基地，做到近郊为主，远郊为辅，外埠调剂，保证供给。要积极建立各种形式的蔬菜和副食品批发市场，为大批量农产品进城创造条件。

以农产品为原料的加工厂，要从多方面为原料产地提供服务，帮助农民按工厂要求提供产品，逐步做到以加工指导生产、带动生产。农民和工厂签订合同，双方互惠，利益共享。

集体林区木材和牧区畜产品要坚持放开，不要退回去。各地要针对放开后出现的新情况，采取积极措施加以疏导，使木材和畜产品的生产和流通尽快步入正轨。

流通领域必须坚持实行多渠道经营。国营商业一定要加快改革的步伐，增强经营活力，解决流通费用过高的问题，利用自己的条件，掌握必要的货源，积极参与市场调节，发挥平衡供求的作用。

（九）在调整产业结构中，要正确处理粮食生产和多种经营的关系。粮食是关系国计民生的不可代替的重要产品，粮食生产必须得到切实保证。粮食又是低赢利的商品，农民要靠多种经营来补充收入，因此，粮食生产与多种经营必须统筹兼顾，密切结合，相互促进。

以往单打一抓粮食生产，并没有达到更快增产粮食的目的，反而造成农村经济停滞的局面。近几年开展了多种经营，包括发展经济作物，发展林、牧、渔业，发展农村工业、建筑业、运输业、服务业等，结果，粮食增产速度大大加快，农村经济全面繁荣。

在我国条件下，农业和农村工业必须协调发展，既不可以工挤农，也不可以农挤工。应当指出，不发展农村工业，多余劳力无出路，也无法以工补农。反之，没有农业提供不断增多的食品和原料，农村工业也难以持续发展。这两种结果，都会影响经济增长和社会安定。

乡镇企业在短短几年时间里，产值已达二千亿元以上，吸收劳力六千万人，为我国农村克服耕地有限、劳力过多、资金短缺的困难，为建立新的城乡关系，找到了一条有效的途径。这证明它是有强大生命力的，具有重要的经济和政治意义。中央各部门和各地方，都应当积极扶持，合理规划，正确引导，加强管理，使之保持健康发展。

（十）农村商品生产的发展，要求生产服务社会化，因此，完善合作要从服务入手。我国农村商品经济和生产力的发展，在地区之间、产业之间是参差不齐的，农民对服务的要求也是各式各样的，不同内容、不同形式、不同规模、不同程度的合作和联合将同时并存。决不可一刀切，更不可采取政治运动的方法去推广。

近几年出现了一批按产品或行业建立的服务组织，应当认真总结经验，逐步完善。各地可选择若干商品集中产区，特别是出口商品生产基地，鲜活产品的集中产区，家庭工业集中的地区，按照农民的要求，提供良种、技术、加工、贮运、销售等系列化服务。通过服务逐步发展专业性的合作组织。

地区性合作经济组织，应当进一步完善统一经营与分散经营相结合的双层经营体制。家庭承包是党的长期政策，决不可背离群众要求，随意改变。可是，有些地方没有把一家一户办不好或不好办的事认真抓起来，群众是不满意的。应当坚持统分结合，切实做好技术服务、经营服务和必要的管理工作。

由于各地社会经济条件差异较大，统分结合的内容、形式、规模和程度也应有所不同。在集体家底甚薄，生产比较单一，产品主要用于自给的地方，要从最基础的工作做起，切实帮助农户解决生产和流通中的困难，逐步充实合作内容。在经济比较发达，集体企业已有相当基础的地方，要充分利用统一经营、统一分配的条件，加强农业的基本建设和技术改造，适当调整经营规模，促使农工商各业协调发展。

供销合作社承担着大量农产品的收购以及生产和消费资料供应的繁重任务。为适应农民发展商品经济的要求，必须加快改革步伐，彻底成为农民群众的合作商业。国家对各级供销社在财政、税收、信贷、人事制度等方面，都要按集体所有制的合作商业对待，并给予必要的优惠。供销合作社全国理事会应本着上述原则，尽快提出进一步改革的方案。

（十一）社会主义的公有制为全体劳动者提供了劳动条件和发展机会，国家又掌握着调节社会收入的手段，这是实现共同富裕，避免两极分化的根本保证。但由于劳动者之间和地区之间所处的具体条件不同，出现先富后富和富裕程度的差别则是不可避免的。我们在政策上既要坚持共同富裕的方向，又应承认发展的差别，允许一部分人、一部分地区先富起来，这才有利于推动社会进步。平均主义的办法只会抑制生产发展，导致共同贫困，是不可取的。我们在认识上必须把社会主义发展中先富后富的差别，同私有制条件下的两极分化区别开来。

个体经济是社会主义经济的必要补充，在农村允许它存在并有所发展，就会出现生产资料占有的某些差别。只要采取适宜的政策，进行必要的调节，就可以使这种差别保持在社会所允许的限度，而不会构成对社会主义基础的威胁。要鼓励各类专业户勤劳致富，但不可人为地"垒大户"。

总之，一定要允许一部分人先富起来，也一定要注意发展合作制度，实行税收调节，做好扶贫工作，并完善法制，保护合法权益，制止非法牟利，发展生产力，走向共同富裕。

切实帮助贫困地区逐步改变面貌

（十二）我国农村在自然条件和社会历史条件上存在着较大的不平衡性。改变一部分地区的贫困面貌，必须做艰苦的工作和长期的努力。各级领导和每个部门都要提高认识，转变作风，十分重视这些地区的工作，把改变贫困地区面貌摆上重要议事日程。

改变贫困地区面貌，需要从实际出发，分别情况，分级负责，分批治理。当前应把重点放在帮助那些至今尚未解决温饱的最困难地区，经过调查，做出规划，拨出资金，采取有效措施，使之尽快得到温饱，逐步走上能够利用本地资源优势，自力更生发展生产、改善生活的道路。在一般的贫困地区，主要是落实政策，端正生产方针，在开发林、牧、矿业及其他土特产方面给予必要的支持，把经济搞活。

（十三）国家拨给各省、自治区的支持贫困地区资金，都要进行清理，由省、自治区政府统一安排使用，做出规划，经过论证，落实到具体项目，组织资金、技术、人才配套支持。

（十四）设在贫困地区的国营厂矿，应扩散产品，积极帮助发展乡镇企业。国家无力经营的山林、草场、水面，可以承包给当地群众经营，也可以划出部分资源与当地群众联营。鼓励发达地区到贫困地区兴办企业。贫困地区的农、林、牧、副、土特产品，除国务院规定的个别品种外，都可以自由销售。

（十五）国务院和有关省、自治区都要建立贫困地区领导小组，加强领导。利用各种渠道为贫困地区培养干部，同时从中央、省、地三级机关抽调一批优秀干部并组织志愿服务者到贫困地区工作。

加强领导，改进领导

（十六）这几年，中央对农村工作连续发出了一系列重要政策文件。各地各部门认真执行，为推动农村改革做出了应有的贡献。但是，在若干问题上，也存在思想不统一，工作不适应，对新事物支持不够，对中央政策执行不力的情况，必须加以克服。今后，各个地方和各个部门要维护党的政策的严肃性，提高执行政策的自觉性，在重大政策问题上不得各行其是。修改不适合情况的过时政策，必须通过民主集中程序。需要变通执行的，也必须请示报告，经过批准。执行中遇到困难时，要调查研究，积极探索，发挥主动精神，不能知难而退。

（十七）农村的改革和商品经济的发展，需要城乡配合，多部门协同。为了有利于协调一致，各省、自治区、直辖市，都要采取具体措施，加强对农村经济的协调指导。

县一级的综合改革试点，要继续进行，在有条件的地方，可以逐步推开。

农村实行政社分设后，乡政府领导全乡的经济工作只能从行政角度进行。必须尊重合作经济组织和企业的自主权。要逐步建立乡财政。

在农村经济工作中，领导的主要任务就是为基层服务，为农民服务。提倡办实事，讲实效，不务虚名，反对浮夸，尤其要反对那种为了对付上级而弄虚作假的不良行为。各级干部，都应当深入基层，访贤问计，帮贫致富，逐乡、逐村地办好几件实事，务求必成，把工作落实到千家万户。

（十八）农村整党正根据中央整党指导委员会的通知逐步展开。在整党中，对于积极带领群众一道致富的党员，要予以表扬；对于个人勤劳致富的党员，要予以保护；对于少数以权谋私，采取不法手段牟取暴利的干部、党员，要分别情况，严肃处理。通过整党加强农村党的建设，发挥基层党组织在农村物质文明和精神文明建设中的战斗堡垒作用，建立经常的思想政治工作，树立社会主义的道德风尚。一部分村庄，组织涣散、工作无人负责，要采取措施限期改变。村干部要有明确的责任制和合理的报酬。

农村经济的稳定发展对国民经济的全局至关重要，对实现本世纪末小康目标更具有决定的意义。中央希望各级领导和各有关部门，密切协同，奋发努力，促进农村经济的全面振兴，夺取农村改革的全面胜利。

（原载中共中央文献研究室编：《十二大以来重要文献选编（中）》，中央文献出版社，2011年6月）

中华人民共和国土地管理法

（1986年6月25日第六届全国人民代表大会常务委员会第十六次会议通过　根据1988年12月29日第七届全国人民代表大会常务委员会第五次会议《关于修改〈中华人民共和国土地管理法〉的决定》第一次修正　1998年8月29日第九届全国人民代表大会常务委员会第四次会议修订　根据2004年8月28日第十届全国人民代表大会常务委员会第十一次会议《关于修改〈中华人民共和国土地管理法〉的决定》第二次修正　根据2019年8月26日第十三届全国人民代表大会常务委员会第十二次会议《关于修改〈中华人民共和国土地管理法〉、〈中华人民共和国城市房地产管理法〉的决定》第三次修正）

目　录

第一章　总　则
第二章　土地的所有权和使用权
第三章　土地利用总体规划
第四章　耕地保护
第五章　建设用地
第六章　监督检查
第七章　法律责任
第八章　附　则

第一章　总　则

第一条　为了加强土地管理，维护土地的社会主义公有制，保护、开发土地资源，合理利用土地，切实保护耕地，促进社会经济的可持续发展，根据宪法，制定本法。

第二条　中华人民共和国实行土地的社会主义公有制，即全民所有制和劳动群众集体所有制。

全民所有，即国家所有土地的所有权由国务院代表国家行使。

任何单位和个人不得侵占、买卖或者以其他形式非法转让土地。土地使用权可以依法转让。

国家为了公共利益的需要，可以依法对土地实行征收或者征用并给予补偿。

国家依法实行国有土地有偿使用制度。但是，国家在法律规定的范围内划拨国有土地使用权的除外。

第三条　十分珍惜、合理利用土地和切实保护耕地是我国的基本国策。各级人民政府应当采取措施，全面规划，严格管理，保护、开发土地资源，制止非法占用土地的行为。

第四条　国家实行土地用途管制制度。

国家编制土地利用总体规划，规定土地用途，将土地分为农用地、建设用地和未利用地。

严格限制农用地转为建设用地，控制建设用地总量，对耕地实行特殊保护。

前款所称农用地是指直接用于农业生产的土地，包括耕地、林地、草地、农田水利用地、养殖水面等；建设用地是指建造建筑物、构筑物的土地，包括城乡住宅和公共设施用地、工矿用地、交通水利设施用地、旅游用地、军事设施用地等；未利用地是指农用地和建设用地以外的土地。

使用土地的单位和个人必须严格按照土地利用总体规划确定的用途使用土地。

第五条 国务院自然资源主管部门统一负责全国土地的管理和监督工作。

县级以上地方人民政府自然资源主管部门的设置及其职责，由省、自治区、直辖市人民政府根据国务院有关规定确定。

第六条 国务院授权的机构对省、自治区、直辖市人民政府以及国务院确定的城市人民政府土地利用和土地管理情况进行督察。

第七条 任何单位和个人都有遵守土地管理法律、法规的义务，并有权对违反土地管理法律、法规的行为提出检举和控告。

第八条 在保护和开发土地资源、合理利用土地以及进行有关的科学研究等方面成绩显著的单位和个人，由人民政府给予奖励。

第二章 土地的所有权和使用权

第九条 城市市区的土地属于国家所有。

农村和城市郊区的土地，除由法律规定属于国家所有的以外，属于农民集体所有；宅基地和自留地、自留山，属于农民集体所有。

第十条 国有土地和农民集体所有的土地，可以依法确定给单位或者个人使用。使用土地的单位和个人，有保护、管理和合理利用土地的义务。

第十一条 农民集体所有的土地依法属于村农民集体所有的，由村集体经济组织或者村民委员会经营、管理；已经分别属于村内两个以上农村集体经济组织的农民集体所有的，由村内各该农村集体经济组织或者村民小组经营、管理；已经属于乡（镇）农民集体所有的，由乡（镇）农村集体经济组织经营、管理。

第十二条 土地的所有权和使用权的登记，依照有关不动产登记的法律、行政法规执行。

依法登记的土地的所有权和使用权受法律保护，任何单位和个人不得侵犯。

第十三条 农民集体所有和国家所有依法由农民集体使用的耕地、林地、草地，以及其他依法用于农业的土地，采取农村集体经济组织内部的家庭承包方式承包，不宜采取家庭承包方式的荒山、荒沟、荒丘、荒滩等，可以采取招标、拍卖、公开协商等方式承包，从事种植业、林业、畜牧业、渔业生产。家庭承包的耕地的承包期为三十年，草地的承包期为三十年至五十年，林地的承包期为三十年至七十年；耕地承包期届满后再延长三十年，草地、林地承包期届满后依法相应延长。

国家所有依法用于农业的土地可以由单位或者个人承包经营，从事种植业、林业、畜牧业、渔业生产。

发包方和承包方应当依法订立承包合同，约定双方的权利和义务。承包经营土地的单位和个人，有保护和按照承包合同约定的用途合理利用土地的义务。

第十四条 土地所有权和使用权争议，由当事人协商解决；协商不成的，由人民政府处理。

单位之间的争议，由县级以上人民政府处理；个人之间、个人与单位之间的争议，由乡级人民政府或者县级以上人民政府处理。

当事人对有关人民政府的处理决定不服的，可以自接到处理决定通知之日起三十日内，向人民法院起诉。

在土地所有权和使用权争议解决前，任何一方不得改变土地利用现状。

第三章 土地利用总体规划

第十五条 各级人民政府应当依据国民经济和社会发展规划、国土整治和资源环境保护的要求、土地供给能力以及各项建设对土地的需求，组织编制土地利用总体规划。

土地利用总体规划的规划期限由国务院规定。

第十六条 下级土地利用总体规划应当依据上一级土地利用总体规划编制。

地方各级人民政府编制的土地利用总体规划中的建设用地总量不得超过上一级土地利用总体规划确定的控制指标，耕地保有量不得低于上一级土地利用总体规划确定的控制指标。

省、自治区、直辖市人民政府编制的土地利用总体规划，应当确保本行政区域内耕地总量不减少。

第十七条 土地利用总体规划按照下列原则编制：

（一）落实国土空间开发保护要求，严格土地用途管制；

（二）严格保护永久基本农田，严格控制非农业建设占用农用地；

（三）提高土地节约集约利用水平；

（四）统筹安排城乡生产、生活、生态用地，满足乡村产业和基础设施用地合理需求，促进城乡融合发展；

（五）保护和改善生态环境，保障土地的可持续利用；

（六）占用耕地与开发复垦耕地数量平衡、质量相当。

第十八条 国家建立国土空间规划体系。编制国土空间规划应当坚持生态优先，绿色、可持续发展，科学有序统筹安排生态、农业、城镇等功能空间，优化国土空间结构和布局，提升国土空间开发、保护的质量和效率。

经依法批准的国土空间规划是各类开发、保护、建设活动的基本依据。已经编制国土空间规划的，不再编制土地利用总体规划和城乡规划。

第十九条 县级土地利用总体规划应当划分土地利用区，明确土地用途。

乡（镇）土地利用总体规划应当划分土地利用区，根据土地使用条件，确定每一块土地的用途，并予以公告。

第二十条 土地利用总体规划实行分级审批。

省、自治区、直辖市的土地利用总体规划，报国务院批准。

省、自治区人民政府所在地的市、人口在一百万以上的城市以及国务院指定的城市的土地利用总体规划，经省、自治区人民政府审查同意后，报国务院批准。

本条第二款、第三款规定以外的土地利用总体规划，逐级上报省、自治区、直辖市人民政府批准；其中，乡（镇）土地利用总体规划可以由省级人民政府授权的设区的市、自治州人民政府批准。

土地利用总体规划一经批准，必须严格执行。

第二十一条　城市建设用地规模应当符合国家规定的标准，充分利用现有建设用地，不占或者尽量少占农用地。

城市总体规划、村庄和集镇规划，应当与土地利用总体规划相衔接，城市总体规划、村庄和集镇规划中建设用地规模不得超过土地利用总体规划确定的城市和村庄、集镇建设用地规模。

在城市规划区内、村庄和集镇规划区内，城市和村庄、集镇建设用地应当符合城市规划、村庄和集镇规划。

第二十二条　江河、湖泊综合治理和开发利用规划，应当与土地利用总体规划相衔接。在江河、湖泊、水库的管理和保护范围以及蓄洪滞洪区内，土地利用应当符合江河、湖泊综合治理和开发利用规划，符合河道、湖泊行洪、蓄洪和输水的要求。

第二十三条　各级人民政府应当加强土地利用计划管理，实行建设用地总量控制。

土地利用年度计划，根据国民经济和社会发展计划、国家产业政策、土地利用总体规划以及建设用地和土地利用的实际状况编制。土地利用年度计划应当对本法第六十三条规定的集体经营性建设用地作出合理安排。土地利用年度计划的编制审批程序与土地利用总体规划的编制审批程序相同，一经审批下达，必须严格执行。

第二十四条　省、自治区、直辖市人民政府应当将土地利用年度计划的执行情况列为国民经济和社会发展计划执行情况的内容，向同级人民代表大会报告。

第二十五条　经批准的土地利用总体规划的修改，须经原批准机关批准；未经批准，不得改变土地利用总体规划确定的土地用途。

经国务院批准的大型能源、交通、水利等基础设施建设用地，需要改变土地利用总体规划的，根据国务院的批准文件修改土地利用总体规划。

经省、自治区、直辖市人民政府批准的能源、交通、水利等基础设施建设用地，需要改变土地利用总体规划的，属于省级人民政府土地利用总体规划批准权限内的，根据省级人民政府的批准文件修改土地利用总体规划。

第二十六条　国家建立土地调查制度。

县级以上人民政府自然资源主管部门会同同级有关部门进行土地调查。土地所有者或者使用者应当配合调查，并提供有关资料。

第二十七条　县级以上人民政府自然资源主管部门会同同级有关部门根据土地调查成果、规划土地用途和国家制定的统一标准，评定土地等级。

第二十八条　国家建立土地统计制度。

县级以上人民政府统计机构和自然资源主管部门依法进行土地统计调查，定期发布土地统计资料。土地所有者或者使用者应当提供有关资料，不得拒报、迟报，不得提供不真实、不完整的资料。

统计机构和自然资源主管部门共同发布的土地面积统计资料是各级人民政府编制土地利用总体规划的依据。

第二十九条　国家建立全国土地管理信息系统，对土地利用状况进行动态监测。

第四章　耕地保护

第三十条　国家保护耕地，严格控制耕地转为非耕地。

国家实行占用耕地补偿制度。非农业建设经批准占用耕地的，按照"占多少，垦多少"的原则，由占用耕地的单位负责开垦与所占用耕地的数量和质量相当的耕地；没有条件开垦或者开垦的耕地不符合要求的，应当按照省、自治区、直辖市的规定缴纳耕地开垦费，专款用于开垦新的耕地。

省、自治区、直辖市人民政府应当制定开垦耕地计划，监督占用耕地的单位按照计划开垦耕地或者按照计划组织开垦耕地，并进行验收。

第三十一条　县级以上地方人民政府可以要求占用耕地的单位将所占用耕地耕作层的土壤用于新开垦耕地、劣质地或者其他耕地的土壤改良。

第三十二条　省、自治区、直辖市人民政府应当严格执行土地利用总体规划和土地利用年度计划，采取措施，确保本行政区域内耕地总量不减少、质量不降低。耕地总量减少的，由国务院责令在规定期限内组织开垦与所减少耕地的数量与质量相当的耕地；耕地质量降低的，由国务院责令在规定期限内组织整治。新开垦和整治的耕地由国务院自然资源主管部门会同农业农村主管部门验收。

个别省、直辖市确因土地后备资源匮乏，新增建设用地后，新开垦耕地的数量不足以补偿所占用耕地的数量的，必须报经国务院批准减免本行政区域内开垦耕地的数量，易地开垦数量和质量相当的耕地。

第三十三条　国家实行永久基本农田保护制度。下列耕地应当根据土地利用总体规划划为永久基本农田，实行严格保护：

（一）经国务院农业农村主管部门或者县级以上地方人民政府批准确定的粮、棉、油、糖等重要农产品生产基地内的耕地；

（二）有良好的水利与水土保持设施的耕地，正在实施改造计划以及可以改造的中、低产田和已建成的高标准农田；

（三）蔬菜生产基地；

（四）农业科研、教学试验田；

（五）国务院规定应当划为永久基本农田的其他耕地。

各省、自治区、直辖市划定的永久基本农田一般应当占本行政区域内耕地的百分之八十以上，具体比例由国务院根据各省、自治区、直辖市耕地实际情况规定。

第三十四条　永久基本农田划定以乡（镇）为单位进行，由县级人民政府自然资源主管部门会同同级农业农村主管部门组织实施。永久基本农田应当落实到地块，纳入国家永久基本农田数据库严格管理。

乡（镇）人民政府应当将永久基本农田的位置、范围向社会公告，并设立保护标志。

第三十五条　永久基本农田经依法划定后，任何单位和个人不得擅自占用或者改变其用途。国家能源、交通、水利、军事设施等重点建设项目选址确实难以避让永久基本农田，涉及农用地转用或者土地征收的，必须经国务院批准。

禁止通过擅自调整县级土地利用总体规划、乡（镇）土地利用总体规划等方式规避永久基本农田农用地转用或者土地征收的审批。

第三十六条 各级人民政府应当采取措施，引导因地制宜轮作休耕，改良土壤，提高地力，维护排灌工程设施，防止土地荒漠化、盐渍化、水土流失和土壤污染。

第三十七条 非农业建设必须节约使用土地，可以利用荒地的，不得占用耕地；可以利用劣地的，不得占用好地。

禁止占用耕地建窑、建坟或者擅自在耕地上建房、挖砂、采石、采矿、取土等。

禁止占用永久基本农田发展林果业和挖塘养鱼。

第三十八条 禁止任何单位和个人闲置、荒芜耕地。已经办理审批手续的非农业建设占用耕地，一年内不用而又可以耕种并收获的，应当由原耕种该幅耕地的集体或者个人恢复耕种，也可以由用地单位组织耕种；一年以上未动工建设的，应当按照省、自治区、直辖市的规定缴纳闲置费；连续二年未使用的，经原批准机关批准，由县级以上人民政府无偿收回用地单位的土地使用权；该幅土地原为农民集体所有的，应当交由原农村集体经济组织恢复耕种。

在城市规划区范围内，以出让方式取得土地使用权进行房地产开发的闲置土地，依照《中华人民共和国城市房地产管理法》的有关规定办理。

第三十九条 国家鼓励单位和个人按照土地利用总体规划，在保护和改善生态环境、防止水土流失和土地荒漠化的前提下，开发未利用的土地；适宜开发为农用地的，应当优先开发成农用地。

国家依法保护开发者的合法权益。

第四十条 开垦未利用的土地，必须经过科学论证和评估，在土地利用总体规划划定的可开垦的区域内，经依法批准后进行。禁止毁坏森林、草原开垦耕地，禁止围湖造田和侵占江河滩地。

根据土地利用总体规划，对破坏生态环境开垦、围垦的土地，有计划有步骤地退耕还林、还牧、还湖。

第四十一条 开发未确定使用权的国有荒山、荒地、荒滩从事种植业、林业、畜牧业、渔业生产的，经县级以上人民政府依法批准，可以确定给开发单位或者个人长期使用。

第四十二条 国家鼓励土地整理。县、乡（镇）人民政府应当组织农村集体经济组织，按照土地利用总体规划，对田、水、路、林、村综合整治，提高耕地质量，增加有效耕地面积，改善农业生产条件和生态环境。

地方各级人民政府应当采取措施，改造中、低产田，整治闲散地和废弃地。

第四十三条 因挖损、塌陷、压占等造成土地破坏，用地单位和个人应当按照国家有关规定负责复垦；没有条件复垦或者复垦不符合要求的，应当缴纳土地复垦费，专项用于土地复垦。复垦的土地应当优先用于农业。

第五章 建设用地

第四十四条 建设占用土地，涉及农用地转为建设用地的，应当办理农用地转用审批手续。永久基本农田转为建设用地的，由国务院批准。

在土地利用总体规划确定的城市和村庄、集镇建设用地规模范围内,为实施该规划而将永久基本农田以外的农用地转为建设用地的,按土地利用年度计划分批次按照国务院规定由原批准土地利用总体规划的机关或者其授权的机关批准。在已批准的农用地转用范围内,具体建设项目用地可以由市、县人民政府批准。

在土地利用总体规划确定的城市和村庄、集镇建设用地规模范围外,将永久基本农田以外的农用地转为建设用地的,由国务院或者国务院授权的省、自治区、直辖市人民政府批准。

第四十五条　为了公共利益的需要,有下列情形之一,确需征收农民集体所有的土地的,可以依法实施征收:

(一)军事和外交需要用地的;

(二)由政府组织实施的能源、交通、水利、通信、邮政等基础设施建设需要用地的;

(三)由政府组织实施的科技、教育、文化、卫生、体育、生态环境和资源保护、防灾减灾、文物保护、社区综合服务、社会福利、市政公用、优抚安置、英烈保护等公共事业需要用地的;

(四)由政府组织实施的扶贫搬迁、保障性安居工程建设需要用地的;

(五)在土地利用总体规划确定的城镇建设用地范围内,经省级以上人民政府批准由县级以上地方人民政府组织实施的成片开发建设需要用地的;

(六)法律规定为公共利益需要可以征收农民集体所有的土地的其他情形。

前款规定的建设活动,应当符合国民经济和社会发展规划、土地利用总体规划、城乡规划和专项规划;第(四)项、第(五)项规定的建设活动,还应当纳入国民经济和社会发展年度计划;第(五)项规定的成片开发并应当符合国务院自然资源主管部门规定的标准。

第四十六条　征收下列土地的,由国务院批准:

(一)永久基本农田;

(二)永久基本农田以外的耕地超过三十五公顷的;

(三)其他土地超过七十公顷的。

征收前款规定以外的土地的,由省、自治区、直辖市人民政府批准。

征收农用地的,应当依照本法第四十四条的规定先行办理农用地转用审批。其中,经国务院批准农用地转用的,同时办理征地审批手续,不再另行办理征地审批;经省、自治区、直辖市人民政府在征地批准权限内批准农用地转用的,同时办理征地审批手续,不再另行办理征地审批,超过征地批准权限的,应当依照本条第一款的规定另行办理征地审批。

第四十七条　国家征收土地的,依照法定程序批准后,由县级以上地方人民政府予以公告并组织实施。

县级以上地方人民政府拟申请征收土地的,应当开展拟征收土地现状调查和社会稳定风险评估,并将征收范围、土地现状、征收目的、补偿标准、安置方式和社会保障等在拟征收土地所在的乡(镇)和村、村民小组范围内公告至少三十日,听取被征地的农村集体经济组织及其成员、村民委员会和其他利害关系人的意见。

多数被征地的农村集体经济组织成员认为征地补偿安置方案不符合法律、法规规定的,县级以上地方人民政府应当组织召开听证会,并根据法律、法规的规定和听证会情况修改方案。

拟征收土地的所有权人、使用权人应当在公告规定期限内,持不动产权属证明材料办理补偿登记。县级以上地方人民政府应当组织有关部门测算并落实有关费用，保证足额到位，与拟征收土地的所有权人、使用权人就补偿、安置等签订协议；个别确实难以达成协议的，应当在申请征收土地时如实说明。

相关前期工作完成后，县级以上地方人民政府方可申请征收土地。

第四十八条 征收土地应当给予公平、合理的补偿，保障被征地农民原有生活水平不降低、长远生计有保障。

征收土地应当依法及时足额支付土地补偿费、安置补助费以及农村村民住宅、其他地上附着物和青苗等的补偿费用，并安排被征地农民的社会保障费用。

征收农用地的土地补偿费、安置补助费标准由省、自治区、直辖市通过制定公布区片综合地价确定。制定区片综合地价应当综合考虑土地原用途、土地资源条件、土地产值、土地区位、土地供求关系、人口以及经济社会发展水平等因素，并至少每三年调整或者重新公布一次。

征收农用地以外的其他土地、地上附着物和青苗等的补偿标准，由省、自治区、直辖市制定。对其中的农村村民住宅，应当按照先补偿后搬迁、居住条件有改善的原则，尊重农村村民意愿，采取重新安排宅基地建房、提供安置房或者货币补偿等方式给予公平、合理的补偿，并对因征收造成的搬迁、临时安置等费用予以补偿，保障农村村民居住的权利和合法的住房财产权益。

县级以上地方人民政府应当将被征地农民纳入相应的养老等社会保障体系。被征地农民的社会保障费用主要用于符合条件的被征地农民的养老保险等社会保险缴费补贴。被征地农民社会保障费用的筹集、管理和使用办法，由省、自治区、直辖市制定。

第四十九条 被征地的农村集体经济组织应当将征收土地的补偿费用的收支状况向本集体经济组织的成员公布，接受监督。

禁止侵占、挪用被征收土地单位的征地补偿费用和其他有关费用。

第五十条 地方各级人民政府应当支持被征地的农村集体经济组织和农民从事开发经营，兴办企业。

第五十一条 大中型水利、水电工程建设征收土地的补偿费标准和移民安置办法，由国务院另行规定。

第五十二条 建设项目可行性研究论证时，自然资源主管部门可以根据土地利用总体规划、土地利用年度计划和建设用地标准，对建设用地有关事项进行审查，并提出意见。

第五十三条 经批准的建设项目需要使用国有建设用地的，建设单位应当持法律、行政法规规定的有关文件，向有批准权的县级以上人民政府自然资源主管部门提出建设用地申请，经自然资源主管部门审查，报本级人民政府批准。

第五十四条 建设单位使用国有土地，应当以出让等有偿使用方式取得；但是，下列建设用地，经县级以上人民政府依法批准，可以以划拨方式取得：

（一）国家机关用地和军事用地；

（二）城市基础设施用地和公益事业用地；

（三）国家重点扶持的能源、交通、水利等基础设施用地；

（四）法律、行政法规规定的其他用地。

第五十五条 以出让等有偿使用方式取得国有土地使用权的建设单位，按照国务院规定的标准和办法，缴纳土地使用权出让金等土地有偿使用费和其他费用后，方可使用土地。

自本法施行之日起，新增建设用地的土地有偿使用费，百分之三十上缴中央财政，百分之七十留给有关地方人民政府。具体使用管理办法由国务院财政部门会同有关部门制定，并报国务院批准。

第五十六条 建设单位使用国有土地的，应当按照土地使用权出让等有偿使用合同的约定或者土地使用权划拨批准文件的规定使用土地；确需改变该幅土地建设用途的，应当经有关人民政府自然资源主管部门同意，报原批准用地的人民政府批准。其中，在城市规划区内改变土地用途的，在报批前，应当先经有关城市规划行政主管部门同意。

第五十七条 建设项目施工和地质勘查需要临时使用国有土地或者农民集体所有的土地的，由县级以上人民政府自然资源主管部门批准。其中，在城市规划区内的临时用地，在报批前，应当先经有关城市规划行政主管部门同意。土地使用者应当根据土地权属，与有关自然资源主管部门或者农村集体经济组织、村民委员会签订临时使用土地合同，并按照合同的约定支付临时使用土地补偿费。

临时使用土地的使用者应当按照临时使用土地合同约定的用途使用土地，并不得修建永久性建筑物。

临时使用土地期限一般不超过二年。

第五十八条 有下列情形之一的，由有关人民政府自然资源主管部门报经原批准用地的人民政府或者有批准权的人民政府批准，可以收回国有土地使用权：

（一）为实施城市规划进行旧城区改建以及其他公共利益需要，确需使用土地的；

（二）土地出让等有偿使用合同约定的使用期限届满，土地使用者未申请续期或者申请续期未获批准的；

（三）因单位撤销、迁移等原因，停止使用原划拨的国有土地的；

（四）公路、铁路、机场、矿场等经核准报废的。

依照前款第（一）项的规定收回国有土地使用权的，对土地使用权人应当给予适当补偿。

第五十九条 乡镇企业、乡（镇）村公共设施、公益事业、农村村民住宅等乡（镇）村建设，应当按照村庄和集镇规划，合理布局，综合开发，配套建设；建设用地，应当符合乡（镇）土地利用总体规划和土地利用年度计划，并依照本法第四十四条、第六十条、第六十一条、第六十二条的规定办理审批手续。

第六十条 农村集体经济组织使用乡（镇）土地利用总体规划确定的建设用地兴办企业或者与其他单位、个人以土地使用权入股、联营等形式共同举办企业的，应当持有关批准文件，向县级以上地方人民政府自然资源主管部门提出申请，按照省、自治区、直辖市规定的批准权限，由县级以上地方人民政府批准；其中，涉及占用农用地的，依照本法第四十四条的规定办理审批手续。

按照前款规定兴办企业的建设用地，必须严格控制。省、自治区、直辖市可以按照乡镇企业的不同行业和经营规模，分别规定用地标准。

第六十一条 乡（镇）村公共设施、公益事业建设，需要使用土地的，经乡（镇）人民政府审核，向县级以上地方人民政府自然资源主管部门提出申请，按照省、自治区、直辖市规定的批准权限，由县级以上地方人民政府批准；其中，涉及占用农用地的，依照本法第四十四条的规定办理审批手续。

第六十二条　农村村民一户只能拥有一处宅基地，其宅基地的面积不得超过省、自治区、直辖市规定的标准。

人均土地少、不能保障一户拥有一处宅基地的地区，县级人民政府在充分尊重农村村民意愿的基础上，可以采取措施，按照省、自治区、直辖市规定的标准保障农村村民实现户有所居。

农村村民建住宅，应当符合乡（镇）土地利用总体规划、村庄规划，不得占用永久基本农田，并尽量使用原有的宅基地和村内空闲地。编制乡（镇）土地利用总体规划、村庄规划应当统筹并合理安排宅基地用地，改善农村村民居住环境和条件。

农村村民住宅用地，由乡（镇）人民政府审核批准；其中，涉及占用农用地的，依照本法第四十四条的规定办理审批手续。

农村村民出卖、出租、赠与住宅后，再申请宅基地的，不予批准。

国家允许进城落户的农村村民依法自愿有偿退出宅基地，鼓励农村集体经济组织及其成员盘活利用闲置宅基地和闲置住宅。

国务院农业农村主管部门负责全国农村宅基地改革和管理有关工作。

第六十三条　土地利用总体规划、城乡规划确定为工业、商业等经营性用途，并经依法登记的集体经营性建设用地，土地所有权人可以通过出让、出租等方式交由单位或者个人使用，并应当签订书面合同，载明土地界址、面积、动工期限、使用期限、土地用途、规划条件和双方其他权利义务。

前款规定的集体经营性建设用地出让、出租等，应当经本集体经济组织成员的村民会议三分之二以上成员或者三分之二以上村民代表的同意。

通过出让等方式取得的集体经营性建设用地使用权可以转让、互换、出资、赠与或者抵押，但法律、行政法规另有规定或者土地所有权人、土地使用权人签订的书面合同另有约定的除外。

集体经营性建设用地的出租，集体建设用地使用权的出让及其最高年限、转让、互换、出资、赠与、抵押等，参照同类用途的国有建设用地执行。具体办法由国务院制定。

第六十四条　集体建设用地的使用者应当严格按照土地利用总体规划、城乡规划确定的用途使用土地。

第六十五条　在土地利用总体规划制定前已建的不符合土地利用总体规划确定的用途的建筑物、构筑物，不得重建、扩建。

第六十六条　有下列情形之一的，农村集体经济组织报经原批准用地的人民政府批准，可以收回土地使用权：

（一）为乡（镇）村公共设施和公益事业建设，需要使用土地的；

（二）不按照批准的用途使用土地的；

（三）因撤销、迁移等原因而停止使用土地的。

依照前款第(一)项规定收回农民集体所有的土地的，对土地使用权人应当给予适当补偿。

收回集体经营性建设用地使用权,依照双方签订的书面合同办理,法律、行政法规另有规定的除外。

第六章　监督检查

第六十七条　县级以上人民政府自然资源主管部门对违反土地管理法律、法规的行为进行监督检查。

县级以上人民政府农业农村主管部门对违反农村宅基地管理法律、法规的行为进行监督检查的,适用本法关于自然资源主管部门监督检查的规定。

土地管理监督检查人员应当熟悉土地管理法律、法规,忠于职守、秉公执法。

第六十八条　县级以上人民政府自然资源主管部门履行监督检查职责时,有权采取下列措施:

(一)要求被检查的单位或者个人提供有关土地权利的文件和资料,进行查阅或者予以复制;

(二)要求被检查的单位或者个人就有关土地权利的问题作出说明;

(三)进入被检查单位或者个人非法占用的土地现场进行勘测;

(四)责令非法占用土地的单位或者个人停止违反土地管理法律、法规的行为。

第六十九条　土地管理监督检查人员履行职责,需要进入现场进行勘测、要求有关单位或者个人提供文件、资料和作出说明的,应当出示土地管理监督检查证件。

第七十条　有关单位和个人对县级以上人民政府自然资源主管部门就土地违法行为进行的监督检查应当支持与配合,并提供工作方便,不得拒绝与阻碍土地管理监督检查人员依法执行职务。

第七十一条　县级以上人民政府自然资源主管部门在监督检查工作中发现国家工作人员的违法行为,依法应当给予处分的,应当依法予以处理;自己无权处理的,应当依法移送监察机关或者有关机关处理。

第七十二条　县级以上人民政府自然资源主管部门在监督检查工作中发现土地违法行为构成犯罪的,应当将案件移送有关机关,依法追究刑事责任;尚不构成犯罪的,应当依法给予行政处罚。

第七十三条　依照本法规定应当给予行政处罚,而有关自然资源主管部门不给予行政处罚的,上级人民政府自然资源主管部门有权责令有关自然资源主管部门作出行政处罚决定或者直接给予行政处罚,并给予有关自然资源主管部门的负责人处分。

第七章　法律责任

第七十四条　买卖或者以其他形式非法转让土地的,由县级以上人民政府自然资源主管部门没收违法所得;对违反土地利用总体规划擅自将农用地改为建设用地的,限期拆除在非法转让的土地上新建的建筑物和其他设施,恢复土地原状,对符合土地利用总体规划的,没收在非法转让的土地上新建的建筑物和其他设施;可以并处罚款;对直接负责的主管人员和其他直接责任人员,依法给予处分;构成犯罪的,依法追究刑事责任。

第七十五条　违反本法规定,占用耕地建窑、建坟或者擅自在耕地上建房、挖砂、采石、采矿、取土等，破坏种植条件的，或者因开发土地造成土地荒漠化、盐渍化的，由县级以上人民政府自然资源主管部门、农业农村主管部门等按照职责责令限期改正或者治理，可以并处罚款；构成犯罪的，依法追究刑事责任。

第七十六条 违反本法规定，拒不履行土地复垦义务的，由县级以上人民政府自然资源主管部门责令限期改正；逾期不改正的，责令缴纳复垦费，专项用于土地复垦，可以处以罚款。

第七十七条 未经批准或者采取欺骗手段骗取批准，非法占用土地的，由县级以上人民政府自然资源主管部门责令退还非法占用的土地，对违反土地利用总体规划擅自将农用地改为建设用地的，限期拆除在非法占用的土地上新建的建筑物和其他设施，恢复土地原状，对符合土地利用总体规划的，没收在非法占用的土地上新建的建筑物和其他设施，可以并处罚款；对非法占用土地单位的直接负责的主管人员和其他直接责任人员，依法给予处分；构成犯罪的，依法追究刑事责任。

超过批准的数量占用土地，多占的土地以非法占用土地论处。

第七十八条 农村村民未经批准或者采取欺骗手段骗取批准，非法占用土地建住宅的，由县级以上人民政府农业农村主管部门责令退还非法占用的土地，限期拆除在非法占用的土地上新建的房屋。

超过省、自治区、直辖市规定的标准，多占的土地以非法占用土地论处。

第七十九条 无权批准征收、使用土地的单位或者个人非法批准占用土地的，超越批准权限非法批准占用土地的，不按照土地利用总体规划确定的用途批准用地的，或者违反法律规定的程序批准占用、征收土地的，其批准文件无效，对非法批准征收、使用土地的直接负责的主管人员和其他直接责任人员，依法给予处分；构成犯罪的，依法追究刑事责任。非法批准、使用的土地应当收回，有关当事人拒不归还的，以非法占用土地论处。

非法批准征收、使用土地，对当事人造成损失的，依法应当承担赔偿责任。

第八十条 侵占、挪用被征收土地单位的征地补偿费用和其他有关费用，构成犯罪的，依法追究刑事责任；尚不构成犯罪的，依法给予处分。

第八十一条 依法收回国有土地使用权当事人拒不交出土地的，临时使用土地期满拒不归还的，或者不按照批准的用途使用国有土地的，由县级以上人民政府自然资源主管部门责令交还土地，处以罚款。

第八十二条 擅自将农民集体所有的土地通过出让、转让使用权或者出租等方式用于非农业建设，或者违反本法规定，将集体经营性建设用地通过出让、出租等方式交由单位或者个人使用的，由县级以上人民政府自然资源主管部门责令限期改正，没收违法所得，并处罚款。

第八十三条 依照本法规定，责令限期拆除在非法占用的土地上新建的建筑物和其他设施的，建设单位或者个人必须立即停止施工，自行拆除；对继续施工的，作出处罚决定的机关有权制止。建设单位或者个人对责令限期拆除的行政处罚决定不服的，可以在接到责令限期拆除决定之日起十五日内，向人民法院起诉；期满不起诉又不自行拆除的，由作出处罚决定的机关依法申请人民法院强制执行，费用由违法者承担。

第八十四条 自然资源主管部门、农业农村主管部门的工作人员玩忽职守、滥用职权、徇私舞弊，构成犯罪的，依法追究刑事责任；尚不构成犯罪的，依法给予处分。

第八章　附　则

第八十五条　外商投资企业使用土地的，适用本法；法律另有规定的，从其规定。

第八十六条　在根据本法第十八条的规定编制国土空间规划前，经依法批准的土地利用总体规划和城乡规划继续执行。

第八十七条　本法自 1999 年 1 月 1 日起施行。

（原载国家法律法规数据库网站，https：//flk.npc.gov.cn/，2024 年 5 月 1 日）

国务院关于进一步搞活农产品流通的通知

(一九九一年十月二十八日)

随着我国农村商品经济的发展，农产品流通对于保持农业生产稳定增长，增加农民收入，促进城乡市场繁荣和社会安定，具有越来越重要的作用。近年来，为搞活农产品流通，中央和地方在调整购销政策，建立储备制度，开办批发市场等方面，做了大量工作，并取得明显成效。但是，当前农产品流通滞后的问题仍然十分突出，很不适应农村商品生产发展的需要，亟待进一步采取措施加以解决。现就深化流通体制改革，进一步搞活农产品流通的有关问题，通知如下：

一、进一步完善农产品放管结合的购销政策

遵循计划经济与市场调节相结合的原则，国家对农产品流通问题，总的要求是：随着农村商品经济的发展，适当缩小指令性计划管理，完善指导性计划管理，更多地发挥市场机制的作用。

粮食，在保证完成国家定购任务的前提下，长年放开经营。取消"大米由粮食部门统一收购，其他部门、单位和个人不得经营"的规定。中央和地方实行专项储备粮制度，当市场价格下跌时，政府按保护价定额收购储备，保护生产者的利益；当市场价格过高时，政府按合理价格抛售一部分储备粮，以稳定市场，保护消费者的利益。国家专项储备粮的指标分配要适当集中，重点照顾商品率比较高的主产区和出售国家定购粮较多的农户。随着市场发育，专储粮要逐步过渡到通过市场吞吐，以保持粮食市场和价格的稳定。粮食压销继续由省、自治区、直辖市分散决策。

棉花，继续由供销合作社统一收购，统一经营。其中棉花良种繁殖区的棉花委托良棉厂收购。提倡销区到产区投资，联合开发宜棉荒地，生产的棉花五年内不纳入分配计划。

烟草、蚕茧，以及麝香、甘草、杜仲、厚朴四种中药材，继续由国家指定的部门统一经营。南方集体林区的木材（竹材、松脂）和天然橡胶、边销茶，仍按国务院现行规定办理。

食油（油料）、食糖（糖料）、生猪、绵羊毛、黄红麻等产品的购销实行指导性计划，通过规定指导性价格，建立和完善购销合同制，引导生产和流通。为了保证国计民生的需要，国营商业和供销合作社对油、糖、猪肉、绵羊毛、黄红麻，必须保持一定的合同收购量和国家储备量，以稳定市场。

有条件的地方，生猪可以完全放开经营，其决策权归省、自治区、直辖市政府。

其他农产品，各地根据不同情况，逐步实行市场调节，放开价格，多渠道、少环节自由购销，同时加强宏观指导和管理。

凡属放开经营的产品，未经国务院批准，不准纳入部门或地方的计划管理。

二、打破地区封锁，撤掉滥设的关卡，保证货畅其流

为了建立全国统一的农产品市场，保证农产品流通的正常秩序，国务院重申：严禁地区封锁，任何部门和地方不得干预流通部门执行国家计划和合法的经营活动；对放开经营的农产品外运，任何地区和部门都不得加以限制；各地在交通线上设置的检查站，必须持省、自治区、直辖市政府重新审查后颁发的许可证，无证的检查站一律撤除；坚决制止一切乱收费、乱罚款的非法行为。各省、自治区、直辖市政府要依上述精神发布通告，并监督执行，违者严肃处理。

三、继续发挥供销合作社和国营商业在农产品流通中的主渠道作用

供销合作社和国营商业是国家农产品流通计划的主要执行者，是稳定和繁荣城乡市场的主导力量。要继续深化改革，完善企业经营机制，增强企业自我发展的能力。要逐步实现政府调控职能与经营职能的分离，除政策性经营亏损由国家补贴外，均应实行自主经营、自负盈亏。

供销合作社是农民集体所有制的合作商业组织。凡是放开经营的产品和农民生产生活需要的商品，供销合作社都可以经营；其他部门专营的农产品，应委托基层供销社代购，不必另设收购网点。各级政府和有关部门要积极指导和扶持供销合作社的发展，切实解决供销合作社特别是基层社的困难。必须坚决制止一些地方政府平调供销合作社资金、物资，任意改变隶属关系和限制经营范围的错误做法，维护供销合作社的合法权益、

供销合作社和国营商业要适应农村商品经济发展的需要，积极与农民以及其他购销组织实行多种形式的联合与合作，更好地为农业生产和农民生活服务。

四、鼓励集体和个人进入流通领域，发展多渠道经营

近年来，农村集体经济组织和农民个人以多种方式组织起来进入流通领域，对于搞活农产品流通，促进农业生产发展，方便农民群众生活，发展农村第三产业等方面发挥了积极作用，各有关部门应给予热情支持，指导其合法经营。凡是放开经营的农产品，集体商业和个体工商户都可以经营，可以长途贩运，也可从事批发业务，其中粮、油等关系国计民生产品的批发经营必须经过批准。对申请从事农产品流通活动的集体和个人，要准予注册和领取营业执照。要允许它们在银行或信用合作社开户、结算，并建立风险保证金制度。对进城从事农产品流通活动的农民，有关部门要在经营场地等方面提供方便。要通过引导、服务、管理和健全有关法规，逐步提高多渠道流通的规范化和组织化程度。

五、积极发展产销一体化经营组织

目前我国农村已经出现一批贸工农一体化、产供销一条龙的经营组织，对于联结千家万户建立专业化商品生产基地，提高农产品生产组织化程度，减轻市场风险，发挥了重要作用。国营商业、外贸企业、供销合作社、农产品加工企业、农业（畜牧、水产）科技推广部门、乡镇企业等，凡有条件的都可以不受行政区划的限制，牵头或参与产销一体化经营活动。国家统一经营和国家定购部分以外的农产品，可以通过产销一体化经营组织，使产区直接与销

区挂钩，以销定产，签订合同，建立长期稳定的供求关系，逐步形成合理的区域分工。各部门对其参与产销一体化经营组织的下属单位，应当鼓励支持，原有的资金、物资供给不变。

六、逐步建立和完善以批发市场为中心的农产品市场体系

建立农产品市场体系是我国流通体制改革的一个重要方面。要继续发展多种形式的农产品初级市场，同时有计划地建立若干主要农产品的批发市场，逐步形成以批发市场为中心的农产品市场体系。要采取措施积极引导农产品批发交易活动在市场内进行，逐步减少场外交易。粮食等重要农产品，要在现货交易的基础上，逐步向远期合同和期货贸易发展。农产品批发市场实行统一的交易规则，市场的管理者不得参与市场交易。工商行政管理机关要加强市场管理和合同管理。农产品批发市场的建设，在政府统一组织协调下，有关部门参加，制定批发市场发展规划，并纳入各地经济发展和城乡建设总体规划，作为公共事业来办。在统一规划下，鼓励多方兴建，多渠道筹资，调动各方面办批发市场的积极性。对按统一规划建设的农产品批发市场的固定资产投资，税收上要给予优惠。

七、加强农产品流通基础设施建设

目前，我国农产品收购、储藏、运输等基础设施，远远不能适应农村商品经济发展的需要，必须尽快解决。今后国家基本建设计划中，农产品流通设施建设的投资比例要有较大幅度的提高，各级计委都要作出相应安排。重要的农产品和农业生产资料的国家储备库、中转库的建设和公路建设，由国家和地方安排专项资金。大型农业开发项目和农业商品粮基地建设，要相应增加农产品流通设施建设的投资。为了支持供销合作社和经营农产品的国营商业尽快改变流通设施陈旧和不足的状况，对其投资新建和改建的流通设施，在贷款利率和税收方面给予优惠。鼓励集体和个人建设储藏设施，经营储藏业务。各部门的仓储设施要逐步向社会开放，实行栈租制，作为企业来经营，自负盈亏。合理调节粮食调出地区和调入地区之间的利益。粮、油销区要严格按计划调入，分担产区储藏的困难，逾期不按计划数量调入的，要承担贷款利息和保管费；如产区待价而沽，不按时调出，应承担给对方造成的经济损失。铁路、公路运输企业，在农产品购销旺季，对农产品主产区和大型批发市场所需运力，要给予重点照顾，大力支持。

八、大力发展和合理调整农产品加工业

根据国家当前产业政策的要求，大力发展和合理调整农产品加工业，不仅有利于解决农产品的买难、卖难问题，而且可以为国内外市场提供多种多样的适销产品，为农产品商品生产的发展开辟更加广阔的前景。

要在统筹安排、全面规划的基础上，调整农产品加工业布局。积极扶持农产品主产区发展农产品初加工工业，逐步改变财政困难，以及农民收入不高，生产后劲不足的状况。银行要相应增加乡镇工业贷款规模。城市一般不再发展新的农产品初加工能力，对现有农产品加工企业，要加快技改步伐，提高产品质量和档次，增加花色品种，实现精加工、深加工，带动农村农产品初加工工业的发展，逐步形成农产品加工业的合理分工。要防止一哄而起，避免重复建设。国家对需要重点支持的农产品加工业继续实行优惠政策。同时严格控制棉花及

其他原料供应不足、加工能力已经过剩的加工业。

九、切实安排好农产品收购资金

近几年，一些地方不断出现收购农产品"打白条"的现象，挫伤了农民的生产积极性。各地农产品收购所需要的资金，要由政府牵头，银行、财政、商业企业分头筹措，包干负责，按时到位。人民银行和有关专业银行要在贷款规模资金供应上保证粮、棉、油等主要农产品的收购，并把资金管好用活。对已转为国家储备的农产品所占用的临时贷款，要及时转为年度性贷款。要尽快解决在工商银行和农业银行两行开户、汇路不畅的问题。各级财政对粮食企业的各项拨补款必须保证按时足额到位。要对粮食企业不合理的资金占用认真进行一次清理，对挤占挪用的收购资金要限期追回，并追究领导责任。

十、各级政府要像抓生产那样抓流通，加强宏观调控

农产品流通涉及部门多，政策性强，工作量大。各级政府都要切实加强领导，把搞活农产品流通当做一件大事来抓，要像重视农业生产那样重视农产品流通。今后各级政府都要建立协调制度，由政府主管负责人定期召集各有关部门协商，及时解决农产品流通方面的问题。

要坚持和完善重要农产品储备调节制度。中央和地方要根据需要，研究确定关系国计民生的重要农产品的储备量，建立储备基金。除国家储备外，还要积极引导企业和农民采取多种办法，进行必要的储备，建立多级储备体制。对重要农产品，各地要逐步建立和完善风险基金制度，以保护生产者、消费者和经营者利益。

要搞好内外贸的协调与平衡。对主要供出口的农产品，外贸企业要提前同产区和农民签订合同，引导生产，对不执行合同所造成的损失，违约者必须承担经济责任。对主要面向国内市场的农产品，外贸企业要在稳定国内市场价格的情况下，随行就市收购出口。内外贸都不得抬价抢购，以保持市场和生产的稳定。

各地要在国家总体改革规划的指导下，根据实际情况，积极进行农产品流通体制改革的试验，不断深化改革。

（原载中共中央文献研究室编：《十三大以来重要文献选编（下）》，中央文献出版社，2011年6月）

中华人民共和国村民委员会组织法

（1998年11月4日第九届全国人民代表大会常务委员会第五次会议通过 2010年10月28日第十一届全国人民代表大会常务委员会第十七次会议修订 根据2018年12月29日第十三届全国人民代表大会常务委员会第七次会议《关于修改〈中华人民共和国村民委员会组织法〉〈中华人民共和国城市居民委员会组织法〉的决定》修正）

目 录

第一章 总 则
第二章 村民委员会的组成和职责
第三章 村民委员会的选举
第四章 村民会议和村民代表会议
第五章 民主管理和民主监督
第六章 附 则

第一章 总 则

第一条 为了保障农村村民实行自治，由村民依法办理自己的事情，发展农村基层民主，维护村民的合法权益，促进社会主义新农村建设，根据宪法，制定本法。

第二条 村民委员会是村民自我管理、自我教育、自我服务的基层群众性自治组织，实行民主选举、民主决策、民主管理、民主监督。

村民委员会办理本村的公共事务和公益事业，调解民间纠纷，协助维护社会治安，向人民政府反映村民的意见、要求和提出建议。

村民委员会向村民会议、村民代表会议负责并报告工作。

第三条 村民委员会根据村民居住状况、人口多少，按照便于群众自治，有利于经济发展和社会管理的原则设立。

村民委员会的设立、撤销、范围调整，由乡、民族乡、镇的人民政府提出，经村民会议讨论同意，报县级人民政府批准。

村民委员会可以根据村民居住状况、集体土地所有权关系等分设若干村民小组。

第四条 中国共产党在农村的基层组织，按照中国共产党章程进行工作，发挥领导核心作用，领导和支持村民委员会行使职权；依照宪法和法律，支持和保障村民开展自治活动、直接行使民主权利。

第五条 乡、民族乡、镇的人民政府对村民委员会的工作给予指导、支持和帮助，但是不得干预依法属于村民自治范围内的事项。

村民委员会协助乡、民族乡、镇的人民政府开展工作。

第二章　村民委员会的组成和职责

第六条　村民委员会由主任、副主任和委员共三至七人组成。

村民委员会成员中，应当有妇女成员，多民族村民居住的村应当有人数较少的民族的成员。

对村民委员会成员，根据工作情况，给予适当补贴。

第七条　村民委员会根据需要设人民调解、治安保卫、公共卫生与计划生育等委员会。村民委员会成员可以兼任下属委员会的成员。人口少的村的村民委员会可以不设下属委员会，由村民委员会成员分工负责人民调解、治安保卫、公共卫生与计划生育等工作。

第八条　村民委员会应当支持和组织村民依法发展各种形式的合作经济和其他经济，承担本村生产的服务和协调工作，促进农村生产建设和经济发展。

村民委员会依照法律规定，管理本村属于村农民集体所有的土地和其他财产，引导村民合理利用自然资源，保护和改善生态环境。

村民委员会应当尊重并支持集体经济组织依法独立进行经济活动的自主权，维护以家庭承包经营为基础、统分结合的双层经营体制，保障集体经济组织和村民、承包经营户、联户或者合伙的合法财产权和其他合法权益。

第九条　村民委员会应当宣传宪法、法律、法规和国家的政策，教育和推动村民履行法律规定的义务、爱护公共财产，维护村民的合法权益，发展文化教育，普及科技知识，促进男女平等，做好计划生育工作，促进村与村之间的团结、互助，开展多种形式的社会主义精神文明建设活动。

村民委员会应当支持服务性、公益性、互助性社会组织依法开展活动，推动农村社区建设。

多民族村民居住的村，村民委员会应当教育和引导各民族村民增进团结、互相尊重、互相帮助。

第十条　村民委员会及其成员应当遵守宪法、法律、法规和国家的政策，遵守并组织实施村民自治章程、村规民约，执行村民会议、村民代表会议的决定、决议，办事公道，廉洁奉公，热心为村民服务，接受村民监督。

第三章　村民委员会的选举

第十一条　村民委员会主任、副主任和委员，由村民直接选举产生。任何组织或者个人不得指定、委派或者撤换村民委员会成员。

村民委员会每届任期五年，届满应当及时举行换届选举。村民委员会成员可以连选连任。

第十二条　村民委员会的选举，由村民选举委员会主持。

村民选举委员会由主任和委员组成，由村民会议、村民代表会议或者各村民小组会议推选产生。

村民选举委员会成员被提名为村民委员会成员候选人，应当退出村民选举委员会。

村民选举委员会成员退出村民选举委员会或者因其他原因出缺的，按照原推选结果依次递补，也可以另行推选。

第十三条 年满十八周岁的村民，不分民族、种族、性别、职业、家庭出身、宗教信仰、教育程度、财产状况、居住期限，都有选举权和被选举权；但是，依照法律被剥夺政治权利的人除外。

村民委员会选举前，应当对下列人员进行登记，列入参加选举的村民名单：

（一）户籍在本村并且在本村居住的村民；

（二）户籍在本村，不在本村居住，本人表示参加选举的村民；

（三）户籍不在本村，在本村居住一年以上，本人申请参加选举，并且经村民会议或者村民代表会议同意参加选举的公民。

已在户籍所在村或者居住村登记参加选举的村民，不得再参加其他地方村民委员会的选举。

第十四条 登记参加选举的村民名单应当在选举日的二十日前由村民选举委员会公布。

对登记参加选举的村民名单有异议的，应当自名单公布之日起五日内向村民选举委员会申诉，村民选举委员会应当自收到申诉之日起三日内作出处理决定，并公布处理结果。

第十五条 选举村民委员会，由登记参加选举的村民直接提名候选人。村民提名候选人，应当从全体村民利益出发，推荐奉公守法、品行良好、公道正派、热心公益、具有一定文化水平和工作能力的村民为候选人。候选人的名额应当多于应选名额。村民选举委员会应当组织候选人与村民见面，由候选人介绍履行职责的设想，回答村民提出的问题。

选举村民委员会，有登记参加选举的村民过半数投票，选举有效；候选人获得参加投票的村民过半数的选票，始得当选。当选人数不足应选名额的，不足的名额另行选举。另行选举的，第一次投票未当选的人员得票多的为候选人，候选人以得票多的当选，但是所得票数不得少于已投选票总数的三分之一。

选举实行无记名投票、公开计票的方法，选举结果应当当场公布。选举时，应当设立秘密写票处。

登记参加选举的村民，选举期间外出不能参加投票的，可以书面委托本村有选举权的近亲属代为投票。村民选举委员会应当公布委托人和受委托人的名单。

具体选举办法由省、自治区、直辖市的人民代表大会常务委员会规定。

第十六条 本村五分之一以上有选举权的村民或者三分之一以上的村民代表联名，可以提出罢免村民委员会成员的要求，并说明要求罢免的理由。被提出罢免的村民委员会成员有权提出申辩意见。

罢免村民委员会成员，须有登记参加选举的村民过半数投票，并须经投票的村民过半数通过。

第十七条 以暴力、威胁、欺骗、贿赂、伪造选票、虚报选举票数等不正当手段当选村民委员会成员的，当选无效。

对以暴力、威胁、欺骗、贿赂、伪造选票、虚报选举票数等不正当手段，妨害村民行使选举权、被选举权，破坏村民委员会选举的行为，村民有权向乡、民族乡、镇的人民代表大会和人民政府或者县级人民代表大会常务委员会和人民政府及其有关主管部门举报，由乡级或者县级人民政府负责调查并依法处理。

第十八条　村民委员会成员丧失行为能力或者被判处刑罚的，其职务自行终止。

第十九条　村民委员会成员出缺，可以由村民会议或者村民代表会议进行补选。补选程序参照本法第十五条的规定办理。补选的村民委员会成员的任期到本届村民委员会任期届满时止。

第二十条　村民委员会应当自新一届村民委员会产生之日起十日内完成工作移交。工作移交由村民选举委员会主持，由乡、民族乡、镇的人民政府监督。

第四章　村民会议和村民代表会议

第二十一条　村民会议由本村十八周岁以上的村民组成。

村民会议由村民委员会召集。有十分之一以上的村民或者三分之一以上的村民代表提议，应当召集村民会议。召集村民会议，应当提前十天通知村民。

第二十二条　召开村民会议，应当有本村十八周岁以上村民的过半数，或者本村三分之二以上的户的代表参加，村民会议所作决定应当经到会人员的过半数通过。法律对召开村民会议及作出决定另有规定的，依照其规定。

召开村民会议，根据需要可以邀请驻本村的企业、事业单位和群众组织派代表列席。

第二十三条　村民会议审议村民委员会的年度工作报告，评议村民委员会成员的工作；有权撤销或者变更村民委员会不适当的决定；有权撤销或者变更村民代表会议不适当的决定。

村民会议可以授权村民代表会议审议村民委员会的年度工作报告，评议村民委员会成员的工作，撤销或者变更村民委员会不适当的决定。

第二十四条　涉及村民利益的下列事项，经村民会议讨论决定方可办理：

（一）本村享受误工补贴的人员及补贴标准；

（二）从村集体经济所得收益的使用；

（三）本村公益事业的兴办和筹资筹劳方案及建设承包方案；

（四）土地承包经营方案；

（五）村集体经济项目的立项、承包方案；

（六）宅基地的使用方案；

（七）征地补偿费的使用、分配方案；

（八）以借贷、租赁或者其他方式处分村集体财产；

（九）村民会议认为应当由村民会议讨论决定的涉及村民利益的其他事项。

村民会议可以授权村民代表会议讨论决定前款规定的事项。

法律对讨论决定村集体经济组织财产和成员权益的事项另有规定的，依照其规定。

第二十五条　人数较多或者居住分散的村，可以设立村民代表会议，讨论决定村民会议授权的事项。村民代表会议由村民委员会成员和村民代表组成，村民代表应当占村民代表会议组成人员的五分之四以上，妇女村民代表应当占村民代表会议组成人员的三分之一以上。

村民代表由村民按每五户至十五户推选一人，或者由各村民小组推选若干人。村民代表的任期与村民委员会的任期相同。村民代表可以连选连任。

村民代表应当向其推选户或者村民小组负责，接受村民监督。

第二十六条 村民代表会议由村民委员会召集。村民代表会议每季度召开一次。有五分之一以上的村民代表提议，应当召集村民代表会议。

村民代表会议有三分之二以上的组成人员参加方可召开，所作决定应当经到会人员的过半数同意。

第二十七条 村民会议可以制定和修改村民自治章程、村规民约，并报乡、民族乡、镇的人民政府备案。

村民自治章程、村规民约以及村民会议或者村民代表会议的决定不得与宪法、法律、法规和国家的政策相抵触，不得有侵犯村民的人身权利、民主权利和合法财产权利的内容。

村民自治章程、村规民约以及村民会议或者村民代表会议的决定违反前款规定的，由乡、民族乡、镇的人民政府责令改正。

第二十八条 召开村民小组会议，应当有本村民小组十八周岁以上的村民三分之二以上，或者本村民小组三分之二以上的户的代表参加，所作决定应当经到会人员的过半数同意。

村民小组组长由村民小组会议推选。村民小组组长任期与村民委员会的任期相同，可以连选连任。

属于村民小组的集体所有的土地、企业和其他财产的经营管理以及公益事项的办理，由村民小组会议依照有关法律的规定讨论决定，所作决定及实施情况应当及时向本村民小组的村民公布。

第五章 民主管理和民主监督

第二十九条 村民委员会应当实行少数服从多数的民主决策机制和公开透明的工作原则，建立健全各种工作制度。

第三十条 村民委员会实行村务公开制度。

村民委员会应当及时公布下列事项，接受村民的监督：

（一）本法第二十三条、第二十四条规定的由村民会议、村民代表会议讨论决定的事项及其实施情况；

（二）国家计划生育政策的落实方案；

（三）政府拨付和接受社会捐赠的救灾救助、补贴补助等资金、物资的管理使用情况；

（四）村民委员会协助人民政府开展工作的情况；

（五）涉及本村村民利益，村民普遍关心的其他事项。

前款规定事项中，一般事项至少每季度公布一次；集体财务往来较多的，财务收支情况应当每月公布一次；涉及村民利益的重大事项应当随时公布。

村民委员会应当保证所公布事项的真实性，并接受村民的查询。

第三十一条 村民委员会不及时公布应当公布的事项或者公布的事项不真实的，村民有权向乡、民族乡、镇的人民政府或者县级人民政府及其有关主管部门反映，有关人民政府或者主管部门应当负责调查核实，责令依法公布；经查证确有违法行为的，有关人员应当依法承担责任。

第三十二条 村应当建立村务监督委员会或者其他形式的村务监督机构，负责村民民主理财，监督村务公开等制度的落实，其成员由村民会议或者村民代表会议在村民中推选产生，其中应有具备财会、管理知识的人员。村民委员会成员及其近亲属不得担任村务监督机构成员。村务监督机构成员向村民会议和村民代表会议负责，可以列席村民委员会会议。

第三十三条　村民委员会成员以及由村民或者村集体承担误工补贴的聘用人员，应当接受村民会议或者村民代表会议对其履行职责情况的民主评议。民主评议每年至少进行一次，由村务监督机构主持。

村民委员会成员连续两次被评议不称职的，其职务终止。

第三十四条　村民委员会和村务监督机构应当建立村务档案。村务档案包括：选举文件和选票，会议记录，土地发包方案和承包合同，经济合同，集体财务账目，集体资产登记文件，公益设施基本资料，基本建设资料，宅基地使用方案，征地补偿费使用及分配方案等。村务档案应当真实、准确、完整、规范。

第三十五条　村民委员会成员实行任期和离任经济责任审计，审计包括下列事项：

（一）本村财务收支情况；

（二）本村债权债务情况；

（三）政府拨付和接受社会捐赠的资金、物资管理使用情况；

（四）本村生产经营和建设项目的发包管理以及公益事业建设项目招标投标情况；

（五）本村资金管理使用以及本村集体资产、资源的承包、租赁、担保、出让情况，征地补偿费的使用、分配情况；

（六）本村五分之一以上的村民要求审计的其他事项。

村民委员会成员的任期和离任经济责任审计，由县级人民政府农业部门、财政部门或者乡、民族乡、镇的人民政府负责组织，审计结果应当公布，其中离任经济责任审计结果应当在下一届村民委员会选举之前公布。

第三十六条　村民委员会或者村民委员会成员作出的决定侵害村民合法权益的，受侵害的村民可以申请人民法院予以撤销，责任人依法承担法律责任。

村民委员会不依照法律、法规的规定履行法定义务的，由乡、民族乡、镇的人民政府责令改正。

乡、民族乡、镇的人民政府干预依法属于村民自治范围事项的，由上一级人民政府责令改正。

第六章　附　则

第三十七条　人民政府对村民委员会协助政府开展工作应当提供必要的条件；人民政府有关部门委托村民委员会开展工作需要经费的，由委托部门承担。

村民委员会办理本村公益事业所需的经费，由村民会议通过筹资筹劳解决；经费确有困难的，由地方人民政府给予适当支持。

第三十八条　驻在农村的机关、团体、部队、国有及国有控股企业、事业单位及其人员不参加村民委员会组织，但应当通过多种形式参与农村社区建设，并遵守有关村规民约。

村民委员会、村民会议或者村民代表会议讨论决定与前款规定的单位有关的事项，应当与其协商。

第三十九条 地方各级人民代表大会和县级以上地方各级人民代表大会常务委员会在本行政区域内保证本法的实施，保障村民依法行使自治权利。

第四十条 省、自治区、直辖市的人民代表大会常务委员会根据本法，结合本行政区域的实际情况，制定实施办法。

第四十一条 本法自公布之日起施行。

（原载国家法律法规数据库网站，https：//flk.npc.gov.cn/，2024年5月1日）

中共中央、国务院关于进行农村税费改革试点工作的通知

(二〇〇〇年三月二日)

各省、自治区、直辖市党委和人民政府,各大军区党委,中央和国家机关各部委,军委各总部、各军兵种党委,各人民团体:

为了贯彻党的十五大和十五届三中全会精神,探索建立规范的农村税费制度、从根本上减轻农民负担的有效办法,党中央、国务院决定进行农村税费改革试点。现就有关事项通知如下:

一、充分认识农村税费改革试点工作的重大意义

农业、农村和农民问题是关系我国改革开放和社会主义现代化建设全局的重大问题。我们党历来十分重视正确处理国家、集体和农民的关系,注意保障农民利益,在农村实行休养生息的政策。特别是改革开放后,通过实行以家庭承包经营为基础、统分结合的双层经营体制,调整农产品价格和购销政策,改善农村分配关系,采取一系列减轻农民负担的政策措施,调动了农民的生产积极性,保持和发展了农村好的形势。

但是,现行的农村税费制度和征收办法还不尽合理,农民负担重、收取税费不规范的问题仍然存在。有些地方和部门不顾国家三令五申,随意向农民伸手,面向农民的各种收费、集资、罚款和摊派项目多,数额大;有些地方虚报农民收入,超标准提取村提留和乡统筹费,强迫农民以资代劳;有些地方违反国家规定,按田亩或人头平摊征收农业特产税和屠宰税;有些部门要求基层进行的各种名目的达标升级活动屡禁不止,所需资金最后摊派到农民身上;有些地方基层干部采取非法手段强行向农民收钱收物,酿成恶性案件和群体性事件。这些问题,严重侵害了农民的物质利益和民主权利,挫伤了农民的生产积极性,伤害了农民对党和政府的感情,影响了农村社会稳定。对于这些问题,必须通过深化改革,从根本上加以解决。

当前,我国农业和农村经济进入了一个新的发展阶段。农产品供给出现了阶段性、结构性和地区性过剩,农产品卖难,价格下跌,对农民收入影响很大。由于整个国民经济正处在结构调整时期,乡镇企业的发展速度放慢,效益下降,农村劳动力外出务工的难度增大,农民从第二、第三产业得到的收入也受到影响。在这种情况下,增加农民收入,关键是要适应农业发展新阶段的要求,对农业和农村经济结构进行战略性调整;开辟农民增收的新途径和新领域,但这需要一个较长的过程。因此,为了保护农村生产力,实现农村经济持续发展和社会稳定,必须注意对农民多给予、少索取,整个国民收入分配要在较长的时间内向农民倾斜,并且要突出地抓好减轻农民负担工作,让农民得到更多的实惠。只有减轻农民负担,才有利于农民增收,使农民有能力和积极性进一步增加投入、发展生产,才能真正提高农村购买力,扩大农村需求,促进国民经济持续快速健康发展。

推进农村税费改革，事关九亿农民的切身利益，是规范农村分配制度，遏制面向农民的乱收费、乱集资、乱罚款和各种摊派，从根本上解决农民负担问题的一项重大措施。积极稳妥地搞好这项改革，用规范的分配方式控制农民负担，体现农民应尽的义务，既可以把基层干部从收粮收款中解脱出来，改善党群、干群关系，维护农村社会稳定，又有利于贯彻依法治国的基本方略，促进农村基层政府转变职能，精简机构。各级党委、政府务必从政治和全局的高度充分认识进行农村税费改革的重大意义。

农村税费改革是一项十分复杂的工作，涉及各方面利益，是农村分配关系的一次重大调整，必须周密部署，统筹安排。我国地域广袤，各地情况千差万别，农村税费改革不仅要有全国统一的政策，而且要允许各地结合本地情况，实行分散决策。同时，这项改革是在过去问题积累多年、积累较深，在当前农业结构调整和农民增收又很困难的情况下进行的，精简乡镇机构和压缩人员、调整支出结构等许多问题，解决起来有一个过程，不可能一蹴而就。农村税费改革一定要有组织、有步骤地推进，通过试点积累经验，完善政策，为全面实施改革创造条件。

二、农村税费改革试点工作的指导思想和基本原则

农村税费改革试点工作的指导思想是：贯彻党的十五大和十五届三中全会精神，根据社会主义市场经济发展和推进农村民主法制建设的要求，规范农村税费制度，从根本上治理对农民的各种乱收费，切实减轻农民负担，进一步巩固农村基层政权，促进农村经济健康发展和农村社会长期稳定。

按照上述指导思想，农村税费改革试点工作应当遵循以下基本原则：

（一）从轻确定农民负担水平，并保持长期稳定。坚决取消对农民的各种乱收费，保护农民的合法权益。根据农民的承受能力，从轻确定负担水平，给农民以更多实惠。新的农民负担水平一经正式确定，要保持长期稳定。

（二）妥善处理改革力度与各方面承受能力的关系。在保证农民负担有明显减轻的前提下，注意兼顾其他方面的承受能力，使地方政府特别是乡镇政府和基层组织能够正常运转。

（三）实行科学规范的分配制度和简便易行的征收方式。采取以农业税收为主的方式，把农民负担纳入规范化、法制化的管理轨道。实行符合农民意愿、能够为农民所接受的税收征收办法，便于基层操作和群众监督。

（四）统筹安排，抓好改革试点的配套工作。农村税费改革试点工作要与精简乡镇机构、完善县乡财政体制和健全农民负担监督机制结合进行。试点地区要转变政府职能，精简机构，压缩人员，量入为出，调整支出结构，减少政府开支。

三、农村税费改革试点的主要内容

农村税费改革试点的主要内容是：取消乡统筹费、农村教育集资等专门面向农民征收的行政事业性收费和政府性基金、集资；取消屠宰税；取消统一规定的劳动积累工和义务工；调整农业税和农业特产税政策；改革村提留征收使用办法。

（一）取消乡统筹费、农村教育集资等专门面向农民征收的行政事业性收费和政府性基金、集资。取消乡统筹费后，原由乡统筹费开支的乡村两级九年制义务教育、计划生育、优

抚和民兵训练支出，由各级政府通过财政预算安排。修建乡村道路所需资金不再固定向农民收取。村级道路建设资金由村民大会民主协商解决，乡级道路建设资金由政府负责安排。农村卫生医疗事业逐步实行有偿服务，政府适当补助。取消在农村进行教育集资。中小学危房改造资金由财政预算安排。所有专门面向农民征收的行政事业性收费、政府性基金和涉及农民的集资项目，要一律取消。

（二）取消屠宰税。

（三）取消统一规定的劳动积累工和义务工。为了减轻农民的劳务负担，防止强行以资代劳，农村税费改革后取消统一规定的劳动积累工和义务工。村内进行农田水利基本建设、修建村级道路、植树造林等集体生产公益事业所需劳务，实行一事一议，由村民大会民主讨论决定。村内用工实行上限控制。除遇到特大防洪、抢险、抗旱等紧急任务，经县级以上政府批准可临时动用农村劳动力外，任何地方和部门均不得无偿动用农村劳动力。试点地区取消统一规定的劳动积累工和义务工的具体步骤由当地党委、政府根据实际情况决定，可以一步到位，也可以逐步取消。

（四）调整农业税政策。农业税按照农作物的常年产量和规定的税率依法征收。常年产量以一九九八年前五年农作物的平均产量确定，并保持长期稳定。调整农业税税率，将原农业税附加并入新的农业税。新的农业税实行差别税率，最高不超过百分之七。试点省份的具体适用税率和农业税征收总额，由国务院确定；省级以下试点地区的具体适用税率和农业税征收总额，由省级和省级以下政府按照比现行农民税费负担明显减轻的原则逐级核定。贫困地区的农业税税率要从低确定。农民承包土地从事农业生产的，计税土地为第二轮承包用于农业生产的土地；其他单位和个人从事农业生产的，计税土地为实际用于农业生产的土地。计税土地发生增减变化，农业税应当及时进行调整。现行农业税减免政策基本维持不变。

征收牧业税的地区，取消屠宰税、乡统筹费等税收和行政事业性收费、政府性基金、集资后，牧业税的负担按照略低于新的农业税负担的原则确定。具体办法由试点地区省级政府制定。

对不承包耕地的渔民的税费政策调整，由试点地区省级政府参照上述农村税费改革试点工作的指导思想、基本原则制定具体办法。

（五）调整农业特产税政策。按照农业税和农业特产税不重复交叉征收的原则，对在非农业税计税土地上生产的农业特产品，继续征收农业特产税。对在农业税计税土地上生产的农业特产品，可以由试点地区省级政府决定只征收农业税或只征收农业特产税；也可以决定在农业特产品集中产区只征收农业特产税，在其他地区只征收农业税。对部分在生产、收购两个环节征税的农业特产品，要积极创造条件，合并在生产或收购一个环节征收。农业特产税税率按照略高于农业税税率的原则进行适当调整。

（六）改革村提留征收使用办法。村干部报酬、五保户供养、办公经费，除原由集体经营收入开支的仍继续保留外，凡由农民上缴村提留开支的，采用新的农业税附加方式统一收取。农业税附加比例最高不超过农业税正税的百分之二十，具体附加比例由省级和省级以下政府逐级核定。用农业税附加方式收取的村提留属于集体资金，实行乡管村用，由乡镇经营管理部门监督管理。村内兴办其他集体生产公益事业所需资金，不再固定向农民收取村提留，实行一事一议，由村民大会民主讨论决定，实行村务公开、村民监督和上级审计。对村内一事一议的集体生产公益事业筹资，实行上限控制。

原由乡村集体经营收入负担村提留和乡统筹费的，农村税费改革后可以采取适当方式继续实行以工补农。对不承包土地并从事工商业活动的农村居民，可以按照权利义务对等的原则，经过村民大会民主讨论确定，在原乡统筹费和新的农业税附加的负担水平内向其收取一定数额的资金，用于村内集体公益事业。

农业税及其附加是征收实物还是征收代金，由试点地区省级政府自行确定，并在一定时期内保持相对稳定；农业税及其附加统一由财政或税务征收机关负责征收，也可以由粮食部门在收购粮食、结算粮款时代扣代缴。

四、农村税费改革试点的配套措施

（一）规范农村收费管理。试点地区要对现行涉及农民负担的各种收费项目进行全面清理整顿。今后，地方和部门无权设立涉及农民负担的行政事业性收费和政府性基金、集资项目。坚决取消涉及农民的各种摊派和达标升级活动。对农村经营服务性收费进行整顿，建立规范的管理制度。对村内兴办集体生产公益事业筹资筹劳，要制定专门管理办法。

（二）精简乡镇机构和压缩人员。农村税费改革后，县、乡政府因收入减少影响的开支，主要通过转变政府职能、精简机构、压缩财政供养人员、调整支出结构等途径解决。要按照政企分开和精简、效能的原则，合理设置乡镇机构，严格核定人员编制，提倡党政干部交叉任职。适当合并现有乡村学校，对教师队伍进行必要的整顿和压缩。

（三）改革和完善县、乡财政管理体制。根据分税制财政体制的要求，明确划分县、乡政府事权和财权。新增的农业税收入原则上留给乡镇财政，省、市财政要加大对财政困难和贫困地区县、乡财政的转移支付力度，保障基层政府履行职能所需支出。

（四）建立健全农民负担监督机制。要向社会公布取消专门面向农民的各种行政事业性收费、政府性基金和涉及农民的集资项目。对涉及农民的收费，要公布项目和收取标准，接受农民和社会监督。取消各种不利于控制和减轻农民负担的干部考核制度和考核指标。加强对违反规定加重农民负担行为的社会舆论监督。制定加重农民负担的处罚办法，严肃查处各种违法违纪行为。

（五）抓紧制定改革的配套文件。有关部门和地区要制定相应的配套文件，保证农村税费改革试点工作的顺利进行。在试点期间，要抓紧做好有关法律法规的修改准备工作。

五、加强对农村税费改革试点工作的领导

搞好农村税费改革试点工作意义重大。各级党委、政府要统一思想，充分认识农村税费改革的重要性、紧迫性和复杂性，充分估计试点过程中的工作难度，切实加强对试点工作的领导。党政一把手要亲自抓，负起全面责任。试点地区的政府要专门成立农村税费改革工作领导小组及其办公室，抽调得力人员，专管这项工作。要在深入调查研究、广泛听取基层和农民意见的基础上，按照本通知精神制定切实可行的具体改革试点方案，将各项政策措施落到实处。

中央和国家机关各部门要带头贯彻落实中央关于农村税费改革的精神，积极支持和配合搞好试点工作。要适应改革要求，及时调整工作思路、工作方法和有关政策，坚持一切从实

际出发、量力而行的方针，可办可不办的事情不办，能缓办的事情缓办，绝不能用牺牲农民利益的办法求得事业发展。

中央确定在安徽省以省为单位进行农村税费改革试点。其他省、自治区、直辖市可根据实际情况选择少数县（市）试点，具体试点工作由省、自治区、直辖市党委、政府决定和负责，试点方案报中央备案。全国农村税费改革工作在试点的基础上摸清情况，积累经验，逐步推开。暂未实行农村税费改革的地方，要继续严格执行国家现行有关税费政策和中央关于减轻农民负担的各项规定，进一步稳定并降低农民的现有负担水平。国务院农村税费改革工作小组及其办公室要认真审核试点省份的改革试点方案，加强对各地农村税费改革工作的指导，并做好组织实施工作。

各级党委、政府和有关部门要认真做好农村税费改革的宣传和干部培训工作。进行农村税费改革试点的地方，要采取多种形式向社会特别是广大农民进行深入宣传，做到家喻户晓，使这项改革得到社会各方面的理解和支持，使农民能够依法保护自己的合法权益；要对干部进行培训，使他们准确地掌握中央的政策，严格依法办事，确保农村税费改革试点工作顺利进行。

中共中央
国 务 院
二〇〇〇年三月二日

（原载中共中央文献研究室编：《十五大以来重要文献选编（中）》，中央文献出版社，2011年6月）

中华人民共和国农业法

（1993年7月2日第八届全国人民代表大会常务委员会第二次会议通过 2002年12月28日第九届全国人民代表大会常务委员会第三十一次会议修订 根据2009年8月27日第十一届全国人民代表大会常务委员会第十次会议《关于修改部分法律的决定》第一次修正 根据2012年12月28日第十一届全国人民代表大会常务委员会第三十次会议《关于修改〈中华人民共和国农业法〉的决定》第二次修正）

目 录

第一章 总 则
第二章 农业生产经营体制
第三章 农业生产
第四章 农产品流通与加工
第五章 粮食安全
第六章 农业投入与支持保护
第七章 农业科技与农业教育
第八章 农业资源与农业环境保护
第九章 农民权益保护
第十章 农村经济发展
第十一章 执法监督
第十二章 法律责任
第十三章 附 则

第一章 总 则

第一条 为了巩固和加强农业在国民经济中的基础地位，深化农村改革，发展农业生产力，推进农业现代化，维护农民和农业生产经营组织的合法权益，增加农民收入，提高农民科学文化素质，促进农业和农村经济的持续、稳定、健康发展，实现全面建设小康社会的目标，制定本法。

第二条 本法所称农业，是指种植业、林业、畜牧业和渔业等产业，包括与其直接相关的产前、产中、产后服务。

本法所称农业生产经营组织，是指农村集体经济组织、农民专业合作经济组织、农业企业和其他从事农业生产经营的组织。

第三条 国家把农业放在发展国民经济的首位。

农业和农村经济发展的基本目标是：建立适应发展社会主义市场经济要求的农村经济体制，不断解放和发展农村生产力，提高农业的整体素质和效益，确保农产品供应和质量，满足国民经济发展和人口增长、生活改善的需求，提高农民的收入和生活水平，促进农村富余劳动力向非农产业和城镇转移，缩小城乡差别和区域差别，建设富裕、民主、文明的社会主义新农村，逐步实现农业和农村现代化。

第四条 国家采取措施，保障农业更好地发挥在提供食物、工业原料和其他农产品，维护和改善生态环境，促进农村经济社会发展等多方面的作用。

第五条 国家坚持和完善公有制为主体、多种所有制经济共同发展的基本经济制度，振兴农村经济。

国家长期稳定农村以家庭承包经营为基础、统分结合的双层经营体制，发展社会化服务体系，壮大集体经济实力，引导农民走共同富裕的道路。

国家在农村坚持和完善以按劳分配为主体、多种分配方式并存的分配制度。

第六条 国家坚持科教兴农和农业可持续发展的方针。

国家采取措施加强农业和农村基础设施建设，调整、优化农业和农村经济结构，推进农业产业化经营，发展农业科技、教育事业，保护农业生态环境，促进农业机械化和信息化，提高农业综合生产能力。

第七条 国家保护农民和农业生产经营组织的财产及其他合法权益不受侵犯。

各级人民政府及其有关部门应当采取措施增加农民收入，切实减轻农民负担。

第八条 全社会应当高度重视农业，支持农业发展。

国家对发展农业和农村经济有显著成绩的单位和个人，给予奖励。

第九条 各级人民政府对农业和农村经济发展工作统一负责，组织各有关部门和全社会做好发展农业和为发展农业服务的各项工作。

国务院农业行政主管部门主管全国农业和农村经济发展工作，国务院林业行政主管部门和其他有关部门在各自的职责范围内，负责有关的农业和农村经济发展工作。

县级以上地方人民政府各农业行政主管部门负责本行政区域内的种植业、畜牧业、渔业等农业和农村经济发展工作，林业行政主管部门负责本行政区域内的林业工作。县级以上地方人民政府其他有关部门在各自的职责范围内，负责本行政区域内有关的为农业生产经营服务的工作。

第二章 农业生产经营体制

第十条 国家实行农村土地承包经营制度，依法保障农村土地承包关系的长期稳定，保护农民对承包土地的使用权。

农村土地承包经营的方式、期限、发包方和承包方的权利义务、土地承包经营权的保护和流转等，适用《中华人民共和国土地管理法》和《中华人民共和国农村土地承包法》。

农村集体经济组织应当在家庭承包经营的基础上，依法管理集体资产，为其成员提供生产、技术、信息等服务，组织合理开发、利用集体资源，壮大经济实力。

第十一条 国家鼓励农民在家庭承包经营的基础上自愿组成各类专业合作经济组织。

农民专业合作经济组织应当坚持为成员服务的宗旨，按照加入自愿、退出自由、民主管理、盈余返还的原则，依法在其章程规定的范围内开展农业生产经营和服务活动。

农民专业合作经济组织可以有多种形式，依法成立、依法登记。任何组织和个人不得侵犯农民专业合作经济组织的财产和经营自主权。

第十二条　农民和农业生产经营组织可以自愿按照民主管理、按劳分配和按股分红相结合的原则，以资金、技术、实物等入股，依法兴办各类企业。

第十三条　国家采取措施发展多种形式的农业产业化经营，鼓励和支持农民和农业生产经营组织发展生产、加工、销售一体化经营。

国家引导和支持从事农产品生产、加工、流通服务的企业、科研单位和其他组织，通过与农民或者农民专业合作经济组织订立合同或者建立各类企业等形式，形成收益共享、风险共担的利益共同体，推进农业产业化经营，带动农业发展。

第十四条　农民和农业生产经营组织可以按照法律、行政法规成立各种农产品行业协会，为成员提供生产、营销、信息、技术、培训等服务，发挥协调和自律作用，提出农产品贸易救济措施的申请，维护成员和行业的利益。

第三章　农业生产

第十五条　县级以上人民政府根据国民经济和社会发展的中长期规划、农业和农村经济发展的基本目标和农业资源区划，制定农业发展规划。

省级以上人民政府农业行政主管部门根据农业发展规划，采取措施发挥区域优势，促进形成合理的农业生产区域布局，指导和协调农业和农村经济结构调整。

第十六条　国家引导和支持农民和农业生产经营组织结合本地实际按照市场需求，调整和优化农业生产结构，协调发展种植业、林业、畜牧业和渔业，发展优质、高产、高效益的农业，提高农产品国际竞争力。

种植业以优化品种、提高质量、增加效益为中心，调整作物结构、品种结构和品质结构。

加强林业生态建设，实施天然林保护、退耕还林和防沙治沙工程，加强防护林体系建设，加速营造速生丰产林、工业原料林和薪炭林。

加强草原保护和建设，加快发展畜牧业，推广圈养和舍饲，改良畜禽品种，积极发展饲料工业和畜禽产品加工业。

渔业生产应当保护和合理利用渔业资源，调整捕捞结构，积极发展水产养殖业、远洋渔业和水产品加工业。

县级以上人民政府应当制定政策，安排资金，引导和支持农业结构调整。

第十七条　各级人民政府应当采取措施，加强农业综合开发和农田水利、农业生态环境保护、乡村道路、农村能源和电网、农产品仓储和流通、渔港、草原围栏、动植物原种良种基地等农业和农村基础设施建设，改善农业生产条件，保护和提高农业综合生产能力。

第十八条　国家扶持动植物品种的选育、生产、更新和良种的推广使用，鼓励品种选育和生产、经营相结合，实施种子工程和畜禽良种工程。国务院和省、自治区、直辖市人民政府设立专项资金，用于扶持动植物良种的选育和推广工作。

第十九条　各级人民政府和农业生产经营组织应当加强农田水利设施建设，建立健全农田水利设施的管理制度，节约用水，发展节水型农业，严格依法控制非农业建设占用灌溉水源，禁止任何组织和个人非法占用或者毁损农田水利设施。

国家对缺水地区发展节水型农业给予重点扶持。

第二十条　国家鼓励和支持农民和农业生产经营组织使用先进、适用的农业机械，加强农业机械安全管理，提高农业机械化水平。

国家对农民和农业生产经营组织购买先进农业机械给予扶持。

第二十一条　各级人民政府应当支持为农业服务的气象事业的发展，提高对气象灾害的监测和预报水平。

第二十二条　国家采取措施提高农产品的质量，建立健全农产品质量标准体系和质量检验检测监督体系，按照有关技术规范、操作规程和质量卫生安全标准，组织农产品的生产经营，保障农产品质量安全。

第二十三条　国家支持依法建立健全优质农产品认证和标志制度。

国家鼓励和扶持发展优质农产品生产。县级以上地方人民政府应当结合本地情况，按照国家有关规定采取措施，发展优质农产品生产。

符合国家规定标准的优质农产品可以依照法律或者行政法规的规定申请使用有关的标志。符合规定产地及生产规范要求的农产品可以依照有关法律或者行政法规的规定申请使用农产品地理标志。

第二十四条　国家实行动植物防疫、检疫制度，健全动植物防疫、检疫体系，加强对动物疫病和植物病、虫、杂草、鼠害的监测、预警、防治，建立重大动物疫情和植物病虫害的快速扑灭机制，建设动物无规定疫病区，实施植物保护工程。

第二十五条　农药、兽药、饲料和饲料添加剂、肥料、种子、农业机械等可能危害人畜安全的农业生产资料的生产经营，依照相关法律、行政法规的规定实行登记或者许可制度。

各级人民政府应当建立健全农业生产资料的安全使用制度，农民和农业生产经营组织不得使用国家明令淘汰和禁止使用的农药、兽药、饲料添加剂等农业生产资料和其他禁止使用的产品。

农业生产资料的生产者、销售者应当对其生产、销售的产品的质量负责，禁止以次充好、以假充真、以不合格的产品冒充合格的产品；禁止生产和销售国家明令淘汰的农药、兽药、饲料添加剂、农业机械等农业生产资料。

第四章　农产品流通与加工

第二十六条　农产品的购销实行市场调节。国家对关系国计民生的重要农产品的购销活动实行必要的宏观调控，建立中央和地方分级储备调节制度，完善仓储运输体系，做到保证供应，稳定市场。

第二十七条　国家逐步建立统一、开放、竞争、有序的农产品市场体系，制定农产品批发市场发展规划。对农村集体经济组织和农民专业合作经济组织建立农产品批发市场和农产品集贸市场，国家给予扶持。

县级以上人民政府工商行政管理部门和其他有关部门按照各自的职责，依法管理农产品批发市场，规范交易秩序，防止地方保护与不正当竞争。

第二十八条　国家鼓励和支持发展多种形式的农产品流通活动。支持农民和农民专业合作经济组织按照国家有关规定从事农产品收购、批发、贮藏、运输、零售和中介活动。鼓励供销合作社和其他从事农产品购销的农业生产经营组织提供市场信息，开拓农产品流通渠道，为农产品销售服务。

县级以上人民政府应当采取措施，督促有关部门保障农产品运输畅通，降低农产品流通成本。有关行政管理部门应当简化手续，方便鲜活农产品的运输，除法律、行政法规另有规定外，不得扣押鲜活农产品的运输工具。

第二十九条　国家支持发展农产品加工业和食品工业，增加农产品的附加值。县级以上人民政府应当制定农产品加工业和食品工业发展规划，引导农产品加工企业形成合理的区域布局和规模结构，扶持农民专业合作经济组织和乡镇企业从事农产品加工和综合开发利用。

国家建立健全农产品加工制品质量标准，完善检测手段，加强农产品加工过程中的质量安全管理和监督，保障食品安全。

第三十条　国家鼓励发展农产品进出口贸易。

国家采取加强国际市场研究、提供信息和营销服务等措施，促进农产品出口。

为维护农产品产销秩序和公平贸易，建立农产品进口预警制度，当某些进口农产品已经或者可能对国内相关农产品的生产造成重大的不利影响时，国家可以采取必要的措施。

第五章　粮食安全

第三十一条　国家采取措施保护和提高粮食综合生产能力，稳步提高粮食生产水平，保障粮食安全。

国家建立耕地保护制度，对基本农田依法实行特殊保护。

第三十二条　国家在政策、资金、技术等方面对粮食主产区给予重点扶持，建设稳定的商品粮生产基地，改善粮食收贮及加工设施，提高粮食主产区的粮食生产、加工水平和经济效益。

国家支持粮食主产区与主销区建立稳定的购销合作关系。

第三十三条　在粮食的市场价格过低时，国务院可以决定对部分粮食品种实行保护价制度。保护价应当根据有利于保护农民利益、稳定粮食生产的原则确定。

农民按保护价制度出售粮食，国家委托的收购单位不得拒收。

县级以上人民政府应当组织财政、金融等部门以及国家委托的收购单位及时筹足粮食收购资金，任何部门、单位或者个人不得截留或者挪用。

第三十四条　国家建立粮食安全预警制度，采取措施保障粮食供给。国务院应当制定粮食安全保障目标与粮食储备数量指标，并根据需要组织有关主管部门进行耕地、粮食库存情况的核查。

国家对粮食实行中央和地方分级储备调节制度，建设仓储运输体系。承担国家粮食储备任务的企业应当按照国家规定保证储备粮的数量和质量。

第三十五条　国家建立粮食风险基金，用于支持粮食储备、稳定粮食市场和保护农民利益。

第三十六条　国家提倡珍惜和节约粮食，并采取措施改善人民的食物营养结构。

第六章　农业投入与支持保护

第三十七条　国家建立和完善农业支持保护体系，采取财政投入、税收优惠、金融支持等措施，从资金投入、科研与技术推广、教育培训、农业生产资料供应、市场信息、质量标准、检验检疫、社会化服务以及灾害救助等方面扶持农民和农业生产经营组织发展农业生产，提高农民的收入水平。

在不与我国缔结或加入的有关国际条约相抵触的情况下，国家对农民实施收入支持政策，具体办法由国务院制定。

第三十八条 国家逐步提高农业投入的总体水平。中央和县级以上地方财政每年对农业总投入的增长幅度应当高于其财政经常性收入的增长幅度。

各级人民政府在财政预算内安排的各项用于农业的资金应当主要用于：加强农业基础设施建设；支持农业结构调整，促进农业产业化经营；保护粮食综合生产能力，保障国家粮食安全；健全动植物检疫、防疫体系，加强动物疫病和植物病、虫、杂草、鼠害防治；建立健全农产品质量标准和检验检测监督体系、农产品市场及信息服务体系；支持农业科研教育、农业技术推广和农民培训；加强农业生态环境保护建设；扶持贫困地区发展；保障农民收入水平等。

县级以上各级财政用于种植业、林业、畜牧业、渔业、农田水利的农业基本建设投入应当统筹安排，协调增长。

国家为加快西部开发，增加对西部地区农业发展和生态环境保护的投入。

第三十九条 县级以上人民政府每年财政预算内安排的各项用于农业的资金应当及时足额拨付。各级人民政府应当加强对国家各项农业资金分配、使用过程的监督管理，保证资金安全，提高资金的使用效率。

任何单位和个人不得截留、挪用用于农业的财政资金和信贷资金。审计机关应当依法加强对用于农业的财政和信贷等资金的审计监督。

第四十条 国家运用税收、价格、信贷等手段，鼓励和引导农民和农业生产经营组织增加农业生产经营性投入和小型农田水利等基本建设投入。

国家鼓励和支持农民和农业生产经营组织在自愿的基础上依法采取多种形式，筹集农业资金。

第四十一条 国家鼓励社会资金投向农业，鼓励企业事业单位、社会团体和个人捐资设立各种农业建设和农业科技、教育基金。

国家采取措施，促进农业扩大利用外资。

第四十二条 各级人民政府应当鼓励和支持企业事业单位及其他各类经济组织开展农业信息服务。

县级以上人民政府农业行政主管部门及其他有关部门应当建立农业信息搜集、整理和发布制度，及时向农民和农业生产经营组织提供市场信息等服务。

第四十三条 国家鼓励和扶持农用工业的发展。

国家采取税收、信贷等手段鼓励和扶持农业生产资料的生产和贸易，为农业生产稳定增长提供物质保障。

国家采取宏观调控措施，使化肥、农药、农用薄膜、农业机械和农用柴油等主要农业生产资料和农产品之间保持合理的比价。

第四十四条 国家鼓励供销合作社、农村集体经济组织、农民专业合作经济组织、其他组织和个人发展多种形式的农业生产产前、产中、产后的社会化服务事业。县级以上人民政府及其各有关部门应当采取措施对农业社会化服务事业给予支持。

对跨地区从事农业社会化服务的，农业、工商管理、交通运输、公安等有关部门应当采取措施给予支持。

第四十五条 国家建立健全农村金融体系，加强农村信用制度建设，加强农村金融监管。

有关金融机构应当采取措施增加信贷投入，改善农村金融服务，对农民和农业生产经营组织的农业生产经营活动提供信贷支持。

农村信用合作社应当坚持为农业、农民和农村经济发展服务的宗旨，优先为当地农民的生产经营活动提供信贷服务。

国家通过贴息等措施，鼓励金融机构向农民和农业生产经营组织的农业生产经营活动提供贷款。

第四十六条 国家建立和完善农业保险制度。

国家逐步建立和完善政策性农业保险制度。鼓励和扶持农民和农业生产经营组织建立为农业生产经营活动服务的互助合作保险组织，鼓励商业性保险公司开展农业保险业务。

农业保险实行自愿原则。任何组织和个人不得强制农民和农业生产经营组织参加农业保险。

第四十七条 各级人民政府应当采取措施，提高农业防御自然灾害的能力，做好防灾、抗灾和救灾工作，帮助灾民恢复生产，组织生产自救，开展社会互助互济；对没有基本生活保障的灾民给予救济和扶持。

第七章 农业科技与农业教育

第四十八条 国务院和省级人民政府应当制定农业科技、农业教育发展规划，发展农业科技、教育事业。

县级以上人民政府应当按照国家有关规定逐步增加农业科技经费和农业教育经费。

国家鼓励、吸引企业等社会力量增加农业科技投入，鼓励农民、农业生产经营组织、企业事业单位等依法举办农业科技、教育事业。

第四十九条 国家保护植物新品种、农产品地理标志等知识产权，鼓励和引导农业科研、教育单位加强农业科学技术的基础研究和应用研究，传播和普及农业科学技术知识，加速科技成果转化与产业化，促进农业科学技术进步。

国务院有关部门应当组织农业重大关键技术的科技攻关。国家采取措施促进国际农业科技、教育合作与交流，鼓励引进国外先进技术。

第五十条 国家扶持农业技术推广事业，建立政府扶持和市场引导相结合，有偿与无偿服务相结合，国家农业技术推广机构和社会力量相结合的农业技术推广体系，促使先进的农业技术尽快应用于农业生产。

第五十一条 国家设立的农业技术推广机构应当以农业技术试验示范基地为依托，承担公共所需的关键性技术的推广和示范等公益性职责，为农民和农业生产经营组织提供无偿农业技术服务。

县级以上人民政府应当根据农业生产发展需要，稳定和加强农业技术推广队伍，保障农业技术推广机构的工作经费。

各级人民政府应当采取措施，按照国家规定保障和改善从事农业技术推广工作的专业科技人员的工作条件、工资待遇和生活条件，鼓励他们为农业服务。

第五十二条　农业科研单位、有关学校、农民专业合作社、涉农企业、群众性科技组织及有关科技人员，根据农民和农业生产经营组织的需要，可以提供无偿服务，也可以通过技术转让、技术服务、技术承包、技术咨询和技术入股等形式，提供有偿服务，取得合法收益。农业科研单位、有关学校、农民专业合作社、涉农企业、群众性科技组织及有关科技人员应当提高服务水平，保证服务质量。

对农业科研单位、有关学校、农业技术推广机构举办的为农业服务的企业，国家在税收、信贷等方面给予优惠。

国家鼓励和支持农民、供销合作社、其他企业事业单位等参与农业技术推广工作。

第五十三条　国家建立农业专业技术人员继续教育制度。县级以上人民政府农业行政主管部门会同教育、人事等有关部门制定农业专业技术人员继续教育计划，并组织实施。

第五十四条　国家在农村依法实施义务教育，并保障义务教育经费。国家在农村举办的普通中小学校教职工工资由县级人民政府按照国家规定统一发放，校舍等教学设施的建设和维护经费由县级人民政府按照国家规定统一安排。

第五十五条　国家发展农业职业教育。国务院有关部门按照国家职业资格证书制度的统一规定，开展农业行业的职业分类、职业技能鉴定工作，管理农业行业的职业资格证书。

第五十六条　国家采取措施鼓励农民采用先进的农业技术，支持农民举办各种科技组织，开展农业实用技术培训、农民绿色证书培训和其他就业培训，提高农民的文化技术素质。

第八章　农业资源与农业环境保护

第五十七条　发展农业和农村经济必须合理利用和保护土地、水、森林、草原、野生动植物等自然资源，合理开发和利用水能、沼气、太阳能、风能等可再生能源和清洁能源，发展生态农业，保护和改善生态环境。

县级以上人民政府应当制定农业资源区划或者农业资源合理利用和保护的区划，建立农业资源监测制度。

第五十八条　农民和农业生产经营组织应当保养耕地，合理使用化肥、农药、农用薄膜，增加使用有机肥料，采用先进技术，保护和提高地力，防止农用地的污染、破坏和地力衰退。

县级以上人民政府农业行政主管部门应当采取措施，支持农民和农业生产经营组织加强耕地质量建设，并对耕地质量进行定期监测。

第五十九条　各级人民政府应当采取措施，加强小流域综合治理，预防和治理水土流失。从事可能引起水土流失的生产建设活动的单位和个人，必须采取预防措施，并负责治理因生产建设活动造成的水土流失。

各级人民政府应当采取措施，预防土地沙化，治理沙化土地。国务院和沙化土地所在地区的县级以上地方人民政府应当按照法律规定制定防沙治沙规划，并组织实施。

第六十条　国家实行全民义务植树制度。各级人民政府应当采取措施，组织群众植树造林，保护林地和林木，预防森林火灾，防治森林病虫害，制止滥伐、盗伐林木，提高森林覆盖率。

国家在天然林保护区域实行禁伐或者限伐制度，加强造林护林。

第六十一条 有关地方人民政府，应当加强草原的保护、建设和管理，指导、组织农（牧）民和农（牧）业生产经营组织建设人工草场、饲草饲料基地和改良天然草原，实行以草定畜，控制载畜量，推行划区轮牧、休牧和禁牧制度，保护草原植被，防止草原退化沙化和盐渍化。

第六十二条 禁止毁林毁草开垦、烧山开垦以及开垦国家禁止开垦的陡坡地，已经开垦的应当逐步退耕还林、还草。

禁止围湖造田以及围垦国家禁止围垦的湿地。已经围垦的，应当逐步退耕还湖、还湿地。

对在国务院批准规划范围内实施退耕的农民，应当按照国家规定予以补助。

第六十三条 各级人民政府应当采取措施，依法执行捕捞限额和禁渔、休渔制度，增殖渔业资源，保护渔业水域生态环境。

国家引导、支持从事捕捞业的农（渔）民和农（渔）业生产经营组织从事水产养殖业或者其他职业，对根据当地人民政府统一规划转产转业的农（渔）民，应当按照国家规定予以补助。

第六十四条 国家建立与农业生产有关的生物物种资源保护制度，保护生物多样性，对稀有、濒危、珍贵生物资源及其原生地实行重点保护。从境外引进生物物种资源应当依法进行登记或者审批，并采取相应安全控制措施。

农业转基因生物的研究、试验、生产、加工、经营及其他应用，必须依照国家规定严格实行各项安全控制措施。

第六十五条 各级农业行政主管部门应当引导农民和农业生产经营组织采取生物措施或者使用高效低毒低残留农药、兽药，防治动植物病、虫、杂草、鼠害。

农产品采收后的秸秆及其他剩余物质应当综合利用，妥善处理，防止造成环境污染和生态破坏。

从事畜禽等动物规模养殖的单位和个人应当对粪便、废水及其他废弃物进行无害化处理或者综合利用，从事水产养殖的单位和个人应当合理投饵、施肥、使用药物，防止造成环境污染和生态破坏。

第六十六条 县级以上人民政府应当采取措施，督促有关单位进行治理，防治废水、废气和固体废弃物对农业生态环境的污染。排放废水、废气和固体废弃物造成农业生态环境污染事故的，由环境保护行政主管部门或者农业行政主管部门依法调查处理；给农民和农业生产经营组织造成损失的，有关责任者应当依法赔偿。

第九章 农民权益保护

第六十七条 任何机关或者单位向农民或者农业生产经营组织收取行政、事业性费用必须依据法律、法规的规定。收费的项目、范围和标准应当公布。没有法律、法规依据的收费，农民和农业生产经营组织有权拒绝。

任何机关或者单位对农民或者农业生产经营组织进行罚款处罚必须依据法律、法规、规章的规定。没有法律、法规、规章依据的罚款，农民和农业生产经营组织有权拒绝。

任何机关或者单位不得以任何方式向农民或者农业生产经营组织进行摊派。除法律、法规另有规定外，任何机关或者单位以任何方式要求农民或者农业生产经营组织提供人力、财力、物力的，属于摊派。农民和农业生产经营组织有权拒绝任何方式的摊派。

第六十八条 各级人民政府及其有关部门和所属单位不得以任何方式向农民或者农业生产经营组织集资。

没有法律、法规依据或者未经国务院批准，任何机关或者单位不得在农村进行任何形式的达标、升级、验收活动。

第六十九条 农民和农业生产经营组织依照法律、行政法规的规定承担纳税义务。税务机关及代扣、代收税款的单位应当依法征税，不得违法摊派税款及以其他违法方法征税。

第七十条 农村义务教育除按国务院规定收取的费用外，不得向农民和学生收取其他费用。禁止任何机关或者单位通过农村中小学校向农民收费。

第七十一条 国家依法征收农民集体所有的土地，应当保护农民和农村集体经济组织的合法权益，依法给予农民和农村集体经济组织征地补偿，任何单位和个人不得截留、挪用征地补偿费用。

第七十二条 各级人民政府、农村集体经济组织或者村民委员会在农业和农村经济结构调整、农业产业化经营和土地承包经营权流转等过程中，不得侵犯农民的土地承包经营权，不得干涉农民自主安排的生产经营项目，不得强迫农民购买指定的生产资料或者按指定的渠道销售农产品。

第七十三条 农村集体经济组织或者村民委员会为发展生产或者兴办公益事业，需要向其成员（村民）筹资筹劳的，应当经成员（村民）会议或者成员（村民）代表会议过半数通过后，方可进行。

农村集体经济组织或者村民委员会依照前款规定筹资筹劳的，不得超过省级以上人民政府规定的上限控制标准，禁止强行以资代劳。

农村集体经济组织和村民委员会对涉及农民利益的重要事项，应当向农民公开，并定期公布财务账目，接受农民的监督。

第七十四条 任何单位和个人向农民或者农业生产经营组织提供生产、技术、信息、文化、保险等有偿服务，必须坚持自愿原则，不得强迫农民和农业生产经营组织接受服务。

第七十五条 农产品收购单位在收购农产品时，不得压级压价，不得在支付的价款中扣缴任何费用。法律、行政法规规定代扣、代收税款的，依照法律、行政法规的规定办理。

农产品收购单位与农产品销售者因农产品的质量等级发生争议的，可以委托具有法定资质的农产品质量检验机构检验。

第七十六条 农业生产资料使用者因生产资料质量问题遭受损失的，出售该生产资料的经营者应当予以赔偿，赔偿额包括购货价款、有关费用和可得利益损失。

第七十七条 农民或者农业生产经营组织为维护自身的合法权益，有向各级人民政府及其有关部门反映情况和提出合法要求的权利，人民政府及其有关部门对农民或者农业生产经营组织提出的合理要求，应当按照国家规定及时给予答复。

第七十八条 违反法律规定，侵犯农民权益的，农民或者农业生产经营组织可以依法申请行政复议或者向人民法院提起诉讼，有关人民政府及其有关部门或者人民法院应当依法受理。

人民法院和司法行政主管机关应当依照有关规定为农民提供法律援助。

第十章 农村经济发展

第七十九条 国家坚持城乡协调发展的方针，扶持农村第二、第三产业发展，调整和优化农村经济结构，增加农民收入，促进农村经济全面发展，逐步缩小城乡差别。

第八十条 各级人民政府应当采取措施，发展乡镇企业，支持农业的发展，转移富余的农业劳动力。

国家完善乡镇企业发展的支持措施，引导乡镇企业优化结构，更新技术，提高素质。

第八十一条 县级以上地方人民政府应当根据当地的经济发展水平、区位优势和资源条件，按照合理布局、科学规划、节约用地的原则，有重点地推进农村小城镇建设。

地方各级人民政府应当注重运用市场机制，完善相应政策，吸引农民和社会资金投资小城镇开发建设，发展第二、第三产业，引导乡镇企业相对集中发展。

第八十二条 国家采取措施引导农村富余劳动力在城乡、地区间合理有序流动。地方各级人民政府依法保护进入城镇就业的农村劳动力的合法权益，不得设置不合理限制，已经设置的应当取消。

第八十三条 国家逐步完善农村社会救济制度，保障农村五保户、贫困残疾农民、贫困老年农民和其他丧失劳动能力的农民的基本生活。

第八十四条 国家鼓励、支持农民巩固和发展农村合作医疗和其他医疗保障形式，提高农民健康水平。

第八十五条 国家扶持贫困地区改善经济发展条件，帮助进行经济开发。省级人民政府根据国家关于扶持贫困地区的总体目标和要求，制定扶贫开发规划，并组织实施。

各级人民政府应当坚持开发式扶贫方针，组织贫困地区的农民和农业生产经营组织合理使用扶贫资金，依靠自身力量改变贫穷落后面貌，引导贫困地区的农民调整经济结构、开发当地资源。扶贫开发应当坚持与资源保护、生态建设相结合，促进贫困地区经济、社会的协调发展和全面进步。

第八十六条 中央和省级财政应当把扶贫开发投入列入年度财政预算，并逐年增加，加大对贫困地区的财政转移支付和建设资金投入。

国家鼓励和扶持金融机构、其他企业事业单位和个人投入资金支持贫困地区开发建设。

禁止任何单位和个人截留、挪用扶贫资金。审计机关应当加强扶贫资金的审计监督。

第十一章 执法监督

第八十七条 县级以上人民政府应当采取措施逐步完善适应社会主义市场经济发展要求的农业行政管理体制。

县级以上人民政府农业行政主管部门和有关行政主管部门应当加强规划、指导、管理、协调、监督、服务职责，依法行政，公正执法。

县级以上地方人民政府农业行政主管部门应当在其职责范围内健全行政执法队伍，实行综合执法，提高执法效率和水平。

第八十八条 县级以上人民政府农业行政主管部门及其执法人员履行执法监督检查职责时，有权采取下列措施：

（一）要求被检查单位或者个人说明情况，提供有关文件、证照、资料；

（二）责令被检查单位或者个人停止违反本法的行为，履行法定义务。

农业行政执法人员在履行监督检查职责时，应当向被检查单位或者个人出示行政执法证件，遵守执法程序。有关单位或者个人应当配合农业行政执法人员依法执行职务，不得拒绝和阻碍。

第八十九条　农业行政主管部门与农业生产、经营单位必须在机构、人员、财务上彻底分离。农业行政主管部门及其工作人员不得参与和从事农业生产经营活动。

第十二章　法律责任

第九十条　违反本法规定，侵害农民和农业生产经营组织的土地承包经营权等财产权或者其他合法权益的，应当停止侵害，恢复原状；造成损失、损害的，依法承担赔偿责任。

国家工作人员利用职务便利或者以其他名义侵害农民和农业生产经营组织的合法权益的，应当赔偿损失，并由其所在单位或者上级主管机关给予行政处分。

第九十一条　违反本法第十九条、第二十五条、第六十二条、第七十一条规定的，依照相关法律或者行政法规的规定予以处罚。

第九十二条　有下列行为之一的，由上级主管机关责令限期归还被截留、挪用的资金，没收非法所得，并由上级主管机关或者所在单位给予直接负责的主管人员和其他直接责任人员行政处分；构成犯罪的，依法追究刑事责任：

（一）违反本法第三十三条第三款规定，截留、挪用粮食收购资金的；

（二）违反本法第三十九条第二款规定，截留、挪用用于农业的财政资金和信贷资金的；

（三）违反本法第八十六条第三款规定，截留、挪用扶贫资金的。

第九十三条　违反本法第六十七条规定，向农民或者农业生产经营组织违法收费、罚款、摊派的，上级主管机关应当予以制止，并予公告；已经收取钱款或者已经使用人力、物力的，由上级主管机关责令限期归还已经收取的钱款或者折价偿还已经使用的人力、物力，并由上级主管机关或者所在单位给予直接负责的主管人员和其他直接责任人员行政处分；情节严重，构成犯罪的，依法追究刑事责任。

第九十四条　有下列行为之一的，由上级主管机关责令停止违法行为，并给予直接负责的主管人员和其他直接责任人员行政处分，责令退还违法收取的集资款、税款或者费用：

（一）违反本法第六十八条规定，非法在农村进行集资、达标、升级、验收活动的；

（二）违反本法第六十九条规定，以违法方法向农民征税的；

（三）违反本法第七十条规定，通过农村中小学校向农民超额、超项目收费的。

第九十五条　违反本法第七十三条第二款规定，强迫农民以资代劳的，由乡（镇）人民政府责令改正，并退还违法收取的资金。

第九十六条　违反本法第七十四条规定，强迫农民和农业生产经营组织接受有偿服务的，由有关人民政府责令改正，并返还其违法收取的费用；情节严重的，给予直接负责的主管人员和其他直接责任人员行政处分；造成农民和农业生产经营组织损失的，依法承担赔偿责任。

第九十七条　县级以上人民政府农业行政主管部门的工作人员违反本法规定参与和从事

农业生产经营活动的，依法给予行政处分；构成犯罪的，依法追究刑事责任。

第十三章 附 则

第九十八条 本法有关农民的规定，适用于国有农场、牧场、林场、渔场等企业事业单位实行承包经营的职工。

第九十九条 本法自 2003 年 3 月 1 日起施行。

（原载国家法律法规数据库网站，https：//flk.npc.gov.cn/，2024 年 5 月 1 日）

中华人民共和国农村土地承包法

（2002年8月29日第九届全国人民代表大会常务委员会第二十九次会议通过 2002年8月29日中华人民共和国主席令第七十三号公布 根据2009年8月27日第十一届全国人民代表大会常务委员会第十次会议《关于修改部分法律的决定》第一次修正 根据2018年12月29日第十三届全国人民代表大会常务委员会第七次会议《关于修改〈中华人民共和国农村土地承包法〉的决定》第二次修正）

目　录

第一章　总　则
第二章　家庭承包
　　第一节　发包方和承包方的权利和义务
　　第二节　承包的原则和程序
　　第三节　承包期限和承包合同
　　第四节　土地承包经营权的保护和互换、转让
　　第五节　土地经营权
第三章　其他方式的承包
第四章　争议的解决和法律责任
第五章　附　则

第一章　总　则

第一条　为了巩固和完善以家庭承包经营为基础、统分结合的双层经营体制，保持农村土地承包关系稳定并长久不变，维护农村土地承包经营当事人的合法权益，促进农业、农村经济发展和农村社会和谐稳定，根据宪法，制定本法。

第二条　本法所称农村土地，是指农民集体所有和国家所有依法由农民集体使用的耕地、林地、草地，以及其他依法用于农业的土地。

第三条　国家实行农村土地承包经营制度。

农村土地承包采取农村集体经济组织内部的家庭承包方式，不宜采取家庭承包方式的荒山、荒沟、荒丘、荒滩等农村土地，可以采取招标、拍卖、公开协商等方式承包。

第四条　农村土地承包后，土地的所有权性质不变。承包地不得买卖。

第五条　农村集体经济组织成员有权依法承包由本集体经济组织发包的农村土地。

任何组织和个人不得剥夺和非法限制农村集体经济组织成员承包土地的权利。

第六条　农村土地承包，妇女与男子享有平等的权利。承包中应当保护妇女的合法权益，任何组织和个人不得剥夺、侵害妇女应当享有的土地承包经营权。

第七条　农村土地承包应当坚持公开、公平、公正的原则，正确处理国家、集体、个人

三者的利益关系。

第八条 国家保护集体土地所有者的合法权益,保护承包方的土地承包经营权,任何组织和个人不得侵犯。

第九条 承包方承包土地后,享有土地承包经营权,可以自己经营,也可以保留土地承包权,流转其承包地的土地经营权,由他人经营。

第十条 国家保护承包方依法、自愿、有偿流转土地经营权,保护土地经营权人的合法权益,任何组织和个人不得侵犯。

第十一条 农村土地承包经营应当遵守法律、法规,保护土地资源的合理开发和可持续利用。未经依法批准不得将承包地用于非农建设。

国家鼓励增加对土地的投入,培肥地力,提高农业生产能力。

第十二条 国务院农业农村、林业和草原主管部门分别依照国务院规定的职责负责全国农村土地承包经营及承包经营合同管理的指导。

县级以上地方人民政府农业农村、林业和草原等主管部门分别依照各自职责,负责本行政区域内农村土地承包经营及承包经营合同管理。

乡(镇)人民政府负责本行政区域内农村土地承包经营及承包经营合同管理。

第二章 家庭承包

第一节 发包方和承包方的权利和义务

第十三条 农民集体所有的土地依法属于村农民集体所有的,由村集体经济组织或者村民委员会发包;已经分别属于村内两个以上农村集体经济组织的农民集体所有的,由村内各该农村集体经济组织或者村民小组发包。村集体经济组织或者村民委员会发包的,不得改变村内各集体经济组织农民集体所有的土地的所有权。

国家所有依法由农民集体使用的农村土地,由使用该土地的农村集体经济组织、村民委员会或者村民小组发包。

第十四条 发包方享有下列权利:

(一)发包本集体所有的或者国家所有依法由本集体使用的农村土地;

(二)监督承包方依照承包合同约定的用途合理利用和保护土地;

(三)制止承包方损害承包地和农业资源的行为;

(四)法律、行政法规规定的其他权利。

第十五条 发包方承担下列义务:

(一)维护承包方的土地承包经营权,不得非法变更、解除承包合同;

(二)尊重承包方的生产经营自主权,不得干涉承包方依法进行正常的生产经营活动;

(三)依照承包合同约定为承包方提供生产、技术、信息等服务;

(四)执行县、乡(镇)土地利用总体规划,组织本集体经济组织内的农业基础设施建设;

(五)法律、行政法规规定的其他义务。

第十六条 家庭承包的承包方是本集体经济组织的农户。

农户内家庭成员依法平等享有承包土地的各项权益。

第十七条 承包方享有下列权利:

（一）依法享有承包地使用、收益的权利，有权自主组织生产经营和处置产品；

（二）依法互换、转让土地承包经营权；

（三）依法流转土地经营权；

（四）承包地被依法征收、征用、占用的，有权依法获得相应的补偿；

（五）法律、行政法规规定的其他权利。

第十八条　承包方承担下列义务：

（一）维持土地的农业用途，未经依法批准不得用于非农建设；

（二）依法保护和合理利用土地，不得给土地造成永久性损害；

（三）法律、行政法规规定的其他义务。

第二节　承包的原则和程序

第十九条　土地承包应当遵循以下原则：

（一）按照规定统一组织承包时，本集体经济组织成员依法平等地行使承包土地的权利，也可以自愿放弃承包土地的权利；

（二）民主协商，公平合理；

（三）承包方案应当按照本法第十三条的规定，依法经本集体经济组织成员的村民会议三分之二以上成员或者三分之二以上村民代表的同意；

（四）承包程序合法。

第二十条　土地承包应当按照以下程序进行：

（一）本集体经济组织成员的村民会议选举产生承包工作小组；

（二）承包工作小组依照法律、法规的规定拟订并公布承包方案；

（三）依法召开本集体经济组织成员的村民会议，讨论通过承包方案；

（四）公开组织实施承包方案；

（五）签订承包合同。

第三节　承包期限和承包合同

第二十一条　耕地的承包期为三十年。草地的承包期为三十年至五十年。林地的承包期为三十年至七十年。

前款规定的耕地承包期届满后再延长三十年，草地、林地承包期届满后依照前款规定相应延长。

第二十二条　发包方应当与承包方签订书面承包合同。

承包合同一般包括以下条款：

（一）发包方、承包方的名称，发包方负责人和承包方代表的姓名、住所；

（二）承包土地的名称、坐落、面积、质量等级；

（三）承包期限和起止日期；

（四）承包土地的用途；

（五）发包方和承包方的权利和义务；

（六）违约责任。

第二十三条　承包合同自成立之日起生效。承包方自承包合同生效时取得土地承包经营权。

第二十四条 国家对耕地、林地和草地等实行统一登记，登记机构应当向承包方颁发土地承包经营权证或者林权证等证书，并登记造册，确认土地承包经营权。

土地承包经营权证或者林权证等证书应当将具有土地承包经营权的全部家庭成员列入。

登记机构除按规定收取证书工本费外，不得收取其他费用。

第二十五条 承包合同生效后，发包方不得因承办人或者负责人的变动而变更或者解除，也不得因集体经济组织的分立或者合并而变更或者解除。

第二十六条 国家机关及其工作人员不得利用职权干涉农村土地承包或者变更、解除承包合同。

第四节 土地承包经营权的保护和互换、转让

第二十七条 承包期内，发包方不得收回承包地。

国家保护进城农户的土地承包经营权。不得以退出土地承包经营权作为农户进城落户的条件。

承包期内，承包农户进城落户的，引导支持其按照自愿有偿原则依法在本集体经济组织内转让土地承包经营权或者将承包地交回发包方，也可以鼓励其流转土地经营权。

承包期内，承包方交回承包地或者发包方依法收回承包地时，承包方对其在承包地上投入而提高土地生产能力的，有权获得相应的补偿。

第二十八条 承包期内，发包方不得调整承包地。

承包期内，因自然灾害严重毁损承包地等特殊情形对个别农户之间承包的耕地和草地需要适当调整的，必须经本集体经济组织成员的村民会议三分之二以上成员或者三分之二以上村民代表的同意，并报乡（镇）人民政府和县级人民政府农业农村、林业和草原等主管部门批准。承包合同中约定不得调整的，按照其约定。

第二十九条 下列土地应当用于调整承包土地或者承包给新增人口：

（一）集体经济组织依法预留的机动地；

（二）通过依法开垦等方式增加的；

（三）发包方依法收回和承包方依法、自愿交回的。

第三十条 承包期内，承包方可以自愿将承包地交回发包方。承包方自愿交回承包地的，可以获得合理补偿，但是应当提前半年以书面形式通知发包方。承包方在承包期内交回承包地的，在承包期内不得再要求承包土地。

第三十一条 承包期内，妇女结婚，在新居住地未取得承包地的，发包方不得收回其原承包地；妇女离婚或者丧偶，仍在原居住地生活或者不在原居住地生活但在新居住地未取得承包地的，发包方不得收回其原承包地。

第三十二条 承包人应得的承包收益，依照继承法的规定继承。

林地承包的承包人死亡，其继承人可以在承包期内继续承包。

第三十三条 承包方之间为方便耕种或者各自需要，可以对属于同一集体经济组织的土地的土地承包经营权进行互换，并向发包方备案。

第三十四条 经发包方同意，承包方可以将全部或者部分的土地承包经营权转让给本集体经济组织的其他农户，由该农户同发包方确立新的承包关系，原承包方与发包方在该土地上的承包关系即行终止。

第三十五条 土地承包经营权互换、转让的，当事人可以向登记机构申请登记。未经登记，

不得对抗善意第三人。

第五节　土地经营权

第三十六条　承包方可以自主决定依法采取出租（转包）、入股或者其他方式向他人流转土地经营权，并向发包方备案。

第三十七条　土地经营权人有权在合同约定的期限内占有农村土地，自主开展农业生产经营并取得收益。

第三十八条　土地经营权流转应当遵循以下原则：

（一）依法、自愿、有偿，任何组织和个人不得强迫或者阻碍土地经营权流转；

（二）不得改变土地所有权的性质和土地的农业用途，不得破坏农业综合生产能力和农业生态环境；

（三）流转期限不得超过承包期的剩余期限；

（四）受让方须有农业经营能力或者资质；

（五）在同等条件下，本集体经济组织成员享有优先权。

第三十九条　土地经营权流转的价款，应当由当事人双方协商确定。流转的收益归承包方所有，任何组织和个人不得擅自截留、扣缴。

第四十条　土地经营权流转，当事人双方应当签订书面流转合同。

土地经营权流转合同一般包括以下条款：

（一）双方当事人的姓名、住所；

（二）流转土地的名称、坐落、面积、质量等级；

（三）流转期限和起止日期；

（四）流转土地的用途；

（五）双方当事人的权利和义务；

（六）流转价款及支付方式；

（七）土地被依法征收、征用、占用时有关补偿费的归属；

（八）违约责任。

承包方将土地交由他人代耕不超过一年的，可以不签订书面合同。

第四十一条　土地经营权流转期限为五年以上的，当事人可以向登记机构申请土地经营权登记。未经登记，不得对抗善意第三人。

第四十二条　承包方不得单方解除土地经营权流转合同，但受让方有下列情形之一的除外：

（一）擅自改变土地的农业用途；

（二）弃耕抛荒连续两年以上；

（三）给土地造成严重损害或者严重破坏土地生态环境；

（四）其他严重违约行为。

第四十三条　经承包方同意，受让方可以依法投资改良土壤，建设农业生产附属、配套设施，并按照合同约定对其投资部分获得合理补偿。

第四十四条　承包方流转土地经营权的，其与发包方的承包关系不变。

第四十五条　县级以上地方人民政府应当建立工商企业等社会资本通过流转取得土地经

营权的资格审查、项目审核和风险防范制度。

工商企业等社会资本通过流转取得土地经营权的，本集体经济组织可以收取适量管理费用。具体办法由国务院农业农村、林业和草原主管部门规定。

第四十六条 经承包方书面同意，并向本集体经济组织备案，受让方可以再流转土地经营权。

第四十七条 承包方可以用承包地的土地经营权向金融机构融资担保，并向发包方备案。受让方通过流转取得的土地经营权，经承包方书面同意并向发包方备案，可以向金融机构融资担保。

担保物权自融资担保合同生效时设立。当事人可以向登记机构申请登记；未经登记，不得对抗善意第三人。

实现担保物权时，担保物权人有权就土地经营权优先受偿。

土地经营权融资担保办法由国务院有关部门规定。

第三章　其他方式的承包

第四十八条 不宜采取家庭承包方式的荒山、荒沟、荒丘、荒滩等农村土地，通过招标、拍卖、公开协商等方式承包的，适用本章规定。

第四十九条 以其他方式承包农村土地的，应当签订承包合同，承包方取得土地经营权。当事人的权利和义务、承包期限等，由双方协商确定。以招标、拍卖方式承包的，承包费通过公开竞标、竞价确定；以公开协商等方式承包的，承包费由双方议定。

第五十条 荒山、荒沟、荒丘、荒滩等可以直接通过招标、拍卖、公开协商等方式实行承包经营，也可以将土地经营权折股分给本集体经济组织成员后，再实行承包经营或者股份合作经营。

承包荒山、荒沟、荒丘、荒滩的，应当遵守有关法律、行政法规的规定，防止水土流失，保护生态环境。

第五十一条 以其他方式承包农村土地，在同等条件下，本集体经济组织成员有权优先承包。

第五十二条 发包方将农村土地发包给本集体经济组织以外的单位或者个人承包，应当事先经本集体经济组织成员的村民会议三分之二以上成员或者三分之二以上村民代表的同意，并报乡（镇）人民政府批准。

由本集体经济组织以外的单位或者个人承包的，应当对承包方的资信情况和经营能力进行审查后，再签订承包合同。

第五十三条 通过招标、拍卖、公开协商等方式承包农村土地，经依法登记取得权属证书的，可以依法采取出租、入股、抵押或者其他方式流转土地经营权。

第五十四条 依照本章规定通过招标、拍卖、公开协商等方式取得土地经营权的，该承包人死亡，其应得的承包收益，依照继承法的规定继承；在承包期内，其继承人可以继续承包。

第四章　争议的解决和法律责任

第五十五条 因土地承包经营发生纠纷的，双方当事人可以通过协商解决，也可以请求村民委员会、乡（镇）人民政府等调解解决。

当事人不愿协商、调解或者协商、调解不成的，可以向农村土地承包仲裁机构申请仲裁，也可以直接向人民法院起诉。

第五十六条 任何组织和个人侵害土地承包经营权、土地经营权的，应当承担民事责任。

第五十七条 发包方有下列行为之一的，应当承担停止侵害、排除妨碍、消除危险、返还财产、恢复原状、赔偿损失等民事责任：

（一）干涉承包方依法享有的生产经营自主权；

（二）违反本法规定收回、调整承包地；

（三）强迫或者阻碍承包方进行土地承包经营权的互换、转让或者土地经营权流转；

（四）假借少数服从多数强迫承包方放弃或者变更土地承包经营权；

（五）以划分"口粮田"和"责任田"等为由收回承包地搞招标承包；

（六）将承包地收回抵顶欠款；

（七）剥夺、侵害妇女依法享有的土地承包经营权；

（八）其他侵害土地承包经营权的行为。

第五十八条 承包合同中违背承包方意愿或者违反法律、行政法规有关不得收回、调整承包地等强制性规定的约定无效。

第五十九条 当事人一方不履行合同义务或者履行义务不符合约定的，应当依法承担违约责任。

第六十条 任何组织和个人强迫进行土地承包经营权互换、转让或者土地经营权流转的，该互换、转让或者流转无效。

第六十一条 任何组织和个人擅自截留、扣缴土地承包经营权互换、转让或者土地经营权流转收益的，应当退还。

第六十二条 违反土地管理法规，非法征收、征用、占用土地或者贪污、挪用土地征收、征用补偿费用，构成犯罪的，依法追究刑事责任；造成他人损害的，应当承担损害赔偿等责任。

第六十三条 承包方、土地经营权人违法将承包地用于非农建设的，由县级以上地方人民政府有关行政主管部门依法予以处罚。

承包方给承包地造成永久性损害的，发包方有权制止，并有权要求赔偿由此造成的损失。

第六十四条 土地经营权人擅自改变土地的农业用途、弃耕抛荒连续两年以上、给土地造成严重损害或者严重破坏土地生态环境，承包方在合理期限内不解除土地经营权流转合同的，发包方有权要求终止土地经营权流转合同。土地经营权人对土地和土地生态环境造成的损害应当予以赔偿。

第六十五条 国家机关及其工作人员有利用职权干涉农村土地承包经营，变更、解除承包经营合同，干涉承包经营当事人依法享有的生产经营自主权，强迫、阻碍承包经营当事人进行土地承包经营权互换、转让或者土地经营权流转等侵害土地承包经营权、土地经营权的行为，给承包经营当事人造成损失的，应当承担损害赔偿等责任；情节严重的，由上级机关或者所在单位给予直接责任人员处分；构成犯罪的，依法追究刑事责任。

第五章　附　则

第六十六条 本法实施前已经按照国家有关农村土地承包的规定承包，包括承包期限长于本法规定的，本法实施后继续有效，不得重新承包土地。未向承包方颁发土地承包经营权证或者林权证等证书的，应当补发证书。

第六十七条 本法实施前已经预留机动地的，机动地面积不得超过本集体经济组织耕地总面积的百分之五。不足百分之五的，不得再增加机动地。

本法实施前未留机动地的，本法实施后不得再留机动地。

第六十八条 各省、自治区、直辖市人民代表大会常务委员会可以根据本法，结合本行政区域的实际情况，制定实施办法。

第六十九条 确认农村集体经济组织成员身份的原则、程序等，由法律、法规规定。

第七十条 本法自2003年3月1日起施行。

（原载国家法律法规数据库网站，https：//flk.npc.gov.cn/，2024年5月1日）

国务院关于全面推进农村税费改革试点工作的意见

(二〇〇三年三月二十七日)

各省、自治区、直辖市人民政府,国务院各部委、各直属机构:

按照国务院统一部署,二〇〇二年全国有二十个省(自治区、直辖市,下同)以省为单位进行了农村税费改革试点,其他省继续在部分县(市)进行试点。地方各级党委、政府高度重视并精心组织试点工作,中央各有关部门注意加强配合和指导,及时处理改革中遇到的矛盾和问题,试点工作进展顺利,取得了明显成效,为全面推进改革积累了经验。实践证明,农村税费改革是现阶段减轻农民负担的治本之策,不仅有力地促进了农民收入恢复性增长,得到了广大农民群众的衷心拥护,而且带动了农村各项改革,推进了农村经济的持续发展和农村社会的全面进步,是农村工作实践"三个代表"重要思想的具体体现。但也要看到,各地区还不同程度地存在基础工作不扎实,政策宣传不深入,执行政策不到位,配套改革力度不平衡等问题,切实做到"三个确保"和巩固改革成果的任务仍相当艰巨。按照党的十六大以及中央经济工作会议和中央农村工作会议精神,国务院决定,二〇〇三年在进一步总结经验、完善政策的基础上,全面推进农村税费改革试点工作。现就有关问题提出以下意见:

一、全面推进农村税费改革试点工作。

二〇〇三年农村税费改革试点工作的总体要求是:总结经验,完善政策;全面推进,分类指导;巩固改革成果,防止负担反弹。已先行试点的地方,要进一步落实好各项改革政策,加快推进各项配套改革,建立健全确保农村基层组织正常运转和农村义务教育必要经费投入的保障制度,完善改革后农民负担监督管理约束机制,防止农民负担反弹。目前尚未以省为单位实施改革试点的省,今年是否进行全省范围的改革试点,由各省根据本地实际情况自主决定;准备进行试点的省,要按照中央有关文件要求,抓紧做好试点的各项基础工作,认真制定本省试点方案,并于二〇〇三年四月十五日前报国务院审批。中央财政继续安排一定资金支持地方试点工作,试点地区省级财政和有条件的市、县财政,都要加大对改革试点的支持力度,千方百计安排足够资金支持农村税费改革,实行专款专用,确保顺利推进试点工作。

二、切实做到"三个确保"。

确保改革后农民负担明显减轻、不反弹,确保乡镇机构和村级组织正常运转,确保农村义务教育经费正常需要,是衡量农村税费改革是否成功的重要标志,也是顺利推进试点工作,巩固改革成果的必然要求。

在试点地区,无论是一个省、一个县,还是一个乡、一个村,从总体上计算,改革后的农民负担要比改革前有较大幅度的减轻,做到村村减负,户户受益。对承包土地较多、改革后负担有所增加的农户,要通过减免等办法,把负担减下来。要建立有效的农民负担监督管理约束机制，确保农民负担减轻后保持长期稳定、不反弹。

乡镇机构和村级组织要通过精简机构，转变职能，减少财政供养人员，大力压缩开支，确保正常运转。应调整和完善县乡财政体制，乡镇财政首先要保运转，本级财力不足的，上级财政要加大转移支付力度。对财政收入规模较小的乡，可由上一级财政统筹安排其必要的开支。应加强村级组织建设，完善村民自治制度，大力压缩村级开支。在此基础上，村级三项费用不足部分，财政要给予适当补助。不得把经费缺口留在基层。

改革后农村义务教育的投入，要确保不低于改革前乡统筹费中的农村教育附加、经国家批准的农村教育集资以及正常财政投入的总体水平，并逐步有所增长，实现"保工资、保运转、保安全"的基本目标。要将农村中小学教师工资发放工作上收到县，设立教师工资专户，按国家规定标准及时足额发放，不准发生新的拖欠；学校收取的杂费要全部用作学校正常的办公经费，不得用于发放工资或福利。农村中小学正常运转所需公用经费的不足部分，由县级财政给予补助；建立健全农村中小学正常的危房改造资金保障渠道，省级财政应根据本地实际情况，从农村税费改革专项转移支付资金中，每年安排一定资金用于学校危房改造，确保师生安全。要加快推进农村义务教育管理体制改革，精简教师队伍，调整教育布局，提高教学质量。

三、进一步调整完善有关农业税收政策。

试点地区应进一步完善和落实二轮土地承包制度，稳定党在农村的基本政策。农业税征收机关在核定农业税计税面积时，对因自然灾害、合法征占减少的耕地，应据实核减。对未经合法审批，因长期建设占地、农村兴办公益事业占地等因素减少的计税土地，应先据实核减，并由占地单位按规定补办审批手续和补缴税款；确有困难的，应先登记造册，暂不纳入计税面积，另行处理，不得将这部分面积计算的农业税负担平摊到农民头上。新增试点地区核定常年产量，可依据改革前连续五年实际平均产量，并充分考虑当地实际情况，征求农民意见，得到农民认可。村与村之间自然条件有明显差异的，核定的常年产量应有所区别，防止搞"一刀切"。农业税计税价格由各省级人民政府综合考虑本地区粮食市场价、保护价和农民承受能力等因素合理确定，并注意与毗邻地区衔接。计税价格明显偏高的地方，应实事求是地进行调减。除国家政策调整外，一经正式确定的农业税负担要保持长期稳定。

各地区应结合实际，逐步缩小农业特产税征收范围，降低税率，为最终取消这一税种创造条件。

四、加强和规范农业税及其附加征收工作。

试点地区要实行农业税征收机关负责征税、聘请协税员协税的农业税收征管制度。乡镇政府和村级组织应积极协助征收机关做好农业税及其附加征管工作，但不得代行执法权。非农业税征收人员不得直接收取税款。农业税征收机关要坚持依法征收，规范农业税收征管程序，建立健全纳税登记、纳税申报、纳税通知制度，逐步实现农业税收征收方式由上门征收向定点常年征收转变。要加强税收宣传工作，引导农民积极依法纳税，履行应尽义务。农业税附加、农业特产税附加由农业税征收机关与正税同步征收，实行乡管村用，由乡镇经营管理部门监督管理，只能用于村级组织正常运转需要，任何单位和个人不得截留、平调。要加强农业税征管机构队伍建设，配备必要的征管人员。必需聘请的协税员，应通过岗前培训，持证上岗。加快农业税收征管计算机信息系统建设，努力提高工作质量和服务水平。

五、健全和完善农业税减免制度。

农业税（包括农业税附加）灾歉减免应坚持"轻灾少减，重灾多减，特重全免"的原则。认真落实农村各项社会减免政策，加大对革命老区、贫困地区、少数民族地区，以及革命烈士家属、在乡革命残废军人的农业税减免力度。改进农业税减免方式。灾歉减免应尽量做到先减免后征收，社会减免必须实行先减免后征收，确保减免政策及时兑现到户。要适应农村税费改革后的新情况，建立稳定的农业税减免资金渠道。中央和省级财政每年应在预算中安排一定资金用于农业税减免，省级以下各级财政应从农业税征收总额中预留一定的减免机动资金，或在预算中安排相当数量的资金用于农业税减免，实行滚动使用。

六、妥善处理农民公平负担问题。

农村税费改革后，由于农业税及其附加按照土地面积和粮食产量计税，客观上会造成一部分种地多的农民负担增加。因此，各地区在试点过程中，要结合本地实际，制定减免税等优惠政策，把因种地多出现农业税收负担高于改革前的负担部分切实减下来，以调动粮食主产区种粮农民的积极性。应注意解决好毗邻地区同等耕种条件土地的农业税负担相差过于悬殊的问题，促进农业税负担公平合理。中央和省两级财政安排的农村税费改革专项转移支付资金，要重点向农业主产区特别是粮食主产区倾斜。结合深化粮食流通体制改革和农村税费改革试点工作，借鉴国际通行做法，进行调整政府对农业和农民的补贴方式试点，逐步建立和完善直接补贴农民的办法。

七、严格执行村内"一事一议"筹资投劳政策。

村内"一事一议"筹资投劳制度是农村基层民主政治建设的重要内容，必须长期坚持。各地区要适应新形势，转变观念，统筹安排农村集体公益事业发展，坚持走群众路线，及时制定和完善"一事一议"的议事程序、议事范围和上限标准。村内事业发展要坚持量力而行的原则，充分考虑农民的经济承受能力，有多少钱办多少事；充分尊重农民的民主权利，多数农民同意的事就办，不同意的就不办；决不能把"一事一议"筹资投劳变成农民负担的固定项目。

农业综合开发中农民筹资投劳，应纳入村内"一事一议"范畴，实行专项管理。其范围只限于受益村改善农业生产条件的建设项目，并与农民商议，由农民签字认可，实行民主决策、数量控制、以村为单位统一组织，不准搞强迫命令。确需农民投劳进行农业综合开发的项目，农民只出工，不得要求农民以资代劳，不得跨村筹劳；确需跨村使用劳动力的，应采取借工、换工或有偿用工等形式，不能平调使用农村劳动力。要逐步降低农民筹资投劳在农业综合开发中的比例。

暂停执行对不承包土地并从事工商业活动的农村居民收取资金用于村内公益事业的政策。已经收取的地方，要做好善后工作。

八、切实加强涉农收费管理。

这是深化农村税费改革、从根本上减轻农民负担的一项重要内容。各地区和有关部门要进一步清理整顿涉农收费项目，加强对农村中小学生就学、计划生育指标审批、农村结婚登记、农民建房、农民外出务工等方面乱收费的专项治理。按照国家规定权限批准保留的行政事业性收费项目，必须在规定环节、范围和标准内收费，不得超范围、超标准收费或搭车收费。农村经营服务性收费，应按照自愿、有偿原则向农民收取，并实行公示制度；不准强制服务、强行收费，或只收费不服务。其中，向农民收取水费、电费等跨区域共同生产费用，要严格执行"受益缴费，计量收费"的原则，因大面积抗旱、排涝难以做到计量收费的，应按直接受益原则据实分摊，不得提前预收。今后，任何地方和部门一律不得出台涉及农民负担的行政事业性收费和政府性基金、集资项目。有关部门要切实加强农村税费改革后对农民负担的监督管理工作。

九、积极探索化解乡村债务的措施和办法。

各地区要通过加快发展农村经济、深化农村改革，积极探索通过债权债务抵冲、依法削减高利贷、加强内部控制、节约开支、盘活集体存量资产等有效办法逐步化解乡村债务。乡镇机构的债务，要靠发展经济，完善财政体制等办法妥善解决；村级组织的债务，要在防止发生新债的基础上，摸清底数，分清责任，结合实际制订办法，逐步化解。

各地区要暂停向农民收缴农村税费改革前的税费尾欠。对改革前农民的税费尾欠，要进行核实、登记、归类；对不符合有关政策规定的，要予以核销，不得再向农民追缴；对符合减免规定的税费尾欠，要给予减免；对农民历年形成的农业税收及符合政策规定的乡统筹和村提留费尾欠，采取先挂账的办法，待农村经济进一步发展、农民承受能力明显增强后再作处理。

十、加强督促检查，严肃改革纪律。

各地区要建立健全督查制度，改进督查方式，采取日常检查与重点督查、定期检查与随机抽查、明查与暗访相结合的方式，加大督促检查力度。对执行政策中出现的偏差，应及时纠正；对农民反映的问题，要认真对待，及时处理。地方各级人民政府都要建立健全税费改革群众信访查处反馈制度，向社会公开政策咨询和群众举报电话，定期通报有关情况，自觉接受社会监督。要建立健全税费改革工作责任追究制度，对违反农村税费改革政策特别是顶风违纪行为，必须依法严肃处理，重大案（事）件要公开曝光。要认真落实涉及农民负担案（事）件责任追究制。今后，凡是发现违反有关规定乱收费，或者歪曲中央改革政策加重农民负担的，不仅要追究县、乡党政主要领导的责任，而且中央财政要相应扣减给该地区的转移支付资金。

各地区和有关部门要注意研究农村税费改革试点中出现的新矛盾和新问题，加强专题调查，及时提出切实可行的解决办法。通过不断调整和完善收入分配政策，逐步实行城乡统一的税费制度，进一步解放和发展农村生产力；同时，加大对农村社会事业发展的财政支持力度，促进城乡经济和社会协调发展，加快全面建设小康社会的步伐。

以前农村税费改革有关政策规定与本意见不一致的，以本意见为准。

国务院
二〇〇三年三月二十七日

（原载中共中央文献研究室编：《十六大以来重要文献选编（上）》，中央文献出版社，2011年6月）

全国人民代表大会常务委员会关于废止《中华人民共和国农业税条例》的决定

（2005年12月29日第十届全国人民代表大会常务委员会第十九次会议通过）

第十届全国人民代表大会常务委员会第十九次会议决定：

第一届全国人民代表大会常务委员会第九十六次会议于1958年6月3日通过的《中华人民共和国农业税条例》自2006年1月1日起废止。

（原载国家法律法规数据库网站，https://flk.npc.gov.cn/，2024年5月1日）

国务院关于建立统一的城乡居民
基本养老保险制度的意见

(二〇一四年二月二十一日)

各省、自治区、直辖市人民政府，国务院各部委、各直属机构：

按照党的十八大精神和十八届三中全会关于整合城乡居民基本养老保险制度的要求，依据《中华人民共和国社会保险法》有关规定，在总结新型农村社会养老保险（以下简称新农保）和城镇居民社会养老保险（以下简称城居保）试点经验的基础上，国务院决定，将新农保和城居保两项制度合并实施，在全国范围内建立统一的城乡居民基本养老保险（以下简称城乡居民养老保险）制度。现提出以下意见：

一、指导思想。

高举中国特色社会主义伟大旗帜，以邓小平理论、"三个代表"重要思想、科学发展观为指导，贯彻落实党中央和国务院的各项决策部署，按照全覆盖、保基本、有弹性、可持续的方针，以增强公平性、适应流动性、保证可持续性为重点，全面推进和不断完善覆盖全体城乡居民的基本养老保险制度，充分发挥社会保险对保障人民基本生活、调节社会收入分配、促进城乡经济社会协调发展的重要作用。

二、任务目标。

坚持和完善社会统筹与个人账户相结合的制度模式，巩固和拓宽个人缴费、集体补助、政府补贴相结合的资金筹集渠道，完善基础养老金和个人账户养老金相结合的待遇支付政策，强化长缴多得、多缴多得等制度的激励机制，建立基础养老金正常调整机制，健全服务网络，提高管理水平，为参保居民提供方便快捷的服务。"十二五"末，在全国基本实现新农保和城居保制度合并实施，并与职工基本养老保险制度相衔接。二〇二〇年前，全面建成公平、统一、规范的城乡居民养老保险制度，与社会救助、社会福利等其他社会保障政策相配套，充分发挥家庭养老等传统保障方式的积极作用，更好保障参保城乡居民的老年基本生活。

三、参保范围。

年满十六周岁（不含在校学生），非国家机关和事业单位工作人员及不属于职工基本养老保险制度覆盖范围的城乡居民，可以在户籍地参加城乡居民养老保险。

四、基金筹集。

城乡居民养老保险基金由个人缴费、集体补助、政府补贴构成。

（一）个人缴费。

参加城乡居民养老保险的人员应当按规定缴纳养老保险费。缴费标准目前设为每年一百元、二百元、三百元、四百元、五百元、六百元、七百元、八百元、九百元、一千元、一千五百元、二千元十二个档次，省（区、市）人民政府可以根据实际情况增设缴费档次，最高缴费档次标准原则上不超过当地灵活就业人员参加职工基本养老保险的年缴费额，并报人力资源社会保障部备案。人力资源社会保障部会同财政部依据城乡居民收入增长等情况适时调整缴费档次标准。参保人自主选择档次缴费，多缴多得。

（二）集体补助。

有条件的村集体经济组织应当对参保人缴费给予补助，补助标准由村民委员会召开村民会议民主确定，鼓励有条件的社区将集体补助纳入社区公益事业资金筹集范围。鼓励其他社会经济组织、公益慈善组织、个人为参保人缴费提供资助。补助、资助金额不超过当地设定的最高缴费档次标准。

（三）政府补贴。

政府对符合领取城乡居民养老保险待遇条件的参保人全额支付基础养老金，其中，中央财政对中西部地区按中央确定的基础养老金标准给予全额补助，对东部地区给予百分之五十的补助。

地方人民政府应当对参保人缴费给予补贴，对选择最低档次标准缴费的，补贴标准不低于每人每年三十元；对选择较高档次标准缴费的，适当增加补贴金额；对选择五百元及以上档次标准缴费的，补贴标准不低于每人每年六十元，具体标准和办法由省（区、市）人民政府确定。对重度残疾人等缴费困难群体，地方人民政府为其代缴部分或全部最低标准的养老保险费。

五、建立个人账户。

国家为每个参保人员建立终身记录的养老保险个人账户，个人缴费、地方人民政府对参保人的缴费补贴、集体补助及其他社会经济组织、公益慈善组织、个人对参保人的缴费资助，全部记入个人账户。个人账户储存额按国家规定计息。

六、养老保险待遇及调整。

城乡居民养老保险待遇由基础养老金和个人账户养老金构成，支付终身。

（一）基础养老金。中央确定基础养老金最低标准，建立基础养老金最低标准正常调整机制，根据经济发展和物价变动等情况，适时调整全国基础养老金最低标准。地方人民政府可以根据实际情况适当提高基础养老金标准；对长期缴费的，可适当加发基础养老金，提高和加发部分的资金由地方人民政府支出，具体办法由省（区、市）人民政府规定，并报人力资源社会保障部备案。

（二）个人账户养老金。个人账户养老金的月计发标准，目前为个人账户全部储存额除以一百三十九（与现行职工基本养老保险个人账户养老金计发系数相同）。参保人死亡，个人账户资金余额可以依法继承。

七、养老保险待遇领取条件。

参加城乡居民养老保险的个人，年满六十周岁、累计缴费满十五年，且未领取国家规定的基本养老保障待遇的，可以按月领取城乡居民养老保险待遇。

新农保或城居保制度实施时已年满六十周岁，在本意见印发之日前未领取国家规定的基本养老保障待遇的，不用缴费，自本意见实施之月起，可以按月领取城乡居民养老保险基础养老金；距规定领取年龄不足十五年的，应逐年缴费，也允许补缴，累计缴费不超过十五年；距规定领取年龄超过十五年的，应按年缴费，累计缴费不少于十五年。

城乡居民养老保险待遇领取人员死亡的，从次月起停止支付其养老金。有条件的地方人民政府可以结合本地实际探索建立丧葬补助金制度。社会保险经办机构应每年对城乡居民养老保险待遇领取人员进行核对；村（居）民委员会要协助社会保险经办机构开展工作，在行政村（社区）范围内对参保人待遇领取资格进行公示，并与职工基本养老保险待遇等领取记录进行比对，确保不重、不漏、不错。

八、转移接续与制度衔接。

参加城乡居民养老保险的人员，在缴费期间户籍迁移、需要跨地区转移城乡居民养老保险关系的，可在迁入地申请转移养老保险关系，一次性转移个人账户全部储存额，并按迁入地规定继续参保缴费，缴费年限累计计算；已经按规定领取城乡居民养老保险待遇的，无论户籍是否迁移，其养老保险关系不转移。

城乡居民养老保险制度与职工基本养老保险、优抚安置、城乡居民最低生活保障、农村五保供养等社会保障制度以及农村部分计划生育家庭奖励扶助制度的衔接，按有关规定执行。

九、基金管理和运营。

将新农保基金和城居保基金合并为城乡居民养老保险基金，完善城乡居民养老保险基金财务会计制度和各项业务管理规章制度。城乡居民养老保险基金纳入社会保障基金财政专户，实行收支两条线管理，单独记账、独立核算，任何地区、部门、单位和个人均不得挤占挪用、虚报冒领。各地要在整合城乡居民养老保险制度的基础上，逐步推进城乡居民养老保险基金省级管理。

城乡居民养老保险基金按照国家统一规定投资运营，实现保值增值。

十、基金监督。

各级人力资源社会保障部门要会同有关部门认真履行监管职责，建立健全内控制度和基金稽核监督制度，对基金的筹集、上解、划拨、发放、存储、管理等进行监控和检查，并按规定披露信息，接受社会监督。财政部门、审计部门按各自职责，对基金的收支、管理和投资运营情况实施监督。对虚报冒领、挤占挪用、贪污浪费等违纪违法行为，有关部门按国家有关法律法规严肃处理。要积极探索有村（居）民代表参加的社会监督的有效方式，做到基金公开透明，制度在阳光下运行。

十一、经办管理服务与信息化建设。

省（区、市）人民政府要切实加强城乡居民养老保险经办能力建设，结合本地实际，科学整合现有公共服务资源和社会保险经办管理资源，充实加强基层经办力量，做到精确管理、便捷服务。要注重运用现代管理方式和政府购买服务方式，降低行政成本，提高工作效率。要加强城乡居民养老保险工作人员专业培训，不断提高公共服务水平。社会保险经办机构要认真记录参保人缴费和领取待遇情况，建立参保档案，按规定妥善保存。地方人民政府要为经办机构提供必要的工作场地、设施设备、经费保障。城乡居民养老保险工作经费纳入同级财政预算，不得从城乡居民养老保险基金中开支。基层财政确有困难的地区，省市级财政可给予适当补助。

各地要在现有新农保和城居保业务管理系统基础上，整合形成省级集中的城乡居民养老保险信息管理系统，纳入"金保工程"建设，并与其他公民信息管理系统实现信息资源共享；要将信息网络向基层延伸，实现省、市、县、乡镇（街道）、社区实时联网，有条件的地区可延伸到行政村；要大力推行全国统一的社会保障卡，方便参保人持卡缴费、领取待遇和查询本人参保信息。

十二、加强组织领导和政策宣传。

地方各级人民政府要充分认识建立城乡居民养老保险制度的重要性，将其列入当地经济社会发展规划和年度目标管理考核体系，切实加强组织领导；要优化财政支出结构，加大财政投入，为城乡居民养老保险制度建设提供必要的财力保障。各级人力资源社会保障部门要切实履行主管部门职责，会同有关部门做好城乡居民养老保险工作的统筹规划和政策制定、统一管理、综合协调、监督检查等工作。

各地区和有关部门要认真做好城乡居民养老保险政策宣传工作，全面准确地宣传解读政策，正确把握舆论导向，注重运用通俗易懂的语言和群众易于接受的方式，深入基层开展宣传活动，引导城乡居民踊跃参保、持续缴费、增加积累，保障参保人的合法权益。

各省（区、市）人民政府要根据本意见，结合本地区实际情况，制定具体实施办法，并报人力资源社会保障部备案。

本意见自印发之日起实施，已有规定与本意见不一致的，按本意见执行。

国务院
二〇一四年二月二十一日

（原载中共中央文献研究室编：《十八大以来重要文献选编（上）》，中央文献出版社，2014年9月）

中共中央、国务院关于打赢脱贫攻坚战的决定

(二〇一五年十一月二十九日)

确保到二〇二〇年农村贫困人口实现脱贫，是全面建成小康社会最艰巨的任务。现就打赢脱贫攻坚战作出如下决定。

一、增强打赢脱贫攻坚战的使命感紧迫感。

消除贫困、改善民生、逐步实现共同富裕，是社会主义的本质要求，是我们党的重要使命。改革开放以来，我们实施大规模扶贫开发，使七亿农村贫困人口摆脱贫困，取得了举世瞩目的伟大成就，谱写了人类反贫困历史上的辉煌篇章。党的十八大以来，我们把扶贫开发工作纳入"四个全面"战略布局，作为实现第一个百年奋斗目标的重点工作，摆在更加突出的位置，大力实施精准扶贫，不断丰富和拓展中国特色扶贫开发道路，不断开创扶贫开发事业新局面。

我国扶贫开发已进入啃硬骨头、攻坚拔寨的冲刺期。中西部一些省（自治区、直辖市）贫困人口规模依然较大，剩下的贫困人口贫困程度较深，减贫成本更高，脱贫难度更大。实现到二〇二〇年让七千多万农村贫困人口摆脱贫困的既定目标，时间十分紧迫、任务相当繁重。必须在现有基础上不断创新扶贫开发思路和办法，坚决打赢这场攻坚战。

扶贫开发事关全面建成小康社会，事关人民福祉，事关巩固党的执政基础，事关国家长治久安，事关我国国际形象。打赢脱贫攻坚战，是促进全体人民共享改革发展成果、实现共同富裕的重大举措，是体现中国特色社会主义制度优越性的重要标志，也是经济发展新常态下扩大国内需求、促进经济增长的重要途径。各级党委和政府必须把扶贫开发工作作为重大政治任务来抓，切实增强责任感、使命感和紧迫感，切实解决好思想认识不到位、体制机制不健全、工作措施不落实等突出问题，不辱使命、勇于担当，只争朝夕、真抓实干，加快补齐全面建成小康社会中的这块突出短板，决不让一个地区、一个民族掉队，实现《中共中央关于制定国民经济和社会发展第十三个五年规划的建议》确定的脱贫攻坚目标。

二、打赢脱贫攻坚战的总体要求。

（一）指导思想。

全面贯彻落实党的十八大和十八届二中、三中、四中、五中全会精神，以邓小平理论、"三个代表"重要思想、科学发展观为指导，深入贯彻习近平总书记系列重要讲话精神，围绕"四个全面"战略布局，牢固树立并切实贯彻创新、协调、绿色、开放、共享的发展理念，充分发挥政治优势和制度优势，把精准扶贫、精准脱贫作为基本方略，坚持扶贫开发与经济社会发展相互促进，坚持精准帮扶与集中连片特殊困难地区开发紧密结合，坚持扶贫开发与生态保护并重，坚持扶贫开发与社会保障有效衔接，咬定青山不放松，采取超常规举措，拿出过硬办法，举全党全社会之力，坚决打赢脱贫攻坚战。

（二）总体目标。

到二〇二〇年，稳定实现农村贫困人口不愁吃、不愁穿，义务教育、基本医疗和住房安全有保障。实现贫困地区农民人均可支配收入增长幅度高于全国平均水平，基本公共服务主要领域指标接近全国平均水平。确保我国现行标准下农村贫困人口实现脱贫，贫困县全部摘帽，解决区域性整体贫困。

（三）基本原则。

——坚持党的领导，夯实组织基础。充分发挥各级党委总揽全局、协调各方的领导核心作用，严格执行脱贫攻坚一把手负责制，省市县乡村五级书记一起抓。切实加强贫困地区农村基层党组织建设，使其成为带领群众脱贫致富的坚强战斗堡垒。

——坚持政府主导，增强社会合力。强化政府责任，引领市场、社会协同发力，鼓励先富帮后富，构建专项扶贫、行业扶贫、社会扶贫互为补充的大扶贫格局。

——坚持精准扶贫，提高扶贫成效。扶贫开发贵在精准，重在精准，必须解决好扶持谁、谁来扶、怎么扶的问题，做到扶真贫、真扶贫、真脱贫，切实提高扶贫成果可持续性，让贫困人口有更多的获得感。

——坚持保护生态，实现绿色发展。牢固树立绿水青山就是金山银山的理念，把生态保护放在优先位置，扶贫开发不能以牺牲生态为代价，探索生态脱贫新路子，让贫困人口从生态建设与修复中得到更多实惠。

——坚持群众主体，激发内生动力。继续推进开发式扶贫，处理好国家、社会帮扶和自身努力的关系，发扬自力更生、艰苦奋斗、勤劳致富精神，充分调动贫困地区干部群众积极性和创造性，注重扶贫先扶智，增强贫困人口自我发展能力。

——坚持因地制宜，创新体制机制。突出问题导向，创新扶贫开发路径，由"大水漫灌"向"精准滴灌"转变；创新扶贫资源使用方式，由多头分散向统筹集中转变；创新扶贫开发模式，由偏重"输血"向注重"造血"转变；创新扶贫考评体系，由侧重考核地区生产总值向主要考核脱贫成效转变。

三、实施精准扶贫方略，加快贫困人口精准脱贫。

（四）健全精准扶贫工作机制。抓好精准识别、建档立卡这个关键环节，为打赢脱贫攻坚战打好基础，为推进城乡发展一体化、逐步实现基本公共服务均等化创造条件。按照扶持对象精准、项目安排精准、资金使用精准、措施到户精准、因村派人精准、脱贫成效精准的要求，使建档立卡贫困人口中有五千万人左右通过产业扶持、转移就业、易地搬迁、教育支持、医疗救助等措施实现脱贫，其余完全或部分丧失劳动能力的贫困人口实行社保政策兜底脱贫。对建档立卡贫困村、贫困户和贫困人口定期进行全面核查，建立精准扶贫台账，实行有进有出的动态管理。根据致贫原因和脱贫需求，对贫困人口实行分类扶持。建立贫困户脱贫认定机制，对已经脱贫的农户，在一定时期内让其继续享受扶贫相关政策，避免出现边脱贫、边返贫现象，切实做到应进则进、应扶则扶。抓紧制定严格、规范、透明的国家扶贫开发工作重点县退出标准、程序、核查办法。重点县退出，由县提出申请，市（地）初审，省级审定，报国务院扶贫开发领导小组备案。重点县退出后，在攻坚期内国家原有扶贫政策保持不变，抓紧制定攻坚期后国家帮扶政策。加强对扶贫工作绩效的社会监督，开展贫困地区群众扶贫满意度调查，建立对扶贫政策落实情况和扶贫成效的第三方评估机制。评价精准扶贫成效，既要看减贫数量，更要看脱贫质量，不提不切实际的指标，对弄虚作假搞"数字脱贫"的，要严肃追究责任。

（五）发展特色产业脱贫。制定贫困地区特色产业发展规划。出台专项政策，统筹使用涉农资金，重点支持贫困村、贫困户因地制宜发展种养业和传统手工业等。实施贫困村"一村一品"产业推进行动，扶持建设一批贫困人口参与度高的特色农业基地。加强贫困地区农民合作社和龙头企业培育，发挥其对贫困人口的组织和带动作用，强化其与贫困户的利益联结机制。支持贫困地区发展农产品加工业，加快一二三产业融合发展，让贫困户更多分享农业全产业链和价值链增值收益。加大对贫困地区农产品品牌推介营销支持力度。依托贫困地区特有的自然人文资源，深入实施乡村旅游扶贫工程。科学合理有序开发贫困地区水电、煤炭、油气等资源，调整完善资源开发收益分配政策。探索水电利益共享机制，将从发电中提取的资金优先用于水库移民和库区后续发展。引导中央企业、民营企业分别设立贫困地区产业投资基金，采取市场化运作方式，主要用于吸引企业到贫困地区从事资源开发、产业园区建设、新型城镇化发展等。

（六）引导劳务输出脱贫。加大劳务输出培训投入，统筹使用各类培训资源，以就业为导向，提高培训的针对性和有效性。加大职业技能提升计划和贫困户教育培训工程实施力度，引导企业扶贫与职业教育相结合，鼓励职业院校和技工学校招收贫困家庭子女，确保贫困家庭劳动力至少掌握一门致富技能，实现靠技能脱贫。进一步加大就业专项资金向贫困地区转移支付力度。支持贫困地区建设县乡基层劳动就业和社会保障服务平台，引导和支持用人企业在贫困地区建立劳务培训基地，开展好订单定向培训，建立和完善输出地与输入地劳务对接机制。鼓励地方对跨省务工的农村贫困人口给予交通补助。大力支持家政服务、物流配送、养老服务等产业发展，拓展贫困地区劳动力外出就业空间。加大对贫困地区农民工返乡创业政策扶持力度。对在城镇工作生活一年以上的农村贫困人口，输入地政府要承担相应的帮扶责任，并优先提供基本公共服务，促进有能力在城镇稳定就业和生活的农村贫困人口有序实现市民化。

（七）实施易地搬迁脱贫。对居住在生存条件恶劣、生态环境脆弱、自然灾害频发等地区的农村贫困人口，加快实施易地扶贫搬迁工程。坚持群众自愿、积极稳妥的原则，因地制宜选择搬迁安置方式，合理确定住房建设标准，完善搬迁后续扶持政策，确保搬迁对象有业可就、稳定脱贫，做到搬得出、稳得住、能致富。要紧密结合推进新型城镇化，编制实施易地扶贫搬迁规划，支持有条件的地方依托小城镇、工业园区安置搬迁群众，帮助其尽快实现转移就业，享有与当地群众同等的基本公共服务。加大中央预算内投资和地方各级政府投入力度，创新投融资机制，拓宽资金来源渠道，提高补助标准。积极整合交通建设、农田水利、土地整治、地质灾害防治、林业生态等支农资金和社会资金，支持安置区配套公共设施建设和迁出区生态修复。利用城乡建设用地增减挂钩政策支持易地扶贫搬迁。为符合条件的搬迁户提供建房、生产、创业贴息贷款支持。支持搬迁安置点发展物业经济，增加搬迁户财产性收入。探索利用农民进城落户后自愿有偿退出的农村空置房屋和土地安置易地搬迁农户。

（八）结合生态保护脱贫。国家实施的退耕还林还草、天然林保护、防护林建设、石漠化治理、防沙治沙、湿地保护与恢复、坡耕地综合整治、退牧还草、水生态治理等重大生态工程，在项目和资金安排上进一步向贫困地区倾斜，提高贫困人口参与度和受益水平。加大贫困地区生态保护修复力度，增加重点生态功能区转移支付。结合建立国家公园体制，创新生态资金使用方式，利用生态补偿和生态保护工程资金使当地有劳动能力的部分贫困人口转为护林员等生态保护人员。合理调整贫困地区基本农田保有指标，加大贫困地区新一轮退耕还林还草力度。开展贫困地区生态综合补偿试点，健全公益林补偿标准动态调整机制，完善草原生态保护补助奖励政策，推动地区间建立横向生态补偿制度。

（九）着力加强教育脱贫。加快实施教育扶贫工程，让贫困家庭子女都能接受公平有质量的教育，阻断贫困代际传递。国家教育经费向贫困地区、基础教育倾斜。健全学前教育资助制度，帮助农村贫困家庭幼儿接受学前教育。稳步推进贫困地区农村义务教育阶段学生营养改善计划。加大对乡村教师队伍建设的支持力度，特岗计划、国培计划向贫困地区基层倾斜，为贫困地区乡村学校定向培养留得下、稳得住的一专多能教师，制定符合基层实际的教师招聘引进办法，建立省级统筹乡村教师补充机制，推动城乡教师合理流动和对口支援。全面落实连片特困地区乡村教师生活补助政策，建立乡村教师荣誉制度。合理布局贫困地区农村中小学校，改善基本办学条件，加快标准化建设，加强寄宿制学校建设，提高义务教育巩固率。普及高中阶段教育，率先从建档立卡的家庭经济困难学生实施普通高中免除学杂费、中等职业教育免除学杂费，让未升入普通高中的初中毕业生都能接受中等职业教育。加强有专业特色并适应市场需求的中等职业学校建设，提高中等职业教育国家助学金资助标准。努力办好贫困地区特殊教育和远程教育。建立保障农村和贫困地区学生上重点高校的长效机制，加大对贫困家庭大学生的救助力度。对贫困家庭离校未就业的高校毕业生提供就业支持。实施教育扶贫结对帮扶行动计划。

（十）开展医疗保险和医疗救助脱贫。实施健康扶贫工程，保障贫困人口享有基本医疗卫生服务，努力防止因病致贫、因病返贫。对贫困人口参加新型农村合作医疗个人缴费部分由财政给予补贴。新型农村合作医疗和大病保险制度对贫困人口实行政策倾斜，门诊统筹率先覆盖所有贫困地区，降低贫困人口大病费用实际支出，对新型农村合作医疗和大病保险支付后自负费用仍有困难的，加大医疗救助、临时救助、慈善救助等帮扶力度，将贫困人口全部纳入重特大疾病救助范围，使贫困人口大病医治得到有效保障。加大农村贫困残疾人康复服务和医疗救助力度，扩大纳入基本医疗保险范围的残疾人医疗康复项目。建立贫困人口健康卡。对贫困人口大病实行分类救治和先诊疗后付费的结算机制。建立全国三级医院（含军队和武警部队医院）与连片特困地区县和国家扶贫开发工作重点县县级医院稳定持续的一对一帮扶关系。完成贫困地区县乡村三级医疗卫生服务网络标准化建设，积极促进远程医疗诊治和保健咨询服务向贫困地区延伸。为贫困地区县乡医疗卫生机构订单定向免费培养医学类本专科学生，支持贫困地区实施全科医生和专科医生特设岗位计划，制定符合基层实际的人才招聘引进办法。支持和引导符合条件的贫困地区乡村医生按规定参加城镇职工基本养老保险。采取针对性措施，加强贫困地区传染病、地方病、慢性病等防治工作。全面实施贫困地区儿童营养改善、新生儿疾病免费筛查、妇女"两癌"免费筛查、孕前优生健康免费检查等重大公共卫生项目。加强贫困地区计划生育服务管理工作。

（十一）实行农村最低生活保障制度兜底脱贫。完善农村最低生活保障制度，对无法依靠产业扶持和就业帮助脱贫的家庭实行政策性保障兜底。加大农村低保省级统筹力度，低保标准较低的地区要逐步达到国家扶贫标准。尽快制定农村最低生活保障制度与扶贫开发政策有效衔接的实施方案。进一步加强农村低保申请家庭经济状况核查工作，将所有符合条件的贫困家庭纳入低保范围，做到应保尽保。加大临时救助制度在贫困地区落实力度。提高农村特困人员供养水平，改善供养条件。抓紧建立农村低保和扶贫开发的数据互通、资源共享信息平台，实现动态监测管理、工作机制有效衔接。加快完善城乡居民基本养老保险制度，适时提高基础养老金标准，引导农村贫困人口积极参保续保，逐步提高保障水平。有条件、有需求地区可以实施"以粮济贫"。

（十二）探索资产收益扶贫。在不改变用途的情况下，财政专项扶贫资金和其他涉农资金投入设施农业、养殖、光伏、水电、乡村旅游等项目形成的资产，具备条件的可折股量化给贫困村和贫困户，尤其是丧失劳动能力的贫困户。资产可由村集体、合作社或其他经营主体统一经营。要强化监督管理，明确资产运营方对财政资金形成资产的保值增值责任，建立健全收益分配机制，确保资产收益及时回馈持股贫困户。支持农民合作社和其他经营主体通过土地托管、牲畜托养和吸收农民土地经营权入股等方式，带动贫困户增收。贫困地区水电、矿产等资源开发，赋予土地被占用的村集体股权，让贫困人口分享资源开发收益。

（十三）健全留守儿童、留守妇女、留守老人和残疾人关爱服务体系。对农村"三留守"人员和残疾人进行全面摸底排查，建立详实完备、动态更新的信息管理系统。加强儿童福利院、救助保护机构、特困人员供养机构、残疾人康复托养机构、社区儿童之家等服务设施和队伍建设，不断提高管理服务水平。建立家庭、学校、基层组织、政府和社会力量相衔接的留守儿童关爱服务网络。加强对未成年人的监护。健全孤儿、事实无人抚养儿童、低收入家庭重病重残等困境儿童的福利保障体系。健全发现报告、应急处置、帮扶干预机制，帮助特殊贫困家庭解决实际困难。加大贫困残疾人康复工程、特殊教育、技能培训、托养服务实施力度。针对残疾人的特殊困难，全面建立困难残疾人生活补贴和重度残疾人护理补贴制度。对低保家庭中的老年人、未成年人、重度残疾人等重点救助对象，提高救助水平，确保基本生活。引导和鼓励社会力量参与特殊群体关爱服务工作。

四、加强贫困地区基础设施建设，加快破除发展瓶颈制约。

（十四）加快交通、水利、电力建设。推动国家铁路网、国家高速公路网连接贫困地区的重大交通项目建设，提高国道省道技术标准，构建贫困地区外通内联的交通运输通道。大幅度增加中央投资投入中西部地区和贫困地区的铁路、公路建设，继续实施车购税对农村公路建设的专项转移政策，提高贫困地区农村公路建设补助标准，加快完成具备条件的乡镇和建制村通硬化路的建设任务，加强农村公路安全防护和危桥改造，推动一定人口规模的自然村通公路。加强贫困地区重大水利工程、病险水库水闸除险加固、灌区续建配套与节水改造等水利项目建设。实施农村饮水安全巩固提升工程，全面解决贫困人口饮水安全问题。小型农田水利、"五小水利"工程等建设向贫困村倾斜。对贫困地区农村公益性基础设施管理养护给予支持。加大对贫困地区抗旱水源建设、中小河流治理、水土流失综合治理力度。加强山洪和地质灾害防治体系建设。大力扶持贫困地区农村水电开发。加强贫困地区农村气象为农服务体系和灾害防御体系建设。加快推进贫困地区农网改造升级，全面提升农网供电能力和供电质量，制定贫困村通动力电规划，提升贫困地区电力普遍服务水平。增加贫困地区年度发电指标。提高贫困地区水电工程留存电量比例。加快推进光伏扶贫工程,支持光伏发电设施接入电网运行,发展光伏农业。

(十五)加大"互联网+"扶贫力度。完善电信普遍服务补偿机制,加快推进宽带网络覆盖贫困村。实施电商扶贫工程。加快贫困地区物流配送体系建设,支持邮政、供销合作等系统在贫困乡村建立服务网点。支持电商企业拓展农村业务,加强贫困地区农产品网上销售平台建设。加强贫困地区农村电商人才培训。对贫困家庭开设网店给予网络资费补助、小额信贷等支持。开展互联网为农便民服务,提升贫困地区农村互联网金融服务水平,扩大信息进村入户覆盖面。

(十六)加快农村危房改造和人居环境整治。加快推进贫困地区农村危房改造,统筹开展农房抗震改造,把建档立卡贫困户放在优先位置,提高补助标准,探索采用贷款贴息、建设集体公租房等多种方式,切实保障贫困户基本住房安全。加大贫困村生活垃圾处理、污水治理、改厕和村庄绿化美化力度。加大贫困地区传统村落保护力度。继续推进贫困地区农村环境连片整治。加大贫困地区以工代赈投入力度,支持农村山水田林路建设和小流域综合治理。财政支持的微小型建设项目,涉及贫困村的,允许按照一事一议方式直接委托村级组织自建自管。以整村推进为平台,加快改善贫困村生产生活条件,扎实推进美丽宜居乡村建设。

(十七)重点支持革命老区、民族地区、边疆地区、连片特困地区脱贫攻坚。出台加大脱贫攻坚力度支持革命老区开发建设指导意见,加快实施重点贫困革命老区振兴发展规划,扩大革命老区财政转移支付规模。加快推进民族地区重大基础设施项目和民生工程建设,实施少数民族特困地区和特困群体综合扶贫工程,出台人口较少民族整体脱贫的特殊政策措施。改善边疆民族地区义务教育阶段基本办学条件,建立健全双语教学体系,加大教育对口支援力度,积极发展符合民族地区实际的职业教育,加强民族地区师资培训。加强少数民族特色村镇保护与发展。大力推进兴边富民行动,加大边境地区转移支付力度,完善边民补贴机制,充分考虑边境地区特殊需要,集中改善边民生产生活条件,扶持发展边境贸易和特色经济,使边民能够安心生产生活、安心守边固边。完善片区联系协调机制,加快实施集中连片特殊困难地区区域发展与脱贫攻坚规划。加大中央投入力度,采取特殊扶持政策,推进西藏、四省藏区和新疆南疆四地州脱贫攻坚。

五、强化政策保障,健全脱贫攻坚支撑体系。

(十八)加大财政扶贫投入力度。发挥政府投入在扶贫开发中的主体和主导作用,积极开辟扶贫开发新的资金渠道,确保政府扶贫投入力度与脱贫攻坚任务相适应。中央财政继续加大对贫困地区的转移支付力度,中央财政专项扶贫资金规模实现较大幅度增长,一般性转移支付资金、各类涉及民生的专项转移支付资金和中央预算内投资进一步向贫困地区和贫困人口倾斜。加大中央集中彩票公益金对扶贫的支持力度。农业综合开发、农村综合改革转移支付等涉农资金要明确一定比例用于贫困村。各部门安排的各项惠民政策、项目和工程,要最大限度地向贫困地区、贫困村、贫困人口倾斜。各省(自治区、直辖市)要根据本地脱贫攻坚需要,积极调整省级财政支出结构,切实加大扶贫资金投入。从二〇一六年起通过扩大中央和地方财政支出规模,增加对贫困地区水电路气网等基础设施建设和提高基本公共服务水平的投入。建立健全脱贫攻坚多规划衔接、多部门协调长效机制,整合目标相近、方向类同的涉农资金。按照权责一致原则，支持连片特困地区县和国家扶贫开发工作重点县围绕本县突出问题，以扶贫规划为引领，以重点扶贫项目为平台，把专项扶贫资金、相关涉农资金和社会帮扶资金捆绑集中使用。严格落实国家在贫困地区安排的公益性建设项目取消县级和西部连片特困地区地市级配套资金的政策，并加大中央和省级财政投资补助比重。在扶贫开发中推广政府与社会资本合作、政府购买服务等模式。加强财政监督检查和审计、稽查等工作，建立扶贫资金违规使用责任追究制度。纪检监察机关对扶贫领域虚报冒领、截留私分、贪污挪用、挥霍浪费等违法违规问题，坚决从严惩处。推进扶贫开发领域反腐倡廉建设，集中整治和加强预防扶贫领域职务犯罪工作。贫困地区要建立扶贫公告公示制度，强化社会监督，保障资金在阳光下运行。

（十九）加大金融扶贫力度。鼓励和引导商业性、政策性、开发性、合作性等各类金融机构加大对扶贫开发的金融支持。运用多种货币政策工具，向金融机构提供长期、低成本的资金，用于支持扶贫开发。设立扶贫再贷款，实行比支农再贷款更优惠的利率，重点支持贫困地区发展特色产业和贫困人口就业创业。运用适当的政策安排，动用财政贴息资金及部分金融机构的富余资金，对接政策性、开发性金融机构的资金需求，拓宽扶贫资金来源渠道。由国家开发银行和中国农业发展银行发行政策性金融债，按照微利或保本的原则发放长期贷款，中央财政给予百分之九十的贷款贴息，专项用于易地扶贫搬迁。国家开发银行、中国农业发展银行分别设立"扶贫金融事业部"，依法享受税收优惠。中国农业银行、邮政储蓄银行、农村信用社等金融机构要延伸服务网络，创新金融产品，增加贫困地区信贷投放。对有稳定还款来源的扶贫项目，允许采用过桥贷款方式，撬动信贷资金投入。按照省（自治区、直辖市）负总责的要求，建立和完善省级扶贫开发投融资主体。支持农村信用社、村镇银行等金融机构为贫困户提供免抵押、免担保扶贫小额信贷，由财政按基础利率贴息。加大创业担保贷款、助学贷款、妇女小额贷款、康复扶贫贷款实施力度。优先支持在贫困地区设立村镇银行、小额贷款公司等机构。支持贫困地区培育发展农民资金互助组织，开展农民合作社信用合作试点。支持贫困地区设立扶贫贷款风险补偿基金。支持贫困地区设立政府出资的融资担保机构，重点开展扶贫担保业务。积极发展扶贫小额贷款保证保险，对贫困户保证保险保费予以补助。扩大农业保险覆盖面，通过中央财政以奖代补等支持贫困地区特色农产品保险发展。加强贫困地区金融服务基础设施建设，优化金融生态环境。支持贫困地区开展特色农产品价格保险，有条件的地方可给予一定保费补贴。有效拓展贫困地区抵押物担保范围。

（二十）完善扶贫开发用地政策。支持贫困地区根据第二次全国土地调查及最新年度变更调查成果，调整完善土地利用总体规划。新增建设用地计划指标优先保障扶贫开发用地需要，专项安排国家扶贫开发工作重点县年度新增建设用地计划指标。中央和省级在安排土地整治工程和项目、分配下达高标准基本农田建设计划和补助资金时，要向贫困地区倾斜。在连片特困地区和国家扶贫开发工作重点县开展易地扶贫搬迁，允许将城乡建设用地增减挂钩指标在省域范围内使用。在有条件的贫困地区，优先安排国土资源管理制度改革试点，支持开展历史遗留工矿废弃地复垦利用、城镇低效用地再开发和低丘缓坡荒滩等未利用地开发利用试点。

（二十一）发挥科技、人才支撑作用。加大科技扶贫力度，解决贫困地区特色产业发展和生态建设中的关键技术问题。加大技术创新引导专项（基金）对科技扶贫的支持，加快先进适用技术成果在贫困地区的转化。深入推行科技特派员制度，支持科技特派员开展创业式扶贫服务。强化贫困地区基层农技推广体系建设，加强新型职业农民培训。加大政策激励力度，鼓励各类人才扎根贫困地区基层建功立业，对表现优秀的人员在职称评聘等方面给予倾斜。大力实施边远贫困地区、边疆民族地区和革命老区人才支持计划，贫困地区本土人才培养计划。积极推进贫困村创业致富带头人培训工程。

六、广泛动员全社会力量，合力推进脱贫攻坚。

（二十二）健全东西部扶贫协作机制。加大东西部扶贫协作力度，建立精准对接机制，使帮扶资金主要用于贫困村、贫困户。东部地区要根据财力增长情况，逐步增加对口帮扶财政投入，并列入年度预算。强化以企业合作为载体的扶贫协作，鼓励东西部按照当地主体功能定位共建产业园区，推动东部人才、资金、技术向贫困地区流动。启动实施经济强县（市）与国家扶贫开发工作重点县"携手奔小康"行动，东部各省（直辖市）在努力做好本区域内扶贫开发工作的同时，更多发挥县（市）作用，与扶贫协作省份的国家扶贫开发工作重点县开展结对帮扶。建立东西部扶贫协作考核评价机制。

（二十三）健全定点扶贫机制。进一步加强和改进定点扶贫工作，建立考核评价机制，确保各单位落实扶贫责任。深入推进中央企业定点帮扶贫困革命老区县"百县万村"活动。完善定点扶贫牵头联系机制，各牵头部门要按照分工督促指导各单位做好定点扶贫工作。

（二十四）健全社会力量参与机制。鼓励支持民营企业、社会组织、个人参与扶贫开发，实现社会帮扶资源和精准扶贫有效对接。引导社会扶贫重心下移，自愿包村包户，做到贫困户都有党员干部或爱心人士结对帮扶。吸纳农村贫困人口就业的企业，按规定享受税收优惠、职业培训补贴等就业支持政策。落实企业和个人公益扶贫捐赠所得税税前扣除政策。充分发挥各民主党派、无党派人士在人才和智力扶贫上的优势和作用。工商联系统组织民营企业开展"万企帮万村"精准扶贫行动。通过政府购买服务等方式，鼓励各类社会组织开展到村到户精准扶贫。完善扶贫龙头企业认定制度，增强企业辐射带动贫困户增收的能力。鼓励有条件的企业设立扶贫公益基金和开展扶贫公益信托。发挥好"10·17"全国扶贫日社会动员作用。实施扶贫志愿者行动计划和社会工作专业人才服务贫困地区计划。着力打造扶贫公益品牌，全面及时公开扶贫捐赠信息，提高社会扶贫公信力和美誉度。构建社会扶贫信息服务网络，探索发展公益众筹扶贫。

七、大力营造良好氛围，为脱贫攻坚提供强大精神动力。

（二十五）创新中国特色扶贫开发理论。深刻领会习近平总书记关于新时期扶贫开发的重要战略思想，系统总结我们党和政府领导亿万人民摆脱贫困的历史经验，提炼升华精准扶贫的实践成果，不断丰富完善中国特色扶贫开发理论，为脱贫攻坚注入强大思想动力。

（二十六）加强贫困地区乡风文明建设。培育和践行社会主义核心价值观，大力弘扬中华民族自强不息、扶贫济困传统美德，振奋贫困地区广大干部群众精神，坚定改变贫困落后面貌的信心和决心，凝聚全党全社会扶贫开发强大合力。倡导现代文明理念和生活方式，改变落后风俗习惯，善于发挥乡规民约在扶贫济困中的积极作用，激发贫困群众奋发脱贫的热情。推动文化投入向贫困地区倾斜，集中实施一批文化惠民扶贫项目，普遍建立村级文化中心。

深化贫困地区文明村镇和文明家庭创建。推动贫困地区县级公共文化体育设施达到国家标准。支持贫困地区挖掘保护和开发利用红色、民族、民间文化资源。鼓励文化单位、文艺工作者和其他社会力量为贫困地区提供文化产品和服务。

（二十七）扎实做好脱贫攻坚宣传工作。坚持正确舆论导向，全面宣传我国扶贫事业取得的重大成就，准确解读党和政府扶贫开发的决策部署、政策举措，生动报道各地区各部门精准扶贫、精准脱贫丰富实践和先进典型。建立国家扶贫荣誉制度，表彰对扶贫开发作出杰出贡献的组织和个人。加强对外宣传，讲好减贫的中国故事，传播好减贫的中国声音，阐述好减贫的中国理念。

（二十八）加强国际减贫领域交流合作。通过对外援助、项目合作、技术扩散、智库交流等多种形式，加强与发展中国家和国际机构在减贫领域的交流合作。积极借鉴国际先进减贫理念与经验。履行减贫国际责任，积极落实联合国二〇三〇年可持续发展议程，对全球减贫事业作出更大贡献。

八、切实加强党的领导，为脱贫攻坚提供坚强政治保障。

（二十九）强化脱贫攻坚领导责任制。实行中央统筹、省（自治区、直辖市）负总责、市（地）县抓落实的工作机制，坚持片区为重点、精准到村到户。党中央、国务院主要负责统筹制定扶贫开发大政方针，出台重大政策举措，规划重大工程项目。省（自治区、直辖市）党委和政府对扶贫开发工作负总责，抓好目标确定、项目下达、资金投放、组织动员、监督考核等工作。市（地）党委和政府要做好上下衔接、域内协调、督促检查工作，把精力集中在贫困县如期摘帽上。县级党委和政府承担主体责任，书记和县长是第一责任人，做好进度安排、项目落地、资金使用、人力调配、推进实施等工作。要层层签订脱贫攻坚责任书，扶贫开发任务重的省（自治区、直辖市）党政主要领导要向中央签署脱贫责任书，每年要向中央作扶贫脱贫进展情况的报告。省（自治区、直辖市）党委和政府要向市（地）、县（市）、乡镇提出要求，层层落实责任制。中央和国家机关各部门要按照部门职责落实扶贫开发责任，实现部门专项规划与脱贫攻坚规划有效衔接，充分运用行业资源做好扶贫开发工作。军队和武警部队要发挥优势，积极参与地方扶贫开发。改进县级干部选拔任用机制，统筹省（自治区、直辖市）内优秀干部，选好配强扶贫任务重的县党政主要领导，把扶贫开发工作实绩作为选拔使用干部的重要依据。脱贫攻坚期内贫困县县级领导班子要保持稳定，对表现优秀、符合条件的可以就地提级。加大选派优秀年轻干部特别是后备干部到贫困地区工作的力度，有计划地安排省部级后备干部到贫困县挂职任职，各省（自治区、直辖市）党委和政府也要选派厅局级后备干部到贫困县挂职任职。各级领导干部要自觉践行党的群众路线，切实转变作风，把严的要求、实的作风贯穿于脱贫攻坚始终。

（三十）发挥基层党组织战斗堡垒作用。加强贫困乡镇领导班子建设，有针对性地选配政治素质高、工作能力强、熟悉"三农"工作的干部担任贫困乡镇党政主要领导。抓好以村党组织为领导核心的村级组织配套建设，集中整顿软弱涣散村党组织，提高贫困村党组织的创造力、凝聚力、战斗力，发挥好工会、共青团、妇联等群团组织的作用。选好配强村级领导班子，突出抓好村党组织带头人队伍建设，充分发挥党员先锋模范作用。完善村级组织运转经费保障机制，将村干部报酬、村办公经费和其他必要支出作为保障重点。注重选派思想好、作风正、能力强的优秀年轻干部到贫困地区驻村，选聘高校毕业生到贫困村工作。根据贫困村的实际需求，精准选配第一书记，精准选派驻村工作队，提高县以上机关派出干部比例。加大驻村干部考核力度，不稳定脱贫不撤队伍。对在基层一线干出成绩、群众欢迎的驻村干部，要重点培养使用。加快推进贫困村村务监督委员会建设，继续落实好"四议两公开"、村务联席会等制度，健全党组织领导的村民自治机制。在有实际需要的地区，探索在村民小组或自然村开展村民自治，通过议事协商，组织群众自觉广泛参与扶贫开发。

（三十一）严格扶贫考核督查问责。抓紧出台中央对省（自治区、直辖市）党委和政府扶贫开发工作成效考核办法。建立年度扶贫开发工作逐级督查制度，选择重点部门、重点地区进行联合督查，对落实不力的部门和地区，国务院扶贫开发领导小组要向党中央、国务院报告并提出责任追究建议，对未完成年度减贫任务的省份要对党政主要领导进行约谈。各省（自治区、直辖市）党委和政府要加快出台对贫困县扶贫绩效考核办法，大幅度提高减贫指标在贫困县经济社会发展实绩考核指标中的权重，建立扶贫工作责任清单。加快落实对限制开发区域和生态脆弱的贫困县取消地区生产总值考核的要求。落实贫困县约束机制，严禁铺张浪费，厉行勤俭节约，严格控制"三公"经费，坚决刹住穷县"富衙"、"戴帽"炫富之风，杜绝不切实际的形象工程。建立重大涉贫事件的处置、反馈机制，在处置典型事件中发现问题，不断提高扶贫工作水平。加强农村贫困统计监测体系建设，提高监测能力和数据质量，实现数据共享。

（三十二）加强扶贫开发队伍建设。稳定和强化各级扶贫开发领导小组和工作机构。扶贫开发任务重的省（自治区、直辖市）、市（地）、县（市）扶贫开发领导小组组长由党政主要负责同志担任，强化各级扶贫开发领导小组决策部署、统筹协调、督促落实、检查考核的职能。加强与精准扶贫工作要求相适应的扶贫开发队伍和机构建设，完善各级扶贫开发机构的设置和职能，充实配强各级扶贫开发工作力度。扶贫任务重的乡镇要有专门干部负责扶贫开发工作。加强贫困地区县级领导干部和扶贫干部思想作风建设，加大培训力度，全面提升扶贫干部队伍能力水平。

（三十三）推进扶贫开发法治建设。各级党委和政府要切实履行责任，善于运用法治思维和法治方式推进扶贫开发工作，在规划编制、项目安排、资金使用、监督管理等方面，提高规范化、制度化、法治化水平。强化贫困地区社会治安防控体系建设和基层执法队伍建设。健全贫困地区公共法律服务制度，切实保障贫困人口合法权益。完善扶贫开发法律法规，抓紧制定扶贫开发条例。

让我们更加紧密地团结在以习近平同志为总书记的党中央周围，凝心聚力，精准发力，苦干实干，坚决打赢脱贫攻坚战，为全面建成小康社会、实现中华民族伟大复兴的中国梦而努力奋斗。

（原载中共中央文献研究室编：《十八大以来重要文献选编（下）》，中央文献出版社，2018年5月）

国务院关于整合城乡居民基本医疗保险制度的意见

(二〇一六年一月三日)

各省、自治区、直辖市人民政府，国务院各部委、各直属机构：

整合城镇居民基本医疗保险（以下简称城镇居民医保）和新型农村合作医疗（以下简称新农合）两项制度，建立统一的城乡居民基本医疗保险（以下简称城乡居民医保）制度，是推进医药卫生体制改革、实现城乡居民公平享有基本医疗保险权益、促进社会公平正义、增进人民福祉的重大举措，对促进城乡经济社会协调发展、全面建成小康社会具有重要意义。在总结城镇居民医保和新农合运行情况以及地方探索实践经验的基础上，现就整合建立城乡居民医保制度提出如下意见。

一、总体要求与基本原则。

（一）总体要求。

以邓小平理论、"三个代表"重要思想、科学发展观为指导，认真贯彻党的十八大、十八届二中、三中、四中、五中全会和习近平总书记系列重要讲话精神，落实党中央、国务院关于深化医药卫生体制改革的要求，按照全覆盖、保基本、多层次、可持续的方针，加强统筹协调与顶层设计，遵循先易后难、循序渐进的原则，从完善政策入手，推进城镇居民医保和新农合制度整合，逐步在全国范围内建立起统一的城乡居民医保制度，推动保障更加公平、管理服务更加规范、医疗资源利用更加有效，促进全民医保体系持续健康发展。

（二）基本原则。

1. 统筹规划、协调发展。要把城乡居民医保制度整合纳入全民医保体系发展和深化医改全局，统筹安排，合理规划，突出医保、医疗、医药三医联动，加强基本医保、大病保险、医疗救助、疾病应急救助、商业健康保险等衔接，强化制度的系统性、整体性、协同性。

2. 立足基本、保障公平。要准确定位，科学设计，立足经济社会发展水平、城乡居民负担和基金承受能力，充分考虑并逐步缩小城乡差距、地区差异，保障城乡居民公平享有基本医保待遇，实现城乡居民医保制度可持续发展。

3. 因地制宜、有序推进。要结合实际，全面分析研判，周密制订实施方案，加强整合前后的衔接，确保工作顺畅接续、有序过渡，确保群众基本医保待遇不受影响，确保医保基金安全和制度运行平稳。

4. 创新机制、提升效能。要坚持管办分开，落实政府责任，完善管理运行机制，深入推进支付方式改革，提升医保资金使用效率和经办管理服务效能。充分发挥市场机制作用，调动社会力量参与基本医保经办服务。

二、整合基本制度政策。

（一）统一覆盖范围。

城乡居民医保制度覆盖范围包括现有城镇居民医保和新农合所有应参保（合）人员，即覆盖除职工基本医疗保险应参保人员以外的其他所有城乡居民。农民工和灵活就业人员依法参加职工基本医疗保险，有困难的可按照当地规定参加城乡居民医保。各地要完善参保方式，促进应保尽保，避免重复参保。

（二）统一筹资政策。

坚持多渠道筹资，继续实行个人缴费与政府补助相结合为主的筹资方式，鼓励集体、单位或其他社会经济组织给予扶持或资助。各地要统筹考虑城乡居民医保与大病保险保障需求，按照基金收支平衡的原则，合理确定城乡统一的筹资标准。现有城镇居民医保和新农合个人缴费标准差距较大的地区，可采取差别缴费的办法，利用二至三年时间逐步过渡。整合后的实际人均筹资和个人缴费不得低于现有水平。

完善筹资动态调整机制。在精算平衡的基础上，逐步建立与经济社会发展水平、各方承受能力相适应的稳定筹资机制。逐步建立个人缴费标准与城乡居民人均可支配收入相衔接的机制。合理划分政府与个人的筹资责任，在提高政府补助标准的同时，适当提高个人缴费比重。

（三）统一保障待遇。

遵循保障适度、收支平衡的原则，均衡城乡保障待遇，逐步统一保障范围和支付标准，为参保人员提供公平的基本医疗保障。妥善处理整合前的特殊保障政策，做好过渡与衔接。

城乡居民医保基金主要用于支付参保人员发生的住院和门诊医药费用。稳定住院保障水平，政策范围内住院费用支付比例保持在百分之七十五左右。进一步完善门诊统筹，逐步提高门诊保障水平。逐步缩小政策范围内支付比例与实际支付比例间的差距。

（四）统一医保目录。

统一城乡居民医保药品目录和医疗服务项目目录，明确药品和医疗服务支付范围。各省（区、市）要按照国家基本医保用药管理和基本药物制度有关规定，遵循临床必需、安全有效、价格合理、技术适宜、基金可承受的原则，在现有城镇居民医保和新农合目录的基础上，适当考虑参保人员需求变化进行调整，有增有减、有控有扩，做到种类基本齐全、结构总体合理。完善医保目录管理办法，实行分级管理、动态调整。

（五）统一定点管理。

统一城乡居民医保定点机构管理办法，强化定点服务协议管理，建立健全考核评价机制和动态的准入退出机制。对非公立医疗机构与公立医疗机构实行同等的定点管理政策。原则上由统筹地区管理机构负责定点机构的准入、退出和监管，省级管理机构负责制订定点机构的准入原则和管理办法，并重点加强对统筹区域外的省、市级定点医疗机构的指导与监督。

（六）统一基金管理。

城乡居民医保执行国家统一的基金财务制度、会计制度和基金预决算管理制度。城乡居民医保基金纳入财政专户，实行"收支两条线"管理。基金独立核算、专户管理，任何单位和个人不得挤占挪用。

结合基金预算管理全面推进付费总额控制。基金使用遵循以收定支、收支平衡、略有结余的原则，确保应支付费用及时足额拨付，合理控制基金当年结余率和累计结余率。建立健全基金运行风险预警机制，防范基金风险，提高使用效率。

强化基金内部审计和外部监督，坚持基金收支运行情况信息公开和参保人员就医结算信息公示制度，加强社会监督、民主监督和舆论监督。

三、理顺管理体制。

（一）整合经办机构。

鼓励有条件的地区理顺医保管理体制，统一基本医保行政管理职能。充分利用现有城镇居民医保、新农合经办资源，整合城乡居民医保经办机构、人员和信息系统，规范经办流程，提供一体化的经办服务。完善经办机构内外部监督制约机制，加强培训和绩效考核。

（二）创新经办管理。

完善管理运行机制，改进服务手段和管理办法，优化经办流程，提高管理效率和服务水平。鼓励有条件的地区创新经办服务模式，推进管办分开，引入竞争机制，在确保基金安全和有效监管的前提下，以政府购买服务的方式委托具有资质的商业保险机构等社会力量参与基本医保的经办服务，激发经办活力。

四、提升服务效能。

（一）提高统筹层次。

城乡居民医保制度原则上实行市（地）级统筹，各地要围绕统一待遇政策、基金管理、信息系统和就医结算等重点，稳步推进市（地）级统筹。做好医保关系转移接续和异地就医结算服务。根据统筹地区内各县（市、区）的经济发展和医疗服务水平，加强基金的分级管理，充分调动县级政府、经办管理机构基金管理的积极性和主动性。鼓励有条件的地区实行省级统筹。

（二）完善信息系统。

整合现有信息系统，支撑城乡居民医保制度运行和功能拓展。推动城乡居民医保信息系统与定点机构信息系统、医疗救助信息系统的业务协同和信息共享，做好城乡居民医保信息系统与参与经办服务的商业保险机构信息系统必要的信息交换和数据共享。强化信息安全和患者信息隐私保护。

（三）完善支付方式。

系统推进按人头付费、按病种付费、按床日付费、总额预付等多种付费方式相结合的复合支付方式改革，建立健全医保经办机构与医疗机构及药品供应商的谈判协商机制和风险分担机制，推动形成合理的医保支付标准，引导定点医疗机构规范服务行为，控制医疗费用不合理增长。

通过支持参保居民与基层医疗机构及全科医师开展签约服务、制定差别化的支付政策等措施，推进分级诊疗制度建设，逐步形成基层首诊、双向转诊、急慢分治、上下联动的就医新秩序。

（四）加强医疗服务监管。

完善城乡居民医保服务监管办法，充分运用协议管理，强化对医疗服务的监控作用。各级医保经办机构要利用信息化手段，推进医保智能审核和实时监控，促进合理诊疗、合理用药。卫生计生行政部门要加强医疗服务监管，规范医疗服务行为。

五、精心组织实施，确保整合工作平稳推进。

（一）加强组织领导。

整合城乡居民医保制度是深化医改的一项重点任务，关系城乡居民切身利益，涉及面广、政策性强。各地各有关部门要按照全面深化改革的战略布局要求，充分认识这项工作的重要意义，加强领导，精心组织，确保整合工作平稳有序推进。各省级医改领导小组要加强统筹协调，及时研究解决整合过程中的问题。

（二）明确工作进度和责任分工。

各省（区、市）要于二〇一六年六月底前对整合城乡居民医保工作作出规划和部署，明确时间表、路线图，健全工作推进和考核评价机制，严格落实责任制，确保各项政策措施落实到位。各统筹地区要于二〇一六年十二月底前出台具体实施方案。综合医改试点省要将整合城乡居民医保作为重点改革内容，加强与医改其他工作的统筹协调，加快推进。

各地人力资源社会保障、卫生计生部门要完善相关政策措施，加强城乡居民医保制度整合前后的衔接；财政部门要完善基金财务会计制度，会同相关部门做好基金监管工作；保险监管部门要加强对参与经办服务的商业保险机构的从业资格审查、服务质量和市场行为监管；发展改革部门要将城乡居民医保制度整合纳入国民经济和社会发展规划；编制管理部门要在经办资源和管理体制整合工作中发挥职能作用；医改办要协调相关部门做好跟踪评价、经验总结和推广工作。

（三）做好宣传工作。

要加强正面宣传和舆论引导，及时准确解读政策，宣传各地经验亮点，妥善回应公众关切，合理引导社会预期，努力营造城乡居民医保制度整合的良好氛围。

国务院
二〇一六年一月三日

（原载中共中央文献研究室编：《十八大以来重要文献选编（下）》，中央文献出版社，2018年5月）

中共中央 国务院关于稳步推进农村集体产权制度改革的意见

(2016年12月26日)

为探索农村集体所有制有效实现形式，创新农村集体经济运行机制，保护农民集体资产权益，调动农民发展现代农业和建设社会主义新农村的积极性，现就稳步推进农村集体产权制度改革提出如下意见。

一、重大意义

（一）农村集体产权制度改革是巩固社会主义公有制、完善农村基本经营制度的必然要求。农村集体经济是集体成员利用集体所有的资源要素，通过合作与联合实现共同发展的一种经济形态，是社会主义公有制经济的重要形式。改革开放以来，农村实行以家庭承包经营为基础、统分结合的双层经营体制，极大解放和发展了农村社会生产力。适应健全社会主义市场经济体制新要求，不断深化农村集体产权制度改革，探索农村集体所有制有效实现形式，盘活农村集体资产，构建集体经济治理体系，形成既体现集体优越性又调动个人积极性的农村集体经济运行新机制，对于坚持中国特色社会主义道路，完善农村基本经营制度，增强集体经济发展活力，引领农民逐步实现共同富裕具有深远历史意义。

（二）农村集体产权制度改革是维护农民合法权益、增加农民财产性收入的重大举措。农村集体资产包括农民集体所有的土地、森林、山岭、草原、荒地、滩涂等资源性资产，用于经营的房屋、建筑物、机器设备、工具器具、农业基础设施、集体投资兴办的企业及其所持有的其他经济组织的资产份额、无形资产等经营性资产，用于公共服务的教育、科技、文化、卫生、体育等方面的非经营性资产。这三类资产是农村集体经济组织成员的主要财产，是农业农村发展的重要物质基础。适应城乡一体化发展新趋势，分类推进农村集体产权制度改革，在继续按照党中央、国务院已有部署抓好集体土地等资源性资产确权登记颁证，建立健全集体公益设施等非经营性资产统一运行管护机制的基础上，针对一些地方集体经营性资产归属不明、经营收益不清、分配不公开、成员的集体收益分配权缺乏保障等突出问题，着力推进经营性资产确权到户和股份合作制改革，对于切实维护农民合法权益，增加农民财产性收入，让广大农民分享改革发展成果，如期实现全面建成小康社会目标具有重大现实意义。

二、总体要求

（三）指导思想。全面贯彻党的十八大和十八届三中、四中、五中、六中全会精神，以邓小平理论、"三个代表"重要思想、科学发展观为指导，深入贯彻习近平总书记系列重要讲话精神和治国理政新理念新思想新战略，紧紧围绕统筹推进"五位一体"总体布局和协调推进"四个全面"战略布局，牢固树立新发展理念，认真落实党中央、国务院决策部署，以明晰农村集体产权归属、维护农村集体经济组织成员权利为目的，以推进集体经营性资产改革为重点任务，以发展股份合作等多种形式的合作与联合为导向，坚持农村土地集体所有，坚持家庭承包经营基础性地位，探索集体经济新的实现形式和运行机制，不断解放和发展农村社会生产力，促进农业发展、农民富裕、农村繁荣，为推进城乡协调发展、巩固党在农村的执政基础提供重要支撑和保障。

（四）基本原则

——把握正确改革方向。充分发挥市场在资源配置中的决定性作用和更好发挥政府作用，明确农村集体经济组织市场主体地位，完善农民对集体资产股份权能，把实现好、维护好、发展好广大农民的根本利益作为改革的出发点和落脚点，促进集体经济发展和农民持续增收。

——坚守法律政策底线。坚持农民集体所有不动摇，不能把集体经济改弱了、改小了、改垮了，防止集体资产流失；坚持农民权利不受损，不能把农民的财产权利改虚了、改少了、改没了，防止内部少数人控制和外部资本侵占。严格依法办事，妥善处理各种利益关系。

——尊重农民群众意愿。发挥农民主体作用，支持农民创新创造，把选择权交给农民，确保农民知情权、参与权、表达权、监督权，真正让农民成为改革的参与者和受益者。

——分类有序推进改革。根据集体资产的不同类型和不同地区条件确定改革任务，坚持分类实施、稳慎开展、有序推进，坚持先行试点、先易后难，不搞齐步走、不搞一刀切；坚持问题导向，确定改革的突破口和优先序，明确改革路径和方式，着力在关键环节和重点领域取得突破。

——坚持党的领导。坚持农村基层党组织的领导核心地位不动摇，围绕巩固党在农村的执政基础来谋划和实施农村集体产权制度改革，确保集体经济组织依法依规运行，逐步实现共同富裕。

（五）改革目标。通过改革，逐步构建归属清晰、权能完整、流转顺畅、保护严格的中国特色社会主义农村集体产权制度，保护和发展农民作为农村集体经济组织成员的合法权益。科学确认农村集体经济组织成员身份，明晰集体所有产权关系，发展新型集体经济；管好用好集体资产，建立符合市场经济要求的集体经济运行新机制，促进集体资产保值增值；落实农民的土地承包权、宅基地使用权、集体收益分配权和对集体经济活动的民主管理权利，形成有效维护农村集体经济组织成员权利的治理体系。

三、全面加强农村集体资产管理

（六）开展集体资产清产核资。这是顺利推进农村集体产权制度改革的基础和前提。要对集体所有的各类资产进行全面清产核资，摸清集体家底，健全管理制度，防止资产流失。在清产核资中，重点清查核实未承包到户的资源性资产和集体统一经营的经营性资产以及现金、债权债务等，查实存量、价值和使用情况，做到账证相符和账实相符。对清查出的没有登记入账或者核算不准确的，要经核对公示后登记入账或者调整账目；对长期借出或者未按规定手续租赁转让的，要清理收回或者补办手续；对侵占集体资金和资产的，要如数退赔，涉及违规违纪的移交纪检监察机关处理，构成犯罪的移交司法机关依法追究当事人的刑事责任。清产核资结果要向全体农村集体经济组织成员公示，并经成员大会或者代表大会确认。清产核资结束后，要建立健全集体资产登记、保管、使用、处置等制度，实行台账管理。各省级政府要对清产核资工作作出统一安排，从2017年开始，按照时间服从质量的要求逐步推进，力争用3年左右时间基本完成。

（七）明确集体资产所有权。在清产核资基础上，把农村集体资产的所有权确权到不同层级的农村集体经济组织成员集体，并依法由农村集体经济组织代表集体行使所有权。属于村农民集体所有的，由村集体经济组织代表集体行使所有权，未成立集体经济组织的由村民委员会代表集体行使所有权；分别属于村内两个以上农民集体所有的，由村内各该集体经济组织代表集体行使所有权，未成立集体经济组织的由村民小组代表集体行使所有权；属于乡镇农民集体所有的，由乡镇集体经济组织代表集体行使所有权。有集体统一经营资产的村（组），特别是城中村、城郊村、经济发达村等，应建立健全农村集体经济组织，并在村党组织的领导和村民委员会的支持下，按照法律法规行使集体资产所有权。集体资产所有权确权要严格按照产权归属进行，不能打乱原集体所有的界限。

（八）强化农村集体资产财务管理。加强农村集体资金资产资源监督管理，加强乡镇农村经营管理体系建设。修订完善农村集体经济组织财务会计制度，加快农村集体资产监督管理平台建设，推动农村集体资产财务管理制度化、规范化、信息化。稳定农村财会队伍，落实民主理财，规范财务公开，切实维护集体成员的监督管理权。加强农村集体经济组织审计监督，做好日常财务收支等定期审计，继续开展村干部任期和离任经济责任等专项审计，建立问题移交、定期通报和责任追究查处制度，防止侵占集体资产。对集体财务管理混乱的村，县级党委和政府要及时组织力量进行整顿，防止和纠正发生在群众身边的腐败行为。

四、由点及面开展集体经营性资产产权制度改革

（九）有序推进经营性资产股份合作制改革。将农村集体经营性资产以股份或者份额形式量化到本集体成员，作为其参加集体收益分配的基本依据。改革主要在有经营性资产的村镇，特别是城中村、城郊村和经济发达村开展。已经开展这项改革的村镇，要总结经验，健全制度，让农民有更多获得感；没有开展这项改革的村镇，可根据群众意愿和要求，由县级以上地方政府作出安排，先进行试点，再由点及面展开，力争用5年左右时间基本完成改革。农村集体经营性资产的股份合作制改革，不同于工商企业的股份制改造，要体现成员集体所有和特有的社区性，只能在农村集体经济组织内部进行。股权设置应以成员股为主，是否设置集体股由本集体经济组织成员民主讨论决定。股权管理提倡实行不随人口增减变动而调整的方式。改革后农村集体经济组织要完善治理机制，制定组织章程，涉及成员利益的重大事项实行民主决策，防止少数人操控。

（十）确认农村集体经济组织成员身份。依据有关法律法规，按照尊重历史、兼顾现实、程序规范、群众认可的原则，统筹考虑户籍关系、农村土地承包关系、对集体积累的贡献等因素，协调平衡各方利益，做好农村集体经济组织成员身份确认工作，解决成员边界不清的问题。改革试点中，要探索在群众民主协商基础上确认农村集体经济组织成员的具体程序、标准和管理办法，建立健全农村集体经济组织成员登记备案机制。成员身份的确认既要得到多数人认可，又要防止多数人侵犯少数人权益，切实保护妇女合法权益。提倡农村集体经济组织成员家庭今后的新增人口，通过分享家庭内拥有的集体资产权益的办法，按章程获得集体资产份额和集体成员身份。

（十一）保障农民集体资产股份权利。组织实施好赋予农民对集体资产股份占有、收益、有偿退出及抵押、担保、继承权改革试点。建立集体资产股权登记制度，记载农村集体经济组织成员持有的集体资产股份信息，出具股权证书。健全集体收益分配制度，明确公积金、公益金提取比例，把农民集体资产股份收益分配权落到实处。探索农民对集体资产股份有偿退出的条件和程序，现阶段农民持有的集体资产股份有偿退出不得突破本集体经济组织的范围，可以在本集体内部转让或者由本集体赎回。有关部门要研究制定集体资产股份抵押、担保贷款办法，指导农村集体经济组织制定农民持有集体资产股份继承的办法。及时总结试点经验，适时在面上推开。

五、因地制宜探索农村集体经济有效实现形式

（十二）发挥农村集体经济组织功能作用。农村集体经济组织是集体资产管理的主体，是特殊的经济组织，可以称为经济合作社，也可以称为股份经济合作社。现阶段可由县级以上地方政府主管部门负责向农村集体经济组织发放组织登记证书，农村集体经济组织可据此向有关部门办理银行开户等相关手续，以便开展经营管理活动。发挥好农村集体经济组织在管理集体资产、开发集体资源、发展集体经济、服务集体成员等方面的功能作用。在基层党组织领导下，探索明晰农村集体经济组织与村民委员会的职能关系，有效承担集体经济经营管理事务和村民自治事务。有需要且条件许可的地方，可以实行村民委员会事务和集体经济事务分离。妥善处理好村党组织、村民委员会和农村集体经济组织的关系。

（十三）维护农村集体经济组织合法权利。严格保护集体资产所有权，防止被虚置。农村承包土地经营权流转不得改变土地集体所有性质，不得违反耕地保护制度。以家庭承包方式承包的集体土地，采取转让、互换方式流转的，应在本集体经济组织内进行，且需经农村集体经济组织等发包方同意；采取出租（转包）或者其他方式流转经营权的，应报农村集体经济组织等发包方书面备案。在农村土地征收、集体经营性建设用地入市和宅基地制度改革试点中，探索正确处理国家、集体、农民三者利益分配关系的有效办法。对于经营性资产，要体现集体的维护、管理、运营权利；对于非经营性资产，不宜折股量化到户，要根据其不同投资来源和有关规定统一运行管护。

（十四）多种形式发展集体经济。从实际出发探索发展集体经济有效途径。农村集体经济组织可以利用未承包到户的集体"四荒"地（荒山、荒沟、荒丘、荒滩）、果园、养殖水面等资源，集中开发或者通过公开招投标等方式发展现代农业项目；可以利用生态环境和人文历史等资源发展休闲农业和乡村旅游；可以在符合规划前提下，探索利用闲置的各类房产设施、集体建设用地等，以自主开发、合资合作等方式发展相应产业。支持农村集体经济组织为农户和各类农业经营主体提供产前产中产后农业生产性服务。鼓励整合利用集体积累资金、政府帮扶资金等，通过入股或者参股农业产业化龙头企业、村与村合作、村企联手共建、扶贫开发等多种形式发展集体经济。

（十五）引导农村产权规范流转和交易。鼓励地方特别是县乡依托集体资产监督管理、土地经营权流转管理等平台，建立符合农村实际需要的产权流转交易市场，开展农村承包土地经营权、集体林权、"四荒"地使用权、农业类知识产权、农村集体经营性资产出租等流转交易。县级以上地方政府要根据农村产权要素性质、流转范围和交易需要，制定产权流转

交易管理办法，健全市场交易规则，完善运行机制，实行公开交易，加强农村产权流转交易服务和监督管理。维护进城落户农民土地承包权、宅基地使用权、集体收益分配权，在试点基础上探索支持引导其依法自愿有偿转让上述权益的有效办法。

六、切实加强党对农村集体产权制度改革的领导

（十六）强化组织领导。各级党委和政府要充分认识农村集体产权制度改革的重要性、复杂性、长期性，认真抓好中央改革部署的贯彻落实，既要鼓励创新、勇于试验，又要把控方向、有历史耐心，切实加强组织领导，积极稳妥推进改革。要建立省级全面负责、县级组织实施的领导体制和工作机制，地方各级党委书记特别是县乡党委书记要亲自挂帅，承担领导责任。各地要层层分解任务，落实工作措施，提出具体要求，创造保障条件，确保事有人管、责有人负，对于改革中遇到的矛盾和问题，要切实加以解决，涉及重大政策调整的，要及时向上级请示汇报，确保社会和谐稳定。

（十七）精心组织实施。农村集体产权制度改革工作由中央农村工作领导小组组织领导，农业部、中央农村工作领导小组办公室牵头实施。要梳理细化各项改革任务，明确任务承担单位，制定配套的分工实施方案，有关部门按职责抓好落实。各有关部门要加强调查研究和工作指导，及时做好政策评估，协调解决改革中遇到的困难和问题；农业等有关部门的干部要深入基层，加强政策解读和干部培训，编写通俗易懂的宣传材料，让基层干部群众全面了解改革精神和政策要求。加强监督检查，严肃查处和纠正弄虚作假、侵害集体经济组织及其成员权益等行为。注重改革的系统性、协同性，与正在推进的有关改革做好衔接，发挥改革的综合效应。

（十八）加大政策支持力度。清理废除各种阻碍农村集体经济发展的不合理规定，营造有利于推进农村集体产权制度改革的政策环境。农村集体经济组织承担大量农村社会公共服务支出，不同于一般经济组织，其成员按资产量化份额从集体获得的收益，也不同于一般投资所得，要研究制定支持农村集体产权制度改革的税收政策。在农村集体产权制度改革中，免征因权利人名称变更登记、资产产权变更登记涉及的契税，免征签订产权转移书据涉及的印花税，免收确权变更中的土地、房屋等不动产登记费。进一步完善财政引导、多元化投入共同扶持集体经济发展机制。对政府拨款、减免税费等形成的资产归农村集体经济组织所有，可以量化为集体成员持有的股份。逐步增加政府对农村的公共服务支出，减少农村集体经济组织的相应负担。完善金融机构对农村集体经济组织的融资、担保等政策，健全风险防范分担机制。统筹安排农村集体经济组织发展所需用地。

（十九）加强法治建设。健全适应社会主义市场经济体制要求、以公平为核心原则的农村产权保护法律制度。抓紧研究制定农村集体经济组织方面的法律，赋予农村集体经济组织法人资格，明确权利义务关系，依法维护农村集体经济组织及其成员的权益，保证农村集体经济组织平等使用生产要素，公平参与市场竞争，同等受到法律保护。抓紧修改农村土地承包方面的法律，赋予农民更加充分而有保障的土地权益。适时完善集体土地征收、集体经营性建设用地入市、宅基地管理等方面的法律制度。认真做好农村产权纠纷调解仲裁和司法救济工作。

（原载中国政府网，https://www.gov.cn/zhengce/2016-12/29/content_5154592.htm，2024年5月1日）

乡村振兴战略规划（2018—2022年）

目　录

前言
第一篇　规划背景
第一章　重大意义
第二章　振兴基础
第三章　发展态势
第二篇　总体要求
第四章　指导思想和基本原则
　　第一节　指导思想
　　第二节　基本原则
第五章　发展目标
第六章　远景谋划
第三篇　构建乡村振兴新格局
第七章　统筹城乡发展空间
　　第一节　强化空间用途管制
　　第二节　完善城乡布局结构
　　第三节　推进城乡统一规划
第八章　优化乡村发展布局
　　第一节　统筹利用生产空间
　　第二节　合理布局生活空间
　　第三节　严格保护生态空间
第九章　分类推进乡村发展
　　第一节　集聚提升类村庄
　　第二节　城郊融合类村庄
　　第三节　特色保护类村庄
　　第四节　搬迁撤并类村庄
第十章　坚决打好精准脱贫攻坚战
　　第一节　深入实施精准扶贫精准脱贫
　　第二节　重点攻克深度贫困
　　第三节　巩固脱贫攻坚成果
第四篇　加快农业现代化步伐
第十一章　夯实农业生产能力基础

第一节　健全粮食安全保障机制
　　第二节　加强耕地保护和建设
　　第三节　提升农业装备和信息化水平
第十二章　加快农业转型升级
　　第一节　优化农业生产力布局
　　第二节　推进农业结构调整
　　第三节　壮大特色优势产业
　　第四节　保障农产品质量安全
　　第五节　培育提升农业品牌
　　第六节　构建农业对外开放新格局
第十三章　建立现代农业经营体系
　　第一节　巩固和完善农村基本经营制度
　　第二节　壮大新型农业经营主体
　　第三节　发展新型农村集体经济
　　第四节　促进小农户生产和现代农业发展有机衔接
第十四章　强化农业科技支撑
　　第一节　提升农业科技创新水平
　　第二节　打造农业科技创新平台基地
　　第三节　加快农业科技成果转化应用
第十五章　完善农业支持保护制度
　　第一节　加大支农投入力度
　　第二节　深化重要农产品收储制度改革
　　第三节　提高农业风险保障能力

第五篇　发展壮大乡村产业

第十六章　推动农村产业深度融合
　　第一节　发掘新功能新价值
　　第二节　培育新产业新业态
　　第三节　打造新载体新模式
第十七章　完善紧密型利益联结机制
　　第一节　提高农民参与程度
　　第二节　创新收益分享模式
　　第三节　强化政策扶持引导
第十八章　激发农村创新创业活力
　　第一节　培育壮大创新创业群体
　　第二节　完善创新创业服务体系
　　第三节　建立创新创业激励机制

第六篇　建设生态宜居的美丽乡村

第十九章　推进农业绿色发展

第一节　强化资源保护与节约利用
　　第二节　推进农业清洁生产
　　第三节　集中治理农业环境突出问题
第二十章　持续改善农村人居环境
　　第一节　加快补齐突出短板
　　第二节　着力提升村容村貌
　　第三节　建立健全整治长效机制
第二十一章　加强乡村生态保护与修复
　　第一节　实施重要生态系统保护和修复重大工程
　　第二节　健全重要生态系统保护制度
　　第三节　健全生态保护补偿机制
　　第四节　发挥自然资源多重效益

第七篇　繁荣发展乡村文化

第二十二章　加强农村思想道德建设
　　第一节　践行社会主义核心价值观
　　第二节　巩固农村思想文化阵地
　　第三节　倡导诚信道德规范
第二十三章　弘扬中华优秀传统文化
　　第一节　保护利用乡村传统文化
　　第二节　重塑乡村文化生态
　　第三节　发展乡村特色文化产业
第二十四章　丰富乡村文化生活
　　第一节　健全公共文化服务体系
　　第二节　增加公共文化产品和服务供给
　　第三节　广泛开展群众文化活动

第八篇　健全现代乡村治理体系

第二十五章　加强农村基层党组织对乡村振兴的全面领导
　　第一节　健全以党组织为核心的组织体系
　　第二节　加强农村基层党组织带头人队伍建设
　　第三节　加强农村党员队伍建设
　　第四节　强化农村基层党组织建设责任与保障
第二十六章　促进自治法治德治有机结合
　　第一节　深化村民自治实践
　　第二节　推进乡村法治建设
　　第三节　提升乡村德治水平
　　第四节　建设平安乡村
第二十七章　夯实基层政权
　　第一节　加强基层政权建设

第二节　创新基层管理体制机制
　　第三节　健全农村基层服务体系

第九篇　保障和改善农村民生

第二十八章　加强农村基础设施建设
　　第一节　改善农村交通物流设施条件
　　第二节　加强农村水利基础设施网络建设
　　第三节　构建农村现代能源体系
　　第四节　夯实乡村信息化基础

第二十九章　提升农村劳动力就业质量
　　第一节　拓宽转移就业渠道
　　第二节　强化乡村就业服务
　　第三节　完善制度保障体系

第三十章　增加农村公共服务供给
　　第一节　优先发展农村教育事业
　　第二节　推进健康乡村建设
　　第三节　加强农村社会保障体系建设
　　第四节　提升农村养老服务能力
　　第五节　加强农村防灾减灾救灾能力建设

第十篇　完善城乡融合发展政策体系

第三十一章　加快农业转移人口市民化
　　第一节　健全落户制度
　　第二节　保障享有权益
　　第三节　完善激励机制

第三十二章　强化乡村振兴人才支撑
　　第一节　培育新型职业农民
　　第二节　加强农村专业人才队伍建设
　　第三节　鼓励社会人才投身乡村建设

第三十三章　加强乡村振兴用地保障
　　第一节　健全农村土地管理制度
　　第二节　完善农村新增用地保障机制
　　第三节　盘活农村存量建设用地

第三十四章　健全多元投入保障机制
　　第一节　继续坚持财政优先保障
　　第二节　提高土地出让收益用于农业农村比例
　　第三节　引导和撬动社会资本投向农村

第三十五章　加大金融支农力度
　　第一节　健全金融支农组织体系
　　第二节　创新金融支农产品和服务

第三节　完善金融支农激励政策
第十一篇　规划实施
第三十六章　加强组织领导
　　第一节　落实各方责任
　　第二节　强化法治保障
　　第三节　动员社会参与
　　第四节　开展评估考核
第三十七章　有序实现乡村振兴
　　第一节　准确聚焦阶段任务
　　第二节　科学把握节奏力度
　　第三节　梯次推进乡村振兴

前言

　　党的十九大提出实施乡村振兴战略，是以习近平同志为核心的党中央着眼党和国家事业全局，深刻把握现代化建设规律和城乡关系变化特征，顺应亿万农民对美好生活的向往，对"三农"工作作出的重大决策部署，是决胜全面建成小康社会、全面建设社会主义现代化国家的重大历史任务，是新时代做好"三农"工作的总抓手。从党的十九大到二十大，是"两个一百年"奋斗目标的历史交汇期，既要全面建成小康社会、实现第一个百年奋斗目标，又要乘势而上开启全面建设社会主义现代化国家新征程，向第二个百年奋斗目标进军。为贯彻落实党的十九大、中央经济工作会议、中央农村工作会议精神和政府工作报告要求，描绘好战略蓝图，强化规划引领，科学有序推动乡村产业、人才、文化、生态和组织振兴，根据《中共中央、国务院关于实施乡村振兴战略的意见》，特编制《乡村振兴战略规划（2018—2022年）》。

　　本规划以习近平总书记关于"三农"工作的重要论述为指导，按照产业兴旺、生态宜居、乡风文明、治理有效、生活富裕的总要求，对实施乡村振兴战略作出阶段性谋划，分别明确至2020年全面建成小康社会和2022年召开党的二十大时的目标任务，细化实化工作重点和政策措施，部署重大工程、重大计划、重大行动，确保乡村振兴战略落实落地，是指导各地区各部门分类有序推进乡村振兴的重要依据。

第一篇　规划背景

　　党的十九大作出中国特色社会主义进入新时代的科学论断，提出实施乡村振兴战略的重大历史任务，在我国"三农"发展进程中具有划时代的里程碑意义，必须深入贯彻习近平新时代中国特色社会主义思想和党的十九大精神，在认真总结农业农村发展历史性成就和历史性变革的基础上，准确研判经济社会发展趋势和乡村演变发展态势，切实抓住历史机遇，增强责任感、使命感、紧迫感，把乡村振兴战略实施好。

第一章　重大意义

　　乡村是具有自然、社会、经济特征的地域综合体，兼具生产、生活、生态、文化等多重功能，与城镇互促互进、共生共存，共同构成人类活动的主要空间。乡村兴则国家兴，乡村衰则国家衰。我国人民日益增长的美好生活需要和不平衡不充分的发展之间的矛盾在乡村最为突出，我国仍处于并将长期处于社会主义初级阶段的特征很大程度上表现在乡村。全面建成小康社会和全面建设社会主义现代化强国，最艰巨最繁重的任务在农村，最广泛最深厚的基础在农村，最大的潜力和后劲也在农村。实施乡村振兴战略，是解决新时代我国社会主要矛盾、实现"两个一百年"奋斗目标和中华民族伟大复兴中国梦的必然要求，具有重大现实意义和深远历史意义。

实施乡村振兴战略是建设现代化经济体系的重要基础。农业是国民经济的基础，农村经济是现代化经济体系的重要组成部分。乡村振兴，产业兴旺是重点。实施乡村振兴战略，深化农业供给侧结构性改革，构建现代农业产业体系、生产体系、经营体系，实现农村一二三产业深度融合发展，有利于推动农业从增产导向转向提质导向，增强我国农业创新力和竞争力，为建设现代化经济体系奠定坚实基础。

实施乡村振兴战略是建设美丽中国的关键举措。农业是生态产品的重要供给者，乡村是生态涵养的主体区，生态是乡村最大的发展优势。乡村振兴，生态宜居是关键。实施乡村振兴战略，统筹山水林田湖草系统治理，加快推行乡村绿色发展方式，加强农村人居环境整治，有利于构建人与自然和谐共生的乡村发展新格局，实现百姓富、生态美的统一。

实施乡村振兴战略是传承中华优秀传统文化的有效途径。中华文明根植于农耕文化，乡村是中华文明的基本载体。乡村振兴，乡风文明是保障。实施乡村振兴战略，深入挖掘农耕文化蕴含的优秀思想观念、人文精神、道德规范，结合时代要求在保护传承的基础上创造性转化、创新性发展，有利于在新时代焕发出乡风文明的新气象，进一步丰富和传承中华优秀传统文化。

实施乡村振兴战略是健全现代社会治理格局的固本之策。社会治理的基础在基层，薄弱环节在乡村。乡村振兴，治理有效是基础。实施乡村振兴战略，加强农村基层基础工作，健全乡村治理体系，确保广大农民安居乐业、农村社会安定有序，有利于打造共建共治共享的现代社会治理格局，推进国家治理体系和治理能力现代化。

实施乡村振兴战略是实现全体人民共同富裕的必然选择。农业强不强、农村美不美、农民富不富，关乎亿万农民的获得感、幸福感、安全感，关乎全面建成小康社会全局。乡村振兴，生活富裕是根本。实施乡村振兴战略，不断拓宽农民增收渠道，全面改善农村生产生活条件，促进社会公平正义，有利于增进农民福祉，让亿万农民走上共同富裕的道路，汇聚起建设社会主义现代化强国的磅礴力量。

第二章 振兴基础

党的十八大以来，面对我国经济发展进入新常态带来的深刻变化，以习近平同志为核心的党中央推动"三农"工作理论创新、实践创新、制度创新，坚持把解决好"三农"问题作为全党工作重中之重，切实把农业农村优先发展落到实处；坚持立足国内保证自给的方针，牢牢把握国家粮食安全主动权；坚持不断深化农村改革，激发农村发展新活力；坚持把推进农业供给侧结构性改革作为主线，加快提高农业供给质量；坚持绿色生态导向，推动农业农村可持续发展；坚持在发展中保障和改善民生，让广大农民有更多获得感；坚持遵循乡村发展规律，扎实推进生态宜居的美丽乡村建设；坚持加强和改善党对农村工作的领导，为"三农"发展提供坚强政治保障。这些重大举措和开创性工作，推动农业农村发展取得历史性成就、发生历史性变革，为党和国家事业全面开创新局面提供了有力支撑。

农业供给侧结构性改革取得新进展，农业综合生产能力明显增强，全国粮食总产量连续

5 年保持在 1.2 万亿斤以上，农业结构不断优化，农村新产业新业态新模式蓬勃发展，农业生态环境恶化问题得到初步遏制，农业生产经营方式发生重大变化。农村改革取得新突破，农村土地制度、农村集体产权制度改革稳步推进，重要农产品收储制度改革取得实质性成效，农村创新创业和投资兴业蔚然成风，农村发展新动能加快成长。城乡发展一体化迈出新步伐，5 年间 8000 多万农业转移人口成为城镇居民，城乡居民收入相对差距缩小，农村消费持续增长，农民收入和生活水平明显提高。脱贫攻坚开创新局面，贫困地区农民收入增速持续快于全国平均水平，集中连片特困地区内生发展动力明显增强，过去 5 年累计 6800 多万贫困人口脱贫。农村公共服务和社会事业达到新水平，农村基础设施建设不断加强，人居环境整治加快推进，教育、医疗卫生、文化等社会事业快速发展，农村社会焕发新气象。

同时，应当清醒地看到，当前我国农业农村基础差、底子薄、发展滞后的状况尚未根本改变，经济社会发展中最明显的短板仍然在"三农"，现代化建设中最薄弱的环节仍然是农业农村。主要表现在：农产品阶段性供过于求和供给不足并存，农村一二三产业融合发展深度不够，农业供给质量和效益亟待提高；农民适应生产力发展和市场竞争的能力不足，农村人才匮乏；农村基础设施建设仍然滞后，农村环境和生态问题比较突出，乡村发展整体水平亟待提升；农村民生领域欠账较多，城乡基本公共服务和收入水平差距仍然较大，脱贫攻坚任务依然艰巨；国家支农体系相对薄弱，农村金融改革任务繁重，城乡之间要素合理流动机制亟待健全；农村基层基础工作存在薄弱环节，乡村治理体系和治理能力亟待强化。

第三章　发展态势

从 2018 年到 2022 年，是实施乡村振兴战略的第一个 5 年，既有难得机遇，又面临严峻挑战。从国际环境看，全球经济复苏态势有望延续，我国统筹利用国内国际两个市场两种资源的空间将进一步拓展，同时国际农产品贸易不稳定性不确定性仍然突出，提高我国农业竞争力、妥善应对国际市场风险任务紧迫。特别是我国作为人口大国，粮食及重要农产品需求仍将刚性增长，保障国家粮食安全始终是头等大事。从国内形势看，随着我国经济由高速增长阶段转向高质量发展阶段，以及工业化、城镇化、信息化深入推进，乡村发展将处于大变革、大转型的关键时期。居民消费结构加快升级，中高端、多元化、个性化消费需求将快速增长，加快推进农业由增产导向转向提质导向是必然要求。我国城镇化进入快速发展与质量提升的新阶段，城市辐射带动农村的能力进一步增强，但大量农民仍然生活在农村的国情不会改变，迫切需要重塑城乡关系。我国乡村差异显著，多样性分化的趋势仍将延续，乡村的独特价值和多元功能将进一步得到发掘和拓展，同时应对好村庄空心化和农村老龄化、延续乡村文化血脉、完善乡村治理体系的任务艰巨。

实施乡村振兴战略具备较好条件。有习近平总书记把舵定向，有党中央、国务院的高度重视、坚强领导、科学决策，实施乡村振兴战略写入党章，成为全党的共同意志，乡村振兴具有根本政治保障。社会主义制度能够集中力量办大事，强农惠农富农政策力度不断加大，农村土地集体所有制和双层经营体制不断完善，乡村振兴具有坚强制度保障。优秀农耕文明源远流长，寻根溯源的人文情怀和国人的乡村情结历久弥深，现代城市文明导入融汇，乡村振兴具有深厚文化土壤。国家经济实力和综合国力日益增强，对农业农村支持力度不断加大，农村生产生活条件加快改善，农民收入持续增长，乡村振兴具有雄厚物质基础。农业现代化和社会主义新农村建设取得历史性成就，各地积累了丰富的成功经验和做法，乡村振兴具有扎实工作基础。

实施乡村振兴战略，是党对"三农"工作一系列方针政策的继承和发展，是亿万农民的殷切期盼。必须抓住机遇，迎接挑战，发挥优势，顺势而为，努力开创农业农村发展新局面，推动农业全面升级、农村全面进步、农民全面发展，谱写新时代乡村全面振兴新篇章。

第二篇　总体要求

按照到2020年实现全面建成小康社会和分两个阶段实现第二个百年奋斗目标的战略部署，2018年至2022年这5年间，既要在农村实现全面小康，又要为基本实现农业农村现代化开好局、起好步、打好基础。

第四章　指导思想和基本原则

第一节　指导思想

深入贯彻习近平新时代中国特色社会主义思想，深入贯彻党的十九大和十九届二中、三中全会精神，加强党对"三农"工作的全面领导，坚持稳中求进工作总基调，牢固树立新发展理念，落实高质量发展要求，紧紧围绕统筹推进"五位一体"总体布局和协调推进"四个全面"战略布局，坚持把解决好"三农"问题作为全党工作重中之重，坚持农业农村优先发展，按照产业兴旺、生态宜居、乡风文明、治理有效、生活富裕的总要求，建立健全城乡融合发展体制机制和政策体系，统筹推进农村经济建设、政治建设、文化建设、社会建设、生态文明建设和党的建设，加快推进乡村治理体系和治理能力现代化，加快推进农业农村现代化，走中国特色社会主义乡村振兴道路，让农业成为有奔头的产业，让农民成为有吸引力的职业，让农村成为安居乐业的美丽家园。

第二节　基本原则

——坚持党管农村工作。毫不动摇地坚持和加强党对农村工作的领导，健全党管农村工作方面的领导体制机制和党内法规，确保党在农村工作中始终总揽全局、协调各方，为乡村振兴提供坚强有力的政治保障。

——坚持农业农村优先发展。把实现乡村振兴作为全党的共同意志、共同行动，做到认识统一、步调一致，在干部配备上优先考虑，在要素配置上优先满足，在资金投入上优先保障，在公共服务上优先安排，加快补齐农业农村短板。

——坚持农民主体地位。充分尊重农民意愿，切实发挥农民在乡村振兴中的主体作用，调动亿万农民的积极性、主动性、创造性，把维护农民群众根本利益、促进农民共同富裕作为出发点和落脚点，促进农民持续增收，不断提升农民的获得感、幸福感、安全感。

——坚持乡村全面振兴。准确把握乡村振兴的科学内涵，挖掘乡村多种功能和价值，统筹谋划农村经济建设、政治建设、文化建设、社会建设、生态文明建设和党的建设，注重协同性、关联性，整体部署，协调推进。

——坚持城乡融合发展。坚决破除体制机制弊端，使市场在资源配置中起决定性作用，更好发挥政府作用，推动城乡要素自由流动、平等交换，推动新型工业化、信息化、城镇化、农业现代化同步发展，加快形成工农互促、城乡互补、全面融合、共同繁荣的新型工农城乡关系。

——坚持人与自然和谐共生。牢固树立和践行绿水青山就是金山银山的理念，落实节约优先、保护优先、自然恢复为主的方针，统筹山水林田湖草系统治理，严守生态保护红线，以绿色发展引领乡村振兴。

——坚持改革创新、激发活力。不断深化农村改革，扩大农业对外开放，激活主体、激活要素、激活市场，调动各方力量投身乡村振兴。以科技创新引领和支撑乡村振兴，以人才汇聚推动和保障乡村振兴，增强农业农村自我发展动力。

——坚持因地制宜、循序渐进。科学把握乡村的差异性和发展走势分化特征，做好顶层设计，注重规划先行、因势利导，分类施策、突出重点，体现特色、丰富多彩。既尽力而为，又量力而行，不搞层层加码，不搞一刀切，不搞形式主义和形象工程，久久为功，扎实推进。

第五章 发展目标

到2020年，乡村振兴的制度框架和政策体系基本形成，各地区各部门乡村振兴的思路举措得以确立，全面建成小康社会的目标如期实现。到2022年，乡村振兴的制度框架和政策体系初步健全。国家粮食安全保障水平进一步提高，现代农业体系初步构建，农业绿色发

专栏1 乡村振兴战略规划主要指标

分类	序号	主要指标	单位	2016年基期值	2020年目标值	2022年目标值	2022年比2016年增加[累计提高百分点]	属性
产业兴旺	1	粮食综合生产能力	亿吨	>6	>6	>6	—	约束性
	2	农业科技进步贡献率	%	56.7	60	61.5	〔4.8〕	预期性
	3	农业劳动生产率	万元/人	3.1	4.7	5.5	2.4	预期性
	4	农产品加工产值与农业总产值比	—	2.2	2.4	2.5	0.3	预期性
	5	休闲农业和乡村旅游接待人次	亿人次	21	28	32	11	预期性
生态宜居	6	畜禽粪污综合利用率	%	60	75	78	〔18〕	约束性
	7	村庄绿化覆盖率	%	20	30	32	〔12〕	预期性
	8	对生活垃圾进行处理的村占比	%	65	90	>90	〔>25〕	预期性
	9	农村卫生厕所普及率	%	80.3	85	>85	〔>4.7〕	预期性
乡风文明	10	村综合性文化服务中心覆盖率	%	—	95	98	—	预期性
	11	县级及以上文明村和乡镇占比	%	21.2	50	>50	〔>28.8〕	预期性
	12	农村义务教育学校专任教师本科以上学历比例	%	55.9	65	68	〔12.1〕	预期性
	13	农村居民教育文化娱乐支出占比	%	10.6	12.6	13.6	〔3〕	预期性
治理有效	14	村庄规划管理覆盖率	%	—	80	90	—	预期性
	15	建有综合服务站的村占比	%	14.3	50	53	〔38.7〕	预期性
	16	村党组织书记兼任村委会主任的村占比	%	30	35	50	〔20〕	预期性
	17	有村规民约的村占比	%	98	100	100	〔2〕	预期性
	18	集体经济强村比重	%	5.3	8	9	〔3.7〕	预期性
生活富裕	19	农村居民恩格尔系数	%	32.2	30.2	29.2	〔-3〕	预期性
	20	城乡居民收入比	—	2.72	2.69	2.67	-0.05	预期性
	21	农村自来水普及率	%	79	83	85	〔6〕	预期性
	22	具备条件的建制村通硬化路比例	%	96.7	100	100	〔3.3〕	约束性

注：1. 本指标体系和规划中非特定称谓的"村"均指村民委员会和涉农居民委员会所辖地域。

2. 后续专栏中定量指标未说明年份的均为2022年目标值。

专栏1 乡村振兴战略规划主要指标 新华社发

展全面推进；农村一二三产业融合发展格局初步形成，乡村产业加快发展，农民收入水平进一步提高，脱贫攻坚成果得到进一步巩固；农村基础设施条件持续改善，城乡统一的社会保障制度体系基本建立；农村人居环境显著改善，生态宜居的美丽乡村建设扎实推进；城乡融合发展体制机制初步建立，农村基本公共服务水平进一步提升；乡村优秀传统文化得以传承和发展，农民精神文化生活需求基本得到满足；以党组织为核心的农村基层组织建设明显加强，乡村治理能力进一步提升，现代乡村治理体系初步构建。探索形成一批各具特色的乡村振兴模式和经验，乡村振兴取得阶段性成果。

第六章 远景谋划

到2035年，乡村振兴取得决定性进展，农业农村现代化基本实现。农业结构得到根本性改善，农民就业质量显著提高，相对贫困进一步缓解，共同富裕迈出坚实步伐；城乡基本公共服务均等化基本实现，城乡融合发展体制机制更加完善；乡风文明达到新高度，乡村治理体系更加完善；农村生态环境根本好转，生态宜居的美丽乡村基本实现。

到2050年，乡村全面振兴，农业强、农村美、农民富全面实现。

第三篇 构建乡村振兴新格局

坚持乡村振兴和新型城镇化双轮驱动，统筹城乡国土空间开发格局，优化乡村生产生活生态空间，分类推进乡村振兴，打造各具特色的现代版"富春山居图"。

第七章 统筹城乡发展空间

按照主体功能定位，对国土空间的开发、保护和整治进行全面安排和总体布局，推进"多规合一"，加快形成城乡融合发展的空间格局。

第一节 强化空间用途管制

强化国土空间规划对各专项规划的指导约束作用，统筹自然资源开发利用、保护和修复，按照不同主体功能定位和陆海统筹原则，开展资源环境承载能力和国土空间开发适宜性评价，科学划定生态、农业、城镇等空间和生态保护红线、永久基本农田、城镇开发边界及海洋生物资源保护线、围填海控制线等主要控制线，推动主体功能区战略格局在市县层面精准落地，健全不同主体功能区差异化协同发展长效机制，实现山水林田湖草整体保护、系统修复、综合治理。

第二节 完善城乡布局结构

以城市群为主体构建大中小城市和小城镇协调发展的城镇格局，增强城镇地区对乡村的带动能力。加快发展中小城市，完善县城综合服务功能，推动农业转移人口就地就近城镇化。因地制宜发展特色鲜明、产城融合、充满魅力的特色小镇和小城镇，加强以乡镇政府驻地为中心的农民生活圈建设，以镇带村、以村促镇，推动镇村联动发展。建设生态宜居的美丽乡村，发挥多重功能，提供优质产品，传承乡村文化，留住乡愁记忆，满足人民日益增长的美好生活需要。

第三节 推进城乡统一规划

通盘考虑城镇和乡村发展，统筹谋划产业发展、基础设施、公共服务、资源能源、生态环境保护等主要布局，形成田园乡村与现代城镇各具特色、交相辉映的城乡发展形态。强化县域空间规划和各类专项规划引导约束作用，科学安排县域乡村布局、资源利用、设施配置和村庄整治，推动村庄规划管理全覆盖。综合考虑村庄演变规律、集聚特点和现状分布，结合农民生产生活半径，合理确定县域村庄布局和规模，避免随意撤并村庄搞大社区、违背农民意愿大拆大建。加强乡村风貌整体管控，注重农房单体个性设计，建设立足乡土社会、富有地域特色、承载田园乡愁、体现现代文明的升级版乡村，避免千村一面，防止乡村景观城市化。

第八章　优化乡村发展布局

坚持人口资源环境相均衡、经济社会生态效益相统一，打造集约高效生产空间，营造宜居适度生活空间，保护山清水秀生态空间，延续人和自然有机融合的乡村空间关系。

第一节　统筹利用生产空间

乡村生产空间是以提供农产品为主体功能的国土空间，兼具生态功能。围绕保障国家粮食安全和重要农产品供给，充分发挥各地比较优势，重点建设以"七区二十三带"为主体的农产品主产区。落实农业功能区制度，科学合理划定粮食生产功能区、重要农产品生产保护区和特色农产品优势区，合理划定养殖业适养、限养、禁养区域，严格保护农业生产空间。适应农村现代产业发展需要，科学划分乡村经济发展片区，统筹推进农业产业园、科技园、创业园等各类园区建设。

第二节　合理布局生活空间

乡村生活空间是以农村居民点为主体、为农民提供生产生活服务的国土空间。坚持节约集约用地，遵循乡村传统肌理和格局，划定空间管控边界，明确用地规模和管控要求，确定基础设施用地位置、规模和建设标准，合理配置公共服务设施，引导生活空间尺度适宜、布局协调、功能齐全。充分维护原生态村居风貌，保留乡村景观特色，保护自然和人文环境，注重融入时代感、现代性，强化空间利用的人性化、多样化，着力构建便捷的生活圈、完善的服务圈、繁荣的商业圈，让乡村居民过上更舒适的生活。

第三节　严格保护生态空间

乡村生态空间是具有自然属性、以提供生态产品或生态服务为主体功能的国土空间。加快构建以"两屏三带"为骨架的国家生态安全屏障，全面加强国家重点生态功能区保护，建立以国家公园为主体的自然保护地体系。树立山水林田湖草是一个生命共同体的理念，加强对自然生态空间的整体保护，修复和改善乡村生态环境，提升生态功能和服务价值。全面实施产业准入负面清单制度，推动各地因地制宜制定禁止和限制发展产业目录，明确产业发展方向和开发强度，强化准入管理和底线约束。

第九章　分类推进乡村发展

顺应村庄发展规律和演变趋势，根据不同村庄的发展现状、区位条件、资源禀赋等，按照集聚提升、融入城镇、特色保护、搬迁撤并的思路，分类推进乡村振兴，不搞一刀切。

第一节　集聚提升类村庄

现有规模较大的中心村和其他仍将存续的一般村庄，占乡村类型的大多数，是乡村振兴的重点。科学确定村庄发展方向，在原有规模基础上有序推进改造提升，激活产业、优化环境、提振人气、增添活力，保护保留乡村风貌，建设宜居宜业的美丽村庄。鼓励发挥自身比较优势，强化主导产业支撑，支持农业、工贸、休闲服务等专业化村庄发展。加强海岛村庄、国有农场及林场规划建设，改善生产生活条件。

第二节　城郊融合类村庄

城市近郊区以及县城城关镇所在地的村庄，具备成为城市后花园的优势，也具有向城市转型的条件。综合考虑工业化、城镇化和村庄自身发展需要，加快城乡产业融合发展、基础设施互联互通、公共服务共建共享，在形态上保留乡村风貌，在治理上体现城市水平，逐步强化服务城市发展、承接城市功能外溢、满足城市消费需求能力，为城乡融合发展提供实践经验。

第三节　特色保护类村庄

历史文化名村、传统村落、少数民族特色村寨、特色景观旅游名村等自然历史文化特色资源丰富的村庄，是彰显和传承中华优秀传统文化的重要载体。统筹保护、利用与发展的关系，努力保持村庄的完整性、真实性和延续性。切实保护村庄的传统选址、格局、风貌以及自然和田园景观等整体空间形态与环境，全面保护文物古迹、历史建筑、传统民居等传统建筑。尊重原住居民生活形态和传统习惯，加快改善村庄基础设施和公共环境，合理利用村庄特色资源，发展乡村旅游和特色产业，形成特色资源保护与村庄发展的良性互促机制。

第四节　搬迁撤并类村庄

对位于生存条件恶劣、生态环境脆弱、自然灾害频发等地区的村庄，因重大项目建设需要搬迁的村庄，以及人口流失特别严重的村庄，可通过易地扶贫搬迁、生态宜居搬迁、农村集聚发展搬迁等方式，实施村庄搬迁撤并，统筹解决村民生计、生态保护等问题。拟搬迁撤并的村庄，严格限制新建、扩建活动，统筹考虑拟迁入或新建村庄的基础设施和公共服务设施建设。坚持村庄搬迁撤并与新型城镇化、农业现代化相结合，依托适宜区域进行安置，避免新建孤立的村落式移民社区。搬迁撤并后的村庄原址，因地制宜复垦或还绿，增加乡村生产生态空间。农村居民点迁建和村庄撤并，必须尊重农民意愿并经村民会议同意，不得强制农民搬迁和集中上楼。

第十章　坚决打好精准脱贫攻坚战

把打好精准脱贫攻坚战作为实施乡村振兴战略的优先任务，推动脱贫攻坚与乡村振兴有机结合相互促进，确保到2020年我国现行标准下农村贫困人口实现脱贫，贫困县全部摘帽，解决区域性整体贫困。

第一节　深入实施精准扶贫精准脱贫

健全精准扶贫精准脱贫工作机制，夯实精准扶贫精准脱贫基础性工作。因地制宜、因户施策，探索多渠道、多样化的精准扶贫精准脱贫路径，提高扶贫措施针对性和有效性。做好东西部扶贫协作和对口支援工作，着力推动县与县精准对接，推进东部产业向西部梯度转移，加大产业扶贫工作力度。加强和改进定点扶贫工作，健全驻村帮扶机制，落实扶贫责任。加大金融扶贫力度。健全社会力量参与机制，引导激励社会各界更加关注、支持和参与脱贫攻坚。

第二节　重点攻克深度贫困

实施深度贫困地区脱贫攻坚行动方案。以解决突出制约问题为重点，以重大扶贫工程和到村到户到人帮扶为抓手，加大政策倾斜和扶贫资金整合力度，着力改善深度贫困地区发展条件，增强贫困农户发展能力。推动新增脱贫攻坚资金、新增脱贫攻坚项目、新增脱贫攻坚举措主要用于"三区三州"等深度贫困地区。推进贫困村基础设施和公共服务设施建设，培育壮大集体经济，确保深度贫困地区和贫困群众同全国人民一道进入全面小康社会。

第三节　巩固脱贫攻坚成果

加快建立健全缓解相对贫困的政策体系和工作机制，持续改善欠发达地区和其他地区相对贫困人口的发展条件，完善公共服务体系，增强脱贫地区"造血"功能。结合实施乡村振兴战略，压茬推进实施生态宜居搬迁等工程，巩固易地扶贫搬迁成果。注重扶志扶智，引导贫困群众克服"等靠要"思想，逐步消除精神贫困。建立正向激励机制，将帮扶政策措施与贫困群众参与挂钩，培育提升贫困群众发展生产和务工经商的基本能力。加强宣传引导，讲好中国减贫故事。认真总结脱贫攻坚经验，研究建立促进群众稳定脱贫和防范返贫的长效机制，探索统筹解决城乡贫困的政策措施，确保贫困群众稳定脱贫。

第四篇　加快农业现代化步伐

坚持质量兴农、品牌强农，深化农业供给侧结构性改革，构建现代农业产业体系、生产体系、经营体系，推动农业发展质量变革、效率变革、动力变革，持续提高农业创新力、竞争力和全要素生产率。

第十一章　夯实农业生产能力基础

深入实施藏粮于地、藏粮于技战略，提高农业综合生产能力，保障国家粮食安全和重要农产品有效供给，把中国人的饭碗牢牢端在自己手中。

第一节　健全粮食安全保障机制

坚持以我为主、立足国内、确保产能、适度进口、科技支撑的国家粮食安全战略，建立全方位的粮食安全保障机制。按照"确保谷物基本自给、口粮绝对安全"的要求，持续巩固和提升粮食生产能力。深化中央储备粮管理体制改革，科学确定储备规模，强化中央储备粮监督管理，推进中央、地方两级储备协同运作。鼓励加工流通企业、新型经营主体开展自主储粮和经营。全面落实粮食安全省长责任制，完善监督考核机制。强化粮食质量安全保障。加快完善粮食现代物流体系，构建安全高效、一体化运作的粮食物流网络。

第二节　加强耕地保护和建设

严守耕地红线，全面落实永久基本农田特殊保护制度，完成永久基本农田控制线划定工作，确保到2020年永久基本农田保护面积不低于15.46亿亩。大规模推进高标准农田建设，确保到2022年建成10亿亩高标准农田，所有高标准农田实现统一上图入库，形成完善的管护监督和考核机制。加快将粮食生产功能区和重要农产品生产保护区细化落实到具体地块，实现精准化管理。加强农田水利基础设施建设，实施耕地质量保护和提升行动，到2022年农田有效灌溉面积达到10.4亿亩，耕地质量平均提升0.5个等级（别）以上。

第三节　提升农业装备和信息化水平

推进我国农机装备和农业机械化转型升级，加快高端农机装备和丘陵山区、果菜茶生产、畜禽水产养殖等农机装备的生产研发、推广应用，提升渔业船舶装备水平。促进农机农艺融合，积极推进作物品种、栽培技术和机械装备集成配套，加快主要作物生产全程机械化，提高农机装备智能化水平。加强农业信息化建设，积极推进信息进村入户，鼓励互联网企业建立产销衔接的农业服务平台，加强农业信息监测预警和发布，提高农业综合信息服务水平。大力发展数字农业，实施智慧农业工程和"互联网+"现代农业行动，鼓励对农业生产进行数字化改造，加强农业遥感、物联网应用，提高农业精准化水平。发展智慧气象，提升气象为农服务能力。

专栏 2　农业综合生产能力提升重大工程

（一）"两区"建管护

率先在"两区"建立精准化建设、管护、管理和支持制度，构建现代农业生产数字化监测体系，建立生产责任与精准化补贴相挂钩的管理制度。

（二）高标准农田建设

优先建设确保口粮安全的高标准农田，开展土地平整、土壤改良、灌溉排水、田间道路、农田防护以及其他工程建设，大规模改造中低产田。建设国家耕地质量调查监测网络，推进耕地质量大数据应用。

（三）主要农作物生产全程机械化

建设主要农作物生产全程机械化示范县，推动装备、品种、栽培及经营规模、信息化技术等集成配套，构建全程机械化技术体系，促进农业技术集成化、劳动过程机械化、生产经营信息化。

（四）数字农业农村和智慧农业

制定实施数字农业农村规划纲要。发展数字田园、智慧养殖、智能农机，推进电子化交易。开展农业物联网应用示范县和农业物联网应用示范基地建设，全面推进村级益农信息社建设，改造升级国家农业数据中心。加强智慧农业技术与装备研发，建设基于卫星遥感、航空无人机、田间观测一体化的农业遥感应用体系。

（五）粮食安全保障调控和应急

在粮食物流重点线路、重要节点以及重要进出口粮食物流节点，新建或完善一批粮安全保障调控和应急设施。重点支持多功能一体化的粮食物流（产业）园区，以及铁路散粮运输和港口散粮运输系统建设。改造建设一批区域骨干粮油应急配送中心。

专栏 2　农业综合生产能力提升重大工程　新华社发

第十二章　加快农业转型升级

按照建设现代化经济体系的要求，加快农业结构调整步伐，着力推动农业由增产导向转向提质导向，提高农业供给体系的整体质量和效率，加快实现由农业大国向农业强国转变。

第一节　优化农业生产力布局

以全国主体功能区划确定的农产品主产区为主体，立足各地农业资源禀赋和比较优势，构建优势区域布局和专业化生产格局，打造农业优化发展区和农业现代化先行区。东北地区重点提升粮食生产能力，依托"大粮仓"打造粮肉奶综合供应基地。华北地区着力稳定粮油和蔬菜、畜产品生产保障能力，发展节水型农业。长江中下游地区切实稳定粮油生产能力，优化水网地带生猪养殖布局，大力发展名优水产品生产。华南地区加快发展现代畜禽水产和特色园艺产品，发展具有出口优势的水产品养殖。西北、西南地区和北方农牧交错区加快调整产品结构，限制资源消耗大的产业规模，壮大区域特色产业。青海、西藏等生态脆弱区域坚持保护优先、限制开发，发展高原特色农牧业。

第二节 推进农业结构调整

加快发展粮经饲统筹、种养加一体、农牧渔结合的现代农业，促进农业结构不断优化升级。统筹调整种植业生产结构，稳定水稻、小麦生产，有序调减非优势区籽粒玉米，进一步扩大大豆生产规模，巩固主产区棉油糖胶生产，确保一定的自给水平。大力发展优质饲料牧草，合理利用退耕地、南方草山草坡和冬闲田拓展饲草发展空间。推进畜牧业区域布局调整，合理布局规模化养殖场，大力发展种养结合循环农业，促进养殖废弃物就近资源化利用。优化畜牧业生产结构，大力发展草食畜牧业，做大做强民族奶业。加强渔港经济区建设，推进渔港渔区振兴。合理确定内陆水域养殖规模，发展集约化、工厂化水产养殖和深远海养殖，降低江河湖泊和近海渔业捕捞强度，规范有序发展远洋渔业。

第三节 壮大特色优势产业

以各地资源禀赋和独特的历史文化为基础，有序开发优势特色资源，做大做强优势特色产业。创建特色鲜明、优势集聚、市场竞争力强的特色农产品优势区，支持特色农产品优势区建设标准化生产基地、加工基地、仓储物流基地，完善科技支撑体系、品牌与市场营销体系、质量控制体系，建立利益联结紧密的建设运行机制，形成特色农业产业集群。按照与国际标准接轨的目标，支持建立生产精细化管理与产品品质控制体系，采用国际通行的良好农业规范，塑造现代顶级农产品品牌。实施产业兴村强县行动，培育农业产业强镇，打造一乡一业、一村一品的发展格局。

第四节 保障农产品质量安全

实施食品安全战略，加快完善农产品质量和食品安全标准、监管体系，加快建立农产品质量分级及产地准出、市场准入制度。完善农兽药残留限量标准体系，推进农产品生产投入品使用规范化。建立健全农产品质量安全风险评估、监测预警和应急处置机制。实施动植物保护能力提升工程，实现全国动植物检疫防疫联防联控。完善农产品认证体系和农产品质量安全监管追溯系统，着力提高基层监管能力。落实生产经营者主体责任，强化农产品生产经营者的质量安全意识。建立农资和农产品生产企业信用信息系统，对失信市场主体开展联合惩戒。

第五节 培育提升农业品牌

实施农业品牌提升行动，加快形成以区域公用品牌、企业品牌、大宗农产品品牌、特色农产品品牌为核心的农业品牌格局。推进区域农产品公共品牌建设，擦亮老品牌，塑强新品牌，引入现代要素改造提升传统名优品牌，努力打造一批国际知名的农业品牌和国际品牌展会。做好品牌宣传推介，借助农产品博览会、展销会等渠道，充分利用电商、"互联网+"等新兴手段，加强品牌市场营销。加强农产品商标及地理标志商标的注册和保护，构建我国农产品品牌保护体系，打击各种冒用、滥用公用品牌行为，建立区域公用品牌的授权使用机制以及品牌危机预警、风险规避和紧急事件应对机制。

第六节 构建农业对外开放新格局

建立健全农产品贸易政策体系。实施特色优势农产品出口提升行动，扩大高附加值农产品出口。积极参与全球粮农治理。加强与"一带一路"沿线国家合作，积极支持有条件的农业企业走出去。建立农业对外合作公共信息服务平台和信用评价体系。放宽农业外资准入，促进引资引技引智相结合。

专栏3　质量兴农重大工程

（一）特色农产品优势区创建

到2020年，创建并认定300个左右国家级特色农产品优势区，打造一批"中国第一、世界有名"的特色农产品品牌，增强绿色优质中高端特色农产品供给能力，加大对特色农产品优势区品牌的宣传和推介力度。

（二）动植物保护能力提升

针对动植物保护体系、外来生物入侵防控体系的薄弱环节，通过工程建设和完善运行保障机制，形成监测预警体系、疫情灾害应急处置体系、农药风险监控体系和联防联控体系。

（三）农业品牌提升

加强农业品牌认证、监管、保护等各环节的规范与管理，提升我国农业品牌公信力。加强与大型农产品批发市场、电商平台、各类商超组织的合作，创新产销衔接机制，搭建品牌农产品营销推介平台。

（四）特色优势农产品出口提升行动

促进重点水果、蔬菜、茶叶和水产品出口，支持企业申请国际认证认可，参与国际知名展会。

（五）产业兴村强县行动

坚持试点先行、逐步推开，争取到2022年培育和发展一批产业强、产品优、质量好、功能全、生态美的农业强镇，培育县域经济新动能。

（六）优质粮食工程

完善粮食质量安全检验和质量风险监测体系，完善粮食产后服务体系。开展"中国好粮油"行动，建立优质粮油产业经济发展评价体系、优质粮油质量标准、测评技术体系和线上营销体系，积极培育消费者认可的"中国好粮油"产品。

专栏3　质量兴农重大工程　新华社发

第十三章　建立现代农业经营体系

坚持家庭经营在农业中的基础性地位，构建家庭经营、集体经营、合作经营、企业经营等共同发展的新型农业经营体系，发展多种形式适度规模经营，发展壮大农村集体经济，提高农业的集约化、专业化、组织化、社会化水平，有效带动小农户发展。

第一节　巩固和完善农村基本经营制度

落实农村土地承包关系稳定并长久不变政策，衔接落实好第二轮土地承包到期后再延长30年的政策，让农民吃上长效"定心丸"。全面完成土地承包经营权确权登记颁证工作，完善农村承包地"三权分置"制度，在依法保护集体所有权和农户承包权前提下，平等保护土地经营权。建立农村产权交易平台，加强土地经营权流转和规模经营的管理服务。加强农用地用途管制。完善集体林权制度，引导规范有序流转，鼓励发展家庭林场、股份合作林场。发展壮大农垦国有农业经济，培育一批具有国际竞争力的农垦企业集团。

第二节　壮大新型农业经营主体

实施新型农业经营主体培育工程，鼓励通过多种形式开展适度规模经营。培育发展家庭农场，提升农民专业合作社规范化水平，鼓励发展农民专业合作社联合社。不断壮大农林产业化龙头企业，鼓励建立现代企业制度。鼓励工商资本到农村投资适合产业化、规模化经营的农业项目，提供区域性、系统性解决方案，与当地农户形成互惠共赢的产业共同体。加快建立新型经营主体支持政策体系和信用评价体系，落实财政、税收、土地、信贷、保险等支持政策，扩大新型经营主体承担涉农项目规模。

第三节　发展新型农村集体经济

深入推进农村集体产权制度改革，推动资源变资产、资金变股金、农民变股东，发展多种形式的股份合作。完善农民对集体资产股份的占有、收益、有偿退出及抵押、担保、继承等权能和管理办法。研究制定农村集体经济组织法，充实农村集体产权权能。鼓励经济实力强的农村集体组织辐射带动周边村庄共同发展。发挥村党组织对集体经济组织的领导核心作用，防止内部少数人控制和外部资本侵占集体资产。

第四节　促进小农户生产和现代农业发展有机衔接

改善小农户生产设施条件，提高个体农户抵御自然风险能力。发展多样化的联合与合作，提升小农户组织化程度。鼓励新型经营主体与小农户建立契约型、股权型利益联结机制，带动小农户专业化生产，提高小农户自我发展能力。健全农业社会化服务体系，大力培育新型服务主体，加快发展"一站式"农业生产性服务业。加强工商企业租赁农户承包地的用途监管和风险防范，健全资格审查、项目审核、风险保障金制度，维护小农户权益。

专栏 4　现代农业经营体系培育工程

（一）新型农业经营主体培育

培育一批一二三产业融合、适度规模经营多样、社会化服务支撑、与"互联网+"紧密结合的各类新型经营主体。实施现代农业人才支撑计划，推进新型经营主体带头人轮训计划，实施现代青年农场经营者、农村实用人才和新型职业农民培育工程。运用互联网信息化手段，为新型经营主体点对点提供服务。

（二）农垦国有经济培育壮大

加快垦区集团化和农场企业化改革进程，全面推行现代企业制度，健全法人治理结构。支持农垦率先建立农产品质量等级评价标准体系和农产品质量安全追溯平台。全面推广中国农垦公共品牌，切实加强农垦加工、仓储、物流、渠道等关键环节建设。

（三）供销合作社培育壮大

全面深化供销合作社综合改革，支持供销合作社创新体制机制，加强联合社层级间的联合合作，推动供销合作社高质量发展。大力实施"基层社组织建设工程"和"千县千社"振兴计划，增强基层社为农服务能力。

（四）新型农村集体经济振兴计划

编制集体产权制度改革"菜单式"行动指引，指导各地因地制宜制定改革方案，以差异化扶持政策为导向，实行分类施策、重点推进，增强集体经济发展活力和实力。

专栏 4　现代农业经营体系培育工程　新华社发

第十四章 强化农业科技支撑

深入实施创新驱动发展战略，加快农业科技进步，提高农业科技自主创新水平、成果转化水平，为农业发展拓展新空间、增添新动能，引领支撑农业转型升级和提质增效。

第一节 提升农业科技创新水平

培育符合现代农业发展要求的创新主体，建立健全各类创新主体协调互动和创新要素高效配置的国家农业科技创新体系。强化农业基础研究，实现前瞻性基础研究和原创性重大成果突破。加强种业创新、现代食品、农机装备、农业污染防治、农村环境整治等方面的科研工作。深化农业科技体制改革，改进科研项目评审、人才评价和机构评估工作，建立差别化评价制度。深入实施现代种业提升工程，开展良种重大科研联合攻关，培育具有国际竞争力的种业龙头企业，推动建设种业科技强国。

第二节 打造农业科技创新平台基地

建设国家农业高新技术产业示范区、国家农业科技园区、省级农业科技园区，吸引更多的农业高新技术企业到科技园区落户，培育国际领先的农业高新技术企业，形成具有国际竞争力的农业高新技术产业。新建一批科技创新联盟，支持农业高新技术企业建立高水平研发机构。利用现有资源建设农业领域国家技术创新中心，加强重大共性关键技术和产品研发与应用示范。建设农业科技资源开放共享与服务平台，充分发挥重要公共科技资源优势，推动面向科技界开放共享，整合和完善科技资源共享服务平台。

第三节 加快农业科技成果转化应用

鼓励高校、科研院所建立一批专业化的技术转移机构和面向企业的技术服务网络，通过研发合作、技术转让、技术许可、作价投资等多种形式，实现科技成果市场价值。健全省市县三级科技成果转化工作网络，支持地方大力发展技术交易市场。面向绿色兴农重大需求，

专栏5　农业科技创新支撑重大工程

（一）农业科技创新水平提升

建立现代农业产业技术体系、创新联盟、创新中心"三位一体"的创新平台。加强农业面源污染防治、化肥农药减量增效、农业节水、农业废弃物资源化利用、绿色健康养殖、防灾减灾、荒漠化石漠化治理、冻林质量提升等关键技术研发，推进成果集成应用。

（二）现代种业自主创新能力提升

加强种质资源保存、育种创新、品种测试与检测、良种繁育等能力建设，建立现代种业体系。高标准建设国家南繁育种基地，推进甘肃、四川国家级制种基地建设与提挡升级，加快区域性良繁基地建设。建立农业野生植物原生境保护区和种质安源库（圃）。

（三）农业科技园区建设

突出农业科技园区的"农、高、科"定位，强化体制机制创新，推进农业科技园区建设。用高新技术改造提升农业产业，壮大生物育种、智能农机、现代食品制造等高新技术产业，培育农业高新技术企业超过1.5万家。

专栏5 农业科技创新支撑重大工程　新华社发

加大绿色技术供给,加强集成应用和示范推广。健全基层农业技术推广体系,创新公益性农技推广服务方式,支持各类社会力量参与农技推广,全面实施农技推广服务特聘计划,加强农业重大技术协同推广。健全农业科技领域分配政策,落实科研成果转化及农业科技创新激励相关政策。

第十五章 完善农业支持保护制度

以提升农业质量效益和竞争力为目标,强化绿色生态导向,创新完善政策工具和手段,加快建立新型农业支持保护政策体系。

第一节 加大支农投入力度

建立健全国家农业投入增长机制,政府固定资产投资继续向农业倾斜,优化投入结构,实施一批打基础、管长远、影响全局的重大工程,加快改变农业基础设施薄弱状况。建立以绿色生态为导向的农业补贴制度,提高农业补贴政策的指向性和精准性。落实和完善对农民直接补贴制度。完善粮食主产区利益补偿机制。继续支持粮改饲、粮豆轮作和畜禽水产标准化健康养殖,改革完善渔业油价补贴政策。完善农机购置补贴政策,鼓励对绿色农业发展机具、高性能机具以及保证粮食等主要农产品生产机具实行敞开补贴。

第二节 深化重要农产品收储制度改革

深化玉米收储制度改革,完善市场化收购加补贴机制。合理制定大豆补贴政策。完善稻谷、小麦最低收购价政策,增强政策灵活性和弹性,合理调整最低收购价水平,加快建立健全支持保护政策。深化国有粮食企业改革,培育壮大骨干粮食企业,引导多元市场主体入市收购,防止出现卖粮难。深化棉花目标价格改革,研究完善食糖(糖料)、油料支持政策,促进价格合理形成,激发企业活力,提高国内产业竞争力。

第三节 提高农业风险保障能力

完善农业保险政策体系,设计多层次、可选择、不同保障水平的保险产品。积极开发适应新型农业经营主体需求的保险品种,探索开展水稻、小麦、玉米三大主粮作物完全成本保险和收入保险试点,鼓励开展天气指数保险、价格指数保险、贷款保证保险等试点。健全农业保险大灾风险分散机制。发展农产品期权期货市场,扩大"保险+期货"试点,探索"订单农业+保险+期货(权)"试点。健全国门生物安全查验机制,推进口岸动植物检疫规范化建设。强化边境管理,打击农产品走私。完善农业风险管理和预警体系。

第五篇 发展壮大乡村产业

以完善利益联结机制为核心,以制度、技术和商业模式创新为动力,推进农村一二三产业交叉融合,加快发展根植于农业农村、由当地农民主办、彰显地域特色和乡村价值的产业体系,推动乡村产业全面振兴。

第十六章 推动农村产业深度融合

把握城乡发展格局发生重要变化的机遇,培育农业农村新产业新业态,打造农村产业融合发展新载体新模式,推动要素跨界配置和产业有机融合,让农村一二三产业在融合发展中同步升级、同步增值、同步受益。

第一节 发掘新功能新价值

顺应城乡居民消费拓展升级趋势，结合各地资源禀赋，深入发掘农业农村的生态涵养、休闲观光、文化体验、健康养老等多种功能和多重价值。遵循市场规律，推动乡村资源全域化整合、多元化增值，增强地方特色产品时代感和竞争力，形成新的消费热点，增加乡村生态产品和服务供给。实施农产品加工业提升行动，支持开展农产品生产加工、综合利用关键技术研究与示范，推动初加工、精深加工、综合利用加工和主食加工协调发展，实现农产品多层次、多环节转化增值。

第二节 培育新产业新业态

深入实施电子商务进农村综合示范，建设具有广泛性的农村电子商务发展基础设施，加快建立健全适应农产品电商发展的标准体系。研发绿色智能农产品供应链核心技术，加快培育农业现代供应链主体。加强农商互联，密切产销衔接，发展农超、农社、农企、农校等产销对接的新型流通业态。实施休闲农业和乡村旅游精品工程，发展乡村共享经济等新业态，推动科技、人文等元素融入农业。强化农业生产性服务业对现代农业产业链的引领支撑作用，构建全程覆盖、区域集成、配套完备的新型农业社会化服务体系。清理规范制约农业农村新产业新业态发展的行政审批事项。着力优化农村消费环境，不断优化农村消费结构，提升农村消费层次。

第三节 打造新载体新模式

依托现代农业产业园、农业科技园区、农产品加工园、农村产业融合发展示范园等，打造农村产业融合发展的平台载体，促进农业内部融合、延伸农业产业链、拓展农业多种功能、发展农业新型业态等多模式融合发展。加快培育农商产业联盟、农业产业化联合体等新型产业链主体，打造一批产加销一体的全产业链企业集群。推进农业循环经济试点示范和田园综合体试点建设。加快培育一批"农字号"特色小镇，在有条件的地区建设培育特色商贸小镇，推动农村产业发展与新型城镇化相结合。

第十七章 完善紧密型利益联结机制

始终坚持把农民更多分享增值收益作为基本出发点，着力增强农民参与融合能力，创新收益分享模式，健全联农带农有效激励机制，让农民更多分享产业融合发展的增值收益。

第一节 提高农民参与程度

鼓励农民以土地、林权、资金、劳动、技术、产品为纽带，开展多种形式的合作与联合，依法组建农民专业合作社联合社，强化农民作为市场主体的平等地位。引导农村集体经济组织挖掘集体土地、房屋、设施等资源和资产潜力，依法通过股份制、合作制、股份合作制、租赁等形式，积极参与产业融合发展。积极培育社会化服务组织，加强农技指导、信用评价、保险推广、市场预测、产品营销等服务，为农民参与产业融合创造良好条件。

第二节 创新收益分享模式

加快推广"订单收购+分红"、"土地流转+优先雇用+社会保障"、"农民入股+保底收益+按股分红"等多种利益联结方式，让农户分享加工、销售环节收益。鼓励行业协会或龙头企业与合作社、家庭农场、普通农户等组织共同营销，开展农产品销售推介和品牌运作，让农户更多分享产业链增值收益。鼓励农业产业化龙头企业通过设立风险资金、为农户提供信贷担保、领办或参办农民合作组织等多种形式，与农民建立稳定的订单和契约关系。完善涉农股份合作制企业利润分配机制，明确资本参与利润分配比例上限。

第三节　强化政策扶持引导

更好发挥政府扶持资金作用，强化龙头企业、合作组织联农带农激励机制，探索将新型农业经营主体带动农户数量和成效作为安排财政支持资金的重要参考依据。以土地、林权为基础的各种形式合作，凡是享受财政投入或政策支持的承包经营者均应成为股东方。鼓励将符合条件的财政资金特别是扶贫资金量化到农村集体经济组织和农户后，以自愿入股方式投入新型农业经营主体，对农户土地经营权入股部分采取特殊保护，探索实行农民负盈不负亏的分配机制。

第十八章　激发农村创新创业活力

坚持市场化方向，优化农村创新创业环境，放开搞活农村经济，合理引导工商资本下乡，推动乡村大众创业万众创新，培育新动能。

第一节　培育壮大创新创业群体

推进产学研合作，加强科研机构、高校、企业、返乡下乡人员等主体协同，推动农村创新创业群体更加多元。培育以企业为主导的农业产业技术创新战略联盟，加速资金、技术和服务扩散，带动和支持返乡创业人员依托相关产业链创业发展。整合政府、企业、社会等多方资源，推动政策、技术、资本等各类要素向农村创新创业集聚。鼓励农民就地创业、返乡创业，加大各方资源支持本地农民兴业创业力度。深入推行科技特派员制度，引导科技、信息、资金、管理等现代生产要素向乡村集聚。

第二节　完善创新创业服务体系

发展多种形式的创新创业支撑服务平台，健全服务功能，开展政策、资金、法律、知识产权、财务、商标等专业化服务。建立农村创新创业园区（基地），鼓励农业企业建立创新创业实训基地。鼓励有条件的县级政府设立"绿色通道"，为返乡下乡人员创新创业提供便利服务。建设一批众创空间、"星创天地"，降低创业门槛。依托基层就业和社会保障服务平台，做好返乡人员创业服务、社保关系转移接续等工作。

第三节　建立创新创业激励机制

加快将现有支持"双创"相关财政政策措施向返乡下乡人员创新创业拓展，把返乡下乡人员开展农业适度规模经营所需贷款按规定纳入全国农业信贷担保体系支持范围。适当放宽返乡创业园用电用水用地标准，吸引更多返乡人员入园创业。各地年度新增建设用地计划指标，要确定一定比例用于支持农村新产业新业态发展。落实好减税降费政策，支持农村创新创业。

专栏6　构建乡村产业体系重大工程

（一）电子商务进农村综合示范

在2019年对具备条件的国家级贫困县实现全覆盖的基础上，进一步挖掘具备潜力的县深化农村电商示范工作，逐步培育一批电子商务进农村综合示范县，建设和完善农村电商公共服务体系。

（二）农商互联

推动农产品流通企业与新型农业经营主体对接，通过订单农业、直采直销、投资合作等方式，打造产销稳定衔接、利益紧密联结的农产品全产业链条，加强全国性、区域性、田头市场三级产地市场体系建设。

（三）休闲农业和乡村旅游精品工程

改造一批休闲农业村庄道路、供水、停车场、厕所等设施，树立和推介一批休闲农业和乡村旅游精品品牌，培育一批美丽休闲乡村、休闲农庄（园）、休闲观光园区、国家森林步道、康养基地、森林人家、乡村民宿、乡村旅游区（点）等精品。搭建发布推介平台，开展休闲农业和乡村旅游精品发布推介活动。

（四）国家农村一二三产业融合发展示范园创建计划

到2020年建成300个农村一二三产业融合发展示范园，通过复制推广先进经验，加快延伸农业产业链、提升农业价值链、拓展农业多种功能、培育农村新产业新业态。

（五）农业循环经济试点示范

选择粮食主产区等具备基础的地区，建设20个工农复合型循环经济示范区，推进秸秆、禽畜粪污等大宗农业废弃物的综合利用，推进废旧农膜、农药包装物等回收利用。推动建立农业循环经济评价指标体系和评价考核制度。

（六）农产品加工业提升行动

完善国家农产品加工技术研发体系，建设一批农产品加工技术集成基地。促进农产品加工业增品种、提品质、创品牌。大力培育农产品加工业各类专门人才。依托现有农产品精深加工集聚区、产业园、工业区等，打造升级一批农产品精深加工示范基地，促进农业提质增效和农民增收。

（七）农村"星创天地"

打造农村版众创空间，以农业科技园区、新农村发展研究院、科技型企业、科技特派员创业基地、农民专业合作社等为载体，利用线下孵化载体和线上网络平台，面向科技特派员、大学生、返乡农民工、职业农民等建设3000个"星创天地"。

（八）返乡下乡创业行动

研究制定并组织实施农村双创百县千乡万名带头人培育行动方案。整合现有渠道，用3年时间培训40万名农村双创人员和双创导师。创建100个具有区域特色的农村双创示范园区（基地）。实施返乡下乡创业培训专项行动。实施育才强企计划，支持有条件的创业企业建设技能大师工作室。深入推进农村青年创业致富"领头雁"培养计划，培养一批全国农村青年致富带头人。实施引才回乡工程，在返乡下乡创业集中地区设立专家服务基地，吸引各类人才回乡服务。

专栏6　构建乡村产业体系重大工程　新华社发

第六篇　建设生态宜居的美丽乡村

牢固树立和践行绿水青山就是金山银山的理念，坚持尊重自然、顺应自然、保护自然，统筹山水林田湖草系统治理，加快转变生产生活方式，推动乡村生态振兴，建设生活环境整洁优美、生态系统稳定健康、人与自然和谐共生的生态宜居美丽乡村。

第十九章　推进农业绿色发展

以生态环境友好和资源永续利用为导向，推动形成农业绿色生产方式，实现投入品减量化、生产清洁化、废弃物资源化、产业模式生态化，提高农业可持续发展能力。

第一节　强化资源保护与节约利用

实施国家农业节水行动，建设节水型乡村。深入推进农业灌溉用水总量控制和定额管理，建立健全农业节水长效机制和政策体系。逐步明晰农业水权，推进农业水价综合改革，建立精准补贴和节水奖励机制。严格控制未利用地开垦，落实和完善耕地占补平衡制度。实施农用地分类管理，切实加大优先保护类耕地保护力度。降低耕地开发利用强度，扩大轮作休耕

专栏 7　农业绿色发展行动

（一）国家农业节水行动

将农业用水总量指标分解到各灌区。加强灌溉试验站网建设和灌溉试验，制定不同区域、不同作物灌溉用水定额。加强节水灌溉工程与农艺、农机、生物、管理等措施的集成与融合。全国节水灌溉面积达到 6.5 亿亩，其中高效节水灌溉面积达到 4 亿亩。

（二）水生生物保护行动

建立长江流域重点水域禁捕补偿制度，率先在水生生物保护区实现禁捕。引导和支持渔民转产转业，将渔船控制目标列入地方政府和有关部门约束性考核指标。继续清理整治"绝户网"和涉渔"三无"船舶。实施珍稀濒危物种拯救行动，形成覆盖各海区和内陆主要江河湖泊的水生生物养护体系。

（三）农业环境突出问题治理

扩大农业面源污染综合治理、华北地下水超采区综合治理、重金污染耕地防控修复的实施范围，对东北黑土地实行战略性保护，促进土壤有机质恢复与提升。推进北方农牧交错带已垦草原治理，加强人工草地建设。

（四）农业废弃物资源化利用

集中支持 500 个左右养殖大县开展畜禽粪污资源化利用整县推进试点，全国畜禽粪污综合利用率提高到 75% 以上。在种养密集区域，探索整县推进畜禽粪污、秸秆、病死畜禽、农田残膜、农村垃圾等废弃物全量资源化利用。

（五）农业绿色生产行动

集成推广测土配方施肥、水肥一体化、机械深施等施肥模式，强化统防统治、绿色防控，集成应用全程农药减量增效技术，主要农作物化肥、农药利用率达到 40% 以上，制定农兽药残留限量标准总数达到 1.2 万项，覆盖所有批准使用的农兽药品种和相应农产品。

专栏 7　农业绿色发展行动　新华社发

制度试点，制定轮作休耕规划。全面普查动植物种质资源，推进种质资源收集保存、鉴定和利用。强化渔业资源管控与养护，实施海洋渔业资源总量管理、海洋渔船"双控"和休禁渔制度，科学划定江河湖海限捕、禁捕区域，建设水生生物保护区、海洋牧场。

第二节 推进农业清洁生产

加强农业投入品规范化管理，健全投入品追溯系统，推进化肥农药减量施用，完善农药风险评估技术标准体系，严格饲料质量安全管理。加快推进种养循环一体化，建立农村有机废弃物收集、转化、利用网络体系，推进农林产品加工剩余物资源化利用，深入实施秸秆禁烧制度和综合利用，开展整县推进畜禽粪污资源化利用试点。推进废旧地膜和包装废弃物等回收处理。推行水产健康养殖，加大近海滩涂养殖环境治理力度，严格控制河流湖库、近岸海域投饵网箱养殖。探索农林牧渔融合循环发展模式，修复和完善生态廊道，恢复田间生物群落和生态链，建设健康稳定田园生态系统。

第三节 集中治理农业环境突出问题

深入实施土壤污染防治行动计划，开展土壤污染状况详查，积极推进重金属污染耕地等受污染耕地分类管理和安全利用，有序推进治理与修复。加强重有色金属矿区污染综合整治。加强农业面源污染综合防治。加大地下水超采治理，控制地下水漏斗区、地表水过度利用区用水总量。严格工业和城镇污染处理、达标排放，建立监测体系，强化经常性执法监管制度建设，推动环境监测、执法向农村延伸，严禁未经达标处理的城镇污水和其他污染物进入农业农村。

第二十章 持续改善农村人居环境

以建设美丽宜居村庄为导向，以农村垃圾、污水治理和村容村貌提升为主攻方向，开展农村人居环境整治行动，全面提升农村人居环境质量。

第一节 加快补齐突出短板

推进农村生活垃圾治理，建立健全符合农村实际、方式多样的生活垃圾收运处置体系，有条件的地区推行垃圾就地分类和资源化利用。开展非正规垃圾堆放点排查整治。实施"厕所革命"，结合各地实际普及不同类型的卫生厕所，推进厕所粪污无害化处理和资源化利用。梯次推进农村生活污水治理，有条件的地区推动城镇污水管网向周边村庄延伸覆盖。逐步消除农村黑臭水体，加强农村饮用水水源地保护。

第二节 着力提升村容村貌

科学规划村庄建筑布局，大力提升农房设计水平，突出乡土特色和地域民族特点。加快推进通村组道路、入户道路建设，基本解决村内道路泥泞、村民出行不便等问题。全面推进乡村绿化，建设具有乡村特色的绿化景观。完善村庄公共照明设施。整治公共空间和庭院环境，消除私搭乱建、乱堆乱放。继续推进城乡环境卫生整洁行动，加大卫生乡镇创建工作力度。鼓励具备条件的地区集中连片建设生态宜居的美丽乡村，综合提升田水路林村风貌，促进村庄形态与自然环境相得益彰。

第三节 建立健全整治长效机制

全面完成县域乡村建设规划编制或修编，推进实用性村庄规划编制实施，加强乡村建设规划许可管理。建立农村人居环境建设和管护长效机制，发挥村民主体作用，鼓励专业化、市场化建设和运行管护。推行环境治理依效付费制度，健全服务绩效评价考核机制。探索建立垃圾污水处理农户付费制度，完善财政补贴和农户付费合理分担机制。依法简化农村人居环境整治建设项目审批程序和招投标程序。完善农村人居环境标准体系。

专栏 8　农村人居环境整治行动

（一）农村垃圾治理

建立健全村庄保洁体系，因地制宜确定农村生活垃圾处理模式，交通便利且转运距离较近的村庄可依托城镇无害化处理设施集中处理，其他村庄可就近分散处理。总结推广农村生活垃圾分类和资源化利用百县示范经验，基本覆盖所有具备条件的县（市）。到2020年，完成农村生活垃圾全面治理逐省验收。

（二）农村生活污水治理

有条件的地区推进城镇污水处理设施和服务向城镇近郊的农村延伸，在离城镇较远、人口密集的村庄建设污水处理设施进行集中处理，人口较少的村庄推广建设户用污水处理设施。开展生活污水源头减量和尾水回收利用。鼓励具备条件的地区采用人工湿地、氧化塘等生态处理模式。

（三）厕所革命

加快实施农村改厕，东部地区、中西部城市近郊区以及其他环境容量较小地区村庄，加快推进户用卫生厕所建设和改造，同步实施厕所粪污治理。其他地区要按照群众接受、经济适用、使用和维护方便、不污染公共水体的要求，普及不同水平的卫生厕所。推进农村新建住房及保障性安居工程等项目配套建设无害化卫生厕所，人口规模较大村庄配套建设公共厕所。

（四）乡村绿化行动

全面实施乡村绿化行动，严格保护乡村古树名木，重点推进村内绿化、围村片林和农田林网建设。每年绿化美化2万个乡村。建设1万个国家森林乡村，8万个省市县级森林乡村。基本农田林网控制率达90%以上，古树名木挂牌保护率达到95%，基本实现"山地森林化、农田林网化、村屯园林化、道路林荫化、庭院花果化"的乡村绿化格局。

（五）乡村水环境治理

开展乡村湿地保护恢复和综合治理工作，整治乡村河湖水系，建设乡村湿地小区。以供水人口多、环境敏感的水源以及农村饮水安全工程规划建设的水源为重点，完成农村饮用水水源保护区（或保护范围）划定，加强农村饮用水水深地保护。采取综合措施，逐步消除农村黑臭水体，提升农村水环境质量。

（六）宜居宜业美丽乡村建设

以建设类、经营美和传承类"三美同步"推进为重点，选择一批具有建设条件的乡村，着力充实和拓展美丽乡村建设内容，积极引导社会资本多元化投入，健全美丽乡村建设成果共建共享机制，打造美丽中国的乡村样板。

专栏 8　农村人居环境整治行动　新华社发

第二十一章　加强乡村生态保护与修复

大力实施乡村生态保护与修复重大工程，完善重要生态系统保护制度，促进乡村生产生活环境稳步改善，自然生态系统功能和稳定性全面提升，生态产品供给能力进一步增强。

第一节　实施重要生态系统保护和修复重大工程

统筹山水林田湖草系统治理，优化生态安全屏障体系。大力实施大规模国土绿化行动，全面建设三北、长江等重点防护林体系，扩大退耕还林还草，巩固退耕还林还草成果，推动森林质量精准提升，加强有害生物防治。稳定扩大退牧还草实施范围，继续推进草原防灾减灾、鼠虫草害防治、严重退化沙化草原治理等工程。保护和恢复乡村河湖、湿地生态系统，积极开展农村水生态修复，连通河湖水系，恢复河塘行蓄能力，推进退田还湖还湿、退圩退垸还湖。大力推进荒漠化、石漠化、水土流失综合治理，实施生态清洁小流域建设，推进绿色小水电改造。加快国土综合整治，实施农村土地综合整治重大行动，推进农用地和低效建设用地整理以及历史遗留损毁土地复垦。加强矿产资源开发集中地区特别是重有色金属矿区地质环境和生态修复，以及损毁山体、矿山废弃地修复。加快近岸海域综合治理，实施蓝色海湾整治行动和自然岸线修复。实施生物多样性保护重大工程，提升各类重要保护地保护管理能力。加强野生动植物保护，强化外来入侵物种风险评估、监测预警与综合防控。开展重大生态修复工程气象保障服务，探索实施生态修复型人工增雨工程。

第二节　健全重要生态系统保护制度

完善天然林和公益林保护制度，进一步细化各类森林和林地的管控措施或经营制度。完善草原生态监管和定期调查制度，严格实施草原禁牧和草畜平衡制度，全面落实草原经营者生态保护主体责任。完善荒漠生态保护制度，加强沙区天然植被和绿洲保护。全面推行河长制湖长制，鼓励将河长湖长体系延伸至村一级。推进河湖饮用水水源保护区划定和立界工作，加强对水源涵养区、蓄洪滞涝区、滨河滨湖带的保护。严格落实自然保护区、风景名胜区、地质遗迹等各类保护地保护制度，支持有条件的地方结合国家公园体制试点，探索对居住在核心区域的农牧民实施生态搬迁试点。

第三节　健全生态保护补偿机制

加大重点生态功能区转移支付力度，建立省以下生态保护补偿资金投入机制。完善重点领域生态保护补偿机制，鼓励地方因地制宜探索通过赎买、租赁、置换、协议、混合所有制等方式加强重点区位森林保护，落实草原生态保护补助奖励政策，建立长江流域重点水域禁捕补偿制度，鼓励各地建立流域上下游等横向补偿机制。推动市场化多元化生态补偿，建立健全用水权、排污权、碳排放权交易制度，形成森林、草原、湿地等生态修复工程参与碳汇交易的有效途径，探索实物补偿、服务补偿、设施补偿、对口支援、干部支持、共建园区、飞地经济等方式，提高补偿的针对性。

第四节　发挥自然资源多重效益

大力发展生态旅游、生态种养等产业，打造乡村生态产业链。进一步盘活森林、草原、湿地等自然资源，允许集体经济组织灵活利用现有生产服务设施用地开展相关经营活动。鼓励各类社会主体参与生态保护修复，对集中连片开展生态修复达到一定规模的经营主体，允许在符合土地管理法律法规和土地利用总体规划、依法办理建设用地审批手续、坚持节约集约用地的前提下，利用1—3%治理面积从事旅游、康养、体育、设施农业等产业开发。深化集体林权制度改革，全面开展森林经营方案编制工作，扩大商品林经营自主权，鼓励多种形式的适度规模经营，支持开展林权收储担保服务。完善生态资源管护机制，设立生态管护员工作岗位，鼓励当地群众参与生态管护和管理服务。进一步健全自然资源有偿使用制度，研究探索生态资源价值评估方法并开展试点。

专栏9 乡村生态保护与修复重大工程

（一）国家生态安全屏障保护与修复

继续推进京津风沙源区、岩溶石漠化区、西藏生态安全屏障、青海三江源区、祁连山等重点区域综合治理工程，深化山水林田湖草生态保护修复试点，加快构筑国家生态安全屏障。

（二）大规模国土绿化

全面推进三北、长江等重点防护林体系建设和天然林资源保护工程，完成营造林3128万公顷。全面完成《新一轮退耕还林还草总体方案》确定的建设任务。在条件适宜地区推进规模化林场建设。积极推进森林质量精准提升工程，完成森林质量精准提升2000万公顷。加快国家储备林及用材林基地建设，完成国家储备林建设333万公顷。

（三）草原保护与修复

继续推进退牧还草、草原防灾减灾、鼠虫草害防治、严重退化沙化草原治理、农牧交错带已垦草原治理等重大工程，严格实施草原禁牧和草畜平衡制度，落实草原生态保护补助奖励政策。

（四）湿地保护与修复

全面加强湿地保护，在国际和国家重要湿地、湿地自然保护区、国家湿地公园实施湿地保护与修复工程，对功能降低、生物多样性减少的湿地进行综合治理。建成一批生态型河塘，开展湿地可持续利用示范。

（五）重点流域环境综合治理

加快推进重点流域水污染防治，对现状水质达到或优于Ⅲ类的湖库水体开展生态环境安全评估，强化湖治生态环境保护，加强重点湖库蓝藻水华防控。

（六）荒漠化、石漠化、水土流失综合治理

通过因地制宜实施封育保护、小流域综合治理、坡耕地治理等措施，新增水土流失治理面积28万平方公里，建成一批生态清洁小流域。持续推进防沙治沙和荒漠化防治，完成石漠化治理面积20万公顷。

（七）农村土地综合整治

统筹开展农村地区建设用地整理和土地复垦，优化农村土地利用格局，提高农村土地利用效率。到2020年，开展300个土地综合整治示范村镇建设，基本形成农村土地综合整治制度体系；到2022年，示范村镇建设扩大到1000个，形成具备推广到全国的制度体系。

（八）重大地质灾害隐患治理

完善调查评价、监测预警、综合治理、应急防治等地质灾害防治体系，实现山地丘陵区地质灾害气象预警预报全覆盖，全面完成山地丘陵区地质灾害详细调查和重点地区地面沉降、地裂缝和岩溶塌陷调查，完成已发现的威胁人员密集区重大地质灾害隐患工程治理。

（九）生物多样性保护

开展生物多样性调查和评估，摸清生物多样性家底；构建生物多样性保护网络，掌握生物多样性动态变化趋势。推进自然保护区保护管理能力建设，保护和改善濒危野生动物栖息地，积极开展拯救繁育和野化放归。加强极小种群野生植物生境恢复和人工拯救。

（十）近岸海域综合治理

加快实施蓝色海湾整治行动，推动辽东湾、渤海湾、黄河口、胶州湾等重点河口海湾综合整治，强化海岸带保护与修复，完善入海排污口管理制度。

（十一）兴林富民行动

优化资源要素配置，构建布局合理、功能完备、结构优化的林业产业体系、服务体系，建立一批标准化、集约化、规模化示范基地。加快智慧林业发展，推动林区网络和信息基础设施基本全覆盖，建设林业基础数据库、资源监管体系、新型林区综合公共服务平台。大力推进森林生态标志产品认证，建立森林生态产品品牌保证监督体系和产品追溯体系，建设森林生态产品信息发布和网上交易平台。

专栏9 乡村生态保护与修复重大工程　新华社发

第七篇　繁荣发展乡村文化

坚持以社会主义核心价值观为引领，以传承发展中华优秀传统文化为核心，以乡村公共文化服务体系建设为载体，培育文明乡风、良好家风、淳朴民风，推动乡村文化振兴，建设邻里守望、诚信重礼、勤俭节约的文明乡村。

第二十二章　加强农村思想道德建设

持续推进农村精神文明建设，提升农民精神风貌，倡导科学文明生活，不断提高乡村社会文明程度。

第一节　践行社会主义核心价值观

坚持教育引导、实践养成、制度保障三管齐下，采取符合农村特点的方式方法和载体，深化中国特色社会主义和中国梦宣传教育，大力弘扬民族精神和时代精神。加强爱国主义、集体主义、社会主义教育，深化民族团结进步教育。注重典型示范，深入实施时代新人培育工程，推出一批新时代农民的先进模范人物。把社会主义核心价值观融入法治建设，推动公正文明执法司法，彰显社会主流价值。强化公共政策价值导向，探索建立重大公共政策道德风险评估和纠偏机制。

第二节　巩固农村思想文化阵地

推动基层党组织、基层单位、农村社区有针对性地加强农村群众性思想政治工作。加强对农村社会热点难点问题的应对解读，合理引导社会预期。健全人文关怀和心理疏导机制，培育自尊自信、理性平和、积极向上的农村社会心态。深化文明村镇创建活动，进一步提高县级及以上文明村和文明乡镇的占比。广泛开展星级文明户、文明家庭等群众性精神文明创建活动。深入开展"扫黄打非"进基层。重视发挥社区教育作用，做好家庭教育，传承良好家风家训。完善文化科技卫生"三下乡"长效机制。

第三节　倡导诚信道德规范

深入实施公民道德建设工程，推进社会公德、职业道德、家庭美德、个人品德建设。推进诚信建设，强化农民的社会责任意识、规则意识、集体意识和主人翁意识。建立健全农村信用体系，完善守信激励和失信惩戒机制。弘扬劳动最光荣、劳动者最伟大的观念。弘扬中华孝道，强化孝敬父母、尊敬长辈的社会风尚。广泛开展好媳妇、好儿女、好公婆等评选表彰活动，开展寻找最美乡村教师、医生、村官、人民调解员等活动。深入宣传道德模范、身边好人的典型事迹，建立健全先进模范发挥作用的长效机制。

第二十三章 弘扬中华优秀传统文化

立足乡村文明，吸取城市文明及外来文化优秀成果，在保护传承的基础上，创造性转化、创新性发展，不断赋予时代内涵、丰富表现形式，为增强文化自信提供优质载体。

第一节 保护利用乡村传统文化

实施农耕文化传承保护工程，深入挖掘农耕文化中蕴含的优秀思想观念、人文精神、道德规范，充分发挥其在凝聚人心、教化群众、淳化民风中的重要作用。划定乡村建设的历史文化保护线，保护好文物古迹、传统村落、民族村寨、传统建筑、农业遗迹、灌溉工程遗产。传承传统建筑文化，使历史记忆、地域特色、民族特点融入乡村建设与维护。支持农村地区优秀戏曲曲艺、少数民族文化、民间文化等传承发展。完善非物质文化遗产保护制度，实施非物质文化遗产传承发展工程。实施乡村经济社会变迁物证征藏工程，鼓励乡村史志修编。

第二节 重塑乡村文化生态

紧密结合特色小镇、美丽乡村建设，深入挖掘乡村特色文化符号，盘活地方和民族特色文化资源，走特色化、差异化发展之路。以形神兼备为导向，保护乡村原有建筑风貌和村落格局，把民族民间文化元素融入乡村建设，深挖历史古韵，弘扬人文之美，重塑诗意闲适的人文环境和田绿草青的居住环境，重现原生田园风光和原本乡情乡愁。引导企业家、文化工作者、退休人员、文化志愿者等投身乡村文化建设，丰富农村文化业态。

第三节 发展乡村特色文化产业

加强规划引导、典型示范，挖掘培养乡土文化本土人才，建设一批特色鲜明、优势突出的农耕文化产业展示区，打造一批特色文化产业乡镇、文化产业特色村和文化产业群。大力推动农村地区实施传统工艺振兴计划，培育形成具有民族和地域特色的传统工艺产品，促进传统工艺提高品质、形成品牌、带动就业。积极开发传统节日文化用品和武术、戏曲、舞龙、舞狮、锣鼓等民间艺术、民俗表演项目，促进文化资源与现代消费需求有效对接。推动文化、旅游与其他产业深度融合、创新发展。

第二十四章 丰富乡村文化生活

推动城乡公共文化服务体系融合发展，增加优秀乡村文化产品和服务供给，活跃繁荣农村文化市场，为广大农民提供高质量的精神营养。

第一节 健全公共文化服务体系

按照有标准、有网络、有内容、有人才的要求，健全乡村公共文化服务体系。推动县级图书馆、文化馆总分馆制，发挥县级公共文化机构辐射作用，加强基层综合性文化服务中心建设，实现乡村两级公共文化服务全覆盖，提升服务效能。完善农村新闻出版广播电视公共服务覆盖体系，推进数字广播电视户户通，探索农村电影放映的新方法新模式，推进农家书屋延伸服务和提质增效。继续实施公共数字文化工程，积极发挥新媒体作用，使农民群众能便捷获取优质数字文化资源。完善乡村公共体育服务体系，推动村健身设施全覆盖。

第二节 增加公共文化产品和服务供给

深入推进文化惠民，为农村地区提供更多更好的公共文化产品和服务。建立农民群众文化需求反馈机制，推动政府向社会购买公共文化服务，开展"菜单式"、"订单式"服务。加强公共文化服务品牌建设，推动形成具有鲜明特色和社会影响力的农村公共文化服务项目。开展文化结对帮扶。支持"三农"题材文艺创作生产，鼓励文艺工作者推出反映农民生产生活尤其是乡村振兴实践的优秀文艺作品。鼓励各级文艺组织深入农村地区开展惠民演出活动。加强农村科普工作，推动全民阅读进家庭、进农村，提高农民科学文化素养。

第三节　广泛开展群众文化活动

完善群众文艺扶持机制，鼓励农村地区自办文化。培育挖掘乡土文化本土人才，支持乡村文化能人。加强基层文化队伍培训，培养一支懂文艺爱农村爱农民、专兼职相结合的农村文化工作队伍。传承和发展民族民间传统体育，广泛开展形式多样的农民群众性体育活动。

专栏10　乡村文化繁荣兴盛重大工程

（一）农耕文化保护传承

按照在发掘中保护、在利用中传承的思路，制定国家重要农业文化遗产保护传承指导意见。开展重要农业文化遗产展览展示，充分挖掘和弘扬中华优秀传统农耕文化，加大农业文化遗产宣传推介力度。

（二）戏曲进乡村

以县为基本单位，组织各级各类戏曲演出团体深入农村基层，为农民提供戏曲等多种形式的文艺演出，促进戏曲艺术在农村地区的传播普及和传承发展，争取到2020年在全范围实现戏曲进乡村制度化、常态化、普及化。

（三）贫困地区村综合文化服务中心建设

在贫困地区百县万村综合文化服务中心示范工程和贫困地区民族自治县、边境县村综合文化服务中心覆盖工程的基础上，加大对贫困地区村级文化设施建设的支持力度，实现贫困地区村级综合文化服务中心全覆盖。

（四）中国民间文化艺术之乡

深入发掘农村各类优秀民间文化资源，培育特色文化品牌，培养一批扎根农村的乡土文化人才，每3年评审命名一批"中国民间文化艺术之乡"。

（五）古村落、古民居保护利用

完成全国重点文物保护单位和省级文物保护单位集中成片传统村落整体保护利用项目。吸引社会力量，实施"拯救老屋"行动，开展乡村遗产客栈示范项目，探索古村落古民居利用新途径，促进古村落的保护和振兴。

（六）少数民族特色村寨保护与发展

遴选2000个基础条件较好、民族特色鲜明、发展成效突出、示范带动作用强的少数民族特色村寨，打造成为少数民族特色村寨建设典范。深化民族团结进步教育，铸牢中华民族共同体意识，加强各民族交往交流交融。

（七）乡村传统工艺振兴

实施中国传统工艺振兴计划，从贫困地区试点起步，以非物质文化遗产传统工艺技能培训为抓手，帮助乡村群众掌握一门手艺或技术。支持具备条件的地区搭建平台，整合资源，提高传统工艺产品设计、制作水平，形成具有一定影响力的地方品牌。

（八）乡村经济社会变迁物证征藏

支持有条件的乡村依托古遗址、历史建筑、古民居等历史文化资源，建设遗址博物馆、生态（社区）博物馆、户外博物馆等，通过对传统村落、街区建筑格局、整体风貌、生产生活等传统文化和生态环境的综合保护与展示，再现乡村文明发展轨迹。

专栏10　乡村文化繁荣兴盛重大工程　新华社发

鼓励开展群众性节日民俗活动,支持文化志愿者深入农村开展丰富多彩的文化志愿服务活动。活跃繁荣农村文化市场,推动农村文化市场转型升级,加强农村文化市场监管。

第八篇 健全现代乡村治理体系

把夯实基层基础作为固本之策,建立健全党委领导、政府负责、社会协同、公众参与、法治保障的现代乡村社会治理体制,推动乡村组织振兴,打造充满活力、和谐有序的善治乡村。

第二十五章 加强农村基层党组织对乡村振兴的全面领导

以农村基层党组织建设为主线,突出政治功能,提升组织力,把农村基层党组织建成宣传党的主张、贯彻党的决定、领导基层治理、团结动员群众、推动改革发展的坚强战斗堡垒。

第一节 健全以党组织为核心的组织体系

坚持农村基层党组织领导核心地位,大力推进村党组织书记通过法定程序担任村民委员会主任和集体经济组织、农民合作组织负责人,推行村"两委"班子成员交叉任职;提倡由非村民委员会成员的村党组织班子成员或党员担任村务监督委员会主任;村民委员会成员、村民代表中党员应当占一定比例。在以建制村为基本单元设置党组织的基础上,创新党组织设置。推动农村基层党组织和党员在脱贫攻坚和乡村振兴中提高威信、提升影响。加强农村新型经济组织和社会组织的党建工作,引导其始终坚持为农民服务的正确方向。

第二节 加强农村基层党组织带头人队伍建设

实施村党组织带头人整体优化提升行动。加大从本村致富能手、外出务工经商人员、本乡本土大学毕业生、复员退伍军人中培养选拔力度。以县为单位,逐村摸排分析,对村党组织书记集中调整优化,全面实行县级备案管理。健全从优秀村党组织书记中选拔乡镇领导干部、考录乡镇公务员、招聘乡镇事业编制人员机制。通过本土人才回引、院校定向培养、县乡统筹招聘等渠道,每个村储备一定数量的村级后备干部。全面向贫困村、软弱涣散村和集体经济薄弱村党组织派出第一书记,建立长效机制。

第三节 加强农村党员队伍建设

加强农村党员教育、管理、监督,推进"两学一做"学习教育常态化制度化,教育引导广大党员自觉用习近平新时代中国特色社会主义思想武装头脑。严格党的组织生活,全面落实"三会一课"、主题党日、谈心谈话、民主评议党员、党员联系农户等制度。加强农村流动党员管理。注重发挥无职党员作用。扩大党内基层民主,推进党务公开。加强党内激励关怀帮扶,定期走访慰问农村老党员、生活困难党员,帮助解决实际困难。稳妥有序开展不合格党员组织处置工作。加大在青年农民、外出务工人员、妇女中发展党员力度。

第四节 强化农村基层党组织建设责任与保障

推动全面从严治党向纵深发展、向基层延伸,严格落实各级党委尤其是县级党委主体责任,进一步压实县乡纪委监督责任,将抓党建促脱贫攻坚、促乡村振兴情况作为每年市县乡党委书记抓基层党建述职评议考核的重要内容,纳入巡视、巡察工作内容,作为领导班子综合评价和选拔任用领导干部的重要依据。坚持抓乡促村,整乡推进、整县提升,加强基本组织、基本队伍、基本制度、基本活动、基本保障建设,持续整顿软弱涣散村党组织。加强农村基层党风廉政建设,强化农村基层干部和党员的日常教育管理监督,加强对《农村基层干部廉洁履行职责若干规定(试行)》执行情况的监督检查,弘扬新风正气,抵制歪风邪气。充分发挥纪检监察机关在督促相关职能部门抓好中央政策落实方面的作用，加强对落实情况特别是涉农资金拨付、物资调配等工作的监督，开展扶贫领域腐败和作风问题专项治理，严厉打击农村基层黑恶势力和涉黑涉恶腐败及"保护伞"，严肃查处发生在惠农资金、征地拆迁、生态环保和农村"三资"管理领域的违纪违法问题，坚决纠正损害农民利益的行为，严厉整治群众身边腐败问题。全面执行以财政投入为主的稳定的村级组织运转经费保障政策。满怀热情关心关爱农村基层干部，政治上激励、工作上支持、待遇上保障、心理上关怀。重视发现和树立优秀农村基层干部典型，彰显榜样力量。

第二十六章　促进自治法治德治有机结合

坚持自治为基、法治为本、德治为先，健全和创新村党组织领导的充满活力的村民自治机制，强化法律权威地位，以德治滋养法治、涵养自治，让德治贯穿乡村治理全过程。

第一节　深化村民自治实践

加强农村群众性自治组织建设。完善农村民主选举、民主协商、民主决策、民主管理、民主监督制度。规范村民委员会等自治组织选举办法，健全民主决策程序。依托村民会议、村民代表会议、村民议事会、村民理事会等，形成民事民议、民事民办、民事民管的多层次基层协商格局。创新村民议事形式，完善议事决策主体和程序，落实群众知情权和决策权。全面建立健全村务监督委员会，健全务实管用的村务监督机制，推行村级事务阳光工程。充分发挥自治章程、村规民约在农村基层治理中的独特功能，弘扬公序良俗。继续开展以村民小组或自然村为基本单元的村民自治试点工作。加强基层纪委监委对村民委员会的联系和指导。

第二节　推进乡村法治建设

深入开展"法律进乡村"宣传教育活动，提高农民法治素养，引导干部群众尊法学法守法用法。增强基层干部法治观念、法治为民意识，把政府各项涉农工作纳入法治化轨道。维护村民委员会、农村集体经济组织、农村合作经济组织的特别法人地位和权利。深入推进综合行政执法改革向基层延伸，创新监管方式，推动执法队伍整合、执法力量下沉，提高执法能力和水平。加强乡村人民调解组织建设，建立健全乡村调解、县市仲裁、司法保障的农村土地承包经营纠纷调处机制。健全农村公共法律服务体系，加强对农民的法律援助、司法救助和公益法律服务。深入开展法治县（市、区）、民主法治示范村等法治创建活动，深化农村基层组织依法治理。

第三节　提升乡村德治水平

深入挖掘乡村熟人社会蕴含的道德规范，结合时代要求进行创新，强化道德教化作用，引导农民向上向善、孝老爱亲、重义守信、勤俭持家。建立道德激励约束机制，引导农民自我管理、自我教育、自我服务、自我提高，实现家庭和睦、邻里和谐、干群融洽。积极发挥新乡贤作用。深入推进移风易俗，开展专项文明行动，遏制大操大办、相互攀比、"天价彩礼"、厚葬薄养等陈规陋习。加强无神论宣传教育，抵制封建迷信活动。深化农村殡葬改革。

第四节　建设平安乡村

健全落实社会治安综合治理领导责任制，健全农村社会治安防控体系，推动社会治安防控力量下沉，加强农村群防群治队伍建设。深入开展扫黑除恶专项斗争。依法加大对农村非法宗教、邪教活动打击力度，严防境外渗透，继续整治农村乱建宗教活动场所、滥塑宗教造像。完善县乡村三级综治中心功能和运行机制。健全农村公共安全体系，持续开展农村安全隐患治理。加强农村警务、消防、安全生产工作，坚决遏制重特大安全事故。健全矛盾纠纷多元化解机制，深入排查化解各类矛盾纠纷，全面推广"枫桥经验"，做到小事不出村、大事不出乡（镇）。落实乡镇政府农村道路交通安全监督管理责任，探索实施"路长制"。探索以网格化管理为抓手，推动基层服务和管理精细化精准化。推进农村"雪亮工程"建设。

第二十七章　夯实基层政权

科学设置乡镇机构，构建简约高效的基层管理体制，健全农村基层服务体系，夯实乡村治理基础。

第一节　加强基层政权建设

面向服务人民群众合理设置基层政权机构、调配人力资源，不简单照搬上级机关设置模式。根据工作需要，整合基层审批、服务、执法等方面力量，统筹机构编制资源，整合相关职能设立综合性机构，实行扁平化和网格化管理。推动乡村治理重心下移，尽可能把资源、服务、管理下放到基层。加强乡镇领导班子建设，有计划地选派省市县机关部门有发展潜力的年轻干部到乡镇任职。加大从优秀选调生、乡镇事业编制人员、优秀村干部、大学生村官中选拔乡镇领导班子成员力度。加强边境地区、民族地区农村基层政权建设相关工作。

第二节　创新基层管理体制机制

明确县乡财政事权和支出责任划分，改进乡镇财政预算管理制度。推进乡镇协商制度化、

专栏11　乡村治理体系构建计划

（一）乡村便民服务体系建设

按照每百户居民拥有综合服务设施面积不低于30平方米的标准，加快农村社区综合服务设施覆盖。实施"互联网+农村社区"计划，推进农村社区公共服务综合信息平台建设。培育发展农村社区社会组织，加强农村社区工作者队伍建设，健全分级培训制度。

（二）"法律进乡村"宣传教育

开展"送法律进农村，维稳定促发展"农村主题法治宣传教育活动。利用农贸会、庙会和农村各种集市，组织法治宣传员、志愿者、人民调解员等进行现场法律咨询，发放宣传资料和普法读物。组织法治文艺演出，以农民群众喜闻乐见的形式把法律送到千家万户。

（三）"民主法治示范村"创建

健全"民主法治示范村"创建标准体系，深入推进农村民主选举、民主协商、民主决策、民主管理、民主监督，推进村务、财务公开，实现农民自我管理、自我教育、自我服务，提高农村社会法治化管理水平。

（四）农村社会治安防控体系建设

健全农村人防、技防、物防有机结合的防控网，增加农村集贸市场、庙会、商业网点、文化娱乐场所、车站码头、旅游景点等重点地区治安室与报警点设置，加强农村综治中心规范化建设，深化拓展农村网格化服务管理，加强农村消防、交通、危险物品、大型群众性活动安全监管，形成具有农村特色的社会治安防控格局。

（五）乡村基层组织运转经费保障

强化村级组织运转经费保障落实工作，开展定期检查督导，建立完善激励约束机制，健全公共财政支持和村级集体经济收益自我补充的保障机制，不断提高村级组织建设和运转的保障能力，为实施乡村振兴战略发挥基层组织的领导作用奠定基础。

专栏11　乡村治理体系构建计划　新华社发

规范化建设，创新联系服务群众工作方法。推进直接服务民生的公共事业部门改革，改进服务方式，最大限度方便群众。推动乡镇政务服务事项一窗式办理、部门信息系统一平台整合、社会服务管理大数据一口径汇集，不断提高乡村治理智能化水平。健全监督体系，规范乡镇管理行为。改革创新考评体系，强化以群众满意度为重点的考核导向。严格控制对乡镇设立不切实际的"一票否决"事项。

第三节　健全农村基层服务体系

制定基层政府在村（农村社区）治理方面的权责清单，推进农村基层服务规范化标准化。整合优化公共服务和行政审批职责，打造"一门式办理"、"一站式服务"的综合服务平台。在村庄普遍建立网上服务站点，逐步形成完善的乡村便民服务体系。大力培育服务性、公益性、互助性农村社会组织，积极发展农村社会工作和志愿服务。开展农村基层减负工作，集中清理对村级组织考核评比多、创建达标多、检查督查多等突出问题。

第九篇　保障和改善农村民生

坚持人人尽责、人人享有，围绕农民群众最关心最直接最现实的利益问题，加快补齐农村民生短板，提高农村美好生活保障水平，让农民群众有更多实实在在的获得感、幸福感、安全感。

第二十八章　加强农村基础设施建设

继续把基础设施建设重点放在农村，持续加大投入力度，加快补齐农村基础设施短板，促进城乡基础设施互联互通，推动农村基础设施提挡升级。

第一节　改善农村交通物流设施条件

以示范县为载体全面推进"四好农村路"建设，深化农村公路管理养护体制改革，健全管理养护长效机制，完善安全防护设施，保障农村地区基本出行条件。推动城市公共交通线路向城市周边延伸，鼓励发展镇村公交，实现具备条件的建制村全部通客车。加大对革命老区、民族地区、边疆地区、贫困地区铁路公益性运输的支持力度，继续开好"慢火车"。加快构建农村物流基础设施骨干网络，鼓励商贸、邮政、快递、供销、运输等企业加大在农村地区的设施网络布局。加快完善农村物流基础设施末端网络，鼓励有条件的地区建设面向农村地区的共同配送中心。

第二节　加强农村水利基础设施网络建设

构建大中小微结合、骨干和田间衔接、长期发挥效益的农村水利基础设施网络，着力提高节水供水和防洪减灾能力。科学有序推进重大水利工程建设，加强灾后水利薄弱环节建设，统筹推进中小型水源工程和抗旱应急能力建设。巩固提升农村饮水安全保障水平，开展大中型灌区续建配套节水改造与现代化建设，有序新建一批节水型、生态型灌区，实施大中型灌排泵站更新改造。推进小型农田水利设施达标提质，实施水系连通和河塘清淤整治等工程建设。推进智慧水利建设。深化农村水利工程产权制度与管理体制改革，健全基层水利服务体系，促进工程长期良性运行。

第三节　构建农村现代能源体系

优化农村能源供给结构，大力发展太阳能、浅层地热能、生物质能等，因地制宜开发利用水能和风能。完善农村能源基础设施网络，加快新一轮农村电网升级改造，推动供气设施向农村延伸。加快推进生物质热电联产、生物质供热、规模化生物质天然气和规模化大型沼气等燃料清洁化工程。推进农村能源消费升级，大幅提高电能在农村能源消费中的比重，加快实施北方农村地区冬季清洁取暖，积极稳妥推进散煤替代。推广农村绿色节能建筑和农用节能技术、产品。大力发展"互联网+"智慧能源，探索建设农村能源革命示范区。

第四节 夯实乡村信息化基础

深化电信普遍服务，加快农村地区宽带网络和第四代移动通信网络覆盖步伐。实施新一代信息基础设施建设工程。实施数字乡村战略，加快物联网、地理信息、智能设备等现代信息技术与农村生产生活的全面深度融合，深化农业农村大数据创新应用，推广远程教育、远

专栏12 农村基础设施建设重大工程

（一）农村公路建设

对具备条件的乡镇、建制村全部实现通硬化路，加强窄路基或窄路面路段加宽改建。对存在安全隐患的路段增设安全防护设施，改造农村公路危桥。有序推进较大人口规模的撤并建制村通硬化路。开展国有农场林场林区道路建设。

（二）农村交通物流基础设施网络建设

支持农贸市场、农村"夫妻店"等传统流通网点改进提升现有设施设备，拓展配送等物流服务功能。到2020年，在行政村和具备条件的自然村基本实现物流配送网点全盖。完善农村客货运服务网络，支持县级客运站和乡镇客运综合服务站建设和改造。鼓励创新农村客运和物流配送组织模式，推进城乡客运、城乡配送协调发展。

（三）农村水利基础设施网络建设

完成流域面积3000平方公里及以上的244条重要河流治理，加快推进流域面积200—3000平方公里中小河流治理；实施1.3万余座小型病险水库除险加固；开展543个县的农村基层防汛预报预警体系建设。完成大型灌区续建配套节水改造任务。新建廖坊二期、大桥二期等一批大型灌区。完成大型灌排泵站更新改造任务。

（四）农村能源基础设施建设

因地制宜建设农村分布式清洁能源网络，开展分布式能源系统示范项目。开展农村可再生能源千村示范。启动农村燃气基础设施建设，扩大清洁气体燃料利用规模。农村电网供电可靠率达到99.8%，综合电压合格率达到97.9%，户均配变容量不低于2千伏安，天然气基础设施覆盖面和通达度显著提高。

（五）农村新一代信息网络建设

高速宽带城乡全覆盖，2018年提前实现98%行政村通光纤，重点支持边远地区等第四代移动通信基站建设。持续加强光纤到村建设，完善4G网络向行政村和有条件的自然村覆盖，到2020年，中西部农村家庭宽带普及率达到40%，在部分地区推进"百兆乡村"示范及配套支撑工程。改造提升乡镇及以下区域光纤宽带渗透率和接入能力，开展有关城域网扩容，实现90%以上宽带用户接入能力达到50Mbps以上，有条件地区可提供100Mbps以上接入服务能力。

专栏12 农村基础设施建设重大工程 新华社发

程医疗、金融服务进村等信息服务，建立空间化、智能化的新型农村统计信息系统。在乡村信息化基础设施建设过程中，同步规划、同步建设、同步实施网络安全工作。

第二十九章 提升农村劳动力就业质量

坚持就业优先战略和积极就业政策，健全城乡均等的公共就业服务体系，不断提升农村劳动者素质，拓展农民外出就业和就地就近就业空间，实现更高质量和更充分就业。

第一节 拓宽转移就业渠道

增强经济发展创造就业岗位能力，拓宽农村劳动力转移就业渠道，引导农村劳动力外出就业，更加积极地支持就地就近就业。发展壮大县域经济，加快培育区域特色产业，拓宽农民就业空间。大力发展吸纳就业能力强的产业和企业，结合新型城镇化建设合理引导产业梯度转移，创造更多适合农村劳动力转移就业的机会，推进农村劳动力转移就业示范基地建设。加强劳务协作，积极开展有组织的劳务输出。实施乡村就业促进行动，大力发展乡村特色产业，推进乡村经济多元化，提供更多就业岗位。结合农村基础设施等工程建设，鼓励采取以工代赈方式就近吸纳农村劳动力务工。

第二节 强化乡村就业服务

健全覆盖城乡的公共就业服务体系，提供全方位公共就业服务。加强乡镇、行政村基层平台建设，扩大就业服务覆盖面，提升服务水平。开展农村劳动力资源调查统计，建立农村劳动力资源信息库并实行动态管理。加快公共就业服务信息化建设，打造线上线下一体的服

专栏13　乡村就业促进行动

（一）农村就业岗位开发

发展壮大县域经济，优化农村产业结构，加快推进农村一二三产业融合发展。鼓励在乡村地区新办环境友好型和劳动密集型企业。发展乡村特色产业，振兴传统工艺，培育一批家庭工场、手工作坊、乡村车间。

（二）农村劳动力职业技能培训

通过订单、定向和定岗式培训，对农村未升学初高中毕业生等新生代农民工开展就业技能培训，累计开展农民工培训4000万人次。继续实施春潮行动，到2020年，使各类农村转移就业劳动者都有机会接受1次相应的职业培训。

（三）城乡职业技能公共实训基地建设

充分利用现有设施设备，结合地区实际，建设一批区域性大型公共实训基地、市级综合型公共实训基地和县级地方产业特色型公共实训基地，构筑布局合理、定位明确、功能突出、信息互通、协调发展的职业技能实训基地网络。

（四）乡村公共就业服务体系建设

加强县级公共就业和社会保障服务机构及乡镇、行政村基层服务平台建设，合理配备办管理服务人员，改善服务设施设备，推进基层公共就业和社会保障服务全覆盖。推进乡村公共就业服务全程信息化，开展网上服务，进行劳动力资源动态监测。开展基层服务人员能力提升计划。

专栏13 乡村就业促进行动　新华社发

务模式。推动建立覆盖城乡全体劳动者、贯穿劳动者学习工作终身、适应就业和人才成长需要的职业技能培训制度，增强职业培训的针对性和有效性。在整合资源基础上，合理布局建设一批公共实训基地。

第三节 完善制度保障体系

推动形成平等竞争、规范有序、城乡统一的人力资源市场，建立健全城乡劳动者平等就业、同工同酬制度，提高就业稳定性和收入水平。健全人力资源市场法律法规体系，依法保障农村劳动者和用人单位合法权益。完善政府、工会、企业共同参与的协调协商机制，构建和谐劳动关系。落实就业服务、人才激励、教育培训、资金奖补、金融支持、社会保险等就业扶持相关政策。加强就业援助，对就业困难农民实行分类帮扶。

第三十章 增加农村公共服务供给

继续把国家社会事业发展的重点放在农村，促进公共教育、医疗卫生、社会保障等资源向农村倾斜，逐步建立健全全民覆盖、普惠共享、城乡一体的基本公共服务体系，推进城乡基本公共服务均等化。

第一节 优先发展农村教育事业

统筹规划布局农村基础教育学校，保障学生就近享有有质量的教育。科学推进义务教育公办学校标准化建设，全面改善贫困地区义务教育薄弱学校基本办学条件，加强寄宿制学校建设，提升乡村教育质量，实现县域校际资源均衡配置。发展农村学前教育，每个乡镇至少办好1所公办中心幼儿园，完善县乡村学前教育公共服务网络。继续实施特殊教育提升计划。科学稳妥推行民族地区乡村中小学双语教育，坚定不移推行国家通用语言文字教育。实施高中阶段教育普及攻坚计划，提高高中阶段教育普及水平。大力发展面向农村的职业教育，加快推进职业院校布局结构调整，加强县级职业教育中心建设，有针对性地设置专业和课程，满足乡村产业发展和振兴需要。推动优质学校辐射农村薄弱学校常态化，加强城乡教师交流轮岗。积极发展"互联网＋教育"，推进乡村学校信息化基础设施建设，优化数字教育资源公共服务体系。落实好乡村教师支持计划，继续实施农村义务教育学校教师特设岗位计划，加强乡村学校紧缺学科教师和民族地区双语教师培训，落实乡村教师生活补助政策，建好建强乡村教师队伍。

第二节 推进健康乡村建设

深入实施国家基本公共卫生服务项目，完善基本公共卫生服务项目补助政策，提供基础性全方位全周期的健康管理服务。加强慢性病、地方病综合防控，大力推进农村地区精神卫生、职业病和重大传染病防治。深化农村计划生育管理服务改革，落实全面两孩政策。增强妇幼健康服务能力，倡导优生优育。加强基层医疗卫生服务体系建设，基本实现每个乡镇都有1所政府举办的乡镇卫生院，每个行政村都有1所卫生室，每个乡镇卫生院都有全科医生，支持中西部地区基层医疗卫生机构标准化建设和设备提挡升级。切实加强乡村医生队伍建设，支持并推动乡村医生申请执业（助理）医师资格。全面建立分级诊疗制度，实行差别化的医保支付和价格政策。深入推进基层卫生综合改革，完善基层医疗卫生机构绩效工资制度。开展和规范家庭医生签约服务。树立大卫生大健康理念，广泛开展健康教育活动，倡导科学文明健康的生活方式，养成良好卫生习惯，提升居民文明卫生素质。

第三节 加强农村社会保障体系建设

按照兜底线、织密网、建机制的要求，全面建成覆盖全民、城乡统筹、权责清晰、保障适度、可持续的多层次社会保障体系。进一步完善城乡居民基本养老保险制度，加快建立城乡居民基本养老保险待遇确定和基础养老金标准正常调整机制。完善统一的城乡居民基本医疗保险制度和大病保险制度，做好农民重特大疾病救助工作，健全医疗救助与基本医疗保险、城乡居民大病保险及相关保障制度的衔接机制，巩固城乡居民医保全国异地就医联网直接结算。推进低保制度城乡统筹发展，健全低保标准动态调整机制。全面实施特困人员救助供养制度，提升托底保障能力和服务质量。推动各地通过政府购买服务、设置基层公共管理和社会服务岗位、引入社会工作专业人才和志愿者等方式，为农村留守儿童和妇女、老年人以及困境儿童提供关爱服务。加强和改善农村残疾人服务，将残疾人普遍纳入社会保障体系予以保障和扶持。

第四节　提升农村养老服务能力

适应农村人口老龄化加剧形势，加快建立以居家为基础、社区为依托、机构为补充的多层次农村养老服务体系。以乡镇为中心，建立具有综合服务功能、医养相结合的养老机构，与农

专栏14　农村公共服务提升计划

（一）乡村教育质量提升

合理布局农村地区义务教育学校，保留并办好必要的小规模学校，乡村小规模学校和乡镇寄宿制学校全部达到基本办学标准。实施加快中西部教育发展行动计划，逐步实现乡村义务教育公办学校的师资标准化配置和校舍、场地标准化。加大对教育薄弱地区高中阶段教育发展支持力度，努力办好乡镇普通高中。加强乡村普惠性幼儿园建设。推进师范生实训中心和乡村教师发展机构建设，加大对乡村学校校长教师的培训力度。继续实施并扩大特岗计划规模，逐步达到每年招聘10万人，落实好特岗教师待遇。加快实施"三通两平台"建设工程，继续支持农村中小学信息化基础设施建设。

（二）健康乡村计划

加强乡镇卫生院、社区卫生服务机构和村卫生室标准化建设，基层医疗卫生机构标准化达标率达到95%以上，公有产权村卫生室比例达到80%以上，部分医疗服务能力强的中心乡镇卫生院医疗服务能力达到或接近二级综合医院水平，乡村两级医疗机构的门急诊人次占总诊疗人次65%左右。深入实施国家基本公共卫生服务项目。开展健康乡村建设，建成一批整洁有序、健康宜居的示范村镇。

（三）全民参保计划

实施全民参保计划，基本实现法定人员全覆盖。开展全民参保登记，建立全面、完整、准确、动态更新的社会保险基础数据库。以在城乡之间流动就业和居住农民为重点，鼓励持续参保，积极引导在城镇稳定就业的农民工参加职工社会保险。实施社会保障卡工程，不断提高乡村持卡人口覆盖率。

（四）农村养老计划

通过邻里互助、亲友相助、志愿服务等模式，大力发展农村互助养老服务。依托农村社区综合服务中心（站）、综合性文化服务中心、村卫生室、农家书屋、全民健身设施等，为老年人提供关爱服务。统筹规划建设公益性养老服务设施，50%的乡镇建有1所农村养老机构。

专栏14　农村公共服务提升计划　新华社发

村基本公共服务、农村特困供养服务、农村互助养老服务相互配合，形成农村基本养老服务网络。提高乡村卫生服务机构为老年人提供医疗保健服务的能力。支持主要面向失能、半失能老年人的农村养老服务设施建设，推进农村幸福院等互助型养老服务发展，建立健全农村留守老年人关爱服务体系。开发农村康养产业项目。鼓励村集体建设用地优先用于发展养老服务。

第五节　加强农村防灾减灾救灾能力建设

坚持以防为主、防抗救相结合，坚持常态减灾与非常态救灾相统一，全面提高抵御各类灾害综合防范能力。加强农村自然灾害监测预报预警，解决农村预警信息发布"最后一公里"问题。加强防灾减灾工程建设，推进实施自然灾害高风险区农村困难群众危房改造。全面深化森林、草原火灾防控治理。大力推进农村公共消防设施、消防力量和消防安全管理组织建设，改善农村消防安全条件。推进自然灾害救助物资储备体系建设。开展灾害救助应急预案编制和演练，完善应对灾害的政策支持体系和灾后重建工作机制。在农村广泛开展防灾减灾宣传教育。

第十篇　完善城乡融合发展政策体系

顺应城乡融合发展趋势，重塑城乡关系，更好激发农村内部发展活力、优化农村外部发展环境，推动人才、土地、资本等要素双向流动，为乡村振兴注入新动能。

第三十一章　加快农业转移人口市民化

加快推进户籍制度改革，全面实行居住证制度，促进有能力在城镇稳定就业和生活的农业转移人口有序实现市民化。

第一节　健全落户制度

鼓励各地进一步放宽落户条件，除极少数超大城市外，允许农业转移人口在就业地落户，优先解决农村学生升学和参军进入城镇的人口、在城镇就业居住5年以上和举家迁徙的农业转移人口以及新生代农民工落户问题。区分超大城市和特大城市主城区、郊区、新区等区域，分类制定落户政策，重点解决符合条件的普通劳动者落户问题。全面实行居住证制度，确保各地居住证申领门槛不高于国家标准、享受的各项基本公共服务和办事便利不低于国家标准，推进居住证制度覆盖全部未落户城镇常住人口。

第二节　保障享有权益

不断扩大城镇基本公共服务覆盖面，保障符合条件的未落户农民工在流入地平等享受城镇基本公共服务。通过多种方式增加学位供给，保障农民工随迁子女以流入地公办学校为主接受义务教育，以普惠性幼儿园为主接受学前教育。完善就业失业登记管理制度，面向农业转移人口全面提供政府补贴职业技能培训服务。将农业转移人口纳入社区卫生和计划生育服务体系，提供基本医疗卫生服务。把进城落户农民完全纳入城镇社会保障体系，在农村参加的养老保险和医疗保险规范接入城镇社会保障体系，做好基本医疗保险关系转移接续和异地就医结算工作。把进城落户农民完全纳入城镇住房保障体系，对符合条件的采取多种方式满足基本住房需求。

第三节　完善激励机制

维护进城落户农民土地承包权、宅基地使用权、集体收益分配权，引导进城落户农民依法自愿有偿转让上述权益。加快户籍变动与农村"三权"脱钩，不得以退出"三权"作为农民进城落户的条件，促使有条件的农业转移人口放心落户城镇。落实支持农业转移人口市民化财政政策，以及城镇建设用地增加规模与吸纳农业转移人口落户数量挂钩政策，健全由政府、企业、个人共同参与的市民化成本分担机制。

第三十二章 强化乡村振兴人才支撑

实行更加积极、更加开放、更加有效的人才政策，推动乡村人才振兴，让各类人才在乡村大施所能、大展才华、大显身手。

第一节 培育新型职业农民

全面建立职业农民制度，培养新一代爱农业、懂技术、善经营的新型职业农民，优化农业从业者结构。实施新型职业农民培育工程，支持新型职业农民通过弹性学制参加中高等农业职业教育。创新培训组织形式，探索田间课堂、网络教室等培训方式，支持农民专业合作社、专业技术协会、龙头企业等主体承担培训。鼓励各地开展职业农民职称评定试点。引导符合条件的新型职业农民参加城镇职工养老、医疗等社会保障制度。

第二节 加强农村专业人才队伍建设

加大"三农"领域实用专业人才培育力度，提高农村专业人才服务保障能力。加强农技推广人才队伍建设，探索公益性和经营性农技推广融合发展机制，允许农技人员通过提供增值服务合理取酬，全面实施农技推广服务特聘计划。加强涉农院校和学科专业建设，大力培育农业科技、科普人才，深入实施农业科研杰出人才计划和杰出青年农业科学家项目，深化农业系列职称制度改革。

第三节 鼓励社会人才投身乡村建设

建立健全激励机制，研究制定完善相关政策措施和管理办法，鼓励社会人才投身乡村建

专栏15 乡村振兴人才支撑计划

（一）农业科研杰出人才计划和杰出青年农业科学家项目

加快培养农业科技领军人才和创新团队。面向生物基因组学、土壤污染防控与治理、现代农业机械与装备等新兴领域和交叉学科，每年选拔支持100名左右杰出青年农业科学家开展重大科技创新。

（二）乡土人才培育计划

开展乡土人才示范培训，实施农村实用人才"职业素质和能力提升计划"，培育一批"土专家"、"田秀才"、产业发展带头人和农村电商人才，扶持一批农业职业经理人、经纪人，培养一批乡村工匠、文化能人和非物质文化遗产传承人。

（三）乡村财会管理"双基"提升计划

以乡村基础财务会计制度建设、基本财会人员选配和专业技术培训为重点，提升农村集体经济组织、农民合作组织、自治组织的财务会计管理水平和开展各类基本经济活动的规范管理能力。

（四）"三区"人才支持计划

每年引导10万名左右优秀教师、医生、科技人员、社会工作者、文化工作者到边远贫困地区、边疆民族地区和革命老区工作或提供服务。每年重点扶持培养1万名左右边远贫困地区、边疆民族地区和革命老区急需紧缺人才。

专栏15 乡村振兴人才支撑计划　新华社发

设。以乡情乡愁为纽带，引导和支持企业家、党政干部、专家学者、医生教师、规划师、建筑师、律师、技能人才等，通过下乡担任志愿者、投资兴业、行医办学、捐资捐物、法律服务等方式服务乡村振兴事业，允许符合要求的公职人员回乡任职。落实和完善融资贷款、配套设施建设补助、税费减免等扶持政策，引导工商资本积极投入乡村振兴事业。继续实施"三区"（边远贫困地区、边疆民族地区和革命老区）人才支持计划，深入推进大学生村官工作，因地制宜实施"三支一扶"、高校毕业生基层成长等计划，开展乡村振兴"巾帼行动"、青春建功行动。建立城乡、区域、校地之间人才培养合作与交流机制。全面建立城市医生教师、科技文化人员等定期服务乡村机制。

第三十三章 加强乡村振兴用地保障

完善农村土地利用管理政策体系，盘活存量，用好流量，辅以增量，激活农村土地资源资产，保障乡村振兴用地需求。

第一节 健全农村土地管理制度

总结农村土地征收、集体经营性建设用地入市、宅基地制度改革试点经验，逐步扩大试点，加快土地管理法修改。探索具体用地项目公共利益认定机制，完善征地补偿标准，建立被征地农民长远生计的多元保障机制。建立健全依法公平取得、节约集约使用、自愿有偿退出的宅基地管理制度。在符合规划和用途管制前提下，赋予农村集体经营性建设用地出让、租赁、入股权能，明确入市范围和途径。建立集体经营性建设用地增值收益分配机制。

第二节 完善农村新增用地保障机制

统筹农业农村各项土地利用活动，乡镇土地利用总体规划可以预留一定比例的规划建设用地指标，用于农业农村发展。根据规划确定的用地结构和布局，年度土地利用计划分配中可安排一定比例新增建设用地指标专项支持农业农村发展。对于农业生产过程中所需各类生产设施和附属设施用地，以及由于农业规模经营必须兴建的配套设施，在不占用永久基本农田的前提下，纳入设施农用地管理，实行县级备案。鼓励农业生产与村庄建设用地复合利用，发展农村新产业新业态，拓展土地使用功能。

第三节 盘活农村存量建设用地

完善农民闲置宅基地和闲置农房政策，探索宅基地所有权、资格权、使用权"三权分置"，落实宅基地集体所有权，保障宅基地农户资格权和农民房屋财产权，适度放活宅基地和农民房屋使用权，不得违规违法买卖宅基地，严格实行土地用途管制，严格禁止下乡利用农村宅基地建设别墅大院和私人会馆。在符合土地利用总体规划前提下，允许县级政府通过村土地利用规划调整优化村庄用地布局，有效利用农村零星分散的存量建设用地。对利用收储农村闲置建设用地发展农村新产业新业态的，给予新增建设用地指标奖励。

第三十四章 健全多元投入保障机制

健全投入保障制度，完善政府投资体制，充分激发社会投资的动力和活力，加快形成财政优先保障、社会积极参与的多元投入格局。

第一节 继续坚持财政优先保障

建立健全实施乡村振兴战略财政投入保障制度，明确和强化各级政府"三农"投入责任，公共财政更大力度向"三农"倾斜，确保财政投入与乡村振兴目标任务相适应。规范地方政府举债融资行为，支持地方政府发行一般债券用于支持乡村振兴领域公益性项目，鼓励地方政府试点发行项目融资和收益自平衡的专项债券，支持符合条件、有一定收益的乡村公益性建设项目。加大政府投资对农业绿色生产、可持续发展、农村人居环境、基本公共服务等重点领域和薄弱环节支持力度，充分发挥投资对优化供给结构的关键性作用。充分发挥规划的引领作用，推进行业内资金整合与行业间资金统筹相互衔接配合，加快建立涉农资金统筹整合长效机制。强化支农资金监督管理，提高财政支农资金使用效益。

第二节 提高土地出让收益用于农业农村比例

开拓投融资渠道，健全乡村振兴投入保障制度，为实施乡村振兴战略提供稳定可靠资金来源。坚持取之于地，主要用之于农的原则，制定调整完善土地出让收入使用范围、提高农业农村投入比例的政策性意见，所筹集资金用于支持实施乡村振兴战略。改进耕地占补平衡管理办法，建立高标准农田建设等新增耕地指标和城乡建设用地增减挂钩节余指标跨省域调剂机制，将所得收益通过支出预算全部用于巩固脱贫攻坚成果和支持实施乡村振兴战略。

第三节 引导和撬动社会资本投向农村

优化乡村营商环境，加大农村基础设施和公用事业领域开放力度，吸引社会资本参与乡村振兴。规范有序盘活农业农村基础设施存量资产，回收资金主要用于补短板项目建设。继续深化"放管服"改革，鼓励工商资本投入农业农村，为乡村振兴提供综合性解决方案。鼓励利用外资开展现代农业、产业融合、生态修复、人居环境整治和农村基础设施等建设。推广一事一议、以奖代补等方式，鼓励农民对直接受益的乡村基础设施建设投工投劳，让农民更多参与建设管护。

第三十五章 加大金融支农力度

健全适合农业农村特点的农村金融体系，把更多金融资源配置到农村经济社会发展的重点领域和薄弱环节，更好满足乡村振兴多样化金融需求。

第一节 健全金融支农组织体系

发展乡村普惠金融。深入推进银行业金融机构专业化体制机制建设，形成多样化农村金融服务主体。指导大型商业银行立足普惠金融事业部等专营机制建设，完善专业化的"三农"金融服务供给机制。完善中国农业银行、中国邮政储蓄银行"三农"金融事业部运营体系，明确国家开发银行、中国农业发展银行在乡村振兴中的职责定位，加大对乡村振兴信贷支持。支持中小型银行优化网点渠道建设，下沉服务重心。推动农村信用社省联社改革，保持农村信用社县域法人地位和数量总体稳定，完善村镇银行准入条件。引导农民合作金融健康有序发展。鼓励证券、保险、担保、基金、期货、租赁、信托等金融资源聚焦服务乡村振兴。

第二节 创新金融支农产品和服务

加快农村金融产品和服务方式创新，持续深入推进农村支付环境建设，全面激活农村金融服务链条。稳妥有序推进农村承包土地经营权、农民住房财产权、集体经营性建设用地使用权抵押贷款试点。探索县级土地储备公司参与农村承包土地经营权和农民住房财产权"两权"抵押试点工作。充分发挥全国信用信息共享平台和金融信用信息基础数据库的作用，探索开发新型信用类金融支农产品和服务。结合农村集体产权制度改革，探索利用量化的农村集体资产股权的融资方式。提高直接融资比重，支持农业企业依托多层次资本市场发展壮大。创新服务模式，引导持牌金融机构通过互联网和移动终端提供普惠金融服务，促进金融科技与农村金融规范发展。

第三节 完善金融支农激励政策

继续通过奖励、补贴、税收优惠等政策工具支持"三农"金融服务。抓紧出台金融服务乡村振兴的指导意见。发挥再贷款、再贴现等货币政策工具的引导作用，将乡村振兴作为信贷政策结构性调整的重要方向。落实县域金融机构涉农贷款增量奖励政策，完善涉农贴息贷款政策，降低农户和新型农业经营主体的融资成本。健全农村金融风险缓释机制，加快完善"三农"融资担保体系。充分发挥好国家融资担保基金的作用，强化担保融资增信功能，引导更多金融资源支持乡村振兴。制定金融机构服务乡村振兴考核评估办法。改进农村金融差异化监管体系，合理确定金融机构发起设立和业务拓展的准入门槛。守住不发生系统性金融风险底线，强化地方政府金融风险防范处置责任。

专栏16　乡村振兴金融支撑重大工程

（一）金融服务机构覆盖面提升

稳步推进村镇银行县市设立工作，扩大县城银行业金融机构服务覆盖面。在严格保持县城网点稳定的基础上，推动银行业金融机构在风险可控、有利于机构可持续发展的前提下，到空白乡镇设立标准化固定营业网点。

（二）农村金融服务"村村通"

在具备条件的行政村，依托农村社区超市、供销社经营网点，广泛布设金融电子机具、自助服务终端和网络支付端口等，推动金融服务向行政村延伸。

（三）农村金融产品创新

深化"银保合作"，开发设计以贷款保证保险为风险缓释手段的小额贷款产品。探索开展适合新型农业经营主体的订单融资和应收账款融资，以及农业生产设备、设施抵押贷款等业务。

（四）农村信用体系建设

搭建以"数据库+网络"为核心的信用信息服务平台，提高信用体系覆盖面和应用成效。积极推进"信用户"、"信用村"、"信用乡镇"创建，提升农户融资可获得性，降低融资成本。

专栏16 乡村振兴金融支撑重大工程　新华社发

第十一篇　规划实施

实行中央统筹、省负总责、市县抓落实的乡村振兴工作机制，坚持党的领导，更好履行各级政府职责，凝聚全社会力量，扎实有序推进乡村振兴。

第三十六章　加强组织领导

坚持党总揽全局、协调各方，强化党组织的领导核心作用，提高领导能力和水平，为实现乡村振兴提供坚强保证。

第一节　落实各方责任

强化地方各级党委和政府在实施乡村振兴战略中的主体责任，推动各级干部主动担当作为。坚持工业农业一起抓、城市农村一起抓，把农业农村优先发展原则体现到各个方面。坚持乡村振兴重大事项、重要问题、重要工作由党组织讨论决定的机制，落实党政一把手是第一责任人、五级书记抓乡村振兴的工作要求。县委书记要当好乡村振兴"一线总指挥"，下大力气抓好"三农"工作。各地区要依照国家规划科学编制乡村振兴地方规划或方案，科学制定配套政策和配置公共资源，明确目标任务，细化实化政策措施，增强可操作性。各部门要各司其职、密切配合，抓紧制定专项规划或指导意见，细化落实并指导地方完成国家规划提出的主要目标任务。建立健全规划实施和工作推进机制，加强政策衔接和工作协调。培养造就一支懂农业、爱农村、爱农民的"三农"工作队伍，带领群众投身乡村振兴伟大事业。

第二节　强化法治保障

各级党委和政府要善于运用法治思维和法治方式推进乡村振兴工作，严格执行现行涉农法律法规，在规划编制、项目安排、资金使用、监督管理等方面，提高规范化、制度化、法治化水平。完善乡村振兴法律法规和标准体系，充分发挥立法在乡村振兴中的保障和推动作用。推动各类组织和个人依法依规实施和参与乡村振兴。加强基层执法队伍建设，强化市场监管，规范乡村市场秩序，有效促进社会公平正义，维护人民群众合法权益。

第三节　动员社会参与

搭建社会参与平台，加强组织动员，构建政府、市场、社会协同推进的乡村振兴参与机制。创新宣传形式，广泛宣传乡村振兴相关政策和生动实践，营造良好社会氛围。发挥工会、共青团、妇联、科协、残联等群团组织的优势和力量，发挥各民主党派、工商联、无党派人士等积极作用，凝聚乡村振兴强大合力。建立乡村振兴专家决策咨询制度，组织智库加强理论研究。促进乡村振兴国际交流合作，讲好乡村振兴的中国故事，为世界贡献中国智慧和中国方案。

第四节　开展评估考核

加强乡村振兴战略规划实施考核监督和激励约束。将规划实施成效纳入地方各级党委和政府及有关部门的年度绩效考评内容，考核结果作为有关领导干部年度考核、选拔任用的重要依据，确保完成各项目标任务。本规划确定的约束性指标以及重大工程、重大项目、重大政策和重要改革任务，要明确责任主体和进度要求，确保质量和效果。加强乡村统计工作，因地制宜建立客观反映乡村振兴进展的指标和统计体系。建立规划实施督促检查机制，适时开展规划中期评估和总结评估。

第三十七章　有序实现乡村振兴

充分认识乡村振兴任务的长期性、艰巨性，保持历史耐心，避免超越发展阶段，统筹谋划，典型带动，有序推进，不搞齐步走。

第一节　准确聚焦阶段任务

在全面建成小康社会决胜期，重点抓好防范化解重大风险、精准脱贫、污染防治三大攻坚战，加快补齐农业现代化短腿和乡村建设短板。在开启全面建设社会主义现代化国家新征程时期，重点加快城乡融合发展制度设计和政策创新，推动城乡公共资源均衡配置和基本公共服务均等化，推进乡村治理体系和治理能力现代化，全面提升农民精神风貌，为乡村振兴这盘大棋布好局。

第二节　科学把握节奏力度

合理设定阶段性目标任务和工作重点，分步实施，形成统筹推进的工作机制。加强主体、资源、政策和城乡协同发力，避免代替农民选择，引导农民摒弃"等靠要"思想，激发农村各类主体活力，激活乡村振兴内生动力，形成系统高效的运行机制。立足当前发展阶段，科学评估财政承受能力、集体经济实力和社会资本动力，依法合规谋划乡村振兴筹资渠道，避免负债搞建设，防止刮风搞运动，合理确定乡村基础设施、公共产品、制度保障等供给水平，形成可持续发展的长效机制。

第三节 梯次推进乡村振兴

科学把握我国乡村区域差异，尊重并发挥基层首创精神，发掘和总结典型经验，推动不同地区、不同发展阶段的乡村有序实现农业农村现代化。发挥引领区示范作用，东部沿海发达地区、人口净流入城市的郊区、集体经济实力强以及其他具备条件的乡村，到2022年率先基本实现农业农村现代化。推动重点区加速发展，中小城市和小城镇周边以及广大平原、丘陵地区的乡村，涵盖我国大部分村庄，是乡村振兴的主战场，到2035年基本实现农业农村现代化。聚焦攻坚区精准发力，革命老区、民族地区、边疆地区、集中连片特困地区的乡村，到2050年如期实现农业农村现代化。

（原载新华网，https://www.xinhuanet.com/politics/2018-09/26/c_1123487123.htm，2024年5月1日）

中共中央 国务院关于建立健全城乡融合发展体制机制和政策体系的意见

（2019年4月15日）

建立健全城乡融合发展体制机制和政策体系，是党的十九大作出的重大决策部署。改革开放特别是党的十八大以来，我国在统筹城乡发展、推进新型城镇化方面取得了显著进展，但城乡要素流动不顺畅、公共资源配置不合理等问题依然突出，影响城乡融合发展的体制机制障碍尚未根本消除。为重塑新型城乡关系，走城乡融合发展之路，促进乡村振兴和农业农村现代化，现提出以下意见。

一、总体要求

（一）指导思想。以习近平新时代中国特色社会主义思想为指导，全面贯彻党的十九大和十九届二中、三中全会精神，紧紧围绕统筹推进"五位一体"总体布局和协调推进"四个全面"战略布局，坚持和加强党的全面领导，坚持以人民为中心的发展思想，坚持稳中求进工作总基调，坚持新发展理念，坚持推进高质量发展，坚持农业农村优先发展，以协调推进乡村振兴战略和新型城镇化战略为抓手，以缩小城乡发展差距和居民生活水平差距为目标，以完善产权制度和要素市场化配置为重点，坚决破除体制机制弊端，促进城乡要素自由流动、平等交换和公共资源合理配置，加快形成工农互促、城乡互补、全面融合、共同繁荣的新型工农城乡关系，加快推进农业农村现代化。

（二）基本原则

——坚持遵循规律、把握方向。顺应城镇化大趋势，牢牢把握城乡融合发展正确方向，树立城乡一盘棋理念，突出以工促农、以城带乡，构建促进城乡规划布局、要素配置、产业发展、基础设施、公共服务、生态保护等相互融合和协同发展的体制机制。

——坚持整体谋划、重点突破。围绕乡村全面振兴和社会主义现代化国家建设目标，强化统筹谋划和顶层设计，增强改革的系统性、整体性、协同性，着力破除户籍、土地、资本、公共服务等方面的体制机制弊端，为城乡融合发展提供全方位制度供给。

——坚持因地制宜、循序渐进。充分考虑不同地区城乡融合发展阶段和乡村差异性，稳妥把握改革时序、节奏和步骤，尊重基层首创精神，充分发挥地方积极性，分类施策、梯次推进，试点先行、久久为功，形成符合实际、各具特色的改革路径和城乡融合发展模式。

——坚持守住底线、防范风险。正确处理改革发展稳定关系，在推进体制机制破旧立新过程中，守住土地所有制性质不改变、耕地红线不突破、农民利益不受损底线，守住生态保护红线，守住乡村文化根脉，高度重视和有效防范各类政治经济社会风险。

——坚持农民主体、共享发展。发挥农民在乡村振兴中的主体作用，充分尊重农民意愿，切实保护农民权益，调动亿万农民积极性、主动性、创造性，推动农业全面升级、农村全面进步、农民全面发展，不断提升农民获得感、幸福感、安全感。

（三）主要目标

——到 2022 年，城乡融合发展体制机制初步建立。城乡要素自由流动制度性通道基本打通，城市落户限制逐步消除，城乡统一建设用地市场基本建成，金融服务乡村振兴的能力明显提升，农村产权保护交易制度框架基本形成，基本公共服务均等化水平稳步提高，乡村治理体系不断健全，经济发达地区、都市圈和城市郊区在体制机制改革上率先取得突破。

——到 2035 年，城乡融合发展体制机制更加完善。城镇化进入成熟期，城乡发展差距和居民生活水平差距显著缩小。城乡有序流动的人口迁徙制度基本建立，城乡统一建设用地市场全面形成，城乡普惠金融服务体系全面建成，基本公共服务均等化基本实现，乡村治理体系更加完善，农业农村现代化基本实现。

——到本世纪中叶，城乡融合发展体制机制成熟定型。城乡全面融合，乡村全面振兴，全体人民共同富裕基本实现。

二、建立健全有利于城乡要素合理配置的体制机制

坚决破除妨碍城乡要素自由流动和平等交换的体制机制壁垒，促进各类要素更多向乡村流动，在乡村形成人才、土地、资金、产业、信息汇聚的良性循环，为乡村振兴注入新动能。

（四）**健全农业转移人口市民化机制**。有力有序有效深化户籍制度改革，放开放宽除个别超大城市外的城市落户限制。加快实现城镇基本公共服务常住人口全覆盖。以城市群为主体形态促进大中小城市和小城镇协调发展，增强中小城市人口承载力和吸引力。建立健全由政府、企业、个人共同参与的农业转移人口市民化成本分担机制，全面落实支持农业转移人口市民化的财政政策、城镇建设用地增加规模与吸纳农业转移人口落户数量挂钩政策，以及中央预算内投资安排向吸纳农业转移人口落户数量较多的城镇倾斜政策。维护进城落户农民土地承包权、宅基地使用权、集体收益分配权，支持引导其依法自愿有偿转让上述权益。提升城市包容性，推动农民工特别是新生代农民工融入城市。

（五）**建立城市人才入乡激励机制**。制定财政、金融、社会保障等激励政策，吸引各类人才返乡入乡创业。鼓励原籍普通高校和职业院校毕业生、外出农民工及经商人员回乡创业兴业。推进大学生村官与选调生工作衔接，鼓励引导高校毕业生到村任职、扎根基层、发挥作用。建立选派第一书记工作长效机制。建立城乡人才合作交流机制，探索通过岗编适度分离等多种方式，推进城市教科文卫体等工作人员定期服务乡村。推动职称评定、工资待遇等向乡村教师、医生倾斜，优化乡村教师、医生中高级岗位结构比例。引导规划、建筑、园林等设计人员入乡。允许农村集体经济组织探索人才加入机制，吸引人才、留住人才。

（六）**改革完善农村承包地制度**。保持农村土地承包关系稳定并长久不变，落实第二轮土地承包到期后再延长 30 年政策。加快完成农村承包地确权登记颁证。完善农村承包地"三权分置"制度，在依法保护集体所有权和农户承包权前提下，平等保护并进一步放活土地经营权。健全土地流转规范管理制度，强化规模经营管理服务，允许土地经营权入股从事农业产业化经营。

（七）稳慎改革农村宅基地制度。加快完成房地一体的宅基地使用权确权登记颁证。探索宅基地所有权、资格权、使用权"三权分置"，落实宅基地集体所有权，保障宅基地农户资格权和农民房屋财产权，适度放活宅基地和农民房屋使用权。鼓励农村集体经济组织及其成员盘活利用闲置宅基地和闲置房屋。在符合规划、用途管制和尊重农民意愿前提下，允许县级政府优化村庄用地布局，有效利用乡村零星分散存量建设用地。推动各地制定省内统一的宅基地面积标准，探索对增量宅基地实行集约有奖、对存量宅基地实行退出有偿。

（八）建立集体经营性建设用地入市制度。加快完成农村集体建设用地使用权确权登记颁证。按照国家统一部署，在符合国土空间规划、用途管制和依法取得前提下，允许农村集体经营性建设用地入市，允许就地入市或异地调整入市；允许村集体在农民自愿前提下，依法把有偿收回的闲置宅基地、废弃的集体公益性建设用地转变为集体经营性建设用地入市；推动城中村、城边村、村级工业园等可连片开发区域土地依法合规整治入市；推进集体经营性建设用地使用权和地上建筑物所有权房地一体、分割转让。完善农村土地征收制度，缩小征地范围，规范征地程序，维护被征地农民和农民集体权益。

（九）健全财政投入保障机制。鼓励各级财政支持城乡融合发展及相关平台和载体建设，发挥财政资金四两拨千斤作用，撬动更多社会资金投入。建立涉农资金统筹整合长效机制，提高资金配置效率。调整土地出让收入使用范围，提高农业农村投入比例。支持地方政府在债务风险可控前提下发行政府债券，用于城乡融合公益性项目。

（十）完善乡村金融服务体系。加强乡村信用环境建设，推动农村信用社和农商行回归本源，改革村镇银行培育发展模式，创新中小银行和地方银行金融产品提供机制，加大开发性和政策性金融支持力度。依法合规开展农村集体经营性建设用地使用权、农民房屋财产权、集体林权抵押融资，以及承包地经营权、集体资产股权等担保融资。实现已入市集体土地与国有土地在资本市场同地同权。建立健全农业信贷担保体系，鼓励有条件有需求的地区按市场化方式设立担保机构。加快完善农业保险制度，推动政策性保险扩面、增品、提标，降低农户生产经营风险。支持通过市场化方式设立城乡融合发展基金，引导社会资本培育一批国家城乡融合典型项目。完善农村金融风险防范处置机制。

（十一）建立工商资本入乡促进机制。深化"放管服"改革，强化法律规划政策指导和诚信建设，打造法治化便利化基层营商环境，稳定市场主体预期，引导工商资本为城乡融合发展提供资金、产业、技术等支持。完善融资贷款和配套设施建设补助等政策，鼓励工商资本投资适合产业化规模化集约化经营的农业领域。通过政府购买服务等方式，支持社会力量进入乡村生活性服务业。支持城市搭建城中村改造合作平台，探索在政府引导下工商资本与村集体合作共赢模式，发展壮大村级集体经济。建立工商资本租赁农地监管和风险防范机制，严守耕地保护红线，确保农地农用，防止农村集体产权和农民合法利益受到侵害。

（十二）建立科技成果入乡转化机制。健全涉农技术创新市场导向机制和产学研用合作机制，鼓励创建技术转移机构和技术服务网络，建立科研人员到乡村兼职和离岗创业制度，探索其在涉农企业技术入股、兼职兼薪机制。建立健全农业科研成果产权制度，赋予科研人员科技成果所有权。发挥政府引导推动作用，建立有利于涉农科研成果转化推广的激励机制与利益分享机制。探索公益性和经营性农技推广融合发展机制，允许农技人员通过提供增值服务合理取酬。

三、建立健全有利于城乡基本公共服务普惠共享的体制机制

推动公共服务向农村延伸、社会事业向农村覆盖，健全全民覆盖、普惠共享、城乡一体的基本公共服务体系，推进城乡基本公共服务标准统一、制度并轨。

（十三）**建立城乡教育资源均衡配置机制**。优先发展农村教育事业，建立以城带乡、整体推进、城乡一体、均衡发展的义务教育发展机制。鼓励省级政府建立统筹规划、统一选拔的乡村教师补充机制，为乡村学校输送优秀高校毕业生。推动教师资源向乡村倾斜，通过稳步提高待遇等措施增强乡村教师岗位吸引力。实行义务教育学校教师"县管校聘"，推行县域内校长教师交流轮岗和城乡教育联合体模式。完善教育信息化发展机制，推动优质教育资源城乡共享。多渠道增加乡村普惠性学前教育资源，推行城乡义务教育学校标准化建设，加强寄宿制学校建设。

（十四）**健全乡村医疗卫生服务体系**。建立和完善相关政策制度，增加基层医务人员岗位吸引力，加强乡村医疗卫生人才队伍建设。改善乡镇卫生院和村卫生室条件，因地制宜建立完善医疗废物收集转运体系，提高慢性病、职业病、地方病和重大传染病防治能力，加强精神卫生工作，倡导优生优育。健全网络化服务运行机制，鼓励县医院与乡镇卫生院建立县域医共体，鼓励城市大医院与县医院建立对口帮扶、巡回医疗和远程医疗机制。全面建立分级诊疗制度，实行差别化医保支付政策。因地制宜建立完善全民健身服务体系。

（十五）**健全城乡公共文化服务体系**。统筹城乡公共文化设施布局、服务提供、队伍建设，推动文化资源重点向乡村倾斜，提高服务的覆盖面和适用性。推行公共文化服务参与式管理模式，建立城乡居民评价与反馈机制，引导居民参与公共文化服务项目规划、建设、管理和监督，推动服务项目与居民需求有效对接。支持乡村民间文化团体开展符合乡村特点的文化活动。推动公共文化服务社会化发展，鼓励社会力量参与。建立文化结对帮扶机制，推动文化工作者和志愿者等投身乡村文化建设。划定乡村建设的历史文化保护线，保护好农业遗迹、文物古迹、民族村寨、传统村落、传统建筑和灌溉工程遗产，推动非物质文化遗产活态传承。发挥风俗习惯、村规民约等优秀传统文化基因的重要作用。

（十六）**完善城乡统一的社会保险制度**。完善统一的城乡居民基本医疗保险、大病保险和基本养老保险制度。巩固医保全国异地就医联网直接结算。建立完善城乡居民基本养老保险待遇确定和基础养老金正常调整机制。做好社会保险关系转移接续工作，建立以国家政务服务平台为统一入口的社会保险公共服务平台。构建多层次农村养老保障体系，创新多元化照料服务模式。

（十七）**统筹城乡社会救助体系**。做好城乡社会救助兜底工作，织密兜牢困难群众基本生活安全网。推进低保制度城乡统筹，健全低保标准动态调整机制，确保动态管理下应保尽保。全面实施特困人员救助供养制度，提高托底保障能力和服务质量。做好困难农民重特大疾病救助工作。健全农村留守儿童和妇女、老年人关爱服务体系。健全困境儿童保障工作体系，完善残疾人福利制度和服务体系。改革人身损害赔偿制度，统一城乡居民赔偿标准。

（十八）建立健全乡村治理机制。建立健全党组织领导的自治、法治、德治相结合的乡村治理体系，发挥群众参与治理主体作用，增强乡村治理能力。强化农村基层党组织领导作用，全面推行村党组织书记通过法定程序担任村委会主任和村级集体经济组织、合作经济组织负责人，健全以财政投入为主的稳定的村级组织运转经费保障机制。加强农村新型经济组织和社会组织的党建工作，引导其坚持为农村服务。加强自治组织规范化制度化建设，健全村级议事协商制度。打造一门式办理、一站式服务、线上线下结合的村级综合服务平台，完善网格化管理体系和乡村便民服务体系。

四、建立健全有利于城乡基础设施一体化发展的体制机制

把公共基础设施建设重点放在乡村，坚持先建机制、后建工程，加快推动乡村基础设施提挡升级，实现城乡基础设施统一规划、统一建设、统一管护。

（十九）建立城乡基础设施一体化规划机制。以市县域为整体，统筹规划城乡基础设施，统筹布局道路、供水、供电、信息、广播电视、防洪和垃圾污水处理等设施。统筹规划重要市政公用设施，推动向城市郊区乡村和规模较大中心镇延伸。推动城乡路网一体规划设计，畅通城乡交通运输连接，加快实现县乡村（户）道路联通、城乡道路客运一体化，完善道路安全防范措施。统筹规划城乡污染物收运处置体系，严防城市污染上山下乡，因地制宜统筹处理城乡垃圾污水，加快建立乡村生态环境保护和美丽乡村建设长效机制。加强城乡公共安全视频监控规划、建设和联网应用，统一技术规范、基础数据和数据开放标准。

（二十）健全城乡基础设施一体化建设机制。明确乡村基础设施的公共产品定位，构建事权清晰、权责一致、中央支持、省级统筹、市县负责的城乡基础设施一体化建设机制。健全分级分类投入机制，对乡村道路、水利、渡口、公交和邮政等公益性强、经济性差的设施，建设投入以政府为主；对乡村供水、垃圾污水处理和农贸市场等有一定经济收益的设施，政府加大投入力度，积极引入社会资本，并引导农民投入；对乡村供电、电信和物流等经营性为主的设施，建设投入以企业为主。支持有条件的地方政府将城乡基础设施项目整体打包，实行一体化开发建设。

（二十一）建立城乡基础设施一体化管护机制。合理确定城乡基础设施统一管护运行模式，健全有利于基础设施长期发挥效益的体制机制。对城乡道路等公益性设施，管护和运行投入纳入一般公共财政预算。明确乡村基础设施产权归属，由产权所有者建立管护制度，落实管护责任。以政府购买服务等方式引入专业化企业，提高管护市场化程度。推进城市基础设施建设运营事业单位改革，建立独立核算、自主经营的企业化管理模式，更好行使城乡基础设施管护责任。

五、建立健全有利于乡村经济多元化发展的体制机制

围绕发展现代农业、培育新产业新业态，完善农企利益紧密联结机制，实现乡村经济多元化和农业全产业链发展。

（二十二）完善农业支持保护制度。以市场需求为导向，深化农业供给侧结构性改革，走质量兴农之路，不断提高农业综合效益和竞争力。全面落实永久基本农田特殊

保护制度，划定粮食生产功能区和重要农产品生产保护区，完善支持政策。按照增加总量、优化存量、提高效能的原则，强化高质量发展导向，加快构建农业补贴政策体系。发展多种形式农业适度规模经营，健全现代农业产业体系、生产体系、经营体系。完善支持农业机械化政策，推进农业机械化全程全面发展，加强面向小农户的社会化服务。完善农业绿色发展制度，推行农业清洁生产方式，健全耕地草原森林河流湖泊休养生息制度和轮作休耕制度。

（二十三）**建立新产业新业态培育机制**。构建农村一二三产业融合发展体系，依托"互联网＋"和"双创"推动农业生产经营模式转变，健全乡村旅游、休闲农业、民宿经济、农耕文化体验、健康养老等新业态培育机制，探索农产品个性化定制服务、会展农业和农业众筹等新模式，完善农村电子商务支持政策，实现城乡生产与消费多层次对接。适应居民消费升级趋势，制定便利市场准入、加强事中事后监管政策，制定相关标准，引导乡村新产业改善服务环境、提升品质。在年度新增建设用地计划指标中安排一定比例支持乡村新产业新业态发展，探索实行混合用地等方式。严格农业设施用地管理，满足合理需求。

（二十四）**探索生态产品价值实现机制**。牢固树立绿水青山就是金山银山的理念，建立政府主导、企业和社会各界参与、市场化运作、可持续的城乡生态产品价值实现机制。开展生态产品价值核算，通过政府对公共生态产品采购、生产者对自然资源约束性有偿使用、消费者对生态环境附加值付费、供需双方在生态产品交易市场中的权益交易等方式，构建更多运用经济杠杆进行生态保护和环境治理的市场体系。完善自然资源资产产权制度，维护参与者权益。完善自然资源价格形成机制，建立自然资源政府公示价格体系，推进自然资源资产抵押融资，增强市场活力。

（二十五）**建立乡村文化保护利用机制**。立足乡村文明，吸取城市文明及外来文化优秀成果，推动乡村优秀传统文化创造性转化、创新性发展。推动优秀农耕文化遗产保护与合理适度利用。建立地方和民族特色文化资源挖掘利用机制，发展特色文化产业。创新传统工艺振兴模式，发展特色工艺产品和品牌。健全文物保护单位和传统村落整体保护利用机制。鼓励乡村建筑文化传承创新，强化村庄建筑风貌规划管控。培育挖掘乡土文化本土人才，引导企业积极参与，显化乡村文化价值。

（二十六）**搭建城乡产业协同发展平台**。培育发展城乡产业协同发展先行区，推动城乡要素跨界配置和产业有机融合。把特色小镇作为城乡要素融合重要载体，打造集聚特色产业的创新创业生态圈。优化提升各类农业园区。完善小城镇联结城乡的功能，探索创新美丽乡村特色化差异化发展模式，盘活用好乡村资源资产。创建一批城乡融合典型项目，形成示范带动效应。

（二十七）**健全城乡统筹规划制度**。科学编制市县发展规划，强化城乡一体设计，统筹安排市县农田保护、生态涵养、城镇建设、村落分布等空间布局，统筹推进产业发展和基础设施、公共服务等建设，更好发挥规划对市县发展的指导约束作用。按照"多规合一"要求编制市县空间规划，实现土地利用规划、城乡规划等有机融合，确保"三区三线"在市县层面精准落地。加快培育乡村规划设计、项目建设运营等方面人才。综合考虑村庄演变规律、集聚特点和现状分布，鼓励有条件的地区因地制宜编制村庄规划。

六、建立健全有利于农民收入持续增长的体制机制

拓宽农民增收渠道，促进农民收入持续增长，持续缩小城乡居民生活水平差距。

（二十八）完善促进农民工资性收入增长环境。 推动形成平等竞争、规范有序、城乡统一的劳动力市场，统筹推进农村劳动力转移就业和就地创业就业。规范招工用人制度，消除一切就业歧视，健全农民工劳动权益保护机制，落实农民工与城镇职工平等就业制度。健全城乡均等的公共就业创业服务制度，努力增加就业岗位和创业机会。提高新生代农民工职业技能培训的针对性和有效性，健全农民工输出输入地劳务对接机制。

（二十九）健全农民经营性收入增长机制。 完善财税、信贷、保险、用地等政策，加强职业农民培训，培育发展新型农业经营主体。建立农产品优质优价正向激励机制，支持新型经营主体发展"三品一标"农产品、打造区域公用品牌，提高产品档次和附加值。引导龙头企业与农民共建农业产业化联合体，让农民分享加工销售环节收益。完善企业与农民利益联结机制，引导农户自愿以土地经营权等入股企业，通过利润返还、保底分红、股份合作等多种形式，拓宽农民增收渠道。促进小农户和现代农业发展有机衔接，突出抓好农民合作社和家庭农场两类农业经营主体发展，培育专业化市场化服务组织，帮助小农户节本增收。

（三十）建立农民财产性收入增长机制。 以市场化改革为导向，深化农村集体产权制度改革，推动资源变资产、资金变股金、农民变股东。加快完成农村集体资产清产核资，把所有权确权到不同层级的农村集体经济组织成员集体。加快推进经营性资产股份合作制改革，将农村集体经营性资产以股份或者份额形式量化到本集体成员。对财政资金投入农业农村形成的经营性资产，鼓励各地探索将其折股量化到集体经济组织成员。创新农村集体经济运行机制，探索混合经营等多种实现形式，确保集体资产保值增值和农民收益。完善农村集体产权权能，完善农民对集体资产股份占有、收益、有偿退出及担保、继承权。

（三十一）强化农民转移性收入保障机制。 履行好政府再分配调节职能，完善对农民直接补贴政策，健全生产者补贴制度，逐步扩大覆盖范围。在统筹整合涉农资金基础上，探索建立普惠性农民补贴长效机制。创新涉农财政性建设资金使用方式，支持符合条件的农业产业化规模化项目。

（三十二）强化打赢脱贫攻坚战体制机制。 坚持精准扶贫、精准脱贫，进一步完善中央统筹、省负总责、市县抓落实的工作机制，采取更加有力的举措、更加集中的支持、更加精细的工作，着力提高脱贫质量。改进帮扶方式方法，更多采用生产奖补、劳务补助、以工代赈等机制，推动贫困群众通过自己的辛勤劳动脱贫致富。对完全或部分丧失劳动能力的特殊贫困人口，综合实施保障性扶贫政策。聚焦深度贫困地区，以解决突出制约问题为重点，以重大扶贫工程和到村到户帮扶为抓手，加大政策倾斜和扶贫资金整合力度，着力改善发展条件，增强贫困农户发展能力。

七、组织保障

各地区各部门要统一思想，深刻认识建立健全城乡融合发展体制机制的重要意义，顺应经济社会发展规律，根据城乡关系发展特征，把握节奏、持续用力、久久为功，确保各项改革任务扎实有序推进。

（三十三）加强党的领导。确保党在推动城乡融合发展中始终总揽全局、协调各方，做到"两个维护"。加强各级党组织的领导，充分发挥城乡基层党组织战斗堡垒作用，为城乡融合发展提供坚强政治保障。

（三十四）强化分工协作。国家发展改革委牵头建立城乡融合发展工作协同推进机制，明确分工、强化责任，加强统筹协调和跟踪督导。各有关部门要围绕人口、土地、财政、金融和产权等任务，制定细化配套改革措施。重大事项及时向党中央、国务院报告。

（三十五）压实地方责任。地方党委和政府要增强主体责任意识，当好改革促进派和实干家，结合本地实际制定细化可操作的城乡融合发展体制机制政策措施，整合力量、扭住关键、精准发力，以钉钉子精神抓好落实。

（三十六）注重试点引路。把试点作为重要改革方法，选择有一定基础的市县两级设立国家城乡融合发展试验区，支持制度改革和政策安排率先落地，先行先试、观照全局，及时总结提炼可复制的典型经验并加以宣传推广。

（原载新华网，https://www.xinhuanet.com/politics/2019-05/05/c_1124453512.htm，2024年5月1日）

二、机构

（一）高等院校

安徽农业大学经济管理学院

安徽农业大学经济管理学院（前身为农业经济管理系、经济与管理学院、经济与贸易学院、管理科学学院）从1980年开始招收本科生，1991年开始招收硕士研究生。经过40年的努力，办学规模逐步扩大。现有在职教职工132人，其中，教授16人，副教授33人，硕士生导师60多人。学院拥有享受政府特殊津贴的专家、学科带头人和从国外学成归来的学者，形成了一支具有较高学术水平的以中青年为主体的教师队伍。学院还聘请了国内知名学者和省内专家作为客座教授和实践教学指导教师。

学院现有农林经济管理、金融学、电子商务、公共事业管理、旅游管理、土地资源管理、国际经济与贸易、财务管理、会计学、经济学10个本科专业，区域农业发展博士点，农林经济管理、应用经济学、工商管理、公共管理4个一级学科硕士点，农业管理、农村发展、会计、金融4个专业学位硕士点以及MBA教学点。在校本科生近3000人，硕士研究生700人。

学院现有安徽省重点智库"安徽农业现代化研究院"、"安徽农业领域科技创新综合智库"、省级人文社科研究基地"农科教结合研究中心"、安徽省高校重点智库"安徽现代农业研究中心"4个省部级科研平台，建设有软硬件设施配置较为齐全的实验教学中心，设备资产价值达1000余万元。

近5年，承担国家自然科学基金项目10项、国家社科基金项目4项、教育部人文社科项目5项、国家重点研发计划团队课题4项、安徽省哲学社会科学重点项目7项、其他各类课题320余项，科研经费总额达3300万元；获得各类科研奖励30余项，出版专著和教材20余部，发表学术研究论文近600篇；8项政策建议得到省级领导批示。学院还为省厅单位、金融机构和涉农企业提供员工培训和业务咨询，为多个市、县和乡镇的经济社会发展提供决策咨询、项目评估、规划制定和可行性论证等科技服务。

现任领导：蔡德军（院长）
通信地址：安徽省合肥市长江西路130号经管楼
邮政编码：230036
官方网址：http：//jgxy.ahau.edu.cn/index.htm

北京大学中国农业政策研究中心

北京大学中国农业政策研究中心（China Center for Agricultural Policy，简称CCAP）1995年始创于中国农业科学院，2000年加入中国科学院，2015年团队主要成员加入北京大学参与创建北京大学现代农学院，目前是北京大学现代农学院专门从事农业经济管理与政策研究的一个教研中心，分设4个核心研究领域，分别为农业科技经济、食物与农业经济、资源环境经济和农村发展经济。除了科学研究外，该研究中心还承担着建设一流的北京大学农林经济管理一级学科的重要责任。研究中心的核心研究队伍（教研岗位）目前为11人，在学校开设了20多门高级专业课程。迄今为止，研究中心已培养硕、博士和出站博士后200多人。在注重培养学生、参与教学的同时，还通过接受访问学者、外出讲学、建立政策研究网络等方式为其他科研和教学机构培养人才。

自1996年以来，研究中心研究人员在国内外学术期刊发表论文1400多篇，其中，有近800篇论文被SCI或SSCI收录（在Science，Nature，PNAS，Nature Plant等发表多篇论文）。除此之外，研究中心还出版48部专（编）著，其中18部以英文出版；编入英文著作论文100多篇。截至2022年，中心有80多份政策报告得到中办和国办采用，很多得到国家领导人批示，在中央制定农业和农村发展政策上产生了积极影响。

多年来，研究中心的研究人员获得了发展中国家科学院（TWAS）院士（Fellow）、美国农业和应用经济学会（AAEA）会士（Fellow）、国际农经学家协会（IAAE）终生荣誉会士（Fellow）、国际水稻研究所（IRRI）成立五十周年杰出校友奖、教育部长江学者特聘教授、北京大学博雅特聘教授、国家自然科学基金"杰出青年基金"和"优秀青年基金"、全国扶贫开发先进集体、复旦管理科学杰出贡献奖、第四届中国青年科学家提名奖、第五届中国青年科学家奖、留学回国人员成就奖、多项省部级科技进步奖、孙冶方经济科学奖，巾帼标兵、国家机关优秀青年、有突出贡献中青年专家、农业部青年文明号等各种奖励或荣誉。研究中心于2001年获国家自然基金委首批"创新研究群体科学基金"的资助，是当时唯一受资助的管理科学研究群体，同时历年来研究中心还主持承担了60多项国家自然基金委的各类研究项目。

研究中心的部分研究人员在一些重要的国际机构兼职（如亚洲农业经济学家学会会长、CGAIR的理事等），并被很多国际机构（如世界银行、亚洲开发银行、联合国开发计划署等）聘请为咨询专家与顾问，同时担任20多个国际学术刊物的主编、副主编、编委或顾问，如 *Agricultural Economics*，*China Economic Review*，*Applied Economic Perspectives and Policy*，*Agricultural Water Management*，*Global Food Security* 等。

研究中心同世界上主要的国际组织和相关研究机构以及众多国家的科研、教学和资助机构建立了合作研究关系。研究中心研究人员经常被邀参加有影响的国际学术会议并在会上做大会主题和专题报告。目前与研究中心开展国际合作的团体和机构有50多个，遍布亚洲、美洲、欧洲和非洲。与此同时，研究中心还与20多个国内同行开展合作。目前主办了"国际知名学者讲座系列""茶点学术报告系列""农业经济前沿讲座课""午餐时间讨论系列"等学术研讨活动，每年举办3—5次各种国际学术会议或大型政策论坛。

现任领导：王金霞（主任）
通信地址：北京市海淀区颐和园路5号王克桢楼现代农学院
邮政编码：100087
官方网址：https://www.ccap.pku.edu.cn/

北京农学院经济管理学院

北京农学院经济管理学院前身先后经历了农业经济系、经济贸易系、经济管理系，于2008年正式改名为经济管理学院。经过几代人的努力，学院形成了以农林经济管理学科为主，工商管理和应用经济学为辅的"一主两翼"的学科布局，支撑学校"农、工、管"之"管理"学科。学院现有职工63人，专任教师51人，其中教授17人，副教授23人；博士生导师5人，博士学位教师占84.3%；教师队伍中有教育部教学指导委员会委员1人，国务院政府特殊津贴专家1人，教育部"新世纪优秀人才"1人，北京市长城学者2人，北京市高创名师2人，北京市教学名师3人，北京市优秀教师1人，北京市创新团队岗位专家5人，北京青年拔尖人才3人，北京市青年骨干教师9人；校外特聘教授1人，并常年聘请20余位国内外知名学者和企业家为兼职教授。

学院依托北京农学院博士后科研工作站培养农林经济管理专业博士后，2018年起与中国农业大学联合结对培养博士研究生，同时还拥有农林经济管理和工商管理2个一级学科硕士点，农业管理和国际商务2个专业学位硕士点；拥有农林经济管理、国际经济与贸易、会计学及会计学（ACCA实验班）、工商管理4个本科专业，其中农林经济管理专业为国家级特色专业。学院已经初步建成"本科—硕士—博士—博士后"多规格、多层次办学格局与人才培养体系。目前在校本科生1200余人、研究生260余人、博士后3人。

学院有40多个校外实践基地和2000多平方米的实践教学中心，设有农村区域规划、外贸实训与金融模拟、会计实训与ERP实训、企业管理咨询实验室、跨专业综合实训室、品牌策划与新媒体运营实训室等9个专业实验室。有农林经济管理、国际经济与贸易2个北京市优秀育人团队，北京市精品课程1门，北京市精品教材1部、省部级以上规划教材20多部；获北京市教育教学成果一等奖1项，二等奖2项。经济管理实验教学中心2016年被评为北京市实验教学示范中心。学院拥有北京市新农村建设研究基地、北京市国家现代农业示范区技术服务中心2个省级研究基地。

截至2022年，完成国家级项目12项，国际合作和省级以上科研项目150余项，年均科研经费达到1000多万元；出版学术专著90余部，出版教材50余部，在国内外学术刊物上发表论文800余篇；科研成果被采用40多项；获得各级科研奖励80余项，其中国家级二等奖1项，省部级一等奖3项、二等奖8项、三等奖15项。北京市新农村建设研究基地入选"中国智库索引（CTTI）"。

现任领导：刘芳（院长）

通信地址：北京市昌平区回龙观镇北农路7号

邮政编码：102206

官方网址：https://jgxy.bua.edu.cn/index.htm

东北林业大学经济管理学院

东北林业大学经济管理学院是东北林业大学成立最早、规模最大的学院，是中国林业经济管理学科的发源地。1955年苏联林业经济专家马利谢夫教授在东北林业大学举办中国第一个林业经济研究生班，创立了中国林业经济管理学科。1959年成立林业经济专业，1987年成立经济管理学院。1981年林业经济管理学科获得全国该学科第一批硕士学位授予权，1992年被评为国家林业部重点学科。学院现有教职工112人，其中专任教师90人。专任教师中，教授26人，副教授42人；博士生导师19人，硕士生导师46人，其中30人具有国外留学经历。

学院现有农林经济管理博士后科研流动站；农林经济管理一级学科博士点，设有林业经济管理、农业经济管理、碳汇经济管理3个学科方向；农林经济管理、工商管理、应用经济学、公共管理4个一级学科硕士点，设有林业经济管理、农业经济管理、碳汇经济管理、会计学、企业管理、旅游管理、统计学、国际贸易学、金融学、行政管理、教育经济与管理、土地资源管理12个学科方向；农业管理、农村发展、会计（MPACC）、金融（MF）4个专业型硕士点。现有农林经济管理、工商管理、会计学、统计学、国际经济与贸易、公共事业管理、市场营销、旅游管理8个本科专业（农林经济管理为全国一流建设专业，会计学和统计学为省级一流建设专业）。在校学生2841人，其中本科生2190人、研究生651人。

截至2022年，学院共承担国家自然基金、国家社科基金、教育部人文社科项目、国家林业和草原局软科学项目、国家统计局项目等科研项目400余项，科研总经费达3000万元。自2012年以来，学院共出版专著61部，公开发表全国中文核心期刊以上论文982篇，其中SCI & SSCI论文77篇，A+、CSSCI、CSCD收录论文352篇；获得各级各类优秀科研成果奖37项，省部级以上科研成果奖22项，其中一等奖5项，二等奖17项。目前，与美国、加拿大、英国、韩国以及俄罗斯等20多个国家与地区建立了学校交流与合作的关系。

现任领导：耿玉德（院长）

通信地址：黑龙江省哈尔滨市香坊区和兴路26号

邮政编码：150040

官方网址：https://cem.nefu.edu.cn/index.htm

东北农业大学经济管理学院

东北农业大学1953年3月设立农业经济教研组，1960年1月设立农业经济专业，1980年7月设立农业经济系，1989年9月更名为经济管理系，1995年4月与黑龙江省农业管理干部学院农业经济系合并成立经济贸易学院，2004年4月更名为经济管理学院。学院现有教师138人，其中教授25人，副教授45人；国家级高层次人才2人，黑龙江省教学名师3人，国务院政府特殊津贴专家2人，黑龙江省宣传文化系统"六个一批"理论人才6人；有博士研究生导师25人，硕士研究生导师58人。

学院以培养适应社会主义市场经济发展需要，具备现代经济学、管理学基础理论，系统掌握经管类相关学科的基本理论、方法和技能，富有创新潜质和团队精神，能在企事业单位、教学科研机构和政府部门从事相关工作的专门人才为目标，覆盖管理学和经济学两大学科门类，开设农林经济管理、金融学、保险学、国际经济与贸易、工商管理、市场营销、会计学和人力资源管理8个本科专业，其中农林经济管理、会计学、金融学、市场营销和人力资源管理专业为国家级一流本科专业建设点，现有本科生3778人。

学院拥有农林经济管理博士学位授权一级学科，该学科是国家"世界一流学科"建设东北农业大学"畜产品生产与加工学科群"的参与建设学科、黑龙江省"高水平大学国内一流学科"建设学科、省级重点一级学科。依托本学科设有博士后科研流动站，在教育部第五轮学科评估中得分等级为"B"；拥有农林经济管理、应用经济学、工商管理3个硕士学位授权一级学科；拥有农业管理硕士（MAM）、工商管理硕士（MBA）、会计硕士（MPAcc）和金融硕士（MF）4个专业学位授权点。有硕士研究生1057人、博士研究生55人。

学院拥有黑龙江省高端智库——现代农业发展研究中心、黑龙江省省级社科实验室——

行为科学与数字"三农"实验室、黑龙江省哲学社会科学重点研究基地——农业与农村经济发展研究中心、黑龙江省高校人文社科重点研究基地——农业经济发展研究中心、黑龙江省级实验教学示范中心——经济管理类实验教学示范中心和黑龙江省对俄现代农业经贸人才培养基地。学院依托智库平台,在理论研究上围绕农村合作经济、畜牧经济、农垦经济、县域经济、农区林业经济、农村金融、农业保险等特色研究方向积极承担各级各类课题研究、决策咨询等,对乡村振兴战略实施的若干问题进行深入研究并取得了较为丰硕的成果。在实践服务上主动对接各级政府,积极承担多个市县乡村振兴战略规划及实施方案编制工作,服务乡村振兴的作用更加突出,实现了学院科学研究、社会服务、人才培养的协同发展。

现任领导:张启文(院长)
通信地址:黑龙江省哈尔滨市香坊区长江路600号
邮政编码:150030
官方网址:https://jjglxy.neau.edu.cn/

福建农林大学经济与管理学院

福建农林大学经济与管理学院前身始于1936年建立的福建协和大学农业经济系,几经重组调整,于2021年1月正式成立。学院现有专任教师110人,其中教授19人,副教授57人,博士生导师22人。在校生2741人,其中研究生607人。

学院拥有农林经济管理一级学科博士点和博士后流动站,设有农林经济管理、工商管理、应用经济学3个一级学科硕士点,金融专业硕士、工商管理专业硕士、会计专业硕士3个专业学位授权点。设有农林经济管理、金融学、国际经济与贸易、工商管理、旅游管理、文化产业管理、人力资源管理、会计学8个本科专业,其中,农林经济管理、金融学2个专业获批国家一流本科专业建设点,工商管理、人力资源管理、会计学、旅游管理4个专业获批省级一流本科专业建设点。

学院拥有3个国家级研究平台——中国—太平洋岛国减贫与发展合作中心、国家林业和草原局集体林业改革发展研究中心、教育部国别和区域研究中心南太平洋岛国研究中心,以及福建普惠金融研究院、福建乡村旅游研究中心、生态文明研究中心等12个省级和校级研究平台,在农林经济管理学科领域积累了丰富的平台资源和扎实的研究基础。

现任领导:唐振鹏(院长)
通信地址:福建省福州市仓山区上下店路15号
邮政编码:350002
官方网址:https://jjglxy.fafu.edu.cn/main.htm

甘肃农业大学财经学院

甘肃农业大学财经学院是在1984年创建的农牧业经济管理专科基础上发展起来的经济、管理类专业学院。1989年,成立农业经济系,并招收首届农业经济管理专业本科生。1993年改名为经济贸易系。2001年成立经济贸易学院,同年获农业经济管理、区域经济学二级学科硕士学位授权点,次年开始招收硕士研究生。2004年更名为经济管理学院,同年农业经济管理获批省级重点学科,并获一级学科硕士学位授权。2017年1月,学院更名为财经学院。

学院有教职工74人（机关兼职5人），其中，教授9人，副教授30人，讲师19人，助教5人，实验师2人，管理干部9人（含推免辅导员2人）。教师中取得博士学位8人，在读博士7人，硕士学位56人，入选甘肃省领军人才第一层次1人，第二层次1人。硕士研究生导师43人（博士生导师1人），其中校内硕导26人，校外硕导17人。

学院有农林经济管理一级学科硕士学位授权点、农业硕士（农业管理领域）专业学位授权点；农林经济管理、经济学、财务管理、金融学、市场营销5个全日制本科专业，其中农林经济管理专业另设本校唯一的省级人才培养基地班。全日制在校本科生1293人，全日制在校硕士研究生181人，非全日制硕士研究生123人，留学生11人。截至2022年，学院已为国家培养专门人才8000余人。

学院于2008年建成经济管理实验教学中心，总实验面积844.5平方米。目前依据学院专业结构下设农业经济管理实验室、经济模拟与分析实验室、金融实验室、ERP沙盘模拟实训室、营销实训室、会计模拟实训室6个实验室，是学院实验教学基地和人才培养的有效平台。

学院有甘肃省区域农业与产业组织研究基地、生态建设与环境保护研究中心、甘肃省特色农业产业扶贫开发研究中心、甘肃省农产品电子商务重点实验室4个省级科研平台；区域农业发展研究中心、农业产业组织研究中心、经济方法应用研究中心3个校级研究中心，为学院开展人才培养、科学研究、服务社会奠定了坚实基础。

近5年，学院获7项省部级奖，在国家权威期刊发表论文100余篇、省级刊物发表论文700余篇、编写专著与教材27部。目前承担国家社科基金、教育部人文社科基金、甘肃省社科规划办、国家林业和草原局林业经济研究中心、科技厅软科学项目45项，科研总经费达400余万元。

现任领导：马丁丑（院长）
通信地址：甘肃省兰州市安宁区营门村1号
邮政编码：730070
官方网址：https://cjxy.gsau.edu.cn/

河北农业大学经济管理学院

2019年9月，河北农业大学原商学院、经济贸易学院及农学院农村区域发展专业合并组建经济管理学院。学院现有教职工147人，其中专任教师128人。教师中有教授36人，副教授57人；有博士生导师25人，硕士生导师93人，具有博士学位教师70人；有国家特色蔬菜产业技术体系产业经济岗位科学家1人，享受国务院政府特殊津贴专家1人，省政府特殊津贴专家1人，省"三三三"人才4人，省高校百名优秀创新人才3名，省青年拔尖人才1名，省教学名师3人，省优秀教师2人，省师德标兵1人，省社科优秀专家2人，省现代农业产业技术体系产业经济岗位专家12人，兼任省级学会副会长、常务理事18人，校级师德标兵1人，校级师德先进个人1人。

学院1980年开始招收本科生，现有农林经济管理、工商管理、财务管理、会计学、经济学、国际经济与贸易、金融学、经济统计学8个本科专业；现有农林经济管理博士后科研流动站、农林经济管理一级学科博士学位授权点；工商管理、应用经济学2个一级学科硕士学位授权点；有会计学、企业管理2个学术型二级学科硕士学位授权点；有农业硕士农业管理、会计

2个专业硕士学位授权点。全日制本科在校生3817人，在校博士研究生34人，硕士研究生608人。农林经济管理、会计学专业为国家一流本科专业建设点，经济学、金融学、经济统计学、工商管理、财务管理、国际经济与贸易专业为河北省一流本科专业建设点。学院是首批国家"卓越农林人才培养计划"项目实施单位，河北省"农林经济管理专业人才培养创新试验区"和"高等学校农林经济管理专业本科教育创新高地"。现与美国多恩大学、加州大学河滨分校建有本科生联合培养项目。

学院依托4000平方米"省级经济管理实验教学示范中心"和21个校外"三结合"基地，创建了"基专结合两综一创"的特色实践和创新创业教育体系。学院拥有国家特色蔬菜产业技术体系产业经济研究室、河北省农业经济发展战略研究基地、河北省"三农"问题研究基地、河北省现代农业发展研究中心、河北省新型智库——"三农"问题研究中心，有国家级现代农业产业技术体系岗位科学家研究团队1个、省现代农业产业技术体系岗位专家研究团队19个。

近3年，学院教师承担国家基金课题11项、省部级课题102项、厅局级课题80余项，到位科研经费2000多万元；研究成果获得省部级奖励7项；发表核心期刊及以上论文300余篇，出版著作、教材80余部。研究成果获得省市领导批示40余项。

现任领导：赵慧峰（院长）

通信地址：河北省保定市莲池区乐凯南大街2596号

邮政编码：071000

官方网址：https://jingguan.hebau.edu.cn/index.htm

河南农业大学经济与管理学院

河南农业大学经济与管理学院历史可追溯到1928年国立第五中山大学农业经济系。恢复高考制度后，1981年招收首届农业经济管理专业本科生，1983年成立农业经济系，1990年取得农业经济管理硕士学位授予权，1993年更名为经贸学院，2005年更名为经济与管理学院，2006年取得农业经济管理博士学位授予权，2009年设立农林经济管理学博士后科研流动站，2017年会计硕士专业学位点（MPAcc）首届招生，2021年获批农林经济管理一级学科博士学位授权点。学院现有教职工97人，其中，正副教授38人，博士学位教师57人；教育部"长江学者"特聘教授1人，全国优秀教师1人，省优秀教师1人，省教育厅优秀青年骨干教师2人；省管优秀专家4人，省优秀青年社科专家2人，省社科年度人物2人，省教育厅学术技术带头人3人；河南省宣传文化系统"四个一批"人才工程1人，河南省高校创新人才支持计划1人；教育部农林经济管理专业教指委成员1人，省教育厅经济学专业、工商管理专业教指委成员各1人，多人在国内外学术团体担任重要职务。

学院现有农林经济管理一级学科博士学位点、农林经济管理博士后科研流动站、农林经济管理一级学科硕士学位点以及会计硕士（MPAcc）和农村发展2个专业学位硕士点。下设农林经济管理、经济贸易、工商管理、会计与统计4个系。设有农林经济管理（国家一流本科专业）、经济学（河南省一流本科专业）、工商管理（河南省一流本科专业）、国际经济与贸易、经济与金融、财务管理、市场营销7个本科专业；各类在校研究生544人，在校本科生2193人。截至2021年6月，已累计向社会输送各类专业人才15000余人。

作为河南省农村农业发展战略研究基地，学院拥有"河南省农村经济发展软科学研究基地""河南省普通高等学校人文社科重点研究基地—农业政策和农村发展研究中心""中国农村发展研究院河南分院""河南省农村财政科学研究所""黄河生态发展绿色研究院"等科研平台。

近年来,学院主持完成国家自然科学基金、国家社会科学基金、教育部人文社会科学基金、农业部软科学等国家级科研项目40余项,主持省哲学社会科学规划项目、省科技攻关项目、省政府决策项目等省部级项目200余项,获省部级科研奖励40余项,学生科技作品连续四年在全国"创青春"大赛中获国家级奖励。学院先后荣获"河南省'五·四'红旗团委""河南省高等学校先进基层党组织""河南省教育系统先进单位"等荣誉称号。

现任领导：马恒运（院长）
通信地址：河南省郑州市郑东新区龙子湖高校园区
邮政编码：450002
官方网址：https://jgxy.henau.edu.cn

湖南农业大学经济学院

湖南农业大学经济学院的前身可追溯到1947年2月成立的湖南省立克强学院农业经济系,是1951年湖南农学院成立时设立的三个大学系部之一。农业经济系1952年7月调整到华中农学院,1982年湖南农学院重建农经系,恢复本科招生,1994年2月改为经济贸易学院,2000年9月更名为经济管理学院,2006年1月分设为经济学院和商学院。学院现有教职工84人,其中教授14人,副教授20人；博士生导师22人（含院外及兼职导师）,硕士生导师38人（含兼职导师）；专任教师中78.5%具有博士学位；国务院政府特殊津贴专家1人,国家百千万人才工程人选1人,教育部"新世纪优秀人才支持计划"人选2人,教育部农林经济管理类专业教学指导委员会委员1人,省哲学社会科学"百人工程"人选2人,省121人才工程第一层次人选1人、第二层次人选1人,省高等学校学科带头人4人、省优秀青年骨干教师10人。

学院拥有农林经济管理博士后流动站,农林经济管理一级学科博士学位授权点,农林经济管理、应用经济学一级学科硕士学位授权点,有金融硕士和农业硕士（农村发展）两个专业硕士学位授权点；开设农林经济管理、经济学、金融学、投资学、农村区域发展等五个本科专业,开设金融学专业CFA创新实验班和农林经济管理专业（中外合作办学）；拥有省部共建重点实验室和特色实验室。

现任领导：刘辉（院长）
通信地址：湖南省长沙市芙蓉区农大路1号
邮政编码：410125
官方网址：https://eco.hunau.edu.cn

华南农业大学经济管理学院

华南农业大学经济管理学院由国立中山大学农学院与私立岭南大学农学院的农业经济教育专业发展而来。1982年成立农业经济系,1992年经农业部批准成立经济贸易学院。2004年5月更名为经济管理学院。学院现有教职员工140人,专业教师116人,其中教授42人、副教授48人；专业教师中博士学位获得者占比为90%；博士生导师19人。学院拥有国务院学科评议组成员1人,全国先进工作者1人,"教育部重大人才"1人,中宣部"国家特支计划"

青年拔尖人才1人,"珠江学者"特聘教授2人,"青年珠江学者"1人,广东省优秀社会科学家1人,广东省高等学校"千百十工程"省级培养对象6人,南粤优秀教师4人,南粤优秀教育工作者2人,博士生导师26人,硕士生导师86人。

学院现有国家重点学科农业经济管理、广东省攀峰重点学科农林经济管理、广东省特色重点学科金融学;拥有一级学科博士学位授权点1个,二级学科博士学位授权点5个;一级学科硕士学位授权点3个,二级学科学术硕士学位授权点11个、专业硕士学位授权点4个(领域)、本科专业10个。设有广东省人文社科重点研究基地2个和校级研究机构7个。

近5年来,学院获得国家自然科学重点项目、国家社会科学重大项目、长江学者创新团队支持计划、国家社会科学重点项目等国家级重大重点和一般项目52余项,科研经费超过6000万元。在SSCI、SCI和国内重要学术刊物发表学术论文300多篇,获中央和省市领导批示的研究成果42余项。

现任领导:罗明忠(执行院长)

通信地址:广东省广州市天河区五山483号

邮政编码:510642

官方网址:https://cem.scau.edu.cn/main.htm

华中农业大学经济管理学院

华中农业大学经济管理学院历史可追溯至1904年湖北省高等农务学堂开设的农政、财政和理财课程。1952年,武汉大学、中山大学、湖南大学等院校的相关系科合并,设置华中农学院农业经济系。1992年,经农业部批准,成立农业经济管理学院。1996年更名为经济贸易学院,同年经农业部批准成立土地管理学院,与经济贸易学院合署办学。2005年,经济贸易学院和文法学院的管理科学系合并组建经济管理学院。2013年,土地管理学院并入学校新成立的公共管理学院。学院现有教职员工145人,其中专任教师119人、行政管理人员19人,聘用人员7人。教师队伍中有教授32人,副教授60人,讲师27人,博士生导师34人,拥有国务院学科评议组成员1人,新世纪百千万人才工程国家级人选1人,享受国务院政府特殊津贴专家3人,国家现代农业产业技术体系产业经济岗位科学家7人,中宣部文化名家暨"四个一批"人才2人,教育部新世纪优秀人才支持计划入选者6人,教育部高校青年教师奖获得者1人,省部级有突出贡献的中青年专家4人,湖北省新世纪高层次人才工程人选4人,湖北省教学名师1人。

学院下设农林经济管理系、经济学系、企业管理系、市场营销系、会计学系5个系,建有农林经济管理博士后科研流动站,农林经济管理一级学科博士学位授权点,农业经济管理、农业贸易与金融、中小企业管理、农村与区域发展4个二级学科博士学位授权点,农林经济管理、工商管理、应用经济学3个一级学科硕士学位授权点,农业管理、工商管理(MBA)、会计(MPAcc)3个专业硕士学位授权点。现有农林经济管理、工商管理、市场营销、人力资源管理、会计学、财务管理、经济统计学、经济学、国际经济与贸易、农村区域与发展、大数据管理与应用11个本科专业。

学院形成了以农林经济管理学科为特色,工商管理学科和应用经济学科协调发展的学科格局。2007年,农业经济管理二级学科被评为国家重点学科和湖北省优势学科。农林经济管理一级学科在2008年、2013年两次被评为湖北省重点学科,在全国第三轮一级学科水平评估中列全国第 3 名，在全国第四轮和第五轮一级学科水平评估中被评为 A-。2017 年，农林经济管理一级学科进入国家"双一流"建设学科行列。2022 年，农林经济管理一级学科继续进入第二轮国家"双一流"建设学科行列。

"十三五"以来，学院获国家级教学成果二等奖 1 项、省级教学成果一等奖 2 项，三等奖 1 项。农林经济管理专业、市场营销专业、国际经济与贸易专业和会计学专业入选国家一流专业建设点，经济学专业、工商管理专业和人力资源管理专业入选省级一流专业建设点。建有国家级一流课程 4 门，省级一流课程 8 门，国家首批虚拟教研室 1 个、省部级以上优秀教学团队 6 个。获批教育部首批新文科教学研究与改革实践项目 2 项、新农科研究与改革实践项目 1 项，省部级教改项目 7 项、教育部产学合作协同育人项目 14 项，入选农业农村部"十三五"规划教材 9 部、全国高等农业院校优秀教材 2 部，建成湖北省经济管理实验教学示范中心和虚拟仿真实验教学中心。560 余人次获省级及以上各类科技创新和学科竞赛奖励，其中获国家级奖励 80 余人次。

"十三五"以来，学院获批国家社科基金重大项目 1 项、教育部哲学社会科学重大课题攻关项目 3 项、国家自科和社科基金重点项目 4 项、国家自然科学基金 52 项、国家社科基金其它项目 23 项、国际合作项目 2 项、省部级课题 66 项，获得省部级及以上优秀科研成果奖 17 项，其中省部级一等奖 3 项、二等奖 7 项，在高水平学术期刊发表论文 1000 余篇，出版专著 54 部。建有湖北省高等学校优秀中青年科技创新团队 4 个，湖北省人文社科重点研究基地 3 个、湖北省新型智库 2 个，新增教科研基地 10 个。

学院获批国家"健康经济与农业绿色发展"学科创新引智基地，联合国际食物政策研究所（IFPRI）、德国莱布尼茨转型经济农业发展研究所（IAMO）、国际玉米小麦改良中心（CIMMYT）发起成立全球粮食安全青年科学家联盟。定期举办"一带一路"跨境电商国际论坛、华中农大—帝国理工"计算社会科学方法论"暑期学校等品牌性国际学术活动。与国际食物政策研究所、俄亥俄州立大学、普渡大学、阿尔伯塔大学等建立稳定合作关系，与美国奥本大学、澳大利亚科廷大学、新西兰林肯大学、英国哈珀·亚当斯大学等签订联合办学协议。

现任领导：李谷成（院长）

通信地址：湖北省武汉市洪山区狮子山街 1 号

邮政编码：430070

官方网址：http://emc.hzau.edu.cn

江西农业大学经济管理学院

江西农业大学经济管理学院前身是 1952 年成立的江西农学院农业经济专业和 1958 年成立的江西共产主义劳动大学农业经济专业，1984 年农业经济专业恢复招生，1994 年 6 月经江西省教委批准成立经济贸易学院，2012 年 3 月更名为经济管理学院。学院设有农经系（下设农林经济管理教研室）、会计系（下设会计学教研室、财务管理教研室）、经济贸易系（下设经济学教研室、国际贸易教研室）、工商管理系（下设工商管理教研室、市场营销教研室）、金融系（下设金融学教研室）、统计教研室、实验室管理中心、MPAcc 教育中心和大学生创新创业指导中心。截至 2022 年 6 月，有教职工 130 余人，其中具有博士学位 63 人，正高职称 23 人，副高职称 18 人，博士生导师 15 人（含校外兼职导师 2 人），硕士生导师 56 人，校外基地导师80余人。学院拥有柔性引进的发展中国家科学院院士1人，国务院政府特殊津贴获得者2人，教育部农业经济管理类教学指导委员会委员2人，江西省"百千万"人才工程人选5人，"井冈学者"特聘教授1人，青年井冈学者1人，江西省"双千"计划人才3人（其中省哲学社会科学领军人才1人、短期引进类"双千"计划人才2人），江西省文化名家暨"四个一批"人才——省宣传思想文化青年英才1人，江西现代农业产业技术体系首席专家1人，经济岗位专家8人，综合实验站专家1人，第二届、第三届省情研究特聘专家5人，江西省杰出青年人才资助计划人选1人，江西省社会科学青年创新团队1个。特聘人才岗位：梅岭学者1人、未来之星5人。学校大北农教学精英奖2人。

学院设有农林经济管理、工商管理、会计学、经济学、国际经济与贸易、金融学和市场营销等7个本科专业，其中，农林经济管理、经济学、会计学3个专业是江西省高校品牌专业。现有农林经济管理博士后科研流动站1个，农林经济管理一级学科博士授权点1个，农林经济管理、工商管理和应用经济学3个一级学科硕士授权点，9个二级学科硕士授权点（或方向），农业硕士、会计硕士2个专业学位硕士授权点。农林经济管理专业、会计学是国家一流专业建设点，农林经济管理是国家一类特色专业、江西省一流特色专业。农林经济管理学科是江西省"十五""十一五""十二五"重点学科，农林经济管理一级学科硕士学位授权点系江西省"十一五""十二五"示范性硕士点。2018年农林经济管理学科成功获批一级学科博士学位授权点（设有农业经济与管理、农林业资源与环境管理、乡村社会与乡村治理三个方向），2019年获批农林经济管理一级学科博士后科研流动站。2022年江西省高校本科专业综合评价中，农林经济管理专业被评为五星级专业，会计学、国际经济与贸易被评为四星级专业。自1984年农经系恢复招生以来，经济管理学院累计培养1.5万余名学生；2021年12月，在籍本、硕、博学生3100余人。

经济管理学院实验教学条件不断完善，经济与管理实验教学示范中心为省级实验教学示范中心，建有银校（江西农业大学与中国工商银行江西省分行）合作"金融与会计研究中心"和VBSE跨专业综合实训中心、管理综合实验室、会计手工模拟实验室、会计电算化实验室、国贸金融实验室和企业经营沙盘模拟实验室等6个实验平台，与其他各类企事业单位合作建设了15个校外实习基地。拥有教育部、科技部共建高等学校新农村发展研究院、江西省2011协同创新中心——江西现代农业及其优势产业可持续发展的决策支持协同创新中心、江西省重点高端智库——乡村振兴战略研究院、江西省社科重点研究基地——江西农村发展研究中心、江西省高校人文社科重点研究基地——"三农"问题研究中心、江西省软科学创新基地——江西省农业科技创新与发展软科学创新基地以及农村经济研究所、移民研究中心、农村电商研究中心、农业技术政策创新研究中心等多个校级研究机构。

学院近5年获得国家自然科学基金项目、国家社会科学基金项目、教育部人文社科规划项目共计40余项，获第八届高等学校科学研究优秀成果奖（人文社会科学）青年成果奖1项、省级优秀社科奖12项、入选江西省社会科学优秀创新团队1个。

现任领导：翁贞林（院长）
通信地址：江西省南昌市经济技术开发区江西农业大学志敏大道1101号
邮政编码：330045
官方网址：https://jingmao.jxau.edu.cn

南京林业大学经济管理学院

南京林业大学经济管理学院历史可追溯到1956年成立的林业经济教研组，1985年成立经济管理系（处级建制），1987年经原林业部批准成立经济管理学院，是华东地区高校中较早建立学院级建制的单位。学院现有教职工150余人（专任教师120余人），其中教授40余人、副教授50余人。学院专家学者中享受国务院政府特殊津贴专家3人，江苏省"333工程"第二层次领军人才2人，教育部高等学校教学指导委员会委员1人，江苏省"333工程"学术带头人、"社科优青"、"六大人才高峰"、"青蓝工程"等省部级人才项目入选者20余人次。多名专家担任国际林联（IUFRO）生态经济学部理事长、美国金融管理学会（AAFM）理事、全球森林生态经济论坛（GFEEF）联合主席、中国林业经济学会林政与法规专业委员会主任委员、中国系统工程学会林业系统工程专业委员会副主任委员、中国林业经济学会林产品贸易专业委员会副主任委员、中国管理科学与工程学会常务理事、江苏省系统工程学会副理事长，以及江苏省委农办、省农业农村厅乡村振兴专家咨询委员会委员、江苏省农村改革试验区咨询专家等职务。

学院现有农林经济管理一级学科博士学位授权点和博士后流动站，拥有农林经济管理、管理科学与工程、应用经济学、工商管理4个一级学科硕士学位授权点，其中农林经济管理学科为国家林业和草原局重点学科和江苏省重点学科；拥有工商管理硕士（MBA）、会计硕士（MPAcc）、金融硕士（MF）、农业硕士4个专业学位授权领域；建有农林经济管理、金融工程、国际经济与贸易、会计学、工商管理、信息管理与信息系统、电子商务、旅游管理、市场营销、大数据管理与应用10个本科专业，其中农林经济管理、金融工程专业为国家级一流专业，旅游管理为江苏省一流专业。目前学院在校博士生、硕士生、本科生及各类外国留学生3000余人，其中研究生1000余人。

学院建有"江苏高校哲学社会科学优秀创新团队"、国家林业和草原局林产品经济贸易研究中心、江苏省高校哲学社会科学重点研究基地——生态经济研究中心、江苏省高校哲学社会科学重点建设基地——经济发展质量研究中心、江苏省科协"绿色发展与生态文明建设"科技思想库基地等省部级教研平台。设有农林经济系、工商管理系、管理科学与工程系、应用经济学系、会计学系等5个系，管理科学与工程系、农林经济管理系党支部为"全国党建工作样板支部"和"江苏省样板党支部"。

近5年，学院新增国家社会科学基金、国家自然科学基金、国务院决策咨询研究课题等国家级课题近50项，其中国家社科基金重大及重点项目5项；新增国家统计局重大统计专项、江苏省政府决策咨询研究重点课题、江苏省社科基金重点课题以及教育部、中央农办、农业农村部、国家林草局等各类省部级课题100余项，另有农业农村部、国家林业和草原局、江苏省农业农村厅、地方政府和行业企业等委托横向课题百余项。

近5年，学院在《管理世界》《经济学（季刊）》《会计研究》《管理科学学报》《中国农村经济》、*Journal of Agricultural Economics*、*Forest Policy and Economics* 等国内外一流学术期刊发表高质量科研论文500余篇，出版学术专著30余部。科研成果获得教育部高等学校科学研究优秀成果奖（人文社会科学）二等奖1项、三等奖3项，江苏省哲学社会科学优秀成果一等奖1项、二等奖5项，国家林业和草原局梁希林业科学技术奖二等奖3项及其他科研成果奖多项。决策咨询报告先后获得中央政治局常委批示5件，中央农办、农业农村部、国家林业和草原局、江苏省等省部级领导批示20余件。

学院与加拿大、美国、芬兰、瑞典、德国等国的著名大学和科研机构建立了密切学术交流与合作关系，与耶鲁大学、多伦多大学、不列颠哥伦比亚大学、华盛顿大学、密歇根州立大学、俄勒冈州立大学、佐治亚大学、密西西比州立大学、路易斯安那州立大学、赫尔辛基大学等国际知名院校建立了教师互访和学生合作培养机制。学院建有国家留学基金委（CSC）"乡村振兴人才培养专项"。学院近年国（境）外升学率持续居全校各学院首位。

现任领导：杨红强（院长）

通信地址：江苏省南京市龙蟠路159号

邮政编码：210037

官方网址：https://cem.njfu.edu.cn/index.asp

南京农业大学经济管理学院

南京农业大学经济管理学院是中国农业经济管理教育的发源地之一，其前身是金陵大学农业经济系和国立中央大学农业经济系，1952年合并组成南京农学院农业经济系，1989年3月经农业部批准成立南京农业大学农业经济与贸易学院，1994年4月更名为南京农业大学经济与贸易学院，2004年9月更名为南京农业大学经济管理学院。学院现有教职员工89名，其中专任教师73人，教授29人、副教授23人。

从其前身金陵大学农经系算起，学院开展本科教育已有101年历史，开展研究生教育已有80余年历史：金陵大学农林科于1921年设立农业经济学系，是全国最早成立的农业经济系，1936年又率先开始农业经济专业研究生教育。经过数代人的不懈努力，学院规模不断扩大，教学质量不断提高，科研成果日益显著，目前已成为一所融经济、管理学科为一体，具有博士后、博士、硕士、本科等多层次、多规格人才培养能力，实行人才培养、科学研究和社会服务相结合，在国内外具有显著影响力的学院。学院的科学研究和人才培养覆盖经济学和管理学2个学科门类，现有农林经济管理博士后流动站、农林经济管理和应用经济学2个一级学科博士学位授权点、工商管理一级学科硕士学位授权点。下设农业经济管理、农村发展、农村金融、产业经济学、国际贸易学、区域经济学6个博士招生专业；设有农业经济管理、国际贸易学、产业经济学、企业管理、技术经济及管理5个学术型硕士招生专业，工商管理硕士（MBA）、国际商务硕士（MIB）、农业硕士（农业管理领域）3个专业学位硕士点，农林经济管理、国际经济与贸易、工商管理、市场营销、电子商务5个本科专业。学院农业经济管理是国家重点学科，农林经济管理是江苏省一级重点学科和江苏省优势学科，农村发展是江苏省重点学科；在全国第四轮学科评估中，农林经济管理学科获评A+。2019年，农林经济管理入选国家一流本科专业建设点；2021年，国际经济与贸易入选国家一流本科专业建设点。学院现有在校本科生1080人，学术性博士120人、硕士研究生646人，留学生（包含港澳台地区）65人。

学院培养模式改革成果先后荣获国家级教学成果二等奖5项、首届国家教材建设二等奖1项，省级教学成果一等奖5项。先后有3篇博士学位论文获评"全国优秀博士学位论文"，2篇博士学位论文获评"全国优秀博士学位论文提名论文"；近5年，学生团队荣获包括"IFAMA

国际案例竞赛金奖""全国大学生创业计划大赛金奖"等在内的国际性、全国性、省部级重要赛事奖励300余项。

学院积极开展多层次、多形式的国内外学术交流与合作，不断拓展和深化合作关系。新世纪以来，学院已成功举办20次国际学术研讨会；其中，与国际食物政策研究所（IFPRI）、德国哥廷根大学等共同主办"钟山国际学术论坛"（8届）；在全球粮食安全大会等重要国际会议做大会特邀报告。与密歇根州立大学、普渡大学、加州大学戴维斯分校、北京大学等国内外著名高校合作，选派学生访学或攻读学位；聘请了大批知名学者担任讲座教授或兼职教授，来校学术交流或讲学；先后派出100多人次到国外进修、合作研究或攻读学位；与世界银行、联合国粮农组织、国际食物政策研究所、美国农业部经济研究局等10多个国际学术机构及组织开展学术合作，与美国康奈尔大学、爱荷华州立大学、普渡大学、德国哥廷根大学、日本京都大学、荷兰瓦赫宁根大学、澳大利亚悉尼大学、巴西圣保罗大学等建立了合作交流关系。同时，还与中国台湾的台湾大学、中兴大学等建立了稳定的学术交流关系，开展学生联合培养。

现任领导：徐志刚（院长）

通信地址：江苏省南京市卫岗1号

邮政编码：210095

官方网址：https://economy.njau.edu.cn/index.htm

内蒙古农业大学经济管理学院

内蒙古农业大学经济管理学院初创于1981年8月，1999年4月由原内蒙古农牧学院经济管理系和原内蒙古林学院经济管理系合并组建。学院现有教师103人，其中专任教师86人，博士生导师9人，硕士生导师31人，教授23人，副教授33人。

学院设农林经济管理、工商管理、经济学、金融学、会计学、财务管理、物流管理、电子商务8个本科专业和市场营销1个专科专业。其中农林经济管理专业、会计学专业获批国家级一流本科专业建设点。现拥有农林经济管理、工商管理、应用经济学3个一级学科硕士学位授权点。有农业经济管理、林业经济管理、区域经济学、产业经济学、金融学、会计学、企业管理、技术经济管理8个学术硕士学位授权点，有农业硕士、会计硕士2个专业硕士学位授权点。有农林经济管理一级学科博士点1个，农业经济管理和林业经济管理二级学科博士点2个。拥有1个农林经济管理博士后流动站。建院以来已累计为国家和社会输送了2万余名优秀人才。现有在校本科生2700余名，研究生400多名。

学院现有农林经济管理自治区重点实验室1个，内蒙古畜牧业经济研究基地、内蒙古农村牧区发展研究所、内蒙古农牧林业经济研究中心和内蒙古乡村振兴研究中心4个省级人文社科研究中心，草原畜牧业经济理论与实践创新团队1个。学院设有实验教学中心和信息资料中心两大教辅机构。实验教学中心使用面积1088平方米，设有会计模拟实验室、财务管理实验室、基础会计手工模拟实验室、ERP实验室、证券投资模拟实验室、金融模拟实验室、农林经济管理实验室、物流管理实验室及电子商务实验室9个专业实验室，配备学生实验用计算机340台，教学软件20余套，是自治区级实验教学示范中心；信息资料中心使用面积384平方米，设有办公室、阅览室、文献资料库、成果展览室。目前馆藏图书2万余册，期刊装订本 1 万余册，学位论文 2000 余本。

学院教师主持的国家社会科学基金、自然科学基金和国际合作项目 40 多项，科技部、农业农村部项目 20 多项，先后承担了德国基金会、世界银行国际金融公司、亚洲基金会、日本农林水产省及文部省、美国 NASA、加拿大 CIDA 项目的研究和推广工作，获得自治区社科政府奖一等奖 3 项，二等奖、三等奖 30 多项，研究成果荣获省部级一等奖 5 项，二等奖、三等奖 30 多项，发表了 SSCI、SCI 论文 30 多篇，CSSCI 论文 300 多篇，出版专著 100 余部。

多年来，学院已与加拿大阿尔伯塔大学、美国普渡大学、新西兰奥克兰大学、加拿大萨斯喀彻温大学、日本北海道大学、法国巴黎第十大学、蒙古国生命科学大学、蒙古国达尔罕农学院、俄罗斯布里亚特农学院近 20 所海外大学签订了本科教学、科学研究等合作协议，为教师和学生学习、深造、研究提供了良好的机会，拓宽了师生的国际视野，提高了适应多元化发展的能力。

现任领导：乔光华（院长）

通信地址：内蒙古自治区呼和浩特市赛罕区鄂尔多斯东街内蒙古农业大学

邮政编码：010018

官方网址：https://jgy.imau.edu.cn/index.htm

青岛农业大学经济管理学院（合作社学院）

青岛农业大学经济管理学院（合作社学院）1984 年建院，现设有渔业经济与管理二级学科博士学位授予点，农林经济管理一级学科硕士学位授予点，农业管理、农村发展、国际商务和会计硕士 4 个硕士专业学位授予点；设有农林经济管理、会计学、财务管理、市场营销、物流管理、电子商务、国际经济与贸易以及经济与金融 8 个本科专业，其中，农林经济管理专业为国家级一流本科专业建设点，财务管理专业和物流管理专业为山东省一流本科专业建设点。现有学生 4106 人，其中硕士研究生 475 人，本科生 3631 人。

学院现有教职工 128 人，其中，专任教师 111 人。专任教师中，教授 13 人，副教授 36 人，高级职称专任教师占比 44.14%；博士学位教师 70 人，占比 63.06%；45 岁以下青年教师 71 人，占比 63.96%；研究生导师 40 人，占比 36.04%；教育部教学指导委员会委员 1 人，山东省教学名师 1 人，山东省优秀研究生指导教师 1 人，山东省现代农业产业技术体系经济岗位专家 5 人，山东省高端会计人才 3 人。

学院重视教学改革和科学研究工作，农业经济学、农产品物流、冷链物流和财务管理学 4 门课程被评为山东省一流本科课程建设项目，现代农业发展理论与实践被评为山东省研究生教育优质建设课程，农业经济学、财务管理学获评山东省思政示范课程。

2019 年以来，学院共主持国家自然科学基金、国家社科基金、教育部人文社科基金等科研项目 60 余项，累计纵向科研经费 890 余万元，发表高水平学术论文 240 余篇，出版学术专著 32 部。建有山东省高等学校"乡村治理与发展"文科实验室（A 类）和山东省数据开放创新应用实验室。

学院先后与美国、德国、日本、韩国等国家的科研机构和高校建立了合作关系，在农村经济、农村社会、农业经营、农业金融以及国际农业发展等方面进行广泛的合作交流，为广大师生提供了解国际科研前沿和研究成果的平台。

现任领导：李敬锁（院长）

通信地址：山东省青岛市城阳区长城路700号

邮政编码：266109

官方网址：https://jgxy.qau.edu.cn

清华大学中国农村研究院

为开展中国"三农"问题的高水平研究，培养服务于中国农村改革发展的高素质人才，根据党的十七届六中全会关于"建设一批具有专业优势的思想库"的精神，清华大学于2011年成立"清华大学中国农村研究院"（简称"农研院"），英文全称为 China Institute for Rural Studies, Tsinghua University，英文简称 CIRS，依托清华大学公共管理学院建设。

农研院是清华大学校级科研机构、涉农学科交叉研究平台和重点建设智库机构，旨在为国家经济社会发展服务，为乡村振兴战略和农业农村现代化服务，积极为国家"三农"问题决策献计献策，推动涉农学科建设和人才培养。农研院围绕"三农"领域全局性、战略性、前瞻性的问题进行研究，致力于建设服务国家"三农"决策的一流智库，培养涉农学科高素质人才的重要基地，繁荣中国农村改革发展理论的一流学术研究平台。

农研院主要研究方向为：农业农村现代化、粮食安全、农村资源环境与可持续发展、城乡融合发展、数字乡村与乡村建设、乡村治理与乡村振兴。编发《"三农"决策要参》，出版"三农"问题与乡村振兴系列著作，发表高水平学术期刊论文。举办"清华'三农'论坛""清华农村研究博士生论坛""清华'三农'讲坛""暑期农村调研"等品牌活动。与清华大学公共管理学院联合招收培养"城乡治理与乡村振兴"方向公共管理硕士（MPA），招聘培养乡村振兴与农业强国、和美乡村建设与可持续发展研究方向的博士后研究人员。

现任领导：王亚华（执行院长）

通信地址：北京市海淀区清华大学

邮政编码：100084

官方网址：http://www.cirs.tsinghua.edu.cn/

山东农业大学经济管理学院（商学院）

1960年，原山东农学院开办农业经济管理本科专业。1978年学校成立农业经济管理系，首任系主任为著名农业经济学家、教育家卜宪基先生。1993年10月，原农业经济管理系撤系建院，更名为经济贸易学院。2000年12月，经济贸易学院更名为经济管理学院。2018年8月，学院更名为经济管理学院（商学院）。学院现有教职工124人，其中专任教师94人。业务教师队伍中，有教授23人，副教授45人；博士生导师8人，硕士生导师46人。山东省现代农业产业技术体系创新团队产业经济岗位专家7人，山东省智库高端人才2人，许多专家的研究成果居国内同行领先水平。

现有农林经济管理一级学科博士点和博士后流动站，农林经济管理、应用经济学和工商管理3个一级学科硕士点，农业硕士、会计硕士、公共管理硕士和金融硕士4个专业学位硕士点。现有农林经济管理、金融学、会计学、工商管理、国际经济与贸易、数字经济、财务管理7个本科专业，农林经济管理专业为国家级一流本科建设专业，自2018年起招收公费农科生。农林经济管理学科在软科排名44%，达到省内一流、全国先进的水平。金融学专业为省级一流本科建设专业，山东省高水平应用型立项建设本科专业。会计学专业为省级一流本科建设专业。2023年，学校与澳大利亚麦考瑞大学就合作举办商科类专业本硕连读项目达成合作意向，面向经管学院进行招生。目前，学院在校本科生4366人，硕士研究生538人，博士研究生27人。

学院现有山东省农村经济管理重点科研基地、山东省"三农"省情调研中心、山东省农业资源与生态安全研究中心等多个省级科研和智库平台。近5年，学院共申请立项国家自然科学基金、国家社会科学基金项目20项，省级课题31项，累计科研经费1600余万元。8项智库成果获省部级以上领导批示，承担市县乡村振兴战略规划10个。

现任领导：周玉玺（院长）
通信地址：山东省泰安市温泉路960号
邮政编码：271018
官方网址：http://jgxy.sdau.edu.cn/main.htm

山西农业大学农业经济管理学院

山西农业大学农业经济管理学院前身为山西农业大学农业经济系，建于1980年，2001年6月更名为经济贸易学院，2014年3月更名为经济管理学院，2020年6月更名为农业经济管理学院。学院现有教职工138人，其中专业技术人员121人，教授3人，研究员10人；副教授20人、副研究员22人；讲师31人、助理研究员25人；有博士学位12人、硕士学位84人。

学院设有农林经济管理一级学科硕士学位授权点1个，农业专业硕士学位授权点2个，现有农林经济管理、农村区域发展、市场营销、国际经济与贸易、物流管理和旅游管理6个本科专业，设有农林经济管理专业卓越人才实验班（2016年开始招生）。其中，农林经济管理专业为山西省精品专业和山西省重点扶持学科；农村区域发展专业为山西省特色专业；农林经济管理专业卓越人才实验班按照"宽口径、厚基础、重能力、多选择"的培养原则，采取灵活的管理模式，实行单独编班、小班授课，个性化培养，为学生提供了广阔的自主学习空间和社会实践平台。2018年学院开始按农业经济管理类、工商管理类、经济贸易类进行大类招生，采取了"2+2"的培养模式。目前，学院在校本科生1333人，在校硕士研究生140人。

学院主要开展农村区域发展战略、农业技术经济、农业产业经济、农业农村政策、农村贫困问题、农业资源调查与开发等领域的研究，下设3个研究中心、9个研究室、1个实验中心。其中，研究中心包括山西省级人文社科重点基地——山西农业大学新农村建设研究中心、山西农业大学农村区域经济与发展规划研究中心、山西农业大学政府政策效能评估中心；研究室包括农业资源、农业区划、农业经济、区域经济、农业技术经济、农业规划与设计、生态农业、设施园艺及食用菌研究室；实验中心包括仿真模拟实验室、会计模拟实验室、图书资料室。

学院作为农业工程咨询、国土规划、农业项目评估验收的国家级及省级咨询资质和资格单位，共承担了国家、省、市、县及涉外各级各类咨询项目近千项，面向社会尤其是山西地方各级政府开展新农村建设规划、产业发展规划、乡村振兴战略规划及精准扶贫成效评估等科研、服务，为推动全省现代农业发展提供宏观性、导向性与战略性的理论支持与决策参考。

现任领导：邵林生（院长）

通信地址：山西省晋中市太谷县山西农业大学

邮政编码：030801

官方网址：https://jmxy.sxau.edu.cn/index.htm

上海财经大学城乡发展研究院

上海财经大学城乡发展研究院拥有农业经济学、区域经济学、城市经济与管理3个博士点及农业经济学、区域经济学、城市经济与管理、能源经济学4个硕士点。现有专职研究人员9名，其中教授/研究员5名，副研究员2名，助理研究员2名；特聘教授2名，特聘兼职研究员16名。

近年来，研究院农业经济学学科团队已在《经济研究》《经济学季刊》《管理世界》《管理科学学报》《中国农村经济》等权威期刊以及SCI/SSCI期刊上发表大量高质量论文，承接了包括国家社会科学基金重大项目、重点项目在内的各类国家级课题近20项，省部级课题30多项，研究成果获得教育部高等学校科学研究优秀成果奖、上海市哲学社会科学优秀成果奖等省部级奖励10余项，受到《光明日报》《农民日报》等国家级新闻媒体的关注，更有多项决策咨询报告获得国家相关部门及上海市领导的批示。同时，研究院也是上海财经大学"千村调查"项目的学术依托单位。研究院将持续着力打造"千村调查"项目，搭建面向国内研究者的"城乡发展研究"数据平台，为促进城乡融合和区域协调高质量发展、全面推进乡村振兴研究提供数据支撑。

现任领导：吴方卫（院长）

通信地址：上海市杨浦区国定路777号

邮政编码：200433

官方网址：https://riafr.sufe.edu.cn/main.htm

上海海洋大学经济管理学院

上海海洋大学经济管理学院前身为1984年创建的上海水产学院渔业经济与管理系，1997年更名为经济贸易学院，2006年更名为经济管理学院。学院现有教职工100人，专任教师75人，学生工作办公室12人，实验室2人，行政管理及教学辅助人员11人。具有高级职称的专任教师44人，占专任教师总数的59%；博士学位专任教师60人，占专任教师总数的80%。现有国家现代农业技术体系产业经济岗位科学家、国家虾蟹产业技术体系产业经济岗位科学家、浦江学者等各类高级人才6名；2020年全职引进外籍教授1名，并成功入选上海市多项人才计划。同时，学院还聘请30余位国内外知名专家学者任客座教授。

学院现有本科生2200余名、硕士及博士研究生300余名，国际学生50余名。设有农林经济管理、应用经济学、工商管理及会计4个系，涵盖经济学、管理学2个学科门类之农林经济管理、国际经济与贸易、金融学、市场营销、物流管理、工商管理（食品经济管理）、会计7个本科专业以及渔业经济与管理、农林经济管理、农业管理、应用经济学等博士硕士学位授予点。现有国家特色专业及上海市一流专业1个、上海市特色专业及上海市本科教育高地建设专业1个、上海市应用型本科建设专业及上海市本科教育高地建设专业1个。

学院拥有中国渔业发展战略研究中心、海洋产业发展战略研究中心、上海市政府社会调查中心（上海海洋大学分中心）3个省部级研究平台。建有会计实验室、物流实训室、ERP沙盘实训室、商务贸易实验室、金融（证券、期货）6间实践教学实验室。与嘉里大通物流有限公司、恒泰期货股份有限公司、上海申美饮料食品有限公司、统一超商（上海）便利有限公司等数十家企业合作建有实习基地。设有泥城镇政府、南汇新城镇政府、上海农业科学院农业科技信息研究所等多个专业硕士实习基地；设有上海市物流学会产学研基地。

学院是中国林牧渔业经济学会副会长单位及其渔业经济专业委员会依托单位，与美、日、澳、英、法等国知名高校及联合国粮农组织等国际组织有密切合作，在渔业经济管理、海洋经济管理领域有重要社会影响。

现任领导：杨正勇（院长）

通信地址：上海市临港新城沪城环路999号上海海洋大学

邮政编码：201306

官方网址：https://jmxy.shou.edu.cn/main.htm

沈阳农业大学经济管理学院

沈阳农业大学经济管理学院前身为1952年成立的沈阳农学院农业经济系，是国内最早招收农业经济管理专业本科生的单位之一，由时任沈阳农学院院长张克威主持创立并兼任首任系主任。1981年、1984年相继在全国高校中较早获得农业经济管理专业硕士和博士学位授予权。1994年经农业部批准成立经济贸易学院。1999年设立农林经济管理专业博士后科研流动站。2007年学院正式更名为经济管理学院。

学院现有教职工98人，其中专任教师83人，行政教辅15人。专任教师中，教授12人，副教授31人，讲师40人，博士生导师8人。教师中有1人为国务院政府特殊津贴专家、1人为国家二级教授、1人入选国家重大人才工程青年项目、1人被聘为辽宁省特聘教授、1人入选辽宁省"兴辽英才"青年拔尖人才、2人入选辽宁省普通高等学校本科教学名师、12人入选辽宁省百千万人才工程、5人入选辽宁省高校优秀人才计划、2人为辽宁省农业领域青年科技创新人才、1人入选辽宁省学位委员会第六届学科评议组成员、1人入选辽宁省财经类专业学位研究生教育指导委员会委员、1人入选天柱山学者、2人入选天柱山英才、6人入选天柱山青年骨干教师。

学院设有农业与资源经济系、国际经济与贸易系、会计系、金融系、工商管理系、旅游管理系6个系，农林经济管理、国际经济与贸易、会计学、金融学、市场营销学和旅游管理6个本科专业。现有农林经济管理博士后流动站，农林经济管理一级学科博士学位授权点，农业硕士（农业管理领域）、会计硕士（MPAcc）、工商管理硕士（MBA）等3个专业硕士学位授权点。截至2022年10月，学院共有在校生2311人，其中本科生1461人，全日制硕士研究生507人，非全日制研究生285人，博士研究生66人，在站博士后8人，硕士留学生19人。

学院拥有省级农业科技创新团队1个（现代农业发展战略），省级高校学术创新团队1个（农业经济理论与政策），校级学术创新团队2个（农业经济理论与政策、农业产业经济与管理）。学院拥有辽宁省委、省政府决策咨询委员会批准认定的首批省级重点新型智库辽宁农业农村现代化研究基地；拥有辽宁省生态文明研究基地。学院拥有辽宁现代农业发展研究基地、农业品牌研究中心、食品市场研究中心、乡村规划研究中心、农户调查与数字中心、合作经济研究中心、畜牧产业经济研究中心、农业政策研究中心、辽宁省农业农村新经济研究中心、农村经济研究所等多领域研究机构。辽宁省农业现代化重点实验室入选辽宁省首批高等学校哲学社会科学重点实验室试点建设单位。

现任领导：周密（院长）
通信地址：辽宁省沈阳市沈河区东陵路120号
邮政编码：110866
官方网址：https://jgxy.syau.edu.cn/index.htm

四川农业大学经济学院

四川农业大学经济学院前身为四川大学农学院的农业经济系。1956年四川大学农学院独立建校并搬迁至雅安后，在农学系保留农经教研组，1978年恢复招收农业经济专业学生，1979年开始招收农牧业经济管理本科专业学生，1983年成立农业经济系，1993年撤系建院成立经济贸易学院，2003年更名为经济管理学院。2015年初，在原经济管理学院基础上，按学科门类分别组建经济学院和管理学院。

学院现有1个博士后流动工作站（农林经济管理）和1个博士学位授权点（农村与区域发展）、1个一级学科硕士学位授权点（应用经济学），5个全日制硕士学位授权点（产业经济学、区域经济学、金融学、国际贸易学、数量经济学），以及金融硕士（MF）和农业硕士（MA）2个专业硕士学位授权点。现有经济学、国际经济与贸易、金融学、投资学4个本科专业，金融学专业为国家级一流本科专业建设点，经济学、国际经济与贸易、投资学为省一流本科专业建设点。开设有金融学辅修学士学位和第二学士学位专业，国际经济与贸易专业全英文教学国际班（面向全球招生），经济学专业与澳大利亚麦考瑞大学合作举办中外高水平大学双学位学分互认联合培养项目（2+2）。金融学类核心课程《金融学》为国家一流线下课程、省级精品课、校级在线开放课；《财政与税收》《微观经济学》为省级一流本科课程；经济金融类核心基础课程群示范教学团队为省级课程思政示范团队，国际经济与贸易为省级课程思政示范专业，《政治经济学》和《宏观经济学》为四川省课程思政示范课。现有全日制学生2200余人，其中本科生1900余人，研究生（硕士、博士）近300人。每年接收各类留学生（本科、硕士、博士）30余人，在读非全日制硕士研究生270余人。

学院有"西部乡村振兴研究中心"、"德国研究中心"和四川省金融学会乡村振兴金融专委会等研究平台和五个科研团队。近年来，学院教师先后承担国家自然科学基金、国家社会科学基金等国家级课题30项，其中，国家社科基金重点项目2项，教育部人文社科项目、科技部支持计划项目子项目、四川省科技支撑计划项目部省级科研课题50余项，承担了世界银行（World Bank）、联合国粮农组织（FAO）、国际劳工组织（ILO）等国际组织的合作项目5项，也承担了地方政府的国民经济社会发展五年规划、专业规划、重大课题和省委省政府部门委托的重要研究课题50余项，出版专著80余部，发表SCI、SSCI、EI、CSSCI和CSCD等收录论文240余篇；先后获省哲学社会科学优秀成果一等奖2项、二等奖 11 项、三等奖 15 项，省科学技术进步一等奖 1 项、二等奖 3 项，省级优秀教学成果一等奖 2 项、二等奖 1 项，高等学校科学研究优秀成果奖三等奖 1 项。近年来学院提交给省委、省政府及其部门的政策建议报告或成果专报近 40 项，都得到采纳或者省领导肯定性批示，其中获得中国人民银行行长易纲肯定性批示的报告 1 项，研究平台逐步建设成为地方政府的智库。

现任领导：蒋远胜（院长）
通信地址：四川省成都市温江区惠民路 211 号
邮政编码：611130
官方网址：https://jjxy.sicau.edu.cn/index.htm

西南林业大学经济管理学院

西南林业大学经济管理学院始于 1978 年成立的林业经济管理教研室，1998 年与计算机中心合并成立计算机与经济管理系，1999 年独立为经济管理系，2001 年 7 月更名为经济管理学院。学院现有管理学和经济学两个学科门类，其中农林经济管理学科是云南省高原学科和国家林草局重点学科。设有云南省哲学社会科学重点研究基地 1 个（云南省森林资源资产评估及林权制度研究基地），有国家级卓越农林人才培养模式改革试点专业 1 个、省级重点建设专业和省级特色专业建设点 1 个和 1 个省级虚拟仿真实验中心。具有农林经济管理一级学科博士学位授权点 1 个和农林经济管理省级博士后科研流动站；农林经济管理和工商管理一级学科学术硕士学位授权点 2 个，农业硕士（农村发展和农业管理领域）和公共管理硕士（MPA）专业学位授权点 2 个；农林经济管理、农村区域发展、工商管理、电子商务、经济学、经济与金融 6 个本科专业。

目前，学院在校生 2299 人，其中本科生 1910 人，研究生 389 人。现有教职员工 47 人，其中专任教师 35 人，含教授 10 人，副教授 11 人；博士学位 17 人，博士生导师 8 人，硕士生导师 60 余人。具有云南省哲学社会科学创新团队 1 个（云南林业低碳经济研究创新团队），云南省高校重点培育新型智库 1 个（云南林业经济研究智库），其他研究机构 4 个。

学院教师积极组织代表队参加全国各类竞赛，强化专业特点，增强学生实践应用能力。先后组织参加中国国际"互联网+"大学生创新创业大赛、"挑战杯"中国大学生创业计划竞赛、全国大学生电子商务"创新、创意及创业"挑战赛、全国大学生市场调查与分析大赛、"学创杯"全国大学生创业综合模拟大赛等学科竞赛，近 5 年，共获得省级以上奖励 40 余项、国家级奖励 5 项，获得云南省研究生优质课程项目 3 项，云南省专业学位研究生教学案例库建设项目 6 项，云南省研究生导师团队建设项目两项，云南省优秀学位论文 1 篇，云南省省级一流课程 1 项，多项教学成果获得省级和校级表彰奖励。学院团委"新时代基层党建与乡村振兴现状调查研究——关于用好井冈山红色资源"课题，入选共青团中央 2022 "井冈情·中国梦"全国大学生暑期社会实践专项立项，是云南省唯一进入全国前十的团队。

近 5 年来，学院获得国家自然科学基金、国家社会科学基金、国家科技支撑课题等国家级项目 7 项，获得国家出版基金资助项目 1 项，省部级项目 52 项，科研经费超过 1600 万元。在 SSCI、SCI、CSSCI 和国内重要学术刊物发表学术论文近 300 篇，出版专著 26 部；获省部级科研成果奖 13 项；获省领导批示的咨询报告和研究成果 13 项。目前，学院在林业经济理论与政策、边疆民族地区农村与区域发展、森林生态经济等领域研究特色优势明显，在农民合作社、集体林权制度改革、林业碳汇、森林生态产品价值实现等领域取得了重要研究成果。

现任领导：张连刚（副院长）
通信地址：云南省昆明市盘龙区白龙寺 300 号西南林业大学经济管理学院
邮政编码：650224
官方网址：http://em.swfu.edu.cn

西北农林科技大学经济管理学院

西北农林科技大学经济管理学院可追溯到原国立西北农林专科学校 1936 年创建的农业经济学组，是近代农业经济学家南秉方、刘潇然、张德粹在西北创建的最早的农业经济管理人才培养基地。

学院 20 世纪 60 年代开始培养硕士研究生，1985 年开始招收博士研究生，拥有农林经济管理博士后流动站、农林经济管理一级学科博士学位授权点，农林经济管理和应用经济学 2 个一级学科硕士学位授权点和工商管理、金融硕士、农业硕士（农业管理）3 个专业硕士学位授权点。农林经济管理学科下设农业经济与管理、林业经济与管理、农村金融、农村与区域发展、资源经济与环境管理 5 个二级学科方向；其中农业经济管理为国家级重点学科、国家林业和草原局重点学科，林业经济管理为省级重点学科，农林经济管理一级学科第四轮学科评估结果为 B+。应用经济学下设金融学、区域经济学、产业经济学 3 个二级学科方向。学院拥有农林经济管理、会计学、土地资源管理、工商管理、国际经济与贸易、市场营销、经济学、金融学和保险学 9 个本科专业，开设农林经济管理卓越班、经济学拔尖创新实验班；其中农林经济管理为国家级一流专业、国家级拔尖人才培养模式创新试验区、高等学校特色专业建设点和省级名牌专业，金融学为国家级一流专业、陕西省特色专业，土地资源管理、会计学为国家级一流专业，经济学为省级一流专业、校级名牌专业，工商管理为省级一流专业。

学院设有农业经济学系、经济学系、管理学系，西北农林科技大学 MBA 教育中心、党政综合办公室、学生工作办公室、信息资料中心、经济管理实验教学中心和《陕西农业科学》编辑部。学院现有教职工 175 人，其中专任教师 135 人。专任教师中，教授 35 人，副教授 53 人；博士生导师 38 人，硕士生导师 42 人。目前拥有教育部"长江学者与创新团队发展计划"创新团队、国家林草局科技创新团队、教育部首批国家课程思政团队和省部级教学科研团队等 6 个、国务院学位委员会学科评议组成员 1 人、国家重大人才工程入选者 2 人次、国家"万人计划"哲学社会科学领军人才 1 人、中组部青年拔尖人才 1 人、国务院政府特殊津贴专家 6 人、教育部课程思政教学名师 1 人、教育部"高校青年教师奖"获得者 1 人、教育部"新世纪优秀人才支持计划"入选者 4 人、"宝钢优秀教师奖"获得者 3 人、各类省级人才 17 人次（陕西省"普通高等学校教学名师"1 人、陕西省"三五"人才 1 人、陕西省"高校人文社会科学青年英才支持计划"入选者 3 人、陕西省"三秦学者"3 人、陕西省"中青年科技创新领军人才"1 人、陕西省"青年科技新星"2 人、陕西省"普通高校青年杰出人才"3 人次、陕西省思政"六个一批"1 人、陕西省"高层次人才特殊支持计划区域发展人才"1 人、陕西省"高层次人才引进计划"青年项目1人）。同时，学院聘有讲座教授、客座教授、兼职教授若干人。

学院现有全日制在校本科生1873人，全日制在校研究生966人（学术型硕士研究生295人，全日制专业学位研究生497人，博士研究生174人，其中留学生11人）；现有非全日制工商管理硕士540人，陕西工商管理硕士952人；博士后研究人员21人；累计为社会培养研究生3814人（其中博士研究生655人，硕士研究生3159人），本专科生25113人。

学院在农业产业经济、农村金融、资源经济与环境管理、贫困与反贫困、乡村治理与乡村振兴等领域形成相对稳定的特色与优势研究领域。近5年来，学院先后承担国家自科及社科重大重点项目、国家自然（社会）科学基金青年或面上项目、国家科技重点研发项目、国家现代农业产业体系项目、重大国际合作研究项目以及省部级科研项目307项；获省部级及以上教学、科研奖励50项；出版学术专著、编著69部；发表学术论文1298篇，其中SSCI、SCI、EI收录论文449篇，CSSCI收录论文678篇；省部级以上政策咨询报告35项，其中获得国家和省部级主要领导人肯定性批示18项。

目前学院拥有中俄农业科技发展政策研究中心、西北农林科技大学哈萨克斯坦研究中心、陕西农村经济与社会发展协同创新研究基地、西部农村发展研究中心、陕西省农村金融研究中心、陕西省乡村振兴软科学研究基地、陕西省乡村振兴发展智库、西部发展研究院发展智库、黄河中上游生态保护与农业农村高质量发展研究基地、陕西省高等学校学科创新引智基地等10个省部级研究中心（基地、智库）；拥有西部发展研究院、农村金融研究所、应用经济研究中心、资源经济与环境管理研究中心、信用大数据应用研究中心5个校级研究中心（所）；设有工商管理研究中心、数量经济研究中心、公共管理研究所3个院级研究中心（所）。同时，设有宁夏盐池县农业农村综合改革试验示范基地、宁夏原州区农业农村综合改革试验示范基地、盐池县皖记沟村乡村振兴综合试验站、原州区申庄村乡村振兴综合试验站、宝鸡市金台区蟠龙镇新庄村乡村振兴综合试验站5个固定观测基地（站）。

学院坚持开放式办学，在人才培养与科学研究方面，先后与美国密苏里州立大学、科罗拉多大学、密歇根州立大学、亚利桑那大学，加拿大阿尔伯塔大学，德国吉森大学，荷兰瓦赫宁根大学，新西兰梅西大学，俄罗斯莫斯科大学，澳大利亚阿德莱德大学，哈萨克斯坦沙卡里姆大学等20余所著名大学和研究机构建立了稳定的交流与合作关系。

现任领导：夏显力（院长）
通信地址：陕西省杨凌示范区邰城路3号
邮政编码：712100
官方网址：https://cem.nwsuaf.edu.cn/index.htm

新疆农业大学经济管理学院

新疆农业大学经济管理学院前身是1952年成立的八一农学院农业经济系，1993年5月更名为经济与贸易系，1994年3月建立经济贸易分院，1998年11月更名为经济贸易学院，2003年更名为经济与管理学院。2011年经济与管理学院和人文与社会科学学院重组，学院更名为经济与贸易学院。2021年定名为经济管理学院。

截至 2021 年 12 月，学院在职教职工 78 人（含 2 名推免辅导员，1 名援疆干部，3 名自聘人员）。其中教授 8 人、副教授 21 人、高级实验师 1 人、高级经济师 1 人；博士生导师 9 人、硕士生导师 26 人，具有博士学位的教师 32 人，占专任教师的 50%，具有高级职称人员占教师科研人员总数的 46.7%。

截至 2021 年 12 月，学院在籍在册学生 2278 人。其中，本科生 1718 人，研究生 560 人（含硕士研究生 504 人，博士研究生 56 人）。学院现有党政办、教学科研办、学工办、实验中心 4 个行政办公室。有农经系、商贸系、管理系、旅游系、会计系、经济系 6 个系。学院现有博士后科研流动站 1 个、一级学科博士学位授权点 1 个、二级学科博士学位授权点 2 个、一级学科硕士点 2 个、二级学科硕士学位授权点 6 个、国家一流专业 1 个、自治区一流专业 2 个。农业经济管理为自治区"高原"学科，第四轮学科评估结果为"C"。有农业管理硕士、会计硕士、工程管理硕士和国际商务硕士 4 个专业学位授权点。现有农林经济管理、经济学、市场营销、国际经济与贸易、会计学、旅游管理和国际商务 7 个本科专业。

学院拥有科研平台 4 个，1 个国家级重点研究平台"新农村发展研究院"，1 个新疆维吾尔自治区普通高校人文社科重点研究基地"干旱区农村发展研究中心"，2 个校级人文社科重点研究平台"中亚农业合作与贸易研究中心"和"特色产业研究中心"。

现任领导：余国新（院长）

通信地址：新疆维吾尔自治区乌鲁木齐市农大东路 311 号

邮政编码：830052

官方网址：https://jmxy.xjau.edu.cn

浙江大学中国农村发展研究院

浙江大学中国农村发展研究院的前身是浙江大学农业现代化与农村发展研究中心（Center for Agricultural and Rural Development，Zhejiang University，英文简称"CARD"，中文简称"卡特"）。2005 年，经请示时任浙江省委书记习近平同志并获重要指示后，在浙江大学农业现代化与农村发展研究中心的基础上成立了浙江大学中国农村发展研究院，英文全称 China Academy for Rural Development（英文仍简称"CARD"，中文仍简称"卡特"），并列为国家"985"工程人文社会科学（A 类）创新基地。

浙大"卡特"是在浙江大学农业经济学科的基础上建立和发展起来的。浙江大学农业经济学科可追溯到创建于 1927 年的国立第三中山大学农业社会学系。国立第三中山大学于 1928 年改名为国立浙江大学，农业社会学系在 1936 年改名为农业经济学系。1942 年农业经济学系设立了农业经济研究所并开始招收研究生。1928 年任系主任的许璇教授是我国早期著名的农学家、农业教育学家和农业经济学科的先驱。浙大"卡特"承接了深厚的历史积淀，在新的历史时期与时俱进不断发展壮大。在 2003 年、2009 年、2015 年教育部三次基地评估中，浙大"卡特"均被评为优秀基地。在 2003 年、2006 年、2012 年三轮全国一级学科评估中，浙江大学农经学科也均名列或并列全国第一。2017 年 12 月，教育部公布第四轮全国一级学科评估结果，浙江大学农经学科荣列 A+，并被列入国家"双一流"建设学科。2018 年，浙大"卡特"被批准为浙江省重点新型智库，并入选"CTTI2018 年度高校智库百强榜"。

浙大"卡特"的发展目标是：以习近平新时代中国特色社会主义思想为指引，以服务国家"三农"发展重大战略为导向，以平台建设为载体，以人才培养为根本，以科学研究为抓手，以体制机制为保障，以学科交叉融合为路径，立足浙江、服务全国、辐射全球，推动农林经济管理与相关学科的交叉融合，通过若干年努力，建设成为拥有世界一流学科、一流科研水平和一流社会服务能力的人文社科研究基地和高端专业智库。

现任领导：钱文荣（院长）、陈志钢（国际院长）

通信地址：浙江省杭州市余杭塘路866号

邮政编码：310058

官方网址：http://www.card.zju.edu.cn/main.htm

浙江农林大学经济管理学院

浙江农林大学经济管理学院创建于1986年。现有农林经济管理、应用经济、会计学、企业管理、管理科学与工程5个学科，其中，农林经济管理学科为浙江省一流学科（A类），林业经济学科为国家林草局重点学科。设有农林经济管理一级学科学术型博士和硕士学位点，会计（MPAcc）、国际商务（MIB）和农业管理3个专业硕士学位点；农林经济管理（设创新班和定向班）、会计学、工商管理、国际经济与贸易、电子商务、金融工程6个本科专业；其中，农林经济管理本科专业为国家一流专业，会计学、工商管理和国际经济与贸易专业为省一流专业。学院有在校本科生1946人、硕士研究生451人、博士研究生21人。

现有教职工128人，专任教师109人，其中教授30人，高级职称占比56%；博士生导师14人，硕士生导师81人；拥有国家级人才4人，其中，国务院参事1人、国家"万人计划"哲学社会科学领军人才2人、教育部新世纪优秀人才1人；省级人才14人，以及全国教指委委员、浙江省人民政府咨询委员、浙江省教学名师、浙江省教学指导委员会委员等一批知名专家学者。聘有美国奥本大学、加拿大多伦多大学、中国农业大学、南京农业大学、山东大学等国内外兼职教授8人。

近5年，学院教师先后承担教育部重大项目等国家基金项目31项，省部级项目79项；科研经费4267万元；发表SSCI、SCI、EI论文98篇，出版专著40部，获得省部级科研奖励11项，其中浙江省哲学社会科学一等奖1项，省部级二等奖6项，获得省部级以上领导批示81件。近五年，学院教师承担教育部新文科项目等省部级以上教育教学改革项目8项，建有《种植类家庭农场虚拟仿真实验》国家金课1门，省级一流课程27门，出版省部级以上教材12门，获省级教学成果2项，其中一等奖1项。学生在全国"挑战杯"大学生课外学术科技作品大赛、全国林业经济管理学术作品大赛、乡村振兴创意大赛、国际贸易大赛、电子商务大赛、高校管理案例分析等赛事中，获省部级以上学科竞赛奖励476项，其中国家级39项，省部级437项。获得创新创业训练项目181项，其中国家级25项。本科生以第一作者公开发表论文120篇。

学院建有浙江省乡村振兴研究院、浙江省生态文明研究院两大省级新型智库，浙江省新型高校智库、农业部软科学研究基地等研究创新平台。国际学术期刊FPE（*Forest Policy and Economics*，SCI、SSCI双收录）中国区编辑部、中国林业经济学会现代乡村林业专业委员会、浙江省林学会林业经济专业委员会、浙江省会计学会林业分会设于本院。

学院积极拓展国际交流渠道，探索校政企协同育人模式。先后与美国、加拿大、英国、瑞典、芬兰、中国台湾等10多个国家和地区著名高校建立合作关系，开展科研合作与学术交流、实施硕博士联合培养、本科生互访交流项目，为学生走向国际提供平台和条件。学院先后与浙江省粮食局共建现代粮食产业学院，与杭州市临安区跨境电商园区开展全方位合作，探索"校企合作、共同育人"的人才培养新模式。实施全程全员导师制和本硕博联动培养机制，培养拔尖创新型人才。学院拥有优美的育人环境和良好的教育教学条件。建有跨学科、综合性、智慧型的浙江省重点实验教学示范中心，下设财务会计、电子商务、国际贸易、工商管理、金融、市场营销6个模拟教学实验分室；充分运用云计算、大数据、虚拟仿真等新一代智能信息技术，持续深化智能信息技术与实践教学改革和实验室建设管理融合，建有跨专业虚拟仿真综合实训平台。学院设有"三农"研究会、大学生林业经济研究会等8个大学生科技协会，其中"浙江省优秀学生社团"1个，校"五星级学生社团"2个。

现任领导：吴伟光（院长）
通信地址：浙江省杭州市临安区衣锦街252号
邮政编码：311300
官方网址：https://em.zafu.edu.cn

中国海洋大学管理学院

中国海洋大学管理学院成立于1986年。管理学院下设工商管理系、会计学系、营销与电子商务系、旅游学系和中国企业营运资金管理研究中心、中国混合所有制与资本管理研究院、应用会计研究所、农业经济管理研究所、管理创新与环境战略研究中心、人本价值研究所等教学科研机构。学院设置EDP培训中心，为高层管理者提供培训与发展服务。学院现有工商管理博士后科研流动站、工商管理一级学科博士学位授权点、农业经济与海洋产业管理二级学科博士学位授权点，有工商管理、农林经济管理两个一级学科硕士学位授权点，有工商管理硕士（MBA）、会计硕士（MPAcc）、旅游管理硕士（MTA）、农业管理硕士等专业学位授权点。会计学专业、旅游管理专业入选国家级一流本科专业建设点，会计学专业为山东省品牌专业、国家特色专业、山东省特色重点学科、专业综合改革试点专业，会计硕士为山东省首个会计专业学位教育质量认证A级成员单位。2021年7月，学院与IMA协会签约共建CMA教育中心，推动管理会计的学科建设和人才培养，助力经济转型升级。学院助力学校获得"ACCA白金级认可教育机构"资质认证。企业管理专业为山东省重点学科和山东省哲学社会科学重点研究基地。2018年入选教育部首批"三全育人"综合改革试点单位。

管理学院现有教职工130余人，专职教师100余人，其中教授30余人、副教授40余人、博士生导师20余人。享受国务院政府特殊津贴专家2人，文化名家暨"四个一批"人才1人，全国会计名家1人，教育部新世纪优秀人才计划2人，全国会计领军人才2人，全国模范教师1人，山东省泰山学者青年专家1人，山东省教学名师1人。学院现有在校本科生1300余人、研究生1800余人。

近10年来，学院教师承担和完成了国家社会科学基金重大项目、国家社会科学基金重点项目、国家自然科学基金和国家社会科学基金一般项目50余项、省部级科研项目100余项、在国内外核心期刊发表高水平论文 600 余篇、出版学术专著和教材 60 余部，获得省部级以上科研成果奖 30 余项。

现任领导：王竹泉（院长）

通信地址：山东省青岛市崂山区松岭路 238 号

邮政编码：266100

官方网址：http://ibs.ouc.edu.cn/main.htm

中国农业大学经济管理学院

中国农业大学经济管理学院源于 1927 年国立北平大学农学院成立的农业经济系。1949 年北京大学农学院、清华大学农学院和华北大学农学院合并成立北京农业大学，同时下设农业经济系。1952 年高等院校院系调整时，从全国抽调的一批著名农业经济学家壮大了北京农业大学农业经济系。1985 年扩建为农业经济管理学院，1993 年扩建为经济管理学院。2002 年 6 月，经济管理学院和原管理工程学院合并组建成现在的经济管理学院。

学院现拥有农林经济管理和应用经济学两个一级学科博士学位授予权，工商管理一级硕士学位授予权以及农林经济管理、应用经济学 2 个博士后流动站。其中，农林经济管理一级学科下的农业经济管理二级学科是国家级重点建设学科。学院提供工商管理硕士（MBA）、金融硕士（MF）和会计硕士（MPAcc）3 种专业学位教育。本科专业农林经济管理、金融学、国际经济与贸易、工商管理、会计学获批国家级一流专业建设点。

学院现有教职工 163 人，其中专职教师 115 人（包括教授及研究员 49 人，副教授及副研究员 50 人，讲师 16 人）。其中二级教授 6 人，国务院参事 1 人，国务院学位委员会农林经济管理学科评议组 1 人，教育部人才项目特聘教授 1 人，教育部人才项目青年学者 3 人，宝钢教育基金奖获得者 1 人，享受国务院政府特殊津贴专家 2 人，教育部新世纪优秀人才 3 人，北京市教学名师 2 人，北京市师德先进个人 1 人，北京市青年英才计划 1 人，北京市"四个一批"人才 1 人，国家现代农业产业技术体系岗位专家 5 人，北京市农业产业技术体系岗位科学家 1 人。

学院现设有 5 个系：农业经济系、经济贸易系、工商管理系、金融系、会计系；3 个教育中心：MBA 教育中心、专业学位教育中心、实验教学中心；建有 1 个国家级研究平台：国家数字农产品流通（供应链与物流）创新分中心；3 个省部级研究基地：北京市哲学社科基地"北京食品安全政策与战略研究中心"，中央农办、农业农村部"乡村振兴软科学研究基地"、"一带一路"国际农产品流通产业科技创新院；7 个校级研究机构：期货与金融衍生品研究中心、国家农业农村发展研究院、国家农业市场研究中心、智慧电商研究院、全球食物经济与政策研究院、中国农业大学农业经济研究所、中国农业大学农产品市场研究中心；15 个院级研究机构：农村金融与投资研究中心、国际农产品贸易研究中心、战略与决策研究中心、物流规划与发展战略研究所、健康经济与政策研究中心、中国农业品牌研究中心、中国县域经济研究中心、食物与健康经济研究中心、畜牧经济研究中心、中国农业产业链研究中心、国际经济研究所、东亚农业农村发展研究中心、人力资源发展与农业企业数据中心、会计案例研究中心、中国农业数智化管理研究中心。此外，学院已在全国各地建立了 12 个教授工作站，充分利用校院人才、技术和管理优势，发挥学院教授在科研合作交流方面的作用，服务于乡村振兴战略实施和区域产业转型升级，助力地区经济高质量发展。

现任领导：司伟（院长）

通信地址：北京市海淀区清华东路17号中国农业大学经济管理学院

邮政编码：100083

官方网址：http://cem.cau.edu.cn

中国农业大学全球食物经济与政策研究院

中国农业大学全球食物经济与政策研究院（Academy of Global Food Economics and Policy，AGFEP）是2020年11月5日成立的中国农业大学校级研究院。全球食物经济与政策研究院围绕食物和营养安全、环境可持续、气候变化、农业农村现代化建设等关乎全球与国家发展的重要问题进行研究，致力于建设世界一流智库。中国农业大学讲席教授、国际食物政策研究所前所长（IFPRI）樊胜根任研究院院长，研究院成员来自中国农业大学、浙江大学、中国农业科学院等高校和科研单位，研究院聘请国内外10余名食物政策、营养、农业经济等领域的专家作为学术委员会成员。

全球食物经济与政策研究院以农业食物系统转型为主要研究议题，包括以下重点研究领域：（1）重塑全球和中国农业食物系统。与"一带一路"倡议和"南南合作"相关的国家政府及组织展开密切合作，收集第一手数据，建立一个关于食物营养安全、环境、气候变化、社会经济发展的全球数据库；构建经济计量模型，测算投资回报率并评估投资对当地经济、食物营养安全、环境等诸多方面的影响，设置投资优先序，为中国在当地的直接投资提供有科学依据的政策建议，创造双赢局面。（2）中国与全球发展经验和借鉴。总结中国在食物营养安全、农业农村发展、经济转型等方面经验与特点，并通过长期深入的国际合作，收集其他国家的发展案例，建立系统的案例研究分析框架；总结国际发展经验和教训，为各国发展提供借鉴。（3）突发公共应急事件的管理研究。及时跟踪中国和全球的重大突发公共事件的发生和动态变化，包括动植物疾病、人类传染病、自然灾害和政治冲突等，研究和评估重大突发公共事件对地区、国家和全球食物安全和食物系统的影响和应对措施，总结中国和全球在应急事件管理中的成功经验和教训，为政府科学决策提供参考。（4）食物—经济—环境—健康模型研究。构建包括农业食物经济、宏观经济、水资源和土地资源、气象和营养健康及疾病等大数据库，开发经济、环境和健康跨学科一体化的中国—全球模型系统，建立食物生产和消费与环境、营养健康间的相互影响路径和机制，应用于定量评估分析各种经济和环境政策变化对中国及全球居民食物消费和营养健康以及生态环境等的综合影响，作为重要的研究工具为跨学科研究提供技术支持。

全球食物经济与政策研究院将以学术研究为核心，人才培养与国际合作并举；从对内和对外两个层面入手，通过在国际顶尖期刊上发表文章、参与国际大会等方式传播研究成果，发布国际一流研究报告，提供咨政报告，构建研究院与国际学术交流的桥梁，为中国和其他发展中国家的政策提供咨询建议，为建设现代化经济体系和构建人类命运共同体提供支持。

现任领导：樊胜根（院长）

通信地址：北京市海淀区清华东路17号中国农业大学

邮政编码：100083

官方网址：https://agfep.cau.edu.cn/

中国人民大学农业与农村发展学院

中国人民大学农业与农村发展学院是2004年在原农业经济系的基础上组建而成的。原农业经济系建立于1954年，其前身是1950年中国人民大学组建的经济计划系农业经济教研室。中国人民大学农经学科砥砺70载，是新中国社会主义农业经济学科高等教育体系的主要发源地。20世纪50年代，曹国兴主持编写出版了新中国第一本社会主义农业经济学教材，是中国社会主义农业经济学科高等教育体系的主要建立者。张象枢主持编写了《中国农业系统工程丛书》《环境经济学》，是中国农业系统工程和环境经济学的早期开拓者。20世纪80年代、90年代，几代学者在农业经济学、土地经济学、工农产品价格剪刀差、反贫困、农业系统工程、生态与环境经济学、农业经济史等领域做出了开创性贡献。

学院是国务院学位委员会农林经济管理学科评议组召集人所在单位、教育部农业经济管理类专业教学指导委员会主任委员和秘书处所在单位。学院于1986年取得博士学位授予权，1988年被原国家教委评定为国家级重点学科，2000年取得农林经济与管理一级学科博士学位授予权，2007年再次被评为国家级重点学科，2017年农林经济管理学科首批入选国家"世界一流大学和一流学科"建设名单，2个本科专业"农林经济管理"和"农村区域发展"全部入选"国家一流本科专业"。

学院目前拥有一支结构合理、实力雄厚、勇于进行理论探索的教师队伍，包括国务院学位委员会农林经济管理学科评议组召集人朱信凯、教育部农业经济管理类专业教学指导委员会主任委员唐忠等一大批国内著名农经学者。学院还有人文社科领域首个"中华农业英才奖"获得者，教育部特聘教授2人，国家杰出青年科学基金获得者1人，入选国家级人才计划1人，国务院政府特殊津贴专家6人，国家"文化名家"暨"四个一批"人才（理论界）1人，入选"新世纪百千万人才工程"1人，国家优秀青年基金获得者1人，入选国家级青年人才计划2人，宣传思想文化青年英才1人、农业农村部神农青年英才1人、国家生态环境保护专业技术青年拔尖人才1人，北京市教学名师2人，北京市优秀教师1人。

学院具有从本科到硕士、博士研究生和博士后科研流动站的完整的人才培养体系，设有农林经济管理、农村区域发展2个本科专业，农业经济管理、林业经济管理、技术经济及管理、农村发展、可持续发展管理、食品科学、食品安全管理7个硕士学位点，1个农业硕士专业学位点，农业经济管理、技术经济及管理、农村发展、林业经济管理和可持续发展管理5个博士学位点。

学院长期致力于中国农业经济、农村发展等理论与现实问题的研究，是我国涉农领域综合应用型经济管理人才的重要培养基地，也是我国农林经济管理学科的重要学术研究中心。依托学院科研力量成立的中国人民大学中国扶贫研究院荣获"全国脱贫攻坚奖组织创新奖"，是教育部系统唯一获得该荣誉的机构。2021年，中国人民大学响应国家乡村振兴重大战略，依托农业与农村发展学院组建成立了中国乡村振兴研究院。

现任领导：仇焕广（院长）

通信地址：北京市海淀区中关村大街59号

邮政编码：100872

官方网址：http://www.sard.ruc.edu.cn/index.htm

中南林业科技大学商学院

中南林业科技大学商学院的前身为1988年开设的林业经济管理专业，1993年成立经济贸易系，1995年更名为经济贸易学院，1998年更名为旅游与管理学院，2005年组建商学院至今。经过几代商院人的共同努力，学院现已发展为融经济管理学科为一体，具有博士、硕士、本科等多层次人才培养体系的教学研究型学院。

目前学院设有5个系：农林经济管理系、人力资源管理系、会计系、市场营销系、国际商务系，4个中心：ACCA教育中心、MPAcc教育中心、MBA教育中心、工商管理实验教学中心，1个省级智库：湖南绿色发展研究院，1个省级重点社科研究基地：乡村振兴与绿色发展研究中心，1个省级创新创业教育中心：专创融合商学创新创业教育中心，1个专业图书资料室，1个校级重点智库：中南林业科技大学乡村振兴研究院，6个校级研究机构：环境会计研究所、绿色营销研究所、企业生态管理研究所、反倾销会计研究所、农村人力资源研究所、绿色商务研究所。学院现有农林经济管理、会计学、人力资源管理、市场营销、国际商务5个本科专业，并开设有会计学ACCA卓越班。其中农林经济管理专业、市场营销专业、会计学专业为省级一流专业；人力资源管理专业为校级一流专业；会计学专业还是湖南省"十三五"综合改革试点专业；农林经济管理专业、市场营销专业是湖南省特色专业。学院有1个二级学科博士学位授权点（林业生态经济与管理），1个一级学科硕士学位授权点（工商管理，湖南省重点学科），5个二级学科硕士学位授权点（会计学、企业组织与战略管理、生态技术经济及管理、营销与流通管理、人力资源管理），3个专业硕士学位授权点/领域（会计硕士MPAcc、工商管理硕士MBA、农业管理硕士MA）。

学院现有教职工113人，其中专任教师98人，博士生导师3人，硕士生导师48人，具有副教授以上高级职称的教师占67%，具有博士学位（含在读）的教师占51%。有教育部农经类专业教指委委员1人；湖南省委重大决策咨询智囊团专家1人；湖南智库联盟专家3人；湖南省优秀教师1人；湖南省121人才工程人选4人；湖湘青年英才计划人选2人；湖南省学科带头人和青年骨干教师培养对象9人；霍英东教育基金会高等院校青年教师奖获得者1人。众多教师在国内外学术组织中担任各种职务，一批中青年学者脱颖而出。学院现有全日制本科生2300多人，硕博士研究生近600人。学院坚持立德树人根本任务，不断提高人才培养质量。"十三五"以来，学院先后有200多名学生获得全国和全省各类文化、科技、体育竞赛奖励，培养了一大批理论基础扎实、实践能力强、综合素质高、深受社会欢迎的复合型高级管理人才，毕业生就业率一直稳定在90%以上。

学院高度重视科学研究与社会服务工作，并将其作为立院之本与发展之基。"十三五"以来，学院先后承担各类科研项目200多项，其中承担国家社科基金项目、国家自科基金项目等国家级项目17项；到位科研经费600多万元；发表学术论文300多篇；出版专著教材30多部；获得省级科技进步二等奖1项，省社科成果奖三等奖3项，省部级优秀教学成果二等奖2项、三等奖4项。

现任领导：方威（院长）
通信地址：湖南省长沙市韶山南路498号中南林业科技大学商学院
邮政编码：410004
官方网址：https://sxy.csuft.edu.cn

（二）科研机构

安徽省社会科学院城乡经济研究所

安徽省社会科学院城乡经济研究所成立于1983年，原名经济研究一所，2012年更名为城乡经济研究所。研究所主要研究领域包括区域经济与发展经济学、城乡融合发展与城镇化、农业和农村发展、产业经济与技术经济学、金融经济学、资源与环境经济、劳动力资源开发及减贫、乡村治理与乡村规划、国际经济学与跨境贸易等。现有科研人员9名，2名研究员（其中1名二级研究员）、3名副研究员、1名副教授、3名助理研究员。5名研究人员获得博士学位，1名在站博士后。

自成立以来，研究所科研人员主持完成多项国家级、省部级课题研究。主持并完成国家社科基金课题包括"联产承包制及其发展趋势""百县市经济社会调查""百县市经济社会调查""邓小平对社会主义政治经济学的发展与贡献""农民增收的制度约束与创新""中小企业信用担保体制研究""统筹城乡发展中的生产要素合理流动与优化配置研究""新时代背景下粮食主产区利益补偿机制研究""公众网络健康信息传播对健康行为的影响机制研究"9项；主持完成省部级课题40多项，包括农业部招标课题"生态农业发展与财政支农政策研究"、省社科规划重大项目"长三角一体化安徽的机遇与优势研究"、省社科规划重点项目"安徽深入实施创新驱动发展战略研究""安徽省县域经济高质量发展路径和对策研究"、安徽省科委软科学项目"安徽省农业可持续发展研究""推进安徽科技成果转化的对策研究"等；主持长三角区域合作课题6项、中加合作课题2项、中德合作课题1项。出版学术著作40多部，其中"联产承包制及其发展趋势"获光明杯哲学社会科学优秀著作一等奖，"技术创新与工业结构升级——基于安徽的实证研究""中国农村改革轨迹与趋势——安徽农业发展与农民增收实证分析"获安徽省政府二等奖、"中国对外反倾销政策效应评估"获安徽省政府三等奖；在《求是》、《人民日报》、《光明日报》、《经济日报》以及《中国工业经济》、《经济研究》、《数量经济技术经济研究》、《中国农村经济》、《农业经济问题》、《中国软科学》、《学术界》、《中国科技论坛》、《财政研究》、《国际贸易问题》、《经济问题》、《中国社会科学院研究生院学报》、《生产力研究》、《中国人口·资源与环境》、《中国流通经济》、《江淮论坛》、《上海经济研究》、《财贸研究》、《预测》、《社会科学》等国家重点、国家级、全国人文社会科学核心期刊等各类期刊上发表论文600余篇，其中在国家级学术期刊及全国人文核心期刊发表学术论文80多篇。

现任领导：孔令刚（所长）

通信地址：安徽省合肥市徽州大道1009号

邮政编码：230051

官方网址：https://www.aass.ac.cn

重庆社会科学院农业农村研究所

重庆社会科学院农业农村研究所坚持以习近平新时代中国特色社会主义思想为指导，贯彻落实习近平总书记关于"三农"工作和推进乡村全面振兴的重要论述，重点聚焦农业经济、农村经济、生态经济等领域开展基础理论和应用对策研究,围绕加快建设农业强国、推进农业农村现代化、推动城乡融合发展等重点工作所涉及的全局性、综合性、战略性问题开展相关决策咨询研究。目前,全所共有研究人员7人,其中研究员2人、副研究员2人、助理研究员3人,均为硕士及以上学历,其中博士占比57%。此外,先后牵头组建乡村振兴青年学术创新团队、城乡融合发展青年学术创新团队等,为青年科研人员提供良好的研究条件支持,多措并举推动青年科研人员成长。

近年来,研究所立项国家社科基金2项,省部级重大、重点等各类研究项目20余项;在《中国人口·资源与环境》《改革》《农村经济》等重要学术期刊发表论文30余篇,在《人民日报》《学习时报》《中国社会科学报》等重要报刊发表理论阐释文章20余篇,在人民出版社、新华出版社等出版学术专著3部。

研究所长期围绕重庆"三农"领域等重大实践和理论问题,对城乡融合发展、农村集体资产股份制改革、农村土地交易所运行机制、"地票"交易等进行了长期深入的研究。依托本研究所,成立了重庆山区库区现代化研究中心,积极承办重庆社会科学院"创新大成集智探索推进重庆山区库区强县富民"等多项调研座谈活动,专家观点和论坛成果引起了有关领导、部门和媒体的关注,转化为党委、政府政策措施或工作安排。受邀参加"成渝地区双城经济圈高端论坛""在共同富裕背景下探索山区库区强县(区)富民现代化新路子学术研讨会""数字乡村建设与农业农村现代化发展"等系列学术论坛和会议,并做主旨、主题发言;各类咨政建议获得省部级以上领导批示20余篇,并获市政协等多个部门采纳应用,推动重庆相关政策的出台;研究成果获得省部级研究奖二等奖、三等奖5人次。

现任领导:杨果(所长)

通信地址:重庆市江北区桥北村270号

邮政编码:400020

官方网址:www.cqass.net.cn

甘肃省社会科学院农业农村发展研究所

甘肃省社会科学院农业农村发展研究所前身为1982年6月成立的农业经济研究所,2004年更名为农村发展研究所。40年来,农村发展研究所学术研究形成了农业和农村经济研究、农村贫困问题研究、县域经济社会发展研究、生态经济研究和国情省情研究5类主要研究方向。全所共有科研人员8人,其中,研究员3名,副研究员3名;博士4人,硕士3人。科研人员专业背景涵盖经济学、农学、理学、社会学等多学科。同时,研究所和甘肃农业大学财经学院、管理学院联合培养硕士研究生,2002年开始招生。

建所以来,据不完全统计,全所共主持和参加的省级以上研究项目或课题161项(不包括本院院级、所级课题)。其中,国家社科基金项目12项、国际合作项目3项、国家级项目6项、世界银行贷款项目2项和亚洲开发银行项目1项,其他为省级项目;发表论文、调查报告和其他文章千余篇;出版著作(包括合著、合编)71部。全所科研人员发表成果获得省科技进步奖、省社会科学优秀成果奖一、二、三等奖73项。近年来,研究所多名科研人员分别主持省政府及主要部门委托的重大研究课题,取得了显著成绩并获得奖励,在省内确立了重要的学术地位,团队成员研究成果通过政策咨询、社论、媒体访谈等多种形式参与政府公共管理与决策。

2005年、2011年农村发展研究所分别获得中共甘肃省委"先进基层党支部"荣誉称号。1人获得2011年中共甘肃省委"优秀共产党员"荣誉称号。

现任领导：王建兵（所长）

通信地址：甘肃省兰州市安宁区建宁东路277号

邮政编码：730070

官方网址：https：//www.gsass.net.cn/

广东省农业科学院农业经济与信息研究所

广东省农业科学院农业经济与信息研究所主要开展农业经济、都市农业与资源区划、农业农村信息、农村发展、食物经济与安全等领域的研究。现有在职员工134人，其中，高级职称29人，博士24人，硕士65人，享受国务院政府特殊津贴1人，广东省现代农业产业技术体系创新团队岗位专家4人。

研究所设有农业农村部华南都市农业重点实验室、广东农村研究院、广东省决策咨询研究基地——"互联网+现代农业"创新研究中心、广州市农业产业经济与流通重点实验室、院图书馆等平台，编辑出版中国科技核心期刊《广东农业科学》。具有国家工程咨询甲级资信；创办全资企业广东省农科院彩田农业科技信息有限责任公司，开展农业工程咨询、农业技术推广与培训等服务。

"十三五"以来，研究所先后承担国家自然科学基金、国家社会科学基金、国家863计划、中国工程院高端智库项目、省级现代农业产业发展建设专项等各级各类科研项目400余项，获资助项目经费超过1亿元；获各级科技成果奖励50余项，其中省科技进步二等奖3项、三等奖11项，全国优秀工程咨询成果二等奖4项；获得国家、省领导（副省级以上）批示或采纳的决策咨询研究成果53项，其中，《广东省农业现代化"十三五"规划》《广东省实施乡村振兴战略规划（2018—2022年）》《广东省推进农业农村现代化"十四五"规划》由广东省委、省政府印发；获计算机软件著作权166项；发表科技论文578篇，其中SCI、EI、ISTP、CSSCI收录共62篇，出版专著43部。

现任领导：周灿芳（所长）

通信地址：广东省广州市天河区五山金颖路31号

邮政编码：510640

官方网址：http：// www.gdaas.cn/iard/index.html

广西社会科学院农业农村研究所

广西社会科学院农业农村研究所的前身是1996年5月成立的农村与农业经济研究所。该所目前设农村经济研究室、林业与生态研究室、农村法学及应用研究室和农村妇女问题研究室。农村经济研究室主要承担农村经济问题的研究；林业与生态研究室着重研究广西林业与生态问题；农村法学及应用研究室主要研究农村法律问题；农村妇女问题研究室主要研究农村妇女及农村弱势群体问题。农业农村研究所在职6人，其中，研究员2人，副研究员2人，助理研究员1人，实习研究员1人。在职人员中，有硕士学位者3人。

研究所立足广西，面向农村，服务农民，着重研究影响广西农业发展、农村稳定、农民增收的有关问题，探索广西农业发展的途径，努力做好为政府决策服务、为社会服务的工作。农业农村研究所自恢复至今，已承担"中国加入WTO对广西经济发展的影响及对策""广西生态环境保护培育、效益共享与补偿""广西短轮伐期工业原料林与林业产业政策关系研究""广西退耕还林后农民就业问题研究""亚洲开发银行南友高速公路配套项目研究""南北钦防新世纪经济发展对科技的需求"等课题的研究任务。

现任领导：刘东燕（所长）
通信地址：广西壮族自治区南宁市新竹路5号
邮政编码：530022
官方网址：http://www.gass.gx.cn/html/nongcun

贵州省社会科学院农村发展研究所

贵州省社会科学院农村发展研究所前身是农村经济研究所，成立于1985年1月，2000年更名为农村发展研究所。现有人员13人，其中，研究员4人，副研究员2人，助理研究员4人，研究实习员2人，副研究馆员1人。研究方向为贫困治理与乡村振兴、农村公共政策、区域经济发展、城乡融合、生态经济、乡村旅游与特色经济发展等。

贵州省社会科学院农村发展研究所主要承担国家、省部级相关课题研究；接受省、地、市、县党委、政府相关职能部门和国际组织委托的各种研究、咨询、评估等课题及任务。近年来，承担并完成了国家级、省部级课题及横向课题近百个，陆续出版各种专著10多部（本）、发表大量各类论文、调研报告、资料综述等，并有40多项成果获国家、省部级奖或省级领导的肯定性批示。与国内有关研究机构、大学、省内外的农村经济实际工作部门有着广泛联系和项目合作关系，建立了密切的学术交往、资料交换和合作研究关系。曾先后与美国福特基金会、美国温洛克国际农业开发中心、世界宣明会、亚洲基金会、香港乐施会等多个国际NGO组织合作，完成合作课题多项。

现任领导：李华红（所长）
通信地址：贵州省贵阳市南明区西湖路梭石巷19号
邮政编码：550002
官方网址：http://sky.guizhou.gov.cn/zjxz/ncfzyjs/

河北省社会科学院农村经济研究所

河北省社会科学院农村经济研究所主要从事农村经济理论与实践研究，重点开展农业农村经济、县域经济、乡村振兴、城乡融合发展与城乡一体化等领域的理论政策与实际问题研究。现有科研人员13人，其中研究员6人，副研究员3人，助理研究员4人；国务院政府特殊津贴专家1人，河北省有突出贡献中青年专家1人，河北省政府特殊津贴专家1人，河北省宣传文化系统"四个一批"人才1人，河北省社会科学优秀青年专家1人，河北第十四届人大常委会专家顾问团成员3人，河北省政协议政咨询委员会委员2人。

研究所现有"农村经济学"重点学科和"河北省社会科学院城乡发展研究中心""河北省社会科学院乡村振兴战略研究创新团队"3个重要科研平台。多年来，共承担国家社科基金课题16项，省社科基金、省软科学课题70项，出版专著47部；19项科研成果荣获河北省社会科学优秀成果奖（一等奖5项，二等奖6项，三等奖8项），2项成果荣获河北省哲学社会科学基金项目优秀成果一等奖，4项成果荣获河北省科技进步三等奖。

现任领导：张波（所长）

通信地址：河北省石家庄市裕华西路67号

邮政编码：550002

官方网址：https://www.hebsky.org.cn/

河南省社会科学院农村发展研究所

河南省社会科学院农村发展研究所原名为农村经济研究所，成立于1991年10月，2007年9月更名为农村发展研究所。农村发展研究所下设新农村建设、区域经济、资源与环境3个研究室，主要从事农村经济、区域发展与旅游开发规划、环境经济与可持续发展的研究。农村发展研究所现有人员9人，其中研究员4人，副研究员3人，助理研究员2人；享受国务院政府特殊津贴专家、省管优秀专家1人，省学术技术带头人2人，"四个一批"人才2人。

20年来，该所研究人员共完成国家社会科学基金项目约30项（其中，主持国家社会科学基金项目15项），主持各类省部级项目40余项；获省部级一、二等奖以上奖项40余项；独立和合作出版著作80多部；在《人民日报》《光明日报》《经济日报》《农民日报》《求是》《中国农村经济》《中国经济问题》《经济研究参考》《中国社会导刊》《调研世界》《经济要参》《世界农业》《生态经济》等具有全国性影响的重要报刊上发表文章数百篇。

现任领导：陈明星（所长）

通信地址：河南省郑州市郑东新区恭秀路16号

邮政编码：451464

官方网址：https://www.hnass.com.cn

黑龙江省社会科学院农业和农村发展研究所

黑龙江省社会科学院农业和农村发展研究所始建于2008年7月1日，是在原经济学研究所农业经济研究室的基础上经扩建而成立。2019年6月之前为农村发展研究所。研究所是专门从事"三农"问题研究的省级学术研究部门，是院级智库黑龙江振兴发展研究院的主要研究部门之一。研究所下设农村经济、城乡发展、"两大平原"综合配套改革3个研究室，拥有"农村经济学"省级领军人才梯队。2022年，研究所在编人员9人，其中博士4人；研究员1人、副研究员5人。截至2022年，黑龙江省"六个一批"人才1人，黑龙江省新型智库高端人才1人，黑龙江省乡村振兴专家咨询委员会委员1人，黑龙江省外向型农业产业体系农产品贸易政策创新岗主任专家1人，省科顾委专家1人，省委宣讲团成员1人。

自成立以来，全所承担各类课题100余项，其中国家级3项、省部级28项，发表成果300余项，含专著和论文集10余部、论文150余篇、报告建议150余篇。近年来，研究所坚持"向实向用"，立足龙江实际，紧扣现代化强省建设目标任务和黑龙江省委省政府决策部署，充分发挥所内专家学者作用，为党委政府决策咨询提供智力支持。2021—2022年，全所累计有15项研究成果（主持或执笔完成）获省领导批示，其中省主要领导批示5项，累计有13项研究成果被国家、省级机构采纳；1人作为特聘专家参与黑龙江省委全会文件起草工作，

11人次参与省领导主持的各类座谈会；累计有30余人次参与各级各类规划条例论证、报告起草、项目评审等。研究所科研人员撰写的《关于新和成生物发酵项目落户绥化的思考》调研报告获黑龙江省委书记许勤、省长胡昌升、省人大常委会党组书记王永康等多位省领导肯定性批示，并印发全省各厅局、各地市；报告经黑龙江省政府办公厅采编，作为黑龙江省大项目建设的成功案例，上报国务院办公厅。

现任领导：赵勤（所长）

通信地址：黑龙江省哈尔滨市松北区世博路1000号

邮政编码：150028

官方网址：http://www.hlass.org.cn/

湖北省社会科学院农村经济研究所

湖北省社会科学院农村经济研究所成立于1984年5月，是以"三农"问题研究为主，理论经济学、产业经济学与农业经济管理等研究相结合的研究机构，其主要研究方向为：农村经济、产业经济、大国发展、资源环境与发展等理论与现实经济问题。其中，农村经济是湖北省社会科学院的重点发展学科。

研究所自成立以来，出版了《中国农村经济学概论》《中国农业发展模式探讨》《中国农村生产关系研究》《中国现阶段农业家庭经营问题》《论改革与发展》《大国发展问题研究》《经济改革的纵横思维》《中国政府消除贫困行为》《中国农民问题》《发展经济学新探》《发展经济学概论》《绿色经济》《民营经济发展研究》《构建新型农村社会化服务体系》《现代农作物种业发展路径研究——基于湖北省的调查与分析》《"四化"背景下的粮食安全问题研究》《中国植物油产品的进口贸易研究》《中国油菜产品流通中的利益与效率机制研究》《中国粮食流通市场主体利益协调研究》等专著40多部；发表论文、研究报告1000多篇，其中，权威期刊、核心期刊以及被《新华文摘》《人大复印报刊资料》等转载、转发论文100多篇。《中国转向市场经济体制的释疑》（论文）和《大型水电企业国有经济实现形式的成功》（论文）获中宣部"五个一工程奖"，《中国政府消除贫困行为》（著作）和《管理创新的成功实践——鄂钢集团公司调查》获湖北省"五个一工程奖"，《"三农"系列问题研究》获得湖北省社会科学优秀成果奖二等奖，《湖北省财政对农民合作社发展的支持研究》获得湖北优秀调研成果和发展研究奖二等奖。已完成和发表的成果中获国家级和省部级奖25项，在"三农"学界产生了积极的学术反响。

研究所承担了国家社科基金课题20多项，国际合作课题6项，湖北省社科基金课题20多项，科技部、农业农村部课题10多项。此外，研究所还承担了大量湖北省软科学课题、省领导交办课题和湖北省社会科学院及其他横向科研课题，如"中国小城镇发展与城市化问题研究""农业经济学的前沿问题研究——农业灾害经济学原理探讨""中国小城镇发展与城市化问题研究""湖北'十五'计划""湖北农业'十二五'规划""湖北农村经济发展'十二五'规划""加入WTO后粮棉主产区产业结构调整""县域农业结构调整""中国统筹城乡发展战略研究""新时期湖北农业科技发展对策研究""湖北乡村振兴的现状、路径与对策""湖北农村经济中一二三产融合发展研究""湖北省乡村振兴促进条例"等。全所科研人员执笔撰写的咨询建议及调研报告多次得到省委、省政府领导的重要批示，部分成果转化为职能部门的政策文件。

现任领导：王薇薇（副所长）

通信地址：湖北省武汉市洪山区狮子山街1号

邮政编码：430070

官方网址：http://nfzx.hzau.edu.cn/index.htm

吉林省社会科学院农村发展研究所

吉林省社会科学院农村发展研究所成立于1996年，是吉林省社会科学院专门从事"三农"问题研究的内设科研部门，是省委、省政府"三农"问题决策的重要智库之一。主要研究方向为：区域经济学、农业经济学、农村经济学、农村社会学、农业发展问题等。全所共有10名科研人员，其中研究员5名、副研究员4名，具有博士学位的研究人员3人。

研究所成立以来，累计承担科技部、国家社科基金、农业部、吉林省科技厅、吉林省社科基金等省部级以上课题立项50余项，取得各类科研成果350余项，得到省委、省政府领导批示30余次。其中，有代表性的是："我国农业产业化经营形成合理农村产业结构问题的研究"（国家社科基金）、"我国农业产业结构调整与优化问题研究——以吉林省为个案"（国家社科基金）、"现代科技条件下的玉米系统工程建设研究"（科技部软科学）、"实施粮牧企并举战略——东北平原产粮区经济发展的必然选择"（农业部软科学）、"中国东北松辽平原粮食主产区实施大豆—玉米轮作计划个案分析研究报告"（农业部软科学）、"吉林省农业经济管理预警系统"（省软科学）、"吉林省玉米经济发展对策研究"（省软科学）、"吉林省农业支持与保护问题研究"（省软科学）、"建立适度规模的中小型玉米加工企业的经济、技术与环境的可行性研究"（省软科学）。此外，研究所还先后完成农安县、梅河口市、安图县、长岭县等数十项发展规划的编制工作。

现任领导：张磊（所长）

通信地址：吉林省长春市自由大路5399号

邮政编码：130033

官方网址：http://www.jlass.org.cn/academic/index/spid/9.html

江苏省社会科学院农村发展研究所

江苏省社会科学院农村发展研究所前身为经济研究所农村经济研究室和区域经济研究室。1993年院内机构调整，经济研究所农村经济研究室、区域经济研究室和改革与发展研究所合并，仍沿用改革与发展研究所名称，1997年正式更名为农村发展研究所。现有科研人员14人，研究员5人，副研究员6人，其中具有博士学位的9人。研究所以应用经济研究为主，重点研究"三农"问题、区域和农业现代化等，下设农村产权制度研究室、农业现代化研究室、农民收入研究室、城乡融合发展研究室、新型城镇化研究室。

全所研究人员主持的重大研究项目包括国家社科基金资助项目4项，省社科规划课题17项，中外合作研究项目11项，省委、省政府领导委托（院重点）项目14项，省政府及部门委托项目9项，市县、企业及其他国内外机构委托课题11项。研究所人员领衔主编出版了各类学术著作19部，发表论文600多篇。获江苏省哲学社会科学优秀成果奖项有一等奖2项，三等奖8项；

获省部级和部门奖 1 项。研究所在中小企业（乡镇企业）领域的研究在省内外具有较高的知名度。

研究所 4 名研究员被南京农业大学聘为研究生导师。1999 年开始，正式与南京农业大学经贸学院联合招收研究生，目前有在读硕士研究生 16 名、博士研究生 1 名。

现任领导：徐志明（所长）

通信地址：江苏省南京市建邺路 168 号

邮政编码：210004

官方网址：http://www.jsass.org.cn/jgsz/yjjg/yb_239/

江西省社会科学院农业农村发展研究所

江西省社会科学院农业农村发展研究所成立于 1995 年，主要开展农业农村发展组织、农业农村发展结构、农业农村发展布局与农业农村发展政策等研究。全所现有科研人员 11 人，其中，研究员 1 人，副研究员 6 人，具有博士学位的 5 人。

研究所以不断提升"三个影响力"为发展目标，坚持理论研究与社会实践紧密结合，主要在以下方面开展科研工作：1. 开展农业农村发展理论研究，为推进新时代中国特色社会主义事业，推动经济高质量发展提供经济理论支撑。2. 为省委省政府决策提供咨询服务，围绕江西省社会科学院新型智库建设的战略目标，在推进江西工业化进程、推动乡村振兴战略实施、加快现代服务业发展和构建生态经济体系方面开展深入研究。3. 为地方经济社会发展服务。

建所以来，全所科研人员主持完成国家社科基金课题 9 项，科技部软科学重大招标等课题 3 项，省重大招标课题 6 项，省社科基金课题 30 余项，国际合作课题 6 项，委托课题 60 余项；发表 CSSCI、中文核心期刊及党报理论版文章 70 多篇；出版专著 15 部；应用对策研究报告获中央领导批示 3 件、省领导批示 40 多件；完成科研成果 1300 万字以上。

现任领导：张宜红（所长）

通信地址：江西省南昌市洪都北大道 649 号

邮政编码：210004

官方网址：http://www.jxsky.org.cn/Index.aspx

内蒙古自治区社会科学院牧区发展研究所

内蒙古自治区社会科学院牧区发展研究所成立于 1992 年 4 月，是全国唯一的以草原牧区发展为主要研究对象的专业研究机构。建所初期名称为畜牧业经济研究所，2001 年更名为牧区经济研究所，2008 年更名为牧区发展研究所。设有牧区发展研究室、生态与环境经济研究室、农村发展研究室。主要开展"三牧"问题研究，重点研究牧区现代化、草原畜牧业发展、草原生态（包括生态文明）保护等，以牧区经济和草原生态经济研究为特色、优势学科。现有科研人员 12 名、科辅人员 1 名。其中，研究员 8 名、副研究员 3 名、助理研究员 1 名；具有博士学位的 5 名；内蒙古政协社情民意专家库专家 1 名、呼和浩特市政协委员 1 名、校外硕士生导师 1 名。

建所以来，牧区发展研究所几代科研人员勤耕于我国牧区改革和发展的伟大实践中。在学术研究方面，牧区发展研究所创建并完善了草原畜牧业经济的理论体系，创立了草原生态经济的理论框架，并不断拓展牧区经济的研究领域。在咨政服务方面，牧区发展研究所科研团队不仅公开发表大量研究报告、调研报告，也以内参报告形式向决策层提交咨询报告，多篇报告获得省部级以上领导的肯定性批示，得到相关部门的采纳。30多年来，牧区发展研究所科研人员先后承担完成各级各类课题200余项，出版学术专著近30部，发表论文、研究报告800多篇、内参报告100余篇，先后涌现陈文、暴庆伍、额尔敦布和、敖仁其、王关区等一批学者，为草原畜牧业经济学、草原生态经济学的建立和发展，以及推动牧区综合改革、农村牧区可持续发展等事业做出杰出贡献。

近10年来，牧区发展研究所科研团队主持国家级哲学社会科学项目14项、自治区级哲学社会科学项目近20项、厅局级哲学社会科学基金项目20余项，出版《草原生态经济理论与实践研究》《草原生态经济系统良性循环之研究》《我国牧民消费问题实证研究》《牧区草牧场制度改革之草牧场流转问题研究》等学术著作10部，发表学术论文、研究报告等300余篇。科研团队取得的研究成果中，近10项成果获得内蒙古自治区哲学社会科学优秀成果政府奖，9项成果获得省部级以上领导的肯定性批示，多项成果获得自治区党委统战部、自治区政协办公厅、自治区民委等部门采纳。

现任领导：文明（所长）

通信地址：内蒙古自治区呼和浩特市大学东路129号

邮政编码：150100

官方网址：http://www.nmgass.com.cn/content.html?id=687

农业农村部管理干部学院

农业农村部管理干部学院、中共农业农村部党校、中央农业干部教育培训中心（以下统称"学院"），"三块牌子、一套人马"，是农业农村部直属正局级事业单位。学院的主要职责是：轮训农业农村部系统党员干部、中高级专业技术人才；培训全国农业农村系统领导干部、专业人才、新型农业经营主体、农村实用人才以及外国农业农村官员；宣传贯彻党的方针政策，开展农业农村政策与法规、农村土地与资源环境、农村实用人才与新型农业经营主体、农村社会治理与党的建设、农业农村经济运行形势分析和现代农业改革发展等重大问题研究；为实施乡村振兴战略，推进农业依法行政、农村改革发展、新型农业经营主体培育、现代农业发展等提供咨询支撑服务。学院地处北京市昌平区霍营黄平路209号，占地109亩，建筑面积6万多平方米，能够满足600人同期在校学习。经过多年建设发展，现已形成培训、研究、咨询、会议服务多元业务布局和覆盖全国的农业农村干部人才培训网络，培育形成省市县农业农村部门负责人轮训、高级专业技术人员和农技推广骨干人才培训、农民合作社和家庭农场等新型农业经营主体培训、乡镇党委书记、农村党支部书记和致富带头人培训等品牌项目，成为农业农村系统干部人才教育培训主阵地，农业农村部软科学研究基地和地方政府编制现代农业发展规划、乡村振兴规划的重要智库，打造了一支能够适应现代培训、科研、教学、咨询的专兼职师资队伍。截至2022年12月底，学院共有编制内教职工158人，其中高级专业技术人员50人，博士（含博士后）和硕士107人。

现任领导：闫石（院长）

通信地址：北京市昌平区霍营黄平路209号

邮政编码：102208

官方网址：http://www.gbxy.agri.cn

农业农村部农村经济研究中心

农业农村部农村经济研究中心（简称"农研中心"）是农业农村部直属的政策咨询机构，前身是中共中央书记处农村政策研究室、国务院农村发展研究中心。中心现有在职人员97人，其中高级职称专业技术人员46人（正高级21人，副高级25人），66人具有博士学位。

农研中心研究人员依托农村固定观察点、农村改革试验区、乡村振兴发展报告三大平台，围绕履行"三农"政策研究、乡村调查、政策评价、改革试验四大职能，建立了党的"三农"理论、粮食安全、绿色发展、当代农史、乡村治理、产品全产业链监测预警、农村土地制度创新、乡村文化、产业发展、农村集体经济、金融创新、农业保险、粮食减损、数字乡村等研究团队，为党和国家制定农村政策、发展战略和深化改革提供决策咨询和对策建议。多年来，中心研究人员先后承担完成了国家自然科学基金、国家社会科学基金、国家软科学、国家部委以及国际组织委托的课题300多项，出版专著100多部，发表文章1000多篇，获得了孙冶方经济科学奖、农业部科技进步奖、农业农村部软科学奖、中国农村发展研究奖等40多项，撰写的调研报告获得党中央国务院领导批示50余次，获得省部级领导批示200余次。

农研中心将秉承优良传统，紧紧围绕国之大者抓主抓重，紧紧围绕中央部署落细落小，着力打造国家"三农"政策研究高端智库、党的"三农"理论研究中心，为党和国家提供高质高效的决策咨询服务，为实现农业农村现代化做出农研贡献。

现任领导：金文成（主任）

通信地址：北京市西城区西四砖塔胡同56号

邮政编码：100810

官方网址：http://www.rcre.agri.cn/

山东社会科学院农村发展研究所

山东社会科学院农村发展研究所于1991年8月在原经济研究所农村经济研究室的基础上成立，主要从事有关农业经济发展、农村经济发展、农村社会转型等方面的理论与政策性研究。现有研究人员13人，其中研究员6名，副研究员4名，6人拥有博士学位，2人拥有硕士学位。

研究所致力于用现代经济理论来分析中国和山东农业农村的发展状况，并利用中国农业农村的发展实际来丰富和发展经济学理论。目前主要研究方向有：农村结构与制度变迁、农村宗教信仰和文化变迁、农民组织化研究、现代农业经营方式研究、现代农业发展农业产业化研究、农村劳动力转移、城乡统筹和农村城镇化。代表性成果有《论农业消费形态的转变》《基于交易成本的农产品市场失灵和三产融合》《以数字技术赋能山东农业农村现代化》《接受与生发：中国农村文化变迁的两种模式——兼论后发地区的文化变迁》《"两个服务业"引领乡村振兴》《中国农村专业化分工与农业经营组织体系演变》《农村分工深化与社会结构变迁》《中国农村专业化分工与农业经营组织体系演变》《"地方性知识"与农村两类高危人群自杀行为的社会环境》等。

截至2022年，全所共出版专著30多部，在各类报刊发表论文500余篇，调查研究报告150余篇，共承担全国社会科学规划重点课题和其他国家级课题20多项；省级社会科学规划重点课题、省软科学课题等50项；共获得省部级以上奖励50余项。

研究所在开展理论研究的同时，还致力于应用研究，参与山东省委、省政府、省直各部门以及山东省各地市有关农业、农村经济和社会转型方面的重大研究活动。例如，为寿光市提出了建设"蔬菜总部经济"，并推动农业生产从产品属性向服务属性转变；为齐河县提出了从现代农业服务业入手打造现代农业的思路；为滨州市提出了发展农业龙头企业带动三产融合的思路。

研究所与国内外许多学术机构建立了广泛的学术交流和合作关系，与中国社会科学院农村发展研究所以及全国各省市农业农村研究机构都有经常性交流，并多次举办农业农村现代化方面的研讨会。另与美国、日本、澳大利亚、韩国等农业研究机构也有很多交流活动。

现任领导：张清津（所长）

通信地址：山东省济南市舜耕路56号

邮政编码：250002

官方网址：https://www.sdass.net.cn/channels/ch00175/

陕西省社会科学院农村发展研究所

陕西省社会科学院农村发展研究所成立于2009年，致力于综合运用经济学、社会学、生态学、管理学等学科的理论与方法，研究农业农村发展问题，探索乡村经济社会发展规律，服务党委和政府"三农"工作科学决策，为陕西农村经济社会发展提供咨询建议，努力建设集学术研究、决策咨询和人才培养于一体的独具特色的新型智库。现有专职科研人员11人，其中高级职称4人，中级职称7人；拥有博士学位5人，硕士学位4人，在读博士研究生2人。

研究所的重点研究领域包括：乡村振兴、县域经济、新型城镇化、城乡统筹、区域规划和村镇规划等。目前的主要研究方向有：农村产业发展、农民增收、农村集体经济、新型农业经营主体、农村生态环境、农村基础设施、乡村治理、小城镇研究、县域经济与新型城镇化、城乡融合发展等。

建所以来，先后承担国家社科规划办、国家发展改革委、农业农村部、文化部、陕西省社科规划办、陕西省科技厅、陕西省发展改革委、陕西省农业农村厅、陕西省扶贫办、陕西省交通厅、陕西省委宣传部等委托和招标的各级各类课题40余项。出版《陕西当代县域经济》《县域经济的包容性增长》《生计与家庭福利：来自农村留守妇女的证据》《通往新型城镇之路》《精准脱贫：农村社区实践与社会影响》等专著（编著）10余部，连续出版《陕西精准脱贫研究报告》4部。在《中国农村观察》《人文杂志》《人口学刊》《开发研究》《中国社会科学报》《陕西日报》等学术期刊和报纸上公开发表学术论文和理论文章120余篇，其中核心期刊30余篇。完成各类课题调研报告及咨询建议50余篇，多项成果获陕西省哲学社会科学优秀成果奖项，成果多次获陕西省委、陕西省人民政府主要领导肯定性批示和厅局级部门采用。

农村发展研究所与省委省政府相关涉农部门和各市（县、区）、省内外高校和研究机构有着广泛联系和合作。近年来承担的部分课题有《陕西休闲农业发展规划纲要》《陕南移民搬迁（白皮书）》《陕西贫困地区农村社区发展项目农户需求调查报告及基线调研报告》《"十三五"陕西省农村综合改革研究》《陕西省小城镇培育试点研究》《蔡家坡新型城镇化实践与探索》《商南县"十三五"电子商务发展规划》《重点示范镇建设（白皮书）》《陕西县域经济追赶超越总体思路与政策措施研究》《陕西深度贫困地区脱贫攻坚超常规举措研究》《陕西分区域推进脱贫攻坚的思路与对策》《陕西农村特色产业小镇发展研究》《农村集体资产股份权能改革》《汉江区域上游板块增长极规划》《西安市城乡融合发展研究》《西安高新区乡村振兴战略规划》。

现任领导：于宁锴（所长）
通信地址：陕西省西安市雁塔区含光南路177号
邮政编码：710065
官方网址：www.sxsky.org.cn/site/ncfzyjs？adid=32514229300485

四川省农村发展研究中心

四川省农村发展研究中心（简称"农发中心"）是经四川省教育厅2003年11月批准，2004年9月挂牌成立的四川省教育厅人文社会科学重点研究基地，2007年11月被批准成为四川省哲学社会科学重点研究基地。农发中心设在国家"211工程"重点建设高校——四川农业大学，依托四川农业大学"211工程"建设学科、四川省重点建设学科——农业经济管理，整合经济学、管理学、社会学、法学等学科资源优势，是一个跨学科、跨学校的开放性研究机构和科研管理机构。

农发中心以解决"三农"问题，建设农村全面小康社会、实现四川农村经济与社会的和谐发展为主要目标，担负着推进四川乃至西部地区农业经济和农村发展研究的重任，同时，还具有对四川省省属高校农业经济和农村发展研究课题的立项、资助和管理职责。农发中心现已基本形成山地特色农业发展研究、成渝城乡统筹研究、长江上游生态文明建设研究、西南民族及贫困地区跨越发展研究4个研究方向，有专、兼职研究人员38名。

农发中心累计主持国家级、部省级课题和国际合作项目80余项；同时，充分发挥农业农村经济研究立项、资助与管理职能，10年来共立项资助全省农业农村经济研究相关人员课题192项、经费110万元，带动了大批青年骨干科研能力提升。农发中心承担了100多项涉及区域经济、新农村建设、现代农业发展、乡村旅游和都市农业等领域的专题研究报告和规划项目，获得四川省科技进步奖、省哲学社会科学优秀成果奖10多项。先后为农业部、四川省委省政府提交专题研究报告8部，10多项研究成果通过省社科联《重要成果专报》上报省委省政府作为决策参考。科研成果或专家受到《人民日报》、中央电视台、《四川日报》、四川电视台等媒体专访与报道。

现任领导：蓝红星（主任）
通信地址：四川省成都市温江区惠民路211号
邮政编码：611130
官方网址：https://scrdr.sicau.edu.cn/index.htm

四川省社会科学院农村发展研究所

四川省社会科学院农村发展研究所前身为成立于1984年的农村经济研究所，2007年12月更名为农村发展研究所，已有40余年的发展历史，是四川省研究"三农"问题的主要专业研究机构。全所现有专业人员25人，其中，研究员6人、编审1人、副研究员8人、副编审2人，博士14人；有2名省学术技术带头人、1名享受国务院政府特殊津贴专家、1名天府青城计划入选人才，高级职称和博士学位科研人员占比达70%以上；已形成科研为主，科研、期刊出版、研究生教育"三位一体"的发展格局。

农村发展研究所40余年来紧紧围绕"三农"的热点、重点、难点问题开展系列理论和应用对策研究。对20世纪80年代的家庭联产承包责任制、农产品流通体制改革开展研究，发表的《包产到户初探》《人民公社在四川广汉掉下来了》在当时的学术理论界影响很大。对20世纪90年代的农业产业化、农民工、合作基金会、退耕还林与天然林保护开展研究，对2000年至2010年的税费制度改革、生态环境、统筹城乡改革、农村社区发展等开展研究，产生了一大批有影响力的科研成果。党的十八大以来，农发所紧紧围绕"三农"领域的重点、难点和热点问题开展系列理论和应用对策研究，已逐渐形成了城乡融合发展、农村改革与政策、乡村产业振兴、农村自然资源与生态环境、农民农村共同富裕五大重点研究领域和方向。2012年以来承担了3项国家社科基金重大项目，20余项国家社科基金一般项目，30余项省部级项目。出版学术专著30余部，形成了《四川农业农村发展报告蓝皮书》等系列品牌；在全国核心期刊上发表学术论文200余篇；获得省部级以上优秀成果奖励30余项以上，其中一等奖5项。获得省部级领导肯定性批示的对策建议100份，有的还获得党和国家领导人批示。

农村发展研究所编辑出版《农村经济》期刊。《农村经济》期刊是由四川省社会科学院主管、主办，面向国内外公开发行的中国人文社会科学AMI综合评价（A刊）核心期刊、中文社会科学引文索引（CSSCI）来源期刊、全国中文核心期刊、RCCSE中国核心学术期刊、"人大复印报刊资料"重要转载来源期刊、中国国际影响力优秀学术期刊，具有较高的学术影响力。

农村发展研究所同时培养学术硕士和专业硕士。学术硕士面向应用经济学的发展经济学领域招生。农业专业硕士包括农业管理和农村发展两个领域，在校生规模已达80余人。

研究所拥有四川乡村发展研究院、四川省乡村振兴战略研究智库等平台，与国内"三农"问题的研究机构、地方政府及有关部门都有广泛合作，积极开展学术研究与咨询服务。

现任领导：张克俊（所长）

通信地址：四川省成都市一环路西一段155号

邮政编码：610071

官方网址：http://www.sass.cn/921110/7121.ospx

新疆社会科学院农村发展研究所

新疆社会科学院农村发展研究所成立于2007年，是新疆唯一专门从事农村发展研究的科研机构，其宗旨是深入研究新疆农村经济社会发展中的重大理论和实践问题，开展乡村振兴战略背景下新疆农村经济、政治、文化、社会、生态和党的基层组织建设的理论和实践研究。

研究所设有农村发展理论与政策、农村产业经济、农村基层组织与乡村治理3个研究室。现有在职职工8人，其中，7名科研人员，1名办公室行政人员。在7名科研人员中，研究员2名，副研究员4名，助理研究员1名，科研人员高级职称比例为85%；国务院政府特殊津贴专家1人，自治区文化名家暨"四个一批"人才2人，自治区天山英才2人。研究所重视青年科研人员培养工作，鼓励年轻科研人员攻读博士学位。目前，研究所7名科研人员中，获得博士学位3人，在读博士2人，硕士学位2人，博士研究生学历比重为71%。近5年来，研究所科研人员参加各类学术活动40余人次，主要是参加院内及疆内外的学术研讨会、学术会议、学术论坛等活动，每年接受各类媒体采访15—20人次。

近5年来，全所科研人员主持各类科研项目19项，其中，国家社科基金重点项目1项、国家社科基金一般项目3项；自治区社科基金重点项目1项、自治区社科基金一般项目5项；自治区专家顾问团项目3项；院级各类项目5项；自治区党委农办招标课题4项；厅局部门委托项目2项等。完成各类专题研究报告38篇，向自治区递交各类要报、咨询建议7篇，发表学术论文42篇。

现任领导：阿布都伟力·买合普拉（所长）
通信地址：新疆维吾尔自治区乌鲁木齐市新市区北京南路246号
邮政编码：830011
官方网址：http：//www.xjass.cn/

云南省社会科学院农村发展研究所

云南省社会科学院农村发展研究所成立于2006年8月8日，前身为云南省社会科学院社区发展研究中心，是云南省社会科学院、中国（昆明）南亚东南亚研究院专门从事具有云南特色的农村发展理论与实践研究的学术机构。研究所秉持"制度立所、民主治所、开放办所、人才兴所、团队强所、创新活所"的办所方针，强调多学科交叉研究和行动研究，突出学术研究、决策咨询和国内外合作交流，服务于云南乡村振兴和农业农村现代化。

现有专职人员13人，其中正高级职称4人，副高级职称9人，博士2人，博士在读2人。科研人员中，"文化名家"称号2人，"省政府特殊津贴专家"称号2人，省委联系专家2人，省级跨世纪学术技术带头人1人，省级中青年学术技术带头人1人，省级中青年学术技术带头人后备人才3人，院级中青年学术带头人后备人才5人。科研团队学科背景包括政治学、经济学、社会学、民族学、生态学、法学和具有跨学科性质的前沿研究领域，如社区发展、社区林业、综合农村发展、社会性别等。建设了2个省级创新团队，分别为"云南高原特色农业理论与实践研究"创新团队和"云南乡村振兴理论与实践研究"创新团队；建设了1个院级重点创新团队，为"云南精准脱贫重大理论和现实问题研究"创新团队。

自2006年8月成立至2022年12月，全所共立项18个国家社会科学基金项目、6个云南省社会科学规划重大招标项目、20个云南省哲学社会科学规划项目、5个省院合作及重大项目、6个国际项目及若干院级项目；建设了2个省级创新团队、1个院级重点创新团队；围绕"乡村经济""社会治理""生态文明"三个学科建设方向，在农村扶贫、农业产业、农地产权、发展战略、乡村治理和乡村振兴等农村发展的重要领域推出了一系列成果；编撰年度"云南蓝皮书·云南农村发展报告"，出版了50余部学术专著，发表了60余篇核心学术期刊；撰写了上百篇决策咨询报告，其中超过30篇决策咨询报告获得省部级以上领导批示，2篇获国家级领导批示，3篇获正省级领导批示。

现任领导：陈晓未（副所长）
通信地址：云南省昆明市环城西路577号
邮政编码：650034
官方网址：http：//www.sky.yn.gov.cn

中国农业科学院农业经济与发展研究所

中国农业科学院农业经济与发展研究所是中国农业科学院直属的专业研究所之一，原名为农业经济研究所，于1958年5月10日正式成立，1970年被撤销建制，1979年4月恢复建制。1988—1992年，曾与中国农业科学院科技文献信息中心部分研究室等单位组成科研实体，以"农业部农业发展战略研究中心"和"中国农业科学院农业经济与科技发展研究中心"名义开展活动，农业经济研究所的建制仍保留。2005年1月1日改名为农业经济与发展研究所。

研究所是新中国成立后最早专门从事农业经济研究的国家级公益性科研机构，其主要任务是围绕农业经济和农村发展理论和政策开展科学研究和相关业务咨询与专业培训。重点围绕粮食安全与产业经济、农业技术经济与科技政策、国际农业经济与贸易、农业农村政策与发展战略、农业经济新兴与交叉领域、农业农村规划与技术咨询等内容开展基础性、公益性、前瞻性研究，为国家及各级政府制定农业政策提供决策依据，为农业企业发展提供咨询，培养农业经济领域的高级人才，开展国内外的学术交流与合作，编辑出版全国性的专业刊物《农业经济问题》和《农业技术经济》。同时，是中国农业经济学会和中国农业技术经济学会的挂靠单位。

研究所现有在职职工122人，退休职工71人。在职职工中，具有正高级专业技术职务41人（其中二级研究员4人、三级研究员11人），副高级专业技术职务44人；具有博士学位95人，硕士学位18人；国务院政府特殊津贴专家1人，院级领军人才C类4人，院级青年英才5人，所级青年人才13人，柔性引进高层次人才2人，国家农业产业体系经济岗位科学家6人（大麦、西甜瓜、生猪、肉鸡、牧草、蜂），农业农村部产业监测预警首席专家2人（生猪、肉牛），农业农村部农产品市场分析预警团队首席分析师4人。

研究所现有内设机构14个，其中，职能部门6个，业务部门8个，拥有"国家农业政策分析与决策支持系统重点开放实验室""中国农业科学院农业经济与政策顾问团"两大政策分析平台和农业规划与咨询技术服务平台，是中央农办、农业农村部软科学研究基地，是中国农业科学院战略研究中心挂靠单位，承担中国农业发展战略研究院秘书处、中国农业科学院乡村振兴学院办公室等职能。

现任领导：袁龙江（所长）

通信地址：北京市海淀区中关村南大街12号

邮政编码：100081

官方网址：https://iaed.caas.cn/index.htm

中国社会科学院农村发展研究所

中国社会科学院农村发展研究所于1978年由邓小平、李先念等党和国家领导人亲自批准成立，也是中国社会科学院成立后新建的第一批研究所之一，原名农业经济研究所；1985年2月改名为农村发展研究所。研究所的主要定位及任务是：坚持以马克思主义为指导，综合运用经济学、管理学、社会学等理论方法，探索中国农村经济和社会发展规律，为党和国家农村发展政策制定提供咨询意见和建议，努力建设成为集学术研究、决策咨询、人才培养、编辑出版为一体，国内领先、国际有影响的国家"三农"研究中心、人才培养基地和新型高端智库。2021年2月，研究所获得中共中央、国务院授予的"全国脱贫攻坚先进集体"称号。

研究所下设 11 个研究室，分别为乡村治理研究室、农村组织与制度研究室、城乡关系研究室、食物经济研究室、农村产业经济研究室、贫困与福祉研究室、农产品贸易与政策研究室、农村金融研究室、土地经济研究室、生态经济研究室、农村信息化与城镇化研究室。全所现有在职职工 89 人，其中，高级专业技术职称 45 人，中级专业技术职称 33 人，初级专业技术职称 2 人。

研究所主编教材《中国区域经济学》纳入教育部统编教材，《农村经济学》《中国农村改革与发展概论》纳入中国社会科学院大学教材。研究所以本所科研人员为主，同时邀请国家相关部委、其他高校及科研机构专家，共同编撰出版了一系列年度报告，包括《中国农村经济形势分析与预测》《中国农村发展报告》《中国扶贫开发报告》《中国"三农"研究》《中国乡村振兴综合调查研究报告》等，对我国农业发展和农村经济、社会、政治、文化、生态等领域长期开展形势分析和跟踪研究，同时根据国家和社会需求对一些重大和热点问题进行专题研究，为我国农业农村改革和发展决策和实践提供重要参考。

研究所下设 1 个期刊编辑部，编辑出版两份国家级学术期刊：《中国农村经济》《中国农村观察》。《中国农村经济》为月刊，主要发表与农业、农村和农民有关的经济学论文。《中国农村观察》为双月刊，主要发表农村经济、政治、社会、法律、文化、教育等领域的学术论文。根据《中国学术期刊影响因子年报》（2022 版），在农业经济类 50 种学术期刊中，《中国农村经济》各项影响因子指标均名列第一，《中国农村观察》影响因子名列第二。在 488 种经济学学术期刊中，《中国农村经济》综合影响因子和复合影响因子均排名第三，《中国农村观察》综合影响因子和复合影响因子均排名第九。

研究所拥有中国社会科学院城乡发展一体化智库、全国社科农经协作网络大会两个智库平台，中国社会科学院生态环境经济研究中心、中国社会科学院贫困问题研究中心两个院级非实体研究中心，挂靠管理中国农村发展学会、中国生态经济学学会、中国林牧渔业经济学会、中国国外农业经济研究会 4 个学术社团。

研究所拥有中国社会科学院"农村发展经济学"优势学科和"农业现代化""贫困与福祉研究"两个重点学科，另设中国社会科学院大学农村发展系、中国社会科学院农村发展研究所农林经济管理博士后流动站。中国社会科学院大学应用经济学院农村发展系，承担农林经济管理学科和区域经济学专业的研究生培养任务。农村发展系是中国改革开放以后最早获得农业经济专业研究生招生权和硕士、博士学位授予权的单位。2000 年 1 月，获得农林经济管理一级学科学位授予权；2016 年 5 月，增设区域经济学专业博士、硕士学位授权点。中国社会科学院农村发展研究所博士后流动站成立于 1997 年，设站一级学科为农林经济管理，二级学科为农业经济管理、林业经济管理。

研究所与国内有关研究机构和高校、各级地方社会科学院、中央和各地方"三农"工作部门建立了广泛联系，经常开展学术交流与项目合作，同时还在浙江湖州、山东烟台等地建有国情调研基地。同时，研究所还与联合国及英、美、德、日、韩等国家和地区高校、研究机构建立了密切的学术合作关系。

现任领导：魏后凯（所长）

通信地址：北京市东城区建国门内大街 5 号

邮政编码：100732

官方网址：http://rdi.cssn.cn

三、学会

中国国外农业经济研究会

中国国外农业经济研究会是在改革开放之初建立起来并在民政部登记的国家一级学会，是专门从事国外农业经济和政策研究和项目合作的社团法人组织，由中国社会科学院主管，挂靠中国社会科学院农村发展研究所。1982年9月，中国国外农业经济研究会举行首届全国会员代表大会暨学术讨论会，协商确定组成首届理事会，由国家农委副主任何康任会长。

中国国外农业经济研究会是非营利性的全国性学术团体，由从事国外农业经济研究、教学和相关实际工作的人员自愿结成。研究会自成立以来，主要工作领域包括以下8个方面：（一）组织和推动会员对全球范围的重大农业经济理论和实践问题进行研究；（二）介绍国内外有关发展动态和开展有关信息交流；（三）推进与国际学术团体的学术交流，组织参加国际学术活动，组织与国外科研机构的合作研究；（四）承接国内外开发项目的论证和国内外农业经济课题的研究；（五）推动和组织评选优秀研究成果；（六）开展培训和咨询服务；（七）编辑出版有关国外农业经济问题的书刊和资料；（八）向有关领导部门反映国际农业经济的重大问题以及提出对策性意见。

2022年12月4日，由中国国外农业经济研究会、中国社会科学院农村发展研究所主办，西南大学商贸学院、经管学院、乡村振兴战略研究院共同承办的中国国外农业经济研究会2022年会暨学术研讨会，以线上会议形式成功顺利召开。本次大会以"牢牢守住'两条底线'的中国实践与国际经验"为主题，探讨巩固拓展脱贫攻坚成果、推进乡村全面振兴、加快农业农村现代化、促进农民农村共同富裕的中国实践方案和国际经验借鉴。大会设置了开幕式、主旨报告、平行论坛、闭幕式四个环节。来自全国50多家科研院所的90名会员代表线上参会。

会　　长：苑鹏

通信地址：北京市东城区建国门内大街5号

邮政编码：100732

官方网址：http://www.csfae.org.cn

中国林牧渔业经济学会

中国林牧渔业经济学会由从事林业、畜牧业和渔业经济的实际工作者和理论工作者组成，系非营利性的全国性学术团体，是经民政部注册的国家一级学会。本学会接受业务主管单位中国社会科学院、社团登记管理机关中华人民共和国民政部、代管单位中国社会科学院农村发展研究所的业务指导和监督管理。中国林牧渔业经济学会设有林业经济、畜牧业经济、饲料经济、渔业经济、肉牛经济、养猪经济6个专业委员会。

1978年中国共产党召开十一届三中全会，号召全面发展农林牧副渔业生产。在中国社会科学院副院长、著名经济学家于光远的倡导下，中国社会科学院农村发展研究所联合农业部畜牧局、国家林业局、国家水产总局先后成立了作为国家一级学会的全国林业经济研究会、全国畜牧业经济研究会、全国渔业经济研究会三个研究会。1991年为了加强对研究会的领导，经中国社会科学院和民政部批准，将全国林业经济研究会、全国畜牧业经济研究会、全国渔业经济研究会合并为中国林牧渔业经济学会。

根据社团法人登记证书中业务范围及学会章程的相关规定，本团体主要业务包括：组织会员开展学术交流与研究、接受国内有关单位与部门委托研究项目、提供国内有关业务部门林畜渔业资讯服务与咨询业务、编辑出版有关学术著作和内部刊物等。

2022年8月13—14日，中国林牧渔业经济学会在北京举办2022年年会暨大食物安全与林牧渔业现代化研讨会。本次会议采取现场会议与线上直播相结合的形式，会议内容包括大会主旨报告以及猪业经济高峰论坛、畜牧业经济高峰论坛、草地农业经济专题论坛和畜牧业经济专题论坛4个分论坛。

会　　　长：魏后凯
通信地址：北京市东城区建国门内大街5号
邮政编码：100732
官方网址：http：//www.csfafe.org.cn

中国农村发展学会

中国农村发展学会是2021年经民政部批准、由中国城郊经济研究会更名而来，是由与"三农"问题研究相关的企事业单位、专家学者等组成的全国性社会团体，是由中国社会科学院主管的、具有独立法人资格的国家一级学会。学会致力于组织和动员从事农村发展研究、教学和实际工作的单位和个人开展农村发展、改革和建设方面的研究，探索中国农村发展、乡村振兴的规律和道路，搭建学术交流和服务平台，为党和国家的宏观决策服务，为地方发展和建设服务，为创立具有中国特色的农村发展学科做出贡献。学会设有乡村规划、乡村治理、城郊经济、农村金融、国际农村发展、数字乡村、农村发展学科建设、青年工作8个专业委员会。

学会的业务范围包括：（一）组织和推动农村发展研究，积极开展各种形式的学术交流活动；（二）加强农村发展领域的科研机构、高校、政策研究机构、实际工作部门和个人间的交流活动，开展相同或相关学科的国内、国际学术交流，并对重大理论和现实问题组织协作攻关，发现优秀成果和人才，向有关部门推荐；（三）组织农村发展研究的专家、学者，为有关部门和地方提供决策咨询，反映意见和建议；承接政府部门和企业单位委托的调查和课题研究任务；（四）开展农村发展研究咨询和服务工作，举办学术讲座、报告会、培训班等，普及农村发展理论知识，传播农村发展的先进理念和经验；（五）依照有关规定，编辑出版农村发展等方面的刊物，及相关资料汇编、年鉴、学术著作等。充分发挥现代网络作用，建立农村发展方面的网站；（六）开展与本会宗旨相关的其他活动。

2022年11月18—19日，由中国农村发展学会和中国社会科学院农村发展研究所主办，中国农业大学国际发展与全球农业学院和中国农业大学国家乡村振兴研究院承办的"城乡融合与乡村振兴——中国农村发展高层论坛（2022）暨中国农村发展学会2022年会"在北京以线上和线下相结合的方式成功召开。11月18日，中国农村发展学会第八届会员代表大会第二次会议以线上形式举行，会议听取了农发会秘书处所作的2022年工作汇报，并选举增补了理事和常务理事。

会　　长：魏后凯

通信地址：北京市东城区建国门内大街 5 号

邮政编码：100732

官方网址：http://www.rdsc.org.cn

中国农业技术经济学会

中国农业技术经济学会（Chinese Association of Agro-Technical Economics，简称 CAATE）成立于 1978 年，是经中华人民共和国民政部批准登记注册的，由科研部门、教学部门、实际工作部门中热心农业技术经济的工作者自愿组成的全国性的、非营利性的学术团体。中国农业技术经济学会的前身为中国农业经济学会农业技术经济研究会，1993 年 12 月学会经原农业部人事司同意，民政部批准成为一级学会，正式更名为中国农业技术经济研究会，挂靠在中国农业科学院农业经济与发展研究所。2012 年 7 月，经民政部批准更名为中国农业技术经济学会。

本学会的业务范围包括：（一）举行学术讨论会议及各种报告会、讲座等学术活动；（二）组织、协调农业技术经济专题调查研究及经济效益评价活动；（三）普及农业技术经济学的基础知识，包括举办各种培训班，编写各种农业技术经济的普及书籍或工具书等；（四）接受政府部门和生产单位委托的任务，开展咨询工作，提出合理化建议，推荐研究成果，并反映农业技术经济工作者的意见和要求；（五）开展国际学术交流活动；（六）编辑出版《农业技术经济》刊物和其他有关学术资料。

2022 年 12 月 8 日，由中国农业技术经济学会、青岛农业大学主办，中国农业科学院农业经济与发展研究所、青岛农业大学经济管理学院（合作社学院）承办的中国农业技术经济学会 2022 年学术研讨会，以线上线下相结合的方式在青岛、北京两个会场同时举行。该次会议主题是"大食物观、科技创新与乡村振兴战略"。

会　　长：陈萌山

通信地址：北京市海淀区中关村南大街 12 号

邮政编码：100081

官方网址：https://iaed.caas.cn/qkxk/xkjj12/zgnyjzjjxk/xkjj/index.htm

中国农业经济学会

中国农业经济学会是经中华人民共和国民政部批准登记注册的，由科研部门、教学部门、实际工作部门中热心农业技术经济的工作者自愿组成的全国性的、非营利性的学术团体。成立于 1978 年，现有理事 160 人。为全国性的一级学会，挂靠在中国农业科学院农业经济与发展研究所。

学会的业务范围包括：（一）举行学术讨论会及各种报告会、讲座等学术活动；（二）组织、协调农业技术经济专题调查研究及经济效益评价活动；（三）普及农业技术经济学的基础知识，包括举办各种培训班，编写各种农业技术经济的普及书籍或工具书等；（四）接受政府部门和生产单位委托的任务，开展咨询工作，提出合理化建议，推荐研究成果，并反映农业技术经济工作者的意见和要求；（五）开展国际学术交流活动；（六）编辑出版《农业技术经济》刊物和其他有关学术资料。

2022年11月19—20日，由中国农业经济学会和湖州师范学院主办、中国农业科学院农业经济与发展研究所和湖州师范学院经济管理学院承办、湖州师范学院"两山"理念研究院协办的中国农业经济学会2022年学术研讨会以线上线下相结合的方式在湖州、北京两个会场同时举行。会议的主题是"全面实施乡村振兴，加快推进农业农村现代化"。

会　　长：陈晓华
通信地址：北京市海淀区中关村南大街12号
邮政编码：100081
官方网址：https：//iaed.caas.cn

中国农业绿色发展研究会

中国农业绿色发展研究会是由有志于从事农业绿色发展研究与实践的科研单位、行政事业单位、企业及生产一线人员自愿结成的全国性、学术性、非营利性的社会组织，是具有独立法人地位的民间社会团体。中国农业绿色发展研究会前身是中国农业资源与区划学会，根据我国农业绿色发展的需要，2020年3月更名为中国农业绿色发展研究会，并经中华人民共和国民政部登记注册，为国家一级行业学会。研究会主管部门为农业农村部，业务归口司局为发展规划司，挂靠单位是中国农业科学院农业资源与农业区划研究所。

研究会的宗旨是：以推进农业绿色发展是农业发展观的一场深刻革命的思想为指引，集聚农业行业人才，坚持科研立会、服务兴会、规范办会、创新强会，围绕农业重大战略性、前瞻性和关键性科学问题，服务国家农业农村现代化，开展农业绿色发展方面的理论与实践研究，推动实现人与自然生命共同体理念，为协同实现粮食安全、资源高效、环境友好、富裕健康目标，推进我国农业高质量发展和生态文明建设做出应有贡献。研究会的业务范围主要包括：开展农业绿色发展理论、方法体系、绿色技术研究，开展农业绿色技术成果评选奖励，制定农业绿色发展团体标准，发布《中国农业绿色发展报告》，开展农业绿色技术交流与推广，开展业务培训、咨询服务，举办会议展览等。

2022年6月25日，中国农业绿色发展研究会召开2022年理事会会议。农业农村部原党组副书记、副部长，中国农业绿色发展研究会理事长余欣荣对研究会2021年的各项工作任务进行了全面系统总结，分析了农业绿色发展当前面临的新形势新需求，对2022年研究会重点工作任务进行了重点部署。会议期间颁发了2021年中国农业绿色发展研究会科学技术奖，以表彰在我国农业绿色发展理论研究、绿色技术创新与应用方面做出突出贡献的集体和个人。

理 事 长：余欣荣
通信地址：北京市海淀区中关村南大街12号
邮政编码：100081
官方网址：http：//cagdrs.caas.cn

中国生态经济学学会

中国生态经济学学会（Chinese Ecological Economics Society，简称CEES），是经民政部

批准注册的学术性、非营利性社会团体,于1984年2月在北京成立,接受业务主管单位中国社会科学院和社团登记管理机关民政部的业务指导和监督管理。学会挂靠在中国社会科学院,秘书处设在中国社会科学院农村发展研究所生态经济研究室。

经过多年的发展,学会下设的专业委员会构成日趋完善。从最初设立生态经济基本理论、农村生态经济和城市生态经济3个专业委员会,逐步发展到包括理论与发展专业委员会、农村生态经济专业委员会、林业生态经济专业委员会、区域生态经济专业委员会、城市生态经济专业委员会、资源与环境经济专业委员会、生态经济教育专业委员会、生态恢复专业委员会、工业生态经济与技术专业委员会、循环经济专业委员会、塌陷生态经济专业委员会、海洋生态经济专业委员会等12个专业委员会。目前全国已有十几个省、自治区、直辖市成立了省级生态经济学会,包括上海、广西、河南、湖北、云南、宁夏、广东、黑龙江、山东、山西、吉林、安徽、江西、四川等,作为中国生态经济学会的团体会员单位,在各地发挥着越来越大的作用。

学会的业务范围包括:(一)积极开展生态经济学术交流活动,组织重点生态经济课题的探讨和科学考察活动;(二)编辑出版有关生态经济杂志及国内外生态经济学术书刊资料;(三)普及生态经济科学知识,积极传播生态经济方面的科研成果和经验;(四)对涉及生态经济问题的科学技术政策和规划发挥咨询作用,积极提出合理化建议,经常向有关部门推荐研究成果,反映生态经济工作者的意见和呼声;(五)积极开展国际学术交流活动。

2022年7月8日,由中国生态经济学学会、中国社会科学院农村发展研究所主办,西北农林科技大学经济管理学院承办的"中国生态经济学学会2022年学术年会暨'共同富裕与生态文明'研讨会"在交流中心通过线上与线下相结合形式举办。本次学术年会设"共同富裕的生态发展方向与路径""生态富裕的实现机制与转型模式""乡村振兴与生态文明"等9个分论坛进行学术报告与交流,72位学者汇报了自己的研究成果,来自北京大学、中国科学院、中国社会科学院、南京大学、北京师范大学及西北农林科技大学的1300余位专家学者参加了本次研讨会。

理 事 长:李周
通信地址:北京市东城区建国门内大街5号
邮政编码:100732
官方网址:www.cees.org.cn

四、期刊

《华南农业大学学报（社会科学版）》

《华南农业大学学报（社会科学版）》经新闻出版总署批准，于2002年5月正式创刊出版，是由广东省教育厅主管、华南农业大学主办的社科类综合性中文学术期刊。2002年创刊时为半年刊，94页；2004年改为季刊，页码增至156页；2016年改为双月刊，每期140页。学报主要刊登经济管理、文史哲类人文社会科学领域的研究性学术论文，常设农业可持续发展、农民问题、经济与管理、传统与现代、城乡社会、文史研究6个主要栏目。学报与中国期刊网、万方数据库、维普数据库和中国科技论文在线签订收录协议提供数字出版。

《华南农业大学学报（社会科学版）》现为CSSCI来源期刊、《中文核心期刊要目总览》核心期刊和全国高校社科名刊，2022年《华南农业大学学报（社会科学版）》的影响因子成功破"5"，达5.611，复合影响因子在经济科学综合学科排序为10/89，影响力指数学科排序（CI）名列全国89家中第16名，成功进入Q1区。

主　　编：温思美
通信地址：广东省广州市天河区五山路《华南农业大学学报（社会科学版）》编辑部
邮政编码：510642
官方网址：http：//xuebao.scau.edu.cn/sk

《华中农业大学学报（社会科学版）》

《华中农业大学学报（社会科学版）》是由教育部主管、华中农业大学主办的综合性社会科学类学术期刊。本刊源头可追溯至1956年创刊的《华中农学院学报》，初期文理内容兼收，至1981年复刊后始分文理版公开发行，是农业部属高校创办的第一本哲学社会科学学报。初期曾先后用《华中农学院学报（社会科学专刊）》《华中农学院学报（社会科学版）》等刊名，1986年变更为《华中农业大学学报（哲学社会科学版）》，1998年经新闻出版总署批准，《华中农业大学学报（社会科学版）》取得正式刊号公开出版，刊名沿用至今。早期出版周期在年刊、半年刊、季刊之间摆动，2005年改为双月刊至今，主要面向从事"三农"问题等方面研究的科研和管理人员。

学报牢牢把握办刊方向，紧紧围绕新时代"三农"问题研究主线，致力于关注乡土中国的现代化转型，关注全球化和新技术革命背景下的农业、农村、农民和生态问题研究，尤其欢迎实证性、理论性以及跨文化、跨学科的研究成果。常设栏目包括农业经济、农村社会、土地问题等，并轮流开设全面推进乡村振兴、基层社会治理研究、生态文明与绿色发展、数字乡村与智慧农业、科技发展与科学传播、全球化与比较研究等专题。

学报现为中文社会科学引文索引（CSSCI）来源期刊、全国中文核心期刊、RCCSE中国权威学术期刊（A+）、中国社会科学综合评价AMI核心期刊、全国高校百强社科期刊。2012年以来，学报先后多次获得"全国高校百强社科期刊""湖北省优秀期刊"称号，"农业经济与农村发展"栏目获湖北期刊"特色栏目奖"。根据《中国学术期刊影响因子年报》（人文社会科学版）

（2022），本刊复合影响因子为5.551，综合影响因子达到3.250，在50种农业经济领域学术期刊学科排序中列第6位。学报入选"中国国际影响力优秀学术期刊（人文社会科学）"、中国人文社会科学综合评价研究院以CSSCI数据库数据为基础发布的20种"学术研究中使用较高的综合性学报（2019、2020、2021）"，共有199篇论文入选中国知网《学术精要数据库》近12年（2011—2022年）高影响力论文，其中，高被引论文134篇、高下载论文100篇、高PCSI论文119篇，有48篇同时入选高被引论文、高下载论文及高PCSI论文。

主　　编：青平

通信地址：湖北省武汉市洪山区狮子山街1号华中农业大学

邮政编码：430070

官方网址：http://hnxbw.cnjournals.net

《南京农业大学学报（社会科学版）》

《南京农业大学学报（社会科学版）》于2001年创刊，现为双月刊，是教育部主管、南京农业大学主办的学术性理论刊物。目前已入选CSSCI来源期刊、全国中文核心期刊、国家社科基金资助期刊、中宣部哲学社会科学期刊重点专栏、教育部名栏工程期刊、人大复印报刊资料重要转载来源期刊。

本刊常设"农村社会发展""农民问题""农业经济""土地问题"等栏目。主要关注农村社会发展与转型、乡村治理、粮食安全保障、农民生计与保障、农村土地制度与土地流转、贫困与精准扶贫、农村组织与制度、农业经营主体、农村金融、生态经济与环境治理、农产品生产与流通、农村政治与文化等具有政策性、现实性并有一定学术性和理论高度的研究。

主　　编：王春春

通信地址：江苏省南京市江北新区滨江大道666号

邮政编码：210095

官方网址：http://njnydxxbskb.paperonce.org

《农林经济管理学报》

《农林经济管理学报》系江西省教育厅主管、江西农业大学主办、北京大学中国农业政策研究中心和中国人民大学农业与农村发展学院给予学术支持的学术型专业期刊，2002年创刊，双月刊，国内外公开发行，CN 36-1328/F，ISSN 2095-6924。学报前身为《江西农业大学学报（社会科学版）》，2014年经新闻出版总署批准，更名为现刊名。

学报聚焦新时代"三农"主题主线，立足于农林经济管理学报的发展前沿，坚持精品办刊的理念，关注全面推进乡村振兴、农林经济管理学科前沿动态和研究成果。学报常设栏目有：深入学习贯彻党的二十大精神·全面推进乡村振兴、农业与农村经济、林业经济理论与政策、土地经济、合作经济、生态经济、食物经济、农村社会等。

学报系全国中文核心期刊（2017、2020版）、CSSCI扩展版来源期刊（2014—2015年、2019—2020年、2021—2022年）、中国社会科学院AMI扩展期刊、RCCSE核心期刊，被中国人民大学复印报刊资料、万方数据《中国核心期刊（遴选数据库）》、日本科学技术振兴机构数据库（JST）等多种国内外权威刊物或数据库收录。学报曾获全国高校社科精品期刊奖、中国农林核心期刊、中国农业期刊精品期刊、华东地区优秀期刊和江西省优秀期刊奖一等奖等荣誉。2022年复合影响因子为3.865，复合影响因子在农业经济类期刊排位10/50；影响力指数（CI）学科排序为12/50，入选Q1区。

主　　编：黄路生
通信地址：江西省南昌市经济技术开发区志敏大道1101号江西农业大学期刊社
邮政编码：330045
官方网址：https://jxndsk.jxau.edu.cn/

《农业技术经济》

《农业技术经济》（月刊）于1982年创刊，由中国农业技术经济学会和中国农业科学院农业经济与发展研究所共同主办，是国内外公开发行的学术性期刊和全国农业经济类的核心期刊。办刊方针为：突出"理论、方法与实证""技术与经济"两个结合的办刊宗旨，力争为科研、教学服务，为政府宏观决策服务。刊物集中介绍"三农"相关理论与实证类文章，适合农村政策研究、农业经济管理、农业技术推广、经济理论研究部门的领导干部和专家学者及高等院校农业经济、农产品贸易、农业技术推广专业的广大师生阅读参考。

1998年入选《中文社会科学引文索引》（CSSCI）经济学科来源期刊，1999年被中国科学引文数据库（CSCD）收录为管理学类来源期刊。2003年成功地加入中国基础知识工程，成为中国期刊数据库（CJFD）全文收录期刊和中国学术期刊综合评价数据库（CAJCED）统计源期刊。2003年10月被列为《中文科技期刊数据库》，2004年再度入选《中国人文社会科学核心期刊》。中文核心期刊要目总览（北大）来源期刊。

主　　编：毛世平
通信地址：北京市海淀区中关村南大街12号
邮政编码：100081
官方网址：http://www.iaecn.cn/WKB2/WebPublication/index.aspx?mid=iaecn

《农业经济问题》

《农业经济问题》于1980年创刊，由中国农业经济学会和中国农业科学院农业经济与发展研究所联合主办，是国家自然科学基金委员会管理学部认定的17种重点期刊之一。其办刊宗旨是：创办学术期刊、探索农村改革、面向宏观决策、促进学科发展，在此基础上，洞察农业发展焦点问题、辨析农村改革热点问题、探讨农民奔小康难点问题。本刊刊登的主要内容包括：探索我国农村经济与社会发展的规律；研讨农村生产关系的完善和农村生产要素的优化配置；反映农村改革和经济发展的新情况、新问题和新观点；介绍国外农业经济的理论和实践。本刊的读者对象：从事经济工作和农村工作的各级行政领导和实践工作者、宏观政策研究人员、科研单位、大专院校师生以及各级农经学会会员。

《农业经济问题》1998年入选《中文社会科学引文索引》（CSSCI）经济学科来源期刊，1999年被中国科学引文数据库（CSCD）收录为管理学类来源期刊。2003年7月成功地加入中国基础知识工程，成为中国期刊数据库（CJFD）全文收录期刊和中国学术期刊综合评价数据库（CAJCED）统计源期刊。2003年10月被列为《中文科技期刊数据库》，2004

年再度入选《中国人文社会科学核心期刊》。作为中国经济类、农业经济类和贸易经济类农业类核心期刊，曾荣获新闻出版总署全国社科期刊奖提名奖，在《中国社会科学研究计量指标——论文、引文与期刊引用统计》（1998）中，其影响因子和被引总数分别列于经济学科的第六位和第七位，在农业经济刊物中名列第一位；在由中国社会科学评价中心组织的来源期刊专家定量评价中，《农业经济问题》的评价值亦列于农业经济学科首位；在2000年的CSSCI的评价中，名列经济类期刊第十位、农业经济类第一位。长期以来，本刊刊载文章被人大复印报刊资料和《新华文摘》《中国社会科学文摘》《经济研究参考》《经济学文摘》《经济研究资料》等十多种文摘报刊转载，转载率在农业经济类排名第一。

主　　编：袁龙江

通信地址：北京市海淀区中关村南大街12号

邮政编码：100081

官方网址：http://www.iaecn.cn/WKB2/WebPublication/index.aspx?mid=iaecn

《农业经济与管理》

《农业经济与管理》是东北农业大学主管主办、国内外公开发行的专业学术期刊，2010年6月创刊，双月刊。由国内农业经济领域的知名专家担任顾问和主编。

创刊以来，刊物以宣传党和国家"三农"工作方针政策，探索农业经济发展热点、难点问题，报道国内外农业经济发展信息、管理理论与实践经验，搭建农业经济与管理科学的研究交流平台为办刊宗旨，致力于将期刊发展成为具有较高水平和影响力的学术理论期刊。本刊主要发表农民问题、粮食安全、土地问题、农民创业、农村金融、畜牧经济、农产品市场、农业发展、农村发展、现代农业、农村合作经济、农户行为、农业保险、农业科技、农业资源与环境、耕地保护等领域的最新研究成果。2017年开设乡村振兴专栏；2021年开设百年"三农"专栏，从不同角度总结建党百年以来我国"三农"政策实践经验；2022年开设深入贯彻党的二十大精神专栏，围绕全面建设社会主义现代化国家的重大理论和实践问题，聚焦新时代"三农"工作的重大需求，洞察农业农村改革发展焦点。

在农经界专家和学者的大力支持下，期刊的综合影响因子稳步提高，从2012年的仅0.7，迅速升至2021年的3.358，在全国50种农业经济类的核心期刊当中位列第12。《农业经济与管理》是《中文核心期刊要目总览》来源期刊，中文社会科学引文索引（CSSCI）扩展版来源期刊，中国人文社会科学期刊AMI综合评价报告A刊核心期刊，中国核心学术期刊（RCCSE）（A-），被中国知网、维普中文期刊全文数据库等多家数据库收录，荣获中国科技论文在线优秀期刊等奖项。

主　　编：郭翔宇

通信地址：黑龙江省哈尔滨市香坊区长江路600号东北农业大学成栋楼1041

邮政编码：150030

官方网址：https://nyjg.cbpt.cnki.net/wkh/WebPublication/index.aspx?mid=nyjg

《农业现代化研究》

《农业现代化研究》于1980年7月创刊，是由中国科学院主管、中国科学院亚热带农业生态研究所主办的综合性农业科技学术刊物。1986年11月加入国际连续出版物数据系统（ISDS），刊号为ISSN1000-0275。2012年和2015年分别荣获"第二届湖湘优秀出版物奖"和"第三届湖湘优秀出版物奖"。

《农业现代化研究》办刊宗旨是探索和研究具有中国特色的农业现代化理论、战略、方针、道路；以及中国农业现代化进程中的有关科学技术、经济、生态、社会各方面及其协调发展问题；促进国内外学术交流与合作，促进我国农业可持续发展，为农业现代化建设服务。它是国内唯一以农业现代化为主题内容，以自然科学为主，兼融人文社会科学为特色的学术性、综合性农业科技期刊。刊物主要刊登在农业基础科学及其交叉学科的基础理论研究和应用研究方面，具有创新性和前瞻性、宏观综合性和微观专业性的学术论文和文献综述等，具体包括农业发展战略、农业可持续发展、生态农业、农村生态环境保护、区域开发、农业经济、农业产业化、农业系统工程、农业机械化、农业工程、高新技术应用、资源利用与保护、国外农业等。

刊物被收录为《中文核心期刊要目总览》核心期刊、中国科学引文数据库（CSCD）来源期刊、中国科技核心期刊、RCCSE中国权威学术期刊（A+）、中国人文社会科学期刊AMI综合评价（A刊）来源期刊、中国农林核心期刊，并被收录进国家哲学社会科学学术期刊数据库、日本科学技术振兴机构数据库。

中国科学技术信息研究所2022年《中国期刊引证报告》显示，《农业现代化研究》核心版影响因子为1.493，扩刊版影响因子为3.339。中国知网《中国学术期刊综合引证报告（自然科学与工程技术·2022版）》显示，《农业现代化研究》复合影响因子为3.894，影响力指数（CI）学科排序为6/104。复合影响因子在人文社会科学类（农业经济）排名为9/50，在自然科学与技术类（农业科学综合）排名为1/104。复合影响因子和期刊综合影响因子均居全国同类学科较高名次，位于农业经济类Q1区。2022年发布的CSCD年报数据显示，《农业现代化研究》影响因子从上一年的0.9915上升到1.0573，位于农业科学类Q2区。

主　　编：王克林
通信地址：湖南省长沙市芙蓉区远大二路644号
邮政编码：410125
官方网址：https://nyxdhyj.isa.ac.cn/nyxdh/home

《西北农林科技大学学报（社会科学版）》

《西北农林科技大学学报（社会科学版）》是由教育部主管、西北农林科技大学主办的综合性人文社科期刊。创刊于2001年1月，双月刊，160个页码。主要设有以下栏目："三农"问题研究、农业经济与管理、农村社会学、农业史、农业法、农业文化等。

创刊以来，学报始终坚持正确的舆论导向，严把政治质量关；实行"三审""三校"制，严把学术质量；依托学科优势，坚持特色办刊；注重问题意识，精心策划专题；积极组稿约稿，不断扩大稿源；实行开放办刊，吸纳优质稿件；坚持融合出版，用新技术助力期刊发展。《学报》刊发的文章从选题上看紧跟时代脉搏，关注社会现实，特别针对"三农"方面的难点热点问题推出了一大批视角独到、见解新颖、注重实际，针对性强的精品力作；从研究方法看，注重实际调查，许多文章是作者深入基层，走入农户所做的调研，用获得的大量调研数据，进行科学分析，得出可信的结论，提出可行的对策；从作者队伍上看，既重名家，又不薄新人。

2013—2022年，学报影响因子从0.669增加至5.880。目前，学报已被收录为中文社会科学引文索引（CSSCI）来源期刊、《中文核心期刊要目总览》核心期刊、中国人文社会科学期刊AMI综合评价A刊核心期刊、中国科技核心期刊、RCCSE中国核心学术期刊、人大复印报刊资料重要转载来源刊、美国《剑桥科学文摘》来源期刊，获得全国高校社科名刊、陕西省高校名刊等荣誉称号。

主　　编：吕卫东
通信地址：陕西省杨凌示范区西北农林科技大学北校区34信箱
邮政编码：712100
官方网址：http://www.xnxbs.net

《中国农村观察》

《中国农村观察》（双月刊）由中国社会科学院主管、中国社会科学院农村发展研究所主办。原名《农业经济丛刊》，1988年改名为《农村经济与社会》，1995年改名为《中国农村观察》，先后进行了4次适度扩版，页码从1995年的64页增加到2000年的80页、2010年的96页，继而增加至2015年的144页，2022年扩版至184页。主编为中国社会科学院农村发展研究所所长魏后凯，编委会主任为中国社会科学院学部委员张晓山。国内统一连续出版物号（CN）为11-3586/F，国际标准连续出版物号（ISSN）为1006-4583。

作为"三农"研究领域重要的综合性经济学期刊，《中国农村观察》突出"四性"（学术探讨前沿性、分析方法规范性、涉及领域广泛性、信息资料充分性）、"五注重"（注重学术品位、注重学术观点争鸣、注重针对农村改革与发展中重大问题的深层次探讨、注重反映相关领域研究的前沿、注重从不同侧面反映中国农村现状）。选题涉及领域广泛，包括农村经济、政治、社会、法律、文化、教育等"三农"研究的各个领域。从所涉学科看，涵盖经济学、管理学、政治学、社会学、法学、教育学、心理学、宗教学等多个学科，重视从不同学科、不同视角、基于不同理论开展全方位研究。选题包括（但不限于）：农村土地，农村组织与制度，农村劳动力，农产品生产与流通，乡村建设与发展，资源、环境与可持续发展，城镇化，财政与金融，农村贫困与农民福祉，农村科技体制，乡村旅游，农村信息化与电子商务，农村社会，乡村治理，农村法治，农村教育，农村文化等。

《中国农村观察》是中国人文社会科学综合评价AMI核心学术期刊、中文社会科学引文索引（CSSCI）来源期刊、全国中文核心期刊、FMS管理科学高质量期刊和"中文精品学术期刊外文版数字出版工程"首批精选期刊等。根据《中国学术期刊影响因子年报》（2022版），《中国农村观察》复合影响因子为8.833，期刊综合影响因子为5.972，在农业经济类50种学术期刊中名列第二，在488种经济类学术期刊中排名第九。

主　　编：魏后凯
通信地址：北京市东城区建国门内大街5号
邮政编码：100732
官方网址：http://crecrs-zgncgc.ajcass.org/

《中国农村经济》

《中国农村经济》(月刊)由中国社会科学院主管、中国社会科学院农村发展研究所主办。创刊于1985年,先后进行了3次扩版,目前为大16开184页。主编为中国社会科学院农村发展研究所所长魏后凯,编委会主任为中国社会科学院学部委员张晓山。国内统一连续出版物号(CN)为11-1262/F,国际标准连续出版物号(ISSN)为1002-8870。

《中国农村经济》坚持"追求卓越,砥砺前行;学术为本,观照现实;立足中国,放眼世界"的办刊理念,除刊发经济学、管理学"三农"研究领域优质成果外,还刊发经济学、管理学其他研究领域为实践发展和学科建设提供新知识的学术论文,将发文重点放在国家重大需求、国计民生大事、重要科学问题和首发首创等方面,积极服务于中国式现代化建设和新时代国家重大战略。该刊强调研究方法和研究范式的多样式,突出原创性、思想性、前瞻性与方向性,来稿既可是计量研究,也可是案例研究,尤其欢迎理论联系实际的思辨性、观点性文章。

《中国农村经济》是经济学和管理学类尤其是有关"三农"问题的权威性学术期刊,系国家社会科学基金首批重点资助期刊、国家自然科学基金委员会管理科学部认定的管理科学重要学术期刊、中国人文社会科学综合评价AMI权威学术期刊、FMS管理科学高质量期刊(A类期刊T1)和"中文精品学术期刊外文版数字出版工程"首批精选期刊等。根据《中国学术期刊影响因子年报(人文社会科学·2022版)》,该刊复合影响因子为14.046、综合影响因子为10.264,在488种经济类学术期刊中排名第三。根据《世界期刊影响力指数报告》,该刊世界学术影响力指数(WAJCI)为2.75,在全球37种农业经济类学术期刊中排名第三;该刊连续十年获评"中国最具国际影响力学术期刊"。

在传播方面,《中国农村经济》打造了"纸质版+数字版"、网络版等多种形式,实现了集期刊网站和微信公众号("中国农村经济中国农村观察")、中国知网、国家哲学社会科学文献中心等于一体的多元化传播。读者对象是从事理论研究机构、大专院校师生、党政机关和各级政策研究部门以及具有同等水平的专业人士。

主　　编:魏后凯
通信地址:北京市东城区建国门内大街5号
邮政编码:100732
官方网址:http://crecrs-zgncjj.ajcass.org/

《中国农史》

《中国农史》创刊于1981年,是由南京农业大学与中国农业历史学会联合主办的专业学术性刊物,为中国农业历史学会会刊。《中国农史》以反映代表我国农史学界最高水平的研究新成果为己任,刊用的论文涵盖了农、林、牧、副、渔的各个方面,内容涉及农业科技史、农业经济史、农村社会史、地区农业史、少数民族农业史、农业文化史、世界农业史、中外农业文化交流及农史文献整理与研究等诸多方面,同时也登载有益于农史研究的农业史学新著评论、农业史坛信息、读史札记等。读者对象既有农林高校师生,也有农业历史研究者、科学技术史研究者、农业经济史研究者等。

《中国农史》的三大常设栏目分别为"农业科技史""农业经济史""乡村社会史"。2022年，增设"农业考古与文明探源"栏目，意在古为今用，为更好地建设中华民族现代农业文明提供借鉴。

本刊现为"中文社会科学引文索引"（CSSCI）来源期刊、"AMI综合评价（A刊）核心期刊"、"中国人文社会科学核心期刊"，多篇次论文被《新华文摘》《中国社会科学文摘》《高等学校文科学术文摘》、人大复印报刊资料中心转摘，获得国家哲学社会科学文献中心颁发的"2016—2022年最受欢迎期刊"称号。另外，《中国农史》所刊登文章被美国《史学文摘》、《美国历史与生活》和《中国地理科学文摘》等列为摘录对象，刊物发行到美、英、荷、日、韩等30多个国家和地区。

主　　编：盛邦跃
通信地址：江苏省南京市卫岗1号 南京农业大学中华农业文明博物馆内
邮政编码：210095
官方网址：http://zgns.paperonce.org

《中国农业大学学报（社会科学版）》

《中国农业大学学报（社会科学版）》是教育部主管、中国农业大学主办的学术期刊，由学报编辑部负责出版发行。学报曾先后命名为《北京农业工程大学学报（社会科学版）》《社会科学学报》《中国农业大学社会科学学报》。1999年，刊名变更为《中国农业大学学报（社会科学版）》，并沿用至今。2007年，为突出中国农业大学人文社会科学的研究特色、锚定国内外人文社会科学研究前沿，学报对栏目与内容进行了全面调整，将"以农村发展为主题的社会科学研究"确定为办刊特色，并设置发展干预与社区变迁、生计与发展、乡村社会治理等栏目。2014年以来，学报在2007年改版的基础上进一步明确了"认识中国社会，观照乡村发展"的办刊宗旨，围绕发展研究、乡村研究两大主题组织选题，注重刊发基于中国经验基础之上的发展转型研究与乡土社会研究的优秀成果。学报常设马克思主义与农政研究、发展转型、乡土社会、农业经济、乡村治理等栏目，并不定期开设发展研究、乡村研究领域经典议题与前沿议题的专栏和专刊。

学报2008年入选中文社会科学引文索引（CSSCI）来源期刊，2014年入选中国人文社会科学核心期刊，2015年入选全国中文核心期刊，2022年入选国家社会科学基金资助期刊。根据历年人文社会科学学术期刊影响因子年报的统计数据，学报的影响因子保持稳定提升，影响因子和影响力指数在600余种综合性人文、社会科学类期刊中均排名前列。2019年，进入世界学术影响力社科期刊Q1区，2020年入选国际影响力优秀学术期刊。

主　　编：叶敬忠
通信地址：北京市海淀区清华东路中国农业大学东校区主楼361
邮政编码：100083
官方网址：http://zgnydxsk.cnjournals.net/ch/index.aspx

《中国农业经济评论》（*China Agricultural Economic Review*）

《中国农业经济评论》（*China Agricultural Economic Review*，简称 CAER）是由中国农业大学和英国 Emerald 出版集团于 2008 年联合创办并向全球公开发行的一本英文学术季刊，国际刊号 ISSN 为 1756-137X，中国农业大学副校长辛贤教授担任主编。期刊办刊宗旨是面向海内外学者，发表农业经济、农村发展、自然资源和环境等方面的高质量研究成果，着重对中国的农业改革和实践进行深度分析，以期为中国农业和农村政策制定过程、农业经济学学科发展和希望从中国农业和农村发展中学习的发展中国家提供借鉴。

《中国农业经济评论》是国内外学者展示学术成果的重要平台，也是中国学术期刊国际化的重要标志之一。《中国农业经济评论》严格按照国际期刊运作模式运行，鼓励开展可以被他人复制和推广的实证研究，以及采用计量经济学和统计假设检验、优化和模拟模型的原创性研究。自创刊以来，期刊以其较高的国际化水平、严格的双盲评审流程以及有特色的中国"三农"故事，获得国际农业经济学术界的认可和广泛关注。2022 年的影响因子为 4.265，在 SSCI 检索的 379 本经济学期刊中位居 Q1 区，排名第 73 位；在 SCIE 检索的 21 本农业经济与政策期刊中位居 Q2 区，排名第 6 位。

截至 2022 年，《中国农业经济评论》共出版 52 期，年平均投稿量达到 400 余篇，拒稿率约为 80%。2010 年 10 月被国际两大重要检索系统——社会科学文献索引指数 SSCI 和科学文献索引指数 SCI（Expended）收录，成为中国经济学领域第三本被 SSCI 收录的国际学术期刊。随着学术影响力的不断增强和国际声誉的不断提升，期刊的稿源已累计覆盖了全球 79 个国家或地区。与此同时，期刊还通过与国际食物政策研究所（IFPRI）联合举办国际学术会议，多层次、多形式为国内外农业经济学者与政策专家探讨中国与全球农业经济热点问题搭建重要交流平台，为向世界讲好中国农业农村发展故事和传递中国农经学者声音发挥了重要作用。

《中国农业经济评论》采用科睿唯安（Clarivate Analytics）期刊旗下投稿审稿系统 ScholarOne，该系统具有"作者在线投稿""专家在线审稿""作者在线查询""编者在线编稿"等功能，投稿、审稿、修改稿、编稿、校稿、出版均在线完成，已实现传统方式出版向数字化多媒体融合出版的转变。

主　　编：辛贤
通信地址：北京市海淀区清华东路 17 号中国农业大学经济管理学院
邮政编码：100083
官方网址：https://www.emeraldgrouppublishing.com/journal/caer(Home Page)
　　　　　http://caer.cau.edu.cn/（Editorial Office）

五、国家社科基金重大项目

表1　国家社科基金重大项目

年份	题目	批准号	首席专家	责任单位
2010	建设以低碳排放为特征的农业产业体系和农产品消费模式研究	10&ZD031	胡浩	南京农业大学
	建设以低碳排放为特征的土地调控体系研究	10&ZD030	黄贤金	南京大学
	我国特殊类型贫困地区扶贫开发战略研究	10&ZD025	汪三贵	中国人民大学
	调整区域经济结构促进国土开发空间结构优化研究	10&ZD023	孙久文	中国人民大学
	加快推进农业大省农业发展方式转变研究	10&ZD015	郭晓鸣	四川省社会科学院
	"十二五"时期调整城乡结构和推进城镇化研究	10&ZD008	钱文荣	浙江大学
	新型农村社会养老保险制度的建设模式与推进路径研究	09&ZD057	张思锋	西安交通大学
	中国集体林权制度改革研究	09&ZD045	贺东航	华中师范大学
	开放经济条件下完善我国农产品价格形成机制和调控机制研究	09&ZD044	张利庠	中国人民大学
	我国农村集体经济有效实现的法律制度研究	09&ZD043	陈小君	中南财经政法大学
	健全有利于农业农村发展的制度创新体系研究	09&ZD024	韩俊	国务院发展研究中心
	中国土地制度变革史	10&ZD078	龙登高	清华大学
	中国乡村建设思想（百年）史	10&ZD076	王先明	南开大学
2011	土地产权、土地流转与土地征收补偿制度研究	11&ZD048	黄少安	山东大学
	农民收入超常规增长的要素集聚与战略协同研究	11&ZD047	温涛	西南大学
	粮食安全框架下全球资本、自然资源和技术利用的战略选择研究	11&ZD046	朱晶	南京农业大学
	城乡环境基本公共服务非均等程度评估及均等化路径研究	11&ZD041	卢洪友	武汉大学
	城乡统筹发展背景下户籍制度改革与城镇化问题研究	11&ZD037	许庆	上海财经大学
	城乡社会保障体系协调发展研究	11&ZD014	柳清瑞	辽宁大学
	现代农业导向的农业结构战略性调整研究	11&ZD010	张兵	南京农业大学
	同步推进工业化、城镇化和农业现代化战略研究	11&ZD009	张正河	中国农业大学
	转基因作物产业化可持续发展研究	11&ZD172	陈超	南京农业大学
	环境保护、食品安全与农业生产服务体系研究	11&ZD155	应瑞瑶	南京农业大学
	制度变迁视角下的中国二元经济转型研究	11&ZD146	张桂文	辽宁大学

续表 1

年份	题目	批准号	首席专家	责任单位
2012	中国新型城镇化包容性发展的路径设计与战略选择研究	12&ZD100	张卫国	西南大学
	新生代农民工群体研究：基于流动人口服务和管理	12&ZD080	卢汉龙	上海社会科学院
	产业链视角下的加快转变农业发展方式研究	12&ZD056	姜长云	国家发展改革委宏观经济研究院
	我国农产品价格波动、形成机制与调控政策研究	12&ZD055	宋洪远	农业部农村经济研究中心
	增强国家粮食安全综合保障能力研究	12&ZD052	肖国安	湘潭大学
	我国鲜活农产品价格形成、波动机制与调控政策研究	12&ZD048	李崇光	华中农业大学
	当代山西农村基层档案资料搜集、整理与出版	12&ZD147	行　龙	山西大学
	当代皖鄂粤冀农村基层档案资料搜集、整理与出版	12&ZD147	韩　钢	华东师范大学
	当代苏浙赣黔农村基层档案资料搜集、整理与出版	12&ZD147	张乐天	复旦大学
	农民工文化需求与城市公共文化服务体系建设研究	12&ZD023	吴予敏	深圳大学
	农民工与城市公共文化服务体系研究	12&ZD022	刘　奇	安徽省社会科学院
2013	农业灾害风险评估与粮食安全对策研究	13&ZD161	汪荣明	华东师范大学
	农产品安全、气候变暖与农业生产转型研究	13&ZD160	周曙东	南京农业大学
	有序推进农民工市民化的问题与对策——基于可持续生计与公共服务均等化研究	13&ZD044	靳小怡	西安交通大学
	有序推进农业转移人口市民化研究	13&ZD043	文　军	华东师范大学
	城乡一体化背景下的社会稳定体系建设研究	13&ZD041	何艳玲	中山大学
	新型城镇化背景下社会管理体系转型升级研究	13&ZD039	汪大海	北京师范大学
	新型城镇化背景下中国城市发展的空间格局优化研究	13&ZD027	方创琳	中国科学院地理科学与资源研究所
	集约、智能、绿色、低碳的新型城镇化道路研究	13&ZD026	赵　坚	北京交通大学
	以人为本的中国新型城镇化道路研究	13&ZD025	周加来	安徽财经大学
	推动"三农"问题解决的城乡发展一体化体制机制与政策研究	13&ZD023	马九杰	中国人民大学
2014	作为国家综合安全基础的乡村治理结构与机制研究	14ZDA064	温铁军	中国人民大学
	基于改革视角下国家粮食安全问题研究	14ZDA041	蒋和平	中国农业科学院
	我国海洋事业发展中的"蓝色粮仓"战略研究	14ZDA040	韩立民	中国海洋大学
	我国耕地资源休养战略和保障机制研究	14ZDA039	吴次芳	浙江大学
	完善国家粮食安全保障体系研究	14ZDA038	钟甫宁	南京农业大学

续表 2

年份	题目	批准号	首席专家	责任单位
2014	加快构建新型农业经营体系研究	14ZDA037	周应恒	南京农业大学
	农村基本经营制度实施及变革路径研究	14ZDA036	朱冬亮	厦门大学
	中国新型城镇化：五个维度协同发展研究	14ZDA035	胡必亮	北京师范大学
	粮食安全目标下市场起决定作用的粮食价格形成机制研究	14ZDA034	李朝鲜	北京工商大学
	健全城乡发展一体化的要素平等交换体制机制研究	14ZDA033	张克俊	四川省社会科学院
	推进农业转移人口市民化：路径选择、财力保障与地方政府激励研究	14ZDA032	吕 炜	东北财经大学
	建设统一开放、竞争有序的农产品市场体系研究	14ZDA031	叶祥松	广州大学
	城乡基本公共服务均等化的实现机制与监测体系研究	14ZDA030	姜晓萍	四川大学
	推进城镇化的重点难点问题研究	14ZDA026	魏后凯	中国社会科学院
2015	推进"互联网+"生鲜农产品供应链渠道发展研究	15ZDB169	但 斌	重庆大学
	中国西南少数民族传统村落的保护与利用研究	15ZDB119	孙 华	北京大学
		15ZDB118	孙九霞	中山大学
	资本主义时代欧洲农业经济组织研究	15ZDB061	沈 汉	南京大学
	中国乡村伦理研究	15ZDB014	王露璐	南京师范大学
	新型城镇化进程中农业转移人口的生计与可持续发展研究：市民化的核心问题及对策研究	15ZDA048	杜海峰	西安交通大学
	新型城镇化背景下的城乡关系研究	15ZDA044	李 斌	中南大学
	新型城镇化下我国行政区划优化设置及其评估研究	15ZDA032	林 拓	华东师范大学
	城乡统一建设用地市场构建及利益分配机制研究	15ZDA024	汪 晖	浙江大学
	三权分置、农地流转与农民承包权益保护研究	15ZDA024	张应良	西南大学
	新型城镇化下农产品物流体系创新与发展战略研究	15ZDA024	张明玉	北京交通大学
	城镇化对我国农业农村发展的影响与对策研究	15ZDA024	刘彦随	北京师范大学
2016	共享发展理念下的我国新型城乡土地制度体系构建研究	16ZDA019	顾海英	上海交通大学
		16ZDA020	唐 健	中国土地勘测规划院
	精准扶贫战略实施的动态监测与成效评价研究	16ZDA021	聂凤英	中国农业科学院农业信息研究所
		16ZDA022	向德平	武汉大学
	全面深化改革背景下的完善农村集体林权制度改革研究	16ZDA024	刘伟平	福建农林大学
	新型城镇化建设的法治保障研究	16ZDA062	陈柏峰	中南财经政法大学
	历史文化村镇数字化保护的理论、方法和应用研究	16ZDA158	冯惠玲	中国人民大学

续表3

年份	题目	批准号	首席专家	责任单位
2017	基督教中国化背景下的农村基督教问题研究	17ZDA231	高志英	云南大学
	近代中国乡村建设资料编年整理与研究（1901—1949）	17ZDA198	王先明	南开大学
	中国岭南传统村落保护与利用研究	17ZDA165	麻国庆	中央民族大学
	农民获得更多土地财产权益的体制机制创新研究	17ZDA076	吴 群	南京农业大学
		17ZDA075	陶 然	中国人民大学
	全面建成小康社会背景下新型城乡关系研究	17ZDA067	邓宏图	南开大学
		17ZDA066	高 帆	复旦大学
	1950—1956年中国农村经济调查资料收集、整理与研究	17ZDA035	常明明	贵州财经大学
2018	中国近代农业团体资料整理研究与数据库建设	18ZDA200	杨 瑞	河北师范大学
	古代中国乡村治理与社会秩序研究	18ZDA171	耿元骊	辽宁大学
	民生保障视角下农村地权结构调整的社会学研究	18ZDA168	郑雄飞	北京师范大学
	中国共产党建党以来农村基层组织资料收集与数据库建设	18ZDA128	姚锐敏	华中师范大学
	东亚乡村振兴的社会政策比较研究	18ZDA119	田毅鹏	吉林大学
	乡村振兴背景下我国农村文化资源传承创新方略研究	18ZDA118	秦红增	广西民族大学
		18ZDA117	甘满堂	福州大学
	中国农村家庭数据库建设及其应用研究	18ZDA080	李 实	北京师范大学
	新形势下我国农业全要素生产率提升战略研究	18ZDA072	李谷成	华中农业大学
	新时代乡村振兴与新型城镇化的战略耦合及协同治理研究	18ZDA045	徐维祥	浙江工业大学
2019	城乡区域平衡发展理念下的土地制度综合改革研究	19ZDA088	钱文荣	浙江大学
	多维制度联动改革促进城乡融合发展研究	19ZDA086	叶 超	华东师范大学
	气候智慧型农业碳减排及碳交易市场机制研究	19ZDA085	王红玲	湖北大学
	绿色发展下我国水资源—能源—粮食协同发展与安全战略研究	19ZDA084	黄德春	河海大学
	百年乡土小说与乡村文化变迁的关系、启示研究及文献整理	19ZDA273	贺仲明	暨南大学
	农村集体产权制度改革的法治保障研究	19ZDA156	房绍坤	吉林大学
	新中国七十年来农村基层建制变动资料收集与数据库建设	19ZDA124	陈军亚	华中师范大学
	新时代我国农村贫困性质变化及2020年后反贫困政策研究	19ZDA117	周 力	南京农业大学
		19ZDA116	叶林祥	南京财经大学
	乡村振兴与深化农村土地制度改革研究	19ZDA115	米运生	华南农业大学
	乡村振兴战略背景下多元化乡村治理问题研究	19ZDA114	田先红	华中师范大学

续表4

年份	题目	批准号	首席专家	责任单位
2020	中国共产党解决农村绝对贫困问题的路径、经验与启示研究	20&ZD018	李 楠	武汉大学
	乡约文献辑考及乡约文化与当代乡村治理体系建构研究	20&ZD033	刘学智	陕西师范大学
	我国三大平原"资源—要素—政策"相协调的粮食和生态"双安全"研究	20&ZD094	徐志刚	南京农业大学
	食品安全社会共治与跨界合作机制研究	20&ZD116	周 立	中国人民大学
		20&ZD117	吴林海	江南大学
	后扶贫时代中国城乡相对贫困统计测度与治理机制研究	20&ZD131	平卫英	江西财经大学
		20&ZD132	刘 洪	中南财经政法大学
	中国城镇化阶段性特征统计测度及驱动效应评估研究	20&ZD133	程开明	浙江工商大学
	建党百年农村妇女参政议政资料收集、研究与数据库建设	20&ZD139	刘筱红	华中师范大学
	中国城乡融合发展的空间社会学研究	20&ZD149	潘泽泉	中南大学
		20&ZD150	林聚任	山东大学
	大数据驱动的城乡社区服务体系精准化构建研究	20&ZD154	胡广伟	南京大学
	应对重大突发风险城乡社区治理研究	20&ZD155	范如国	武汉大学
	从脱贫攻坚到乡村振兴的有效衔接与转型研究	20&ZD163	叶敬忠	中国农业大学
	乡村振兴背景下数字乡村发展的理论、实践与政策研究	20&ZD164	马九杰	中国人民大学
	乡村振兴与小城镇协同创新及特色发展的战略与实现路径研究	20&ZD165	彭克强	西南财经大学
	新时代乡村治理的组织体系建设问题研究	20&ZD166	邓燕华	南京大学
	农业文化遗产保护与乡村可持续发展研究	20&ZD167	孙庆忠	中国农业大学
	土地制度变迁与乡村社会治理机制研究	20&ZD170	张同龙	华南农业大学
	中国古代农耕图像的搜集、整理与研究	20&ZD218	王加华	山东大学
2021	中国乡村道德的实证研究与地图平台建设	21&ZD058	王露璐	南京师范大学
	劳动力流动视角下健全城乡融合发展机制研究	21&ZD076	乔 雪	中国人民大学
		21&ZD077	史清华	上海交通大学
	城乡融合与新发展格局战略联动的内在机理与实现路径研究	21&ZD084	杨玉珍	河南师范大学
		21&ZD085	郭冬梅	中央财经大学
	特色农业赋能增收长效机制构建研究	21&ZD090	万俊毅	华南农业大学
		21&ZD091	郭红东	浙江大学
	构建面向高质量发展的农业科技进步贡献率体系研究	21&ZD092	龚斌磊	浙江大学
	RCEP对中国农业高质量发展的影响与应对战略研究	21&ZD093	陈秧分	中国农业科学院农业经济与发展研究所
	我国粮食产业高质量发展实现路径与政策体系研究	21&ZD101	纪月清	南京农业大学
	接续推进脱贫地区乡村振兴的金融支持研究	21&ZD115	王修华	湖南大学
	国土空间规划体系下土地要素市场化改革研究	21&ZD121	严金明	中国人民大学

续表 5

年份	题目	批准号	首席专家	责任单位
2021	建立和完善农村低收入人口常态化帮扶机制研究	21&ZD177	左 停	中国农业大学
	生态产品价值实现与乡村振兴的协同机制研究	21&ZD185	谢花林	江西财经大学
	明清以来长三角地区生态环境变迁与特色农业发展研究	21&ZD225	卢 勇	南京农业大学
	百年中国乡土文学与农村建设运动关系研究	21&ZD261	张丽军	暨南大学
		21&ZD262	关爱和	河南大学
	乡村振兴视角下新媒体在乡村治理中的角色与功能研究	21&ZD319	张淑华	郑州大学
		21&ZD320	杨 琳	西安交通大学
2022	中国共产党土地政策法规资料收集整理与数据库建设	22&ZD021	丁 文	华中师范大学
	基层党组织引领乡村振兴的创新机制研究	22&ZD029	李 明	中国农业大学
		22&ZD030	马 华	山西大学
	全面建成小康社会背景下相对贫困治理的实现路径研究	22&ZD059	吴国宝	中国社会科学院农村发展研究所
		22&ZD060	林闽钢	南京大学
	西部农村和民族地区人力资本培育的方式和路径选择研究	22&ZD065	张学敏	西南大学
	清代农家账簿中的乡村经济和社会史料整理与研究	22&ZD078	卞 利	南开大学
	新形势下我国粮食安全战略问题研究	22&ZD079	青 平	华中农业大学
	我国粮食产业集群发展的理论建构与政策体系研究	22&ZD080	阮建青	浙江大学
	数字化赋能农业全产业链融合的机制与高质量发展路径研究	22&ZD081	卫龙宝	浙江大学
		22&ZD082	叶 飞	华南理工大学
	"双碳"目标下农业绿色发展体系创新与政策研究	22&ZD083	赵敏娟	西北农林科技大学
	推动农业机械化智能化保障粮食安全的路径和机制创新研究	22&ZD084	王晓兵	北京大学
	新形势下我国农业食物系统转型研究	22&ZD085	樊胜根	中国农业大学
	南南农业合作促进我国粮食安全的政策与机制研究	22&ZD086	林发勤	中国农业大学
	粮食全链条节约减损行动方案及政策体系研究	22&ZD087	武拉平	中国农业大学
	统筹推进县域城乡融合发展的理论框架与实践路径研究	22&ZD112	郜亮亮	中国社会科学院农村发展研究所
		22&ZD113	朱玉春	西北农林科技大学
	乡村振兴战略下县域医共体向健共体转型机制研究	22&ZD143	简伟研	北京大学
		22&ZD144	王 俊	中国人民大学

续表6

年份	题目	批准号	首席专家	责任单位
2022	数字化背景下农村物流共同配送运营模式研究	22&ZD151	胡祥培	大连理工大学
	乡村振兴的治理内涵与绩效测度研究	22&ZD156	向书坚	浙江工商大学
		22&ZD157	宋丙涛	河南大学
	农业农村现代化的统计监测与评价研究	22&ZD159	王 勇	东北财经大学
	农村社区治理创新问题研究	22&ZD173	贺雪峰	武汉大学
	乡村振兴战略下县域城乡融合发展的理论与实践研究	22&ZD189	周飞舟	北京大学
		22&ZD190	孙九霞	中山大学
	新时代促进劳动力返乡创业的高质量发展研究	22&ZD191	何晓斌	清华大学
	防止规模性返贫的监测机制和帮扶路径研究	22&ZD192	谢治菊	广州大学
	农村集体所有制法律实现机制研究	22&ZD202	高圣平	中国人民大学

索 引

A

安徽农业大学经济管理学院　572

B

包产到户　6
北京大学中国农业政策研究中心　572
北京农学院经济管理学院　573
北京青年农经学者论坛　195

C

产权改革　115，122，127
产权制度　11，15，18，24，32，68，69，70，71，72，76，77，78，115，127，133，134，143，152，169，174，182，183
城市化　10，11，12，15，16，29，31，33，88，89，90，91，93，119，130，131，132，133，137，140，148，151，153，172，173，175，177，178，179，185
城市倾向　90，130
城乡二元结构　3，6，13，14，15，16，18，19，20，86，87，88，138，151，153，156，173，174，201
城乡关系　3，6，13，14，15，18，19，22，26，28，29，31，32，33，86，87，88，89，90，95，96，125，126，130，153，157，183，184，185，186

城乡居民基本养老保险（城乡居民养老保险）制度　94
城乡居民基本医疗保险（城乡居民医保）制度　95
城乡劳动力市场　92，96
城乡融合发展　3，22，28，29，30，31，33，34，76，78，88，92，93，96，153，157，158，183，185，186，196，200
城乡收入差距　13，14，15，16，29，86，89，90，91，93，94，96，125，126，130，148，172
城乡土地市场　92
城乡中国　70，89，155，178，185
城乡资本市场　93
城镇化　3，6，10，11，12，13，14，15，16，17，18，21，22，25，26，28，29，30，32，33，58，69，70，71，74，76，77，78，90，93，94，96，117，131，140，142，145，146，148，149，150，151，153，155，157，177，178，179，185，186
村级民主管理　13，19，123，181
村级民主监督　13，181
村级民主决策　13，181
村级民主选举　13，20，181
村民自治　13，19，20，21，134，181
村庄共同体　129
村庄信任　129

D

淡水产品产量　224

第一产业就业人员 210
东北林业大学经济管理学院 574
东北农业大学经济管理学院 575

F

反贫困 23，24，32，49，50，53，54，55，
　58，59，60，61，114，167，180，183，
　196
非农就业 16，72，138，142，143，173
扶贫开发 24，57，58，59，135，180，181，
　182
扶贫战略 23，53，54，57，61，114，116，
　135，154，155，156
服务规模经营 25，26，151
福建农林大学经济与管理学院 576

G

甘肃农业大学财经学院 576
耕地"三位一体"保护 74，77
耕地灌溉面积 214，215
耕地面积 71，74，75，76，128，213，258
公司农场 25，142
供销合作社体制改革 270
共同富裕 3，10，18，22，23，26，27，
　29，30，31，32，33，34，55，58，59，
　60，156，158，159，160，162，163，
　186，196，198，199，200，201
国有农场 258

H

海水产品产量 224
合作经济 4，7，8，9，117，118，160，
　166，167，176，177，197，199，201
河北农业大学经济管理学院 577
河南农业大学经济与管理学院 578

湖南农业大学经济学院 579
户籍制度 15，16，87，91，92，126，130，
　133，139，148，157，172，173，178，179
华南农业大学经济管理学院 579
华南农业大学学报（社会科学版） 623
华中农业大学经济管理学院 580
华中农业大学学报（社会科学版） 623

J

基本公共服务 18，30，94，96，157，186
基本公共服务均等化 18，29，55，94，96
基本医疗保健 122
集体经济 8，18，20，24，25，30，32，
　94，109，117，118，122，134，135，
　166，182
集体经营性建设用地入市 71，73，74，77
家户制 149
家庭承包经营 6，7，25，69，134，166，
　170，174
家庭联产承包责任制（家庭责任制） 6，
　24，32，68，69，72，77，78，113，
　134，135，167，178，179，195
价格双轨制 120，121
江西农业大学经济管理学院 581
教育 5，12，13，16，18，19，20，50，53，
　90，95，96，109，119，122，132，133，
　135，139，143，144，145，148，160，
　167，173，179，181，185，196，199，
　205，233，235，236，245
金融深化 120
金融抑制 120
精准扶贫 22，23，24，33，54，55，56，
　57，58，59，61，156，162，163，181，
　182
绝对贫困 22，23，49，50，51，52，54，
　55，57，58，59，60，153

K

空壳农民专业合作社（空壳社） 157

L

劳动力回流 171，172
劳动力流动 11，16，92，119，131，138，140，171，172，173
劳动力迁移（迁移） 23，116，119，172
劳动力转移 7，10，11，13，16，58，114，126，127，136，139，140，168，172，177，183
粮食安全 15，19，21，71，72，74，75，76，77，128，146，150，160，161，162，163，164，177，179，182，183，198，199，200，202
粮食计划供应（统销） 262，345
粮食计划收购（统购） 262，345
粮食流通体制改革 169
林产品产量 223

M

棉花流通体制改革 293

N

南京林业大学经济管理学院 583
南京农业大学经济管理学院 584
南京农业大学学报（社会科学版） 624
内蒙古农业大学经济管理学院 585
内生农业技术进步 126，127
逆向选择 141，146
农产品产量 154，205，258
农产品供需 166，229
农产品进出口 229

农产品流通体制改革 7，182
农产品生产价格总指数 205
农产品市场 9，132，133，150，170，182
农村财政 18，173，174
农村发展 3，4，5，6，8，9，11，12，13，14，15，17，19，21，22，24，25，26，28，30，31，32，33，34，76，87，110，111，114，115，145，146，149，166，169，170，174，177，180，182，183，184，191，194，196
农村发展学 22，31，32，33，34
农村改革 3，6，8，10，11，13，17，21，24，32，33，57，58，68，69，70，77，111，112，113，115，116，118，121，123，134，137，166，169，173，177，182，183，195
农村工业化 6，11，12，17，32，112
农村公共服务 139，140
农村供销合作 32
农村供销合作社 356，409
农村合作医疗 122，141，142
农村基本经营制度 6，7，24，32，70，154，179
农村基层党组织 20
农村基层民主 21
农村基础设施 6，13，14，16，17，22，153，239
农村集体产权制度改革 182
农村教育 12，16，144，205
农村金融 10，16，93，120，122，129，132，135，169，183
农村金融体制改革 129，183
农村居民人均可支配收入 205，234
农村居民人均收入 233
农村居民人均消费支出 205，236
农村居民人均支出 233
农村居民消费价格指数 205，225
农村留守人口 175，176

农村税费改革　16，18，19，183，186
农村土地综合整治　149
农村卫生　280
农村现代化　3，6，8，11，12，14，16，17，20，21，22，24，28，30，31，32，33，34
农村信用合作社（农村信用社）　9，10，120，122
农村用电量　214
农村住户固定资产投资　217，218
农村综合改革　216
农贷制度　129
农地规模经营　151
农地制度　69，70，121，122，133，134，137，166，173，174，180
农户经济　8，184，185
农林经济管理学报　624
农林牧渔业增加值　205
农林牧渔业总产值　205，208
农　民　工　14，16，17，95，112，136，140，141，171，175，177，178，183，186
农民工市民化　16，175，177，178，183
农民合作组织　8，123
农民理性　143
农民中介组织　124，125，171
农民专业合作社　8，26，142，144，148，158，176
农药使用量　215
农业保险　129，130，148
农业补贴　132，146，183
农业产业一体化　116，117
农业规模经营　7，24，25，117，151
农业合作化　4，69
农业机械总动力　205，211，258
农业技术变迁　156
农业技术经济　625
农业经济问题　625
农业经济与管理　626

农业经济增长　133
农业农村投资　216
农业农村现代化　3，22，28，29，30，32，34，153，161，183，196，197，199，200，201
农业生产合作社　4，109，176
农业生产互助合作　339，350
农业生产效率　15，133，150
农业生产责任制　267，270，271
农业生产资料价格指数　225
农业税　15，18，19，119，121，131，134，152
农业税条例　374，495
农业现代化　3，5，6，7，12，16，17，21，22，24，25，26，27，31，32，33，68，109，142，156，192，194
农业现代化研究　626
农业转移人口市民化　148，149，150
农用柴油使用量　215
农用化肥施用量　214，258
农用塑料薄膜使用量　215
农作物播种面积　220

P

贫困　10，23，49，50，52，53，54，55，56，57，58，59，60，61，111，113，114，116，119，120，131，135，141，153，154，156，157，158，159，162，163，165，166，167，172，180，181，182，193，237
贫困标准　23，49，50，51，52，53，56，59，60，61，116，158，159
贫困发生率　23，52，53，237
贫困人口　23，50，51，53，54，56，57，58，59，61，113，114，116，135，141，154
普惠金融　27，30，91，138，257

Q

青岛农业大学经济管理学院（合作社学院） 586
清华大学中国农村研究院　587
全国社科农经协作网络大会　201

R

人力资本　16，23，27，54，91，92，95，136，138，143，146，158，172，181
人民公社　4，5，6，8，13，32，69，109，114，115，118，149
肉类总产量　222，258

S

三产融合　157
三权分置　24，25，32，68，69，70，73，76，77，78，154
三元经济结构（三元结构）　12，114
"三支柱"战略　23，55，158，159
山东农业大学经济管理学院（商学院） 587
山西农业大学农业经济管理学院　588
上海财经大学城乡发展研究院　589
上海海洋大学经济管理学院　589
社会保障　6，15，16，17，18，23，24，54，58，70，76，88，94，116，121，122，126，132，133，135，136，137，139，147，158，167，173，177，178，182，185，186，198
社会主义精神文明建设　287
社会主义新农村建设　17，18，20，21，32
沈阳农业大学经济管理学院　590
生态经济学　110，117，125，168，192
生态农业　27，28，110
牲畜出栏量　221

剩余劳动力　6，11，12，13，14，27，92，114，126，127，133，139，154，175
收入　4，10，13，14，15，16，17，18，21，23，26，27，29，30，50，51，52，53，55，56，57，58，60，70，72，73，76，86，87，89，90，91，92，93，94，96，109，111，112，113，117，119，124，125，126，128，130，132，133，135，136，138，140，143，144，148，153，154，156，157，158，166，167，170，172，181，182，186，187，205，233，234，255
数字农业　159，198
数字普惠金融指数　257
数字乡村　30，161
双层经营体制　6，69，118
税费改革　16，18，19，134，137，183，186
四川农业大学经济学院　591

T

土地承包权　24，70，76，121，135，136，175
土地改革　5，32
土地经营权流转　313
土地制度　4，15，24，25，68，72，73，76，78，92，93，119，121，131，134，135，147，151，166，169，173，177，178，179，182，185
土地制度改革　11，29，31，68，69，76，77，78，87，134，135，154，178，179，182，185
退耕还林　127，128
脱贫攻坚战　21，22，33，57

W

委托—代理关系　137

X

西北农林科技大学经济管理学院　593
西北农林科技大学学报（社会科学版）　627
西南林业大学经济管理学院　592
县乡财政　124，131
乡村建设　18，19，22，30，146，161，248
乡村就业人员　210
乡村人口　57，96，122，153，210
乡村债务　19，174
乡村振兴战略　21，22，23，25，27，28，29，30，31，33，34，71，76，78，152，153，154，161，183，186，200，201
乡村治理　12，18，19，20，21，22，30，32，34，76，134，145，177，182，183，196
乡镇企业　11，12，32，54，87，112，114，117，127，136，166，170，183
相对贫困　23，49，50，51，52，53，54，55，59，60，153，158，159，163
小城镇　10，11，12，16，88，115，117，136，178，186
小城镇户籍管理制度改革　290
小额信贷　138
小农　3，4，19，24，25，26，118，129，142，156，157，170，184
小农经济　25，170，183，184
小农生产方式　4，118，156
新疆农业大学经济管理学院　594
新型城镇化　22，28，29，30，76，78，93，150，153，185，186
新型农村合作医疗（新农合）　95，141
新型农村社会养老保险（新农保）　94，146，147
新型农业经营主体　24，25，148，183

Y

以工代赈　57，167

Z

增产导向型农业政策　152
浙江大学中国农村发展研究院　595
浙江农林大学经济管理学院　596
征地制度　131
政治参与　21，124，144，145，149
制度变迁　78，115，116，121，122，131，133，146，167，173，180，182
质效导向型农业政策　152
中国国外农业经济研究会　618
中国海洋大学管理学院　597
中国林牧渔业经济学会　618
中国农村发展报告　195，198
中国农村发展学会　619
中国农村观察　628
中国农村经济　629
中国农史　629
中国农业大学经济管理学院　598
中国农业大学全球食物经济与政策研究院　599
中国农业大学学报（社会科学版）　630
中国农业技术经济学会　620
中国农业经济评论（China Agricultural Economic Review）　631
中国农业经济学会　620
中国农业绿色发展研究会　621
中国人民大学农业与农村发展学院　600
中国生态经济学会　621
中国式现代化　22，28，29，31，32，33，34，70，78，162，163，199，201
中南林业科技大学商学院　601